最新法律文件解读丛书 2021 年精选版

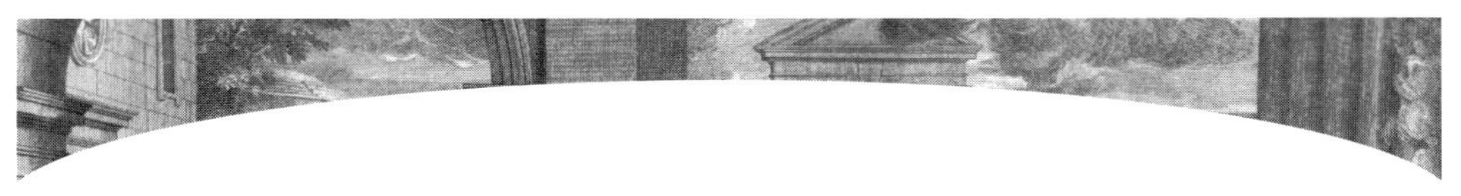

# 最高人民法院
# 司法解释与指导性案例
# 理解与适用

## 第十卷

Understanding and
Application of The Supreme People's Court Judicial
Interpretations and Guiding Cases

最新法律文件解读丛书编选组 编

人 民 法 院 出 版 社

图书在版编目（CIP）数据

最高人民法院司法解释与指导性案例理解与适用. 第十卷 / 最新法律文件解读丛书编选组编. -- 北京 : 人民法院出版社, 2023.2
ISBN 978-7-5109-3650-0

Ⅰ. ①最… Ⅱ. ①最… Ⅲ. ①法律解释－中国②案例－中国③法律适用－中国 Ⅳ. ①D920.5

中国版本图书馆CIP数据核字(2022)第233904号

**最高人民法院司法解释与指导性案例理解与适用（第十卷）**
最新法律文件解读丛书编选组 编

---

责任编辑 丁丽娜
执行编辑 杨 洁
出版发行 人民法院出版社
地　　址 北京市东城区东交民巷27号（100745）
电　　话 （010）67550562（责任编辑） 67550558（发行部查询）
　　　　 65223677（读者服务部）
客服QQ 2092078039
网　　址 http://www.courtbook.com.cn
E－mail courtbook@sina.com
印　　刷 天津嘉恒印务有限公司
经　　销 新华书店

---

开　　本 787毫米×1092毫米 1/16
字　　数 1072千字
印　　张 67.5
版　　次 2023年2月第1版 2023年2月第1次印刷
书　　号 ISBN 978-7-5109-3650-0
定　　价 168.00元

---

# 编辑说明

最高人民法院就人民法院在审判工作中具体应用法律问题制定的司法解释是司法实践中法院裁判纠纷的重要规则依据。2010年11月，最高人民法院制定了《关于案例指导工作的规定》，明确规定由最高人民法院确定并统一发布对全国法院审判、执行工作具有指导作用的指导性案例。指导性案例所确定的裁判要点，对人民法院审理类似案件、作出裁判具有指导作用。司法解释及指导性案例对于统一法律适用、提高审判质量、维护司法公正均具有重要意义。

同时，最高人民法院还发布了为数不少的在事实上对法律适用活动产生重大乃至决定性影响的司法文件，这些司法文件包括却不限于“会议纪要”“通知”“意见”等。最高人民法院发布的“会议纪要”“座谈会纪要”呈现的是以“纪要”的形式所创制的法律规则，并使之成为下级法院裁判案件的依据，如《关于审理上市公司破产重整案件工作座谈会纪要》（法〔2012〕261号）等。除了“纪要”这一类文件之外，最高人民法院发布的各种冠以“通知”或“意见”名称的司法文件，对于下级法院的案件审理工作也有着举足轻重的影响，如《关于依法妥善审理民间借贷纠纷案件促进经济发展维护社会稳定的通知》（法〔2011〕336号）等。这类司法文件往往表征着最高司法机关在特定阶段的司法政策取向，并以此来宏观指导各级法院的司法裁判工作。最高人民法院通过颁行抽象性司法文件，在规范各级法院和法官个案审理中自由裁量的同时，也为裁判者提供了比较明确的法律适用标准，保证了司法权威及法律适用标准的统一。

为帮助读者准确理解与适用最高人民法院发布的司法解释、指导性案例及司法文件，以指导审判实践，我们专门策划、编辑出版了《最高人民法院司法解释与指导性案例理解与适用》，自2013年起每年出版一卷。本卷全面收录了最高人民法院2021年制发的司法解释25部、指导性案例5批、重要司法文件20余部，除部分文件外，均附有司法解释、司法文件起草者及指导性案例编选者等撰写的理解与适用文章。同时，增补了未收录的2020年司法解释及指导案例的理解与适用文章。

为方便读者阅读，在编辑体例上，本书以刑事、民商事、行政与国家赔偿、其他及指导性案例划分篇章，篇内文件按照时间顺序及效力等级排序。

希望本书能为各级人民法院法官及律师等各界读者提供有益的指引与参考。

# 目　　录

## 【刑事篇】

## 【民商事篇】

## 【行政与国家赔偿篇】



## 【其他篇】

## 【指导案例篇】

# 【刑事篇】



最高人民法院

## 关于适用《中华人民共和国刑事诉讼法》的解释

法释〔2021〕1号

（2020年12月7日最高人民法院审判委员会第1820次会议通过
2021年1月26日最高人民法院公告公布
自2021年3月1日起施行）

### 目　录

2018年10月26日，第十三届全国人民代表大会常务委员会第六次会议通过了《关于修改〈中华人民共和国刑事诉讼法〉的决定》。为正确理解和适用修改后的刑事诉讼法，结合人民法院审判工作实际，制定本解释。

## 第一章　管　　辖

**第一条**　人民法院直接受理的自诉案件包括：

（一）告诉才处理的案件：

1. 侮辱、诽谤案（刑法第二百四十六条规定的，但严重危害社会秩序和国家利益的除外）；

2. 暴力干涉婚姻自由案（刑法第二百五十七条第一款规定的）；

3. 虐待案（刑法第二百六十条第一款规定的，但被害人没有能力告诉或者因受到强制、威吓无法告诉的除外）；

4. 侵占案（刑法第二百七十条规定的）。

（二）人民检察院没有提起公诉，被害人有证据证明的轻微刑事案件：

1. 故意伤害案（刑法第二百三十四条第一款规定的）；

2. 非法侵入住宅案（刑法第二百四十五条规定的）；

3. 侵犯通信自由案（刑法第二百五十二条规定的）；

4. 重婚案（刑法第二百五十八条规定的）；

5. 遗弃案（刑法第二百六十一条规定的）；

6. 生产、销售伪劣商品案（刑法分则第三章第一节规定的，但严重危害社会秩序和国家利益的除外)；

7. 侵犯知识产权案（刑法分则第三章第七节规定的，但严重危害社会秩序和国家利益的除外)；

8. 刑法分则第四章、第五章规定的，可能判处三年有期徒刑以下刑罚的案件。

本项规定的案件，被害人直接向人民法院起诉的，人民法院应当依法受理。对其中证据不足，可以由公安机关受理的，或者认为对被告人可能判处三年有期徒刑以上刑罚的，应当告知被害人向公安机关报案，或者移送公安机关立案侦查。

（三）被害人有证据证明对被告人侵犯自己人身、财产权利的行为应当依法追究刑事责任，且有证据证明曾经提出控告，而公安机关或者人民检察院不予追究被告人刑事责任的案件。

**第二条** 犯罪地包括犯罪行为地和犯罪结果地。

针对或者主要利用计算机网络实施的犯罪，犯罪地包括用于实施犯罪行为的网络服务使用的服务器所在地，网络服务提供者所在地，被侵害的信息网络系统及其管理者所在地，犯罪过程中被告人、被害人使用的信息网络系统所在地，以及被害人被侵害时所在地和被害人财产遭受损失地等。

**第三条** 被告人的户籍地为其居住地。经常居住地与户籍地不一致的，经常居住地为其居住地。经常居住地为被告人被追诉前已连续居住一年以上的地方，但住院就医的除外。

被告单位登记的住所地为其居住地。主要营业地或者主要办事机构所在地与登记的住所地不一致的，主要营业地或者主要办事机构所在地为其居住地。

**第四条** 在中华人民共和国内水、领海发生的刑事案件，由犯罪地或者被告人登陆地的人民法院管辖。由被告人居住地的人民法院审判更为适宜的，可以由被告人居住地的人民法院管辖。

**第五条** 在列车上的犯罪，被告人在列车运行途中被抓获的，由前方停靠站所在地负责审判铁路运输刑事案件的人民法院管辖。必要时，也可以由始发站或者终点站所在地负责审判铁路运输刑事案件的人民法院管辖。

被告人不是在列车运行途中被抓获的，由负责该列车乘务的铁路公安机关对应的审判铁路运输刑事案件的人民法院管辖；被告人在列车运行途经车站被抓获的，也可以由该车站所在地负责审判铁路运输刑事案件的人民法院管辖。

**第六条** 在国际列车上的犯罪，根据我国与相关国家签订的协定确定管辖；没有协定的，由该列车始发或者前方停靠的中国车站所在地负责审判铁路运输刑事案件的人民法院管辖。

**第七条** 在中华人民共和国领域外的中国船舶内的犯罪，由该船舶最初停泊的中国口岸所在地或者被告人登陆地、入境地的人民法院管辖。

**第八条** 在中华人民共和国领域外的中国航空器内的犯罪，由该航空器在中国最初降落地的人民法院管辖。

**第九条** 中国公民在中国驻外使领馆内的犯罪，由其主管单位所在地或者原户籍地的人民法院管辖。

**第十条** 中国公民在中华人民共和国领域外的犯罪，由其登陆地、入境地、离境前居住地或者现居住地的人民法院管辖；被害人是中国公民的，也可以由被害人离境前居住地或者现居住地的人民法院管辖。

**第十一条** 外国人在中华人民共和国领域外对中华人民共和国国家或者公民犯罪，根据《中华人民共和国刑法》应当受处罚的，由该外国人登陆地、入境地或者入境后居住地的人民法院管辖，也可以由被害人离境前居住地或者现居住地的人民法院管辖。

**第十二条** 对中华人民共和国缔结或者参加的国际条约所规定的罪行，中华人民共和国在所承担条约义务的范围内行使刑事管辖权的，由被告人被抓获地、登陆地或者入境地的人民法院管辖。

**第十三条** 正在服刑的罪犯在判决宣告前还有其他罪没有判决的，由原审地人民法院管辖；由罪犯服刑地或者犯罪地的人民法院审判更为适宜的，可以由罪犯服刑地或者犯罪地的人民法院管辖。

罪犯在服刑期间又犯罪的，由服刑地的人民法院管辖。

罪犯在脱逃期间又犯罪的，由服刑地的人民法院管辖。但是，在犯罪地抓获罪犯并发现其在脱逃期间犯罪的，由犯罪地的人民法院管辖。

**第十四条** 人民检察院认为可能判处无期徒刑、死刑，向中级人民法院提起公诉的案件，中级人民法院受理后，认为不需要判处无期徒刑、死刑的，应当依法审判，不再交基层人民法院审判。

**第十五条** 一人犯数罪、共同犯罪或者其他需要并案审理的案件，其中一人或者一罪属于上级人民法院管辖的，全案由上级人民法院管辖。

**第十六条** 上级人民法院决定审判下级人民法院管辖的第一审刑事案件的，应当向下级人民法院下达改变管辖决定书，并书面通知同级人民检察院。

**第十七条** 基层人民法院对可能判处无期徒刑、死刑的第一审刑事案件，应当移送中级人民法院审判。

基层人民法院对下列第一审刑事案件，可以请求移送中级人民法院审判：

（一）重大、复杂案件；

（二）新类型的疑难案件；

（三）在法律适用上具有普遍指导意义的案件。

需要将案件移送中级人民法院审判的，应当在报请院长决定后，至迟于案件审理期限届满十五日以前书面请求移送。中级人民法院应当在接到申请后十日以内作出决定。不同意移送的，应当下达不同意移送决定书，由请求移送的人民法院依法审判；同意移送的，应当下达同意移送决定书，并书面通知同级人民检察院。

**第十八条** 有管辖权的人民法院因案件涉及本院院长需要回避或者其他原因，不宜行使管辖权的，可以请求移送上一级人民法院管辖。上一级人民法院可以管辖，也可以指定与提出请求的人民法院同级的其他人民法院管辖。

**第十九条** 两个以上同级人民法院都有管辖权的案件，由最初受理的人民法院审判。必要时，可以移送主要犯罪地的人民法院审判。

管辖权发生争议的，应当在审理期限内协商解决；协商不成的，由争议的人民法院分别层报共同的上级人民法院指定管辖。

**第二十条** 管辖不明的案件，上级人民法院可以指定下级人民法院审判。

有关案件，由犯罪地、被告人居住地以外的人民法院审判更为适宜的，上级人民法院可以指定下级人民法院管辖。

**第二十一条** 上级人民法院指定管辖，应当将指定管辖决定书送达被指定管辖的人民法院和其他有关的人民法院。

**第二十二条** 原受理案件的人民法院在收到上级人民法院改变管辖决定书、同意移送决定书或者指定其他人民法院管辖的决定书后，对公诉案件，应当书面通知同级人民检察院，并将案卷材料退回，同时书面通知当事人；对自诉案件，应当将案卷材料移送被指定管辖的人民法院，并书面通知当事人。

**第二十三条** 第二审人民法院发回重新审判的案件，人民检察院撤回起诉后，又向原第一审人民法院的下级人民法院重新提起公诉的，下级人民法院应当将有关情况层报原第二审人民法院。原第二审人民法院根据具体情况，可以决定将案件移送原第一审人民法院或者其他人民法院审判。

**第二十四条** 人民法院发现被告人还有其他犯罪被起诉的，可以并案审理；涉及同种犯罪的，一般应当并案审理。

人民法院发现被告人还有其他犯罪被审查起诉、立案侦查、立案调查的，可以参照前款规定协商人民检察院、公安机关、监察机关并案处理，但可能造成审判过分迟延的除外。

根据前两款规定并案处理的案件，由最初受理地的人民法院审判。必要时，可以由主要犯罪地的人民法院审判。

**第二十五条** 第二审人民法院在审理过程中，发现被告人还有其他犯罪没有判决的，参照前条规定处理。第二审人民法院决定并案审理的，应当发回第一审人民法院，由第一审人民法院作出处理。

**第二十六条** 军队和地方互涉刑事案件，按照有关规定确定管辖。

## 第二章 回 避

**第二十七条** 审判人员具有下列情形之一的，应当自行回避，当事人及其法定代理人有权申请其回避：

（一）是本案的当事人或者是当事人的近亲属的；

（二）本人或者其近亲属与本案有利害关系的；

（三）担任过本案的证人、鉴定人、辩护人、诉讼代理人、翻译人员的；

（四）与本案的辩护人、诉讼代理人有近亲属关系的；

（五）与本案当事人有其他利害关系，可能影响公正审判的。

**第二十八条** 审判人员具有下列情形之一的，当事人及其法定代理人有权申请其回避：

（一）违反规定会见本案当事人、辩护人、诉讼代理人的；

（二）为本案当事人推荐、介绍辩护人、诉讼代理人，或者为律师、

其他人员介绍办理本案的;

(三)索取、接受本案当事人及其委托的人的财物或者其他利益的;

(四)接受本案当事人及其委托的人的宴请,或者参加由其支付费用的活动的;

(五)向本案当事人及其委托的人借用款物的;

(六)有其他不正当行为,可能影响公正审判的。

**第二十九条** 参与过本案调查、侦查、审查起诉工作的监察、侦查、检察人员,调至人民法院工作的,不得担任本案的审判人员。

在一个审判程序中参与过本案审判工作的合议庭组成人员或者独任审判员,不得再参与本案其他程序的审判。但是,发回重新审判的案件,在第一审人民法院作出裁判后又进入第二审程序、在法定刑以下判处刑罚的复核程序或者死刑复核程序的,原第二审程序、在法定刑以下判处刑罚的复核程序或者死刑复核程序中的合议庭组成人员不受本款规定的限制。

**第三十条** 依照法律和有关规定应当实行任职回避的,不得担任案件的审判人员。

**第三十一条** 人民法院应当依法告知当事人及其法定代理人有权申请回避,并告知其合议庭组成人员、独任审判员、法官助理、书记员等人员的名单。

**第三十二条** 审判人员自行申请回避,或者当事人及其法定代理人申请审判人员回避的,可以口头或者书面提出,并说明理由,由院长决定。

院长自行申请回避,或者当事人及其法定代理人申请院长回避的,由审判委员会讨论决定。审判委员会讨论时,由副院长主持,院长不得参加。

**第三十三条** 当事人及其法定代理人依照刑事诉讼法第三十条和本解释第二十八条的规定申请回避的,应当提供证明材料。

**第三十四条** 应当回避的审判人员没有自行回避,当事人及其法定代理人也没有申请其回避的,院长或者审判委员会应当决定其回避。

**第三十五条** 对当事人及其法定代理人提出的回避申请,人民法院可以口头或者书面作出决定,并将决定告知申请人。

当事人及其法定代理人申请回避被驳回的,可以在接到决定时申请复议一次。不属于刑事诉讼法第二十九条、第三十条规定情形的回避申请,由法庭当庭驳回,并不得申请复议。

**第三十六条** 当事人及其法定代理人申请出庭的检察人员回避的，人民法院应当区分情况作出处理：

（一）属于刑事诉讼法第二十九条、第三十条规定情形的回避申请，应当决定休庭，并通知人民检察院尽快作出决定；

（二）不属于刑事诉讼法第二十九条、第三十条规定情形的回避申请，应当当庭驳回，并不得申请复议。

**第三十七条** 本章所称的审判人员，包括人民法院院长、副院长、审判委员会委员、庭长、副庭长、审判员和人民陪审员。

**第三十八条** 法官助理、书记员、翻译人员和鉴定人适用审判人员回避的有关规定，其回避问题由院长决定。

**第三十九条** 辩护人、诉讼代理人可以依照本章的有关规定要求回避、申请复议。

## 第三章 辩护与代理

**第四十条** 人民法院审判案件，应当充分保障被告人依法享有的辩护权利。

被告人除自己行使辩护权以外，还可以委托辩护人辩护。下列人员不得担任辩护人：

（一）正在被执行刑罚或者处于缓刑、假释考验期间的人；

（二）依法被剥夺、限制人身自由的人；

（三）被开除公职或者被吊销律师、公证员执业证书的人；

（四）人民法院、人民检察院、监察机关、公安机关、国家安全机关、监狱的现职人员；

（五）人民陪审员；

（六）与本案审理结果有利害关系的人；

（七）外国人或者无国籍人；

（八）无行为能力或者限制行为能力的人。

前款第三项至第七项规定的人员，如果是被告人的监护人、近亲属，由被告人委托担任辩护人的，可以准许。

**第四十一条** 审判人员和人民法院其他工作人员从人民法院离任后二年内，不得以律师身份担任辩护人。

审判人员和人民法院其他工作人员从人民法院离任后，不得担任原任职法院所审理案件的辩护人，但系被告人的监护人、近亲属的除外。

审判人员和人民法院其他工作人员的配偶、子女或者父母不得担任其任职法院所审理案件的辩护人，但系被告人的监护人、近亲属的除外。

**第四十二条** 对接受委托担任辩护人的，人民法院应当核实其身份证明和授权委托书。

**第四十三条** 一名被告人可以委托一至二人作为辩护人。

一名辩护人不得为两名以上的同案被告人，或者未同案处理但犯罪事实存在关联的被告人辩护。

**第四十四条** 被告人没有委托辩护人的，人民法院自受理案件之日起三日以内，应当告知其有权委托辩护人；被告人因经济困难或者其他原因没有委托辩护人的，应当告知其可以申请法律援助；被告人属于应当提供法律援助情形的，应当告知其将依法通知法律援助机构指派律师为其提供辩护。

被告人没有委托辩护人，法律援助机构也没有指派律师为其提供辩护的，人民法院应当告知被告人有权约见值班律师，并为被告人约见值班律师提供便利。

告知可以采取口头或者书面方式。

**第四十五条** 审判期间，在押的被告人要求委托辩护人的，人民法院应当在三日以内向其监护人、近亲属或者其指定的人员转达要求。被告人应当提供有关人员的联系方式。有关人员无法通知的，应当告知被告人。

**第四十六条** 人民法院收到在押被告人提出的法律援助或者法律帮助申请，应当依照有关规定及时转交法律援助机构或者通知值班律师。

**第四十七条** 对下列没有委托辩护人的被告人，人民法院应当通知法律援助机构指派律师为其提供辩护：

（一）盲、聋、哑人；

（二）尚未完全丧失辨认或者控制自己行为能力的精神病人；

（三）可能被判处无期徒刑、死刑的人。

高级人民法院复核死刑案件，被告人没有委托辩护人的，应当通知法律援助机构指派律师为其提供辩护。

死刑缓期执行期间故意犯罪的案件，适用前两款规定。

**第四十八条** 具有下列情形之一，被告人没有委托辩护人的，人民法院可以通知法律援助机构指派律师为其提供辩护：

（一）共同犯罪案件中，其他被告人已经委托辩护人的；

（二）案件有重大社会影响的；

（三）人民检察院抗诉的；

（四）被告人的行为可能不构成犯罪的；

（五）有必要指派律师提供辩护的其他情形。

**第四十九条** 人民法院通知法律援助机构指派律师提供辩护的，应当将法律援助通知书、起诉书副本或者判决书送达法律援助机构；决定开庭审理的，除适用简易程序或者速裁程序审理的以外，应当在开庭十五日以前将上述材料送达法律援助机构。

法律援助通知书应当写明案由、被告人姓名、提供法律援助的理由、审判人员的姓名和联系方式；已确定开庭审理的，应当写明开庭的时间、地点。

**第五十条** 被告人拒绝法律援助机构指派的律师为其辩护，坚持自己行使辩护权的，人民法院应当准许。

属于应当提供法律援助的情形，被告人拒绝指派的律师为其辩护的，人民法院应当查明原因。理由正当的，应当准许，但被告人应当在五日以内另行委托辩护人；被告人未另行委托辩护人的，人民法院应当在三日以内通知法律援助机构另行指派律师为其提供辩护。

**第五十一条** 对法律援助机构指派律师为被告人提供辩护，被告人的监护人、近亲属又代为委托辩护人的，应当听取被告人的意见，由其确定辩护人人选。

**第五十二条** 审判期间，辩护人接受被告人委托的，应当在接受委托之日起三日以内，将委托手续提交人民法院。

接受法律援助机构指派为被告人提供辩护的，适用前款规定。

**第五十三条** 辩护律师可以查阅、摘抄、复制案卷材料。其他辩护人经人民法院许可，也可以查阅、摘抄、复制案卷材料。合议庭、审判委员会的讨论记录以及其他依法不公开的材料不得查阅、摘抄、复制。

辩护人查阅、摘抄、复制案卷材料的，人民法院应当提供便利，并保证必要的时间。

值班律师查阅案卷材料的，适用前两款规定。

复制案卷材料可以采用复印、拍照、扫描、电子数据拷贝等方式。

**第五十四条** 对作为证据材料向人民法院移送的讯问录音录像，辩护律师申请查阅的，人民法院应当准许。

**第五十五条** 查阅、摘抄、复制案卷材料，涉及国家秘密、商业秘密、个人隐私的，应当保密；对不公开审理案件的信息、材料，或者在办案过程中获悉的案件重要信息、证据材料，不得违反规定泄露、披露，不得用于办案以外的用途。人民法院可以要求相关人员出具承诺书。

违反前款规定的，人民法院可以通报司法行政机关或者有关部门，建议给予相应处罚；构成犯罪的，依法追究刑事责任。

**第五十六条** 辩护律师可以同在押的或者被监视居住的被告人会见和通信。其他辩护人经人民法院许可，也可以同在押的或者被监视居住的被告人会见和通信。

**第五十七条** 辩护人认为在调查、侦查、审查起诉期间监察机关、公安机关、人民检察院收集的证明被告人无罪或者罪轻的证据材料未随案移送，申请人民法院调取的，应当以书面形式提出，并提供相关线索或者材料。人民法院接受申请后，应当向人民检察院调取。人民检察院移送相关证据材料后，人民法院应当及时通知辩护人。

**第五十八条** 辩护律师申请向被害人及其近亲属、被害人提供的证人收集与本案有关的材料，人民法院认为确有必要的，应当签发准许调查书。

**第五十九条** 辩护律师向证人或者有关单位、个人收集、调取与本案有关的证据材料，因证人或者有关单位、个人不同意，申请人民法院收集、调取，或者申请通知证人出庭作证，人民法院认为确有必要的，应当同意。

**第六十条** 辩护律师直接申请人民法院向证人或者有关单位、个人收集、调取证据材料，人民法院认为确有必要，且不宜或者不能由辩护律师收集、调取的，应当同意。

人民法院向有关单位收集、调取的书面证据材料，必须由提供人签名，并加盖单位印章；向个人收集、调取的书面证据材料，必须由提供人签名。

人民法院对有关单位、个人提供的证据材料，应当出具收据，写明证据材料的名称、收到的时间、件数、页数以及是否为原件等，由书记员、法官助理或者审判人员签名。

收集、调取证据材料后，应当及时通知辩护律师查阅、摘抄、复制，并告知人民检察院。

**第六十一条** 本解释第五十八条至第六十条规定的申请，应当以书面形式提出，并说明理由，写明需要收集、调取证据材料的内容或者需要调查问题的提纲。

对辩护律师的申请，人民法院应当在五日以内作出是否准许、同意的决定，并通知申请人；决定不准许、不同意的，应当说明理由。

**第六十二条** 人民法院自受理自诉案件之日起三日以内，应当告知自诉人及其法定代理人、附带民事诉讼当事人及其法定代理人，有权委托诉讼代理人，并告知其如果经济困难，可以申请法律援助。

**第六十三条** 当事人委托诉讼代理人的，参照适用刑事诉讼法第三十三条和本解释的有关规定。

**第六十四条** 诉讼代理人有权根据事实和法律，维护被害人、自诉人或者附带民事诉讼当事人的诉讼权利和其他合法权益。

**第六十五条** 律师担任诉讼代理人的，可以查阅、摘抄、复制案卷材料。其他诉讼代理人经人民法院许可，也可以查阅、摘抄、复制案卷材料。

律师担任诉讼代理人，需要收集、调取与本案有关的证据材料的，参照适用本解释第五十九条至第六十一条的规定。

**第六十六条** 诉讼代理人接受当事人委托或者法律援助机构指派后，应当在三日以内将委托手续或者法律援助手续提交人民法院。

**第六十七条** 辩护律师向人民法院告知其委托人或者其他人准备实施、正在实施危害国家安全、公共安全以及严重危害他人人身安全犯罪的，人民法院应当记录在案，立即转告主管机关依法处理，并为反映有关情况的辩护律师保密。

**第六十八条** 律师担任辩护人、诉讼代理人，经人民法院准许，可以带一名助理参加庭审。律师助理参加庭审的，可以从事辅助工作，但不得发表辩护、代理意见。

## 第四章　证　　据

### 第一节　一般规定

**第六十九条** 认定案件事实，必须以证据为根据。

**第七十条** 审判人员应当依照法定程序收集、审查、核实、认定证据。

**第七十一条** 证据未经当庭出示、辨认、质证等法庭调查程序查证属实，不得作为定案的根据。

**第七十二条** 应当运用证据证明的案件事实包括：

（一）被告人、被害人的身份；

（二）被指控的犯罪是否存在；

（三）被指控的犯罪是否为被告人所实施；

（四）被告人有无刑事责任能力，有无罪过，实施犯罪的动机、目的；

（五）实施犯罪的时间、地点、手段、后果以及案件起因等；

（六）是否系共同犯罪或者犯罪事实存在关联，以及被告人在犯罪中的地位、作用；

（七）被告人有无从重、从轻、减轻、免除处罚情节；

（八）有关涉案财物处理的事实；

（九）有关附带民事诉讼的事实；

（十）有关管辖、回避、延期审理等的程序事实；

（十一）与定罪量刑有关的其他事实。

认定被告人有罪和对被告人从重处罚，适用证据确实、充分的证明标准。

**第七十三条** 对提起公诉的案件，人民法院应当审查证明被告人有罪、无罪、罪重、罪轻的证据材料是否全部随案移送；未随案移送的，应当通知人民检察院在指定时间内移送。人民检察院未移送的，人民法院应当根据在案证据对案件事实作出认定。

**第七十四条** 依法应当对讯问过程录音录像的案件，相关录音录像未随案移送的，必要时，人民法院可以通知人民检察院在指定时间内移送。人民检察院未移送，导致不能排除属于刑事诉讼法第五十六条规定的以非法方法收集证据情形的，对有关证据应当依法排除；导致有关证据的真实性无法确认的，不得作为定案的根据。

**第七十五条** 行政机关在行政执法和查办案件过程中收集的物证、书证、视听资料、电子数据等证据材料，经法庭查证属实，且收集程序符合有关法律、行政法规规定的，可以作为定案的根据。

根据法律、行政法规规定行使国家行政管理职权的组织，在行政执法和查办案件过程中收集的证据材料，视为行政机关收集的证据材料。

**第七十六条** 监察机关依法收集的证据材料，在刑事诉讼中可以作为证据使用。

对前款规定证据的审查判断，适用刑事审判关于证据的要求和标准。

**第七十七条** 对来自境外的证据材料，人民检察院应当随案移送有关材料来源、提供人、提取人、提取时间等情况的说明。经人民法院审查，相关证据材料能够证明案件事实且符合刑事诉讼法规定的，可以作为证据使用，但提供人或者我国与有关国家签订的双边条约对材料的使用范围有明确限制的除外；材料来源不明或者真实性无法确认的，不得作为定案的根据。

当事人及其辩护人、诉讼代理人提供来自境外的证据材料的，该证据材料应当经所在国公证机关证明，所在国中央外交主管机关或者其授权机关认证，并经中华人民共和国驻该国使领馆认证，或者履行中华人民共和国与该所在国订立的有关条约中规定的证明手续，但我国与该国之间有互免认证协定的除外。

**第七十八条** 控辩双方提供的证据材料涉及外国语言、文字的，应当附中文译本。

**第七十九条** 人民法院依照刑事诉讼法第一百九十六条的规定调查核实证据，必要时，可以通知检察人员、辩护人、自诉人及其法定代理人到场。上述人员未到场的，应当记录在案。

人民法院调查核实证据时，发现对定罪量刑有重大影响的新的证据材料的，应当告知检察人员、辩护人、自诉人及其法定代理人。必要时，也可以直接提取，并及时通知检察人员、辩护人、自诉人及其法定代理人查阅、摘抄、复制。

**第八十条** 下列人员不得担任见证人：

（一）生理上、精神上有缺陷或者年幼，不具有相应辨别能力或者不能正确表达的人；

（二）与案件有利害关系，可能影响案件公正处理的人；

（三）行使勘验、检查、搜查、扣押、组织辨认等监察调查、刑事诉讼职权的监察、公安、司法机关的工作人员或者其聘用的人员。

对见证人是否属于前款规定的人员，人民法院可以通过相关笔录载明的见证人的姓名、身份证件种类及号码、联系方式以及常住人口信息登记表等材料进行审查。

由于客观原因无法由符合条件的人员担任见证人的，应当在笔录材料中注明情况，并对相关活动进行全程录音录像。

**第八十一条** 公开审理案件时，公诉人、诉讼参与人提出涉及国家秘密、商业秘密或者个人隐私的证据的，法庭应当制止；确与本案有关的，可以根据具体情况，决定将案件转为不公开审理，或者对相关证据的法庭调查不公开进行。

## 第二节 物证、书证的审查与认定

**第八十二条** 对物证、书证应当着重审查以下内容：

（一）物证、书证是否为原物、原件，是否经过辨认、鉴定；物证的照片、录像、复制品或者书证的副本、复制件是否与原物、原件相符，是否由二人以上制作，有无制作人关于制作过程以及原物、原件存放于何处的文字说明和签名；

（二）物证、书证的收集程序、方式是否符合法律、有关规定；经勘验、检查、搜查提取、扣押的物证、书证，是否附有相关笔录、清单，笔录、清单是否经调查人员或者侦查人员、物品持有人、见证人签名，没有签名的，是否注明原因；物品的名称、特征、数量、质量等是否注明清楚；

（三）物证、书证在收集、保管、鉴定过程中是否受损或者改变；

（四）物证、书证与案件事实有无关联；对现场遗留与犯罪有关的具备鉴定条件的血迹、体液、毛发、指纹等生物样本、痕迹、物品，是否已作 DNA 鉴定、指纹鉴定等，并与被告人或者被害人的相应生物特征、物品等比对；

（五）与案件事实有关联的物证、书证是否全面收集。

**第八十三条** 据以定案的物证应当是原物。原物不便搬运、不易保存、依法应当返还或者依法应当由有关部门保管、处理的，可以拍摄、制作足以反映原物外形和特征的照片、录像、复制品。必要时，审判人员可以前往保管场所查看原物。

物证的照片、录像、复制品，不能反映原物的外形和特征的，不得作为定案的根据。

物证的照片、录像、复制品，经与原物核对无误、经鉴定或者以其他方式确认真实的，可以作为定案的根据。

**第八十四条** 据以定案的书证应当是原件。取得原件确有困难的，可以使用副本、复制件。

对书证的更改或者更改迹象不能作出合理解释，或者书证的副本、复制件不能反映原件及其内容的，不得作为定案的根据。

书证的副本、复制件，经与原件核对无误、经鉴定或者以其他方式确认真实的，可以作为定案的根据。

**第八十五条** 对与案件事实可能有关联的血迹、体液、毛发、人体组织、指纹、足迹、字迹等生物样本、痕迹和物品，应当提取而没有提取，应当鉴定而没有鉴定，应当移送鉴定意见而没有移送，导致案件事实存疑的，人民法院应当通知人民检察院依法补充收集、调取、移送证据。

**第八十六条** 在勘验、检查、搜查过程中提取、扣押的物证、书证，未附笔录或者清单，不能证明物证、书证来源的，不得作为定案的根据。

物证、书证的收集程序、方式有下列瑕疵，经补正或者作出合理解释的，可以采用：

（一）勘验、检查、搜查、提取笔录或者扣押清单上没有调查人员或者侦查人员、物品持有人、见证人签名，或者对物品的名称、特征、数量、质量等注明不详的；

（二）物证的照片、录像、复制品，书证的副本、复制件未注明与原件核对无异，无复制时间，或者无被收集、调取人签名的；

（三）物证的照片、录像、复制品，书证的副本、复制件没有制作人关于制作过程和原物、原件存放地点的说明，或者说明中无签名的；

（四）有其他瑕疵的。

物证、书证的来源、收集程序有疑问，不能作出合理解释的，不得作为定案的根据。

## 第三节 证人证言、被害人陈述的审查与认定

**第八十七条** 对证人证言应当着重审查以下内容：

（一）证言的内容是否为证人直接感知；

（二）证人作证时的年龄，认知、记忆和表达能力，生理和精神状态是否影响作证；

（三）证人与案件当事人、案件处理结果有无利害关系；

（四）询问证人是否个别进行；

（五）询问笔录的制作、修改是否符合法律、有关规定，是否注明询问的起止时间和地点，首次询问时是否告知证人有关权利义务和法律责任，证人对询问笔录是否核对确认；

（六）询问未成年证人时，是否通知其法定代理人或者刑事诉讼法第二百八十一条第一款规定的合适成年人到场，有关人员是否到场；

（七）有无以暴力、威胁等非法方法收集证人证言的情形；

（八）证言之间以及与其他证据之间能否相互印证，有无矛盾；存在矛盾的，能否得到合理解释。

**第八十八条** 处于明显醉酒、中毒或者麻醉等状态，不能正常感知或者正确表达的证人所提供的证言，不得作为证据使用。

证人的猜测性、评论性、推断性的证言，不得作为证据使用，但根据一般生活经验判断符合事实的除外。

**第八十九条** 证人证言具有下列情形之一的，不得作为定案的根据：

（一）询问证人没有个别进行的；

（二）书面证言没有经证人核对确认的；

（三）询问聋、哑人，应当提供通晓聋、哑手势的人员而未提供的；

（四）询问不通晓当地通用语言、文字的证人，应当提供翻译人员而未提供的。

**第九十条** 证人证言的收集程序、方式有下列瑕疵，经补正或者作出合理解释的，可以采用；不能补正或者作出合理解释的，不得作为定案的根据：

（一）询问笔录没有填写询问人、记录人、法定代理人姓名以及询问的起止时间、地点的；

（二）询问地点不符合规定的；

（三）询问笔录没有记录告知证人有关权利义务和法律责任的；

（四）询问笔录反映出在同一时段，同一询问人员询问不同证人的；

（五）询问未成年人，其法定代理人或者合适成年人不在场的。

**第九十一条** 证人当庭作出的证言，经控辩双方质证、法庭查证属实的，应当作为定案的根据。

证人当庭作出的证言与其庭前证言矛盾，证人能够作出合理解释，并有其他证据印证的，应当采信其庭审证言；不能作出合理解释，而其庭前证言有其他证据印证的，可以采信其庭前证言。

经人民法院通知，证人没有正当理由拒绝出庭或者出庭后拒绝作证，法庭对其证言的真实性无法确认的，该证人证言不得作为定案的根据。

**第九十二条** 对被害人陈述的审查与认定，参照适用本节的有关规定。

## 第四节 被告人供述和辩解的审查与认定

**第九十三条** 对被告人供述和辩解应当着重审查以下内容：

（一）讯问的时间、地点，讯问人的身份、人数以及讯问方式等是否符合法律、有关规定；

（二）讯问笔录的制作、修改是否符合法律、有关规定，是否注明讯问的具体起止时间和地点，首次讯问时是否告知被告人有关权利和法律规定，被告人是否核对确认；

（三）讯问未成年被告人时，是否通知其法定代理人或者合适成年人到场，有关人员是否到场；

（四）讯问女性未成年被告人时，是否有女性工作人员在场；

（五）有无以刑讯逼供等非法方法收集被告人供述的情形；

（六）被告人的供述是否前后一致，有无反复以及出现反复的原因；

（七）被告人的供述和辩解是否全部随案移送；

（八）被告人的辩解内容是否符合案情和常理，有无矛盾；

（九）被告人的供述和辩解与同案被告人的供述和辩解以及其他证据能否相互印证，有无矛盾；存在矛盾的，能否得到合理解释。

必要时，可以结合现场执法音视频记录、讯问录音录像、被告人进出看守所的健康检查记录、笔录等，对被告人的供述和辩解进行审查。

**第九十四条** 被告人供述具有下列情形之一的，不得作为定案的根据：

（一）讯问笔录没有经被告人核对确认的；

（二）讯问聋、哑人，应当提供通晓聋、哑手势的人员而未提供的；

（三）讯问不通晓当地通用语言、文字的被告人，应当提供翻译人员而未提供的；

（四）讯问未成年人，其法定代理人或者合适成年人不在场的。

**第九十五条** 讯问笔录有下列瑕疵，经补正或者作出合理解释的，可

以采用;不能补正或者作出合理解释的,不得作为定案的根据:

(一)讯问笔录填写的讯问时间、讯问地点、讯问人、记录人、法定代理人等有误或者存在矛盾的;

(二)讯问人没有签名的;

(三)首次讯问笔录没有记录告知被讯问人有关权利和法律规定的。

**第九十六条** 审查被告人供述和辩解,应当结合控辩双方提供的所有证据以及被告人的全部供述和辩解进行。

被告人庭审中翻供,但不能合理说明翻供原因或者其辩解与全案证据矛盾,而其庭前供述与其他证据相互印证的,可以采信其庭前供述。

被告人庭前供述和辩解存在反复,但庭审中供认,且与其他证据相互印证的,可以采信其庭审供述;被告人庭前供述和辩解存在反复,庭审中不供认,且无其他证据与庭前供述印证的,不得采信其庭前供述。

## 第五节 鉴定意见的审查与认定

**第九十七条** 对鉴定意见应当着重审查以下内容:

(一)鉴定机构和鉴定人是否具有法定资质;

(二)鉴定人是否存在应当回避的情形;

(三)检材的来源、取得、保管、送检是否符合法律、有关规定,与相关提取笔录、扣押清单等记载的内容是否相符,检材是否可靠;

(四)鉴定意见的形式要件是否完备,是否注明提起鉴定的事由、鉴定委托人、鉴定机构、鉴定要求、鉴定过程、鉴定方法、鉴定日期等相关内容,是否由鉴定机构盖章并由鉴定人签名;

(五)鉴定程序是否符合法律、有关规定;

(六)鉴定的过程和方法是否符合相关专业的规范要求;

(七)鉴定意见是否明确;

(八)鉴定意见与案件事实有无关联;

(九)鉴定意见与勘验、检查笔录及相关照片等其他证据是否矛盾;存在矛盾的,能否得到合理解释;

(十)鉴定意见是否依法及时告知相关人员,当事人对鉴定意见有无异议。

**第九十八条** 鉴定意见具有下列情形之一的,不得作为定案的根据:

(一)鉴定机构不具备法定资质,或者鉴定事项超出该鉴定机构业务范围、技术条件的；

（二）鉴定人不具备法定资质，不具有相关专业技术或者职称，或者违反回避规定的；

（三）送检材料、样本来源不明，或者因污染不具备鉴定条件的；

（四）鉴定对象与送检材料、样本不一致的；

（五）鉴定程序违反规定的；

（六）鉴定过程和方法不符合相关专业的规范要求的；

（七）鉴定文书缺少签名、盖章的；

（八）鉴定意见与案件事实没有关联的；

（九）违反有关规定的其他情形。

**第九十九条** 经人民法院通知，鉴定人拒不出庭作证的，鉴定意见不得作为定案的根据。

鉴定人由于不能抗拒的原因或者有其他正当理由无法出庭的，人民法院可以根据情况决定延期审理或者重新鉴定。

鉴定人无正当理由拒不出庭作证的，人民法院应当通报司法行政机关或者有关部门。

**第一百条** 因无鉴定机构，或者根据法律、司法解释的规定，指派、聘请有专门知识的人就案件的专门性问题出具的报告，可以作为证据使用。

对前款规定的报告的审查与认定，参照适用本节的有关规定。

经人民法院通知，出具报告的人拒不出庭作证的，有关报告不得作为定案的根据。

**第一百零一条** 有关部门对事故进行调查形成的报告，在刑事诉讼中可以作为证据使用；报告中涉及专门性问题的意见，经法庭查证属实，且调查程序符合法律、有关规定的，可以作为定案的根据。

### 第六节　勘验、检查、辨认、侦查实验等笔录的审查与认定

**第一百零二条** 对勘验、检查笔录应当着重审查以下内容：

（一）勘验、检查是否依法进行，笔录制作是否符合法律、有关规定，勘验、检查人员和见证人是否签名或者盖章；

（二）勘验、检查笔录是否记录了提起勘验、检查的事由，勘验、检查的时间、地点，在场人员、现场方位、周围环境等，现场的物品、人

身、尸体等的位置、特征等情况，以及勘验、检查的过程；文字记录与实物或者绘图、照片、录像是否相符；现场、物品、痕迹等是否伪造、有无破坏；人身特征、伤害情况、生理状态有无伪装或者变化等；

（三）补充进行勘验、检查的，是否说明了再次勘验、检查的原由，前后勘验、检查的情况是否矛盾。

**第一百零三条** 勘验、检查笔录存在明显不符合法律、有关规定的情形，不能作出合理解释的，不得作为定案的根据。

**第一百零四条** 对辨认笔录应当着重审查辨认的过程、方法，以及辨认笔录的制作是否符合有关规定。

**第一百零五条** 辨认笔录具有下列情形之一的，不得作为定案的根据：

（一）辨认不是在调查人员、侦查人员主持下进行的；

（二）辨认前使辨认人见到辨认对象的；

（三）辨认活动没有个别进行的；

（四）辨认对象没有混杂在具有类似特征的其他对象中，或者供辨认的对象数量不符合规定的；

（五）辨认中给辨认人明显暗示或者明显有指认嫌疑的；

（六）违反有关规定，不能确定辨认笔录真实性的其他情形。

**第一百零六条** 对侦查实验笔录应当着重审查实验的过程、方法，以及笔录的制作是否符合有关规定。

**第一百零七条** 侦查实验的条件与事件发生时的条件有明显差异，或者存在影响实验结论科学性的其他情形的，侦查实验笔录不得作为定案的根据。

### 第七节　视听资料、电子数据的审查与认定

**第一百零八条** 对视听资料应当着重审查以下内容：

（一）是否附有提取过程的说明，来源是否合法；

（二）是否为原件，有无复制及复制份数；是复制件的，是否附有无法调取原件的原因、复制件制作过程和原件存放地点的说明，制作人、原视听资料持有人是否签名；

（三）制作过程中是否存在威胁、引诱当事人等违反法律、有关规定的情形；

（四）是否写明制作人、持有人的身份，制作的时间、地点、条件和方法；

（五）内容和制作过程是否真实，有无剪辑、增加、删改等情形；

（六）内容与案件事实有无关联。

对视听资料有疑问的，应当进行鉴定。

**第一百零九条**　视听资料具有下列情形之一的，不得作为定案的根据：

（一）系篡改、伪造或者无法确定真伪的；

（二）制作、取得的时间、地点、方式等有疑问，不能作出合理解释的。

**第一百一十条**　对电子数据是否真实，应当着重审查以下内容：

（一）是否移送原始存储介质；在原始存储介质无法封存、不便移动时，有无说明原因，并注明收集、提取过程及原始存储介质的存放地点或者电子数据的来源等情况；

（二）是否具有数字签名、数字证书等特殊标识；

（三）收集、提取的过程是否可以重现；

（四）如有增加、删除、修改等情形的，是否附有说明；

（五）完整性是否可以保证。

**第一百一十一条**　对电子数据是否完整，应当根据保护电子数据完整性的相应方法进行审查、验证：

（一）审查原始存储介质的扣押、封存状态；

（二）审查电子数据的收集、提取过程，查看录像；

（三）比对电子数据完整性校验值；

（四）与备份的电子数据进行比较；

（五）审查冻结后的访问操作日志；

（六）其他方法。

**第一百一十二条**　对收集、提取电子数据是否合法，应当着重审查以下内容：

（一）收集、提取电子数据是否由二名以上调查人员、侦查人员进行，取证方法是否符合相关技术标准；

（二）收集、提取电子数据，是否附有笔录、清单，并经调查人员、侦查人员、电子数据持有人、提供人、见证人签名或者盖章；没有签名或者盖章的，是否注明原因；对电子数据的类别、文件格式等是否注明清楚；

（三）是否依照有关规定由符合条件的人员担任见证人，是否对相关活动进行录像；

（四）采用技术调查、侦查措施收集、提取电子数据的，是否依法经过严格的批准手续；

（五）进行电子数据检查的，检查程序是否符合有关规定。

**第一百一十三条** 电子数据的收集、提取程序有下列瑕疵，经补正或者作出合理解释的，可以采用；不能补正或者作出合理解释的，不得作为定案的根据：

（一）未以封存状态移送的；

（二）笔录或者清单上没有调查人员或者侦查人员、电子数据持有人、提供人、见证人签名或者盖章的；

（三）对电子数据的名称、类别、格式等注明不清的；

（四）有其他瑕疵的。

**第一百一十四条** 电子数据具有下列情形之一的，不得作为定案的根据：

（一）系篡改、伪造或者无法确定真伪的；

（二）有增加、删除、修改等情形，影响电子数据真实性的；

（三）其他无法保证电子数据真实性的情形。

**第一百一十五条** 对视听资料、电子数据，还应当审查是否移送文字抄清材料以及对绰号、暗语、俗语、方言等不易理解内容的说明。未移送的，必要时，可以要求人民检察院移送。

### 第八节 技术调查、侦查证据的审查与认定

**第一百一十六条** 依法采取技术调查、侦查措施收集的材料在刑事诉讼中可以作为证据使用。

采取技术调查、侦查措施收集的材料，作为证据使用的，应当随案移送。

**第一百一十七条** 使用采取技术调查、侦查措施收集的证据材料可能危及有关人员的人身安全，或者可能产生其他严重后果的，可以采取下列保护措施：

（一）使用化名等代替调查、侦查人员及有关人员的个人信息；

（二）不具体写明技术调查、侦查措施使用的技术设备和技术方法；

（三）其他必要的保护措施。

**第一百一十八条** 移送技术调查、侦查证据材料的，应当附采取技术调查、侦查措施的法律文书、技术调查、侦查证据材料清单和有关说明材料。

移送采用技术调查、侦查措施收集的视听资料、电子数据的，应当制作新的存储介质，并附制作说明，写明原始证据材料、原始存储介质的存放地点等信息，由制作人签名，并加盖单位印章。

**第一百一十九条** 对采取技术调查、侦查措施收集的证据材料，除根据相关证据材料所属的证据种类，依照本章第二节至第七节的相应规定进行审查外，还应当着重审查以下内容：

（一）技术调查、侦查措施所针对的案件是否符合法律规定；

（二）技术调查措施是否经过严格的批准手续，按照规定交有关机关执行；技术侦查措施是否在刑事立案后，经过严格的批准手续；

（三）采取技术调查、侦查措施的种类、适用对象和期限是否按照批准决定载明的内容执行；

（四）采取技术调查、侦查措施收集的证据材料与其他证据是否矛盾；存在矛盾的，能否得到合理解释。

**第一百二十条** 采取技术调查、侦查措施收集的证据材料，应当经过当庭出示、辨认、质证等法庭调查程序查证。

当庭调查技术调查、侦查证据材料可能危及有关人员的人身安全，或者可能产生其他严重后果的，法庭应当采取不暴露有关人员身份和技术调查、侦查措施使用的技术设备、技术方法等保护措施。必要时，审判人员可以在庭外对证据进行核实。

**第一百二十一条** 采用技术调查、侦查证据作为定案根据的，人民法院在裁判文书中可以表述相关证据的名称、证据种类和证明对象，但不得表述有关人员身份和技术调查、侦查措施使用的技术设备、技术方法等。

**第一百二十二条** 人民法院认为应当移送的技术调查、侦查证据材料未随案移送的，应当通知人民检察院在指定时间内移送。人民检察院未移送的，人民法院应当根据在案证据对案件事实作出认定。

## 第九节 非法证据排除

**第一百二十三条** 采用下列非法方法收集的被告人供述，应当予以排除：

（一）采用殴打、违法使用戒具等暴力方法或者变相肉刑的恶劣手段，使被告人遭受难以忍受的痛苦而违背意愿作出的供述；

（二）采用以暴力或者严重损害本人及其近亲属合法权益等相威胁的方法，使被告人遭受难以忍受的痛苦而违背意愿作出的供述；

（三）采用非法拘禁等非法限制人身自由的方法收集的被告人供述。

**第一百二十四条** 采用刑讯逼供方法使被告人作出供述，之后被告人受该刑讯逼供行为影响而作出的与该供述相同的重复性供述，应当一并排除，但下列情形除外：

（一）调查、侦查期间，监察机关、侦查机关根据控告、举报或者自己发现等，确认或者不能排除以非法方法收集证据而更换调查、侦查人员，其他调查、侦查人员再次讯问时告知有关权利和认罪的法律后果，被告人自愿供述的；

（二）审查逮捕、审查起诉和审判期间，检察人员、审判人员讯问时告知诉讼权利和认罪的法律后果，被告人自愿供述的。

**第一百二十五条** 采用暴力、威胁以及非法限制人身自由等非法方法收集的证人证言、被害人陈述，应当予以排除。

**第一百二十六条** 收集物证、书证不符合法定程序，可能严重影响司法公正的，应当予以补正或者作出合理解释；不能补正或者作出合理解释的，对该证据应当予以排除。

认定“可能严重影响司法公正”，应当综合考虑收集证据违反法定程序以及所造成后果的严重程度等情况。

**第一百二十七条** 当事人及其辩护人、诉讼代理人申请人民法院排除以非法方法收集的证据的，应当提供涉嫌非法取证的人员、时间、地点、方式、内容等相关线索或者材料。

**第一百二十八条** 人民法院向被告人及其辩护人送达起诉书副本时，应当告知其申请排除非法证据的，应当在开庭审理前提出，但庭审期间才发现相关线索或者材料的除外。

**第一百二十九条** 开庭审理前，当事人及其辩护人、诉讼代理人申请人民法院排除非法证据的，人民法院应当在开庭前及时将申请书或者申请笔录及相关线索、材料的复制件送交人民检察院。

**第一百三十条** 开庭审理前，人民法院可以召开庭前会议，就非法证据排除等问题了解情况，听取意见。

在庭前会议中，人民检察院可以通过出示有关证据材料等方式，对证据收集的合法性加以说明。必要时，可以通知调查人员、侦查人员或者其他人员参加庭前会议，说明情况。

**第一百三十一条** 在庭前会议中，人民检察院可以撤回有关证据。撤回的证据，没有新的理由，不得在庭审中出示。

当事人及其辩护人、诉讼代理人可以撤回排除非法证据的申请。撤回申请后，没有新的线索或者材料，不得再次对有关证据提出排除申请。

**第一百三十二条** 当事人及其辩护人、诉讼代理人在开庭审理前未申请排除非法证据，在庭审过程中提出申请的，应当说明理由。人民法院经审查，对证据收集的合法性有疑问的，应当进行调查；没有疑问的，驳回申请。

驳回排除非法证据的申请后，当事人及其辩护人、诉讼代理人没有新的线索或者材料，以相同理由再次提出申请的，人民法院不再审查。

**第一百三十三条** 控辩双方在庭前会议中对证据收集是否合法未达成一致意见，人民法院对证据收集的合法性有疑问的，应当在庭审中进行调查；对证据收集的合法性没有疑问，且无新的线索或者材料表明可能存在非法取证的，可以决定不再进行调查并说明理由。

**第一百三十四条** 庭审期间，法庭决定对证据收集的合法性进行调查的，应当先行当庭调查。但为防止庭审过分迟延，也可以在法庭调查结束前调查。

**第一百三十五条** 法庭决定对证据收集的合法性进行调查的，由公诉人通过宣读调查、侦查讯问笔录、出示提讯登记、体检记录、对讯问合法性的核查材料等证据材料，有针对性地播放讯问录音录像，提请法庭通知有关调查人员、侦查人员或者其他人员出庭说明情况等方式，证明证据收集的合法性。

讯问录音录像涉及国家秘密、商业秘密、个人隐私或者其他不宜公开内容的，法庭可以决定对讯问录音录像不公开播放、质证。

公诉人提交的取证过程合法的说明材料，应当经有关调查人员、侦查人员签名，并加盖单位印章。未经签名或者盖章的，不得作为证据使用。上述说明材料不能单独作为证明取证过程合法的根据。

**第一百三十六条**　控辩双方申请法庭通知调查人员、侦查人员或者其他人员出庭说明情况，法庭认为有必要的，应当通知有关人员出庭。

根据案件情况，法庭可以依职权通知调查人员、侦查人员或者其他人员出庭说明情况。

调查人员、侦查人员或者其他人员出庭的，应当向法庭说明证据收集过程，并就相关情况接受控辩双方和法庭的询问。

**第一百三十七条**　法庭对证据收集的合法性进行调查后，确认或者不能排除存在刑事诉讼法第五十六条规定的以非法方法收集证据情形的，对有关证据应当排除。

**第一百三十八条**　具有下列情形之一的，第二审人民法院应当对证据收集的合法性进行审查，并根据刑事诉讼法和本解释的有关规定作出处理：

（一）第一审人民法院对当事人及其辩护人、诉讼代理人排除非法证据的申请没有审查，且以该证据作为定案根据的；

（二）人民检察院或者被告人、自诉人及其法定代理人不服第一审人民法院作出的有关证据收集合法性的调查结论，提出抗诉、上诉的；

（三）当事人及其辩护人、诉讼代理人在第一审结束后才发现相关线索或者材料，申请人民法院排除非法证据的。

## 第十节　证据的综合审查与运用

**第一百三十九条**　对证据的真实性，应当综合全案证据进行审查。

对证据的证明力，应当根据具体情况，从证据与案件事实的关联程度、证据之间的联系等方面进行审查判断。

**第一百四十条**　没有直接证据，但间接证据同时符合下列条件的，可以认定被告人有罪：

（一）证据已经查证属实；

（二）证据之间相互印证，不存在无法排除的矛盾和无法解释的疑问；

（三）全案证据形成完整的证据链；

（四）根据证据认定案件事实足以排除合理怀疑，结论具有唯一性；

（五）运用证据进行的推理符合逻辑和经验。

**第一百四十一条** 根据被告人的供述、指认提取到了隐蔽性很强的物证、书证，且被告人的供述与其他证明犯罪事实发生的证据相互印证，并排除串供、逼供、诱供等可能性的，可以认定被告人有罪。

**第一百四十二条** 对监察机关、侦查机关出具的被告人到案经过、抓获经过等材料，应当审查是否有出具该说明材料的办案人员、办案机关的签名、盖章。

对到案经过、抓获经过或者确定被告人有重大嫌疑的根据有疑问的，应当通知人民检察院补充说明。

**第一百四十三条** 下列证据应当慎重使用，有其他证据印证的，可以采信：

（一）生理上、精神上有缺陷，对案件事实的认知和表达存在一定困难，但尚未丧失正确认知、表达能力的被害人、证人和被告人所作的陈述、证言和供述；

（二）与被告人有亲属关系或者其他密切关系的证人所作的有利于被告人的证言，或者与被告人有利害冲突的证人所作的不利于被告人的证言。

**第一百四十四条** 证明被告人自首、坦白、立功的证据材料，没有加盖接受被告人投案、坦白、检举揭发等的单位的印章，或者接受人员没有签名的，不得作为定案的根据。

对被告人及其辩护人提出有自首、坦白、立功的事实和理由，有关机关未予认定，或者有关机关提出被告人有自首、坦白、立功表现，但证据材料不全的，人民法院应当要求有关机关提供证明材料，或者要求有关人员作证，并结合其他证据作出认定。

**第一百四十五条** 证明被告人具有累犯、毒品再犯情节等的证据材料，应当包括前罪的裁判文书、释放证明等材料；材料不全的，应当通知人民检察院提供。

**第一百四十六条** 审查被告人实施被指控的犯罪时或者审判时是否达到相应法定责任年龄，应当根据户籍证明、出生证明文件、学籍卡、人口普查登记、无利害关系人的证言等证据综合判断。

证明被告人已满十二周岁、十四周岁、十六周岁、十八周岁或者不满七十五周岁的证据不足的，应当作出有利于被告人的认定。

## 第五章　强制措施

**第一百四十七条**　人民法院根据案件情况，可以决定对被告人拘传、取保候审、监视居住或者逮捕。

对被告人采取、撤销或者变更强制措施的，由院长决定；决定继续取保候审、监视居住的，可以由合议庭或者独任审判员决定。

**第一百四十八条**　对经依法传唤拒不到庭的被告人，或者根据案件情况有必要拘传的被告人，可以拘传。

拘传被告人，应当由院长签发拘传票，由司法警察执行，执行人员不得少于二人。

拘传被告人，应当出示拘传票。对抗拒拘传的被告人，可以使用戒具。

**第一百四十九条**　拘传被告人，持续的时间不得超过十二小时；案情特别重大、复杂，需要采取逮捕措施的，持续的时间不得超过二十四小时。不得以连续拘传的形式变相拘禁被告人。应当保证被拘传人的饮食和必要的休息时间。

**第一百五十条**　被告人具有刑事诉讼法第六十七条第一款规定情形之一的，人民法院可以决定取保候审。

对被告人决定取保候审的，应当责令其提出保证人或者交纳保证金，不得同时使用保证人保证与保证金保证。

**第一百五十一条**　对下列被告人决定取保候审的，可以责令其提出一至二名保证人：

（一）无力交纳保证金的；

（二）未成年或者已满七十五周岁的；

（三）不宜收取保证金的其他被告人。

**第一百五十二条**　人民法院应当审查保证人是否符合法定条件。符合条件的，应当告知其必须履行的保证义务，以及不履行义务的法律后果，并由其出具保证书。

**第一百五十三条**　对决定取保候审的被告人使用保证金保证的，应当依照刑事诉讼法第七十二条第一款的规定确定保证金的具体数额，并责令被告人或者为其提供保证金的单位、个人将保证金一次性存入公安机关指定银行的专门账户。

**第一百五十四条** 人民法院向被告人宣布取保候审决定后，应当将取保候审决定书等相关材料送交当地公安机关。

对被告人使用保证金保证的，应当在核实保证金已经存入公安机关指定银行的专门账户后，将银行出具的收款凭证一并送交公安机关。

**第一百五十五条** 被告人被取保候审期间，保证人不愿继续履行保证义务或者丧失履行保证义务能力的，人民法院应当在收到保证人的申请或者公安机关的书面通知后三日以内，责令被告人重新提出保证人或者交纳保证金，或者变更强制措施，并通知公安机关。

**第一百五十六条** 人民法院发现保证人未履行保证义务的，应当书面通知公安机关依法处理。

**第一百五十七条** 根据案件事实和法律规定，认为已经构成犯罪的被告人在取保候审期间逃匿的，如果系保证人协助被告人逃匿，或者保证人明知被告人藏匿地点但拒绝向司法机关提供，对保证人应当依法追究责任。

**第一百五十八条** 人民法院发现使用保证金保证的被取保候审人违反刑事诉讼法第七十一条第一款、第二款规定的，应当书面通知公安机关依法处理。

人民法院收到公安机关已经没收保证金的书面通知或者变更强制措施的建议后，应当区别情形，在五日以内责令被告人具结悔过，重新交纳保证金或者提出保证人，或者变更强制措施，并通知公安机关。

人民法院决定对被依法没收保证金的被告人继续取保候审的，取保候审的期限连续计算。

**第一百五十九条** 对被取保候审的被告人的判决、裁定生效后，如果保证金属于其个人财产，且需要用以退赔被害人、履行附带民事赔偿义务或者执行财产刑的，人民法院可以书面通知公安机关移交全部保证金，由人民法院作出处理，剩余部分退还被告人。

**第一百六十条** 对具有刑事诉讼法第七十四条第一款、第二款规定情形的被告人，人民法院可以决定监视居住。

人民法院决定对被告人监视居住的，应当核实其住处；没有固定住处的，应当为其指定居所。

**第一百六十一条** 人民法院向被告人宣布监视居住决定后，应当将监视居住决定书等相关材料送交被告人住处或者指定居所所在地的公安机关执行。

对被告人指定居所监视居住后，人民法院应当在二十四小时以内，将监视居住的原因和处所通知其家属；确实无法通知的，应当记录在案。

**第一百六十二条** 人民检察院、公安机关已经对犯罪嫌疑人取保候审、监视居住，案件起诉至人民法院后，需要继续取保候审、监视居住或者变更强制措施的，人民法院应当在七日以内作出决定，并通知人民检察院、公安机关。

决定继续取保候审、监视居住的，应当重新办理手续，期限重新计算；继续使用保证金保证的，不再收取保证金。

**第一百六十三条** 对具有刑事诉讼法第八十一条第一款、第三款规定情形的被告人，人民法院应当决定逮捕。

**第一百六十四条** 被取保候审的被告人具有下列情形之一的，人民法院应当决定逮捕：

（一）故意实施新的犯罪的；

（二）企图自杀或者逃跑的；

（三）毁灭、伪造证据，干扰证人作证或者串供的；

（四）打击报复、恐吓滋扰被害人、证人、鉴定人、举报人、控告人等的；

（五）经传唤，无正当理由不到案，影响审判活动正常进行的；

（六）擅自改变联系方式或者居住地，导致无法传唤，影响审判活动正常进行的；

（七）未经批准，擅自离开所居住的市、县，影响审判活动正常进行，或者两次未经批准，擅自离开所居住的市、县的；

（八）违反规定进入特定场所、与特定人员会见或者通信、从事特定活动，影响审判活动正常进行，或者两次违反有关规定的；

（九）依法应当决定逮捕的其他情形。

**第一百六十五条** 被监视居住的被告人具有下列情形之一的，人民法院应当决定逮捕：

（一）具有前条第一项至第五项规定情形之一的；

（二）未经批准，擅自离开执行监视居住的处所，影响审判活动正常进行，或者两次未经批准，擅自离开执行监视居住的处所的；

（三）未经批准，擅自会见他人或者通信，影响审判活动正常进行，或者两次未经批准，擅自会见他人或者通信的；

（四）对因患有严重疾病、生活不能自理，或者因怀孕、正在哺乳自己婴儿而未予逮捕的被告人，疾病痊愈或者哺乳期已满的；

（五）依法应当决定逮捕的其他情形。

**第一百六十六条** 对可能判处徒刑以下刑罚的被告人，违反取保候审、监视居住规定，严重影响诉讼活动正常进行的，可以决定逮捕。

**第一百六十七条** 人民法院作出逮捕决定后，应当将逮捕决定书等相关材料送交公安机关执行，并将逮捕决定书抄送人民检察院。逮捕被告人后，人民法院应当将逮捕的原因和羁押的处所，在二十四小时以内通知其家属；确实无法通知的，应当记录在案。

**第一百六十八条** 人民法院对决定逮捕的被告人，应当在逮捕后二十四小时以内讯问。发现不应当逮捕的，应当立即释放。必要时，可以依法变更强制措施。

**第一百六十九条** 被逮捕的被告人具有下列情形之一的，人民法院可以变更强制措施：

（一）患有严重疾病、生活不能自理的；

（二）怀孕或者正在哺乳自己婴儿的；

（三）系生活不能自理的人的唯一扶养人。

**第一百七十条** 被逮捕的被告人具有下列情形之一的，人民法院应当立即释放；必要时，可以依法变更强制措施：

（一）第一审人民法院判决被告人无罪、不负刑事责任或者免予刑事处罚的；

（二）第一审人民法院判处管制、宣告缓刑、单独适用附加刑，判决尚未发生法律效力的；

（三）被告人被羁押的时间已到第一审人民法院对其判处的刑期期限的；

（四）案件不能在法律规定的期限内审结的。

**第一百七十一条** 人民法院决定释放被告人的，应当立即将释放通知书送交公安机关执行。

**第一百七十二条** 被采取强制措施的被告人，被判处管制、缓刑的，在社区矫正开始后，强制措施自动解除；被单处附加刑的，在判决、裁定发生法律效力后，强制措施自动解除；被判处监禁刑的，在刑罚开始执行后，强制措施自动解除。

**第一百七十三条** 对人民法院决定逮捕的被告人，人民检察院建议释放或者变更强制措施的，人民法院应当在收到建议后十日以内将处理情况通知人民检察院。

**第一百七十四条** 被告人及其法定代理人、近亲属或者辩护人申请变更、解除强制措施的，应当说明理由。人民法院收到申请后，应当在三日以内作出决定。同意变更、解除强制措施的，应当依照本解释规定处理；不同意的，应当告知申请人，并说明理由。

## 第六章 附带民事诉讼

**第一百七十五条** 被害人因人身权利受到犯罪侵犯或者财物被犯罪分子毁坏而遭受物质损失的，有权在刑事诉讼过程中提起附带民事诉讼；被害人死亡或者丧失行为能力的，其法定代理人、近亲属有权提起附带民事诉讼。

因受到犯罪侵犯，提起附带民事诉讼或者单独提起民事诉讼要求赔偿精神损失的，人民法院一般不予受理。

**第一百七十六条** 被告人非法占有、处置被害人财产的，应当依法予以追缴或者责令退赔。被害人提起附带民事诉讼的，人民法院不予受理。追缴、退赔的情况，可以作为量刑情节考虑。

**第一百七十七条** 国家机关工作人员在行使职权时，侵犯他人人身、财产权利构成犯罪，被害人或者其法定代理人、近亲属提起附带民事诉讼的，人民法院不予受理，但应当告知其可以依法申请国家赔偿。

**第一百七十八条** 人民法院受理刑事案件后，对符合刑事诉讼法第一百零一条和本解释第一百七十五条第一款规定的，可以告知被害人或者其法定代理人、近亲属有权提起附带民事诉讼。

有权提起附带民事诉讼的人放弃诉讼权利的，应当准许，并记录在案。

**第一百七十九条** 国家财产、集体财产遭受损失，受损失的单位未提起附带民事诉讼，人民检察院在提起公诉时提起附带民事诉讼的，人民法院应当受理。

人民检察院提起附带民事诉讼的，应当列为附带民事诉讼原告人。

被告人非法占有、处置国家财产、集体财产的，依照本解释第一百七十六条的规定处理。

**第一百八十条** 附带民事诉讼中依法负有赔偿责任的人包括：

（一）刑事被告人以及未被追究刑事责任的其他共同侵害人；

（二）刑事被告人的监护人；

（三）死刑罪犯的遗产继承人；

（四）共同犯罪案件中，案件审结前死亡的被告人的遗产继承人；

（五）对被害人的物质损失依法应当承担赔偿责任的其他单位和个人。

附带民事诉讼被告人的亲友自愿代为赔偿的，可以准许。

**第一百八十一条** 被害人或者其法定代理人、近亲属仅对部分共同侵害人提起附带民事诉讼的，人民法院应当告知其可以对其他共同侵害人，包括没有被追究刑事责任的共同侵害人，一并提起附带民事诉讼，但共同犯罪案件中同案犯在逃的除外。

被害人或者其法定代理人、近亲属放弃对其他共同侵害人的诉讼权利的，人民法院应当告知其相应法律后果，并在裁判文书中说明其放弃诉讼请求的情况。

**第一百八十二条** 附带民事诉讼的起诉条件是：

（一）起诉人符合法定条件；

（二）有明确的被告人；

（三）有请求赔偿的具体要求和事实、理由；

（四）属于人民法院受理附带民事诉讼的范围。

**第一百八十三条** 共同犯罪案件，同案犯在逃的，不应列为附带民事诉讼被告人。逃跑的同案犯到案后，被害人或者其法定代理人、近亲属可以对其提起附带民事诉讼，但已经从其他共同犯罪人处获得足额赔偿的除外。

**第一百八十四条** 附带民事诉讼应当在刑事案件立案后及时提起。

提起附带民事诉讼应当提交附带民事起诉状。

**第一百八十五条** 侦查、审查起诉期间，有权提起附带民事诉讼的人提出赔偿要求，经公安机关、人民检察院调解，当事人双方已经达成协议并全部履行，被害人或者其法定代理人、近亲属又提起附带民事诉讼的，人民法院不予受理，但有证据证明调解违反自愿、合法原则的除外。

**第一百八十六条** 被害人或者其法定代理人、近亲属提起附带民事诉讼的，人民法院应当在七日以内决定是否受理。符合刑事诉讼法第一百零一条以及本解释有关规定的，应当受理；不符合的，裁定不予受理。

**第一百八十七条** 人民法院受理附带民事诉讼后，应当在五日以内将附带民事起诉状副本送达附带民事诉讼被告人及其法定代理人，或者将口头起诉的内容及时通知附带民事诉讼被告人及其法定代理人，并制作笔录。

人民法院送达附带民事起诉状副本时，应当根据刑事案件的审理期限，确定被告人及其法定代理人的答辩准备时间。

**第一百八十八条** 附带民事诉讼当事人对自己提出的主张，有责任提供证据。

**第一百八十九条** 人民法院对可能因被告人的行为或者其他原因，使附带民事判决难以执行的案件，根据附带民事诉讼原告人的申请，可以裁定采取保全措施，查封、扣押或者冻结被告人的财产；附带民事诉讼原告人未提出申请的，必要时，人民法院也可以采取保全措施。

有权提起附带民事诉讼的人因情况紧急，不立即申请保全将会使其合法权益受到难以弥补的损害的，可以在提起附带民事诉讼前，向被保全财产所在地、被申请人居住地或者对案件有管辖权的人民法院申请采取保全措施。申请人在人民法院受理刑事案件后十五日以内未提起附带民事诉讼的，人民法院应当解除保全措施。

人民法院采取保全措施，适用民事诉讼法第一百条至第一百零五条的有关规定，但民事诉讼法第一百零一条第三款的规定除外。

**第一百九十条** 人民法院审理附带民事诉讼案件，可以根据自愿、合法的原则进行调解。经调解达成协议的，应当制作调解书。调解书经双方当事人签收后即具有法律效力。

调解达成协议并即时履行完毕的，可以不制作调解书，但应当制作笔录，经双方当事人、审判人员、书记员签名后即发生法律效力。

**第一百九十一条** 调解未达成协议或者调解书签收前当事人反悔的，附带民事诉讼应当同刑事诉讼一并判决。

**第一百九十二条** 对附带民事诉讼作出判决，应当根据犯罪行为造成的物质损失，结合案件具体情况，确定被告人应当赔偿的数额。

犯罪行为造成被害人人身损害的，应当赔偿医疗费、护理费、交通费等为治疗和康复支付的合理费用，以及因误工减少的收入。造成被害人残疾的，还应当赔偿残疾生活辅助器具费等费用；造成被害人死亡的，还应当赔偿丧葬费等费用。

驾驶机动车致人伤亡或者造成公私财产重大损失，构成犯罪的，依照《中华人民共和国道路交通安全法》第七十六条的规定确定赔偿责任。

附带民事诉讼当事人就民事赔偿问题达成调解、和解协议的，赔偿范围、数额不受第二款、第三款规定的限制。

**第一百九十三条** 人民检察院提起附带民事诉讼的，人民法院经审理，认为附带民事诉讼被告人依法应当承担赔偿责任的，应当判令附带民事诉讼被告人直接向遭受损失的单位作出赔偿；遭受损失的单位已经终止，有权利义务继受人的，应当判令其向继受人作出赔偿；没有权利义务继受人的，应当判令其向人民检察院交付赔偿款，由人民检察院上缴国库。

**第一百九十四条** 审理刑事附带民事诉讼案件，人民法院应当结合被告人赔偿被害人物质损失的情况认定其悔罪表现，并在量刑时予以考虑。

**第一百九十五条** 附带民事诉讼原告人经传唤，无正当理由拒不到庭，或者未经法庭许可中途退庭的，应当按撤诉处理。

刑事被告人以外的附带民事诉讼被告人经传唤，无正当理由拒不到庭，或者未经法庭许可中途退庭的，附带民事部分可以缺席判决。

刑事被告人以外的附带民事诉讼被告人下落不明，或者用公告送达以外的其他方式无法送达，可能导致刑事案件审判过分迟延的，可以不将其列为附带民事诉讼被告人，告知附带民事诉讼原告人另行提起民事诉讼。

**第一百九十六条** 附带民事诉讼应当同刑事案件一并审判，只有为了防止刑事案件审判的过分迟延，才可以在刑事案件审判后，由同一审判组织继续审理附带民事诉讼；同一审判组织的成员确实不能继续参与审判的，可以更换。

**第一百九十七条** 人民法院认定公诉案件被告人的行为不构成犯罪，对已经提起的附带民事诉讼，经调解不能达成协议的，可以一并作出刑事附带民事判决，也可以告知附带民事原告人另行提起民事诉讼。

人民法院准许人民检察院撤回起诉的公诉案件，对已经提起的附带民事诉讼，可以进行调解；不宜调解或者经调解不能达成协议的，应当裁定驳回起诉，并告知附带民事诉讼原告人可以另行提起民事诉讼。

**第一百九十八条** 第一审期间未提起附带民事诉讼，在第二审期间提起的，第二审人民法院可以依法进行调解；调解不成的，告知当事人可以在刑事判决、裁定生效后另行提起民事诉讼。

**第一百九十九条**　人民法院审理附带民事诉讼案件，不收取诉讼费。

**第二百条**　被害人或者其法定代理人、近亲属在刑事诉讼过程中未提起附带民事诉讼，另行提起民事诉讼的，人民法院可以进行调解，或者根据本解释第一百九十二条第二款、第三款的规定作出判决。

**第二百零一条**　人民法院审理附带民事诉讼案件，除刑法、刑事诉讼法以及刑事司法解释已有规定的以外，适用民事法律的有关规定。

## 第七章　期间、送达、审理期限

**第二百零二条**　以月计算的期间，自本月某日至下月同日为一个月；期限起算日为本月最后一日的，至下月最后一日为一个月；下月同日不存在的，自本月某日至下月最后一日为一个月；半个月一律按十五日计算。

以年计算的刑期，自本年本月某日至次年同月同日的前一日为一年；次年同月同日不存在的，自本年本月某日至次年同月最后一日的前一日为一年。以月计算的刑期，自本月某日至下月同日的前一日为一个月；刑期起算日为本月最后一日的，至下月最后一日的前一日为一个月；下月同日不存在的，自本月某日至下月最后一日的前一日为一个月；半个月一律按十五日计算。

**第二百零三条**　当事人由于不能抗拒的原因或者有其他正当理由而耽误期限，依法申请继续进行应当在期满前完成的诉讼活动的，人民法院查证属实后，应当裁定准许。

**第二百零四条**　送达诉讼文书，应当由收件人签收。收件人不在的，可以由其成年家属或者所在单位负责收件的人员代收。收件人或者代收人在送达回证上签收的日期为送达日期。

收件人或者代收人拒绝签收的，送达人可以邀请见证人到场，说明情况，在送达回证上注明拒收的事由和日期，由送达人、见证人签名或者盖章，将诉讼文书留在收件人、代收人的住处或者单位；也可以把诉讼文书留在受送达人的住处，并采用拍照、录像等方式记录送达过程，即视为送达。

**第二百零五条**　直接送达诉讼文书有困难的，可以委托收件人所在地的人民法院代为送达或者邮寄送达。

**第二百零六条**　委托送达的，应当将委托函、委托送达的诉讼文书及送达回证寄送受托法院。受托法院收到后，应当登记，在十日以内送达收件人，并将送达回证寄送委托法院；无法送达的，应当告知委托法院，并将诉讼文书及送达回证退回。

**第二百零七条** 邮寄送达的，应当将诉讼文书、送达回证邮寄给收件人。签收日期为送达日期。

**第二百零八条** 诉讼文书的收件人是军人的，可以通过其所在部队团级以上单位的政治部门转交。

收件人正在服刑的，可以通过执行机关转交。

收件人正在接受专门矫治教育等的，可以通过相关机构转交。

由有关部门、单位代为转交诉讼文书的，应当请有关部门、单位收到后立即交收件人签收，并将送达回证及时寄送人民法院。

**第二百零九条** 指定管辖案件的审理期限，自被指定管辖的人民法院收到指定管辖决定书和案卷、证据材料之日起计算。

**第二百一十条** 对可能判处死刑的案件或者附带民事诉讼的案件，以及有刑事诉讼法第一百五十八条规定情形之一的案件，上一级人民法院可以批准延长审理期限一次，期限为三个月。因特殊情况还需要延长的，应当报请最高人民法院批准。

申请批准延长审理期限的，应当在期限届满十五日以前层报。有权决定的人民法院不同意的，应当在审理期限届满五日以前作出决定。

因特殊情况报请最高人民法院批准延长审理期限，最高人民法院经审查，予以批准的，可以延长审理期限一至三个月。期限届满案件仍然不能审结的，可以再次提出申请。

**第二百一十一条** 审判期间，对被告人作精神病鉴定的时间不计入审理期限。

## 第八章　审判组织

**第二百一十二条** 合议庭由审判员担任审判长。院长或者庭长参加审理案件时，由其本人担任审判长。

审判员依法独任审判时，行使与审判长相同的职权。

**第二百一十三条** 基层人民法院、中级人民法院、高级人民法院审判下列第一审刑事案件，由审判员和人民陪审员组成合议庭进行：

（一）涉及群体利益、公共利益的；

（二）人民群众广泛关注或者其他社会影响较大的；

（三）案情复杂或者有其他情形，需要由人民陪审员参加审判的。

基层人民法院、中级人民法院、高级人民法院审判下列第一审刑事案件，由审判员和人民陪审员组成七人合议庭进行：

（一）可能判处十年以上有期徒刑、无期徒刑、死刑，且社会影响重大的；

（二）涉及征地拆迁、生态环境保护、食品药品安全，且社会影响重大的；

（三）其他社会影响重大的。

**第二百一十四条** 开庭审理和评议案件，应当由同一合议庭进行。合议庭成员在评议案件时，应当独立发表意见并说明理由。意见分歧的，应当按多数意见作出决定，但少数意见应当记入笔录。评议笔录由合议庭的组成人员在审阅确认无误后签名。评议情况应当保密。

**第二百一十五条** 人民陪审员参加三人合议庭审判案件，应当对事实认定、法律适用独立发表意见，行使表决权。

人民陪审员参加七人合议庭审判案件，应当对事实认定独立发表意见，并与审判员共同表决；对法律适用可以发表意见，但不参加表决。

**第二百一十六条** 合议庭审理、评议后，应当及时作出判决、裁定。

对下列案件，合议庭应当提请院长决定提交审判委员会讨论决定：

（一）高级人民法院、中级人民法院拟判处死刑立即执行的案件，以及中级人民法院拟判处死刑缓期执行的案件；

（二）本院已经发生法律效力的判决、裁定确有错误需要再审的案件；

（三）人民检察院依照审判监督程序提出抗诉的案件。

对合议庭成员意见有重大分歧的案件、新类型案件、社会影响重大的案件以及其他疑难、复杂、重大的案件，合议庭认为难以作出决定的，可以提请院长决定提交审判委员会讨论决定。

人民陪审员可以要求合议庭将案件提请院长决定是否提交审判委员会讨论决定。

对提请院长决定提交审判委员会讨论决定的案件，院长认为不必要的，可以建议合议庭复议一次。

独任审判的案件，审判员认为有必要的，也可以提请院长决定提交审判委员会讨论决定。

**第二百一十七条** 审判委员会的决定，合议庭、独任审判员应当执行；有不同意见的，可以建议院长提交审判委员会复议。

## 第九章 公诉案件第一审普通程序

### 第一节 审查受理与庭前准备

**第二百一十八条** 对提起公诉的案件，人民法院应当在收到起诉书（一式八份，每增加一名被告人，增加起诉书五份）和案卷、证据后，审查以下内容：

（一）是否属于本院管辖；

（二）起诉书是否写明被告人的身份，是否受过或者正在接受刑事处罚、行政处罚、处分，被采取留置措施的情况，被采取强制措施的时间、种类、羁押地点，犯罪的时间、地点、手段、后果以及其他可能影响定罪量刑的情节；有多起犯罪事实的，是否在起诉书中将事实分别列明；

（三）是否移送证明指控犯罪事实及影响量刑的证据材料，包括采取技术调查、侦查措施的法律文书和所收集的证据材料；

（四）是否查封、扣押、冻结被告人的违法所得或者其他涉案财物，查封、扣押、冻结是否逾期；是否随案移送涉案财物、附涉案财物清单；是否列明涉案财物权属情况；是否就涉案财物处理提供相关证据材料；

（五）是否列明被害人的姓名、住址、联系方式；是否附有证人、鉴定人名单；是否申请法庭通知证人、鉴定人、有专门知识的人出庭，并列明有关人员的姓名、性别、年龄、职业、住址、联系方式；是否附有需要保护的证人、鉴定人、被害人名单；

（六）当事人已委托辩护人、诉讼代理人或者已接受法律援助的，是否列明辩护人、诉讼代理人的姓名、住址、联系方式；

（七）是否提起附带民事诉讼；提起附带民事诉讼的，是否列明附带民事诉讼当事人的姓名、住址、联系方式等，是否附有相关证据材料；

（八）监察调查、侦查、审查起诉程序的各种法律手续和诉讼文书是否齐全；

（九）被告人认罪认罚的，是否提出量刑建议、移送认罪认罚具结书等材料；

（十）有无刑事诉讼法第十六条第二项至第六项规定的不追究刑事责

任的情形。

**第二百一十九条** 人民法院对提起公诉的案件审查后，应当按照下列情形分别处理：

（一）不属于本院管辖的，应当退回人民检察院；

（二）属于刑事诉讼法第十六条第二项至第六项规定情形的，应当退回人民检察院；属于告诉才处理的案件，应当同时告知被害人有权提起自诉；

（三）被告人不在案的，应当退回人民检察院；但是，对人民检察院按照缺席审判程序提起公诉的，应当依照本解释第二十四章的规定作出处理；

（四）不符合前条第二项至第九项规定之一，需要补充材料的，应当通知人民检察院在三日以内补送；

（五）依照刑事诉讼法第二百条第三项规定宣告被告人无罪后，人民检察院根据新的事实、证据重新起诉的，应当依法受理；

（六）依照本解释第二百九十六条规定裁定准许撤诉的案件，没有新的影响定罪量刑的事实、证据，重新起诉的，应当退回人民检察院；

（七）被告人真实身份不明，但符合刑事诉讼法第一百六十条第二款规定的，应当依法受理。

对公诉案件是否受理，应当在七日以内审查完毕。

**第二百二十条** 对一案起诉的共同犯罪或者关联犯罪案件，被告人人数众多、案情复杂，人民法院经审查认为，分案审理更有利于保障庭审质量和效率的，可以分案审理。分案审理不得影响当事人质证权等诉讼权利的行使。

对分案起诉的共同犯罪或者关联犯罪案件，人民法院经审查认为，合并审理更有利于查明案件事实、保障诉讼权利、准确定罪量刑的，可以并案审理。

**第二百二十一条** 开庭审理前，人民法院应当进行下列工作：

（一）确定审判长及合议庭组成人员；

（二）开庭十日以前将起诉书副本送达被告人、辩护人；

（三）通知当事人、法定代理人、辩护人、诉讼代理人在开庭五日以前提供证人、鉴定人名单，以及拟当庭出示的证据；申请证人、鉴定人、有专门知识的人出庭的，应当列明有关人员的姓名、性别、年龄、职业、住址、联系方式；

（四）开庭三日以前将开庭的时间、地点通知人民检察院；

（五）开庭三日以前将传唤当事人的传票和通知辩护人、诉讼代理人、法定代理人、证人、鉴定人等出庭的通知书送达；通知有关人员出庭，也可以采取电话、短信、传真、电子邮件、即时通讯等能够确认对方收悉的方式；对被害人人数众多的涉众型犯罪案件，可以通过互联网公布相关文书，通知有关人员出庭；

（六）公开审理的案件，在开庭三日以前公布案由、被告人姓名、开庭时间和地点。

上述工作情况应当记录在案。

**第二百二十二条** 审判案件应当公开进行。

案件涉及国家秘密或者个人隐私的，不公开审理；涉及商业秘密，当事人提出申请的，法庭可以决定不公开审理。

不公开审理的案件，任何人不得旁听，但具有刑事诉讼法第二百八十五条规定情形的除外。

**第二百二十三条** 精神病人、醉酒的人、未经人民法院批准的未成年人以及其他不宜旁听的人不得旁听案件审理。

**第二百二十四条** 被害人人数众多，且案件不属于附带民事诉讼范围的，被害人可以推选若干代表人参加庭审。

**第二百二十五条** 被害人、诉讼代理人经传唤或者通知未到庭，不影响开庭审理的，人民法院可以开庭审理。

辩护人经通知未到庭，被告人同意的，人民法院可以开庭审理，但被告人属于应当提供法律援助情形的除外。

### 第二节 庭前会议与庭审衔接

**第二百二十六条** 案件具有下列情形之一的，人民法院可以决定召开庭前会议：

（一）证据材料较多、案情重大复杂的；

（二）控辩双方对事实、证据存在较大争议的；

（三）社会影响重大的；

（四）需要召开庭前会议的其他情形。

**第二百二十七条** 控辩双方可以申请人民法院召开庭前会议，提出申请应当说明理由。人民法院经审查认为有必要的，应当召开庭前会议；决定不召开的，应当告知申请人。

**第二百二十八条** 庭前会议可以就下列事项向控辩双方了解情况，听取意见：

（一）是否对案件管辖有异议；

（二）是否申请有关人员回避；

（三）是否申请不公开审理；

（四）是否申请排除非法证据；

（五）是否提供新的证据材料；

（六）是否申请重新鉴定或者勘验；

（七）是否申请收集、调取证明被告人无罪或者罪轻的证据材料；

（八）是否申请证人、鉴定人、有专门知识的人、调查人员、侦查人员或者其他人员出庭，是否对出庭人员名单有异议；

（九）是否对涉案财物的权属情况和人民检察院的处理建议有异议；

（十）与审判相关的其他问题。

庭前会议中，人民法院可以开展附带民事调解。

对第一款规定中可能导致庭审中断的程序性事项，人民法院可以在庭前会议后依法作出处理，并在庭审中说明处理决定和理由。控辩双方没有新的理由，在庭审中再次提出有关申请或者异议的，法庭可以在说明庭前会议情况和处理决定理由后，依法予以驳回。

庭前会议情况应当制作笔录，由参会人员核对后签名。

**第二百二十九条** 庭前会议中，审判人员可以询问控辩双方对证据材料有无异议，对有异议的证据，应当在庭审时重点调查；无异议的，庭审时举证、质证可以简化。

**第二百三十条** 庭前会议由审判长主持，合议庭其他审判员也可以主持庭前会议。

召开庭前会议应当通知公诉人、辩护人到场。

庭前会议准备就非法证据排除了解情况、听取意见，或者准备询问控辩双方对证据材料的意见的，应当通知被告人到场。有多名被告人的案件，可以根据情况确定参加庭前会议的被告人。

**第二百三十一条** 庭前会议一般不公开进行。

根据案件情况，庭前会议可以采用视频等方式进行。

**第二百三十二条** 人民法院在庭前会议中听取控辩双方对案件事实、证据材料的意见后，对明显事实不清、证据不足的案件，可以建议人民检察院补充材料或者撤回起诉。建议撤回起诉的案件，人民检察院不同意的，开庭审理后，没有新的事实和理由，一般不准许撤回起诉。

**第二百三十三条** 对召开庭前会议的案件，可以在开庭时告知庭前会议情况。对庭前会议中达成一致意见的事项，法庭在向控辩双方核实后，可以当庭予以确认；未达成一致意见的事项，法庭可以归纳控辩双方争议焦点，听取控辩双方意见，依法作出处理。

控辩双方在庭前会议中就有关事项达成一致意见，在庭审中反悔的，除有正当理由外，法庭一般不再进行处理。

## 第三节　宣布开庭与法庭调查

**第二百三十四条** 开庭审理前，书记员应当依次进行下列工作：

（一）受审判长委托，查明公诉人、当事人、辩护人、诉讼代理人、证人及其他诉讼参与人是否到庭；

（二）核实旁听人员中是否有证人、鉴定人、有专门知识的人；

（三）请公诉人、辩护人、诉讼代理人及其他诉讼参与人入庭；

（四）宣读法庭规则；

（五）请审判长、审判员、人民陪审员入庭；

（六）审判人员就座后，向审判长报告开庭前的准备工作已经就绪。

**第二百三十五条** 审判长宣布开庭，传被告人到庭后，应当查明被告人的下列情况：

（一）姓名、出生日期、民族、出生地、文化程度、职业、住址，或者被告单位的名称、住所地、法定代表人、实际控制人以及诉讼代表人的姓名、职务；

（二）是否受过刑事处罚、行政处罚、处分及其种类、时间；

（三）是否被采取留置措施及留置的时间，是否被采取强制措施及强制措施的种类、时间；

（四）收到起诉书副本的日期；有附带民事诉讼的，附带民事诉讼被告人收到附带民事起诉状的日期。

被告人较多的，可以在开庭前查明上述情况，但开庭时审判长应当作出说明。

**第二百三十六条** 审判长宣布案件的来源、起诉的案由、附带民事诉讼当事人的姓名及是否公开审理；不公开审理的，应当宣布理由。

**第二百三十七条** 审判长宣布合议庭组成人员、法官助理、书记员、公诉人的名单，以及辩护人、诉讼代理人、鉴定人、翻译人员等诉讼参与人的名单。

**第二百三十八条** 审判长应当告知当事人及其法定代理人、辩护人、诉讼代理人在法庭审理过程中依法享有下列诉讼权利：

（一）可以申请合议庭组成人员、法官助理、书记员、公诉人、鉴定人和翻译人员回避；

（二）可以提出证据，申请通知新的证人到庭、调取新的证据，申请重新鉴定或者勘验；

（三）被告人可以自行辩护；

（四）被告人可以在法庭辩论终结后作最后陈述。

**第二百三十九条** 审判长应当询问当事人及其法定代理人、辩护人、诉讼代理人是否申请回避、申请何人回避和申请回避的理由。

当事人及其法定代理人、辩护人、诉讼代理人申请回避的，依照刑事诉讼法及本解释的有关规定处理。

同意或者驳回回避申请的决定及复议决定，由审判长宣布，并说明理由。必要时，也可以由院长到庭宣布。

**第二百四十条** 审判长宣布法庭调查开始后，应当先由公诉人宣读起诉书；公诉人宣读起诉书后，审判长应当询问被告人对起诉书指控的犯罪事实和罪名有无异议。

有附带民事诉讼的，公诉人宣读起诉书后，由附带民事诉讼原告人或者其法定代理人、诉讼代理人宣读附带民事起诉状。

**第二百四十一条** 在审判长主持下，被告人、被害人可以就起诉书指控的犯罪事实分别陈述。

**第二百四十二条** 在审判长主持下，公诉人可以就起诉书指控的犯罪事实讯问被告人。

经审判长准许，被害人及其法定代理人、诉讼代理人可以就公诉人讯问的犯罪事实补充发问；附带民事诉讼原告人及其法定代理人、诉讼代理人可以就附带民事部分的事实向被告人发问；被告人的法定代理人、辩护人，附带民事诉讼被告人及其法定代理人、诉讼代理人可以在控诉方、附带民事诉讼原告方就某一问题讯问、发问完毕后向被告人发问。

根据案件情况，就证据问题对被告人的讯问、发问可以在举证、质证环节进行。

**第二百四十三条** 讯问同案审理的被告人，应当分别进行。

**第二百四十四条** 经审判长准许，控辩双方可以向被害人、附带民事诉讼原告人发问。

**第二百四十五条** 必要时，审判人员可以讯问被告人，也可以向被害人、附带民事诉讼当事人发问。

**第二百四十六条** 公诉人可以提请法庭通知证人、鉴定人、有专门知识的人、调查人员、侦查人员或者其他人员出庭，或者出示证据。被害人及其法定代理人、诉讼代理人，附带民事诉讼原告人及其诉讼代理人也可以提出申请。

在控诉方举证后，被告人及其法定代理人、辩护人可以提请法庭通知证人、鉴定人、有专门知识的人、调查人员、侦查人员或者其他人员出庭，或者出示证据。

**第二百四十七条** 控辩双方申请证人出庭作证，出示证据，应当说明证据的名称、来源和拟证明的事实。法庭认为有必要的，应当准许；对方提出异议，认为有关证据与案件无关或者明显重复、不必要，法庭经审查异议成立的，可以不予准许。

**第二百四十八条** 已经移送人民法院的案卷和证据材料，控辩双方需要出示的，可以向法庭提出申请，法庭可以准许。案卷和证据材料应当在质证后当庭归还。

需要播放录音录像或者需要将证据材料交由法庭、公诉人或者诉讼参与人查看的，法庭可以指令值庭法警或者相关人员予以协助。

**第二百四十九条** 公诉人、当事人或者辩护人、诉讼代理人对证人证言有异议，且该证人证言对定罪量刑有重大影响，或者对鉴定意见有异议，人民法院认为证人、鉴定人有必要出庭作证的，应当通知证人、鉴定人出庭。

控辩双方对侦破经过、证据来源、证据真实性或者合法性等有异议，申请调查人员、侦查人员或者有关人员出庭，人民法院认为有必要的，应当通知调查人员、侦查人员或者有关人员出庭。

**第二百五十条** 公诉人、当事人及其辩护人、诉讼代理人申请法庭通知有专门知识的人出庭，就鉴定意见提出意见的，应当说明理由。法庭认为有必要的，应当通知有专门知识的人出庭。

申请有专门知识的人出庭，不得超过二人。有多种类鉴定意见的，可以相应增加人数。

**第二百五十一条** 为查明案件事实、调查核实证据，人民法院可以依职权通知证人、鉴定人、有专门知识的人、调查人员、侦查人员或者其他人员出庭。

**第二百五十二条** 人民法院通知有关人员出庭的，可以要求控辩双方予以协助。

**第二百五十三条** 证人具有下列情形之一，无法出庭作证的，人民法院可以准许其不出庭：

（一）庭审期间身患严重疾病或者行动极为不便的；

（二）居所远离开庭地点且交通极为不便的；

（三）身处国外短期无法回国的；

（四）有其他客观原因，确实无法出庭的。

具有前款规定情形的，可以通过视频等方式作证。

**第二百五十四条** 证人出庭作证所支出的交通、住宿、就餐等费用，人民法院应当给予补助。

**第二百五十五条** 强制证人出庭的，应当由院长签发强制证人出庭令，由法警执行。必要时，可以商请公安机关协助。

**第二百五十六条** 证人、鉴定人、被害人因出庭作证，本人或者其近亲属的人身安全面临危险的，人民法院应当采取不公开其真实姓名、住址和工作单位等个人信息，或者不暴露其外貌、真实声音等保护措施。辩护律师经法庭许可，查阅对证人、鉴定人、被害人使用化名情况的，应当签署保密承诺书。

审判期间，证人、鉴定人、被害人提出保护请求的，人民法院应当立即审查；认为确有保护必要的，应当及时决定采取相应保护措施。必要时，可以商请公安机关协助。

**第二百五十七条** 决定对出庭作证的证人、鉴定人、被害人采取不公开个人信息的保护措施的，审判人员应当在开庭前核实其身份，对证人、鉴定人如实作证的保证书不得公开，在判决书、裁定书等法律文书中可以使用化名等代替其个人信息。

**第二百五十八条** 证人出庭的，法庭应当核实其身份、与当事人以及本案的关系，并告知其有关权利义务和法律责任。证人应当保证向法庭如实提供证言，并在保证书上签名。

**第二百五十九条** 证人出庭后，一般先向法庭陈述证言；其后，经审判长许可，由申请通知证人出庭的一方发问，发问完毕后，对方也可以发问。

法庭依职权通知证人出庭的，发问顺序由审判长根据案件情况确定。

**第二百六十条** 鉴定人、有专门知识的人、调查人员、侦查人员或者其他人员出庭的，参照适用前两条规定。

**第二百六十一条** 向证人发问应当遵循以下规则：

（一）发问的内容应当与本案事实有关；

（二）不得以诱导方式发问；

（三）不得威胁证人；

（四）不得损害证人的人格尊严。

对被告人、被害人、附带民事诉讼当事人、鉴定人、有专门知识的人、调查人员、侦查人员或者其他人员的讯问、发问，适用前款规定。

**第二百六十二条** 控辩双方的讯问、发问方式不当或者内容与本案无关的，对方可以提出异议，申请审判长制止，审判长应当判明情况予以支持或者驳回；对方未提出异议的，审判长也可以根据情况予以制止。

**第二百六十三条** 审判人员认为必要时，可以询问证人、鉴定人、有专门知识的人、调查人员、侦查人员或者其他人员。

**第二百六十四条** 向证人、调查人员、侦查人员发问应当分别进行。

**第二百六十五条** 证人、鉴定人、有专门知识的人、调查人员、侦查人员或者其他人员不得旁听对本案的审理。有关人员作证或者发表意见后，审判长应当告知其退庭。

**第二百六十六条** 审理涉及未成年人的刑事案件，询问未成年被害人、证人，通知未成年被害人、证人出庭作证，适用本解释第二十二章的有关规定。

**第二百六十七条** 举证方当庭出示证据后，由对方发表质证意见。

**第二百六十八条** 对可能影响定罪量刑的关键证据和控辩双方存在争议的证据，一般应当单独举证、质证，充分听取质证意见。

对控辩双方无异议的非关键证据，举证方可以仅就证据的名称及拟证明的事实作出说明。

召开庭前会议的案件，举证、质证可以按照庭前会议确定的方式进行。

根据案件和庭审情况，法庭可以对控辩双方的举证、质证方式进行必要的指引。

**第二百六十九条** 审理过程中，法庭认为有必要的，可以传唤同案被告人、分案审理的共同犯罪或者关联犯罪案件的被告人等到庭对质。

**第二百七十条** 当庭出示的证据，尚未移送人民法院的，应当在质证后当庭移交。

**第二百七十一条** 法庭对证据有疑问的，可以告知公诉人、当事人及其法定代理人、辩护人、诉讼代理人补充证据或者作出说明；必要时，可以宣布休庭，对证据进行调查核实。

对公诉人、当事人及其法定代理人、辩护人、诉讼代理人补充的和审判人员庭外调查核实取得的证据，应当经过当庭质证才能作为定案的根据。但是，对不影响定罪量刑的非关键证据、有利于被告人的量刑证据以及认定被告人有犯罪前科的裁判文书等证据，经庭外征求意见，控辩双方没有异议的除外。

有关情况，应当记录在案。

**第二百七十二条** 公诉人申请出示开庭前未移送或者提交人民法院的证据，辩护方提出异议的，审判长应当要求公诉人说明理由；理由成立并确有出示必要的，应当准许。

辩护方提出需要对新的证据作辩护准备的，法庭可以宣布休庭，并确定准备辩护的时间。

辩护方申请出示开庭前未提交的证据，参照适用前两款规定。

**第二百七十三条** 法庭审理过程中，控辩双方申请通知新的证人到庭，调取新的证据，申请重新鉴定或者勘验的，应当提供证人的基本信息、证据的存放地点，说明拟证明的事项，申请重新鉴定或者勘验的理由。法庭认为有必要的，应当同意，并宣布休庭；根据案件情况，可以决定延期审理。

人民法院决定重新鉴定的，应当及时委托鉴定，并将鉴定意见告知人民检察院、当事人及其辩护人、诉讼代理人。

**第二百七十四条** 审判期间，公诉人发现案件需要补充侦查，建议延期审理的，合议庭可以同意，但建议延期审理不得超过两次。

人民检察院将补充收集的证据移送人民法院的，人民法院应当通知辩护人、诉讼代理人查阅、摘抄、复制。

补充侦查期限届满后，人民检察院未将补充的证据材料移送人民法院的，人民法院可以根据在案证据作出判决、裁定。

**第二百七十五条** 人民法院向人民检察院调取需要调查核实的证据材料，或者根据被告人、辩护人的申请，向人民检察院调取在调查、侦查、审查起诉期间收集的有关被告人无罪或者罪轻的证据材料，应当通知人民检察院在收到调取证据材料决定书后三日以内移交。

**第二百七十六条** 法庭审理过程中，对与量刑有关的事实、证据，应当进行调查。

人民法院除应当审查被告人是否具有法定量刑情节外，还应当根据案件情况审查以下影响量刑的情节：

（一）案件起因；

（二）被害人有无过错及过错程度，是否对矛盾激化负有责任及责任大小；

（三）被告人的近亲属是否协助抓获被告人；

（四）被告人平时表现，有无悔罪态度；

（五）退赃、退赔及赔偿情况；

（六）被告人是否取得被害人或者其近亲属谅解；

（七）影响量刑的其他情节。

**第二百七十七条** 审判期间，合议庭发现被告人可能有自首、坦白、立功等法定量刑情节，而人民检察院移送的案卷中没有相关证据材料的，应当通知人民检察院在指定时间内移送。

审判期间，被告人提出新的立功线索的，人民法院可以建议人民检察院补充侦查。

**第二百七十八条** 对被告人认罪的案件，在确认被告人了解起诉书指控的犯罪事实和罪名，自愿认罪且知悉认罪的法律后果后，法庭调查可以主要围绕量刑和其他有争议的问题进行。

对被告人不认罪或者辩护人作无罪辩护的案件，法庭调查应当在查明定罪事实的基础上，查明有关量刑事实。

**第二百七十九条** 法庭审理过程中，应当对查封、扣押、冻结财物及其孳息的权属、来源等情况，是否属于违法所得或者依法应当追缴的其他涉案财物进行调查，由公诉人说明情况、出示证据、提出处理建议，并听取被告人、辩护人等诉讼参与人的意见。

案外人对查封、扣押、冻结的财物及其孳息提出权属异议的，人民法院应当听取案外人的意见；必要时，可以通知案外人出庭。

经审查，不能确认查封、扣押、冻结的财物及其孳息属于违法所得或者依法应当追缴的其他涉案财物的，不得没收。

## 第四节　法庭辩论与最后陈述

**第二百八十条**　合议庭认为案件事实已经调查清楚的，应当由审判长宣布法庭调查结束，开始就定罪、量刑、涉案财物处理的事实、证据、适用法律等问题进行法庭辩论。

**第二百八十一条**　法庭辩论应当在审判长的主持下，按照下列顺序进行：

（一）公诉人发言；

（二）被害人及其诉讼代理人发言；

（三）被告人自行辩护；

（四）辩护人辩护；

（五）控辩双方进行辩论。

**第二百八十二条**　人民检察院可以提出量刑建议并说明理由；建议判处管制、宣告缓刑的，一般应当附有调查评估报告，或者附有委托调查函。

当事人及其辩护人、诉讼代理人可以对量刑提出意见并说明理由。

**第二百八十三条**　对被告人认罪的案件，法庭辩论时，应当指引控辩双方主要围绕量刑和其他有争议的问题进行。

对被告人不认罪或者辩护人作无罪辩护的案件，法庭辩论时，可以指引控辩双方先辩论定罪问题，后辩论量刑和其他问题。

**第二百八十四条**　附带民事部分的辩论应当在刑事部分的辩论结束后进行，先由附带民事诉讼原告人及其诉讼代理人发言，后由附带民事诉讼被告人及其诉讼代理人答辩。

**第二百八十五条**　法庭辩论过程中，审判长应当充分听取控辩双方的意见，对控辩双方与案件无关、重复或者指责对方的发言应当提醒、制止。

**第二百八十六条** 法庭辩论过程中，合议庭发现与定罪、量刑有关的新的事实，有必要调查的，审判长可以宣布恢复法庭调查，在对新的事实调查后，继续法庭辩论。

**第二百八十七条** 审判长宣布法庭辩论终结后，合议庭应当保证被告人充分行使最后陈述的权利。

被告人在最后陈述中多次重复自己的意见的，法庭可以制止；陈述内容蔑视法庭、公诉人，损害他人及社会公共利益，或者与本案无关的，应当制止。

在公开审理的案件中，被告人最后陈述的内容涉及国家秘密、个人隐私或者商业秘密的，应当制止。

**第二百八十八条** 被告人在最后陈述中提出新的事实、证据，合议庭认为可能影响正确裁判的，应当恢复法庭调查；被告人提出新的辩解理由，合议庭认为可能影响正确裁判的，应当恢复法庭辩论。

**第二百八十九条** 公诉人当庭发表与起诉书不同的意见，属于变更、追加、补充或者撤回起诉的，人民法院应当要求人民检察院在指定时间内以书面方式提出；必要时，可以宣布休庭。人民检察院在指定时间内未提出的，人民法院应当根据法庭审理情况，就起诉书指控的犯罪事实依法作出判决、裁定。

人民检察院变更、追加、补充起诉的，人民法院应当给予被告人及其辩护人必要的准备时间。

**第二百九十条** 辩护人应当及时将书面辩护意见提交人民法院。

### 第五节　评议案件与宣告判决

**第二百九十一条** 被告人最后陈述后，审判长应当宣布休庭，由合议庭进行评议。

**第二百九十二条** 开庭审理的全部活动，应当由书记员制作笔录；笔录经审判长审阅后，分别由审判长和书记员签名。

**第二百九十三条** 法庭笔录应当在庭审后交由当事人、法定代理人、辩护人、诉讼代理人阅读或者向其宣读。

法庭笔录中的出庭证人、鉴定人、有专门知识的人、调查人员、侦查人员或者其他人员的证言、意见部分，应当在庭审后分别交由有关人员阅读或者向其宣读。

前两款所列人员认为记录有遗漏或者差错的，可以请求补充或者改正；确认无误后，应当签名；拒绝签名的，应当记录在案；要求改变庭审中陈述的，不予准许。

**第二百九十四条** 合议庭评议案件，应当根据已经查明的事实、证据和有关法律规定，在充分考虑控辩双方意见的基础上，确定被告人是否有罪、构成何罪，有无从重、从轻、减轻或者免除处罚情节，应否处以刑罚、判处何种刑罚，附带民事诉讼如何解决，查封、扣押、冻结的财物及其孳息如何处理等，并依法作出判决、裁定。

**第二百九十五条** 对第一审公诉案件，人民法院审理后，应当按照下列情形分别作出判决、裁定：

（一）起诉指控的事实清楚，证据确实、充分，依据法律认定指控被告人的罪名成立的，应当作出有罪判决；

（二）起诉指控的事实清楚，证据确实、充分，但指控的罪名不当的，应当依据法律和审理认定的事实作出有罪判决；

（三）案件事实清楚，证据确实、充分，依据法律认定被告人无罪的，应当判决宣告被告人无罪；

（四）证据不足，不能认定被告人有罪的，应当以证据不足、指控的犯罪不能成立，判决宣告被告人无罪；

（五）案件部分事实清楚，证据确实、充分的，应当作出有罪或者无罪的判决；对事实不清、证据不足部分，不予认定；

（六）被告人因未达到刑事责任年龄，不予刑事处罚的，应当判决宣告被告人不负刑事责任；

（七）被告人是精神病人，在不能辨认或者不能控制自己行为时造成危害结果，不予刑事处罚的，应当判决宣告被告人不负刑事责任；被告人符合强制医疗条件的，应当依照本解释第二十六章的规定进行审理并作出判决；

（八）犯罪已过追诉时效期限且不是必须追诉，或者经特赦令免除刑罚的，应当裁定终止审理；

（九）属于告诉才处理的案件，应当裁定终止审理，并告知被害人有权提起自诉；

（十）被告人死亡的，应当裁定终止审理；但有证据证明被告人无罪，经缺席审理确认无罪的，应当判决宣告被告人无罪。

对涉案财物，人民法院应当根据审理查明的情况，依照本解释第十八章的规定作出处理。

具有第一款第二项规定情形的，人民法院应当在判决前听取控辩双方的意见，保障被告人、辩护人充分行使辩护权。必要时，可以再次开庭，组织控辩双方围绕被告人的行为构成何罪及如何量刑进行辩论。

**第二百九十六条**　在开庭后、宣告判决前，人民检察院要求撤回起诉的，人民法院应当审查撤回起诉的理由，作出是否准许的裁定。

**第二百九十七条**　审判期间，人民法院发现新的事实，可能影响定罪量刑的，或者需要补查补证的，应当通知人民检察院，由其决定是否补充、变更、追加起诉或者补充侦查。

人民检察院不同意或者在指定时间内未回复书面意见的，人民法院应当就起诉指控的事实，依照本解释第二百九十五条的规定作出判决、裁定。

**第二百九十八条**　对依照本解释第二百一十九条第一款第五项规定受理的案件，人民法院应当在判决中写明被告人曾被人民检察院提起公诉，因证据不足，指控的犯罪不能成立，被人民法院依法判决宣告无罪的情况；前案依照刑事诉讼法第二百条第三项规定作出的判决不予撤销。

**第二百九十九条**　合议庭成员、法官助理、书记员应当在评议笔录上签名，在判决书、裁定书等法律文书上署名。

**第三百条**　裁判文书应当写明裁判依据，阐释裁判理由，反映控辩双方的意见并说明采纳或者不予采纳的理由。

适用普通程序审理的被告人认罪的案件，裁判文书可以适当简化。

**第三百零一条**　庭审结束后、评议前，部分合议庭成员不能继续履行审判职责的，人民法院应当依法更换合议庭组成人员，重新开庭审理。

评议后、宣判前，部分合议庭成员因调动、退休等正常原因不能参加宣判，在不改变原评议结论的情况下，可以由审判本案的其他审判员宣判，裁判文书上仍署审判本案的合议庭成员的姓名。

**第三百零二条**　当庭宣告判决的，应当在五日以内送达判决书。定期宣告判决的，应当在宣判前，先期公告宣判的时间和地点，传唤当事人并通知公诉人、法定代理人、辩护人和诉讼代理人；判决宣告后，应当立即送达判决书。

**第三百零三条** 判决书应当送达人民检察院、当事人、法定代理人、辩护人、诉讼代理人，并可以送达被告人的近亲属。被害人死亡，其近亲属申请领取判决书的，人民法院应当及时提供。

判决生效后，还应当送达被告人的所在单位或者户籍地的公安派出所，或者被告单位的注册登记机关。被告人系外国人，且在境内有居住地的，应当送达居住地的公安派出所。

**第三百零四条** 宣告判决，一律公开进行。宣告判决结果时，法庭内全体人员应当起立。

公诉人、辩护人、诉讼代理人、被害人、自诉人或者附带民事诉讼原告人未到庭的，不影响宣判的进行。

### 第六节 法庭纪律与其他规定

**第三百零五条** 在押被告人出庭受审时，不着监管机构的识别服。

庭审期间不得对被告人使用戒具，但法庭认为其人身危险性大，可能危害法庭安全的除外。

**第三百零六条** 庭审期间，全体人员应当服从法庭指挥，遵守法庭纪律，尊重司法礼仪，不得实施下列行为：

（一）鼓掌、喧哗、随意走动；

（二）吸烟、进食；

（三）拨打、接听电话，或者使用即时通讯工具；

（四）对庭审活动进行录音、录像、拍照或者使用即时通讯工具等传播庭审活动；

（五）其他危害法庭安全或者扰乱法庭秩序的行为。

旁听人员不得进入审判活动区，不得随意站立、走动，不得发言和提问。

记者经许可实施第一款第四项规定的行为，应当在指定的时间及区域进行，不得干扰庭审活动。

**第三百零七条** 有关人员危害法庭安全或者扰乱法庭秩序的，审判长应当按照下列情形分别处理：

（一）情节较轻的，应当警告制止；根据具体情况，也可以进行训诫；

（二）训诫无效的，责令退出法庭；拒不退出的，指令法警强行带出法庭；

（三）情节严重的，报经院长批准后，可以对行为人处一千元以下的罚款或者十五日以下的拘留。

未经许可对庭审活动进行录音、录像、拍照或者使用即时通讯工具等传播庭审活动的，可以暂扣相关设备及存储介质，删除相关内容。

有关人员对罚款、拘留的决定不服的，可以直接向上一级人民法院申请复议，也可以通过决定罚款、拘留的人民法院向上一级人民法院申请复议。通过决定罚款、拘留的人民法院申请复议的，该人民法院应当自收到复议申请之日起三日以内，将复议申请、罚款或者拘留决定书和有关事实、证据材料一并报上一级人民法院复议。复议期间，不停止决定的执行。

**第三百零八条**　担任辩护人、诉讼代理人的律师严重扰乱法庭秩序，被强行带出法庭或者被处以罚款、拘留的，人民法院应当通报司法行政机关，并可以建议依法给予相应处罚。

**第三百零九条**　实施下列行为之一，危害法庭安全或者扰乱法庭秩序，构成犯罪的，依法追究刑事责任：

（一）非法携带枪支、弹药、管制刀具或者爆炸性、易燃性、毒害性、放射性以及传染病病原体等危险物质进入法庭；

（二）哄闹、冲击法庭；

（三）侮辱、诽谤、威胁、殴打司法工作人员或者诉讼参与人；

（四）毁坏法庭设施，抢夺、损毁诉讼文书、证据；

（五）其他危害法庭安全或者扰乱法庭秩序的行为。

**第三百一十条**　辩护人严重扰乱法庭秩序，被责令退出法庭、强行带出法庭或者被处以罚款、拘留，被告人自行辩护的，庭审继续进行；被告人要求另行委托辩护人，或者被告人属于应当提供法律援助情形的，应当宣布休庭。

辩护人、诉讼代理人被责令退出法庭、强行带出法庭或者被处以罚款后，具结保证书，保证服从法庭指挥、不再扰乱法庭秩序的，经法庭许可，可以继续担任辩护人、诉讼代理人。

辩护人、诉讼代理人具有下列情形之一的，不得继续担任同一案件的辩护人、诉讼代理人：

（一）擅自退庭的；

（二）无正当理由不出庭或者不按时出庭，严重影响审判顺利进行的；

（三）被拘留或者具结保证书后再次被责令退出法庭、强行带出法庭的。

**第三百一十一条** 被告人在一个审判程序中更换辩护人一般不得超过两次。

被告人当庭拒绝辩护人辩护，要求另行委托辩护人或者指派律师的，合议庭应当准许。被告人拒绝辩护人辩护后，没有辩护人的，应当宣布休庭；仍有辩护人的，庭审可以继续进行。

有多名被告人的案件，部分被告人拒绝辩护人辩护后，没有辩护人的，根据案件情况，可以对该部分被告人另案处理，对其他被告人的庭审继续进行。

重新开庭后，被告人再次当庭拒绝辩护人辩护的，可以准许，但被告人不得再次另行委托辩护人或者要求另行指派律师，由其自行辩护。

被告人属于应当提供法律援助的情形，重新开庭后再次当庭拒绝辩护人辩护的，不予准许。

**第三百一十二条** 法庭审理过程中，辩护人拒绝为被告人辩护，有正当理由的，应当准许；是否继续庭审，参照适用前条规定。

**第三百一十三条** 依照前两条规定另行委托辩护人或者通知法律援助机构指派律师的，自案件宣布休庭之日起至第十五日止，由辩护人准备辩护，但被告人及其辩护人自愿缩短时间的除外。

庭审结束后、判决宣告前另行委托辩护人的，可以不重新开庭；辩护人提交书面辩护意见的，应当接受。

**第三百一十四条** 有多名被告人的案件，部分被告人具有刑事诉讼法第二百零六条第一款规定情形的，人民法院可以对全案中止审理；根据案件情况，也可以对该部分被告人中止审理，对其他被告人继续审理。

对中止审理的部分被告人，可以根据案件情况另案处理。

**第三百一十五条** 人民检察院认为人民法院审理案件违反法定程序，在庭审后提出书面纠正意见，人民法院认为正确的，应当采纳。

## 第十章 自诉案件第一审程序

**第三百一十六条** 人民法院受理自诉案件必须符合下列条件：

（一）符合刑事诉讼法第二百一十条、本解释第一条的规定；

（二）属于本院管辖；

（三）被害人告诉；

（四）有明确的被告人、具体的诉讼请求和证明被告人犯罪事实的证据。

**第三百一十七条** 本解释第一条规定的案件，如果被害人死亡、丧失行为能力或者因受强制、威吓等无法告诉，或者是限制行为能力人以及因年老、患病、盲、聋、哑等不能亲自告诉，其法定代理人、近亲属告诉或者代为告诉的，人民法院应当依法受理。

被害人的法定代理人、近亲属告诉或者代为告诉的，应当提供与被害人关系的证明和被害人不能亲自告诉的原因的证明。

**第三百一十八条** 提起自诉应当提交刑事自诉状；同时提起附带民事诉讼的，应当提交刑事附带民事自诉状。

**第三百一十九条** 自诉状一般应当包括以下内容：

（一）自诉人（代为告诉人）、被告人的姓名、性别、年龄、民族、出生地、文化程度、职业、工作单位、住址、联系方式；

（二）被告人实施犯罪的时间、地点、手段、情节和危害后果等；

（三）具体的诉讼请求；

（四）致送的人民法院和具状时间；

（五）证据的名称、来源等；

（六）证人的姓名、住址、联系方式等。

对两名以上被告人提出告诉的，应当按照被告人的人数提供自诉状副本。

**第三百二十条** 对自诉案件，人民法院应当在十五日以内审查完毕。经审查，符合受理条件的，应当决定立案，并书面通知自诉人或者代为告诉人。

具有下列情形之一的，应当说服自诉人撤回起诉；自诉人不撤回起诉的，裁定不予受理：

（一）不属于本解释第一条规定的案件的；

（二）缺乏罪证的；

（三）犯罪已过追诉时效期限的；

（四）被告人死亡的；

（五）被告人下落不明的；

（六）除因证据不足而撤诉的以外，自诉人撤诉后，就同一事实又告诉的；

（七）经人民法院调解结案后，自诉人反悔，就同一事实再行告诉的；

（八）属于本解释第一条第二项规定的案件，公安机关正在立案侦查或者人民检察院正在审查起诉的；

（九）不服人民检察院对未成年犯罪嫌疑人作出的附条件不起诉决定或者附条件不起诉考验期满后作出的不起诉决定，向人民法院起诉的。

**第三百二十一条** 对已经立案，经审查缺乏罪证的自诉案件，自诉人提不出补充证据的，人民法院应当说服其撤回起诉或者裁定驳回起诉；自诉人撤回起诉或者被驳回起诉后，又提出了新的足以证明被告人有罪的证据，再次提起自诉的，人民法院应当受理。

**第三百二十二条** 自诉人对不予受理或者驳回起诉的裁定不服的，可以提起上诉。

第二审人民法院查明第一审人民法院作出的不予受理裁定有错误的，应当在撤销原裁定的同时，指令第一审人民法院立案受理；查明第一审人民法院驳回起诉裁定有错误的，应当在撤销原裁定的同时，指令第一审人民法院进行审理。

**第三百二十三条** 自诉人明知有其他共同侵害人，但只对部分侵害人提起自诉的，人民法院应当受理，并告知其放弃告诉的法律后果；自诉人放弃告诉，判决宣告后又对其他共同侵害人就同一事实提起自诉的，人民法院不予受理。

共同被害人中只有部分人告诉的，人民法院应当通知其他被害人参加诉讼，并告知其不参加诉讼的法律后果。被通知人接到通知后表示不参加诉讼或者不出庭的，视为放弃告诉。第一审宣判后，被通知人就同一事实又提起自诉的，人民法院不予受理。但是，当事人另行提起民事诉讼的，不受本解释限制。

**第三百二十四条** 被告人实施两个以上犯罪行为，分别属于公诉案件和自诉案件，人民法院可以一并审理。对自诉部分的审理，适用本章的规定。

**第三百二十五条** 自诉案件当事人因客观原因不能取得的证据，申请人民法院调取的，应当说明理由，并提供相关线索或者材料。人民法院认为有必要的，应当及时调取。

对通过信息网络实施的侮辱、诽谤行为，被害人向人民法院告诉，但提供证据确有困难的，人民法院可以要求公安机关提供协助。

**第三百二十六条** 对犯罪事实清楚，有足够证据的自诉案件，应当开庭审理。

**第三百二十七条** 自诉案件符合简易程序适用条件的，可以适用简易程序审理。

不适用简易程序审理的自诉案件，参照适用公诉案件第一审普通程序的有关规定。

**第三百二十八条** 人民法院审理自诉案件，可以在查明事实、分清是非的基础上，根据自愿、合法的原则进行调解。调解达成协议的，应当制作刑事调解书，由审判人员、法官助理、书记员署名，并加盖人民法院印章。调解书经双方当事人签收后，即具有法律效力。调解没有达成协议，或者调解书签收前当事人反悔的，应当及时作出判决。

刑事诉讼法第二百一十条第三项规定的案件不适用调解。

**第三百二十九条** 判决宣告前，自诉案件的当事人可以自行和解，自诉人可以撤回自诉。

人民法院经审查，认为和解、撤回自诉确属自愿的，应当裁定准许；认为系被强迫、威吓等，并非自愿的，不予准许。

**第三百三十条** 裁定准许撤诉的自诉案件，被告人被采取强制措施的，人民法院应当立即解除。

**第三百三十一条** 自诉人经两次传唤，无正当理由拒不到庭，或者未经法庭准许中途退庭的，人民法院应当裁定按撤诉处理。

部分自诉人撤诉或者被裁定按撤诉处理的，不影响案件的继续审理。

**第三百三十二条** 被告人在自诉案件审判期间下落不明的，人民法院可以裁定中止审理；符合条件的，可以对被告人依法决定逮捕。

**第三百三十三条** 对自诉案件，应当参照刑事诉讼法第二百条和本解释第二百九十五条的有关规定作出判决。对依法宣告无罪的案件，有附带民事诉讼的，其附带民事部分可以依法进行调解或者一并作出判决，也可以告知附带民事诉讼原告人另行提起民事诉讼。

**第三百三十四条** 告诉才处理和被害人有证据证明的轻微刑事案件的被告人或者其法定代理人在诉讼过程中，可以对自诉人提起反诉。反诉必须符合下列条件：

（一）反诉的对象必须是本案自诉人；

（二）反诉的内容必须是与本案有关的行为；

（三）反诉的案件必须符合本解释第一条第一项、第二项的规定。

反诉案件适用自诉案件的规定，应当与自诉案件一并审理。自诉人撤诉的，不影响反诉案件的继续审理。

## 第十一章　单位犯罪案件的审理

**第三百三十五条**　人民法院受理单位犯罪案件，除依照本解释第二百一十八条的有关规定进行审查外，还应当审查起诉书是否列明被告单位的名称、住所地、联系方式，法定代表人、实际控制人、主要负责人以及代表被告单位出庭的诉讼代表人的姓名、职务、联系方式。需要人民检察院补充材料的，应当通知人民检察院在三日以内补送。

**第三百三十六条**　被告单位的诉讼代表人，应当是法定代表人、实际控制人或者主要负责人；法定代表人、实际控制人或者主要负责人被指控为单位犯罪直接责任人员或者因客观原因无法出庭的，应当由被告单位委托其他负责人或者职工作为诉讼代表人。但是，有关人员被指控为单位犯罪直接责任人员或者知道案件情况、负有作证义务的除外。

依据前款规定难以确定诉讼代表人的，可以由被告单位委托律师等单位以外的人员作为诉讼代表人。

诉讼代表人不得同时担任被告单位或者被指控为单位犯罪直接责任人员的有关人员的辩护人。

**第三百三十七条**　开庭审理单位犯罪案件，应当通知被告单位的诉讼代表人出庭；诉讼代表人不符合前条规定的，应当要求人民检察院另行确定。

被告单位的诉讼代表人不出庭的，应当按照下列情形分别处理：

（一）诉讼代表人系被告单位的法定代表人、实际控制人或者主要负责人，无正当理由拒不出庭的，可以拘传其到庭；因客观原因无法出庭，或者下落不明的，应当要求人民检察院另行确定诉讼代表人；

（二）诉讼代表人系其他人员的，应当要求人民检察院另行确定诉讼代表人。

**第三百三十八条**　被告单位的诉讼代表人享有刑事诉讼法规定的有关被告人的诉讼权利。开庭时，诉讼代表人席位置于审判台前左侧，与辩护人席并列。

**第三百三十九条** 被告单位委托辩护人的，参照适用本解释的有关规定。

**第三百四十条** 对应当认定为单位犯罪的案件，人民检察院只作为自然人犯罪起诉的，人民法院应当建议人民检察院对犯罪单位追加起诉。人民检察院仍以自然人犯罪起诉的，人民法院应当依法审理，按照单位犯罪直接负责的主管人员或者其他直接责任人员追究刑事责任，并援引刑法分则关于追究单位犯罪中直接负责的主管人员和其他直接责任人员刑事责任的条款。

**第三百四十一条** 被告单位的违法所得及其他涉案财物，尚未被依法追缴或者查封、扣押、冻结的，人民法院应当决定追缴或者查封、扣押、冻结。

**第三百四十二条** 为保证判决的执行，人民法院可以先行查封、扣押、冻结被告单位的财产，或者由被告单位提出担保。

**第三百四十三条** 采取查封、扣押、冻结等措施，应当严格依照法定程序进行，最大限度降低对被告单位正常生产经营活动的影响。

**第三百四十四条** 审判期间，被告单位被吊销营业执照、宣告破产但尚未完成清算、注销登记的，应当继续审理；被告单位被撤销、注销的，对单位犯罪直接负责的主管人员和其他直接责任人员应当继续审理。

**第三百四十五条** 审判期间，被告单位合并、分立的，应当将原单位列为被告单位，并注明合并、分立情况。对被告单位所判处的罚金以其在新单位的财产及收益为限。

**第三百四十六条** 审理单位犯罪案件，本章没有规定的，参照适用本解释的有关规定。

## 第十二章 认罪认罚案件的审理

**第三百四十七条** 刑事诉讼法第十五条规定的“认罪”，是指犯罪嫌疑人、被告人自愿如实供述自己的罪行，对指控的犯罪事实没有异议。

刑事诉讼法第十五条规定的“认罚”，是指犯罪嫌疑人、被告人真诚悔罪，愿意接受处罚。

被告人认罪认罚的，可以依照刑事诉讼法第十五条的规定，在程序上从简、实体上从宽处理。

**第三百四十八条** 对认罪认罚案件，应当根据案件情况，依法适用速裁程序、简易程序或者普通程序审理。

**第三百四十九条** 对人民检察院提起公诉的认罪认罚案件，人民法院应当重点审查以下内容：

（一）人民检察院讯问犯罪嫌疑人时，是否告知其诉讼权利和认罪认罚的法律规定；

（二）是否随案移送听取犯罪嫌疑人、辩护人或者值班律师、被害人及其诉讼代理人意见的笔录；

（三）被告人与被害人达成调解、和解协议或者取得被害人谅解的，是否随案移送调解、和解协议、被害人谅解书等相关材料；

（四）需要签署认罪认罚具结书的，是否随案移送具结书。

未随案移送前款规定的材料的，应当要求人民检察院补充。

**第三百五十条** 人民法院应当将被告人认罪认罚作为其是否具有社会危险性的重要考虑因素。被告人罪行较轻，采用非羁押性强制措施足以防止发生社会危险性的，应当依法适用非羁押性强制措施。

**第三百五十一条** 对认罪认罚案件，法庭审理时应当告知被告人享有的诉讼权利和认罪认罚的法律规定，审查认罪认罚的自愿性和认罪认罚具结书内容的真实性、合法性。

**第三百五十二条** 对认罪认罚案件，人民检察院起诉指控的事实清楚，但指控的罪名与审理认定的罪名不一致的，人民法院应当听取人民检察院、被告人及其辩护人对审理认定罪名的意见，依法作出判决。

**第三百五十三条** 对认罪认罚案件，人民法院经审理认为量刑建议明显不当，或者被告人、辩护人对量刑建议提出异议的，人民检察院可以调整量刑建议。人民检察院不调整或者调整后仍然明显不当的，人民法院应当依法作出判决。

适用速裁程序审理认罪认罚案件，需要调整量刑建议的，应当在庭前或者当庭作出调整；调整量刑建议后，仍然符合速裁程序适用条件的，继续适用速裁程序审理。

**第三百五十四条** 对量刑建议是否明显不当，应当根据审理认定的犯罪事实、认罪认罚的具体情况，结合相关犯罪的法定刑、类似案件的刑罚适用等作出审查判断。

**第三百五十五条** 对认罪认罚案件，人民法院一般应当对被告人从轻处罚；符合非监禁刑适用条件的，应当适用非监禁刑；具有法定减轻处罚情节的，可以减轻处罚。

对认罪认罚案件，应当根据被告人认罪认罚的阶段早晚以及认罪认罚的主动性、稳定性、彻底性等，在从宽幅度上体现差异。

共同犯罪案件，部分被告人认罪认罚的，可以依法对该部分被告人从宽处罚，但应当注意全案的量刑平衡。

**第三百五十六条** 被告人在人民检察院提起公诉前未认罪认罚，在审判阶段认罪认罚的，人民法院可以不再通知人民检察院提出或者调整量刑建议。

对前款规定的案件，人民法院应当就定罪量刑听取控辩双方意见，根据刑事诉讼法第十五条和本解释第三百五十五条的规定作出判决。

**第三百五十七条** 对被告人在第一审程序中未认罪认罚，在第二审程序中认罪认罚的案件，应当根据其认罪认罚的具体情况决定是否从宽，并依法作出裁判。确定从宽幅度时应当与第一审程序认罪认罚有所区别。

**第三百五十八条** 案件审理过程中，被告人不再认罪认罚的，人民法院应当根据审理查明的事实，依法作出裁判。需要转换程序的，依照本解释的相关规定处理。

## 第十三章 简易程序

**第三百五十九条** 基层人民法院受理公诉案件后，经审查认为案件事实清楚、证据充分的，在将起诉书副本送达被告人时，应当询问被告人对指控的犯罪事实的意见，告知其适用简易程序的法律规定。被告人对指控的犯罪事实没有异议并同意适用简易程序的，可以决定适用简易程序，并在开庭前通知人民检察院和辩护人。

对人民检察院建议或者被告人及其辩护人申请适用简易程序审理的案件，依照前款规定处理；不符合简易程序适用条件的，应当通知人民检察院或者被告人及其辩护人。

**第三百六十条** 具有下列情形之一的，不适用简易程序：

（一）被告人是盲、聋、哑人的；

（二）被告人是尚未完全丧失辨认或者控制自己行为能力的精神病人的；

（三）案件有重大社会影响的；

（四）共同犯罪案件中部分被告人不认罪或者对适用简易程序有异

议的；

（五）辩护人作无罪辩护的；

（六）被告人认罪但经审查认为可能不构成犯罪的；

（七）不宜适用简易程序审理的其他情形。

**第三百六十一条** 适用简易程序审理的案件，符合刑事诉讼法第三十五条第一款规定的，人民法院应当告知被告人及其近亲属可以申请法律援助。

**第三百六十二条** 适用简易程序审理案件，人民法院应当在开庭前将开庭的时间、地点通知人民检察院、自诉人、被告人、辩护人，也可以通知其他诉讼参与人。

通知可以采用简便方式，但应当记录在案。

**第三百六十三条** 适用简易程序审理案件，被告人有辩护人的，应当通知其出庭。

**第三百六十四条** 适用简易程序审理案件，审判长或者独任审判员应当当庭询问被告人对指控的犯罪事实的意见，告知被告人适用简易程序审理的法律规定，确认被告人是否同意适用简易程序。

**第三百六十五条** 适用简易程序审理案件，可以对庭审作如下简化：

（一）公诉人可以摘要宣读起诉书；

（二）公诉人、辩护人、审判人员对被告人的讯问、发问可以简化或者省略；

（三）对控辩双方无异议的证据，可以仅就证据的名称及所证明的事项作出说明；对控辩双方有异议或者法庭认为有必要调查核实的证据，应当出示，并进行质证；

（四）控辩双方对与定罪量刑有关的事实、证据没有异议的，法庭审理可以直接围绕罪名确定和量刑问题进行。

适用简易程序审理案件，判决宣告前应当听取被告人的最后陈述。

**第三百六十六条** 适用简易程序独任审判过程中，发现对被告人可能判处的有期徒刑超过三年的，应当转由合议庭审理。

**第三百六十七条** 适用简易程序审理案件，裁判文书可以简化。

适用简易程序审理案件，一般应当当庭宣判。

**第三百六十八条** 适用简易程序审理案件，在法庭审理过程中，具有下列情形之一的，应当转为普通程序审理：

（一）被告人的行为可能不构成犯罪的；

（二）被告人可能不负刑事责任的；

（三）被告人当庭对起诉指控的犯罪事实予以否认的；

（四）案件事实不清、证据不足的；

（五）不应当或者不宜适用简易程序的其他情形。

决定转为普通程序审理的案件，审理期限应当从作出决定之日起计算。

## 第十四章　速裁程序

**第三百六十九条**　对人民检察院在提起公诉时建议适用速裁程序的案件，基层人民法院经审查认为案件事实清楚，证据确实、充分，可能判处三年有期徒刑以下刑罚的，在将起诉书副本送达被告人时，应当告知被告人适用速裁程序的法律规定，询问其是否同意适用速裁程序。被告人同意适用速裁程序的，可以决定适用速裁程序，并在开庭前通知人民检察院和辩护人。

对人民检察院未建议适用速裁程序的案件，人民法院经审查认为符合速裁程序适用条件的，可以决定适用速裁程序，并在开庭前通知人民检察院和辩护人。

被告人及其辩护人可以向人民法院提出适用速裁程序的申请。

**第三百七十条**　具有下列情形之一的，不适用速裁程序：

（一）被告人是盲、聋、哑人的；

（二）被告人是尚未完全丧失辨认或者控制自己行为能力的精神病人的；

（三）被告人是未成年人的；

（四）案件有重大社会影响的；

（五）共同犯罪案件中部分被告人对指控的犯罪事实、罪名、量刑建议或者适用速裁程序有异议的；

（六）被告人与被害人或者其法定代理人没有就附带民事诉讼赔偿等事项达成调解、和解协议的；

（七）辩护人作无罪辩护的；

（八）其他不宜适用速裁程序的情形。

**第三百七十一条**　适用速裁程序审理案件，人民法院应当在开庭前将开庭的时间、地点通知人民检察院、被告人、辩护人，也可以通知其他诉讼参与人。

通知可以采用简便方式，但应当记录在案。

**第三百七十二条** 适用速裁程序审理案件，可以集中开庭，逐案审理。公诉人简要宣读起诉书后，审判人员应当当庭询问被告人对指控事实、证据、量刑建议以及适用速裁程序的意见，核实具结书签署的自愿性、真实性、合法性，并核实附带民事诉讼赔偿等情况。

**第三百七十三条** 适用速裁程序审理案件，一般不进行法庭调查、法庭辩论，但在判决宣告前应当听取辩护人的意见和被告人的最后陈述。

**第三百七十四条** 适用速裁程序审理案件，裁判文书可以简化。

适用速裁程序审理案件，应当当庭宣判。

**第三百七十五条** 适用速裁程序审理案件，在法庭审理过程中，具有下列情形之一的，应当转为普通程序或者简易程序审理：

（一）被告人的行为可能不构成犯罪或者不应当追究刑事责任的；

（二）被告人违背意愿认罪认罚的；

（三）被告人否认指控的犯罪事实的；

（四）案件疑难、复杂或者对适用法律有重大争议的；

（五）其他不宜适用速裁程序的情形。

**第三百七十六条** 决定转为普通程序或者简易程序审理的案件，审理期限应当从作出决定之日起计算。

**第三百七十七条** 适用速裁程序审理的案件，第二审人民法院依照刑事诉讼法第二百三十六条第一款第三项的规定发回原审人民法院重新审判的，原审人民法院应当适用第一审普通程序重新审判。

## 第十五章　第二审程序

**第三百七十八条** 地方各级人民法院在宣告第一审判决、裁定时，应当告知被告人、自诉人及其法定代理人不服判决和准许撤回起诉、终止审理等裁定的，有权在法定期限内以书面或者口头形式，通过本院或者直接向上一级人民法院提出上诉；被告人的辩护人、近亲属经被告人同意，也可以提出上诉；附带民事诉讼当事人及其法定代理人，可以对判决、裁定中的附带民事部分提出上诉。

被告人、自诉人、附带民事诉讼当事人及其法定代理人是否提出上诉，以其在上诉期满前最后一次的意思表示为准。

**第三百七十九条** 人民法院受理的上诉案件，一般应当有上诉状正本及副本。

上诉状内容一般包括：第一审判决书、裁定书的文号和上诉人收到的时间，第一审人民法院的名称，上诉的请求和理由，提出上诉的时间。被告人的辩护人、近亲属经被告人同意提出上诉的，还应当写明其与被告人的关系，并应当以被告人作为上诉人。

**第三百八十条** 上诉、抗诉必须在法定期限内提出。不服判决的上诉、抗诉的期限为十日；不服裁定的上诉、抗诉的期限为五日。上诉、抗诉的期限，从接到判决书、裁定书的第二日起计算。

对附带民事判决、裁定的上诉、抗诉期限，应当按照刑事部分的上诉、抗诉期限确定。附带民事部分另行审判的，上诉期限也应当按照刑事诉讼法规定的期限确定。

**第三百八十一条** 上诉人通过第一审人民法院提出上诉的，第一审人民法院应当审查。上诉符合法律规定的，应当在上诉期满后三日以内将上诉状连同案卷、证据移送上一级人民法院，并将上诉状副本送交同级人民检察院和对方当事人。

**第三百八十二条** 上诉人直接向第二审人民法院提出上诉的，第二审人民法院应当在收到上诉状后三日以内将上诉状交第一审人民法院。第一审人民法院应当审查上诉是否符合法律规定。符合法律规定的，应当在接到上诉状后三日以内将上诉状连同案卷、证据移送上一级人民法院，并将上诉状副本送交同级人民检察院和对方当事人。

**第三百八十三条** 上诉人在上诉期限内要求撤回上诉的，人民法院应当准许。

上诉人在上诉期满后要求撤回上诉的，第二审人民法院经审查，认为原判认定事实和适用法律正确，量刑适当的，应当裁定准许；认为原判确有错误的，应当不予准许，继续按照上诉案件审理。

被判处死刑立即执行的被告人提出上诉，在第二审开庭后宣告裁判前申请撤回上诉的，应当不予准许，继续按照上诉案件审理。

**第三百八十四条** 地方各级人民检察院对同级人民法院第一审判决、裁定的抗诉，应当通过第一审人民法院提交抗诉书。第一审人民法院应当在抗诉期满后三日以内将抗诉书连同案卷、证据移送上一级人民法院，并将抗诉书副本送交当事人。

**第三百八十五条** 人民检察院在抗诉期限内要求撤回抗诉的，人民法院应当准许。

人民检察院在抗诉期满后要求撤回抗诉的，第二审人民法院可以裁定准许，但是认为原判存在将无罪判为有罪、轻罪重判等情形的，应当不予准许，继续审理。

上级人民检察院认为下级人民检察院抗诉不当，向第二审人民法院要求撤回抗诉的，适用前两款规定。

**第三百八十六条** 在上诉、抗诉期满前撤回上诉、抗诉的，第一审判决、裁定在上诉、抗诉期满之日起生效。在上诉、抗诉期满后要求撤回上诉、抗诉，第二审人民法院裁定准许的，第一审判决、裁定应当自第二审裁定书送达上诉人或者抗诉机关之日起生效。

**第三百八十七条** 第二审人民法院对第一审人民法院移送的上诉、抗诉案卷、证据，应当审查是否包括下列内容：

（一）移送上诉、抗诉案件函；

（二）上诉状或者抗诉书；

（三）第一审判决书、裁定书八份（每增加一名被告人增加一份）及其电子文本；

（四）全部案卷、证据，包括案件审理报告和其他应当移送的材料。

前款所列材料齐全的，第二审人民法院应当收案；材料不全的，应当通知第一审人民法院及时补送。

**第三百八十八条** 第二审人民法院审理上诉、抗诉案件，应当就第一审判决、裁定认定的事实和适用法律进行全面审查，不受上诉、抗诉范围的限制。

**第三百八十九条** 共同犯罪案件，只有部分被告人提出上诉，或者自诉人只对部分被告人的判决提出上诉，或者人民检察院只对部分被告人的判决提出抗诉的，第二审人民法院应当对全案进行审查，一并处理。

**第三百九十条** 共同犯罪案件，上诉的被告人死亡，其他被告人未上诉的，第二审人民法院应当对死亡的被告人终止审理；但有证据证明被告人无罪，经缺席审理确认无罪的，应当判决宣告被告人无罪。

具有前款规定的情形，第二审人民法院仍应对全案进行审查，对其他同案被告人作出判决、裁定。

**第三百九十一条** 对上诉、抗诉案件，应当着重审查下列内容：

（一）第一审判决认定的事实是否清楚，证据是否确实、充分；

（二）第一审判决适用法律是否正确，量刑是否适当；

（三）在调查、侦查、审查起诉、第一审程序中，有无违反法定程序的情形；

（四）上诉、抗诉是否提出新的事实、证据；

（五）被告人的供述和辩解情况；

（六）辩护人的辩护意见及采纳情况；

（七）附带民事部分的判决、裁定是否合法、适当；

（八）对涉案财物的处理是否正确；

（九）第一审人民法院合议庭、审判委员会讨论的意见。

**第三百九十二条** 第二审期间，被告人除自行辩护外，还可以继续委托第一审辩护人或者另行委托辩护人辩护。

共同犯罪案件，只有部分被告人提出上诉，或者自诉人只对部分被告人的判决提出上诉，或者人民检察院只对部分被告人的判决提出抗诉的，其他同案被告人也可以委托辩护人辩护。

**第三百九十三条** 下列案件，根据刑事诉讼法第二百三十四条的规定，应当开庭审理：

（一）被告人、自诉人及其法定代理人对第一审认定的事实、证据提出异议，可能影响定罪量刑的上诉案件；

（二）被告人被判处死刑的上诉案件；

（三）人民检察院抗诉的案件；

（四）应当开庭审理的其他案件。

被判处死刑的被告人没有上诉，同案的其他被告人上诉的案件，第二审人民法院应当开庭审理。

**第三百九十四条** 对上诉、抗诉案件，第二审人民法院经审查，认为原判事实不清、证据不足，或者具有刑事诉讼法第二百三十八条规定的违反法定诉讼程序情形，需要发回重新审判的，可以不开庭审理。

**第三百九十五条** 第二审期间，人民检察院或者被告人及其辩护人提交新证据的，人民法院应当及时通知对方查阅、摘抄或者复制。

**第三百九十六条** 开庭审理第二审公诉案件，应当在决定开庭审理后及时通知人民检察院查阅案卷。自通知后的第二日起，人民检察院查阅案卷的时间不计入审理期限。

**第三百九十七条** 开庭审理上诉、抗诉的公诉案件，应当通知同级人民检察院派员出庭。

抗诉案件，人民检察院接到开庭通知后不派员出庭，且未说明原因的，人民法院可以裁定按人民检察院撤回抗诉处理。

**第三百九十八条** 开庭审理上诉、抗诉案件，除参照适用第一审程序的有关规定外，应当按照下列规定进行：

(一) 法庭调查阶段，审判人员宣读第一审判决书、裁定书后，上诉案件由上诉人或者辩护人先宣读上诉状或者陈述上诉理由，抗诉案件由检察员先宣读抗诉书；既有上诉又有抗诉的案件，先由检察员宣读抗诉书，再由上诉人或者辩护人宣读上诉状或者陈述上诉理由；

(二) 法庭辩论阶段，上诉案件，先由上诉人、辩护人发言，后由检察员、诉讼代理人发言；抗诉案件，先由检察员、诉讼代理人发言，后由被告人、辩护人发言；既有上诉又有抗诉的案件，先由检察员、诉讼代理人发言，后由上诉人、辩护人发言。

**第三百九十九条** 开庭审理上诉、抗诉案件，可以重点围绕对第一审判决、裁定有争议的问题或者有疑问的部分进行。根据案件情况，可以按照下列方式审理：

(一) 宣读第一审判决书，可以只宣读案由、主要事实、证据名称和判决主文等；

(二) 法庭调查应当重点围绕对第一审判决提出异议的事实、证据以及新的证据等进行；对没有异议的事实、证据和情节，可以直接确认；

(三) 对同案审理案件中未上诉的被告人，未被申请出庭或者人民法院认为没有必要到庭的，可以不再传唤到庭；

(四) 被告人犯有数罪的案件，对其中事实清楚且无异议的犯罪，可以不在庭审时审理。

同案审理的案件，未提出上诉、人民检察院也未对其判决提出抗诉的被告人要求出庭的，应当准许。出庭的被告人可以参加法庭调查和辩论。

**第四百条** 第二审案件依法不开庭审理的，应当讯问被告人，听取其他当事人、辩护人、诉讼代理人的意见。合议庭全体成员应当阅卷，必要时应当提交书面阅卷意见。

**第四百零一条** 审理被告人或者其法定代理人、辩护人、近亲属提出上诉的案件，不得对被告人的刑罚作出实质不利的改判，并应当执行下列规定：

（一）同案审理的案件，只有部分被告人上诉的，既不得加重上诉人的刑罚，也不得加重其他同案被告人的刑罚；

（二）原判认定的罪名不当的，可以改变罪名，但不得加重刑罚或者对刑罚执行产生不利影响；

（三）原判认定的罪数不当的，可以改变罪数，并调整刑罚，但不得加重决定执行的刑罚或者对刑罚执行产生不利影响；

（四）原判对被告人宣告缓刑的，不得撤销缓刑或者延长缓刑考验期；

（五）原判没有宣告职业禁止、禁止令的，不得增加宣告；原判宣告职业禁止、禁止令的，不得增加内容、延长期限；

（六）原判对被告人判处死刑缓期执行没有限制减刑、决定终身监禁的，不得限制减刑、决定终身监禁；

（七）原判判处的刑罚不当、应当适用附加刑而没有适用的，不得直接加重刑罚、适用附加刑。原判判处的刑罚畸轻，必须依法改判的，应当在第二审判决、裁定生效后，依照审判监督程序重新审判。

人民检察院抗诉或者自诉人上诉的案件，不受前款规定的限制。

**第四百零二条** 人民检察院只对部分被告人的判决提出抗诉，或者自诉人只对部分被告人的判决提出上诉的，第二审人民法院不得对其他同案被告人加重刑罚。

**第四百零三条** 被告人或者其法定代理人、辩护人、近亲属提出上诉，人民检察院未提出抗诉的案件，第二审人民法院发回重新审判后，除有新的犯罪事实且人民检察院补充起诉的以外，原审人民法院不得加重被告人的刑罚。

对前款规定的案件，原审人民法院对上诉发回重新审判的案件依法作出判决后，人民检察院抗诉的，第二审人民法院不得改判为重于原审人民法院第一次判处的刑罚。

**第四百零四条** 第二审人民法院认为第一审判决事实不清、证据不足的，可以在查清事实后改判，也可以裁定撤销原判，发回原审人民法院重新审判。

有多名被告人的案件，部分被告人的犯罪事实不清、证据不足或者有新的犯罪事实需要追诉，且有关犯罪与其他同案被告人没有关联的，第二审人民法院根据案件情况，可以对该部分被告人分案处理，将该部分被告人发回原审人民法院重新审判。原审人民法院重新作出判决后，被告人上诉或者人民检察院抗诉，其他被告人的案件尚未作出第二审判决、裁定的，第二审人民法院可以并案审理。

**第四百零五条** 原判事实不清、证据不足，第二审人民法院发回重新审判的案件，原审人民法院重新作出判决后，被告人上诉或者人民检察院抗诉的，第二审人民法院应当依法作出判决、裁定，不得再发回重新审判。

**第四百零六条** 第二审人民法院发现原审人民法院在重新审判过程中，有刑事诉讼法第二百三十八条规定的情形之一，或者违反第二百三十九条规定的，应当裁定撤销原判，发回重新审判。

**第四百零七条** 第二审人民法院审理对刑事部分提出上诉、抗诉，附带民事部分已经发生法律效力的案件，发现第一审判决、裁定中的附带民事部分确有错误的，应当依照审判监督程序对附带民事部分予以纠正。

**第四百零八条** 刑事附带民事诉讼案件，只有附带民事诉讼当事人及其法定代理人上诉的，第一审刑事部分的判决在上诉期满后即发生法律效力。

应当送监执行的第一审刑事被告人是第二审附带民事诉讼被告人的，在第二审附带民事诉讼案件审结前，可以暂缓送监执行。

**第四百零九条** 第二审人民法院审理对附带民事部分提出上诉，刑事部分已经发生法律效力的案件，应当对全案进行审查，并按照下列情形分别处理：

（一）第一审判决的刑事部分并无不当的，只需就附带民事部分作出处理；

（二）第一审判决的刑事部分确有错误的，依照审判监督程序对刑事部分进行再审，并将附带民事部分与刑事部分一并审理。

**第四百一十条** 第二审期间，第一审附带民事诉讼原告人增加独立的诉讼请求或者第一审附带民事诉讼被告人提出反诉的，第二审人民法院可以根据自愿、合法的原则进行调解；调解不成的，告知当事人另行起诉。

**第四百一十一条** 对第二审自诉案件，必要时可以调解，当事人也可以自行和解。调解结案的，应当制作调解书，第一审判决、裁定视为自动撤销。当事人自行和解的，依照本解释第三百二十九条的规定处理；裁定准许撤回自诉的，应当撤销第一审判决、裁定。

**第四百一十二条** 第二审期间，自诉案件的当事人提出反诉的，应当告知其另行起诉。

**第四百一十三条** 第二审人民法院可以委托第一审人民法院代为宣判，并向当事人送达第二审判决书、裁定书。第一审人民法院应当在代为宣判后五日以内将宣判笔录送交第二审人民法院，并在送达完毕后及时将送达回证送交第二审人民法院。

委托宣判的，第二审人民法院应当直接向同级人民检察院送达第二审判决书、裁定书。

第二审判决、裁定是终审的判决、裁定的，自宣告之日起发生法律效力。

## 第十六章 在法定刑以下判处刑罚和特殊假释的核准

**第四百一十四条** 报请最高人民法院核准在法定刑以下判处刑罚的案件，应当按照下列情形分别处理：

（一）被告人未上诉、人民检察院未抗诉的，在上诉、抗诉期满后三日以内报请上一级人民法院复核。上级人民法院同意原判的，应当书面层报最高人民法院核准；不同意的，应当裁定发回重新审判，或者按照第二审程序提审；

（二）被告人上诉或者人民检察院抗诉的，上一级人民法院维持原判，或者改判后仍在法定刑以下判处刑罚的，应当依照前项规定层报最高人民法院核准。

**第四百一十五条** 对符合刑法第六十三条第二款规定的案件，第一审人民法院未在法定刑以下判处刑罚的，第二审人民法院可以在法定刑以下判处刑罚，并层报最高人民法院核准。

**第四百一十六条** 报请最高人民法院核准在法定刑以下判处刑罚的案件，应当报送判决书、报请核准的报告各五份，以及全部案卷、证据。

**第四百一十七条** 对在法定刑以下判处刑罚的案件，最高人民法院予以核准的，应当作出核准裁定书；不予核准的，应当作出不核准裁定书，并撤销原判决、裁定，发回原审人民法院重新审判或者指定其他下级人民法院重新审判。

**第四百一十八条** 依照本解释第四百一十四条、第四百一十七条规定发回第二审人民法院重新审判的案件，第二审人民法院可以直接改判；必须通过开庭查清事实、核实证据或者纠正原审程序违法的，应当开庭审理。

**第四百一十九条** 最高人民法院和上级人民法院复核在法定刑以下判处刑罚案件的审理期限，参照适用刑事诉讼法第二百四十三条的规定。

**第四百二十条** 报请最高人民法院核准因罪犯具有特殊情况，不受执行刑期限制的假释案件，应当按照下列情形分别处理：

（一）中级人民法院依法作出假释裁定后，应当报请高级人民法院复核。高级人民法院同意的，应当书面报请最高人民法院核准；不同意的，应当裁定撤销中级人民法院的假释裁定；

（二）高级人民法院依法作出假释裁定的，应当报请最高人民法院核准。

**第四百二十一条** 报请最高人民法院核准因罪犯具有特殊情况，不受执行刑期限制的假释案件，应当报送报请核准的报告、罪犯具有特殊情况的报告、假释裁定书各五份，以及全部案卷。

**第四百二十二条** 对因罪犯具有特殊情况，不受执行刑期限制的假释案件，最高人民法院予以核准的，应当作出核准裁定书；不予核准的，应当作出不核准裁定书，并撤销原裁定。

## 第十七章　死刑复核程序

**第四百二十三条** 报请最高人民法院核准死刑的案件，应当按照下列情形分别处理：

（一）中级人民法院判处死刑的第一审案件，被告人未上诉、人民检察院未抗诉的，在上诉、抗诉期满后十日以内报请高级人民法院复核。高级人民法院同意判处死刑的，应当在作出裁定后十日以内报请最高人民法院核准；认为原判认定的某一具体事实或者引用的法律条款等存在瑕疵，但判处被告人死刑并无不当的，可以在纠正后作出核准的判决、裁定；不同意判处死刑的，应当依照第二审程序提审或者发回重新审判；

（二）中级人民法院判处死刑的第一审案件，被告人上诉或者人民检察院抗诉，高级人民法院裁定维持的，应当在作出裁定后十日以内报请最高人民法院核准；

（三）高级人民法院判处死刑的第一审案件，被告人未上诉、人民检察院未抗诉的，应当在上诉、抗诉期满后十日以内报请最高人民法院核准。

高级人民法院复核死刑案件，应当讯问被告人。

**第四百二十四条** 中级人民法院判处死刑缓期执行的第一审案件，被告人未上诉、人民检察院未抗诉的，应当报请高级人民法院核准。

高级人民法院复核死刑缓期执行案件，应当讯问被告人。

**第四百二十五条** 报请复核的死刑、死刑缓期执行案件，应当一案一报。报送的材料包括报请复核的报告，第一、二审裁判文书，案件综合报告各五份以及全部案卷、证据。案件综合报告，第一、二审裁判文书和审理报告应当附送电子文本。

同案审理的案件应当报送全案案卷、证据。

曾经发回重新审判的案件，原第一、二审案卷应当一并报送。

**第四百二十六条** 报请复核死刑、死刑缓期执行的报告，应当写明案由、简要案情、审理过程和判决结果。

案件综合报告应当包括以下内容：

（一）被告人、被害人的基本情况。被告人有前科或者曾受过行政处罚、处分的，应当写明；

（二）案件的由来和审理经过。案件曾经发回重新审判的，应当写明发回重新审判的原因、时间、案号等；

（三）案件侦破情况。通过技术调查、侦查措施抓获被告人、侦破案件，以及与自首、立功认定有关的情况，应当写明；

（四）第一审审理情况。包括控辩双方意见，第一审认定的犯罪事实，合议庭和审判委员会意见；

（五）第二审审理或者高级人民法院复核情况。包括上诉理由、人民检察院的意见，第二审审理或者高级人民法院复核认定的事实，证据采信情况及理由，控辩双方意见及采纳情况；

（六）需要说明的问题。包括共同犯罪案件中另案处理的同案犯的处理情况，案件有无重大社会影响，以及当事人的反应等情况；

（七）处理意见。写明合议庭和审判委员会的意见。

**第四百二十七条** 复核死刑、死刑缓期执行案件，应当全面审查以下内容：

（一）被告人的年龄，被告人有无刑事责任能力、是否系怀孕的妇女；

(二)原判认定的事实是否清楚,证据是否确实、充分;

(三)犯罪情节、后果及危害程度;

(四)原判适用法律是否正确,是否必须判处死刑,是否必须立即执行;

(五)有无法定、酌定从重、从轻或者减轻处罚情节;

(六)诉讼程序是否合法;

(七)应当审查的其他情况。

复核死刑、死刑缓期执行案件,应当重视审查被告人及其辩护人的辩解、辩护意见。

**第四百二十八条** 高级人民法院复核死刑缓期执行案件,应当按照下列情形分别处理:

(一)原判认定事实和适用法律正确、量刑适当、诉讼程序合法的,应当裁定核准;

(二)原判认定的某一具体事实或者引用的法律条款等存在瑕疵,但判处被告人死刑缓期执行并无不当的,可以在纠正后作出核准的判决、裁定;

(三)原判认定事实正确,但适用法律有错误,或者量刑过重的,应当改判;

(四)原判事实不清、证据不足的,可以裁定不予核准,并撤销原判,发回重新审判,或者依法改判;

(五)复核期间出现新的影响定罪量刑的事实、证据的,可以裁定不予核准,并撤销原判,发回重新审判,或者依照本解释第二百七十一条的规定审理后依法改判;

(六)原审违反法定诉讼程序,可能影响公正审判的,应当裁定不予核准,并撤销原判,发回重新审判。

复核死刑缓期执行案件,不得加重被告人的刑罚。

**第四百二十九条** 最高人民法院复核死刑案件,应当按照下列情形分别处理:

(一)原判认定事实和适用法律正确、量刑适当、诉讼程序合法的,应当裁定核准;

(二)原判认定的某一具体事实或者引用的法律条款等存在瑕疵,但判处被告人死刑并无不当的,可以在纠正后作出核准的判决、裁定;

（三）原判事实不清、证据不足的，应当裁定不予核准，并撤销原判，发回重新审判；

（四）复核期间出现新的影响定罪量刑的事实、证据的，应当裁定不予核准，并撤销原判，发回重新审判；

（五）原判认定事实正确、证据充分，但依法不应当判处死刑的，应当裁定不予核准，并撤销原判，发回重新审判；根据案件情况，必要时，也可以依法改判；

（六）原审违反法定诉讼程序，可能影响公正审判的，应当裁定不予核准，并撤销原判，发回重新审判。

**第四百三十条** 最高人民法院裁定不予核准死刑的，根据案件情况，可以发回第二审人民法院或者第一审人民法院重新审判。

对最高人民法院发回第二审人民法院重新审判的案件，第二审人民法院一般不得发回第一审人民法院重新审判。

第一审人民法院重新审判的，应当开庭审理。第二审人民法院重新审判的，可以直接改判；必须通过开庭查清事实、核实证据或者纠正原审程序违法的，应当开庭审理。

**第四百三十一条** 高级人民法院依照复核程序审理后报请最高人民法院核准死刑，最高人民法院裁定不予核准，发回高级人民法院重新审判的，高级人民法院可以依照第二审程序提审或者发回重新审判。

**第四百三十二条** 最高人民法院裁定不予核准死刑，发回重新审判的案件，原审人民法院应当另行组成合议庭审理，但本解释第四百二十九条第四项、第五项规定的案件除外。

**第四百三十三条** 依照本解释第四百三十条、第四百三十一条发回重新审判的案件，第一审人民法院判处死刑、死刑缓期执行的，上一级人民法院依照第二审程序或者复核程序审理后，应当依法作出判决或者裁定，不得再发回重新审判。但是，第一审人民法院有刑事诉讼法第二百三十八条规定的情形或者违反刑事诉讼法第二百三十九条规定的除外。

**第四百三十四条** 死刑复核期间，辩护律师要求当面反映意见的，最高人民法院有关合议庭应当在办公场所听取其意见，并制作笔录；辩护律师提出书面意见的，应当附卷。

**第四百三十五条** 死刑复核期间，最高人民检察院提出意见的，最高人民法院应当审查，并将采纳情况及理由反馈最高人民检察院。

**第四百三十六条** 最高人民法院应当根据有关规定向最高人民检察院通报死刑案件复核结果。

## 第十八章 涉案财物处理

**第四百三十七条** 人民法院对查封、扣押、冻结的涉案财物及其孳息，应当妥善保管，并制作清单，附卷备查；对人民检察院随案移送的实物，应当根据清单核查后妥善保管。任何单位和个人不得挪用或者自行处理。

查封不动产、车辆、船舶、航空器等财物，应当扣押其权利证书，经拍照或者录像后原地封存，或者交持有人、被告人的近亲属保管，登记并写明财物的名称、型号、权属、地址等详细信息，并通知有关财物的登记、管理部门办理查封登记手续。

扣押物品，应当登记并写明物品名称、型号、规格、数量、重量、质量、成色、纯度、颜色、新旧程度、缺损特征和来源等。扣押货币、有价证券，应当登记并写明货币、有价证券的名称、数额、面额等，货币应当存入银行专门账户，并登记银行存款凭证的名称、内容。扣押文物、金银、珠宝、名贵字画等贵重物品以及违禁品，应当拍照，需要鉴定的，应当及时鉴定。对扣押的物品应当根据有关规定及时估价。

冻结存款、汇款、债券、股票、基金份额等财产，应当登记并写明编号、种类、面值、张数、金额等。

**第四百三十八条** 对被害人的合法财产，权属明确的，应当依法及时返还，但须经拍照、鉴定、估价，并在案卷中注明返还的理由，将原物照片、清单和被害人的领取手续附卷备查；权属不明的，应当在人民法院判决、裁定生效后，按比例返还被害人，但已获退赔的部分应予扣除。

**第四百三十九条** 审判期间，对不宜长期保存、易贬值或者市场价格波动大的财产，或者有效期即将届满的票据等，经权利人申请或者同意，并经院长批准，可以依法先行处置，所得款项由人民法院保管。

涉案财物先行处置应当依法、公开、公平。

**第四百四十条** 对作为证据使用的实物，应当随案移送。第一审判决、裁定宣告后，被告人上诉或者人民检察院抗诉的，第一审人民法院应当将上述证据移送第二审人民法院。

**第四百四十一条** 对实物未随案移送的，应当根据情况，分别审查以下内容：

（一）大宗的、不便搬运的物品，是否随案移送查封、扣押清单，并附原物照片和封存手续，注明存放地点等；

（二）易腐烂、霉变和不易保管的物品，查封、扣押机关变卖处理后，是否随案移送原物照片、清单、变价处理的凭证（复印件）等；

（三）枪支弹药、剧毒物品、易燃易爆物品以及其他违禁品、危险物品，查封、扣押机关根据有关规定处理后，是否随案移送原物照片和清单等。

上述未随案移送的实物，应当依法鉴定、估价的，还应当审查是否附有鉴定、估价意见。

对查封、扣押的货币、有价证券等，未移送实物的，应当审查是否附有原物照片、清单或者其他证明文件。

**第四百四十二条** 法庭审理过程中，应当依照本解释第二百七十九条的规定，依法对查封、扣押、冻结的财物及其孳息进行审查。

**第四百四十三条** 被告人将依法应当追缴的涉案财物用于投资或者置业的，对因此形成的财产及其收益，应当追缴。

被告人将依法应当追缴的涉案财物与其他合法财产共同用于投资或者置业的，对因此形成的财产中与涉案财物对应的份额及其收益，应当追缴。

**第四百四十四条** 对查封、扣押、冻结的财物及其孳息，应当在判决书中写明名称、金额、数量、存放地点及其处理方式等。涉案财物较多，不宜在判决主文中详细列明的，可以附清单。

判决追缴违法所得或者责令退赔的，应当写明追缴、退赔的金额或者财物的名称、数量等情况；已经发还的，应当在判决书中写明。

**第四百四十五条** 查封、扣押、冻结的财物及其孳息，经审查，确属违法所得或者依法应当追缴的其他涉案财物的，应当判决返还被害人，或者没收上缴国库，但法律另有规定的除外。

对判决时尚未追缴到案或者尚未足额退赔的违法所得，应当判决继续追缴或者责令退赔。

判决返还被害人的涉案财物，应当通知被害人认领；无人认领的，应当公告通知；公告满一年无人认领的，应当上缴国库；上缴国库后有人认领，经查证属实的，应当申请退库予以返还；原物已经拍卖、变卖的，应当返还价款。

对侵犯国有财产的案件，被害单位已经终止且没有权利义务继受人，或者损失已经被核销的，查封、扣押、冻结的财物及其孳息应当上缴国库。

**第四百四十六条** 第二审期间，发现第一审判决未对随案移送的涉案财物及其孳息作出处理的，可以裁定撤销原判，发回原审人民法院重新审判，由原审人民法院依法对涉案财物及其孳息一并作出处理。

判决生效后，发现原判未对随案移送的涉案财物及其孳息作出处理的，由原审人民法院依法对涉案财物及其孳息另行作出处理。

**第四百四十七条** 随案移送的或者人民法院查封、扣押的财物及其孳息，由第一审人民法院在判决生效后负责处理。

实物未随案移送、由扣押机关保管的，人民法院应当在判决生效后十日以内，将判决书、裁定书送达扣押机关，并告知其在一个月以内将执行回单送回，确因客观原因无法按时完成的，应当说明原因。

**第四百四十八条** 对冻结的存款、汇款、债券、股票、基金份额等财产判决没收的，第一审人民法院应当在判决生效后，将判决书、裁定书送达相关金融机构和财政部门，通知相关金融机构依法上缴国库并在接到执行通知书后十五日以内，将上缴国库的凭证、执行回单送回。

**第四百四十九条** 查封、扣押、冻结的财物与本案无关但已列入清单的，应当由查封、扣押、冻结机关依法处理。

查封、扣押、冻结的财物属于被告人合法所有的，应当在赔偿被害人损失、执行财产刑后及时返还被告人。

**第四百五十条** 查封、扣押、冻结财物及其处理，本解释没有规定的，参照适用其他司法解释的有关规定。

## 第十九章　审判监督程序

**第四百五十一条** 当事人及其法定代理人、近亲属对已经发生法律效力的判决、裁定提出申诉的，人民法院应当审查处理。

案外人认为已经发生法律效力的判决、裁定侵害其合法权益，提出申诉的，人民法院应当审查处理。

申诉可以委托律师代为进行。

**第四百五十二条** 向人民法院申诉，应当提交以下材料：

（一）申诉状。应当写明当事人的基本情况、联系方式以及申诉的事实与理由；

（二）原一、二审判决书、裁定书等法律文书。经过人民法院复查或者再审的，应当附有驳回申诉通知书、再审决定书、再审判决书、裁定书；

（三）其他相关材料。以有新的证据证明原判决、裁定认定的事实确有错误为由申诉的，应当同时附有相关证据材料；申请人民法院调查取证的，应当附有相关线索或者材料。

申诉符合前款规定的，人民法院应当出具收到申诉材料的回执。申诉不符合前款规定的，人民法院应当告知申诉人补充材料；申诉人拒绝补充必要材料且无正当理由的，不予审查。

**第四百五十三条** 申诉由终审人民法院审查处理。但是，第二审人民法院裁定准许撤回上诉的案件，申诉人对第一审判决提出申诉的，可以由第一审人民法院审查处理。

上一级人民法院对未经终审人民法院审查处理的申诉，可以告知申诉人向终审人民法院提出申诉，或者直接交终审人民法院审查处理，并告知申诉人；案件疑难、复杂、重大的，也可以直接审查处理。

对未经终审人民法院及其上一级人民法院审查处理，直接向上级人民法院申诉的，上级人民法院应当告知申诉人向下级人民法院提出。

**第四百五十四条** 最高人民法院或者上级人民法院可以指定终审人民法院以外的人民法院对申诉进行审查。被指定的人民法院审查后，应当制作审查报告，提出处理意见，层报最高人民法院或者上级人民法院审查处理。

**第四百五十五条** 对死刑案件的申诉，可以由原核准的人民法院直接审查处理，也可以交由原审人民法院审查。原审人民法院应当制作审查报告，提出处理意见，层报原核准的人民法院审查处理。

**第四百五十六条** 对立案审查的申诉案件，人民法院可以听取当事人和原办案单位的意见，也可以对原判据以定罪量刑的证据和新的证据进行核实。必要时，可以进行听证。

**第四百五十七条** 对立案审查的申诉案件，应当在三个月以内作出决定，至迟不得超过六个月。因案件疑难、复杂、重大或者其他特殊原因需要延长审查期限的，参照本解释第二百一十条的规定处理。

经审查，具有下列情形之一的，应当根据刑事诉讼法第二百五十三条的规定，决定重新审判：

（一）有新的证据证明原判决、裁定认定的事实确有错误，可能影响定罪量刑的；

（二）据以定罪量刑的证据不确实、不充分、依法应当排除的；

（三）证明案件事实的主要证据之间存在矛盾的；

（四）主要事实依据被依法变更或者撤销的；

（五）认定罪名错误的；

（六）量刑明显不当的；

（七）对违法所得或者其他涉案财物的处理确有明显错误的；

（八）违反法律关于溯及力规定的；

（九）违反法定诉讼程序，可能影响公正裁判的；

（十）审判人员在审理该案件时有贪污受贿、徇私舞弊、枉法裁判行为的。

申诉不具有上述情形的，应当说服申诉人撤回申诉；对仍然坚持申诉的，应当书面通知驳回。

**第四百五十八条**　具有下列情形之一，可能改变原判决、裁定据以定罪量刑的事实的证据，应当认定为刑事诉讼法第二百五十三条第一项规定的“新的证据”：

（一）原判决、裁定生效后新发现的证据；

（二）原判决、裁定生效前已经发现，但未予收集的证据；

（三）原判决、裁定生效前已经收集，但未经质证的证据；

（四）原判决、裁定所依据的鉴定意见，勘验、检查等笔录被改变或者否定的；

（五）原判决、裁定所依据的被告人供述、证人证言等证据发生变化，影响定罪量刑，且有合理理由的。

**第四百五十九条**　申诉人对驳回申诉不服的，可以向上一级人民法院申诉。上一级人民法院经审查认为申诉不符合刑事诉讼法第二百五十三条和本解释第四百五十七条第二款规定的，应当说服申诉人撤回申诉；对仍然坚持申诉的，应当驳回或者通知不予重新审判。

**第四百六十条**　各级人民法院院长发现本院已经发生法律效力的判决、裁定确有错误的，应当提交审判委员会讨论决定是否再审。

**第四百六十一条** 上级人民法院发现下级人民法院已经发生法律效力的判决、裁定确有错误的，可以指令下级人民法院再审；原判决、裁定认定事实正确但适用法律错误，或者案件疑难、复杂、重大，或者有不宜由原审人民法院审理情形的，也可以提审。

上级人民法院指令下级人民法院再审的，一般应当指令原审人民法院以外的下级人民法院审理；由原审人民法院审理更有利于查明案件事实、纠正裁判错误的，可以指令原审人民法院审理。

**第四百六十二条** 对人民检察院依照审判监督程序提出抗诉的案件，人民法院应当在收到抗诉书后一个月以内立案。但是，有下列情形之一的，应当区别情况予以处理：

（一）不属于本院管辖的，应当将案件退回人民检察院；

（二）按照抗诉书提供的住址无法向被抗诉的原审被告人送达抗诉书的，应当通知人民检察院在三日以内重新提供原审被告人的住址；逾期未提供的，将案件退回人民检察院；

（三）以有新的证据为由提出抗诉，但未附相关证据材料或者有关证据不是指向原起诉事实的，应当通知人民检察院在三日以内补送相关材料；逾期未补送的，将案件退回人民检察院。

决定退回的抗诉案件，人民检察院经补充相关材料后再次抗诉，经审查符合受理条件的，人民法院应当受理。

**第四百六十三条** 对人民检察院依照审判监督程序提出抗诉的案件，接受抗诉的人民法院应当组成合议庭审理。对原判事实不清、证据不足，包括有新的证据证明原判可能有错误，需要指令下级人民法院再审的，应当在立案之日起一个月以内作出决定，并将指令再审决定书送达抗诉的人民检察院。

**第四百六十四条** 对决定依照审判监督程序重新审判的案件，人民法院应当制作再审决定书。再审期间不停止原判决、裁定的执行，但被告人可能经再审改判无罪，或者可能经再审减轻原判刑罚而致刑期届满的，可以决定中止原判决、裁定的执行，必要时，可以对被告人采取取保候审、监视居住措施。

**第四百六十五条** 依照审判监督程序重新审判的案件，人民法院应当重点针对申诉、抗诉和决定再审的理由进行审理。必要时，应当对原判决、裁定认定的事实、证据和适用法律进行全面审查。

**第四百六十六条** 原审人民法院审理依照审判监督程序重新审判的案件，应当另行组成合议庭。

原来是第一审案件，应当依照第一审程序进行审判，所作的判决、裁定可以上诉、抗诉；原来是第二审案件，或者是上级人民法院提审的案件，应当依照第二审程序进行审判，所作的判决、裁定是终审的判决、裁定。

符合刑事诉讼法第二百九十六条、第二百九十七条规定的，可以缺席审判。

**第四百六十七条** 对依照审判监督程序重新审判的案件，人民法院在依照第一审程序进行审判的过程中，发现原审被告人还有其他犯罪的，一般应当并案审理，但分案审理更为适宜的，可以分案审理。

**第四百六十八条** 开庭审理再审案件，再审决定书或者抗诉书只针对部分原审被告人，其他同案原审被告人不出庭不影响审理的，可以不出庭参加诉讼。

**第四百六十九条** 除人民检察院抗诉的以外，再审一般不得加重原审被告人的刑罚。再审决定书或者抗诉书只针对部分原审被告人的，不得加重其他同案原审被告人的刑罚。

**第四百七十条** 人民法院审理人民检察院抗诉的再审案件，人民检察院在开庭审理前撤回抗诉的，应当裁定准许；人民检察院接到出庭通知后不派员出庭，且未说明原因的，可以裁定按撤回抗诉处理，并通知诉讼参与人。

人民法院审理申诉人申诉的再审案件，申诉人在再审期间撤回申诉的，可以裁定准许；但认为原判确有错误的，应当不予准许，继续按照再审案件审理。申诉人经依法通知无正当理由拒不到庭，或者未经法庭许可中途退庭的，可以裁定按撤回申诉处理，但申诉人不是原审当事人的除外。

**第四百七十一条** 开庭审理的再审案件，系人民法院决定再审的，由合议庭组成人员宣读再审决定书；系人民检察院抗诉的，由检察员宣读抗诉书；系申诉人申诉的，由申诉人或者其辩护人、诉讼代理人陈述申诉理由。

**第四百七十二条** 再审案件经过重新审理后，应当按照下列情形分别处理：

（一）原判决、裁定认定事实和适用法律正确、量刑适当的，应当裁定驳回申诉或者抗诉，维持原判决、裁定；

（二）原判决、裁定定罪准确、量刑适当，但在认定事实、适用法律等方面有瑕疵的，应当裁定纠正并维持原判决、裁定；

（三）原判决、裁定认定事实没有错误，但适用法律错误或者量刑不当的，应当撤销原判决、裁定，依法改判；

（四）依照第二审程序审理的案件，原判决、裁定事实不清、证据不足的，可以在查清事实后改判，也可以裁定撤销原判，发回原审人民法院重新审判。

原判决、裁定事实不清或者证据不足，经审理事实已经查清的，应当根据查清的事实依法裁判；事实仍无法查清，证据不足，不能认定被告人有罪的，应当撤销原判决、裁定，判决宣告被告人无罪。

**第四百七十三条** 原判决、裁定认定被告人姓名等身份信息有误，但认定事实和适用法律正确、量刑适当的，作出生效判决、裁定的人民法院可以通过裁定对有关信息予以更正。

**第四百七十四条** 对再审改判宣告无罪并依法享有申请国家赔偿权利的当事人，人民法院宣判时，应当告知其在判决发生法律效力后可以依法申请国家赔偿。

## 第二十章　涉外刑事案件的审理和刑事司法协助

### 第一节　涉外刑事案件的审理

**第四百七十五条** 本解释所称的涉外刑事案件是指：

（一）在中华人民共和国领域内，外国人犯罪或者我国公民对外国、外国人犯罪的案件；

（二）符合刑法第七条、第十条规定情形的我国公民在中华人民共和国领域外犯罪的案件；

（三）符合刑法第八条、第十条规定情形的外国人犯罪的案件；

（四）符合刑法第九条规定情形的中华人民共和国在所承担国际条约义务范围内行使管辖权的案件。

**第四百七十六条** 第一审涉外刑事案件，除刑事诉讼法第二十一条至第二十三条规定的以外，由基层人民法院管辖。必要时，中级人民法院可以指定辖区内若干基层人民法院集中管辖第一审涉外刑事案件，也可以依照刑事诉讼法第二十四条的规定，审理基层人民法院管辖的第一审涉外刑事案件。

**第四百七十七条** 外国人的国籍，根据其入境时持用的有效证件确认；国籍不明的，根据公安机关或者有关国家驻华使领馆出具的证明确认。

国籍无法查明的，以无国籍人对待，适用本章有关规定，在裁判文书中写明“国籍不明”。

**第四百七十八条** 在刑事诉讼中，外国籍当事人享有我国法律规定的诉讼权利并承担相应义务。

**第四百七十九条** 涉外刑事案件审判期间，人民法院应当将下列事项及时通报同级人民政府外事主管部门，并依照有关规定通知有关国家驻华使领馆：

（一）人民法院决定对外国籍被告人采取强制措施的情况，包括外国籍当事人的姓名（包括译名）、性别、入境时间、护照或者证件号码、采取的强制措施及法律依据、羁押地点等；

（二）开庭的时间、地点、是否公开审理等事项；

（三）宣判的时间、地点。

涉外刑事案件宣判后，应当将处理结果及时通报同级人民政府外事主管部门。

对外国籍被告人执行死刑的，死刑裁决下达后执行前，应当通知其国籍国驻华使领馆。

外国籍被告人在案件审理中死亡的，应当及时通报同级人民政府外事主管部门，并通知有关国家驻华使领馆。

**第四百八十条** 需要向有关国家驻华使领馆通知有关事项的，应当层报高级人民法院，由高级人民法院按照下列规定通知：

（一）外国籍当事人国籍国与我国签订有双边领事条约的，根据条约规定办理；未与我国签订双边领事条约，但参加《维也纳领事关系公约》的，根据公约规定办理；未与我国签订领事条约，也未参加《维也纳领事关系公约》，但与我国有外交关系的，可以根据外事主管部门的意见，按照互惠原则，根据有关规定和国际惯例办理；

（二）在外国驻华领馆领区内发生的涉外刑事案件，通知有关外国驻该地区的领馆；在外国领馆领区外发生的涉外刑事案件，通知有关外国驻华使馆；与我国有外交关系，但未设使领馆的国家，可以通知其代管国家驻华使领馆；无代管国家、代管国家不明的，可以不通知；

（三）双边领事条约规定通知时限的，应当在规定的期限内通知；没有规定的，应当根据或者参照《维也纳领事关系公约》和国际惯例尽快通知，至迟不得超过七日；

（四）双边领事条约没有规定必须通知，外国籍当事人要求不通知其国籍国驻华使领馆的，可以不通知，但应当由其本人出具书面声明。

高级人民法院向外国驻华使领馆通知有关事项，必要时，可以请人民政府外事主管部门协助。

**第四百八十一条** 人民法院受理涉外刑事案件后，应当告知在押的外国籍被告人享有与其国籍国驻华使领馆联系，与其监护人、近亲属会见、通信，以及请求人民法院提供翻译的权利。

**第四百八十二条** 涉外刑事案件审判期间，外国籍被告人在押，其国籍国驻华使领馆官员要求探视的，可以向受理案件的人民法院所在地的高级人民法院提出。人民法院应当根据我国与被告人国籍国签订的双边领事条约规定的时限予以安排；没有条约规定的，应当尽快安排。必要时，可以请人民政府外事主管部门协助。

涉外刑事案件审判期间，外国籍被告人在押，其监护人、近亲属申请会见的，可以向受理案件的人民法院所在地的高级人民法院提出，并依照本解释第四百八十六条的规定提供与被告人关系的证明。人民法院经审查认为不妨碍案件审判的，可以批准。

被告人拒绝接受探视、会见的，应当由其本人出具书面声明。拒绝出具书面声明的，应当记录在案；必要时，应当录音录像。

探视、会见被告人应当遵守我国法律规定。

**第四百八十三条** 人民法院审理涉外刑事案件，应当公开进行，但依法不应公开审理的除外。

公开审理的涉外刑事案件，外国籍当事人国籍国驻华使领馆官员要求旁听的，可以向受理案件的人民法院所在地的高级人民法院提出申请，人民法院应当安排。

**第四百八十四条** 人民法院审判涉外刑事案件，使用中华人民共和国通用的语言、文字，应当为外国籍当事人提供翻译。翻译人员应当在翻译文件上签名。

人民法院的诉讼文书为中文本。外国籍当事人不通晓中文的，应当附有外文译本，译本不加盖人民法院印章，以中文本为准。

外国籍当事人通晓中国语言、文字，拒绝他人翻译，或者不需要诉讼文书外文译本的，应当由其本人出具书面声明。拒绝出具书面声明的，应当记录在案；必要时，应当录音录像。

**第四百八十五条** 外国籍被告人委托律师辩护，或者外国籍附带民事诉讼原告人、自诉人委托律师代理诉讼的，应当委托具有中华人民共和国律师资格并依法取得执业证书的律师。

外国籍被告人在押的，其监护人、近亲属或者其国籍国驻华使领馆可以代为委托辩护人。其监护人、近亲属代为委托的，应当提供与被告人关系的有效证明。

外国籍当事人委托其监护人、近亲属担任辩护人、诉讼代理人的，被委托人应当提供与当事人关系的有效证明。经审查，符合刑事诉讼法、有关司法解释规定的，人民法院应当准许。

外国籍被告人没有委托辩护人的，人民法院可以通知法律援助机构为其指派律师提供辩护。被告人拒绝辩护人辩护的，应当由其出具书面声明，或者将其口头声明记录在案；必要时，应当录音录像。被告人属于应当提供法律援助情形的，依照本解释第五十条规定处理。

**第四百八十六条** 外国籍当事人从中华人民共和国领域外寄交或者托交给中国律师或者中国公民的委托书，以及外国籍当事人的监护人、近亲属提供的与当事人关系的证明，必须经所在国公证机关证明，所在国中央外交主管机关或者其授权机关认证，并经中华人民共和国驻该国使领馆认证，或者履行中华人民共和国与该所在国订立的有关条约中规定的证明手续，但我国与该国之间有互免认证协定的除外。

**第四百八十七条** 对涉外刑事案件的被告人，可以决定限制出境；对开庭审理案件时必须到庭的证人，可以要求暂缓出境。限制外国人出境的，应当通报同级人民政府外事主管部门和当事人国籍国驻华使领馆。

人民法院决定限制外国人和中国公民出境的，应当书面通知被限制出境的人在案件审理终结前不得离境，并可以采取扣留护照或者其他出入境证件的办法限制其出境；扣留证件的，应当履行必要手续，并发给本人扣留证件的证明。

需要对外国人和中国公民在口岸采取边控措施的，受理案件的人民法院应当按照规定制作边控对象通知书，并附有关法律文书，层报高级人民法院办理交控手续。紧急情况下，需要采取临时边控措施的，受理案件的人民法院可以先向有关口岸所在地出入境边防检查机关交控，但应当在七日以内按照规定层报高级人民法院办理手续。

**第四百八十八条**　涉外刑事案件，符合刑事诉讼法第二百零八条第一款、第二百四十三条规定的，经有关人民法院批准或者决定，可以延长审理期限。

**第四百八十九条**　涉外刑事案件宣判后，外国籍当事人国籍国驻华使领馆要求提供裁判文书的，可以向受理案件的人民法院所在地的高级人民法院提出，人民法院可以提供。

**第四百九十条**　涉外刑事案件审理过程中的其他事项，依照法律、司法解释和其他有关规定办理。

## 第二节　刑事司法协助

**第四百九十一条**　请求和提供司法协助，应当依照《中华人民共和国国际刑事司法协助法》、我国与有关国家、地区签订的刑事司法协助条约、移管被判刑人条约和有关法律规定进行。

对请求书的签署机关、请求书及所附材料的语言文字、有关办理期限和具体程序等事项，在不违反中华人民共和国法律的基本原则的情况下，可以按照刑事司法协助条约规定或者双方协商办理。

**第四百九十二条**　外国法院请求的事项有损中华人民共和国的主权、安全、社会公共利益以及违反中华人民共和国法律的基本原则的，人民法院不予协助；属于有关法律规定的可以拒绝提供刑事司法协助情形的，可以不予协助。

**第四百九十三条**　人民法院请求外国提供司法协助的，应当层报最高人民法院，经最高人民法院审核同意后交由有关对外联系机关及时向外国提出请求。

外国法院请求我国提供司法协助，有关对外联系机关认为属于人民法院职权范围的，经最高人民法院审核同意后转有关人民法院办理。

**第四百九十四条**　人民法院请求外国提供司法协助的请求书，应当依照刑事司法协助条约的规定提出；没有条约或者条约没有规定的，应当载明法律规定的相关信息并附相关材料。请求书及其所附材料应当以中文制作，并附有被请求国官方文字的译本。

外国请求我国法院提供司法协助的请求书，应当依照刑事司法协助条约的规定提出；没有条约或者条约没有规定的，应当载明我国法律规定的相关信息并附相关材料。请求书及所附材料应当附有中文译本。

**第四百九十五条** 人民法院向在中华人民共和国领域外居住的当事人送达刑事诉讼文书，可以采用下列方式：

（一）根据受送达人所在国与中华人民共和国缔结或者共同参加的国际条约规定的方式送达；

（二）通过外交途径送达；

（三）对中国籍当事人，所在国法律允许或者经所在国同意的，可以委托我国驻受送达人所在国的使领馆代为送达；

（四）当事人是自诉案件的自诉人或者附带民事诉讼原告人的，可以向有权代其接受送达的诉讼代理人送达；

（五）当事人是外国单位的，可以向其在中华人民共和国领域内设立的代表机构或者有权接受送达的分支机构、业务代办人送达；

（六）受送达人所在国法律允许的，可以邮寄送达；自邮寄之日起满三个月，送达回证未退回，但根据各种情况足以认定已经送达的，视为送达；

（七）受送达人所在国法律允许的，可以采用传真、电子邮件等能够确认受送达人收悉的方式送达。

**第四百九十六条** 人民法院通过外交途径向在中华人民共和国领域外居住的受送达人送达刑事诉讼文书的，所送达的文书应当经高级人民法院审查后报最高人民法院审核。最高人民法院认为可以发出的，由最高人民法院交外交部主管部门转递。

外国法院通过外交途径请求人民法院送达刑事诉讼文书的，由该国驻华使馆将法律文书交我国外交部主管部门转最高人民法院。最高人民法院审核后认为属于人民法院职权范围，且可以代为送达的，应当转有关人民法院办理。

# 第二十一章　执行程序

## 第一节　死刑的执行

**第四百九十七条**　被判处死刑缓期执行的罪犯，在死刑缓期执行期间犯罪的，应当由罪犯服刑地的中级人民法院依法审判，所作的判决可以上诉、抗诉。

认定故意犯罪，情节恶劣，应当执行死刑的，在判决、裁定发生法律效力后，应当层报最高人民法院核准执行死刑。

对故意犯罪未执行死刑的，不再报高级人民法院核准，死刑缓期执行的期间重新计算，并层报最高人民法院备案。备案不影响判决、裁定的生效和执行。

最高人民法院经备案审查，认为原判不予执行死刑错误，确需改判的，应当依照审判监督程序予以纠正。

**第四百九十八条**　死刑缓期执行的期间，从判决或者裁定核准死刑缓期执行的法律文书宣告或者送达之日起计算。

死刑缓期执行期满，依法应当减刑的，人民法院应当及时减刑。死刑缓期执行期满减为无期徒刑、有期徒刑的，刑期自死刑缓期执行期满之日起计算。

**第四百九十九条**　最高人民法院的执行死刑命令，由高级人民法院交付第一审人民法院执行。第一审人民法院接到执行死刑命令后，应当在七日以内执行。

在死刑缓期执行期间故意犯罪，最高人民法院核准执行死刑的，由罪犯服刑地的中级人民法院执行。

**第五百条**　下级人民法院在接到执行死刑命令后、执行前，发现有下列情形之一的，应当暂停执行，并立即将请求停止执行死刑的报告和相关材料层报最高人民法院：

（一）罪犯可能有其他犯罪的；

（二）共同犯罪的其他犯罪嫌疑人到案，可能影响罪犯量刑的；

（三）共同犯罪的其他罪犯被暂停或者停止执行死刑，可能影响罪犯量刑的；

（四）罪犯揭发重大犯罪事实或者有其他重大立功表现，可能需要改判的；

（五）罪犯怀孕的；

（六）判决、裁定可能有影响定罪量刑的其他错误的。

最高人民法院经审查，认为可能影响罪犯定罪量刑的，应当裁定停止执行死刑；认为不影响的，应当决定继续执行死刑。

**第五百零一条** 最高人民法院在执行死刑命令签发后、执行前，发现有前条第一款规定情形的，应当立即裁定停止执行死刑，并将有关材料移交下级人民法院。

**第五百零二条** 下级人民法院接到最高人民法院停止执行死刑的裁定后，应当会同有关部门调查核实停止执行死刑的事由，并及时将调查结果和意见层报最高人民法院审核。

**第五百零三条** 对下级人民法院报送的停止执行死刑的调查结果和意见，由最高人民法院原作出核准死刑判决、裁定的合议庭负责审查；必要时，另行组成合议庭进行审查。

**第五百零四条** 最高人民法院对停止执行死刑的案件，应当按照下列情形分别处理：

（一）确认罪犯怀孕的，应当改判；

（二）确认罪犯有其他犯罪，依法应当追诉的，应当裁定不予核准死刑，撤销原判，发回重新审判；

（三）确认原判决、裁定有错误或者罪犯有重大立功表现，需要改判的，应当裁定不予核准死刑，撤销原判，发回重新审判；

（四）确认原判决、裁定没有错误，罪犯没有重大立功表现，或者重大立功表现不影响原判决、裁定执行的，应当裁定继续执行死刑，并由院长重新签发执行死刑的命令。

**第五百零五条** 第一审人民法院在执行死刑前，应当告知罪犯有权会见其近亲属。罪犯申请会见并提供具体联系方式的，人民法院应当通知其近亲属。确实无法与罪犯近亲属取得联系，或者其近亲属拒绝会见的，应当告知罪犯。罪犯申请通过录音录像等方式留下遗言的，人民法院可以准许。

罪犯近亲属申请会见的，人民法院应当准许并及时安排，但罪犯拒绝会见的除外。罪犯拒绝会见的，应当记录在案并及时告知其近亲属；必要时，应当录音录像。

罪犯申请会见近亲属以外的亲友，经人民法院审查，确有正当理由的，在确保安全的情况下可以准许。

罪犯申请会见未成年子女的，应当经未成年子女的监护人同意；会见可能影响未成年人身心健康的，人民法院可以通过视频方式安排会见，会见时监护人应当在场。

会见一般在罪犯羁押场所进行。

会见情况应当记录在案，附卷存档。

**第五百零六条** 第一审人民法院在执行死刑三日以前，应当通知同级人民检察院派员临场监督。

**第五百零七条** 死刑采用枪决或者注射等方法执行。

采用注射方法执行死刑的，应当在指定的刑场或者羁押场所内执行。

采用枪决、注射以外的其他方法执行死刑的，应当事先层报最高人民法院批准。

**第五百零八条** 执行死刑前，指挥执行的审判人员应当对罪犯验明正身，讯问有无遗言、信札，并制作笔录，再交执行人员执行死刑。

执行死刑应当公布，禁止游街示众或者其他有辱罪犯人格的行为。

**第五百零九条** 执行死刑后，应当由法医验明罪犯确实死亡，在场书记员制作笔录。负责执行的人民法院应当在执行死刑后十五日以内将执行情况，包括罪犯被执行死刑前后的照片，上报最高人民法院。

**第五百一十条** 执行死刑后，负责执行的人民法院应当办理以下事项：

（一）对罪犯的遗书、遗言笔录，应当及时审查；涉及财产继承、债务清偿、家事嘱托等内容的，将遗书、遗言笔录交给家属，同时复制附卷备查；涉及案件线索等问题的，抄送有关机关；

（二）通知罪犯家属在限期内领取罪犯骨灰；没有火化条件或者因民族、宗教等原因不宜火化的，通知领取尸体；过期不领取的，由人民法院通知有关单位处理，并要求有关单位出具处理情况的说明；对罪犯骨灰或者尸体的处理情况，应当记录在案；

（三）对外国籍罪犯执行死刑后，通知外国驻华使领馆的程序和时限，根据有关规定办理。

## 第二节　死刑缓期执行、无期徒刑、有期徒刑、拘役的交付执行

**第五百一十一条**　被判处死刑缓期执行、无期徒刑、有期徒刑、拘役的罪犯，第一审人民法院应当在判决、裁定生效后十日以内，将判决书、裁定书、起诉书副本、自诉状复印件、执行通知书、结案登记表送达公安机关、监狱或者其他执行机关。

**第五百一十二条**　同案审理的案件中，部分被告人被判处死刑，对未被判处死刑的同案被告人需要羁押执行刑罚的，应当根据前条规定及时交付执行。但是，该同案被告人参与实施有关死刑之罪的，应当在复核讯问被判处死刑的被告人后交付执行。

**第五百一十三条**　执行通知书回执经看守所盖章后，应当附卷备查。

**第五百一十四条**　罪犯在被交付执行前，因有严重疾病、怀孕或者正在哺乳自己婴儿的妇女、生活不能自理的原因，依法提出暂予监外执行的申请的，有关病情诊断、妊娠检查和生活不能自理的鉴别，由人民法院负责组织进行。

**第五百一十五条**　被判处无期徒刑、有期徒刑或者拘役的罪犯，符合刑事诉讼法第二百六十五条第一款、第二款的规定，人民法院决定暂予监外执行的，应当制作暂予监外执行决定书，写明罪犯基本情况、判决确定的罪名和刑罚、决定暂予监外执行的原因、依据等。

人民法院在作出暂予监外执行决定前，应当征求人民检察院的意见。

人民检察院认为人民法院的暂予监外执行决定不当，在法定期限内提出书面意见的，人民法院应当立即对该决定重新核查，并在一个月以内作出决定。

对暂予监外执行的罪犯，适用本解释第五百一十九条的有关规定，依法实行社区矫正。

人民法院决定暂予监外执行的，由看守所或者执行取保候审、监视居住的公安机关自收到决定之日起十日以内将罪犯移送社区矫正机构。

**第五百一十六条**　人民法院收到社区矫正机构的收监执行建议书后，经审查，确认暂予监外执行的罪犯具有下列情形之一的，应当作出收监执行的决定：

（一）不符合暂予监外执行条件的；

（二）未经批准离开所居住的市、县，经警告拒不改正，或者拒不报告行踪，脱离监管的；

（三）因违反监督管理规定受到治安管理处罚，仍不改正的；

（四）受到执行机关两次警告，仍不改正的；

（五）保外就医期间不按规定提交病情复查情况，经警告拒不改正的；

（六）暂予监外执行的情形消失后，刑期未满的；

（七）保证人丧失保证条件或者因不履行义务被取消保证人资格，不能在规定期限内提出新的保证人的；

（八）违反法律、行政法规和监督管理规定，情节严重的其他情形。

**第五百一十七条** 人民法院应当在收到社区矫正机构的收监执行建议书后三十日以内作出决定。收监执行决定书一经作出，立即生效。

人民法院应当将收监执行决定书送达社区矫正机构和公安机关，并抄送人民检察院，由公安机关将罪犯交付执行。

**第五百一十八条** 被收监执行的罪犯有不计入执行刑期情形的，人民法院应当在作出收监决定时，确定不计入执行刑期的具体时间。

### 第三节 管制、缓刑、剥夺政治权利的交付执行

**第五百一十九条** 对被判处管制、宣告缓刑的罪犯，人民法院应当依法确定社区矫正执行地。社区矫正执行地为罪犯的居住地；罪犯在多个地方居住的，可以确定其经常居住地为执行地；罪犯的居住地、经常居住地无法确定或者不适宜执行社区矫正的，应当根据有利于罪犯接受矫正、更好地融入社会的原则，确定执行地。

宣判时，应当告知罪犯自判决、裁定生效之日起十日以内到执行地社区矫正机构报到，以及不按期报到的后果。

人民法院应当自判决、裁定生效之日起五日以内通知执行地社区矫正机构，并在十日以内将判决书、裁定书、执行通知书等法律文书送达执行地社区矫正机构，同时抄送人民检察院和执行地公安机关。人民法院与社区矫正执行地不在同一地方的，由执行地社区矫正机构将法律文书转送所在地的人民检察院和公安机关。

**第五百二十条** 对单处剥夺政治权利的罪犯，人民法院应当在判决、裁定生效后十日以内，将判决书、裁定书、执行通知书等法律文书送达罪犯居住地的县级公安机关，并抄送罪犯居住地的县级人民检察院。

## 第四节　刑事裁判涉财产部分和附带民事裁判的执行

**第五百二十一条**　刑事裁判涉财产部分的执行，是指发生法律效力的刑事裁判中下列判项的执行：

（一）罚金、没收财产；

（二）追缴、责令退赔违法所得；

（三）处置随案移送的赃款赃物；

（四）没收随案移送的供犯罪所用本人财物；

（五）其他应当由人民法院执行的相关涉财产的判项。

**第五百二十二条**　刑事裁判涉财产部分和附带民事裁判应当由人民法院执行的，由第一审人民法院负责裁判执行的机构执行。

**第五百二十三条**　罚金在判决规定的期限内一次或者分期缴纳。期满无故不缴纳或者未足额缴纳的，人民法院应当强制缴纳。经强制缴纳仍不能全部缴纳的，在任何时候，包括主刑执行完毕后，发现被执行人有可供执行的财产的，应当追缴。

行政机关对被告人就同一事实已经处以罚款的，人民法院判处罚金时应当折抵，扣除行政处罚已执行的部分。

**第五百二十四条**　因遭遇不能抗拒的灾祸等原因缴纳罚金确有困难，被执行人申请延期缴纳、酌情减少或者免除罚金的，应当提交相关证明材料。人民法院应当在收到申请后一个月以内作出裁定。符合法定条件的，应当准许；不符合条件的，驳回申请。

**第五百二十五条**　判处没收财产的，判决生效后，应当立即执行。

**第五百二十六条**　执行财产刑，应当参照被扶养人住所地政府公布的上年度当地居民最低生活费标准，保留被执行人及其所扶养人的生活必需费用。

**第五百二十七条**　被判处财产刑，同时又承担附带民事赔偿责任的被执行人，应当先履行民事赔偿责任。

**第五百二十八条**　执行刑事裁判涉财产部分、附带民事裁判过程中，当事人、利害关系人认为执行行为违反法律规定，或者案外人对被执行标的书面提出异议的，人民法院应当参照民事诉讼法的有关规定处理。

**第五百二十九条**　执行刑事裁判涉财产部分、附带民事裁判过程中，具有下列情形之一的，人民法院应当裁定终结执行：

（一）据以执行的判决、裁定被撤销的；

（二）被执行人死亡或者被执行死刑，且无财产可供执行的；

（三）被判处罚金的单位终止，且无财产可供执行的；

（四）依照刑法第五十三条规定免除罚金的；

（五）应当终结执行的其他情形。

裁定终结执行后，发现被执行人的财产有被隐匿、转移等情形的，应当追缴。

**第五百三十条** 被执行财产在外地的，第一审人民法院可以委托财产所在地的同级人民法院执行。

**第五百三十一条** 刑事裁判涉财产部分、附带民事裁判全部或者部分被撤销的，已经执行的财产应当全部或者部分返还被执行人；无法返还的，应当依法赔偿。

**第五百三十二条** 刑事裁判涉财产部分、附带民事裁判的执行，刑事诉讼法及有关刑事司法解释没有规定的，参照适用民事执行的有关规定。

### 第五节 减刑、假释案件的审理

**第五百三十三条** 被判处死刑缓期执行的罪犯，在死刑缓期执行期间，没有故意犯罪的，死刑缓期执行期满后，应当裁定减刑；死刑缓期执行期满后，尚未裁定减刑前又犯罪的，应当在依法减刑后，对其所犯新罪另行审判。

**第五百三十四条** 对减刑、假释案件，应当按照下列情形分别处理：

（一）对被判处死刑缓期执行的罪犯的减刑，由罪犯服刑地的高级人民法院在收到同级监狱管理机关审核同意的减刑建议书后一个月以内作出裁定；

（二）对被判处无期徒刑的罪犯的减刑、假释，由罪犯服刑地的高级人民法院在收到同级监狱管理机关审核同意的减刑、假释建议书后一个月以内作出裁定，案情复杂或者情况特殊的，可以延长一个月；

（三）对被判处有期徒刑和被减为有期徒刑的罪犯的减刑、假释，由罪犯服刑地的中级人民法院在收到执行机关提出的减刑、假释建议书后一个月以内作出裁定，案情复杂或者情况特殊的，可以延长一个月；

（四）对被判处管制、拘役的罪犯的减刑，由罪犯服刑地的中级人民法院在收到同级执行机关审核同意的减刑建议书后一个月以内作出裁定。

对社区矫正对象的减刑，由社区矫正执行地的中级以上人民法院在收到社区矫正机构减刑建议书后三十日以内作出裁定。

**第五百三十五条** 受理减刑、假释案件，应当审查执行机关移送的材料是否包括下列内容：

（一）减刑、假释建议书；

（二）原审法院的裁判文书、执行通知书、历次减刑裁定书的复制件；

（三）证明罪犯确有悔改、立功或者重大立功表现具体事实的书面材料；

（四）罪犯评审鉴定表、奖惩审批表等；

（五）罪犯假释后对所居住社区影响的调查评估报告；

（六）刑事裁判涉财产部分、附带民事裁判的执行、履行情况；

（七）根据案件情况需要移送的其他材料。

人民检察院对报请减刑、假释案件提出意见的，执行机关应当一并移送受理减刑、假释案件的人民法院。

经审查，材料不全的，应当通知提请减刑、假释的执行机关在三日以内补送；逾期未补送的，不予立案。

**第五百三十六条** 审理减刑、假释案件，对罪犯积极履行刑事裁判涉财产部分、附带民事裁判确定的义务的，可以认定有悔改表现，在减刑、假释时从宽掌握；对确有履行能力而不履行或者不全部履行的，在减刑、假释时从严掌握。

**第五百三十七条** 审理减刑、假释案件，应当在立案后五日以内对下列事项予以公示：

（一）罪犯的姓名、年龄等个人基本情况；

（二）原判认定的罪名和刑期；

（三）罪犯历次减刑情况；

（四）执行机关的减刑、假释建议和依据。

公示应当写明公示期限和提出意见的方式。

**第五百三十八条** 审理减刑、假释案件，应当组成合议庭，可以采用书面审理的方式，但下列案件应当开庭审理：

（一）因罪犯有重大立功表现提请减刑的；

（二）提请减刑的起始时间、间隔时间或者减刑幅度不符合一般规定的；

（三）被提请减刑、假释罪犯系职务犯罪罪犯，组织、领导、参加、包庇、纵容黑社会性质组织罪犯，破坏金融管理秩序罪犯或者金融诈骗罪犯的；

（四）社会影响重大或者社会关注度高的；

（五）公示期间收到不同意见的；

（六）人民检察院提出异议的；

（七）有必要开庭审理的其他案件。

**第五百三十九条** 人民法院作出减刑、假释裁定后，应当在七日以内送达提请减刑、假释的执行机关、同级人民检察院以及罪犯本人。人民检察院认为减刑、假释裁定不当，在法定期限内提出书面纠正意见的，人民法院应当在收到意见后另行组成合议庭审理，并在一个月以内作出裁定。

对假释的罪犯，适用本解释第五百一十九条的有关规定，依法实行社区矫正。

**第五百四十条** 减刑、假释裁定作出前，执行机关书面提请撤回减刑、假释建议的，人民法院可以决定是否准许。

**第五百四十一条** 人民法院发现本院已经生效的减刑、假释裁定确有错误的，应当另行组成合议庭审理；发现下级人民法院已经生效的减刑、假释裁定确有错误的，可以指令下级人民法院另行组成合议庭审理，也可以自行组成合议庭审理。

### 第六节 缓刑、假释的撤销

**第五百四十二条** 罪犯在缓刑、假释考验期限内犯新罪或者被发现在判决宣告前还有其他罪没有判决，应当撤销缓刑、假释的，由审判新罪的人民法院撤销原判决、裁定宣告的缓刑、假释，并书面通知原审人民法院和执行机关。

**第五百四十三条** 人民法院收到社区矫正机构的撤销缓刑建议书后，经审查，确认罪犯在缓刑考验期限内具有下列情形之一的，应当作出撤销缓刑的裁定：

（一）违反禁止令，情节严重的；

（二）无正当理由不按规定时间报到或者接受社区矫正期间脱离监管，超过一个月的；

（三）因违反监督管理规定受到治安管理处罚，仍不改正的；

（四）受到执行机关二次警告，仍不改正的；

（五）违反法律、行政法规和监督管理规定，情节严重的其他情形。

人民法院收到社区矫正机构的撤销假释建议书后，经审查，确认罪犯在假释考验期限内具有前款第二项、第四项规定情形之一，或者有其他违反监督管理规定的行为，尚未构成新的犯罪的，应当作出撤销假释的裁定。

**第五百四十四条** 被提请撤销缓刑、假释的罪犯可能逃跑或者可能发生社会危险，社区矫正机构在提出撤销缓刑、假释建议的同时，提请人民法院决定对其予以逮捕的，人民法院应当在四十八小时以内作出是否逮捕的决定。决定逮捕的，由公安机关执行。逮捕后的羁押期限不得超过三十日。

**第五百四十五条** 人民法院应当在收到社区矫正机构的撤销缓刑、假释建议书后三十日以内作出裁定。撤销缓刑、假释的裁定一经作出，立即生效。

人民法院应当将撤销缓刑、假释裁定书送达社区矫正机构和公安机关，并抄送人民检察院，由公安机关将罪犯送交执行。执行以前被逮捕的，羁押一日折抵刑期一日。

## 第二十二章　未成年人刑事案件诉讼程序

### 第一节　一般规定

**第五百四十六条** 人民法院审理未成年人刑事案件，应当贯彻教育、感化、挽救的方针，坚持教育为主、惩罚为辅的原则，加强对未成年人的特殊保护。

**第五百四十七条** 人民法院应当加强同政府有关部门、人民团体、社会组织等的配合，推动未成年人刑事案件人民陪审、情况调查、安置帮教等工作的开展，充分保障未成年人的合法权益，积极参与社会治安综合治理。

**第五百四十八条** 人民法院应当加强同政府有关部门、人民团体、社会组织等的配合，对遭受性侵害或者暴力伤害的未成年被害人及其家庭实施必要的心理干预、经济救助、法律援助、转学安置等保护措施。

**第五百四十九条** 人民法院应当确定专门机构或者指定专门人员，负责审理未成年人刑事案件。审理未成年人刑事案件的人员应当经过专门培训，熟悉未成年人身心特点、善于做未成年人思想教育工作。

参加审理未成年人刑事案件的人民陪审员，可以从熟悉未成年人身心特点、关心未成年人保护工作的人民陪审员名单中随机抽取确定。

**第五百五十条** 被告人实施被指控的犯罪时不满十八周岁、人民法院立案时不满二十周岁的案件，由未成年人案件审判组织审理。

下列案件可以由未成年人案件审判组织审理：

（一）人民法院立案时不满二十二周岁的在校学生犯罪案件；

（二）强奸、猥亵、虐待、遗弃未成年人等侵害未成年人人身权利的犯罪案件；

（三）由未成年人案件审判组织审理更为适宜的其他案件。

共同犯罪案件有未成年被告人的或者其他涉及未成年人的刑事案件，是否由未成年人案件审判组织审理，由院长根据实际情况决定。

**第五百五十一条** 对分案起诉至同一人民法院的未成年人与成年人共同犯罪案件，可以由同一个审判组织审理；不宜由同一个审判组织审理的，可以分别审理。

未成年人与成年人共同犯罪案件，由不同人民法院或者不同审判组织分别审理的，有关人民法院或者审判组织应当互相了解共同犯罪被告人的审判情况，注意全案的量刑平衡。

**第五百五十二条** 对未成年人刑事案件，必要时，上级人民法院可以根据刑事诉讼法第二十七条的规定，指定下级人民法院将案件移送其他人民法院审判。

**第五百五十三条** 对未成年被告人应当严格限制适用逮捕措施。

人民法院决定逮捕，应当讯问未成年被告人，听取辩护律师的意见。

对被逮捕且没有完成义务教育的未成年被告人，人民法院应当与教育行政部门互相配合，保证其接受义务教育。

**第五百五十四条** 人民法院对无固定住所、无法提供保证人的未成年被告人适用取保候审的，应当指定合适成年人作为保证人，必要时可以安排取保候审的被告人接受社会观护。

**第五百五十五条** 人民法院审理未成年人刑事案件，在讯问和开庭时，应当通知未成年被告人的法定代理人到场。法定代理人无法通知、不能到场或者是共犯的，也可以通知合适成年人到场，并将有关情况记录在案。

到场的法定代理人或者其他人员，除依法行使刑事诉讼法第二百八十一条第二款规定的权利外，经法庭同意，可以参与对未成年被告人的法庭教育等工作。

适用简易程序审理未成年人刑事案件，适用前两款规定。

**第五百五十六条** 询问未成年被害人、证人，适用前条规定。

审理未成年人遭受性侵害或者暴力伤害案件，在询问未成年被害人、证人时，应当采取同步录音录像等措施，尽量一次完成；未成年被害人、证人是女性的，应当由女性工作人员进行。

**第五百五十七条** 开庭审理时被告人不满十八周岁的案件，一律不公开审理。经未成年被告人及其法定代理人同意，未成年被告人所在学校和未成年人保护组织可以派代表到场。到场代表的人数和范围，由法庭决定。经法庭同意，到场代表可以参与对未成年被告人的法庭教育工作。

对依法公开审理，但可能需要封存犯罪记录的案件，不得组织人员旁听；有旁听人员的，应当告知其不得传播案件信息。

**第五百五十八条** 开庭审理涉及未成年人的刑事案件，未成年被害人、证人一般不出庭作证；必须出庭的，应当采取保护其隐私的技术手段和心理干预等保护措施。

**第五百五十九条** 审理涉及未成年人的刑事案件，不得向外界披露未成年人的姓名、住所、照片以及可能推断出未成年人身份的其他资料。

查阅、摘抄、复制的案卷材料，涉及未成年人的，不得公开和传播。

**第五百六十条** 人民法院发现有关单位未尽到未成年人教育、管理、救助、看护等保护职责的，应当向该单位提出司法建议。

**第五百六十一条** 人民法院应当结合实际，根据涉及未成年人刑事案件的特点，开展未成年人法治宣传教育工作。

**第五百六十二条** 审理未成年人刑事案件，本章没有规定的，适用本解释的有关规定。

## 第二节 开庭准备

**第五百六十三条** 人民法院向未成年被告人送达起诉书副本时，应当向其讲明被指控的罪行和有关法律规定，并告知其审判程序和诉讼权利、义务。

**第五百六十四条** 审判时不满十八周岁的未成年被告人没有委托辩护人的，人民法院应当通知法律援助机构指派熟悉未成年人身心特点的律师为其提供辩护。

**第五百六十五条** 未成年被害人及其法定代理人因经济困难或者其他原因没有委托诉讼代理人的，人民法院应当帮助其申请法律援助。

**第五百六十六条** 对未成年人刑事案件，人民法院决定适用简易程序审理的，应当征求未成年被告人及其法定代理人、辩护人的意见。上述人员提出异议的，不适用简易程序。

**第五百六十七条** 被告人实施被指控的犯罪时不满十八周岁，开庭时已满十八周岁、不满二十周岁的，人民法院开庭时，一般应当通知其近亲属到庭。经法庭同意，近亲属可以发表意见。近亲属无法通知、不能到场或者是共犯的，应当记录在案。

**第五百六十八条** 对人民检察院移送的关于未成年被告人性格特点、家庭情况、社会交往、成长经历、犯罪原因、犯罪前后的表现、监护教育等情况的调查报告，以及辩护人提交的反映未成年被告人上述情况的书面材料，法庭应当接受。

必要时，人民法院可以委托社区矫正机构、共青团、社会组织等对未成年被告人的上述情况进行调查，或者自行调查。

**第五百六十九条** 人民法院根据情况，可以对未成年被告人、被害人、证人进行心理疏导；根据实际需要并经未成年被告人及其法定代理人同意，可以对未成年被告人进行心理测评。

心理疏导、心理测评可以委托专门机构、专业人员进行。

心理测评报告可以作为办理案件和教育未成年人的参考。

**第五百七十条** 开庭前和休庭时，法庭根据情况，可以安排未成年被告人与其法定代理人或者合适成年人会见。

## 第三节 审　　判

**第五百七十一条** 人民法院应当在辩护台靠近旁听区一侧为未成年被告人的法定代理人或者合适成年人设置席位。

审理可能判处五年有期徒刑以下刑罚或者过失犯罪的未成年人刑事案件，可以采取适合未成年人特点的方式设置法庭席位。

**第五百七十二条** 未成年被告人或者其法定代理人当庭拒绝辩护人辩

护的，适用本解释第三百一十一条第二款、第三款的规定。

重新开庭后，未成年被告人或者其法定代理人再次当庭拒绝辩护人辩护的，不予准许。重新开庭时被告人已满十八周岁的，可以准许，但不得再另行委托辩护人或者要求另行指派律师，由其自行辩护。

**第五百七十三条** 法庭审理过程中，审判人员应当根据未成年被告人的智力发育程度和心理状态，使用适合未成年人的语言表达方式。

发现有对未成年被告人威胁、训斥、诱供或者讽刺等情形的，审判长应当制止。

**第五百七十四条** 控辩双方提出对未成年被告人判处管制、宣告缓刑等量刑建议的，应当向法庭提供有关未成年被告人能够获得监护、帮教以及对所居住社区无重大不良影响的书面材料。

**第五百七十五条** 对未成年被告人情况的调查报告，以及辩护人提交的有关未成年被告人情况的书面材料，法庭应当审查并听取控辩双方意见。上述报告和材料可以作为办理案件和教育未成年人的参考。

人民法院可以通知作出调查报告的人员出庭说明情况，接受控辩双方和法庭的询问。

**第五百七十六条** 法庭辩论结束后，法庭可以根据未成年人的生理、心理特点和案件情况，对未成年被告人进行法治教育；判决未成年被告人有罪的，宣判后，应当对未成年被告人进行法治教育。

对未成年被告人进行教育，其法定代理人以外的成年亲属或者教师、辅导员等参与有利于感化、挽救未成年人的，人民法院应当邀请其参加有关活动。

适用简易程序审理的案件，对未成年被告人进行法庭教育，适用前两款规定。

**第五百七十七条** 未成年被告人最后陈述后，法庭应当询问其法定代理人是否补充陈述。

**第五百七十八条** 对未成年人刑事案件，宣告判决应当公开进行。

对依法应当封存犯罪记录的案件，宣判时，不得组织人员旁听；有旁听人员的，应当告知其不得传播案件信息。

**第五百七十九条** 定期宣告判决的未成年人刑事案件，未成年被告人的法定代理人无法通知、不能到场或者是共犯的，法庭可以通知合适成年人到庭，并在宣判后向未成年被告人的成年亲属送达判决书。

### 第四节　执　　行

**第五百八十条**　将未成年罪犯送监执行刑罚或者送交社区矫正时，人民法院应当将有关未成年罪犯的调查报告及其在案件审理中的表现材料，连同有关法律文书，一并送达执行机关。

**第五百八十一条**　犯罪时不满十八周岁，被判处五年有期徒刑以下刑罚以及免予刑事处罚的未成年人的犯罪记录，应当封存。

司法机关或者有关单位向人民法院申请查询封存的犯罪记录的，应当提供查询的理由和依据。对查询申请，人民法院应当及时作出是否同意的决定。

**第五百八十二条**　人民法院可以与未成年犯管教所等服刑场所建立联系，了解未成年罪犯的改造情况，协助做好帮教、改造工作，并可以对正在服刑的未成年罪犯进行回访考察。

**第五百八十三条**　人民法院认为必要时，可以督促被收监服刑的未成年罪犯的父母或者其他监护人及时探视。

**第五百八十四条**　对被判处管制、宣告缓刑、裁定假释、决定暂予监外执行的未成年罪犯，人民法院可以协助社区矫正机构制定帮教措施。

**第五百八十五条**　人民法院可以适时走访被判处管制、宣告缓刑、免予刑事处罚、裁定假释、决定暂予监外执行等的未成年罪犯及其家庭，了解未成年罪犯的管理和教育情况，引导未成年罪犯的家庭承担管教责任，为未成年罪犯改过自新创造良好环境。

**第五百八十六条**　被判处管制、宣告缓刑、免予刑事处罚、裁定假释、决定暂予监外执行等的未成年罪犯，具备就学、就业条件的，人民法院可以就其安置问题向有关部门提出建议，并附送必要的材料。

## 第二十三章　当事人和解的公诉案件诉讼程序

**第五百八十七条**　对符合刑事诉讼法第二百八十八条规定的公诉案件，事实清楚、证据充分的，人民法院应当告知当事人可以自行和解；当事人提出申请的，人民法院可以主持双方当事人协商以达成和解。

根据案件情况，人民法院可以邀请人民调解员、辩护人、诉讼代理人、当事人亲友等参与促成双方当事人和解。

**第五百八十八条**　符合刑事诉讼法第二百八十八条规定的公诉案件，被害人死亡的，其近亲属可以与被告人和解。近亲属有多人的，达成和解协议，应当经处于最先继承顺序的所有近亲属同意。

被害人系无行为能力或者限制行为能力人的，其法定代理人、近亲属可以代为和解。

**第五百八十九条** 被告人的近亲属经被告人同意，可以代为和解。

被告人系限制行为能力人的，其法定代理人可以代为和解。

被告人的法定代理人、近亲属依照前两款规定代为和解的，和解协议约定的赔礼道歉等事项，应当由被告人本人履行。

**第五百九十条** 对公安机关、人民检察院主持制作的和解协议书，当事人提出异议的，人民法院应当审查。经审查，和解自愿、合法的，予以确认，无需重新制作和解协议书；和解违反自愿、合法原则的，应当认定无效。和解协议被认定无效后，双方当事人重新达成和解的，人民法院应当主持制作新的和解协议书。

**第五百九十一条** 审判期间，双方当事人和解的，人民法院应当听取当事人及其法定代理人等有关人员的意见。双方当事人在庭外达成和解的，人民法院应当通知人民检察院，并听取其意见。经审查，和解自愿、合法的，应当主持制作和解协议书。

**第五百九十二条** 和解协议书应当包括以下内容：

（一）被告人承认自己所犯罪行，对犯罪事实没有异议，并真诚悔罪；

（二）被告人通过向被害人赔礼道歉、赔偿损失等方式获得被害人谅解；涉及赔偿损失的，应当写明赔偿的数额、方式等；提起附带民事诉讼的，由附带民事诉讼原告人撤回起诉；

（三）被害人自愿和解，请求或者同意对被告人依法从宽处罚。

和解协议书应当由双方当事人和审判人员签名，但不加盖人民法院印章。

和解协议书一式三份，双方当事人各持一份，另一份交人民法院附卷备查。

对和解协议中的赔偿损失内容，双方当事人要求保密的，人民法院应当准许，并采取相应的保密措施。

**第五百九十三条** 和解协议约定的赔偿损失内容，被告人应当在协议签署后即时履行。

和解协议已经全部履行，当事人反悔的，人民法院不予支持，但有证据证明和解违反自愿、合法原则的除外。

**第五百九十四条** 双方当事人在侦查、审查起诉期间已经达成和解协议并全部履行，被害人或者其法定代理人、近亲属又提起附带民事诉讼的，人民法院不予受理，但有证据证明和解违反自愿、合法原则的除外。

**第五百九十五条** 被害人或者其法定代理人、近亲属提起附带民事诉讼后，双方愿意和解，但被告人不能即时履行全部赔偿义务的，人民法院应当制作附带民事调解书。

**第五百九十六条** 对达成和解协议的案件，人民法院应当对被告人从轻处罚；符合非监禁刑适用条件的，应当适用非监禁刑；判处法定最低刑仍然过重的，可以减轻处罚；综合全案认为犯罪情节轻微不需要判处刑罚的，可以免予刑事处罚。

共同犯罪案件，部分被告人与被害人达成和解协议的，可以依法对该部分被告人从宽处罚，但应当注意全案的量刑平衡。

**第五百九十七条** 达成和解协议的，裁判文书应当叙明，并援引刑事诉讼法的相关条文。

## 第二十四章 缺席审判程序

**第五百九十八条** 对人民检察院依照刑事诉讼法第二百九十一条第一款的规定提起公诉的案件，人民法院应当重点审查以下内容：

（一）是否属于可以适用缺席审判程序的案件范围；

（二）是否属于本院管辖；

（三）是否写明被告人的基本情况，包括明确的境外居住地、联系方式等；

（四）是否写明被告人涉嫌有关犯罪的主要事实，并附证据材料；

（五）是否写明被告人有无近亲属以及近亲属的姓名、身份、住址、联系方式等情况；

（六）是否列明违法所得及其他涉案财产的种类、数量、价值、所在地等，并附证据材料；

（七）是否附有查封、扣押、冻结违法所得及其他涉案财产的清单和相关法律手续。

前款规定的材料需要翻译件的，人民法院应当要求人民检察院一并移送。

**第五百九十九条** 对人民检察院依照刑事诉讼法第二百九十一条第一

款的规定提起公诉的案件，人民法院审查后，应当按照下列情形分别处理：

（一）符合缺席审判程序适用条件，属于本院管辖，且材料齐全的，应当受理；

（二）不属于可以适用缺席审判程序的案件范围、不属于本院管辖或者不符合缺席审判程序的其他适用条件的，应当退回人民检察院；

（三）材料不全的，应当通知人民检察院在三十日以内补送；三十日以内不能补送的，应当退回人民检察院。

**第六百条** 对人民检察院依照刑事诉讼法第二百九十一条第一款的规定提起公诉的案件，人民法院立案后，应当将传票和起诉书副本送达被告人，传票应当载明被告人到案期限以及不按要求到案的法律后果等事项；应当将起诉书副本送达被告人近亲属，告知其有权代为委托辩护人，并通知其敦促被告人归案。

**第六百零一条** 人民法院审理人民检察院依照刑事诉讼法第二百九十一条第一款的规定提起公诉的案件，被告人有权委托或者由近亲属代为委托一至二名辩护人。委托律师担任辩护人的，应当委托具有中华人民共和国律师资格并依法取得执业证书的律师；在境外委托的，应当依照本解释第四百八十六条的规定对授权委托进行公证、认证。

被告人及其近亲属没有委托辩护人的，人民法院应当通知法律援助机构指派律师为被告人提供辩护。

被告人及其近亲属拒绝法律援助机构指派的律师辩护的，依照本解释第五十条第二款的规定处理。

**第六百零二条** 人民法院审理人民检察院依照刑事诉讼法第二百九十一条第一款的规定提起公诉的案件，被告人的近亲属申请参加诉讼的，应当在收到起诉书副本后、第一审开庭前提出，并提供与被告人关系的证明材料。有多名近亲属的，应当推选一至二人参加诉讼。

对被告人的近亲属提出申请的，人民法院应当及时审查决定。

**第六百零三条** 人民法院审理人民检察院依照刑事诉讼法第二百九十一条第一款的规定提起公诉的案件，参照适用公诉案件第一审普通程序的有关规定。被告人的近亲属参加诉讼的，可以发表意见，出示证据，申请法庭通知证人、鉴定人等出庭，进行辩论。

**第六百零四条** 对人民检察院依照刑事诉讼法第二百九十一条第一款

的规定提起公诉的案件，人民法院审理后应当参照本解释第二百九十五条的规定作出判决、裁定。

作出有罪判决的，应当达到证据确实、充分的证明标准。

经审理认定的罪名不属于刑事诉讼法第二百九十一条第一款规定的罪名的，应当终止审理。

适用缺席审判程序审理案件，可以对违法所得及其他涉案财产一并作出处理。

**第六百零五条** 因被告人患有严重疾病导致缺乏受审能力，无法出庭受审，中止审理超过六个月，被告人仍无法出庭，被告人及其法定代理人、近亲属申请或者同意恢复审理的，人民法院可以根据刑事诉讼法第二百九十六条的规定缺席审判。

符合前款规定的情形，被告人无法表达意愿的，其法定代理人、近亲属可以代为申请或者同意恢复审理。

**第六百零六条** 人民法院受理案件后被告人死亡的，应当裁定终止审理；但有证据证明被告人无罪，经缺席审理确认无罪的，应当判决宣告被告人无罪。

前款所称“有证据证明被告人无罪，经缺席审理确认无罪”，包括案件事实清楚，证据确实、充分，依据法律认定被告人无罪的情形，以及证据不足，不能认定被告人有罪的情形。

**第六百零七条** 人民法院按照审判监督程序重新审判的案件，被告人死亡的，可以缺席审理。有证据证明被告人无罪，经缺席审理确认被告人无罪的，应当判决宣告被告人无罪；虽然构成犯罪，但原判量刑畸重的，应当依法作出判决。

**第六百零八条** 人民法院缺席审理案件，本章没有规定的，参照适用本解释的有关规定。

## 第二十五章　犯罪嫌疑人、被告人逃匿、死亡案件违法所得的没收程序

**第六百零九条** 刑事诉讼法第二百九十八条规定的“贪污贿赂犯罪、恐怖活动犯罪等”犯罪案件，是指下列案件：

（一）贪污贿赂、失职渎职等职务犯罪案件；

（二）刑法分则第二章规定的相关恐怖活动犯罪案件，以及恐怖活动

组织、恐怖活动人员实施的杀人、爆炸、绑架等犯罪案件；

（三）危害国家安全、走私、洗钱、金融诈骗、黑社会性质组织、毒品犯罪案件；

（四）电信诈骗、网络诈骗犯罪案件。

**第六百一十条** 在省、自治区、直辖市或者全国范围内具有较大影响的犯罪案件，或者犯罪嫌疑人、被告人逃匿境外的犯罪案件，应当认定为刑事诉讼法第二百九十八条第一款规定的“重大犯罪案件”。

**第六百一十一条** 犯罪嫌疑人、被告人死亡，依照刑法规定应当追缴其违法所得及其他涉案财产，人民检察院提出没收违法所得申请的，人民法院应当依法受理。

**第六百一十二条** 对人民检察院提出的没收违法所得申请，人民法院应当审查以下内容：

（一）是否属于可以适用违法所得没收程序的案件范围；

（二）是否属于本院管辖；

（三）是否写明犯罪嫌疑人、被告人基本情况，以及涉嫌有关犯罪的情况，并附证据材料；

（四）是否写明犯罪嫌疑人、被告人逃匿、被通缉、脱逃、下落不明、死亡等情况，并附证据材料；

（五）是否列明违法所得及其他涉案财产的种类、数量、价值、所在地等，并附证据材料；

（六）是否附有查封、扣押、冻结违法所得及其他涉案财产的清单和法律手续；

（七）是否写明犯罪嫌疑人、被告人有无利害关系人，利害关系人的姓名、身份、住址、联系方式及其要求等情况；

（八）是否写明申请没收的理由和法律依据；

（九）其他依法需要审查的内容和材料。

前款规定的材料需要翻译件的，人民法院应当要求人民检察院一并移送。

**第六百一十三条** 对没收违法所得的申请，人民法院应当在三十日以内审查完毕，并按照下列情形分别处理：

（一）属于没收违法所得申请受案范围和本院管辖，且材料齐全、有证据证明有犯罪事实的，应当受理；

（二）不属于没收违法所得申请受案范围或者本院管辖的，应当退回人民检察院；

（三）没收违法所得申请不符合“有证据证明有犯罪事实”标准要求的，应当通知人民检察院撤回申请；

（四）材料不全的，应当通知人民检察院在七日以内补送；七日以内不能补送的，应当退回人民检察院。

人民检察院尚未查封、扣押、冻结申请没收的财产或者查封、扣押、冻结期限即将届满，涉案财产有被隐匿、转移或者毁损、灭失危险的，人民法院可以查封、扣押、冻结申请没收的财产。

**第六百一十四条** 人民法院受理没收违法所得的申请后，应当在十五日以内发布公告。公告应当载明以下内容：

（一）案由、案件来源；

（二）犯罪嫌疑人、被告人的基本情况；

（三）犯罪嫌疑人、被告人涉嫌犯罪的事实；

（四）犯罪嫌疑人、被告人逃匿、被通缉、脱逃、下落不明、死亡等情况；

（五）申请没收的财产的种类、数量、价值、所在地等以及已查封、扣押、冻结财产的清单和法律手续；

（六）申请没收的财产属于违法所得及其他涉案财产的相关事实；

（七）申请没收的理由和法律依据；

（八）利害关系人申请参加诉讼的期限、方式以及未按照该期限、方式申请参加诉讼可能承担的不利法律后果；

（九）其他应当公告的情况。

公告期为六个月，公告期间不适用中止、中断、延长的规定。

**第六百一十五条** 公告应当在全国公开发行的报纸、信息网络媒体、最高人民法院的官方网站发布，并在人民法院公告栏发布。必要时，公告可以在犯罪地、犯罪嫌疑人、被告人居住地或者被申请没收财产所在地发布。最后发布的公告的日期为公告日期。发布公告的，应当采取拍照、录像等方式记录发布过程。

人民法院已经掌握境内利害关系人联系方式的，应当直接送达含有公告内容的通知；直接送达有困难的，可以委托代为送达、邮寄送达。经受送达人同意的，可以采用传真、电子邮件等能够确认其收悉的方式告知公告内容，并记录在案。

人民法院已经掌握境外犯罪嫌疑人、被告人、利害关系人联系方式，经受送达人同意的，可以采用传真、电子邮件等能够确认其收悉的方式告知公告内容，并记录在案；受送达人未表示同意，或者人民法院未掌握境外犯罪嫌疑人、被告人、利害关系人联系方式，其所在国、地区的主管机关明确提出应当向受送达人送达含有公告内容的通知的，人民法院可以决定是否送达。决定送达的，应当依照本解释第四百九十三条的规定请求所在国、地区提供司法协助。

**第六百一十六条** 刑事诉讼法第二百九十九条第二款、第三百条第二款规定的“其他利害关系人”，是指除犯罪嫌疑人、被告人的近亲属以外的，对申请没收的财产主张权利的自然人和单位。

**第六百一十七条** 犯罪嫌疑人、被告人的近亲属和其他利害关系人申请参加诉讼的，应当在公告期间内提出。犯罪嫌疑人、被告人的近亲属应当提供其与犯罪嫌疑人、被告人关系的证明材料，其他利害关系人应当提供证明其对违法所得及其他涉案财产主张权利的证据材料。

利害关系人可以委托诉讼代理人参加诉讼。委托律师担任诉讼代理人的，应当委托具有中华人民共和国律师资格并依法取得执业证书的律师；在境外委托的，应当依照本解释第四百八十六条的规定对授权委托进行公证、认证。

利害关系人在公告期满后申请参加诉讼，能够合理说明理由的，人民法院应当准许。

**第六百一十八条** 犯罪嫌疑人、被告人逃匿境外，委托诉讼代理人申请参加诉讼，且违法所得或者其他涉案财产所在国、地区主管机关明确提出意见予以支持的，人民法院可以准许。

人民法院准许参加诉讼的，犯罪嫌疑人、被告人的诉讼代理人依照本解释关于利害关系人的诉讼代理人的规定行使诉讼权利。

**第六百一十九条** 公告期满后，人民法院应当组成合议庭对申请没收违法所得的案件进行审理。

利害关系人申请参加或者委托诉讼代理人参加诉讼的，应当开庭审理。没有利害关系人申请参加诉讼的，或者利害关系人及其诉讼代理人无正当理由拒不到庭的，可以不开庭审理。

人民法院确定开庭日期后，应当将开庭的时间、地点通知人民检察院、利害关系人及其诉讼代理人、证人、鉴定人、翻译人员。通知书应当依照本解释第六百一十五条第二款、第三款规定的方式，至迟在开庭审理三日以前送达；受送达人在境外的，至迟在开庭审理三十日以前送达。

**第六百二十条** 开庭审理申请没收违法所得的案件，按照下列程序进行：

（一）审判长宣布法庭调查开始后，先由检察员宣读申请书，后由利害关系人、诉讼代理人发表意见；

（二）法庭应当依次就犯罪嫌疑人、被告人是否实施了贪污贿赂犯罪、恐怖活动犯罪等重大犯罪并已经通缉一年不能到案，或者是否已经死亡，以及申请没收的财产是否依法应当追缴进行调查；调查时，先由检察员出示证据，后由利害关系人、诉讼代理人出示证据，并进行质证；

（三）法庭辩论阶段，先由检察员发言，后由利害关系人、诉讼代理人发言，并进行辩论。

利害关系人接到通知后无正当理由拒不到庭，或者未经法庭许可中途退庭的，可以转为不开庭审理，但还有其他利害关系人参加诉讼的除外。

**第六百二十一条** 对申请没收违法所得的案件，人民法院审理后，应当按照下列情形分别处理：

（一）申请没收的财产属于违法所得及其他涉案财产的，除依法返还被害人的以外，应当裁定没收；

（二）不符合刑事诉讼法第二百九十八条第一款规定的条件的，应当裁定驳回申请，解除查封、扣押、冻结措施。

申请没收的财产具有高度可能属于违法所得及其他涉案财产的，应当认定为前款规定的“申请没收的财产属于违法所得及其他涉案财产”。巨额财产来源不明犯罪案件中，没有利害关系人对违法所得及其他涉案财产主张权利，或者利害关系人对违法所得及其他涉案财产虽然主张权利但提供的证据没有达到相应证明标准的，应当视为“申请没收的财产属于违法所得及其他涉案财产”。

**第六百二十二条** 对没收违法所得或者驳回申请的裁定，犯罪嫌疑人、被告人的近亲属和其他利害关系人或者人民检察院可以在五日以内提出上诉、抗诉。

**第六百二十三条** 对不服第一审没收违法所得或者驳回申请裁定的上诉、抗诉案件，第二审人民法院经审理，应当按照下列情形分别处理：

（一）第一审裁定认定事实清楚和适用法律正确的，应当驳回上诉或者抗诉，维持原裁定；

（二）第一审裁定认定事实清楚，但适用法律有错误的，应当改变原裁定；

（三）第一审裁定认定事实不清的，可以在查清事实后改变原裁定，也可以撤销原裁定，发回原审人民法院重新审判；

（四）第一审裁定违反法定诉讼程序，可能影响公正审判的，应当撤销原裁定，发回原审人民法院重新审判。

第一审人民法院对发回重新审判的案件作出裁定后，第二审人民法院对不服第一审人民法院裁定的上诉、抗诉，应当依法作出裁定，不得再发回原审人民法院重新审判；但是，第一审人民法院在重新审判过程中违反法定诉讼程序，可能影响公正审判的除外。

**第六百二十四条** 利害关系人非因故意或者重大过失在第一审期间未参加诉讼，在第二审期间申请参加诉讼的，人民法院应当准许，并撤销原裁定，发回原审人民法院重新审判。

**第六百二十五条** 在审理申请没收违法所得的案件过程中，在逃的犯罪嫌疑人、被告人到案的，人民法院应当裁定终止审理。人民检察院向原受理申请的人民法院提起公诉的，可以由同一审判组织审理。

**第六百二十六条** 在审理案件过程中，被告人脱逃或者死亡，符合刑事诉讼法第二百九十八条第一款规定的，人民检察院可以向人民法院提出没收违法所得的申请；符合刑事诉讼法第二百九十一条第一款规定的，人民检察院可以按照缺席审判程序向人民法院提起公诉。

人民检察院向原受理案件的人民法院提出没收违法所得申请的，可以由同一审判组织审理。

**第六百二十七条** 审理申请没收违法所得案件的期限，参照公诉案件第一审普通程序和第二审程序的审理期限执行。

公告期间和请求刑事司法协助的时间不计入审理期限。

**第六百二十八条** 没收违法所得裁定生效后，犯罪嫌疑人、被告人到案并对没收裁定提出异议，人民检察院向原作出裁定的人民法院提起公诉的，可以由同一审判组织审理。

人民法院经审理，应当按照下列情形分别处理：

（一）原裁定正确的，予以维持，不再对涉案财产作出判决；

（二）原裁定确有错误的，应当撤销原裁定，并在判决中对有关涉案财产一并作出处理。

人民法院生效的没收裁定确有错误的，除第一款规定的情形外，应当依照审判监督程序予以纠正。

**第六百二十九条** 人民法院审理申请没收违法所得的案件，本章没有规定的，参照适用本解释的有关规定。

## 第二十六章　依法不负刑事责任的精神病人的强制医疗程序

**第六百三十条** 实施暴力行为，危害公共安全或者严重危害公民人身安全，社会危害性已经达到犯罪程度，但经法定程序鉴定依法不负刑事责任的精神病人，有继续危害社会可能的，可以予以强制医疗。

**第六百三十一条** 人民检察院申请对依法不负刑事责任的精神病人强制医疗的案件，由被申请人实施暴力行为所在地的基层人民法院管辖；由被申请人居住地的人民法院审判更为适宜的，可以由被申请人居住地的基层人民法院管辖。

**第六百三十二条** 对人民检察院提出的强制医疗申请，人民法院应当审查以下内容：

（一）是否属于本院管辖；

（二）是否写明被申请人的身份，实施暴力行为的时间、地点、手段、所造成的损害等情况，并附证据材料；

（三）是否附有法医精神病鉴定意见和其他证明被申请人属于依法不负刑事责任的精神病人的证据材料；

（四）是否列明被申请人的法定代理人的姓名、住址、联系方式；

（五）需要审查的其他事项。

**第六百三十三条** 对人民检察院提出的强制医疗申请，人民法院应当在七日以内审查完毕，并按照下列情形分别处理：

（一）属于强制医疗程序受案范围和本院管辖，且材料齐全的，应当受理；

（二）不属于本院管辖的，应当退回人民检察院；

（三）材料不全的，应当通知人民检察院在三日以内补送；三日以内不能补送的，应当退回人民检察院。

**第六百三十四条** 审理强制医疗案件，应当通知被申请人或者被告人的法定代理人到场；被申请人或者被告人的法定代理人经通知未到场的，可以通知被申请人或者被告人的其他近亲属到场。

被申请人或者被告人没有委托诉讼代理人的，应当自受理强制医疗申请或者发现被告人符合强制医疗条件之日起三日以内，通知法律援助机构指派律师担任其诉讼代理人，为其提供法律帮助。

**第六百三十五条** 审理强制医疗案件，应当组成合议庭，开庭审理。但是，被申请人、被告人的法定代理人请求不开庭审理，并经人民法院审查同意的除外。

审理强制医疗案件，应当会见被申请人，听取被害人及其法定代理人的意见。

**第六百三十六条** 开庭审理申请强制医疗的案件，按照下列程序进行：

（一）审判长宣布法庭调查开始后，先由检察员宣读申请书，后由被申请人的法定代理人、诉讼代理人发表意见；

（二）法庭依次就被申请人是否实施了危害公共安全或者严重危害公民人身安全的暴力行为、是否属于依法不负刑事责任的精神病人、是否有继续危害社会的可能进行调查；调查时，先由检察员出示证据，后由被申请人的法定代理人、诉讼代理人出示证据，并进行质证；必要时，可以通知鉴定人出庭对鉴定意见作出说明；

（三）法庭辩论阶段，先由检察员发言，后由被申请人的法定代理人、诉讼代理人发言，并进行辩论。

被申请人要求出庭，人民法院经审查其身体和精神状态，认为可以出庭的，应当准许。出庭的被申请人，在法庭调查、辩论阶段，可以发表意见。

检察员宣读申请书后，被申请人的法定代理人、诉讼代理人无异议的，法庭调查可以简化。

**第六百三十七条** 对申请强制医疗的案件，人民法院审理后，应当按照下列情形分别处理：

（一）符合刑事诉讼法第三百零二条规定的强制医疗条件的，应当作出对被申请人强制医疗的决定；

（二）被申请人属于依法不负刑事责任的精神病人，但不符合强制医疗条件的，应当作出驳回强制医疗申请的决定；被申请人已经造成危害结果的，应当同时责令其家属或者监护人严加看管和医疗；

（三）被申请人具有完全或者部分刑事责任能力，依法应当追究刑事责任的，应当作出驳回强制医疗申请的决定，并退回人民检察院依法处理。

**第六百三十八条** 第一审人民法院在审理刑事案件过程中，发现被告人可能符合强制医疗条件的，应当依照法定程序对被告人进行法医精神病鉴定。经鉴定，被告人属于依法不负刑事责任的精神病人的，应当适用强制医疗程序，对案件进行审理。

开庭审理前款规定的案件，应当先由合议庭组成人员宣读对被告人的法医精神病鉴定意见，说明被告人可能符合强制医疗的条件，后依次由公诉人和被告人的法定代理人、诉讼代理人发表意见。经审判长许可，公诉人和被告人的法定代理人、诉讼代理人可以进行辩论。

**第六百三十九条** 对前条规定的案件，人民法院审理后，应当按照下列情形分别处理：

（一）被告人符合强制医疗条件的，应当判决宣告被告人不负刑事责任，同时作出对被告人强制医疗的决定；

（二）被告人属于依法不负刑事责任的精神病人，但不符合强制医疗条件的，应当判决宣告被告人无罪或者不负刑事责任；被告人已经造成危害结果的，应当同时责令其家属或者监护人严加看管和医疗；

（三）被告人具有完全或者部分刑事责任能力，依法应当追究刑事责任的，应当依照普通程序继续审理。

**第六百四十条** 第二审人民法院在审理刑事案件过程中，发现被告人可能符合强制医疗条件的，可以依照强制医疗程序对案件作出处理，也可以裁定发回原审人民法院重新审判。

**第六百四十一条** 人民法院决定强制医疗的，应当在作出决定后五日以内，向公安机关送达强制医疗决定书和强制医疗执行通知书，由公安机关将被决定强制医疗的人送交强制医疗。

**第六百四十二条** 被决定强制医疗的人、被害人及其法定代理人、近亲属对强制医疗决定不服的，可以自收到决定书第二日起五日以内向上一级人民法院申请复议。复议期间不停止执行强制医疗的决定。

**第六百四十三条** 对不服强制医疗决定的复议申请，上一级人民法院应当组成合议庭审理，并在一个月以内，按照下列情形分别作出复议决定：

（一）被决定强制医疗的人符合强制医疗条件的，应当驳回复议申请，维持原决定；

（二）被决定强制医疗的人不符合强制医疗条件的，应当撤销原决定；

（三）原审违反法定诉讼程序，可能影响公正审判的，应当撤销原决定，发回原审人民法院重新审判。

**第六百四十四条** 对本解释第六百三十九条第一项规定的判决、决定，人民检察院提出抗诉，同时被决定强制医疗的人、被害人及其法定代理人、近亲属申请复议的，上一级人民法院应当依照第二审程序一并处理。

**第六百四十五条** 被强制医疗的人及其近亲属申请解除强制医疗的，应当向决定强制医疗的人民法院提出。

被强制医疗的人及其近亲属提出的解除强制医疗申请被人民法院驳回，六个月后再次提出申请的，人民法院应当受理。

**第六百四十六条** 强制医疗机构提出解除强制医疗意见，或者被强制医疗的人及其近亲属申请解除强制医疗的，人民法院应当审查是否附有对被强制医疗的人的诊断评估报告。

强制医疗机构提出解除强制医疗意见，未附诊断评估报告的，人民法院应当要求其提供。

被强制医疗的人及其近亲属向人民法院申请解除强制医疗，强制医疗机构未提供诊断评估报告的，申请人可以申请人民法院调取。必要时，人民法院可以委托鉴定机构对被强制医疗的人进行鉴定。

**第六百四十七条** 强制医疗机构提出解除强制医疗意见，或者被强制医疗的人及其近亲属申请解除强制医疗的，人民法院应当组成合议庭进行审查，并在一个月以内，按照下列情形分别处理：

（一）被强制医疗的人已不具有人身危险性，不需要继续强制医疗的，应当作出解除强制医疗的决定，并可责令被强制医疗的人的家属严加看管和医疗；

（二）被强制医疗的人仍具有人身危险性，需要继续强制医疗的，应当作出继续强制医疗的决定。

对前款规定的案件，必要时，人民法院可以开庭审理，通知人民检察院派员出庭。

人民法院应当在作出决定后五日以内，将决定书送达强制医疗机构、申请解除强制医疗的人、被决定强制医疗的人和人民检察院。决定解除强制医疗的，应当通知强制医疗机构在收到决定书的当日解除强制医疗。

**第六百四十八条** 人民检察院认为强制医疗决定或者解除强制医疗决定不当，在收到决定书后二十日以内提出书面纠正意见的，人民法院应当另行组成合议庭审理，并在一个月以内作出决定。

**第六百四十九条** 审理强制医疗案件，本章没有规定的，参照适用本解释的有关规定。

## 第二十七章 附 则

**第六百五十条** 人民法院讯问被告人，宣告判决，审理减刑、假释案件等，可以根据情况采取视频方式。

**第六百五十一条** 向人民法院提出自诉、上诉、申诉、申请等的，应当以书面形式提出。书写有困难的，除另有规定的以外，可以口头提出，由人民法院工作人员制作笔录或者记录在案，并向口述人宣读或者交其阅读。

**第六百五十二条** 诉讼期间制作、形成的工作记录、告知笔录等材料，应当由制作人员和其他有关人员签名、盖章。宣告或者送达裁判文书、通知书等诉讼文书的，应当由接受宣告或者送达的人在诉讼文书、送达回证上签名、盖章。

诉讼参与人未签名、盖章的，应当捺指印；刑事被告人除签名、盖章外，还应当捺指印。

当事人拒绝签名、盖章、捺指印的，办案人员应当在诉讼文书或者笔录材料中注明情况，有见证人见证或者有录音录像证明的，不影响相关诉讼文书或者笔录材料的效力。

**第六百五十三条** 本解释的有关规定适用于军事法院等专门人民法院。

**第六百五十四条** 本解释有关公安机关的规定，依照刑事诉讼法的有关规定，适用于国家安全机关、军队保卫部门、中国海警局和监狱。

**第六百五十五条** 本解释自2021年3月1日起施行。最高人民法院2012年12月20日发布的《关于适用〈中华人民共和国刑事诉讼法〉的解释》（法释〔2012〕21号）同时废止。最高人民法院以前发布的司法解释和规范性文件，与本解释不一致的，以本解释为准。

# 《最高人民法院关于适用〈中华人民共和国刑事诉讼法〉的解释》的理解与适用

《解释》起草小组*

2018年10月26日，第十三届全国人大会常委会第六次会议通过《关于修改〈中华人民共和国刑事诉讼法〉的决定》（以下简称《刑事诉讼法修改决定》），自2018年10月26日起施行。这是继1996年和2012年刑事诉讼法修改后，对中国特色刑事诉讼制度的又一次十分重要的改革与完善。为正确执行修改后刑事诉讼法，最高人民法院根据法律修改情况，结合人民法院审判工作实际，制定了《最高人民法院关于适用〈中华人民共和国刑事诉讼法〉的解释》（法释〔2021〕1号，以下简称《解释》），自2021年3月1日起施行。现就《解释》的起草经过、主要原则和重点内容解读如下。

## 一、《解释》的起草背景与经过

刑事诉讼法是国家的基本法律。《刑事诉讼法修改决定》共26条，对刑事诉讼法18个条文作了修改，同时新增了18个条文，主要涉及完善监察与刑事诉讼的衔接机制、建立刑事缺席审判程序、完善认罪认罚从宽制度和增加速裁程序、为与其他法律相协调所作的修改四个方面内容。修改后刑事诉讼法从290条增加到308条。本次刑事诉讼法修改，幅度不大，但对刑事审判工作的影响十分重大。

---

* 起草小组成员为最高人民法院姜启波、周加海、喻海松、耿磊、郝方昉、李振华、李静，借调人员任素贤（上海市金山区人民法院）、姜金良（江苏省扬州市中级人民法院）、王婧（广东省广州市中级人民法院）、李鑫（天津市红桥区人民法院），实习生马勤（清华大学法学院）。

为确保法律准确、有效实施，早在刑事诉讼法修改过程中，根据最高人民法院领导指示，最高人民法院研究室即密切跟踪立法进程，于2018年5月正式启动修改《最高人民法院关于适用〈中华人民共和国刑事诉讼法〉的解释》（法释〔2012〕21号，以下简称《2012年解释》）的前期准备工作。为确保司法解释起草坚持问题导向，汇集刑事司法实践智慧，最高人民法院研究室向院内相关部门征求司法解释修改意见，并就若干重要专题委托天津、河北、吉林、上海、江苏、浙江、安徽、福建、江西、山东、河南、湖北、广东、广西、重庆、四川、陕西十七家省、自治区、直辖市高级法院，北京一中院、北京二中院、北京三中院、上海一中院、扬州中院、温州中院、厦门中院、武汉中院八家中级人民法院，北京朝阳法院、上海长宁法院、广州越秀法院三家基层人民法院开展前期调研。

《刑事诉讼法修改决定》通过后，经过反复研究论证，最高人民法院研究室起草出解释稿，并多次征求中央有关部门、地方法院的意见，不断修改完善。特别是，《解释》注重吸收近年来刑事程序法学研究的最新成果，在起草过程中邀请十余位刑事诉讼法专家进行论证、提出意见，确保司法解释荟萃刑事审判经验与理论成果，最大限度实现实践与理论的有机结合。2020年12月7日，最高人民法院院长、首席大法官周强主持召开最高人民法院审判委员会第1820次会议，审议并通过《解释》。

《解释》共计27章、655条、9万余字，历经最高人民法院刑事审判专业委员会八次审议和最高人民法院审判委员会全体会议三次审议，是最高人民法院有史以来条文数量最多的司法解释，也是内容最为丰富、最为重要的司法解释之一。与《2012年解释》相比，《解释》增加“认罪认罚案件的审理”“速裁程序”“缺席审判程序”三章，共增加了107条，实质修改的条文超过200条。

《解释》的起草，得到了中央有关部门、最高人民法院内设有关部门和地方法院的大力支持。有关部门的领导和同志多次参与解释稿的研究论证工作，提出了很多宝贵的意见，发挥了重要作用。

《解释》坚持以习近平新时代中国特色社会主义思想为指导，认真学习贯彻习近平法治思想，全面总结我国刑事审判实践的新情况、新问题，对刑事审判程序的有关问题作了系统规定。作为人民法院适用刑事诉讼法的基本司法解释，《解释》的公布施行，对于人民法院严格依照法定程序正确履行刑事审判职责，规范办案活动，保障诉讼权利，提高办案质量，确保修改后刑事诉讼法的统一正确实施，实现惩罚犯罪与保障人权的有机统一具有重要意义。

## 二、《解释》起草的主要原则

为确保《解释》合法、准确、科学，能够切实发挥规范、统一、明确法律具体适用的功能，在起草过程中，着重坚持了以下几项原则。

一是坚持法治思维，遵循立法精神。司法解释是对法律具体应用的解释，必须以法律为准绳，在法律框架内进行解释。在《解释》起草过程中，始终把依法解释作为最基本的要求，强调每一个解释条文、每一项解释内容都必须符合法律规定、符合法律精神。涉及诉讼权利的，必须充分保障；涉及权利限制的，必须于法有据；涉及审判职责的，必须严格落实。例如，在起草过程中，有意见提出，实践中经常发现通过连续怀孕逃避刑罚执行的情形，此类案件影响恶劣，因此，监外执行的期间不应计入执行刑期。而且，其他国家和地区也有类似做法。经研究认为，上述观点虽然具有实质合理性，但根据我国刑事诉讼法的规定，只有通过贿赂等非法手段骗取暂予监外执行或者在监外执行期间脱逃的，有关期间才不计入执行刑期，故无法在《解释》中作出规定，只能在将来修改法律时提出建议。又如，尽管死缓案件二审一律开庭有很多现实困难，需要做大量准备、协调工作，但考虑到法律规定“被告人被判处死刑的上诉案件”二审应当开庭，《解释》明确规定死缓二审案件应当一律开庭审理。

二是尊重和保障人权，强化诉权保障。尊重和保障人权是我国宪法确立的一项重要原则，是坚持以人民为中心这一中国特色社会主义法治本质要求的具体体现。《解释》严格落实这一宪法原则，依照刑事诉讼法的规定，通过具体制度设计，充分保障被告人的辩护权以及获得法律帮助的权利，充分保障辩护律师的各项权利。例如，与传统犯罪“单打独斗”有所不同，当前不少犯罪呈现出“协同作案”的局面，导致刑事案件普遍存在多名被告人的现象。基于方便审理的考虑，有不少案件分案审理，此举虽然保证了审判的顺利进行，但对当事人质证权的行使造成了影响。基于充分保障质证权的考虑，《解释》要求以同案同审为原则、以分案审理为例外，分案审理应当以有利于保障庭审质量和效率为原则，强调分案审理不得影响当事人质证权等诉讼权利的行使。而且，审理过程中，必要时可以传唤分案审理的共同犯罪被告人或者关联犯罪案件的被告人等到庭对质。

又如，司法实践中对于讯问录音录像的性质存在不同认识，对于随案移送的讯问录音录像，往往以“防止录音录像传播”为由禁止辩护律师查阅。为了切实保障辩护律师的查阅权，《解释》明确规定，对作为证据材料向人民法院移送的讯问录音录像，辩护律师申请查阅的，人民法院应当准许。

三是坚持以审判为中心，有效维护司法公正。推进以审判为中心的诉讼制度改革是党的十八届四中全会部署的重大改革任务。近年来，这一改革在刑事立法和司法实践领域已取得一系列成果，积累了很多有益经验。《解释》充分吸收相关成果和经验，在证据审查判断、非法证据排除、繁简分流机制、庭前准备程序、庭审实质化、涉案财物处置等诸多方面，有针对性地作出具体规定，确保体现以审判为中心的改革要求，保障改革顺利进行并继续深化。

四是坚持问题导向，荟萃审判经验与理论成果。近年来，随着经济社会发展、法治建设深入，刑事审判出现了一些新情况，需要研究解决；理论界推出了一些新成果，需要及时吸收。为满足实践需求、体现时代发展，《解释》起草小组高度重视、充分听取全国法院特别是一线办案法官的建议，反复征求各方面的意见，邀请知名专家进行论证，以最大限度地凝聚各方面的共识和智慧，确保《解释》能够妥当解决实际问题，取得良好效果。例如，规范并案和分案审理程序、增设部分发回重审规定、完善上诉不加刑规则等，就是根据近年来刑事审判工作中反映出的新问题，经过充分征求意见、研究论证后作出的制度创设。可以说，《解释》是全国法院、各方面集体智慧的结晶。

## 三、《解释》重点条文的理解与适用

《解释》条文众多，因篇幅所限，以下仅就其中的重点内容，主要是《刑事诉讼法修改决定》新增内容，以及对《2012年解释》和相关司法解释、规范性文件有所修改的内容，在理解和适用中需要注意的问题作如下解读。

### （一）管辖

《刑事诉讼法修改决定》未涉及管辖问题。《解释》第一章沿用《2012年解释》第一章“管辖”的条文，并根据司法实践反映的情况，特别是当前犯罪形态多样，流动性犯罪、新类型犯罪增多，管辖问题日趋复杂的情况，作了修改完善，主要涉及：(1) 明确海上犯罪、在列车以及其他交通工具上犯罪等的管辖规则；(2) 规范指定管辖；(3) 明确并案和分案处理的相关规则。

1. 在内水、领海犯罪的管辖规则

《解释》第四条吸收《最高人民法院、最高人民检察院、中国海警局关于海上刑事案件管辖等有关问题的通知》(海警〔2020〕1号，以下简称《海上刑事案件管辖通知》) 第一条第一款第一项的规定，明确了在中华人民共和国内水、领海发生的刑事案件的管辖规则，规定："在中华人民共和国内水、领海发生的刑事案件，由犯罪地或者被告人登陆地的人民法院管辖。由被告人居住地的人民法院审判更为适宜的，可以由被告人居住地的人民法院管辖。"

需要注意的是，《最高人民法院关于审理发生在我国管辖海域相关案件若干问题的规定（一）》(法释〔2016〕16号) 第一条规定："本规定所称我国管辖海域，是指中华人民共和国内水、领海、毗连区、专属经济区、大陆架，以及中华人民共和国管辖的其他海域。"据此，《解释》第四条规定的"内水"应当是指领海基线向陆一侧的海上水域。

2. 在列车上犯罪的管辖规则

《最高人民法院关于铁路运输法院案件管辖范围的若干规定》(法释〔2012〕10号) 第一条第三款规定："在列车上的犯罪，由犯罪发生后该列车最初停靠的车站所在地或者目的地的铁路运输法院管辖。"根据实践反映的问题，《解释》第五条作了修改完善，规定："在列车上的犯罪，被告人在列车运行途中被抓获的，由前方停靠站所在地负责审判铁路运输刑事案件的人民法院管辖。必要时，也可以由始发站或者终点站所在地负责审判铁路运输刑事案件的人民法院管辖。被告人不是在列车运行途中被抓获的，由负责该列车乘务的铁路公安机关对应的审判铁路运输刑事案件的人民法院管辖；被告人在列车运行途经车站被抓获的，也可以由该车站所在地负责审判铁路运输刑事案件的人民法院管辖。"

对比可以发现，《解释》第五条重新确立了在列车上犯罪的管辖规则。具体而言：(1) 当前一些铁路运输法院处于改革期，有些地方已经把铁路运输案件交给地方法院管辖。因此，一概要求"铁路运输法院管辖"，与实际不符。(2) 本条规定由"前方停靠站"而非"最初停靠站"所在地的负责审判铁路运输刑事案件的人民法院管辖，主要考虑是：“最初停靠站”只能是发现犯罪后停靠的第一个站点，而第一个站点有大有小，小站点可能根本没有警力羁押犯罪嫌疑人，不便于管辖，而用“前方停靠站”则涵盖范围更广，更符合实际需求。(3) 在一些案件中，列车刚刚驶出始发地即发生犯罪案件并抓获犯罪嫌疑人，在此种情况下，由列车始发地的负责审判铁路运输刑事案件的人民法院管辖，更具合理性。(4) 对于被告人不是在列车运行途中被抓获的，规定由负责该列车乘务的铁路公安机关对应的审判铁路运输刑事案件的人民法院管辖。但是实践中存在被告人实施犯罪后下车，在车站即被抓获的情形。为便于执法办案，避免移送案件浪费侦查资源，此种情形也可以由该车站所在地负责审判铁路运输刑事案件的人民法院管辖。

3. 在国际列车上犯罪的管辖规则

《2012 年解释》第六条规定：“在国际列车上的犯罪，根据我国与相关国家签订的协定确定管辖；没有协定的，由该列车最初停靠的中国车站所在地或者目的地的铁路运输法院管辖。”实践中存在国际列车在离开最后一座中国车站后，行为人在中国境内实施犯罪，但前方无停靠的中国车站的情形，无法依据现有规定进行管辖。鉴于此，《解释》第六条作了修改完善，规定：“在国际列车上的犯罪，根据我国与相关国家签订的协定确定管辖；没有协定的，由该列车始发或者前方停靠的中国车站所在地负责审判铁路运输刑事案件的人民法院管辖。”

4. 在中华人民共和国领域外的中国船舶内犯罪的管辖规则

《2012 年解释》第四条规定：“在中华人民共和国领域外的中国船舶内的犯罪，由该船舶最初停泊的中国口岸所在地的人民法院管辖。”实践中，在中国领域外航行的中国船舶内发生犯罪后，船舶可能并不马上返航回国，而是继续向外航行，只是将犯罪嫌疑人带回我国。对此种情形，依据《2012 年解释》第四条的规定确定管辖可能并不适当。为此，《海上刑事案件管辖通知》第一条第一款第二项增加规定被告人登陆地、入境地的人民法院作为管辖选择地。经吸收上述规定，《解释》第七条规定：“在中华人民共和国领域外的中国船舶内的犯罪，由该船舶最初停泊的中国口岸所在地或者被告人登陆地、入境地的人民法院管辖。”

5. 中国公民在中华人民共和国领域外的犯罪的管辖规则

《2012 年解释》第八条规定：“中国公民在中华人民共和国领域外的

犯罪，由其入境地或者离境前居住地的人民法院管辖；被害人是中国公民的，也可由被害人离境前居住地的人民法院管辖。”鉴于海上刑事案件的被告人通常是从海上登陆，同时，考虑到被告人或者被害人入境后的居住地可能与离境前居住地不一致的情况，为便于案件办理，《海上刑事案件管辖通知》第一条第一款第三项增加规定了相关管辖连接点。经吸收上述规定，《解释》第十条规定：“中国公民在中华人民共和国领域外的犯罪，由其登陆地、入境地、离境前居住地或者现居住地的人民法院管辖；被害人是中国公民的，也可以由被害人离境前居住地或者现居住地的人民法院管辖。”

6. 外国人在中华人民共和国领域外对中华人民共和国国家或者公民犯罪的管辖规则

《2012 年解释》第九条规定：“外国人在中华人民共和国领域外对中华人民共和国国家或者公民犯罪，根据《中华人民共和国刑法》应当受处罚的，由该外国人入境地、入境后居住地或者被害中国公民离境前居住地的人民法院管辖。”鉴于海上刑事案件的特殊性，《海上刑事案件管辖通知》第一条第一款第四项增加规定被告人登陆地的人民法院也可以管辖。经吸收上述规定，《解释》第十一条规定：“外国人在中华人民共和国领域外对中华人民共和国国家或者公民犯罪，根据《中华人民共和国刑法》应当受处罚的，由该外国人登陆地、入境地或者入境后居住地的人民法院管辖，也可以由被害人离境前居住地或者现居住地的人民法院管辖。”

7. 对中华人民共和国缔结或者参加的国际条约所规定的罪行行使刑事管辖权的管辖规则

《2012 年解释》第十条规定：“对中华人民共和国缔结或者参加的国际条约所规定的罪行，中华人民共和国在所承担条约义务的范围内，行使刑事管辖权的，由被告人被抓获地的人民法院管辖。”由于海上刑事案件的特殊性，实际办案中可能存在犯罪嫌疑人在我国领海以外（如公海）被抓获的情形，无法依据《2012 年解释》第十条的规定进行管辖。基于此，《海上刑事案件管辖通知》第一条第一款第五项增加规定被告人入境地、登陆地的人民法院也可以管辖。经吸收上述规定，《解释》第十二条规定：“对中华人民共和国缔结或者参加的国际条约所规定的罪行，中华人民共和国在所承担条约义务的范围内行使刑事管辖权的，由被告人被抓获地、登陆地或者入境地的人民法院管辖。”

8. 关于指定管辖规则

《2012年解释》第十八条规定：“上级人民法院在必要时，可以指定下级人民法院将其管辖的案件移送其他下级人民法院审判。”据此，上级法院的指定管辖似只能针对下级法院已经管辖的案件，这与实践需求和操作不完全相符。调研中，地方法院普遍建议明确指定管辖的具体情形。

经研究认为，被指定管辖的人民法院可以是本来就有管辖权的法院，也可以是本来没有管辖权，但是因为更为适宜审理案件而被赋予管辖权的法院。实践中，具体情形包括：(1) 管辖不明或者存在争议的案件。(2) 国家工作人员犯罪，不宜由其犯罪地或者居住地人民法院管辖的案件。例如，司法机关工作人员犯罪，因其所在单位工作人员可能系其同事，依法需要回避。为避免其任职辖区人民法院审判案件引发争议，将案件指定由其他法院管辖，更为妥当。又如，重大职务犯罪案件通常指定被告人任职地点以外的法院管辖。(3) 其他需要指定管辖的案件。例如，人民法院工作人员的近亲属犯罪的（犯罪地或居住地属于该院辖区），虽然不属于国家工作人员犯罪，但根据具体情况，也可能不宜由该院管辖，需要指定其他人民法院管辖。再如，专业性较强的刑事案件，可以指定具有相关审判经验的法院管辖。基于此，《解释》第二十条第二款规定：“有关案件，由犯罪地、被告人居住地以外的人民法院审判更为适宜的，上级人民法院可以指定下级人民法院管辖。”

需要提及的是，征求意见过程中，有意见提出，司法实务中指定管辖过于随意，甚至泛化，与刑事诉讼法的规定似有不符。经研究，采纳上述意见，《解释》第二十条第二款将指定管辖限定在“由犯罪地、被告人居住地以外的人民法院审判更为适宜的”情形，以防止不当适用。

9. 关于并案审理规则

从实践来看，人民法院受理案件后，发现被告人还有犯罪的，主要包括以下情形：发现被告人还有犯罪被立案侦查、立案调查的；发现被告人还有犯罪被审查起诉的；发现被告人还有犯罪被起诉的。对于上述情形，应当区分情况进行处理。其中，对于起诉至人民法院的，可以并案审理；涉及同种罪的，一般应当并案审理。

司法实践反映，并案审理不仅涉及人民法院，还涉及人民检察院。

如果前后两案是起诉至同一人民法院的，并案处理相对容易操作；如果是起诉至不同法院，特别是不同省份的法院的，并案处理就涉及两地法院、两地检察院的工作衔接和配合，具体操作程序繁杂、费时费力、十分困难。基于此，《解释》第二十四条第一款规定："人民法院发现被告人还有其他犯罪被起诉的，可以并案审理；涉及同种犯罪的，一般应当并案审理。"

需要注意的是，《解释》第二十四条第一款规定"一般应当"并案审理的限于涉及同种犯罪的情形。就应然层面而言，对于同种犯罪，特别是分案处理可能导致对被告人刑罚裁量不利的，应当并案审理。有些案件，确实无法与原提起公诉的人民检察院、拟并案审理的人民法院对应的人民检察院以及上级人民检察院协商一致的，只能分案处理，在刑罚裁量时酌情考虑。故而，《解释》第二十四条第一款使用的表述是"一般应当"而非"应当"；对于分案处理对被告人的刑罚裁量无实质不利影响（如一罪被判处死刑、无期徒刑，采用吸收原则进行并罚的）和确实无法就并案问题协商一致的，可以分案审理。

《解释》第二十四条第二款明确了人民法院发现被告人还有其他犯罪被审查起诉、立案侦查、立案调查的并案处理规则，规定："人民法院发现被告人还有其他犯罪被审查起诉、立案侦查、立案调查的，可以参照前款规定协商人民检察院、公安机关、监察机关并案处理，但可能造成审判过分迟延的除外。"据此，此种情形下，应当参照第二十四条第一款规定的原则协商人民检察院、公安机关、监察机关并案处理。实践中，如果确实协商不成的，可以继续审理。有些案件强行要求并案处理，可能导致审理时间过长，判前羁押时间人为加长，反而对被告人不利。

《解释》第二十四条第三款进一步明确了依照前两款规定并案处理后的管辖规则，规定："根据前两款规定并案处理的案件，由最初受理地的人民法院审判。必要时，可以由主要犯罪地的人民法院审判。"需要注意的是：(1) 之所以规定"由最初受理地的人民法院审判"而非"由最初受理的人民法院审判"，主要考虑是：如果最初受理的是基层法院，而还有罪行是由地市级检察院审查起诉，则并案时就不是由最初受理的基层人民法院而是由最初受理地的中级人民法院管辖。(2) 考虑到有些案件由主要犯罪地人民法院审判更为便利，故规定"必要时，可以由主要犯罪地的人民法院审判"。如果多个犯罪不属于同级人民法院管辖，一般可以认为属于中级人民法院管辖的犯罪属于主要犯罪，从而适用上述规定，由该中级人民法院并案处理。

此外，《最高人民法院关于判决宣告后又发现被判刑的犯罪分子的同种漏罪是否实行数罪并罚问题的批复》(法复〔1993〕3号）规定："人民法院的判决宣告并已发生法律效力以后，刑罚还没有执行完毕以前，发现被判刑的犯罪分子在判决宣告以前还有其他罪没有判决的，不论新发现的罪与原判决的罪是否属于同种罪，都应当依照刑法第六十五条的规定实行数罪并罚。但如果在第一审人民法院的判决宣告以后，被告人提出上诉或者人民检察院提出抗诉，判决尚未发生法律效力的，第二审人民法院在审理期间，发现原审被告人在第一审判决宣告以前还有同种漏罪没有判决的，第二审人民法院应当依照刑事诉讼法第一百三十六条第（三）项的规定，裁定撤销原判，发回原审人民法院重新审判，第一审人民法院重新审判时，不适用刑法关于数罪并罚的规定。"司法实践反映，该批复要求二审法院发现被告人有同种漏罪没有判决的，一律发回一审人民法院重新审判，出发点在于避免被告人因为分案处理在刑罚裁量上招致不利后果，但是规定过于绝对，在一些案件中不具有可操作性。问题相对突出的有两种情形：一是被告人被判处无期徒刑、死刑的，分案审理对其刑罚裁量并无实质不利的；二是一些案件无法与人民检察院在并案审理上协调一致的。前一种情形分案处理并无不妥，后一种情形只能分案处理。基于此，《解释》第二十五条在该批复的基础上，根据司法实践反映的问题作了相应调整，规定："第二审人民法院在审理过程中，发现被告人还有其他犯罪没有判决的，参照前条规定处理。第二审人民法院决定并案审理的，应当发回第一审人民法院，由第一审人民法院作出处理。"具体而言，根据本条规定，第二审人民法院在审理过程中，发现被告人还有其他犯罪没有判决，决定发回第一审人民法院并案审理的，由第一审人民法院根据下列规则作出处理：(1）对于其他犯罪尚未作出生效判决的，应当并案审理。对于其他犯罪系同种犯罪的，不能适用数罪并罚的规定；对于其他犯罪系异种犯罪的，应当根据刑法第六十九条的规定进行数罪并罚。(2）对于其他犯罪已经作出生效判决，但刑罚尚未执行完毕的，应当根据刑法第七十条的规定进行数罪并罚。

## (二) 回避

《刑事诉讼法修改决定》未涉及回避问题。《解释》第二章沿用《2012年解释》第二章“回避”的条文，并根据司法实践反映的情况作了修改完善，主要涉及：(1) 根据监察法和司法改革要求对相关条文作了修改；(2) 明确对出庭检察人员的回避申请不属于刑事诉讼法第二十九条、第三十条规定情形的处理规则。

1. 关于审判人员参与过本案其他刑事诉讼活动的回避情形

监察法规定监察机关对职务犯罪的调查权和移送审查起诉权。因此，参与过案件调查工作的监察人员，如果调至人民法院工作，也不得担任本案的审判人员。基于此，《解释》第二十九条第一款对《2012年解释》第二十五条第一款的规定作出修改完善，规定：“参与过本案调查、侦查、审查起诉工作的监察、侦查、检察人员，调至人民法院工作的，不得担任本案的审判人员。”

此外，《解释》第二十九条第二款规定：“在一个审判程序中参与过本案审判工作的合议庭组成人员或者独任审判员，不得再参与本案其他程序的审判。但是，发回重新审判的案件，在第一审人民法院作出裁判后又进入第二审程序、在法定刑以下判处刑罚的复核程序或者死刑复核程序的，原第二审程序、在法定刑以下判处刑罚的复核程序或者死刑复核程序中的合议庭组成人员不受本款规定的限制。”需要注意的是，本条第二款的用语是“参与过本案审判工作的合议庭组成人员或者独任审判员”，而非“参与过本案审判工作的审判人员”。因此，法官助理、书记员不在其中。讨论中，有意见提出，本条第二款规定“在一个审判程序中参与过本案审判工作的合议庭组成人员或者独任审判员，不得再参与本案其他程序的审判”，此处的“不得再参与本案其他程序的审判”是否包括“参与审委会讨论”？例如，发回重审的案件需要提交审委会讨论，原审是承办法官、发回重审时是审委会委员的，是否还有发表意见及投票的权利？经研究认为，审委会对案件有最终决定权，故“不得再参与本案其他程序的审判”当然包括“参与审委会讨论”，作为原承办法官的审委会委员不宜再发表意见及投票。但是，如原审时即经过审委会讨论，上级法院发回重审后仍需经过审委会讨论的，由于本条将适用范围明确限定为“合议庭组成人员或者独任审判员”，故不适用上述规则，不能据此认为原审参与审委会讨论的委员都需要回避。如果适用上述规则，可能导致案件无法处理，不具有可操作性。征求意见过程中，有意见提出，“本案其他程序”是否仅指刑事诉讼法第三编的第一审程序、第二审程序、死刑复核程序、审判监督程序，司法实践中容易产生歧义，建议对“本案其他程序”的内涵进一步明确。理由是：刑事诉讼法第三编规定了第一审程序、第二审程序、死刑复核程序、审判监督程序，第五编还规定了特别程序，这两编规定的都是审判程序，且部分审判程序存在密切关联。例如，贪污贿赂、恐怖活动犯罪等重大犯罪案件的被告人在审判过程中死亡，法院依法裁定终止审理；同时，对于因需要追缴其违法所得及其他涉案财产而启动违法所得没收程序的，违法所得没收程序是否属于本案其他程序，原合议庭组成人员能否继续审理，实践中会存在争议。被告人在违法所得没收程序中归案，同样也存在类似问题。经研究认为，上述情形不需要适用回避的规定。主要考虑是：(1)“在一个审判程序中参与过本案审判工作的合议庭组成人员或者独任审判员，不得再参与本案其他程序的审判”的规定限于“本案”，即同一个案件。对于普通程序与缺席审判程序、违法所得没收程序、强制医疗程序等特别程序之间的转换，由于案由发生变化，不再属于同一案件，自然不受本条规定的限制。(2) 对于上述情形，由同一审判组织继续审理，不仅不会影响公正审判，而且由于原审判组织熟悉案件相关情况，更加便利于审判。故而，不需要适用回避的规定。(3) 关于特别程序的相关条文，有的可以当然推导出不需要另行组成合议庭。例如，《解释》第六百三十八条第一款规定：“第一审人民法院在审理刑事案件过程中，发现被告人可能符合强制医疗条件的，应当依照法定程序对被告人进行法医精神病鉴定。经鉴定，被告人属于依法不负刑事责任的精神病人的，应当适用强制医疗程序，对案件进行审理。”此处明显是指直接转换为强制医疗程序，不需要另行组成合议庭。

对于发回重新审判的案件，在第一审人民法院作出裁判后又进入第二审程序、在法定刑以下判处刑罚的复核程序或者死刑复核程序的，根据《解释》第二十九条第二款的规定，原第二审程序、在法定刑以下判处刑罚的复核程序或者死刑复核程序中的合议庭组成人员不受“在一个审判程序中参与过本案审判工作的合议庭组成人员或者独任审判员，不得再参与本案其他程序的审判”的限制。征求意见过程中，有意见提出，发回重新审判的案件，第一审人民法院作出裁判后又进入第二审程序、在法定刑以下判处刑罚的复核程序或者死刑复核程序的，原合议庭组成人员不得再参与该案件审理。理由是：发回重审的案件再次进入第二审程序、在法定刑以下判处刑罚的复核程序或者死刑复核程序后，由原合议庭审理，虽然可提高效率，但似难以避免先入为主，影响案件公正审理。经研究认为，对于发回重新审判的案件，原第二审程序、在法定刑以下判处刑罚的复核程序或者死刑复核程序的合议庭组成人员对案件情况比较熟悉，清楚发回重审的原因。案件再次进入第二审程序、在法定刑以下判处刑罚的复核程序或者死刑复核程序后，由原合议庭审理，不仅不会影响司法公正，而且能更好地审查第一审人民法院是否解决了原来存在的问题，重新作出的裁判是否合法、合理，可以兼顾公正与效率，故未采纳上述意见。

2. 关于申请出庭的检察人员回避的处理

《2012年解释》第三十一条规定："当事人及其法定代理人申请出庭的检察人员回避的，人民法院应当决定休庭，并通知人民检察院。"实践反映，如果当事人及其法定代理人所提申请根本不属于刑事诉讼法第二十九条、第三十条规定的情形，没有必要休庭，应当由法庭当庭驳回，以保证庭审的有序推进。经研究，采纳上述意见，《解释》第三十六条规定："当事人及其法定代理人申请出庭的检察人员回避的，人民法院应当区分情况作出处理：（一）属于刑事诉讼法第二十九条、第三十条规定情形的回避申请，应当决定休庭，并通知人民检察院尽快作出决定；（二）不属于刑事诉讼法第二十九条、第三十条规定情形的回避申请，应当当庭驳回，并不得申请复议。"

## （三）辩护与代理

《刑事诉讼法修改决定》对辩护与代理作了三个方面的修改：一是增加规定被开除公职和被吊销律师、公证员执业证书的人不得担任辩护人；二是增加值班律师制度；三是与监察体制改革相衔接，删除辩护律师会见"特别重大贿赂犯罪"案件的犯罪嫌疑人应当经侦查机关许可的规定。《解释》第三章根据修改后刑事诉讼法的规定，对《2012年解释》第三章"辩护与代理"的条文作了修改完善，主要涉及：(1) 对刑事诉讼法作出调整的条文作出照应规定或者修改，特别是明确值班律师的阅卷权及参与诉讼活动有关问题；(2) 明确辩护人应当及时提交书面辩护意见；(3) 明确相关录音录像的查阅规则；(4) 删去辩护人、诉讼代理人复制案卷材料收取费用的规定;[①] (5) 明确律师助理参加庭审的规则。

1. 关于指定辩护与委托辩护并存的处理规则

从实践来看，有的案件法律援助机构指派律师为被告人提供辩护，被告人的监护人、近亲属又代为委托辩护人的，如何处理，存在不同做法。经研究认为，委托辩护是刑事诉讼法赋予被告人的基本诉讼权利，应当予以充分保障。在指定辩护和委托辩护并存的情况下，应当赋予被告人选择权，以其意思表示为准，否则被告人会产生对审判公正性的质疑。基于此,《解释》第五十一条规定:“对法律援助机构指派律师为被告人提供辩护，被告人的监护人、近亲属又代为委托辩护人的，应当听取被告人的意见，由其确定辩护人人选。”

2. 关于讯问录音录像的查阅规则

关于侦查讯问录音录像，《最高人民法院刑事审判第二庭关于辩护律师能否复制侦查机关讯问录像问题的批复》(〔2013〕刑他字第239号) 规定:“自人民检察院对案件审查起诉之日起，辩护律师可以查阅、摘抄、复制案卷材料，但其中涉及国家秘密、个人隐私的，应严格履行保密义务。你院请示的案件，侦查机关对被告人的讯问录音录像已经作为证据材料向人民法院移送并已在庭审中播放，不属于依法不能公开的材料，在辩护律师提出要求复制有关录音录像的情况下，应当准许。”《解释》原本拟吸收上述规定。征求意见过程中，存在不同认识：一种意见建议不作规定。理由是：关于讯问录音录像的性质，目前刑事诉讼法及《最高人民法院、最高人民检察院、公安部、国家安全部、司法部、全国人大常委会法制工作委员会关于实施刑事诉讼法若干问题的规定》(以下简称“六部委”《关于实施刑事诉讼法若干问题的规定》) 均将其定性为证明取证合法性的证明材料，有别于证据材料。并且，录音录像中可能涉及关联案件线索、国家秘密、侦查秘密等，尤其是危害国家安全犯罪案件、职务犯罪案

---

① 《2012年解释》第五十九条规定:“辩护人、诉讼代理人复制案卷材料的，人民法院只收取工本费；法律援助律师复制必要的案卷材料的，应当免收或者减收费用。”《财政部、国家发展和改革委员会关于清理规范一批行政事业性收费有关政策的通知》(财税〔2017〕20号) 要求“停征涉及个人等事项的行政事业性收费”，其中包括“复制费（含案卷材料费）”，并规定“取消、停征或减免上述行政事业性收费后，有关部门和单位依法履行管理职能所需相关经费，由同级财政预算予以保障，不得影响依法履行职责”。据了解，实践中不少地方对复制案卷材料早已停收费用。鉴于此，删去《2012年解释》第五十九条的规定。

件，较为敏感。如允许复制，在信息化时代，一旦传播到互联网中，可能会带来重大国家安全及舆情隐患。将录音录像定性为“取证合法性的证明材料”而非证据材料，并且根据需要调取，较为符合实际。“六部委”《关于实施刑事诉讼法若干问题的规定》第十九条和《最高人民法院、最高人民检察院、公安部、国家安全部、司法部关于办理刑事案件严格排除非法证据若干问题的规定》(法发〔2017〕15号)第二十二条均采取了上述立场。实践中有个别办案机关将讯问录音录像放入案卷随案移送，这属于因对法律、司法解释理解不到位导致的不规范做法，应当予以纠正，不能因此认为讯问录音录像就是证据。另一种意见认为，讯问录音录像证明讯问过程的合法性，对于律师应该公开。如果将允许查阅、复制的范围限定在“在庭审中举证、质证的且不属于不能公开的材料”，有可能在执行中成为法院限制律师复制的理由。如果讯问录音录像涉密，可以按照涉密规定处理。

经研究，《解释》第五十四条对前述〔2013〕刑他字第239号批复予以吸收并作适当调整，规定：“对作为证据材料向人民法院移送的讯问录音录像，辩护律师申请查阅的，人民法院应当准许。”具体而言：(1)根据刑事诉讼法第四十条的规定，辩护律师自人民检察院对案件审查起诉之日起，可以查阅本案的案卷材料。对于移送人民法院的讯问录音录像，无论是否已经在庭审中举证质证，无论是直接用于证明案件事实还是用于证明取证合法性，均应当属于案卷材料的范围。基于此，本条未再限定为“已在庭审中播放”。而且，移送的证据材料，对诉讼参与人应当是公开的，特别是在公开审理的案件中举证、质证的相关证据材料，包括讯问录音录像在内，由于不少案件要进行庭审直播，人民群众均可观看、下载。此种情形下，再以防止录音录像广泛传播为由禁止辩护律师查阅讯问录音录像，于理不合。即使讯问录音录像涉及国家秘密、个人隐私、商业秘密，辩护律师为行使辩护权，也是可以查阅的。并且，《解释》第五十五条对此已作充分考虑，专门规定了保密和不得违反规定泄露、披露案件信息、材料的相关问题。(2)较之一般证据材料，讯问录音录像确实具有一定特殊性。特别是作为证明取证合法性的录音录像，可能涉及侦查办案的策略方法，也可能涉及其他关联案件和当事人隐私，一律允许复制，恐难以控制传播面以及一旦泄露可能带来的影响。从实践来看，允许查阅，即可以满足辩护律师的辩护需要，充分保障其权益。基于此，本条明确为

"辩护律师申请查阅的，人民法院应当准许"，即对于查阅申请应当一律准许，但对复制未再作明确要求。(3) 本条规定的"讯问录音录像"，不限于作为证据材料移送人民法院的"侦查录音录像"，也包括作为证据材料向人民法院移送的相关监察调查过程的录音录像。《人民检察院刑事诉讼规则》第二百六十三条第二款规定："对于监察机关移送起诉的案件，认为需要调取有关录音、录像的，可以商监察机关调取。"第七十六条规定："对于提起公诉的案件，被告人及其辩护人提出审前供述系非法取得，并提供相关线索或者材料的，人民检察院可以将讯问录音、录像连同案卷材料一并移送人民法院。"当然，如果相关监察调查过程的录音录像未移送人民法院的，自然不属于可以查阅的范围。

3. 关于查阅、摘抄、复制案卷材料的保密要求

《解释》第五十五条强调了查阅、摘抄、复制案卷材料在保密方面的相关要求，规定："查阅、摘抄、复制案卷材料，涉及国家秘密、商业秘密、个人隐私的，应当保密；对不公开审理案件的信息、材料，或者在办案过程中获悉的案件重要信息、证据材料，不得违反规定泄露、披露，不得用于办案以外的用途。人民法院可以要求相关人员出具承诺书。违反前款规定的，人民法院可以通报司法行政机关或者有关部门，建议给予相应处罚；构成犯罪的，依法追究刑事责任。"

征求意见过程中，有意见建议删去本条，理由是：律师法中已有关于律师违反保密义务的相关规定，律师行业规范中也对此进行了约束，不必在此赘述。关于"人民法院可以要求相关人员出具承诺书"的规定，根据律师法第三十八条的规定，律师应当保守在执业活动中知悉的国家秘密、商业秘密和当事人隐私。若律师违反保密义务，无论是否出具承诺书，都可以依法依规对其违法或犯罪行为予以追究。经研究，未采纳上述意见。主要考虑是：(1) 律师法、《最高人民法院、最高人民检察院、公安部、国家安全部、司法部关于依法保障律师执业权利的规定》、中华全国律师协会《律师办理刑事案件规范》已对相关问题作出明确，本条只是作了照应性规定。(2) 实践中，绝大多数律师能够对在执业活动中知悉的秘密和相关信息予以保密，但也有极个别律师违反保密义务，违法违规散布有关案件信息，《解释》作出规定，有利于警示和规制。

4. 关于诉讼代理人查阅、摘抄、复制案卷材料的规则

《2012 年解释》第五十七条规定，诉讼代理人查阅、摘抄、复制本案

的案卷材料需经人民法院批准。当前，在强化对犯罪嫌疑人、被告人权利保护的同时，应当更加注意对被害人权利的保护。而且，从刑事诉讼法理上而言，被害人与被告人同属于当事人，诉讼代理人的权利与辩护人的权利基本相同，应当对诉讼代理人和辩护人在查阅、摘抄、复制案卷材料方面予以同等保护。基于此，《解释》第六十五条第一款作出修改完善，规定："律师担任诉讼代理人的，可以查阅、摘抄、复制案卷材料。其他诉讼代理人经人民法院许可，也可以查阅、摘抄、复制案卷材料。"

5. 关于律师带助理参加庭审的规则

《解释》第六十八条吸收《最高人民法院、最高人民检察院、公安部、国家安全部、司法部关于依法保障律师执业权利的规定》第二十五条第二款的规定，明确："律师担任辩护人、诉讼代理人，经人民法院准许，可以带一名助理参加庭审。律师助理参加庭审的，可以从事辅助工作，但不得发表辩护、代理意见。"据此，辩护律师可以向人民法院申请带一名律师助理参与庭审，从事记录等辅助工作。需要注意的是，本条规定的"发表辩护、代理意见"是概称，包括申请回避、举证、质证、辩论以及发表辩护、代理意见等诉讼行为。这些行为都应当由辩护人、诉讼代理人完成，不能交由律师助理代为实施。

### （四）证据

《刑事诉讼法修改决定》未涉及证据问题。《解释》第四章在《2012年解释》第四章"证据"条文的基础上，对证据审查判断和综合运用规则作了完善，主要涉及：(1) 总结推进以审判为中心的刑事诉讼制度改革的经验和成果，对"三项规程"特别是《人民法院办理刑事案件排除非法证据规程（试行）》的有关规定予以吸收，进一步丰富细化证据部分的内容；(2) 根据司法实践反映的问题，对证据部分与实践相比滞后或者不协调的条文作出调整；(3) 鉴于对技术调查、侦查证据材料的移送与审查判断等问题存在较大争议，为统一司法适用，增加第八节"技术调查、侦查证据的审查与认定"，对《2012年解释》第一百零七条的规定予以扩展并独立成节，对技术调查、侦查证据材料的审查判断作出专门规定。

1. 关于全案移送证据材料的问题

《解释》第七十三条规定："对提起公诉的案件，人民法院应当审查证明被告人有罪、无罪、罪重、罪轻的证据材料是否全部随案移送；未随案移送的，应当通知人民检察院在指定时间内移送。人民检察院未移送的，人民法院应当根据在案证据对案件事实作出认定。”这是根据刑事诉讼法第四十一条“辩护人认为在侦查、审查起诉期间公安机关、人民检察院收集的证明犯罪嫌疑人、被告人无罪或者罪轻的证据材料未提交的，有权申请人民检察院、人民法院调取”和“六部委”《关于实施刑事诉讼法若干问题的规定》第二十四条“人民检察院向人民法院提起公诉时，应当将案卷材料和全部证据移送人民法院，包括犯罪嫌疑人、被告人翻供的材料，证人改变证言的材料，以及对犯罪嫌疑人、被告人有利的其他证据材料”所作的照应性规定。全案移送证据材料有利于全面查明案件事实，是刑事诉讼的基本规则。从近些年纠正的冤错案件来看，一些案件就是因为没有全案移送证据材料，影响了最终裁判。例如，在安徽“于某生案”中，侦查机关没有随案移送现场发现的第三人的血指纹。后经继续侦查，发现该第三人的血指纹即为真凶的血指纹。基于此，应当移送全案证据材料。从司法实践来看，个别案件存在由于未随案移送相关证据材料导致案件存疑的情况，甚至经人民法院调取仍未提供。为将相关法律规定落到实处，切实保障被告人的合法权益，有必要专门规定。

需要注意的是，《解释》第七十三条专门规定“人民检察院未移送的，人民法院应当根据在案证据对案件事实作出认定”，旨在明确人民检察院经通知移送未移送的处理规则。这意味着因缺乏证据材料导致有关事实存疑的，应当依法作出有利于被告人的认定。例如，在辩方举证证明被告人未满十八周岁的情况下，由于人民检察院拒绝移送相关证据导致年龄存疑的，应当作有利于被告人的认定，即认定其不满十八周岁。

2. 关于调取讯问录音录像的问题

刑事诉讼法对讯问录音录像问题作了明确，监察法第四十一条第二款也规定“调查人员进行讯问以及搜查、查封、扣押等重要取证工作，应当对全过程进行录音录像，留存备查”。而且，相关主管部门也对重要取证环节的录音录像作了进一步细化规定。但是，从司法实践来看，个别案件仍然存在由于未随案移送相关录音录像导致证据存疑的情况，甚至经人民法院调取仍未提供。为将相关法律规定落到实处，切实保障被告人的合法权益，《解释》第七十四条规定：“依法应当对讯问过程录音录像的案件，相关录音录像未随案移送的，必要时，人民法院可以通知人民检察院在指定时间内移送。人民检察院未移送，导致不能排除属于刑事诉讼法第五十六条规定的以非法方法收集证据情形的，对有关证据应当依法排除；导致有关证据的真实性无法确认的，不得作为定案的根据。”

征求意见过程中，有意见建议删去本条。理由是：根据刑事诉讼法和“六部委”《关于实施刑事诉讼法若干问题的规定》，讯问录音录像不需要随案移送，而是根据需要调取。无论是刑事诉讼法还是《最高人民法院、最高人民检察院、公安部、国家安全部、司法部关于办理刑事案件严格排除非法证据若干问题的规定》，都没有将“未依法对取证过程进行录音录像”或者“录音录像未随案移送”作为排除非法证据的情形。关于检察机关未提供讯问过程录音录像以证明取证合法性的问题，可以依据刑事诉讼法关于非法证据排除的规定处理。经研究，未采纳上述意见。主要考虑是：《解释》第七十四条规定与上述规范性文件的规定并不矛盾。本条规定的是经人民法院调取仍未移送，进而导致相关证据的真实性、合法性或者关联性无法确认的情形。对此，无论依据哪个规范性文件的规定，还是刑事诉讼基本法理，都不能作为定案的根据。本条规定只是对此类情形予以细化，并无不妥。

需要注意的是，《解释》第七十四条规定的“讯问过程录音录像”不限于侦查讯问过程录音录像，也包括监察调查讯问过程录音录像。《国家监察委员会与最高人民检察院办理职务犯罪案件工作衔接办法》第二十七条第二款规定：“国家监察委员会对调查过程的录音、录像不随案移送最高人民检察院。最高人民检察院认为需要调取与指控犯罪有关并且需要对证据合法性进行审查的讯问录音录像，可以同国家监察委员会沟通协调后予以调取……”可见，监察调查讯问过程录音录像虽然不随案移送，但可以依法调取。

3. 关于行政机关在行政执法和查办案件过程中收集的证据材料的使用

《解释》第七十五条规定：“行政机关在行政执法和查办案件过程中收集的物证、书证、视听资料、电子数据等证据材料，经法庭查证属实，且收集程序符合有关法律、行政法规规定的，可以作为定案的根据。根据法律、行政法规规定行使国家行政管理职权的组织，在行政执法和查办案件过程中收集的证据材料，视为行政机关收集的证据材料。”需要注意的是：

第一，刑事诉讼法第五十四条第二款规定：“行政机关在行政执法和查办案件过程中收集的物证、书证、视听资料、电子数据等证据材料，在刑事诉讼中可以作为证据使用。”实践中，有观点认为，勘验、检查等笔录的客观性强，且往往条件消失后，不能重复制作，重复鉴定亦无必要，故对于上述行政证据材料，应当承认其刑事证据资格。基于此，本条原本拟增加规定“勘验、检查等笔录”和“鉴定意见”在刑事诉讼中可以作为证据使用。征求意见过程中，有意见提出：由于行政机关收集勘验、检查等笔录、鉴定意见等证据的程序与刑事诉讼法的规定存在差异，且基于各方面等原因，这些证据可能存在无法有效检验、质证等情况，刑事诉讼法未对行政机关收集的勘验、检查等笔录、鉴定意见在刑事诉讼中的证据效力作出规定。这些证据如果在刑事诉讼中使用，并作为定案的依据，应当严格慎重把握。另有意见认为，勘验、检查等笔录、鉴定意见是有一定主观性的证据材料，与书证、物证等客观性证据不同，不宜采用相同的证据审查认定规则。特别是行政执法过程中的“鉴定意见”效力不同于司法鉴定。司法鉴定机构需要有鉴定资质，而行政执法过程中的鉴定意见往往由行政机关自己作出，或者由不具有司法鉴定资质的机构作出，不具有相同的公信力，不应直接作为证据使用。经研究，采纳后一种意见，沿用《2012 年解释》第六十五条第一款的规定，且与刑事诉讼法第五十四条第二款的规定保持一致。

需要注意的是，《解释》第七十五条规定的是“物证、书证、视听资料、电子数据等证据材料”在刑事诉讼中可以作为证据使用，对其中的“等”，原则上应作“等内”解释，即通常只限于物证、书证、视听资料、电子数据，不包括鉴定意见及勘验、检查等笔录；但是，根据案件具体情况，进入刑事诉讼程序后，如已不具备重新鉴定、勘验、检查的条件，且有证据证明行政机关进行的鉴定、勘验、检查程序合法，相关证据能与其他证据相印证，确有必要作“等外”解释的，则可以个案处理。

第二，《解释》第七十五条原本拟增加一款作为第二款：“行政机关在行政执法和查办案件过程中收集的证人证言、当事人陈述、辨认笔录，需要在刑事诉讼中作为证据使用的，应当重新收集。确有证据证实相关人员因死亡、丧失作证能力等，无法重新收集的，该证据可以在刑事诉讼中作为证据使用；经法庭调查，证言、陈述的收集程序合法，并有其他证据相印证的，可以作为定案的根据。”讨论中，有意见认为，相比于刑事司法程序，行政执法办案对程序规范、权利保障的要求较为宽松。言词证据具有易变性，故对于言词证据特别是证人证言的审查通常要遵守直接言词原则。而作出上述规定，将导致对言词证据的质证权难以落实。此外，还有可能被滥用、不当适用，规避刑事诉讼法的相关规定。例如，一旦证人联系不上，就以证人失踪为由，要求使用、采信行政机关对其录取的证言。经研究，采纳上述意见，删去相关规定。司法实践中，对行政机关收集的言词证据，在刑事诉讼中作为证据材料使用的，必须作更为严格的限制，即仅限于确实无法重新收集，但又必须使用的，且有证据证明取证程序合法、能与其他证据相印证的极特殊情形。

第三，征求意见过程中，有意见建议《解释》第七十五条增加一款，明确“公安机关在办理行政案件过程中所收集的言词证据，需要在刑事诉讼中作为证据使用的，无须重新收集”。理由是：公安机关具有行政执法和刑事司法的双重职能，在办理行政案件和刑事案件中对于取证程序的要求是完全相同的。并且，根据《公安机关办理行政案件程序规定》的有关规定，对发现或者受理的案件暂时无法确定为刑事案件或者行政案件的，可以按照行政案件的程序办理。在办理过程中，认为涉嫌构成犯罪的，应当按照《公安机关办理刑事案件程序规定》办理。因此，公安机关在办理行政案件过程中收集的证据，应当可以作为刑事诉讼中的证据。经研究认为，上述观点似有不妥，对于公安机关在行政执法过程中收集的言词证据，依法应当在刑事立案之后重新收集。主要考虑是：第一，公安机关具有行政执法和刑事司法的双重职能，这就决定了公安机关的取证活动未必就是刑事侦查，而可能是行政执法，应当受刑事诉讼法第五十四条第二款的规范。第二，监察机关收集的证据材料，无论是言词证据还是实物证据，在刑事诉讼中都可以作为刑事证据使用。其依据在于监察法第三十三条第一款“监察机关依照本法规定收集的物证、书证、证人证言、被调查人供述和辩解、视听资料、电子数据等证据材料，在刑事诉讼中可以作为证据使用”的规定。如果公安机关在行政执法过程中收集的言词证据要在刑事诉讼中直接使用，则需要在刑事诉讼法或者其他法律中作出专门规定。

4. 关于监察调查证据材料的使用

根据监察法第三十三条的规定，《解释》第七十六条规定：“监察机关依法收集的证据材料，在刑事诉讼中可以作为证据使用。对前款规定证据的审查判断，适用刑事审判关于证据的要求和标准。”

5. 关于境外证据材料的使用

《解释》第七十七条规定：“对来自境外的证据材料，人民检察院应当随案移送有关材料来源、提供人、提取人、提取时间等情况的说明。经人民法院审查，相关证据材料能够证明案件事实且符合刑事诉讼法规定的，可以作为证据使用，但提供人或者我国与有关国家签订的双边条约对材料的使用范围有明确限制的除外；材料来源不明或者真实性无法确认的，不得作为定案的根据。当事人及其辩护人、诉讼代理人提供来自境外的证据材料的，该证据材料应当经所在国公证机关证明，所在国中央外交主管机关或者其授权机关认证，并经中华人民共和国驻该国使领馆认证，或者履行中华人民共和国与该所在国订立的有关条约中规定的证明手续，但我国与该国之间有互免认证协定的除外。”本条原规定在涉外刑事案件的审理和刑事司法协助一章，将其位置调整到证据部分，主要是考虑到在非涉外案件中，也存在来自境外的证据的审查运用问题。此外，根据本条规定，对于办案机关收集的境外证据材料，不需要经过公证、认证程序，只需对来源等作出说明即可；只有当事人等个人提供的境外证据材料才需要经过公证、认证程序。

6. 关于法定代理人或者合适成年人不在场的未成年证人证言的处理

《解释》第九十条规定：“证人证言的收集程序、方式有下列瑕疵，经补正或者作出合理解释的，可以采用；不能补正或者作出合理解释的，不得作为定案的根据……（五）询问未成年人，其法定代理人或者合适成年人不在场的。”

根据刑事诉讼法第二百八十一条的规定，对于在法定代理人无法通知、不能到场或者是共犯的情况下，应当通知合适成年人到场。有意见认为，对于询问未成年证人，法定代理人或相关人员未到场的，该未成年证人提供的证言不得作为定案的根据。经研究认为，瑕疵证据不同于非法证据，并不涉及严重违反法定程序和侵犯人权的问题，只是证据的真实性受到证据瑕疵的影响。瑕疵证据不能直接予以排除，而应看证据瑕疵问题能否得到解决。询问未成年证人时法定代理人或合适成年人未到场的，违反了刑事诉讼法相关规定，但考虑到未成年证人的证言对认定案件事实具有重要作用，且在法定代理人或合适成年人未到场情况下作伪证的可能性并不大，不宜绝对排除，宜认定为证人证言收集程序存在瑕疵，允许补正和合理解释为妥。

7. 关于法定代理人或者合适成年人不在场的未成年被告人供述的排除

《解释》第九十四条规定：“被告人供述具有下列情形之一的，不得作为定案的根据……(四)讯问未成年人,其法定代理人或者合适成年人不在场的。”该项规定是新增内容。

征求意见中,有意见认为,此种情况下似不宜绝对排除。例如,在被告人本人及其法定代理人对相关证据无异议的情况下,该供述可以作为证据使用。经研究认为,合适成年人制度基于儿童最大利益原则和国家亲权理论而设立,是国家刑事司法制度对未成年人诉权的一种特殊保护。合适成年人参与未成年人刑事诉讼程序,具有监督讯问活动、抚慰未成年人的紧张情绪、帮助未成年人与讯问人员有效沟通等职能。刑事诉讼法第二百八十一条已经明确规定,对于未成年人刑事案件,在讯问和审判的时候,是“应当”而非“可以”通知法定代理人、合适成年人到场。因此,对无法定代理人或者合适成年人在场的未成年被告人供述,取证程序严重违反法律强制规定,无法保障被告人供述的真实性,故应直接强制性排除。而且,经了解,司法实践中均是如此操作的,不存在问题。基于此,决定增加上述规定。

8. 关于就专门性问题出具的报告的使用

《2012年解释》第八十七条规定:“对案件中的专门性问题需要鉴定,但没有法定司法鉴定机构,或者法律、司法解释规定可以进行检验的,可以指派、聘请有专门知识的人进行检验,检验报告可以作为定罪量刑的参考。对检验报告的审查与认定,参照适用本节的有关规定。经人民法院通知,检验人拒不出庭作证的,检验报告不得作为定罪量刑的参考。”根据刑事诉讼法第五十条第一款的规定,可以用于证明案件事实的材料,都是证据。在司法实践中,大量的关于专门性问题的报告被用于证明案件事实,有些还被用于证明与定罪量刑直接相关的构成要件的事实,发挥着与鉴定意见同等重要的作用。无论从法条的规定来看,还是从司法实务的操作出发,该类报告可以并已经作为证据使用,特别是在盗窃、诈骗等侵财案件中,被广泛运用的价格认定报告就属于本条所讲的“报告”。目前看来,现实中的专业性问题层出不穷,司法鉴定的范围却非常有限,无法一一涵盖,允许出具报告已不仅仅是应急之策,而是常态。而“作为定罪量刑的参考”,并不能反映明确的态度。基于此,《解释》第一百条作了相应调整,规定:“因无鉴定机构,或者根据法律、司法解释的规定,指派、聘请有专门知识的人就案件的专门性问题出具的报告,可以作为证据使用。对前款规定的报告的审查与认定,参照适用本节的有关规定。经人民法院通知，出具报告的人拒不出庭作证的，有关报告不得作为定案的根据。”

9. 关于事故调查报告的使用

司法实践中，事故调查报告被广泛运用。此类证据的特点是：(1) 以行政机关或者事故调查组名义出具，且很多时候是集体讨论的结果。(2) 内容多涉及单位就其职权范围，依照一定的程序对某一事实进行的审查、认定。(3) 技术性强，具有不可替代性。例如，火灾事故调查报告记录了火灾的起火时间、起火点、可能的起火原因等对案件事实认定至关重要的因素。由于上述材料无法归入现行的证据种类，实践中对其能否作为刑事证据使用，存在不同认识。基于此，《解释》第一百零一条规定：“有关部门对事故进行调查形成的报告，在刑事诉讼中可以作为证据使用；报告中涉及专门性问题的意见，经法庭查证属实，且调查程序符合法律、有关规定的，可以作为定案的根据。”需要注意的是，根据本条规定，“报告中涉及专门性问题的意见，经法庭查证属实，且调查程序符合法律、有关规定的”，才能作为定案的根据。第一，事故调查报告中涉及对专门性问题的意见，其性质实际与鉴定意见类似，也需要接受控辩双方质证，接受法庭调查，只有经查证属实，且调查程序符合法律、有关规定的，才能作为定案的根据。第二，事故调查报告中常常会涉及其他事项，有关事项与事实认定无关或者不属于专门性问题的，不具有证据性质，不能作为定案的根据。

10. 关于技术调查、侦查证据的审查与认定

刑事诉讼法第一百五十四条规定：“依照本节规定采取侦查措施收集的材料在刑事诉讼中可以作为证据使用……”据此，采取技术调查、侦查措施收集的材料具有刑事诉讼的证据资格已无异议。实践中存在的问题是，哪些技术调查、侦查证据材料应当随案移送？技术调查、侦查证据材料相对特殊，使用不当可能暴露有关人员的身份、技术方法，威胁有关人员的安全，增强潜在犯罪人的反调查能力或反侦查能力。因此，实践中，通常采取将技术调查、侦查证据材料转化为被告人供述、证人证言等其他证据的方式来证明案件事实。但是，如果技术调查、侦查证据材料无法完全转化，需要运用技术调查、侦查证据材料本身来直接证明案件事实时，是否应当随案移送？经研究认为，如果技术调查、侦查证据材料要作为证据使用，则必须随案移送，进而接受法庭审查；未随案移送、未经法庭审

查的，不可能具有诉讼证据的性质和功能，更不能作为定案根据；技术调查、侦查证据材料未随案移送的，人民法院只能根据在案证据认定案件事实。

基于此，《解释》第一百一十六条规定：“依法采取技术调查、侦查措施收集的材料在刑事诉讼中可以作为证据使用。采取技术调查、侦查措施收集的材料，作为证据使用的，应当随案移送。”《解释》第一百二十二条进一步规定：“人民法院认为应当移送的技术调查、侦查证据材料未随案移送的，应当通知人民检察院在指定时间内移送。人民检察院未移送的，人民法院应当根据在案证据对案件事实作出认定。”

《解释》第一百一十七条明确了移送技术调查、侦查证据材料的保护措施及相关问题，规定：“使用采取技术调查、侦查措施收集的证据材料可能危及有关人员的人身安全，或者可能产生其他严重后果的，可以采取下列保护措施：(一) 使用化名等代替调查、侦查人员及有关人员的个人信息；(二) 不具体写明技术调查、侦查措施使用的技术设备和技术方法；(三) 其他必要的保护措施。”

技术调查、侦查证据并非单独的证据种类，而是通常表现为视听资料、电子数据等类型，故根据证据分类审查规定进行审查判断即可。基于此，《解释》第一百一十九条进一步强调了关于技术调查、侦查本身应当审查的要点：“对采取技术调查、侦查措施收集的证据材料，除根据相关证据材料所属的证据种类，依照本章第二节至第七节的相应规定进行审查外，还应当着重审查以下内容：(一) 技术调查、侦查措施所针对的案件是否符合法律规定；(二) 技术调查措施是否经过严格的批准手续，按照规定交有关机关执行；技术侦查措施是否在刑事立案后，经过严格的批准手续；(三) 采取技术调查、侦查措施的种类、适用对象和期限是否按照批准决定载明的内容执行；(四) 采取技术调查、侦查措施收集的证据材料与其他证据是否矛盾；存在矛盾的，能否得到合理解释。”

《解释》第一百二十条明确了技术调查、侦查证据材料的当庭调查及庭外核实的有关问题，规定：“采取技术调查、侦查措施收集的证据材料，应当经过当庭出示、辨认、质证等法庭调查程序查证。当庭调查技术调查、侦查证据材料可能危及有关人员的人身安全，或者可能产生其他严重后果的，法庭应当采取不暴露有关人员身份和技术调查、侦查措施使用的技术设备、技术方法等保护措施。必要时，审判人员可以在庭外对证据进行核实。”

《解释》第一百二十一条明确了裁判文书应当注意的问题，规定：“采用技术调查、侦查证据作为定案根据的，人民法院在裁判文书中可以表述相关证据的名称、证据种类和证明对象，但不得表述有关人员身份和技术调查、侦查措施使用的技术设备、技术方法等。”

## （五）强制措施

《刑事诉讼法修改决定》对强制措施的修改只有一处，即增加一款，作为刑事诉讼法第八十一条的第二款：“批准或者决定逮捕，应当将犯罪嫌疑人、被告人涉嫌犯罪的性质、情节，认罪认罚等情况，作为是否可能发生社会危险性的考虑因素。”《解释》第五章沿用《2012年解释》第五章“强制措施”的条文，并根据司法实践反映的情况作了修改完善，主要涉及：(1) 明确继续取保候审、监视居住的决定规则；(2) 根据司法实践反映的情况对个别条文的规定作了微调，如对取保候审、监视居住送交公安机关执行的情形删去了“同级”的限定；(3) 规定强制措施的自动解除制度。

1. 关于继续取保候审、监视居住的决定规则

《2012年解释》第一百一十三条第二款规定：“对被告人采取、撤销或者变更强制措施的，由院长决定。”征求意见过程中，有意见建议将“由院长决定”修改为“由院长、庭长或承办案件的审判员决定”，理由是：被告人在取保候审或监视居住的情况下，经常存在案件不能正常审结、一审与二审相互转换、宣判缓刑、判处无罪等情形，上述程序皆有法律规定，可以根据具体情况决定，只规定由院长决定显然已不适应当前司法体制改革的要求。经研究，《解释》第一百四十七条部分采纳上述意见，规定：“人民法院根据案件情况，可以决定对被告人拘传、取保候审、监视居住或者逮捕。对被告人采取、撤销或者变更强制措施的，由院长决定；决定继续取保候审、监视居住的，可以由合议庭或者独任审判员决定。”主要考虑是：(1) 强制措施的变更涉及对被告人人身自由的限制或者剥夺，应当十分慎重。刑事诉讼法第八十九条规定：“人民检察院审查批准逮捕犯罪嫌疑人由检察长决定。重大案件应当提交检察委员会讨论决定。”与之对应，法院阶段变更强制措施，一般也应当由院长决定为宜。但是，在审判阶段延续此前所采取的强制措施的，可以由合议庭或者独任

审判员决定。(2)据《解释》起草小组进一步向人民检察院了解情况，不少地方检察机关对于延续侦查阶段的取保候审、监视居住的，也不需要报请检察长批准。

2. 关于继续取保候审、监视居住的期限

《2012年解释》第一百二十七条第三款规定："人民法院不得对被告人重复采取取保候审、监视居住措施。"司法实践反映上述规定存在歧义。例如，一审法院对于取保候审的被告人决定逮捕，逮捕后因患病等原因不能羁押的，仍然只能取保候审，此种情况是否属于"重复取保候审"有不同认识。鉴于此，《解释》删去该款规定。

在不同审判程序中，是否可以对被告人各采取不超过十二个月的取保候审、不超过六个月的监视居住措施，存在不同认识。例如，一审已经取保候审十二个月，二审可否再次取保候审。考虑到实际情况，《解释》第一百六十二条第三款原本拟规定："在同一个审判程序中，人民法院对被告人取保候审最长不得超过十二个月，监视居住最长不得超过六个月。"征求意见过程中，存在不同认识。有意见提出，刑事诉讼法第七十九条第一款规定，人民法院对犯罪嫌疑人、被告人取保候审最长不得超过十二个月，监视居住最长不得超过六个月。法律没有规定在不同的审判程序中取保候审、监视居住的期限可以分别计算。经研究认为，分阶段把握取保候审、监视居住的期限更符合实际。上述意见可能会导致对符合取保候审、监视居住适用条件的被告人，由于期限的限制，不得已变更为羁押性强制措施的情形，反而不利于被告人，不符合降低羁押性强制措施适用的基本趋势。但鉴于对有关问题的认识尚未统一，《解释》未作明确规定。待条件成熟时，再通过适当方式明确。

此外，征求意见过程中，有意见建议增加规定："第二审人民法院审理期间，一审法院对被告人已经采取的取保候审、监视居住尚未到期的，继续有效，二审法院应当及时通知执行机关变更办案单位；已经到期需要继续采取取保候审、监视居住强制措施的，可以委托一审法院代为办理相关手续。"理由是：(1)参照在押被告人不同阶段仅需办理换押手续，而不需要另行决定逮捕的做法，有利于提高诉讼效率；(2)一审法院已经办理过相关强制措施，且负责判决的交付执行，委托一审法院办理相关手续，有利于统一协调，减少不必要的诉讼耗费。经研究认为，上述意见认为二审法院应当与一审法院共用取保候审、监视居住的期限，又认为二审法院在一审法院的取保候审、监视居住的期限到期后，可以重复决定取保候审、监视居住，明显违背刑事诉讼法和《解释》的相关规定，故未予采纳。相关问题可以交由司法实践裁量把握。但需要指出的是，如果二审法院未重新办理取保候审、监视居住手续，则二审阶段的取保候审、监视居住期限只能是一审阶段取保候审、监视居住的剩余时间。

3. 关于强制措施的自动解除制度

鉴于对于交付执行刑罚的罪犯，此前采取强制措施的，法院不会出具解除强制措施文书，《解释》第一百七十二条设立强制措施的自动解除制度，规定："被采取强制措施的被告人，被判处管制、缓刑的，在社区矫正开始后，强制措施自动解除；被单处附加刑的，在判决、裁定发生法律效力后，强制措施自动解除；被判处监禁刑的，在刑罚开始执行后，强制措施自动解除。"

需要注意的是，本条规定的"社区矫正开始""刑罚开始执行"，是指已经实际开始执行刑罚或者缓刑，而非送交执行手续。主要考虑是：被采取强制措施的被告人在实际执行刑罚前，强制措施不当然解除。实践中，有观点认为，强制措施均为判决生效前的措施，其逻辑是判决一旦生效就进入了执行程序，对罪犯监禁、监外执行或者社区矫正，不存在判决生效后还要采取强制措施的问题。这一观点不符合实际情况，有部分被判处监禁刑的被告人，由于看守所拒收或者由于等待监外执行鉴定等原因，即使判决已经生效，实际上却未能被收监执行。一方面，监禁刑尚未实际执行；另一方面，没有其他监管措施，势必造成监管漏洞，可能存在被判刑未实际执行又犯新罪的情况，对于审判人员而言也存在渎职风险，故在监禁刑判决尚未实际执行前，对被告人仍然存在监管的必要。而且，强制措施是为了保证刑事诉讼而非仅是为了刑事审判的顺利进行而设置的措施，刑罚执行也是刑事诉讼的一个重要环节。因此，被判处监禁刑的，应当明确强制措施从交付执行刑罚而非判决、裁定生效之日起自动解除。

### （六）附带民事诉讼

《刑事诉讼法修改决定》未涉及附带民事诉讼问题。《解释》第六章沿用《2012年解释》第六章"附带民事诉讼"的条文，仅对个别条文根据司法实践反映的问题作了微调。

1. 关于因受到犯罪侵犯起诉要求赔偿精神损失的处理规则

刑事诉讼法第一百零一条规定，被害人由于被告人的犯罪行为而遭受物质损失的，在刑事诉讼过程中，有权提起附带民事诉讼。民法典第一百八十七条规定，民事主体因同一行为应当承担民事责任、行政责任和刑事责任的，承担行政责任或者刑事责任不影响承担民事责任。民法典第一千一百八十三条第一款规定，侵害自然人人身权益造成严重精神损害的，被侵权人有权请求精神损害赔偿。对于因犯罪行为遭受精神损失的，能否提起附带民事诉讼或者单独提起民事诉讼要求赔偿精神损失，存在不同认识。经研究，《解释》第一百七十五条第二款基本沿用《2012 年解释》第一百三十八条的规定，仅将第二款规定的“人民法院不予受理”调整为“人民法院一般不予受理”，规定：“因受到犯罪侵犯，提起附带民事诉讼或者单独提起民事诉讼要求赔偿精神损失的，人民法院一般不予受理。”主要考虑如下：

其一，刑事诉讼法第一百零一条明确规定“被害人由于被告人的犯罪行为而遭受物质损失的，在刑事诉讼过程中，有权提起附带民事诉讼”。第一百零三条规定：“人民法院审理附带民事诉讼案件，可以进行调解，或者根据物质损失情况作出判决、裁定。”若认为对精神损失可以另行提起民事诉讼，则意味着刑事诉讼法有关只有遭受物质损失的才能提起附带民事诉讼、附带民事诉讼只能根据物质损失判赔的规定将失去实际意义。绝大部分被害人肯定会选择在刑事案件审结后，另行提起民事诉讼，要求同时赔偿物质损失和精神损失，这样势必导致附带民事诉讼制度被架空、虚置，使附带民事诉讼制度有利于切实维护被害方合法权益、有利于化解社会矛盾、有利于贯彻宽严相济刑事政策、有利于节约司法资源等重要功能无法发挥。

其二，若认为对精神损失可以另行提起民事诉讼，则意味着就同一犯罪行为，被害方可以同一理由两次提出损失赔偿要求，势必存在“一事两诉”的问题。

其三，从司法实践看，刑事案件审结后，特别是被告人被送监服刑或者执行死刑后，往往连有关赔偿被害方物质损失的附带民事判决都难以得到实际执行。若赋予被害方对精神损失可以另行提起民事诉讼的权利，只会制造“空判”，引发新的社会矛盾。

2. 关于刑事附带民事诉讼的判赔规则

“死亡赔偿金、残疾赔偿金”（以下简称“两金”，含被扶养人生活费）通常高达七八十万元甚至上百万元，是否属于附带民事诉讼的判赔范围，一直是争议焦点、难点。2003年之前，“两金”被视为精神损失，均不在附带民事诉讼判赔范围，但《最高人民法院关于审理人身损害赔偿案件适用法律若干问题的解释》（法释〔2003〕20号）首次明确“两金”属于物质损失。但是，此规定是否适用于刑事附带民事诉讼案件，实践中存在不同认识，一些地方在附带民事诉讼中判赔“两金”，导致“空判”问题突出、调解难度增大、缠讼闹访凸显，影响宽严相济刑事政策的贯彻。在2006年的第五次全国法院刑事审判工作会议上，最高人民法院院领导在总结讲话中首次提出：“死亡补偿费不能作为人民法院判决确定赔偿数额的根据。”《2012年解释》制定时，最高人民法院审判委员会对“两金”问题作了重点审议、研究，明确“两金”不在附带民事诉讼的判赔范围，但调解、和解的，赔偿范围、数额不受限制。此后，各级人民法院严格执行《2012年解释》的相关规定，整体实施良好。但是，关于“两金”问题的争论一直存在。第六次全国法院刑事审判工作会议上，最高人民法院院领导在总结讲话时再次强调，要求严格执行《2012年解释》的相关规定。

整体看来，不判赔“两金”是基于被告人普遍无力赔偿以及“空判”所引发的系列问题等而“不得已”作出的务实选择。此次征求意见过程中，有意见认为，民法典第一千一百七十九条规定，侵害他人造成残疾的，应当赔偿残疾赔偿金；造成死亡的，应当赔偿死亡赔偿金。在民法典实施的背景下，应当作出适当调整。经进一步认真研究，综合考虑司法实践情况，《解释》第一百九十二条维持《2012年解释》第一百五十五条的规定不变，规定：“对附带民事诉讼作出判决，应当根据犯罪行为造成的物质损失，结合案件具体情况，确定被告人应当赔偿的数额。犯罪行为造成被害人人身损害的，应当赔偿医疗费、护理费、交通费等为治疗和康复支付的合理费用，以及因误工减少的收入。造成被害人残疾的，还应当赔偿残疾生活辅助器具费等费用；造成被害人死亡的，还应当赔偿丧葬费等费用。驾驶机动车致人伤亡或者造成公私财产重大损失，构成犯罪的，依照《中华人民共和国道路交通安全法》第七十六条的规定确定赔偿责任。附带民事诉讼当事人就民事赔偿问题达成调解、和解协议的，赔偿范围、数额不受第二款、第三款规定的限制。”简而言之，除驾驶机动车致人伤亡或者造成公私财产重大损失的案件外，“两金”不在附带民事诉讼的判赔范围，但调解、和解的，赔偿范围、数额不受限制。主要考虑如下：

其一，根据法律、法理以及我国的法文化传统，对附带民事诉讼不应适用与单纯民事诉讼相同的标准。刑事诉讼法第一百零一条规定：“被害人由于被告人的犯罪行为而遭受物质损失的，在刑事诉讼过程中，有权提起附带民事诉讼……”第一百零三条规定：“人民法院审理附带民事诉讼案件，可以进行调解，或者根据物质损失情况作出判决、裁定。”而根据有关民事法律的规定，对民事侵权行为，还可判令被告人承担精神损害赔偿责任。由此可见，附带民事诉讼与单纯民事诉讼存在明显不同；依据法律规定，对二者不能适用相同赔偿标准。立法对附带民事诉讼与单纯民事诉讼的赔偿责任作出不同规定，是与两类诉讼不同的性质和我国的法文化传统相适应的。单纯民事案件，责令被告人作出相应赔偿，是对被害方进行抚慰、救济的唯一手段，故有理由要求被告人承担相应更重的赔偿责任；由于无须承担刑事责任，被告人往往也有意愿、有能力作出相应赔偿。而附带民事诉讼则不同，被告人不仅要在民事方面承担赔偿责任，还要承担相应的刑事责任。判决被告人承担刑事责任，既是对犯罪的惩处、重新犯罪的预防，也是对被害方抚慰、救济的主要方式。以故意杀人案件为例，如判处被告人死刑，实已让其“以命抵命”，显然不应再要求其作出与单纯民事案件相同的精神损害赔偿，否则势必存在双重处罚的问题。传统上“打了不罚、罚了不打”的观念、做法，正是根源于此。

其二，应当深刻认识我国国情与其他国家国情存在的重大差异。有观点提出，在一些发达国家，因犯罪行为引发的赔偿和单纯民事赔偿适用的是同一标准。在这些国家，被告人也大多无力赔偿，也存在“空判”问题。因此，我国没有理由“特殊”。这种观点没有充分认识到其他国家在经济社会发展和司法权威方面与我国存在的巨大差异：在发达国家，由于有相对完善的社会保障制度，被害人国家救助工作开展得早、力度大，被害人往往无须寄望被告人作出赔偿，国家会给予其生活救济。由于能得到国家的救济，即使形成“空判”，也不会引发缠讼、闹访问题。而我国的情况则完全不同，判决得不到执行就会引发申诉、上访，影响社会和谐稳定。

其三，按单纯民事案件的经济赔偿标准判赔导致“空判”现象突出，严重影响案件的裁判效果。如依照民事案件的赔偿标准判赔，则意味着，对命案，被害人是城镇居民的，仅死亡赔偿金一项，多则高达上百万；是农村居民的，一般也要赔七八十万元。而刑事案件的被告人绝大多数经济状况差、赔偿能力弱，有的被告人被执行死刑或者其他刑罚后，更无法承担如此高额的赔偿责任，相关判决往往成为“法律白条”。据调研，凡套用民事标准判赔的，赔偿到位率都极低。

其四，赔偿标准过高，实际极不利于维护被害人的合法权益，不利于矛盾化解。表面上看，设定高额赔偿标准似乎对被害人有利，但实际情况是：由于刑事被告人的实际赔偿能力很低，甚至没有，而被害方的期待又过高，远远超过被告人的承受能力，导致不少案件中原本愿意代赔的被告人亲属索性不再代赔，结果导致被害方反而得不到任何赔偿。严重犯罪中这种情况尤为普遍。赔偿数额虚高，还导致附带民事调解和矛盾化解的工作难度大大增加。套用单纯民事案件的赔偿标准确定附带民事案件的赔偿数额，常常使被害方对巨额赔偿抱有不切实际的期待，一旦被告人不能足额赔偿，就认为其没有悔罪诚意和表现，以致民事调解工作、矛盾化解工作根本无法开展。此外，根据《最高人民法院关于加强和规范人民法院国家司法救助工作的意见》（法发〔2016〕16号）的规定，对刑事被害人的救助金额需要综合考虑多种因素，从实践调研的情况看，国家给予司法救助金额一般在几万元左右。如将死亡赔偿金、残疾赔偿金也纳入附带民事赔偿范围，两者相差悬殊，显然救助工作也无法发挥实际作用。

其五，对民法典的有关规定应当正确理解。民法典第一百八十七条规定：“民事主体因同一行为应当承担民事责任、行政责任和刑事责任的，承担行政责任或者刑事责任不影响承担民事责任；民事主体的财产不足以支付的，优先用于承担民事责任。”有观点据此认为，对附带民事诉讼应适用与单纯民事诉讼相同的赔偿标准。经研究认为，对该条规定应当准确理解，将该条规定和民法典第十一条规定结合起来分析。民法典第十一条规定：“其他法律对民事关系有特别规定的，依照其规定。”（该条吸收了侵权责任法第五条“其他法律对侵权责任另有特别规定的，依照其规定”的规定并作了扩充。）犯罪是严重的、特殊的侵权行为，刑法和刑事诉讼法是专门规定这种侵权行为的基本法。显然，处理犯罪行为的赔偿问题，应当优先适用刑法和刑事诉讼法的相关规定，而不应当适用主要规定民事侵权的侵权责任法规定。

其六，《2012年解释》施行八年多来，有关规定在促进附带民事诉讼达成调解、保障被害方获得实际赔偿等方面发挥了良好作用。此次征求意见过程中，绝大多数意见建议维持原来的解释规定。

根据《解释》第一百九十二条的规定，同时结合附带民事诉讼审判工作实际，司法适用中应当注意：(1) 对于附带民事诉讼，应当切实加大调解工作力度。在不违反自愿、合法原则的前提下，赔偿范围和数额不受限制。应当尽可能通过调解，使被害方获得实际赔偿。(2) 如调解不成，通过判决结案，则应当充分考虑刑事案件被告人多数赔偿能力很低的实际，实事求是地仅就被害人遭受的物质损失作出判决。对犯罪行为造成被害人人身损害的，应当赔偿医疗费、护理费、交通费等为治疗和康复支付的合理费用，以及因误工减少的收入。造成被害人残疾的，还应当赔偿残疾生活辅助器具费等费用；造成被害人死亡的，还应当赔偿丧葬费等费用。除被告人确有赔偿能力的以外，原则上不应将死亡赔偿金、残疾赔偿金纳入判决赔偿的范围。(3) 对因驾驶机动车致人伤亡或者公私财产遭受重大损失，构成犯罪的，要根据道路交通安全法第七十六条的规定确定赔偿责任，即“机动车发生交通事故造成人身伤亡、财产损失的，由保险公司在机动车第三者责任强制保险责任限额范围内予以赔偿；不足的部分，按照下列规定承担赔偿责任……”(4) 对符合条件的被害方，可以开展刑事被害人救助工作，给予相应国家救助。

3. 另行提起民事诉讼的处理规则

根据《2012年解释》第一百六十四条的规定，在刑事附带民事诉讼过程中未提起附带民事诉讼，另行提起民事诉讼的，人民法院应当优先进行调解。达成调解协议的，赔偿范围、数额不受限制；如果作出判决，则应当“根据物质损失情况作出判决”，即除因驾驶机动车致人伤亡或者公私财产遭受重大损失的案件外，不应判赔“两金”。

但是，如前所述，《最高人民法院关于审理人身损害赔偿案件适用法律若干问题的解释》将“两金”规定为物质损失，故《2012年解释》第一百六十四条的规定在适用中存在一定的混乱。特别是，《最高人民法院公报》2019年第3期“尹瑞军诉颜礼奎健康权、身体权纠纷案”的裁判摘要提出：“刑事案件的受害人因犯罪行为受到身体伤害，未提起刑事附带民事诉讼，而是另行提起民事侵权诉讼的，关于残疾赔偿金是否属于物质损失范畴的问题，刑事诉讼法及司法解释没有明确规定。刑事案件受害人因犯罪行为造成残疾的，今后的生活和工作必然受到影响，导致劳动能力下降，造成生活成本增加，进而相应减少物质收入，故残疾赔偿金应属于物质损失的范畴，应予赔偿。”鉴于此，为统一法律适用，《解释》第二百条作出适当调整，规定：“被害人或者其法定代理人、近亲属在刑事诉讼过程中未提起附带民事诉讼，另行提起民事诉讼的，人民法院可以进行调解，或者根据本解释第一百九十二条第二款、第三款的规定作出判决。”据此，在刑事附带民事诉讼过程中未提起附带民事诉讼，另行提起民事诉讼的，人民法院应当先行调解。达成调解协议的，赔偿范围、数额不受限制；如果作出判决，则应当“根据物质损失情况作出判决”，即除因驾驶机动车致人伤亡或者公私财产遭受重大损失的案件外，不应判赔“两金”。

征求意见过程中，有意见提出，民法典第一百八十七条规定，民事主体因同一行为应当承担民事责任、行政责任和刑事责任的，承担行政责任或者刑事责任不影响承担民事责任。民法典第一千一百八十三条第一款规定，侵害自然人人身权益造成严重精神损害的，被侵权人有权请求精神损害赔偿。对于因犯罪行为遭受精神损失的，在刑事案件审结后，被害人另行提起民事诉讼，人民法院判赔的范围和标准是否适用刑事附带民事诉讼的有关规定的问题，与民事诉讼法律制度相关联，情况复杂，涉及面广，各方面认识仍不一致，建议再作研究。经进一步认真研究，综合考虑司法实践情况，《解释》第二百条维持了上述规定。主要考虑是：

其一，对被害人等在刑事诉讼过程中未提起附带民事诉讼，另行提起民事诉讼的，理应适用与附带民事诉讼相同的判赔范围与标准。否则，势必会导致同样行为不同处理的问题，既有违类案类判的基本法理，也会导致附带民事诉讼制度被架空，影响该制度重要功能的发挥。

其二，对另行提起民事诉讼的，适用不同的判赔范围和标准，表面上看似乎对被害人等有利，实际恰恰相反：在绝大多数情况下，一旦刑事部分审结，被告人被送交执行刑罚，甚至执行死刑，就根本不可能再对被害人等作出赔偿，其亲友也不可能代赔。基于贯彻宽严相济刑事政策，便利案件处理的基本考虑，不应当将“两金”纳入单独提起民事诉讼的判赔范围。

## （七）期间、送达、审理期限

《刑事诉讼法修改决定》未涉及期间、送达、审理期限的问题。《解释》第七章沿用《2012 年解释》第七章“期间、送达、审理期限”的条文，并根据司法实践反映的问题进一步明确了刑期的计算方法和上一级人民法院批准延长审限的有关事宜。

1. 关于刑期的计算规则

《解释》第二百零二条第二款明确了刑期的计算规则，规定：“以年计算的刑期，自本年本月某日至次年同月同日的前一日为一年；次年同月同日不存在的，自本年本月某日至次年同月最后一日的前一日为一年。以月计算的刑期，自本月某日至下月同日的前一日为一个月；刑期起算日为本月最后一日的，至下月最后一日的前一日为一个月；下月同日不存在的，自本月某日至下月最后一日的前一日为一个月；半个月一律按十五日计算。”

具体而言：(1) 以年计算的刑期，“自本年本月某日至次年同月同日的前一日为一年”，如 2016 年 3 月 31 日至 2017 年 3 月 30 日为一年；“次年同月同日不存在的，自本年本月某日至次年同月最后一日的前一日为一年”，如 2016 年 2 月 29 日至 2017 年 2 月 27 日为一年。(2) 以月计算的刑期，“自本月某日至下月同日的前一日为一个月”，如 4 月 15 日至 5 月 14 日为一个月（30 天），5 月 15 日至 6 月 14 日也为一个月（31 天）；“刑期起算日为本月最后一日的，至下月最后一日的前一日为一个月”，如 4 月 30 日至 5 月 29 日为一个月（30 天）；“下月同日不存在的，自本月某日至下月最后一日的前一日为一个月”，如 5 月 31 日至 6 月 29 日为一个月（30 天），平年的 1 月 31 日至 2 月 27 日为一个月（28 天），闰年的 1 月 31 日至 2 月 28 日为一个月（29 天）。

2. 关于上一级法院批准延长审限的规则

征求意见过程中，有意见提出，关于延长审限问题。2012 年刑事诉讼法解决了长期困扰刑事审判的审限不够这一“老大难”问题。但在执行过程中，由于刑事诉讼法没有明确规定上级法院尤其是高级人民法院审批延长审限的次数，一些地方自行决定高级人民法院可以审批两次，或者在延期审理后又延长审限两次，影响了法律适用的严肃性。基于此，建议对高级人民法院批准延长审限的次数作出明确规定。经研究认为，刑事诉讼法第二百零八条第一款明确规定：“人民法院审理公诉案件，应当在受理后二个月以内宣判，至迟不得超过三个月。对于可能判处死刑的案件或者附带民事诉讼的案件，以及有本法第一百五十八条规定情形之一的，经上一级人民法院批准，可以延长三个月；因特殊情况还需要延长的，报请最高人民法院批准。”据此，高级人民法院只能批准延长一次审限。因此，根据上述意见，《解释》第二百一十条第一款规定：“对可能判处死刑的案件或者附带民事诉讼的案件，以及有刑事诉讼法第一百五十八条规定情形之一的案件，上一级人民法院可以批准延长审理期限一次，期限为三个月。因特殊情况还需要延长的，应当报请最高人民法院批准。”

## （八）审判组织

《刑事诉讼法修改决定》对2012年刑事诉讼法第一百七十八条作出修改。另外，修订后的人民法院组织法、人民陪审员法施行后，也要求对审判组织的相关规定作出相应调整。《解释》第八章根据修改后法律的规定，结合司法实践情况，对《2012年解释》第八章“审判组织”有关条文作出修改完善。

1. 关于七人合议庭的适用案件情形

根据人民陪审员法的规定，《解释》第二百一十三条第二款规定：“基层人民法院、中级人民法院、高级人民法院审判下列第一审刑事案件，由审判员和人民陪审员组成七人合议庭进行：（一）可能判处十年以上有期徒刑、无期徒刑、死刑，且社会影响重大的；（二）涉及征地拆迁、生态环境保护、食品药品安全，且社会影响重大的；（三）其他社会影响重大的。”

2. 关于提交审委会讨论决定的案件范围

主要是死缓案件应否提交审委会讨论决定。《最高人民法院关于健全完善人民法院审判委员会工作机制的意见》（法发〔2019〕20号，以下简称《审委会意见》）第八条列明了“应当提交审委会讨论决定”的案件范围，其第二款规定：“高级人民法院、中级人民法院拟判处死刑的案件，应当提交本院审判委员会讨论决定。”最高人民法院审管办负责人在关于该意见的答记者问文章中指出：“高级人民法院、中级人民法院拟判处死刑的案件，既包括拟判处死刑立即执行的案件，也包括拟判处死刑缓期二年执行的案件。”征求意见过程中，多数意见提出，死刑缓期二年执行的案件数量较多，一律提请审判委员会讨论决定，工作量倍增，实难做到。而且，以往死缓案件不提交审判委员会讨论，未发现存在问题。经综合考虑有关因素，《解释》第二百一十六条第二款对《审委会意见》第八条的规定作出调整，规定："对下列案件，合议庭应当提请院长决定提交审判委员会讨论决定：(一) 高级人民法院、中级人民法院拟判处死刑立即执行的案件，以及中级人民法院拟判处死刑缓期执行的案件；(二) 本院已经发生法律效力的判决、裁定确有错误需要再审的案件；(三) 人民检察院依照审判监督程序提出抗诉的案件。"

此外，关于《审委会意见》第八条第一款明确规定应当提交审委会讨论决定的"涉及国家安全、外交、社会稳定等敏感案件和重大、疑难、复杂案件""法律适用规则不明的新类型案件""拟宣告被告人无罪的案件""拟在法定刑以下判处刑罚或者免予刑事处罚的案件"，《解释》第二百一十六条第二款亦未明确规定为应当提交审委会讨论决定的情形，确有必要的，可以纳入第三款"对合议庭成员意见有重大分歧的案件、新类型案件、社会影响重大的案件以及其他疑难、复杂、重大的案件，合议庭认为难以作出决定的，可以提请院长决定提交审判委员会讨论决定"的情形。这一修改主要有如下考虑：(1) 在司法解释中过多列举应当提交审委会讨论的情形，恐会导致对合议庭独立审理案件的质疑，难以保证效果。(2) 据了解，各地法院对提交审委会讨论决定的案件范围往往有细化规定，《解释》不作明确规定，亦不会导致滥用。

### (九) 公诉案件第一审普通程序

《刑事诉讼法修改决定》未涉及公诉案件第一审普通程序问题。《解释》第九章沿用《2012年解释》第九章"公诉案件第一审普通程序"的条文，并根据司法实践反映的问题作出修改完善，主要涉及：(1) 总结推进以审判为中心刑事诉讼制度改革的经验和成果，对"三项规程"特别是《人民法院办理刑事案件庭前会议规程（试行）》（以下简称《庭前会议规程》）和《人民法院办理刑事案件第一审普通程序法庭调查规程（试行）》（以下简称《法庭调查规程》）的有关规定予以吸收，进一步丰富细化一审程序的内容。基于此，增设第二节"庭前会议与庭审衔接"，对庭前会议的有关问题作出专门规定。(2) 根据司法实践反映的问题，对一审程序条文存在的滞后于实践或者不协调之处作出调整。

1. 关于对提起公诉案件的并案或者分案处理规则

同案同审是诉讼的一般原则。但从实践看，有的案件，同案被告人多达几十人甚至上百人，如作为一个案件审理，势必会大大加长诉讼周期，既影响庭审质量和效率，也会增加当事人等诉讼参与人的诉累。对此类案件，分案审理，有其现实必要性。但是，分案审理不能随意为之，更不能通过分案审理的方式变相剥夺当事人质证权。为规范分案处理问题，《解释》增设第二百二十条，规定："对一案起诉的共同犯罪或者关联犯罪案件，被告人人数众多、案情复杂，人民法院经审查认为，分案审理更有利于保障庭审质量和效率的，可以分案审理。分案审理不得影响当事人质证权等诉讼权利的行使。"同时，在《解释》第二百六十九条进一步规定："审理过程中，法庭认为有必要的，可以传唤同案被告人、分案审理的共同犯罪或者关联犯罪案件的被告人等到庭对质。"

实践中，还存在起诉分案不当的现象，即本应作为一案起诉、一案审理的案件被分拆为两个甚至多个案件起诉。为此，《解释》第二百二十条第二款规定："对分案起诉的共同犯罪或者关联犯罪案件，人民法院经审查认为，合并审理更有利于查明案件事实、保障诉讼权利、准确定罪量刑的，可以并案审理。"

征求意见过程中，有意见建议明确分案审理或者并案审理的具体操作事宜。经研究认为，相关问题可以在司法实践裁量把握。对此，可以协商人民检察院合并或者分别起诉；人民法院在职责范围内并案或者分案的，通常可以采取决定的方式。

2. 关于开庭审理前通知出庭的规则

《解释》第二百二十一条第一款第五项规定："开庭三日以前将传唤当事人的传票和通知辩护人、诉讼代理人、法定代理人、证人、鉴定人等出庭的通知书送达；通知有关人员出庭，也可以采取电话、短信、传真、电子邮件、即时通讯等能够确认对方收悉的方式；对被害人人数众多的涉众型犯罪案件，可以通过互联网公布相关文书，通知有关人员出庭。"

上述第五项原本拟对开庭三日以前送达传票作例外规定，即在该项开始部分增加规定"除羁押的被告人外"。主要考虑是：对于被告人羁押在案的，可以确保其按时参加庭审活动，故无须在开庭三日以前送达传票，实践中通常也难以做到。征求意见过程中，有意见提出，刑事诉讼法第一百八十七条第三款规定，人民法院确定开庭日期后，应当传唤当事人，通知辩护人、诉讼代理人、证人、鉴定人和翻译人员，传票和通知书至迟在开庭三日以前送达。法律没有规定被羁押的被告人可以不适用上述规定，司法解释不应对被羁押的被告人作出例外规定。此外，也有意见提出，被告人虽被羁押，但其对具体开庭日期也应有所期待及具体准备，比如准备自行辩护和最后陈述等，如不提前通知，不利于保障被告人诉权。经研究，采纳上述意见，未再作出修改。

征求意见过程中，有意见提出，《解释》第二百二十一条规定中的当事人包括被害人、自诉人、犯罪嫌疑人、被告人、附带民事诉讼的原告人和被告人，实践中特别是网络诈骗案件等，被害人往往分布在全国各地，涉案人数众多，通知被害人难度大。另外，如盗窃等侵犯财产类案件，除了被告人有能力退赔外，通知被害人并无现实意义，如果所有案件均按照本条规定通知被害人，将会增加诉讼成本，浪费司法资源，且无实际意义。基于此，建议分别针对不同案件类别作出区分规定。经研究，根据上述意见，本条第一款第五项原则规定“对被害人人数众多的涉众型犯罪案件，可以通过互联网公布相关文书，通知有关人员出庭”。

3. 关于不公开审理案件允许旁听的例外规则

《2012 年解释》第一百八十六条第三款规定：“不公开审理的案件，任何人不得旁听，但法律另有规定的除外。”该款对不公开审理案件任何人不得旁听作了例外规定，源自刑事诉讼法第二百八十五条关于“审判的时候被告人不满十八周岁的案件，不公开审理。但是，经未成年被告人及其法定代理人同意，未成年被告人所在学校和未成年人保护组织可以派代表到场”的规定。《解释》第二百二十二条第三款对表述作了调整，规定：“不公开审理的案件，任何人不得旁听，但具有刑事诉讼法第二百八十五条规定情形的除外。”

征求意见过程中，有意见提出，关于“不公开审理的案件，任何人不得旁听”，实践中经常出现被害人死亡的，被害人近亲属申请旁听的问题。对此，有些法院在近亲属提起附带民事诉讼的情况下，同意其作为附带民事诉讼原告人参加诉讼；而在未提起附带民事诉讼的情况下则不允许。被害人近亲属旁听庭审的权利不应因其是否提起附带民事诉讼而有区别。根据人之常情，被害人的个人隐私可能对于父母、夫妻未必是隐私，“任何人不得旁听”过于绝对。故建议规定“有关个人隐私的案件，当事人均同意公开审理的，可以公开审理。案件涉及已死亡的被害人的隐私，其近亲属申请旁听的，是否准许由合议庭根据保护被害人隐私的原则决定”。经研究认为，上述意见确有道理。一般认为，涉及被害人隐私的案件，是否不公开审理，是被害人的权利，应当充分考虑被害人一方的意愿。对于涉及已死亡被害人个人隐私的案件，在被害人近亲属没有通过提起附带民事诉讼的方式参与庭审的情况下，应当考虑被害人近亲属对案件审理进程的特殊关切，将其一律排除在庭审之外，有违情理。但是，从实际考虑，此类案件被害人近亲属往往情绪比较激动，特别是在庭审过程当中，还可能因为示证、质证、辩论等遭受二次伤害，可能不利于审判顺利进行。鉴于所涉问题较为复杂，且认识尚不统一，《解释》最终未作明确规定。

4. 关于被害人推选代表人参加庭审的规则

当前，涉众型犯罪案件日益增多。有的案件被害人人数成千上万，均到庭参加庭审显然不符合实际，也没有必要。鉴于此，借鉴民事诉讼集团诉讼的原理，吸收司法实践经验，《解释》第二百二十四条规定："被害人人数众多，且案件不属于附带民事诉讼范围的，被害人可以推选若干代表人参加庭审。"本条原本拟规定所涉情形，"被害人可以推选若干代表人参加或者旁听庭审，人民法院也可以指定若干代表人"。征求意见过程中，有意见提出，根据刑事诉讼法的有关规定，被害人是刑事诉讼的当事人，参加庭审是被害人的诉讼权利。刑事诉讼法没有规定代表人诉讼制度。规定被害人由若干代表人参加诉讼或者旁听庭审，涉及对被害人参加庭审的权利的限制，没有法律依据。经研究，根据上述意见对本条表述作了相应调整，删去了"人民法院也可以指定若干代表人"的表述，规定此种情形下被害人可以推选若干代表人参加庭审。当然，关于具体推选方式，实践中可以裁量把握；确实难以确定的，也可以采用摇号等推选方式。

5. 关于庭前会议事项的处理规则

《庭前会议规程》第十条第二款规定："对于前款规定中可能导致庭审中断的事项，人民法院应当依法作出处理，在开庭审理前告知处理决定，并说明理由……"《解释》第二百二十八条原本拟吸收上述规定，明确庭前会议阶段可以对程序性事项视情作出处理。征求意见过程中，有意见提出，刑事诉讼法第一百八十七条第二款规定，在开庭以前，审判人员可以召集公诉人、当事人和辩护人、诉讼代理人，对回避、出庭证人名单、非法证据排除等与审判相关的问题，了解情况，听取意见。法律没有规定人民法院可以在庭前会议中对有关事项作出实质性处理，上述规定与刑事诉讼法的规定不一致，且法庭审判是刑事诉讼的重要环节，在未开庭的情况下对案件的重要事项作出决定是否与当前正在进行的以审判为中心的诉讼制度改革要求冲突，也需要慎重研究。经研究，采纳上述意见，《解释》

第二百二十八条第三款规定:“对第一款规定中可能导致庭审中断的程序性事项,人民法院可以在庭前会议后依法作出处理,并在庭审中说明处理决定和理由。控辩双方没有新的理由,在庭审中再次提出有关申请或者异议的,法庭可以在说明庭前会议情况和处理决定理由后,依法予以驳回。”据此,对庭前会议中的相关事项可以“在庭前会议后”而非在“在开庭审理前”作出处理,且要求“在庭审中说明处理决定和理由”。

6. 关于庭前会议的参加人员范围

《解释》第二百三十条规定:“庭前会议由审判长主持,合议庭其他审判员也可以主持庭前会议。召开庭前会议应当通知公诉人、辩护人到场。庭前会议准备就非法证据排除了解情况、听取意见,或者准备询问控辩双方对证据材料的意见的,应当通知被告人到场。有多名被告人的案件,可以根据情况确定参加庭前会议的被告人。”

关于本条第一款,将《庭前会议规程》第三条第一款规定的“庭前会议由承办法官主持,其他合议庭成员也可以主持或者参加庭前会议。根据案件情况,承办法官可以指导法官助理主持庭前会议”修改为“庭前会议由审判长主持,合议庭其他审判员也可以主持庭前会议”。需要注意的是:(1)合议庭的人民陪审员主持庭前会议并不适宜,故将庭前会议的主持人限定为“审判长”或者“合议庭其他审判员”。但是,人民陪审员可以参加庭前会议。(2)对于法官助理是否可以主持庭前会议,存在不同认识。有意见建议明确,根据合议庭审判长授权,法官助理可以主持或参加庭前会议。理由是:应当发挥法官助理作用,且法官助理主持或参加庭前会议,可以分担法官工作,保障法官专注审判核心事务。因庭前会议涉及解决可能导致庭审中断的程序性问题、审查证据资格等问题,由法官助理主持庭前会议可以处理简单的程序性问题,同时可以一定程度上阻断非法证据对合议庭可能造成的影响,因此,在承办法官的指导下完全可以由法官助理主持庭前会议。故应将法官助理在具体案件中是否可以主持庭前会议交由法官决定。而且,这也有利于法官助理的培养。另有意见则建议,法官助理不能主持庭前会议。理由是:法官助理不属于合议庭组成人员,庭前会议是解决争议的重要程序,是审判的重要组成部分,庭前会议可以根据查明情况作出相关处理决定,所涉及的问题法官助理均无权决定并答复。经研究认为,刑事诉讼法明确规定,庭前会议由审判人员召集,法官助理属于审判辅助人员,不属于审判人员,不宜由其主持庭前会议。

关于本条第三款，征求意见过程中，有意见建议明确被告人应当参加庭前会议。理由是：庭前会议处理涉及被告人权利等一系列重大问题，被告人应当参加庭前会议，不应对此设定条件。经研究，部分采纳上述意见，明确庭前会议准备就非法证据排除了解情况、听取意见，或者准备询问控辩双方对证据材料的意见的，应当通知被告人到场。

本条原本拟吸收《庭前会议规程》第三条第三款规定的“被告人申请排除非法证据，但没有辩护人的，人民法院应当通知法律援助机构指派律师为被告人提供帮助”。征求意见过程中，对此规定存在不同认识。鉴于此，本条未予吸收，留待司法实践继续探索。

7. 关于开庭审理前书记员的工作事项

《解释》第二百三十四条根据司法实践反映的问题对《2012 年解释》第一百八十九条的规定作出修改完善，规定：“开庭审理前，书记员应当依次进行下列工作：（一）受审判长委托，查明公诉人、当事人、辩护人、诉讼代理人、证人及其他诉讼参与人是否到庭；（二）核实旁听人员中是否有证人、鉴定人、有专门知识的人；（三）请公诉人、辩护人、诉讼代理人及其他诉讼参与人入庭；（四）宣读法庭规则；（五）请审判长、审判员、人民陪审员入庭；（六）审判人员就座后，向审判长报告开庭前的准备工作已经就绪。”

本条增加第二项“核实旁听人员中是否有证人、鉴定人、有专门知识的人”。主要考虑是：根据有关规定，证人、鉴定人、有专门知识的人不得旁听庭审，但此项工作一直没有落实到具体的部门或者个人，证人等旁听庭审的情况时有发生。为保证法庭调查正常进行，建议书记员在开庭准备工作中核实有无上述人员旁听。

随着刑事辩护全覆盖的推进，刑事案件中将均有辩护人参与。控辩双方在庭审中同样重要，应当同等对待。基于此，本条第三项将“公诉人”与“辩护人、诉讼代理人”并列规定。

此外，司法实践中法庭规则有的内容是需要宣读给控辩双方听的，故通常会让控辩双方进入法庭后书记员再宣读法庭规则，本条根据书记员开庭工作实际顺序，调整了《2012 年解释》第一百八十九条第二项“宣读法庭规则”和第三项“请公诉人及相关诉讼参与人入庭”的顺序。

8. 关于对被告人讯问、发问的时间

《解释》第二百四十二条第三款规定：“根据案件情况，就证据问题对被告人的讯问、发问可以在举证、质证环节进行。”主要考虑是：《法庭调查规程》第七条第二款规定：“在审判长主持下，公诉人可以就起诉书指控的犯罪事实讯问被告人，为防止庭审过分迟延，就证据问题向被告人的讯问可在举证、质证环节进行……”经研究认为，这一规定具有合理性。在证据较多、案情较为复杂的案件中，公诉人在讯问环节涉及大量与证据有关的细节问题，会影响庭审节奏，且公诉人讯问与相关证据之间的关联性也难以体现，其讯问的针对性不强，故吸收《法庭调查规程》的相关规定。同时，考虑到不仅公诉人的讯问涉及这一问题，对其他诉讼参与人的发问也如此。故单列为第三款，作出统一规定。

征求意见过程中，有意见提出，对于限制行为能力的成年人参加庭审时，应当参照未成年人的规定，要求法定代理人或者合适成年人到场。经研究认为，对于上述问题刑事诉讼法未作明确规定，但基于权利保障的考虑，人民法院在具体案件中可以裁量处理。

9. 关于借阅案卷和证据材料的问题

2012 年修正的刑事诉讼法要求人民检察院在提起公诉时将所有案卷和证据材料移送人民法院。后有意见建议对人民检察院要求借阅案卷材料以备出庭支持公诉的问题作出规定。“六部委”对此问题作了慎重研究，认为人民检察院在将案件和证据材料移送人民法院之时，可以通过复印等方式为出庭支持公诉做好准备，而不能再向人民法院借阅案卷材料。当然，已经移送人民法院的证据，控辩双方需要出示的，可以向法庭提出申请。基于此，“六部委”《关于实施刑事诉讼法若干问题的规定》第二十六条规定：“人民法院开庭审理公诉案件时，出庭的检察人员和辩护人需要出示、宣读、播放已移交人民法院的证据的，可以申请法庭出示、宣读、播放。”为保证已移送人民法院的案卷和证据材料的安全，同时兼顾当庭出示证据的现实需要，《解释》第二百四十八条第一款规定：“已经移送人民法院的案卷和证据材料，控辩双方需要出示的，可以向法庭提出申请，法庭可以准许。案卷和证据材料应当在质证后当庭归还。”鉴于此，实践中，控辩双方只能申请当庭借用。对于控辩双方提出取回已移送人民法院的案卷和证据材料的，法庭应当不予准许。

《2012 年解释》第二百零四条规定“法庭同意的，应当指令值庭法警出示、播放；需要宣读的，由值庭法警交由申请人宣读”。从实践来看，该规定存在一定问题。一是示证主体通常是控辩双方，而非法庭。值庭法警只是在播放录音录像等特定情形下提供协助。二是协助出示证据的主体不限于值庭法警，还包括法官助理、书记员、法院技术人员等。基于此，《解释》第二百四十八条第二款规定："需要播放录音录像或者需要将证据材料交由法庭、公诉人或者诉讼参与人查看的，法庭可以指令值庭法警或者相关人员予以协助。"

10. 关于向证人发问的顺序问题

《法庭调查规程》第十九条第一款规定："证人出庭后，先向法庭陈述证言，然后先由举证方发问；发问完毕后，对方也可以发问。根据案件审理需要，也可以先由申请方发问。"经研究认为，《2012年解释》第二百一十二条关于向证人发问"应当先由提请通知的一方进行"的规定更符合实际，故《解释》第二百五十九条第一款规定："证人出庭后，一般先向法庭陈述证言；其后，经审判长许可，由申请通知证人出庭的一方发问，发问完毕后，对方也可以发问。"

此外，《法庭调查规程》第十九条第三款规定"法庭依职权通知证人出庭的情形，审判人员应当主导对证人的询问"。经研究认为，所谓"主导对证人的询问"，实际上就是确定发问的顺序。基于此，《解释》第二百五十九条第二款规定："法庭依职权通知证人出庭的，发问顺序由审判长根据案件情况确定。"

11. 关于庭外征求控辩双方意见的问题

《2012年解释》第二百二十条第二款规定："对公诉人、当事人及其法定代理人、辩护人、诉讼代理人补充的和法庭庭外调查核实取得的证据，应当经过当庭质证才能作为定案的根据。但是，经庭外征求意见，控辩双方没有异议的除外。"此次征求意见过程中，有意见提出，刑事诉讼法第一百九十八条第一款规定，法庭审理过程中，对于定罪、量刑有关的事实、证据都应当进行调查、辩论。故而，上述规定存在不妥。经研究，根据上述意见，《解释》第二百七十一条第二款作了调整，进一步限定为"不影响定罪量刑的非关键证据、有利于被告人的量刑证据以及认定被告人有犯罪前科的裁判文书等证据"，规定："对公诉人、当事人及其法定代理人、辩护人、诉讼代理人补充的和审判人员庭外调查核实取得的证据，应当经过当庭质证才能作为定案的根据。但是，对不影响定罪量刑的非关键证据、有利于被告人的量刑证据以及认定被告人有犯罪前科的裁判文书等证据，经庭外征求意见，控辩双方没有异议的除外。"

12. 关于补充侦查期限届满未移送证据的问题

《解释》第二百七十四条第三款规定:“补充侦查期限届满后,人民检察院未将补充的证据材料移送人民法院的,人民法院可以根据在案证据作出判决、裁定。”具体而言,本款对补充侦查期限届满后,经法庭通知,人民检察院未将案件移送人民法院,且未说明原因的,由“人民法院可以决定按人民检察院撤诉处理”调整为“人民法院可以根据在案证据作出判决、裁定”。主要考虑是:(1)《2012 年解释》第二百二十三条规定“人民检察院未将案件移送人民法院”,意味着对人民检察院延期审理的案件人民法院会将案件退回,否则,不存在补充侦查完毕后的移送法院的问题。司法实践中,检察机关以补充侦查为由建议延期审理的,案件通常仍在人民法院并未退回。因为,如果将案件退回,人民法院就要进行销案处理,补充侦查结束后,人民检察院再次起诉的,还要作为新收案件处理,程序极其烦琐且无必要。(2)补充侦查期限届满后,经通知,人民检察院未将补充的证据材料移送人民法院的,人民法院原则上应当根据在案证据材料作出判决、裁定。但是,如果人民检察院未将补充侦查时退回的案卷移送人民法院,或者拒不派员出席法庭的,可以按人民检察院撤诉处理。

13. 关于涉案财物的调查问题

《解释》将《2012 年解释》第三百六十四条的位置调整至一审程序,旨在提醒审判人员和诉讼参与人在审判程序中高度重视对涉案财物的处理问题,《解释》第二百七十九条规定:“法庭审理过程中,应当对查封、扣押、冻结财物及其孳息的权属、来源等情况,是否属于违法所得或者依法应当追缴的其他涉案财物进行调查,由公诉人说明情况、出示证据、提出处理建议,并听取被告人、辩护人等诉讼参与人的意见。案外人对查封、扣押、冻结的财物及其孳息提出权属异议的,人民法院应当听取案外人的意见;必要时,可以通知案外人出庭。经审查,不能确认查封、扣押、冻结的财物及其孳息属于违法所得或者依法应当追缴的其他涉案财物的,不得没收。”需要注意的是,由检察机关对涉案财物的权属情况作出说明,提出处理意见,并提供相关证据材料,这符合刑事证据规则,也符合司法实际。例如,《最高人民法院、最高人民检察院、公安部关于办理电信网络诈骗等刑事案件适用法律若干问题的意见》(法发〔2016〕32 号)第七条“涉案财物的处理”第一项规定:“公安机关侦办电信网络诈骗案件,应当随案移送涉案赃款赃物,并附清单。人民检察院提起公诉时,应一并移交受理案件的人民法院，同时就涉案赃款赃物的处理提出意见。”

关于案外人对涉案财物提出权属异议的处理，《中共中央办公厅、国务院办公厅关于进一步规范刑事诉讼涉案财物处置工作的意见》（中办发〔2015〕7号，以下简称《中办、国办涉案财物处置意见》）第十二条规定：“明确利害关系人诉讼权利。善意第三人等案外人与涉案财物处理存在利害关系的，公安机关、国家安全机关、人民检察院应当告知其相关诉讼权利，人民法院应当通知其参加诉讼并听取其意见。”根据上述规定，《解释》第二百七十九条第二款作了专门规定。作出上述规定，一方面，明确要求听取对涉案财物提出权属异议的案外人的意见，以落实《中办、国办涉案财物处置意见》的要求；另一方面，考虑到涉众型案件可能存在案外人众多的情形，一律通知到庭不具有可操作性，且《中办、国办涉案财物处置意见》只是要求人民法院应当“通知其参加诉讼”但并未要求“通知其参加庭审”，故规定为“必要时，可以通知案外人出庭”。

需要注意的是，随着经济社会发展，越来越多的刑事案件涉及财物处理问题，涉案财物的数额越来越大，利益关系也越来越复杂。当事人、利害关系人高度关注涉案财物处置问题。为强化产权司法保护，《解释》的多个条文对涉案财物的审查处理执行问题作了充实和完善。例如，在立案审查阶段，要审查涉案财物是否随案移送并列明权属情况，以及是否有证明相关财物系涉案财物的证据材料；在庭前会议中，可以就涉案财物的权属情况和处理建议听取意见；要强化对涉案财物的当庭调查，规范涉案财物的判决处理和执行。审判实践中，要适应时代发展，树立定罪量刑和涉案财物处理并重的理念，重视做好涉案财物审查处理执行工作。

14. 关于公诉人当庭发表与起诉书不同意见的处理规则

实践中，个别案件存在公诉人当庭发表与起诉书不同意见的情形，甚至属于当庭变更、追加、补充或者撤回起诉的情形。对此如何处理，存在不同认识。有观点认为，刑事诉讼法规定的起诉主体是人民检察院，起诉书是加盖人民检察院印章的法律文书。我国法律没有赋予公诉人独立于检察院之外的主体地位，也没有允许公诉人变更起诉书的内容。鉴于这一问题在实践和理论中尚存争议，对于不涉及追加或者变更起诉的，到底采纳起诉书还是公诉意见书，属于人民法院裁量范畴；对于需要追加、补充或者变更起诉的情况，人民法院应当休庭。另有观点认为，无论是否“属于变更、追加、补充或者撤回起诉”，此种情形均应当以当庭意见为准，以促使公诉人谨慎发表当庭意见。否则，当庭发表意见后，又不提供书面意见的，人民法院将无法处理，也有违司法诚信。

经研究认为，相关情况较为复杂，处理规则难以一概而论，需要区别对待。经综合考虑上述意见，《解释》第二百八十九条规定："公诉人当庭发表与起诉书不同的意见，属于变更、追加、补充或者撤回起诉的，人民法院应当要求人民检察院在指定时间内以书面方式提出；必要时，可以宣布休庭。人民检察院在指定时间内未提出的，人民法院应当根据法庭审理情况，就起诉书指控的犯罪事实依法作出判决、裁定。人民检察院变更、追加、补充起诉的，人民法院应当给予被告人及其辩护人必要的准备时间。"司法适用中需要注意的是：

第一，本条所称"公诉人当庭发表与起诉书不同的意见"，是指在起诉后未出现新的事实证据情况下，公诉人发表与起诉书不同意见的情形。对于出现新的事实、特别是体现被告人认罪悔罪态度的新事实，直接由法庭根据新的事实证据作出认定即可。例如，自首的被告人在开庭后翻供的，法庭可以直接不认定自首；认罪认罚的被告人在开庭后不认罪、不接受量刑建议的，法庭可以直接不认定认罪认罚；有的被告人在起诉后才退赃退赔，法庭可以直接认定退赃退赔这一情节。对于上述情形，无须由公诉人对起诉书作出变更，法庭在听取双方意见后直接认定即可。

第二，公诉人当庭发表与起诉书不同的意见，情况较为复杂。有的变更不影响定罪量刑，如对作案时间发表不同意见，直接变更即可。更多情形下则对定罪量刑会产生影响，但具体情况又存在差异：有的是直接变更罪名，如由职务侵占罪调整为贪污罪；有的涉及法定刑幅度的调整，如盗窃金额由10万元调整为1万元；有的只是涉及具体犯罪情节的认定，如盗窃金额由3500元调整为3000元。如果属于变更、追加、补充或者撤回起诉等重大事项的，应当以书面方式提出。而且，上述情形下，是否应当休庭，也不能简单作出统一规定，而应当交由实践裁量处理。例如，起诉书认定的盗窃金额是3500元，公诉人当庭发现计算有误，应当为3000元，量刑档次未发生变化，且所作变更有利于被告人，法庭可以继续开庭审理，但应当在庭后要求人民检察院以书面方式作出变更；相反，如果公诉人当庭改变起诉罪名，特别是由轻罪名改为重罪名的，则休庭为宜，以更好地保障被告人的辩护权。又如，公诉人当庭追加起诉的，则可以以起诉书指控的罪行先行开庭，休庭后待人民检察院以书面方式追加起诉后，再行开庭就追加的起诉进行审理。

第三，人民检察院变更、追加、补充起诉的，人民法院应当给予被告人及其辩护人必要的准备时间，以充分保障被告人合法权益。

15. 关于辩护人提交书面辩护意见的问题

根据司法实践反映的问题，《解释》第二百九十条对辩护人及时提交辩护意见作出指引性规定，明确："辩护人应当及时将书面辩护意见提交人民法院。"

第一，讨论中，有意见建议明确庭审结束后提交书面辩护意见的具体时限。经研究认为，相关情况复杂，难以对时限作出明确具体规定，实践中可以裁量把握。需要注意的是，辩论原则是审判阶段应当遵循的基本原则，辩护人庭审发表的意见都是辩护意见，庭审笔录中应予载明，而且辩护人要在庭审笔录上签名。因此，书面辩护意见仅是庭审辩护的一个补充，如果庭审中辩护人已经充分发表了辩护意见，并记录在案，庭后不提交书面辩护意见对审判人员裁判没有影响。基于此，本条明确规定"辩护人应当及时将书面辩护意见提交人民法院"。对于经人民法院告知后仍不提交辩护意见的，以当庭发表的意见为准。

第二，关于书面辩护意见与当庭发表的意见不一致的处理问题，存在不同意见。有意见认为，辩护意见与当庭发表的意见存在实质性差异的，以当庭发表的意见为准。理由是：考虑到庭审中心主义、庭审实质化和公开审理的要求，当庭发表的意见经控辩双方质证、辩论，更能体现以审判为中心的刑事诉讼制度改革要求。明确以当庭发表的意见为准，可以促使辩护人庭前认真准备、庭上充分辩护。而且，认可在庭后提交与当庭发表意见差异较大的书面辩护意见，还可能带来需要二次开庭等一系列问题，浪费司法资源。另有意见认为，应当以庭后提交的书面辩护意见为准，理由是：刑事审判应当坚持实体正义优先的原则，对于庭后提交的书面辩护意见与当庭发表意见不一致，且有相关证据证明的，则应当采信书面辩护意见。必要时，可以通过庭外听取控辩双方意见或者二次开庭加以解决，不宜以节约司法资源为由对合理的书面辩护意见"视而不见"。

经研究认为，此种情形下，既有书面辩护意见，也有当庭发表的意见，不宜简单"一刀切"，宜根据具体情况作出妥善处理。原则上应当以当庭发表的意见为准，但是，如果当庭发表的意见明显不妥当，书面辩护意见确有道理的，也可以采纳书面辩护意见。在裁判文书中，可以客观反映辩护意见的前后变化。鉴于相关问题比较复杂,《解释》未作统一规定,交由司法实践裁量处理。

第三,征求意见过程中,有意见提出,二审案件存在大量不开庭审理的情况,建议增加规定在指定日期提交辩护意见,以提升诉讼效率,有效维护辩护权。经研究认为,《解释》第二百九十条规定“辩护人应当及时将书面辩护意见提交人民法院”,可以参照适用于二审不开庭的情形。据此,人民法院可以要求辩护人在指定的合理期限内提交书面辩护意见。

16. 关于就新的事实和补查补证通知人民检察院的问题

《解释》第二百九十七条规定:“审判期间,人民法院发现新的事实,可能影响定罪量刑的,或者需要补查补证的,应当通知人民检察院,由其决定是否补充、变更、追加起诉或者补充侦查。人民检察院不同意或者在指定时间内未回复书面意见的,人民法院应当就起诉指控的事实,依照本解释第二百九十五条的规定作出判决、裁定。”需要注意的是:

第一,征求意见过程中,有意见提出,实践中,人民法院往往会要求人民检察院补充、补强证据材料,但现行司法解释对于合议庭发现案件需要补充侦查的,没有相关依据启动补充侦查程序,有必要对合议庭的补充侦查建议权予以明确。对此予以明确后,也可解决控辩双方在审判阶段对于由侦查机关补充调取的证据材料的来源合法性争议。经研究认为,上述问题在司法实践中客观存在,人民法院在审理案件过程中需要人民检察院补查补证甚至补充侦查的情况并不少见。基于此,本条第一款就人民法院发现需要补查补证情形的处理作了相应规定。需要注意的是,根据以审判为中心的刑事诉讼制度改革的要求,法院应当坚持裁判中立原则,不能成为控诉方,故而本条第一款只是规定“通知人民检察院,由其决定是否补充、变更、追加起诉或者补充侦查”,即强调人民法院要依据在案证据依法裁判,确保司法公正和中立。

第二,从司法实践来看,极个别案件中,人民检察院对人民法院补充或者变更起诉的建议长时间不予回复,久拖不决。“六部委”《关于实施刑事诉讼法若干问题的规定》第三十条专门规定:“人民法院审理公诉案件,发现有新的事实,可能影响定罪的,人民检察院可以要求补充起诉或者变更起诉,人民法院可以建议人民检察院补充起诉或者变更起诉。人民法院建议人民检察院补充起诉或者变更起诉的,人民检察院应当在七日以内回复意见。”从司法实践来看,人民检察院通常无法在七日以内作出是否补充或者变更起诉的决定，往往需要通过补充侦查后才能作出相应决定。而且，补充起诉或变更起诉，相当于一次全新起诉，需要重新组织开庭。因此，此种情形下，人民法院宜协调人民检察院作出建议补充侦查的回复，从而在案件重新移送人民法院后重新计算审理期限，有效避免此种情况下案件审理期限不够的问题。当然，根据本条第二款的规定，人民检察院不同意或者在指定时间内未回复书面意见的，人民法院应当就起诉指控的事实，依照《解释》第二百九十五条的规定作出判决、裁定。

17. 关于部分合议庭成员不能继续履职的处理规则

在庭审过程中，存在部分合议庭成员因故不能继续履行审判职责的情况。对此，《解释》第三百零一条第一款规定："庭审结束后、评议前，部分合议庭成员不能继续履行审判职责的，人民法院应当依法更换合议庭组成人员，重新开庭审理。"

但是，定期宣判的案件，在作出评议后，合议庭成员由于离职、退休等原因，可能不能参加宣判。对于此类情形，是否需要重新组成合议庭进行审理，不宜一概而论。原则上，在不改变原来评议时所作决定的情况下，可以由审判本案的其他合议庭成员宣判，判决书上仍应署审判本案的合议庭成员的姓名。对此，《解释》第三百零一条第二款规定："评议后、宣判前，部分合议庭成员因调动、退休等正常原因不能参加宣判，在不改变原评议结论的情况下，可以由审判本案的其他审判员宣判，裁判文书上仍署审判本案的合议庭成员的姓名。"需要注意的是，合议庭成员不能参加宣判的情形比较复杂，如因为辞职离开人民法院、接受监察调查或者被立案侦查等。此种情形下，宜重新组成合议庭进行审理。

18. 关于判决书的送达问题

《解释》第三百零三条规定："判决书应当送达人民检察院、当事人、法定代理人、辩护人、诉讼代理人，并可以送达被告人的近亲属。被害人死亡，其近亲属申请领取判决书的，人民法院应当及时提供。判决生效后，还应当送达被告人的所在单位或者户籍地的公安派出所，或者被告单位的注册登记机关。被告人系外国人，且在境内有居住地的，应当送达居住地的公安派出所。"征求意见过程中，有意见提出，在被害人已死亡的案件中，被害人亲属要求领取判决书的情况在司法实践中也比较常见，建议一并规定。经研究，采纳上述意见，在本条第一款增加规定"被害人死亡，其近亲属申请领取判决书的，人民法院应当及时提供"。同时，第二款增加规定："被告人系外国人，且在境内有居住地的，应当送达居住地的公安派出所。"本条原本拟针对被害人众多，无法全部送达的情形，增加规定"可以通过互联网公布电子判决书链接方式送达"，并要求"被害人要求领取判决书的，人民法院应当及时提供"。征求意见过程中，有意见提出，根据刑事诉讼法第二百零二条的规定，判决书应当送达当事人。对于已经明确认定为案件的被害人的，应当送达判决书，不能以网上公布判决书代替送达。经研究，鉴于对此问题存在不同认识，未再作出明确规定。

19. 关于不得继续担任辩护人、诉讼代理人的问题

《2012年解释》第二百五十三条仅规定"辩护人严重扰乱法庭秩序，被强行带出法庭或者被处以罚款、拘留，被告人自行辩护的，庭审继续进行；被告人要求另行委托辩护人，或者被告人属于应当提供法律援助情形的，应当宣布休庭"，未明确辩护人擅自退庭或者被强行带出法庭后能否继续担任本案的辩护人。为维护正常法庭秩序、确保审判顺利进行，经认真总结经验、广泛征求意见，2018年4月，最高人民法院、司法部联合发布了《关于依法保障律师诉讼权利和规范律师参与庭审活动的通知》，对相关问题作了明确。通知施行以来，对规范法庭秩序、有效保障当事人合法权益发挥了重要作用，取得了良好效果。鉴于此，《解释》第三百一十条吸收相关规定，明确："辩护人严重扰乱法庭秩序，被责令退出法庭、强行带出法庭或者被处以罚款、拘留，被告人自行辩护的，庭审继续进行；被告人要求另行委托辩护人，或者被告人属于应当提供法律援助情形的，应当宣布休庭。辩护人、诉讼代理人被责令退出法庭、强行带出法庭或者被处以罚款后，具结保证书，保证服从法庭指挥、不再扰乱法庭秩序的，经法庭许可，可以继续担任辩护人、诉讼代理人。辩护人、诉讼代理人具有下列情形之一的，不得继续担任同一案件的辩护人、诉讼代理人：(一)擅自退庭的；(二)无正当理由不出庭或者不按时出庭，严重影响审判顺利进行的；(三)被拘留或者具结保证书后再次被责令退出法庭、强行带出法庭的。"在理解和适用本条时，需要把握以下两点：

其一，庭审是控辩审三方共同参与的严肃的诉讼活动，法庭是控辩审三方共同使用的庄严的诉讼场所。在庭审过程中，服从法庭指挥，理性表达意见，是保障庭审正常进行的基本要求，也是对法律人职业素养的基本要求。从审判实践来看，绝大多数律师能本着职业精神，遵守法庭纪律，

维护法庭秩序，认真履行辩护职责，但也存在个别律师“闹庭”的情况。表现为：一旦其自认为正确的诉求没有得到即时满足，就“罢庭”而去，或者不服从法庭指挥，哄闹法庭等。不服从法庭指挥，扰乱法庭秩序，不仅严重影响庭审正常进行，也会严重影响中国律师群体乃至中国司法、中国法治的形象，依法依规予以规制，理所当然。

其二，法院、法官要尊重律师，保障律师诉讼权利。法庭应当严格执行法定程序，平等对待诉讼各方，合理分配各方发问、质证、陈述和辩论、辩护的时间，充分听取律师意见，依法及时回应、满足律师的合理诉求。对于律师在法庭上就案件事实认定和法律适用的正常发问、质证和发表辩护意见，不能随意打断或者制止。对于发问、质证、辩护意见与案件无关或者重复、冗长的，可以提醒、制止。法庭既要威严，也要保持理性、平和、克制。对不服从法庭指挥的，要区分情节轻重作出妥当处理。要提高驾驭庭审、应对复杂状况的能力。对因一时情绪激烈，言语失当的，可以警告、训诫，原则上不采取责令律师退出法庭或者强行带离法庭的措施；必要时可以休庭处置，交流提醒，促其冷静。但是，对无视多次警告、训诫，反复挑战法庭权威，甚至哄闹法庭、擅自退庭的，必须依法依规及时妥当处理，防止事态升级、秩序失控。

20. 关于更换辩护人的次数问题

被告人在开庭前、开庭后拒绝辩护人辩护或者更换辩护人的现象时有发生。频繁更换辩护人，会造成法院反复多次开庭和过分的诉讼迟延，影响审判顺利进行。基于此，对于在非开庭时间更换辩护人或者拒绝辩护人辩护的，应当在充分保障辩护权的前提下作出适当规范，以兼顾诉讼效率。从实践来看，允许被告人在一个审判程序中更换两次辩护人，可以保证其前后共有三至六名辩护人，足以保障其辩护权。鉴于此，《解释》第三百一十一条第一款规定：“被告人在一个审判程序中更换辩护人一般不得超过两次。”

## （十）自诉案件第一审程序

《刑事诉讼法修改决定》未涉及自诉案件第一审程序问题。《解释》第十章基本吸收《2012年解释》第十章“自诉案件第一审程序”有关条文，仅根据刑法修正案（九）和司法实践反映的问题，对个别条文作了微调。

1. 应当说服自诉人撤回起诉或者裁定不予受理的情形

《解释》第三百二十条第二款规定:“具有下列情形之一的,应当说服自诉人撤回起诉;自诉人不撤回起诉的,裁定不予受理:(一)不属于本解释第一条规定的案件的;(二)缺乏罪证的;(三)犯罪已过追诉时效期限的;(四)被告人死亡的;(五)被告人下落不明的;(六)除因证据不足而撤诉的以外,自诉人撤诉后,就同一事实又告诉的;(七)经人民法院调解结案后,自诉人反悔,就同一事实再行告诉的;(八)属于本解释第一条第二项规定的案件,公安机关正在立案侦查或者人民检察院正在审查起诉的;(九)不服人民检察院对未成年犯罪嫌疑人作出的附条件不起诉决定或者附条件不起诉考验期满后作出的不起诉决定,向人民法院起诉的。”需要注意的是:

根据刑事诉讼法第二百一十一条的规定,人民法院审查后,对于犯罪事实清楚,有足够证据的自诉案件,应当开庭审判。需要注意的是,人民法院对于自诉案件应当进行全面审查,既要审查自诉材料是否符合形式要求,也要审查犯罪事实是否清楚,证据是否足够。但是,对于自诉案件的审查并非实体审查,更不是判断被告人是否构成犯罪,故不得以“被告人的行为不构成犯罪”为由,说服自诉人撤回起诉或者裁定不予受理,[①] 对于此类自诉案件,仍然应当开庭审判并作出判决。

征求意见过程中,有意见建议明确对于公安机关已受案查处,被害人又要求自诉解决的案件,应当如何处理。经研究认为,除告诉才处理的案件外,对于公安机关已立案侦查的,应当按照处理公诉案件的方式解决。基于此,采纳上述意见,本条增设第八项。需要注意的是,对于公安机关立案侦查后或者人民检察院审查起诉后,不予追究犯罪嫌疑人刑事责任的,被害人当然可以依据“公诉转自诉”案件的规定提起自诉,故表述为“属于本解释第一条第二项规定的案件,公安机关正在立案侦查或者人民检察院正在审查起诉的”,即强调此类案尚在处理过程中。

征求意见过程中,有意见建议在《解释》第三百二十条第二款增加一项“被害人不服人民检察院对未成年犯罪嫌疑人作出附条件不起诉决定以

---

① 1979 年刑事诉讼法第一百二十六条第四项规定,被告人的行为不构成犯罪的案件,应当说服自诉人撤回自诉,或者裁定驳回。但 1996 年刑事诉讼法删除了这一规定,此后的刑事诉讼法维持了 1996 年刑事诉讼法的规定。

及考验期满作出不起诉的决定，向人民法院起诉的”。理由是：《全国人民代表大会常务委员会关于〈中华人民共和国刑事诉讼法〉第二百七十一条第二款的解释》规定：“人民检察院办理未成年人刑事案件，在作出附条件不起诉的决定以及考验期满作出不起诉的决定以前，应当听取被害人的意见。被害人对人民检察院对未成年犯罪嫌疑人作出的附条件不起诉的决定和不起诉的决定，可以向上一级人民检察院申诉，不适用刑事诉讼法第一百七十六条关于被害人可以向人民法院起诉的规定。”经研究，采纳上述意见，《解释》第三百二十条第二款增设第九项。

征求意见过程中，有意见建议在《解释》第三百二十条第二款增加一项“检察机关撤回起诉，法院准予撤诉后，被害人又提起自诉的案件”。经研究认为，相关问题较为复杂，不宜一概而论。如果没有新的证据，此种情形通常属于本款第二项规定的“缺乏罪证的”情形，可以依据该项规定处理；如果有新的证据，即属于应当受理的范畴。基于此，未采纳上述意见。

2. 关于对通过信息网络实施的侮辱、诽谤行为自诉的协助取证

刑法第二百四十六条第三款规定，通过信息网络实施侮辱、诽谤行为，“被害人向人民法院告诉，但提供证据确有困难的，人民法院可以要求公安机关提供协助”。鉴于此，《解释》第三百二十五条第二款作了照应性规定，明确：“对通过信息网络实施的侮辱、诽谤行为，被害人向人民法院告诉，但提供证据确有困难的，人民法院可以要求公安机关提供协助。”司法实践中需要注意的是，通过信息网络实施的侮辱、诽谤行为并非一律属于公诉案件的范畴，除“严重危害社会秩序和国家利益的”外，应当告诉才处理。对于通过信息网络实施的侮辱、诽谤行为，一般应当由自诉人提起自诉。此种情形下，人民检察院提起公诉，人民法院经审查认为尚未“严重危害社会秩序和国家利益的”，应当依据《解释》第二百一十九条的规定，退回人民检察院，同时告知被害人有权提起自诉；已经立案的，应当依据《解释》第二百九十五条的规定，裁定终止审理，并告知被害人有权提起自诉。

3. 关于自诉案件不适用速裁程序的问题

《解释》第三百二十七条规定：“自诉案件符合简易程序适用条件的，可以适用简易程序审理。不适用简易程序审理的自诉案件，参照适用公诉案件第一审普通程序的有关规定。”征求意见过程中，有意见建议增加自

诉案件可以适用速裁程序的规定。经研究认为，目前对于自诉案件能否适用速裁程序，存在不同认识。全国人大常委会法工委刑法室在针对修改后刑事诉讼法的理解与适用中指出："自诉案件由自诉人自行提起，案件没有经过侦查、审查起诉，人民法院在开庭前很难判断证据是否确实、充分。同时，自诉案件自诉人与被告人往往对案件事实等存在较大争议。此外，由于没有检察机关等国家机关主持，也无法在审前提出量刑建议、签署认罪认罚具结书。从这些情况来看，自诉案件是不适合适用速裁程序审理的。"① 基于此，本条未规定自诉案件可以适用速裁程序。

4. 关于自诉案件解除强制措施的问题

《2012年解释》第二百七十三条规定："裁定准许撤诉或者当事人自行和解的自诉案件，被告人被采取强制措施的，人民法院应当立即解除。"征求意见过程中，有意见提出，司法实践存在自诉人和解要求撤回自诉，人民法院不予准许的情形。基于此，宜明确法院立即解除强制措施的前置条件，即将"当事人自行和解"限制为当事人和解后撤诉经裁定准许或制作刑事调解书生效。经研究，《解释》部分采纳上述意见，于第三百三十条规定："裁定准许撤诉的自诉案件，被告人被采取强制措施的，人民法院应当立即解除。"主要考虑是：上述意见确有一定道理。司法实践中，对于当事人和解的自诉案件，可以由人民法院视情形裁定准许撤回自诉或者出具刑事调解书，此种情形下立即解除强制措施，自然应当满足裁定准许撤诉或者刑事调解书生效的条件。但是，这并不意味着当事人自行和解的，人民法院就一律裁定准许撤诉或者出具刑事调解书。例如重婚案件，即使自诉人谅解，与被告人达成和解，人民法院仍然可能会作出刑事判决。

需要进一步提及的是，刑事诉讼法第二百一十二条第一款规定："人民法院对自诉案件，可以进行调解；自诉人在宣告判决前，可以同被告人自行和解或者撤回自诉。本法第二百一十条第三项规定的案件不适用调解。"显而易见，此处规定的"调解"不是一般的刑事附带民事赔偿的调解，而是与刑事定罪量刑的裁判一样，属于自诉案件的结案方式。

---

① 王爱立、雷建斌主编：《〈中华人民共和国刑事诉讼法〉释解与适用》，人民法院出版社2018年版，第418页。

5. 关于被告人在自诉案件审判期间下落不明的处理

《2012年解释》第二百七十五条规定："被告人在自诉案件审判期间下落不明的，人民法院应当裁定中止审理。被告人到案后，应当恢复审理，必要时应当对被告人依法采取强制措施。"经研究认为，对于自诉案件被告人在审判期间下落不明的，人民法院一律裁定中止审理并不合适，还可能存在应当由法院对被告人决定逮捕的情形。鉴于此，《解释》第三百三十二条作了相应调整，规定："被告人在自诉案件审判期间下落不明的，人民法院可以裁定中止审理；符合条件的，可以对被告人依法决定逮捕。"

6. 关于宣告无罪自诉案件的附带民事部分的处理

从司法实践来看，由于刑事附带民事诉讼不收取诉讼费，个别案件存在当事人滥用自诉权的问题。对于宣告无罪的自诉案件，要求对附带民事部分一并作出处理，会进一步加剧这一问题。鉴于自诉案件与公诉案件存在较大差异，不宜采用同一处理模式。基于此，《解释》第三百三十三条对《2012年解释》第二百七十六条对依法宣告无罪的自诉案件"其附带民事部分应当依法进行调解或者一并作出判决"的规定作了适当调整，规定："对自诉案件，应当参照刑事诉讼法第二百条和本解释第二百九十五条的有关规定作出判决。对依法宣告无罪的案件，有附带民事诉讼的，其附带民事部分可以依法进行调解或者一并作出判决，也可以告知附带民事诉讼原告人另行提起民事诉讼。"

征求意见过程中，有意见提出，从自诉案件第一审程序整章体系来看，对于缺乏罪证或者无罪的自诉案件，除说服自诉人撤回起诉和调解外，另有三种处理方式：第一，立案阶段不予受理；第二，经审查缺乏罪证的，裁定驳回起诉，这指的是开庭审理之前的书面审查；第三，经过开庭后认定被告人无罪或不能认定被告人有罪的，应当作出判决（无罪判决）。实践中对自诉案件经开庭审理后，认为被告人无罪或不能认定被告人有罪的，既有只作出驳回起诉的程序处理的，又有作出无罪判决实体处理的，做法不统一。基于此，建议将《解释》第三百三十三条中的自诉案件限定为已开庭审理的自诉案件。经研究认为，所涉问题较为复杂，不宜一概而论。但是，通常而言，在此种情况下，对于已经开庭审理的自诉案件，原则上不能再说服自诉人撤回起诉或者驳回起诉，应当作出无罪判决。

此外，司法实践多次反映自诉案件审限过短和增加规定报请批准延长审限的问题。经研究认为，刑事诉讼法第二百一十二条第二款对自诉案件的审理期限作了专门规定。根据该条规定，被告人未被羁押的自诉案件，应当在受理后六个月以内宣判，不能适用刑事诉讼法第二百零八条关于延长审理期限的规定。而且，自诉案件与公诉案件在性质上有本质的区别，因此，公诉案件的延长审限，自诉案件不能简单套用。自诉案件的结案方式灵活多样，可以和解结案、调解结案、判决结案，目的是尽快恢复社会秩序，充分尊重当事人的处分权。因此，为自诉案件设置与公诉案件无区别的审限延长程序似不合理。鉴于此，未对自诉案件报请延长审限问题作出规定。被告人未被羁押的自诉案件的审限不足的问题客观存在，实践中，一方面，要严格审限管理，尽量在规定时间内审结相关自诉案件；另一方面，也可以根据实践情况裁量处理。据了解，有的地方法院通过让自诉人撤诉后再行提起自诉的方式解决审限不足问题，实属“无奈之举”。

## (十一) 单位犯罪案件的审理

《刑事诉讼法修改决定》未涉及单位犯罪案件审理的问题。《解释》第十一章沿用《2012年解释》第十一章“单位犯罪案件的审理”的条文，并根据司法实践反映的问题作了修改完善，主要涉及：(1) 扩大了被告单位诉讼代表人的确定范围；(2) 明确对被告单位采取查封、扣押、冻结等措施应当坚持依法慎用的原则；(3) 完善被告单位在特殊状态下的刑事责任承担规则。

1. 单位犯罪诉讼代表人的确定范围问题

《2012年解释》第二百七十九条规定：“被告单位的诉讼代表人，应当是法定代表人或者主要负责人；法定代表人或者主要负责人被指控为单位犯罪直接负责的主管人员或者因客观原因无法出庭的，应当由被告单位委托其他负责人或者职工作为诉讼代表人。但是，有关人员被指控为单位犯罪的其他直接责任人员或者知道案件情况、负有作证义务的除外。”据此，被告单位的诉讼代表人限定在被告单位内部的四类人员：法定代表人、主要负责人、其他负责人以及职工。其他人员不能担任诉讼代表人，由此带来了诉讼代表人确定范围过窄的问题：在单位法定代表人、主要负责人涉案的情况下，难以从单位职工中确定诉讼代表人，且单位职工还可能作为证人，故实践中在被告单位内部无法确定诉讼代表人的现象并非个例。此种情况下，实践中往往采取两种做法：一是放松审查，确定并不符合条件的人员担任诉讼代表人；二是将本系单位犯罪的案件作为自然人犯罪起诉，从而放弃对涉嫌犯罪的单位的指控，导致单位有逃脱刑事制裁之虞。基于此，有必要对现行被告单位诉讼代表人的确定范围作适度扩展，以满足实践所需。

此次司法解释修改过程中，经研究认为，在现有规定人员范围的基础上，可以考虑在单位外部确定由律师担任被告单位的诉讼代表人。基于此，《解释》第三百三十六条规定："被告单位的诉讼代表人，应当是法定代表人、实际控制人或者主要负责人；法定代表人、实际控制人或者主要负责人被指控为单位犯罪直接责任人员或者因客观原因无法出庭的，应当由被告单位委托其他负责人或者职工作为诉讼代表人。但是，有关人员被指控为单位犯罪直接责任人员或者知道案件情况、负有作证义务的除外。依据前款规定难以确定诉讼代表人的，可以由被告单位委托律师等单位以外的人员作为诉讼代表人。诉讼代表人不得同时担任被告单位或者被指控为单位犯罪直接责任人员的有关人员的辩护人。"据此，对被告单位诉讼代表人的确定可以分为两个层次：（1）被告单位的诉讼代表人，应当是法定代表人、实际控制人或者主要负责人；法定代表人、实际控制人或者主要负责人被指控为单位犯罪直接负责的主管人员或者因客观原因无法出庭的，应当由被告单位委托其他负责人或者职工作为诉讼代表人。（2）依据上述规则难以确定诉讼代表人的，可以由被告单位委托律师等单位以外的人员作为诉讼代表人。

需要提及的是，之所以将诉讼代表人的选定范围扩大至律师，是考虑到单位犯罪案件审理程序中诉讼代表人主要起到的是代表犯罪单位意志、维护其合法权益、保障诉讼正常进行的作用。律师是法律专业人士，其作为被告单位的诉讼代表人受其职业身份及代理关系的双重约束，更能全面深入地保障委托人的合法权益；律师的职业特点，也便于其通过阅卷、调查等方式，了解案情，保证案件的公正审理和顺利进行。从域外情况来看，也有单位聘请律师代表单位诉讼类似做法，如美国2018年《联邦刑事诉讼规则》第43（b）（1）条规定"法人可以由全权代理的律师代表出庭"。

需要注意的是，对于作为被告单位的诉讼代表人同时兼任辩护人的情形，讨论中存在不同认识：一种意见认为，可以有效解决司法实践中突出的无法确定单位诉讼代表人的问题，节约诉讼资源；另一种意见认为，兼任可能会造成角色冲突，比如，被告单位认罪欲获取从轻处罚，而辩护人根据案件事实证据或辩护策略作无罪辩护，此种情况下明显存在角色冲突，兼任无法同时保障被告单位的意见发表权和辩护人的辩护权。征求意见过程中，多数赞成后一种意见，认为作为被告单位的诉讼代表人同时兼任辩护人的情形存在角色和职责冲突。诉讼代表人与辩护人属不同诉讼角色，承担着不同的诉讼职责。诉讼代表人全权代表本单位的意志，而辩护人主要承担辩护代理职责，履行辩护人义务。将诉讼代表职责与辩护代理职责合二为一，由诉讼代表人兼任辩护人，容易引发社会公众质疑，影响司法公信力。基于此，《解释》第三百三十六条第三款规定："诉讼代表人不得同时担任被告单位或者被指控为单位犯罪直接责任人员的有关人员的辩护人。"

2. 关于对被告单位慎用查封、扣押、冻结等措施的问题

《中共中央、国务院关于完善产权保护制度依法保护产权的意见》提出严格规范涉案财产处置的法律程序。据此，《解释》第三百四十三条强调对被告单位采取查封、扣押、冻结等措施，应当坚持依法慎用的原则，规定："采取查封、扣押、冻结等措施，应当严格依照法定程序进行，最大限度降低对被告单位正常生产经营活动的影响。"司法适用中需要注意的是，无论是对被告人，还是对被告单位，都要慎用查封、扣押、冻结等措施，对能"活封"的财产，不进行"死封"。

3. 关于被告单位在特殊状态下的刑事责任承担规则

《2012 年解释》第二百八十六条规定："审判期间，被告单位被撤销、注销、吊销营业执照或者宣告破产的，对单位犯罪直接负责的主管人员和其他直接责任人员应当继续审理。"经研究认为，上述规定不尽合理，只有在犯罪主体消亡的情况下，才不再继续追究刑事责任。被告单位被撤销、注销的情况下，可以认为是被告单位主体消亡，此时对单位不再追究，而直接追究单位犯罪直接责任人员的责任，是合适的。但是，在被告单位只是被吊销营业执照或者宣告破产但未完成清算、注销登记的情况下，被告单位这一责任主体还是存在的，并未消亡，其可以承担民事责任，同理也可以承担刑事责任，故此时应当对案件继续审理，并对被告单位作出刑事判决。基于此，《解释》第三百四十四条对被告单位在特殊状态下的刑事责任承担问题，区分单位被"撤销、注销"和"吊销营业执照、宣告破产"的情形分别确立不同的处理规则，规定："审判期间，被

告单位被吊销营业执照、宣告破产但尚未完成清算、注销登记的，应当继续审理；被告单位被撤销、注销的，对单位犯罪直接负责的主管人员和其他直接责任人员应当继续审理。”

讨论中，对进入破产程序的被告单位是否应当继续审理存在不同认识：一种意见认为，其主体资格未消亡，应当继续审理；另一种意见认为，“资不抵债”是单位进入破产程序的前提条件，在此情况下，如果继续审理并对被告单位判处罚金，从可预期的角度完全属于不能执行的“空判”，因此建议对于进入破产程序但尚未清算完毕的被告单位终止审理。经研究，采纳前一种意见，维持上述修改不变。如前所述，在被告单位宣告破产但未完成清算、注销登记的情况下，被告单位这一责任主体还是存在的，并未消亡，其可以承担民事责任，同理也可以承担刑事责任，故此时应当对案件继续审理，并对被告单位作出刑事判决。

此外，实践反映，存在被告单位为逃避罚金等而恶意注销的情形，本条原本拟明确规定对于恶意注销的，案件应当继续审理。征求意见过程中，有意见提出，这一规定的出发点值得肯定，有利于打击恶意逃避单位责任的行为，但是如何认定恶意注销，在单位注销的情况下，如何追究单位责任，被告单位如何列席，以及判处的罚金如何执行，均存在操作困难。经研究，未再作明确规定。主要考虑是：其一，进入审判程序后被告单位被恶意注销的情况应该较为罕见，受案法院可以监督制约。其二，追究被告单位刑事责任的唯一方式是判处罚金。对于被告单位基于逃避罚金等动机恶意注销的，法定代表人、实际控制人、主要负责人往往都会实际获益。而上述人员作为被告单位的主管人员或者直接负责的责任人员被追究刑事责任，在被告单位被恶意注销的情况下，可以通过对上述人员多判处罚金的方式予以弥补，且对于被告单位的违法所得也可以继续追缴，不会造成处罚的漏洞。

### （十二）认罪认罚案件的审理

《刑事诉讼法修改决定》的重要内容之一就是总结认罪认罚从宽制度试点工作的经验和成果，通过修改后刑事诉讼法加以固定。认罪认罚从宽制度适用于整个刑事诉讼，其本身并非独立的诉讼程序，对认罪认罚案件应当根据具体情况选择适用速裁程序、简易程序或者普通程序。但是，认罪认罚案件的审理确有一定的特殊性，对其中的共性问题需要作出集中规定。《解释》增设第十二章“认罪认罚案件的审理”，根据修改后刑事诉讼法的规定，吸收《最高人民法院、最高人民检察院、公安部、国家安全部、司法部关于适用认罪认罚从宽制度的指导意见》(2019 年 10 月 11 日，以下简称《认罪认罚意见》)的有关规定，结合司法实践反映的问题，对认罪认罚案件的审理作出明确规定。

1. 关于随案移送相关材料的审查问题

刑事诉讼法第一百七十三条第一款规定：“人民检察院审查案件，应当讯问犯罪嫌疑人，听取辩护人或者值班律师、被害人及其诉讼代理人的意见，并记录在案。辩护人或者值班律师、被害人及其诉讼代理人提出书面意见的，应当附卷。”据此，对于认罪认罚案件，人民检察院应当随案移送讯问犯罪嫌疑人的笔录，以及听取辩护人或者值班律师、被害人及其诉讼代理人意见的笔录。特别是，实践中有个别案件，人民检察院未听取被害人意见或者未移送有关材料，不利于保障被害人合法权益，也会导致人民法院在审判阶段需要再行听取被害人意见，造成诉讼拖延。为保障法律严格实施，《解释》第三百四十九条规定：“对人民检察院提起公诉的认罪认罚案件，人民法院应当重点审查以下内容……(二)是否随案移送听取犯罪嫌疑人、辩护人或者值班律师、被害人及其诉讼代理人意见的笔录；(三)被告人与被害人达成调解、和解协议或者取得被害人谅解的，是否随案移送调解、和解协议、被害人谅解书等相关材料……未随案移送前款规定的材料的，应当要求人民检察院补充。”

征求意见过程中，有意见提出，实践中，部分案件存在犯罪嫌疑人、被告人赔偿了被害人经济损失并得到被害人谅解，但因时间、路途等原因，被害人未出具相关谅解证明等证据材料的情况，建议规定只要有被害人有谅解的真实意思表示的相关材料，并且经核实无误即可。经研究认为，上述意见确有道理，相关材料可以纳入“等相关材料”范围，实践中不会存在问题。

2. 关于“量刑建议明显不当”的认定规则

征求意见过程中，有意见提出，“量刑建议明显不当”的规定过于抽象，建议细化。在很多时候轻刑犯相差一个月至三个月就显得偏轻或偏重，在这种情况下能否改变量刑建议？经研究，相关问题不宜一概而论，应当区分情况，根据审理认定的犯罪事实、认罪认罚的具体情况，结合相关犯罪的法定刑、类似案件的刑罚适用等作出审查判断。特别是，相关犯罪的法定刑不同，对认定量刑建议是否明显不当具有直接影响。例如，对于危险驾驶案件，刑罚相差一个月甚至半个月通常即可以认定为“明显不当”；对于应当判处十年以上有期徒刑的案件，刑罚相差半年以上通常才会认定为“明显不当”。基于此，《解释》第三百五十四条对量刑建议明显不当的判断作了原则性指引规定，明确：“对量刑建议是否明显不当，应当根据审理认定的犯罪事实、认罪认罚的具体情况，结合相关犯罪的法定刑、类似案件的刑罚适用等作出审查判断。”

## （十三）简易程序

《刑事诉讼法修改决定》未涉及简易程序问题。《解释》第十三章吸收《2012年解释》第十二章“简易程序”的条文，仅对个别条文作了微调。

1. 关于被告人及其辩护人申请适用简易程序的问题

《解释》第三百五十九条第二款增加赋予被告人及其辩护人适用简易程序的申请权，规定：“对人民检察院建议或者被告人及其辩护人申请适用简易程序审理的案件，依照前款规定处理；不符合简易程序适用条件的，应当通知人民检察院或者被告人及其辩护人。”

2. 关于适用简易程序审理案件的开庭时间通知问题

《2012年解释》第二百九十二条第一款规定：“适用简易程序审理案件，人民法院应当在开庭三日前，将开庭的时间、地点通知人民检察院、自诉人、被告人、辩护人，也可以通知其他诉讼参与人。”刑事诉讼法第二百一十九条规定：“适用简易程序审理案件，不受本章第一节关于送达期限、讯问被告人、询问证人、鉴定人、出示证据、法庭辩论程序规定的限制。”据此，对于适用简易程序审理的案件，开庭前通知的时间不受“三日前”的限制。鉴于此，《解释》第三百六十二条第一款将“开庭三日前”调整为“开庭前”，规定：“适用简易程序审理案件，人民法院应当在开庭前将开庭的时间、地点通知人民检察院、自诉人、被告人、辩护人，也可以通知其他诉讼参与人。”当然，司法实践中可以根据情况裁量把握，尽可能提前通知，以给诉讼参与各方更为充裕的准备时间。

3. 关于简易程序的裁判文书简化问题

司法实践中，一些刑事法官不愿意适用简易程序，一个很重要的原因是简易程序相对于普通程序而言，花费时间相差无几，简易程序并未简化，尤其是裁判文书几乎没有区别，且还面临程序转化的风险。基于此，根据司法实践审判需要，为提高法官适用简易程序的积极性，以提高诉讼效率，《解释》第三百六十七条第一款规定：“适用简易程序审理案件，裁判文书可以简化。”

### (十四) 速裁程序

《刑事诉讼法修改决定》的重要内容之一就是总结刑事案件速裁程序试点工作的经验和成果，通过修改后刑事诉讼法加以固定。《解释》增设第十四章“速裁程序”，根据修改后刑事诉讼法的规定，吸收《认罪认罚意见》的有关规定，结合司法实践反映的问题，对速裁程序的适用作出明确规定。

1. 关于对人民检察院未提出建议的案件能否适用速裁程序的问题

根据刑事诉讼法第二百二十二条第二款的规定，人民检察院有权建议人民法院适用速裁程序，人民法院应当决定是否适用。但是，对于人民检察院没有提出建议的案件（包括两种情形：一是审前阶段认罪认罚而人民检察院未建议适用速裁程序的案件，二是审前阶段未认罪认罚的案件），人民法院能否适用速裁程序，讨论中存在不同认识。第一种意见持否定立场，理由是：适用速裁程序的前提是被告人同意适用速裁程序，且需要人民检察院与被告人就量刑问题重新进行协商，履行签署认罪认罚具结书的程序，依法提出量刑建议。这既有利于防止助长被告人的拖延心理，也有利于督促检察机关履行认罪认罚程序的审查把关职责。第二种意见持肯定立场。理由是：控辩地位平等，既然允许公诉机关建议适用速裁程序，理应允许被告人及其辩护人建议适用速裁程序。

经研究，《解释》第三百六十九条采纳第二种意见，第二款、第三款规定：“对人民检察院未建议适用速裁程序的案件，人民法院经审查认为符合速裁程序适用条件的，可以决定适用速裁程序，并在开庭前通知人民检察院和辩护人。被告人及其辩护人可以向人民法院提出适用速裁程序的申请。”主要考虑：(1) 刑事诉讼法第二百二十二条第二款规定：“人民检察院在提起公诉的时候，可以建议人民法院适用速裁程序。”可见，人民检察院对速裁程序的适用享有建议权，但似不意味着速裁程序的适用必须以人民检察院的建议为前提条件。基于控辩对等的刑事诉讼原则，对于人民检察院未建议适用速裁程序的案件，被告人及其辩护人也可以申请适用，符合条件的，人民法院可以依职权决定适用。(2) 基于通行法理，刑事诉讼程序原则上不得回流。基于此，对于人民检察院未建议的案件，在审判阶段决定适用速裁程序的，在开庭前通知人民检察院和辩护人即可，无须再重回认罪认罚具结书签署和量刑协商程序。(3) 从实践操作角度来看，对于在审判阶段认罪认罚的案件，符合速裁程序适用条件的，人民法院决定适用速裁程序，在操作上也不存在问题。

2. 关于适用速裁程序公开审理案件在开庭前送达期限的问题

刑事诉讼法第二百二十四条规定"适用速裁程序审理案件，不受本章第一节规定的送达期限的限制"。第二百一十九条规定"适用简易程序审理案件，不受本章第一节关于送达期限、讯问被告人、询问证人、鉴定人、出示证据、法庭辩论程序规定的限制"。可见，对于适用速裁程序、简易程序审理的案件，不受送达期限的限制。但是，刑事诉讼法第一百八十七条第三款规定："人民法院确定开庭日期后，应当将开庭的时间、地点通知人民检察院，传唤当事人，通知辩护人、诉讼代理人、证人、鉴定人和翻译人员，传票和通知书至迟在开庭三日以前送达。公开审判的案件，应当在开庭三日以前先期公布案由、被告人姓名、开庭时间和地点。"司法适用中存在争议的问题是，对于适用速裁程序公开审理的案件，是否需要在开庭三日以前将开庭的时间、地点通知人民检察院、被告人及其辩护人等诉讼参与人，并在开庭三日以前先期公布案由、被告人姓名、开庭时间和地点。实践中，个别地方对于适用速裁程序审理案件，"当天立案、当天审理、当庭宣判"，无法在开庭三日以前进行送达和公告。对此，有意见认为，适用简易程序、速裁程序审理案件，同样应当确保人民检察院有效参加审判、保障被告人有效行使辩护权、保证被害人权利、维护社会公众的知情权。基于此，应当在开庭三日以前通知诉讼参与人和公告，以给控辩双方适当的准备时间，同时保证案件的公开审判和接受社会监督。

经研究，倾向于认为，由于刑事诉讼法第二百一十九条、第二百二十四条所使用的表述是不受"送达期限"的限制，加之司法实践中通常只在开庭日公告和通知控辩双方和其他诉讼参与人，要求先期三日似与当前实践不符。基于此，《解释》第三百七十一条规定："适用速裁程序审理案件，人民法院应当在开庭前将开庭的时间、地点通知人民检察院、被告人、辩护人，也可以通知其他诉讼参与人。通知可以采用简便方式，但应当记录在案。"

适用速裁程序审理案件，还需要注意两个问题：(1) 人民法院应当通知人民检察院派员出庭。讨论中，有意见建议规定公诉人可以不出庭。主要考虑：司法实践中，有的速裁案件，出庭公诉人不是案件承办人，不了解案件情况。一旦庭上有突发或意外情况发生，出庭的公诉人无法及时回应，达不到出庭的真正目的。经研究认为，公诉人代表人民检察院履行国家公诉职能，在刑事诉讼法未明确规定公诉人可以不出庭的情况下，不宜规定公诉人可以不出庭。特别是，速裁程序可能出现调整量刑建议的情形，如公诉人不出庭，则无法当庭调整量刑建议，影响速裁程序的适用。因此，本条明确规定人民法院应当在开庭前将开庭的时间、地点通知人民检察院。实践中，人民法院应当协调人民检察院派合适公诉人出庭，当庭妥当处理量刑建议调整等问题。（2）被告人有辩护人的，应当通知其出庭。刑事诉讼法第二百二十四条规定："适用速裁程序审理案件……在判决宣告前应当听取辩护人的意见……"有意见据此得出了适用速裁程序审理的案件，必须有辩护人参加庭审的结论，这显然不符合实际。此处规定的"听取辩护人的意见"，应当限于适用速裁程序审理的案件有辩护人的情形，对于没有辩护人参与庭审的案件，自然无法听取辩护人的意见。鉴于上述两个问题在司法适用中虽有一定认识分歧，但争议不大，本着司法解释的问题导向，未作明确规定。

3. 关于适用速裁程序审理案件可以集中开庭、逐案审理的问题

从当前司法实践来看，速裁程序在实践中一定程度遇冷，适用积极性不高，究其原因，一是与简易程序相比，速裁的"速"体现不明显；二是审限较短，案件周转不灵。为此，速裁程序要真正发挥其效率，必须在"速"字上着力。具体而言，集中审理有利于发挥速裁程序的"速"。基于此，《解释》第三百七十二条规定："适用速裁程序审理案件，可以集中开庭，逐案审理。公诉人简要宣读起诉书后，审判人员应当当庭询问被告人对指控事实、证据、量刑建议以及适用速裁程序的意见，核实具结书签署的自愿性、真实性、合法性，并核实附带民事诉讼赔偿等情况。"

征求意见过程中，有意见建议删除"公诉人简要宣读起诉书"。理由是：为简化庭审流程，鉴于此前已送达起诉书，被告人认罪认罚，且人民法院会核实被告人认罪认罚意愿的真实性等，故建议对公诉机关是否简要宣读起诉书不作强制性规定。经研究，未采纳上述意见。而且，《认罪认罚意见》第四十四条亦明确要求"公诉人简要宣读起诉书"。

需要注意的是，适用速裁程序审理案件，虽无法庭调查和法庭辩论环

节，但审判人员仍应当庭询问被告人对指控的证据有无异议，被告人无异议的，即应当视为经过了庭审质证程序。所以，速裁程序中作为定案根据的证据，实际上也经过了庭审举证、质证程序，不存在例外。

## （十五）第二审程序

《刑事诉讼法修改决定》未涉及第二审程序问题。《解释》第十五章沿用《2012年解释》第十三章“第二审程序”的条文，并根据司法实践反映的问题作了修改完善，主要涉及：(1) 明确对准许撤回起诉、终止审理等裁定可以上诉；(2) 对上诉期满要求撤回上诉和抗诉期满要求撤回抗诉的处理规则作出调整；(3) 细化上诉不加刑原则的司法适用；(4) 明确死缓案件二审应当开庭审理；(5) 设立二审案件的部分发回规则；(6) 明确终审的判决和裁定发生法律效力的时间。

1. 关于对准许撤回起诉、终止审理等裁定可以上诉的问题

刑事诉讼法第二百二十七条第一款规定：“被告人、自诉人和他们的法定代理人，不服地方各级人民法院第一审的判决、裁定，有权用书状或者口头向上一级人民法院上诉。被告人的辩护人和近亲属，经被告人同意，可以提出上诉。”司法实践中，对哪些裁定可以提出上诉，存在不同认识。经研究认为，准许撤回起诉、终止审理等裁定可能对被告人的实体权益造成影响，应当允许上诉。鉴于此，《解释》第三百七十八条第一款规定：“地方各级人民法院在宣告第一审判决、裁定时，应当告知被告人、自诉人及其法定代理人不服判决和准许撤回起诉、终止审理等裁定的，有权在法定期限内以书面或者口头形式，通过本院或者直接向上一级人民法院提出上诉；被告人的辩护人、近亲属经被告人同意，也可以提出上诉；附带民事诉讼当事人及其法定代理人，可以对判决、裁定中的附带民事部分提出上诉。”

2. 关于上诉期满要求撤回上诉的处理规则

《2012年解释》第三百零五条第一款规定：“上诉人在上诉期满后要求撤回上诉的，第二审人民法院应当审查。经审查，认为原判认定事实和适用法律正确，量刑适当的，应当裁定准许撤回上诉；认为原判事实不清、证据不足或者将无罪判为有罪、轻罪重判等的，应当不予准许，继续按照上诉案件审理。”《解释》第三百八十三条第二款吸收上述规定，并作适当调整。考虑到基于上诉不加刑原则的限制，二审不会对上诉人的权益

造成影响，故本条第二款规定："上诉人在上诉期满后要求撤回上诉的，第二审人民法院经审查，认为原判认定事实和适用法律正确，量刑适当的，应当裁定准许；认为原判确有错误的，应当不予准许，继续按照上诉案件审理。"需要注意的是，本条第二款规定，上诉人在上诉期满后要求撤回上诉，第二审人民法院经审查"认为原判确有错误的，应当不予准许"。讨论中，有意见建议明确"应当不予准许"是裁定还是决定，是否采用书面形式。经研究认为，实践中可以裁量处理：一般可以出具书面裁定，也可以继续开庭，而后在裁判文书中一并作出说明。

此外，实践反映，上诉人经人民法院传唤拒不到庭，甚至脱逃，目的是逃避法律制裁，可视为主动放弃二审机会。此种情形实际等同于要求撤回上诉，故应当按照上诉人要求撤回上诉处理，即区分在上诉期限内和上诉期满后两种情形，适用《解释》第三百八十三条的规定处理。征求意见过程中，有反对意见提出，对于第二审程序中上诉人不到庭甚至脱逃的情形，根据刑事诉讼法第二百四十二条、第二百零六条的规定，人民法院可以依法中止审理。虽然民事诉讼中有类似不到庭视为撤诉的规定，但刑事诉讼不同于民事诉讼。视为撤回上诉，既不利于保护当事人的诉讼权利，也不一定解决诉讼效率的问题。例如，法院审理后初步认为原判事实不清、证据不足或者将无罪判为有罪、轻罪重判等的，即使上诉人无故不到庭，仍然需要进行审理。① 经研究认为，所涉问题在司法实践中客观存在，应当予以解决。随着非羁押性强制措施的广泛适用，诉讼过程中被告人不到庭的情形有增多的趋势，经传唤拒不到庭是其主动放弃二审，应当采取措施防止案件久拖不决。但反对意见也确有道理，应当充分保障上诉人的实体权利和程序权利，特别是防止判决事实不清、证据不足或者将无罪判为有罪、轻罪重判。基于此，未再作出明确规定，交由司法实践裁量把握。根据具体情况，对于被告人无法到案的，可以中止审理，必要时对被告人商公安机关上网追逃，这样处理有利于案件最终审结。

① 此外，有意见建议进一步明确如下问题：一是视为撤诉的，准许方式是什么，如何裁定以及审查处理。此种情况不属于缺席判决的情形，不能参照缺席判决审理。二是无正当理由的要件规定，如何理解。三是对于被告人脱逃的，即使视为撤诉，文书送达以及被告人送交执行都会带来问题。

3. 关于抗诉期满要求撤回抗诉的处理规则

《2012年解释》第三百零七条规定："人民检察院在抗诉期限内撤回抗诉的，第一审人民法院不再向上一级人民法院移送案件；在抗诉期满后第二审人民法院宣告裁判前撤回抗诉的，第二审人民法院可以裁定准许，并通知第一审人民法院和当事人。"考虑到对抗诉案件的二审继续审理可以加重被告人刑罚，《解释》第三百八十五条第一款、第二款明确人民检察院在抗诉期满后要求撤回抗诉的，只有"认为原判存在将无罪判为有罪、轻罪重判等情形的"，才不予准许，规定："人民检察院在抗诉期限内要求撤回抗诉的，人民法院应当准许。人民检察院在抗诉期满后要求撤回抗诉的，第二审人民法院可以裁定准许，但是认为原判存在将无罪判为有罪、轻罪重判等情形的，应当不予准许，继续审理。"

需要注意的是，"继续审理"是指继续按照抗诉案件开庭审理。此种案件本由抗诉启动，虽已提出撤回抗诉但法院因故不予准许，这属于诉讼程序上的重大事项，并且在实体上也可能发生重大变化（原判有罪改判无罪，或原审重判改为轻判），因此应当一律开庭审理。

征求意见过程中，有意见提出，司法实践中，已遇到原公诉机关对第一审判决抗诉，上级人民检察院不支持抗诉，要求撤回抗诉，但第二审法院认为抗诉成立，不准许撤回抗诉的案件。建议明确此种情形如何处理。经研究认为，人民检察院要求撤回抗诉的，人民法院应当进行审查，自然就包括裁定不准许撤诉的情形。此种情形下，二审应当继续进行。当然，司法实践中可能还会遇到检察机关不派员出庭等问题，对此宜协调解决。基于上述考虑，《解释》第三百八十五条第三款专门明确了上级人民检察院认为下级人民检察院抗诉不当，向第二审人民法院要求撤回抗诉的处理规则，规定："上级人民检察院认为下级人民检察院抗诉不当，向第二审人民法院要求撤回抗诉的，适用前两款规定。"

4. 关于二审开庭范围问题

《解释》第三百九十三条对《2012年解释》第三百一十七条的规定作出修改完善，规定："下列案件，根据刑事诉讼法第二百三十四条的规定，应当开庭审理：（一）被告人、自诉人及其法定代理人对第一审认定的事实、证据提出异议，可能影响定罪量刑的上诉案件；（二）被告人被判处死刑的上诉案件；（三）人民检察院抗诉的案件；（四）应当开庭审理的其他案件。被判处死刑的被告人没有上诉，同案的其他被告人上诉的案件，第二审人民法院应当开庭审理。”死刑案件，人命关天，必须适用最为严格、审慎的审理程序。刑事诉讼法明确规定，被告人被判处死刑的上诉案件，人民法院应当组成合议庭开庭审理。死刑缓期二年执行案件也属于死刑案件。为严格落实刑事诉讼法的规定，本条规定死缓二审案件一律开庭审理。

5. 关于上诉不加刑原则的把握

《解释》第四百零一条规定：“审理被告人或者其法定代理人、辩护人、近亲属提出上诉的案件，不得对被告人的刑罚作出实质不利的改判，并应当执行下列规定：（一）同案审理的案件，只有部分被告人上诉的，既不得加重上诉人的刑罚，也不得加重其他同案被告人的刑罚；（二）原判认定的罪名不当的，可以改变罪名，但不得加重刑罚或者对刑罚执行产生不利影响；（三）原判认定的罪数不当的，可以改变罪数，并调整刑罚，但不得加重决定执行的刑罚或者对刑罚执行产生不利影响；（四）原判对被告人宣告缓刑的，不得撤销缓刑或者延长缓刑考验期；（五）原判没有宣告职业禁止、禁止令的，不得增加宣告；原判宣告职业禁止、禁止令的，不得增加内容、延长期限；（六）原判对被告人判处死刑缓期执行没有限制减刑、决定终身监禁的，不得限制减刑、决定终身监禁；（七）原判判处的刑罚不当、应当适用附加刑而没有适用的，不得直接加重刑罚、适用附加刑。原判判处的刑罚畸轻，必须依法改判的，应当在第二审判决、裁定生效后，依照审判监督程序重新审判。人民检察院抗诉或者自诉人上诉的案件，不受前款规定的限制。”本条第一款所列情形只是提示规则，并未囊括司法实践的所有情形，仅针对当前反映比较突出的问题作了相应规定。主要考虑如下：

关于第一款第二项。刑法第八十一条第二款规定：“对累犯以及因故意杀人、强奸、抢劫、绑架、放火、爆炸、投放危险物质或者有组织的暴力性犯罪被判处十年以上有期徒刑、无期徒刑的犯罪分子，不得假释。”据此，实践中可能存在二审改变一审认定的罪名，并未加重刑罚，但对刑罚执行产生不利影响的情况。例如，二审将一审认定的盗窃罪改判为抢劫罪，仍维持十二年有期徒刑的刑罚，但对二审改判的罪名不得假释，对被告人产生不利影响。基于此，第二项专门增加了不得“对刑罚执行产生不利影响”的限制。

关于第一款第三项。《2012 年解释》第三百二十五条第一款第三项规定“原判对被告人实行数罪并罚的，不得加重决定执行的刑罚，也不得加重数罪中某罪的刑罚”。经研究认为，这一规则过于绝对和烦琐，不利于司法实践操作，宜作出调整。例如，一审认定两个罪名，分别判处五年有期徒刑和三年有期徒刑，数罪并罚决定执行七年有期徒刑。按照原有规则，既不能加重总和刑期，也不能加重数罪中某罪的刑期。经研究认为，上诉不加刑是指不能使上诉人招致不利的刑罚，偏重于决定执行的刑罚。因此，此种情况下，在决定执行的刑罚不变和对刑罚执行不产生不利影响时，应当允许加重数罪中某罪的刑罚。基于此，第一款第三项作出相应调整。实践中，还存在两种实质上对上诉人有利的调整罪数的情形：一是原判对被告人判处一罪的，不得改判为数罪；但是，在认定的犯罪事实不变的情况下，改判数罪后决定执行的刑罚低于原判刑罚的，可以改判为数罪。二是原判对被告人实行数罪并罚的，在认定的犯罪事实不变的情况下，改判为一罪的，在对刑罚执行无不利影响的情况下，可以在不超过原判决定执行刑罚的情况下加重其中某一罪刑罚。对此，《最高人民法院研究室关于上诉不加刑原则具体运用有关问题的答复》（法研〔2014〕6号）规定：“对于原判数罪并罚的上诉案件，在不超过原判决定执行的刑罚，且对刑罚执行也无不利影响的情况下，可以将其中两个或者两个以上的罪名改判为一罪并加重该罪的刑罚。”例如，一审认定被告人犯盗窃罪，判处有期徒刑五年，犯抢劫罪，判处有期徒刑五年，数罪并罚，决定执行有期徒刑八年。二审认定的犯罪事实与一审相同，但是对行为性质的评价发生变化，认为抢劫相关事实应当评价为盗窃。此种情形下，改判盗窃一罪，可以在五年以上八年以下的幅度内裁量刑罚。同为八年有期徒刑，如果是因为数罪被判处的，较之一罪被判处的，在减刑、假释时对被告人更为不利。故而，上述改判不违反上诉不加刑原则。基于上述考虑，形成第一款第三项“原判认定的罪数不当的，可以改变罪数，并调整刑罚，但不得加重决定执行的刑罚或者对刑罚执行产生不利影响”规定。

关于第一款第四项。讨论中，有意见提出，第一款第四项规定“原判对被告人宣告缓刑的，不得撤销缓刑”，但实践中可能存在二审期间被告人不认罪等不符合缓刑适用条件的情形。此种情况下如继续适用缓刑，可能危害社会。经研究认为，目前仍只能严格执行这一规定，确有必要的，通过审判监督程序予以纠正。

关于第一款第七项。讨论中，有意见提出，原判事实清楚，证据确实、充分，但适用法律错误的，如认定自首有误、应当剥夺政治权利而未剥夺政治权利等，如何处理，建议作出明确。经研究认为，上述情形或者属于因法律适用错误导致刑罚畸轻，或者属于因法律认识错误而没有适用附加刑，根据上诉不加刑原则，只能予以维持。需要注意的是，就司法实务操作而言，二审应当在裁判文书中写明一审判决存在的适用法律错误，从而导致判处的刑罚畸轻、应当适用附加刑而没有适用的结果，但是，根据上诉不加刑原则的规定，维持一审判处的刑罚不变。讨论中，对于第一款第七项的处理规则本身也存在异议。有意见认为，此种情形下，二审维持原判是根据上诉不加刑原则作出的裁定，依据刑事诉讼法的规定，并无错误。而根据刑事诉讼法关于审判监督程序的规定，针对生效判决、裁定的再审限于“确有错误”的情形。上述情形明显不符合这一规定，依法也不得启动审判监督程序。基于实事求是的考虑，本条第一款第七项作了微调，将依法通过审判监督程序进行改判限定为在“原判判处的刑罚畸轻，必须依法改判的”情形，对于原判刑罚不当，但尚未达到畸轻程度的，如漏判附加剥夺政治权利，对本应在“三年以上七年以下有期徒刑”的幅度内判处三年六个月有期徒刑的案件判处二年六个月有期徒刑的，基于裁判稳定的考虑，一般不再启动审判监督程序。

征求意见过程中，有意见提出，实践中有几种情况建议明确：对于改变罪数后，附加刑必须改变的如何处理？例如，一审认定被告人构成数罪，判处附加刑罚金 5 万元，二审改判为一罪的，但附加刑规定为“并处没收财产”。此种情况下，罚金 5 万元是否可以改为没收财产 5 万元？经研究认为，所涉问题较为复杂，不宜一概而论，宜坚持实质判断的原则。如果在主刑方面给予较大幅度的减轻，则适当增加附加刑，应当是允许的；但是，在主刑维持不变的情况下，原则上不宜加重附加刑，通常也不宜将罚金调整为没收财产，更不应作出主刑稍微减轻、附加刑大幅加重，对被告人实质明显不利的调整。

6. 关于对上诉发回重审案件的处理

刑事诉讼法第二百三十七条第一款规定：“……第二审人民法院发回原审人民法院重新审判的案件，除有新的犯罪事实，人民检察院补充起诉的以外，原审人民法院也不得加重被告人的刑罚。”从字面意义上理解，“新的犯罪事实”有两层含义：一是新的犯罪的事实，即已经起诉的犯罪以外的犯罪的事实；二是原起诉事实范围内的新事实。经研究认为，只有前一种新的犯罪事实，经补充起诉后才可以加重刑罚。基于此，《解释》第四百零三条第一款规定："被告人或者其法定代理人、辩护人、近亲属提出上诉，人民检察院未提出抗诉的案件，第二审人民法院发回重新审判后，除有新的犯罪事实且人民检察院补充起诉的以外，原审人民法院不得加重被告人的刑罚。"将《2012年解释》第三百二十七条规定的"除有新的犯罪事实，人民检察院补充起诉的以外"调整为"除有新的犯罪事实，且人民检察院补充起诉的以外"，旨在提醒司法实践中侧重根据人民检察院是否补充起诉来对是否系"新的犯罪事实"作出判断。

《解释》第四百零三条第二款结合《最高人民法院研究室关于上诉发回重审案件重审判决后确需改判的应当通过何种程序进行的答复》（法研〔2014〕26号）对《2012年解释》第三百二十七条的规定作出修改完善，规定："对前款规定的案件，原审人民法院对上诉发回重新审判的案件依法作出判决后，人民检察院抗诉的，第二审人民法院不得改判为重于原审人民法院第一次判处的刑罚。"征求意见过程中，有意见建议删去本款。理由是：刑事诉讼法第二百三十七条规定："第二审人民法院审理被告人或者他的法定代理人、辩护人、近亲属上诉的案件，不得加重被告人的刑罚。第二审人民法院发回原审人民法院重新审判的案件，除有新的犯罪事实，人民检察院补充起诉的以外，原审人民法院也不得加重被告人的刑罚。人民检察院提出抗诉或者自诉人提出上诉的，不受前款规定的限制。"本款与刑事诉讼法的上述规定明显冲突。经研究，未采纳上述意见。主要考虑是：刑事诉讼法第二百三十七条规定的"提出抗诉"明显是指在原审程序中提出抗诉，而非在重审程序中提出抗诉。否则，刑事诉讼法第二百三十七条第一款的规定就将失去实际意义，很不合理：对发回重审的案件，如未发现被告人有新的犯罪事实，人民检察院未补充起诉，原审法院不得加重刑罚，但宣判后人民检察院抗诉的，二审法院即可加重，那么原审法院不得加重刑罚的规定还有何意义？何不由原审法院直接改判加重？

需要注意的是，对于被告人上诉、人民检察院未提出抗诉的案件，发回重审后人民检察院没有补充起诉新的犯罪事实的，原审人民法院作出的判决，相比原判减轻刑罚和减少罪名的，人民检察院可以提出抗诉。二审法院经审理认为人民检察院抗诉成立的，可以在原判刑罚和罪名范围内改判加重刑罚和增加罪名。例如，对于原判以盗窃罪、故意伤害罪判处七年有期徒刑的案件，被告人上诉、人民检察院未提出抗诉，发回重审后人民检察院没有补充起诉新的犯罪事实的，原审人民法院以故意伤害罪判处被告人有期徒刑三年，对盗窃罪未予认定的。此种情形下，检察机关抗诉，二审法院经审查认定抗诉成立的，可以对被告人加重刑罚、增加罪名，但不得超过原判“以盗窃罪、故意伤害罪判处七年有期徒刑”，另行增加其他罪名和判处更高的刑罚。

7. 关于二审案件部分发回的规则

根据刑事诉讼法第二百三十六条的规定，第二审人民法院认为第一审判决事实不清、证据不足的，可以在查清事实后改判，也可以裁定撤销原判，发回原审人民法院重新审判。但是，对于涉及多名被告人的案件，如涉黑案件中的从犯，在二审时发现还有一个其单独实施的轻微犯罪，第二审人民法院将全案发回重审，费时费力。基于节约司法资源，保障审判顺利推进的考虑，《解释》第四百零四条第二款规定：“有多名被告人的案件，部分被告人的犯罪事实不清、证据不足或者有新的犯罪事实需要追诉，且有关犯罪与其他同案被告人没有关联的，第二审人民法院根据案件情况，可以对该部分被告人分案处理，将该部分被告人发回原审人民法院重新审判。原审人民法院重新作出判决后，被告人上诉或者人民检察院抗诉，其他被告人的案件尚未作出第二审判决、裁定的，第二审人民法院可以并案审理。”具体而言，此种情况下，对部分被告人的案件发回重审，其余被告人的案件可以视情继续审理（有必要的，也可以中止审理）。当然，如果发回重审被告人的案件重新进入二审的，可以与其他被告人的二审案件合并。

8. 关于对附带民事部分提出上诉的处理规则

《解释》第四百零九条根据司法实践反映的问题对《2012年解释》第三百一十三条、第三百三十一条的规定作出整合和修改完善，规定：“第二审人民法院审理对附带民事部分提出上诉，刑事部分已经发生法律效力的案件，应当对全案进行审查，并按照下列情形分别处理：（一）第一审判决的刑事部分并无不当的，只需就附带民事部分作出处理；（二）第一审判决的刑事部分确有错误的，依照审判监督程序对刑事部分进行再审，并将附带民事部分与刑事部分一并审理。”

需要注意的是，对于仅对附带民事诉讼部分提出上诉，刑事部分已经发生法律效力的，第二审人民法院应当进行全案审查。发现刑事部分有错误的，应当依照审判监督程序提审或者指令再审。由于刑事部分的审理系民事部分的基础，应当将附带民事部分和刑事部分一并审理。如果二审法院对刑事部分提审的，则应由其对刑事再审与附带民事二审合并审理；如果二审法院指令一审法院对刑事部分再审的，则应当将附带民事部分发回后与刑事再审并案审理。

征求意见过程中，有意见提出，按照以往的做法，对刑事部分提出上诉的处理，往往制作刑事裁定书，而不是刑事附带民事裁定书。建议明确对民事部分提出上诉的处理，是否需要制作刑事附带民事诉讼裁定书。经研究认为，由于民事部分附属于刑事部分，应当制作刑事附带民事诉讼文书，包括判决书和裁定书。本条第一项规定就附带民事部分作出处理，包括维持、改判和发回重审。附带民事部分事实清楚、适用法律正确的，应当以刑事附带民事裁定维持原判，驳回上诉。附带民事部分确有错误的，以刑事附带民事判决对附带民事部分作出改判或者以刑事附带民事裁定发回重审。

针对原审判决的附带民事诉讼部分提出上诉的，本条原本拟规定“第一审判决的附带民事部分事实清楚，适用法律正确的，应当以刑事附带民事裁定维持附带民事部分的原判，驳回上诉”。征求意见过程中，有意见建议明确，二审法院对于仅民事部分上诉且事实清楚、适用法律正确的案件，主文是沿用以前的“驳回上诉，维持原判”，还是按照该规定主文写“维持附带民事部分的原判，驳回上诉”，建议予以明确。经研究，鉴于司法实践中多数法院直接表述为“驳回上诉，维持原判”的实际情况，可以交由司法实践裁量处理，故本条未作明确规定。

### （十六）在法定刑以下判处刑罚和特殊假释的核准

《刑事诉讼法修改决定》未涉及“在法定刑以下判处刑罚和特殊假释的核准”问题。《解释》第十六章沿用《2012年解释》第十四章“在法定刑以下判处刑罚和特殊假释的核准”的条文，并作了修改完善，主要涉及：(1) 明确法定刑以下判处刑罚案件层报复核过程中上级人民法院可以直接改判；(2) 明确第二审人民法院可以直接在法定刑以下判处刑罚，并层报最高人民法院核准。

1. 关于法定刑以下判处刑罚案件层报复核的程序

《解释》第四百一十四条根据司法实践反映的问题对《2012年解释》第三百三十六条的规定作出修改完善，规定：“报请最高人民法院核准在法定刑以下判处刑罚的案件，应当按照下列情形分别处理：（一）被告人未上诉、人民检察院未抗诉的，在上诉、抗诉期满后三日以内报请上一级人民法院复核。上级人民法院同意原判的，应当书面层报最高人民法院核准；不同意的，应当裁定发回重新审判，或者按照第二审程序提审；（二）被告人上诉或者人民检察院抗诉的，上一级人民法院维持原判，或者改判后仍在法定刑以下判处刑罚的，应当依照前项规定层报最高人民法院核准。”需要注意的是：

第一，关于被告人未上诉、人民检察院未抗诉的情形。《2012年解释》第三百三十六条第一项规定，对此情形，上一级人民法院不同意的，“应当裁定发回重新审判，或者改变管辖按照第一审程序重新审理。原判是基层人民法院作出的，高级人民法院可以指定中级人民法院按照第一审程序重新审理”。讨论中，有意见认为，如果上一级人民法院是高级人民法院，由其按照第一审程序重新审理，则可能导致最高人民法院成为二审法院，似有不妥。另有意见认为，对于原判是基层人民法院作出的，高级人民法院复核认为原判刑罚畸重的，依照原规定，只能发回重审或者指定中级人民法院按照第一审程序重新审理，程序烦琐，不便操作。基于此，宜借鉴死刑复核程序中高级人民法院不同意一审死刑判决的可以依照第二审程序提审的规定，直接作出改判。经研究，采纳上述意见，作出相应调整。

第二，关于被告人上诉、人民检察院未抗诉的情形。有意见认为，此种情形下，第二审人民法院可以直接加重刑罚，或者以量刑过轻为由发回原审人民法院重新审判，原审人民法院不受刑事诉讼法第二百三十七条第一款关于上诉不加刑原则的限制。主要考虑是：法定刑以下判处刑罚案件较为特殊，依法需要层报最高人民法院核准。对于一审在法定刑以下判处刑罚的案件，如果上级法院经复核或者审理认为不符合在法定刑以下判处刑罚的条件，应当允许上级法院改判加刑或者通过发回重审加重刑罚，否则，将会使得一审法院“绑架”上级法院，导致法定刑以下判处刑罚案件的核准程序流于形式，无法发挥监督制约作用。基于上述考虑，本条原本拟明确规定，对于法定刑以下判处刑罚的案件，“上级人民法院按照第二审程序改判，或者发回原审人民法院重新审判的，不受刑事诉讼法第二百三十七条第一款规定的限制”。

讨论中，有意见认为，上述规则存在不妥，可能导致适用法定刑以下核准程序案件的被告人反而遭受不利的后果。例如，被告人应当适用的法定最低刑为十年有期徒刑，如果一审对其在法定刑以下判处刑罚，无论人民检察院是否提出抗诉，二审可能对其加重至十二年；但如果一审对其判处法定最低刑十年有期徒刑，则在人民检察院未提出抗诉的情况下，二审无法加重其刑罚。基于此，为避免上述不合理现象，建议明确在人民检察院未抗诉的情况下，第二审人民法院可以加重刑罚，但只能在法定最低刑以下的幅度内加重刑罚，即无论如何，不得加重至法定刑以上的幅度。在法定刑以下判处刑罚的案件固然特殊，但如果被告人上诉，案件就会进入二审程序。二审法院无论改判还是发回重审，都应当遵守上诉不加刑原则，至少需要明确在人民检察院未抗诉的情况下，只能在法定最低刑以下的幅度内加重刑罚。

鉴于上述问题存在不同认识，本条未作规定，待进一步研究、统一认识后再通过其他方式作出明确。

2. 关于第二审人民法院直接在法定刑以下判处刑罚并层报核准的问题

《解释》第四百一十五条规定："对符合刑法第六十三条第二款规定的案件，第一审人民法院未在法定刑以下判处刑罚的，第二审人民法院可以在法定刑以下判处刑罚，并层报最高人民法院核准。"据此，第一审人民法院未在法定刑以下判处刑罚的案件，被告人上诉或者检察院抗诉的，第二审可以直接在法定刑以下判处刑罚，并层报最高人民法院核准。

### （十七）死刑复核程序

《刑事诉讼法修改决定》未涉及死刑复核程序的问题。《解释》第十七章沿用《2012 年解释》第十五章"死刑复核程序"的条文，并根据司法实践反映的问题作了修改完善，主要涉及：(1) 明确最高人民法院复核死刑案件可以直接改判；(2) 明确最高人民法院裁定不核准死刑，发回第二审人民法院的，第二审人民法院后续处理规则。

1. 关于最高人民法院复核死刑案件可以直接改判的问题

1996 年刑事诉讼法未规定最高人民法院复核死刑案件可以改判。2007 年，为统一行使死刑案件核准权，最高人民法院制定了《最高人民法院关于复核死刑案件若干问题的规定》（法释〔2007〕4 号，以下简称《复核死刑规定》）。其中，第四条规定："最高人民法院复核后认为原判认定事实正确，但依法不应当判处死刑的，裁定不予核准，并撤销原判，发回重新审判。"同时，规定了两种"可以改判"的情形，即第六条规定："数罪并罚案件，一人有两罪以上被判处死刑，最高人民法院复核后，认为其中部分犯罪的死刑裁判认定事实不清、证据不足的，对全案裁定不予核准，并撤销原判，发回重新审判；认为其中部分犯罪的死刑裁判认定事实正确，但依法不应当判处死刑的，可以改判并对其他应当判处死刑的犯罪作出核准死刑的判决。”第七条规定：“一案中两名以上被告人被判处死刑，最高人民法院复核后，认为其中部分被告人的死刑裁判认定事实不清、证据不足的，对全案裁定不予核准，并撤销原判，发回重新审判；认为其中部分被告人的死刑裁判认定事实正确，但依法不应当判处死刑的，可以改判并对其他应当判处死刑的被告人作出核准死刑的判决。”之所以作出上述规定，主要有两点考虑：一是当时对死刑复核能否改判尚有不同认识；二是尽量把改判可能引发的问题解决在地方。2012年刑事诉讼法修改，采纳最高人民法院建议，吸收《复核死刑规定》的上述规定，在2012年修正刑事诉讼法第二百三十九条（2018年修正刑事诉讼法第二百五十条）规定：“最高人民法院复核死刑案件，应当作出核准或者不核准死刑的裁定。对于不核准死刑的，最高人民法院可以发回重新审判或者予以改判。”

《2012年解释》起草时，结合上述考虑和法律修改的背景，考虑到《复核死刑规定》在司法适用中未出现明显问题，故沿用《复核死刑规定》第四条，在第三百五十条规定：“最高人民法院复核死刑案件，应当按照下列情形分别处理……（五）原判认定事实正确，但依法不应当判处死刑的，应当裁定不予核准，并撤销原判，发回重新审判……”同时，在第三百五十一条、第三百五十二条，继续沿用了对一人犯数个死罪和一案有两人被判处死刑案件可以部分改判的规定。

征求意见过程中，有意见建议增加予以改判的规定。理由是：刑事诉讼法已经规定，对于不核准死刑的，最高人民法院可以发回重新审判或者予以改判。对仅量刑不当的，最高人民法院复核没有必要全部发回重审。从节约司法资源的角度考虑，应当规定可以改判。但是，也有意见认为，死刑复核程序要体现其特殊性质，防止成为“第三审”。并且，如作出上述修改，可能导致地方法院不能担当作为，未能把矛盾、风险化解在地方，而是推由最高人民法院改判，导致信访压力加剧。

经综合考虑上述意见，《解释》第四百二十九条规定：“最高人民法院复核死刑案件，应当按照下列情形分别处理……（五）原判认定事实正确、证据充分，但依法不应当判处死刑的，应当裁定不予核准，并撤销原判，发回重新审判；根据案件情况，必要时，也可以依法改判……”同时，删除了《2012年解释》第三百五十一条、第三百五十二条规定。主要考虑是：从2012年以来的司法实践看，确有案件系由最高人民法院直接改判，例如，在《刑事审判参考》总第117集刊登的“被告人柔柯耶姆·麦麦提故意杀人案”中，被告人被新疆阿克苏中院一审判处死刑，剥夺政治权利终身，在法定期限内无上诉、抗诉，新疆高院经复核同意原判并报最高人民法院核准，最高人民法院审判委员会经讨论依法决定不核准死刑，以故意杀人罪改判被告人死刑缓期二年执行，剥夺政治权利终身。还有一些案件，存在非死刑罪名适用有瑕疵的情况，如由于盗窃罪司法解释调整导致原来的盗窃罪判处的刑罚需要调整，并没有新的事实证据，全案发回似意义不大，且过于浪费司法资源。但是，规定最高人民法院在死刑复核程序中可以直接改判，也可能带来的一系列问题，需要引起重视。故而，仍应坚持“以发回重审为原则、以依法改判为例外”的原则，即对不予核准死刑的案件，一般应发回重审，只有改判没有“后遗症”的，出于诉讼效率的考虑，才予以直接改判。

2. 关于最高人民法院发回第二审人民法院案件的后续处理规则

从法律规定来看，最高人民法院不核准被告人死刑，依法可以发回第二审人民法院，也可以直接发回第一审人民法院重新审判。最高人民法院认为直接发回一审重审才能更好查清案件事实的，会直接发回一审重审。既然最高人民法院没有直接发回一审，而是发回二审重新审判，第二审人民法院就应当切实履行二审的监督、纠错职能，依法作出判决或者裁定，原则上不得将案件发回原一审人民法院重新审判。基于此，《最高人民法院关于适用刑事诉讼法第二百二十五条第二款有关问题的批复》（法释〔2016〕13号）第一条规定：“对于最高人民法院依据《中华人民共和国刑事诉讼法》第二百三十九条和《最高人民法院关于适用〈中华人民共和国刑事诉讼法〉的解释》第三百五十三条裁定不予核准死刑，发回第二审人民法院重新审判的案件，无论此前第二审人民法院是否曾以原判决事实不清楚或者证据不足为由发回重新审判，原则上不得再发回第一审人民法院重新审判；有特殊情况确需发回第一审人民法院重新审判的，需报请最高人民法院批准。”《解释》第四百三十条吸收上述规定，第二款规定：“对最高人民法院发回第二审人民法院重新审判的案件，第二审人民法院一般不得发回第一审人民法院重新审判。”同时，未再规定“有特殊情况确需发回第一审人民法院重新审判的，需报请最高人民法院批准”，而是交由司法实践裁量把握。

“特殊情况”主要是指由一审人民法院重审，更有利于查明案件事实的特殊情形。具体有三类：(1) 高级人民法院第一次发回重审时明确提出核实证据、查清事实的具体要求，中级人民法院未予查实又作出死刑判决的；(2) 最高人民法院发回重审时提出了核实新的证据、查清新的事实的要求，高级人民法院认为只有发回中级人民法院重新审判，才更有利于查清事实的；(3) 其他因事实、证据问题，发回中级人民法院重新审判更有利于查清事实、保障案件审理质量和效果的。

征求意见过程中，有意见建议明确最高人民法院对因事实证据原因不予核准的死刑案件，直接发回一审法院重新审判。理由是：根据《解释》第四百三十条的规定，对于最高人民法院发回二审法院重审的，二审法院一般不能发回一审法院。但事实证据的问题，往往在二审阶段难以解决，建议最高人民法院直接发回一审法院重新审判。而且，由最高人民法院直接发回第一审人民法院，可以减少环节，节约司法资源。经研究，未采纳上述意见。主要考虑是：是发回二审法院重审还是发回一审法院重审，需要结合案件具体情况作出决定。有些案件事实，如立功的查证等，由二审法院查证即可，没有必要一律发回一审法院重审。

此外，《最高人民法院关于适用刑事诉讼法第二百二十五条第二款有关问题的批复》第二条规定：“对于最高人民法院裁定不予核准死刑，发回第二审人民法院重新审判的案件，第二审人民法院根据案件特殊情况，又发回第一审人民法院重新审判的，第一审人民法院作出判决后，被告人提出上诉或者人民检察院提出抗诉的，第二审人民法院应当依法作出判决或者裁定，不得再发回重新审判。”《解释》第四百三十三条吸收了上述规定。同时，从实践来看，相关案件在未上诉、未抗诉的情况下，高级人民法院依照复核程序审理时的发回重审规则也需要明确。对于最高人民法院裁定不予核准死刑，发回第二审人民法院重新审判的案件，第二审人民法院根据案件特殊情况，又发回第一审人民法院重新审判的，第一审人民法院作出判决后，被告人未提出上诉、人民检察院未提出抗诉的，高级人民法院应当依照复核审程序审理，《2012年解释》第三百五十四条并未限定此种情形下高级人民法院发回重审的次数。有意见提出，不限制发回重审的次数，不利于发挥高级人民法院复核审的作用，不利于死刑案件的办理和矛盾化解。经研究认为，高级人民法院无论是适用第二审程序还是复核审程序，并无本质区别，因此明确高级人民法院适用复核审程序发回重审也限于一次。从实践来看，发回重审的案件可能存在第一审程序违法的问题，此种情形下，只能再次发回。基于上述考虑，《解释》第四百三十三条规定："依照本解释第四百三十条、第四百三十一条发回重新审判的案件，第一审人民法院判处死刑、死刑缓期执行的，上一级人民法院依照第二审程序或者复核程序审理后，应当依法作出判决或者裁定，不得再发回重新审判。但是，第一审人民法院有刑事诉讼法第二百三十八条规定的情形或者违反刑事诉讼法第二百三十九条规定的除外。"

## （十八）涉案财物处理

《刑事诉讼法修改决定》未涉及查封、扣押、冻结财物及其处理问题。《解释》第十八章沿用《2012年解释》第十六章"查封、扣押、冻结财物及其处理"的条文，并根据司法实践反映的问题作了修改完善，主要涉及：（1）完善涉案财物先行处置程序；（2）完善查封、扣押、冻结涉案财物的具体操作规则；（3）设立漏判涉案财物的处理规则。

1. 关于涉案财物的先行处置规则

《中办、国办涉案财物处置意见》提出完善涉案财物先行处置程序。据此，《解释》第四百三十九条规定："审判期间，对不宜长期保存、易贬值或者市场价格波动大的财产，或者有效期即将届满的票据等，经权利人申请或者同意，并经院长批准，可以依法先行处置，所得款项由人民法院保管。涉案财物先行处置应当依法、公开、公平。"

讨论中，有意见提出，一般情况下先行处置要经权利人的申请或者同意，但是在特殊情况下，无法联系到权利人，不马上处理就会造成物品损毁、灭失、变质、贬值（如即将过期的食品、化妆品）的，是否也可以经院长批准后直接处理，建议作出明确。经研究，鉴于《中办、国办涉案财物处置意见》未明确可以在不经权利人申请或者同意的情况下先行处置涉案财物，故《解释》不宜作出突破规定，宜交由司法实践根据案件具体情况裁量处理。

2. 关于漏判涉案财物的处理规则

《解释》第四百四十六条规定："第二审期间，发现第一审判决未对随案移送的涉案财物及其孳息作出处理的，可以裁定撤销原判，发回原审人民法院重新审判，由原审人民法院依法对涉案财物及其孳息一并作出处理。判决生效后，发现原判未对随案移送的涉案财物及其孳息作出处理的，由原审人民法院依法对涉案财物及其孳息另行作出处理。”

适用本条规定需要注意：(1) 本条第一款规定，二审期间一审判决未对随案移送的涉案财物及其孳息作出处理的，可以裁定撤销原判，发回原审人民法院重新审判，由原审人民法院依法对涉案财物及其孳息一并作出处理。此种情形不违反上诉不加刑原则的要求。(2) 本条规定二审对一审漏判涉案财物、判决生效后对原判漏判涉案财物的处理规则，仅限于“随案移送的涉案财物及其孳息”。此外，《解释》原本拟增加规定：“对查封、扣押、冻结的涉案财物及其孳息，应当在对被告人作出判决、裁定的同时一并作出处理。但是，对于涉众型犯罪案件或者其他涉案财物情况复杂的案件，一并处理可能导致对被告人的判决、裁定过分迟延的，可以另行作出处理。”原则上，查封、扣押、冻结的财物及其孳息，应当在对被告人作出判决、裁定的同时一并作出处理。但是，有的涉众型案件，如非法集资案件，因为涉案财物及其孳息的权属等问题过于复杂，在有限的时间内难以理清，为了防止对被告人的判决、裁定过分迟延，可以考虑在判决、裁定后，单独对查封、扣押、冻结的财物及其孳息作出处理。讨论中，对上述规定存在不同认识。有意见认为，新增涉案财物另行处理程序缺乏法律依据。根据法理，同一个诉，应当对案涉事实全部作出处理。如果作此规定，容易引发一系列问题需要界定。包括：(1) 对涉案财物处理应当以什么程序审理，审理结束后制作什么形式的法律文书；(2) 后续涉案财物处理是否有审限且如何计算审限；(3) 对定罪量刑作出的判决、裁定是否生效，能否送监服刑；(4) 对涉案财物的处理结果能否提出上诉，上诉后是否要全案审查；等等。鉴于对此问题未形成共识，暂未作出明确规定，交由司法实践裁量处理，继续探索。

### (十九) 审判监督程序

《刑事诉讼法修改决定》未涉及审判监督程序的问题。《解释》第十九章沿用《2012 年解释》第十七章“审判监督程序”的条文，并根据实践反映情况作了修改完善，主要涉及：(1) 明确申诉异地审查制度；(2) 完善“新的证据”的认定规则；(3) 明确依照审判监督程序重新审判的案件与原审被告人其他犯罪案件的合并审理规则。

1. 关于申诉异地审查制度

目前，异地审查（指上级人民法院指定终审人民法院以外的人民法院审查）是人民法院办理再审审查案件的方式之一。“聂某斌案”等冤错案件的再审经过证明，指令异地审查制度有利于保证审查的客观公正，符合申请人和社会公众的期待，有必要通过司法解释予以确认。基于此，《解释》第四百五十四条规定：“最高人民法院或者上级人民法院可以指定终审人民法院以外的人民法院对申诉进行审查。被指定的人民法院审查后，应当制作审查报告，提出处理意见，层报最高人民法院或者上级人民法院审查处理。”

2. 关于“新的证据”的认定

《2012年解释》第三百七十六条对刑事诉讼法第二百五十三条第一项规定的“新的证据”作了列举规定，其中，第三百七十六条第四项为“原判决、裁定所依据的鉴定意见，勘验、检查等笔录或者其他证据被改变或者否定的”。征求意见过程中，有意见建议将该项规定修改为“原判决、裁定所依据的鉴定意见，证人证言、被告人供述等言词证据被改变或者否定，经审查具有合理理由的”。理由是：实践中很多申诉人以案件生效后改变的证人证言，或翻供的被告人供述作为新的证据提出申诉，司法实践中对此把握不准。建议对于证言、供述虽然有变化，但不影响定罪量刑，或者翻证、翻供没有合理理由的，不应视为出现了新的证据而启动再审。经研究，采纳上述意见，《解释》第四百五十八条第四项、第五项区分证据种类分别作出相应规定，即“（四）原判决、裁定所依据的鉴定意见，勘验、检查等笔录被改变或者否定的”“（五）原判决、裁定所依据的被告人供述、证人证言等证据发生变化，影响定罪量刑，且有合理理由的”。

3. 关于依照审判监督程序重新审判的案件与原审被告人其他犯罪案件的合并审理规则

司法实践中，对于依照审判监督程序重新审判，可能存在被告人还有其他犯罪的情况。《解释》第四百六十七条规定：“对依照审判监督程序重新审判的案件，人民法院在依照第一审程序进行审判的过程中，发现原审被告人还有其他犯罪的，一般应当并案审理，但分案审理更为适宜的，可以分案审理。”概言之，所涉情形以并案审理为原则，以分案审理为例外。主要考虑：（1）根据刑法的有关规定，如果通过再审撤销原判以后，需要再审改判之罪和被告人所犯其他犯罪都属于判决宣告前的数罪，应当依照刑法第六十九条的规定进行数罪并罚；如果分案处理，只能依照刑法第七十条的规定或者第七十一条的规定并罚，两者的最终量刑有时会有差异。(2) 从审判实践来看，将再审和其他犯罪的审理合并，程序上可以操作，也有助于提高审判效率。

需要注意的是，本条强调需要并案审理的，原则上应当依照第一审程序并案审理，但根据案件情况也可以在第一审程序中分案审理，而后在第二审程序中并案审理。通常而言，一审分案审理的，对于再审犯罪和其他犯罪均上诉的，可以在二审合并处理；对于一个犯罪提出上诉，一个犯罪没有提出上诉的，二审可以按照数罪并罚处理；对于一个犯罪宣告有罪，另一个犯罪宣告无罪的，则不宜合并审理，宜全程分案审理。

## （二十）涉外刑事案件的审理和刑事司法协助

《刑事诉讼法修改决定》未涉及涉外刑事案件的审理和司法协助问题。《解释》第二十章吸收《2012年解释》第十八章“涉外刑事案件的审理和司法协助”的条文，将标题调整为“涉外刑事案件的审理和刑事司法协助”，拆分为“涉外刑事案件的审理”“刑事司法协助”两节，并根据《国际刑事司法协助法》，结合司法实践反映的问题，对涉外刑事案件的审理和刑事司法协助的有关问题作出修改完善。

1. 关于确认外国人国籍的规则

《2012年解释》第三百九十四条第一款规定：“外国人的国籍，根据其入境时的有效证件确认……”实践中存在被告人通过海关进入我国境内，但持有两国甚至多国护照或身份证明的情形。此种情形下，应当以其通关时所持用的国籍证件为认定国籍的依据。鉴于此，《解释》第四百七十七条第一款规定：“外国人的国籍，根据其入境时持用的有效证件确认；国籍不明的，根据公安机关或者有关国家驻华使领馆出具的证明确认。”

2. 关于对外国法院请求事项不予协助的情形

《2012年解释》第四百零八条第二款规定：“外国法院请求的事项有损中华人民共和国的主权、安全、社会公共利益的，人民法院不予协助。”《国际刑事司法协助法》第十四条规定：“外国向中华人民共和国提出的刑事司法协助请求，有下列情形之一的，可以拒绝提供协助：（一）根据中华人民共和国法律，请求针对的行为不构成犯罪；（二）在收到请求时，在中华人民共和国境内对于请求针对的犯罪正在进行调查、侦查、起诉、审判，已经作出生效判决，终止刑事诉讼程序，或者犯罪已过追诉时效期限；（三）请求针对的犯罪属于政治犯罪；（四）请求针对的犯罪纯属军事犯罪；（五）请求的目的是基于种族、民族、宗教、国籍、性别、政治见解或者身份等方面的原因而进行调查、侦查、起诉、审判、执行刑罚，或者当事人可能由于上述原因受到不公正待遇；（六）请求的事项与请求协助的案件之间缺乏实质性联系；（七）其他可以拒绝的情形。”据此，《解释》第四百九十二条增加规定可以不予协助的情形，规定：“外国法院请求的事项有损中华人民共和国的主权、安全、社会公共利益以及违反中华人民共和国法律的基本原则的，人民法院不予协助；属于有关法律规定的可以拒绝提供刑事司法协助情形的，可以不予协助。”

3. 关于委托驻外使领馆送达刑事文书的问题

《2012年解释》第四百一十二条第三项规定：“对中国籍当事人，可以委托我国驻受送达人所在国的使、领馆代为送达。”征求意见过程中，有意见提出，关于委托驻外使领馆向位于境外的中国籍当事人送达刑事文书问题，美国、加拿大等西方主要国家对于在其境内送达刑事司法文书的态度较为谨慎，如美国有关部门明确表示，在美境内送达刑事司法文书被视为执法行为，不属于领事职务范畴，须由其执法部门执行。其他国家也要求执行送达须不违反其国内法。鉴于此，《解释》第四百九十五条第三项作了修改，增加了“所在国法律允许或者经所在国同意的”要件，规定：“人民法院向在中华人民共和国领域外居住的当事人送达刑事诉讼文书，可以采用下列方式……（三）对中国籍当事人，所在国法律允许或者经所在国同意的，可以委托我国驻受送达人所在国的使领馆代为送达……”

## （二十一）执行程序

《刑事诉讼法修改决定》与刑法修正案（九）相衔接，对死缓改判死刑的条件作了调整。《解释》第二十一章吸收《2012年解释》第十九章“执行程序”的条文，并根据司法实践反映的情况作了修改完善，主要涉及：(1) 吸收《最高人民法院关于死刑复核及执行程序中保障当事人合法权益的若干规定》（法释〔2019〕12号），对死刑的执行程序作出完善；(2) 根据人民法院“送监难”的现实问题，依法明确人民法院只承担将有关的法律文书送达公安机关、监狱或者其他执行机关的职责；(3) 吸收财产刑执行有关司法解释对刑事裁判涉财产部分和附带民事裁判的执行程序作出完善;(4)根据社区矫正法的规定对相关条文作出修改完善。

1. 关于死缓期间犯罪案件的处理

被判处死刑缓期执行的罪犯,在死刑缓期执行期间犯罪,既有故意犯罪,也有过失犯罪。无论是故意犯罪,还是过失犯罪,均应当由罪犯服刑地的中级人民法院依法审判。基于此,《解释》第四百九十七条第一款规定:“被判处死刑缓期执行的罪犯,在死刑缓期执行期间犯罪的,应当由罪犯服刑地的中级人民法院依法审判,所作的判决可以上诉、抗诉。”此外,《解释》第十三条第三款规定:“罪犯在脱逃期间又犯罪的,由服刑地的人民法院管辖。但是,在犯罪地抓获罪犯并发现其在脱逃期间犯罪的,由犯罪地的人民法院管辖。”由于《解释》第四百九十七条针对死缓期间故意犯罪的管辖作了特别规定,故死缓罪犯故意犯罪的,即使系脱逃后实施犯罪并在犯罪地被抓获的,也应当适用该条规定,由服刑地的中级人民法院审判。

《解释》第四百九十七条第三款吸收《最高人民法院关于对死刑缓期执行期间故意犯罪未执行死刑案件进行备案的通知》(法〔2016〕318号),对死缓期间故意犯罪未执行死刑备案程序作了规定,明确:“对故意犯罪未执行死刑的,不再报高级人民法院核准,死刑缓期执行的期间重新计算,并层报最高人民法院备案。备案不影响判决、裁定的生效和执行。”同时,第四款进一步规定:“最高人民法院经备案审查,认为原判不予执行死刑错误,确需改判的,应当依照审判监督程序予以纠正。”

2. 关于人民法院送监执行的职责

《2012年解释》第四百二十九条第二款规定:“罪犯需要收押执行刑罚,而判决、裁定生效前未被羁押的,人民法院应当根据生效的判决书、裁定书将罪犯送交看守所羁押,并依照前款的规定办理执行手续。”刑事诉讼法第二百六十四条第一款与第二款规定:“罪犯被交付执行刑罚的时候,应当由交付执行的人民法院在判决生效后十日以内将有关的法律文书送达公安机关、监狱或者其他执行机关。对被判处死刑缓期二年执行、无期徒刑、有期徒刑的罪犯,由公安机关依法将该罪犯送交监狱执行刑罚。对被判处有期徒刑的罪犯,在被交付执行刑罚前,剩余刑期在三个月以下的,由看守所代为执行。对被判处拘役的罪犯,由公安机关执行。”据此,判决、裁定生效后,将罪犯送交执行的机关是公安机关,人民法院只负责送达有关法律文书。从人民法院的警力配备和执行手段等现实情况看，人民法院也难以承担抓捕罪犯的工作。鉴于此，《解释》第五百一十一条依据刑事诉讼法第二百六十四条的规定，删去《2012年解释》第四百二十九条第二款关于由人民法院将罪犯送交看守所羁押的规定，并使第一款与刑事诉讼法第二百六十四条的规定保持一致，规定："被判处死刑缓期执行、无期徒刑、有期徒刑、拘役的罪犯，第一审人民法院应当在判决、裁定生效后十日以内，将判决书、裁定书、起诉书副本、自诉状复印件、执行通知书、结案登记表送达公安机关、监狱或者其他执行机关。"

3. 关于作出暂予监外执行决定前征求人民检察院意见的问题

《最高人民法院、最高人民检察院、公安部、司法部、国家卫生计生委暂予监外执行规定》（司发通〔2014〕112号）第十八条第四款规定："人民法院在作出暂予监外执行决定前，应当征求人民检察院的意见。"但是，讨论中，对将征求人民检察院意见作为人民法院作出暂予监外执行决定的前置程序的规定存在不同认识：有意见提出，人民法院依据被告人的身体状况进行司法鉴定，并据实作出监外执行决定，检察院并不具体参与该过程。因此，决定作出后抄送检察机关，由其进行事后监督即可。也有意见认为保留事前监督有合理之处，理由是：第一，相关规定并非新增规定，只是沿用；如果不予沿用，反而有规避人民法院应尽义务之嫌。第二，从立法意图上看，规定人民法院作出监外执行决定前要征求人民检察院的意见，最根本的目的还是规范司法决策的公正性、严肃性，加强对于监外执行决定的监督，预防可能存在的司法腐败，防止被告人通过监外执行的方式规避法律的制裁。以此来看，人民法院在作出监外执行决定前要征求人民检察院的意见是无可厚非的。经研究，采纳后一种意见，《解释》第五百一十五条第二款规定："人民法院在作出暂予监外执行决定前，应当征求人民检察院的意见。"

征求意见过程中，有意见提出，实践中有的地方对作出暂予监外执行决定程序不明，建议明确须经合议庭进行审查。经研究认为，是否需要组成合议庭进行审查，宜区分情况作出处理，不应一概而论。有的案件系独任审判，判处有期徒刑，在交付执行前决定暂予监外执行的，组成合议庭进行审查，似不具有可操作性。

4. 关于社区矫正执行地的确定规则

《解释》第五百一十九条第一款根据社区矫正法第十七条的规定，确立了社区矫正执行地的确定规则，规定："对被判处管制、宣告缓刑的罪犯，人民法院应当依法确定社区矫正执行地。社区矫正执行地为罪犯的居住地；罪犯在多个地方居住的，可以确定其经常居住地为执行地；罪犯的居住地、经常居住地无法确定或者不适宜执行社区矫正的，应当根据有利于罪犯接受矫正、更好地融入社会的原则，确定执行地。"

《解释》第五百一十九条第三款根据社区矫正法第二十条的规定，明确了将法律文书送达社区矫正机构等的事宜，规定："人民法院应当自判决、裁定生效之日起五日以内通知执行地社区矫正机构，并在十日以内将判决书、裁定书、执行通知书等法律文书送达执行地社区矫正机构，同时抄送人民检察院和执行地公安机关。人民法院与社区矫正执行地不在同一地方的，由执行地社区矫正机构将法律文书转送所在地的人民检察院和公安机关。"

5. 关于撤销缓刑、假释的情形

刑法第七十七条第二款规定："被宣告缓刑的犯罪分子，在缓刑考验期限内，违反法律、行政法规或者国务院有关部门关于缓刑的监督管理规定，或者违反人民法院判决中的禁止令，情节严重的，应当撤销缓刑，执行原判刑罚。"第八十六条第三款规定："被假释的犯罪分子，在假释考验期限内，有违反法律、行政法规或者国务院有关部门关于假释的监督管理规定的行为，尚未构成新的犯罪的，应当依照法定程序撤销假释，收监执行未执行完毕的刑罚。"可见，缓刑罪犯和假释罪犯违反监督管理规定，撤销缓刑、假释的条件明显不同。为了准确反映法律规定，《解释》第五百四十三条对《2012年解释》第四百五十八条第一款作出调整，区分缓刑、假释分别规定了撤销的不同条件，规定："人民法院收到社区矫正机构的撤销缓刑建议书后，经审查，确认罪犯在缓刑考验期限内具有下列情形之一的，应当作出撤销缓刑的裁定：（一）违反禁止令，情节严重的；（二）无正当理由不按规定时间报到或者接受社区矫正期间脱离监管，超过一个月的；（三）因违反监督管理规定受到治安管理处罚，仍不改正的；（四）受到执行机关二次警告，仍不改正的；（五）违反法律、行政法规和监督管理规定，情节严重的其他情形。人民法院收到社区矫正机构的撤销假释建议书后，经审查，确认罪犯在假释考验期限内具有前款第二项、第四项规定情形之一，或者有其他违反监督管理规定的行为，尚未构成新的犯罪的，应当作出撤销假释的裁定。"

需要注意的是，刑法虽然没有将“情节严重”规定为撤销假释的条件，但并不意味着只要在假释考验期限内有违反监督管理规定的行为，不问情节轻重，一律撤销假释，仍应当根据具体情况综合考量，对于情节明显较轻的不应撤销假释。

## （二十二）未成年人刑事案件诉讼程序

《刑事诉讼法修改决定》未涉及未成年人刑事案件诉讼程序问题。《解释》第二十二章在《2012年解释》第二十章“未成年人刑事案件诉讼程序”的基础上，根据修改后未成年人保护法、预防未成年人犯罪法的规定，对未成年人刑事案件诉讼程序有关条文作了进一步修改完善。

1. 关于未成年人案件审判组织的受案范围

《解释》第五百五十条根据司法实践反映的问题对《2012年解释》第四百六十三条的规定作出修改完善，规定：“被告人实施被指控的犯罪时不满十八周岁、人民法院立案时不满二十周岁的案件，由未成年人案件审判组织审理。下列案件可以由未成年人案件审判组织审理：（一）人民法院立案时不满二十二周岁的在校学生犯罪案件；（二）强奸、猥亵、虐待、遗弃未成年人等侵害未成年人人身权利的犯罪案件；（三）由未成年人案件审判组织审理更为适宜的其他案件。共同犯罪案件有未成年被告人的或者其他涉及未成年人的刑事案件，是否由未成年人案件审判组织审理，由院长根据实际情况决定。”需要注意的是，规定强奸、猥亵、虐待、遗弃未成年人等侵害未成年人人身权利的犯罪案件可以由少年法庭审理，是因为审理上述案件，不仅要解决对被告人的定罪量刑问题，更要重视做好对未成年被害人心理干预、经济救助、法律援助、转学安置等帮扶救助工作。由熟悉未成年人身心特点的专业法官负责相关工作，能够更好保障工作效果。

2. 关于对未成年被告人适用逮捕的规则

《解释》第五百五十三条根据刑事诉讼法第二百八十条第一款、预防未成年人犯罪法第五十三条的规定，明确：“对未成年被告人应当严格限制逮捕措施。人民法院决定逮捕，应当讯问未成年被告人，听取辩护律师的意见。对被逮捕且没有完成义务教育的未成年被告人，人民法院应当与教育行政部门互相配合，保证其接受义务教育。”

3. 关于对无固定住所、无法提供保证人的未成年被告人适用取保候审的规则

《解释》第五百五十四条根据预防未成年人犯罪法第五十二条的规定，明确："人民法院对无固定住所、无法提供保证人的未成年被告人适用取保候审的，应当指定合适成年人作为保证人，必要时可以安排取保候审的被告人接受社会观护。"

4. 关于审理未成年人遭受性侵害或者暴力伤害案件询问未成年被害人、证人的规则

《解释》第五百五十六条第二款根据未成年人保护法第一百一十二条的规定，明确："审理未成年人遭受性侵害或者暴力伤害案件，在询问未成年被害人、证人时，应当采取同步录音录像等措施，尽量一次完成；未成年被害人、证人是女性的，应当由女性工作人员进行。"

5. 关于未成年被害人、证人出庭作证的规则

《解释》第五百五十八条根据未成年人保护法第一百一十条第二款的规定，明确："开庭审理涉及未成年人的刑事案件，未成年被害人、证人一般不出庭作证；必须出庭的，应当采取保护其隐私的技术手段和心理干预等保护措施。"

6. 关于通知法律援助机构指派律师为未成年被告人提供辩护的问题

《解释》第五百六十四条根据未成年人保护法第一百零四条的规定，明确："审判时不满十八周岁的未成年被告人没有委托辩护人的，人民法院应当通知法律援助机构指派熟悉未成年人身心特点的律师为其提供辩护。"需要注意的是，本条规定的"审判时"宜理解为"立案时"，只要人民法院受理案件时系未成年被告人的，就属于应当提供法律援助的情形，即使其开庭审理时已经成年。

7. 关于社会调查报告的问题

《解释》第五百六十八条根据预防未成年人犯罪法第五十一条对《2012年解释》第四百七十六条的规定作出修改完善，规定："对人民检察院移送的关于未成年被告人性格特点、家庭情况、社会交往、成长经历、犯罪原因、犯罪前后的表现、监护教育等情况的调查报告，以及辩护人提交的反映未成年被告人上述情况的书面材料，法庭应当接受。必要时，人民法院可以委托社区矫正机构、共青团、社会组织等对未成年被告人的上述情况进行调查，或者自行调查。"

8. 关于心理疏导、心理测评的问题

《解释》第五百六十九条根据未成年人保护法第五十一条的规定，结合司法实践反映的问题对《2012年解释》第四百七十七条的规定作出修改完善，规定："人民法院根据情况，可以对未成年被告人、被害人、证人进行心理疏导；根据实际需要并经未成年被告人及其法定代理人同意，可以对未成年被告人进行心理测评。心理疏导、心理测评可以委托专门机构、专业人员进行。心理测评报告可以作为办理案件和教育未成年人的参考。"

9. 关于法治教育的问题

《解释》第五百七十六条根据预防未成年人犯罪法第五十条的规定，对《2012年解释》第四百八十五条的规定作出修改完善，规定："法庭辩论结束后，法庭可以根据未成年人的生理、心理特点和案件情况，对未成年被告人进行法治教育；判决未成年被告人有罪的，宣判后，应当对未成年被告人进行法治教育。对未成年被告人进行教育，其法定代理人以外的成年亲属或者教师、辅导员等参与有利于感化、挽救未成年人的，人民法院应当邀请其参加有关活动。适用简易程序审理的案件，对未成年被告人进行法庭教育，适用前两款规定。"

法庭教育可以在法庭调查和辩论结束之后进行，但有罪教育必须在宣判后。实践中需要注意的是：（1）如果在宣判之前已进行法庭教育的，宣判有罪后不必再行教育；如果宣判前没有进行教育，则宣判有罪后必须进行教育。（2）被告人及其法定代理人或者辩护人提出无罪意见的，在庭审中不进行法庭教育，但是判决宣告有罪后仍然要进行教育。（3）对未成年被告人进行教育，其法定代理人以外的成年亲属或者教师、辅导员等参与有利于感化、挽救未成年人的，人民法院应当邀请其参加有关活动。（4）法庭教育，可以围绕违法行为对社会的危害和处罚的必要性、导致违法行为发生的主客观原因及应当吸取的教训、正确对待人民法院的裁判等内容进行。（5）适用简易程序的案件，也应当进行法庭教育。

### （二十三）当事人和解的公诉案件诉讼程序

《刑事诉讼法修改决定》未涉及当事人和解的公诉案件诉讼程序问题。《解释》第二十三章沿用《2012年解释》第二十一章"当事人和解的公诉案件诉讼程序"有关条文，仅对被害人死亡情形下近亲属与被告人和解的问题作了适当完善。

具体而言，关于近亲属的范围，依照刑事诉讼法第一百零八条第六项的规定，包括夫、妻、父、母、子、女、同胞兄弟姊妹，分别处于不同继承顺序。对于存在第一顺序继承人的情形，第一顺位的近亲属未同意和解的，即使第二继承顺序的近亲属全部同意和解，也无权和被告人达成和解协议。基于此，《解释》第五百八十八条第一款专门规定："符合刑事诉讼法第二百八十八条规定的公诉案件，被害人死亡的，其近亲属可以与被告人和解。近亲属有多人的，达成和解协议，应当经处于最先继承顺序的所有近亲属同意。"

## （二十四）缺席审判程序

《刑事诉讼法修改决定》在刑事诉讼法第五编"特别程序"中增设缺席审判程序。《解释》增设第二十四章"缺席审判程序"，根据修改后刑事诉讼法的规定，对缺席审判程序的有关问题作出明确。需要提及的是，根据刑事诉讼法的规定，本章仅构建了缺席审判程序的基本框架。鉴于缺席审判程序需要在探索中逐步积累经验，其司法适用的具体问题将另行通过专门司法解释作出规定。

1. 关于对依照刑事诉讼法第二百九十一条第一款提起公诉案件的审查处理规则

2018年10月22日《全国人民代表大会宪法和法律委员会关于〈中华人民共和国刑事诉讼法（修正草案）〉审议结果的报告》指出："草案二次审议稿第二十五条中规定，对于人民检察院提起公诉要求缺席审判的案件，人民法院进行审查后，对于起诉书中有明确的指控犯罪事实的，应当决定开庭审判。有的常委会组成人员和专家学者提出，缺席审判程序是刑事诉讼中的特别程序，法院在案件入口审查上应严格把关。除了审查起诉书是否具有明确的指控犯罪事实外，还应当对是否符合缺席审判程序适用条件进行审查。宪法和法律委员会经研究，建议采纳上述意见，在人民法院决定开庭缺席审判的条件中增加相应规定。"根据刑事诉讼法的规定和修法精神，对依照缺席审判程序提起公诉的案件，人民法院应当进行实质审查。基于此，《解释》第五百九十九条规定："对人民检察院依照刑事诉讼法第二百九十一条第一款的规定提起公诉的案件，人民法院审查后，应当按照下列情形分别处理：（一）符合缺席审判程序适用条件，属于本院管辖，且材料齐全的，应当受理；（二）不属于可以适用缺席审判程序的案件范围、不属于本院管辖或者不符合缺席审判程序的其他适用条件的，应当退回人民检察院；（三）材料不全的，应当通知人民检察院在三十日以内补送；三十日以内不能补送的，应当退回人民检察院。”

2. 关于对依照刑事诉讼法第二百九十一条第一款提起公诉案件的审理处理方式和证明标准

《解释》第六百零四条规定：“对人民检察院依照刑事诉讼法第二百九十一条第一款的规定提起公诉的案件，人民法院审理后应当参照本解释第二百九十五条的规定作出判决、裁定。作出有罪判决的，应当达到证据确实、充分的证明标准。经审理认定的罪名不属于刑事诉讼法第二百九十一条第一款规定的罪名的，应当终止审理。适用缺席审判程序审理案件，可以对违法所得及其他涉案财产一并作出处理。”本条系新增条文，规定了对人民检察院依照刑事诉讼法第二百九十一条第一款提起公诉案件的审理处理方式和证明标准。

根据刑事诉讼法第二百九十一条第一款的规定，人民检察院对缺席审判案件提起公诉的前提是“犯罪事实已经查清，证据确实、充分，依法应当追究刑事责任”。那么，通过缺席审判认定被告人有罪的证明标准，自然也应当遵从一般刑事案件的证明标准，即“证据确实、充分”。

征求意见过程中，有意见建议对违法所得或者其他涉案财产一并作出处置的，增设公告程序，允许利害关系人参加诉讼。经研究认为，相关问题较为复杂，留待下一步解决。倾向性意见是，缺席审判程序可以直接对涉案财物作出处理；而且适用缺席审判程序需要将传票、起诉书副本送达被告人，没有必要再适用违法所得没收程序中的公告程序。

3. 关于对中止审理案件的缺席审判

《解释》第六百零五条规定：“因被告人患有严重疾病导致缺乏受审能力，无法出庭受审，中止审理超过六个月，被告人仍无法出庭，被告人及其法定代理人、近亲属申请或者同意恢复审理的，人民法院可以根据刑事诉讼法第二百九十六条的规定缺席审判。符合前款规定的情形，被告人无法表达意愿的，其法定代理人、近亲属可以代为申请或者同意恢复审理。”

需要注意的是：（1）根据刑事诉讼法第二百九十六条的规定，此种缺席审判的适用对象是患有严重疾病无法出庭的被告人。经研究认为，此处规定的患有严重疾病无法出庭实际上是指没有受审能力，而不能作其他泛化解释，更不能将被告人因身体残疾不便到庭参加诉讼就理解为此处规定的患有严重疾病无法出庭。(2) 被告人缺乏受审能力，不少情况下无法表达意愿，应当允许其法定代理人、近亲属代为申请或者同意恢复审理。否则，刑事诉讼法第二百九十六条规定将流于形式，在实践中无法适用。

征求意见过程中，有意见建议删除“缺乏受审能力”的表述。理由是：被告人患有严重疾病，无法出庭并不等于没有受审能力。实践中，司法精神病鉴定机构的鉴定项目包括“受审能力”项，主要是指被告人不能感知、理解诉讼活动的内涵和后果，不具有相应的认知、判断和表达能力，故无法接受审判的情形。而被告人患有严重疾病、无法出庭也包括被告人因身体原因，如靠呼吸机维持生命等，无法出席法庭接受审判，但其对诉讼活动的认知、判断、理解能力并不一定受限，不宜简单将二者画等号。经研究，未采纳该意见。主要考虑是：对于后一种情形，可以通过到医院开庭等便民方式予以解决。采用缺席审判方式，恐不利于对被告人诉讼权益的保护，也不符合设立缺席审判制度的初衷。

征求意见过程中，有意见建议明确是否限定申请或同意恢复审理的人员的顺序，法定代理人不同意的，其他近亲属同意是否有效，是否仅需近亲属中一人同意即可。经研究认为，相关问题宜交由司法实践裁量把握。实践中，如绝大多数近亲属反对，只有个别近亲属申请或者同意恢复审理的，原则上不宜适用缺席审判程序；但是现有证据证明被告人无罪，可能作出无罪判决的，也可以视情考虑恢复审理。

4. 关于人民法院受理案件后被告人死亡案件的缺席审判

刑事诉讼法第二百九十七条规定，被告人死亡，人民法院应当裁定终止审理，但有证据证明被告人无罪，人民法院经缺席审理确认无罪的，应当依法作出判决。《解释》第六百零六条规定：“人民法院受理案件后被告人死亡的，应当裁定终止审理；但有证据证明被告人无罪，经缺席审理确认无罪的，应当判决宣告被告人无罪。前款所称‘有证据证明被告人无罪，经缺席审理确认无罪’，包括案件事实清楚，证据确实、充分，依据法律认定被告人无罪的情形，以及证据不足，不能认定被告人有罪的情形。”据此，司法实践中，人民法院受理案件后被告人死亡，如果在案证据足以证明被告人有罪，则应当裁定终止审理；经审查认为被告人可能无罪的，包括指控犯罪的证据不足、不能认定被告人有罪的，应当缺席审理。缺席审理后，确认被告人无罪或者证据不足、不能认定被告人有罪的，应当依法作出无罪判决。

5. 关于再审程序中被告人死亡案件的缺席审判

《解释》第六百零七条规定："人民法院按照审判监督程序重新审判的案件，被告人死亡的，可以缺席审理。有证据证明被告人无罪，经缺席审理确认被告人无罪的，应当判决宣告被告人无罪；虽然构成犯罪，但原判量刑畸重的，应当依法作出判决。"据此，人民法院按照审判监督程序重新审判的案件，被告人死亡的，如果是人民检察院认为原判量刑畸轻（包括因定罪错误导致量刑畸轻）而提起抗诉的、人民法院因原审量刑畸轻而启动审判监督程序的，或者经审查认为原判正确或者量刑畸轻的，应当裁定终止审理。除此之外，应当缺席审理。经审理，确认被告人无罪或者证据不足，不能认定被告人有罪的，或者虽然构成犯罪但是原判量刑畸重的，应当依法作出判决。

征求意见过程中，对于再审程序中被告人死亡的，除终止审理或者宣告无罪外，能否改判存在不同认识。经研究认为，对于原审量刑畸重的案件，是否纠正，关系到裁判公正和国家赔偿问题。在审判监督程序已经启动情况下，即使被告人死亡，也应当继续审理，依照法律作出改判。

此外，对于被告人定罪量刑没有问题，但是涉案财物处理有错误的，是否需要通过缺席审理作出改判，存在不同认识。经研究认为，从法理上讲，如果原审对涉案财物的判决确有错误，涉及的财物价值又很巨大，即便被告人死亡，也应当实事求是依法纠正，不宜简单终止审理。但是，考虑到实践中此种情况较为罕见，未作规定。

## （二十五）犯罪嫌疑人、被告人逃匿、死亡案件违法所得的没收程序

《刑事诉讼法修改决定》未涉及犯罪嫌疑人、被告人逃匿、死亡案件违法所得没收程序的问题。《解释》第二十五章在《2012 年解释》第二十二章"犯罪嫌疑人、被告人逃匿、死亡案件违法所得的没收程序"的基础上，吸收《最高人民法院、最高人民检察院关于适用犯罪嫌疑人、被告人逃匿、死亡案件违法所得没收程序若干问题的规定》（法释〔2017〕1 号，以下简称《没收程序规定》）有关条文，对犯罪嫌疑人、被告人逃匿、死亡案件违法所得的没收程序有关问题作了进一步细化规定。需要注意的是，本章调整了《2012 年解释》与《没收程序规定》不一致的条文，以

维持《解释》作为刑事审判程序基本解释的体系完整性。在没收违法所得的具体司法适用中，本章未作规定的，可以继续适用《没收程序规定》。

1. 关于“贪污贿赂犯罪、恐怖活动犯罪等”犯罪案件的范围

《解释》第六百零九条吸收《没收程序规定》第一条对《2012 年解释》第五百零七条的规定作出修改完善，规定：“刑事诉讼法第二百九十八条规定的‘贪污贿赂犯罪、恐怖活动犯罪等’犯罪案件，是指下列案件：(一) 贪污贿赂、失职渎职等职务犯罪案件；(二) 刑法分则第二章规定的相关恐怖活动犯罪案件，以及恐怖活动组织、恐怖活动人员实施的杀人、爆炸、绑架等犯罪案件；(三) 危害国家安全、走私、洗钱、金融诈骗、黑社会性质组织、毒品犯罪案件；(四) 电信诈骗、网络诈骗犯罪案件。”需要注意的是：

《没收程序规定》第一条规定：“下列犯罪案件，应当认定为刑事诉讼法第二百八十条第一款规定的‘犯罪案件’：(一) 贪污、挪用公款、巨额财产来源不明、隐瞒境外存款、私分国有资产、私分罚没财物犯罪案件；(二) 受贿、单位受贿、利用影响力受贿、行贿、对有影响力的人行贿、对单位行贿、介绍贿赂、单位行贿犯罪案件；(三) 组织、领导、参加恐怖组织，帮助恐怖活动，准备实施恐怖活动，宣扬恐怖主义、极端主义、煽动实施恐怖活动，利用极端主义破坏法律实施，强制穿戴宣扬恐怖主义、极端主义服饰、标志，非法持有宣扬恐怖主义、极端主义物品犯罪案件；(四) 危害国家安全、走私、洗钱、金融诈骗、黑社会性质的组织、毒品犯罪案件。电信诈骗、网络诈骗犯罪案件，依照前款规定的犯罪案件处理。”经研究认为，该条第一款第一项、第二项规定的犯罪案件可以统称为“贪污贿赂犯罪案件”。主要考虑是：《国家监察委员会管辖规定（试行）》（国监发〔2018〕1 号）第四章明确了职务犯罪案件的管辖范围。其中，第十一条规定：“国家监察委员会负责调查行使公权力的公职人员涉嫌贪污贿赂、滥用职权、玩忽职守、权力寻租、利益输送、徇私舞弊以及浪费国家资财等职务犯罪案件。”第十二条对贪污贿赂犯罪案件作了进一步明确，规定：“贪污贿赂犯罪案件，包括贪污罪；挪用公款罪；受贿罪；单位受贿罪；利用影响力受贿罪；行贿罪；对有影响力的人行贿罪；对单位行贿罪；介绍贿赂罪；单位行贿罪；巨额财产来源不明罪；隐瞒境外存款罪；私分国有资产罪；私分罚没财物罪；非国家工作人员受贿罪；对非国家工作人员行贿罪；对外国公职人员、国际公共组织官员行贿罪。”

监察法第四十八条规定："监察机关在调查贪污贿赂、失职渎职等职务犯罪案件过程中，被调查人逃匿或者死亡，有必要继续调查的，经省级以上监察机关批准，应当继续调查并作出结论。被调查人逃匿，在通缉一年后不能到案，或者死亡的，由监察机关提请人民检察院依照法定程序，向人民法院提出没收违法所得的申请。"据此，在本条第一项规定中新增了"失职渎职等职务犯罪案件"。

2. 关于犯罪嫌疑人、被告人死亡案件的违法所得没收程序

《解释》第六百一十一条吸收"六部委"《关于实施刑事诉讼法若干问题的规定》第三十七条的规定，明确："犯罪嫌疑人、被告人死亡，依照刑法规定应当追缴其违法所得及其他涉案财产，人民检察院提出没收违法所得申请的，人民法院应当依法受理。"需要注意的是，被告人死亡的，如果依照刑法规定应当追缴其违法所得及其他涉案财产，人民检察院提出没收违法所得申请，人民法院应当依法受理，不受罪名限制。

## （二十六）依法不负刑事责任的精神病人的强制医疗程序

《刑事诉讼法修改决定》未涉及依法不负刑事责任的精神病人的强制医疗程序的问题。《解释》第二十六章基本沿用《2012年解释》第二十三章"依法不负刑事责任的精神病人的强制医疗程序"的条文，并根据司法实践反映的问题作了修改完善，主要涉及：(1) 进一步明确强制医疗案件的法律援助问题；(2) 明确人民法院审理强制医疗案件，应当听取被害人及其法定代理人的意见；(3) 明确对解除强制医疗案件进行开庭审查的，应当通知同级人民检察院派员出庭，听取其是否同意解除强制医疗的意见。

1. 关于听取被害人及其法定代理人意见的问题

《解释》第六百三十五条根据司法实践反映的问题对《2012年解释》第五百二十九条的规定作出修改完善，切实加大对被害人权益的保障，在第二款要求应当听取被害方的意见，明确："审理强制医疗案件，应当会见被申请人，听取被害人及其法定代理人的意见。"

2. 关于通知鉴定人出庭的问题

强制医疗案件的庭审主要围绕司法精神病鉴定展开，故有意见建议明确鉴定人强制出庭义务。经研究，鉴定人强制出庭难以做到，在一些案件中也似无必要。鉴于此，《解释》第六百三十六条第一款第二项规定

“……必要时，可以通知鉴定人出庭对鉴定意见作出说明”。

3. 关于对强制医疗决定不服的申请复议期限

刑事诉讼法第二百三十条规定：“不服判决的上诉和抗诉的期限为十日，不服裁定的上诉和抗诉的期限为五日，从接到判决书、裁定书的第二日起算。”基于此，《解释》第六百四十二条对《2012年解释》第五百三十六条的规定作出修改完善，将自收到决定书“之日起”五日内申请复议调整为“第二日起”，规定：“被决定强制医疗的人、被害人及其法定代理人、近亲属对强制医疗决定不服的，可以自收到决定书第二日起五日以内向上一级人民法院申请复议。复议期间不停止执行强制医疗的决定。”

4. 关于解除强制医疗案件的审查方式

据了解，关于解除强制医疗案件，有些地方组成合议庭开庭审查，但个别案件中检察人员未出庭。对于此种情形下检察机关应否派员出庭及发表意见，实践中做法不一。经研究认为，根据刑事诉讼法第三百零七条关于“人民检察院对强制医疗的决定和执行实行监督”的规定，如果人民法院组成合议庭对解除强制医疗案件进行开庭审查，应当通知同级人民检察院派员出庭，以便于人民检察院更好地对强制医疗的解除履行法律监督职责。鉴于此，《解释》第六百四十七条第二款规定：“对前款规定的案件，必要时，人民法院可以开庭审理，通知人民检察院派员出庭。”需要注意的是，通知人民检察院出庭，主要是听取其关于解除强制医疗的意见。

解除强制医疗的案件审查方式，应当根据案件具体情况确定，一般可采用书面方式审查，但应当询问被强制医疗的人及其近亲属，听取强制医疗机构、有精神病医学专门知识的人的意见；如有关方面意见有分歧的，特别是强制医疗机构提出解除申请，但经初步审查认为不符合解除条件，拟不予同意，或者被强制医疗的人及其近亲属提出解除申请，经初步审查认为符合条件，但强制医疗机构提出异议的，则应考虑开庭审查。

考虑到强制医疗限制精神病人的人身自由，为保障其合法权益，一旦决定解除强制医疗，就应当立即解除。因此，《解释》第六百四十七条强调，决定解除强制医疗的，人民法院应当通知强制医疗机构在收到决定书的当日解除强制医疗。当然，为了给强制医疗机构一定的准备时间，人民法院可以在决定作出后送达前，先行通知强制医疗机构做好解除强制医疗的准备。

## （二十七）附则

《解释》未设“一般规定”一章，遂将各章节具有共性的一些问题放在附则作出统一规定。《解释》第二十七章沿用《2012年解释》第二十四章“附则”的条文，并根据法律修改情况，结合司法实践反映的问题，作了适当修改完善。

1. 关于采取视频方式开庭的问题

《2012年解释》起草过程中，对于采取视频方式审理案件，是否与直接言词原则冲突，有关方面存在不同认识，故《2012年解释》第五百四十四条规定：“人民法院讯问被告人，宣告判决，审理减刑、假释案件，根据案件情况，可以采取视频方式进行。”此次征求意见过程中，有意见建议进一步扩大视频方式的适用范围，进一步适用于速裁程序甚至其他所有案件。经研究，《解释》第六百五十条采纳上述意见，给司法实践留有一定裁量空间，规定：“人民法院讯问被告人，宣告判决，审理减刑、假释案件等，可以根据情况采取视频方式。”需要注意的是，对于采取视频方式审理案件的，应当在充分保障当事人诉讼权利和庭审质量的前提下进行。

2. 关于提出诉求、申请的方式

刑事诉讼法明确规定，报案、控告、举报和上诉，可以口头提出。当前，社会经济文化发展水平有了较大提高，法律援助范围也逐步扩大，有必要确立以书面形式提出的原则。同时，鉴于确实仍有个别当事人书写困难，为充分保障其诉讼权利，也应当允许其口头提出。基于此，《解释》第六百五十一条规定：“向人民法院提出自诉、上诉、申诉、申请等的，应当以书面形式提出。书写有困难的，除另有规定的以外，可以口头提出，由人民法院工作人员制作笔录或者记录在案，并向口述人宣读或者交其阅读。”

实践中应注意三点：一是法律、司法解释明确规定应当以书面形式提出的，不得以口头形式提出；二是对于书写有困难，也无人帮忙代写的，由人民法院工作人员制作笔录或者记录在案，并向口述人宣读或者交其阅读后由其签名；三是“制作笔录”和“记录在案”有所差别。“制作笔录”往往是指制作形成单独或者专门的笔录，而“记录在案”则无此要求，可以在其他笔录中顺带记录。

3. 关于签名、盖章、捺指印的问题

刑事诉讼法及相关司法解释条文中，频频出现“签名、盖章”“签名或者盖章”“签名、盖章、捺指印”等表述，其适用条件和含义究竟有无区别，签名、盖章的人员范围应当如何掌握，当事人拒绝签名的如何处理，等等，需要统一规范。基于此，《解释》第六百五十二条规定：“诉讼期间制作、形成的工作记录、告知笔录等材料，应当由制作人员和其他有关人员签名、盖章。宣告或者送达裁判文书、通知书等诉讼文书的，应当由接受宣告或者送达的人在诉讼文书、送达回证上签名、盖章。诉讼参与人未签名、盖章的，应当捺指印；刑事被告人除签名、盖章外，还应当捺指印。当事人拒绝签名、盖章、捺指印的，办案人员应当在诉讼文书或者笔录材料中注明情况，有见证人见证或者有录音录像证明的，不影响相关诉讼文书或者笔录材料的效力。”

实践中应注意三点：一是对于自然人，应当签名，不要求盖章。未签名的，应当捺指印。自然人盖章的，也还应当捺指印，因为个人印章往往没有备案，难以鉴定其真伪。二是对于单位，应当盖章，不要求其法定代表人或者其他个人签名，除非另有规定，因为此系一贯做法，且单位印章一般有备案，容易鉴定其真伪。三是根据审判实践通常做法，对刑事被告人作出特殊要求，即除签名外，还应当捺指印。如果是被告单位，则可只盖章，不要求其法定代表人或者其他个人捺指印。

征求意见过程中，有意见建议增加电子签名和电子指纹捺印法律效力的相关内容，明确在刑事诉讼活动中，诉讼参与人在电子法律文书上电子签名、电子指纹捺印与其在纸质法律文书上手写签名、按捺指印具有同等法律效力。经研究认为，对于相关问题可以按照有关规定执行，待时机成熟再作明确规定为宜。

4. 关于《解释》对专门人民法院的适用

人民法院组织法第十五条第一款明确规定，专门人民法院包括军事法院、海事法院、知识产权法院、金融法院等。据此，铁路运输法院目前已不再明确列为专门人民法院。为与人民法院组织法的规定保持一致，《解释》第六百五十三条规定：“本解释的有关规定适用于军事法院等专门人民法院。”此外，对于涉香港特别行政区、澳门特别行政区、台湾地区的刑事案件，按照《解释》办理，另有规定的除外。

5. 关于《解释》有关公安机关的规定的相应适用

刑事诉讼法第三百零八条规定："军队保卫部门对军队内部发生的刑事案件行使侦查权。中国海警局履行海上维权执法职责，对海上发生的刑事案件行使侦查权。对罪犯在监狱内犯罪的案件由监狱进行侦查。军队保卫部门、中国海警局、监狱办理刑事案件，适用本法的有关规定。"基于此，《解释》第六百五十四条作了照应性规定，明确："本解释有关公安机关的规定，依照刑事诉讼法的有关规定，适用于国家安全机关、军队保卫部门、中国海警局和监狱。"需要注意的是，由于职责有所差异，《解释》关于公安机关的规定，并不必然适用于其他侦查机关；具体哪些可以适用，需要根据刑事诉讼法的有关规定具体分析。

6. 关于《解释》的时间效力的问题

《解释》第六百五十五条规定："本解释自2021年3月1日起施行。最高人民法院2012年12月20日发布的《关于适用〈中华人民共和国刑事诉讼法〉的解释》（法释〔2012〕21号）同时废止。最高人民法院以前发布的司法解释和规范性文件，与本解释不一致的，以本解释为准。"需要注意的是，本条只废止《2012年解释》，最高人民法院以前发布的司法解释和规范性文件，与《解释》不一致的，以《解释》为准；与《解释》不冲突的，在明令废止前仍可适用。

## 最高人民法院　最高人民检察院
# 关于执行《中华人民共和国刑法》确定罪名的补充规定（七）

法释〔2021〕2号

（2021年2月22日最高人民法院审判委员会第1832次会议、2021年2月26日最高人民检察院第十三届检察委员会第六十三次会议通过
2021年2月26日最高人民法院、最高人民检察院公告公布
2021年3月1日起施行）

根据《中华人民共和国刑法修正案（十）》（以下简称《刑法修正案（十）》）、《中华人民共和国刑法修正案（十一）》（以下简称《刑法修正案（十一）》），结合司法实践反映的情况，现对《最高人民法院关于执行〈中华人民共和国刑法〉确定罪名的规定》《最高人民检察院关于适用刑法分则规定的犯罪的罪名的意见》作如下补充、修改：

| 刑法条文 | 罪名 |
| --- | --- |
| 第一百三十三条之二<br>（《刑法修正案（十一）》第二条） | 妨害安全驾驶罪 |
| 第一百三十四条第二款<br>（《刑法修正案（十一）》第三条） | 强令、组织他人违章冒险作业罪<br>（取消强令违章冒险作业罪罪名） |
| 第一百三十四条之一<br>（《刑法修正案（十一）》第四条） | 危险作业罪 |
| 第一百四十一条<br>（《刑法修正案（十一）》第五条） | 生产、销售、提供假药罪<br>（取消生产、销售假药罪罪名） |

（续表）

| 刑法条文 | 罪名 |
|---|---|
| 第一百四十二条<br>（《刑法修正案（十一）》第六条） | 生产、销售、提供劣药罪<br>（取消生产、销售劣药罪罪名） |
| 第一百四十二条之一<br>（《刑法修正案（十一）》第七条） | 妨害药品管理罪 |
| 第一百六十条<br>（《刑法修正案（十一）》第八条） | 欺诈发行证券罪<br>（取消欺诈发行股票、债券罪罪名） |
| 第二百一十九条之一<br>（《刑法修正案（十一）》第二十三条） | 为境外窃取、刺探、收买、非法提供商业秘密罪 |
| 第二百三十六条之一<br>（《刑法修正案（十一）》第二十七条） | 负有照护职责人员性侵罪 |
| 第二百七十七条第五款<br>（《刑法修正案（十一）》第三十一条） | 袭警罪 |
| 第二百八十条之二<br>（《刑法修正案（十一）》第三十二条） | 冒名顶替罪 |
| 第二百九十一条之二<br>（《刑法修正案（十一）》第三十三条） | 高空抛物罪 |
| 第二百九十三条之一<br>（《刑法修正案（十一）》第三十四条） | 催收非法债务罪 |
| 第二百九十九条<br>（《刑法修正案（十）》） | 侮辱国旗、国徽、国歌罪<br>（取消侮辱国旗、国徽罪罪名） |
| 第二百九十九条之一<br>（《刑法修正案（十一）》第三十五条） | 侵害英雄烈士名誉、荣誉罪 |
| 第三百零三条第三款<br>（《刑法修正案（十一）》第三十六条） | 组织参与国（境）外赌博罪 |
| 第三百三十四条之一<br>（《刑法修正案（十一）》第三十八条） | 非法采集人类遗传资源、走私人类遗传资源材料罪 |
| 第三百三十六条之一<br>（《刑法修正案（十一）》第三十九条） | 非法植入基因编辑、克隆胚胎罪 |

(续表)

| 刑法条文 | 罪名 |
| --- | --- |
| 第三百四十一条第一款 | 危害珍贵、濒危野生动物罪<br>(取消非法猎捕、杀害珍贵、濒危野生动物罪和非法收购、运输、出售珍贵、濒危野生动物、珍贵、濒危野生动物制品罪罪名) |
| 第三百四十一条第三款<br>(《刑法修正案(十一)》第四十一条) | 非法猎捕、收购、运输、出售<br>陆生野生动物罪 |
| 第三百四十二条之一<br>(《刑法修正案(十一)》第四十二条) | 破坏自然保护地罪 |
| 第三百四十四条 | 危害国家重点保护植物罪<br>(取消非法采伐、毁坏国家重点保护植物罪和非法收购、运输、加工、出售国家重点保护植物、国家重点保护植物制品罪罪名) |
| 第三百四十四条之一<br>(《刑法修正案(十一)》第四十三条) | 非法引进、释放、丢弃外来入侵物种罪 |
| 第三百五十五条之一<br>(《刑法修正案(十一)》第四十四条) | 妨害兴奋剂管理罪 |
| 第四百零八条之一<br>(《刑法修正案(十一)》第四十五条) | 食品、药品监管渎职罪<br>(取消食品监管渎职罪罪名) |

本规定自2021年3月1日起施行。

# 《最高人民法院、最高人民检察院关于执行〈中华人民共和国刑法〉确定罪名的补充规定（七）》的理解与适用

李　静*　姜金良**

2021年2月26日，最高人民法院、最高人民检察院联合发布《关于执行〈中华人民共和国刑法〉确定罪名的补充规定（七）》［法释〔2021〕2号，以下简称《罪名补充规定（七）》］，自2021年3月1日起与刑法修正案（十一）同步施行。《罪名补充规定（七）》的公布施行，对于统一规范办理相关刑事案件，确保修改后刑法的正确适用具有重要意义。为便于司法实践中正确理解和适用，现就《罪名补充规定（七）》的制定背景、罪名确定的主要考虑和具体罪名确定介绍如下。

## 一、《罪名补充规定（七）》的制定背景与经过

2020年12月26日，第十三届全国人大常委会第二十四次会议通过刑法修正案（十一），自2021年3月1日起施行。这是在中国特色社会主义进入新时代、深入推进全面依法治国的重大时代背景下对刑法作出的一次重要修改。刑法修正案（十一）以习近平法治思想为根本遵循，贯彻党中央决策部署，坚持以人民为中心的立法理念，根据新时代要求，把握我国社会主要矛盾的变化，结合当前国内国际形势变化，积极回应社会关切，更加注重积极统筹发挥好刑法对于国家安全、社会稳定和保护人民的重要功能，在涉未成年人、金融秩序、产权保护、安全生产、食品药品、公共

* 作者单位：最高人民法院研究室刑事处。
** 作者单位：江苏省扬州市中级人民法院研究室。

卫生安全、生态环境及妨害社会管理秩序等领域作出诸多重要修改，以适应现阶段预防和惩治犯罪的需要，更好地发挥刑法对经济社会生活的规范保障和引领推动作用。

刑法修正案（十一）通过后，对一些新增的刑法分则条文，需要明确罪名；对一些犯罪构成要件有重大修改的刑法分则条文，则有必要对原罪名作出相应调整。而且，为惩治侮辱国歌的犯罪行为，切实维护国歌奏唱、使用的严肃性和国家尊严，第十二届全国人大常委会第三十次会议于2017年11月4日通过刑法修正案（十），在刑法第二百九十九条中增加一款作为第二款，故有必要对刑法第二百九十九条的原罪名一并作出调整。基于此，根据刑法修正案（十）、刑法修正案（十一），结合司法实践反映的情况，最高人民法院会同最高人民检察院，经认真研究、广泛听取各方面意见，起草了《罪名补充规定（七）》。2021年2月22日最高人民法院审判委员会第1832次会议、2021年2月26日最高人民检察院第十三届检察委员会第六十三次会议审议通过了《罪名补充规定（七）》。《罪名补充规定（七）》新增17个罪名，另对原10个罪名作了调整或者取消。自此，我国刑法总计规定了483个罪名。

## 二、《罪名补充规定（七）》关于罪名确定的主要考虑

《罪名补充规定（七）》延续以往确定罪名的一些原则，例如：准确，即罪名要尽可能反映有关犯罪的基本性质和核心要件；精练，即在不影响理解的情况下适度概括，避免烦琐、冗长；等等。在此基础上，本次罪名确定还特别考虑了以下两点。

其一，罪名法定原则。法定原则是确定罪名时遵循的首要原则，确定罪名必须严格按照刑法条文的具体规定进行，既不能超越具体条文的含义，也不能遗漏犯罪的重要特征和性质。例如，刑法第二百一十九条之一主要是关于商业间谍的犯罪，与侵犯商业秘密罪不同，应当单独确定罪名；又如，负有特殊职责的人员与已满十四周岁未满十六周岁的未成年女性发生性关系的，其构成要件与强奸罪不同，应当单独确定罪名。

其二，罪责刑相适应原则。这主要体现在刑法同一条款中规定了数个行为，在罪名确定上是认定为一个选择性罪名还是数个罪名，直接关系到司法适用中如何进行罪数处断、是否需要数罪并罚，进而影响刑罚的轻重。在确定此类条文的罪名时，应以体现罪责刑相适应作为重要考虑因

素。特别是，对于一些行为方式通常交织在一起的犯罪，如买与卖、收购与运输等，一般确定为选择性罪名而非不同罪名。

## 三、《罪名补充规定（七）》的具体罪名确定

### （一）关于第一百三十三条之二（妨害安全驾驶罪）的罪名确定

刑法第一百三十三条之二系刑法修正案（十一）第二条新增条文。关于本条规定的罪名确定，有意见提出，考虑罪状表述中“危及公共安全”“干扰”等要件要素，建议罪名确定为“危害驾驶安全罪”“妨害公共安全驾驶罪”或者“干扰安全驾驶罪”等。

《罪名补充规定（七）》将本条罪名确定为“妨害安全驾驶罪”，主要考虑：一是较之于交通肇事罪、以危险方法危害公共安全罪，本罪配置的刑罚较轻，而“妨害”也相对低于“危害”的程度，故使用“妨害”更贴合罪责刑相适应原则。同时，“妨害”也更符合“抢控驾驶操纵装置、干扰公共交通工具正常行驶”的罪状描述。二是为确保罪名确定的概括和精练，参照危险驾驶罪的表述，对于驾驶的对象“公共交通工具”未在罪名中予以规定。三是本条“干扰”的对象为公共交通工具，“危及公共安全”为后果，故“干扰安全驾驶罪”的表述不够准确。

### （二）关于第一百三十四条第二款（强令、组织他人违章冒险作业罪）的罪名确定

刑法第一百三十四条第二款原规定了“强令违章冒险作业罪”，刑法修正案（十一）第三条对本款作了修改，增加了“或者明知存在重大事故隐患而不排除，仍冒险组织作业”的行为方式。有意见建议对本款仍沿用“强令违章冒险作业罪”，主要理由是：一是虽然此次修正增加了情形，但“明知存在重大事故隐患而不排除，仍冒险组织作业”可以解释为广义的强令违章冒险作业，目前的罪名表述可以反映核心特征，涵盖新增罪状表述；二是本罪名适用多年，不论是司法工作者还是广大人民群众均已适应，不动为宜。

《罪名补充规定（七）》将修改后刑法第一百三十四条第二款的罪名确定为“强令、组织他人违章冒险作业罪”，取消原罪名“强令违章冒险

作业罪”。主要考虑:“强令”他人违章冒险作业与“明知存在重大事故隐患而不排除,仍冒险组织作业”有明显区别,增加“组织他人违章冒险作业”的表述,涵盖范围更全面,有利于彰显从严惩治安全生产犯罪的立法精神。

### (三)关于第一百三十四条之一(危险作业罪)的罪名确定

刑法第一百三十四条之一系刑法修正案(十一)第四条新增条文。对本条规定的罪名确定,有意见提出,“生产”与“作业”虽然在内容上存在一定的交叉,但两者并不等同,建议罪名确定为“危险生产、作业罪”。经研究,《罪名补充规定(七)》将本条罪名确定为“危险作业罪”,主要考虑:一是本条规定的核心要件在于违反安全管理规定达到严重后果的现实危险,故罪名确定的关键在于凸显“危险”。二是参照第一百三十四条第二款强令组织他人违章冒险作业罪,将生产、作业统称为“作业”,将罪名确定为“危险作业罪”,更为简洁明了。

### (四)关于第一百四十一条(生产、销售、提供假药罪)、第一百四十二条(生产、销售、提供劣药罪)的罪名确定

刑法第一百四十一条、第一百四十二条原规定了“生产、销售假药罪”“生产、销售劣药罪”,刑法修正案(十一)第五条在刑法第一百四十一条增加一款作为第二款:“药品使用单位的人员明知是假药而提供给他人使用的,依照前款的规定处罚。”刑法修正案(十一)第六条在刑法第一百四十二条增加一款作为第二款:“药品使用单位的人员明知是劣药而提供给他人使用的,依照前款的规定处罚。”

对本两款,最初考虑不另行确定罪名,根据法律“依照前款的规定处罚”即以“生产、销售假药罪”“生产、销售劣药罪”定罪处罚。后经研究认为,该意见欠妥:一是从前述两款规定来看,成立犯罪并不要求相对方支付对价,实践中也存在药品使用单位免费提供药品的情形,将并不支付对价的情形也归入“销售”的范畴,不仅名不副实,难以准确体现构成要件,且对“销售”概念外延的扩张,可能会被类比适用到其他涉及销售的罪名;二是就新增条款的立法目的而言,主要是针对药品使用单位的人员未积极履行应有职责的情形,此种行为类型与“销售”假药或者劣药的行为明显相异;三是“依照前款的规定处罚”并不意味着只能适用前款的

罪名，存在另行确定罪名的先例，例如，刑法第一百七十四条第二款另行确定罪名“伪造、变造、转让金融机构经营许可证、批准文件罪”，刑法第一百八十五条之一第二款另行确定罪名“违法运用资金罪”等。鉴于此，对修改后刑法第一百四十一条第二款、第一百四十二条第二款应当另行确定罪名，但如果确定为“提供假药罪”“提供劣药罪”，则存在增设死刑罪名的问题。基于此，经综合考虑，《罪名补充规定（七）》将第一百四十一条、第一百四十二条的罪名整体调整为“生产、销售、提供假药罪”“生产、销售、提供劣药罪”，取消原罪名“生产、销售假药罪”“生产、销售劣药罪”。

### （五）关于第一百四十二条之一（妨害药品管理罪）的罪名确定

刑法第一百四十二条之一系刑法修正案（十一）第七条新增条文。对本条规定的罪名确定，有意见提出，为更好体现罪状中“足以严重危害人体健康”的特征，建议罪名确定为“危害药品管理罪”。经研究，《罪名补充规定（七）》将本条罪名确定为“妨害药品管理罪”。主要考虑：一是本条规定的行为属于违反药品管理法规的行为，实质在于妨害药品管理秩序，确定为“妨害药品管理罪”更为准确；二是较之于生产、销售假药罪和生产、销售劣药罪，本条配置的刑罚较轻，而“妨害”也相对低于“危害”的程度，故使用“妨害”更贴合罪责刑相适应原则。

### （六）关于第一百六十条（欺诈发行证券罪）的罪名确定

刑法第一百六十条第一款原规定了“欺诈发行股票、债券罪”，刑法修正案（十一）第八条对本条作了修改，将欺诈发行的对象由“股票或者公司、企业债券”扩大至“股票或者公司、企业债券、存托凭证或者国务院依法认定的其他证券”。根据修改情况，《罪名补充规定（七）》将本条的罪名调整为“欺诈发行证券罪”，取消原罪名“欺诈发行股票、债券罪”。

### （七）关于第二百一十九条之一（为境外窃取、刺探、收买、非法提供商业秘密罪）的罪名确定

刑法第二百一十九条之一系刑法修正案（十一）第二十三条新增条

文。对本条规定的罪名确定，有意见提出，为简洁好记，易于为公众周知，从而更好地发挥罪名的行为规范功能，建议确定为“商业间谍罪”。

《罪名补充规定（七）》将本条罪名确定为“为境外窃取、刺探、收买、非法提供商业秘密罪”。主要考虑：一是“商业间谍”并不是规范的法律用语，其内涵不明确，且范围过于宽泛，以此确定罪名，不利于贯彻罪刑法定原则。二是“商业间谍罪”虽然听起来更简洁，但并未明确犯罪行为的本质，仅阐述了结论，体现了轻行为方式而重罪名外观的倾向。对比而言，“为境外窃取、刺探、收买、非法提供商业秘密罪”则更为准确地揭示了该罪的行为方式。三是现行刑法按照为境外提供的内容分别规定了“为境外窃取、刺探、收买、非法提供国家秘密、情报罪”（刑法第一百一十一条）和“为境外窃取、刺探、收买、非法提供军事秘密罪”（刑法第四百三十一条第二款），本条罪名确定为“为境外窃取、刺探、收买、非法提供商业秘密罪”，符合罪名确定的惯例，也能达到整体上协调的效果。

### （八）关于刑法第二百三十六条之一（负有照护职责人员性侵罪）的罪名确定

刑法第二百三十六条之一系刑法修正案（十一）第二十七条新增条文。对本条规定的罪名确定，有意见建议本条罪名确定为“准强奸罪”。经研究，《罪名补充规定（七）》将本条罪名确定为“负有照护职责人员性侵罪”。主要考虑：一是“准强奸罪”内涵不够清晰，容易有歧义，也无法体现本条规定的核心要件；二是本条规定旨在既提高未成年女性的性同意年龄，又不同于奸淫幼女中幼女的性同意一律无效的情形，而是根据犯罪主体的身份情况作出区分，体现其特殊主体身份，“负有照护职责人员性侵罪”更为准确，也能够与传统意义的“强奸罪”严格区别；三是本条规定的“对已满十四周岁不满十六周岁的未成年女性负有监护、收养、看护、教育、医疗等特殊职责的人员”，实际上是负有特定照护职责的人员。

### （九）关于第二百七十七条第五款（袭警罪）的罪名确定

刑法第二百七十七条第五款原规定：“暴力袭击正在依法执行职务的人民警察的，依照第一款的规定从重处罚。”刑法修正案（十一）第三十一条对本款作了修改，主要修改内容包括：一是刑罚从原来的从重处罚修改为单独法定刑配置，二是突出了行为方式的暴力性，增加了“使用枪支、管制刀具，或者以驾驶机动车撞击等手段，严重危及其人身安全的”表述。对本条规定的罪名确定，有意见提出，为突出该类行为的暴力性，建议本条罪名确定为“暴力袭警罪”；也有意见认为没有必要单设罪名，可以继续适用“妨害公务罪”。经研究，《罪名补充规定（七）》将本款罪名确定为“袭警罪”。主要考虑：一是按照罪名确定的惯例，单独刑罚配置的条款，一般宜单独确定罪名；二是“袭警”本身就含有暴力之意，且近年来在讨论增设该罪的过程中，各方普遍使用“袭警罪”的表述，已有广泛社会共识且更为精练。

### （十）关于第二百八十条之二（冒名顶替罪）的罪名确定

刑法第二百八十条之二系刑法修正案（十一）第三十二条新增条文。根据罪状表述，《罪名补充规定（七）》将本条罪名确定为“冒名顶替罪”。主要考虑：该罪名既简单明了、有广泛社会共识，又能概括行为特征。

### （十一）关于第二百九十一条之二（高空抛物罪）的罪名确定

刑法第二百九十一条之二系刑法修正案（十一）第三十三条新增条文。根据罪状表述，《罪名补充规定（七）》将本条罪名确定为“高空抛物罪”。主要考虑：一是沿用《最高人民法院关于依法妥善审理高空抛物、坠物案件的意见》（法发〔2019〕25号）的有关表述；二是“高空抛物罪”通俗明了，易于理解。

### （十二）关于第二百九十三条之一（催收非法债务罪）的罪名确定

刑法第二百九十三条之一系刑法修正案（十一）第三十四条新增条文。对于本条，起初考虑罪名确定为“非法讨债罪”，主要理由是：一是本条是在总结扫黑除恶专项斗争实践经验的基础上，将采取暴力、“软暴力”等手段催收高利放贷等产生的非法债务规定为犯罪，确定为“非法讨债罪”可以准确反映立法精神；二是罪名应当尽可能全面反映有关犯罪行为的核心特征，但这是相对的，不能过于绝对和机械。确定罪名只是统一标准，司法机关不可能只根据罪名认定犯罪。有些罪名尽管未能反映犯罪行为的全部特征，但简单精练、通俗易懂、相沿成习，并无不妥。例如，刑法第三百零三条规定“以营利为目的，聚众赌博或者以赌博为业的”，从条文看，规制的是聚众赌博或者以赌博为业，不是单纯的赌博行为，但长久以来，该条罪名一直是赌博罪，适用中并不存在问题。

经进一步研究认为，罪名确定要准确体现罪状表述，防止产生歧义，对本条规定的采用非法手段和催收非法债务两个核心要件需统筹考虑，准确确定罪名。具体而言，使用“非法讨债罪”的罪名，过于概括，不能充分反映该条罪状的内容，容易产生催讨合法债务的行为也要受到惩处的误解；使用“非法催收非法债务罪”“非法催收不法债务罪”或者“违法催收非法债务罪”，固然能准确反映本罪成立的两个核心要件，但是冗长、拗口、重复。经综合衡量，《罪名补充规定（七）》将本条罪名确定为“催收非法债务罪”。主要考虑：一是从罪状表述来看，本条涉及的催收对象为“高利放贷等产生的非法债务”，在罪名中凸显“非法债务”的表述，可以使罪名更为准确；二是本条置于刑法第二百九十三条寻衅滋事罪之后，结合寻衅滋事罪的行为方式本身具有非法性特征进行体系考量，“催收非法债务罪”罪名本身虽然没有直接体现行为手段的非法性，但通常不会产生歧义。而且，作此处理，可以使得罪名更为精练。

### （十三）关于第二百九十九条（侮辱国旗、国徽、国歌罪）的罪名确定

刑法第二百九十九条原规定了“侮辱国旗、国徽罪”，刑法修正案（十）在刑法第二百九十九条中增加一款作为第二款，规定了侮辱国歌的犯罪。根据法律修改情况，《罪名补充规定（七）》将本条罪名调整为“侮辱国旗、国徽、国歌罪”，取消原罪名“侮辱国旗、国徽罪”。

### （十四）关于第二百九十九条之一（侵害英雄烈士名誉、荣誉罪）的罪名确定

刑法第二百九十九条之一系刑法修正案（十一）第三十五条新增条文，罪状为“侮辱、诽谤或者以其他方式侵害英雄烈士的名誉、荣誉，损害社会公共利益，情节严重的”。根据罪状表述，《罪名补充规定（七）》

将本条罪名确定为“侵害英雄烈士名誉、荣誉罪”。

## （十五）关于刑法第三百零三条第三款［组织参与国（境）外赌博罪］的罪名确定

刑法第三百零三条第三款系刑法修正案（十一）第三十六条新增条款。对于本款，起初考虑不单独确定罪名，根据“依照前款的规定处罚”的规定，适用本条第二款规定的开设赌场罪。主要理由是：该行为可以理解为开设赌场罪的共犯，量刑时可以适用共同犯罪的有关规定；如果单独入罪，反而不利于区别处理，其处罚甚至可能会重于赌场“老板”。也有意见提出，本条第二款规定的开设赌场罪与第三款有明显区别，建议将罪名确定为“组织跨境赌博罪”。

《罪名补充规定（七）》将本款罪名确定为“组织参与国（境）外赌博罪”。主要考虑：一是本款的入罪门槛与刑法第三百零三条第二款有所不同，且本款规制的是组织中国公民参与国（境）外赌博的行为，该行为类型不能为开设赌场罪所涵盖。故而，有必要对本款单独确定罪名；二是本款罪状使用了“国（境）外”的表述，为准确反映罪状，不宜简化为“组织跨境赌博罪”。

## （十六）关于第三百三十四条之一（非法采集人类遗传资源、走私人类遗传资源材料罪）的罪名确定

刑法第三百三十四条之一系刑法修正案（十一）第三十八条新增条文。对本条规定的罪名确定，有意见建议将罪名确定为“危害国家人类遗传资源安全罪”“危害人类遗传资源安全罪”。经研究，《罪名补充规定（七）》将本条罪名确定为“非法采集人类遗传资源、走私人类遗传资源材料罪”。主要考虑：一是“危害国家人类遗传资源安全罪”的罪名表述过于概括、笼统，易导致理解上的偏差；二是本条规定包括两种行为方式，即“非法采集”和“非法运送、邮寄、携带……出境”，后一种行为方式可概括为“走私”，同时考虑非法采集的对象是“人类遗传资源”，走私的对象是“人类遗传资源材料”，故罪名确定为“非法采集人类遗传资源、走私人类遗传资源材料罪”，以准确概括罪状。

### (十七)关于第三百三十六条之一(非法植入基因编辑、克隆胚胎罪)的罪名确定

刑法第三百三十六条之一系刑法修正案(十一)第三十九条新增条文,罪状为“将基因编辑、克隆的人类胚胎植入人体或者动物体内,或者将基因编辑、克隆的动物胚胎植入人体内,情节严重的”。根据罪状表述,《罪名补充规定(七)》将本条罪名确定为“非法植入基因编辑、克隆胚胎罪”。

### (十八)关于第三百四十一条第一款(危害珍贵、濒危野生动物罪)的罪名确定

刑法第三百四十一条第一款原规定了“非法猎捕、杀害珍贵、濒危野生动物罪”“非法收购、运输、出售珍贵、濒危野生动物、珍贵、濒危野生动物制品罪”。关于本款规定的罪名是否需要整合概括,有意见建议,维持目前比较具体的罪名,不作修改。主要理由是:实践中针对珍贵、濒危野生动物的犯罪呈现多层次的特点,修改后的整合罪名不利于区分上下游犯罪,而且简单地将两罪合并为一罪,可能导致原先应当数罪并罚的情形不复存在,客观上降低了对此类犯罪的惩处力度。而且,原有的两个罪名可以充分体现所侵犯的犯罪客体和对象,反映不同犯罪之间的差异和侧重,便于公众对有关犯罪行为的边界和区分有更直观的认知。

《罪名补充规定(七)》将本款罪名合并修改为“危害珍贵、濒危野生动物罪”,取消原罪名“非法猎捕、杀害珍贵、濒危野生动物罪”和“非法收购、运输、出售珍贵、濒危野生动物、珍贵、濒危野生动物制品罪”。主要考虑:一是司法实践反映,原罪名过于复杂、烦冗;二是非法猎捕、杀害珍贵、濒危野生动物的行为,往往伴随后续的非法收购、运输、出售珍贵、濒危野生动物、珍贵、濒危野生动物制品的行为。按照原罪名,司法适用中经常面临是否需要数罪并罚的争论。此外,对于涉及已死亡的野生动物尸体的案件,在罪名上究竟适用“野生动物”还是“野生动物制品”也常存在争论;三是概括确定为“危害珍贵、濒危野生动物罪”简单明了,也能充分涵括各种行为方式和保护对象;而且,对于涉及多种行为方式、多个行为对象的,也可以根据情节裁量刑罚,实现对珍贵、濒危野生动物资源的有效刑事司法保护。

### （十九）关于第三百四十一条第三款（非法猎捕、收购、运输、出售陆生野生动物罪）的罪名确定

刑法第三百四十一条第三款系刑法修正案（十一）第四十一条新增条款。对于本款，起初考虑不单独确定罪名，主要理由是：根据“依照前款的规定处罚”的规定，本款规定的行为属于广义的非法狩猎，可以适用刑法第三百四十一条第二款的非法狩猎罪。后经研究认为，该意见欠妥：一是新增条款的内容与非法狩猎罪有本质不同，不宜适用非法狩猎罪的罪名。二是本款的立法目的不是保护野生动物本身，而是防止引发公共卫生方面的危险，这与前两款规定的立法目的有所不同，故有必要单独确定罪名。三是本款规定的构成要件与第二款的非法狩猎罪并不相同，除非法“猎捕”之外，还包括非法“收购、运输、出售”的行为类型，后三类行为难以被“狩猎”的概念所涵括。故而，如不单独确定罪名而适用非法狩猎罪，可能导致对非法“收购、运输、出售”作不当限缩理解，即限于对非法猎捕具有共同犯意的收购、运输、出售行为，才能适用第三款的规定。四是本款条文的罚则是“依照前款的规定处罚”，并不是“依照前款的规定定罪处罚”或者“以前款规定论处”；而且，本款的行为对象是刑法第三百四十一条第一款规定的“珍贵、濒危野生动物”以外的陆生野生动物。单独确定罪名后，能有效界定两者的调整对象的不同，便于一般人的理解，起到刑法罪名应有的一般预防或警示作用。

关于本款的具体罪名确定，有“危害陆生野生动物罪”“非法猎捕、收购、运输、出售陆生野生动物罪”两种意见，《罪名补充规定（七）》确定为“非法猎捕、收购、运输、出售陆生野生动物罪”。主要考虑：一是从立法精神看，增设本款不只是为了保护野生动物，更是为了防止滥食引发的公共卫生风险。故而，“危害陆生野生动物罪”未能准确反映立法意旨；二是“非法猎捕、收购、运输、出售陆生野生动物罪”可以充分体现选择性罪名的特征，也贯彻了确定罪名时应遵循的罪责刑相适应原则。

### （二十）关于第三百四十二条之一（破坏自然保护地罪）的罪名确定

刑法第三百四十二条之一系刑法修正案（十一）第四十二条新增条文。根据罪状表述，《罪名补充规定（七）》将本条罪名确定为“破坏自

然保护地罪”。主要考虑：一是本条罪状为“违反自然保护地管理法规，在国家公园、国家级自然保护区进行开垦、开发活动或者修建建筑物，造成严重后果或者有其他恶劣情节的”。显而易见，本条规制的是对“国家公园、国家级自然保护区”的破坏行为；二是根据中共中央办公厅、国务院办公厅印发的《关于建立以国家公园为主体的自然保护地体系的指导意见》（2019年6月26日）和生态环境部印发的《自然保护地生态环境监管工作暂行办法》（环生态〔2020〕72号）的规定，国家公园、国家级自然保护区属于自然保护地，且国家公园是自然保护地体系的主体。

### （二十一）关于刑法第三百四十四条（危害国家重点保护植物罪）的罪名确定

刑法第三百四十四条原规定了“非法采伐、毁坏国家重点保护植物罪”“非法收购、运输、加工、出售国家重点保护植物、国家重点保护植物制品罪”。在司法适用中，存在类似刑法第三百四十一条第一款的问题。基于同样的考虑，《罪名补充规定（七）》将刑法第三百四十四条的罪名调整为“危害国家重点保护植物罪”，取消原罪名“非法采伐、毁坏国家重点保护植物罪”和“非法收购、运输、加工、出售国家重点保护植物、国家重点保护植物制品罪”。

### （二十二）关于第三百四十四条之一（非法引进、释放、丢弃外来入侵物种罪）的罪名确定

刑法第三百四十四条之一系刑法修正案（十一）第四十三条新增条文，罪状为“违反国家规定，非法引进、释放或者丢弃外来入侵物种，情节严重的”。对本条规定的罪名确定，有意见提出，为避免罪名冗长，建议将罪名确定为“非法处置外来入侵物种罪”。经研究，《罪名补充规定（七）》将本条罪名确定为“非法引进、释放、丢弃外来入侵物种罪”。主要考虑：一是“处置”的含义较为宽泛，将“引进”概括为“处置”不够准确；二是表述为“引进、释放、丢弃”与罪状表述一致，更加贴切，也有利于与生物安全法的条文表述相衔接。

### （二十三）关于刑法第三百五十五条之一（妨害兴奋剂管理罪）的罪名确定

刑法第三百五十五条之一系刑法修正案（十一）第四十四条新增条文，罪状为“引诱、教唆、欺骗运动员使用兴奋剂参加国内、国际重大体育竞赛，或者明知运动员参加上述竞赛而向其提供兴奋剂，情节严重的”。根据罪状表述，《罪名补充规定（七）》将本条罪名确定为“妨害兴奋剂管理罪”。

### （二十四）关于刑法第四百零八条之一（食品、药品监管渎职罪）的罪名确定

刑法第四百零八条之一第一款原规定了“食品监管渎职罪”，刑法修正案（十一）第四十五条对本款作了修改，增加了药品监管渎职的内容。基于此，《罪名补充规定（七）》将本条的罪名调整为“食品、药品监管渎职罪”，取消原罪名“食品监管渎职罪”。

# 最高人民法院
# 关于修改《关于审理掩饰、隐瞒犯罪所得、犯罪所得收益刑事案件适用法律若干问题的解释》的决定

法释〔2021〕8号

(2021年4月7日最高人民法院审判委员会第1835次会议通过
2021年4月13日最高人民法院公告公布
自2021年4月15日起施行)

根据审判实践需要，经最高人民法院审判委员会第1835次会议决定，对《关于审理掩饰、隐瞒犯罪所得、犯罪所得收益刑事案件适用法律若干问题的解释》(法释〔2015〕11号)作如下修改：

自本决定实施之日起，《关于审理掩饰、隐瞒犯罪所得、犯罪所得收益刑事案件适用法律若干问题的解释》(法释〔2015〕11号)第一条第一款第(一)项、第二款和第二条第二款规定的掩饰、隐瞒犯罪所得、犯罪所得收益罪的数额标准不再适用。人民法院审理掩饰、隐瞒犯罪所得、犯罪所得收益刑事案件，应综合考虑上游犯罪的性质、掩饰、隐瞒犯罪所得及其收益的情节、后果及社会危害程度等，依法定罪处罚。

本决定自2021年4月15日起施行。

# 最高人民法院　最高人民检察院
# 关于办理窝藏、包庇刑事案件适用法律若干问题的解释

法释〔2021〕16号

（2020年3月2日最高人民法院审判委员会第1794次会议、2020年12月28日最高人民检察院第十三届检察委员会第五十八次会议通过　2021年8月9日最高人民法院、最高人民检察院公告公布　自2021年8月11日起施行）

为依法惩治窝藏、包庇犯罪，根据《中华人民共和国刑法》《中华人民共和国刑事诉讼法》的有关规定，结合司法工作实际，现就办理窝藏、包庇刑事案件适用法律的若干问题解释如下：

**第一条**　明知是犯罪的人，为帮助其逃匿，实施下列行为之一的，应当依照刑法第三百一十条第一款的规定，以窝藏罪定罪处罚：

（一）为犯罪的人提供房屋或者其他可以用于隐藏的处所的；

（二）为犯罪的人提供车辆、船只、航空器等交通工具，或者提供手机等通讯工具的；

（三）为犯罪的人提供金钱的；

（四）其他为犯罪的人提供隐藏处所、财物，帮助其逃匿的情形。

保证人在犯罪的人取保候审期间，协助其逃匿，或者明知犯罪的人的藏匿地点、联系方式，但拒绝向司法机关提供的，应当依照刑法第三百一十条第一款的规定，对保证人以窝藏罪定罪处罚。

虽然为犯罪的人提供隐藏处所、财物，但不是出于帮助犯罪的人逃匿的目的，不以窝藏罪定罪处罚；对未履行法定报告义务的行为人，依法移

送有关主管机关给予行政处罚。

**第二条** 明知是犯罪的人，为帮助其逃避刑事追究，或者帮助其获得从宽处罚，实施下列行为之一的，应当依照刑法第三百一十条第一款的规定，以包庇罪定罪处罚：

（一）故意顶替犯罪的人欺骗司法机关的；

（二）故意向司法机关作虚假陈述或者提供虚假证明，以证明犯罪的人没有实施犯罪行为，或者犯罪的人所实施行为不构成犯罪的；

（三）故意向司法机关提供虚假证明，以证明犯罪的人具有法定从轻、减轻、免除处罚情节的；

（四）其他作假证明包庇的行为。

**第三条** 明知他人有间谍犯罪或者恐怖主义、极端主义犯罪行为，在司法机关向其调查有关情况、收集有关证据时，拒绝提供，情节严重的，依照刑法第三百一十一条的规定，以拒绝提供间谍犯罪、恐怖主义犯罪、极端主义犯罪证据罪定罪处罚；作假证明包庇的，依照刑法第三百一十条的规定，以包庇罪从重处罚。

**第四条** 窝藏、包庇犯罪的人，具有下列情形之一的，应当认定为刑法第三百一十条第一款规定的“情节严重”：

（一）被窝藏、包庇的人可能被判处无期徒刑以上刑罚的；

（二）被窝藏、包庇的人犯危害国家安全犯罪、恐怖主义或者极端主义犯罪，或者系黑社会性质组织犯罪的组织者、领导者，且可能被判处十年有期徒刑以上刑罚的；

（三）被窝藏、包庇的人系犯罪集团的首要分子，且可能被判处十年有期徒刑以上刑罚的；

（四）被窝藏、包庇的人在被窝藏、包庇期间再次实施故意犯罪，且新罪可能被判处五年有期徒刑以上刑罚的；

（五）多次窝藏、包庇犯罪的人，或者窝藏、包庇多名犯罪的人的；

（六）其他情节严重的情形。

前款所称“可能被判处”刑罚，是指根据被窝藏、包庇的人所犯罪行，在不考虑自首、立功、认罪认罚等从宽处罚情节时应当依法判处的刑罚。

**第五条** 认定刑法第三百一十条第一款规定的“明知”，应当根据案件的客观事实，结合行为人的认知能力，接触被窝藏、包庇的犯罪人的情况，以及行为人和犯罪人的供述等主、客观因素进行认定。

行为人将犯罪的人所犯之罪误认为其他犯罪的，不影响刑法第三百一十条第一款规定的“明知”的认定。

行为人虽然实施了提供隐藏处所、财物等行为，但现有证据不能证明行为人知道犯罪的人实施了犯罪行为的，不能认定为刑法第三百一十条第一款规定的“明知”。

**第六条** 认定窝藏、包庇罪，以被窝藏、包庇的人的行为构成犯罪为前提。

被窝藏、包庇的人实施的犯罪事实清楚，证据确实、充分，但尚未到案、尚未依法裁判或者因不具有刑事责任能力依法未予追究刑事责任的，不影响窝藏、包庇罪的认定。但是，被窝藏、包庇的人归案后被宣告无罪的，应当依照法定程序宣告窝藏、包庇行为人无罪。

**第七条** 为帮助同一个犯罪的人逃避刑事处罚，实施窝藏、包庇行为，又实施洗钱行为，或者掩饰、隐瞒犯罪所得及其收益行为，或者帮助毁灭证据行为，或者伪证行为的，依照处罚较重的犯罪定罪，并从重处罚，不实行数罪并罚。

**第八条** 共同犯罪人之间互相实施的窝藏、包庇行为，不以窝藏、包庇罪定罪处罚，但对共同犯罪以外的犯罪人实施窝藏、包庇行为的，以所犯共同犯罪和窝藏、包庇罪并罚。

**第九条** 本解释自 2021 年 8 月 11 日起施行。

# 《最高人民法院、最高人民检察院关于办理窝藏、包庇刑事案件适用法律若干问题的解释》的理解与适用

滕　伟　陆建红　田文莎*

## 一、司法解释起草的指导思想、基本方法和起草过程

### （一）坚持以习近平法治思想为指导

习近平法治思想是指导我们司法工作的理论基础。我们在起草《最高人民法院、最高人民检察院关于办理窝藏、包庇刑事案件适用法律若干问题的解释》（以下简称《解释》）时，首先组织起草小组成员认真学习习近平法治思想，深刻领会精神实质，切实在起草工作中将习近平法治思想贯彻好、落实好。在具体起草工作中，结合现代法治社会的实际情况和司法实践出现的新问题，对条文和内容作出了较为科学的规定。

### （二）切实体现社会主义核心价值观

为确保在司法解释工作中体现社会主义核心价值观，我们认真学习并坚决贯彻《最高人民法院关于在司法解释中全面贯彻社会主义核心价值观的工作规划（2018—2023）》精神。就《解释》而言，主要体现“法治”“诚信”“友善”的社会主义核心价值观。首先，体现“法治”这一社会主义核心价值观。公民支持、维护司法机关正常司法活动，是遵守法律的

* 作者单位：最高人民法院刑事审判第四庭。

重要体现，一切窝藏、包庇犯罪分子，破坏刑事诉讼秩序的行为，都应当予以依法打击。但刑法条文对何为窝藏、何为包庇却没有明确规定。为此，根据刑法理论和司法实践的总结，《解释》对窝藏、包庇罪的构成要件作了明确规定，以指导司法办案，引领社会行为规范。同时，对窝藏、包庇罪的“情节严重”情形，刑法亦未明确规定，一些司法机关对确属“情节严重”的窝藏、包庇犯罪不敢适用刑法关于“情节严重”的规定，以致该规定处于虚置状态；而一些司法机关对“情节严重”的规定认识有偏差，导致一些可以从宽处罚的案件予以从重处罚，影响了宽严相济刑事政策的全面落实。根据这一实际，在充分调研的基础上，《解释》对窝藏、包庇“情节严重”情形作了细化规定。其次，体现“诚信”“友善”的社会主义核心价值观。“诚信”即诚实守信，是人类社会千百年传承下来的道德传统，也是社会主义道德建设的重点内容。“友善”强调公民之间应互相尊重、互相关心、互相帮助，和睦友好，努力形成社会主义新型人际关系。体现在《解释》中，就是要求公民与犯罪作斗争，而不是所谓的“一团和气”，更不能实施窝藏、包庇行为。正确理解和实践“诚信”“友善”社会主义核心价值观，应理解为对好人的“诚信”“友善”，对罪犯的揭发，甚至大义灭亲，让犯罪分子特别是严重犯罪分子无所遁形。这是“诚信”“友善”的基本要求和题中应有之义。

### （三）注重刑法理论、刑法规定与刑事司法实践的有机统一

刑法学界对窝藏、包庇罪的研究并不充分，主要原因是司法实践中，案件数量相对不大。但是，有些困惑、争议客观存在。1979 年刑法对窝藏、包庇罪仅是以简单罪状表述，1997 年刑法虽然采用了叙明罪状的方式，但对如何理解窝藏、包庇罪的犯罪构成，如何理解和适用“情节严重”，一直没有司法解释。法学界对窝藏罪的外延、对如何确定“情节严重”及对刑法条文本身如何理解存在争议，例如，根据刑法规定，明知是犯罪的人而为其提供隐藏处所、财物，帮助其逃匿的，是窝藏罪；但窝藏罪的客观行为如何理解，在学理上存有争论。一种观点认为，提供隐藏处所、财物是行为，帮助罪犯逃匿是目的；另一种观点则认为，提供隐藏处所、财物与帮助逃匿是并列关系，都是窝藏行为。那么，为犯罪分子通风报信而未提供隐藏处所、财物的，能否认定为窝藏？两种不同的观点得出的结论是不一样的，如何取舍？就要认真研究不同观点的利弊，认真探究

立法宗旨或者意图，要综合考虑采用不同的观点带来的社会效果，权衡刑法打击与保障关系、刑罚谦抑性与惩罚性关系等；同时还要考虑司法实践中的可操作性问题。《解释》的每一条都是在对上述几个方面进行认真思考、比较、研究后，才提出最终意见。即便这样，在征求意见时，依然有不同观点。对此，我们都认真听取，努力做到每一个条款都实现刑法理论、刑法规定与刑事司法实践的有机统一。

《解释》经最高人民法院审判委员会讨论同意立项后，最高人民法院刑事审判第四庭起草小组，主要做了以下工作：(1) 调研。起草小组采取书面调研和现场调研相结合的方式。分别赴浙江省、重庆市、江苏省、辽宁省等地现场调研，了解窝藏、包庇刑事案件的审理情况，现场听取相关法院从事刑事审判工作的领导和法官的意见。在浙江省还听取了部分检察机关、公安机关同志的意见。在此基础上，对《解释》稿进行多次修改，形成征求意见稿。(2) 征求意见。一是征求各高级人民法院意见。将征求意见稿发往上海、天津、江苏、安徽、福建、山东、湖南、四川、广东、陕西、宁夏等高级人民法院，广泛征求地方法院的意见，收集各地五年以来审理窝藏、包庇刑事案件的基本情况、相关做法和经验教训等，并收集了大量案例。最高人民法院研究室征集五年来窝藏、包庇刑事案件的基本数据，力求既在微观上了解具体案件的情况，又在宏观大数据上了解此类案件布局、结构、态势等特点。在充分调研的基础上，对《解释》稿进行多次修改。二是征求最高人民法院各刑事审判庭的意见。三是特别征求最高人民法院研究室的意见。四是征求最高人民检察院、公安部的意见。最高人民检察院建议与其联合发布《解释》。五是充分听取全国人大常委会法工委的意见。(3) 与最高人民检察院进行联合修改。根据调研情况和征求意见情况，起草小组和最高人民检察院研究室的同志对《解释》稿逐条逐句进行研究和修改。中国人民大学刑法学教授、博士生导师，最高人民法院刑事审判第四庭挂职副庭长田宏杰全程参与，并从学者的角度提出了修改意见。《解释》经最高人民法院、最高人民检察院修改后，于2020年3月2日由最高人民法院审判委员会第1794次会议、2020年12月28日由最高人民检察院第十三届检察委员会第五十八次会议通过，自2021年8月11日起施行。

## 二、窝藏、包庇犯罪的构罪要件

### （一）窝藏罪的构罪要件

根据刑法第三百一十条第一款的规定，明知是犯罪的人而为其提供隐藏处所、财物，帮助其逃匿的，构成窝藏罪。实践中，主要分歧在于，窝藏行为是否仅限于提供隐藏处所、财物的行为。分歧的主要原因是如何理解提供隐藏处所、财物与帮助逃匿之间的关系。第一种观点认为，两者之间是手段与目的关系；第二种观点认为，两者之间是并列的选择关系；第三种观点认为，两者之间是后者包含前者的关系，前者是后者的典型示例。我们认为，从刑法条文的结构分析，两者之间是手段与目的的关系。刑法第三百一十条规定了两个罪，即窝藏罪和包庇罪。窝藏罪的罪状描述为“提供隐藏处所、财物，帮助其逃匿”，而包庇罪的罪状描述是“作假证明包庇”。包庇罪的客观行为是作假证明，目的是包庇。同理，窝藏罪的客观行为是提供隐藏处所、财物，目的是帮助犯罪的人逃匿。两个罪名的逻辑结构一致，表现了立法的严谨性。为慎重起见，我们征求并充分听取了全国人大常委会法工委的意见。根据立法机关建议，《解释》对窝藏罪的构成要件进行了规定，将提供隐藏处所、财物与帮助犯罪的人逃匿之间的关系定位为手段与目的的关系。

调研中，有观点认为，应当将为犯罪的人通风报信、出谋划策的行为规定为窝藏罪的行为之一。理由是：该行为严重妨碍侦查，妨碍刑事诉讼；而且，刑法第三百六十二条也规定：“旅馆业、饮食服务业、文化娱乐业、出租汽车业等单位的人员，在公安机关查处卖淫、嫖娼活动时，为违法犯罪分子通风报信，情节严重的，依照本法第三百一十条的规定定罪处罚。”《解释》未采纳该意见。主要理由：一是通风报信、出谋划策行为不属于提供隐藏处所、财物的行为，司法解释不能随意扩大刑法的调整范围。二是刑法第三百六十二条是一条特别规定，不能依据此条规定将所有通风报信行为都作犯罪化处理。该条规定只适用于涉卖淫刑事案件。三是国家工作人员为犯罪的人通风报信，刑法规定了渎职犯罪予以规制。而普通群众难以获得相关信息，即便有通风报信行为，一般也不必作为犯罪论处；如果情节严重，妨害公安机关、安全机关执行国家安全任务造成严重后果的，可以妨害公务罪定罪处罚。

调研中，对指示逃跑路线的行为能否作为提供隐藏处所行为对待，有不同认识。我们认为，对刑法语词的解释应该遵循罪刑法定原则和常理。对于“提供隐藏处所”中的“处所”进行解释，既不能局限于日常生活概念，又不能任意扩大；指示逃跑路线一般情况下，不具有提供处所的性质；如果行为人为帮助犯罪的人逃匿，既指示逃跑路线，又提供隐藏处所或者财物，构成犯罪的，则应当以窝藏罪定罪处罚。

据此，《解释》第一条第一款对窝藏罪的构成要件，以列举的方式作了如下规定：“明知是犯罪的人，为帮助其逃匿，实施下列行为之一的，应当依照刑法第三百一十条第一款的规定，以窝藏罪定罪处罚：（一）为犯罪的人提供房屋或者其他可以用于隐藏的处所的；（二）为犯罪的人提供车辆、船只、航空器等交通工具，或者提供手机等通讯工具的；（三）为犯罪的人提供金钱的；（四）其他为犯罪的人提供隐藏处所、财物，帮助其逃匿的情形。”

《解释》第一条第二款规定：“保证人在犯罪的人取保候审期间，协助其逃匿，或者明知犯罪的人的藏匿地点、联系方式，但拒绝向司法机关提供的，应当依照刑法第三百一十条第一款的规定，对保证人以窝藏罪定罪处罚。”该内容系从《最高人民法院关于适用〈中华人民共和国刑事诉讼法〉的解释》第一百五十七条援引而来。该条规定：“根据案件事实和法律规定，认为已经构成犯罪的被告人在取保候审期间逃匿的，如果系保证人协助被告人逃匿，或者保证人明知被告人藏匿地点但拒绝向司法机关提供，对保证人应当依法追究责任。”

《解释》第一条第三款系出罪条款。主要为了防止某些人虽然提供了隐藏处所、财物，但没有帮助犯罪的人逃匿的主观目的也被定罪处罚的情形。同时，本款规定，对某些具有法定报告义务的行为人，未履行法定报告义务的，依法移送有关主管机关给予行政处罚。

### （二）包庇罪的构罪要件

《解释》第二条规定：“明知是犯罪的人，为帮助其逃避刑事追究，或者帮助其获得从宽处罚，实施下列行为之一的，应当依照刑法第三百一十条第一款的规定，以包庇罪定罪处罚：（一）故意顶替犯罪的人欺骗司法机关的；（二）故意向司法机关作虚假陈述或者提供虚假证明，以证明犯罪的人没有实施犯罪行为，或者犯罪的人所实施行为不构成犯罪的；（三）故意向司法机关提供虚假证明，以证明犯罪的人具有法定从轻、减轻、免除处罚情节的；（四）其他作假证明包庇的行为。”

调研中，关于确定包庇罪构罪要件的主要分歧在于：行为人为犯罪的人作假证明，以证明其具有法定从轻、减轻、免除处罚情节的，能否认定为包庇行为；包庇与伪证行为如何区分。

有观点认为，作假证明的目的是帮助犯罪分子逃避刑事处罚；如果作假证明的目的是让犯罪的人从轻、减轻、免除处罚，如假立功、假自首，则应当以伪证罪定罪处罚。理由是：（1）作假证明的目的是帮助犯罪分子逃避刑事处罚；（2）窝藏与包庇应当具有相当的社会危害性，窝藏的后果是可能造成犯罪的人无法被追究，包庇只有造成司法机关不能正常进行刑事诉讼的危险，才能与窝藏行为具有相当的社会危害性。提供从宽处罚的虚假证明显然无法造成这一风险，不宜扩大刑事的追诉范围。

经研究，我们认为，“故意向司法机关提供虚假证明，以证明犯罪的人具有法定从轻、减轻、免除处罚情节的”，应当以包庇罪定罪处罚，而不以伪证罪定罪处罚。理由是：（1）根据刑法第三百零五条的规定，伪证行为要以意图陷害他人或者隐匿罪证为目的，上述行为既不是意图陷害他人，也不是隐匿罪证，而是提供虚假证明，因此不能以伪证罪论处。这也是伪证罪与包庇罪的主要区别。（2）不能简单地将窝藏与包庇两种行为可能造成的危害性进行比较，二者没有可比性。窝藏不可能使犯罪的人受到从宽处罚，而只能使其逃避处罚，这是由窝藏行为的特质决定的。实践中不存在犯罪的人由于被窝藏而受到从宽处罚的情况。

一般情况下，证人拒绝提供证据，不构成包庇罪，除非其作假证明。但有一个例外，即刑法第三百一十一条规定的“明知他人有间谍犯罪或者恐怖主义、极端主义犯罪行为，在司法机关向其调查有关情况、收集有关证据时，拒绝提供，情节严重的”，构成拒绝提供间谍犯罪、恐怖主义犯罪、极端主义犯罪证据罪。如果证人明知他人有上述间谍犯罪等行为，故意提供假证明的，如何处理？对此，《解释》第三条专门作了规定：“明知他人有间谍犯罪或者恐怖主义、极端主义犯罪行为，在司法机关向其调查有关情况、收集有关证据时，拒绝提供，情节严重的，依照刑法第三百一十一条的规定，以拒绝提供间谍犯罪、恐怖主义犯罪、极端主义犯罪证据罪定罪处罚；作假证明包庇的，依照刑法第三百一十条的规定，以包庇罪从重处罚。”

## 三、窝藏、包庇“情节严重”的认定

根据刑法第三百一十条的规定，犯窝藏、包庇罪，情节严重的，处三年以上十年以下有期徒刑。实践中，对“情节严重”的认识不一致，不同法院之间对于“情节严重”的把握标准不统一。各高级人民法院也未对“情节严重”的标准作出规范性规定，而完全由审理法院在个案中自行掌握，导致标准不统一，量刑不均衡。大多数法院都将被窝藏、包庇的人被判处无期徒刑以上刑罚作为窝藏、包庇的情节严重标准；少数法院参照包庇毒品犯罪分子罪，将被窝藏、包庇的人被判处十五年有期徒刑以上刑罚作为窝藏、包庇的情节严重标准。对窝藏、包庇特殊犯罪，如危害国家安全犯罪、恐怖主义或者极端主义犯罪、黑社会性质犯罪等，未作为窝藏、包庇的情节严重标准。

我们认为，对窝藏、包庇罪情节严重的标准，应从以下两个方面予以判断：(1) 从被窝藏、包庇的犯罪性质、罪行轻重来判断；(2) 从窝藏、包庇犯罪行为本身判断。这里涉及窝藏、包庇犯与被窝藏、包庇犯的量刑平衡问题。实践中，也存在窝藏、包庇犯单次犯罪的罪责重于被窝藏、包庇犯的特殊情况。如危险驾驶罪的最高法定刑为拘役六个月，但明知他人犯危险驾驶罪为其“顶包”的，可能构成包庇罪，最高可被判处三年有期徒刑刑罚。对此，不能机械地认为窝藏、包庇罪被判处的刑罚要比被窝藏、包庇犯罪判处的刑罚轻；危险驾驶罪是一个尚未发生实害结果的危险犯，而“顶包”行为严重妨害了司法秩序，其实际危害比危险驾驶罪更大。

据此，《解释》第四条第一款规定：“窝藏、包庇犯罪的人，具有下列情形之一的，应当认定为刑法第三百一十条第一款规定的‘情节严重’：(一) 被窝藏、包庇的人可能被判处无期徒刑以上刑罚的；(二) 被窝藏、包庇的人犯危害国家安全犯罪、恐怖主义或者极端主义犯罪，或者系黑社会性质组织犯罪的组织者、领导者，且可能被判处十年有期徒刑以上刑罚的；(三) 被窝藏、包庇的人系犯罪集团的首要分子，且可能被判处十年有期徒刑以上刑罚的；(四) 被窝藏、包庇的人在被窝藏、包庇期间再次实施故意犯罪，且新罪可能被判处五年有期徒刑以上刑罚的；(五) 多次窝藏、包庇犯罪的人，或者窝藏、包庇多名犯罪的人的；(六) 其他情节严重的情形。”

根据以往的司法解释惯例及司法实践的需要，《解释》第四条第二款对该条第一款所称的“可能被判处”刑罚，明确规定为“指根据被窝藏、包庇的人所犯罪行，在不考虑自首、立功、认罪认罚等从宽处罚情节时应当依法判处的刑罚”，以避免司法实践中出现不统一做法。

## 四、窝藏、包庇罪的“明知”要件的认定

《解释》第五条从三个方面对如何认定窝藏、包庇罪的“明知”要件作了规定。

一是第一款规定：“认定刑法第三百一十条第一款规定的‘明知’，应当根据案件的客观事实，结合行为人的认知能力，接触被窝藏、包庇的犯罪人的情况，以及行为人和犯罪人的供述等主、客观因素进行认定。”该款只是明确了认定“明知”的基本方法。具体到个案，司法工作者还需要结合案件实际情况进行判断。我们认为，具有下列情形之一的，应当认定行为人属于刑法第三百一十条第一款规定的“明知”，但有证据证明确实不知道的除外：(1) 行为人目击犯罪事实发生的；(2) 犯罪的人告知其实施犯罪行为的；(3) 根据衣着、携带物品等，应当能够判断出系犯罪的人的；(4) 司法机关查处犯罪事实时已经明确告知的；(5) 其他可以认定为明知的情形。

二是第二款规定：“行为人将犯罪的人所犯之罪误认为其他犯罪的，不影响刑法第三百一十条第一款规定的‘明知’的认定。”即在认定明知时，只需要认定行为人明知被窝藏、包庇的人系犯罪的人即可，至于是何种犯罪，无须苛求。

三是第三款规定：“行为人虽然实施了提供隐藏处所、财物等行为，但现有证据不能证明行为人知道犯罪的人实施了犯罪行为的，不能认定为刑法第三百一十条第一款规定的‘明知’。”

## 五、窝藏、包庇罪的罪与非罪、一罪与数罪问题

### (一) 窝藏、包庇罪的罪与非罪的界限

实践中，行为人实施窝藏、包庇行为，但被窝藏、包庇的人并未实施犯罪行为，而只实施了一般违法行为的，不能认定行为人构成窝藏、包庇罪。即窝藏、包庇罪应当以被窝藏、包庇的人实施了构成犯罪的行为为前

提。该前提包含以下两个方面含义：一是被窝藏、包庇的人所实施的犯罪行为有充分证据证明，且达到了犯罪的程度；二是对窝藏、包庇罪事实的认定，原则上应当在对被窝藏、包庇的人所实施的犯罪依法裁判确定后进行。虽然《解释》第六条第二款规定“被窝藏、包庇的人实施的犯罪事实清楚，证据确实、充分，但尚未到案、尚未依法裁判或者因不具有刑事责任能力依法未予追究刑事责任的，不影响窝藏、包庇罪的认定”，但在被窝藏、包庇的人尚未受到刑事追究的情况下，先追究窝藏、包庇者的刑事责任，存在诸多不确定性。因此，上述规定只能作为一种例外，只针对极少数情况下，由于被窝藏、包庇的人还有其他犯罪事实，一时难以查清或者因为其他原因尚未依法裁判，为依法及时审判窝藏、包庇犯罪案件，才在被窝藏、包庇的人尚未受到刑事追究时先行认定窝藏、包庇罪的情形。实践中，还应当关注本款关于“被窝藏、包庇的人归案后被宣告无罪的，应当依照法定程序宣告窝藏、包庇行为人无罪”的提示性规定。

### （二）窝藏、包庇罪的一罪与数罪的问题

实践中，出于帮助同一犯罪人逃避处罚的目的，既实施窝藏、又实施包庇，甚至有其他妨害司法行为的，《解释》确立了择一重罪从重处罚原则，而不实行数罪并罚。如李某故意杀人后，其妻王某明知李某犯罪，将李某的血衣清洗（焚烧），又给李某1万元钱帮助其逃匿，在公安机关调查时又作假证词称李某没有作案时间。理论上，王某分别实施了帮助毁灭证据、窝藏、包庇行为，构成帮助毁灭证据罪、窝藏罪、包庇罪。但是，王某实施这一系列行为都是基于一个故意，即帮助李某逃避刑事处罚。我们认为，为避免机械司法，保证司法裁判结果符合人民群众朴素的正义观，对这种情形不实行数罪并罚，择一重罪定罪从重处罚也能实现罪责刑相适应。据此，《解释》第七条规定：“为帮助同一个犯罪的人逃避刑事处罚，实施窝藏、包庇行为，又实施洗钱行为，或者掩饰、隐瞒犯罪所得及其收益行为，或者帮助毁灭证据行为，或者伪证行为的，依照处罚较重的犯罪定罪，并从重处罚，不实行数罪并罚。”

调研中，有观点认为，妨害司法罪其他几个罪名的行为之间可能存在竞合，可以不实行数罪并罚，但掩饰、隐瞒犯罪所得及其收益行为，不仅妨害司法，还侵犯财产权，行为方式与窝藏、包庇也存在差异，不实行数罪并罚缺乏充足依据。我们认为，该观点理论上有一定道理，但《解释》

第七条强调的是行为人基于一个帮助犯罪的人逃避刑事处罚的故意而实施的数个行为，各行为都是为了实现同一目的，相互间联系密切，故不实施并罚更符合主客观相统一原则。这样规定，方便基层人民法院处理此类案件，符合人民群众对法律的朴素认知和正义情感。

## 六、共同犯罪人之间窝藏、包庇行为的处理

有观点认为，共同犯罪人之间窝藏、包庇的，应当以其所犯共同犯罪和窝藏、包庇罪并罚。笔者认为，共同犯罪人之间互相实施的窝藏、包庇行为，不能以窝藏、包庇罪定罪处罚。理由主要是：(1) 共同犯罪人之间相互窝藏、包庇的，不具有期待可能性，属于事后不可罚行为；(2) 窝藏、包庇犯罪的主体，应当是被窝藏、包庇犯罪以外的人，自己不能成为窝藏、包庇自己犯罪的主体，包括共同犯罪人也不属于窝藏、包庇罪的犯罪主体。因为窝藏、包庇罪的前提是明知窝藏、包庇的对象是犯罪的人，而明知当然是对自己以外的犯罪人而言的。另外，从“帮助其逃匿”等用语分析，也不可能包括帮助自己逃匿。据此，《解释》第八条规定：“共同犯罪人之间互相实施的窝藏、包庇行为，不以窝藏、包庇罪定罪处罚，但对共同犯罪以外的犯罪人实施窝藏、包庇行为的，以所犯共同犯罪和窝藏、包庇罪并罚。”

## 七、关于“亲亲相隐”问题

“亲亲相隐”是中国古代刑律的一项原则，主要内容包括：亲属有罪相隐，不论罪或减刑；控告应相隐的亲属要处刑；国事重罪不适用相隐原则。以儒家思想为主导的中华法系，基于维护伦理道德和家族制度的目的，确立了“亲亲相隐”原则。中华人民共和国成立后，这一原则未在法律中明确规定，司法实践中也有不同做法，比如儿子犯罪，母亲仅给了少量钱款，但并未实质上影响公安机关对犯罪分子的抓捕，却被判刑的例子并不鲜见。实际上，近年来我国立法和司法解释中也有体现“亲亲相隐”原则精神的相应规定。例如，刑事诉讼法第一百九十三条第一款规定：“经人民法院通知，证人没有正当理由不出庭作证的，人民法院可以强制其到庭，但是被告人的配偶、父母、子女除外。”《最高人民法院关于审理掩饰、隐瞒犯罪所得、犯罪所得收益刑事案件适用法律若干问题的解释》第二条规定，掩饰、隐瞒犯罪所得及其产生的收益行为构成犯罪，但系为

近亲属掩饰、隐瞒犯罪所得及其产生的收益行为，且初犯、偶犯，又认罪、悔罪并退赃、退赔，可以认定为犯罪情节轻微，免予刑事处罚。又如,《最高人民法院关于审理毒品犯罪案件适用法律若干问题的解释》第六条第三款规定:“包庇走私、贩卖、运输、制造毒品的近亲属，或者为其窝藏、转移、隐瞒毒品或者毒品犯罪所得的财物，不具有本条前两款规定的情节严重情形，归案后认罪、悔罪、积极退赃，且系初犯、偶犯，犯罪情节轻微不需要判处刑罚的，可以免予刑事处罚。”上述规定尚不属于典型的“亲亲相隐”原则规定。对窝藏、包庇罪中是否要规定“亲亲相隐”，争议很大。调研中不少人认为，目前对“亲亲相隐”原则作出明确的制度化规定，条件尚不成熟；在司法实践中，对犯罪人的近亲属犯窝藏、包庇犯罪的，一般也会从宽处理。因此，司法解释对该原则不明确规定，也不会影响司法办案效果。调研中有人建议，对“亲亲相隐”问题，最高人民法院可以通过发布典型案例或者解读释义的方式，指导司法办案。经慎重考虑,《解释》采纳了这一观点。

对亲属间实施的窝藏、包庇行为，我们认为可从以下四个方面把握：第一，近亲属实施窝藏、包庇行为，考虑到这类情况下的犯罪动机，主要是出于亲情，而不是直接出于妨碍司法秩序，总体上可予从宽；第二，近亲属实施窝藏、包庇行为，情节较轻，且认罪悔罪的，可免予刑事处罚或者不起诉；第三，近亲属实施窝藏、包庇行为，属情节严重，但未造成严重妨害司法活动的实际后果，且认罪悔罪，可酌情从宽处罚，具有自首、立功等法定从宽处罚情节的，可以不起诉或者免予刑事处罚；第四，其他亲情和血缘关系密切的人实施窝藏、包庇行为，应与近亲属实施上述行为有所区别，只能参照近亲属的处罚原则适度从宽。

根据刑事诉讼法第一百零八条第六项规定，近亲属，是指夫、妻、父、母、子、女、同胞兄弟姊妹。实践中，“其他亲情和血缘关系密切的人”应当是具有下列情形之一的：(1) 祖父母、外祖父母、孙子女、外孙子女；(2) 三代以内旁系血亲；(3) 近姻亲，即近亲属的配偶、配偶的近亲属、配偶近亲属的配偶；(4) 共同生活的公婆和丧偶儿媳、岳父母和丧偶女婿；(5) 具有亲情或者血缘关系且共同生活的其他亲属。上述所称子女，包括养子女、继子女。

# 最高人民法院　最高人民检察院
# 关于办理危害食品安全刑事案件适用法律若干问题的解释

法释〔2021〕24号

（2021年12月13日最高人民法院审判委员会第1856次会议、2021年12月29日最高人民检察院第十三届检察委员会第八十四次会议通过　2021年12月30日最高人民法院、最高人民检察院公告公布　自2022年1月1日起施行）

为依法惩治危害食品安全犯罪，保障人民群众身体健康、生命安全，根据《中华人民共和国刑法》《中华人民共和国刑事诉讼法》的有关规定，对办理此类刑事案件适用法律的若干问题解释如下：

**第一条**　生产、销售不符合食品安全标准的食品，具有下列情形之一的，应当认定为刑法第一百四十三条规定的“足以造成严重食物中毒事故或者其他严重食源性疾病”：

（一）含有严重超出标准限量的致病性微生物、农药残留、兽药残留、生物毒素、重金属等污染物质以及其他严重危害人体健康的物质的；

（二）属于病死、死因不明或者检验检疫不合格的畜、禽、兽、水产动物肉类及其制品的；

（三）属于国家为防控疾病等特殊需要明令禁止生产、销售的；

（四）特殊医学用途配方食品、专供婴幼儿的主辅食品营养成分严重不符合食品安全标准的；

（五）其他足以造成严重食物中毒事故或者严重食源性疾病的情形。

**第二条**　生产、销售不符合食品安全标准的食品，具有下列情形之一的，应当认定为刑法第一百四十三条规定的“对人体健康造成严重危害”：

（一）造成轻伤以上伤害的；

（二）造成轻度残疾或者中度残疾的；

（三）造成器官组织损伤导致一般功能障碍或者严重功能障碍的；

（四）造成十人以上严重食物中毒或者其他严重食源性疾病的；

（五）其他对人体健康造成严重危害的情形。

**第三条** 生产、销售不符合食品安全标准的食品，具有下列情形之一的，应当认定为刑法第一百四十三条规定的“其他严重情节”：

（一）生产、销售金额二十万元以上的；

（二）生产、销售金额十万元以上不满二十万元，不符合食品安全标准的食品数量较大或者生产、销售持续时间六个月以上的；

（三）生产、销售金额十万元以上不满二十万元，属于特殊医学用途配方食品、专供婴幼儿的主辅食品的；

（四）生产、销售金额十万元以上不满二十万元，且在中小学校园、托幼机构、养老机构及周边面向未成年人、老年人销售的；

（五）生产、销售金额十万元以上不满二十万元，曾因危害食品安全犯罪受过刑事处罚或者二年内因危害食品安全违法行为受过行政处罚的；

（六）其他情节严重的情形。

**第四条** 生产、销售不符合食品安全标准的食品，具有下列情形之一的，应当认定为刑法第一百四十三条规定的“后果特别严重”：

（一）致人死亡的；

（二）造成重度残疾以上的；

（三）造成三人以上重伤、中度残疾或者器官组织损伤导致严重功能障碍的；

（四）造成十人以上轻伤、五人以上轻度残疾或者器官组织损伤导致一般功能障碍的；

（五）造成三十人以上严重食物中毒或者其他严重食源性疾病的；

（六）其他特别严重的后果。

**第五条** 在食品生产、销售、运输、贮存等过程中，违反食品安全标准，超限量或者超范围滥用食品添加剂，足以造成严重食物中毒事故或者其他严重食源性疾病的，依照刑法第一百四十三条的规定以生产、销售不符合安全标准的食品罪定罪处罚。

在食用农产品种植、养殖、销售、运输、贮存等过程中，违反食品安全标准，超限量或者超范围滥用添加剂、农药、兽药等，足以造成严重食物中毒事故或者其他严重食源性疾病的，适用前款的规定定罪处罚。

**第六条** 生产、销售有毒、有害食品，具有本解释第二条规定情形之一的，应当认定为刑法第一百四十四条规定的“对人体健康造成严重危害”。

**第七条** 生产、销售有毒、有害食品，具有下列情形之一的，应当认定为刑法第一百四十四条规定的“其他严重情节”：

（一）生产、销售金额二十万元以上不满五十万元的；

（二）生产、销售金额十万元以上不满二十万元，有毒、有害食品数量较大或者生产、销售持续时间六个月以上的；

（三）生产、销售金额十万元以上不满二十万元，属于特殊医学用途配方食品、专供婴幼儿的主辅食品的；

（四）生产、销售金额十万元以上不满二十万元，且在中小学校园、托幼机构、养老机构及周边面向未成年人、老年人销售的；

（五）生产、销售金额十万元以上不满二十万元，曾因危害食品安全犯罪受过刑事处罚或者二年内因危害食品安全违法行为受过行政处罚的；

（六）有毒、有害的非食品原料毒害性强或者含量高的；

（七）其他情节严重的情形。

**第八条** 生产、销售有毒、有害食品，生产、销售金额五十万元以上，或者具有本解释第四条第二项至第六项规定的情形之一的，应当认定为刑法第一百四十四条规定的“其他特别严重情节”。

**第九条** 下列物质应当认定为刑法第一百四十四条规定的“有毒、有害的非食品原料”：

（一）因危害人体健康，被法律、法规禁止在食品生产经营活动中添加、使用的物质；

（二）因危害人体健康，被国务院有关部门列入《食品中可能违法添加的非食用物质名单》《保健食品中可能非法添加的物质名单》和国务院有关部门公告的禁用农药、《食品动物中禁止使用的药品及其他化合物清单》等名单上的物质；

（三）其他有毒、有害的物质。

**第十条** 刑法第一百四十四条规定的“明知”，应当综合行为人的认知能力、食品质量、进货或者销售的渠道及价格等主、客观因素进行认定。

具有下列情形之一的，可以认定为刑法第一百四十四条规定的“明知”，但存在相反证据并经查证属实的除外：

（一）长期从事相关食品、食用农产品生产、种植、养殖、销售、运输、贮存行业，不依法履行保障食品安全义务的；

（二）没有合法有效的购货凭证，且不能提供或者拒不提供销售的相关食品来源的；

（三）以明显低于市场价格进货或者销售且无合理原因的；

（四）在有关部门发出禁令或者食品安全预警的情况下继续销售的；

（五）因实施危害食品安全行为受过行政处罚或者刑事处罚，又实施同种行为的；

（六）其他足以认定行为人明知的情形。

**第十一条** 在食品生产、销售、运输、贮存等过程中，掺入有毒、有害的非食品原料，或者使用有毒、有害的非食品原料生产食品的，依照刑法第一百四十四条的规定以生产、销售有毒、有害食品罪定罪处罚。

在食用农产品种植、养殖、销售、运输、贮存等过程中，使用禁用农药、食品动物中禁止使用的药品及其他化合物等有毒、有害的非食品原料，适用前款的规定定罪处罚。

在保健食品或者其他食品中非法添加国家禁用药物等有毒、有害的非食品原料的，适用第一款的规定定罪处罚。

**第十二条** 在食品生产、销售、运输、贮存等过程中，使用不符合食品安全标准的食品包装材料、容器、洗涤剂、消毒剂，或者用于食品生产经营的工具、设备等，造成食品被污染，符合刑法第一百四十三条、第一百四十四条规定的，以生产、销售不符合安全标准的食品罪或者生产、销售有毒、有害食品罪定罪处罚。

**第十三条** 生产、销售不符合食品安全标准的食品，有毒、有害食品，符合刑法第一百四十三条、第一百四十四条规定的，以生产、销售不符合安全标准的食品罪或者生产、销售有毒、有害食品罪定罪处罚。同时构成其他犯罪的，依照处罚较重的规定定罪处罚。

生产、销售不符合食品安全标准的食品，无证据证明足以造成严重食物中毒事故或者其他严重食源性疾病，不构成生产、销售不符合安全标准的食品罪，但构成生产、销售伪劣产品罪，妨害动植物防疫、检疫罪等其他犯罪的，依照该其他犯罪定罪处罚。

**第十四条** 明知他人生产、销售不符合食品安全标准的食品，有毒、有害食品，具有下列情形之一的，以生产、销售不符合安全标准的食品罪或者生产、销售有毒、有害食品罪的共犯论处：

（一）提供资金、贷款、账号、发票、证明、许可证件的；

（二）提供生产、经营场所或者运输、贮存、保管、邮寄、销售渠道等便利条件的；

（三）提供生产技术或者食品原料、食品添加剂、食品相关产品或者有毒、有害的非食品原料的；

（四）提供广告宣传的；

（五）提供其他帮助行为的。

**第十五条** 生产、销售不符合食品安全标准的食品添加剂，用于食品的包装材料、容器、洗涤剂、消毒剂，或者用于食品生产经营的工具、设备等，符合刑法第一百四十条规定的，以生产、销售伪劣产品罪定罪处罚。

生产、销售用超过保质期的食品原料、超过保质期的食品、回收食品作为原料的食品，或者以更改生产日期、保质期、改换包装等方式销售超过保质期的食品、回收食品，适用前款的规定定罪处罚。

实施前两款行为，同时构成生产、销售不符合安全标准的食品罪，生产、销售不符合安全标准的产品罪等其他犯罪的，依照处罚较重的规定定罪处罚。

**第十六条** 以提供给他人生产、销售食品为目的，违反国家规定，生产、销售国家禁止用于食品生产、销售的非食品原料，情节严重的，依照刑法第二百二十五条的规定以非法经营罪定罪处罚。

以提供给他人生产、销售食用农产品为目的，违反国家规定，生产、销售国家禁用农药、食品动物中禁止使用的药品及其他化合物等有毒、有害的非食品原料，或者生产、销售添加上述有毒、有害的非食品原料的农药、兽药、饲料、饲料添加剂、饲料原料，情节严重的，依照前款的规定定罪处罚。

**第十七条** 违反国家规定，私设生猪屠宰厂（场），从事生猪屠宰、销售等经营活动，情节严重的，依照刑法第二百二十五条的规定以非法经营罪定罪处罚。

在畜禽屠宰相关环节，对畜禽使用食品动物中禁止使用的药品及其他化合物等有毒、有害的非食品原料，依照刑法第一百四十四条的规定以生产、销售有毒、有害食品罪定罪处罚；对畜禽注水或者注入其他物质，足以造成严重食物中毒事故或者其他严重食源性疾病的，依照刑法第一百四十三条的规定以生产、销售不符合安全标准的食品罪定罪处罚，虽不足以造成严重食物中毒事故或者其他严重食源性疾病，但符合刑法第一百四十条规定的，以生产、销售伪劣产品罪定罪处罚。

**第十八条** 实施本解释规定的非法经营行为，非法经营数额在十万元以上，或者违法所得数额在五万元以上的，应当认定为刑法第二百二十五条规定的“情节严重”；非法经营数额在五十万元以上，或者违法所得数额在二十五万元以上的，应当认定为刑法第二百二十五条规定的“情节特别严重”。

实施本解释规定的非法经营行为，同时构成生产、销售伪劣产品罪，生产、销售不符合安全标准的食品罪，生产、销售有毒、有害食品罪，生产、销售伪劣农药、兽药罪等其他犯罪的，依照处罚较重的规定定罪处罚。

**第十九条** 违反国家规定，利用广告对保健食品或者其他食品作虚假宣传，符合刑法第二百二十二条规定的，以虚假广告罪定罪处罚；以非法占有为目的，利用销售保健食品或者其他食品诈骗财物，符合刑法第二百六十六条规定的，以诈骗罪定罪处罚。同时构成生产、销售伪劣产品罪等其他犯罪的，依照处罚较重的规定定罪处罚。

**第二十条** 负有食品安全监督管理职责的国家机关工作人员滥用职权或者玩忽职守，构成食品监管渎职罪，同时构成徇私舞弊不移交刑事案件罪、商检徇私舞弊罪、动植物检疫徇私舞弊罪、放纵制售伪劣商品犯罪行为罪等其他渎职犯罪的，依照处罚较重的规定定罪处罚。

负有食品安全监督管理职责的国家机关工作人员滥用职权或者玩忽职守，不构成食品监管渎职罪，但构成前款规定的其他渎职犯罪的，依照该其他犯罪定罪处罚。

负有食品安全监督管理职责的国家机关工作人员与他人共谋，利用其职务行为帮助他人实施危害食品安全犯罪行为，同时构成渎职犯罪和危害食品安全犯罪共犯的，依照处罚较重的规定定罪从重处罚。

**第二十一条** 犯生产、销售不符合安全标准的食品罪，生产、销售有毒、有害食品罪，一般应当依法判处生产、销售金额二倍以上的罚金。

共同犯罪的，对各共同犯罪人合计判处的罚金一般应当在生产、销售金额的二倍以上。

**第二十二条** 对实施本解释规定之犯罪的犯罪分子，应当依照刑法规定的条件，严格适用缓刑、免予刑事处罚。对于依法适用缓刑的，可以根据犯罪情况，同时宣告禁止令。

对于被不起诉或者免予刑事处罚的行为人，需要给予行政处罚、政务处分或者其他处分的，依法移送有关主管机关处理。

**第二十三条** 单位实施本解释规定的犯罪的，对单位判处罚金，并对直接负责的主管人员和其他直接责任人员，依照本解释规定的定罪量刑标准处罚。

**第二十四条** “足以造成严重食物中毒事故或者其他严重食源性疾病”“有毒、有害的非食品原料”等专门性问题难以确定的，司法机关可以依据鉴定意见、检验报告、地市级以上相关行政主管部门组织出具的书面意见，结合其他证据作出认定。必要时，专门性问题由省级以上相关行政主管部门组织出具书面意见。

**第二十五条** 本解释所称“二年内”，以第一次违法行为受到行政处罚的生效之日与又实施相应行为之日的时间间隔计算确定。

**第二十六条** 本解释自 2022 年 1 月 1 日起施行。本解释公布实施后，《最高人民法院、最高人民检察院关于办理危害食品安全刑事案件适用法律若干问题的解释》（法释〔2013〕12 号）同时废止；之前发布的司法解释与本解释不一致的，以本解释为准。

# 《最高人民法院、最高人民检察院关于办理危害食品安全刑事案件适用法律若干问题的解释》的理解与适用

安 翱 高 雨 肖 凤*

为依法惩治危害食品安全犯罪，保障人民群众身体健康和生命安全，最高人民法院、最高人民检察院共同制定了《关于办理危害食品安全刑事案件适用法律若干问题的解释》（法释〔2021〕24号，以下简称《解释》）。《解释》于2021年12月30日公布，自2022年1月1日起施行。为便于司法实践中正确理解和适用，现就《解释》的制定背景、主要内容介绍如下。

## 一、《解释》的修订背景

食品安全事关人民群众的身体健康和生命安全，是重大的民生问题，司法机关一直高度重视依法惩治危害食品安全犯罪。2013年5月，最高人民法院、最高人民检察院联合公布《关于办理危害食品安全刑事案件适用法律若干问题的解释》(法释〔2013〕12号，以下简称《2013年解释》)，为依法惩治危害食品安全犯罪、保护人民群众饮食安全发挥了重要作用。

近年来，我国食品安全形势总体稳中向好，但食品安全违法犯罪行为屡禁不止，人民群众反映强烈。随着犯罪分子作案手段不断翻新，新型犯罪层出不穷，司法实践中对一些案件定性和处罚标准存在争议，影响对危害食品安全犯罪的惩治效果。同时，2015年以来，食品安全法三次对食品

* 作者单位：最高人民法院刑事审判第一庭。

安全监管制度进行修订修正，农产品质量安全法、《食品安全法实施条例》《农药管理条例》《兽药管理条例》《生猪屠宰管理条例》等一系列相关法律法规亦进行修订，刑法修正案（十一）对食品监管渎职罪作出修改。在此背景下，《2013 年解释》亟待进行相应修订完善，以便与相关法律法规相衔接，适应司法实践需要。

2017 年，最高人民法院、最高人民检察院启动《2013 年解释》修订工作，在深入调研的基础上，对司法实践中存在的问题进行了全面系统梳理，经广泛征求意见和反复研究论证，制定了《解释》。

## 二、《解释》的主要内容

《解释》共 26 个条文。现结合司法实践，对需要说明的主要内容阐述如下。

### （一）生产、销售不符合安全标准的食品罪的定罪量刑

1. 关于食品滥用添加行为的定性

《解释》第五条是关于食品滥用添加行为的定性处理规定，基本沿用《2013 年解释》第八条的规定。司法实践中需要注意的是以下两个方面。

第一，第五条第一款在适用过程中应注意把握食品滥用添加行为与食品非法添加行为的区别，特别是要注意“超范围滥用食品添加剂”与“掺入有毒、有害的非食品原料”的区分，避免将仅在部分食品中禁止使用的食品添加剂视为有毒、有害的非食品原料，进而混淆生产、销售不符合安全标准的食品罪与生产、销售有毒、有害食品罪。

第二，第五条第二款在适用时也存在同样的问题，应注意“超范围滥用农药、兽药”与“使用禁用农药、食品动物中禁止使用的药品及其他化合物等有毒、有害的非食品原料”的区分，避免将仅在部分食用农产品中禁止使用的农药、兽药认定为有毒、有害的非食品原料，进而混淆生产、销售不符合安全标准的食品罪与生产、销售有毒、有害食品罪。例如，根据农业农村部公告的禁限用农药名录，禁止在蔬菜、瓜果、茶叶、菌类、中草药材上使用克百威，但可在水稻、花生、大豆等食品农产品上使用，故在蔬菜、瓜果上使用克百威属于超范围滥用农药，应依照生产、销售不符合安全标准的食品罪处理。对于超范围滥用克百威等农药的，如果农药残留量超出标准限量的，可以生产、销售不符合安全标准的食品罪定罪处

罚，既坚持了罪刑法定原则，避免定罪标准不统一，又能够实现对此类具有较高食品安全风险的犯罪予以从严惩处的效果。

2. 关于生产、销售不符合安全标准的食品罪“足以造成严重食物中毒事故或者其他严重食源性疾病”的认定标准

《解释》第一条沿用了《2013年解释》将实践中具有高度危险的一些典型情形予以类型化的认定方式，其中，第三项中“防控疾病”是指人类可能患有的疾病，包括人畜共患疾病，但不包括非洲猪瘟等人类不会患有的疾病，因此生产、销售感染非洲猪瘟的生猪及其制品，不能适用《解释》第一条第二项、第三项的规定以生产、销售不符合安全标准的食品罪定罪处罚，但根据《解释》第十三条第二款的规定，构成生产、销售伪劣产品罪，妨害动植物防疫、检疫罪等其他犯罪的，可依照该其他犯罪定罪处罚。

需要说明的是，《2013年解释》施行以来，一些基层执法部门建议以倍比数的方式明确第一条第一项“严重超出”和第一条第四项“严重不符合”的认定标准，部分地方制定了地方标准。征求意见过程中，有意见提出建议将农药残留、兽药残留及铅、汞、镉、铬、砷、铊、锑超过食品安全标准三倍以上的认定为“严重超出”。笔者经研究认为，该标准的制定不仅是法律问题，更是科学问题。鉴于食品中涉及的物质种类繁多，不同物质标准制定过程中考虑的因素多样，且超出标准后的危害差异性悬殊，如农药就有高毒、中毒、低毒和微毒之分，故难以在《解释》中“一刀切”地以倍比数的方式加以解决。

### （二）生产、销售有毒、有害食品罪的定罪量刑

1. 关于有毒、有害的非食品原料的认定

在司法实践中，如何把握《2013年解释》第二十条规定的“有毒、有害的非食品原料”范围，存在一定分歧。有的将法律法规或者国务院公告的禁用物质完全等同于有毒、有害的非食品原料，不再进行有毒、有害的实质性判断。但实际上，国务院有关部门公告禁用物质的禁用原因复杂，一些物质并非因危害人体健康被禁用，有的系因工艺或者技术上没有必要添加等情况而被禁用。

针对上述问题，《解释》第九条第一项和第二项增加了“因危害人体健康”被禁用的限制性规定，强调对第一项和第二项的禁用物质要进行有

毒、有害的实质性判断，避免将禁用物质完全等同于有毒、有害的非食品原料。在此特别强调的是，有毒、有害的非食品原料要求在食品、食用农产品以及食品、食用农产品生产、种植、养殖、销售、运输、贮存等环节均被禁止添加、使用，如果仅在部分食品、食用农产品中被禁止添加、使用，或者仅在部分环节被禁止添加、使用，均不能认定为有毒、有害的非食品原料。同时，在禁用物质毒害性不明时，根据《解释》第二十四条的规定，可以依据鉴定意见、检验报告、相关行政主管部门组织出具的书面意见，结合其他证据作出认定。

2. 关于生产、销售有毒、有害食品罪"明知"的认定

根据刑法第一百四十四条的规定，认定行为人构成销售有毒、有害食品罪，要求行为人明知销售的是掺有有毒、有害的非食品原料的食品。基层执法部门普遍反映，实践中在行为人否认明知的情况下，认定明知存在困难。为此，《解释》第十条增加了相关规定。

征求意见过程中，有意见提出，《解释》列举的情形与明知的内容是掺有有毒、有害的非食品原料的食品之间没有必然关联，如以明显低于市场价格进货或者销售且无合理原因的，既可能明知销售的是掺有有毒、有害的非食品原料的食品，也可能明知销售的是不符合食品安全标准的食品。经研究，该意见涉及认定销售有毒、有害食品罪的"明知"，是否要求行为人确知所销售的食品是掺有有毒、有害的非食品原料的食品的问题。我们认为，认定销售有毒、有害食品罪的"明知"不要求达到确知的程度，而只要达到概括性的程度即可，即只要行为人对所销售的食品存在食品安全隐患具有概括性的认识即可。这种概括性的认识，意味着食品无论是掺有有毒、有害的非食品原料，还是不符合食品安全标准，或者是伪劣食品，都没有超出行为人的主观认识。在具体案件认定时，应当遵循主客观统一原则，既要考虑行为人主观故意，也要考虑涉案食品的危害性。

### （三）食品相关产品造成食品被污染行为的定性处理

用于食品的包装材料、容器、洗涤剂、消毒剂和用于食品生产经营的工具、设备等食品相关产品直接与食品接触，其是否符合食品安全标准直接关系到食品安全。根据食品安全法的规定，食品相关产品中的致病性微生物，农药残留、兽药残留、生物毒素、重金属等污染物质以及其他危害人体健康物质的限量规定必须要符合食品安全标准，禁止生产经营被包装

材料、容器、运输工具等污染的食品。

《解释》第十二条明确了食品相关产品造成食品被污染行为的定性处理。对于食品相关产品含有严重超出标准限量的致病性微生物、农药残留、兽药残留、生物毒素、重金属等污染物质以及其他严重危害人体健康的物质，造成食品被污染，足以造成严重食物中毒事故或者其他严重食源性疾病的，以生产、销售不符合安全标准的食品罪定罪处罚；对于食品相关产品造成食品中掺入有毒、有害的非食品原料的，以生产、销售有毒、有害食品罪定罪处罚。

### （四）用超过保质期的食品原料生产食品等行为的定性处理

生产、销售用超过保质期的食品原料、超过保质期的食品、回收食品作为原料的食品，或者销售超过保质期的食品、回收食品，均具有较高食品安全风险和社会危害性，因此被食品安全法和《食品安全法实施条例》明令禁止。

根据刑法第一百四十条的规定，生产者、销售者在产品中掺杂、掺假，以假充真，以次充好或者以不合格产品冒充合格产品，销售金额5万元以上的，以生产、销售伪劣产品罪定罪处罚。根据《最高人民法院、最高人民检察院关于办理生产、销售伪劣商品刑事案件具体应用法律若干问题的解释》的规定，刑法第一百四十条规定的“不合格产品”，是指不符合产品质量法第二十六条第二款规定的质量要求的产品。产品质量法第二十六条第二款第一项规定，产品质量应当不存在危及人身、财产安全的不合理的危险，有保障人体健康和人身、财产安全的国家标准、行业标准的，应当符合该标准。根据上述规定，用超过保质期的食品原料、超过保质期的食品、回收食品作为原料的食品和超过保质期的食品、回收食品，可认定为不合格产品。因此，《解释》第十五条第二款明确生产、销售用超过保质期的食品原料、超过保质期的食品、回收食品作为原料的食品，或者以更改生产日期、保质期、改换包装等方式销售超过保质期的食品、回收食品，符合刑法第一百四十条规定的，以生产、销售伪劣产品罪定罪处罚。司法实践中已有这方面的案例，如被告单位上海福喜公司销售用超过保质期的食品、回收食品作为原料生产食品案，即是以生产、销售伪劣产品罪定罪处罚。具体适用时，需要注意把握以下两点。

1. 关于回收食品的界定

根据《食品安全法实施条例》第二十九条的规定，食品安全法所称回收食品，是指已经售出，因违反法律、法规、食品安全标准或者超过保质期等原因，被召回或者退回的食品，不包括依照食品安全法第六十三条第三款的规定可以继续销售的食品。食品安全法第六十三条第三款规定，对因标签、标志或者说明书不符合食品安全标准而被召回的食品，食品生产者在采取补救措施且能保证食品安全的情况下可以继续销售；销售时应当向消费者明示补救措施。

2. 关于标注虚假生产日期、保质期行为的定性处理

标注虚假生产日期、保质期的行为也被食品安全法明令禁止。实施此类行为是否按照犯罪处理，需要严格把握所销售的食品是否超过保质期，对于采用标注虚假生产日期、保质期方式销售超过保质期的食品的，可依照《解释》第十五条第二款的规定处理；对于虽标注虚假生产日期、保质期，但销售时食品尚未超过保质期的，可由相关行政主管部门依法予以行政处罚。

### （五）生产、销售禁止食品使用物质等行为的定性处理

《解释》第十六条第一款沿用《2013 年解释》的相关规定："以提供给他人生产、销售食品为目的，违反国家规定，生产、销售国家禁止用于食品生产、销售的非食品原料，情节严重的，依照刑法第二百二十五条的规定以非法经营罪定罪处罚。"

《解释》第十六条第二款对《2013 年解释》的该款规定进行了修改完善，增加了农药、兽药、饲料、饲料添加剂、饲料原料中非法添加行为的定性处理规定，主要考虑是：司法实践中，在农药、兽药、饲料、饲料添加剂、饲料原料中非法添加禁用药物的违法犯罪问题突出。据农业农村部农药产品监督抽查结果显示，2018 年抽检样品中擅自添加其他农药成分的，占质量不合格产品的 40.3%。此类行为严重威胁食用农产品的质量安全，亟待惩治。生产、销售添加禁用农药、食品动物中禁止使用的药品及其他化合物等有毒、有害的非食品原料的农药、兽药、饲料、饲料添加剂、饲料原料，与生产、销售国家禁用农药、食品动物中禁止使用的药品及其他化合物的行为性质和危害性相当，均属于刑法第二百二十五条第四项规定的"其他严重扰乱市场经济秩序的行为"，应以非法经营罪定罪

处罚。

另外，该款增加了“以提供给他人生产、销售食用农产品为目的”的规定：“使该款适用范围更为清晰，惩治对象更加明确。这里的生产、销售食用农产品，实际上涵盖食用农产品种植、养殖、销售、运输、贮存等各环节。”

同时，根据《解释》第十八条第二款的规定，实施本解释规定的非法经营行为，同时构成生产、销售伪劣产品罪，生产、销售不符合安全标准的食品罪，生产、销售有毒、有害食品罪，生产、销售伪劣农药、兽药罪等其他犯罪的，依照处罚较重的规定定罪处罚。

### (六) 畜禽屠宰相关环节注水注药等行为的定性处理

《解释》第十七条第二款明确了屠宰相关环节畜禽注水注药行为的定性处理。这里的屠宰相关环节，既包括进入屠宰厂（场）后的待宰环节，也包括屠宰前的运输等相关环节。

关于是否区分药物情况作出不同定性处理。

第一种意见认为，只要在屠宰相关环节对畜禽使用兽药、人用药或者其他有毒、有害物质的，就以生产、销售有毒、有害食品罪定罪处罚。

第二种意见认为，应当区分药物情况适用不同罪名，对于使用禁用药物的，以生产、销售有毒、有害食品罪定罪处罚；使用非禁用药物的，根据具体情况，分别以生产、销售不符合安全标准的食品罪，生产、销售伪劣产品罪定罪处罚。

经研究认为，从刑法第一百四十四条的构成要件来看，只有在食品(含食用农产品）生产、销售过程中使用有毒、有害的非食品原料的行为，才能以生产、销售有毒、有害食品罪定罪处罚。将屠宰相关环节对畜禽使用兽药和人用药行为一律以生产、销售有毒、有害食品罪定罪处罚，未充分考虑不同种类药品的属性差异和可能造成的危害，不符合刑法第一百四十四条的规定构成要件，不符合罪责刑相适应原则，也不利于区别对待、从严惩治严重危害食品安全犯罪。

因此，我们采纳了第二种意见，根据对畜禽注入药物等物质的差异和可能造成的危害，适用不同罪名。另外，对于仅查明有注水行为的，也要区分不同情况，准确适用法律。

第一，对于使用盐酸克仑特罗、沙丁胺醇等禁用药物的，以生产、销售有毒、有害食品罪定罪处罚。

第二，对于使用允许使用的兽药的，如果肉品中兽药残留量超标，足以造成严重食物中毒事故或者其他严重食源性疾病的，以生产、销售不符合安全标准的食品罪定罪处罚；如果肉品中兽药残留量不超标，或者所注入的兽药未规定最大残留限量，但销售金额在5万元以上的，以生产、销售伪劣产品罪定罪处罚。

司法实践中，较为常见多发的是在屠宰相关环节对畜禽注入阿托品和肾上腺素。鉴于阿托品和肾上腺素均属允许使用的兽药，不是禁用药物，故不能以生产、销售有毒、有害食品罪定罪处罚。且阿托品和肾上腺素均未规定兽药最大残留量，此类案件又通常从肉品中检不出药物残留，难以认定足以造成严重食物中毒事故或者其他严重食源性疾病，故也难以以生产、销售不符合安全标准的食品罪定罪处罚。实施此类行为，销售金额在5万元以上的，应以生产、销售伪劣产品罪定罪处罚。

第三，对于不法分子使用自己购买或者配置的化学物质，如果可以证明属于其他有毒、有害物质的，以生产、销售有毒、有害食品罪定罪处罚；如果难以证明毒害性，但销售金额在5万元以上的，可以生产、销售伪劣产品罪定罪处罚。

鉴于畜禽注药或者注入其他化学物质后，由于药物代谢等原因，往往难以从肉品中检出药物残留，进而造成取证难、鉴定难、定性难，笔者认为，在屠宰相关环节只要证明有注药行为，注药后的肉品可认定为不合格产品，销售金额在5万元以上的，即可以生产、销售伪劣产品罪定罪处罚。这既满足打击此类犯罪的现实需要，也体现了罪责刑相适应的原则。

第四，仅查明有注水行为的，对于注入污水，致肉品微生物等污染物超标，足以造成严重食物中毒事故或者其他严重食源性疾病的，以生产、销售不符合安全标准的食品罪定罪处罚；对于肉品污染物未超标，但含水量超标，且销售金额在5万元以上的，以生产、销售伪劣产品罪定罪处罚；对于污染物和含水量均不超标的，不宜认定为犯罪，应由行政主管部门依法作出行政处罚。

### （七）增加从严惩治的相关规定

《解释》贯彻落实“四个最严”要求，对危害食品安全犯罪体现从严惩处的政策导向。

1. 生产、销售不符合安全标准的食品罪和生产、销售有毒、有害食品罪“其他严重情节”的认定标准

《解释》第三条、第七条分别将“在中小学校园、托幼机构、养老机构及周边面向未成年人、老年人销售的”增加规定为数额减半“其他严重情节”的认定情形，有利于加强对特殊群体的食品安全保护力度；将曾因危害食品安全犯罪受过刑事处罚的年限由一年修改为不受年限限制，将受行政处罚的年限由一年修改为二年，加大了处罚力度。

2. 食品监管渎职犯罪的竞合处理

《解释》第二十条沿用《2013年解释》对同时构成食品监管渎职罪与其他渎职犯罪时按照从一重罪处罚的原则。同时，鉴于负有食品安全监督管理职责的国家机关工作人员与他人通谋共同实施危害食品安全犯罪，既违反相关国家机关工作人员职责，又危害食品安全，导致危害食品安全犯罪更容易得逞，犯罪性质更为恶劣，有必要从重处罚。因此，《解释》第二十条第三款明确，负有食品安全监督管理职责的国家机关工作人员利用其职务行为帮助他人实施危害食品安全犯罪行为，同时构成渎职犯罪和危害食品安全犯罪共犯的，依照处罚较重的规定定罪，并予以从重处罚。

3. 从严适用缓刑、免予刑事处罚

《解释》第二十二条第一款沿用《2013年解释》从严适用缓刑、免予刑事处罚的规定，明确规定对实施《解释》规定之犯罪的犯罪分子，应当依照刑法规定的条件，严格适用缓刑、免予刑事处罚。对于依法适用缓刑的，可以根据犯罪情况，同时宣告禁止令，进一步体现从严惩处的政策导向。另外，为落实行政执法与刑事司法双向衔接机制，《解释》第二十二条第二款规定，对于被不起诉或者免予刑事处罚的行为人，需要给予行政处罚、政务处分或者其他处分的，依法移送有关主管机关处理。

需要说明的是，食品安全法第一百三十五条第二款规定：“因食品安全犯罪被判处有期徒刑以上刑罚的，终身不得从事食品生产经营管理工作，也不得担任食品生产经营企业食品安全管理人员。”在征求意见过程中，对《解释》是否规定从业禁止以及如何规定从业禁止存在较大争议。

第一种意见认为，根据刑法第三十七条之一第三款的规定：“其他法律、行政法规对其从事相关职业另有禁止或者限制性规定的，从其规定。”因此，《解释》应对从业禁止作出规定，并应与食品安全法规定一致。

第二种意见认为，《解释》应根据刑法第三十七条之一第一款的规定

对从业禁止作出规定，也就是说，法院只有权判处禁业三至五年，期满后再继续执行其他法律、行政法规规定的从业禁止。

第三种意见认为，鉴于食品安全法第一百三十五条对从业禁止已有相关规定，由相关行政主管部门作出从业禁止处罚即可，《解释》无须再对从业禁止作出规定，人民法院也无须再作出从业禁止判决。

之所以存在上述三种不同意见，原因在于对刑法第三十七条之一第三款的理解存在不同认识。

经研究认为，刑法关于从业禁止的规定，主要是针对其他法律、行政法规对受到刑事处罚的人没有明确禁业规定的情况，换言之，人民法院判处的从业禁止主要起着补充性的作用。鉴于食品安全法第一百三十五条对受到刑事处罚的人的从业禁止已有相关规定，因此我们倾向于第三种意见，相关行政主管部门可以根据食品安全法的规定对行为人作出从业禁止的行政处罚。同时，鉴于该问题涉及刑法和行政法律的衔接，情况较为复杂，需要进一步总结实践经验，统一思想认识，《解释》未作明确规定。

## 最高人民检察院
## 关于印发《人民检察院办理网络犯罪案件规定》的通知

2021年1月22日　　高检发办字〔2021〕3号

**各级人民检察院：**

《人民检察院办理网络犯罪案件规定》已经2020年12月14日最高人民检察院第十三届检察委员会第五十七次会议通过，现印发你们，请结合实际，认真贯彻落实。

## 人民检察院办理网络犯罪案件规定

### 第一章　一般规定

**第一条**　为规范人民检察院办理网络犯罪案件，维护国家安全、网络安全、社会公共利益，保护公民、法人和其他组织的合法权益，根据《中华人民共和国刑事诉讼法》《人民检察院刑事诉讼规则》等规定，结合司法实践，制定本规定。

**第二条**　本规定所称网络犯罪是指针对信息网络实施的犯罪，利用信息网络实施的犯罪，以及其他上下游关联犯罪。

**第三条**　人民检察院办理网络犯罪案件应当加强全链条惩治，注重审查和发现上下游关联犯罪线索。对涉嫌犯罪，公安机关未立案侦查、应当提请批准逮捕而未提请批准逮捕或者应当移送起诉而未移送起诉的，依法进行监督。

**第四条** 人民检察院办理网络犯罪案件应当坚持惩治犯罪与预防犯罪并举，建立捕、诉、监、防一体的办案机制，加强以案释法，发挥检察建议的作用，促进有关部门、行业组织、企业等加强网络犯罪预防和治理，净化网络空间。

**第五条** 网络犯罪案件的管辖适用刑事诉讼法及其他相关规定。

有多个犯罪地的，按照有利于查清犯罪事实、有利于保护被害人合法权益、保证案件公正处理的原则确定管辖。

因跨区域犯罪、共同犯罪、关联犯罪等原因存在管辖争议的，由争议的人民检察院协商解决，协商不成的，报请共同的上级人民检察院指定管辖。

**第六条** 人民检察院办理网络犯罪案件应当发挥检察一体化优势，加强跨区域协作办案，强化信息互通、证据移交、技术协作，增强惩治网络犯罪的合力。

**第七条** 人民检察院办理网络犯罪案件应当加强对电子数据收集、提取、保全、固定等的审查，充分运用同一电子数据往往具有的多元关联证明作用，综合运用电子数据与其他证据，准确认定案件事实。

**第八条** 建立检察技术人员、其他有专门知识的人参与网络犯罪案件办理制度。根据案件办理需要，吸收检察技术人员加入办案组辅助案件办理。积极探索运用大数据、云计算、人工智能等信息技术辅助办案，提高网络犯罪案件办理的专业化水平。

**第九条** 人民检察院办理网络犯罪案件，对集团犯罪或者涉案人数众多的，根据行为人的客观行为、主观恶性、犯罪情节及地位、作用等综合判断责任轻重和刑事追究的必要性，按照区别对待原则分类处理，依法追诉。

**第十条** 人民检察院办理网络犯罪案件应当把追赃挽损贯穿始终，主动加强与有关机关协作，保证及时查封、扣押、冻结涉案财物，阻断涉案财物移转链条，督促涉案人员退赃退赔。

## 第二章 引导取证和案件审查

**第十一条** 人民检察院办理网络犯罪案件应当重点围绕主体身份同一性、技术手段违法性、上下游行为关联性等方面全面审查案件事实和证据，注重电子数据与其他证据之间的相互印证，构建完整的证据体系。

**第十二条** 经公安机关商请，根据追诉犯罪的需要，人民检察院可以派员适时介入重大、疑难、复杂网络犯罪案件的侦查活动，并对以下事项提出引导取证意见：

（一）案件的侦查方向及可能适用的罪名；

（二）证据的收集、提取、保全、固定、检验、分析等；

（三）关联犯罪线索；

（四）追赃挽损工作；

（五）其他需要提出意见的事项。

人民检察院开展引导取证活动时，涉及专业性问题的，可以指派检察技术人员共同参与。

**第十三条** 人民检察院可以通过以下方式了解案件办理情况：

（一）查阅案件材料；

（二）参加公安机关对案件的讨论；

（三）了解讯（询）问犯罪嫌疑人、被害人、证人的情况；

（四）了解、参与电子数据的收集、提取；

（五）其他方式。

**第十四条** 人民检察院介入网络犯罪案件侦查活动，发现关联犯罪或其他新的犯罪线索，应当建议公安机关依法立案或移送相关部门；对于犯罪嫌疑人不构成犯罪的，依法监督公安机关撤销案件。

**第十五条** 人民检察院可以根据案件侦查情况，向公安机关提出以下取证意见：

（一）能够扣押、封存原始存储介质的，及时扣押、封存；

（二）扣押可联网设备时，及时采取信号屏蔽、信号阻断或者切断电源等方式，防止电子数据被远程破坏；

（三）及时提取账户密码及相应数据，如电子设备、网络账户、应用软件等的账户密码，以及存储于其中的聊天记录、电子邮件、交易记录等；

（四）及时提取动态数据，如内存数据、缓存数据、网络连接数据等；

（五）及时提取依赖于特定网络环境的数据，如点对点网络传输数据、虚拟专线网络中的数据等；

（六）及时提取书证、物证等客观证据，注意与电子数据相互印证。

**第十六条** 对于批准逮捕后要求公安机关继续侦查、不批准逮捕后要求公安机关补充侦查或者审查起诉退回公安机关补充侦查的网络犯罪案件，人民检察院应当重点围绕本规定第十二条第一款规定的事项，有针对性地制作继续侦查提纲或者补充侦查提纲。对于专业性问题，应当听取检察技术人员或者其他有专门知识的人的意见。

人民检察院应当及时了解案件继续侦查或者补充侦查的情况。

**第十七条** 认定网络犯罪的犯罪嫌疑人，应当结合全案证据，围绕犯罪嫌疑人与原始存储介质、电子数据的关联性、犯罪嫌疑人网络身份与现实身份的同一性，注重审查以下内容：

（一）扣押、封存的原始存储介质是否为犯罪嫌疑人所有、持有或者使用；

（二）社交、支付结算、网络游戏、电子商务、物流等平台的账户信息、身份认证信息、数字签名、生物识别信息等是否与犯罪嫌疑人身份关联；

（三）通话记录、短信、聊天信息、文档、图片、语音、视频等文件内容是否能够反映犯罪嫌疑人的身份；

（四）域名、IP 地址、终端 MAC 地址、通信基站信息等是否能够反映电子设备为犯罪嫌疑人所使用；

（五）其他能够反映犯罪嫌疑人主体身份的内容。

**第十八条** 认定犯罪嫌疑人的客观行为，应当结合全案证据，围绕其利用的程序工具、技术手段的功能及其实现方式、犯罪行为和结果之间的关联性，注重审查以下内容：

（一）设备信息、软件程序代码等作案工具；

（二）系统日志、域名、IP 地址、WiFi 信息、地理位置信息等是否能够反映犯罪嫌疑人的行为轨迹；

（三）操作记录、网络浏览记录、物流信息、交易结算记录、即时通信信息等是否能够反映犯罪嫌疑人的行为内容；

（四）其他能够反映犯罪嫌疑人客观行为的内容。

**第十九条** 认定犯罪嫌疑人的主观方面，应当结合犯罪嫌疑人的认知能力、专业水平、既往经历、人员关系、行为次数、获利情况等综合认定，注重审查以下内容：

（一）反映犯罪嫌疑人主观故意的聊天记录、发布内容、浏览记录等；

（二）犯罪嫌疑人行为是否明显违背系统提示要求、正常操作流程；

(三)犯罪嫌疑人制作、使用或者向他人提供的软件程序是否主要用于违法犯罪活动;

(四)犯罪嫌疑人支付结算的对象、频次、数额等是否明显违反正常交易习惯;

(五)犯罪嫌疑人是否频繁采用隐蔽上网、加密通信、销毁数据等措施或者使用虚假身份;

(六)其他能够反映犯罪嫌疑人主观方面的内容。

**第二十条** 认定犯罪行为的情节和后果,应当结合网络空间、网络行为的特性,从违法所得、经济损失、信息系统的破坏、网络秩序的危害程度以及对被害人的侵害程度等综合判断,注重审查以下内容:

(一)聊天记录、交易记录、音视频文件、数据库信息等能够反映犯罪嫌疑人违法所得、获取和传播数据及文件的性质、数量的内容;

(二)账号数量、信息被点击次数、浏览次数、被转发次数等能够反映犯罪行为对网络空间秩序产生影响的内容;

(三)受影响的计算机信息系统数量、服务器日志信息等能够反映犯罪行为对信息网络运行造成影响程度的内容;

(四)被害人数量、财产损失数额、名誉侵害的影响范围等能够反映犯罪行为对被害人的人身、财产等造成侵害的内容;

(五)其他能够反映犯罪行为情节、后果的内容。

**第二十一条** 人民检察院办理网络犯罪案件,确因客观条件限制无法逐一收集相关言词证据的,可以根据记录被害人人数、被侵害的计算机信息系统数量、涉案资金数额等犯罪事实的电子数据、书证等证据材料,在审查被告人及其辩护人所提辩解、辩护意见的基础上,综合全案证据材料,对相关犯罪事实作出认定。

**第二十二条** 对于数量众多的同类证据材料,在证明是否具有同样的性质、特征或者功能时,因客观条件限制不能全部验证的,可以进行抽样验证。

**第二十三条** 对鉴定意见、电子数据等技术性证据材料,需要进行专门审查的,应当指派检察技术人员或者聘请其他有专门知识的人进行审查并提出意见。

**第二十四条** 人民检察院在审查起诉过程中,具有下列情形之一的,可以依法自行侦查:

（一）公安机关未能收集的证据，特别是存在灭失、增加、删除、修改风险的电子数据，需要及时收集和固定的；

（二）经退回补充侦查未达到补充侦查要求的；

（三）其他需要自行侦查的情形。

**第二十五条** 自行侦查由检察官组织实施，开展自行侦查的检察人员不得少于二人。需要技术支持和安全保障的，由人民检察院技术部门和警务部门派员协助。必要时，可以要求公安机关予以配合。

**第二十六条** 人民检察院办理网络犯罪案件的部门，发现或者收到侵害国家利益、社会公共利益的公益诉讼案件线索的，应当及时移送负责公益诉讼的部门处理。

## 第三章 电子数据的审查

**第二十七条** 电子数据是以数字化形式存储、处理、传输的，能够证明案件事实的数据，主要包括以下形式：

（一）网页、社交平台、论坛等网络平台发布的信息；

（二）手机短信、电子邮件、即时通信、通讯群组等网络通讯信息；

（三）用户注册信息、身份认证信息、数字签名、生物识别信息等用户身份信息；

（四）电子交易记录、通信记录、浏览记录、操作记录、程序安装、运行、删除记录等用户行为信息；

（五）恶意程序、工具软件、网站源代码、运行脚本等行为工具信息；

（六）系统日志、应用程序日志、安全日志、数据库日志等系统运行信息；

（七）文档、图片、音频、视频、数字证书、数据库文件等电子文件及其创建时间、访问时间、修改时间、大小等文件附属信息。

**第二十八条** 电子数据取证主要包括以下方式：收集、提取电子数据；电子数据检查和侦查实验；电子数据检验和鉴定。

收集、提取电子数据可以采取以下方式：

（一）扣押、封存原始存储介质；

（二）现场提取电子数据；

（三）在线提取电子数据；

（四）冻结电子数据；

（五）调取电子数据。

**第二十九条** 人民检察院办理网络犯罪案件，应当围绕客观性、合法性、关联性的要求对电子数据进行全面审查。注重审查电子数据与案件事实之间的多元关联，加强综合分析，充分发挥电子数据的证明作用。

**第三十条** 对电子数据是否客观、真实，注重审查以下内容：

（一）是否移送原始存储介质，在原始存储介质无法封存、不便移动时，是否说明原因，并注明相关情况；

（二）电子数据是否有数字签名、数字证书等特殊标识；

（三）电子数据的收集、提取过程及结果是否可以重现；

（四）电子数据有增加、删除、修改等情形的，是否附有说明；

（五）电子数据的完整性是否可以保证。

**第三十一条** 对电子数据是否完整，注重审查以下内容：

（一）原始存储介质的扣押、封存状态是否完好；

（二）比对电子数据完整性校验值是否发生变化；

（三）电子数据的原件与备份是否相同；

（四）冻结后的电子数据是否生成新的操作日志。

**第三十二条** 对电子数据的合法性，注重审查以下内容：

（一）电子数据的收集、提取、保管的方法和过程是否规范；

（二）查询、勘验、扣押、调取、冻结等的法律手续是否齐全；

（三）勘验笔录、搜查笔录、提取笔录等取证记录是否完备；

（四）是否由符合法律规定的取证人员、见证人、持有人（提供人）等参与，因客观原因没有见证人、持有人（提供人）签名或者盖章的，是否说明原因；

（五）是否按照有关规定进行同步录音录像；

（六）对于收集、提取的境外电子数据是否符合国（区）际司法协作及相关法律规定的要求。

**第三十三条** 对电子数据的关联性，注重审查以下内容：

（一）电子数据与案件事实之间的关联性；

（二）电子数据及其存储介质与案件当事人之间的关联性。

**第三十四条** 原始存储介质被扣押封存的，注重从以下方面审查扣押封存过程是否规范：

（一）是否记录原始存储介质的品牌、型号、容量、序列号、识别码、用户标识等外观信息，是否与实物一一对应；

（二）是否封存或者计算完整性校验值，封存前后是否拍摄被封存原始存储介质的照片，照片是否清晰反映封口或者张贴封条处的状况；

（三）是否由取证人员、见证人、持有人（提供人）签名或者盖章。

**第三十五条** 对原始存储介质制作数据镜像予以提取固定的，注重审查以下内容：

（一）是否记录原始存储介质的品牌、型号、容量、序列号、识别码、用户标识等外观信息，是否记录原始存储介质的存放位置、使用人、保管人；

（二）是否附有制作数据镜像的工具、方法、过程等必要信息；

（三）是否计算完整性校验值；

（四）是否由取证人员、见证人、持有人（提供人）签名或者盖章。

**第三十六条** 提取原始存储介质中的数据内容并予以固定的，注重审查以下内容：

（一）是否记录原始存储介质的品牌、型号、容量、序列号、识别码、用户标识等外观信息，是否记录原始存储介质的存放位置、使用人、保管人；

（二）所提取数据内容的原始存储路径，提取的工具、方法、过程等信息，是否一并提取相关的附属信息、关联痕迹、系统环境等信息；

（三）是否计算完整性校验值；

（四）是否由取证人员、见证人、持有人（提供人）签名或者盖章。

**第三十七条** 对于在线提取的电子数据，注重审查以下内容：

（一）是否记录反映电子数据来源的网络地址、存储路径或者数据提取时的进入步骤等；

（二）是否记录远程计算机信息系统的访问方式、电子数据的提取日期和时间、提取的工具、方法等信息，是否一并提取相关的附属信息、关联痕迹、系统环境等信息；

（三）是否计算完整性校验值；

（四）是否由取证人员、见证人、持有人（提供人）签名或者盖章。

对可能无法重复提取或者可能出现变化的电子数据，是否随案移送反映提取过程的拍照、录像、截屏等材料。

**第三十八条** 对冻结的电子数据，注重审查以下内容：

（一）冻结手续是否符合规定；

（二）冻结的电子数据是否与案件事实相关；

（三）冻结期限是否即将到期、有无必要继续冻结或者解除；

（四）冻结期间电子数据是否被增加、删除、修改等。

**第三十九条** 对调取的电子数据，注重审查以下内容：

（一）调取证据通知书是否注明所调取的电子数据的相关信息；

（二）被调取单位、个人是否在通知书回执上签名或者盖章；

（三）被调取单位、个人拒绝签名、盖章的，是否予以说明；

（四）是否计算完整性校验值或者以其他方法保证电子数据的完整性。

**第四十条** 对电子数据进行检查、侦查实验，注重审查以下内容：

（一）是否记录检查过程、检查结果和其他需要记录的内容，并由检查人员签名或者盖章；

（二）是否记录侦查实验的条件、过程和结果，并由参加侦查实验的人员签名或者盖章；

（三）检查、侦查实验使用的电子设备、网络环境等是否与发案现场一致或者基本一致；

（四）是否使用拍照、录像、录音、通信数据采集等一种或者多种方式客观记录检查、侦查实验过程。

**第四十一条** 对电子数据进行检验、鉴定，注重审查以下内容：

（一）鉴定主体的合法性。包括审查司法鉴定机构、司法鉴定人员的资质，委托鉴定事项是否符合司法鉴定机构的业务范围，鉴定人员是否存在回避等情形；

（二）鉴定材料的客观性。包括鉴定材料是否真实、完整、充分，取得方式是否合法，是否与原始电子数据一致；

（三）鉴定方法的科学性。包括鉴定方法是否符合国家标准、行业标准，方法标准的选用是否符合相关规定；

（四）鉴定意见的完整性。是否包含委托人、委托时间、检材信息、鉴定或者分析论证过程、鉴定结果以及鉴定人签名、日期等内容；

（五）鉴定意见与其他在案证据能否相互印证。

对于鉴定机构以外的机构出具的检验、检测报告，可以参照本条规定进行审查。

**第四十二条** 行政机关在行政执法和查办案件过程中依法收集、提取的电子数据，人民检察院经审查符合法定要求的，可以作为刑事案件的证据使用。

**第四十三条** 电子数据的收集、提取程序有下列瑕疵，经补正或者作出合理解释的，可以采用；不能补正或者作出合理解释的，不得作为定案的根据：

（一）未以封存状态移送的；

（二）笔录或者清单上没有取证人员、见证人、持有人（提供人）签名或者盖章的；

（三）对电子数据的名称、类别、格式等注明不清的；

（四）有其他瑕疵的。

**第四十四条** 电子数据系篡改、伪造、无法确定真伪的，或者有其他无法保证电子数据客观、真实情形的，不得作为定案的根据。

电子数据有增加、删除、修改等情形，但经司法鉴定、当事人确认等方式确定与案件相关的重要数据未发生变化，或者能够还原电子数据原始状态、查清变化过程的，可以作为定案的根据。

**第四十五条** 对于无法直接展示的电子数据，人民检察院可以要求公安机关提供电子数据的内容、存储位置、附属信息、功能作用等情况的说明，随案移送人民法院。

## 第四章　出庭支持公诉

**第四十六条** 人民检察院依法提起公诉的网络犯罪案件，具有下列情形之一的，可以建议人民法院召开庭前会议：

（一）案情疑难复杂的；

（二）跨国（边）境、跨区域案件社会影响重大的；

（三）犯罪嫌疑人、被害人等人数众多、证据材料较多的；

（四）控辩双方对电子数据合法性存在较大争议的；

（五）案件涉及技术手段专业性强，需要控辩双方提前交换意见的；

（六）其他有必要召开庭前会议的情形。

必要时，人民检察院可以向法庭申请指派检察技术人员或者聘请其他有专门知识的人参加庭前会议。

**第四十七条** 人民法院开庭审理网络犯罪案件，公诉人出示证据可以借助多媒体示证、动态演示等方式进行。必要时，可以向法庭申请指派检察技术人员或者聘请其他有专门知识的人进行相关技术操作，并就专门性问题发表意见。

公诉人在出示电子数据时，应当从以下方面进行说明：

（一）电子数据的来源、形成过程；

（二）电子数据所反映的犯罪手段、人员关系、资金流向、行为轨迹等案件事实；

（三）电子数据与被告人供述、被害人陈述、证人证言、物证、书证等的相互印证情况；

（四）其他应当说明的内容。

**第四十八条** 在法庭审理过程中，被告人及其辩护人针对电子数据的客观性、合法性、关联性提出辩解或者辩护意见的，公诉人可以围绕争议点从证据来源是否合法，提取、复制、制作过程是否规范，内容是否真实完整，与案件事实有无关联等方面，有针对性地予以答辩。

**第四十九条** 支持、推动人民法院开庭审判网络犯罪案件全程录音录像。对庭审全程录音录像资料，必要时人民检察院可以商请人民法院复制，并将存储介质附检察卷宗保存。

## 第五章 跨区域协作办案

**第五十条** 对跨区域网络犯罪案件，上级人民检察院应当加强统一指挥和统筹协调，相关人民检察院应当加强办案协作。

**第五十一条** 上级人民检察院根据办案需要，可以统一调用辖区内的检察人员参与办理网络犯罪案件。

**第五十二条** 办理关联网络犯罪案件的人民检察院可以相互申请查阅卷宗材料、法律文书，了解案件情况，被申请的人民检察院应当予以协助。

**第五十三条** 承办案件的人民检察院需要向办理关联网络犯罪案件的人民检察院调取证据材料的，可以持相关法律文书和证明文件申请调取在案证据材料，被申请的人民检察院应当配合。

**第五十四条** 承办案件的人民检察院需要异地调查取证的，可以将相关法律文书及证明文件传输至证据所在地的人民检察院，请其代为调查取证。相关法律文书应当注明具体的取证对象、方式、内容和期限等。

被请求协助的人民检察院应当予以协助，及时将取证结果送达承办案件的人民检察院；无法及时调取的，应当作出说明。被请求协助的人民检察院有异议的，可以与承办案件的人民检察院进行协商；无法解决的，由承办案件的人民检察院报请共同的上级人民检察院决定。

**第五十五条** 承办案件的人民检察院需要询问异地证人、被害人的，可以通过远程视频系统进行询问，证人、被害人所在地的人民检察院应当予以协助。远程询问的，应当对询问过程进行同步录音录像。

## 第六章 跨国（边）境司法协作

**第五十六条** 办理跨国网络犯罪案件应当依照《中华人民共和国国际刑事司法协助法》及我国批准加入的有关刑事司法协助条约，加强国际司法协作，维护我国主权、安全和社会公共利益，尊重协作国司法主权、坚持平等互惠原则，提升跨国司法协作质效。

**第五十七条** 地方人民检察院在案件办理中需要向外国请求刑事司法协助的，应当制作刑事司法协助请求书并附相关材料，经报最高人民检察院批准后，由我国与被请求国间司法协助条约规定的对外联系机关向外国提出申请。没有刑事司法协助条约的，通过外交途径联系。

**第五十八条** 人民检察院参加现场移交境外证据的检察人员不少于二人，外方有特殊要求的除外。

移交、开箱、封存、登记的情况应当制作笔录，由最高人民检察院或者承办案件的人民检察院代表、外方移交人员签名或者盖章，一般应当全程录音录像。有其他见证人的，在笔录中注明。

**第五十九条** 人民检察院对境外收集的证据，应当审查证据来源是否合法、手续是否齐备以及证据的移交、保管、转换等程序是否连续、规范。

**第六十条** 人民检察院办理涉香港特别行政区、澳门特别行政区、台湾地区的网络犯罪案件，需要当地有关部门协助的，可以参照本规定及其他相关规定执行。

## 第七章 附 则

**第六十一条** 人民检察院办理网络犯罪案件适用本规定，本规定没有规定的，适用其他相关规定。

**第六十二条** 本规定中下列用语的含义：

（一）信息网络，包括以计算机、电视机、固定电话机、移动电话机等电子设备为终端的计算机互联网、广播电视网、固定通信网、移动通信网等信息网络，以及局域网络；

（二）存储介质，是指具备数据存储功能的电子设备、硬盘、光盘、优盘、记忆棒、存储芯片等载体；

（三）完整性校验值，是指为防止电子数据被篡改或者破坏，使用散列算法等特定算法对电子数据进行计算，得出的用于校验数据完整性的数据值；

（四）数字签名，是指利用特定算法对电子数据进行计算，得出的用于验证电子数据来源和完整性的数据值；

（五）数字证书，是指包含数字签名并对电子数据来源、完整性进行认证的电子文件；

（六）生物识别信息，是指计算机利用人体所固有的生理特征（包括人脸、指纹、声纹、虹膜、DNA 等）或者行为特征（步态、击键习惯等）来进行个人身份识别的信息；

（七）运行脚本，是指使用一种特定的计算机编程语言，依据符合语法要求编写的执行指定操作的可执行文件；

（八）数据镜像，是指二进制（0101 排序的数据码流）相同的数据复制件，与原件的内容无差别；

（九）MAC 地址，是指计算机设备中网卡的唯一标识，每个网卡有且只有一个 MAC 地址。

**第六十三条** 人民检察院办理国家安全机关、海警机关、监狱等移送的网络犯罪案件，适用本规定和其他相关规定。

**第六十四条** 本规定由最高人民检察院负责解释。

**第六十五条** 本规定自发布之日起施行。

# 《人民检察院办理网络犯罪案件规定》的理解与适用

郑新俭 赵 玮 纪敬玲*

2021年1月22日，最高人民检察院发布《人民检察院办理网络犯罪案件规定》（以下简称《规定》）。《规定》的出台，对于指导和规范检察机关网络犯罪案件办理，维护国家安全、网络安全、社会公共利益，保护公民、法人和其他组织的合法权益，具有重要意义。为便于理解与适用本《规定》，现就有关问题解读如下。

## 一、《规定》起草的背景和过程

当前，网络犯罪不断滋生蔓延，严重损害人民群众合法权益，威胁国家安全和社会稳定。新型网络犯罪层出不穷，加大了检察机关的办案难度，也对检察人员的专业能力和水平提出了更高要求。从调研了解的情况看，检察机关在办案理念、办案能力、办案机制上，还不能完全适应惩治网络犯罪的形势需要。特别是对于电子数据的审查运用，不少检察人员存在能力短板和本领恐慌，较多依赖于侦查机关的审查结论，面对新型网络犯罪，存在一定程度不敢办、不愿办、不会办的情况。

近年来，办理网络犯罪的相关规定陆续出台，如2014年《最高人民法院、最高人民检察院、公安部关于办理网络犯罪案件适用刑事诉讼程序若干问题的意见》①（以下简称《意见》），2016年《最高人民法院、最高人民检察院、公安部关于办理刑事案件收集提取和审查判断电子数据若干

* 作者单位：最高人民检察院。

① 已于2022年8月26日废止。——编者注

问题的规定》(以下简称《电子数据规定》),以及2019年公安部印发的《公安机关办理刑事案件电子数据取证规则》(以下简称《取证规则》),但这些规定主要是面向公检法三机关的全面规定,对于检察办案特别是案件审查环节缺乏细化的规范指引。因此,制定并发布《规定》,是基于基层检察官的办案需要。

2020年4月,最高人民检察院成立由12个部门组成的惩治网络犯罪、维护网络安全研究指导组,把制定《规定》作为重要任务。2020年6月,《规定》起草工作正式启动,最高人民检察院第四检察厅成立由四级检察机关的办案人员和技术人员共同组成的起草小组,深入开展调研,《规定》经反复修改,并经2020年12月14日最高人民检察院第十三届检察委员会第五十七次会议审议通过,于2021年1月22日发布。

## 二、《规定》的主要内容

《规定》共7章65条,主要包括一般规定、引导取证和案件审查、电子数据的审查、出庭支持公诉、跨区域协作办案、跨国(边)境司法协作、附则等内容。

### (一)网络犯罪范围

关于网络犯罪范围,《规定》通过两个条款进行界定:一是根据《规定》第二条规定,网络犯罪是指针对信息网络实施的犯罪,利用信息网络实施的犯罪,以及其他上下游关联犯罪。其中,针对信息网络实施的犯罪,如破坏计算机信息系统罪、非法侵入计算机信息系统罪等直接危害信息网络安全的犯罪;利用信息网络实施的犯罪,如当前常见的利用信息网络实施的诈骗、赌博、开设赌场、非法集资等犯罪;其他上下游关联犯罪,典型表现在为上述两类犯罪提供软件工具、公民个人信息资料、资金通道等犯罪行为,常见罪名如帮助信息网络犯罪活动罪、非法利用信息网络罪、侵犯公民个人信息罪等。

与《意见》所称网络犯罪案件相比,《规定》作了适当扩展,主要体现在上下游关联犯罪上。主要考虑是:当前网络犯罪链条化、产业化态势明显,已经构建起完整的网络黑灰产业链。越来越多违法犯罪的产业、工种都“吸附”在这一链条上,为下游犯罪持续“输血供粮”,成为网络犯罪多发高发的重要原因。同时,网络黑灰产业链随着网络犯罪发展而不断延伸拓展，可以说，网络犯罪发展到哪里，网络黑灰产业链就跟进到哪里。因此，以网络黑灰产业链为主线来界定网络犯罪范围，符合网络犯罪发展的趋势。

二是《规定》第六十二条第一款关于信息网络的含义解释，在传统计算机互联网、广播电视网、固定通信网、移动通信网等信息网络的基础上，增加了局域网络的规定。局域网络安全是整个网络安全的重要组成部分，而且由于局域网的私密性，对其保护要更加重视。涉及局域网的犯罪，无论是犯罪手段方法还是案件侦办方式、证据审查要求，与其他网络犯罪并无实质不同，实践中也有相关案例。因此，《规定》将局域网纳入信息网络范围，将涉及局域网的犯罪纳入网络犯罪的范围。

### （二）引导取证

引导取证对于检察机关发挥审前主导，进一步完善以证据为核心的刑事指控体系具有积极作用。在办理网络犯罪案件中，引导取证往往具有更加重要的意义。《规定》根据《人民检察院刑事诉讼规则》的有关规定，结合地方司法实践，在第二章设置了五个条款（即第十二条至第十六条）规范引导取证。主要有以下内容。

1. 引导取证的启动

《规定》第十二条明确提出引导取证的启动包括三个条件：(1) 经公安机关商请；(2) 根据追诉犯罪的需要；(3) 针对重大、疑难、复杂网络犯罪案件可以派员适时介入，提出引导取证的意见。规定这些启动条件，既是尊重公安机关的侦查活动，防止不适当介入，同时也是增强检察机关引导取证的针对性和必要性，提高案件办理效果。

2. 引导取证的方式

《规定》第十二条细化了提出引导取证意见的主要事项，包括：案件的侦查方向及可能适用的罪名；证据的收集、提取、保全、固定、检验、分析等；关联犯罪线索；追赃挽损工作以及其他需要提出意见的事项。同时，为了更好地提出引导取证意见，《规定》第十三条列举了检察机关了解案件办理情况的具体方式，包括：查阅案件材料；参加公安机关对案件的讨论；了解讯（询）问犯罪嫌疑人、被害人、证人的情况；了解、参与电子数据的收集、提取，以及其他方式。

3. 引导取证的意见

《规定》第十五条根据办案实践，规定了六款具体的取证意见，主要可归结为以下三个方面：(1) 对于存储介质设备，注意引导能够扣押、封存原始存储介质的，要及时扣押、封存；扣押可联网设备，注重引导及时采取信号屏蔽、信号阻断或者切断电源等方式。对此，《取证规则》第十条、第十一条也提出了相应要求，《规定》从检察机关角度进行了回应。需要指出的是，有的办案人员往往只提取相关电子数据而未扣押原始存储介质，一旦出现提取过程不规范或提取数据不全面，反过来再去扣押原始存储介质时，往往存储介质已找不到，或者存储在里面的数据已被删除更改。还有的涉案联网设备如手机，办案人员扣押时未及时关机或设置为飞行模式，导致核心数据被远程删除，无法恢复提取。对此，检察机关在引导取证时要特别注意。(2) 对于电子数据，注意引导侦查机关及时提取电子设备（如手机、电脑等)、账户密码（包括网络账户如邮箱、云盘等，应用软件账户如微信、支付宝等的账户密码)，以及存储于其中的聊天记录、电子邮件、交易记录等数据；注意引导侦查机关及时提取动态数据，包括内存、缓存、网络连接数据。这些数据随着软件程序运行而变化，动态记录着系统运行状况和行为人的行动轨迹；注意引导侦查机关及时提取依赖于特定网络环境的数据，包括局域网、虚拟专线网络中的数据等，以防止脱离特定网络环境后无法提取。(3) 对于书证、物证等客观证据，同步引导侦查机关提取，便于与电子数据相互印证。

## (三) 案件审查

《规定》根据网络犯罪案件的特点，分别从行为主体、客观行为、主观方面、情节和后果四个方面规定了案件审查的要点。

1. 行为主体的审查

审查犯罪主体时，首先要认定电子设备是否为行为人所有、持有或使用；同时，行为主体在网络空间多通过网络注册身份来实施犯罪，因此，还要建立行为人网络身份与现实身份之间的同一关联。前者称为人机同一性审查，后者称为身份同一性审查。只有对两种同一性进行全面审查，才能综合认定网络犯罪的主体。

《规定》第十七条对行为主体提出了需要注重审查的内容：(1) 对于人机同一性，可以通过审查存储介质中所包含的信息内容（如通话记录、聊天信息、文档、图片、语音等文件内容)，判断该存储介质是否为行为人所有、持有或使用；也可以通过审查域名、IP 地址、终端 MAC 地址、通信基站信息等网络标识信息，综合言词证据与其他证据，证明行为人与存储介质之间的对应关系。例如，在办理某网络盗窃案件中，办案人员通过服务器中记载的 IP 地址、终端 MAC 地址等证明作案电子设备系某公司内部员工工位上的电脑，再结合言词证据、监控录像等证明案发时电脑系其本人使用。(2) 对于身份同一性，可通过审查行为人网络账户、应用软件账户的注册信息（如手机号码、身份证号码等）及账户内记载的物流、支付结算、生物识别信息（人脸、声纹、指纹等）等，与行为人的网络行为轨迹等进行比对，再结合其他证据，判断网络身份和现实身份的相互对应。

2. 客观行为的审查

《规定》第十八条对网络犯罪客观行为，主要规定了以下三个方面的审查内容：(1) 审查网络犯罪作案工具，主要包括电子设备、软件、程序等。在审查时，既要审查电子设备的运行情况，又要注重审查软件、程序的功能及其实现方式，综合认定行为实施的“全貌”。例如，行为人为实施敲诈勒索制作“勒索病毒”植入被害人手机，对此，一方面要注重审查被植入病毒手机的运行状态是否异常，另一方面还要注重审查植入的“勒索病毒”是否具有对设备内存文件进行加密、限制手机持有人自由查看的功能，以此来综合认定犯罪行为。(2) 审查反映行为人行为轨迹的电子数据，包括系统日志、域名、IP 地址、WiFi 信息、地理位置信息等。(3) 审查反映行为内容的电子数据，包括操作记录、网络浏览记录、物流信息、交易结算记录、即时通信信息等。物流交易、支付结算、即时通信等都是常见的网络行为，这些行为所记录的信息都直接反映行为具体内容。

3. 主观方面的审查

网络犯罪是一种非接触性犯罪，加之其产业链长且分工精细，如何审查行为人主观方面是办案的难点。《规定》第十九条对此作出规定。一方面，要坚持综合认定原则，结合行为人的认知能力、专业水平、既往经历、人员关系、行为次数、获利情况等综合认定，不能只通过行为人的供述或涉案数额、造成损失等简单推定。另一方面，应注重审查以下三方面内容：(1) 审查聊天记录、发布内容、浏览记录等能够直接反映行为人主观故意的内容。(2) 审查犯罪工具是否具有违法性，包括行为人制作、使用或者向他人提供的软件程序是否主要用于违法犯罪活动。(3) 审查行为人是否明显违背网络空间正常行为规则和交易习惯。具体包括，其一，行为人行为是否明显违背系统提示要求和正常操作流程。例如，行为人以提供好友验证、人脸识别等方式帮助受限微信号解封。在解封过程中，微信平台提示账户被封系涉嫌违法犯罪，但行为人仍为其解封。对此，可以判断行为人对自身行为违法性具有明确认识。其二，行为人支付结算的对象、频次、数额等是否明显违反正常的交易习惯。例如，行为人通过获取的个人收款二维码、银行卡账户搭建非法支付结算平台，提供给网络赌博、电信诈骗等犯罪集团，进行资金转移。办案人员可通过该账户短时间内频繁与陌生人账户交易，以及非正常流转大额资金等情况，来判断行为人对自身行为的违法性认识。其三，行为人是否频繁采用隐蔽上网、加密通信、销毁数据等措施或者使用虚假身份。例如，实施诈骗犯罪的行为人通过阅后即焚的即时通信软件与上游提供信息资料或下游提供资金转移通道的人联系；或是通过购买他人的电话卡、银行卡，以虚假身份信息在网上实施诈骗行为，规避网络实名制的追踪，办案人员可将此作为判断行为人犯罪故意的依据。

4. 情节和后果的认定

《规定》第二十条对于如何审查网络犯罪行为的情节和后果进行了规定，主要设置了四种常见的审查情形。

### (四) 电子数据的审查

《规定》在第一章第七条设置了原则性审查规定，同时专设第三章“电子数据的审查”进行具体规定。

1. 电子数据的形式

《电子数据规定》第一条指出，电子数据是案件发生过程中形成的，以数字化形式存储、处理、传输的，能够证明案件事实的数据，并列举了四类常见的电子数据形式。《规定》沿用了这一概念，同时对电子数据形式进行了拓展和调整。《电子数据规定》发布以来，随着网络空间和信息技术的发展，电子数据的形式发生了较大变化。有的电子数据在实践中适用空间逐步缩小，如博客、贴吧等平台发布的信息；有的属于近年来新出现的电子数据形式，如生物识别信息等；有的电子数据形式需进一步细化，原有的概括性描述难以全面展现，如原先的“计算机程序”在实践中类型越来越多样化，表现为“恶意程序、工具软件、网站源代码、运行脚本”等；有的电子数据在办案中越来越被重视，但《电子数据规定》未专门设置，如系统运行信息、文件附属信息等。为此，《规定》第二十七条根据实践发展和办案需要，梳理归纳了七类电子数据形式。

2. 电子数据审查的总体要求

一是注重审查电子数据的客观性、合法性、关联性。《规定》第三十条至第三十三条，参照《电子数据规定》的相关条款，分别对“三性”审查作了具体规定。首先，客观性审查包括真实性和完整性两方面审查。由于电子数据容易变化，办案人员在审查电子数据时，既要关注其本身是否客观真实，也要关注电子数据在收集提取之后是否被增加、删除、修改，也就是电子数据的完整性。如果被增加、删除、修改，则电子数据的客观真实也难以保证。所以，完整性审查具有独立而重要的意义。其次，合法性审查包括：电子数据的收集、提取、保管方法和过程是否规范，取证法律手续是否齐全，取证人员及其他参与人是否符合规定，取证记录是否完备，是否按照规定同步录音录像，境外电子数据收集提取是否符合国（区）际司法协助及其相关法律规定的要求等。最后，关联性审查包括：电子数据与案件事实之间的关联性，电子数据及其存储介质与当事人之间的关联性。

二是注重挖掘同一电子数据往往具有的多元关联证明作用。由于电子数据记录信息的丰富性，一份电子数据往往可以证明多个方面的案件事实。以一份完整的微信聊天记录为例，通过审查微信账号的昵称、注册信息等，可能发现反映行为人身份的信息；通过审查微信聊天的对话内容，可能发现反映行为人主观方面和行为内容的信息；通过审查微信聊天的附属信息如生成时间等，可能发现反映行为人作案时间的信息。因而，审查电子数据时，要注重从多个角度挖掘电子数据与案件事实的多元关联，充分发挥电子数据的证明作用。

三是注重加强电子数据与其他证据的相互印证。电子数据的广泛出现加之其具有的多元关联证明作用，为办案提供了更多的证明支持。在办理网络犯罪案件中，要转变传统的证据理念，更加重视电子数据的收集提取和审查运用，强化电子数据在网络犯罪证据体系中的关键作用。加强电子数据和其他证据之间的相互支撑、相互补强，拓展案件证据收集范围，拓宽证据审查视角，丰富证据运用方式，构建更加完整、细化的指控网络犯罪的证据链。

四是注重加强对瑕疵电子数据的审查。《规定》第四十三条参照《电子数据规定》第二十七条，对瑕疵证据经补正或者合理解释的，可以采用的规定，设置了四种补正或合理解释后可采用的情形；同时规定“不能补正或作出合理解释的，不得作为定案的根据”。《规定》第四十四条参照《电子数据规定》第二十八条，对电子数据不得作为定案根据的情形进行了规定，包括电子数据系篡改、伪造、无法确定真伪，或者有其他无法保证电子数据客观、真实的两种情形。对于电子数据有增加、删除、修改等情形的，在征求意见和研究讨论时，有意见提出，应当客观分析、区别对待，不宜一概排除。对于经过正当程序，能够证明其中重要数据未发生变化，或能够恢复数据原始状态的，仍可考虑作为证据使用。《规定》第四十四条第二款结合司法实践，吸收了上述意见，规定对于经司法鉴定、当事人确认等方式确定与案件相关的重要数据未发生变化，或者能够还原电子数据原始状态、查清变化过程的，可以作为定案的根据。

3. 不同形式电子数据的审查要求

在电子数据审查总体要求的基础上，《规定》对扣押原始存储介质、数据镜像、线下提取的电子数据、在线提取的电子数据、冻结的电子数据、调取的电子数据、检查和侦查实验报告、鉴定意见等分别提出需要注重审查的内容。这里重点说明对数据镜像、鉴定意见的审查。

一是关于对数据镜像的审查。数据镜像是指从原始存储介质复制生成的一个或一组文件，经还原后与原文件内容无差别。随着大数据、云计算等信息技术的发展，当前不少电子数据存储在云服务器中，无法扣押原始存储介质，也不宜冻结电子数据，直接提取海量电子数据的难度较大。实践中，往往通过数据镜像的方式复制电子数据，保证数据不被篡改和灭失。《规定》第三十五条在总结司法实践的基础上，提出对数据镜像应当注重审查四个方面的内容：首先，为查明数据镜像的来源，要审查是否记录原始存储介质的基本信息、存放位置以及使用人、保管人等；其次，为查明数据镜像的客观性，要审查制作数据镜像的工具、方法、过程等；再次，为验证数据镜像的完整性，要查看数据镜像是否计算完整性校验值；最后，为查明数据镜像的合法性和规范性，要审查取证人员、见证人、持有人（提供人）等参与制作镜像的人员是否已签名或盖章。

二是关于对鉴定意见的审查。《规定》第四十一条具体梳理了对于鉴定意见需要注重审查五方面的内容。鉴定意见虽然专业，但其只是案件审查的重要依据之一，仍然需要与其他证据相互印证，构建完整的证据链，以更加精准指控犯罪。

### （五）出庭支持公诉

《规定》第四章规定了网络犯罪案件出庭支持公诉的相关内容，有以下两个方面需要重点说明。

1. 庭前会议

庭前会议旨在促进信息共享、明确争点、梳理证据、解决程序性的争议，提高庭审效率，保证庭审质量。《最高人民法院关于适用〈中华人民共和国刑事诉讼法〉的解释》第二百二十六条规定了法院可以决定召开庭前会议的四种情形：(1) 证据材料较多，案情重大复杂的；(2) 控辩双方对事实、证据存在较大争议的；(3) 社会影响重大的；(4) 需要召开庭前会议的其他情形。根据上述情形，结合网络犯罪案件跨国（边）境、跨区域、涉众性、技术性强等特点，《规定》第四十六条细化设置了六种可以建议法院召开庭前会议的具体情形，包括：(1) 案情疑难复杂的；(2) 跨国（边）境、跨区域案件社会影响重大的；(3) 犯罪嫌疑人、被害人等人数众多、证据材料较多的；(4) 控辩双方对电子数据合法性存在较大争议的；(5) 案件涉及技术手段专业性强、需要控辩双方提前交换意见的；(6) 其他有必要召开庭前会议的情形。针对庭前会议涉及的技术性问题，检察机关必要时，可以向法庭申请指派检察技术人员或者聘请其他有专门知识的人分析解答。

2. 法庭举证

与其他证据相比，电子数据具有特殊的属性，如技术性强、相对抽象、数量众多等，这就要求法庭举证时，应采取合适的举证方式，突出举证重点，全面、直观展示电子数据，精准有力地指控犯罪。《规定》第四十七条根据电子数据的特性，对网络犯罪案件法庭举证工作提出具体要求。一是考虑到电子数据技术性强，涉及不同的专业领域，需要专门的说明解读，出庭检察官自身专业背景往往难以胜任。《规定》提出，必要时，可以向法庭申请指派检察技术人员或者聘请其他有专门知识的人进行相关技术操作，并就专门性问题发表意见。二是考虑到电子数据具有抽象性，须通过特定的网络环境和电子设备等载体来展现。实践中多采取多媒体演示的方式举证。《规定》借鉴实践做法，提出公诉人出示证据可以借助多媒体示证、动态演示等方式进行。三是考虑到电子数据往往数量众多有时还是海量级，对于公诉人而言，出示电子数据时，既要做到“读得懂”，让参加庭审人员了解电子数据的基本情况；又要做到“说得清”，从众多的电子数据中梳理出案件脉络，展示行为轨迹和案件争议焦点。因此，为解决上述问题，《规定》提出，公诉人在出示电子数据时，应当从电子数据的来源、形成过程；电子数据所反映的犯罪手段、人员关系、资金流向、行为轨迹等案件事实；电子数据与被告人供述、被害人陈述、证人证言、物证、书证等的相互印证情况，对电子数据进行针对性地说明。

## （六）办案与技术融合

当前，网络犯罪专业化程度越来越高。如何做到“魔高一尺、道高一丈”，仅靠办案部门自身提升能力远远不够，必须把技术深度融入办案之中，提升办案专业化水平。《规定》立足办案与技术融合的理念，进行重点规定，主要体现在以下三个方面。

1. 检察技术人员参与办案

根据《最高人民检察院关于指派、聘请有专门知识的人参与办案若干问题的规定（试行）》的规定，有专门知识的人是指，运用专门知识参与检察机关的办案活动，协助解决专门性问题或者提出意见的人，但不包括以鉴定人身份参与办案的人。有专门知识的人一般包括检察技术人员和检察机关以外的其他有专门知识的人。办理网络犯罪案件要注重发挥这两类人员的专业支持。实践中，检察机关以外的有专门知识的人主要参与重大、疑难、复杂的案件，而大量普通案件的专业辅助，案件全流程的参与，更多需要检察技术人员的支持参与。

《规定》设置了七个条款强化检察技术支持参与办案。在参与方式上，《规定》第八条提出，建立检察技术人员参与网络犯罪案件办理制度。根据案件办理需要，吸收检察技术人员加入办案组辅助案件办理。需要指出的是，如果检察技术人员以鉴定人身份参与办案，为保持鉴定人身份的中立性，其不能再作为办案组成员参与办案。在参与环节上，《规定》第十二条、第二十三条、第二十五条、第四十六条、第四十七条，分别从引导取证、案件审查、自行侦查、庭前会议、庭审等环节，对检察技术支持参与办案进行了全流程规定。

2. 其他有专门知识的人参与办案

由于网络犯罪案件专业技术问题涉及领域广、程度深，有的还比较前沿，在重视发挥检察技术专业支持的同时，还要加强外智借助，根据案件涉及的具体问题，聘请相关领域专家专业辅助办案。为此，《规定》提出建立其他有专门知识的人参与网络犯罪案件办理制度，并在多个诉讼环节中，对其参与辅助办案进行了规定。

3. 运用前沿先进技术辅助办案

《规定》第八条提出，积极探索运用大数据、云计算、人工智能等信息技术辅助办案，提高网络犯罪案件办理的专业化水平。实践中，各地加强智慧借助，积极把前沿先进技术运用到司法办案中，取得了积极效果。《规定》提出引导性要求，鼓励各地探索运用。

## （七）跨区域协作办案

相较于其他犯罪，网络犯罪的一个突出特征就是跨域性。《规定》参照公安部相关要求，设立“跨区域协作办案”专章，主要包括以下四个方面：一是关于办案机制。面对网络犯罪跨域化态势，检察机关要改变传统的办案方式，充分发挥检察一体化优势，推动建立常态化的跨区域协作办案机制。《规定》第六条、第五十条指出，对跨区域网络犯罪案件，上级检察机关应当加强统一指挥和统筹协调，相关检察机关应当加强办案协作，强化信息互通、证据移交、技术协作，增强惩治网络犯罪的合力。二是关于人员调配。《规定》第五十一条提出，上级检察机关根据办案需要，可以统一调用辖区内检察人员参与办理网络犯罪案件。需要指出的是，这里的检察人员既包括检察官、检察官助理，也包括检察技术人员。三是关于案情互通。《规定》第五十二条提出，办理关联网络犯罪案件的检察机关可以相互申请查阅卷宗材料、法律文书，了解案件情况。被申请的检察机关应当予以协助。四是关于证据调取。《规定》第五十三条、第五十四条分别对自行调取和代为调取提出了要求。对于代为调取，《规定》第五十四条提出，承办案件的检察机关需要异地调查取证的，可以将相关法律文书及证明文件传输至证据所在地的检察机关，请其代为调查取证。被请求协助的检察机关应当予以协助、及时反馈。同时，承办案件的检察机关在法律文书中应当注明具体的取证对象、方式、内容和期限等，以确保取证的规范性和针对性。此外，《规定》第五十五条对远程询问提出了相关要求，在这方面，检察机关疫情防控期间办案时积累了较为丰富的经验，办理网络犯罪案件时可以充分借鉴、广泛运用。

## (八) 被害人权利的保护

由于网络空间的广延性和技术传播的快捷性，网络犯罪行为受众面更广、传播力更强、隐蔽性更深，对被害人造成的财产和精神损失也更大。《规定》研究审议之时，正值“浙江杭州女子取快递被造谣出轨案”在网络上持续发酵，检察机关如何主动作为、充分履职，有力维护网络空间被害人的合法权益，值得认真思考。对此，《规定》在修改中，加强了这方面内容的规定，主要体现在以下三个方面：一是高度重视追赃挽损。《规定》第十条提出，要把追赃挽损贯穿始终，主动加强与有关机关协作，保证及时查封、扣押、冻结涉案财物，阻断涉案财物移转链条，督促涉案人员退赃退赔，切实维护被害人的财产利益。二是确定管辖时充分考虑被害人权益维护。《规定》第五条第二款提出，网络犯罪有多个犯罪地的，在确定管辖地时除了应按照有利于查清犯罪事实、保证案件公正处理的传统原则外，增加了有利于保护被害人合法权益的要求，更加合理确定案件管辖地。三是注重对被害人人身、财产损失的审查。《规定》第二十条提出，认定网络犯罪行为的情节和后果，要注重审查被害人数量、财产损失数额、名誉侵害的影响范围等能够反映犯罪行为对被害人的人身、财产等造成侵害的内容。需要指出的是，检察机关在审查时要充分考虑网络空间的特点，不仅要注重审查被害人的财产损失，还要审查其人身、精神损害；不仅要审查犯罪行为对被害人本人造成的损害，还要由点及面注重审查犯罪行为对网络空间秩序的影响，从而准确认识行为的社会危害性，依法精准指控犯罪。

# 最高人民法院　最高人民检察院　公安部　司法部
# 关于进一步加强虚假诉讼犯罪惩治工作的意见

2021年3月4日　　　　　　　　　　法发〔2021〕10号

## 第一章　总　　则

**第一条**　为了进一步加强虚假诉讼犯罪惩治工作，维护司法公正和司法权威，保护自然人、法人和非法人组织的合法权益，促进社会诚信建设，根据《中华人民共和国刑法》《中华人民共和国刑事诉讼法》《中华人民共和国民事诉讼法》和《最高人民法院、最高人民检察院关于办理虚假诉讼刑事案件适用法律若干问题的解释》等规定，结合工作实际，制定本意见。

**第二条**　本意见所称虚假诉讼犯罪，是指行为人单独或者与他人恶意串通，采取伪造证据、虚假陈述等手段，捏造民事案件基本事实，虚构民事纠纷，向人民法院提起民事诉讼，妨害司法秩序或者严重侵害他人合法权益，依照法律应当受刑罚处罚的行为。

**第三条**　人民法院、人民检察院、公安机关、司法行政机关应当按照法定职责分工负责、配合协作，加强沟通协调，在履行职责过程中发现可能存在虚假诉讼犯罪的，应当及时相互通报情况，共同防范和惩治虚假诉讼犯罪。

## 第二章　虚假诉讼犯罪的甄别和发现

**第四条**　实施《最高人民法院、最高人民检察院关于办理虚假诉讼刑事案件适用法律若干问题的解释》第一条第一款、第二款规定的捏造事实行为，并有下列情形之一的，应当认定为刑法第三百零七条之一第一款规定的“以捏造的事实提起民事诉讼”：

（一）提出民事起诉的；

（二）向人民法院申请宣告失踪、宣告死亡，申请认定公民无民事行为能力、限制民事行为能力，申请认定财产无主，申请确认调解协议，申请实现担保物权，申请支付令，申请公示催告的；

（三）在民事诉讼过程中增加独立的诉讼请求、提出反诉，有独立请求权的第三人提出与本案有关的诉讼请求的；

（四）在破产案件审理过程中申报债权的；

（五）案外人申请民事再审的；

（六）向人民法院申请执行仲裁裁决、公证债权文书的；

（七）案外人在民事执行过程中对执行标的提出异议，债权人在民事执行过程中申请参与执行财产分配的；

（八）以其他手段捏造民事案件基本事实，虚构民事纠纷，提起民事诉讼的。

**第五条** 对于下列虚假诉讼犯罪易发的民事案件类型，人民法院、人民检察院在履行职责过程中应当予以重点关注：

（一）民间借贷纠纷案件；

（二）涉及房屋限购、机动车配置指标调控的以物抵债案件；

（三）以离婚诉讼一方当事人为被告的财产纠纷案件；

（四）以已经资不抵债或者已经被作为被执行人的自然人、法人和非法人组织为被告的财产纠纷案件；

（五）以拆迁区划范围内的自然人为当事人的离婚、分家析产、继承、房屋买卖合同纠纷案件；

（六）公司分立、合并和企业破产纠纷案件；

（七）劳动争议案件；

（八）涉及驰名商标认定的案件；

（九）其他需要重点关注的民事案件。

**第六条** 民事诉讼当事人有下列情形之一的，人民法院、人民检察院在履行职责过程中应当依法严格审查，及时甄别和发现虚假诉讼犯罪：

（一）原告起诉依据的事实、理由不符合常理，存在伪造证据、虚假陈述可能的；

（二）原告诉请司法保护的诉讼标的额与其自身经济状况严重不符的；

（三）在可能影响案外人利益的案件中，当事人之间存在近亲属关系或者关联企业等共同利益关系的；

（四）当事人之间不存在实质性民事权益争议和实质性诉辩对抗的；

（五）一方当事人对于另一方当事人提出的对其不利的事实明确表示承认，且不符合常理的；

（六）认定案件事实的证据不足，但双方当事人主动迅速达成调解协议，请求人民法院制作调解书的；

（七）当事人自愿以价格明显不对等的财产抵付债务的；

（八）民事诉讼过程中存在其他异常情况的。

**第七条** 民事诉讼代理人、证人、鉴定人等诉讼参与人有下列情形之一的，人民法院、人民检察院在履行职责过程中应当依法严格审查，及时甄别和发现虚假诉讼犯罪：

（一）诉讼代理人违规接受对方当事人或者案外人给付的财物或者其他利益，与对方当事人或者案外人恶意串通，侵害委托人合法权益的；

（二）故意提供虚假证据，指使、引诱他人伪造、变造证据、提供虚假证据或者隐匿、毁灭证据的；

（三）采取其他不正当手段干扰民事诉讼活动正常进行的。

## 第三章 线索移送和案件查处

**第八条** 人民法院、人民检察院、公安机关发现虚假诉讼犯罪的线索来源包括：

（一）民事诉讼当事人、诉讼代理人和其他诉讼参与人、利害关系人、其他自然人、法人和非法人组织的报案、控告、举报和法律监督申请；

（二）被害人有证据证明对被告人通过实施虚假诉讼行为侵犯自己合法权益的行为应当依法追究刑事责任，且有证据证明曾经提出控告，而公安机关或者人民检察院不予追究被告人刑事责任，向人民法院提出的刑事自诉；

（三）人民法院、人民检察院、公安机关、司法行政机关履行职责过程中主动发现；

（四）有关国家机关移送的案件线索；

（五）其他线索来源。

**第九条** 虚假诉讼刑事案件由相关虚假民事诉讼案件的受理法院所在

地或者执行法院所在地人民法院管辖。有刑法第三百零七条之一第四款情形的，上级人民法院可以指定下级人民法院将案件移送其他人民法院审判。

前款所称相关虚假民事诉讼案件的受理法院，包括该民事案件的一审、二审和再审法院。

虚假诉讼刑事案件的级别管辖，根据刑事诉讼法的规定确定。

**第十条** 人民法院、人民检察院向公安机关移送涉嫌虚假诉讼犯罪案件，应当附下列材料：

（一）案件移送函，载明移送案件的人民法院或者人民检察院名称、民事案件当事人名称和案由、所处民事诉讼阶段、民事案件办理人及联系电话等。案件移送函应当附移送材料清单和回执，经人民法院或者人民检察院负责人批准后，加盖人民法院或者人民检察院公章；

（二）移送线索的情况说明，载明案件来源、当事人信息、涉嫌虚假诉讼犯罪的事实、法律依据等，并附相关证据材料；

（三）与民事案件有关的诉讼材料，包括起诉书、答辩状、庭审笔录、调查笔录、谈话笔录等。

人民法院、人民检察院应当指定专门职能部门负责涉嫌虚假诉讼犯罪案件的移送。

人民法院将涉嫌虚假诉讼犯罪案件移送公安机关的，同时将有关情况通报同级人民检察院。

**第十一条** 人民法院、人民检察院认定民事诉讼当事人和其他诉讼参与人的行为涉嫌虚假诉讼犯罪，除民事诉讼当事人、其他诉讼参与人或者案外人的陈述、证言外，一般还应有物证、书证或者其他证人证言等证据相印证。

**第十二条** 人民法院、人民检察院将涉嫌虚假诉讼犯罪案件有关材料移送公安机关的，接受案件的公安机关应当出具接受案件的回执或者在案件移送函所附回执上签收。

公安机关收到有关材料后，分别作出以下处理：

（一）认为移送的案件材料不全的，应当在收到有关材料之日起三日内通知移送的人民法院或者人民检察院在三日内补正。不得以材料不全为由不接受移送案件；

（二）认为有犯罪事实，需要追究刑事责任的，应当在收到有关材料之日起三十日内决定是否立案，并通知移送的人民法院或者人民检察院；

（三）认为有犯罪事实，但是不属于自己管辖的，应当立即报经县级以上公安机关负责人批准，在二十四小时内移送有管辖权的机关处理，并告知移送的人民法院或者人民检察院。对于必须采取紧急措施的，应当先采取紧急措施，然后办理手续，移送主管机关；

（四）认为没有犯罪事实，或者犯罪情节显著轻微不需要追究刑事责任的，或者具有其他依法不追究刑事责任情形的，经县级以上公安机关负责人批准，不予立案，并应当说明理由，制作不予立案通知书在三日内送达移送的人民法院或者人民检察院，退回有关材料。

**第十三条** 人民检察院依法对公安机关的刑事立案实行监督。

人民法院对公安机关的不予立案决定有异议的，可以建议人民检察院进行立案监督。

## 第四章 程序衔接

**第十四条** 人民法院向公安机关移送涉嫌虚假诉讼犯罪案件，民事案件必须以相关刑事案件的审理结果为依据的，应当依照民事诉讼法第一百五十条第一款第五项的规定裁定中止诉讼。刑事案件的审理结果不影响民事诉讼程序正常进行的，民事案件应当继续审理。

**第十五条** 刑事案件裁判认定民事诉讼当事人的行为构成虚假诉讼犯罪，相关民事案件尚在审理或者执行过程中的，作出刑事裁判的人民法院应当及时函告审理或者执行该民事案件的人民法院。

人民法院对于与虚假诉讼刑事案件的裁判存在冲突的已经发生法律效力的民事判决、裁定、调解书，应当及时依法启动审判监督程序予以纠正。

**第十六条** 公安机关依法自行立案侦办虚假诉讼刑事案件的，应当在立案后三日内将立案决定书等法律文书和相关材料复印件抄送对相关民事案件正在审理、执行或者作出生效裁判文书的人民法院并说明立案理由，同时通报办理民事案件人民法院的同级人民检察院。对相关民事案件正在审理、执行或者作出生效裁判文书的人民法院应当依法审查，依照相关规定做出处理，并在收到材料之日起三十日内将处理意见书面通报公安机关。

公安机关在办理刑事案件过程中，发现犯罪嫌疑人还涉嫌实施虚假诉讼犯罪的，可以一并处理。需要逮捕犯罪嫌疑人的，由侦查该案件的公安机关提请同级人民检察院审查批准；需要提起公诉的，由侦查该案件的公安机关移送同级人民检察院审查决定。

**第十七条** 有管辖权的公安机关接受民事诉讼当事人、诉讼代理人和其他诉讼参与人、利害关系人、其他自然人、法人和非法人组织的报案、控告、举报或者在履行职责过程中发现存在虚假诉讼犯罪嫌疑的，可以开展调查核实工作。经县级以上公安机关负责人批准，公安机关可以依照有关规定拷贝电子卷或者查阅、复制、摘录人民法院的民事诉讼卷宗，人民法院予以配合。

公安机关在办理刑事案件过程中，发现犯罪嫌疑人还涉嫌实施虚假诉讼犯罪的，适用前款规定。

**第十八条** 人民检察院发现已经发生法律效力的判决、裁定、调解书系民事诉讼当事人通过虚假诉讼获得的，应当依照民事诉讼法第二百零八条第一款、第二款等法律和相关司法解释的规定，向人民法院提出再审检察建议或者抗诉。

**第十九条** 人民法院对人民检察院依照本意见第十八条的规定提出再审检察建议或者抗诉的民事案件，应当依照民事诉讼法等法律和相关司法解释的规定处理。按照审判监督程序决定再审、需要中止执行的，裁定中止原判决、裁定、调解书的执行。

**第二十条** 人民检察院办理民事诉讼监督案件过程中，发现存在虚假诉讼犯罪嫌疑的，可以向民事诉讼当事人或者案外人调查核实有关情况。有关单位和个人无正当理由拒不配合调查核实、妨害民事诉讼的，人民检察院可以建议有关人民法院依照民事诉讼法第一百一十一条第一款第五项等规定处理。

人民检察院针对存在虚假诉讼犯罪嫌疑的民事诉讼监督案件依照有关规定调阅人民法院的民事诉讼卷宗的，人民法院予以配合。通过拷贝电子卷、查阅、复制、摘录等方式能够满足办案需要的，可以不调阅诉讼卷宗。

人民检察院发现民事诉讼监督案件存在虚假诉讼犯罪嫌疑的，可以听取人民法院原承办人的意见。

**第二十一条** 对于存在虚假诉讼犯罪嫌疑的民事案件，人民法院可以依职权调查收集证据。

当事人自认的事实与人民法院、人民检察院依职权调查并经审理查明的事实不符的，人民法院不予确认。

## 第五章　责任追究

**第二十二条**　对于故意制造、参与虚假诉讼犯罪活动的民事诉讼当事人和其他诉讼参与人，人民法院应当加大罚款、拘留等对妨害民事诉讼的强制措施的适用力度。

民事诉讼当事人、其他诉讼参与人实施虚假诉讼，人民法院向公安机关移送案件有关材料前，可以依照民事诉讼法的规定先行予以罚款、拘留。

对虚假诉讼刑事案件被告人判处罚金、有期徒刑或者拘役的，人民法院已经依照民事诉讼法的规定给予的罚款、拘留，应当依法折抵相应罚金或者刑期。

**第二十三条**　人民检察院可以建议人民法院依照民事诉讼法的规定，对故意制造、参与虚假诉讼的民事诉讼当事人和其他诉讼参与人采取罚款、拘留等强制措施。

**第二十四条**　司法工作人员利用职权参与虚假诉讼的，应当依照法律法规从严处理；构成犯罪的，依法从严追究刑事责任。

**第二十五条**　司法行政机关、相关行业协会应当加强对律师、基层法律服务工作者、司法鉴定人、公证员、仲裁员的教育和管理，发现上述人员利用职务之便参与虚假诉讼的，应当依照规定进行行政处罚或者行业惩戒；构成犯罪的，依法移送司法机关处理。律师、基层法律服务工作者、司法鉴定人、公证员、仲裁员利用职务之便参与虚假诉讼的，依照有关规定从严追究法律责任。

人民法院、人民检察院、公安机关在办理案件过程中，发现律师、基层法律服务工作者、司法鉴定人、公证员、仲裁员利用职务之便参与虚假诉讼，尚未构成犯罪的，可以向司法行政机关、相关行业协会或者上述人员所在单位发出书面建议。司法行政机关、相关行业协会或者上述人员所在单位应当在收到书面建议之日起三个月内作出处理决定，并书面回复作出书面建议的人民法院、人民检察院或者公安机关。

## 第六章　协作机制

**第二十六条**　人民法院、人民检察院、公安机关、司法行政机关探索建立民事判决、裁定、调解书等裁判文书信息共享机制和信息互通数据平台，综合运用信息化手段发掘虚假诉讼违法犯罪线索，逐步实现虚假诉讼违法犯罪案件信息、数据共享。

**第二十七条**　人民法院、人民检察院、公安机关、司法行政机关落实“谁执法谁普法”的普法责任制要求，通过定期开展法治宣传、向社会公开发布虚假诉讼典型案例、开展警示教育等形式，增强全社会对虚假诉讼违法犯罪的防范意识，震慑虚假诉讼违法犯罪。

## 第七章　附　　则

**第二十八条**　各省、自治区、直辖市高级人民法院、人民检察院、公安机关、司法行政机关可以根据本地区实际情况，制定实施细则。

**第二十九条**　本意见自2021年3月10日起施行。

# 《最高人民法院、最高人民检察院、公安部、司法部关于进一步加强虚假诉讼犯罪惩治工作的意见》的理解与适用

滕　伟　叶邵生　丁成飞　李加玺*

为进一步加强虚假诉讼犯罪惩治工作，保护自然人、法人和非法人组织的合法权益，促进社会诚信建设，维护司法公正和司法权威，最高人民法院、最高人民检察院、公安部、司法部于2021年3月4日印发《关于进一步加强虚假诉讼犯罪惩治工作的意见》（以下简称《意见》），自3月10日起施行。《意见》分为总则、虚假诉讼犯罪的甄别和发现、线索移送和案件查处、程序衔接、责任追究、协作机制、附则等7章，共29条，对实体和程序多个方面的内容作出了规定。为便于实践中正确理解和适用，现就《意见》涉及的有关问题作简要说明。

## 一、《意见》的制定背景和指导思想

虚假诉讼行为侵害民事主体合法权益，严重扰乱诉讼秩序，损害司法权威，人民群众反映强烈，迫切需要采取措施予以解决。党的十八届四中全会通过的《中共中央关于全面推进依法治国若干重大问题的决定》提出，加大对虚假诉讼、恶意诉讼、无理缠诉行为的惩治力度。2015年11月施行的刑法修正案（九）增设虚假诉讼罪，将以捏造的事实提起民事诉讼、妨害司法秩序或者严重侵害他人合法权益的行为纳入刑事处罚范围，为采用刑事手段打击虚假诉讼提供了法律依据。

* 作者单位：最高人民法院。

最高人民法院坚决贯彻落实党中央决策部署，高度重视对虚假诉讼违法犯罪的惩治工作，先后制定出台了多个刑事和民事司法解释及规范性文件。其中，2018年9月与最高人民检察院联合公布《关于办理虚假诉讼刑事案件适用法律若干问题的解释》（以下简称《虚假诉讼犯罪司法解释》），对刑法规定的虚假诉讼罪的行为特征、定罪量刑标准、刑事政策把握等作了规定。但是，实践中仍然存在对虚假诉讼犯罪甄别发现不及时、司法机关查办虚假诉讼刑事案件沟通协作机制不健全、相关刑事诉讼和民事诉讼程序衔接不畅等问题，影响对虚假诉讼犯罪的惩治效果。为进一步贯彻落实党中央决策部署，最高人民法院与最高人民检察院、公安部、司法部共同开展调研，广泛征求各方面意见，形成了《意见》，对进一步加强虚假诉讼犯罪惩治工作、建立健全配合协作和程序衔接机制作了具体规定。

《意见》制定过程中，主要坚持以下指导思想和总体原则。

第一，坚持以习近平法治思想为指导。《意见》始终贯彻落实习近平法治思想中坚持以人民为中心、公正司法等重要内容，深刻领会习近平总书记关于推进全面依法治国的根本目的是依法保障人民权益的重要论述，着力解决人民群众反映强烈的突出问题，回应人民群众的新要求、新期待，依法保障人民安居乐业；严格贯彻落实《中共中央关于全面推进依法治国若干重大问题的决定》要求，依法从严打击通过虚假诉讼违法犯罪妨害司法秩序和严重侵害他人合法权益的行为，畅通司法机关依法惩治虚假诉讼犯罪的配合协作和程序衔接机制，保护自然人、法人和非法人组织的合法权益。同时，依法保障人民群众通过提起民事诉讼保护自身合法权益的正当权利，确保《意见》的相关规定内容有利于人民群众依法行使诉权。

第二，坚持依法制定。《意见》属于对司法机关依法行使公权力行为的具体性规定，总体上应当坚持"法无规定不可为"的原则，相关规定内容应有相对明确的法律和规范依据，不与其他法律、司法解释相冲突和不协调。在实体方面，《意见》主要以刑法和《虚假诉讼犯罪司法解释》的有关规定为基础，坚持罪刑法定原则，对虚假诉讼犯罪的行为方式、刑事责任追究原则等作了进一步明确规定；在程序方面，《意见》以民事诉讼法以及相关司法解释、《公安机关办理刑事案件程序规定》《人民检察院刑事诉讼规则》等规定为依据，结合实际情况作出细化、可操作性规定，以适应实践需要。

第三，坚持问题导向。虚假诉讼现象与社会诚信建设密切相关，欲有效解决，需要各方面共同努力，综合施策。实践中，影响虚假诉讼违法犯罪惩治效果的主要因素是司法机关内部对虚假诉讼犯罪的成立条件认识不一，导致此类案件立案难、打击效果不佳；虚假诉讼刑事案件与民事案件的程序衔接不畅，致使已被认定存在虚假诉讼犯罪的民事案件再审纠正存在困难。《意见》不求面面俱到，仅着眼于解决实践中存在的突出问题，对虚假诉讼犯罪线索移送和案件查处、相关刑事诉讼与民事诉讼的程序衔接等问题作了重点规定，为司法实践提供有效指导。另外，针对人民群众反映强烈的司法工作人员、诉讼参与人利用职权或者职务之便参与虚假诉讼的问题，《意见》还规定，对于参与虚假诉讼的司法工作人员以及律师、基层法律服务工作者、司法鉴定人、公证员、仲裁员，应当依法从严追究法律责任，表明司法机关坚持刀刃向内、从严惩处上述人员实施虚假诉讼的决心。

## 二、虚假诉讼犯罪的具体认定

刑事法律和民事法律中均有虚假诉讼的概念，但二者存在明显区别。刑事法律中关于虚假诉讼罪的规定，原则上限于“无中生有”型捏造事实行为，且仅将具有严重社会危害性的行为纳入刑罚打击范围，其外延小于民事法律上的虚假诉讼。为突出打击重点，《意见》将规制对象限定为虚假诉讼犯罪，具体包括行为构成虚假诉讼罪，以及行为符合虚假诉讼罪的构成要件但基于数罪竞合处罚原则最终被以其他罪名定罪处罚两种情形。《意见》第二条采用下定义的方式，对虚假诉讼犯罪的内涵作了界定，规定主要内容与《虚假诉讼犯罪司法解释》第一条基本相同。对于实践中存在争议、《虚假诉讼犯罪司法解释》未作明确规定的虚假诉讼罪中“民事诉讼”的范围，《意见》第四条进一步作了列举式规定。实践中应当注意以下几点。

第一，关于认定虚假诉讼罪中“民事诉讼”的总体标准。根据刑法规定的虚假诉讼罪的行为方式，虚假诉讼罪的惩治对象原则上是不具有合法诉权的行为人采用欺骗手段提起民事诉讼，致使虚假民事案件进入人民法院诉讼程序的行为，同时，还应考虑部分民事主体通过在民事诉讼过程中提出新的诉讼请求、通过人民法院的民事执行行为实现其实体权利等情形。据此，虚假诉讼罪中的“民事诉讼”大体可分为以下几种情形：(1) 案件首次进入民事诉讼程序的起诉行为，包括第一审普通民事程序和简易程序的起诉行为，以及民事诉讼法规定的特别程序和督促程序、公示催告程序的申请行为。(2) 当事人在民事诉讼过程中提出新的独立的诉讼请求，包括原告增加独立的诉讼请求、被告提出反诉和有独立请求权的第三人提出与本案有关的诉讼请求。上述三种情形实质上属于诉的合并，与民事原告提出民事起诉并无实质性区别。(3) 特殊程序中申请人民法院保护其实体权利的行为，包括在破产案件审理过程申报债权，民事判决、裁定、调解书生效后案外人申请再审等。(4) 民事执行过程中申请人民法院实现其超出原诉范围的实体权利的行为，主要包括申请执行仲裁裁决和公证债权文书，以及案外人对执行标的提出异议、债权人申请参与执行财产分配等情形。

第二，民事二审程序不属于虚假诉讼罪中的“民事诉讼”。根据《最高人民法院关于适用〈中华人民共和国民事诉讼法〉的解释》第三百二十三条的规定，我国的民事二审程序采用续审制原则，除特殊情况外，二审审理范围原则上不超出一审之诉和当事人上诉请求的范围。据此，民事诉讼当事人在一审宣判后以捏造的事实提出上诉的，因其上诉请求不超出一审之诉的范围，不符合“无中生有”捏造事实的行为特征。因此，民事诉讼当事人在一审宣判后提出上诉、启动民事二审程序的，不宜认定为虚假诉讼罪中的“提起民事诉讼”。

第三，刑事附带民事诉讼是否属于虚假诉讼罪中的“民事诉讼”，应当区分不同情况分别认定。首先，在刑事公诉案件中，行为人提起附带民事诉讼的案由与检察机关提起公诉的犯罪行为属于同一法律事实，附带民事诉讼是基于刑事诉讼衍生出的民事诉讼活动，刑事诉讼的真实性决定了附带民事诉讼的真实性。根据刑事诉讼法的规定，人民检察院向人民法院提起公诉的条件是犯罪实事实已经查清，证据确实、充分，依法应当追究刑事责任。在此情况下，被害人及其法定代理人、近亲属以公诉机关提起公诉的事实为案由提起附带民事诉讼，具有一定的事实依据，不能认定为“无中生有”捏造事实，不符合虚假诉讼罪的构成要件。即使公诉机关起诉指控的事实后经人民法院裁判认定不能成立、被告人的行为不构成犯罪，但基于被害人一方对公安、检察机关的信赖心理，亦不能认定其行为属于“无中生有”捏造事实。因此，在刑事公诉案件中提起附带民事诉讼的，不能认定为虚假诉讼罪中的“提起民事诉讼”。其次，刑事自诉案件不以公安机关侦查和检察机关审查起诉为前置程序，自诉人自行承担证明被告人有罪的举证责任，存在自诉人“无中生有”捏造事实的可能性，故刑事自诉人的行为可能构成虚假诉讼罪。刑事自诉人以捏造的事实提起附带民事诉讼的，可以认定为《意见》第四条第八项规定的“以其他手段捏造民事案件基本事实，虚构民事纠纷，提起民事诉讼的”情形。

## 三、虚假诉讼犯罪线索的发现和移送

为解决现阶段实践中存在的虚假诉讼犯罪线索移送渠道不够顺畅的问题，《意见》第三章对人民法院、人民检察院向公安机关移送犯罪线索应当提供的材料、公安机关收到移送的线索材料后审查立案的具体处理方式等作了具体规定。同时，为充分发挥检察机关对公安机关立案活动的法律监督功能，确保虚假诉讼犯罪得到依法惩治，《意见》还规定，人民检察院依法对公安机关的刑事立案实行监督；人民法院对公安机关的不予立案决定有异议的，可以建议人民检察院进行立案监督。实践中具体适用需要注意以下两点。

第一，关于人民法院、人民检察院移送虚假诉讼犯罪线索的条件。人民法院、人民检察院在履行职责过程中，符合什么样的条件可以认定存在虚假诉讼犯罪嫌疑，进而需要将犯罪线索移送公安机关，值得认真研究。研究认为，刑法的“二次规范”性质决定了认定虚假诉讼犯罪需以行为同时违反民事法律为前提，也就是说，刑法上的虚假诉讼犯罪行为首先应当是民事法律上的违法行为。根据刑法和《虚假诉讼犯罪司法解释》的规定，虚假诉讼犯罪大体可以分为“单方欺诈型”和“双方串通型”两种，其中的“单方欺诈型”虚假诉讼属于民事法律上的欺诈行为，而“双方串通型”虚假诉讼属于民事法律上的恶意串通行为。因此，人民法院、人民检察院在依法认定民事诉讼当事人存在欺诈或者恶意串通行为的前提下，才可以认定其存在虚假诉讼犯罪嫌疑，进而需要将犯罪线索移送公安机关。根据《最高人民法院关于适用〈中华人民共和国民事诉讼法〉的解释》第一百零九条的规定，人民法院确信当事人欺诈、恶意串通事实存在的可能性能够排除合理怀疑的，才能认定该事实存在，该证明标准明显高于一般民事诉讼案件采用的高度盖然性标准。根据上述证明标准，人民法院、检察机关要认定存在虚假诉讼犯罪嫌疑，不能仅凭民事诉讼当事人、其他诉讼参与人或者案外人陈述、证言等单方言辞证据，一般情况下还应有其他证据相互印证，才可以认定为达到了排除合理怀疑的证明标准。《意见》第十一条明确，人民法院、人民检察院认定民事诉讼当事人和其他诉讼参与人的行为涉嫌虚假诉讼犯罪，除民事诉讼当事人、其他诉讼参与人或者案外人的陈述、证言外，一般还应有物证、书证或者其他证人证言等证据相印证。作出上述规定，可以防止极少数民事诉讼参与人通过恶意进行刑事控告、举报干扰民事诉讼程序、意图逃避承担民事败诉结果，有利于保障民事诉讼程序的正常进行。

第二，虚假诉讼犯罪是否可以提起刑事自诉。《意见》第八条规定了司法机关发现虚假诉讼犯罪线索的四种具体来源，并设置了兜底条款，其中第二项规定，被害人在一定条件下可以对他人实施的虚假诉讼行为向人民法院提出刑事自诉。研究过程中，有意见提出，在《意见》中明确规定对虚假诉讼犯罪可以提起刑事自诉，可能导致刑事自诉程序被人恶意利用，干扰民事诉讼程序的正常进行，建议不作规定。研究认为，首先，根据刑事诉讼法第二百一十条的规定，自诉案件包括下列案件：（1）告诉才处理的案件；（2）被害人有证据证明的轻微刑事案件；（3）被害人有证据证明对被告人侵犯自己人身、财产权利的行为应当依法追究刑事责任，而公安机关或者人民检察院不予追究被告人刑事责任的案件。理论上一般将上述三类自诉案件分别概括为告诉才处理的案件、有证据证明的轻微刑事案件和公诉转自诉案件。《最高人民法院关于适用〈中华人民共和国刑事诉讼法〉的解释》第一条进一步明确，公诉转自诉案件是指被害人有证据证明对被告人侵犯自己人身、财产权利的行为应当依法追究刑事责任，且有证据证明曾经提出控告，而公安机关或者人民检察院不予追究被告人刑事责任的案件。根据刑法规定，虚假诉讼罪侵犯的客体是司法秩序和他人合法权益。在被害人因为他人实施的虚假诉讼行为导致自己人身、财产权利受到侵害而提出控告，而公安机关或者人民检察院不予追究对方刑事责任的情况下，允许被害人向人民法院提出刑事自诉，符合刑事诉讼法规定的公诉转自诉案件的条件。其次，刑事诉权是诉权的重要组成部分，民事诉讼原、被告双方的诉权均应得到平等保护，不能仅以保障民事诉讼程序顺利进行、确保原告的民事诉权得以实现为由，剥夺被告享有的依法提起刑事自诉、通过刑事诉讼手段维护自身合法权益的权利。在《意见》中明确规定虚假诉讼犯罪被害人在提出控告后、公安机关或者人民检察院不予追究被告人刑事责任的情况下享有提起刑事自诉的权利，具有法律依据和现实意义。

## 四、虚假诉讼案件中的程序衔接

虚假诉讼案件处理过程中刑事诉讼与民事诉讼程序的衔接，涉及刑民交叉问题，实践中存在较多争议，也是《意见》力图解决的重点问题。《意见》第四章对与虚假诉讼有关的程序衔接问题作了原则性规定，包括以下几个方面内容。

第一，虚假诉讼案件处理过程中的信息沟通。实践中，虚假诉讼刑事案件和相关联的民事案件可能由不同地区的司法机关办理，建立信息沟通工作机制，确保有关人民法院及时得到关联案件的处理信息，是实现刑事诉讼和民事诉讼程序有效衔接的前提。《意见》主要从两个方面对信息沟通作了规定。首先，对虚假诉讼犯罪作出刑事裁判的人民法院应当及时函告审理或者执行相关民事案件的人民法院，以便该审理或者执行法院及时确定民事诉讼当事人是否存在虚假诉讼行为，进而作出正确民事裁判。其次，公安机关根据自然人、法人和非法人组织的报案、控告、举报或者在办理其他刑事案件过程中，发现有虚假诉讼犯罪事实或者犯罪嫌疑人，依法自行立案侦办的，应当在立案后三日内将立案决定书等法律文书和相关材料复印件抄送对相关民事案件正在审理、执行或者已经作出生效裁判文书的人民法院，同时通报办理民事案件人民法院的同级人民检察院。该人民法院应当依法审查，并在三十日内将处理意见书面通报公安机关。同级人民检察院应当及时开展法律监督，根据审查情况依法提出再审检察建议或者提出抗诉。

第二，涉虚假诉讼犯罪民事案件的处理方式。虚假诉讼犯罪人意图通过民事诉讼途径实现其非法目的，本质上不具有诉权，因此，对于行为构成虚假诉讼犯罪的民事诉讼原告，应当依法驳回其请求，对于已经发生法律效力的民事判决、裁定、调解书，应当通过审判监督程序予以纠正。具体而言：(1) 对于人民法院正在审理、尚未作出生效裁判的民事案件，审理该民事案件的人民法院经审理发现涉嫌虚假诉讼犯罪的，应当将犯罪线索移送公安机关，并依法驳回其请求。(2) 人民法院在审理过程中尚未发现虚假诉讼犯罪线索，公安机关将证明存在虚假诉讼犯罪嫌疑的法律文书和相关材料复印件抄送给审理该民事案件的人民法院的，人民法院应当依法进行审查，经审理认为民事诉讼原告确实实施了虚假诉讼行为的，应当依法驳回其请求；认为尚未达到认定虚假诉讼的证明标准、该民事案件必须以相关刑事案件的审理结果为依据的，应当依照民事诉讼法第一百五十条[①]第一款第五项的规定裁定中止诉讼，根据相关刑事案件的审理结果再决定对该民事案件应当如何处理。(3) 对于已经作出生效裁判文书的民事案件，人民法院发现该民事案件的裁判结果与相关刑事案件的裁判存在冲突的，应当及时依法启动审判监督程序予以纠正。人民检察院发现民事案件的裁判文书系民事诉讼当事人通过虚假诉讼手段获得的，应当依法提出再审检察建议或者提出抗诉，相关人民法院应当依法审查处理，符合法定再审条件的，应当按照审判监督程序决定再审。

第三，公安机关、人民检察院查阅、调阅人民法院民事诉讼卷宗问题。虚假诉讼犯罪是发生在民事诉讼过程中的犯罪行为，行为人提交的虚假证据材料、开庭审理过程中所作虚假陈述的书面记录等，均保存在人民法院的民事诉讼卷宗中。公安机关依法侦办虚假诉讼犯罪案件，检察机关针对存在虚假诉讼犯罪嫌疑的民事案件开展法律监督和调查核实，人民法院的民事诉讼卷宗都是最重要的证据材料。根据刑事诉讼法的规定，可以用于证明案件事实的材料，都是证据。公安机关侦查虚假诉讼犯罪案件，可以依法查阅、复制、摘录人民法院的民事诉讼卷宗，收集、调取证实行为人实施虚假诉讼犯罪或者无罪、罪轻或者罪重的证据材料。对于检察机关是否有权调阅人民法院的民事诉讼卷宗，实践中存在一定争议，最高人民法院办公厅、最高人民检察院办公厅于2010年联合公布的《关于调阅诉讼卷宗有关问题的通知》(以下简称《调阅诉讼卷宗通知》)明确，人民检察院在办理法官涉嫌犯罪案件、抗诉案件、申诉案件过程中，可以调阅人民法院的诉讼卷宗。在此之后，部分省、区、市人民法院和检察机关相继联合出台地方性规范文件，对检察机关调阅人民法院诉讼卷宗的范围、程序等作出进一步细化规定。为确保公安机关依法行使侦查权、检察机关依法履行法律监督职责，《意见》根据刑事诉讼的规定和《调阅诉讼卷宗通知》的规定精神，明确在虚假诉讼犯罪案件办理过程中，公安机关、检察机关有权查阅、复制、摘录人民法院的民事诉讼卷宗。《意见》第十七条和第二十条分别规定，公安机关在侦办虚假诉讼犯罪案件过程

① 现为第一百五十三条。——编者注

中，可以依照有关规定拷贝电子卷宗或者查阅、复制、摘录人民法院的民事诉讼卷宗；人民检察院针对存在虚假诉讼犯罪嫌疑的民事诉讼监督案件，可以依照有关规定调阅人民法院的民事诉讼卷宗，通过拷贝电子卷、查阅、复制、摘录等方式能够满足办案需要的，可以不调阅诉讼卷宗。对于公安机关、人民检察院开展的上述工作，人民法院予以配合。

## 五、对虚假诉讼行为人的责任追究

虚假诉讼犯罪行为同时违反刑事法律和民事法律，需要综合采用刑罚、司法强制措施等多种手段进行惩治才能取得良好效果。另外，实践中极少数司法工作人员及律师、基层法律服务工作者、司法鉴定人、公证员、仲裁员利用职权或者职务之便参与虚假诉讼，人民群众反映强烈，要求从严处理。《意见》针对上述问题设专章作了规定，内容主要包括以下两个方面：(1) 正确适用司法强制措施。《意见》对人民法院针对实施虚假诉讼的民事诉讼当事人、其他诉讼参与人如何及时、正确采取罚款、拘留等司法强制措施作出规定，引导相关人民法院进一步提高认识，明确方法与措施，在相关诉讼过程中及时有效惩治虚假诉讼违法犯罪行为。(2) 规定了对参与虚假诉讼的司法工作人员和律师、基层法律服务工作者、司法鉴定人、公证员、仲裁员追究法律责任的总体原则。《意见》明确，对于司法工作人员利用职权参与虚假诉讼的，依照法律法规从严处理，构成犯罪的，依法从严追究刑事责任；对于律师、基层法律服务工作者、司法鉴定人、公证员、鉴定员利用职务之便参与虚假诉讼的，依照有关规定从严追究刑事、行政等法律责任。实践中，应当根据《意见》的规定精神，依照刑法、民事诉讼法等法律和相关司法解释的有关规定，依法正确认定虚假诉讼行为人的法律责任。具体适用过程中，需要注意以下三个方面问题。

第一，人民法院在移送犯罪线索前是否可以先行采取司法强制措施。对于将发现的虚假诉讼犯罪线索移送公安机关之前，人民法院是否可以根据民事诉讼法的规定对实施虚假诉讼行为的民事诉讼当事人、其他诉讼参与人先行采取罚款、拘留等司法强制措施，实践中存在一定争议。研究认为，虚假诉讼犯罪的成立以行为违反民事法律为前提，人民法院对于在审理民事案件过程中发现的涉嫌虚假诉讼犯罪行为采取罚款、拘留等司法强制措施，符合民事诉讼法的规定。具体案件处理过程中，人民法院经审理发现民事诉讼当事人、其他诉讼参与人实施虚假诉讼、涉嫌构成犯罪的，在将相关犯罪线索移送公安机关之前，应当及时采取罚款、拘留等强制措施，确保及时落实虚假诉讼行为人的法律责任，充分体现民事诉讼法规定的司法强制措施对其他潜在虚假诉讼行为人的一般预防作用。《意见》第二十二条第一款与第二款规定，对于故意制造、参与虚假诉讼犯罪活动的民事诉讼当事人和其他诉讼参与人，人民法院应当加大罚款、拘留等对妨害民事诉讼的强制措施的适用力度；民事诉讼当事人、其他诉讼参与人实施虚假诉讼，人民法院向公安机关移送案件有关材料前，可以依照民事诉讼法的规定先行予以罚款、拘留。

第二，关于罚款、拘留等司法强制措施是否可以折抵刑罚。刑法和民事诉讼法对虚假诉讼行为分别规定了刑事处罚措施和司法强制措施，某一行为被认定构成虚假诉讼犯罪后，人民法院先行采取的罚款、拘留等司法强制措施是否可以折抵刑罚，实践中存在不同认识。研究认为，此处涉及刑法规定的刑事责任和民事诉讼法规定的司法责任的竞合问题。根据通行理论，对于同一不法行为在不同法律领域间的责任竞合，应当区分不同情况，考虑禁止重复评价等法律原则进行处理，正确解决不同部门法规定的法律责任的竞合问题，要点在于区分不法者承担的公法上的责任和私法上的责任。公法上的责任属于国家权力机关对不法者的否定评价和施加的不利后果，主要体现惩罚功能，而私法上的责任属于平等民事主体之间基于法律规定产生的法律关系，除特定情形外，主要实现补偿功能。由于功能上存在明显差异，对于同一不法行为所负公法上的责任和私法上的责任，一般情况下应当坚持并科原则。因此，在行为人因实施虚假诉讼行为造成他人经济损失的情况下，人民法院依据民事实体法的规定判决行为人承担民事赔偿责任的，并不影响依据民事诉讼法的规定对其予以司法强制措施，或者依据刑法的规定对其判处刑罚。但是，根据禁止重复评价和禁止双重危险的法律原则，一般情况下不应对同一不法行为处以两种或者两种以上公法上的责任。当不法者已经承担一种公法上的责任时，如果其仍需要承担另一种公法上的责任，则应按照一定标准予以折抵。具体到虚假诉讼犯罪案件中，人民法院依据民事诉讼法的规定对虚假诉讼行为人适用的罚款、拘留等司法强制措施，体现了司法机关对不法者的否定评价和惩罚功能，属于公法上的责任。在行为人已经因实施虚假诉讼行为被给予罚款、拘留等司法强制措施的情况下，如果其行为又被认定为犯罪，人民法院在对其判处刑罚时，司法强制措施应当依法折抵相应刑罚。《意见》第二十二条第三款规定，对虚假诉讼刑事案件被告人判处罚金、有期徒刑或者拘役的，人民法院已经依照民事诉讼法的规定给予的罚款、拘留，应当依法折抵相应刑罚，其中罚款应当折抵相应罚金，拘留应当折抵有期徒刑或者拘役的相应刑期。

第三，司法工作人员、律师等特殊身份人员参与虚假诉讼的处罚原则。刑法第三百零七条之一第四款规定，司法工作人员利用职权，与他人共同实施虚假诉讼行为的，从重处罚；同时构成其他犯罪的，依照处罚较重的规定定罪，并从重处罚。《虚假诉讼犯罪司法解释》第五条作了进一步明确规定，体现了对司法工作人员利用职权参与虚假诉讼依法从严追究刑事责任的总体原则。另外，律师、基层法律服务工作者、证人、鉴定人等诉讼参与人利用职务、身份的便利参与虚假诉讼的，比民事诉讼当事人单独实施虚假诉讼的隐蔽性更强，社会危害性更大，亦应从严追究刑事责任，量刑时应当从重处罚。律师、基层法律服务工作者、证人、鉴定人等实施的虚假诉讼行为同时构成其他犯罪的，属于刑法理论上的牵连犯，应当按照择一重罪处罚或者择一重罪从重处罚的原则处断，一般不实行数罪并罚。《虚假诉讼犯罪司法解释》第六条规定，诉讼代理人、证人、鉴定人等诉讼参与人与他人通谋，代理提起虚假民事诉讼、故意作虚假证言或者出具虚假鉴定意见，共同实施虚假诉讼行为，同时构成妨害作证罪，帮助毁灭、伪造证据罪等犯罪的，依照处罚较重的规定定罪从重处罚。《意见》第二十五条进一步规定，律师、基层法律服务工作者、司法鉴定人、公证员、仲裁员利用职务之便参与虚假诉讼的，依照有关规定从严追究法律责任。上述规定充分表明了司法机关依法从严惩治具有特定职务和身份人员参与虚假诉讼的鲜明态度，有利于实现预防虚假诉讼违法犯罪的积极效果。

## 最高人民法院　最高人民检察院　公安部
# 关于办理电信网络诈骗等刑事案件适用法律若干问题的意见（二）

2021年6月17日　　法发〔2021〕22号

为进一步依法严厉惩治电信网络诈骗犯罪，对其上下游关联犯罪实行全链条、全方位打击，根据《中华人民共和国刑法》《中华人民共和国刑事诉讼法》等法律和有关司法解释的规定，针对司法实践中出现的新的突出问题，结合工作实际，制定本意见。

一、电信网络诈骗犯罪地，除《最高人民法院、最高人民检察院、公安部关于办理电信网络诈骗等刑事案件适用法律若干问题的意见》规定的犯罪行为发生地和结果发生地外，还包括：

（一）用于犯罪活动的手机卡、流量卡、物联网卡的开立地、销售地、转移地、藏匿地；

（二）用于犯罪活动的信用卡的开立地、销售地、转移地、藏匿地、使用地以及资金交易对手资金交付和汇出地；

（三）用于犯罪活动的银行账户、非银行支付账户的开立地、销售地、使用地以及资金交易对手资金交付和汇出地；

（四）用于犯罪活动的即时通讯信息、广告推广信息的发送地、接受地、到达地；

（五）用于犯罪活动的“猫池”（Modem Pool）、GOIP设备、多卡宝等硬件设备的销售地、入网地、藏匿地；

（六）用于犯罪活动的互联网账号的销售地、登录地。

二、为电信网络诈骗犯罪提供作案工具、技术支持等帮助以及掩饰、隐瞒犯罪所得及其产生的收益，由此形成多层级犯罪链条的，或者利用同一网站、通讯群组、资金账户、作案窝点实施电信网络诈骗犯罪的，应当认定为多个犯罪嫌疑人、被告人实施的犯罪存在关联，人民法院、人民检察院、公安机关可以在其职责范围内并案处理。

**三、**有证据证实行为人参加境外诈骗犯罪集团或犯罪团伙，在境外针对境内居民实施电信网络诈骗犯罪行为，诈骗数额难以查证，但一年内出境赴境外诈骗犯罪窝点累计时间30日以上或多次出境赴境外诈骗犯罪窝点的，应当认定为刑法第二百六十六条规定的“其他严重情节”，以诈骗罪依法追究刑事责任。有证据证明其出境从事正当活动的除外。

**四、**无正当理由持有他人的单位结算卡的，属于刑法第一百七十七条之一第一款第（二）项规定的“非法持有他人信用卡”。

**五、**非法获取、出售、提供具有信息发布、即时通讯、支付结算等功能的互联网账号密码、个人生物识别信息，符合刑法第二百五十三条之一规定的，以侵犯公民个人信息罪追究刑事责任。

对批量前述互联网账号密码、个人生物识别信息的条数，根据查获的数量直接认定，但有证据证明信息不真实或者重复的除外。

**六、**在网上注册办理手机卡、信用卡、银行账户、非银行支付账户时，为通过网上认证，使用他人身份证件信息并替换他人身份证件相片，属于伪造身份证件行为，符合刑法第二百八十条第三款规定的，以伪造身份证件罪追究刑事责任。

使用伪造、变造的身份证件或者盗用他人身份证件办理手机卡、信用卡、银行账户、非银行支付账户，符合刑法第二百八十条之一第一款规定的，以使用虚假身份证件、盗用身份证件罪追究刑事责任。

实施上述两款行为，同时构成其他犯罪的，依照处罚较重的规定定罪处罚。法律和司法解释另有规定的除外。

**七、**为他人利用信息网络实施犯罪而实施下列行为，可以认定为刑法第二百八十七条之二规定的“帮助”行为：

（一）收购、出售、出租信用卡、银行账户、非银行支付账户、具有支付结算功能的互联网账号密码、网络支付接口、网上银行数字证书的；

（二）收购、出售、出租他人手机卡、流量卡、物联网卡的。

**八、**认定刑法第二百八十七条之二规定的行为人明知他人利用信息网络实施犯罪，应当根据行为人收购、出售、出租前述第七条规定的信用卡、银行账户、非银行支付账户、具有支付结算功能的互联网账号密码、网络支付接口、网上银行数字证书，或者他人手机卡、流量卡、物联网卡等的次数、张数、个数，并结合行为人的认知能力、既往经历、交易对象、与实施信息网络犯罪的行为人的关系、提供技术支持或者帮助的时间和方式、获利情况以及行为人的供述等主客观因素，予以综合认定。

收购、出售、出租单位银行结算账户、非银行支付机构单位支付账户，或者电信、银行、网络支付等行业从业人员利用履行职责或提供服务便利，非法开办并出售、出租他人手机卡、信用卡、银行账户、非银行支付账户等的，可以认定为《最高人民法院、最高人民检察院关于办理非法利用信息网络、帮助信息网络犯罪活动等刑事案件适用法律若干问题的解释》第十一条第（七）项规定的“其他足以认定行为人明知的情形”。但有相反证据的除外。

**九、**明知他人利用信息网络实施犯罪，为其犯罪提供下列帮助之一的，可以认定为《最高人民法院、最高人民检察院关于办理非法利用信息网络、帮助信息网络犯罪活动等刑事案件适用法律若干问题的解释》第十二条第一款第（七）项规定的“其他情节严重的情形”：

（一）收购、出售、出租信用卡、银行账户、非银行支付账户、具有支付结算功能的互联网账号密码、网络支付接口、网上银行数字证书 5 张（个）以上的；

（二）收购、出售、出租他人手机卡、流量卡、物联网卡 20 张以上的。

**十、**电商平台预付卡、虚拟货币、手机充值卡、游戏点卡、游戏装备等经销商，在公安机关调查案件过程中，被明确告知其交易对象涉嫌电信网络诈骗犯罪，仍与其继续交易，符合刑法第二百八十七条之二规定的，以帮助信息网络犯罪活动罪追究刑事责任。同时构成其他犯罪的，依照处罚较重的规定定罪处罚。

**十一、**明知是电信网络诈骗犯罪所得及其产生的收益，以下列方式之一予以转账、套现、取现，符合刑法第三百一十二条第一款规定的，以掩饰、隐瞒犯罪所得、犯罪所得收益罪追究刑事责任。但有证据证明确实不知道的除外。

（一）多次使用或者使用多个非本人身份证明开设的收款码、网络支付接口等，帮助他人转账、套现、取现的；

（二）以明显异于市场的价格，通过电商平台预付卡、虚拟货币、手机充值卡、游戏点卡、游戏装备等转换财物、套现的；

（三）协助转换或者转移财物，收取明显高于市场的“手续费”的。

实施上述行为，事前通谋的，以共同犯罪论处；同时构成其他犯罪的，依照处罚较重的规定定罪处罚。法律和司法解释另有规定的除外。

**十二、**为他人实施电信网络诈骗犯罪提供技术支持、广告推广、支付结算等帮助，或者窝藏、转移、收购、代为销售及以其他方法掩饰、隐瞒电信网络诈骗犯罪所得及其产生的收益，诈骗犯罪行为可以确认，但实施诈骗的行为人尚未到案，可以依法先行追究已到案的上述犯罪嫌疑人、被告人的刑事责任。

**十三、**办案地公安机关可以通过公安机关信息化系统调取异地公安机关依法制作、收集的刑事案件受案登记表、立案决定书、被害人陈述等证据材料。调取时不得少于两名侦查人员，并应记载调取的时间、使用的信息化系统名称等相关信息，调取人签名并加盖办案地公安机关印章。经审核证明真实的，可以作为证据使用。

**十四、**通过国（区）际警务合作收集或者境外警方移交的境外证据材料，确因客观条件限制，境外警方未提供相关证据的发现、收集、保管、移交情况等材料的，公安机关应当对上述证据材料的来源、移交过程以及种类、数量、特征等作出书面说明，由两名以上侦查人员签名并加盖公安机关印章。经审核能够证明案件事实的，可以作为证据使用。

**十五、**对境外司法机关抓获并羁押的电信网络诈骗犯罪嫌疑人，在境内接受审判的，境外的羁押期限可以折抵刑期。

**十六、**办理电信网络诈骗犯罪案件，应当充分贯彻宽严相济刑事政策。在侦查、审查起诉、审判过程中，应当全面收集证据、准确甄别犯罪嫌疑人、被告人在共同犯罪中的层级地位及作用大小，结合其认罪态度和悔罪表现，区别对待，宽严并用，科学量刑，确保罚当其罪。

对于电信网络诈骗犯罪集团、犯罪团伙的组织者、策划者、指挥者和骨干分子，以及利用未成年人、在校学生、老年人、残疾人实施电信网络诈骗的，依法从严惩处。

对于电信网络诈骗犯罪集团、犯罪团伙中的从犯，特别是其中参与时间相对较短、诈骗数额相对较低或者从事辅助性工作并领取少量报酬，以及初犯、偶犯、未成年人、在校学生等，应当综合考虑其在共同犯罪中的地位作用、社会危害程度、主观恶性、人身危险性、认罪悔罪表现等情节，可以依法从轻、减轻处罚。犯罪情节轻微的，可以依法不起诉或者免予刑事处罚；情节显著轻微危害不大的，不以犯罪论处。

**十七、**查扣的涉案账户内资金，应当优先返还被害人，如不足以全额返还的，应当按照比例返还。

# 《最高人民法院、最高人民检察院、司法部关于办理电信网络诈骗等刑事案件适用法律若干问题的意见（二）》的理解与适用

刘太宗　赵　玮　刘　涛*

为深入贯彻落实习近平总书记关于打击治理电信网络诈骗犯罪工作的重要指示要求，依法严厉惩治电信网络诈骗犯罪及其上下游关联犯罪，更好地维护人民群众的合法权益和社会和谐稳定，最高人民法院、最高人民检察院、公安部于2021年6月17日联合发布了《关于办理电信网络诈骗等刑事案件适用法律若干问题的意见（二）》（以下简称《意见（二）》）。现就《意见（二）》的制定背景、主要考虑和基本内容介绍如下。

## 一、制定背景与过程

党中央高度重视打击治理电信网络诈骗犯罪工作。近年来，在党中央的统一领导下，全国各级检察机关全面落实习近平法治思想，加强与相关部门协作配合，坚持惩、防、治并举，积极开展打击治理工作，取得了明显成效。2018年至2020年，检察机关每年分别起诉电信网络诈骗犯罪4.39万人、5.71万人和7.45万人，年均增长30%以上。

但在信息网络快速发展的时代背景下，电信网络诈骗依然持续高发、高位运行，作案方式逐步由电信诈骗向网络诈骗转变，作案窝点由境内向境外转移，技术手段不断演变升级，已成为当前发展最快、严重影响人民群众安全感的刑事犯罪，也给司法实践带来许多新的难题和挑战。最高人

* 作者单位：最高人民检察院第四检察厅。

民法院、最高人民检察院、公安部曾于2016年12月印发《关于办理电信网络诈骗等刑事案件适用法律若干问题的意见》（以下简称《意见》），在实践中发挥了重要作用。但是面对新形势新变化，面对不断出现的新情况、新问题，《意见》已难以完全适应当前打击治理的需要。

为此，2020年1月，由国务院打击治理电信网络新型违法犯罪工作部际联席会议办公室（以下简称国务院联席办）牵头，最高人民检察院第四检察厅会同最高人民法院刑事审判第三庭和公安部刑事侦查局，启动《意见（二）》的研究起草工作。其间，多次征求相关部门意见。在认真研究反馈意见、充分吸收近年来各地打击治理经验做法的基础上，最高人民法院、最高人民检察院、公安部进行了多次会商修改，形成了审议稿。最高人民检察院第十三届检察委员会第六十七次会议和最高人民法院审判委员会刑事审判专业委员会2021年第四次会议分别审议通过了《意见（二）》。2021年6月，最高人民法院、最高人民检察院、公安部会签后共同向社会发布，《意见（二）》正式实施。

## 二、起草的基本思路和主要考虑

在起草过程中，我们根据当前电信网络诈骗犯罪案件的新特点，聚焦打击治理此类犯罪的新形势，以问题为导向，注重针对性、规范性和实用性。

一是坚持从严打击总体要求。如前所述，电信网络诈骗犯罪已成为严重影响人民群众安全感和社会和谐稳定的“毒瘤”。公安、司法机关必须始终坚持依法从严惩处的基本方针，织密刑事法网，加大打击力度。《意见（二）》突出体现这一方针，将跨境电信网络诈骗犯罪作为“重中之重”严厉惩处。同时，进一步突出强调，对于犯罪集团中的组织者、策划者、指挥者和骨干分子，包括出资人、实际控制人等，以及利用未成年人、在校学生、老年人等特殊群体实施电信网络诈骗犯罪的，依法从严惩处。

二是聚焦全链条打击。近年来，电信网络诈骗犯罪产业化、链条化趋势明显，成为打击治理的难点、重点。同时，随着国内打击力度加大，越来越多的犯罪分子组织人员到境外对境内居民从事诈骗，跨境化趋势日益凸显，带来许多跨境取证等方面的问题。因此，在当前形势下，惩治电信网络诈骗犯罪必须牢固树立系统观念，实现上中下游全链条打击、境内境外一体治理，尽最大可能挤压此类犯罪的生存土壤和发展空间，《意见（二）》有针对性地完善相关司法对策，为打击治理提供法律依据。

三是紧贴办案需求。《意见（二）》共17条，均是针对新形势下打击治理电信网络诈骗犯罪出现的新情况、新问题，也是聚焦基层司法人员在办案中遇到的突出困难，解决电信网络诈骗犯罪的管辖连接点的完善和并案管辖标准，明确涉手机卡、信用卡（以下简称“两卡”）案件中帮助信息网络犯罪活动罪的适用条件以及境外案件办理的实体和程序问题等。《意见（二）》在充分研究基础上，有针对性地提出相应适用法律意见。

四是吸收实践经验。近年来，公安、司法机关积极开展打击治理电信网络新型违法犯罪专项行动（如“断卡”行动等），成功办理了一批重大案件（如“长城行动”等），取得了积极成效。通过上述工作开展，摸索、总结出不少有益的办案制度和经验做法。《意见（二）》充分吸收这些经验做法，提炼上升为制度规范，为一线办案提供法律支撑。

五是汇聚集体智慧。在《意见（二）》起草过程中，最高人民检察院第四检察厅会同最高人民法院、公安部相关部门多次集中商议，多次到各地包括边境办案一线调研办案难点和需求，尽可能全面掌握侦查、审查起诉和审判此类案件的第一手情况，在现行法律框架内提出符合司法规律和办案需求的意见。

## 三、《意见（二）》的主要内容

《意见（二）》主要包括以下六个方面的内容。

### （一）完善电信网络诈骗犯罪案件管辖

案件管辖主要体现在第一条和第二条。其中，第一条适当扩张了电信网络诈骗犯罪案件的管辖地，第二条进一步明确了关联案件并案处理的问题。

1. 关于第一条

在《意见》的基础上，《意见（二）》从适应网络犯罪发展趋势，有利于侦查、有利于诉讼的角度，对管辖作出了必要补充和完善，将用于电信网络诈骗犯罪的手机卡、信用卡的开立地、转移地、藏匿地等，即时通讯信息的发送地、达到地等，以及硬件设备的销售地、入网地、藏匿地等认定为电信网络诈骗犯罪地，纳入刑事管辖范围内。

《意见》对电信网络诈骗犯罪案件的管辖已有较为明确的规定，确立了电信网络诈骗犯罪案件管辖的基本框架。但随着网络犯罪的链条化、产业化、跨境化发展，原有规定已不能完全满足司法实践需要。例如，《意见》规定服务器所在地为犯罪行为发生地，但目前电信网络诈骗窝点70%在境外，服务器也基本在境外，且有不少采用云服务器，实际所在地难以确定，原有规定在实践中难以适用。再如，《意见》规定诈骗电话、短信息、电子邮件等的拨打地、发送地、到达地、接受地为犯罪行为发生地，这主要是针对电信诈骗设置的。但是，当前犯罪分子多是通过网络即时通讯工具（如微信、QQ等）进行联系、实施诈骗，并没有拨打电话、发送短消息的行为，难以据此确定管辖。此外，从侦查实践看，当前，不少案件侦破是从实施诈骗犯罪的信息流、资金流、设备流入手，多是通过查获用于违法犯罪活动的手机卡、信用卡等通讯联络、支付结算工具设备，“顺藤摸瓜”进而查获电信网络诈骗犯罪分子。这些工具设备与电信网络诈骗最终实施密切相关，围绕这些工具设备适当扩张管辖连接点，既符合管辖要义，也适应实践需要。

当然，随着管辖连接点的进一步扩大，往往同时有多个地方对电信网络诈骗犯罪拥有管辖权。在征求意见过程中，有的同志提出第一条的规定可能会导致“沾边就管”的情况，产生管辖冲突。对此，我们认为，这是两个不同层面的问题。适当扩大此类犯罪的管辖连接点，主要是从有利于侦查、有利于诉讼角度考虑，并不必然导致上述情况的发生。而对于上述情况，要注意：一是在出现管辖权冲突时，仍要严格按照《意见》的相关规定来理解和处理。多个公安机关都有权立案侦查的电信网络诈骗等犯罪案件，由最初受理的公安机关或者主要犯罪地公安机关立案侦查。有争议的，按照有利于查清犯罪事实、有利于诉讼的原则，协商解决。二是检察机关加强对管辖权的实质审查，对案件涉及的连接点细致审查分析，确保法定管辖原则落到实处。三是无论最终由哪个地方管辖，公安、司法机关都要坚守案件质量底线，依法公正处理。

2. 关于第二条

当前，围绕电信网络诈骗犯罪所形成的上下游关联犯罪链条长、环节多，且相互交织。同时，利用同一网站、通讯群组、资金账户、作案窝点实施电信网络诈骗犯罪的情况越来越多。对上述情况进行并案处理，由同一地公安、司法机关进行侦查、起诉和审判，有利于全面查清犯罪事实，方便诉讼活动，提高诉讼效率，实现全链条、全方位、一体化打击。这也符合2012年《最高人民法院、最高人民检察院、公安部、国家安全部、司法部、全国人大常委会法制工作委员会关于实施刑事诉讼法若干问题的规定》中法院、检察机关、公安机关可在职责范围内并案处理情形的相关规定。

起草《意见（二）》的过程中，有的同志提出，对于利用同一网站、通讯群组、资金账户、作案窝点实施电信网络诈骗犯罪的，即认定为多个犯罪嫌疑人、被告人实施的犯罪存在关联，是否过于宽泛？我们认为，一方面，作此规定符合司法实践。例如，犯罪分子架设非法第四方支付平台，可能为多个诈骗团伙洗钱，资金之间相互交织，并案处理有利于查清案件事实和推进后续诉讼。另一方面，为了避免过于宽泛的理解，造成将并无实际关联或关联度较弱的案件并案，实践中应当作相对限缩的理解。例如，对于“同一网站”，主要理解为专门用于实施违法犯罪或者设立后主要用于犯罪的网站。需要注意的是，该条明确是“可以”并案，并非“应当”并案。法院、检察机关、公安机关根据实际情况，例如，案件复杂程度、关联程度、诉讼进程、办案力量等情况，综合评判，决定是否并案处理。

### （二）明确境外电信网络诈骗案件办理的法律适用问题

这一问题主要体现在《意见（二）》第三条、第十四条和第十五条的规定中。其中，第三条进一步完善了参加境外诈骗犯罪团伙但犯罪数额难以查证的行为人的刑事责任追究问题；第十四条对境外取证的证据效力相关问题作出规定；第十五条对境外羁押期限折抵刑期问题予以明确。

1. 关于第三条

该条在原有诈骗罪司法解释和《意见》的基础上，对诈骗罪“其他严重情节”的适用情节，在实行数额标准和数量标准并行的基础上，予以完善。制定该条，有其特殊的背景和意义。当前电信网络诈骗犯罪窝点主要在境外，对这类案件的打击治理存在客观困难：一是诈骗犯罪集团的金主、主犯基本隐藏在幕后，往往难以将其抓获归案。二是受境外法律规定、执法环境等因素影响，境外取证难度较大，很难将诈骗事实、金额与具体的犯罪嫌疑人完全对应。三是当前诈骗犯罪分子多是使用即时通讯工具、社交软件作为通联工具实施诈骗。诈骗过程中既没有拨打电话，也没有发送短信，更无法统计诈骗网站被浏览次数，《意见》第二部分第四条关于构成诈骗罪的相关规定，难以完全适应新形势需要。鉴于上述原因，《意见（二）》第三条在《意见》相关规定的基础上，进一步加以完善，以更加严密打击境外电信网络诈骗犯罪的刑事法网。

在司法实践中，适用第三条需要注意以下四个方面：一是行为人必须参与境外电信网络诈骗犯罪集团或犯罪团伙，实施具体的诈骗犯罪行为，例如，发送诈骗信息、拨打诈骗电话、在诈骗群内烘托气氛或者“养号”等，只是诈骗数额难以查证。二是只适用于行为人在境外对境内居民实施的电信网络诈骗犯罪，不适用于在境内实施的诈骗行为。三是犯罪情节需要达到一定的严重程度，即一年内出境赴境外诈骗窝点累计时间三十日以上，或者多次出境赴境外诈骗窝点的。之所以如此规定，是考虑出境的时间和次数体现了犯罪嫌疑人参与境外团伙的程度，反映了行为人的主观恶性和社会危害程度。之所以规定为三十日，主要是从司法实践看，犯罪分子到达犯罪窝点后，还需要经过一段时间的培训。一般而言，经过三十日，犯罪分子已经能够较为熟练掌握电信网络诈骗犯罪基本技巧，并实施了相关诈骗行为，具有较大的社会危害性。对于“多次”的理解，至少是三次。四是允许行为人提出反证，即“有证据证明其出境从事正当活动的除外”。

2. 关于第十四条

近年来，跨境电信网络诈骗案件的办理，受司法体制、执法习惯、法律规定等差异的影响，公安机关赴境外取证成本高、难度大，实践中情况也比较复杂。对于这些境外收集、提取的证据材料，如何审查采信，之前缺乏明确的标准，影响案件办理。为此，《意见（二）》参照近年来办理境外电信网络诈骗案件的有益做法，从有利于惩治犯罪、依法推进诉讼的角度考虑，结合我国刑事诉讼法规定的精神要求，明确对于境外移交的证据，如果境外警方未提供相关证据的发现、收集、保管、移交情况等材料的，并非一律否定其证据效力，而是允许公安机关进行补正，对证据来源、移交过程等作出书面证明并加盖公安机关印章，经审核能够证明案件事实的，可以作为证据使用。

3. 关于第十五条

司法实践中，大部分电信网络诈骗犯罪嫌疑人被境外警方抓获后，在正式移交我国之前，往往在境外已被羁押一段时间。境外羁押期限是否予以折抵刑期的问题，之前一直存在争议。在办理“长城行动”系列专案时，为有效解决这一问题，最高人民检察院会同最高人民法院、公安部认真研究，参考我国与多个国家签订的司法协助条约，认为境外羁押期间可以折抵刑期。主要考虑：一是体现我国法治的公平正义和人文关怀。如果不予折抵，对于在境外被同时羁押，但因引渡程序持续时间不同而影响宣告刑期的，难以在法理上进行合理解释，对不同被告人也不够公平。二是有利于国际刑事司法合作的开展。我国与多个国家的双边司法协助条约中均设置了此类规定，在“长城行动”等案件办理中已经得到实践运用，取得了良好的效果。《意见（二）》第十五条将实践做法上升为制度规定，明确对境外司法机关抓获并羁押的电信网络诈骗犯罪嫌疑人，在境内接受审判的，境外的羁押期限可以折抵刑期。

### （三）严密对电信网络诈骗上下游关联犯罪的刑事规制

刑事规制主要体现在《意见（二）》第四条至第六条，以及第十一条、第十二条的规定中。其中，第四条至第六条主要是对上游关联犯罪行为，包括妨害信用卡管理、侵犯公民个人信息和伪造身份证件行为的刑事规制进行规定；第十一条是对下游非法转移资金的关联犯罪行为的刑事规制进行规定；第十二条主要针对先到案的上下游犯罪嫌疑人、被告人能否先行追究刑事责任问题予以明确。

1. 关于第四条

该条主要明确单位结算卡属于刑法规定的信用卡。无正当理由持有他人的单位结算卡，符合刑法第一百七十七条之一第一款第二项规定的，可以妨害信用卡管理罪追究刑事责任。在“断卡”行动中发现，犯罪分子为迅速接收、转移、套现赃款，除了大量收购他人信用卡外，对公账户和单位结算卡由于可信度高、交易额度大的特点，更为犯罪分子所青睐，在黑灰产市场的价格很高。根据《中国人民银行关于规范单位结算卡业务管理的通知》的相关规定，单位结算卡是指由发卡银行向单位客户发行、与单位银行结算账户相关联，主要具备账户查询、转账汇款、现金存取、消费等功能的支付结算工具。从其功能看，符合《全国人民代表大会常务委员会关于〈中华人民共和国刑法〉有关信用卡规定的解释》中对信用卡的规定。当然，要构成本罪，还应当符合相关司法解释关于罪量的规定，即无正当理由持有的数量应达到5张以上。

2. 关于第五条

该条包含两款内容，第一款主要针对在实施电信网络诈骗犯罪中侵犯公民个人信息的问题，在传统个人信息种类的基础上，将“具有信息发布、即时通讯、支付结算等功能的互联网账号密码、个人生物识别信息”认定属于公民个人信息。主要基于以下两点考虑：一是2011年《最高人民法院、最高人民检察院关于办理侵犯公民个人信息刑事案件适用法律若干问题的解释》第一条将传统的账号密码列为公民个人信息。但随着网络经济的发展，电信网络诈骗案件中被告人主要利用微信、QQ、支付宝等具有信息发布、即时通讯和支付结算功能的软件工具实施犯罪。对于这些互联网账号密码进行批量注册、贩卖，已成为支撑电信网络诈骗犯罪的黑灰产链条上的重要一环。为此，《意见（二）》将非法获取、出售、提供具有上述功能的互联网账号密码的行为，明确列入侵犯公民个人信息的违法犯罪范围。二是随着信息技术的深入运用，人脸、虹膜、声纹等生物识别信息日益用于网络软件的注册、登录、支付，发挥着与传统的账号密码相同的功能作用。2017年施行的网络安全法第七十六条第五项也将个人生物识别信息列入个人信息范围。从实践情况看，非法获取人脸信息等生物识别信息的情形呈现日益增长态势，危害十分严重，人民群众反映强烈。考虑到司法实践发展和需要，并与网络安全法相关规定保持衔接，《意见（二）》明确对于非法获取、出售、提供上述生物识别信息，符合刑法第二百五十三条之一规定的，以侵犯公民个人信息罪追究刑事责任。

第二款规定参照2017年《最高人民法院、最高人民检察院关于办理侵犯公民个人信息刑事案件适用法律若干问题的解释》第十一条第三款之规定，对批量互联网账号密码、个人生物识别信息的条数，根据查获的数量直接认定，但有证据证明信息不真实或者重复的除外。这里的“除外”是指对于信息不真实或者重复的，应予扣除，不计入信息总条数。

3. 关于第六条

随着网络技术的发展，传统犯罪日益向网络迁移发展，身份证的使用场景也发生了很大变化。随着网络实名制要求的落实和网上申办渠道的开通发展，身份证件网上认证已成为必要环节，个别不法分子为规避实名制管理，通过“深度伪造”技术，以“使用他人真实的姓名、身份证号码等身份证件信息，同时替换他人身份证件相片”的形式通过网上实名验证。此种行为虽未伪造出实体身份证件，但能通过网上认证，已实际具备了实体身份证件的功能，严重妨害了国家对身份证件的管理秩序，符合伪造身份证件罪的构成要件，可以该罪定罪处罚。关于适用该条的入罪门槛把握，2007年《最高人民法院、最高人民检察院关于办理与盗窃、抢劫、诈骗、抢夺机动车相关刑事案件具体应用法律若干问题的解释》中关于刑法第二百八十条的适用，仅就伪造、变造、买卖机动车行驶证、登记证书的情形规定了三年的入罪标准，并没有就伪造其他身份证件行为设定入罪标准。参照2016年《最高人民检察院法律政策研究室关于〈关于伪造机动车登记证书如何适用法律的请示〉的答复意见》，检察机关在办案中应当根据案件的具体情况处理，注意把握行政处罚与刑事处罚的衔接，以及把握行为的社会危害性。

4. 关于第十一条

该条对与电信网络诈骗犯罪相关的掩饰、隐瞒犯罪所得、犯罪所得收益行为方式作了补充。为有效打击为电信网络诈骗转账、套现、取现等犯罪行为，《意见（二）》在《意见》基础上增加了当前三种常见的方式：(1) 多次使用或者使用多个非本人身份证明开设的收款码、网络支付接口等，帮助他人转账、套现、取现的；(2) 以明显异于市场的价格，通过电商平台预付卡、虚拟货币、手机充值卡、游戏点卡、游戏装备等转换财物、套现的；(3) 协助转换或者转移财物，收取明显高于市场的“手续费”的。这些行为的共同特征在于其异常性，明显区别于普通的转账行为和正常的市场交易行为，综合案件情况，可以认定构成掩饰、隐瞒犯罪所得、犯罪所得收益罪，但同时允许被告人提出反证。

5. 关于第十二条

该条主要针对电信网络诈骗犯罪实行犯未到案的情况下，先到案的其他上下游犯罪嫌疑人、被告人刑事责任追究的问题。对此，相关司法文件已有类似规定，但分散在不同的文件中。《意见（二）》结合打击电信网络诈骗犯罪和“断卡”行动司法实践，对相关内容进一步整合。设置该条规定，主要是基于随着犯罪链条的增长以及诈骗窝点大量转移到国外，要及时、一并查获电信网络诈骗犯罪团伙及上下游关联犯罪的难度很大。实践中，公安机关往往会通过侦查诈骗犯罪的信息流和资金链，先行抓获提供技术支持、广告推广、支付结算等帮助，或者窝藏、转移、收购、代为销售及以其他方法掩饰、隐瞒电信网络诈骗犯罪所得及其产生的收益的犯罪嫌疑人。对此，即使电信网络诈骗犯罪分子未能到案，但诈骗犯罪行为可以确认的，就可以先行追究先到案行为人刑事责任。这里的“诈骗犯罪行为可以确认”是指，有证据证实被帮助的对象行为已经符合电信网络诈骗相关犯罪构成要件，达到了犯罪程度。

### （四）进一步明确涉“两卡”案件适用帮助信息网络犯罪活动罪的相关标准

相关标准主要体现在《意见（二）》第七条至第十条规定中。其主要是基于“断卡”行动以来，公安、司法机关在打击涉“两卡”犯罪中适用帮助信息网络犯罪活动罪的司法实践做法，作了相应的梳理总结。其中，第七条明确非法交易“两卡”行为可以认定为帮助信息网络犯罪活动罪中的“帮助”行为；第八条、第九条结合“断卡”行动实践，进一步完善帮助信息网络犯罪活动罪“主观明知”和“情节严重”认定问题；第十条主要针对不法电信网络经销商为电信网络诈骗犯罪提供帮助行为认定的问题。

1. 关于第七条

该条明确，为他人利用信息网络实施犯罪而具有下列行为，可以认定为刑法第二百八十七条之二规定的“帮助”行为：一是收购、出售、出租信用卡、银行账户、非银行支付账户、具有支付结算功能的互联网账号密码、网络支付接口、网上银行数字证书的；二是收购、出售、出租他人手机卡、流量卡、物联网卡的。当前，随着电信网络诈骗犯罪链条化、产业化趋势日益凸显，非法交易的“两卡”被大量用于电信网络诈骗犯罪，发挥着基础设施作用，打击治理涉“两卡”违法犯罪势在必行。为此，2020年10月，国务院联席办部署开展“断卡”行动，集中打击非法交易“两卡”的行为。《意见（二）》在总结“断卡”行动经验做法的基础上，将非法交易“两卡”相关行为认定为帮助信息网络犯罪活动罪中的“帮助”行为，予以刑事打击。

需要注意的是，本条对于信用卡、手机卡交易行为作了相应区分。其中，对于信用卡，指向收购、出售、出租本人和他人的信用卡，具体包括信用卡、资金账户、具有支付结算功能的互联网用户账号密码、网络支付接口、网上银行数字证书等；对于手机卡，指向收购、出售、出租他人的电话卡，具体包括手机卡、物联网卡、流量卡等，未将出售自己手机卡的行为纳入犯罪范围。

之所以作出上述区分，主要考虑：一是从地位作用看，信用卡和电话卡都是电信网络诈骗犯罪中的常用工具，但实践中，信用卡多被直接用于转移诈骗资金，此时诈骗行为往往已经既遂，直接危及被害人财产安全。因此，使用非法交易的信用卡与诈骗犯罪的关联度更为紧密，社会危害性更大。而使用非法交易的手机卡，多是用于拨打诈骗电话、发送诈骗短信或是通过即时通讯软件聊天“引流”等，往往是诈骗的预备或者实行行为，是否诈骗成功还有一定的不确定性，相较于信用卡，对合法财产侵害的紧迫程度相对较弱。二是从开办数量看，目前我国基础通讯运营商主要有三家（即移动、电信、联通)，每个人能开办的电话卡为每家运营商 5 张，合计最多 15 张。而能开办信用卡的金融机构数量众多，个人能开办的信用卡数量较大。相较于信用卡，对手机卡更易于从源头加强行政管控。《意见（二）》作此规定，既符合刑法谦抑性要求，也给行政执法、信用惩戒预留必要空间。三是与“断卡”行动要求相契合。根据“断卡”行动方案要求，明确非法交易手机卡，主要是打击收购、贩卖团伙，而不是非法出售个人手机卡的个人。

2. 关于第八条

帮助信息网络犯罪活动罪主观明知认定一直是司法实践的难点问题。《意见（二）》从两方面规范了对于主观明知的认定。一方面，进一步明确要坚持主客观综合认定的思路。要结合出售、出租“两卡”的次数、张数、个数，以及行为人的认知能力、既往经历、交易对象、与信息网络犯罪行为人的关系、提供技术支持或者帮助的时间和方式、获利情况以及行为人的供述等主客观因素，予以综合认定。对于主观明知认定，司法实践中既要防止简单主观归罪，片面倚重犯罪嫌疑人的供述认定明知；也要防止简单客观归罪，仅仅以犯罪嫌疑人出售“两卡”行为直接认定明知。《意见（二）》对此提出总体性要求，进一步明确认定主观明知的标准要求，实践中要根据具体案件情况全面综合把握。另一方面，在总结司法实践经验基础上，增加了两种可以依法认定为主观明知的具体情形。2019 年《最高人民法院、最高人民检察院关于办理非法利用信息网络、帮助信息网络犯罪活动等刑事案件适用法律若干问题的解释》（以下简称《解释》）第十一条规定了六种具体认定主观明知的情形。但随着实践的发展，根据“断卡”行动情况，结合案例综合分析，对于两种相对明确可以认定明知的情形予以规定，即收购、出售、出租单位银行结算账户、非银行支付机构单位支付账户的，以及电信、银行、网络支付等行业从业人员利用履行职责或提供服务便利，非法开办并出售、出租他人手机卡、信用卡、银行账户、非银行支付账户等的，可以认定为《解释》第十一条第七项规定的“其他足以认定行为人明知的情形”。

之所以规定这两种情形，主要考虑：一是相较于个人信用卡，单位支付结算账户开办门槛高、交易额度高，因此，金融监管机关对于申请开立的用户有着更高的要求和约束。特别是随着“断卡”行动逐步深入，相关部门进一步加强对申办这类账户的监管和警示提醒。不得随意出租、转借和买卖单位支付结算账户，应当成为申办用户需要遵守的基本要求。从当前司法实践看，非法交易的单位支付结算账户，多是被用于实施电信网络诈骗等违法犯罪行为。甚至一些违法犯罪个人、团伙，专门注册空壳公司、开设单位支付结算账户出租、出售，社会危害很大。综合以上因素，本条规定对于收购、出售、出租单位支付结算账户的行为，可以认定具有帮助信息网络犯罪活动罪的主观明知。二是银行、电信、网络支付等行业从业人员利用履行职责或提供服务便利，从事非法交易“两卡”的行为，突破、规避了行业内部风险防控和监管制度，不仅为诈骗犯罪提供了极大便利，还往往涉及侵犯公民个人信息等犯罪。对这些行业从业人员的要求要高于一般社会公众，对其实施的非法交易“两卡”行为，结合所从事的职业特点及行业监管规定，可以认定行为人主观上明知他人利用信息网络实施犯罪而提供帮助。

3. 关于第九条

《解释》第十二条规定了认定帮助信息网络犯罪活动罪“情节严重”的六种具体情形，但在办理涉“两卡”案件中，对于这六种情形的标准把握不尽相同，且对交易“两卡”数量较大的行为，现有规定难以涵盖。因此，为了更好地解决实践中认定标准不一问题，对于非法交易“两卡”数量较大的，规定了两种情形，符合其中之一的，可以认定为第十二条第一款第七项规定的“其他情节严重的情形”：(1) 收购、出售、出租信用卡、银行账户、非银行支付账户、具有支付结算功能的互联网账号密码、网络支付接口、网上银行数字证书5张（个）以上的；(2) 收购、出售、出租他人手机卡、流量卡、物联网卡20张以上的。

之所以分别规定信用卡5张和手机卡20张的数量标准，主要考虑：一是与《解释》相协调。《解释》第十二条第四项规定“违法所得一万元以上的”属于情节严重。结合当前黑灰产市场上“两卡”交易基本价格，《意见（二）》对非法交易信用卡、电话卡的数量分别作了5张、20张的数量要求，与“违法所得一万元以上”保持大体平衡。二是与妨害信用卡管理罪司法解释相协调。根据《最高人民法院、最高人民检察院关于办理妨害信用卡管理刑事案件具体应用法律若干问题的解释》第二条之规定，非法持有他人信用卡5张以上不满50张的，应当认定为刑法第一百七十七条之一第一款第二项规定的“数量较大”。因此，对于非法出售5张信用卡的行为，收购人自然属于非法持有他人信用卡“数量较大”，可能构成妨害信用卡管理罪。与之相衔接，对于非法出售信用卡行为人的入罪数量标准也应当以5张为宜。三是与现有的开办卡管理规定相适应。根据现有开办手机卡的规定，单个人最多能办理15张手机卡（即一家运营商开办5张卡），因此，如果行为人交易20张手机卡，则基本可认定为职业贩卡人。这既属于当前“断卡”行动打击的重点对象，也与《意见（二）》第七条第二项规定的“帮助”行为相对应。四是出租、出售“两卡”的数量在一定程度上反映犯罪情节和危害。从打击治理电信网络诈骗犯罪的实践看，“两卡”多以“四件套”“八件套”的形式成套出售，且大量被用于实施电信网络诈骗和网络赌博等违法犯罪活动，基本没有合法用途，社会危害严重。结合主观因素和客观实践，出租、出售“两卡”的数量在一定程度上反映出行为人帮助他人实施信息网络犯罪的社会危害性。

需要注意两个方面。一方面，本条主要是设置了帮助信息网络犯罪活动罪情节严重的两种认定情形。实践中，行为人非法交易“两卡”的行为是否构成帮助信息网络犯罪活动罪，不能仅以行为人出租、出售信用卡5张、手机卡20张就直接认定，仍要按照“主观明知+情节严重”的判断思路，结合各方面因素综合认定。同时，要求查实被帮助对象达到信息网络犯罪的程度。例如，非法收购、出租、出售信用卡被用于实施电信网络诈骗的，是否构成帮助信息网络犯罪活动罪，除了要认定非法收购、出租、出售信用卡5张外，还需要查实通过上述信用卡支付结算涉嫌诈骗金额达到犯罪的程度，即3000元以上。另一方面，本条在《解释》第十二条第一款的基础上，增设了两种情节严重的具体认定情形，第十二条规定的六种情形仍然适用，实践中需要根据具体案情综合准确适用。

4. 关于第十条

实践中，诈骗分子利用电商平台预付卡、虚拟货币、手机充值卡、游戏点卡、游戏装备等转移赃款的情况较为常见。从办案实践看，侦查人员往往通过调查经销商入手追溯诈骗行为，有的经销商以正常经营活动为由，既不配合调查也不终止交易，严重影响案件的办理。为此，对于已被公安机关明确告知交易对象涉嫌电信网络诈骗犯罪，经销商仍与其继续交易，符合帮助信息网络犯罪活动罪构成要件的，可以此罪追究刑事责任。制定过程中，有意见提出对于此种情况也可能构成诈骗犯罪共犯、拒不履行信息网络安全管理义务罪等。考虑到实践中情况较为复杂，故增加规定“同时构成其他犯罪的，依照处罚较重的规定定罪处罚”，以适应具体办案实践，体现规定周延性。

## （五）进一步明确宽严相济刑事政策

当前，电信网络诈骗犯罪呈现明显的集团化、团伙化、链条化的特点，往往涉案人员较多，各层级、各环节人员皆有，且地位作用、具体行为、危害程度、获利数额、认罪态度等各不相同，需要更加注重刑事政策的运用，确保罪责刑相适应，实现打击治理“三个效果”的统一。《意见（二）》设置专条（即第十六条）分列三款对在电信网络诈骗犯罪案件办理中如何准确适用刑事政策作了细化明确，主要包括以下三个方面内容。

一是落实宽严相济总体要求。这一要求适用于案件侦查、审查起诉和审判各个环节。公安、司法机关在办理此类案件中，要注意全面收集证明犯罪嫌疑人有罪、罪重和无罪、罪轻证据，依法准确认定案件事实。要重视收集审查证明诈骗犯罪集团、犯罪团伙组织架构、内部分工、利益分配等方面的证据，明确各犯罪嫌疑人的层级地位、具体行为和作用大小。要结合犯罪嫌疑人、被告人的认罪态度、悔罪表现、退赃退赔等情况，准确认定刑事责任，依法定罪量刑，做到罪责刑相适应。

二是突出重点从严打击。对于犯罪集团中的组织者、策划者、指挥者和骨干分子，包括出资人、实际控制人等，依法从严惩处。针对司法实践中，一些犯罪团伙利用未成年人、在校学生、老年人、残疾人等特殊群体实施电信网络诈骗犯罪活动，社会危害更大，也应当依法从严惩处。对于上述人员，结合案件具体情况综合认定犯罪嫌疑人具有社会危险性，该羁押就要予以羁押，一般应提出从重的量刑建议，并严格控制适用缓刑的范围。

三是区分对象从宽处理。准确区分电信网络诈骗犯罪集团、犯罪团伙中的主从犯，对于经应聘入职仅领取少量工作报酬、按照工作指令仅从事辅助性、劳务性工作，参与时间较短、诈骗数额较少、发挥作用较小的从犯，以及初犯、偶犯等，依法从宽处理。对于犯罪嫌疑人中的未成年人、在校学生等，坚持以教育、挽救、惩戒、警示为主，根据其犯罪情节、认罪认罚、退赃退赔、一贯表现等情况，落实“少捕慎诉慎押”理念，更好地教育帮助其认识错误、悔过自新、投入正常学习生活。

## （六）其他规定

1. 关于第十三条

第十三条规定主要针对公安机关通过信息化系统异地调取证据的采信问题。电信网络诈骗犯罪跨域性特征明显，之前多是采取异地协作调取、协作地公安机关盖章后邮寄的方式，耗时长、效率低，不适应现实办案需要。近年来，公安机关加大侦查信息化建设，特别是“公安部电信诈骗案件侦办平台”建立后，能够有效确保调取材料的真实性、客观性，在提高办案效率方面发挥了积极作用。为此，参考 2011 年《最高人民法院、最高人民检察院、公安部关于办理流动性团伙性跨区域性犯罪案件有关问题的意见》第六条关于调取犯罪嫌疑人、被告人户籍证明的相关规定，对于公安机关通过信息化系统调取证据材料的证据能力及调取程序规范问题作了相应规定。《意见（二）》明确，调取时不得少于两名侦查人员，并应记载调取的时间、使用的信息化系统名称等相关信息，调取人签名并加盖办案地公安机关印章。同时，规定了司法机关的审核责任，只有经审核证明真实的，才能作为证据使用。

2. 关于第十七条

第十七条规定主要是对涉案财物的追缴和返还提出要求。追赃挽损问题，人民群众十分关注。特别是当前网络犯罪黑灰产业链日益成熟发展，电信网络诈骗资金进入涉案账户后，迅速被分散、转移、取款，甚至转移到境外，追赃挽损难度很大。为此，《意见（二）》第十七条规定，突出强调在办理此类案件时，公安机关、检察机关和法院要坚持把司法办案和追赃挽损紧密结合起来，加大工作力度，及时查封、扣押、冻结和追缴涉案财物及其孳息，并及时返还被害人；不足以全额返还的，应当按照被害人被骗金额的比例返还，以更好落实以人民为中心的要求。

最高人民法院　最高人民检察院　公安部　司法部

# 印发《关于加强减刑、假释案件实质化审理的意见》的通知

2021年12月1日　　　　　　　　　　法发〔2021〕31号

**各省、自治区、直辖市高级人民法院、人民检察院、公安厅（局）、司法厅（局），解放军军事法院、军事检察院，新疆维吾尔自治区高级人民法院生产建设兵团分院、新疆生产建设兵团人民检察院、公安局、司法局、监狱管理局：**

为严格规范减刑、假释工作，进一步加强减刑、假释案件实质化审理，确保案件审理公平、公正，最高人民法院、最高人民检察院、公安部、司法部共同制定了《关于加强减刑、假释案件实质化审理的意见》。现印发给你们，请认真贯彻执行。

## 关于加强减刑、假释案件实质化审理的意见

减刑、假释制度是我国刑罚执行制度的重要组成部分。依照我国法律规定，减刑、假释案件由刑罚执行机关提出建议书，报请人民法院审理裁定，人民检察院依法进行监督。为严格规范减刑、假释工作，确保案件审理公平、公正，现就加强减刑、假释案件实质化审理提出如下意见。

### 一、准确把握减刑、假释案件实质化审理的基本要求

1. 坚持全面依法审查。审理减刑、假释案件应当全面审查刑罚执行机关报送的材料，既要注重审查罪犯交付执行后的一贯表现，同时也要注重

审查罪犯犯罪的性质、具体情节、社会危害程度、原判刑罚及生效裁判中财产性判项的履行情况等，依法作出公平、公正的裁定，切实防止将考核分数作为减刑、假释的唯一依据。

2. 坚持主客观改造表现并重。审理减刑、假释案件既要注重审查罪犯劳动改造、监管改造等客观方面的表现，也要注重审查罪犯思想改造等主观方面的表现，综合判断罪犯是否确有悔改表现。

3. 坚持严格审查证据材料。审理减刑、假释案件应当充分发挥审判职能作用，坚持以审判为中心，严格审查各项证据材料。认定罪犯是否符合减刑、假释法定条件，应当有相应证据予以证明；对于没有证据证实或者证据不确实、不充分的，不得裁定减刑、假释。

4. 坚持区别对待。审理减刑、假释案件应当切实贯彻宽严相济刑事政策，具体案件具体分析，区分不同情形，依法作出裁定，最大限度地发挥刑罚的功能，实现刑罚的目的。

## 二、严格审查减刑、假释案件的实体条件

5. 严格审查罪犯服刑期间改造表现的考核材料。对于罪犯的计分考核材料，应当认真审查考核分数的来源及其合理性等，如果存在考核分数与考核期不对应、加扣分与奖惩不对应、奖惩缺少相应事实和依据等情况，应当要求刑罚执行机关在规定期限内作出说明或者补充。对于在规定期限内不能作出合理解释的考核材料，不作为认定罪犯确有悔改表现的依据。

对于罪犯的认罪悔罪书、自我鉴定等自书材料，要结合罪犯的文化程度认真进行审查，对于无特殊原因非本人书写或者自书材料内容虚假的，不认定罪犯确有悔改表现。

对于罪犯存在违反监规纪律行为的，应当根据行为性质、情节等具体情况，综合分析判断罪犯的改造表现。罪犯服刑期间因违反监规纪律被处以警告、记过或者禁闭处罚的，可以根据案件具体情况，认定罪犯是否确有悔改表现。

6. 严格审查罪犯立功、重大立功的证据材料，准确把握认定条件。对于检举、揭发监狱内外犯罪活动，或者提供重要破案线索的，应当注重审查线索的来源。对于揭发线索来源存疑的，应当进一步核查，如果查明线

索系通过贿买、暴力、威胁或者违反监规等非法手段获取的，不认定罪犯具有立功或者重大立功表现。

对于技术革新、发明创造，应当注重审查罪犯是否具备该技术革新、发明创造的专业能力和条件，对于罪犯明显不具备相应专业能力及条件、不能说明技术革新或者发明创造原理及过程的，不认定罪犯具有立功或者重大立功表现。

对于阻止他人实施犯罪活动，协助司法机关抓捕其他犯罪嫌疑人，在日常生产、生活中舍己救人，在抗御自然灾害或者排除重大事故中有积极或者突出表现的，除应当审查有关部门出具的证明材料外，还应当注重审查能够证明上述行为的其他证据材料，对于罪犯明显不具备实施上述行为能力和条件的，不认定罪犯具有立功或者重大立功表现。

严格把握“较大贡献”或者“重大贡献”的认定条件。该“较大贡献”或者“重大贡献”，是指对国家、社会具有积极影响，而非仅对个别人员、单位有贡献和帮助。对于罪犯在警示教育活动中现身说法的，不认定罪犯具有立功或者重大立功表现。

7. 严格审查罪犯履行财产性判项的能力。罪犯未履行或者未全部履行财产性判项，具有下列情形之一的，不认定罪犯确有悔改表现：

（1）拒不交代赃款、赃物去向；

（2）隐瞒、藏匿、转移财产；

（3）有可供履行的财产拒不履行。

对于前款罪犯，无特殊原因狱内消费明显超出规定额度标准的，一般不认定罪犯确有悔改表现。

8. 严格审查反映罪犯是否有再犯罪危险的材料。对于报请假释的罪犯，应当认真审查刑罚执行机关提供的反映罪犯服刑期间现实表现和生理、心理状况的材料，并认真审查司法行政机关或者有关社会组织出具的罪犯假释后对所居住社区影响的材料，同时结合罪犯犯罪的性质、具体情节、社会危害程度、原判刑罚及生效裁判中财产性判项的履行情况等，综合判断罪犯假释后是否具有再犯罪危险性。

9. 严格审查罪犯身份信息、患有严重疾病或者身体有残疾的证据材料。对于上述证据材料有疑问的，可以委托有关单位重新调查、诊断、鉴定。对原判适用《中华人民共和国刑事诉讼法》第一百六十条第二款规定判处刑罚的罪犯，在刑罚执行期间不真心悔罪，仍不讲真实姓名、住址，且无法调查核实清楚的，除具有重大立功表现等特殊情形外，一律不予减刑、假释。

10. 严格把握罪犯减刑后的实际服刑刑期。正确理解法律和司法解释规定的最低服刑期限，严格控制减刑起始时间、间隔时间及减刑幅度，并根据罪犯前期减刑情况和效果，对其后续减刑予以总体掌握。死刑缓期执行、无期徒刑罪犯减为有期徒刑后再减刑时，在减刑间隔时间及减刑幅度上，应当从严把握。

## 三、切实强化减刑、假释案件办理程序机制

11. 充分发挥庭审功能。人民法院开庭审理减刑、假释案件，应当围绕罪犯实际服刑表现、财产性判项执行履行情况等，认真进行法庭调查。人民检察院应当派员出庭履行职务，并充分发表意见。人民法院对于有疑问的证据材料，要重点进行核查，必要时可以要求有关机关或者罪犯本人作出说明，有效发挥庭审在查明事实、公正裁判中的作用。

12. 健全证人出庭作证制度。人民法院审理减刑、假释案件，应当通知罪犯的管教干警、同监室罪犯、公示期间提出异议的人员以及其他了解情况的人员出庭作证。开庭审理前，刑罚执行机关应当提供前述证人名单，人民法院根据需要从名单中确定相应数量的证人出庭作证。证人到庭后，应当对其进行详细询问，全面了解被报请减刑、假释罪犯的改造表现等情况。

13. 有效行使庭外调查核实权。人民法院、人民检察院对于刑罚执行机关提供的罪犯确有悔改表现、立功表现等证据材料存有疑问的，根据案件具体情况，可以采取讯问罪犯、询问证人、调取相关材料、与监所人民警察座谈、听取派驻监所检察人员意见等方式，在庭外对相关证据材料进行调查核实。

14. 强化审判组织的职能作用。人民法院审理减刑、假释案件，合议庭成员应当对罪犯是否符合减刑或者假释条件、减刑幅度是否适当、财产性判项是否执行履行等情况，充分发表意见。对于重大、疑难、复杂的减刑、假释案件，合议庭必要时可以提请院长决定提交审判委员会讨论，但提请前应当先经专业法官会议研究。

15. 完善财产性判项执行衔接机制。人民法院刑事审判部门作出具有财产性判项内容的刑事裁判后，应当及时按照规定移送负责执行的部门执行。刑罚执行机关对罪犯报请减刑、假释时，可以向负责执行财产性判项的人民法院调取罪犯财产性判项执行情况的有关材料，负责执行的人民法院应当予以配合。刑罚执行机关提交的关于罪犯财产性判项执行情况的材料，可以作为人民法院认定罪犯财产性判项执行情况和判断罪犯是否具有履行能力的依据。

16. 提高信息化运用水平。人民法院、人民检察院、刑罚执行机关要进一步提升减刑、假释信息化建设及运用水平，充分利用减刑、假释信息化协同办案平台、执行信息平台及大数据平台等，采用远程视频开庭等方式，不断完善案件办理机制。同时，加强对减刑、假释信息化协同办案平台和减刑、假释、暂予监外执行信息网的升级改造，不断拓展信息化运用的深度和广度，为提升减刑、假释案件办理质效和加强权力运行制约监督提供科技支撑。

## 四、大力加强减刑、假释案件监督指导及工作保障

17. 不断健全内部监督。人民法院、人民检察院、刑罚执行机关要进一步强化监督管理职责，严格落实备案审查、专项检查等制度机制，充分发挥层级审核把关作用。人民法院要加强文书的释法说理，进一步提升减刑、假释裁定公信力。对于发现的问题及时责令整改，对于确有错误的案件，坚决依法予以纠正，对于涉嫌违纪违法的线索，及时移交纪检监察部门处理。

18. 高度重视外部监督。人民法院、人民检察院要自觉接受同级人民代表大会及其常委会的监督，主动汇报工作，对于人大代表关注的问题，认真研究处理并及时反馈，不断推进减刑、假释工作规范化开展；人民法院、刑罚执行机关要依法接受检察机关的法律监督，认真听取检察机关的意见、建议，支持检察机关巡回检察等工作，充分保障检察机关履行检察职责；人民法院、人民检察院、刑罚执行机关均要主动接受社会监督，积极回应人民群众关切。

19. 着力强化对下指导。人民法院、人民检察院、刑罚执行机关在减刑、假释工作中，遇到法律适用难点问题或者其他重大政策问题，应当及

时向上级机关请示报告。上级机关应当准确掌握下级机关在减刑、假释工作中遇到的突出问题，加强研究和指导，并及时收集辖区内减刑、假释典型案例层报。最高人民法院、最高人民检察院应当适时发布指导性案例，为下级人民法院、人民检察院依法办案提供指导。

20. 切实加强工作保障。人民法院、人民检察院、刑罚执行机关应当充分认识减刑、假释工作所面临的新形势、新任务、新要求，坚持各司其职、分工负责、相互配合、相互制约的原则，不断加强沟通协作。根据工作需要，配足配强办案力量，加强对办案人员的业务培训，提升能力素质，建立健全配套制度机制，确保减刑、假释案件实质化审理公正、高效开展。

# 《最高人民法院、最高人民检察院、公安部、司法部关于加强减刑、假释案件实质化审理的意见》的理解与适用

罗智勇　董朝阳　孙自中*

2021年12月1日，最高人民法院、最高人民检察院、公安部、司法部联合印发了《关于加强减刑、假释案件实质化审理的意见》（以下简称《意见》）。《意见》的出台，对于严格规范减刑、假释案件审理，确保刑罚执行与变更活动的公平公正，不断提升司法权威和公信力，必将发挥重要的作用。为便于实践中准确理解和正确适用，现就《意见》主要内容解读如下。

## 一、《意见》制定的基本背景

减刑、假释是我国刑罚执行制度的重要组成部分，对于激励罪犯积极改造，促进罪犯回归、融入社会，实现刑罚的目的，具有非常重要的意义。《意见》的出台，既是现实所需，也是长远所虑。

一是贯彻中央决策部署，继续深入推进刑罚执行制度改革的必然要求。党的十八大以来，党中央高度重视刑罚执行工作。习近平总书记多次对减刑、假释工作作出重要指示，要求严格规范减刑、假释，充分体现司法公正，杜绝司法腐败，提高司法公信力。党的十八届三中、四中全会对严格规范减刑、假释程序，完善刑罚执行制度提出了明确的要求。为贯彻落实中央重大决策部署，最高人民法院、最高人民检察院、公安部、司法

* 作者单位：最高人民法院审判监督庭。

部等中央政法机关近年来先后出台了多个司法解释和规范性文件，完善了计分考核办法，建立了备案审查、巡回检察等一系列制度机制，对减刑、假释工作进行严格规范，取得了明显成效。但是，减刑、假释案件办理仍然存在相关机关职能作用发挥不充分、实质化审理效果不理想等问题，导致少数案件处理结果不够公正，其中一些案件甚至存在徇私舞弊、司法不廉等现象，严重损害了司法权威和公信力。《意见》的出台，是健全完善减刑、假释制度的现实需要，也是继续深化刑罚执行制度改革的重要举措。

二是强力整治顽瘴痼疾，努力实现常治长效的重要成果。2021 年开展的全国政法队伍教育整顿，将违规违法办理减刑、假释、暂予监外执行案件作为六大顽瘴痼疾之一予以集中整治，要求在排查纠正违规违法案件的同时，立足于建章立制，严格规范司法权的运行，将权力关进制度的笼子。在这次整治过程中，减刑、假释案件审理暴露出来的问题主要为：减刑、假释案件过于依赖刑罚执行机关报请的材料，检察机关、审判机关的职能作用没有得到充分发挥，一些案件审理流于形式，监督缺乏有效手段，导致有的案件关键事实未能查清，矛盾和疑点被放过，甚至一些虚假证据得以蒙混过关，个别案件还引发了负面舆情，造成不良社会影响。《意见》的出台，坚持以问题为导向，强化顽瘴痼疾排查整治的成果运用，有针对性地采取措施，解决实践中的突出问题，出实招、施实策、求实效，进一步严格规范减刑、假释工作。

三是积极回应社会关切，践行以人民为中心司法理念的有效举措。随着社会公众法治意识的增强，刑罚执行工作越来越受到社会各界的广泛关注。新时代人民群众对公平正义的期待越来越高，对公正高效司法产品的需求越来越迫切，这些新期待、新要求也深刻反映到刑罚执行工作中。刑罚规范有效执行关乎社会公平正义的最终实现，而减刑、假释作为刑罚执行变更的重要措施，如果在办案过程中不能做到公平公正，势必影响刑罚执行的效果，影响司法权威和公信力。《意见》的出台，能够有效促使有关机关更加公平公正执法办案，不断提高减刑、假释裁定的公信力，做到民众有所呼、政策有所应、司法有所为、局面有所变。

《意见》共 20 条，分别从基本要求、严格审查实体条件、强化案件办理程序、监督指导及工作保障等四个方面，进一步细化实质化审理的工作要求。

## 二、《意见》的核心要义和基本要求

### (一)关于《意见》的核心要义

《意见》的核心要义是实现减刑、假释案件实质化审理,《意见》在标题中开宗明义提出实质化审理问题。在文件起草调研过程中,有意见认为不宜使用实质化审理这一表述,主要理由是减刑、假释案件在审理方式、适用规则等诸多方面与普通刑事案件相比,存在着很大差异,普通刑事案件在推进庭审实质化等改革过程中,也没有使用实质化审理这一表述;提出推进减刑、假释案件实质化审理,是否意味着以前的审理都是形式化的。

对这一意见,我们进行了认真研究,最终还是保留了实质化审理这一表述,主要基于以下考虑:一是制定加强减刑、假释案件实质化审理有关规范性文件,是落实中央巡视整改任务的重要措施。此前,中央政法委已要求采取措施加强减刑、假释案件的实质化审理。2021 年 5 月 31 日至 6 月 2 日,中央政法委有关领导在青海调研并主持召开政法队伍教育整顿西北片区调研座谈会时,聚焦顽瘴痼疾整治这一专题,再次明确要求“完善罪犯减刑、假释案件实质化审理制度”。二是加强减刑、假释案件实质化审理是针对以往审理容易流于形式、实质性审理不足等问题较为普遍而提出的,其指向性明确。我们在调研中发现,各级政法机关对这一表述高度认同。三是推进实质化审理具有可行性。近几年来,随着司法理念的转变以及相关制度机制不断健全完善,各政法机关在办理减刑、假释案件过程中,逐渐加强了对证据材料的全面、细致审查,不断规范案件审理工作,其中多地在采取措施推进实质化审理过程中都取得了明显的成效,加上减刑、假释案件多方参与审理模式的日渐成熟,我们相信客观上能够实现案件的实质化审理。

### (二)关于实质化审理的基本要求

减刑、假释的根本目的是激励罪犯积极改造,要实现这一目的,就必须确保减刑、假释只适用于悔改表现良好的那部分罪犯,而如何审查判断罪犯是否确有悔改表现,是实践中的重点,也是难点。在总结实践经验的基础上,我们认为有必要对减刑、假释案件审理应当遵循的基本要求进行总结提炼。经过认真调研和反复论证，《意见》第1条至第4条提出了实质化审理的四项基本要求，即坚持全面依法审查、主客观改造表现并重、严格审查证据材料、区别对待。这四项基本要求的提炼和总结，既是《意见》的重要内容，也是《意见》的一大亮点，不仅为案件办理提供了一定的理念遵循，也将有助于推动减刑、假释制度相关理论问题的深入探究。

1. 坚持全面依法审查

对减刑、假释案件进行全面依法审查，不是现在才提出来的。早在2005年，最高人民法院原副院长姜兴长在全国法院减刑假释工作座谈会上就提出，要“全面审查，区别对待，准确把握减刑的标准”。2009年，最高人民法院原副院长江必新也指出，要探索减刑假释的综合考核制度，使减刑假释的条件更加科学和规范。这种标准，除了要全面考虑法律规定的要件以外，还要重点考虑财产刑执行的情况、附带民事诉讼赔偿的履行情况以及对减刑假释后的社会评价和反应进行评估，保证减刑、假释法律效果和社会效果的统一。2016年11月，最高人民法院出台《关于办理减刑、假释案件具体应用法律的规定》（法释〔2016〕23号），第二条规定：“对于罪犯符合刑法第七十八条第一款规定‘可以减刑’条件的案件，在办理时应当综合考察罪犯犯罪的性质和具体情节、社会危害程度、原判刑罚及生效裁判中财产性判项的履行情况、交付执行后的一贯表现等因素。”可见，《意见》将坚持全面依法审查作为一项基本要求予以强调，既是对以往要求的承继与延续，也是对该内容因时就势而作的提炼和升华。

近几年来，人民法院在审理减刑、假释案件过程中，按照全面依法审查的要求，通过综合考察各方面因素来准确判断罪犯的真实悔改表现情况，取得了良好的效果。但是，实践中仍然一定程度地存在着“唯计分论”的现象，主要表现在过于依赖刑罚执行机关提交的罪犯改造计分考核材料，而没有充分认识到单纯的计分考核并不能全面反映罪犯的真实悔改表现，也没有充分考虑原判认定的犯罪性质、具体情节、社会危害程度、原判刑罚等，以综合判断罪犯是否确有悔改表现。因此，有必要进一步重申全面依法审查这一基本要求，督促各办案机关不断转变司法理念，坚决摒弃“唯分是举、以分折刑”的不适当做法。

2. 坚持主客观改造表现并重

罪犯确有悔改表现是适用减刑、假释的法定条件。然而，是否确有悔改表现，是存在于罪犯主观世界的一个事实，但对主观世界的审查判断，又离不开对客观、外在行为表现的考察。理想的状态是努力实现主客观相统一。要做到这一点并不容易。调研中，很多监狱干警反映，罪犯客观行为表现有可能是具有欺骗性的，在监管状态下，尤其在与相对固定的干警朝夕相处过程中，罪犯可能表现出积极接受改造的一面，平时各项考核也符合规定，但是其内心的真实心理变化则很难准确把握，尤其对于一些具有特殊情节的罪犯而言，其内心主观恶性是否真正得到了转化，往往无从把握。客观来说，这些情况是存在的，但是我们也要看到，从一些典型案例来看，罪犯悔改表现情况并非完全不能审查判断出来。比如，实践中就有这样的案例，罪犯因犯抢劫罪被判处重刑，在服刑改造多年之后，因严重违反监规被严管了几个月，考核期也相应延长一年，但等考核分数一够，监狱仍对其报请减刑，人民法院也裁定予以减刑，该罪犯刑满释放后不久又实施了严重暴力性犯罪。该案中，仅就该次减刑而言，罪犯已经服刑改造多年但仍然没有改造好，仍严重违反监规受到处罚，指望其在延长的一年考核期内就改造好，几乎是不可能的，这种情况下应不予减刑。

过去，人民法院审理减刑、假释案件，往往只注重对罪犯客观行为改造情况的审查，而容易忽视对罪犯主观世界改造情况的审查。实际上，罪犯客观行为表现较好，并不一定意味着其从内心深处真正认识到自身犯罪行为给社会带来的严重危害，如果其犯罪心理没有得到彻底矫治，就仍有可能重新犯罪，给社会带来新的危害。只有坚持主客观改造表现并重，转变过去只重客观而忽视主观的做法，更加注重审查判断罪犯的主观悔罪心态，做到主客观相统一，才能准确查明罪犯是否确有悔改表现这一案件事实，才能作出真正正确的减刑、假释裁定。

3. 坚持严格审查证据材料

减刑、假释是刑事诉讼的重要组成部分，在减刑、假释案件审理中，也要严格贯彻落实以审判为中心的刑事诉讼制度改革要求，贯彻落实证据裁判原则。证据裁判要求人民法院认定案件事实，必须以证据为依据，证据必须经过查证属实，对于未经查证属实的证据，依法不得作为定案的根据。减刑、假释案件虽然与普通刑事案件相比有较大差异，但也要在一定程度上体现出证据裁判的要求，要对证据材料进行实质性审查。

然而，以往审理减刑、假释案件过程中，人民法院对于刑罚执行机关提交的证据材料，往往缺乏有效的质证审查，就简单认为这些证据材料是真实、合法的，这显然背离了证据裁判的要求。从一些典型案例看，这方面的教训是极为惨痛的。有些经媒体披露后引发社会各界广泛关注的减刑案件，经事后倒查发现，司法人员在办案时，只要进行了一定的实质性审查，并不难发现案件疑点所在，但是最终没有严格把关，值得深思。因此，在减刑、假释案件审理中，人民法院必须旗帜鲜明，坚持以审判为中心，不断强化证据裁判意识，严格审查各项证据材料。

4. 坚持区别对待

区别对待是对宽严相济刑事政策的落实。减刑、假释制度作为一种刑罚执行变更制度，是贯彻宽严相济刑事政策“宽”的一面的重要切入点，是以“宽”济“严”的重要机制，在整体上体现了对罪犯“宽”的一面。但是，在办理减刑、假释案件时，也要突出重点，依法进行，做到宽之有据、宽之有理、宽之有度、宽之有效；同时，注意具体分析、区别对待，做到宽中有严、严以济宽。

刑罚具有教育改造罪犯的功能，对于主观恶性不同的罪犯，矫治其犯罪心理的难易程度也会存在差别。在减刑、假释案件办理中，要以刑罚个别化原则为指导，对罪行重、刑期长的罪犯，应适当延长其减刑起始时间或者间隔时间，严格控制减刑幅度，以保证其较长的实际服刑期限；对罪行轻、刑期短的罪犯，服刑改造表现较好的，可以优先考虑予以减刑、假释；对主观恶性深且拒不悔改的罪犯，应当一律不予减刑、假释。只有从不同罪犯的罪行、主观恶性和改造实际情况出发，针对不同情况，依法采取不同的措施，做到同等情况同等对待、不同情形区别对待，才能最大限度发挥减刑、假释的激励作用，实现刑罚的目的。

## 三、实质化审理的关键之举：严格审查案件的实体条件

对减刑、假释案件的实体条件进行严格审查，是相对于过去一些案件审查流于形式、实质性审理不足而言的。《意见》第5条至第10条既规定了在办案过程中要审查用于证明符合减刑、假释实体条件的证据材料，也对审查这些证据材料时容易出现问题的环节进行了明确，提出了具体的审查要求。值得注意的是，这些规定所针对的问题，都是通过剖析实践中的一些典型案例而总结出来的，有的问题影响很大甚至可以说是教训惨痛，因此《意见》就此着力进行了规范。

根据我国刑法的规定，减刑、假释适用的前提是罪犯确有悔改表现。《最高人民法院关于办理减刑、假释案件具体应用法律的规定》第三条第

一款规定了“确有悔改表现”的认定条件：一是认罪悔罪；二是遵守法律法规及监规，接受教育改造；三是积极参加思想、文化、职业技术教育；四是积极参加劳动，努力完成劳动任务。该条第二款还对“三类罪犯”不积极退赃、协助追缴赃款赃物、赔偿损失，或者服刑期间利用个人影响力和社会关系等不正当手段意图获得减刑、假释的，不认定其“确有悔改表现”。同时，法律、司法解释还规定了减刑、假释的刑期条件，即起始时间、间隔时间、减刑幅度、最低服刑期限等，表明对罪犯的改造不是一朝一夕的事情，而是需要一个长期的矫正过程。

### （一）关于对罪犯服刑期间改造表现等考核材料的审查

实践中，监狱主要通过计分考核来体现罪犯的改造表现，因此，计分考核材料也就成为人民法院审理减刑、假释案件需要审查的一项重要内容。计分考核材料作为证据材料，具有一些特殊性，主要是因为监狱作为刑罚执行机关，负责罪犯的日常监管和改造，监狱环境又相对封闭，证据材料的搜集和获取完全为监狱所垄断，罪犯的真实服刑状态很难为监狱以外的单位和个人所掌握。加上监狱的考核材料都盖有公章，意味着其对考核材料的真实性负责，而过去基本上大家都认为，这种由公权力机关所出具的证据材料，当然是真实、合法的。在这样一种认识支配下，就容易出现对罪犯考核材料的审查不严、不细的情况。

事实上，通过剖析近几年来陆续暴露的典型案例，我们认为，由公权力机关出具的证据材料，并不必然就是真实、合法的，这些证据材料同样有可能不客观甚至造假。这就要求我们对罪犯的考核材料进行实质性审查，严格把关。过去我们在审查考核材料时比较容易出现的问题，比如，只注重分数与减刑幅度的对应，而忽视了考核分数的来源及合理性，没有对考核材料进行逻辑性和客观真实性的审查判断，导致一些瑕疵证据甚至非法证据得以蒙混过关。因此，在审查这些证据材料时，对存有疑问、感觉不正常的考核材料，应当要求刑罚执行机关在规定期限内作出说明，规定期限内不能作出合理解释的，不作为认定罪犯确有悔改表现的依据。同时，不仅要对加分项进行严格审查，对扣分项也要严格审查，要注重审查罪犯因为什么被扣分，区分行为性质、行为时间、行为次数等，具体问题具体分析。如果仅是因为物品摆放、内务整理等被偶尔扣分，不影响对其确有悔改表现的认定，但如果系因违反监规纪律被扣分，甚至因此被延长了考核期，加扣分抵扣后达到报请减刑分数的，就要对罪犯的主观改造情况进行综合审查判断，以认定是否确有悔改表现。

### （二）关于对罪犯认罪悔罪材料的审查

认罪悔罪是认定罪犯确有悔改表现的法定条件之一，也是罪犯主观上能够积极接受改造的前提。认罪悔罪材料主要是罪犯的认罪悔罪书、自我鉴定等材料。在审查这些证据材料时，要结合罪犯的文化程度、受教育经历、生活乃至成长经历等，如要看罪犯书写是否认真、认识是否深刻、内容是否客观，进行一定程度的实质性审查，避免审查流于形式。如果无特殊原因非本人书写，或者结合其他证据材料发现内容虚假的，不得认定罪犯确有悔改表现。

### （三）关于对罪犯立功、重大立功等证明材料的审查

罪犯因立功、重大立功被减刑，在司法实践中并不是一个普遍现象，过去也没有引起足够的重视。根据以往的司法解释规定，有“立功表现”的减刑幅度要高于“确有悔改表现”的减刑幅度，有“重大立功表现”的减刑幅度更是大幅提高，而且还不受减刑起始时间和间隔时间的限制。正是在这一制度安排的促使下，个别罪犯为了尽快获得减刑，往往在立功、重大立功上绞尽脑汁作文章。近几年来曝光的多起因重大立功而减刑的案件，如云南孙某果案、山西任某军案，都存在重大立功证明材料造假的问题。这些虚假的证明材料在司法审查过程中能够堂而皇之顺利过关，不能不引起我们高度重视。正是基于现实的考虑，刑罚执行机关所提交的罪犯立功、重大立功证明材料，必然成为人民法院审查的重点。因此，《意见》对因立功、重大立功报请减刑案件进行了重点规范，对实践中常见的情形进行了列举，对具体的审查方法进行了明确。一是对于检举、揭发监狱内外犯罪活动，或者提供重要破案线索的，应当注重审查线索的来源，并采取必要的核查措施。如查明线索系通过贿买、暴力、威胁或者违反监规等非法手段获取的，不认定罪犯具有立功或重大立功表现。二是对于技术革新、发明创造而被认定构成立功、重大立功的，要求人民法院对于技术革新、发明创造进行专业性审查判断，既不可能，实际上也没有必要。但是，人民法院仍需要对罪犯是否具备相应的专业能力及条件等情形，进行实质性审查判断。例如，孙某果重大立功减刑案中，孙某果明显不具备相

应的专业能力和条件，而人民法院仅仅根据有关机关出具的专利证明等书面材料，就简单认定具有重大立功表现，一次即错误裁定减刑两年八个月，司法审查沦落成了走过场、走形式，司法权威和公信力遭到了严重破坏。三是对于阻止他人实施犯罪活动，协助司法机关抓捕其他犯罪嫌疑人，在日常生活、生产中舍己救人，以及在抗御自然灾害或者排除重大事故中有积极或者突出表现的，实践中同样不乏其例。比如，在2021年全国政法队伍教育整顿中发现一起案件，罪犯虽然检举他人犯罪属实，但被检举人被人为轻罪重判，致该罪犯被错误认定构成重大立功。还有一起案件，罪犯在抗御自然灾害过程中确有积极表现，但远远达不到认定重大立功甚至是立功的标准，而被违规违法认定构成重大立功。这两起案件均依法进行了纠正，但背后存在的问题需要办案机关认真反思。实际上，有些罪犯之所以能够被违规违法认定构成立功甚至重大立功，有的可能采取了伪造证据、贿赂司法人员等手段，有的虽然没有查实存在这些手段，但仍涉嫌不当利用了他们犯罪前的身份、影响等因素。因此，对于存在特殊情形的罪犯，如“三类罪犯”等，在减刑、假释时一定要严把案件质量关，一旦发现证据材料存在可疑之处，要及时进行核查，审慎作出裁定。

此外，通过对长期实践经验的总结，《意见》第6条增加第5款，即严格把握立功、重大立功中“较大贡献”或者“重大贡献”的认定条件，明确规定该“较大贡献”或者“重大贡献”，是指对国家、社会具有积极影响，而非仅对个别人员、单位有贡献和帮助。

### (四) 关于对罪犯履行财产性判项能力的审查

近几年来，通过将生效裁判所确定的财产性判项履行义务与罪犯的减刑、假释挂钩，对于督促罪犯及时、全面履行生效裁判所确定的义务，取得了很好的效果。罪犯是否积极履行生效裁判所确定的义务，包括是否积极履行财产性判项，反映了其主观上是否认罪悔罪。人民法院在审查时，对于没有履行或者没有全部履行财产性判项的，要着重审查罪犯是否有履行能力，如果确实没有履行能力而未履行财产性判项，不能阻却对罪犯确有悔改表现的认定。只有对那些有履行能力而拒不履行或者拒不全面履行的，才不应裁定减刑、假释。基于以上考虑，《意见》第7条规定了两款，具有第1款中规定的三种情形的，表明罪犯无意履行生效裁判确定的义务，故不能认定其确有悔改表现。而对于第2款规定的情形，实践中的情况可能较为复杂，要注意查明罪犯狱内消费明显超出规定额度标准的具体原因，如果罪犯改造表现不错，仅因治疗疾病等特殊原因超出规定额度标准的，不能阻却对罪犯确有悔改表现的认定，但如果罪犯无特殊原因狱内消费明显超出规定额度标准的，甚至实践中发现有罪犯借用其他罪犯账户超出规定额度标准进行消费，此种情况一经发现，不能认定罪犯确有悔改表现。

### （五）关于对罪犯再犯罪危险性的评估判断

对于罪犯假释的，要进行再犯罪危险性评估，否则如果罪犯对社区具有危险性，假释出狱后就很有可能重新违法犯罪，带来新的社会危害。根据各地反馈的情况，当前假释适用率普遍较低，主要原因就在于难以审查判断罪犯是否有再犯罪的危险。对此，《意见》第8条明确了对再犯罪危险的审查判断方法，即除了对罪犯性格特征、心理状态进行评估外，还要结合原判情况、罪犯的一贯表现等各方面因素进行综合判断，以准确作出认定。这就要求人民法院在审理案件时，不能机械司法，刑罚执行机关提交了再犯罪危险评估材料，尽管可以作为重要的裁判依据，但也要综合全案证据包括原判情况进行评判，不能一味过于采信某一项证据。

当然，在适用假释时，也要贯彻宽严相济刑事政策，当严则严，该宽则宽。《最高人民法院关于办理减刑、假释案件具体应用法律的规定》第二十六条规定的几类罪犯，可以依法从宽适用假释；罪犯既符合减刑条件又符合假释条件的，可以优先适用假释。这一规定的目的就是充分发挥假释的价值功能，不能因为怕追责而不敢依法适用假释。

### （六）严格把握罪犯的最低服刑刑期

1997年刑法第七十八条规定："被判处管制、拘役、有期徒刑、无期徒刑的犯罪分子……减刑以后实际执行的刑期，判处管制、拘役、有期徒刑的，不能少于原判刑期的二分之一；判处无期徒刑的，不能少于十年。"2011年刑法修正案（八）将无期徒刑的最低服刑刑期延长到十三年，同时规定了原判死缓限制减刑的最低服刑刑期。关于假释的最低服刑刑期要求，与减刑的最低服刑刑期一致。

根据上述规定，除了存在特殊情况的假释案件以外，不论减刑还是假释，罪犯实际服刑刑期均不得低于法律所规定的最低服刑刑期，这是刑罚公正性与行刑功利性有机结合的制度设计。然而，在长期的司法实践中，最低服刑刑期成了罪犯减刑的终极目标，不少罪犯经过多次减刑，实际服刑刚刚超过最低服刑刑期要求就刑满释放，导致刑罚执行非常不严肃。造成罪犯实际服刑刑期偏短的根本原因，还是我们执法办案中的理念出了问题，混淆了法律底线和工作常态的区别。实际上，法律所规定的最低服刑刑期，应是指罪犯因有重大立功表现，甚至多次重大立功表现，经减刑、假释后必须达到的服刑刑期底限，对于只是确有悔改表现的罪犯，其减刑、假释后的最低服刑刑期应远高于这一底限。否则，刑罚就得不到有效执行，刑罚的目的就不能实现。

为了有效解决实践中的问题，《意见》第10条规定要正确理解法律和司法解释规定的最低服刑期限，严格控制减刑起始时间、间隔时间和减刑幅度，并且要根据罪犯前期减刑情况和效果，对其后续减刑予以总体掌握。对原判死缓、无期徒刑的，减为有期徒刑后，要与原判有期徒刑罪犯减刑有所区别，从严控制减刑，将宽严相济刑事政策精神贯彻至刑罚适用与刑罚执行全过程。

## 四、实质化审理的程序性要求：探索推进案件审理程序的相关改革

程序公正是实体公正的前提和基础，没有一个公正、规范的审理程序，实体公正往往很难得到切实保障。只有程序科学、规范、有序，才能确保实体裁判结果公平、公正。党的十八大以来，人民法院针对减刑、假释案件审理程序的改革一直在不断深化。2014年4月，最高人民法院出台《关于减刑、假释案件审理程序的规定》（法释〔2014〕5号），对减刑、假释案件审理程序进行了专门规范。此后，最高人民法院在司法公开等方面出台了一系列举措，主动接受社会各界监督，减刑、假释案件审理程序更加公开、透明。但是，仅仅实现形式上的公开和透明还是不够的，更重要的是要按照以审判为中心的刑事诉讼制度改革要求，探索推进减刑、假释案件审理程序的改革。开庭审理的案件，要使庭审能够对案件的处理结果产生实质性影响，实现证据核查在法庭、事实认定在法庭、意见发表在法庭、裁判理由形成在法庭。未开庭审理的案件，也必须对相关材料进行真正实质性的审查。只有这样，才能使各办案主体之间真正实现各司其职，分工负责，相互配合，相互制约，才能为案件办理的高质量提供坚实

的制度保障。

《意见》第11条规定要充分发挥庭审功能，第12条规定要健全证人出庭作证制度，第13条规定要有效行使庭外调查核实权。这三条规定都是为了探索推进庭审实质化而作出的努力。表面上看，这三条规定都比较笼统，甚至宣示意义可能要更大一些。但是，既然《意见》是由刑罚执行机关、检察机关、审判机关联合印发的，三机关都有义务落实《意见》中的具体规定，而这些规定的具体落实，将有助于在减刑、假释案件审理中引入一种诉讼化的机制，促使庭审实质化的实现。我们在此提出以下几个观点，以期推动该问题的持续深入探究。

### （一）以刑事诉讼思维指引减刑、假释案件的审理

减刑、假释是刑事诉讼的重要组成部分，其性质上属于司法权，那么在权力运行方式上，就应当符合司法规律。司法是为了解决争议而存在的，没有争议，也就无所谓司法。减刑、假释领域的诸多法律疑难问题，只有按照刑事诉讼的思维来处理，才能够从根本上寻求到解决之道。

当前，减刑、假释案件审理与普通刑事案件审理一样，也呈现出多元参与的审理模式。只不过，减刑、假释案件的三方结构分别为刑罚执行机关、检察机关和审判机关，与普通刑事案件中的被告人、检察机关和审判机关三方结构相比，仅仅在参与主体上由被告人换成了刑罚执行机关。实践中，刑罚执行机关、检察机关应如何在庭上发表意见，人民法院如何进行审理并作出裁定，这实际上也是《意见》的贯彻落实问题。《意见》既然由最高人民法院、最高人民检察院、公安部、司法部联合发布，而不是只由最高人民法院发布，其意义正在于此。换言之，推进减刑、假释案件实质化审理工作，是刑罚执行机关、检察机关、审判机关在各司其职、分工负责、相互配合、相互制约的基础上，共同努力来完成的，而不可能仅仅依赖于某一家单独实现。

减刑、假释既然被定性为一项司法活动，属于刑事诉讼活动在刑罚执行阶段的自然延续，那么减刑、假释适用过程中存在的一些争议问题，在考虑到减刑、假释自身特点的同时，也应该遵循刑事诉讼的一般原理和规则。在这样一个基本认识下，解决有关减刑、假释审理程序上的一些分歧和争议，也就有了一个根本的遵循，不同机关之间也就更容易在争议问题上达成共识。否则，脱离了刑事诉讼基本原理，大家各行其是，相互之间

谁也说服不了谁，不仅不利于这项工作的开展，也不利于在减刑、假释领域形成和发展出相应的理论及规则。

### (二) 进一步完善优化相关机关的职能定位

我们在2021年开展调研的时候，有下级法院提出，刑罚执行机关、检察机关和审判机关的职能定位，从表面上看似乎是很清楚的，也就是通常所说的监狱报请，法院裁判，检察院监督，但是，在实际操作中仍然存在一些模糊之处，给执法办案带来一定困扰。其实，刑罚执行机关掌握程序启动权，审判机关理应居中裁判，这是有广泛共识的。实践中存在困惑的，可能是检察机关的职能定位问题。

从应然层面看，在减刑、假释案件审理中，检察机关的职能作用，主要表现在两个方面：一是对刑罚执行机关、审判机关的职务行为是否合法进行监督；二是对罪犯是否应当减刑、假释行使办案职能。这其实是两项职能，合法性监督显然不能取代执法办案，刑罚执行机关、审判机关的职务行为合法，也不意味着就应当对罪犯予以减刑、假释。因此，检察机关要善于“两条腿”走路，尤其要强化办案职能的行使，只有这样，才能充分发挥自身的职能作用，这也有助于监所检察职责的充实和良性发展。如果以普通刑事案件中检察机关的职能行使方式作为参照，我们可能会有更多启发。在普通刑事案件中，检察机关基于控诉职能而提起公诉，启动审判程序，目的是给被告人定罪量刑，这可以说是行使办案职能的体现。但与此同时，检察机关也对案件审理程序是否合法进行监督，刑事诉讼法第二百零九条规定，人民检察院发现人民法院审理案件违反法律规定的诉讼程序，有权向人民法院提出纠正意见。《最高人民法院关于适用〈中华人民共和国刑事诉讼法〉的解释》第三百一十五条规定，人民检察院认为人民法院审理案件违反法定程序，在庭审后提出书面纠正意见，人民法院认为正确的，应当采纳。换言之，在普通刑事案件中，检察机关的监督和办案这两项职能在一定程度上是能够分得开的，彼此之间有一个相对明晰的界限，办案就是办案，监督就是监督，尽管这种分离可能是有限的。但是在减刑、假释案件审理中，检察机关往往更注重合法性监督，而办案职能作用发挥不够。

随着实质化审理工作的推进，对各机关办案职能的行使必然会提出更高的要求，这也是落实刑罚执行机关、检察机关、审判机关各司其职、分工负责、相互配合、相互制约原则的应有之义。实践中，对刑罚执行机关、检察机关、审判机关尤其是检察机关办理减刑、假释案件的职能定位认识问题还有待进一步深化，这也是推进减刑、假释案件实质化审理改革的内生动力之所在。

## （三）以庭审实质化为重点向前推进

强调诉讼以审判为中心、审判以庭审为中心，关键是要推动庭审实质化。对于减刑、假释案件审理而言，同样如此。庭审实质化往往需要以有对抗性的两造为前提，而按照实质化审理的潜在逻辑，减刑、假释案件也应该是有对抗性的。这一点其实并不难理解。

在2021年全国政法队伍教育整顿过程中，暴露出很多减刑、假释领域存在的突出问题，如不少案件反映出，过去对于故意杀人、抢劫、强奸等严重暴力犯罪罪犯的减刑，与过失犯罪等轻罪罪犯的减刑，很多时候没有明显差别。但是二者之间的主观恶性显然是有巨大差异的，不加区别地一律予以减刑、假释，毫无疑问有悖于减刑、假释制度设置的初衷。对严重暴力犯罪罪犯减刑、假释时，当刑罚执行机关提出建议后，检察机关是否就应一概予以认可，而完全不持异议？恐怕未必。在此情形下，案件有可能具有一定的对抗性，需要刑罚执行机关、检察机关双方在庭审中围绕争议问题，各自充分阐明理由，提交相应的证据，进行必要的质证和辩论活动，促使人民法院公平、公正作出裁定。

其实从法理上讲，罪犯被判处并执行刑罚，源于检察机关提起公诉，通过求刑权的实现而产生的结果。求刑的目的是对犯罪分子进行惩罚和教育改造，但如果罪犯被投入监狱后，可以通过减刑、假释等行刑变更措施随意改变生效裁判确定的刑罚内容，求刑权的目的就会落空。既然我国法律规定了减刑、假释制度，检察机关又具有维护国家法律正确实施的法定职责，那么也就应该负有责任监督刑罚的执行、确保刑罚目的的实现，审慎适用减刑、假释。由此而言，刑罚执行机关与检察机关在刑罚执行变更问题上，是天然存在着潜在的诉求冲突的。这样一种诉求冲突，势必需要通过诉讼化的方式，使双方站在各自立场上充分发表意见，开展一定的质证和辩论活动。

当然，并非所有的减刑、假释案件都需要检察机关发表不同意见，甚至具有相当程度的对抗性，但至少对于一些可能有争议的案件，检察机关是应该有异议的，而不可能一概无不同意见。

### (四) 探索引入公职律师参与刑罚执行机关的办案

随着减刑、假释案件实质化审理工作的不断推进，尤其检察机关的职能得到充分行使后，势必会给刑罚执行机关带来一定的挑战，突出表现在应诉能力上，迫切需要加强对监狱干警的业务培训。实践中，有监狱干警认为，其日常所从事的是一种行政管理活动，对罪犯的日常表现以及监狱有关情况较为熟悉，更适合作为证人参与庭审，而不适合作为一方当事人出现在法庭上；由监管干警参与庭审质证、辩论等司法活动，如果对证据规则、证明标准、庭审规则、法律适用等专业性问题把握不准，可能会引发一定的执法办案风险。我们认为，这一观点是有道理的，证人身份具有唯一性，监管干警显然更适合作为证人出庭。

由于减刑、假释制度设计客观上不允许社会律师参与办案，可以考虑在监狱内建立公职律师制度，即尝试设置受监狱指派出庭履行职务的公职律师，这种做法实际上等于将教育改造罪犯这一行政活动与减刑、假释这一司法活动在监狱内部进行了一定程度的职能区分。公职律师具有双重身份，一方面是公务员，另一方面又具有律师的思维方式。公职律师受监狱指派处理相关法律事务，有明确的政策依据，在一定程度上也有助于化解监狱的执法办案风险。我们在2021年开展调研时也了解到，有个别省份已经在监狱配备了公职律师，专门处理刑事申诉、减刑假释等有关法律事务。

更为重要的是，对于人民法院而言，尤其在疑难、复杂减刑、假释案件审理中，由公职律师作为监狱代表参与庭审，与检察官、法官运用法言法语，使用法律人的思维方式进行无障碍沟通交流，不仅符合平等武装的诉讼法原理，也必将有助于实质化审理工作的开展，有助于办案质量的提高。

### (五) 构建案件审理的繁简分流机制

当前，不少法院减刑、假释案件数量巨大，案多人少矛盾尖锐，是推进实质化审理所面临的一项挑战。《意见》在制定过程中，就有观点提出，能否只对一部分案件进行实质化审理，而不是全部案件都实质化审理。我们认为，这一观点难以成立，因为从法理上讲，既然要推进实质化审理，当然是针对所有减刑、假释案件而言的，而不能只限于其中一部分案件。当然也要考虑到，大多数减刑、假释案件事实还是比较清楚的，证据材料也不复杂，将宝贵的司法资源平摊到所有案件上，平均用力，确实既不可行，也没必要。结合这几年暴露出来的典型案例看，绝大多数问题都出在一些重点罪犯的减刑、假释案件上，如三类罪犯、严重暴力犯罪罪犯等。因此，只要对这些重点案件进行严格把关，重点案件重点审理，没有太大争议的案件简化审理，实行繁简分流，就可以在很大程度上解决实质化审理所面临的案多人少困境。

要构建繁简分流机制，就需要解决怎样进行繁简分流的问题。对于大多数减刑、假释案件而言，要实现简案快审相对较为容易，难的是怎样实现繁案精审。过去办理减刑、假释案件，由于罪犯所处的环境具有封闭性，证据材料完全为刑罚执行机关所垄断。要打破这种垄断，就有必要开展一定的调查核实工作，没有调查就没有发言权。因此，《意见》第 13 条专门规定了审判机关、检察机关庭外调查核实权，本意就是希望通过庭外调查核实，来解决刑罚执行机关所提交证据材料的真实性、合法性问题，更加准确认定案件事实。实际上，对减刑、假释案件进行调查核实并非《意见》的创新。早在 2014 年 7 月，最高人民检察院就出台了《人民检察院办理减刑、假释案件规定》，其中第六条规定在六种情形下，人民检察院应当调查核实；第七条还规定了调查核实的具体方法、事项。但是，由于多种因素，这些规定在实践中并没有得到很好的落实。

我们认为，在减刑、假释案件审理中，要实现繁案精审，对重点案件进行重点把关，需要以一定的调查核实作为基础。实际操作上，可以将检察机关的调查核实作为开庭审理、作出裁判的前置程序，即刑罚执行机关报请减刑、假释后，检察机关应当先行开展必要的调查核实工作，除了核实相关证据材料的真实性、合法性以外，还可以直接调查取证。检察机关调查核实的情况以及所获取的证据材料，均应提交给法庭进行质证核查。法庭调查结束后，如果人民法院对有关证据材料仍然存在疑问，根据案件具体情况，还可以在庭外重点进行调查核实。通过执行、检察、审判不同环节的严格把关，不放过任何疑点，可以更加有效保障案件质量，充分发挥减刑、假释制度的功能价值。

## 五、结语

《意见》在第四部分规定了构建内部监督、外部监督、上级监督指导等全方位监督体系，目的是通过制度机制建设，加强权力运行的制约监督，以及进一步推动司法公开，在广泛接受各方面监督的基础上，推进案件审理更加公平、公正。上级机关要加强对下监督指导，以确保正确适用法律，统一裁判的尺度和标准。此外，《意见》最后还要求各级机关要按照各司其职、分工负责、相互配合、相互制约的原则，不断加强沟通协作，并根据工作实际强化工作保障，以确保减刑、假释案件实质化审理公正、高效开展。这些监督指导及工作保障措施是非常必要的，需要刑罚执行机关、检察机关和审判机关在前期工作的基础上，进一步健全完善相关配套制度机制，促使《意见》真正落地见效，推动减刑、假释案件实质化审理工作取得预期的良好效果。

总之，《意见》的出台是刑罚执行领域的一项重大改革举措，对于进一步转变司法理念，努力实现人民群众在每一个司法案件中感受到公平正义的目标，适应新时代减刑、假释案件实质化审理的需要必将起到积极的推动作用。

# 【民商事篇】



## 最高人民法院
## 关于审理侵害知识产权民事案件适用惩罚性赔偿的解释

法释〔2021〕4号

（2021年2月7日最高人民法院审判委员会第1831次会议通过
2021年3月2日最高人民法院公告公布
自2021年3月3日起施行）

为正确实施知识产权惩罚性赔偿制度，依法惩处严重侵害知识产权行为，全面加强知识产权保护，根据《中华人民共和国民法典》《中华人民共和国著作权法》《中华人民共和国商标法》《中华人民共和国专利法》《中华人民共和国反不正当竞争法》《中华人民共和国种子法》《中华人民共和国民事诉讼法》等有关法律规定，结合审判实践，制定本解释。

**第一条** 原告主张被告故意侵害其依法享有的知识产权且情节严重，请求判令被告承担惩罚性赔偿责任的，人民法院应当依法审查处理。

本解释所称故意，包括商标法第六十三条第一款和反不正当竞争法第十七条第三款规定的恶意。

**第二条** 原告请求惩罚性赔偿的，应当在起诉时明确赔偿数额、计算方式以及所依据的事实和理由。

原告在一审法庭辩论终结前增加惩罚性赔偿请求的，人民法院应当准许；在二审中增加惩罚性赔偿请求的，人民法院可以根据当事人自愿的原则进行调解，调解不成的，告知当事人另行起诉。

**第三条** 对于侵害知识产权的故意的认定，人民法院应当综合考虑被侵害知识产权客体类型、权利状态和相关产品知名度、被告与原告或者利害关系人之间的关系等因素。

对于下列情形，人民法院可以初步认定被告具有侵害知识产权的故意：

（一）被告经原告或者利害关系人通知、警告后，仍继续实施侵权行为的；

（二）被告或其法定代表人、管理人是原告或者利害关系人的法定代表人、管理人、实际控制人的；

（三）被告与原告或者利害关系人之间存在劳动、劳务、合作、许可、经销、代理、代表等关系，且接触过被侵害的知识产权的；

（四）被告与原告或者利害关系人之间有业务往来或者为达成合同等进行过磋商，且接触过被侵害的知识产权的；

（五）被告实施盗版、假冒注册商标行为的；

（六）其他可以认定为故意的情形。

**第四条** 对于侵害知识产权情节严重的认定，人民法院应当综合考虑侵权手段、次数，侵权行为的持续时间、地域范围、规模、后果，侵权人在诉讼中的行为等因素。

被告有下列情形的，人民法院可以认定为情节严重：

（一）因侵权被行政处罚或者法院裁判承担责任后，再次实施相同或者类似侵权行为；

（二）以侵害知识产权为业；

（三）伪造、毁坏或者隐匿侵权证据；

（四）拒不履行保全裁定；

（五）侵权获利或者权利人受损巨大；

（六）侵权行为可能危害国家安全、公共利益或者人身健康；

（七）其他可以认定为情节严重的情形。

**第五条** 人民法院确定惩罚性赔偿数额时，应当分别依照相关法律，以原告实际损失数额、被告违法所得数额或者因侵权所获得的利益作为计算基数。该基数不包括原告为制止侵权所支付的合理开支；法律另有规定的，依照其规定。

前款所称实际损失数额、违法所得数额、因侵权所获得的利益均难以计算的，人民法院依法参照该权利许可使用费的倍数合理确定，并以此作为惩罚性赔偿数额的计算基数。

人民法院依法责令被告提供其掌握的与侵权行为相关的账簿、资料，被告无正当理由拒不提供或者提供虚假账簿、资料的，人民法院可以参考原告的主张和证据确定惩罚性赔偿数额的计算基数。构成民事诉讼法第一百一十一条规定情形的，依法追究法律责任。

**第六条** 人民法院依法确定惩罚性赔偿的倍数时，应当综合考虑被告主观过错程度、侵权行为的情节严重程度等因素。

因同一侵权行为已经被处以行政罚款或者刑事罚金且执行完毕，被告主张减免惩罚性赔偿责任的，人民法院不予支持，但在确定前款所称倍数时可以综合考虑。

**第七条** 本解释自2021年3月3日起施行。最高人民法院以前发布的相关司法解释与本解释不一致的，以本解释为准。

# 《最高人民法院关于审理侵害知识产权民事案件适用惩罚性赔偿的解释》的理解与适用

林广海　李　剑　秦元明*

2021年2月7日，最高人民法院审判委员会第1831次会议讨论通过《最高人民法院关于审理侵害知识产权民事案件适用惩罚性赔偿的解释》（以下简称《解释》），自3月3日起施行。《解释》共7条，主要依据为民法典、著作权法、商标法、专利法、反不正当竞争法、种子法和民事诉讼法等有关法律规定制定，涉及适用范围、请求内容和时间、故意和情节严重的认定、计算基数和倍数、生效时间等知识产权审判实践中的重点和难点问题。本文拟对《解释》起草中的有关情况以及应当注意的适用问题作一阐述，以便实务工作者更为准确地理解条文原意，确保司法解释的正确适用。

## 一、起草背景

党的十九届五中全会规划了我国未来五年发展蓝图，设定了2035年的远景目标。当前，我国已转向高质量发展阶段，知识产权司法保护应当贯彻新发展理念，体现高质量发展要求，服务保障构建新发展格局。引入和落实知识产权惩罚性赔偿制度，依法惩处严重侵害知识产权行为，可以阻遏侵权并充分补偿权利人，符合新发展理念内在要求，有利于全面加强知识产权保护，有利于激发社会创新活力，有利于推动高质量发展。

2018年11月5日，习近平总书记在首届中国国际进口博览会上的主旨演讲中提出，中国将引入惩罚性赔偿制度。此后，惩罚性赔偿制度的法

* 作者单位：最高人民法院民事审判第三庭。

律修订和政策制定工作加速推进。2019年修正的反不正当竞争法、2020年修正的专利法和著作权法等知识产权部门法均增加了惩罚性赔偿条款。此前，2013年修正的商标法、2015年修订的种子法率先确立了惩罚性赔偿规则。2021年施行的民法典第一千一百八十五条总括性规定了知识产权惩罚性赔偿制度，标志着惩罚性赔偿在知识产权领域实现全覆盖。

2019年11月11日中共中央办公厅、国务院办公厅印发的《关于强化知识产权保护的意见》明确提出，要引入知识产权侵权惩罚性赔偿制度。国务院于2019年10月22日发布的《优化营商环境条例》提出，国家建立知识产权侵权惩罚性赔偿制度。党的十九届四中全会通过的《关于坚持和完善中国特色社会主义制度推进国家治理体系和治理能力现代化若干重大问题的决定》强调，要健全以公平为原则的产权保护制度，建立知识产权侵权惩罚性赔偿制度，加强企业商业秘密保护。2020年11月30日，习近平总书记在主持中央政治局第二十五次集体学习时强调，抓紧落实知识产权惩罚性赔偿制度。这标志着知识产权惩罚性赔偿制度加速进入全面落实阶段。

从党中央决策部署到法律规定，我国知识产权惩罚性赔偿制度的构建日臻完善，知识产权惩罚性赔偿的价值意义日益凸显。在此背景下，最高人民法院制定出台惩罚性赔偿司法解释，既是落实落细惩罚性赔偿制度的实践需要，也是保证惩罚性赔偿制度能够用好用到位的重要举措。

## 二、起草过程和主要原则

2015年9月，最高人民法院成立知识产权司法保护与市场价值研究（广东）基地，逐步总结归纳出了“以市场价值为导向，构建科学合理的知识产权损害赔偿制度”“补偿为主、惩罚为辅”等裁判规则。为更加系统全面地对知识产权惩罚性赔偿制度进行研究，最高人民法院将知识产权惩罚性赔偿制度研究列为2019年度司法研究重大课题。西南政法大学、中南财经政法大学、上海市高级人民法院、重庆自由贸易试验区人民法院等课题承担单位提交了优秀研究报告。上述探索研究为《解释》的起草打下了良好的实践和理论基础。

在《解释》起草过程中，我们先后征求了中央有关立法、行政、检察部门以及高级人民法院的意见，并先后召开了两次座谈会，征求了北京大学、清华大学、中国人民大学、中央财经大学等院校的有关学者和产业界、律师界代表的意见，充分吸收了有关修改意见和建议。

《解释》主要遵循了以下四项原则。

一是贯彻落实中央决策部署。在《解释》起草过程中，我们紧紧围绕习近平总书记在中央政治局第二十五次集体学习时的重要讲话精神，深刻领会落实知识产权保护工作“五个关系”，积极探索完善符合知识产权案件规律的诉讼规范，不断优化有利于创新的知识产权法治环境，为建设知识产权强国和世界科技强国、全面建设社会主义现代化国家提供坚实的司法服务和保障。

二是保证法律统一正确适用。《解释》涉及著作权法、商标法、专利法、反不正当竞争法、种子法等多部法律，在起草过程中，我们严格遵循正确统一适用民法典的要求，依法解释，既保证惩罚性赔偿适用的标准统一，又尽量协调各部门法之间的表述差异，坚持全面平等保护原则，审慎明确适用条件。

三是坚持问题导向。全国人大常委会分别于 2014 年、2017 年在专利法、著作权法实施情况的执法检查报告指出，知识产权案件存在赔偿数额低等问题。知识产权侵权赔偿数额低，一方面，导致权利人损失难以弥补，另一方面，导致知识产权侵权难以有效遏制。《解释》的起草，立足解决上述瓶颈问题，依法惩处严重侵害知识产权的行为。

四是增强实践操作性。《解释》旨在通过明晰法律适用标准，增强惩罚性赔偿司法适用的可操作性，为当事人提供明确的诉讼指引，确保司法解释好用、管用。

在起草过程中，有意见认为，对不同种类的知识产权要区分处理，对适用要件分别作出规定。经研究，我们认为，侵害各类知识产权行为惩罚性赔偿的适用要件和赔偿标准应当一致。首先，民法典第一百二十三条明确规定的知识产权客体就有 7 种，还有法律规定的其他客体，难以逐一规定。虽然著作权法、商标法、专利法等分别对惩罚性赔偿作出了规定，但在民法典对惩罚性赔偿已经作出了总括性规定的情形下，如果再区分客体分别作出规定，适用要件不仅容易重复，也可能产生冲突，不利于民法典的统一正确适用。其次，著作权、商标、专利等同为知识产权客体，法律属性一致，因此在适用惩罚性赔偿法律要件上，不宜对专利等技术类知识产权客体作区别对待。

## 三、关于司法解释名称

《最高人民法院关于司法解释工作的规定》第六条第二款规定，对在审判工作中如何具体应用某一法律或者对某一类案件、某一类问题如何应用法律制定的司法解释，采用“解释”的形式。鉴于《解释》主要针对侵害知识产权民事案件中如何应用民法典等法律规定的惩罚性赔偿问题，故采用“解释”的形式。

在起草过程中，有意见认为，惩罚性赔偿的适用不仅涉及知识产权民事、行政案件，还会涉及仲裁裁决的撤销和执行、诉前调解等审判领域，为了给将来适用留足空间，建议将题目改为《关于知识产权审判适用惩罚性赔偿的解释》。我们认为，考虑到已有司法解释名称通常采用“审理……案件”的表述，侵权纠纷之外的知识产权审判领域亦可参照适用本解释，故题目未采用“知识产权审判”的表述。

## 四、关于故意、恶意的认定

从惩罚性赔偿制度的历史来看，由于惩罚性赔偿具有加重责任的性质，侵权故意是惩罚的正当性基础。为实现惩罚性赔偿的惩罚和预防的社会控制功能，同时为了防止被滥用，行为人的主观过错程度是决定惩罚性赔偿的重要考量。

民法典规定惩罚性赔偿的主观要件为故意，商标法第六十三条第一款、反不正当竞争法第十七条第三款规定为恶意。经征求各方意见和反复研究，我们认为，对故意和恶意的含义应当作一致性理解。首先，民法典是上位法，商标法和反不正当竞争法虽然修改在前，但对其所规定的恶意的解释也应当与民法典保持一致。而且，在民法典颁布后修改的专利法和著作权法均规定惩罚性赔偿的主观要件为故意。其次，在知识产权司法实践中，故意与恶意常常难以精准地区分，作一致性解释有利于增强实践操作性，也有利于避免造成这样的误解：恶意适用于商标、不正当竞争领域，而故意适用于其他知识产权领域。

行为人的故意是一种内在的主观状态，在民事诉讼中查明难度较大，往往只能通过客观证据加以认定。通常情况下，侵权人与权利人的关系越密切，侵权人知道诉争知识产权的可能性就越大。例如，商标法第十五条、《最高人民法院关于审理商标授权确权行政案件若干问题的规定》第十五条和第十六条就如何认定具有明知他人商标的特定关系作了规定。

## 五、关于情节严重的认定

情节严重主要针对侵权手段、方式及其造成的后果等，一般不涉及侵权人的主观状态。《解释》第四条列举的情形，主要源自司法实践中的典型案例。

为了正确实施惩罚性赔偿制度，最高人民法院于2021年3月15日发布了6件侵害知识产权民事案件适用惩罚性赔偿典型案例，均涉及情节严重认定问题。如五粮液公司与徐某华等侵害商标权纠纷案，五粮液公司经商标注册人许可，独占使用“WULIANGYE 五粮液”注册商标。徐某华实际控制的店铺曾因销售假冒五粮液白酒及擅自使用“五粮液”字样的店招被行政处罚。徐某华等人因销售假冒的五粮液等白酒，构成销售假冒注册商标的商品罪，被判处有期徒刑等刑罚。在徐某华等人曾因销售假冒五粮液商品被行政处罚和刑事处罚的情形下，一审、二审法院考量被诉侵权行为模式、持续时间等因素，认定其基本以侵权为业，判令承担两倍的惩罚性赔偿责任。该案的典型意义就在于准确界定了以侵害知识产权为业等情节严重情形，具有示范意义。

## 六、关于基数的确定

关于惩罚性赔偿基数的计算方式，专利法第七十一条第一款、著作权法第五十四条第一款、商标法第六十三条第一款、反不正当竞争法第十七条第三款、种子法第七十三条第三款均有明确规定。司法实践中，因损害赔偿数额难以精确计算，导致惩罚性赔偿适用时常面临困境。为发挥惩罚性赔偿制度遏制侵权的重要作用，立足知识产权审判实际，《解释》第五条第三款将参考原告主张和提供的证据所确定的赔偿数额作为基数的一种。此外，制止侵权的合理开支在实际维权过程中才能发生，与侵权赔偿的指向不同，而且著作权法、商标法、专利法、反不正当竞争法均把合理开支排除在计算基数之外，因此，《解释》第五条第一款规定，基数不包括原告为制止侵权所支付的合理开支。同时，考虑到种子法规定合理开支包含在计算基数之内，该款增加但书：“法律另有规定的，依照其规定。”

关于基数计算方式，著作权法规定赔偿数额计算基数为实际损失或者侵权人违法所得，专利法、商标法、反不正当竞争法、种子法规定的计算基数为实际损失或者因侵权所获得的利益。商标法、反不正当竞争法和种子法规定的计算基数是先按照实际损失确定，难以确定的按照因侵权所获得利益确定，即规定了先后次序，而著作权法和专利法未规定计算基数的先后次序。为解决与各部门法衔接的问题，《解释》第五条第一款规定，应当分别依照相关法律。

需要指出的是，填平性赔偿数额即基数和惩罚性赔偿数额应当分别单独计算。也就是说，如果惩罚性赔偿的倍数确定为一倍，那么被诉侵权人承担的赔偿总额应当为填平性赔偿数额加上惩罚性赔偿数额之和，即为基数的两倍。



## 七、关于倍数的确定

倍数是决定惩罚性赔偿数额的另一关键因素，人民法院综合案件整体情况在法律规定的倍数幅度范围内依法确定。在确定倍数时，不仅要考虑到侵权人过错程度、情节严重程度、赔偿数额的证据支持情况等，还需要考虑知识产权惩罚性赔偿与行政处罚和刑事罚金的关系。此外，倍数可以不是整数。

关于知识产权惩罚性赔偿与行政罚款、刑事罚金的关系问题，三者在价值取向上不完全一致，民法典第一百八十七条也已有明确规定，因此，为加大侵权制裁力度，《解释》第六条规定，不能因已经被处以行政罚款或者刑事罚金而减免民事诉讼中的惩罚性赔偿责任。但是，为避免当事人利益严重失衡，《解释》第六条第二款同时规定，人民法院在确定倍数时可以综合考虑已执行完毕的行政罚款或者刑事罚金情况。

## 八、关于生效时间

《解释》自2021年3月3日起施行，但新修正的著作权法、专利法于2021年6月1日才生效，那么2021年1月1日至6月1日受理的侵害著作权、专利权案件，如果当事人请求惩罚性赔偿，能否依据2021年1月1日生效的民法典确定惩罚性赔偿？鉴于民法典作为专利法、著作权法等部门法的上位法已明确规定了惩罚性赔偿制度，依据民法典确定惩罚性赔偿，并无法律上的障碍。至于倍数的幅度范围，可以参照适用著作权法、专利法的具体规定。

## 九、关于防止惩罚性赔偿滥用

提高侵权赔偿数额是加大侵权惩处力度的手段之一，但是不能简单地认为赔偿数额越高则知识产权保护力度越大、效果越好，惩罚性赔偿数额必须根据在案证据依法合理确定。为确保正确实施知识产权惩罚性赔偿制度，避免实践中滥用，一是要准确把握惩罚性赔偿的构成要件。《解释》对适用惩罚性赔偿的范围、请求内容和时间、主观要件、客观要件、基数计算、倍数确定等作了明确规定，涵盖了惩罚性赔偿适用的全部要件，提供了明确的操作指引，也给当事人以稳定的预期，确保惩罚性赔偿制度在司法实践中用好、用到位，从裁判规则上为防止惩罚性赔偿被滥用提供了保障。二是要通过典型案例加强指导。最高人民法院于2020年3月15日专题发布了6个知识产权惩罚性赔偿典型案例，以便进一步准确把握《解释》条文的含义。今后，最高人民法院将不断总结审判经验，进一步推动完善惩罚性赔偿制度，切实阻遏严重侵害知识产权的行为。

# 最高人民法院
# 关于审理银行卡民事纠纷案件若干问题的规定

法释〔2021〕10号

（2019年12月2日最高人民法院审判委员会第1785次会议通过
2021年5月24日最高人民法院公告公布
自2021年5月25日起施行）

为正确审理银行卡民事纠纷案件，保护当事人的合法权益，根据《中华人民共和国民法典》《中华人民共和国民事诉讼法》等规定，结合司法实践，制定本规定。

**第一条** 持卡人与发卡行、非银行支付机构、收单行、特约商户等当事人之间因订立银行卡合同、使用银行卡等产生的民事纠纷，适用本规定。

本规定所称银行卡民事纠纷，包括借记卡纠纷和信用卡纠纷。

**第二条** 发卡行在与持卡人订立银行卡合同时，对收取利息、复利、费用、违约金等格式条款未履行提示或者说明义务，致使持卡人没有注意或者理解该条款，持卡人主张该条款不成为合同的内容、对其不具有约束力的，人民法院应予支持。

发卡行请求持卡人按照信用卡合同的约定给付透支利息、复利、违约金等，或者给付分期付款手续费、利息、违约金等，持卡人以发卡行主张的总额过高为由请求予以适当减少的，人民法院应当综合考虑国家有关金融监管规定、未还款的数额及期限、当事人过错程度、发卡行的实际损失等因素，根据公平原则和诚信原则予以衡量，并作出裁决。

**第三条** 具有下列情形之一的，应当认定发卡行对持卡人享有的债权请求权诉讼时效中断：

（一）发卡行按约定在持卡人账户中扣划透支款本息、违约金等；

（二）发卡行以向持卡人预留的电话号码、通讯地址、电子邮箱发送手机短信、书面信件、电子邮件等方式催收债权；

（三）发卡行以持卡人恶意透支存在犯罪嫌疑为由向公安机关报案；

（四）其他可以认定为诉讼时效中断的情形。

**第四条**　持卡人主张争议交易为伪卡盗刷交易或者网络盗刷交易的，可以提供生效法律文书、银行卡交易时真卡所在地、交易行为地、账户交易明细、交易通知、报警记录、挂失记录等证据材料进行证明。

发卡行、非银行支付机构主张争议交易为持卡人本人交易或者其授权交易的，应当承担举证责任。发卡行、非银行支付机构可以提供交易单据、对账单、监控录像、交易身份识别信息、交易验证信息等证据材料进行证明。

**第五条**　在持卡人告知发卡行其账户发生非因本人交易或者本人授权交易导致的资金或者透支数额变动后，发卡行未及时向持卡人核实银行卡的持有及使用情况，未及时提供或者保存交易单据、监控录像等证据材料，导致有关证据材料无法取得的，应承担举证不能的法律后果。

**第六条**　人民法院应当全面审查当事人提交的证据，结合银行卡交易行为地与真卡所在地距离、持卡人是否进行了基础交易、交易时间和报警时间、持卡人用卡习惯、银行卡被盗刷的次数及频率、交易系统、技术和设备是否具有安全性等事实，综合判断是否存在伪卡盗刷交易或者网络盗刷交易。

**第七条**　发生伪卡盗刷交易或者网络盗刷交易，借记卡持卡人基于借记卡合同法律关系请求发卡行支付被盗刷存款本息并赔偿损失的，人民法院依法予以支持。

发生伪卡盗刷交易或者网络盗刷交易，信用卡持卡人基于信用卡合同法律关系请求发卡行返还扣划的透支款本息、违约金并赔偿损失的，人民法院依法予以支持；发卡行请求信用卡持卡人偿还透支款本息、违约金等的，人民法院不予支持。

前两款情形，持卡人对银行卡、密码、验证码等身份识别信息、交易验证信息未尽妥善保管义务具有过错，发卡行主张持卡人承担相应责任的，人民法院应予支持。

持卡人未及时采取挂失等措施防止损失扩大，发卡行主张持卡人自行承担扩大损失责任的，人民法院应予支持。

**第八条** 发卡行在与持卡人订立银行卡合同或者在开通网络支付业务功能时，未履行告知持卡人银行卡具有相关网络支付功能义务，持卡人以其未与发卡行就争议网络支付条款达成合意为由请求不承担因使用该功能而导致网络盗刷责任的，人民法院应予支持，但有证据证明持卡人同意使用该网络支付功能的，适用本规定第七条规定。

非银行支付机构新增网络支付业务类型时，未向持卡人履行前款规定义务的，参照前款规定处理。

**第九条** 发卡行在与持卡人订立银行卡合同或者新增网络支付业务时，未完全告知某一网络支付业务持卡人身份识别方式、交易验证方式、交易规则等足以影响持卡人决定是否使用该功能的内容，致使持卡人没有全面准确理解该功能，持卡人以其未与发卡行就相关网络支付条款达成合意为由请求不承担因使用该功能而导致网络盗刷责任的，人民法院应予支持，但持卡人对于网络盗刷具有过错的，应当承担相应过错责任。发卡行虽然未尽前述义务，但是有证据证明持卡人知道并理解该网络支付功能的，适用本规定第七条规定。

非银行支付机构新增网络支付业务类型时，存在前款未完全履行告知义务情形，参照前款规定处理。

**第十条** 发卡行或者非银行支付机构向持卡人提供的宣传资料载明其承担网络盗刷先行赔付责任，该允诺具体明确，应认定为合同的内容。持卡人据此请求发卡行或者非银行支付机构承担先行赔付责任的，人民法院应予支持。

因非银行支付机构相关网络支付业务系统、设施和技术不符合安全要求导致网络盗刷，持卡人请求判令该机构承担先行赔付责任的，人民法院应予支持。

**第十一条** 在收单行与发卡行不是同一银行的情形下，因收单行未尽保障持卡人用卡安全义务或者因特约商户未尽审核持卡人签名真伪、银行卡真伪等审核义务导致发生伪卡盗刷交易，持卡人请求收单行或者特约商户承担赔偿责任的，人民法院应予支持，但持卡人对伪卡盗刷交易具有过错，可以减轻或者免除收单行或者特约商户相应责任。

持卡人请求发卡行承担责任，发卡行申请追加收单行或者特约商户作为第三人参加诉讼的，人民法院可以准许。

发卡行承担责任后，可以依法主张存在过错的收单行或者特约商户承担相应责任。

**第十二条** 发卡行、非银行支付机构、收单行、特约商户承担责任后，请求盗刷者承担侵权责任的，人民法院应予支持。

**第十三条** 因同一伪卡盗刷交易或者网络盗刷交易，持卡人向发卡行、非银行支付机构、收单行、特约商户、盗刷者等主体主张权利，所获赔偿数额不应超过其因银行卡被盗刷所致损失总额。

**第十四条** 持卡人依据其对伪卡盗刷交易或者网络盗刷交易不承担或者不完全承担责任的事实，请求发卡行及时撤销相应不良征信记录的，人民法院应予支持。

**第十五条** 本规定所称伪卡盗刷交易，是指他人使用伪造的银行卡刷卡进行取现、消费、转账等，导致持卡人账户发生非基于本人意思的资金减少或者透支数额增加的行为。

本规定所称网络盗刷交易，是指他人盗取并使用持卡人银行卡网络交易身份识别信息和交易验证信息进行网络交易，导致持卡人账户发生非因本人意思的资金减少或者透支数额增加的行为。

**第十六条** 本规定施行后尚未终审的案件，适用本规定。本规定施行前已经终审，当事人申请再审或者按照审判监督程序决定再审的案件，不适用本规定。

# 《最高人民法院关于审理银行卡民事纠纷案件若干问题的规定》的理解与适用

林文学　杨永清　张雪楳*

《最高人民法院关于审理银行卡民事纠纷案件若干问题的规定》（以下简称《银行卡规定》）已由最高人民法院审判委员会第1785次会议通过，自2021年5月25日起发布施行。现对《银行卡规定》所涉主要问题介绍如下。

## 一、关于《银行卡规定》的起草背景和起草原则

### （一）起草背景

1993年，我国开始实施金卡工程战略，作为一种便捷的信用支付工具，银行卡在我国得到广泛使用。随着移动互联网的发展和向数字时代快速演进，银行卡网络支付日益增多。根据中国人民银行发布的数据，截至2020年末，全国银行卡在用发卡数量89.54亿张。截至2021年第一季度末，银行卡授信总额达19.64万亿元，全国应偿还信贷余额达7.99万亿元。

金融产品和金融科技的新发展在给人民生产生活带来便利和改善的同时，也伴生着法律风险。近年来，因银行卡盗刷、信用卡透支息费违约金收取等引发的银行卡纠纷持续增多，全国法院受理的银行卡民事纠纷案件数量居高不下。密码相符交易即视为本人合法交易、息费违约金条款等格式条款屡受诟病，社会公众对银行卡交易规则的公平合理性产生怀疑。银行卡盗刷行为的大量出现，在侵害持卡人、发卡行等主体合法权益的同时，也影响了银行卡产业的健康发展。

* 作者单位：最高人民法院。

为依法保护持卡人的合法权益、化解互联网金融风险、促进银行卡产业高质量发展，最高人民法院坚持问题导向和需求导向，在2012年即着手对相关问题开展调研，并将起草银行卡纠纷司法解释列为2016年中国人民银行等十四部门制定的《关于促进银行卡清算市场健康发展的意见》中的一项任务，该任务也被列入原中央全面深化改革领导小组督促工作之一。《银行卡规定》根据民法典的相关规定，对息费违约金格式条款、诉讼时效中断、银行卡盗刷等问题进行了规定。《银行卡规定》的出台，是最高人民法院深入贯彻落实习近平总书记关于切实实施民法典的重要讲话精神，以及习近平总书记在中央全面依法治国工作会议上的重要讲话精神的重要举措，体现了最高人民法院聚焦金融产品新模式、依法服务金融高质量发展的高度政治自觉和政治担当。

在起草和审议《银行卡规定》的过程中，最高人民法院坚持司法公开原则。在起草过程中，最高人民法院向社会公众公开征求意见，主流媒体和社会公众均给予高度评价。在审判委员会审议过程中，最高人民法院邀请了全国人大代表、全国政协委员以及专家学者参会。《银行卡规定》的出台，凝聚了社会各方的才智，体现了社情民意。

### （二）起草原则

在起草过程中，坚持了以下三个原则。

一是尊重立法精神，符合立法原意。司法解释是立法在审判工作中的具体化。在制定《银行卡规定》时，严格遵循立法精神和法律规定起草相关条文，确保司法解释的具体内容符合法律规定。

二是立足审判实践，回应社会关切。最高人民法院着力破解审判实践中反映突出的问题以及社会大众密切关注的问题，明确裁判规则。

三是借鉴域外规定，符合中国实际。法律和司法解释具有国别性。我们在借鉴域外银行卡立法和实践做法的基础上，坚持从本国国情出发，根据本国银行卡金融实务和审判实践，对相关问题进行规范，以中国智慧实现中国之治。

## 二、关于《银行卡规定》的调整范围

《银行卡规定》第一条对其调整范围进行了规定，即调整银行卡民事纠纷。所谓银行卡民事纠纷，是指持卡人、发卡行、非银行支付机构、收单行、特约商户等主体因订立银行卡合同、使用银行卡等产生的民事纠纷。

关于银行卡民事纠纷的理解，应明确以下四个问题。

一是该纠纷是因订立银行卡合同、使用银行卡引发的民事纠纷。近年来，信用卡诈骗持续增多，多形成民刑交叉案件，而《银行卡规定》只调整其中的民事纠纷案件。对于这类民刑交叉案件，如果符合民事诉讼法第一百一十九条①规定的受理条件，不存在该法第一百二十四条②规定的情形，当事人提起民事诉讼的，人民法院应受理，不应仅因涉嫌刑事犯罪而不予受理或者驳回起诉，以保护当事人的民事诉权。当然，如果存在银行卡民事纠纷案件必须以银行卡刑事案件的审理结果为依据，而该刑事案件尚未审结的，根据民事诉讼法第一百五十条③第一款第五项的规定，该民事案件应中止审理。

二是该纠纷涉及持卡人、发卡行、非银行支付机构、收单行、特约商户、盗刷者等两方或者多方主体。因银行卡使用方式多样，如可能采用ATM机交易、POS交易等方式，故银行卡纠纷的主体也存在不同。

三是银行卡纠纷不限于合同纠纷。原告起诉所依据的法律关系，既可能是合同法律关系，也可能是侵权法律关系，因此，银行卡纠纷既包括合同纠纷，也包括侵权纠纷。

四是其案由应界定为银行卡纠纷、借记卡纠纷或者信用卡纠纷。《民事案件案由规定》（法〔2011〕42号）将银行卡纠纷与储蓄存款合同纠纷相区分，并列为三级案由，将银行卡纠纷分为借记卡纠纷和信用卡纠纷两种四级案由。《民事案件案由规定》（法〔2020〕347号）延续上述定，因此，在《民事案件案由规定》（法〔2011〕42号）颁布实施后，应注意不要将借记卡纠纷界定为储蓄合同纠纷。两者存在本质不同：借记卡合同法律关系为混合法律关系，并非单纯的储蓄合同法律关系。

## 三、关于息费违约金条款的规制

在银行卡纠纷中，因息费违约金问题引发的纠纷占很大比重。关于息

① 现为第一百二十二条。——编者注

② 现为第一百二十六条。——编者注

③ 现为第一百五十三条。——编者注

费违约金条款对持卡人是否具有约束力以及如何确定发卡行收取息费违约金的标准，是需要明确的问题。《银行卡规定》第二条分两款对上述问题进行了规定。

第二条第一款对息费违约金条款的约束力进行了规定。银行卡合同为格式合同，息费违约金条款为格式条款，因此，对该条款的效力，应根据民法典关于格式条款的相关规定进行判定。根据民法典第四百九十六条的规定，《银行卡规定》第二条第一款规定了发卡行的提示和说明义务，要求发卡行在订立银行卡格式合同时，应当对息费违约金格式条款尽到提示和说明义务。如果没有尽到该义务，致使持卡人没有注意或者理解与其有重大利害关系的条款，应认定持卡人与发卡行未就该条款达成一致意思表示，该条款不成为合同的内容。例如，在银行卡实务中，存在发卡行工作人员在向持卡人推介银行卡时，只强调信用卡存在免息期和最低还款额的优惠，或者只强调分期付款不收取利息，而不对息费违约金条款进行提示、说明或者虽提示但未进行说明的问题，导致持卡人在未注意或者未理解息费违约金的收取方式、不知道信用卡透支交易收取的年利率远高于普通金融贷款利率的情况下签订信用卡合同，领用信用卡。在该情形下，应认定持卡人与发卡行在订立银行卡合同时，并未就息费违约金条款达成意思一致，该条款不应当成为合同内容，对持卡人不具有约束力。

第二条第二款对息费违约金的收取上限进行了规定，主要从以下三个方面予以明确。

一是禁止高利放贷。民法典第六百八十条第一款规定："禁止高利放贷，借款的利率不得违反国家有关规定。"利息是信贷资金的价格。高利贷的根本问题是使用货币的价格即利息过高，有违公平，通过出借货币牟取暴利也有损公序良俗。一般而言，利息的收取应考虑信贷资金成本和实体经济回报率等多种因素，不应过高。具体到信用卡合同法律关系，持卡人通过信用卡透支的方式借用发卡行款项，发卡行收取利息，符合有偿原则，但是否等价，应依法裁决。手续费为持卡人占有使用分期付款资金应支付的对价，为贷款成本，虽没有利息之名，但多有利息之实。中国人民银行公告〔2021〕第3号规定："贷款年化利率应以对借款人收取的所有贷款成本与其实际占用的贷款本金的比例计算，并折算为年化利率。其中，贷款成本应包括利息及与贷款直接相关的各类费用。"该公告将与贷款直接相关的各类费用列入贷款成本，作为计算贷款年化利率的依据，实质是对以收取手续费等费用为名规避利息调整行为的规制。复利俗称“利滚利”，是对利息再收利息，利息再计入本金生息，提高了利率，加重了借款人的负担。银行业金融机构本身属于经营放贷业务的企业，其经营放贷业务的目的是生息营利，逾期偿还本金和利息，属于变相占用了利息部分的资金，该部分资金如如期归还，仍然可以继续放贷收息。从这一点而言，金融借款合同收取复利具有合理性和正当性。按照罚息利率收取复利，其目的在于督促借款人尽快还款。但如前所述，收取过高利息有违公平，有损公序良俗，故在认可金融机构可以收取复利的同时，应对其收取的利息、复利、罚息、违约金等总额设定上限。这样处理既尊重了金融惯例，又维护了公平和诚信原则，较为适宜。复利究其本质，为持卡人逾期支付利息等应承担的违约责任，实为违约金。违约金的功能是补偿性为主，惩罚性为辅。为避免当事人约定的违约金过高，有违公平和诚信原则，民法典第五百八十五条第二款规定，约定的违约金过分高于造成的损失的，人民法院或者仲裁机构可以根据当事人的请求予以适当减少。对于银行卡透支交易而言，持卡人逾期偿还透支款，除需支付复利外，还需支付违约金。一般而言，发卡行的损失主要是利息损失，因此，在违约金的调整上，也涉及利息问题。综上，在禁止高利放贷的基本思路下，应对信用卡交易息费违约金总额进行规范。

由于信用卡透支交易本质上是金融机构向持卡人出借款项，故该上限不应参照民间借贷利率上限进行确定。最高人民法院颁布的《最高人民法院关于进一步加强金融审判工作的若干意见》第 2 条规定“金融借款合同的借款人以贷款人同时主张的利息、复利、罚息、违约金和其他费用过高，显著背离实际损失为由，请求对总计超过年利率 24% 的部分予以调减的，应予支持”。在现有制度框架体系内，在确定信用卡息费违约金的上限时，可以参照适用上述规定。

二是调整应考虑的因素。国家有关金融监管规定是指符合民法典等法律的、有关信用卡息费违约金的国家金融监管规定，其来源于民法典第六百八十条“借款的利率不得违反国家有关规定”的表述，只不过在信用卡息费违约金收取情形进行了具体化表述。“未还款的数额及期限”，是考量持卡人违约程度的因素；“发卡行的实际损失”“当事人过错程度”，是考量约定的违约金是否过高的因素，避免过度加重消费者的违约成本。

三是应遵循公平和诚信原则进行调整。为鼓励使用信用卡，信用卡透支交易存在免息期，但依据交易规则，免息是有条件的，在不符合发卡行规定的免息条件时，发卡行将收取利息复利违约金等。信用卡章程或者合同中均有息费违约金条款，如某银行信用卡章程规定，持卡人选择最低还款额方式时，不再享有免息还款期待遇。对持卡人不符合免息条件的交易款项，自交易记账日起，按透支利率计算透支利息，且按月计收复利，复利计收对象包括本金、利息、依法允许计收复利的费用等全部欠款，并设有最低收取限额，直至所有债务还清为止。持卡人未能在到期还款日(含）前偿还最低还款额的，还需按照未偿还部分的一定比例支付违约金。某银行信用卡分期付款合同约定，持卡人应按照约定方式向发卡行支付分期付款手续费。没有按照合同约定及时足额存入还款资金，发卡行有权依照领用合约规定要求持卡人支付透支利息、复利、违约金。然而，在银行卡实务中，存在发卡行为推销银行卡而仅告知持卡人申领信用卡可以免息而不告知或者不全面告知持卡人息费违约金收取规则的问题，上述做法有违诚信。信用卡透支消费带有风险性，非理性消费者有可能超出自身偿还能力透支。高额息费违约金虽可以补偿发卡行因信用卡透支产生的高风险，但其不当加重了持卡人的债务负担，有违交易公平。因此，依法对过高息费违约金条款进行调整，对于引导发卡行依据公平原则拟定息费违约金条款、依据诚信原则履行提示和说明义务、保护持卡人合法权益、促进银行卡产业高质量发展，具有重要意义。

## 四、关于诉讼时效中断

《银行卡规定》第三条针对信用卡透支债权请求权的特点，采取列举式与概括式相结合的方式对该请求权诉讼时效的中断问题进行了规定。其列明的三种诉讼时效中断事由如下。

第一项为发卡行按约定在持卡人账户中扣划透支款本息、违约金等。在银行卡实务中，持卡人偿还信用卡透支款一般有两种方式：一种是持卡人与发卡行约定，将持卡人的借记卡账户与信用卡账户相关联，在还款日发卡行有权自动扣划借记卡账户中的款项偿还透支款本息、违约金等。另一种是不采取关联借记卡账户方式，而是由持卡人自己偿还款项。本项规定适用于第一种情形。

第二项为发卡行以向持卡人预留的电话号码、通讯地址、电子邮箱发送手机短信、书面信件、电子邮件等方式催收债权。该行为属于民法典第一百九十五条规定的“权利人向义务人提出履行请求”这一诉讼时效中断事由。应予明确的是，因诉讼时效的客体为请求权，请求权是对相对人的权利，故对于发卡行采取该项规定的方式向持卡人提出履行请求的，人民法院在认定其构成诉讼时效中断事由时应采取到达主义。在审判实务中，存在实际到达和应当到达两种情形。前者具有诉讼时效中断效力自无异议，但对于后者是否具有诉讼时效中断效力则需明确。例如，因持卡人故意或者过失写错邮寄地址、电子邮箱，致使发卡行在以本项规定方式向持卡人提出履行请求时，该请求未实际到达持卡人，该情形能否认定为诉讼时效中断？我们认为，应认定诉讼时效中断。理由为：发卡行已向持卡人提出履行请求，该请求依照常理本应到达持卡人，发卡行对该请求未实际到达并无过错。上述事实表明，发卡行并未怠于行使权利，且在一切运转正常的情形下，该履行请求本应当到达，故诉讼时效期间不应继续计算。该认定符合诉讼时效中断法理。而且，持卡人故意或者过失留错地址和号码行为本身表明，其具有阻止诉讼时效中断事由的主观过错，让持卡人承担该过错行为的不利后果，符合过错责任原则的要求。

第三项为发卡行以持卡人恶意透支存在犯罪嫌疑为由向公安机关报案。本项事由主要适用于民刑交叉案件。在审判实务中，存在发卡行在提起民事诉讼前，以持卡人恶意透支存在犯罪嫌疑为由先向公安机关报案的情形。根据法理，权利人以提出请求方式主张权利分为两种情形：第一种情形为发卡行直接向持卡人提出履行请求，此属于私力救济方式；第二种情形是发卡行向有权处理相关事项的机关、事业单位或者社会团体等提出保护权利请求，此属于公力救济或者类公力救济方式。第二种情形属于民法典第一百九十五条第四项规定的“与提起诉讼或者申请仲裁具有同等效力的其他情形”，具有诉讼时效中断效力。本项规定即为第二种情形在银行卡纠纷领域的具体适用。在适用本项规定时，要注意诉讼时效的中断时点应为发卡行向公安机关报案之日。《最高人民法院关于审理民事案件适用诉讼时效制度若干问题的规定》第十三条第一款规定：“权利人向公安机关、人民检察院、人民法院报案或者控告，请求保护其民事权利的，诉讼时效从其报案或者控告之日起中断。”这里的报案之日并不以公安机关立案为要件，即使公安机关没有立案，但只要公安机关已接到发卡行的报案，就应当认定该报案行为具有诉讼时效中断效力。

## 五、关于银行卡盗刷事实的认定

### (一) 银行卡盗刷交易的界定

《银行卡规定》规定的银行卡盗刷交易包括伪卡盗刷交易和网络盗刷交易两种，其在第十五条对两种盗刷类型进行了界定：“本规定所称伪卡盗刷交易，是指他人使用伪造的银行卡刷卡进行取现、消费、转账等，导致持卡人账户发生非基于本人意思的资金减少或者透支数额增加的行为。本规定所称网络盗刷交易，是指他人盗取并使用持卡人银行卡网络交易身份识别信息和交易验证信息进行网络交易，导致持卡人账户发生非因本人意思的资金减少或者透支数额增加的行为。”该条所称持卡人账户，是指持卡人的银行卡账户；所称资金减少和透支数额增加，分别指借记卡被盗刷情形中借记卡账户的资金减少和信用卡被盗刷情形中信用卡账户的透支数额增加。

关于“银行卡盗刷交易”概念的理解，应把握以下四个核心点：第一，他人使用持卡人银行卡进行交易。该核心点强调了交易的主体不是持卡人本人，而是他人。第二，他人使用银行卡交易身份识别信息和交易验证信息进行交易。该核心点强调了该交易是交易身份识别信息和交易验证信息正确或者基本正确的交易。第三，他人使用的银行卡交易身份识别信息和交易验证信息是他人盗窃所得。该核心点强调相关信息系他人盗窃所得。第四，上述交易并非基于持卡人本人意思进行的交易。强调该点的目的为将持卡人与他人恶意串通进行的银行卡交易排除在《银行卡规定》规制的银行卡盗刷交易之外，因为恶意串通交易实质是持卡人授权交易。作此规定，有助于消除发卡行关于其承担银行卡盗刷责任将导致持卡人和第三人恶意串通进行银行卡盗刷道德风险的担忧。

### (二) 银行卡盗刷交易事实的认定

在审判实务中，银行卡盗刷交易事实的认定主要涉及举证责任分配与认证规则确定问题。

《银行卡规定》第四条对举证责任分配进行了规定，主要包含两层含义：一是根据“谁主张，谁举证”的原则，分别在第一款、第二款对持卡人和发卡行的举证责任进行了规定：“持卡人主张争议交易为伪卡盗刷交易或者网络盗刷交易的，可以提供生效法律文书、银行卡交易时真卡所在地、交易行为地、账户交易明细、交易通知、报警记录、挂失记录等证据材料进行证明。发卡行、非银行支付机构主张争议交易为持卡人本人交易或者其授权交易的，应当承担举证责任……”其依据是民事诉讼法第六十四条第一款和《最高人民法院关于适用〈中华人民共和国民事诉讼法〉的解释》（以下简称《民诉法解释》）第九十条第一款。二是根据“谁占有证据，谁举证”的举证责任分配原则，规定发卡行、非银行支付机构可以提供交易单据、对账单、监控录像、交易身份识别信息、交易验证信息等证据材料进行举证。其司法解释依据是《最高人民法院关于民事诉讼证据的若干规定》第四十七条第一款。其法理依据为：有关支付授权的所有记录和数据掌握在发卡行、收单机构手中，持卡人无法获得和掌握，无法举出上述证据，上述证据的持有者应承担举证责任。英美法系国家、欧盟等法律均有相关规定，如美国电子资金划拨法规定，在涉及消费者责任的未经授权的电子资金划拨中，由金融机构承担证明电子资金划拨是经过授权的责任。欧盟支付服务指令第59条规定，如果消费者声称自己没有授权某个交易，或者其交易指令没有得到正确的执行，那么，应由支付服务提供者证明其交易是经过证实的真实记录，交易未受到技术故障或其他交易故障的影响。

《银行卡规定》第六条对认证规则进行了规定。根据《民诉法解释》第一百零五条、第一百零八条的规定，人民法院应根据高度盖然性证明标准和优势证据规则，综合判断是否存在银行卡盗刷交易事实。《银行卡规定》第六条采取了部分列举方式列明了人民法院在判断是否存在银行卡盗刷事实时应考虑的因素：银行卡交易行为地与真卡所在地距离、持卡人是否进行了基础交易、交易时间和报警时间、持卡人用卡习惯、银行卡被盗刷的次数及频率、交易系统、技术和设备是否具有安全性等。其中，持卡人是否进行了基础交易、交易时间等是从交易合理性角度进行的判断。持卡人用卡习惯、银行卡被盗刷的次数及频率涉及对持卡人是否存在伪报银行卡盗刷事实可能的判断。

在理解与适用上述规定时，应注意以下四个问题。

一是根据持卡人举证能力，其对存在银行卡盗刷事实负初步举证责任。

二是应根据个案情况，判断持卡人是否尽到了举证责任。《银行卡规定》第四条第一款以列举的方式列明了持卡人在主张存在银行卡盗刷事实时可以提交的证据材料以完成其初步举证责任。该规定的目的是指引持卡人全面提供证据材料证明自己的主张，而并非表明在任何案件中持卡人均必须提交该款列明的全部证据材料才能证明自己的主张。在个案中，人民法院可以根据案件事实、持卡人的举证能力等因素，确定持卡人提交的相关证据材料是否能够使人民法院对存在银行卡盗刷事实形成初步确信。例如，如果并无生效裁判文书，则持卡人无须提交该证据；如果有其他相关证据足以使人民法院确信存在银行卡盗刷事实的可能性能够排除合理怀疑，应认定持卡人尽到了举证责任。

三是在明确伪卡盗刷交易和网络盗刷交易区别的基础上，明确审查证据、认定事实的侧重点。伪卡盗刷交易和网络盗刷交易的主要区别是他人是否使用伪造的银行卡刷卡进行交易。前者强调伪造银行卡卡片刷卡交易；后者强调不刷卡交易，而是使用银行卡卡号、密码、验证码等银行卡交易身份识别信息和交易验证信息进行交易。因此，对于前者，如果有证据证明系持卡人之外的第三人使用伪造的银行卡进行交易，则一般可以认定存在伪卡盗刷事实；对于后者，则不需要审查卡片真伪，而应侧重审核网络交易是否系持卡人本人进行，是否存在基础交易、网上交易IP地址是否吻合、持卡人登录的网上银行或特约商户网址是否虚假等。

四是正确理解关于发卡行举证责任的规定。《银行卡规定》第四条第二款规定了发卡行的举证责任，第五条规定了发卡行的核实、保全证据义务："在持卡人告知发卡行其账户发生非因本人交易或者本人授权交易导致的资金或者透支数额变动后，发卡行未及时向持卡人核实银行卡的持有及使用情况，未及时提供或者保存交易单据、监控录像等证据材料，导致有关证据材料无法取得的，应承担举证不能的法律后果。"这里规定的发卡行的举证责任，都是立足于其举证能力的。

## 六、关于银行卡盗刷责任的认定

银行卡盗刷责任认定，是理论界和实务界高度关注又聚讼不断的问题，涉及法律关系认定、归责原则等具体问题，以及价值取向、利益平衡、道德行为指引等原则问题。基于银行卡交易类型多样、主体不同等特点，根据纠纷产生主体和法律关系的不同，《银行卡规定》在第七条至第十二条分别对不同主体之间的盗刷责任进行了规定，并在第十三条规定了不得重复受偿原则。上述规定通过明确各方主体的义务、责任，以期实现规范其行为、保障银行卡交易安全、促进银行卡产业高质量发展的目的。

### （一）持卡人与发卡行之间发生纠纷的责任认定

《银行卡规定》第七条是对持卡人与发卡行责任的基本规定，第八条、第九条是针对网络盗刷的特别规定，第十条是对发卡行作出先行赔付允诺情形下责任的特别规定，第十一条是对因收单行或者特约商户原因导致伪卡盗刷情形责任认定的特别规定。此处主要对第七条规定进行阐释，其他情形在下文中专题分析。

《银行卡规定》第七条主要规定在持卡人与发卡行之间有效成立银行卡合同法律关系的情形，因银行卡盗刷发生纠纷时，如何认定持卡人与发卡行的责任问题。《银行卡规定》根据民法典第五百七十七条、第五百九十一条至第五百九十三条的规定，适用无过错归责原则以及与有过错、减损义务的规定，区分借记卡盗刷和信用卡盗刷，分四款对发卡行、持卡人的责任进行了规定。该条规定的核心要义有以下六点。

一是其立足的法理和法律依据基础是持卡人基于与发卡行成立合同法律关系而提起违约之诉。

二是银行卡盗刷交易不是持卡人本人或者其授权的交易。银行卡盗刷交易的着眼点是他人盗用身份识别信息和交易验证信息进行交易，该交易并非基于持卡人本意，因此，在银行卡盗刷交易场合，不能认定密码相符的交易（身份识别信息和交易验证信息相符交易）为持卡人本人或者其授权交易。

三是采用无过错归责原则认定违约责任。该规定符合民法典第五百七十七条关于违约责任归责原则的规定，有利于减轻非违约方举证责任，保护非违约方利益，增强当事人的守约意识。该规定符合制造风险者应防范风险的法理以及风险与收益相对等原则。银行卡是由银行设计、发行的一种服务于大众的交易结算方式和金融产品，发卡行在提供银行卡产品获得收益的同时负有保证该产品安全使用的义务，否则应承担相应责任。发卡行具有相较于持卡人更为强大的风险预防、控制和承受能力，规定无过错归责原则有利于促进发卡行提供安全性更高的银行卡产品和服务，从源头上减少风险发生概率，防控金融风险，促进银行卡产业安全稳定发展。

四是因借记卡合同法律关系与信用卡合同法律关系不同，故区分借记卡盗刷和信用卡盗刷，对不同问题分别在第一款、第二款进行了规定，对共同问题在第三款、第四款进行了统一规定。对于信用卡盗刷，又区分发卡行已经扣划透支本息违约金等和未扣划两种情形在第二款分别进行了规定。

五是根据民法典第五百九十二条关于与有过错的规定，在第三款规定，持卡人未尽到妥善保管义务具有过错，应承担相应责任。关于持卡人是否尽到妥善保管义务，人民法院应当从持卡人是否依照法律、行政法规、行政规章等规定和通常做法，是否妥善保管银行卡卡片、卡片信息、密码等身份识别和交易验证信息，是否以具有安全性的方式使用银行卡等方面进行综合认定。

六是根据民法典第五百九十一条关于减损义务的规定，在第四款规定，持卡人未及时采取挂失等措施防止损失扩大，应自行承担扩大损失责任。

概括而言，借记卡被盗刷，持卡人基于借记卡合同法律关系请求发卡行支付被盗刷存款本息并赔偿损失的，人民法院依法予以支持。但下列情形，持卡人应承担相应责任：一是持卡人未尽妥善保管义务具有过错，持卡人应承担相应责任；二是持卡人未及时采取挂失等措施防止损失扩大，应自行承担扩大损失责任。信用卡被盗刷，持卡人基于信用卡合同法律关系请求发卡行返还已扣划的透支款本息、违约金并赔偿损失的，人民法院依法予以支持，但存在前述两种持卡人应承担责任情形的，持卡人应承担相应责任；持卡人未偿还透支款本息，发卡行请求信用卡持卡人偿还透支款本息、违约金等的，人民法院不予支持，但存在前述两种持卡人应承担责任情形的，持卡人应承担相应责任。

### （二）因收单行未尽保障持卡人用卡安全义务导致伪卡盗刷的相关主体责任认定

《银行卡规定》第十一条第一款对该情形下收单行和持卡人的责任进行了规定："在收单行与发卡行不是同一银行的情形下，因收单行未尽保障持卡人用卡安全义务或者因特约商户未尽审核持卡人签名真伪、银行卡真伪等审核义务导致发生伪卡盗刷交易，持卡人请求收单行或者特约商户承担赔偿责任的，人民法院应予支持，但持卡人对伪卡盗刷交易具有过错，可以减轻或者免除收单行或者特约商户相应责任。"在理解时，应把握以下两点。

一是收单行承担侵权赔偿责任。收单行与持卡人之间并未成立银行卡合同法律关系，收单行作为银联成员，负有根据银联规则接受同为银联成员的发卡行的客户即持卡人在其银行卡交易系统、设备进行交易的义务。在履行该义务时，收单行负有保障持卡人在进行银行卡交易时人身和财产安全的义务。如果收单行未尽到上述义务，导致伪卡盗刷，则应对持卡人承担侵权赔偿责任。

二是根据与有过错原则，持卡人对伪卡盗刷交易具有过错的，应承担相应责任。

在审判实务中，存在持卡人在该盗刷情形下起诉与其成立银行卡合同法律关系的发卡行承担违约责任的情形，持卡人的法律依据是民法典第五百九十三条。在该情形下，发卡行申请追加收单行作为第三人参加诉讼的，根据民事诉讼法第五十六条[①]的规定，人民法院可以准许。发卡行承担责任后，可以依法主张存在过错的收单行承担相应责任。《银行卡规定》第十一条第二款、第三款对上述问题进行了规定。



### （三）因特约商户未尽审核义务导致伪卡盗刷的相关主体责任认定

《银行卡规定》第十一条第一款对特约商户和持卡人的责任进行了规定："在收单行与发卡行不是同一银行的情形下，因收单行未尽保障持卡人用卡安全义务或者因特约商户未尽审核持卡人签名真伪、银行卡真伪等审核义务导致发生伪卡盗刷交易，持卡人请求收单行或者特约商户承担赔偿责任的，人民法院应予支持，但持卡人对伪卡盗刷交易具有过错，可以减轻或者免除收单行或者特约商户相应责任。"在理解时，应把握以下三点：一是特约商户承担的是侵权赔偿责任。特约商户与持卡人之间并未签订银行卡合同，两者之间未成立银行卡合同法律关系。特约商户在与持卡人成立买卖或者服务法律关系时，接受持卡人以银行卡方式付款，负有审核用卡人是否为伪卡交易的义务。其未尽到审核义务导致伪卡盗刷的，对持卡人构成侵权，应承担侵权赔偿责任。二是特约商户审核的内容主要是持卡人签名真伪、银行卡真伪等用以判定是否为伪卡交易的相关事实，审核时，应采形式判断标准判定特约商户是否尽到审核义务。一般而言，只要特约商户依法依约按照通常标准对相关事项进行了审核，即应认定其尽到审核义务。三是根据与有过错原则，持卡人对伪卡盗刷交易具有过错

① 现为第五十九条。——编者注

的，应承担相应责任。

在前述盗刷情形中，持卡人也可能不起诉特约商户，而只起诉与其成立银行卡合同法律关系的发卡行，请求其承担违约责任。在该情形下，发卡行申请追加特约商户作为第三人参加诉讼的，根据民事诉讼法第五十六条的规定，人民法院可以准许。发卡行承担责任后，可以依法主张存在过错的特约商户承担相应责任，人民法院应予支持。《银行卡规定》第十一条第二款、第三款对上述问题进行了规定。

### （四）非银行支付机构的责任认定

《银行卡规定》第八条至第十条对非银行支付机构的责任进行了规定，其中第八条、第九条是对网络盗刷的特别规定，此处主要对第十条规定进行分析。

《银行卡规定》第十条第一款对非银行支付机构作出先行赔付允诺的责任认定进行了规定。根据民法典第四百七十二条、第四百七十三条的规定，非银行支付机构在向持卡人推介关联银行卡账户的支付业务时，其宣传资料内容中关于发生银行卡盗刷其承担先行赔付责任的允诺符合要约条件的，构成要约。一经持卡人承诺，该允诺即对非银行卡支付机构具有约束力。持卡人据此请求非银行支付机构承担先行赔付责任的，人民法院应予支持。意思表示符合要约的要件有两个：一是内容具体确定；二是表明经受要约人承诺，要约人即受该意思表示约束。

《银行卡规定》第十条第二款对非银行支付机构违反保障持卡人用卡安全义务导致银行卡盗刷的责任进行了规定。这种责任在审判实务中有两种表现样态。

第一种是非银行支付机构与持卡人在支付服务合同中约定，发生银行卡盗刷，其承担无条件先行赔付责任。该约定是当事人真实意思表示，不违反法律、行政法规的强制性规定，亦不损害公序良俗，应认定有效。

第二种是双方并未在合同中作此约定，但在非银行支付机构与发卡行成立支付服务合同法律关系情形，根据诚信原则，非银行支付机构负有保障其网络支付业务系统、设施和技术符合安全以不损害持卡人人身财产安全的义务，故其未尽上述义务导致银行卡网络盗刷，持卡人请求判令其承担赔付责任的，人民法院应予支持。应予明确的是，这里的先行赔付责任，是相对于盗刷者而言，因为盗刷者是最终责任人。《非银行支付机构网络支付业务管理办法》（中国人民银行公告〔2015〕第43号）第二十五条对此已作出相应规定："支付机构网络支付业务相关系统设施和技术，应当持续符合国家、金融行业标准和相关信息安全管理要求。如未符合相关标准和要求，或者尚未形成国家、金融行业标准，支付机构应当无条件全额承担客户直接风险损失的先行赔付责任。"上述规定意在健全客户损失赔付、差错争议处理等客户权益保障机制，有效降低网络支付业务风险，保护消费者的合法权益。



### （五）盗刷者的责任

银行卡盗刷，最终责任人为盗刷者，因此，尽管持卡人可以基于其与发卡行、收单行、非银行支付机构、特约商户之间的法律关系诉求上述主体承担法律责任，但上述主体承担责任后，均依法享有请求盗刷者承担侵权责任的权利。《银行卡规定》第十二条对此进行了规定。

### （六）银行卡网络盗刷的特别规定

银行卡网络交易具有专业性和复杂性，普通持卡人难以了解其交易规则和交易风险，处于信息和交易能力的劣势地位，故为充分保护持卡人权益，真正实现意思自治，维护诚信原则和公平原则，《银行卡规定》第八条、第九条对发卡行、非银行卡支付机构针对网络支付业务负有的特别义务和责任进行了规定。《银行卡规定》第八条规范的是发卡行、非银行支付机构未告知持卡人银行卡存在网络支付业务类型的情形。该情形下，因持卡人并不知晓上述业务的存在，持卡人与发卡行或者非银行支付机构之间并未对开通该业务的相关条款达成合意，故上述条款不能约束持卡人，因此，因该业务发生的网络盗刷，不能认定为持卡人本人行为。根据该条规定，发卡行或者非银行卡支付机构履行义务的时点为其与持卡人订立银行卡合同或者开通相关网络支付业务功能时。原因在于，其涉及能否认定相关网络业务条款为合同条款问题，故上述主体履行义务的时点一般应为合同订立之时或者对相关条款进行协商之时。当然，如果发卡行或者非银行支付机构在前述时点前已经履行义务，或者虽未履行但在盗刷纠纷发生之前已履行并且双方就相关条款达成合意的，则应认定上述主体履行了义务。此外，该条对例外情形进行了规定，即持卡人同意使用该网络支付功能的，应认定持卡人与发卡行或者非银行支付机构就使用该功能的相关条款达成合意，上述条款应当约束持卡人。在例外情形发生银行卡网络盗刷的，应适用《银行卡规定》第七条的规定。

《银行卡规定》第九条规范的是发卡行、非银行卡支付机构未完全告知某一网络支付业务持卡人身份识别方式、交易验证方式、交易规则等足以影响持卡人决定是否使用该功能的内容的情形。其与第八条的区别在于：前者是未告知；后者是虽告知，但告知不全面、不充分、不准确、不及时。在第九条情形，因发卡行或者非银行支付机构一般会告知持卡人负有妥善保管网络支付身份识别信息、交易验证信息的义务，故如果持卡人未尽到上述义务具有过错的，其应承担相应责任。

### （七）禁止重复受偿规则

鉴于基于同一银行卡盗刷交易事实，持卡人有权依据其与发卡行、非银行支付机构、收单行、特约商户、盗刷者等之间的不同法律关系分别主张权利，为避免持卡人重复受偿，《银行卡规定》第十三条规定，持卡人所获赔偿数额不应超过其因银行卡被盗刷所致损失的总额。

## 七、关于不良征信禁止

在审判实务中，存在持卡人因有信用卡盗刷争议不偿还信用卡透支款本息，发卡行据此向征信系统报送不良征信记录问题，相关纠纷日益增多。我国正在加强征信体制建设，不良征信记录对持卡人影响很大。为避免不当进行不良征信记录，保护持卡人合法权益，《银行卡规定》第十四条对不良征信禁止进行了规定。在理解适用该条时，应注意以下三点。

一是该条规定主要针对发卡行已经报送不良征信信息且征信系统已经进行记录的情形。适用该条规定并不以该不良征信记录已对持卡人造成实际损害为前提，即使尚未对持卡人造成现实影响，但由于该事实存在将来对持卡人发生影响的可能，故只要该记载不实，持卡人均可以请求撤销。

二是有证据证明存在信用卡伪卡盗刷交易或者信用卡网络盗刷交易。这里的证据，可以是生效的裁判文书，也可以是依据常理即可以作出的判断。例如，有证据证明系银行卡盗刷，且被盗刷原因系犯罪嫌疑人冒充酒店工作人员使用盗码器窃取了银行卡信息，持卡人对盗刷并无过错。

三是在持卡人有过错的情况下，其请求发卡行及时撤销非因其过错部分的不良征信记录的，人民法院应予支持。

# 最高人民法院
# 关于知识产权侵权诉讼中被告以原告滥用权利为由请求赔偿合理开支问题的批复

法释〔2021〕11号

（2021年5月31日最高人民法院审判委员会第1840次会议通过
2021年6月3日最高人民法院公告公布
自2021年6月3日起施行）

**上海市高级人民法院：**

你院《关于知识产权侵权诉讼中被告以原告滥用权利为由请求赔偿合理开支问题的请示》（沪高法〔2021〕215号）收悉。经研究，批复如下：

在知识产权侵权诉讼中，被告提交证据证明原告的起诉构成法律规定的滥用权利损害其合法权益，依法请求原告赔偿其因该诉讼所支付的合理的律师费、交通费、食宿费等开支的，人民法院依法予以支持。被告也可以另行起诉请求原告赔偿上述合理开支。

# 《最高人民法院关于知识产权侵权诉讼中被告以原告滥用权利为由请求赔偿合理开支问题的批复》的理解与适用

林广海　李　剑　张玲玲*

2021年5月31日，最高人民法院审判委员会第1840次会议审议通过了《关于知识产权侵权诉讼中被告以原告滥用权利为由请求赔偿合理开支问题的批复》(法释〔2021〕11号，以下简称《批复》)，自2021年6月3日起施行。《批复》的出台，对于引导当事人诚信行使诉权、规制知识产权滥用行为具有重要意义。为便于在司法实践中正确理解与适用，结合《批复》施行以来一些地方反映的情况，现就《批复》的起草背景、总体思路和有关重点问题作一阐述。

## 一、起草背景与过程

近年来，个别知识产权权利人明知其知识产权的权利缺乏正当基础，却打着知识产权维权的幌子提起诉讼，以达到谋取不正当利益、侵害他人合法权益的目的。这种诉讼行为违反诚信原则，浪费了司法资源，影响了民事主体依法正常行使权利。对此，应当通过完善制度予以规制，积极营造良好的知识产权法治环境。

2007年，《最高人民法院关于全面加强知识产权审判工作为建设创新型国家提供司法保障的意见》提出："禁止知识产权权利滥用……防止权利人滥用侵权警告和滥用诉权，完善确认不侵权诉讼和滥诉反赔制度。"

* 作者单位：最高人民法院。

2014年，《中共中央关于全面推进依法治国若干重大问题的决定》提出，加大对虚假诉讼、恶意诉讼、无理缠诉行为的惩治力度。2016年，《最高人民法院关于进一步推进案件繁简分流优化司法资源配置的若干意见》提出："引导当事人诚信理性诉讼。加大对虚假诉讼、恶意诉讼等非诚信诉讼行为的打击力度，充分发挥诉讼费用、律师费用调节当事人诉讼行为的杠杆作用，促使当事人选择适当方式解决纠纷。当事人存在滥用诉讼权利、拖延承担诉讼义务等明显不当行为，造成诉讼对方或第三人直接损失的，人民法院可以根据具体情况对无过错方依法提出的赔偿合理的律师费用等正当要求予以支持。"2019年，《中共中央办公厅、国务院办公厅关于强化知识产权保护的意见》提出规制恶意诉讼行为。2020年，《最高人民法院关于支持和保障深圳建设中国特色社会主义先行示范区的意见》提出，探索通过律师费转付、诉讼费用合理分担等方式，加大对滥诉行为的制裁力度。2021年1月1日起施行的民法典第一百三十二条规定，民事主体不得滥用民事权利损害国家利益、社会公共利益或者他人合法权益。2021年，中共中央、国务院印发的《知识产权强国建设纲要（2021—2035年）》提出完善规制知识产权滥用行为的法律制度。

2020年11月，我国签署的《区域全面经济伙伴关系协定》（以下简称RCEP协定）第61条规定："每一缔约方应当规定，至少在侵犯著作权或相关权利和商标权的民事司法程序结束时，其司法机关在适当的情况下有权责令败诉方向胜诉方支付诉讼成本或费用和合理的律师费，或该缔约方法律规定的任何其他费用。"RCEP协定于2022年1月1日起正式生效。

司法实践中，一些知识产权侵权案件胜诉的被告主张败诉的原告滥用知识产权提起诉讼，对被诉侵权方的民事权益造成损害，请求人民法院在同一诉讼程序中直接判决败诉的原告赔偿胜诉的被告因诉讼所支付的合理开支，包括合理的律师费、公证费等情形。在适用法律时，地方法院在认定原告滥用知识产权起诉而败诉的案件中，对于能否一并判决败诉的原告支付胜诉的被告因诉讼所支出的合理开支存在争议，并就上述法律适用问题请示最高人民法院。

为了贯彻落实有关工作部署要求，履行国际条约义务，指导地方法院正确适用法律，切实加强对知识产权滥诉行为的规制，最高人民法院民三庭于2021年3月启动《批复》的起草工作。《批复》起草小组在调研的基础上，形成《批复》征求意见稿，征求了中央有关部门、中华全国律师协会以及法院系统的意见。

## 二、总体起草思路

《批复》的起草始终坚持问题导向和目标导向，聚焦规制知识产权滥诉问题，主要有以下考虑：

一是坚持依法解释。2021 年修正的民事诉讼法第十三条第一款规定，民事诉讼应当遵循诚信原则。民法典第一百三十二条规定，民事主体不得滥用民事权利损害国家利益、社会公共利益或者他人合法权益。第一千一百六十五条第一款规定，行为人因过错侵害他人民事权益造成损害的，应当承担侵权责任。2020 年修正的专利法第二十条第一款规定，申请专利和行使专利应当遵循诚实信用原则，不得滥用专利权损害公共利益或者他人合法权益。第四十七条第二款规定，因专利权人的恶意给他人造成的损失，应当给予赔偿。2019 年修正的商标法第七条第一款规定，申请注册和使用商标，应当遵循诚实信用原则。第四十七条第二款规定，因商标注册人的恶意给他人造成的损失，应当给予赔偿。第六十八条第四款规定，对恶意提起商标诉讼的，由人民法院依法给予处罚。2020 年修正的著作权法第四条规定，著作权人和与著作权有关的权利人行使权利，不得违反宪法和法律，不得损害公共利益。上述规定为《批复》提供了法律依据。

二是坚持问题导向。个别原告滥用知识产权提起诉讼的行为不仅损害了被告的合法利益，也严重浪费了司法资源，损害了司法权威。目前，我国专利法、商标法、著作权法及其司法解释均仅规定，赔偿数额应当包括权利人为制止侵权行为所支付的合理开支。也就是说，现行法律和司法实践中只有败诉的被告承担胜诉的原告律师费等合理开支的单向赔付，胜诉的被告若要主张败诉的原告赔偿其因诉讼所支付的律师费等合理开支，只能另行起诉。这样，不仅增加了当事人的诉累，还消耗了大量的司法资源。因此，为更好地规制滥用知识产权诉讼行为，《批复》在明确被告可以另行起诉的基础上，在制度上并不阻断被告在同一个诉讼程序中一并依法请求滥用诉权的原告赔偿其因诉讼所支付的合理开支。

三是对标国际条约。RCEP 协定规定败诉方向胜诉方支付合理的律师费等费用，未将败诉方、胜诉方与原告、被告对应。如前所述，我国目前在知识产权侵权诉讼中只规定败诉的被告向胜诉的原告承担律师费等合理开支的单向赔付，RCEP 协定的该项规定如何落地需要进行制度的对接和完善。《批复》规定了在知识产权侵权案件中滥用知识产权败诉的原告承担胜诉的被告合理开支的程序性问题，与 RCEP 协定关于败诉方无论是被告还是原告在适当情况下承担胜诉方律师费等合理开支的规定相契合。

## 三、《批复》的适用条件

对于《批复》中规定的"被告提交证据证明原告的起诉构成法律规定的滥用权利损害其合法权益，依法请求原告赔偿其因该诉讼所支付的合理的律师费、交通费、食宿费等开支的……"，可以从以下三个方面进行把握。

一是被告承担举证责任。民事诉讼法第六十七条第一款规定，当事人对自己提出的主张，有责任提供证据。因此，《批复》规定，被告主张原告的起诉构成法律规定的滥用权利并损害其合法权益的，应提交证据证明。被告不仅需要提交证据证明原告的起诉属于滥用权利，还需要证明原告不正当提起诉讼损害了其合法权益。如果被告没有提交证据或者提交的证据不足以证明原告的起诉构成滥用权利，或者其合法权益因原告起诉而受到损害，则即便最终原告没有胜诉，也不需要赔偿被告因诉讼所支付的合理开支。这样，有利于保障原告正常行使诉权，引导被告依法承担举证责任。

二是原告的起诉构成法律规定的滥用权利。民事诉讼法第十三条第一款规定，民事诉讼应当遵循诚信原则。民法典第一百三十二条规定，民事主体不得滥用民事权利损害国家利益、社会公共利益或者他人合法权益。同时，专利法、商标法和著作权法等知识产权部门法也规定权利人行使权利应遵循诚信原则，不得滥用权利，恶意损害他人利益。《批复》在起草过程中曾使用"恶意起诉"的表述，在征求意见过程中，有意见认为，虽然"恶意起诉"的表述与《民事案件案由规定》规定的"因恶意提起知识产权诉讼损害责任纠纷"表述一致，但与民法典等法律表述不同。因此，根据现有法律规定，为遏制知识产权滥诉行为，《批复》采用"滥用权利"的表述。

需要注意的是，《批复》属于程序性规定，未规定判断原告的起诉是否构成法律规定的滥用权利的构成要件。实践中，根据《最高人民法院关于适用〈中华人民共和国民法典〉总则编若干问题的解释》第三条的规定，应该按照滥用权利的实体审查标准进行判断。

三是原告赔偿被告因诉讼所支付的合理开支。在原告的起诉构成法律规定的滥用权利损害被告合法权益的情况下，胜诉的被告在同一个诉讼程序中可以依法请求败诉的原告赔偿其因该诉讼所支付的合理的律师费、交通费、食宿费等开支。合理开支包括但不限于律师费、交通费、食宿费。关于合理开支的判断，可参照目前关于被告赔偿原告合理开支的相关规定。例如，《最高人民法院关于审理商标民事纠纷案件适用法律若干问题的解释》第十七条、《最高人民法院关于审理著作权民事纠纷案件适用法律若干问题的解释》第二十六条、《最高人民法院关于审理专利纠纷案件适用法律问题的若干规定》第十六条等。

需要指出的是，《批复》规定的是，在同一程序中解决被告因原告滥用知识产权提起诉讼所支付的合理开支，不包括当事人因滥诉所受的其他经济损失，比如因原告滥诉给被告所造成的无法如期上市、与第三方的合同履行被延迟等经济损失。其他经济损失应当通过其他途径寻求解决，不纳入《批复》解决的事项范围。

## 四、《批复》的适用方式

对于《批复》中"依法请求""依法予以支持""被告也可以另行起诉请求"的表述，可以从以下三个方面进行把握。

一是通过反诉方式依法提出请求。民事诉讼法第五十四条规定："原告可以放弃或者变更诉讼请求。被告可以承认或者反驳诉讼请求，有权提起反诉。"2022 年修正的《最高人民法院关于适用〈中华人民共和国民事诉讼法〉的解释》第二百三十三条第一款、第二款规定："反诉的当事人应当限于本诉的当事人的范围。反诉与本诉的诉讼请求基于相同法律关系、诉讼请求之间具有因果关系，或者反诉与本诉的诉讼请求基于相同事实的，人民法院应当合并审理。"胜诉的被告主张滥用权利的原告承担被告因诉讼所支付的合理开支的诉讼请求与原告起诉被告侵权之间具有因果关系，人民法院应当合并审理。例如，在湖北省武汉市中级人民法院(2018) 鄂 01 民初 4684 号侵害商标权及不正当竞争纠纷案中，被告在一审时明确提出反诉请求，主张原告起诉属于滥用知识产权，应赔偿其因诉讼所支付的合理开支。一审法院经审理认定原告的起诉属于滥用知识产权，遂判决原告承担被告因诉讼支付的合理开支 31771 元。

二是通过另行起诉方式提出请求。《批复》规定的"被告也可以另行起诉请求原告赔偿上述合理开支”，是指被告可以另案提起因恶意提起知识产权诉讼损害责任纠纷诉讼，主张本案败诉的原告承担其在本案中支付的律师费等合理开支。例如，在山东比特智能科技股份有限公司与江苏中讯数码电子有限公司因恶意提起知识产权诉讼损害责任纠纷案中，一审原告江苏中讯数码电子有限公司以山东比特智能科技股份有限公司对其提出的知识产权诉讼缺乏事实与法律依据为由，主张山东比特智能科技股份有限公司赔偿其经济损失612万元和合理支出10万元。江苏省无锡市中级人民法院（2016）苏02民初71号一审判决认定，山东比特智能科技股份有限公司向江苏中讯数码电子有限公司另案提起商标侵权之诉系恶意诉讼行为，判决其赔偿江苏中讯数码电子有限公司经济损失及合理开支共计100万元。江苏省高级人民法院作出（2017）苏民终1874号二审判决，驳回上诉，维持原判。山东比特智能科技股份有限公司向最高人民法院申请再审，最高人民法院作出（2019）最高法民申366号民事裁定认为，山东比特智能科技股份有限公司另案提起的商标侵权之诉属于恶意诉讼，驳回山东比特智能科技股份有限公司的再审申请。

三是为其他方式预留适用空间。《批复》使用了“依法请求”的表述，为反诉、另诉之外其他方式的适用预留了探索空间。

在征求意见过程中，有意见认为，原告滥用诉权导致被告因诉讼所支付的合理开支不同于原告直接实施的侵害被告合法权益所造成的损失，也并非二者之间基于平等民事主体之间的直接民事活动所致。这种合理开支的本质是原告通过司法机关不正当起诉而产生的费用，与原告的不正当诉讼行为具有直接因果关系，可以比照因诉讼而产生的鉴定费、公证费等情形进行把握。1989年最高人民法院发布的《人民法院诉讼收费办法》第二十五条曾规定：“由于当事人不正当的诉讼行为所支出的费用，由该当事人负担。”上述费用，可以理解为涵盖了被告因原告滥用权利不正当起诉而支付的费用。前述规定虽然未规定在2007年4月1日起施行的《诉讼费用交纳办法》中，但也代表了司法实践中对该问题的认识，并有着近二十年的司法实践。从国际条约看，RCEP协定第61条规定“其司法机关在适当的情况下有权责令败诉方向胜诉方支付诉讼成本或费用和合理的律师费，或该缔约方法律规定的任何其他费用”。《与贸易有关的知识产权协定》第48条对被告的赔偿部分也规定，司法机关还应当有权责令申请人给付被告费用，可以包括适当的律师费。从域外立法看，德国民事诉讼法

第91条、法国民事诉讼法第695条和第700条均有法院责令败诉当事人承担胜诉当事人因诉讼所支付的包括律师费在内的合理开支的相关规定。英国民事诉讼规则也规定，败诉方应赔偿的费用不仅包括诉讼费用，还包括胜诉方的律师费等其他费用。胜诉方需于判决作出后向法院提交费用清单，列明费用的范围及原因，由法院评定具体数额。法院有权责令有过错的当事人承担其他任何当事人因其过错行为而产生的诉讼费用。

在《批复》起草过程中，我们对上述意见及情况进行了反复研究，认为在民事诉讼程序中法院根据在案证据确定滥用权利的原告承担胜诉的被告因诉讼所支付的合理开支是必要的和可行的，《批复》在这个问题上预留接口是有现实意义的。这不仅为解决滥用诉权导致的合理开支负担提供更多的路径选择，减少不必要的诉累，也能够在案件审理的各个程序包括一审、二审以及再审程序及时有效遏制原告滥用权利，充分彰显公平正义。

需要注意的是，无论采用何种方式，人民法院均应依法保障双方当事人对合理开支的举证质证以及发表意见的权利，同时，应结合在案证据合理确定滥用权利原告承担被告合理开支的具体数额。

# 最高人民法院
# 关于审理申请注册的药品相关的专利权纠纷民事案件适用法律若干问题的规定

法释〔2021〕13号

（2021年5月24日最高人民法院审判委员会第1839次会议通过
2021年7月4日最高人民法院公告公布
自2021年7月5日起施行）

为正确审理申请注册的药品相关的专利权纠纷民事案件，根据《中华人民共和国专利法》《中华人民共和国民事诉讼法》等有关法律规定，结合知识产权审判实际，制定本规定。

**第一条** 当事人依据专利法第七十六条规定提起的确认是否落入专利权保护范围纠纷的第一审案件，由北京知识产权法院管辖。

**第二条** 专利法第七十六条所称相关的专利，是指适用国务院有关行政部门关于药品上市许可审批与药品上市许可申请阶段专利权纠纷解决的具体衔接办法（以下简称衔接办法）的专利。

专利法第七十六条所称利害关系人，是指前款所称专利的被许可人、相关药品上市许可持有人。

**第三条** 专利权人或者利害关系人依据专利法第七十六条起诉的，应当按照民事诉讼法第一百一十九条第三项的规定提交下列材料：

（一）国务院有关行政部门依据衔接办法所设平台中登记的相关专利信息，包括专利名称、专利号、相关的权利要求等；

（二）国务院有关行政部门依据衔接办法所设平台中公示的申请注册药品的相关信息，包括药品名称、药品类型、注册类别以及申请注册药品

与所涉及的上市药品之间的对应关系等;

(三)药品上市许可申请人依据衔接办法作出的四类声明及声明依据。

药品上市许可申请人应当在一审答辩期内,向人民法院提交其向国家药品审评机构申报的、与认定是否落入相关专利权保护范围对应的必要技术资料副本。

**第四条** 专利权人或者利害关系人在衔接办法规定的期限内未向人民法院提起诉讼的,药品上市许可申请人可以向人民法院起诉,请求确认申请注册药品未落入相关专利权保护范围。

**第五条** 当事人以国务院专利行政部门已经受理专利法第七十六条所称行政裁决请求为由,主张不应当受理专利法第七十六条所称诉讼或者申请中止诉讼的,人民法院不予支持。

**第六条** 当事人依据专利法第七十六条起诉后,以国务院专利行政部门已经受理宣告相关专利权无效的请求为由,申请中止诉讼的,人民法院一般不予支持。

**第七条** 药品上市许可申请人主张具有专利法第六十七条、第七十五条第二项等规定情形的,人民法院经审查属实,可以判决确认申请注册的药品相关技术方案未落入相关专利权保护范围。

**第八条** 当事人对其在诉讼中获取的商业秘密或者其他需要保密的商业信息负有保密义务,擅自披露或者在该诉讼活动之外使用、允许他人使用的,应当依法承担民事责任。构成民事诉讼法第一百一十一条规定情形的,人民法院应当依法处理。

**第九条** 药品上市许可申请人向人民法院提交的申请注册的药品相关技术方案,与其向国家药品审评机构申报的技术资料明显不符,妨碍人民法院审理案件的,人民法院依照民事诉讼法第一百一十一条的规定处理。

**第十条** 专利权人或者利害关系人在专利法第七十六条所称诉讼中申请行为保全,请求禁止药品上市许可申请人在相关专利权有效期内实施专利法第十一条规定的行为的,人民法院依照专利法、民事诉讼法有关规定处理;请求禁止药品上市申请行为或者审评审批行为的,人民法院不予支持。

**第十一条** 在针对同一专利权和申请注册药品的侵害专利权或者确认不侵害专利权诉讼中,当事人主张依据专利法第七十六条所称诉讼的生效判决认定涉案药品技术方案是否落入相关专利权保护范围的,人民法院一般予以支持。但是，有证据证明被诉侵权药品技术方案与申请注册的药品相关技术方案不一致或者新主张的事由成立的除外。

**第十二条**　专利权人或者利害关系人知道或者应当知道其主张的专利权应当被宣告无效或者申请注册药品的相关技术方案未落入专利权保护范围，仍提起专利法第七十六条所称诉讼或者请求行政裁决的，药品上市许可申请人可以向北京知识产权法院提起损害赔偿之诉。

**第十三条**　人民法院依法向当事人在国务院有关行政部门依据衔接办法所设平台登载的联系人、通讯地址、电子邮件等进行的送达，视为有效送达。当事人向人民法院提交送达地址确认书后，人民法院也可以向该确认书载明的送达地址送达。

**第十四条**　本规定自2021年7月5日起施行。本院以前发布的相关司法解释与本规定不一致的，以本规定为准。

# 《最高人民法院关于审理申请注册的药品相关的专利权纠纷民事案件适用法律若干问题的规定》的理解与适用

林广海　李　剑　杜微科　张玲玲*

2021年7月5日,《最高人民法院关于审理申请注册的药品相关的专利权纠纷民事案件适用法律若干问题的规定》(以下简称《规定》)施行。《规定》的出台,对于保障专利法的正确实施,完善诉讼程序与药品审评审批程序、行政裁决程序的衔接,促进知识产权行政执法标准和司法裁判标准的统一,具有重要作用。为便于在司法实践中正确理解与适用,现就《规定》的制定背景、起草中的主要考虑和有关重点问题作一阐述。

## 一、《规定》的制定背景与经过

2017年10月,中共中央办公厅、国务院办公厅印发《关于深化审评审批制度改革鼓励药品医疗器械创新的意见》,要求探索建立药品专利链接制度。最高人民法院民事审判第三庭自此开展药品专利链接制度的调研工作。2019年11月,中共中央办公厅、国务院办公厅印发《关于强化知识产权保护的意见》,再次提出探索建立药品专利链接制度,最高人民法院民事审判第三庭在前期调研基础上着手药品专利链接司法解释的起草准备工作。2020年3月,药品专利链接司法解释列入最高人民法院2020年度司法解释立项计划。

2020年10月,专利法第四次修改,增加了第七十六条,设置了药品

---

* 作者单位:最高人民法院民事审判第三庭。

专利纠纷早期解决机制，也就是通常所说的药品专利链接制度。为配合专利法第七十六条的实施，最高人民法院民事审判第三庭起草《规定》后，于2020年10月29日至12月14日公开向社会征求意见，并先后多次征求中央有关部门、全国法院系统、相关行业协会、社会团体的意见。同时，为了与专利法第七十六条第三款所称的国务院专利行政部门关于药品上市许可审批与药品上市许可申请阶段专利权纠纷解决的具体衔接办法配套，药品专利链接司法解释制定工作与前述具体衔接办法起草工作统筹推进。2021年5月24日，最高人民法院审判委员会第1839次会议审议通过了《规定》。2021年7月4日，国家药监局、国家知识产权局发布《药品专利纠纷早期解决机制实施办法（试行）》（以下简称《实施办法》），即专利法第七十六条第三款所称的具体衔接办法，并于同日生效。2021年7月5日，最高人民法院发布《规定》，国家知识产权局发布《药品专利纠纷早期解决机制行政裁决办法》（以下简称《裁决办法》），即专利法第七十六条第二款所称的行政裁决，均于同日生效。自此，我国初步构建起以专利法第七十六条为统领、以《规定》《实施办法》《裁决办法》为配套的药品专利链接制度。

## 二、《规定》起草过程中的主要考虑

《规定》的起草始终坚持问题导向和目标导向，聚焦药品专利链接制度落地后需要解决的程序性问题，注重诉讼程序与药品审评审批程序、行政裁决程序的衔接和配合，促进知识产权行政执法标准和司法裁判标准的统一，确保制度设计能够落地见效。

一是坚持依法解释。《规定》严格依照专利法第七十六条规定，贯彻立法目的，针对药品专利链接制度落地后需要解决的程序性问题作出规定。

二是坚持人民利益至上。药品专利保护事关我国医药行业创新发展，事关人民群众生活幸福、生命健康。《规定》的起草，既体现为医药行业的自主创新和高质量发展提供制度激励和司法保障，也考虑药物的可及性和广大人民群众的生命健康。

三是坚持问题导向。药品专利链接制度是一项全新的法律制度，国内没有实践基础。相关诉讼的质效，对药品上市审评审批具有重要影响。因此，《规定》注重诉讼程序与药品审评审批程序、行政裁决程序的衔接和配合，促进知识产权行政执法标准和司法裁判标准统一，确保制度设计落地见效。

## 三、理解适用《规定》的若干重点问题

《规定》对专利法第七十六条所称诉讼（以下简称药品专利链接诉讼）的管辖法院、具体案由、起诉材料、诉权行使方式、行政与司法程序衔接、抗辩事由、诉讼中商业秘密保护、行为保全、败诉反赔、送达方式等作了规定，为公正及时审理好该类案件提供了明确指引。

### （一）关于管辖与案由

《规定》第一条明确了药品专利链接诉讼的管辖法院和案由。

药品专利链接诉讼的第一审民事案件由北京知识产权法院集中管辖，主要有以下考虑：第一，与现有知识产权法院管辖安排精神一致。将该类案件集中在知识产权法院审理，符合《全国人民代表大会常务委员会关于在北京、上海、广州设立知识产权法院的决定》《最高人民法院关于北京、上海、广州知识产权法院案件管辖的规定》关于知识产权案件管辖安排的原则和精神。第二，集中在北京知识产权法院管辖，有利于整合优质审判资源、统一裁判尺度。此类民事案件往往同时涉及北京知识产权法院管辖的专利行政案件，集中管辖有利于保障不同诉讼程序的有机衔接，也便于与国务院有关行政部门工作协调。

关于该类案件的上诉案件管辖。依据《全国人民代表大会常务委员会关于专利等知识产权案件诉讼程序若干问题的决定》（当事人对发明专利、实用新型专利、植物新品种、集成电路布图设计、技术秘密、计算机软件、垄断等专业技术性较强的知识产权民事案件第一审判决、裁定不服，提起上诉的，由最高人民法院审理），以及《最高人民法院关于知识产权法庭若干问题的规定》第二条第一项（知识产权法庭审理下列案件：不服高级人民法院、知识产权法院、中级人民法院作出的发明专利、实用新型专利、植物新品种、集成电路布图设计、技术秘密、计算机软件、垄断第一审民事案件判决、裁定而提起上诉的案件），当事人对北京知识产权法院作出的药品专利链接诉讼的一审判决或裁定不服的，应当向最高人民法院知识产权法庭提起上诉。鉴于对北京知识产权法院作出的有关专利的民事判决或裁定不服的上诉管辖已有明确规定，《规定》未再重复规定。

关于该类案件能否提级管辖问题。因该类案件属于民事一审案件且不涉及赔偿数额，可以依照民事诉讼法第十九条的规定提级管辖，这是民事诉讼法的题中应有之义，故《规定》未再规定。

关于案由。根据专利法第七十六条以及2021年1月修改的《最高人民法院关于审理专利权纠纷案件适用法律问题的若干规定》，《规定》第一条将案由表述为“确认是否落入专利权保护范围纠纷”。

### （二）关于相关的专利

《规定》作为药品专利链接制度的组成部分，需要与专利法第七十六条第三款规定的关于药品上市许可审批与药品上市许可申请阶段专利权纠纷解决的具体衔接办法即《实施办法》协调衔接，以便共同落实专利法第七十六条的规定。

专利法第七十六条第一款未进一步明确相关的专利范围。《实施办法》第二条规定，国务院药品监督管理部门建立中国上市药品专利信息登记平台（以下简称平台），供药品上市许可持有人登记在中国境内注册上市的药品相关专利信息，并向社会公示。未在平台登记相关专利信息的，不适用本办法。根据该规定，相关的专利是指国务院行政部门依据《实施办法》所设平台中登记的专利。鉴于《规定》需要与《实施办法》相衔接，故《规定》第二条第一款与《实施办法》第二条保持一致。

### （三）关于相关当事人及诉权行使

专利法第七十六条所称相关当事人，不仅包括有关专利权人或者利害关系人，还包括药品上市许可申请人。《规定》第二条第二款规定，专利法第七十六条所称的利害关系人，是指相关专利的被许可人、相关药品上市许可持有人。

专利的被许可人，包括专利独占许可合同的被许可人、专利排他许可合同的被许可人以及专利普通许可合同的被许可人三种。关于被许可人诉权的行使，2001年《最高人民法院关于对诉前停止侵犯专利权行为适用法律问题的若干规定》早有规定，后被2018年《最高人民法院关于审查知识产权纠纷行为保全案件适用法律若干问题的规定》吸收。具体而言，专利独占许可合同的被许可人可以单独向法院起诉，专利排他许可合同的被许可人在专利权人不起诉的情况下可以起诉。专利普通许可合同的被许可人经权利人明确授权以自己的名义起诉的，可以单独提出申请。相关药品上市许可持有人应当属于权利人或者被许可人。多年的司法实践证明，被许可人诉权行使的规定是成熟的，因此，《规定》未再重复规定。

关于当事人诉权行使问题。专利法第七十六条规定，药品上市许可申请人、有关专利权人或者利害关系人可以向人民法院起诉。为了保障双方当事人诉权的平等，又避免因平行诉讼带来程序繁复、不合理迟延药品审批等问题，鉴于《实施办法》规定专利权人或者利害关系人在四十五日内起诉或申请行政裁决的将引发等待期，故《规定》第四条与之保持协调。上述四十五日之后，专利权人、利害关系人或者药品上市许可申请人均可提起药品专利链接诉讼，不再区分先后。

### (四) 当事人需要提交的证据材料

《规定》第三条第一款明确规定了专利权人或者利害关系人在起诉时应当提交的证据材料，当事人均可依据《实施办法》获得相关证据材料。其中，第一项是平台中登记的相关专利信息；第二项是申请注册的药品相关信息，包括药品名称、药品类型、注册类别以及申请注册药品与所涉及的上市药品之间的对应关系等；第三项是药品上市许可申请人作出的四类声明及声明依据。以上三项信息在平台中均能够获得。同样，药品上市许可申请人在提起确认不落入药品专利权保护范围的诉讼时也需要提交上述三项材料。同时，该条也表明是否落入专利权保护范围诉讼仍然是以专利权为基础进行诉讼，不同的专利权应当分别起诉。同一药品涉及多个专利权的，可以依法合并审理。

需要指出的是，《规定》第三条规定的证据材料属于民事诉讼法第一百一十九条①第三项规定的起诉条件。民事诉讼法第一百一十九条第三项规定，起诉必须有具体的诉讼请求和事实、理由。《最高人民法院关于适用〈中华人民共和国民事诉讼法〉的解释》第二百零八条第三款规定，立案后发现不符合起诉条件或者属于民事诉讼法第一百二十四条②规定情形的，裁定驳回起诉。专利权人或者利害关系人提交的证据材料如果不符合《规定》第三条的规定，则意味着不符合起诉条件，依法不予立案；已经

① 现为第一百二十二条，下同。——编者注
② 现为第一百二十七条。——编者注

受理的，依法裁定驳回起诉。例如，相关专利权人或者利害关系人依据在平台中登记的专利提起诉讼，主张在平台生效之前已经提交申请但尚在审评审批过程中的仿制药落入相关专利权保护范围的，如果无法提交药品上市许可申请人作出的四类声明及声明依据，则不满足立案条件。

《规定》第三条第二款规定，药品上市许可申请人应当在一审答辩期内，向人民法院提交其向国家药品审评机构申报的、与认定是否落入相关专利权保护范围对应的必要技术资料副本。该技术资料是判断是否落入相关专利权保护范围的关键证据。需要指出的是，药品上市许可申请人应当如实向法院提交上述必要技术资料副本，否则，人民法院可依照民事诉讼法第一百一十一条①的规定处理。



### （五）药品专利链接诉讼与行政裁决的关系

《规定》第五条规定了行政裁决程序与司法程序的衔接问题。专利法第七十六条第一款规定了药品专利链接诉讼即司法链接，第二款规定了药品行政裁决即行政链接。需要强调的是，司法程序不受行政机关受理行政裁决申请以及作出行政裁决的影响。依据《裁决办法》第四条第五项的规定，当事人请求国家知识产权局对药品专利纠纷进行行政裁决的，需要满足人民法院此前未就该药品专利纠纷立案这一条件。也就是说，行政裁决需要以司法程序未予立案为前提。因此，当事人如果先行选择了申请行政裁决，则不影响其再向人民法院起诉；反之，如果当事人已经向人民法院起诉并已立案，则不能就相同的药品和相同的专利权再向国家知识产权局申请行政裁决。同时，《实施办法》和《裁决办法》均规定，当事人对国家知识产权局作出的药品专利纠纷行政裁决不服的，可以依法向人民法院起诉。

关于不服国家知识产权局作出的药品专利链接行政裁决起诉的行政案件的管辖法院，《最高人民法院关于北京、上海、广州知识产权法院案件管辖的规定》第一条第一项规定，“知识产权法院管辖所在市辖区内的下列第一审案件：（一）专利、植物新品种、集成电路布图设计、技术秘密、计算机软件民事和行政案件”。国家知识产权局作出的药品专利链接纠纷行政裁决属于北京知识产权法院管辖所在辖区内的专利行政案件，应由北

① 现为第一百一十四条，下同。——编者注

京知识产权法院管辖第一审案件。同时，依据《最高人民法院关于知识产权法庭若干问题的规定》第二条第二项的规定，知识产权法庭审理不服北京知识产权法院对发明专利、实用新型专利、外观设计专利、植物新品种、集成电路布图设计授权确权作出的第一审行政案件判决、裁定而提起上诉的案件。因此，不服北京知识产权法院作出的一审行政判决或裁定，应向最高人民法院知识产权法庭提出上诉。鉴于现有司法解释已经明确了不服药品专利链接行政裁决起诉的行政案件的管辖法院，故《规定》未作重复规定。

### （六）药品专利链接诉讼与专利无效程序的关系

《规定》第六条规定了专利无效行政程序与药品专利链接诉讼的关系。药品相关专利一般为发明专利，经过国家专利行政部门的实质审查。2015年修正的《最高人民法院关于审理专利纠纷案件适用法律问题的若干规定》第十一条规定，人民法院受理的侵犯发明专利权纠纷案件或者经专利复审委员会审查维持专利权的侵犯实用新型、外观设计专利权纠纷案件，被告在答辩期间内请求宣告该项专利权无效的，人民法院可以不中止诉讼。《规定》保持与前述专利纠纷司法解释一致，规定对药品专利权请求宣告无效的，一般不中止审理。

### （七）不侵权抗辩理由的审查

《规定》第七条规定了对于不侵权抗辩理由的审查。主要考虑是，如果确实存在专利法第六十七条、第七十五条第二项规定的不侵权抗辩事由，又不对药品上市许可申请人提出的相关主张进行审理，必然导致当事人的诉讼利益失衡。尤其是如果未能对不侵权抗辩事由进行审理，径行判决认定申请注册的药品相关技术方案落入相关专利权保护范围，则申请注册的药品不能批准上市，就失去依据专利法第六十五条提起专利侵权诉讼的事实基础，药品上市许可申请人也就失去了在侵权诉讼中提出存在专利法第六十七条、第七十五条第二项规定的不侵权抗辩事由的救济途径。

### （八）诉讼中的商业秘密保护

《规定》第八条规定了当事人在诉讼中的保密义务。仿制药在进行申请时提交的材料中往往会涉及商业秘密或者其他需要保密的商业信息，专利权人或利害关系人与仿制药申请人为同行业竞争者，为避免当事人通过诉讼获取上述信息后进行诉讼活动之外的使用或允许他人使用，专门作出本条规定。

通过商业秘密保护的信息具有无形性的特点，一旦脱离权利人的控制，就很难再通过物理手段限制商业秘密信息的扩散和传播。司法实践中，为保障在证据保全、证据交换、委托鉴定等环节商业秘密不被泄露、披露等，2020年9月12日发布的《最高人民法院关于审理侵犯商业秘密民事案件适用法律若干问题的规定》第二十一条专门对人民法院在诉讼活动中采取必要的保密措施作出规定。此外，《最高人民法院关于知识产权民事诉讼证据的若干规定》第二十六条进一步规定，人民法院可以采取要求相关诉讼参与人签订保密协议、作出保密承诺，或者以裁定等法律文书责令等措施。当事人及其他诉讼参与人违反前述司法解释的规定，应依法承担民事责任乃至于刑事责任。《规定》结合药品专利链接诉讼的特点，再次重申当事人对其在诉讼中获取的商业秘密或者其他需要保密的商业信息负有保密义务，擅自披露或者在该诉讼活动之外使用、允许他人使用的，应当依法承担民事责任；构成民事诉讼法第一百一十一条规定情形的，人民法院应当依法处理。

### （九）关于行为保全

药品专利链接诉讼解决的是药品审评审批阶段的争议，原则上不涉及专利法第六十五条所称专利侵权纠纷。换言之，药品专利链接诉讼属于确认是否落入专利权保护范围的确认之诉，不是侵权之诉，一般不涉及行为保全。因此，《规定》第十条规定，当事人请求禁止药品上市申请行为或者审评审批行为的，人民法院不予支持。

根据民事诉讼法及专利法关于诉前行为保全的规定，专利权人或利害关系人可以向有管辖权的法院申请诉前行为保全，请求法院禁止药品上市许可申请人实施专利法第十一条规定的专利侵权行为。如果在药品专利链接诉讼尚未审结前，仿制药已获得上市许可，专利权人或者利害关系人面临向哪个法院申请行为保全的问题。如果严格按照诉讼性质区分，则应当向对专利侵权纠纷有管辖权的法院申请诉前行为保全，但是，这样不仅增加当事人诉讼成本，还增加了不同法院之间的协调成本。为了有效发挥药品专利链接诉讼的制度目标，《规定》第十条规定了行为保全。

关于行为保全的条件。《规定》第十条采用指引性规定的方式，明确了在专利法第七十六条所称诉讼中申请行为保全需要满足民事诉讼法第一百条①、第一百零一条②规定的条件。

## (十) 药品专利链接诉讼与传统专利侵权诉讼的关系

药品专利链接诉讼是一种新的案件类型，《规定》明确案由为确认是否落入专利权保护范围纠纷。该类诉讼与传统专利侵权诉讼的不同主要体现在三个方面：第一，性质不同。药品专利链接诉讼属于确认之诉，没有具体的给付请求，不涉及赔偿问题；传统专利侵权诉讼大多有具体给付请求。第二，权利基础不同。《规定》第二条规定，相关专利权是指适用国务院有关行政部门关于药品上市许可审批与药品上市许可申请阶段专利权纠纷解决的具体衔接办法的专利，即登记在依照《实施办法》所设平台中的与药品相关的专利权才可以作为提起药品专利链接诉讼的权利基础。第三，引发诉讼条件不同。药品专利链接诉讼是指发生在药品审评审批过程中因申请注册的药品相关的专利权产生的纠纷，因此，该类诉讼只针对在药品审评审批过程中的专利纠纷，且需要药品上市许可申请人作出第四类声明，即平台收录的被仿制药相关专利权应当被宣告无效，或者其仿制药未落入相关专利权保护范围。

药品专利链接制度的目的是让与药品相关的专利权纠纷早期解决，因此，药品专利链接诉讼与传统专利侵权诉讼之间又具有紧密的联系。为了避免当事人利用不同诉讼程序持续阻碍仿制药上市，也为了保障药品上市后的稳定性，保障公众的药品可及性，防止当事人在专利链接诉讼之后又重复提起专利侵权之诉，切实贯彻专利纠纷早期解决的制度设计初衷，《规定》第十一条规定，药品专利链接诉讼的生效判决，特别是关于是否落入专利权保护范围的认定，对于在后的针对同一专利权和申请注册的药品的专利侵权诉讼具有既判力。这样既可以提高传统专利侵权案件的审判效率，又可以让药品专利早期解决机制得到有效贯彻。

此外，结合司法实践中出现的情况，如最高人民法院（2015）民三终字第1号礼来公司与常州华生制药有限公司侵害发明专利权纠纷案，《规

① 现为第一百零三条。——编者注

② 现为第一百零四条。——编者注

定》作出了但书规定，即有证据证明被诉侵权药品技术方案与申请注册的药品相关技术方案不一致或者新主张的事由成立的除外。

### （十一）关于滥诉反赔

为更好地平衡专利权人、利害关系人与药品上市许可申请人的利益，借鉴加拿大、韩国在专利链接制度中规定败诉反赔的成熟做法，根据我国民法典的规定，《规定》第十二条规定了滥诉反赔制度。

民法典第一百三十二条规定，民事主体不得滥用民事权利损害国家利益、社会公共利益或者他人合法权益。民事诉讼法第十三条第一款规定，民事诉讼应当遵循诚信原则。专利法第二十条第一款规定，申请专利和行使专利应当遵循诚实信用原则。不得滥用专利权损害公共利益或者他人合法权益。第四十七条第二款规定，因专利权人的恶意给他人造成的损失，应当给予赔偿。此外，药品专利链接诉讼如果引发等待期，将产生类似行为保全的效果，故行为保全的相关规则亦可借鉴。可见，规定滥诉反赔具有充分的法律依据。

关于滥诉反赔的条件。首先，主观要件上，专利权人或者利害关系人知道或者应当知道其主张的专利权应当被宣告无效或者申请注册药品的相关技术方案未落入专利权保护范围。这里的“知道或应当知道”，与一般侵权案件中掌握的标准一致。其次，客观要件上，需要给药品上市许可申请人造成了损失。

关于该类案件的管辖。鉴于此类案件与药品专利链接诉讼关系密切，该类案件由北京知识产权法院一并管辖。此类案件的级别管辖与行为保全损害赔偿案件一致，依照民事诉讼法中关于级别管辖的规定执行。

# 最高人民法院
# 关于审理侵害植物新品种权纠纷案件具体应用法律问题的若干规定（二）

法释〔2021〕14号

(2021年6月29日最高人民法院审判委员会第1843次会议通过
2021年7月5日最高人民法院公告公布
自2021年7月7日起施行)

为正确审理侵害植物新品种权纠纷案件，根据《中华人民共和国民法典》《中华人民共和国种子法》《中华人民共和国民事诉讼法》等法律规定，结合审判实践，制定本规定。

**第一条** 植物新品种权（以下简称品种权）或者植物新品种申请权的共有人对权利行使有约定的，人民法院按照其约定处理。没有约定或者约定不明的，共有人主张其可以单独实施或者以普通许可方式许可他人实施的，人民法院应予支持。

共有人单独实施该品种权，其他共有人主张该实施收益在共有人之间分配的，人民法院不予支持，但是其他共有人有证据证明其不具备实施能力或者实施条件的除外。

共有人之一许可他人实施该品种权，其他共有人主张收取的许可费在共有人之间分配的，人民法院应予支持。

**第二条** 品种权转让未经国务院农业、林业主管部门登记、公告，受让人以品种权人名义提起侵害品种权诉讼的，人民法院不予受理。

**第三条** 受品种权保护的繁殖材料应当具有繁殖能力，且繁殖出的新个体与该授权品种的特征、特性相同。

前款所称的繁殖材料不限于以品种权申请文件所描述的繁殖方式获得的繁殖材料。

**第四条** 以广告、展陈等方式作出销售授权品种的繁殖材料的意思表示的，人民法院可以以销售行为认定处理。

**第五条** 种植授权品种的繁殖材料的，人民法院可以根据案件具体情况，以生产、繁殖行为认定处理。

**第六条** 品种权人或者利害关系人（以下合称权利人）举证证明被诉侵权品种繁殖材料使用的名称与授权品种相同的，人民法院可以推定该被诉侵权品种繁殖材料属于授权品种的繁殖材料；有证据证明不属于该授权品种的繁殖材料的，人民法院可以认定被诉侵权人构成假冒品种行为，并参照假冒注册商标行为的有关规定确定民事责任。

**第七条** 受托人、被许可人超出与品种权人约定的规模或者区域生产、繁殖授权品种的繁殖材料，或者超出与品种权人约定的规模销售授权品种的繁殖材料，品种权人请求判令受托人、被许可人承担侵权责任的，人民法院依法予以支持。

**第八条** 被诉侵权人知道或者应当知道他人实施侵害品种权的行为，仍然提供收购、存储、运输、以繁殖为目的的加工处理等服务或者提供相关证明材料等条件的，人民法院可以依据民法典第一千一百六十九条的规定认定为帮助他人实施侵权行为。

**第九条** 被诉侵权物既可以作为繁殖材料又可以作为收获材料，被诉侵权人主张被诉侵权物系作为收获材料用于消费而非用于生产、繁殖的，应当承担相应的举证责任。

**第十条** 授权品种的繁殖材料经品种权人或者经其许可的单位、个人售出后，权利人主张他人生产、繁殖、销售该繁殖材料构成侵权的，人民法院一般不予支持，但是下列情形除外：

（一）对该繁殖材料生产、繁殖后获得的繁殖材料进行生产、繁殖、销售；

（二）为生产、繁殖目的将该繁殖材料出口到不保护该品种所属植物属或者种的国家或者地区。

**第十一条** 被诉侵权人主张对授权品种进行的下列生产、繁殖行为属于科研活动的，人民法院应予支持：

（一）利用授权品种培育新品种；

（二）利用授权品种培育形成新品种后，为品种权申请、品种审定、品种登记需要而重复利用授权品种的繁殖材料。

**第十二条** 农民在其家庭农村土地承包经营合同约定的土地范围内自繁自用授权品种的繁殖材料，权利人对此主张构成侵权的，人民法院不予支持。

对前款规定以外的行为，被诉侵权人主张其行为属于种子法规定的农民自繁自用授权品种的繁殖材料的，人民法院应当综合考虑被诉侵权行为的目的、规模、是否营利等因素予以认定。

**第十三条** 销售不知道也不应当知道是未经品种权人许可而售出的被诉侵权品种繁殖材料，且举证证明具有合法来源的，人民法院可以不判令销售者承担赔偿责任，但应当判令其停止销售并承担权利人为制止侵权行为所支付的合理开支。

对于前款所称合法来源，销售者一般应当举证证明购货渠道合法、价格合理、存在实际的具体供货方、销售行为符合相关生产经营许可制度等。

**第十四条** 人民法院根据已经查明侵害品种权的事实，认定侵权行为成立的，可以先行判决停止侵害，并可以依据当事人的请求和具体案情，责令采取消灭活性等阻止被诉侵权物扩散、繁殖的措施。

**第十五条** 人民法院为确定赔偿数额，在权利人已经尽力举证，而与侵权行为相关的账簿、资料主要由被诉侵权人掌握的情况下，可以责令被诉侵权人提供与侵权行为相关的账簿、资料；被诉侵权人不提供或者提供虚假账簿、资料的，人民法院可以参考权利人的主张和提供的证据判定赔偿数额。

**第十六条** 被诉侵权人有抗拒保全或者擅自拆封、转移、毁损被保全物等举证妨碍行为，致使案件相关事实无法查明的，人民法院可以推定权利人就该证据所涉证明事项的主张成立。构成民事诉讼法第一百一十一条规定情形的，依法追究法律责任。

**第十七条** 除有关法律和司法解释规定的情形以外，以下情形也可以认定为侵权行为情节严重：

（一）因侵权被行政处罚或者法院裁判承担责任后，再次实施相同或者类似侵权行为；

（二）以侵害品种权为业；

（三）伪造品种权证书；

（四）以无标识、标签的包装销售授权品种；

（五）违反种子法第七十七条第一款第一项、第二项、第四项的规定；

（六）拒不提供被诉侵权物的生产、繁殖、销售和储存地点。

存在前款第一项至第五项情形的，在依法适用惩罚性赔偿时可以按照计算基数的二倍以上确定惩罚性赔偿数额。

**第十八条** 品种权终止后依法恢复权利，权利人要求实施品种权的单位或者个人支付终止期间实施品种权的费用的，人民法院可以参照有关品种权实施许可费，结合品种类型、种植时间、经营规模、当时的市场价值等因素合理确定。

**第十九条** 他人未经许可，自品种权初步审查合格公告之日起至被授予品种权之日止，生产、繁殖或者销售该授权品种的繁殖材料，或者为商业目的将该授权品种的繁殖材料重复使用于生产另一品种的繁殖材料，权利人对此主张追偿利益损失的，人民法院可以按照临时保护期使用费纠纷处理，并参照有关品种权实施许可费，结合品种类型、种植时间、经营规模、当时的市场价值等因素合理确定该使用费数额。

前款规定的被诉行为延续到品种授权之后，权利人对品种权临时保护期使用费和侵权损害赔偿均主张权利的，人民法院可以合并审理，但应当分别计算处理。

**第二十条** 侵害品种权纠纷案件涉及的专门性问题需要鉴定的，由当事人在相关领域鉴定人名录或者国务院农业、林业主管部门向人民法院推荐的鉴定人中协商确定；协商不成的，由人民法院从中指定。

**第二十一条** 对于没有基因指纹图谱等分子标记检测方法进行鉴定的品种，可以采用行业通用方法对授权品种与被诉侵权物的特征、特性进行同一性判断。

**第二十二条** 对鉴定意见有异议的一方当事人向人民法院申请复检、补充鉴定或者重新鉴定，但未提出合理理由和证据的，人民法院不予准许。

**第二十三条** 通过基因指纹图谱等分子标记检测方法进行鉴定，待测样品与对照样品的差异位点小于但接近临界值，被诉侵权人主张二者特征、特性不同的，应当承担举证责任；人民法院也可以根据当事人的申请，采取扩大检测位点进行加测或者提取授权品种标准样品进行测定等方法，并结合其他相关因素作出认定。

**第二十四条** 田间观察检测与基因指纹图谱等分子标记检测的结论不同的，人民法院应当以田间观察检测结论为准。

**第二十五条** 本规定自2021年7月7日起施行。本院以前发布的相关司法解释与本规定不一致的，按照本规定执行。

# 《最高人民法院关于审理侵害植物新品种权纠纷案件具体应用法律问题的若干规定（二）》的理解与适用

周 翔 朱 理 罗 霞*

《最高人民法院关于审理侵害植物新品种权纠纷案件具体应用法律问题的若干规定（二）》（以下简称新的品种权司法解释）已于2021年6月29日由最高人民法院审判委员会第1843次会议通过，并于7月5日公布，自7月7日起施行。新的品种权司法解释共25条，涉及品种权行使、品种权保护对象和侵权行为认定、侵权例外、品种权保护司法救济措施及赔偿计算、鉴定等五个方面的内容。新的品种权司法解释的出台，标志着我国种业知识产权司法保护上了一个新台阶，保护规则更加清晰，保护力度进一步增强。本文就新的品种权司法解释起草的背景、指导思想和适用中应当注意的问题作一阐述，以期对该解释的正确理解和适用有所裨益。

## 一、起草背景和过程

种子是农业的芯片。我国已是世界种业大国，加强种业知识产权保护、推动种业自主创新，对于农业高质量发展和维护国家粮食安全具有基础性、决定性的战略意义。习近平总书记和党中央高度重视粮食安全和种业问题。2021年《中共中央、国务院关于全面推进乡村振兴加快农业农村现代化的意见》要求打好种业翻身仗和加强育种领域知识产权保护。2021年5月13日，习近平总书记在河南南阳考察期间强调，要牢牢把住粮食安

* 作者单位：最高人民法院。

全主动权，要坚持农业科技自立自强，加快推进农业关键核心技术攻关。习近平总书记的重要指示和党中央决策部署为人民法院加强种业知识产权保护工作指明了方向。植物新品种权保护事关国家粮食安全，事关乡村振兴和农业农村优先发展，加强种业知识产权保护势在必行。近年来，种业市场品种同质化、仿冒套牌等问题较为严重，侵权行为易发多发，取证难、鉴定难、认定难较为突出。司法实践中，近年来植物新品种权纠纷增幅较大，新情况、新问题不断涌现，亟须统一和规范，同时，人民法院在案件审判中也积累了丰富经验，有必要进行归纳总结，出台新的较为全面的司法解释，回应种业知识产权保护的司法需求。

新的品种权司法解释于2020年立项。立项之前，最高人民法院已经针对植物新品种保护问题进行了较为充分的调研。立项之后，通过召开座谈会、现场考察、实地走访等方式深入调查研究，广泛听取意见。

在起草过程中，面向全国具有植物新品种案件管辖权的高级人民法院、中级人民法院征集司法实践问题和建议，并就司法解释稿反复征求意见和组织专题讨论；与全国人大常委会法工委、全国人大农业农村委和司法部、农业农村部、国家林业和草原局等中央有关部门多次进行工作沟通并正式征求意见；认真听取育种专家意见建议，先后走访袁隆平、邓秀新等多位院士和专家，2021年5月26日组织最高人民法院种业知识产权司法保护专家智库首批专家进行专题论证；考虑种业知识产权地方特色较浓的特点，专门赴江苏、湖南、海南等地进行实地调研，听取地方农林部门、育种基地、制种企业意见建议。2021年3月22日，就司法解释稿面向社会公开征求意见，共收到国内外各方面意见建议83条。通过广泛听取意见、深入论证和充分沟通，确保司法解释兼收并蓄各方面合理意见，努力做到科学准确、稳妥可行、形成最大程度共识。

## 二、起草思路和原则

一是严格依法解释。根据立法法和最高人民法院关于司法解释工作的有关规定，在法律赋予最高人民法院司法解释权限范围内作出解释。始终坚持符合立法目的、法律原则和立法原意，对法律规定的具体应用问题作出解释。

二是突出保护创新。以切实保护品种权人利益、严厉打击侵权行为、促进种业创新、保障科技自立自强为宗旨，积极通过加强司法保护推动育种创新。围绕保护范围、帮助侵权、育种例外等，明确裁判规则，服务种业创新和行业健康有序发展，把党中央关于粮食安全和种业自主创新等各项决策部署不折不扣执行到位。针对当前种业领域侵权套牌等突出问题，重拳出击，形成高压严打态势，切实让侵权者付出沉重代价。在许诺销售、种植行为认定、帮助侵权、收获材料认定、临时保护期和权利终止期费用补偿、惩罚性赔偿、接近阈值认定等一系列问题上，秉持有利于权利保护的司法理念，依法拓展育种创新成果法律保护范围，提高损害赔偿数额，适时转移举证责任，切实加大保护力度，营造有利于创新的市场环境和法治环境。在加强对品种权人保护的同时，注重保护科研机构、销售者、农民等主体的合法权益，平衡市场不同主体间的利益。

三是坚持问题导向。聚焦植物新品种权纠纷案件审判实践中的重点难点问题，坚持问题导向，体现实践特点，切实增强司法保护的实际效果。突出实践中急需的法律适用问题的解释，注意实效性，成熟一条起草一条。对于司法实践中长期存在争议且更适合由立法机关明确的问题不作规定，如最终删除了向社会公开征求意见稿中关于商业目的的规定。

四是加强工作衔接。加强种业知识产权保护，需要从行政执法、司法保护、行业自律等环节完善保护体系，加强协同配合，构建大保护工作格局。起草过程中，与有关部门联合进行调研，加强沟通协调，推动司法保护和行政保护有效衔接，推进形成工作合力。

五是妥处新旧关系。最高人民法院曾于2001年和2007年分别制定了《最高人民法院关于审理植物新品种纠纷案件若干问题的解释》和《最高人民法院关于审理侵犯植物新品种权纠纷案件具体应用法律问题的若干规定》（以下简称2007年司法解释），前者主要规定案由和管辖等程序性问题，后者主要规定品种权侵权判定问题。民法典出台后，根据相关司法解释清理修订工作安排，最高人民法院对上述两个司法解释进行了适应性修改。新的品种权司法解释在2007年司法解释的基础上，集中解决当前最为突出的侵害植物新品种纠纷案件审理中的问题，结合近年来审判实践中的新情况新问题，对有关法律适用问题作出增补性、完善性规定，保持了与2007年司法解释名称及内容的体系性和延续性。新的品种权司法解释施行后，前两个司法解释仍然有效。

## 三、主要亮点

新的品种权司法解释涉及许多社会有关方面高度关注的内容，其发布实施，全面提高了我国植物新品种权司法保护水平。主要亮点体现在如下五个方面。

### (一) 拓展保护范围

一是明确品种权保护对象不受繁育方式限制。第三条规定，品种权所保护的繁殖材料不限于以申请品种权时申请文件所描述的繁殖方式获得的繁殖材料。

二是形成对侵权行为的全链条打击。第四条明确，以广告、展陈等方式作出销售授权品种的繁殖材料意思表示的，可以以销售行为认定处理；第五条明确，种植行为可以根据案件具体情况认定为生产或者繁殖行为，从而将种植环节纳入法律规制范围；第八条规定，知道或者应当知道他人实施侵害品种权的行为，仍然提供收购、存储、运输、以繁殖为目的的加工处理等服务或者提供相关证明材料等条件的，属于帮助侵权。以此将品种权保护明确延伸到为他人侵权提供收购、存储、运输、以繁殖为目的的加工处理以及提供证明材料等帮助环节。由此，新的品种权司法解释构筑起对侵权行为事前、事中和事后的全链条打击，依法明确和细化了植物新品种权的法律保护范围，将我国植物新品种权司法保护水平推到了一个新高度。

### (二) 强化保护力度

一是提升司法保护的及时性和有效性。为防止因诉讼周期过长导致品种权人合法权益受到进一步侵害，第十四条规定，既可以先行判决停止侵权行为，也可以同时责令采取消灭活性等阻止被诉侵权物扩散、繁殖等临时禁令措施。

二是形成对恶性侵权行为的强力威慑。第十七条列举了适用惩罚性赔偿时构成侵权情节严重的具体情形，并对惩罚性赔偿的适用规则进行细化，明确对于多数情节严重的侵权行为要在补偿性赔偿计算基数的二倍以上确定惩罚性赔偿数额，这样实际的赔偿总额最低应当是补偿性赔偿数额的三倍。

三是明确对品种权人的全面利益补偿。为全面保护品种权人的智力成果，确保其经济利益得到充分补偿，第十八条和第十九条分别规定品种权终止后又恢复权利时终止期实施费和临时保护期使用费的计算方法，保障品种权人在权利终止期和临时保护期内的利益亦能获得合理补偿。

## （三）降低维权难度

一是适时转移举证责任，便利品种权人维权。对于被诉侵权品种繁殖材料使用的名称与授权品种相同的情形，第六条规定，人民法院可以推定被诉侵权品种繁殖材料属于授权品种繁殖材料，将证明二者不属于同一品种的举证责任转移给被诉侵权人。对于被诉侵权物既可以作为繁殖材料又可以作为收获材料的情形，第九条规定，被诉侵权人主张被诉侵权物作为收获材料用于消费而非用于生产、繁殖的，应当承担相应的举证责任。对于分子标记检测方法得出极近似结论的情形，根据第二十三条的规定，推定两者属于同一品种，将证明两者特征特性不同的举证责任转移给被诉侵权人，由其提交证据证明两者不属于同一品种。

二是充分运用文书提供命令和举证妨碍制度，让不诚信的被诉侵权人承担不利法律后果。第十五条规定，被诉侵权人拒不遵守人民法院的命令，不提供或者提供虚假账簿、资料的，人民法院可以参考权利人的主张和提供的证据判定赔偿数额，大大降低了品种权人的赔偿证明难度。为便于侵害品种权案件的证据固定和事实查明，第十六条规定，被诉侵权人有抗拒保全或者擅自拆封、转移、毁损被保全物等妨碍证明行为，致使案件相关事实无法查明的，人民法院可以推定权利人就该证据所涉证明事项的主张成立。对于有妨碍民事诉讼行为的当事人，第十六条还明确要求依法追究其法律责任，绝不姑息。

## （四）完善法律制度

一是明确科研例外的具体情形，鼓励育种创新。第十一条明确，利用授权品种培育新品种以及利用授权品种培育形成新品种后为品种权申请、品种审定、品种登记需要而重复利用授权品种的繁殖材料的行为，属于种子法第二十九条规定的科研例外情形，不属于侵权行为，以便利育种科研和改进创新。

二是规定权利用尽原则和合法来源抗辩，稳定市场交易秩序。依据我国民法典的侵权损害赔偿过错责任原则，参照《与贸易有关的知识产权协定》(TRIPS 协定)，参考《国际植物新品种保护公约》(UPOV 公约)(1991 年文本)的有关规定，新的品种权司法解释明确规定了权利用尽原则和合法来源抗辩及其适用条件，并特别强调证明销售的种子有合法来源时除了要符合渠道合法、价格合理和来源清楚等一般要求以外，销售行为还需符合相关种子生产经营许可制度，统一了法律适用标准，有效保护交易安全。

三是既依法保护农民自繁自用的权利，又防止滥用农民自繁自用权利实施侵权行为。第十二条第一款对典型的农民自繁自用行为作出界定，凡是农民在其家庭农村承包经营土地范围内的自繁自用行为，均属于侵权例外；第二款对典型的农民自繁自用行为以外的行为作出原则性指引，明确了应当综合考虑的目的、规模以及是否营利等因素。

### (五) 规范鉴定程序

新的品种权司法解释明确了鉴定人、鉴定方法的选择以及重新鉴定的条件等问题。第二十条对实务中国务院农业、林业主管部门向人民法院推荐鉴定人的做法予以认可。第二十一条规定，对于没有分子标记检测方法进行性状特征同一性鉴定的，可以采用行业通用方法进行鉴定。第二十二条规定，必须有合理的理由和证据才能申请复检、补充鉴定或者重新鉴定，防止拖延诉讼。

## 四、重点条款

在司法解释起草过程中，各方面对于以下几个问题争议较大，需要作为重点条款予以说明。

### (一) 关于权利用尽原则

种子法以及《植物新品种保护条例》未规定权利用尽问题。司法实践中，当事人以权利用尽为由进行不侵权抗辩的情况比较多见，有关法院已在不少个案中支持了这一抗辩。各方面普遍建议通过司法解释对此予以明确规定。

对于权利用尽原则能否在司法解释中规定以及是否应当与专利法等知识产权专门法上的权利用尽有所区别，存在不同观点。有观点认为，不宜在司法解释中规定权利用尽原则。理由在于，权利用尽对品种权人的利益进行了重大切割，应当由立法进行规定。另有观点认为，司法解释可以规定品种权权利用尽原则，该原则与专利等法律领域的权利用尽并无差异，不需要规定相关但书。理由在于，根据首次销售原则，合法购买到授权品种繁殖材料的人有权再销售该繁殖材料，包括进行繁殖后得到的繁殖材料。植物新品种权作为知识产权的保护内容之一，不应当与其他知识产权在权利用尽问题上存在不同。还有观点认为，权利用尽必须要有一个地域范围的限制。理由在于，如果不进行区域限制，则会导致超出许可区域范围进行串货的销售行为不构成侵权，与种子生产经营行政管理制度相冲突。



新的品种权司法解释第十条明确规定了权利用尽原则。主要考虑是：

第一，权利用尽原则在知识产权领域已经得到普遍承认和适用，《国际植物新品种保护公约》（1991 年文本）对此亦有明确规定。作为一种不侵权抗辩事由，并非必须要由立法来明确。

第二，权利用尽原则既合理保护了品种权人利益，又维护了交易安全，有利于促进市场流通。

第三，如果不规定权利用尽原则，则品种权人对于其合法售出且已经获得合理利益回报的繁殖材料，仍可以对后续合法获得该繁殖材料的销售者任意主张权利，既对销售者不公平，又妨碍了商品的正常市场流通，显然不符合知识产权制度的宗旨和立法精神。

品种权的重要特征是其保护对象的独特性，其通过保护繁殖材料来保护品种权人利益，而品种权的繁殖材料具有繁殖子代的特性。因此，与专利、著作权等知识产权领域相比，植物新品种领域的权利用尽原则要受到更多限制，避免出现新品种繁殖材料一经合法售出则可以无限繁殖、严重影响品种权人利益的后果。为此，新的品种权司法解释第十条特别规定了两个例外。

一是对经权利人许可合法售出的繁殖材料生产、繁殖后获得的繁殖材料，不再适用权利用尽原则，他人再以此进行生产、繁殖、销售的，构成侵权，从而防止以权利用尽为名进行多代繁殖。

二是为生产、繁殖目的将该繁殖材料出口到不保护该品种所属植物属或者种的国家或者地区的行为，亦不适用权利用尽原则。在具体适用中，需要特别留意主张权利用尽抗辩的当事人所针对的繁殖材料是否系对经权利人许可售出的合法繁殖材料进行生产、繁殖后获得的繁殖材料，一旦经历了再次繁殖，则权利用尽原则不再适用。

### (二) 关于科研例外

根据种子法规定，利用授权品种培育新品种属于科研例外。对此实务中的观点一致，但对于为品种授权及品种审定的申请需要，未经品种权人许可，重复利用其授权品种的繁殖材料生产、繁殖所申请品种的行为是否构成侵权行为，实践中认识存在分歧。有观点认为，利用授权品种培育形成新品种后，科研活动即告结束，后续为申请品种授权、品种审定、品种登记需要重复利用授权品种繁殖材料的行为均是为了商业目的，不属于科研例外。另有观点认为，对育种相关的科研过程不宜理解过窄，申请品种授权、品种审定、品种登记时，实际上是为了满足行政审批的需要而必须重复利用授权品种繁殖材料，借鉴专利法关于为提供行政审批信息需要例外（即Bolar例外）的规定，可以将为申请品种授权、品种审定、品种登记需要重复利用授权品种繁殖材料的行为认定为科研例外。

科研育种活动系一个漫长的过程，组配只是其中一个关键环节，组配成功并不意味着科研育种活动即告终结。育种人可能需要申请品种权。对于主要农作物品种而言，还需要经过品种审定，即对新育成的品种或新引进的品种根据审定标准和规定程序，针对品种试验结果进行审核鉴定，决定能否销售或推广并确定适宜推广区域。对部分非主要农作物而言，我国还实行品种登记制度。品种登记的目的是确保进入市场的种子合法，杜绝假冒，建立种业诚信体系和实现可追溯管理。向农业行政主管部门提交申请文件和种子样品申请品种登记，申请人要对其真实性负责，接受监督检查。在申请品种权、品种审定和品种登记时，均需要根据相关行政管理规定提交一定数量的样品。如果将为申请品种权、品种审定或者品种登记的需要而生产繁殖一定数量样品的行为认定为侵权，则不利于植物新品种的研发和行政管理。为此，新的品种权司法解释第十一条第二项规定，利用授权品种培育形成新品种后，为品种权申请、品种审定、品种登记需要而重复利用授权品种的繁殖材料进行的生产、繁殖行为属于科研活动。

具体适用第十一条第二项的例外规定时，需注意重复利用授权品种繁殖材料的行为应该以为品种权申请、品种审定、品种登记需要为限，符合比例原则。具体可以考虑：重复利用授权品种繁殖材料行为的目的是否正当，即是否为品种权申请、审定、登记，以及品种权申请、品种审定、品种登记所需要的繁殖材料规模、范围是否为上述目的所必需。需要特别强调的是，获得品种权授权、通过品种审定或者品种登记后，当事人面向市场推广该新品种时，将他人授权品种的繁殖材料重复使用于生产自己品种的繁殖材料的，需要经过作为父母系的授权品种权利人的同意或许可。

### （三）关于农民自繁自用

我国是农业大国，农民群体庞大。作为一种反哺机制，我国保留了农民对种子自繁自用的权利。随着我国农村土地改革的推进和深化，逐渐出现了新型农民承包大户，以农民专业合作社和家庭农场等新型主体作侵权掩护的现象时有发生，因此，既要依法保护农民的合法正当权益，又要防止滥用农民自繁自用权利实施侵权行为。如何确定农民自繁自用例外的标准和界限，实现农民与品种权人的利益平衡，至关重要。

有观点认为，应该严格限定农民自繁自用例外的适用范围，明确限定农民在其家庭农村土地承包经营合同约定的土地范围内自繁自用授权品种的繁殖材料，且繁殖材料使用量不超过其合理自用量的，才适用自繁自用例外；超出农民家庭联产承包土地的范围及用种量的行为构成侵权行为。理由是：目前农民自留种或串换种情况较少见，一般都是自购种子；以农民自繁自用为借口，以农民为掩护，打着农民旗号，租赁土地实施非法繁殖，制售套包、白包（彩包）侵权种子情况越来越多。另有观点认为，不宜将农民自繁自用例外的适用范围限制过窄。理由是：种子法明确规定了农民自繁自用例外，法律明确表达了对该例外的支持态度；农民相对处于社会生产的弱势地位，不应当对其行为进行过多限制，打击农民种粮的积极性，影响农业生产和农村稳定。

综合考虑上述意见的合理之处，尤其是种子法第三十七条明确规定“农民个人自繁自用的常规种子有剩余的，可以在当地集贸市场上出售、串换”，新的品种权司法解释既明确典型情形下农民自繁自用例外的法律边界，又针对现实情况的复杂性保留一定的制度灵活性，形成了第十二条的规定，力图在制度层面平衡农民自繁自用的生存权益和品种权人的正当利益。第十二条第一款对典型的农民自繁自用行为作出界定，凡是农民在其家庭农村承包经营土地范围内的自繁自用行为，均属于侵权例外；第二款对典型的农民自繁自用行为以外的行为作出原则性指引，明确了应当综合考虑的各种具体因素，即综合考虑被诉侵权行为的目的、规模以及是否营利等因素予以认定。在具体适用时，目的因素主要可以考虑是为商业目的还是为私人或者家庭目的；规模因素主要可以考虑土地范围、被诉侵权物数量等；是否营利因素主要可以考虑是否从中获得利益。当然，对于这一条款的适用，还需要在实践中进一步积累经验。

### （四）关于合法来源抗辩

合法来源抗辩是知识产权领域常见的抗辩事由。虽然品种权纠纷中的合法来源抗辩尚未通过立法形式得以确立，但已得到大量审判实践的认可。合法来源抗辩的法律基础是民法典关于侵权损害赔偿的过错责任原则，旨在维护交易安全，保护市场交易过程中善意的交易相对人，降低交易成本，维护交易秩序。对符合合法来源构成要件的善意销售者免除赔偿责任，是损害赔偿过错责任原则的必然结果，符合民法基本原则和法律精神。合法来源抗辩有助于引导销售者规范经营，引导品种权人溯源维权，进而打击真正的侵权源头。如果不规定合法来源抗辩，反而会使销售者成为生产者、繁殖者这些侵权源头逃脱侵权责任的“马甲”。《与贸易有关的知识产权协定》第 44 条也为善意销售者免责留下了空间，规定合法来源抗辩符合该协定的要求。

司法实务中对合法来源抗辩在植物品种权领域能否适用及其适用条件长期存在不同认识，新的品种权司法解释第十三条统一了裁判尺度。具体适用时，需要充分注意第十三条针对植物新品种领域的特点而对合法来源抗辩限定的具体条件。首先，合法来源抗辩主体只能是销售者。其次，合法来源抗辩成立的，销售者仍然要承担停止销售以及赔偿权利人维权合理开支等民事责任。最后，判断销售者合法来源抗辩是否成立时，如前所述，不仅要求销售者满足证明购货渠道合法、价格合理和来源清楚等一般要求以外，销售行为还需符合相关种子生产经营许可制度。鉴于种子领域存在比较完善的行政管理规定，适用合法来源抗辩更具实操性，销售者理应依法取得生产经营许可证却无证经营的，原则上应认定合法来源抗辩不成立。

### （五）关于许诺销售行为认定

种子法以及《植物新品种保护条例》仅规定了销售行为，未明确规定许诺销售行为。对于未经许可许诺销售授权品种繁殖材料的行为如何处理以及司法解释应否规定许诺销售行为，实践中存在分歧。第一种意见认为，许诺销售和销售属于不同的行为样态，在种子法以及《植物新品种保护条例》均未规定许诺销售行为的情况下，司法解释不宜规定许诺销售行为。第二种意见认为，许诺销售在专利法等知识产权法中已有明确规定，不将许诺销售行为纳入规制范围，不利于加大品种权的保护力度，司法解释有必要规定许诺销售行为。



新的品种权司法解释基本采纳了第二种意见，第四条规定，以广告、展陈等方式作出销售授权品种的繁殖材料的意思表示的，人民法院可以以销售行为认定处理。这一规定的主要考虑是：

第一，对许诺销售的行为给予规制，有利于加强对品种权的全链条保护。许诺销售行为在侵害植物新品种权纠纷中常见，侵权人在销售过程中往往以授权品种名称向公众进行展示，且为规避风险多选择将繁殖材料隐蔽处理。将“以广告、展陈等方式作出销售授权品种繁殖材料的意思表示的”许诺销售行为纳入销售行为处理，有助于提升对侵害品种权行为的打击力度。

第二，我国已经加入的《国际植物新品种保护公约》（1978 年文本）第 5 条第 1 款对于许诺销售行为有明确规定：“授予育种者权利的效果是在对受保护品种自身的有性或无性繁殖材料进行下列处理时，应事先征得育种者同意：以商业销售为目的之生产；许诺销售；市场销售。”可见，《国际植物新品种保护公约》（1978 年文本）明确要求将许诺销售行为作为侵权行为处理。国内法解释应与我国加入的国际公约一致。虽然法律和行政法规并未规定许诺销售，但是结合我国加入的国际公约以及知识产权理论体系对于销售与许诺销售的理解，应当将许诺销售行为纳入侵权行为处理。

第三，最高人民法院在先案例已经采取了扩张解释销售行为以涵盖许诺销售行为的处理办法。在再审申请人莱州市永恒国槐研究所与被申请人任某雁侵害植物新品种权纠纷案［（2017）最高法民申 5006 号］中，最高人民法院结合《国际植物新品种保护公约》（1978 年文本）的规定，明确指出《植物新品种保护条例》第六条所称的销售应该包括许诺销售行为。该案判决取得了很好的社会效果，并在国际会议上获得好评。新的品种权司法解释第四条借鉴了该案的处理思路。

考虑到审理专利纠纷案件的相关司法解释已经对许诺销售的行为表现作了明确界定，新的品种权司法解释第四条并未过多罗列许诺销售的行为表现，仅仅列举了广告、展陈等方式，在具体把握时，并不以上述列举行为表现方式为限。此外，下一步种子法修改如果将许诺销售行为单独作为一种侵权行为，则应当按照法律规定直接认定为许诺销售侵权，而不用再通过认定为销售侵权行为来处理。

### (六) 关于种植行为认定

根据种子法的规定，品种权侵权行为包括生产、繁殖、销售行为，并未提及单纯的种植行为。植物在种植后的生长期间内，无性繁殖品种可以自我复制和自我繁殖直接形成新个体，如何认定种植行为的性质是司法实务中的难点。有观点认为，对于未经品种权人许可的种植行为本身既不属于生产行为，也不属于繁殖行为，在没有证据证明存在嫁接等行为下，单纯的种植行为仅仅是对繁殖材料的使用，不构成侵权行为。另有观点认为，未经品种权人许可的擅自种植行为损害了品种权人的利益，在法律并未规定相应侵权例外的情况下，种植行为本身即属于生产、繁殖授权品种繁殖材料的行为。

上述两种意见分歧较大，但各有道理。综合考虑上述意见，新的品种权司法解释最后实际上采取了一种折中式的实用主义处理方式，第五条规定，人民法院可以根据案件具体情况，对种植授权品种繁殖材料的行为以生产、繁殖行为认定处理。这一规定的主要考虑是：

第一，如果一律豁免种植行为的侵权责任，不利于植物新品种特别是无性繁殖品种的保护。对于未经品种权人许可种植授权品种繁殖材料的行为，侵权方往往以其系对繁殖材料的使用行为而非生产或者繁殖行为为由提出不侵权抗辩。对于无性繁殖的观赏类植物品种，种植行为本身是该类品种价值的重要实现方式。完全豁免种植行为的侵权责任，显有不妥。

第二，如果简单地将种植行为一律认定为生产、繁殖行为，又会导致打击面过大。由于种子法没有将商业目的作为认定生产、繁殖或者销售这三类侵权行为的构成条件，也没有规定《国际植物新品种保护公约》(1991年文本)中的私人非商业性行为这一侵权例外，将所有种植行为一律按照生产、繁殖行为处理，会将为私人目的的种植行为也纳入品种权保护范围。为此，新的品种权司法解释第五条原则上明确了可以通过将种植行为认定为生产、繁殖行为进而认定侵权成立，至于如何具体把握，未来可以通过指导性案例来进一步明确。在具体个案处理中，人民法院可以参考借鉴《国际植物新品种保护公约》（1991年文本）关于私人非商业性行为例外的精神，考虑种植行为的规模、是否属于私人非商业性行为、是否营利等因素综合作出判定。

### （七）关于违约实施的侵权认定

如果一方当事人违反其与品种权人约定的许可规模实施生产、繁殖、销售行为，由于该行为通常属于未经一方当事人许可或者追认的行为，构成违约与侵权的竞合，品种权人主张该行为构成侵权行为，理应予以支持。但是，如果合同约定的是许可销售的相应区域，品种权人对于被许可人超出许可区域销售授权品种繁殖材料的行为是否可以主张构成侵权，实践中争议较大。有观点认为，如果合同中对于许可区域有约定，违反该约定的行为，应当依合同法律关系处理，而不应当将其作为侵权行为处理。还有观点认为，超出约定的区域销售授权品种的繁殖材料同样属于未获得授权的情形，也应属于违约与侵权的竞合；品种种植通常是有生态区域限制的，而且某些主要农作物需要经过省级品种审定，所以实践中分区域许可的做法比较普遍；实践中要证明超出数量是很难的，权利人必须全部或者大部分掌握被诉侵权人的生产和销售数量才能有效进行证明，对于权利人来说，超出区域和超出数量都可以主张侵权更有利于维权。

经慎重研究，新的品种权司法解释基本采纳了前一种观点。第七条规定，受托人、被许可人超出与品种权人约定的规模或者区域生产、繁殖授权品种的繁殖材料，或者超出与品种权人约定的规模销售授权品种的繁殖材料，品种权人对此主张构成侵权的，人民法院依法予以支持。该条没有将超出约定区域的销售行为明确规定为侵权行为，主要考虑在于：

第一，将超区域销售行为认定为侵权与权利用尽制度不相协调。根据新的品种权司法解释第十条对权利用尽的规定，授权品种的繁殖材料合法售出后，他人符合特定条件的后续销售行为不构成侵权，该行为的这一法律属性原则上不因是否违反区域限定而有所不同。如果规定受托人、被许可人超出约定区域销售的行为认定为侵权行为，则与第十条规定的权利用尽不属于侵权行为相互矛盾。

第二，将超区域销售行为认定为侵权与反垄断法不相协调。限制销售区域可能涉嫌反垄断法禁止的纵向协议，将超出约定区域销售的行为直接作为侵权行为处理，与反垄断法难以协调。出于反不正当竞争法上的考虑，应当减少对商品销售流通环节的限制。

第三，不将超出约定区域销售的行为作为侵权行为处理，不会导致品种权人缺少救济途径，其仍可以通过违约之诉维护其利益。而且，无论是侵权之诉还是违约之诉，对于超出约定区域销售这一行为而言，品种权人的举证责任和举证难度并无实质差异。

第四，有关种子经营行政许可的区域范围限定，不是将对超区域销售行为认定为民事侵权的依据。行政管理并不当然产生可以作为绝对权保护的民事权益。如果受托人、被许可人超出区域销售的行为违反经营许可证限定的区域，行政执法机关可以给予行政处罚，但是并不意味着该行为当然构成民事侵权行为。

具体适用新的品种权司法解释第七条时，既要注意区分不同的被诉侵权行为类型，又要注意区分合同约定的不同内容。对于生产、繁殖行为而言，无论合同约定的是规模还是区域，超过约定规模或者区域实施生产或者繁殖的，均构成侵权与违约的竞合；对于销售行为而言，超出合同约定规模销售的，构成侵权与违约的竞合；仅仅超出合同约定的区域销售的，一般不构成侵权与违约的竞合，品种权人可以依据合同寻求违约救济。

## 五、其他问题

### （一）关于品种权的行使与收益分配

考虑到共有知识产权的行使规则不同于一般物权需要共有权人同意方可处分的规则，新的品种权司法解释第一条对于品种共有权行使及收益分配进行了规定，明确了品种权共有人有实施品种权的自由以及相关利益分配的规则，为保障权利有效行使提供了指引，有利于减少共有人之间的纷争。第一条第一款明确了共有权行使约定优先、无约定或者约定不明则可以单独实施或者以普通许可方式实施的原则。第一条第二款规定了共有人单独实施品种权获得的收益原则上归实施者本人所有，无须分配给其他共有人；同时，为了避免特殊情况下利益严重失衡，该款特别规定了例外情形，即其他共有人有证据证明其不具备实施能力或者实施条件时，单独实施方获得的收益可以适当分配一部分给其他共有人。

在品种权存在转让行为时起诉主体的确定方面，新的品种权司法解释第二条采取以登记、公告为准的公示公信原则。植物新品种权的审查和授予由国务院农业、林业主管部门分别负责，该权利的存在与否、期限长短以及归属均由相应行政主管部门负责登记。著录事项变更登记虽然是一种行政管理措施，但其涉及权利人利益和公共利益，植物新品种权的变动应当进行公示。品种权没有进行登记公示之前，品种权转让行为并未生效，因此第二条明确规定，品种权转让未经国务院农业、林业主管部门登记、公告，受让人以品种权人名义提起侵害品种权诉讼的，人民法院不予受理。实践应用中还要注意，目前国务院农业、林业主管部门的有关行政规章对品种权转让合同生效时点是登记之日还是公告之日的具体规定有所不同。

### （二）关于作为品种权保护对象的繁殖材料

根据我国现行植物新品种权保护制度，品种权的保护对象是授权品种的繁殖材料。品种权保护制度通过保护繁殖材料来保护品种权人利益，不同于专利制度以公开技术方案换得保护的原则。新的品种权司法解释第三条规定了繁殖材料应当满足的条件，明确以繁殖材料为对象保护品种权的基本原则，有利于厘清品种权保护与专利权保护的异同，精准认定被诉侵权行为。

我国加入的《国际植物新品种保护公约》（1978 年文本）第 5 条将品种权的保护对象限定在有性或无性繁殖材料，且无性繁殖材料应包括植物整株。

我国尚未加入的《国际植物新品种保护公约》（1991 年文本）第 14 条第 2 项将保护范围由繁殖材料延伸至了收获材料及直接制成品。

我国种子法和《植物新品种保护条例》虽然将品种权的保护对象限定为植物新品种的繁殖材料，但是均未对繁殖材料作出明确界定。

对于品种权的保护范围，2007 年司法解释在征求意见时，有关部门存在不同意见。有意见认为，应以审批机关批准的品种权申请文件记载的特异性为保护范围；另有意见主张，申请品种的全部遗传特性都包含在繁殖材料中，应以繁殖材料来确定品种权保护范围。2007 年司法解释初稿也曾经基于专利权与品种权最为接近的考虑，拟借鉴专利侵权认定的方法，但因植物品种是活体，以繁殖材料为载体的生物遗传特性难以用文字全面、准确地描述，最终确定以被诉侵权繁殖材料与授权品种具有相同特征特性作为比对标准进行侵权认定，而并未直接规定品种权的保护范围。

繁殖材料和收获材料的判断涉及品种权的保护范围，是品种权法律制度的重要基础。植物新品种获得授权需要具备新颖性、特异性、一致性和稳定性等条件。其中，一致性是指当一个品种的特性除可预期的自然变异外，群体内个体间相关的特征或者特性表现一致；稳定性是指一个品种经过反复繁殖后或者对于特定繁殖周期结束时，其主要性状保持不变。

植物新品种的遗传特性包含在该品种的繁殖材料中，繁殖材料在形成新个体的过程中通过遗传信息传递了品种的特征特性，使得繁殖产生的新个体表达了明显有别于在申请书提交之时已知的其他品种的特性，并且经过繁殖后其特征特性未变，因此，承载并传递品种特征特性的繁殖材料，是品种权人行使独占权的基础。

虽然植物体的籽粒、果实和根、茎、苗、芽、叶等都可能具有繁殖能力，但其是否属于品种权保护范围的繁殖材料，有赖于所涉植物体所繁殖出的植物的一部分或整个植物的新个体，是否具有与该授权品种相同的特征特性。还需指出的是，在当前技术条件下，分子育种受到植物品种的基因型、器官、发育时期等多方面制约，在培育过程中可能产生变异。通过分子育种获得的种植材料是否属于繁殖材料，不能简单地依据植物细胞的全能性来认定，仍应判断该种植材料能否具有繁殖能力，以及繁殖出的新个体能否体现该品种的特征特性。否则，将导致植物体的任何活体材料均可能被不加区分地认定为该品种的繁殖材料。

此外，根据新的品种权司法解释第三条第二款的规定，品种权所保护的繁殖材料与获得该繁殖材料所采取的育种方式无关。虽然在申请品种权时，申请人提交的是采用以特定育种方式获得的繁殖材料，但并不意味着授权品种的保护范围仅限于以该育种方式获得的繁殖材料，以其他方式获得的繁殖材料亦属于该品种的保护范围。

### (三) 关于被诉侵权品种使用与授权品种相同名称时的处理

实践中，被诉侵权人使用授权品种名称从事侵权的行为多发，是一种目前较为突出、典型的种子套牌侵权行为。在诉讼中，当品种权人举证证明被诉侵权品种繁殖材料使用的名称与授权品种相同时，被诉侵权人往往以被诉侵权品种繁殖材料并非授权品种繁殖材料为由提出抗辩。此时，如果要求品种权人提供进一步的证据以证明被诉侵权品种繁殖材料确系授权品种繁殖材料，则品种权人将不得不采取鉴定等方式实现证明目的，大大增加维权难度。

实际上，品种权的名称有相应的法律制度规范，授权品种的名称具有独特性，系该品种的通用名称。种子法第二十七条规定："授予植物新品种权的植物新品种名称，应当与相同或者相近的植物属或者种中已知品种的名称相区别。该名称经授权后即为该植物新品种的通用名称……同一植物品种在申请品种权保护、品种审定、品种登记、推广、销售时只能使用同一个名称……"据此，如果被诉侵权人使用授权品种的名称从事侵权行为，其涉及的繁殖材料属于授权品种繁殖材料的可能性极大。

因此，新的品种权司法解释第六条前半段规定，如果被诉侵权品种繁殖材料使用的名称与授权品种相同的，人民法院可以推定被诉侵权品种繁殖材料属于授权品种繁殖材料，从而将证明二者不属于同一品种的举证责任施加给被诉侵权人，大大降低了品种权人的举证难度，为品种权人维权提供了更大便利。

如果被诉侵权人证明，其虽然使用了与授权品种相同的名称，但是其被诉侵权繁殖材料确实不属于授权品种繁殖材料，此时被诉侵权人的行为构成假冒授权品种行为。种子法第七十三条第六款和《植物新品种保护条例》第四十条均规定，假冒授权品种的，可以责令停止假冒行为，没收违法所得和植物品种繁殖材料。上述规定未将假冒授权品种行为包括在侵害植物新品种权的行为中。

学术界通常认为，侵权行为与假冒行为并不相同，假冒行为属于不正当地利用了品种名称承载的商业信誉，属于不正当竞争行为，不属于侵犯植物新品种权的行为。

与学术界不同的是，实务界则是将套牌假冒纳入侵权中进行处理，在民事案件案由中将假冒品种权纳入侵害植物新品和权行为。种子法对于假冒授权品种行为仅规定了行政处罚，并未规定民事责任。对于假冒授权品种这一侵权行为的民事责任如何确定，实践中存在三种途径：一是参照假冒专利行为确定；二是参照擅自使用与他人有一定影响的商品名称相同或者近似的标识的不正当竞争行为确定；三是参照假冒注册商标行为确定。

新的品种权司法解释第六条后半段选择了第三种路径。之所以规定参照假冒注册商标行为的有关规定处理，主要考虑：

其一，品种名称有指示特定品种来源的作用，其功能与商标更为近似。

其二，假冒注册商标行为可以适用惩罚性赔偿的相关司法解释，参照假冒注册商标行为处理，则可以大大提高对假冒授权品种的打击力度。

其三，假冒专利行为要么仅仅虚构专利号，并未侵害具体专利权人的利益，要么假冒他人专利号，并不实施专利技术方案，与权利人的损失之间的因果关系较远，适用侵权损害赔偿时在因果关系上需要区分情形，参照假冒专利确定损害赔偿比较困难。而参照假冒商标处理，则因果关系更为清晰，确定损害赔偿更加便利，且如前所述，还便于适用惩罚性赔偿的相关司法解释。

## （四）关于帮助侵权行为

新的品种权司法解释第八条将品种权保护延伸到为他人侵权提供收购、存储、运输、以繁殖为目的的加工处理以及提供证明材料等帮助环节，形成了对侵权行为的全链条打击，大大提高了品种权的保护水平。根据该条规定，侵害品种权意义上的帮助侵权行为并非泛指任何形式的帮助行为。在依据民法典第一千一百六十九条的规定认定有关帮助侵权行为时，应注意审查如下要件。

第一，主观要件。帮助行为人知道或者应当知道自己的行为是在帮助侵权人实施侵害品种权行为，其积极推动或者放任侵权结果发生，具有主观恶意。应当知道包括根据具体情况推定帮助行为人应当知道。

第二，客观要件。帮助行为人实施了积极的帮助行为，客观上为侵权行为提供了实质性的服务或者条件，例如收购、存储、运输、以繁殖为目的的加工处理以及提供相关证明材料等。以繁殖为目的的加工处理是指为便于繁殖而加工，例如给种子包衣等，不包括破坏种子活性的加工行为。提供相关证明材料包括提供植物新品种权证书、品种权授权证明、种子生产经营许可证等证明材料。

第三，帮助行为与被帮助者侵害品种权行为造成的损害后果之间具有因果关系。帮助他人实施侵权行为的，应当与被帮助者承担连带责任。

需要指出的是，第八条通过对帮助侵权行为的规定，还间接补充了侵害品种权纠纷案件的管辖连结点。对上述帮助侵权行为，收购地、储存地、运输地、以繁殖为目的的加工处理地等可以作为确定管辖连结点的依据。

### （五）关于被诉侵权物既是繁殖材料又可以作为收获材料时的处理

侵害品种权的生产、销售行为较为隐蔽，对于制种季节性、地域性较强的品种，权利人举证存在一定困难。此外，我国法律对于品种权的保护范围仅包括繁殖材料而不包括收获材料，对于既是繁殖材料又是收获材料的被诉侵权物，被诉侵权方往往抗辩所涉植物体是收获材料，以图逃避侵权责任。对此，新的品种权司法解释第九条规定，被诉侵权物既是繁殖材料又可以作为收获材料时，被诉侵权方主张被诉侵权物系作为收获材料用于消费而非用于生产、繁殖的，应当承担举证责任。如果被诉销售商主张其销售行为所涉植物体为收获材料而非繁殖材料，并提供了相应证据，人民法院在具体审查时可以关注该销售者销售该繁殖材料的真实意图，即其意图是将该植物体作为繁殖材料销售还是作为收获材料销售。如果被诉繁殖材料的使用者抗辩其属于使用行为而非生产、繁殖行为的，可以审查该使用者的实际使用情况，例如是将繁殖材料直接用于消费还是将其用于繁殖授权品种。

### （六）关于强化品种权保护的司法措施

为进一步加强品种权司法保护的及时性和有效性，新的品种权司法解释规定了三项司法救济举措。

一是部分先行判决并且可以同时采取临时禁令措施。为了保护当事人的权利，防止因诉讼周期过长导致原告合法权益受到持续的、进一步的侵害，实现以最少的时间、最小的成本解决纠纷，第十四条规定，对于案涉事实中已经审理清楚的部分，可以先行作出部分判决。同时，根据植物繁殖材料的特点，明确了在先行判决停止侵害的同时，还可以依据当事人的请求和具体案情，责令采取消灭活性等阻止被诉侵权物扩散、繁殖的临时禁令措施。需要说明的是，这种临时禁令措施并非只有在先行判决停止侵害时才能采取，而是为了弥补一审责令停止侵害判决尚未生效时缺乏执行力的制度弱点，人民法院在一审、二审审理过程中包括在作出一审判决时，如确有必要都可以随时采取临时禁令措施。

二是文书提供命令制度。第十五条借鉴专利法等法律的相关规定，明确规定了文书提供命令制度：人民法院为确定赔偿数额，在权利人已经尽力举证，而与侵权行为相关的账簿、资料主要由被诉侵权人掌握的情况下，可以责令被诉侵权人提供与侵权行为相关的账簿、资料；被诉侵权人不提供或者提供虚假账簿、资料的，人民法院可以参考权利人的主张和提供的证据判定赔偿数额。

三是举证妨碍制度。种子的生产和销售不仅具有地域选择性，而且在时间上也集中在短暂的农忙时节，由此决定了侵权证据的发现和固定难度大。同时，人民法院在采取证据保全措施时，因种子多为受托农民繁育，抗拒保全、转移、毁损被保全物等现象时有发生。为此，第十六条规定，被诉侵权人有抗拒保全或者擅自拆封、转移、毁损被保全物等举证妨碍行为，致使案件相关事实无法查明的，人民法院可以推定权利人就该证据所涉证明事项的主张成立；构成民事诉讼法第一百一十一条①规定情形的，依法追究法律责任。根据第十六条后半句的规定，构成妨害民事诉讼行为的，可以根据情节轻重依法予以罚款、拘留等。上述规定明显有利于品种权案件的证据固定和侵权事实的查明。

## （七）关于惩罚性赔偿的适用

我国民法典第一千一百八十五条规定了知识产权侵权惩罚性赔偿制度："故意侵害他人知识产权，情节严重的，被侵权人有权请求相应的惩罚性赔偿。"植物新品种权领域是我国较早采用惩罚性赔偿制度的领域之一。在民法典颁布之前，种子法第七十三条第三款就规定了侵害品种权的惩罚性赔偿："侵犯植物新品种权，情节严重的，可以在按照上述方法确定数额的一倍以上三倍以下确定赔偿数额。"2021年3月2日发布的《最高人民法院关于审理侵害知识产权民事案件适用惩罚性赔偿的解释》规定了惩罚性赔偿的适用标准。新的品种权司法解释第十七条结合侵害品种权行为的特点，进一步列举了属于情节严重的六种情节，明确了适用惩罚性赔偿的条件以及惩罚性倍数的确定，为积极适用惩罚性赔偿作出具体指引。

第十七条第二款还根据情节严重程度的不同，进一步区分了可以在计

① 现为第一百一十四条。——编者注

算基数的二倍以上确定惩罚性赔偿数额的情节，体现了对严重侵权行为的严厉打击态度。这些情节包括：因侵权被行政处罚或者法院裁判承担责任后，再次实施相同或者类似侵权行为；以侵害品种权为业；以无标识、标签的包装销售授权品种；未取得种子生产经营许可证生产经营种子；以欺骗、贿赂等不正当手段取得种子生产经营许可证；伪造、变造、买卖、租借种子生产经营许可证。考虑到目前种子法限定的惩罚性赔偿倍数为一倍以上三倍以下，与现行有关知识产权专门法规定的一倍以上五倍以下有所差异，故新的品种权司法解释没有规定惩罚性倍数的上限，留待未来种子法的修改确定。



### （八）关于终止期实施费和临时保护期使用费

新的品种权司法解释第十八条和第十九条分别规定了终止期实施费及临时保护期使用费的确定问题。

当事人因正当理由而耽误法定期限或者品种保护办公室指定的期限，造成其权利丧失的，可以自收到通知之日起二个月内向品种保护办公室说明理由，请求恢复其权利。第十八条规定，品种权终止后依法恢复权利，权利人要求实施品种权的单位或者个人支付终止期间实施品种权的费用的，人民法院可以参照有关品种权实施许可费，结合品种类型、种植时间、经营规模、当时的市场价值等因素合理确定。

《植物新品种保护条例》第三十三条规定，品种权被授予后，在自初步审查合格公告之日起至被授予品种权之日止的期间，对未经申请人许可，为商业目的生产或者销售该授权品种的繁殖材料的单位和个人，品种权人享有追偿的权利。种子法虽对此未作规定，但人民法院仍应贯彻落实《植物新品种保护条例》第三十三条规定的精神。品种权人从初审公告到授权的期间内，其有权要求生产或者销售该授权品种的繁殖材料的单位和个人支付的费用实际上具有一定经济补偿的性质，法律关系类似于不当得利之债。此类纠纷的案由定为植物新品种临时保护期使用费纠纷较为妥当。持续增长的品种权授权数量导致涉及此类纠纷越来越多。为全面保护品种权人的科技成果，新的品种权司法解释第十九条对于自初审公告至授权期间的被诉行为以及延续至品种授权后的被诉行为分别作了规定，权利人对前者主张权利的，按照植物新品种临时保护期使用费纠纷处理；对后者主张权利的，按照侵权纠纷处理。人民法院对此可以合并审理，但是对于品种权临时保护期使用费和侵权损害赔偿应当分别计算处理。

品种权人对自初审公告之日起至授权之日期间可以追偿的被诉行为类型应当与授权后其可以制止的被诉侵权行为类型一致，因此，新的品种权司法解释第十九条对《植物新品种保护条例》第三十三条的规定作出了适应性的调整，删除了生产、繁殖行为的“为商业目的”这一要求，并增加了“为商业目的将该授权品种的繁殖材料重复使用于生产另一品种的繁殖材料”的行为，有利于保护品种权人的经济利益。

### （九）关于鉴定问题

新的品种权司法解释针对起草调研中以及司法实践中反映的突出问题，在第二十一条至第二十五条分别规定了鉴定人、鉴定方法、重新鉴定、鉴定意见采信等问题。

考虑到目前植物新品种权领域尚无鉴定机构被司法部授予鉴定资格，为增加实操性，第二十条规定，侵害品种权案件的鉴定由当事人在相关领域鉴定人名录或者国务院农业、林业主管部门向人民法院推荐的鉴定人中协商确定；协商不成的，由人民法院从中指定。这一规定是对实务中国务院农业、林业主管部门向人民法院推荐鉴定人的做法予以认可，一定程度上解决了品种鉴定单位及专业鉴定人员的选择问题。

简单重复序列（SSR）、单核苷酸多态性（SNP）、多核苷酸多态性（MNP）等分子标记检测方法是判断品种同一性的快速检测方法，但并非所有的授权品种均有基因指纹图谱库可供同一性鉴定，因此，新的品种权司法解释第二十一条对于没有基因指纹图谱等分子标记检测方法进行鉴定的品种，规定可以采用行业通用方法进行同一性判断。采用行业通用方法对授权品种与被诉侵权物的特征、特性进行同一性判断时，需要注意如下问题。一是要充分考虑待测样品所属植物类别与鉴定机构、鉴定人技术领域的对应性。二是要针对主要特征特性进行形态上比对，充分考虑行业通用的根、茎、叶、花、果、种子等表型特征，同时还可对其育种来源进行比对。三是要考虑芽变品种的测试鉴定的特殊性。对芽变品种而言，目前找到准确可区分的分子标记有难度，芽变品种还高度依赖关键园艺性状的区分。品种权人可申请证据保全，在关键园艺性状表现明显差异的季节，对被诉侵权人列举的关键园艺性状差异进行比对判断。

对于已经存在一份鉴定意见的情况下，当事人是否还可以再次申请鉴定的问题，实务中争议较大。实践中存在只要有分子鉴定报告则不允许当事人进行再次申请鉴定的情况，虽然该做法有助于纠纷及时解决，但如果鉴定报告有实质性缺陷，不进行再次鉴定，则不利于查清侵权事实。当然，如果随意重新鉴定，既会拖延诉讼，也会增加诉讼成本。为此，新的品种权司法解释第二十二条作了相应规定，允许申请复检、补充鉴定或者重新鉴定，但是申请人必须有合理的理由和证据，防止拖延诉讼，引导合理复检，缩短鉴定周期。如存在鉴定机构或鉴定人不具备相应鉴定资质、鉴定程序严重违法、对照样品来源不明、鉴定方法明显依据不足等情况，且申请人提供了相应证据的，原则上应认为有合理理由，可以复检、补充鉴定或者重新鉴定。



采用分子标记法进行鉴定时，可能出现鉴定报告显示待测样品与标准样品的差异接近阈值的情况。授予植物新品种权是以田间种植进行特异性、一致性、稳定性测试（DUS 测试）所确定的性状特征为基础，而 DNA 分子标记检测所采取的核心引物（位点）与 DUS 测试的性状特征之间并不必然具有对应性。因此，对于 DNA 鉴定意见认为待测样品与标准样品的差异接近阈值，两者无明显差异时，并非总能得出两者的特征特性无明显差异的结论。针对上述情形，新的品种权司法解释第二十三条规定，此时证明授权品种与被诉侵权物不属于同一品种的举证责任转移给被诉侵权人，由其提交证据证明被诉侵权品种与授权品种相比具有明显且可重现的差异。同时，该条亦进一步规定了人民法院可以采取其他措施，例如扩大检测位点进行加测、提取授权品种标准样品进行测定等，并结合其他相关因素作出认定。

第二十四条规定了田间观察检测与基因指纹图谱等分子标记检测结论冲突时的证据采信问题。田间观察检测是把待测品种与授权品种相邻种植，通过性状观察确定两者是否为同一品种。将上述两个品种的繁殖材料在田间种植，待植株生长到一定阶段，相关性状充分表达后，根据相关作物 DUS 测试指南要求观察、统计、分析各自性状，结合品种权申请文件的描述，以鉴定该待测品种与授权品种的同一性。DNA 指纹图谱鉴定检测技术是一种常见的分子标记检测方法，由于不同品种间遗传物质 DNA 碱基排列不同，具有高度的特异性，可以通过识别遗传物质 DNA 的碱基排列顺序的差异来区别不同品种。目前农业农村部已经发布农业植物新品种分子标记鉴定国家标准 3 项，SSR 分子标记行业标准 44 项和 SNP 标记法行业标准5项，涵盖水稻、玉米、大豆、棉花、马铃薯、花生、黄瓜、番茄、甘薯、向日葵、柑橘等农作物品种，为快速检测奠定了基础。

前已述及，由于DNA检测所采取的核心引物（位点）与DUS测试的性状特征之间并不必然具有对应性，当DNA鉴定意见认为待测样品与标准样品无明显差异时，不能必然得出两者的特征特性无明显差异的结论。考虑到品种权的审批机关依据田间观察检测对申请品种的特异性、一致性和稳定性进行实质审查，因此，如果侵权案件审理中出现田间观察检测与基因指纹图谱等分子标记检测结论相互矛盾的情况，则应以田间观察检测结论为准。

# 最高人民法院
# 关于审理使用人脸识别技术处理个人信息相关民事案件适用法律若干问题的规定

法释〔2021〕15号

（2021年6月8日最高人民法院审判委员会第1841次会议通过
2021年7月27日最高人民法院公告公布
自2021年8月1日起施行）

为正确审理使用人脸识别技术处理个人信息相关民事案件，保护当事人合法权益，促进数字经济健康发展，根据《中华人民共和国民法典》《中华人民共和国网络安全法》《中华人民共和国消费者权益保护法》《中华人民共和国电子商务法》《中华人民共和国民事诉讼法》等法律的规定，结合审判实践，制定本规定。

**第一条** 因信息处理者违反法律、行政法规的规定或者双方的约定使用人脸识别技术处理人脸信息、处理基于人脸识别技术生成的人脸信息所引起的民事案件，适用本规定。

人脸信息的处理包括人脸信息的收集、存储、使用、加工、传输、提供、公开等。

本规定所称人脸信息属于民法典第一千零三十四条规定的“生物识别信息”。

**第二条** 信息处理者处理人脸信息有下列情形之一的，人民法院应当认定属于侵害自然人人格权益的行为：

（一）在宾馆、商场、银行、车站、机场、体育场馆、娱乐场所等经营场所、公共场所违反法律、行政法规的规定使用人脸识别技术进行人脸验证、辨识或者分析；

（二）未公开处理人脸信息的规则或者未明示处理的目的、方式、范围；

（三）基于个人同意处理人脸信息的，未征得自然人或者其监护人的单独同意，或者未按照法律、行政法规的规定征得自然人或者其监护人的书面同意；

（四）违反信息处理者明示或者双方约定的处理人脸信息的目的、方式、范围等；

（五）未采取应有的技术措施或者其他必要措施确保其收集、存储的人脸信息安全，致使人脸信息泄露、篡改、丢失；

（六）违反法律、行政法规的规定或者双方的约定，向他人提供人脸信息；

（七）违背公序良俗处理人脸信息；

（八）违反合法、正当、必要原则处理人脸信息的其他情形。

**第三条** 人民法院认定信息处理者承担侵害自然人人格权益的民事责任，应当适用民法典第九百九十八条的规定，并结合案件具体情况综合考量受害人是否为未成年人、告知同意情况以及信息处理的必要程度等因素。

**第四条** 有下列情形之一，信息处理者以已征得自然人或者其监护人同意为由抗辩的，人民法院不予支持：

（一）信息处理者要求自然人同意处理其人脸信息才提供产品或者服务的，但是处理人脸信息属于提供产品或者服务所必需的除外；

（二）信息处理者以与其他授权捆绑等方式要求自然人同意处理其人脸信息的；

（三）强迫或者变相强迫自然人同意处理其人脸信息的其他情形。

**第五条** 有下列情形之一，信息处理者主张其不承担民事责任的，人民法院依法予以支持：

（一）为应对突发公共卫生事件，或者紧急情况下为保护自然人的生命健康和财产安全所必需而处理人脸信息的；

（二）为维护公共安全，依据国家有关规定在公共场所使用人脸识别技术的；

（三）为公共利益实施新闻报道、舆论监督等行为在合理的范围内处理人脸信息的；

（四）在自然人或者其监护人同意的范围内合理处理人脸信息的；

（五）符合法律、行政法规规定的其他情形。

**第六条** 当事人请求信息处理者承担民事责任的，人民法院应当依据民事诉讼法第六十四条及《最高人民法院关于适用〈中华人民共和国民事诉讼法〉的解释》第九十条、第九十一条，《最高人民法院关于民事诉讼证据的若干规定》的相关规定确定双方当事人的举证责任。

信息处理者主张其行为符合民法典第一千零三十五条第一款规定情形的，应当就此所依据的事实承担举证责任。

信息处理者主张其不承担民事责任的，应当就其行为符合本规定第五条规定的情形承担举证责任。

**第七条** 多个信息处理者处理人脸信息侵害自然人人格权益，该自然人主张多个信息处理者按照过错程度和造成损害结果的大小承担侵权责任的，人民法院依法予以支持；符合民法典第一千一百六十八条、第一千一百六十九条第一款、第一千一百七十条、第一千一百七十一条等规定的相应情形，该自然人主张多个信息处理者承担连带责任的，人民法院依法予以支持。

信息处理者利用网络服务处理人脸信息侵害自然人人格权益的，适用民法典第一千一百九十五条、第一千一百九十六条、第一千一百九十七条等规定。

**第八条** 信息处理者处理人脸信息侵害自然人人格权益造成财产损失，该自然人依据民法典第一千一百八十二条主张财产损害赔偿的，人民法院依法予以支持。

自然人为制止侵权行为所支付的合理开支，可以认定为民法典第一千一百八十二条规定的财产损失。合理开支包括该自然人或者委托代理人对侵权行为进行调查、取证的合理费用。人民法院根据当事人的请求和具体案情，可以将合理的律师费用计算在赔偿范围内。

**第九条** 自然人有证据证明信息处理者使用人脸识别技术正在实施或者即将实施侵害其隐私权或者其他人格权益的行为，不及时制止将使其合法权益受到难以弥补的损害，向人民法院申请采取责令信息处理者停止有关行为的措施的，人民法院可以根据案件具体情况依法作出人格权侵害禁令。

**第十条** 物业服务企业或者其他建筑物管理人以人脸识别作为业主或者物业使用人出入物业服务区域的唯一验证方式，不同意的业主或者物业使用人请求其提供其他合理验证方式的，人民法院依法予以支持。

物业服务企业或者其他建筑物管理人存在本规定第二条规定的情形，当事人请求物业服务企业或者其他建筑物管理人承担侵权责任的，人民法院依法予以支持。

**第十一条** 信息处理者采用格式条款与自然人订立合同，要求自然人授予其无期限限制、不可撤销、可任意转授权等处理人脸信息的权利，该自然人依据民法典第四百九十七条请求确认格式条款无效的，人民法院依法予以支持。

**第十二条** 信息处理者违反约定处理自然人的人脸信息，该自然人请求其承担违约责任的，人民法院依法予以支持。该自然人请求信息处理者承担违约责任时，请求删除人脸信息的，人民法院依法予以支持；信息处理者以双方未对人脸信息的删除作出约定为由抗辩的，人民法院不予支持。

**第十三条** 基于同一信息处理者处理人脸信息侵害自然人人格权益发生的纠纷，多个受害人分别向同一人民法院起诉的，经当事人同意，人民法院可以合并审理。

**第十四条** 信息处理者处理人脸信息的行为符合民事诉讼法第五十五条、消费者权益保护法第四十七条或者其他法律关于民事公益诉讼的相关规定，法律规定的机关和有关组织提起民事公益诉讼的，人民法院应予受理。

**第十五条** 自然人死亡后，信息处理者违反法律、行政法规的规定或者双方的约定处理人脸信息，死者的近亲属依据民法典第九百九十四条请求信息处理者承担民事责任的，适用本规定。

**第十六条** 本规定自 2021 年 8 月 1 日起施行。

信息处理者使用人脸识别技术处理人脸信息、处理基于人脸识别技术生成的人脸信息的行为发生在本规定施行前的，不适用本规定。

民商事篇

# 《最高人民法院关于审理使用人脸识别技术处理个人信息相关民事案件适用法律若干问题的规定》的理解与适用

郭　锋　陈龙业　贾玉慧　张　音*

为正确审理使用人脸识别技术处理个人信息相关民事案件，保护当事人合法权益，促进数字经济健康发展，2021 年 6 月 8 日，最高人民法院审判委员会第 1841 次会议审议通过了《最高人民法院关于审理使用人脸识别技术处理个人信息相关民事案件适用法律若干问题的规定》（法释〔2021〕15 号，以下简称《规定》），自 2021 年 8 月 1 日起施行。本文就《规定》的起草背景、起草过程及重点条文进行说明，便于广大法官准确理解和适用。

## 一、《规定》起草的背景

人脸识别技术是指通过对人脸信息的自动化处理，实现验证个人身份、辨识特定自然人或者预测分析个人特征等目的的一项生物识别技术。人脸识别是人工智能的重要应用。近年来，随着信息技术飞速发展，人脸识别逐步渗透到人们生活的方方面面，大到智慧城市建设，小到手机客户端的登录解锁，都能见到人脸识别的应用。在国境边防、公共交通、城市治安、疫情防控等诸多领域，人脸识别技术发挥着巨大作用。

在为社会生活带来便利的同时，人脸识别技术所带来的个人信息保护问题也日益凸显，一些经营者滥用人脸识别技术侵害自然人合法权益的事

* 作者单位：最高人民法院研究室。

件频发，引发社会公众的普遍关注和担忧。

比如，有些知名门店使用无感式人脸识别技术，在未经同意的情况下擅自采集消费者人脸信息，分析消费者的性别、年龄、心情等，进而采取不同营销策略。

又如，有些物业服务企业强制将人脸识别作为业主出入小区或者单元门的唯一验证方式，要求业主录入人脸并绑定相关个人信息，未经识别的业主不得进入小区。

再如，部分线上平台或者应用软件强制索取用户的人脸信息，还有的卖家在社交平台和网站公开售卖人脸识别视频、买卖人脸信息等。因人脸信息等身份信息泄露导致被贷款、被诈骗，隐私权、名誉权被侵害等现象也多有发生，甚至还有一些犯罪分子利用非法获取的身份证照片等个人信息制作成动态视频，破解人脸识别验证程序，实施窃取财产、虚开增值税普通发票等犯罪行为。

上述行为严重损害自然人的人格权益，侵害其人身、财产等合法权益，破坏社会秩序，亟待规制。

人脸信息属于敏感个人信息中的生物识别信息，是生物识别信息中社交属性最强、最易采集的个人信息，具有唯一性和不可更改性，一旦泄露将对个人的人身和财产安全造成极大危害，甚至还可能威胁公共安全。

据App专项治理工作组2020年发布的《人脸识别应用公众调研报告》显示，在2万多名受访者中，94.07%的受访者用过人脸识别技术，64.39%的受访者认为人脸识别技术有被滥用的趋势，30.86%的受访者已经因为人脸信息泄露、滥用等遭受损失或者隐私被侵犯。

这段时间，人脸识别成为热门名词，社会公众对人脸识别技术滥用的担心不断增加，强化人脸信息保护的呼声日益高涨。

党中央高度重视个人信息保护工作。习近平总书记多次强调，要坚持网络安全为人民、网络安全靠人民，保障个人信息安全，维护公民在网络空间的合法权益，对加强个人信息保护工作提出明确要求。

最高人民法院深入学习贯彻习近平法治思想，立足人民群众现实需求，以问题为导向，充分发挥审判职能作用，主动回应人民关切和期待，严格依照民法典、网络安全法、消费者权益保护法、电子商务法、民事诉讼法等法律，吸收个人信息保护立法有关经验成果，在充分调研基础上制定了《规定》，对人脸信息提供司法保护。

## 二、《规定》的起草过程

为及时对滥用人脸识别问题作出司法统一规定，最高人民法院专门成立了起草小组，紧锣密鼓地开展涉人脸识别司法解释的调研起草工作。

2021年3月中旬，起草小组向全国各高级法院下发通知征集意见、建议，并与个人信息保护领域专家学者进行深入探讨。在认真梳理各高院意见、专家学者意见和国内外相关资料的基础上，构建了司法解释整体框架，拟定了需要重点解决的问题清单。

3月底到4月初，起草小组先后在江苏高院、北京互联网法院进行调研座谈，听取全国部分高院和北京市三级法院部分审判业务专家意见，形成司法解释初稿。

4月8日，在最高人民法院机关召开专项工作小组会，起草小组各成员单位对司法解释初稿逐条进行研究论证。

4月中下旬，起草小组又分别在上海、四川召开全国部分法院座谈会，听取审判一线法官的意见建议，并委托地方法院就小区物业安装人脸识别门禁等问题开展实地调研。

为确保司法解释质量，起草小组又组织召开了专家论证会，邀请全国人大常委会法工委、中央网信办、中国人民大学、清华大学等单位的有关负责同志、专家学者以及部分审判业务专家参加论证。

起草过程中，起草小组始终与全国人大常委会法工委、中央网信办等单位保持常态化沟通，及时研究解决重点难点问题。形成征求意见稿后，广泛征求全国人大常委会法工委、中央政法委、中央网信办、公安部、最高人民检察院、司法部、工信部、市场监管总局等中央有关单位以及国内知名专家学者的意见、建议。在认真吸收各方意见、建议基础上，形成送审稿，提请审委会审议。

此后，起草小组又根据审委会决议对司法解释部分条文表述进行修改完善，并征求中央宣传部意见，再次征求全国人大常委会法工委意见。中央宣传部、全国人大常委会法工委回函均表示无不同意见。可以说，在全国人大常委会法工委的全程指导下，在中央有关部门的大力支持下，《规定》认真参考、吸收各方面意见和建议，是理论界和实务界共同智慧的结晶。

## 三、《规定》的基本原则

《规定》的起草，始终坚持四个原则。

一是以人民为中心，回应群众所急所盼。人脸识别技术为人民群众的生活带来了便利，而该技术的滥用不同程度侵害了人民群众的合法权益，引发了社会的普遍关注和担忧。《规定》的起草，始终坚持以习近平法治思想为指导，牢牢站稳人民立场，积极回应技术滥用这一群众所急所盼的问题，切实加强权益保护。通过对滥用人脸识别问题作出统一司法规定，充分发挥裁判引领作用，实现好、维护好最广大人民群众的根本利益。

二是坚持问题导向，聚焦重点领域。《规定》并非限制人脸识别技术的使用，而是限制人脸识别技术的滥用。《规定》坚持以问题为导向，对人脸识别技术滥用的主要场景进行梳理。比如，经营场所擅自使用远距离、无感式人脸识别技术，小区物业强制刷脸方能进入，部分应用软件强制索取用户人脸信息等，这是人脸识别技术滥用的重点领域，严重影响人民群众的“人脸安全”，甚至引发集体焦虑。对于上述问题，《规定》均提出针对性的司法解决方案。

三是严格依照法律规定，切实符合司法规律。对生物识别信息等敏感个人信息的规制，是一个系统工程。在个人信息保护法以及相关行政法规出台前，起草涉人脸识别司法解释需要注意与立法、行政执法的衔接，做到不缺位、不越位。《规定》的起草坚持用足、用好民法典等现有法律规定，为规制人脸识别技术滥用提供清晰的法律适用指引；秉持审慎原则，对于应由法律或者行政法规作出规定的未予涉及，同时使用“违反法律、行政法规规定”等表述，为与有关法律、行政法规的规定有机衔接预留接口。

四是强化权益保护，注重价值平衡。《规定》将人脸信息等人格权益的保护作为重点，通过明确侵权行为样态、责任承担、举证责任、财产损失范围界定等规则，多角度遏制侵害自然人人格权益的行为。同时，《规定》也十分注重价值平衡，通过细化免责事由、引入动态系统论、明确不溯及既往等，妥善处理好个人利益和公共利益、惩戒侵权行为和促进数字经济发展之间的关系，促进个人信息合法合理使用和数字经济健康发展。

## 四、《规定》的主要内容

《规定》共16条，主要从适用范围、侵权责任、合同规则、诉讼程序等方面对滥用人脸识别问题作出规定。

### （一）关于适用范围

《规定》第一条第一款明确了本司法解释的适用范围。正确理解该款，需注意以下几点。

首先，该款明确界定使用人脸识别技术处理个人信息相关民事案件的外延，具体是指信息处理者违反法律、行政法规的规定或者双方的约定，使用人脸识别技术处理人脸信息、处理基于人脸识别技术生成的人脸信息所引起的民事案件。

之所以将处理基于人脸识别技术生成的人脸信息也纳入调整范围，主要是因为人脸信息的处理包括人脸信息的收集、存储、使用、加工、传输、提供、公开等，处理环节较多、流程较长，实践中往往存在多个信息处理者，如将适用范围限定为使用人脸识别技术处理人脸信息，无法涵盖有些信息处理者并未使用人脸识别技术而只是在后端处理基于人脸识别技术所生成的人脸信息的情形，不利于对人脸信息的全流程保护。

其次，《规定》仅适用于平等民事主体之间因使用人脸识别技术处理人脸信息所引起的相关民事案件。对于国家机关、承担行政职能的法定机构因履行法定职责使用人脸识别技术所引起的行政案件，对于非平等民事主体之间使用人脸识别技术引发的纠纷案件，不适用本《规定》。

最后，该款并未限定侵害权益类型和民事责任类型，因此《规定》涉及的责任承担既包括侵权责任，也包括违约责任，受侵害的权益既包括个人信息权益，也包括肖像权、隐私权、名誉权等人格权以及财产权。

除此之外，《规定》第十五条还明确了自然人死亡后，信息处理者违反法律、行政法规的规定或者双方的约定处理人脸信息，死者的近亲属依据民法典第九百九十四条请求信息处理者承担民事责任的，也要适用本《规定》。

还需要说明的是，《规定》只是针对该领域重点问题进行规定，所牵涉其他问题，法律和其他司法解释已有明确规定，故未作重复规定。在审理此类纠纷时，要注意《规定》与法律、其他司法解释之间的衔接配套。

## (二) 关于人脸信息的界定

“人脸信息”是《规定》中的一个重要概念。

根据民法典第一千零三十四条的规定，个人信息是以电子或者其他方式记录的能够单独或者与其他信息结合识别特定自然人的各种信息，包括自然人的姓名、出生日期、身份证件号码、生物识别信息、住址、电话号码、电子邮箱、健康信息、行踪信息等。

2020年国家标准《信息安全技术个人信息安全规范》(GB/T 35273—2020)以及即将审议通过的个人信息保护法将个人信息进行了分类，包括敏感个人信息和一般个人信息。其中，生物识别信息属于敏感个人信息范畴。个人信息保护法草案专门对敏感个人信息作了特殊规定，以强化对敏感个人信息的保护力度。《信息安全技术个人信息安全规范》对敏感个人信息中的生物识别信息进行了列举，包括个人基因、指纹、声纹、掌纹、虹膜、面部识别特征等信息。

遵循民法典规定，结合个人信息保护立法精神和国家标准，同时参考欧盟《通用数据保护条例》(GDPR)等域外规定，《规定》使用了“人脸信息”这个概念。从种属上看，《规定》中所称“人脸信息”属于民法典第一千零三十四条规定的“生物识别信息”，属于个人信息保护法草案中的“敏感个人信息”。从外延上看，人脸信息不仅包括人脸识别技术通过算法生成的人脸特征数据，还包括人脸识别技术所抓取的原始人脸图像。相较于其他概念，《规定》使用“人脸信息”的概念，不仅符合人脸识别技术所牵涉的个人信息，也更有利于全面保护人民群众的人格权益。

实践中需要注意的是，对原始人脸图像的侵害，既可能是因违反个人信息处理规则而侵害个人信息权益，也可能构成因对肖像的不当使用而侵害自然人的肖像权，要根据所侵害的权益，分别适用民法典人格权编的相关规定。

## (三) 关于侵害自然人人格权益的典型行为

《规定》第二条将几类典型行为明确认定为属于侵害自然人人格权益的行为。现对重点情形介绍如下。

1. 关于在经营场所、公共场所使用人脸识别技术的行为

使用远距离、无感式的人脸识别技术擅自采集人脸信息，是人脸识别

技术滥用的典型样态，引发社会公众普遍质疑。

从域外经验看，美国旧金山、奥克兰、萨默维尔和华盛顿均对远距离、无感式人脸信息采集和使用持否定态度。欧盟2021年4月所公布的《人工智能条例草案》将公共场所的远程生物识别（RBI）系统列为人工智能的高风险应用类型，原则上限定为查找失踪儿童、预防犯罪或恐怖袭击、侦查犯罪等用途。

《规定》第二条第一项明确，“在宾馆、商场、银行、车站、机场、体育场馆、娱乐场所等经营场所、公共场所违反法律、行政法规的规定使用人脸识别技术进行人脸验证、辨识或者分析”属于侵害自然人人格权益的行为。

正确理解该项规定，需注意以下几点。

首先，《规定》第二条第一项采取的是场景式列举，主要针对在经营场所、公共场所采取人脸识别技术进行人脸辨识、人脸分析等现象进行规定，与本条其他项所列情形有所不同。

其次，在经营场所、公共场所处理人脸信息必须遵守现行法律、行政法规对个人信息处理的规定。民法典第一千零三十五条、第一千零三十六条规定了个人信息的处理规则和免责事由，《规定》对上述规则和事由予以细化。从告知同意层面看，除法律、行政法规另有规定外，在经营场所、公共场所使用人脸识别技术处理人脸信息，无论是人脸验证（人脸验证是指将采集的人脸识别数据与已存储的特定自然人的人脸识别数据进行1∶1比对，以确认特定自然人是否为其所声明的身份。一般而言，人脸验证主要应用于需要比对真实身份的场景，比如机场、车站的人证比对，线上支付环境中的人脸验证等，要求相对较高，管理较为规范）、人脸辨识（人脸辨识是指将采集的人脸识别数据与已存储的指定范围内的人脸识别数据进行1∶N比对，以识别特定自然人。人脸辨识的应用场景较为广泛，技术层面也容易实现，比如公园入园、居民小区门禁、商场无感式人脸识别辨识特定客户或者中介等）还是人脸分析（人脸分析是指通过分析人脸图像，预测评估个人年龄、健康、天赋、情绪、工作或者学习专注度等个人特征的活动。人脸分析可能会引发个人歧视，侵害人格尊严），均应征得自然人或者其监护人的单独同意。故线下门店等在经营场所未经自然人单独同意擅自使用人脸识别技术处理人脸信息的行为，属于侵害自然人人格权益的行为。

最后，要注意《规定》第二条第一项与《规定》第五条第二项的衔接。根据民法典第一千零三十六条的规定，为维护公共利益或者自然人合法权益，合理实施的其他行为，信息处理者不承担民事责任。《规定》第五条对民法典上述规定中的公共利益予以细化，明确“为维护公共安全，依据国家有关规定在公共场所使用人脸识别技术的”，不承担民事责任。该规定也与个人信息保护法（草案）第二十七条的立法精神相一致。

2. 关于违反单独同意的行为

告知同意规则，也称知情同意规则，是指任何组织或个人在处理个人信息时都应当对信息主体即其个人信息被处理的自然人进行告知，并在取得同意后从事相应的个人信息处理活动，否则处理行为即属违法，除非法律、行政法规另有规定。

无论是民法典还是网络安全法，都规定了告知同意规则。然而，实践中的人脸识别应用存在各种不规范做法，使得个人同意往往流于形式。人脸信息属于高度敏感的个人信息，也是生物识别信息中社交属性最强、最易采集的个人信息，一旦泄露，将对个人的人身和财产安全造成极大危害。因此，在告知同意上，有必要设定较高标准，以确保个人在充分知情的前提下，考虑对自身权益的后果进而作出同意，让个人充分参与到人脸信息处理的决策之中。

《规定》第二条第三项在民法典第一千零三十五条的基础上，充分吸收个人信息保护立法重要成果，进一步将第一千零三十五条的“同意”细化为“单独同意”，即信息处理者在征得个人同意时，必须就人脸信息处理活动单独取得个人的同意，不能通过一揽子告知同意等方式征得个人同意，否则处理人脸信息的行为属于侵害人格权益的行为。

需要注意的是，单独同意规则只适用于基于个人同意处理人脸信息的情形，对于法律、行政法规所规定的不需要征得个人同意的情形，不适用这一规则。

3. 《规定》第二条所列其他情形

《规定》第二条所列其他情形均系对民法典规定的细化。

其中，第七项之所以对违背公序良俗处理人脸信息的行为予以规定，主要是考虑到信息处理者使用深度伪造等人脸生成技术，违背公序良俗，恶意毁损他人名誉的事件时有发生，对他人人格权益造成严重侵害。结合人脸生成技术所带来的系列问题，对使用人脸识别技术专门予以强调，也为加强人脸信息司法保护预留了空间。

第八项以“违反合法、正当、必要原则处理人脸信息的其他情形”进行兜底，与民法典第一千零三十五条的规定精神保持一致，并保证了逻辑的周延性。

### （四）关于动态系统论的适用

保护人格权是尊重和保护人格尊严的要求，但是，如果对人格权的保护过于绝对和宽泛，则难免会产生与其他权利的冲突。人格权保护的价值并非在所有情形中总是一般性地、抽象地高于其他价值，而必须在个案和具体情形中对所有这些价值进行综合权衡。

民法典第九百九十八条引入动态系统论，有利于协调人格利益与其他价值的冲突，强化人格权的保护。为妥善平衡人脸信息保护和其他权利之间的关系，《规定》第三条也引入动态系统论，在民法典第九百九十八条的基础上，对侵害人脸信息责任认定的考量因素予以进一步细化，增加告知同意情况以及信息处理的必要程度等因素，充分考量信息主体以及信息处理者的实际情况，合理认定民事责任。

在此需要强调的是，伴随着人脸识别应用场景越来越广泛，未成年人的人脸信息被采集的场景也越来越多，既有线上的，也有线下的。比如，商场、小区、公园等场所安装的人脸识别系统，手机上带有人脸识别功能的 App 软件，互联网上需要进行人脸验证的平台等。由于未成年人身心发育尚未成熟，社会阅历有限，个人信息保护意识相对淡薄，加之对新生事物较为好奇，其人脸信息被采集的概率相对较大。未成年人的人脸信息一旦泄露，侵权影响甚至可能伴随其一生，特别是技术歧视或算法偏见所导致的不公平待遇，会直接影响未成年人的人格发展。

从比较法的角度看，欧盟《通用数据保护条例》、美国儿童网上隐私保护法等对未成年人个人信息保护也作出了特别规定。其中，法国对采集儿童人脸信息持极其慎重的态度，例如，以控制校园进出为目的而实施针对儿童的人脸识别是被明确禁止的。

结合我国当前未成年人人脸信息保护现状，《规定》明确将受害人是否为未成年人作为责任认定特殊考量因素，对于违法处理未成年人人脸信息的，在责任承担时依法予以从重从严，确保未成年人人脸信息依法得到特别保护，呵护未成年人健康成长。

### (五) 关于强迫同意无效规则的适用

基于个人同意处理人脸信息的,个人同意是信息处理活动的合法性基础。只要信息处理者不超出个人同意的范围,原则上该行为就不构成侵权行为。

自愿原则是民法典的基本原则之一,个人的同意必须基于自愿而作出,特别是对人脸信息的处理,不能带有任何强迫因素。调研中发现,一些 App 往往使用人脸识别技术将非必要的人脸信息作为提供产品或服务的前提条件,不同意就无法继续安装或使用该应用程序;还有的信息处理者以与其他授权捆绑等方式,强迫或者变相强迫自然人同意处理其人脸信息。这种通过模式设计强制索取人脸信息的行为,导致自然人无法单独对人脸信息作出自愿同意,或者被迫同意处理其本不愿提供且非必要的人脸信息。这是当前公众感受最深、反映最强烈的问题,也是维权较难的问题。

为强化人脸信息保护,防止信息处理者对人脸信息的不当采集,《规定》第四条对处理人脸信息的有效同意采取从严认定的思路。对于信息处理者采取与其他授权捆绑、不点击同意就不提供服务等方式强迫或者变相强迫自然人同意处理其人脸信息,信息处理者据此认为其已征得相应同意的,人民法院不予支持。[从比较法的角度看,欧盟《通用数据保护条例》中的"同意"也必须是"自由、具体、知情、清晰无误"作出的同意,欧盟将违反自由的同意认定为无效同意。]

在适用《规定》第四条时需要注意以下几个问题。

第一,本条适用的前提仅限于基于个人同意处理人脸信息的情形。

第二,当事人针对信息处理者通过强迫同意采集人脸信息,以信息处理者侵害其人格权益为由向人民法院提起诉讼的,人民法院依法予以受理。

第三,本条中"提供产品或者服务所必需"不仅包括事实上的必需,也包括法律、行政法规或者规章有特别规定的情形。

第四,本条规定不仅适用于线上应用,对于需要告知同意的线下场景也同样适用。

### （六）关于免责条款

“保护当事人合法权益，促进数字经济健康发展”是《规定》的制定宗旨。《规定》在起草过程中紧紧围绕这一宗旨，既注重权益保护，又注重价值平衡。

《规定》第五条对民法典第九百九十九条及第一千零三十六条进行细化。其中，根据民法典第九百九十九条，第三项明确规定“为公共利益实施新闻报道、舆论监督等行为在合理的范围内处理人脸信息的”，不承担民事责任；根据民法典第一千零三十六条第一项，第四项明确规定“在自然人或者其监护人同意的范围内合理处理人脸信息的”，不承担民事责任。

考虑到人脸识别在疫情防控、寻找失踪儿童、打击违法犯罪、维护公共安全等方面发挥着巨大作用，《规定》第五条第一项、第二项将民法典第一千零三十六条第三项的“维护公共利益或者该自然人合法权益”细化为两种情形：一是为应对突发公共卫生事件，或者紧急情况下为保护自然人的生命健康和财产安全所必需而处理人脸信息的；二是为维护公共安全，依据国家有关规定在公共场所使用人脸识别技术的。符合上述两种情形的，不承担民事责任。

民法典第一千零三十六条第二项还规定了一个免责事由，即“合理处理该自然人自行公开的或者其他已经合法公开的信息，但是该自然人明确拒绝或者处理该信息侵害其重大利益的除外”。《规定》第五条之所以没有将民法典第一千零三十六条第二项细化，主要是考虑人脸信息作为敏感个人信息，在保护力度上要比一般个人信息强，对于自然人自行公开的人脸图片或者视频资料，信息处理者在未征得该自然人同意的情况下使用人脸识别技术处理这些图像，超出了合理的范畴，且对其自然人人格权益有重大影响，故不符合民法典第一千零三十六条第二项所规定情形。当然，在个案中确实存在处理人脸信息符合民法典第一千零三十六条第二项规定情形的，可以依据《规定》第五条第五项“符合法律、行政法规规定的其他情形”，引向适用民法典的这一规定。

### （七）关于举证责任分配

信息处理者使用人脸识别技术处理人脸信息侵害人格权益相关纠纷的举证责任分配，应当遵循民事诉讼法及相关司法解释的一般性规定。但由于人脸识别技术具有较强的技术性和专业性，实践中，使用人脸识别技术处理人脸信息的有关证据一般均由信息处理者掌握，加之信息主体对于信息处理者如何处理信息并不了解，让信息主体承担信息处理者信息处理行为违法的证明责任，将面临知识和信息上的障碍。有鉴于此，个人信息保护法（草案）采取了过错推定原则，将过错要件的举证责任倒置给信息处理者。

由于归责原则和举证责任倒置具有法定性，在个人信息保护法正式施行前，信息处理者使用人脸识别技术侵害自然人人格权益的案件，能否直接适用过错推定责任原则实行举证责任倒置值得研究。

我们认为，依据现有举证责任的法律适用规则，在用足现有规定特别是民法典第一千零三十五条、第一千零三十六条等规定的基础上，充分考虑双方当事人经济实力不对等、信息不对称等因素，在举证责任分配上课以信息处理者更多的举证责任是可行、合理的。

据此，《规定》第六条第二款规定："信息处理者主张其行为符合民法典第一千零三十五条第一款规定情形的，应当就此所依据的事实承担举证责任。"

## （八）小区物业不得将人脸识别作为出入小区的唯一验证方式

《规定》起草过程中，我们对小区物业使用人脸识别门禁系统问题进行了专门调研，发现各地小区安装人脸识别设备的原因较为复杂，且安装人脸识别设备是否属于民法典第二百七十八条第一款第九项所规定的"有关共有和共同管理权利的其他重大事项"存在一定争议，实践中做法不一，有待进一步积累司法经验。

调研中也发现，群众关心小区物业安装人脸识别设备，集中在强制刷脸的问题上。实践中，部分小区物业强制要求居民录入人脸信息，并将人脸识别作为出入小区的唯一验证方式，这种行为违反了告知同意原则，群众质疑声较大。

有鉴于此，《规定》第十条专门对小区物业强制刷脸问题予以规定。

人脸信息属于敏感个人信息，小区物业对人脸信息的采集、使用必须依法征得业主或者物业使用人的同意。只有业主或者物业使用人自愿同意使用人脸识别，对人脸信息的采集、使用才有了合法性基础。小区物业不能以智能化管理为由，侵害相关居民的人格权益。

为此，《规定》第十条第一款规定："物业服务企业或者其他建筑物管理人以人脸识别作为业主或者物业使用人出入物业服务区域的唯一验证方式，不同意的业主或者物业使用人请求其提供其他合理验证方式的，人民法院依法予以支持。"

根据这一规定，小区物业在使用人脸识别门禁系统录入人脸信息时，应当征得业主或者物业使用人的同意。不同意的业主或者物业使用人，可以向人民法院起诉要求物业服务企业或者其他建筑物管理人提供替代性验证方式。



### （九）其他内容

除上述重点条款外，《规定》还对如下内容进行明确。

1. 多个信息处理者侵权责任的承担

由于人脸信息的处理链条较长，往往涉及多个信息处理者，《规定》第七条依据民法典相关规定对多个信息处理者侵权责任进行法律适用指引。

需要注意的是，第七条第二款的前提是"信息处理者利用网络服务"，而不是"信息处理者利用网络"，"网络服务"在这里专指"他人所提供的网络服务"，不包括"信息处理者利用自身网络"的情形。

2. 合理界定财产损失范围

除适用民法典第一千一百八十二条外，考虑到侵害人脸信息可能并无具体财产损失，但被侵权人为维权支付的相关费用却较大，如果不赔偿，将会造成被侵权人维权成本过高、侵权人违法成本较小的不平衡状态。《规定》第八条明确被侵权人为制止侵权行为所支付的合理开支以及合理的律师费用可作为财产损失请求赔偿。

3. 明确特定格式条款无效

对于信息处理者通过采用格式条款与自然人订立合同，要求自然人授予其无期限限制、不可撤销、可任意转授权等处理人脸信息的权利的，此类条款应属于民法典第四百九十七条第二项所规定的"提供格式条款一方不合理地免除或者减轻其责任、加重对方责任、限制对方主要权利"的情形，《规定》第十一条对其效力予以否定性评价，以防止一些商家滥用格式条款，规范人脸信息处理活动。

4. 细化违约删除规则

《规定》第十二条在民法典第一千零三十七条基础上明确：无论对人脸信息的删除是否有约定，信息处理者违反约定处理自然人的人脸信息，该自然人请求信息处理者承担违约责任时，请求删除人脸信息的，人民法院依法予以支持。

5. 积极倡导民事公益诉讼

由于实践中受害者分散、个人维权成本高、举证能力有限等因素，个人提起诉讼维权的情况相对较少，而公益诉讼制度能够有效弥补这一不足。结合人民法院审理个人信息民事公益诉讼相关实践，《规定》第十四条对涉人脸信息民事公益诉讼予以规定。

# 最高人民法院<br>关于修改《最高人民法院关于审理食品药品纠纷案件适用法律若干问题的规定》的决定

法释〔2021〕17号

（2021年11月15日最高人民法院审判委员会第1850次会议通过
2021年11月18日最高人民法院公告
自2021年12月1日起施行）

根据《中华人民共和国药品管理法》，最高人民法院审判委员会第1850次会议决定对《最高人民法院关于审理食品药品纠纷案件适用法律若干问题的规定》作如下修改：

将第十二条修改为："食品检验机构故意出具虚假检验报告，造成消费者损害，消费者请求其承担连带责任的，人民法院应予支持。

食品检验机构因过失出具不实检验报告，造成消费者损害，消费者请求其承担相应责任的，人民法院应予支持。"

本决定自2021年12月1日起施行。

根据本决定，《最高人民法院关于审理食品药品纠纷案件适用法律若干问题的规定》作相应修改后，重新公布。

# 最高人民法院
# 关于审理食品药品纠纷案件适用法律若干问题的规定

(2013 年 12 月 9 日最高人民法院审判委员会第 1599 次会议通过
根据 2020 年 12 月 23 日最高人民法院审判委员会第 1823 次会议
通过的《最高人民法院关于修改〈最高人民法院关于
在民事审判工作中适用《中华人民共和国工会法》
若干问题的解释〉等二十七件民事类司法解释的
决定》和 2021 年 11 月 15 日最高人民法院审判委员会
第 1850 次会议通过的《最高人民法院关于修改
〈最高人民法院关于审理食品药品纠纷案件适用
法律若干问题的规定〉的决定》修正)

为正确审理食品药品纠纷案件，根据《中华人民共和国民法典》《中华人民共和国消费者权益保护法》《中华人民共和国食品安全法》《中华人民共和国药品管理法》《中华人民共和国民事诉讼法》等法律的规定，结合审判实践，制定本规定。

**第一条** 消费者因食品、药品纠纷提起民事诉讼，符合民事诉讼法规定受理条件的，人民法院应予受理。

**第二条** 因食品、药品存在质量问题造成消费者损害，消费者可以分别起诉或者同时起诉销售者和生产者。

消费者仅起诉销售者或者生产者的，必要时人民法院可以追加相关当事人参加诉讼。

**第三条** 因食品、药品质量问题发生纠纷，购买者向生产者、销售者主张权利，生产者、销售者以购买者明知食品、药品存在质量问题而仍然购买为由进行抗辩的，人民法院不予支持。

**第四条** 食品、药品生产者、销售者提供给消费者的食品或者药品的赠品发生质量安全问题，造成消费者损害，消费者主张权利，生产者、销售者以消费者未对赠品支付对价为由进行免责抗辩的，人民法院不予支持。

**第五条** 消费者举证证明所购买食品、药品的事实以及所购食品、药品不符合合同的约定，主张食品、药品的生产者、销售者承担违约责任的，人民法院应予支持。

消费者举证证明因食用食品或者使用药品受到损害，初步证明损害与食用食品或者使用药品存在因果关系，并请求食品、药品的生产者、销售者承担侵权责任的，人民法院应予支持，但食品、药品的生产者、销售者能证明损害不是因产品不符合质量标准造成的除外。

**第六条** 食品的生产者与销售者应当对于食品符合质量标准承担举证责任。认定食品是否安全，应当以国家标准为依据；对地方特色食品，没有国家标准的，应当以地方标准为依据。没有前述标准的，应当以食品安全法的相关规定为依据。

**第七条** 食品、药品虽在销售前取得检验合格证明，且食用或者使用时尚在保质期内，但经检验确认产品不合格，生产者或者销售者以该食品、药品具有检验合格证明为由进行抗辩的，人民法院不予支持。

**第八条** 集中交易市场的开办者、柜台出租者、展销会举办者未履行食品安全法规定的审查、检查、报告等义务，使消费者的合法权益受到损害的，消费者请求集中交易市场的开办者、柜台出租者、展销会举办者承担连带责任的，人民法院应予支持。

**第九条** 消费者通过网络交易第三方平台购买食品、药品遭受损害，网络交易第三方平台提供者不能提供食品、药品的生产者或者销售者的真实名称、地址与有效联系方式，消费者请求网络交易第三方平台提供者承担责任的，人民法院应予支持。

网络交易第三方平台提供者承担赔偿责任后，向生产者或者销售者行使追偿权的，人民法院应予支持。

网络交易第三方平台提供者知道或者应当知道食品、药品的生产者、销售者利用其平台侵害消费者合法权益，未采取必要措施，给消费者造成损害，消费者要求其与生产者、销售者承担连带责任的，人民法院应予支持。

**第十条** 未取得食品生产资质与销售资质的民事主体，挂靠具有相应资质的生产者与销售者，生产、销售食品，造成消费者损害，消费者请求挂靠者与被挂靠者承担连带责任的，人民法院应予支持。

消费者仅起诉挂靠者或者被挂靠者的，必要时人民法院可以追加相关当事人参加诉讼。

**第十一条** 消费者因虚假广告推荐的食品、药品存在质量问题遭受损害，依据消费者权益保护法等法律相关规定请求广告经营者、广告发布者承担连带责任的，人民法院应予支持。

其他民事主体在虚假广告中向消费者推荐食品、药品，使消费者遭受损害，消费者依据消费者权益保护法等法律相关规定请求其与食品、药品的生产者、销售者承担连带责任的，人民法院应予支持。

**第十二条** 食品检验机构故意出具虚假检验报告，造成消费者损害，消费者请求其承担连带责任的，人民法院应予支持。

食品检验机构因过失出具不实检验报告，造成消费者损害，消费者请求其承担相应责任的，人民法院应予支持。

**第十三条** 食品认证机构故意出具虚假认证，造成消费者损害，消费者请求其承担连带责任的，人民法院应予支持。

食品认证机构因过失出具不实认证，造成消费者损害，消费者请求其承担相应责任的，人民法院应予支持。

**第十四条** 生产、销售的食品、药品存在质量问题，生产者与销售者需同时承担民事责任、行政责任和刑事责任，其财产不足以支付，当事人依照民法典等有关法律规定，请求食品、药品的生产者、销售者首先承担民事责任的，人民法院应予支持。

**第十五条** 生产不符合安全标准的食品或者销售明知是不符合安全标准的食品，消费者除要求赔偿损失外，依据食品安全法等法律规定向生产者、销售者主张赔偿金的，人民法院应予支持。

生产假药、劣药或者明知是假药、劣药仍然销售、使用的，受害人或者其近亲属除请求赔偿损失外，依据药品管理法等法律规定向生产者、销售者主张赔偿金的，人民法院应予支持。

**第十六条** 食品、药品的生产者与销售者以格式合同、通知、声明、告示等方式作出排除或者限制消费者权利，减轻或者免除经营者责任、加重消费者责任等对消费者不公平、不合理的规定，消费者依法请求认定该内容无效的，人民法院应予支持。

**第十七条** 消费者与化妆品、保健食品等产品的生产者、销售者、广告经营者、广告发布者、推荐者、检验机构等主体之间的纠纷，参照适用本规定。

法律规定的机关和有关组织依法提起公益诉讼的，参照适用本规定。

**第十八条** 本规定所称的“药品的生产者”包括药品上市许可持有人和药品生产企业，“药品的销售者”包括药品经营企业和医疗机构。

**第十九条** 本规定施行后人民法院正在审理的一审、二审案件适用本规定。

本规定施行前已经终审，本规定施行后当事人申请再审或者按照审判监督程序决定再审的案件，不适用本规定。

# 最高人民法院
# 关于人民法院司法拍卖房产竞买人资格若干问题的规定

法释〔2021〕18 号

(2021 年 9 月 16 日最高人民法院审判委员会第 1846 次会议通过
2021 年 12 月 17 日最高人民法院公告公布
自 2022 年 1 月 1 日起施行)

为了进一步规范人民法院司法拍卖房产行为,保护当事人合法权益,维护社会和经济秩序,依照《中华人民共和国民法典》《中华人民共和国民事诉讼法》等法律规定,结合司法实践,制定本规定。

**第一条** 人民法院组织的司法拍卖房产活动,受房产所在地限购政策约束的竞买人申请参与竞拍的,人民法院不予准许。

**第二条** 人民法院组织司法拍卖房产活动时,发布的拍卖公告载明竞买人必须具备购房资格及其相应法律后果等内容,竞买人申请参与竞拍的,应当承诺具备购房资格及自愿承担法律后果。

**第三条** 人民法院在司法拍卖房产成交后、向买受人出具成交裁定书前,应当审核买受人提交的自其申请参与竞拍到成交裁定书出具时具备购房资格的证明材料;经审核买受人不符合持续具备购房资格条件,买受人请求出具拍卖成交裁定书的,人民法院不予准许。

**第四条** 买受人虚构购房资格参与司法拍卖房产活动且拍卖成交,当事人、利害关系人以违背公序良俗为由主张该拍卖行为无效的,人民法院应予支持。

依据前款规定,买受人虚构购房资格导致拍卖行为无效的,应当依法承担赔偿责任。

**第五条** 司法拍卖房产出现流拍等无法正常处置情形，不具备购房资格的申请执行人等当事人请求以该房抵债的，人民法院不予支持。

**第六条** 人民法院组织的司法拍卖房产活动，竞买人虚构购房资格或者当事人之间恶意串通，侵害他人合法权益或者逃避履行法律文书确定的义务的，人民法院应当根据情节轻重予以罚款、拘留；构成犯罪的，依法追究刑事责任。

**第七条** 除前六条规定的情形外，人民法院组织司法拍卖房产活动的其他事宜，适用《最高人民法院关于人民法院网络司法拍卖若干问题的规定》《最高人民法院关于人民法院民事执行中拍卖、变卖财产的规定》以及《最高人民法院关于适用〈中华人民共和国民事诉讼法〉的解释》的有关规定。

**第八条** 人民法院组织司法变卖房产活动的，参照适用本规定。

**第九条** 本规定自2022年1月1日起施行。

施行前最高人民法院公布的司法解释与本规定不一致的，以本规定为准。

最高人民法院

# 关于修改《最高人民法院关于审理铁路运输人身损害赔偿纠纷案件适用法律若干问题的解释》的决定

法释〔2021〕19号

(2021年11月24日最高人民法院审判委员会第1853次会议通过
2021年12月8日最高人民法院公告公布
自2022年1月1日起施行)

最高人民法院审判委员会第1853次会议决定，对《最高人民法院关于审理铁路运输人身损害赔偿纠纷案件适用法律若干问题的解释》（以下简称《解释》）作如下修改：

一、第一条第二款开始部分增加规定："铁路运输企业在客运合同履行过程中造成旅客人身损害的赔偿纠纷案件，不适用本解释"。

二、删去第二条中的"依法由受害人承担扶养义务的被扶养人"。

三、删去第三条第一款中的"赔偿权利人依照民法典第三编要求承运人承担违约责任予以人身损害赔偿的，由运输始发地、目的地或者被告住所地铁路运输法院管辖"。同时增加一款作为第二款规定："前款规定的地区没有铁路运输法院的，由高级人民法院指定的其他人民法院管辖。"

四、第五条条首部分修改为："铁路行车事故及其他铁路运营事故造成人身损害，有下列情形之一的，铁路运输企业不承担赔偿责任"；并增加一项作为第三项规定："法律规定铁路运输企业不承担赔偿责任的其他情形造成的。"

五、将第六条和第七条合并修改为：

"因受害人的过错行为造成人身损害，依照法律规定应当由铁路运输企业承担赔偿责任的，根据受害人的过错程度可以适当减轻铁路运输企业的赔偿责任，并按照以下情形分别处理：

（一）铁路运输企业未充分履行安全防护、警示等义务，铁路运输企业承担事故主要责任的，应当在全部损害的百分之九十至百分之六十之间承担赔偿责任；铁路运输企业承担事故同等责任的，应当在全部损害的百分之六十至百分之五十之间承担赔偿责任；铁路运输企业承担事故次要责任的，应当在全部损害的百分之四十至百分之十之间承担赔偿责任；

（二）铁路运输企业已充分履行安全防护、警示等义务，受害人仍施以过错行为的，铁路运输企业应当在全部损害的百分之十以内承担赔偿责任。

铁路运输企业已充分履行安全防护、警示等义务，受害人不听从值守人员劝阻强行通过铁路平交道口、人行过道，或者明知危险后果仍然无视警示规定沿铁路线路纵向行走、坐卧故意造成人身损害的，铁路运输企业不承担赔偿责任，但是有证据证明并非受害人故意造成损害的除外。"

**六、**删去第八条第一款末尾的"但铁路运输企业承担的赔偿责任应当不低于全部损失的百分之五十"和第二款末尾的"但铁路运输企业承担的赔偿责任应当不低于全部损失的百分之四十"，并将第二款中的"及"修改为"或者"。

**七、**将第九条第一款中的"按照各自的过错分担责任；双方均无过错的，按照公平原则分担责任"，修改为"的责任份额根据各自责任大小确定；难以确定责任大小的，平均承担责任"。同时，将第二款中的"第七条"修改为"第六条"。

**八、**删去第十二条和第十三条。

**九、**删去第十六条第二款规定的"本解释施行前已经终审，本解释施行后当事人申请再审或者按照审判监督程序决定再审的案件，不适用本解释"。

**十、**将《解释》的条文顺序作相应调整："第八条"调整为"第七条"，"第九条"调整为"第八条"，"第十条"调整为"第九条"，"第十一条"调整为"第十条"，"第十四条"调整为"第十一条"，"第十五条"调整为"第十二条"，"第十六条"调整为"第十三条"。

本决定自2022年1月1日起施行。

《解释》根据本决定作相应修改，并调整条文顺序后重新公布。

# 最高人民法院
# 关于审理铁路运输人身损害赔偿纠纷案件适用法律若干问题的解释

(2010年1月4日最高人民法院审判委员会第1482次会议通过 根据2020年12月23日最高人民法院审判委员会第1823次会议通过的《最高人民法院关于修改〈最高人民法院关于在民事审判工作中适用《中华人民共和国工会法》若干问题的解释〉等二十七件民事类司法解释的决定》修正 根据2021年11月24日最高人民法院审判委员会第1853次会议通过的《最高人民法院关于修改〈最高人民法院关于审理铁路运输人身损害赔偿纠纷案件适用法律若干问题的解释〉的决定》修正)

为正确审理铁路运输人身损害赔偿纠纷案件，依法维护各方当事人的合法权益，根据《中华人民共和国民法典》《中华人民共和国铁路法》《中华人民共和国民事诉讼法》等法律的规定，结合审判实践，就有关适用法律问题作如下解释：

**第一条** 人民法院审理铁路行车事故及其他铁路运营事故造成的铁路运输人身损害赔偿纠纷案件，适用本解释。

铁路运输企业在客运合同履行过程中造成旅客人身损害的赔偿纠纷案件，不适用本解释；与铁路运输企业建立劳动合同关系或者形成劳动关系的铁路职工在执行职务中发生的人身损害，依照有关调整劳动关系的法律规定及其他相关法律规定处理。

**第二条** 铁路运输人身损害的受害人以及死亡受害人的近亲属为赔偿权利人，有权请求赔偿。

**第三条** 赔偿权利人要求对方当事人承担侵权责任的，由事故发生地、列车最先到达地或者被告住所地铁路运输法院管辖。

前款规定的地区没有铁路运输法院的，由高级人民法院指定的其他人民法院管辖。

**第四条** 铁路运输造成人身损害的，铁路运输企业应当承担赔偿责任；法律另有规定的，依照其规定。

**第五条** 铁路行车事故及其他铁路运营事故造成人身损害，有下列情形之一的，铁路运输企业不承担赔偿责任：

（一）不可抗力造成的；

（二）受害人故意以卧轨、碰撞等方式造成的；

（三）法律规定铁路运输企业不承担赔偿责任的其他情形造成的。

**第六条** 因受害人的过错行为造成人身损害，依照法律规定应当由铁路运输企业承担赔偿责任的，根据受害人的过错程度可以适当减轻铁路运输企业的赔偿责任，并按照以下情形分别处理：

（一）铁路运输企业未充分履行安全防护、警示等义务，铁路运输企业承担事故主要责任的，应当在全部损害的百分之九十至百分之六十之间承担赔偿责任；铁路运输企业承担事故同等责任的，应当在全部损害的百分之六十至百分之五十之间承担赔偿责任；铁路运输企业承担事故次要责任的，应当在全部损害的百分之四十至百分之十之间承担赔偿责任；

（二）铁路运输企业已充分履行安全防护、警示等义务，受害人仍施以过错行为的，铁路运输企业应当在全部损害的百分之十以内承担赔偿责任。

铁路运输企业已充分履行安全防护、警示等义务，受害人不听从值守人员劝阻强行通过铁路平交道口、人行过道，或者明知危险后果仍然无视警示规定沿铁路线路纵向行走、坐卧故意造成人身损害的，铁路运输企业不承担赔偿责任，但是有证据证明并非受害人故意造成损害的除外。

**第七条** 铁路运输造成无民事行为能力人人身损害的，铁路运输企业应当承担赔偿责任；监护人有过错的，按照过错程度减轻铁路运输企业的赔偿责任。

铁路运输造成限制民事行为能力人人身损害的，铁路运输企业应当承担赔偿责任；监护人或者受害人自身有过错的，按照过错程度减轻铁路运输企业的赔偿责任。

**第八条** 铁路机车车辆与机动车发生碰撞造成机动车驾驶人员以外的人人身损害的，由铁路运输企业与机动车一方对受害人承担连带赔偿责任。铁路运输企业与机动车一方之间的责任份额根据各自责任大小确定；难以确定责任大小的，平均承担责任。对受害人实际承担赔偿责任超出应当承担份额的一方，有权向另一方追偿。

铁路机车车辆与机动车发生碰撞造成机动车驾驶人员人身损害的，按照本解释第四条至第六条的规定处理。

**第九条** 在非铁路运输企业实行监护的铁路无人看守道口发生事故造成人身损害的，由铁路运输企业按照本解释的有关规定承担赔偿责任。道口管理单位有过错的，铁路运输企业对赔偿权利人承担赔偿责任后，有权向道口管理单位追偿。

**第十条** 对于铁路桥梁、涵洞等设施负有管理、维护等职责的单位，因未尽职责使该铁路桥梁、涵洞等设施不能正常使用，导致行人、车辆穿越铁路线路造成人身损害的，铁路运输企业按照本解释有关规定承担赔偿责任后，有权向该单位追偿。

**第十一条** 有权作出事故认定的组织依照《铁路交通事故应急救援和调查处理条例》等有关规定制作的事故认定书，经庭审质证，对于事故认定书所认定的事实，当事人没有相反证据和理由足以推翻的，人民法院应当作为认定事实的根据。

**第十二条** 在专用铁路及铁路专用线上因运输造成人身损害，依法应当由肇事工具或者设备的所有人、使用人或者管理人承担赔偿责任的，适用本解释。

**第十三条** 本院以前发布的司法解释与本解释不一致的，以本解释为准。

# 最高人民法院
# 关于人民法院强制执行股权若干问题的规定

法释〔2021〕20号

（2021年11月15日最高人民法院审判委员会第1850次会议通过
2021年12月20日最高人民法院公告公布
自2022年1月1日起施行）

为了正确处理人民法院强制执行股权中的有关问题，维护当事人、利害关系人的合法权益，根据《中华人民共和国民事诉讼法》《中华人民共和国公司法》等法律规定，结合执行工作实际，制定本规定。

**第一条** 本规定所称股权，包括有限责任公司股权、股份有限公司股份，但是在依法设立的证券交易所上市交易以及在国务院批准的其他全国性证券交易场所交易的股份有限公司股份除外。

**第二条** 被执行人是公司股东的，人民法院可以强制执行其在公司持有的股权，不得直接执行公司的财产。

**第三条** 依照民事诉讼法第二百二十四条的规定以被执行股权所在地确定管辖法院的，股权所在地是指股权所在公司的住所地。

**第四条** 人民法院可以冻结下列资料或者信息之一载明的属于被执行人的股权：

（一）股权所在公司的章程、股东名册等资料；

（二）公司登记机关的登记、备案信息；

（三）国家企业信用信息公示系统的公示信息。

案外人基于实体权利对被冻结股权提出排除执行异议的，人民法院应当依照民事诉讼法第二百二十七条的规定进行审查。

**第五条** 人民法院冻结被执行人的股权，以其价额足以清偿生效法律文书确定的债权额及执行费用为限，不得明显超标的额冻结。股权价额无法确定的，可以根据申请执行人申请冻结的比例或者数量进行冻结。

被执行人认为冻结明显超标的额的，可以依照民事诉讼法第二百二十五条的规定提出书面异议，并附证明股权等查封、扣押、冻结财产价额的证据材料。人民法院审查后裁定异议成立的，应当自裁定生效之日起七日内解除对明显超标的额部分的冻结。

**第六条** 人民法院冻结被执行人的股权，应当向公司登记机关送达裁定书和协助执行通知书，要求其在国家企业信用信息公示系统进行公示。股权冻结自在公示系统公示时发生法律效力。多个人民法院冻结同一股权的，以在公示系统先办理公示的为在先冻结。

依照前款规定冻结被执行人股权的，应当及时向被执行人、申请执行人送达裁定书，并将股权冻结情况书面通知股权所在公司。

**第七条** 被执行人就被冻结股权所作的转让、出质或者其他有碍执行的行为，不得对抗申请执行人。

**第八条** 人民法院冻结被执行人股权的，可以向股权所在公司送达协助执行通知书，要求其在实施增资、减资、合并、分立等对被冻结股权所占比例、股权价值产生重大影响的行为前向人民法院书面报告有关情况。人民法院收到报告后，应当及时通知申请执行人，但是涉及国家秘密、商业秘密的除外。

股权所在公司未向人民法院报告即实施前款规定行为的，依照民事诉讼法第一百一十四条的规定处理。

股权所在公司或者公司董事、高级管理人员故意通过增资、减资、合并、分立、转让重大资产、对外提供担保等行为导致被冻结股权价值严重贬损，影响申请执行人债权实现的，申请执行人可以依法提起诉讼。

**第九条** 人民法院冻结被执行人基于股权享有的股息、红利等收益，应当向股权所在公司送达裁定书，并要求其在该收益到期时通知人民法院。人民法院对到期的股息、红利等收益，可以书面通知股权所在公司向申请执行人或者人民法院履行。

股息、红利等收益被冻结后，股权所在公司擅自向被执行人支付或者变相支付的，不影响人民法院要求股权所在公司支付该收益。

**第十条** 被执行人申请自行变价被冻结股权，经申请执行人及其他已知执行债权人同意或者变价款足以清偿执行债务的，人民法院可以准许，但是应当在能够控制变价款的情况下监督其在指定期限内完成，最长不超过三个月。

**第十一条** 拍卖被执行人的股权，人民法院应当依照《最高人民法院关于人民法院确定财产处置参考价若干问题的规定》规定的程序确定股权处置参考价，并参照参考价确定起拍价。

确定参考价需要相关材料的，人民法院可以向公司登记机关、税务机关等部门调取，也可以责令被执行人、股权所在公司以及控制相关材料的其他主体提供；拒不提供的，可以强制提取，并可以依照民事诉讼法第一百一十一条、第一百一十四条的规定处理。

为确定股权处置参考价，经当事人书面申请，人民法院可以委托审计机构对股权所在公司进行审计。

**第十二条** 委托评估被执行人的股权，评估机构因缺少评估所需完整材料无法进行评估或者认为影响评估结果，被执行人未能提供且人民法院无法调取补充材料的，人民法院应当通知评估机构根据现有材料进行评估，并告知当事人因缺乏材料可能产生的不利后果。

评估机构根据现有材料无法出具评估报告的，经申请执行人书面申请，人民法院可以根据具体情况以适当高于执行费用的金额确定起拍价，但是股权所在公司经营严重异常，股权明显没有价值的除外。

依照前款规定确定的起拍价拍卖的，竞买人应当预交的保证金数额由人民法院根据实际情况酌定。

**第十三条** 人民法院拍卖被执行人的股权，应当采取网络司法拍卖方式。

依据处置参考价并结合具体情况计算，拍卖被冻结股权所得价款可能明显高于债权额及执行费用的，人民法院应当对相应部分的股权进行拍卖。对相应部分的股权拍卖严重减损被冻结股权价值的，经被执行人书面申请，也可以对超出部分的被冻结股权一并拍卖。

**第十四条** 被执行人、利害关系人以具有下列情形之一为由请求不得强制拍卖股权的，人民法院不予支持：

（一）被执行人未依法履行或者未依法全面履行出资义务；

（二）被执行人认缴的出资未届履行期限；

（三）法律、行政法规、部门规章等对该股权自行转让有限制；

（四）公司章程、股东协议等对该股权自行转让有限制。

人民法院对具有前款第一、二项情形的股权进行拍卖时，应当在拍卖公告中载明被执行人认缴出资额、实缴出资额、出资期限等信息。股权处置后，相关主体依照有关规定履行出资义务。

**第十五条** 股权变更应当由相关部门批准的，人民法院应当在拍卖公告中载明法律、行政法规或者国务院决定规定的竞买人应当具备的资格或者条件。必要时，人民法院可以就竞买资格或者条件征询相关部门意见。

拍卖成交后，人民法院应当通知买受人持成交确认书向相关部门申请办理股权变更批准手续。买受人取得批准手续的，人民法院作出拍卖成交裁定书；买受人未在合理期限内取得批准手续的，应当重新对股权进行拍卖。重新拍卖的，原买受人不得参加竞买。

买受人明知不符合竞买资格或者条件依然参加竞买，且在成交后未能在合理期限内取得相关部门股权变更批准手续的，交纳的保证金不予退还。保证金不足以支付拍卖产生的费用损失、弥补重新拍卖价款低于原拍卖价款差价的，人民法院可以裁定原买受人补交；拒不补交的，强制执行。

**第十六条** 生效法律文书确定被执行人交付股权，因股权所在公司在生效法律文书作出后增资或者减资导致被执行人实际持股比例降低或者升高的，人民法院应当按照下列情形分别处理：

（一）生效法律文书已经明确交付股权的出资额的，按照该出资额交付股权；

（二）生效法律文书仅明确交付一定比例的股权的，按照生效法律文书作出时该比例所对应出资额占当前公司注册资本总额的比例交付股权。

**第十七条** 在审理股东资格确认纠纷案件中，当事人提出要求公司签发出资证明书、记载于股东名册并办理公司登记机关登记的诉讼请求且其主张成立的，人民法院应当予以支持；当事人未提出前述诉讼请求的，可以根据案件具体情况向其释明。

生效法律文书仅确认股权属于当事人所有，当事人可以持该生效法律文书自行向股权所在公司、公司登记机关申请办理股权变更手续；向人民法院申请强制执行的，不予受理。

**第十八条** 人民法院对被执行人在其他营利法人享有的投资权益强制执行的，参照适用本规定。

**第十九条** 本规定自2022年1月1日起施行。

施行前本院公布的司法解释与本规定不一致的，以本规定为准。

**附件：主要文书参考样式**

# ××××人民法院
# 协助执行通知书

（××××）……执……号

××××市场监督管理局：

根据本院（××××）……执……号执行裁定，依照《中华人民共和国民事诉讼法》第二百四十二条、《最高人民法院关于人民法院强制执行股权若干问题的规定》第六条的规定，请协助执行下列事项：

一、对下列情况进行公示：冻结被执行人×××（证件种类、号码：……）持有×××……（股权的数额），冻结期限自××××年××月××日起至××××年××月××日止；

二、冻结期间，未经本院许可，在你局职权范围内，不得为被冻结股权办理　　　等有碍执行的事项（根据不同的公司类型、冻结需求，载明具体的协助执行事项）。

××××年××月××日

（院印）

经办人员：×××

联系电话：……

# ××××人民法院
# 协助执行通知书
# (回执)

××××人民法院：

你院（××××）……执……号执行裁定书、（××××）……执……号协助执行通知书收悉，我局处理结果如下：

已于××××年××月××日在国家企业信用信息公示系统将你院冻结股权的情况进行公示，并将在我局职权范围内按照你院要求履行相关协助执行义务。

××××年××月××日

（公章）

经办人员：×××

联系电话：……

# 《最高人民法院关于人民法院强制执行股权若干问题的规定》的理解与适用

何东宁[*]　邵长茂[**]　刘海伟[***]　王　赫[****]

为了正确处理人民法院强制执行股权中的有关问题，维护当事人、利害关系人的合法权益，2021年11月15日，最高人民法院审判委员会第1850次会议审议通过了《最高人民法院关于人民法院强制执行股权若干问题的规定》（以下简称《规定》），自2022年1月1日起施行。本文就《规定》的起草背景、基本原则及主要内容进行说明，便于实践中准确理解和适用。

## 一、《规定》的起草背景

随着我国经济社会发展和公司法律制度日益完善，利用股权进行投资越来越受到青睐，股权已经成为人们一项重要的财产权利。实践中，人民法院强制执行被执行人股权的情况也愈发多见。但由于有关强制执行股权的法律和司法解释规定非常少，存在许多规则空白，加上强制执行股权与公司法等实体法律规定交织在一起，与强制执行房产、车辆等其他财产相比，其专业性更强，法律关系也更复杂，执行人员往往对其望而却步。

执行实践中，人民法院强制执行股权的难点和争议点主要包括四个方面。

* 作者单位：最高人民法院执行局。
** 作者单位：最高人民法院执行局。
*** 作者单位：最高人民法院执行局。
**** 作者单位：北京市高级人民法院执行局。

一是冻结规则不明确。根据民事强制执行理论，人民法院在执行程序中查封被执行人财产时，通常会遵循“权利外观”判断权属，即根据某种易于观察、又与真实权利状态高概率一致的事实去判断执行标的权属，以便满足执行程序的效率要求。一般来讲，动产以占有为权利外观，不动产以登记为权利外观，其权属较为容易判断。只要动产为被执行人占有，或者不动产登记在被执行人名下，人民法院即可以查封。但是，从公司法等法律规定看，股权的权利外观比较多元，包括股东名册、公司章程、公司登记机关登记信息以及国家企业信用信息公示系统公示信息等，以何种权利外观冻结股权，实践中争议较大。同时，由于股权的登记一般包括内部登记（公司股东名册或者公司章程记载）和外部登记（公司登记机关登记），相应地，人民法院在冻结股权时应当向公司还是公司登记机关送达冻结手续，或者两者都要送达。不同法院向不同协助单位送达冻结手续时，如何确定冻结先后顺序。对这些问题，由于缺乏明确的法律规定，实践中做法不一，争议较大。

二是评估难。强制执行股权难，最难在评估。股权与房产等不同，其没有为大家熟悉的市场行情价或者政府指导价，股权的价值取决于公司的经营状况和发展前景，通过当事人议价、定向询价、网络询价基本不可能确定其处置参考价，一般需要专业评估机构进行评估。但与房产评估相比，股权评估所需的材料更多，往往需要股权所在公司和被执行人的密切配合。实践中，或者由于公司和被执行股东拒不配合，或者公司本身缺乏评估所需的有关材料，导致实践中大量被冻结股权因缺乏相关材料而无法出具评估报告。

三是拍卖难。根据有关网络司法拍卖的规定，网络司法拍卖应当确定保留价，拍卖保留价即为起拍价，起拍价由人民法院参照评估价确定。如前所述，实践中大量股权因缺乏相关材料无法出具评估报告，导致无法确定起拍价并进行拍卖。但是，股权作为被执行人的责任财产，不能仅因为无法出具评估报告就不执行该股权，否则会形成反向激励。另外，在公司注册资本认缴制下，对于未届出资期限的股权能否强制变价；变价后，后续出资义务应该由谁来承担。对于法律、行政法规、部门规章等限制自行转让的股权，人民法院能否强制变价。对于变更登记需要行政审批的股权，应该如何协调强制执行程序与行政审批之间的关系。这些问题也亟待明确。

四是反规避执行难。股权被冻结后，有些被执行人为规避执行，会与其他股东恶意串通或者利用其对公司的控制地位，恶意贬损被冻结股权价值。比如，将公司名下仅有的土地使用权、机器设备低价转让，使公司成为空壳，或者通过增资扩股的方式，使被冻结股权比例大幅降低，损害被冻结股权的控制利益，等等。实践中，类似的案例已比较多见，但在现行的法律规则下，人民法院并无有效的反制措施。



## 二、《规定》的起草过程

鉴于强制执行股权存在的上述诸多问题，最高人民法院将其列为司法解释制定计划，由执行局负责起草。执行局相关同志在各地调研的基础上形成《规定》初稿，然后召集北京、上海、浙江、江苏、重庆等地法院的业务骨干反复讨论修改；邀请扈纪华、王亚新、肖建国、谭秋桂等程序法专家以及甘培忠、叶林、邓峰、李建伟、张双根等实体法专家进行研究论证；与北京大学法学院联合举办了“股权执行司法解释逐条讨论会”，来自市场监管总局、银保监会、部分高校的实务工作者和专家学者提出了许多宝贵意见。中国行为法学会执行专业委员会还就股权执行问题专门召开研讨会，[①] 对其中的重点条文进行研讨。同时，还向市场监管总局、银保监会、国资委、资产评估协会以及最高人民法院相关业务部门、各地法院执行局书面征求意见，并多次征求全国人大常委会法工委的意见。自2019年开始，最高人民法院执行局牵头起草民事强制执行法（草案），强制执行股权是其中的一项重要内容。为确保《规定》与民事强制执行法（草案）相协调，在此期间，暂时中止了《规定》起草工作。此后，随着民事强制执行法（草案）起草工作接近尾声，就执行股权问题也已基本达成共识，所以根据前期的征求意见情况和民事强制执行法（草案）讨论的情况，又反复打磨修改，形成《规定》送审稿，并提交最高人民法院审判委员会讨论通过。

---

① 讨论情况可参见中国法学会商法学研究会、中国行为法学会执行行为研究会、北京市高级人民法院执行局共同主办的“股权强制执行理论与实务问题研讨会”，载微信公众号“赫法通言”，2017年7月5日上传。

## 三、《规定》的基本原则

《规定》的起草，始终坚持以习近平新时代中国特色社会主义思想为指导，深入学习贯彻习近平法治思想，依照强制执行法律规定和理论，遵循公司法律制度和精神，紧扣执行工作实际，就实践中的难点、争议点问题提出应对解决方案，努力确保《规定》实用、好用、管用。在具体起草过程中，遵循了以下原则。

一是严格依照法律规定，切实符合司法规律。强制执行被执行人的股权，涉及有关强制执行程序的法律规定，要符合强制执行的司法规律，确保依法高效实现申请执行人债权。同时，也要遵循公司法等相关法律规定和精神，对于一些金融、证券、保险等领域的公司，对其股权的强制执行还需要与银行法、证券法、保险法等法律规定保持协调。

二是坚持问题导向，注重解决实践中的突出问题。为做好与其他司法解释的衔接配合，《规定》并未追求“大而全”，将有关执行股权的规则全部囊括在内，而是坚持以问题为导向，对执行股权实践中的热点、难点和争议点问题进行梳理，并有针对性地提出司法解决方案。人民法院在强制执行股权过程中，对于《规定》未规定的，仍应适用其他有关司法解释的规定。

三是注重价值平衡，依法公正保护双方当事人合法权益。执行工作是依靠国家强制力实现胜诉裁判的重要手段，对双方当事人权益影响重大。人民法院在强制执行股权过程中，要注意两个方面：一方面，要加大执行力度，依法对被执行人的股权采取冻结、变价措施，保障申请执行人债权；另一方面，也要最大限度降低对被执行人的不利影响，更不得违法损害被执行人合法权益。为此，《规定》明确，人民法院可以对作为被执行人责任财产的股权进行冻结和变价。同时，在执行过程中，也要秉持公正善意文明执行理念，不得明显超标的额冻结和处置被执行人股权，在符合一定条件的情况下也可以允许被执行人自行变价股权。

四是依法保护企业产权，最大限度降低执行措施对公司正常经营的影响。强制执行股权不仅与申请执行人和被执行人的利益攸关，而且不可避免的会对股权所在公司造成影响。如何保障申请执行人债权和最大限度降低对股权所在公司的影响，一直是《规定》起草过程中重点考量的问题之一。一方面，持续加大执行力度，依法高效实现胜诉当事人债权，是当前和今后一个时期人民法院执行工作的主线。① 股权作为被执行人的责任财产，人民法院有权对其采取执行措施，股权所在公司也应当积极协助和配合人民法院，包括对股权的冻结、评估、变价以及交付等各项工作。对于拒不配合，尤其是恶意串通帮助被执行人规避执行的，将依法严肃处理。另一方面，人民法院在强制执行股权过程中，也要尽最大可能降低对公司经营的影响。例如，《规定》在第二条即开宗明义指出，强制执行被执行人在公司股权的，不得直接执行公司的财产。第八条设计的“事先报告”和“事后救济”规则，在努力防范被冻结股权价值被恶意贬损的同时，也对公司的正常经营行为保持了最大的司法克制。《规定》第十五条规定，变更股权登记需要相关部门审批的，买受人竞得股权后，只有在取得审批手续的情况下，人民法院才会为其出具成交裁定，以防止不符合条件的股东进入公司而给公司后续经营造成不利影响等。

## 四、《规定》的主要内容

《规定》共 19 条，主要包括五大方面的内容。

### (一)《规定》的适用范围

1.《规定》所称股权的范围

根据公司法的规定，我国的公司可以分为有限责任公司和股份有限公司。股份有限公司又可分为上市公司和非上市股份公司。从强制执行的角度看，有限责任公司股权和非上市且未在新三板交易的股份有限公司股份虽有差别，但对其冻结、变价的规则基本相同。与之相对，上市公司股份因具有专门的登记和交易场所，市场价格亦比较透明，冻结、变价等规则与前两者截然不同。在新三板交易的股份有限公司股份则介于有限责任公司股权和上市公司股份之间，对其的冻结、变价规则与上市公司股份类似。考虑不同公司类型的股权在执行规则上的差异，《规定》第一条明确本规定所称股权，包括有限责任公司股权、股份有限公司股份，但是在依法设立的证券交易所上市交易以及在国务院批准的其他全国性证券交易场所交易的股份有限公司

① 参见《最高人民法院关于在执行工作中进一步强化善意文明执行理念的意见》。

股份除外。就目前来看，“国务院批准的其他全国性证券交易场所”仅包括“全国中小企业股份转让系统”(俗称“新三板”)。

2. 其他投资权益的参照适用

《规定》第十八条规定，人民法院对被执行人在其他营利法人享有的投资权益强制执行的，参照适用本规定。依照民法典的规定，营利法人是以取得利润并分配给股东等出资人为目的成立的法人，包括有限责任公司、股份有限公司和其他企业法人等。公司是营利法人的一种，所以对被执行人在其他营利法人享有的投资权益的执行，可以参照适用《规定》。

3. 保全执行是否适用《规定》

就人民法院查封、扣押、冻结行为来讲，保全执行与终局执行没有本质区别，所以在财产保全过程中对被保全人的股权进行冻结的，当然也要适用《规定》。

### (二) 股权冻结的方法及效力

关于股权的冻结方法和效力等问题，司法实践一直存在争议。为解决上述争议，《规定》第四条至第九条作了较为系统的规定。

1. 冻结时的权属判断规则

《最高人民法院关于人民法院民事执行中查封、扣押、冻结财产的规定》第二条第一款规定，人民法院可以查封、扣押、冻结被执行人占有的动产、登记在被执行人名下的不动产、特定动产及其他财产权。股权作为财产权的一种，原则上应当适用上述规则。但根据公司法的有关规定，无论有限责任公司还是股份公司的股权，均不采用登记生效主义，股东可以依据股东名册、公司章程或者股票等行使股东权利。[①] 换言之，在公司登记机关的登记之外，还存在其他可以用来判断股权权属的书面材料。为此，《规定》第四条规定，对股权所在公司的章程和股东名册等资料、公司登记机关的登记及备案信息、国家企业信用信息公示系统的公示信息等资料或者信息之一载明属于被执行人的股权，人民法院均可以进行冻结。同时，案外人对冻结的股权主张排除执行的实体权利的，人民法院应当依

① 参见公司法第三十二条第二款、第一百零二条第四款规定。

照民事诉讼法第二百二十七条[1]的规定进行审查。

2. 股权冻结的方法

如前所述，在强制执行股权过程中，冻结程序规则不清晰一直是个"老大难"问题。2014 年，最高人民法院与原国家工商总局联合出台的《关于加强信息合作规范执行与协助执行的通知》第 11 条规定，人民法院冻结股权时，应当向股权所在公司送达冻结裁定，并要求工商机关协助公示。虽然该规定的初衷是好的，但在实践中却产生了诸多争议。比如，人民法院仅向公司登记机关送达冻结手续的，或者仅向公司送达冻结手续的，该冻结是否生效?[2] 再如，在两家法院均冻结同一股权的情况下，有的法院只向公司登记机关送达了冻结手续，有的法院却只向公司送达了冻结手续，哪家法院的冻结为在先冻结？或者，虽然两家法院均向公司登记机关和公司送达了冻结手续，但由于有的法院在先向公司登记机关送达，有的法院在先向公司送达，在这种情况下，哪家法院的冻结为在先冻结，也存在很大争议。[3] 为此，《规定》第六条明确冻结股权的，应当向公司登记机关送达裁定书和协助执行通知书，由公司登记机关在国家企业信用信息公示系统进行公示，股权冻结自在公示系统公示时发生法律效力。多个人民法院冻结同一股权的，以在公示系统先办理公示的为在先冻结。这就有效解决了实践中的各类争议。根据该条规定，公司在为其股东办理股权变更手续时，应当提前到公示系统查询该股东的股权是否已被人民法院冻结，如已经冻结不得为其办理；市场主体在购买股权时，不仅要到公示系统查询该股权是否已被质押，也要查询该股权是否已被人民法院冻结，否则将会有"钱财两空"的不利风险。同时，根据《规定》第六条第二款的规定，人民法院也要将冻结股权的情况及时书面通知股权所在公司。

《规定》起草过程中，有观点认为，按照公司法的相关规定，股权所在公司掌握着股权权属变动的节点，尤其对于股份有限公司而言，公司登记机关并不登记非发起人股东的信息，[4] 向公司送达冻结手续，才能最先实现对股权的控制，所以应该将向公司送达冻结手续作为股权冻结的方

① 现为第二百三十四条。——编者注

② 参见最高人民法院（2020）最高法执复 60 号执行裁定书。

③ 参见最高人民法院（2020）最高法执监 2 号执行裁定书。

④ 参见《公司登记管理条例》第九条。

法。经研究，我们认为，由于国家企业信用信息公示系统良好的公示性能和广泛的社会认可度，股权冻结情况在该系统公示后，股权所在公司不仅能够及时知晓，而且对于可能购买股权的不特定第三人来讲，也可以通过该系统适时查询拟购股权是否被法院冻结。在多个法院冻结同一股权的情况下，各个法院的冻结顺位在系统中也一目了然，能够有效杜绝目前实践中的各类争议，并且在公示系统公示后，冻结即产生法律效力，被执行人就被冻结股权所作的转让、出质等有碍执行行为，并不能对抗人民法院的冻结措施。因此，在公示系统公示，也能够起到所谓“控制”股权的目的。

3. 股权冻结的效力

《最高人民法院关于人民法院民事执行中查封、扣押、冻结财产的规定》第二十四条第一款规定，被执行人就已经查封、扣押、冻结的财产所作的移转、设定权利负担或者其他有碍执行的行为，不得对抗申请执行人。该款明确了我国查封、扣押、冻结措施采用相对效规则。即人民法院查封、扣押、冻结的财产，被执行人并未丧失处分权，依然可以转让该财产或者用该财产设定权利负担进行融资。[①] 如转让款或者融资款清偿了执行债权，则人民法院应当解除查封、扣押、冻结措施。如未能清偿执行债权，由于查封、扣押、冻结措施之前已经进行了公示，受让人知道或者应当知道该财产上存在执行措施，故即便该财产已经转让到受让人名下，对于申请执行人而言依然属于被执行人的财产，人民法院可以进行处置变价。变价后，清偿执行债权仍有剩余的，则退还受让人。《规定》第七条的规定，是上述规则在强制执行股权程序中的体现。

4. 冻结股权后，是否影响公司增资、减资、合并、分立等

对此，此前实践中存在不同观点。一方面，股权所在公司增资、减资、合并、分立，常常会影响冻结股权的价值。在生效法律文书确定的执行标的就是股权的情况下，增资、减资等引起的股权比例变化更是对申请执行人具有直接影响；[②] 另一方面，如果冻结股权后，一律对股权所在公

---

① 参见张静：《论处分查封之物的法律效力》，载《交大法学》2022 年第 2 期；张尧：《以民事司法查封财产设定抵押的效力分析》，载《法学家》2022 年第 1 期。

② 参见张元：《论股权冻结对有限责任公司增资扩股权利的限制》，载江必新、刘贵祥主编：《执行工作指导》2014 年第 1 辑，人民法院出版社 2014 年版。

司的上述行为予以限制，又会对公司的经营活动造成较大干扰。[1] 为此，《规定》第八条确立了以下规则：第一，冻结股权并不当然限制股权所在公司实施增资、减资、合并、分立等行为；第二，人民法院可以根据案件具体情况，决定是否向股权所在公司送达协助执行通知书，要求其在实施增资、减资、合并、分立等行为前向人民法院报告有关情况；第三，人民法院收到报告后，并不进行审查，但除涉及国家秘密或者商业秘密外应当及时通知申请执行人，以便申请执行人根据具体情况，决定是否要提起损害赔偿之诉或者代位提起确认决议无效、撤销决议等诉讼；第四，股权所在公司接到协助执行通知书后，不履行报告义务的，人民法院可以依法追究其法律责任。这种“事先报告”结合“事后救济”的规则设计，既可以满足公司的正常经营需求，也为人民法院制裁不法行为和申请执行人寻求救济提供了制度支持。

5. 冻结股权的效力是否自动及于股息、红利等收益

《最高人民法院关于冻结、拍卖上市公司国有股和社会法人股若干问题的规定》第七条第二款规定，股权冻结的效力及于股权产生的股息以及红利、红股等孳息，此为有关冻结上市公司股权的规定。《规定》起草过程中，多数意见认为，股息、红利等收益属于股东对股权所在公司享有的债权，冻结股权并不当然及于收益。[2] 对收益的执行，应当按照债权执行的规则处理。[3] 因此，《规定》第九条明确规定，人民法院冻结被执行人基于股权享有的股息、红利等收益的，应当向股权所在公司送达冻结裁定；股息、红利等收益到期的，可以书面通知股权所在公司向申请执行人或者

① 参见刘君博：《从“查封”到“诉讼”：无形财产执行的制度逻辑与立法选择》，载《华东政法大学学报》2021 年第 2 期。

② 《最高人民法院关于人民法院民事执行中查封、扣押、冻结财产的规定》第二十条。

③ 《最高人民法院关于人民法院执行工作若干问题的规定（试行）》（2020 年修正）第 36 条虽然使用了“提取”的表述，但近年来，最高人民法院已在多个案例中对收入的范围从正反两方面进行了阐释。一方面，收入被界定为“公民基于劳务等非经营性原因所得和应得的财物，主要包括个人的工资、奖金、劳务报酬等”［（2016）最高法执监 354 号、（2017）最高法执监 215 号］；另一方面，工程款［（2016）最高法执监 25 号、（2016）最高法执监 286 号、（2017）最高法执监 215 号、（2020）最高法执监 28 号］、租金债权［（2018）最高法执监 664 号、（2018）最高法执监 487 号］、资产转让款［（2016）最高法执监 354 号］、合作办学收益［（2015）执申字第 46 号］则明确被认定属于到期债权，而非收入。因此，对于股息、红利亦应作为债权而非收入执行。

人民法院履行。

## （三）股权的评估、变价程序

1. 股权自行变价程序

相比强制变价，被执行人自行变价财产，具有避免争议、减少争议等优点。《最高人民法院关于人民法院执行工作若干问题的规定（试行）》第33条、《最高人民法院关于在执行工作中进一步强化善意文明执行理念的意见》第9条此前已对被执行人自行变价财产问题进行了规范。《规定》第十条在上述规范的基础上，坚持贯彻善意文明执行理念，明确了被执行人自行变价股权的两种情形：一是申请执行人以及其他已知的执行债权人同意；二是变价款足以清偿执行债务。所谓“已知的执行债权人”，包括已经向执行法院申请参与分配股权变价款和轮候冻结该股权的债权人。符合前述情形的，被执行人可以向人民法院提出申请，由人民法院根据案件情况决定是否准许。为防止被执行人通过自行变价程序拖延执行或者转移变价款，人民法院准许被执行人自行变价的，应当严格控制变价款并要求其在指定期限内完成。这个“指定期限”由人民法院根据具体情况酌定，但最长不得超过三个月。在该期限内未能自行变价的，人民法院要及时强制变价。

2. 股权处置参考价和起拍价的确定

处置参考价难以确定一直是司法实践中影响股权变价的主要障碍。① 为解决该问题，《规定》第十一条、第十二条从以下几个方面进行了规定。第一，人民法院应当依照《最高人民法院关于人民法院确定财产处置参考价若干问题的规定》的有关规定确定股权处置参考价，并参照参考价确定起拍价。第二，确定处置参考价时，需要相关材料的，人民法院可以向公司登记机关、税务机关等部门调取，也可以责令被执行人、股权所在公司以及控制相关材料的主体提供。相关主体拒不提供的，不仅可以强制提取，而且还可以依照民事诉讼法追究其法律责任。第三，为确保评估机构准确评估公司价值进而准确评估股权价值，经当事人书面申请，人民法院

① 参见伍俊鹏：《强制执行阶段拍卖、变卖的股权定价问题》，载《法制博览》2021年第16期。

可以委托审计机构对股权所在公司进行审计。第四，通过委托评估方式确定股权处置参考价的，如果评估机构因为缺少相关材料无法进行评估或者认为影响评估结果，被执行人未能提供且人民法院也无法调取补充材料的，人民法院应当通知评估机构根据现有材料进行评估，同时告知当事人因缺少材料可能产生的处置参考价偏离股权真实价值乃至适用“无底价拍卖”的不利后果。第五，评估机构根据现有材料出具了评估报告的，则参照该评估价确定起拍价；评估机构根据现有材料无法出具评估报告的，经申请执行人书面申请，人民法院可以结合案件具体情况和股权实际情况进行“无底价拍卖”，但确定的起拍价要适当高于执行费用，以避免发生“无益拍卖”的情形。



适用“无底价拍卖”需要注意的是：第一，人民法院要严格依照《规定》第十一条、第十二条规定的程序调取或者责令有关主体提供评估所需有关材料，尽可能促成评估机构出具评估报告，不得任意适用“无底价拍卖”；第二，“评估机构根据现有材料无法出具评估报告”是指委托的三家评估机构均无法出具评估报告；第三，虽然三家评估机构均无法出具评估报告，但能够通过其他方式确定参考价的（如双方当事人达成议价一致意见），则参照该参考价确定起拍价；第四，对评估机构无法出具评估报告的，并非一律适用“无底价拍卖”，而要由人民法院根据具体情况来确定是否适用；第五，为避免浪费司法资源，防止扰乱市场秩序，依照《规定》第十二条第二款的规定，对于公司经营严重异常，股权明显没有价值的，比如一些“空壳公司”的股权，则不能适用“无底价拍卖”。

### （四）股权拍卖的几类特殊情形

1. 整体拍卖与分割拍卖股权

不得超标的处置被执行人的财产是执行程序中的一项重要规则。《最高人民法院关于人民法院民事执行中拍卖、变卖财产的规定》（以下简称《拍卖、变卖规定》）第十四条规定，拍卖多项财产时，其中部分财产卖得的价款足以清偿债务和支付被执行人应当负担的费用的，对剩余的财产应当停止拍卖，但被执行人同意全部拍卖的除外。《规定》第十三条第二款在此基础上进行了细化，明确在拍卖股权前，依据处置参考价并结合具体情况计算，拍卖被冻结股权所得价款可能明显高于债权额及执行费用的，应当对相应部分的股权进行拍卖，以避免超标的拍卖股权损害被执行人合法权益。此处的“结合具体情况”主要是指人民法院在拍卖前要根据公司经营状况、股价市场行情、拍卖溢价降价情况，以及分割拍卖与整体拍卖对股权价额的影响等因素综合考虑。同时，由于股权转让可能存在“控制权溢价”，如果对相应部分的股权拍卖严重减损被冻结股权价值，被执行人书面申请人民法院对全部被冻结股权进行拍卖的，人民法院也可以一并拍卖。

2. 瑕疵出资、未届出资期限股权的拍卖

对于被执行人瑕疵出资或者未届出资期限的股权，因其仍然具有价值，所以人民法院可以对其采取强制拍卖措施。对此，《规定》第十四条第一款予以明确。问题在于，对于前述股权强制拍卖后，后续出资义务应该如何承担？为最大限度降低强制执行股权对公司、公司其他股东和公司债权人权益的影响，严格遵循有关公司法律制度，《规定》第十四条第二款规定，前述股权处置后，相关主体依照有关规定履行出资义务。此处的“有关规定”，对于瑕疵出资的股权，主要是指《最高人民法院关于适用〈中华人民共和国公司法〉若干问题的规定（三）》第十八条的规定。对于未届出资期限的股权，股权转让后，后续出资义务应该如何承担，现行法律、司法解释并未明确规定，实践中存在很大争议。[①]《规定》起草过程中，有观点认为，人民法院强制执行此类股权时，原股东的出资义务尚未届期，股权被强制转让后，原股东不应再承担后续出资义务。也有观点认为，出资义务是股东对公司、其他股东的恒定义务，无论该出资义务是否已届期，都不因股权转让而消除，原股东仍应承担出资义务。还有观点认为，这一问题比较复杂，不宜在有关强制执行股权的司法解释中规定，而应该留待公司法及其司法解释予以明确，在《规定》中只要明确依照“有关规定”处理即可。《规定》最终采纳了最后一种意见。事实上，对于上述问题，公司法（修订草案）在第八十九条作出以下规定：“股东转让已认缴出资但未届缴资期限的股权的，由受让人承担缴纳该出资的义务。股东未按期足额缴纳出资或者作为出资的非货币财产的实际价额显著低于所

① 参见刘敏：《论未实缴出资股权转让后的出资责任》，载《法商研究》2019 年第 6 期；王建文：《再论股东未届期出资义务的履行》，载《法学》2017 年第 9 期。

认缴的出资额，即转让股权的，受让人知道或者应当知道存在上述情形的，在出资不足的范围内与该股东承担连带责任。”

3. 自行转让受限的股权的拍卖

依照公司法第一百四十一条的规定，股份有限公司发起人及董事、监事、高级管理人员持有的股权，在特定期限或特定比例内应当限制转让。该规定的立法目的在于防止前述人员投机牟利，损害其他股东利益。但是，在前述人员对外负有债务，人民法院为保护债权人利益，将前述人员持有的股权强制变价清偿债务的，不存在投机牟利问题，并不违反公司法的立法目的。① 相应地，公司章程、股东协议对股权转让所作的限制，是公司股东之间的内部约定，同样也不能对抗人民法院的强制执行。基于上述考虑，《规定》第十四条第一款第三项、第四项明确对于前述股权，人民法院可以强制拍卖。当然，为尽可能降低强制处置股权对公司和其他股东的影响，买受人竞得股权后仍应当继续遵守有关限制股权转让的法律规定或者约定。

4. 前置审批类股权的拍卖

根据证券法、保险法、商业银行法、企业国有资产法等法律规定，证券公司、保险公司、商业银行、国有企业等转让一定比例的股权前需经相关部门审批。人民法院对这类股权进行拍卖的，竞买人也应当符合相应的资格或条件。问题在于，应该要求竞买人在参与竞拍前即获得审批，还是可以在竞买成功后再获得审批？如果是后者，竞买人在竞买成功后未获审批的，应该如何处理？在起草过程中主要有两种观点：一种观点认为，在拍卖前人民法院只要明示竞买人应有相应资格和条件即可，竞买人在竞买成功后自行办理审批手续。获得审批的，人民法院出具成交裁定书；未获审批的，人民法院对股权重新进行拍卖。此种方式的优势在于，可以提高拍卖效率，确保充分竞价，最大限度实现股权价值。劣势在于，此种方案会出现竞买人在竞买成功后因无法获得审批而导致重新拍卖的问题。另一种观点认为，只有获得相关部门审批的竞买人才可以参加竞买，此种方式的优势在于，能够确保竞买成功的竞买人已获得审批资格，尽可能避免重新拍卖情形的出现。劣势在于：一是在竞买前即限定竞买人的资格，合理

① 参见《最高人民法院执行工作办公室关于执行股份有限公司发起人股份问题的复函》。

性存疑，且会导致股权拍卖竞价不充分，可能会存在暗箱操作；二是由审批部门对所有竞买人的资格进行审核，实际操作上并不可行，征求意见时，相关部门也提出这样的意见；三是即使在竞买前已获得审批，在竞买成功后办理变更登记时，也可能会因种种原因出现不能办理变更登记的情形。基于上述考虑，《规定》第十五条最终采纳了第一种观点。

另外，根据《规定》第十五条第三款，对于买受人明知不符合竞买资格或者条件依然参加竞买，且在成交后未能在合理期限内取得相关部门股权变更批准手续的，要参照悔拍处理，交纳的保证金不予退还。如果保证金不足以支付拍卖费用损失和两次拍卖差价的，是否需要原买受人补交？依照《拍卖、变卖规定》第二十二条的规定，人民法院是可以责令买受人补交的。由于《拍卖、变卖规定》对此问题已有规定，所以之后出台的《最高人民法院关于人民法院网络司法拍卖若干问题的规定》第二十四条对此问题未再规定，由此在实践中产生了误解和争议。有人据此认为保证金不足以支付费用损失和两次拍卖差价的，无须原买受人补交。[①] 对此，《规定》第十五条第三款再次明确，保证金不足以支付的，可以裁定原买受人补交；拒不补交的，强制执行，以重申最高人民法院对于悔拍保证金问题一贯的态度。

## （五）股权作为诉争标的物时的执行规则

1. 因公司增资或者减资导致被执行人实际持股比例降低或者升高时应该如何交付股权

《规定》第十六条区分两种情形作出规定：一是对于生效法律文书明确要交付一定数量出资额的，此种情形比较容易处理，人民法院按照生效法律文书确定的出资额交付即可。二是对于生效法律文书仅明确要交付一定比例的股权，公司在生效法律文书作出后增资或减资的，会对被执行人的持股比例产生影响，相应的也会对应当交付的股权比例产生影响。为此，《规定》第十六条明确，应当按照生效法律文书作出时该比例所对应出资额占当前公司注册资本总额的比例交付股权。也即，在此情况下，应

① 参见夏从杰：《网络司法拍卖中保证金之适用——以不足弥补重拍差价为例》，载微信公众号“赫法通言”，2016年9月20日。

当通过对生效法律文书的解释，来探究其本意，以保障各方当事人的合法权益。需要注意的是，如果人民法院在保全或者执行过程中已经冻结诉争股权并要求公司在增资、减资前向人民法院报告，公司未报告即增资、减资的，人民法院可依照《规定》第八条对公司进行处罚，申请执行人认为利益受损的，也可依照该条依法提起诉讼追究公司及相关责任人的法律责任。

2. 股东资格确认判决的执行

为解决司法实践中，股东资格确认判决因无给付内容而无法申请人民法院强制变更登记的问题，《规定》第十七条第一款明确规定，在审理股东资格确认纠纷案件中，当事人提出要求公司签发出资证明书、记载于股东名册并办理公司登记机关登记的诉讼请求且其主张成立的，人民法院应当予以支持；当事人未提出前述诉讼请求的，可以根据案件具体情况向其释明，以确保其主张成立时，判决能够体现此项给付内容。同时，《规定》第十七条第二款重申，生效法律文书仅确认股权属于当事人所有的，因该文书缺乏给付内容，向人民法院申请强制执行的不予受理，但当事人可以持该生效法律文书自行向公司、公司登记机关申请办理股权变更手续。

最高人民法院

# 关于生态环境侵权案件适用禁止令保全措施的若干规定

法释〔2021〕22号

(2021年11月29日最高人民法院审判委员会第1854次会议通过
2021年12月27日最高人民法院公告公布
自2022年1月1日起施行)

为妥善审理生态环境侵权案件，及时有效保护生态环境，维护民事主体合法权益，落实保护优先、预防为主原则，根据《中华人民共和国民法典》《中华人民共和国环境保护法》《中华人民共和国民事诉讼法》等有关法律规定，结合审判实践，制定本规定。

**第一条** 申请人以被申请人正在实施或者即将实施污染环境、破坏生态行为，不及时制止将使申请人合法权益或者生态环境受到难以弥补的损害为由，依照民事诉讼法第一百条、第一百零一条规定，向人民法院申请采取禁止令保全措施，责令被申请人立即停止一定行为的，人民法院应予受理。

**第二条** 因污染环境、破坏生态行为受到损害的自然人、法人或者非法人组织，以及民法典第一千二百三十四条、第一千二百三十五条规定的“国家规定的机关或者法律规定的组织”，可以向人民法院申请作出禁止令。

**第三条** 申请人提起生态环境侵权诉讼时或者诉讼过程中，向人民法院申请作出禁止令的，人民法院应当在接受申请后五日内裁定是否准予。情况紧急的，人民法院应当在接受申请后四十八小时内作出。

因情况紧急，申请人可在提起诉讼前向污染环境、破坏生态行为实施地、损害结果发生地或者被申请人住所地等对案件有管辖权的人民法院申请作出禁止令，人民法院应当在接受申请后四十八小时内裁定是否准予。

**第四条** 申请人向人民法院申请作出禁止令的，应当提交申请书和相应的证明材料。

申请书应当载明下列事项：

（一）申请人与被申请人的身份、送达地址、联系方式等基本情况；

（二）申请禁止的内容、范围；

（三）被申请人正在实施或者即将实施污染环境、破坏生态行为，以及如不及时制止将使申请人合法权益或者生态环境受到难以弥补损害的情形；

（四）提供担保的财产信息，或者不需要提供担保的理由。

**第五条** 被申请人污染环境、破坏生态行为具有现实而紧迫的重大风险，如不及时制止将对申请人合法权益或者生态环境造成难以弥补损害的，人民法院应当综合考量以下因素决定是否作出禁止令：

（一）被申请人污染环境、破坏生态行为被行政主管机关依法处理后仍继续实施；

（二）被申请人污染环境、破坏生态行为对申请人合法权益或者生态环境造成的损害超过禁止被申请人一定行为对其合法权益造成的损害；

（三）禁止被申请人一定行为对国家利益、社会公共利益或者他人合法权益产生的不利影响；

（四）其他应当考量的因素。

**第六条** 人民法院审查申请人禁止令申请，应当听取被申请人的意见。必要时，可进行现场勘查。

情况紧急无法询问或者现场勘查的，人民法院应当在裁定准予申请人禁止令申请后四十八小时内听取被申请人的意见。被申请人意见成立的，人民法院应当裁定解除禁止令。

**第七条** 申请人在提起诉讼时或者诉讼过程中申请禁止令的，人民法院可以责令申请人提供担保，不提供担保的，裁定驳回申请。

申请人提起诉讼前申请禁止令的，人民法院应当责令申请人提供担保，不提供担保的，裁定驳回申请。

**第八条** 人民法院裁定准予申请人禁止令申请的，应当根据申请人的请求和案件具体情况确定禁止令的效力期间。

**第九条** 人民法院准予或者不准予申请人禁止令申请的，应当制作民事裁定书，并送达当事人，裁定书自送达之日起生效。

人民法院裁定准予申请人禁止令申请的，可以根据裁定内容制作禁止令张贴在被申请人住所地，污染环境、破坏生态行为实施地、损害结果发生地等相关场所，并可通过新闻媒体等方式向社会公开。

**第十条** 当事人、利害关系人对人民法院裁定准予或者不准予申请人禁止令申请不服的，可在收到裁定书之日起五日内向作出裁定的人民法院申请复议一次。人民法院应当在收到复议申请后十日内审查并作出裁定。复议期间不停止裁定的执行。

**第十一条** 申请人在人民法院作出诉前禁止令后三十日内不依法提起诉讼的，人民法院应当在三十日届满后五日内裁定解除禁止令。

禁止令效力期间内，申请人、被申请人或者利害关系人以据以作出裁定的事由发生变化为由，申请解除禁止令的，人民法院应当在收到申请后五日内裁定是否解除。

**第十二条** 被申请人不履行禁止令的，人民法院可依照民事诉讼法第一百一十一条的规定追究其相应法律责任。

**第十三条** 侵权行为实施地、损害结果发生地在中华人民共和国管辖海域内的海洋生态环境侵权案件中，申请人向人民法院申请责令被申请人立即停止一定行为的，适用海洋环境保护法、海事诉讼特别程序法等法律和司法解释的相关规定。

**第十四条** 本规定自 2022 年 1 月 1 日起施行。

附件：1. 民事裁定书（诉中禁止令用）样式
2. 民事裁定书（诉前禁止令用）样式
3. 民事裁定书（解除禁止令用）样式
4. 禁止令（张贴公示用）样式

**附件1**：民事裁定书（诉中禁止令用）样式

××××人民法院

# 民事裁定书

（××××）……民初……号

申请人：×××，……（写明姓名或名称、住所地等基本情况）。

……

被申请人：×××，……（写明姓名或名称、住所地等基本情况）。

申请人×××因与被申请人×××……（写明案由）纠纷一案，向本院申请作出禁止令，责令被申请人×××……（写明申请作出禁止令的具体请求事项）。

本院认为：……（写明是否符合作出禁止令的条件，以及相应的事实理由）。依照《中华人民共和国民事诉讼法》第一百条，《最高人民法院关于生态环境侵权案件适用禁止令保全措施的若干规定》第三条第一款、第八条、第九条第一款的规定，裁定如下：

一、……被申请人×××自本裁定生效之日……（写明效力期间及要求被申请人立即停止实施的具体行为的内容）。

二、……（若禁止实施的具体行为不止一项，依次写明）。

（不准予申请人禁止令申请的，写明“驳回申请人×××的禁止令申请。”）

如不服本裁定，可在裁定书送达之日起五日内，向本院申请复议一次。复议期间，不停止裁定的执行。

本裁定送达后即发生法律效力。

审 判 长　×××
审 判 员　×××
审 判 员　×××

××××年××月××日
（院印）

法官助理　×××
书 记 员　×××

【说明】

1. 本样式根据《中华人民共和国民事诉讼法》第一百条、《最高人民法院关于生态环境侵权案件适用禁止令保全措施的若干规定》第三条第一款、第八条、第九条第一款制定，供人民法院在受理、审理案件过程中，依当事人申请作出禁止令时用。

2. 当事人申请诉中禁止令的，案号与正在进行的民事诉讼案号相同，为（××××）……民初……号；若特殊情况下当事人在二审中申请诉中禁止令的，案号则为二审案号。

3. 禁止令的效力期间原则上自裁定生效之日起至案件终审裁判文书生效或者人民法院裁定解除之日止；人民法院若根据个案实际情况确定了具体的效力期间，亦应在裁定书中予以明确。期间届满，禁止令自动终止。

**附件**2：民事裁定书（诉前禁止令用）样式

××××人民法院

**民事裁定书**

（××××）……行保……号

申请人：×××，……（写明姓名或名称、住所地等基本情况）。

被申请人：×××，……（写明姓名或名称、住所地等基本情况）。

因被申请人×××…（写明具体的生态环境侵权行为），申请人×××向本院申请禁止令，责令被申请人×××……（写明申请作出禁止令的具体请求事项）。

本院认为：……（写明是否符合作出禁止令的条件，以及相应的事实理由）。依照《中华人民共和国民事诉讼法》第一百零一条，《最高人民法院关于生态环境侵权案件适用禁止令保全措施的若干规定》第三条第二款、第八条、第九条第一款的规定，裁定如下：

一、……被申请人×××自本裁定生效之日……（写明效力期间及要求被申请人立即停止实施的具体行为的内容）。

二、……（若禁止实施的具体行为不止一项，依次写明）。

（不准予申请人禁止令申请的，写明“驳回申请人×××的禁止令申请。”）

如不服本裁定，可在裁定书送达之日起五日内，向本院申请复议一次。复议期间，不停止裁定的执行。

本裁定送达后即发生法律效力。

审 判 长　×××<br>
审 判 员　×××<br>
审 判 员　×××

××××年××月××日<br>
（院印）

法官助理　×××<br>
书 记 员　×××

【说明】

1. 本样式根据《中华人民共和国民事诉讼法》第一百零一条、《最高人民法院关于生态环境侵权案件适用禁止令保全措施的若干规定》第三条第二款、第八条、第九条第一款制定，供人民法院在受理案件前，依当事人申请作出禁止令时用。

2. 当事人申请诉前禁止令时，尚未进入诉讼程序，故编立案号（××××）……行保……号。

3. 禁止令的效力期间原则上自裁定生效之日起至案件终审裁判文书生效或者人民法院裁定解除之日止；人民法院若根据个案实际情况确定了具体的效力期间，亦应在裁定书中予以明确。期间届满，禁止令自动终止。

**附件3：**民事裁定书（解除禁止令用）样式

×××× 人民法院

# 民事裁定书

（××××）……民初……号

申请人：×××，……（写明姓名或名称、住所地等基本情况）。

被申请人：×××，……（写明姓名或名称、住所地等基本情况）。

本院于××××年××月××日作出……（写明案号）民事裁定，准予×××的禁止令申请。××××年××月××日，申请人/被申请人/利害关系人×××基于据以作出禁止令的事由发生变化为由，请求解除禁止令。

本院经审查认为，……（写明是否符合解除禁止令的条件，以及相应的事实理由）。依照《最高人民法院关于生态环境侵权案件适用禁止令保全措施的若干规定》第十一条第二款的规定，裁定如下：

一、解除××××（被申请人的姓名或者名称）……（写明需要解除的禁止实施的具体行为）。

二、……（若需解除的禁止实施的具体行为不止一项，依次写明）。

（如不符合解除禁止令条件的，写明："驳回申请人/被申请人/利害关系人×××的解除禁止令申请。"）

如不服本裁定，可在裁定书送达之日起五日内，向本院申请复议一次。复议期间，不停止裁定的执行。

本裁定送达后即发生法律效力。

审 判 长　×××

审 判 员　×××

审 判 员　×××

××××年××月××日

（院印）

法官助理　×××

书 记 员　×××

【说明】

1. 本样式根据《最高人民法院关于生态环境侵权案件适用禁止令保全措施的若干规定》第十一条第二款制定，供人民法院在禁止令效力期间内，因据以作出禁止令的事由发生变化，依申请人、被申请人或者利害关系人申请提前解除禁止令用。

2. 根据《最高人民法院关于生态环境侵权案件适用禁止令保全措施的若干规定》第六条第二款因被申请人抗辩理由成立而解除已作出的禁止令、第十一条第一款因申请人未在法定三十日内提起诉讼而解除禁止令的，可参照本样式调整相应表述后使用。

3. 若一审中裁定解除禁止令的，则采用一审案号（或之……）；若二审中裁定解除禁止令的，则采用二审案号；若系针对申请人在诉前禁止令作出后三十日内未起诉而解除或者提前解除的，则采用原禁止令案号之一。

4. 解除裁定生效后，依据原裁定制作的禁止令自动终止。

**附件4**：禁止令（张贴公示用）样式

××××人民法院

**禁止令**

（××××）……民初……号/（××××）……行保……号

×××（写明被申请人姓名或名称）：

申请人×××以你（你单位）……（申请理由）为由，于××××年××月××日向本院申请作出禁止令。本院经审查，于××××年××月××日作出××号民事裁定，准予申请人×××的禁止令申请。现责令：

……（裁定书主文内容）。

此令。

××××人民法院

××××年××月××日

（院印）

【说明】

1. 本样式根据《最高人民法院关于生态环境侵权案件适用禁止令保全措施的若干规定》第九条第二款制定，供人民法院在被申请人住所地，污染环境、破坏生态行为实施地、损害结果发生地等相关场所张贴以及通过新闻媒体等方式向社会公开时用。

2. 如系诉中禁止令，案号与正在审理案件案号相同，如系诉前禁止令则案号为（××××）……行保……号。

# 《最高人民法院关于生态环境侵权案件适用禁止令保全措施的若干规定》的理解与适用

刘竹梅　贾清林　刘慧慧*

《最高人民法院关于生态环境侵权案件适用禁止令保全措施的若干规定》（以下简称《规定》）于2021年11月29日由最高人民法院审判委员会第1854次会议讨论通过，自2022年1月1日起施行。《规定》对于贯彻落实习近平生态文明思想、习近平法治思想，落实保护优先、预防为主原则，及时有效保护生态环境，维护民事主体合法权益，具有重要的现实意义。现对《规定》的制定背景、指导思想和原则、主要内容作如下解读。

## 一、《规定》的制定背景

生态环境与每个人息息相关，人民群众对美好生活的向往包含了对良好生态环境的期待。良好生态环境是最公平的公共产品、最普惠的民生福祉，是中华民族永续发展的可靠保证，只有尊重自然、顺应自然，才能实现人与自然的和谐共生。党的十八大以来，习近平总书记高度重视生态环境保护，开展了一系列根本性、开创性、长远性工作，美丽中国建设迈出重大步伐，生态环境保护发生历史性、转折性、全局性变化。党的十九届六中全会、中央经济工作会议对生态环境保护提出了新要求，协同推进经济高质量发展与生态环境高水平保护需求更加迫切。

司法作为生态环境治理体系的重要组成部分，担负化解生态环境矛盾纠纷，保护生态环境国家利益和社会公共利益，保障人民群众环境权益的重要职责。环境污染、生态破坏具有突发性、瞬时性、不可逆转性，危害

* 作者单位：最高人民法院环境资源审判庭。

后果具有滞后性、长久性、难以修复性等特征，决定了预防性救济在生态环境保护领域的极端重要性，当侵害正在进行中或者损害尚未最终发生时，即应给予及时有效的救济，以维护个人、公众的环境权益及民事主体的其他合法权益，保护生态环境。

从世界范围看，欧美国家在长期的司法实践中已经形成较为成熟完善的禁令救济制度，并在环境保护领域发挥了重要的作用。“美国环境司法实践中，环境诉讼禁令既是一种临时保全措施，又是一种救济手段。”① 就我国而言，刑法修正案（八）② 以及相关司法解释已经明确规定了刑事司法领域的禁止令制度，但此类禁止令系在刑事判决的同时颁发的禁止令，在性质上属于终局救济的范畴，与生态环境保护领域作为预防性、临时性救济措施的禁止令并不相同。我国民法典规定了人格权禁令制度，但在生态环境领域尚未有明确法律规定。环境司法理论界认为，“环境保护禁止令的适用，具有及时阻却环境损害发生或扩大的客观效果。在此意义上，环境保护禁止令的适用，作为对民事行为保全基本制度的沿袭，对应了环境保护实践的内在要求，具有合理性。”③ 但司法理论的研究成果并未被立法所吸纳，民事法律中并未有“生态环境保护禁止令”的具体规定。

实践中，贵州、云南、重庆、江苏、浙江、福建、山东、河南等地法院针对环境污染、生态破坏案件的特点，为及时制止生态环境侵权行为，预防环境损害的发生或者扩大，有效维护当事人的合法利益和公众的环境权益，结合审判实践需求，在生态环境司法实践中不断探索适用禁止令措施，并制定了相应的规范性文件，取得了良好的法律效果。但是各地法院采取禁止令措施的法理基础并不完全相同，适用范围不尽相同，亟待统一和规范。全国人大代表、政协委员近几年也针对生态环境保护的实践需求提交了关于建立完善禁止令制度的相关建议或者提案。

最高人民法院高度重视环境司法对生态环境保护、生态文明建设的服

---

① 杨凯：《民行一体化：环境司法诉讼禁令制度的重构与完善》，载《武汉大学学报（哲学社会科学版）》2019 年第 4 期。

② 刑法修正案（八）第二条规定：“在刑法第三十八条中增加一款作为第二款：‘判处管制，可以根据犯罪情况，同时禁止犯罪分子在执行期间从事特定活动，进入特定区域、场所，接触特定的人。’原第二款作为第三款，修改为：‘对判处管制的犯罪分子，依法实行社区矫正。’增加一款作为第四款：‘违反第二款规定的禁止令的，由公安机关依照《中华人民共和国治安管理处罚法》的规定处罚。’”

③ 王晶：《环境保护禁止令之适用审视》，载《甘肃政法学院学报》2019 年第 2 期。

务和保障作用，2014年6月设立专门的环境资源审判庭，统一指导全国的环境资源审判工作。为了进一步丰富和完善预防性救济措施在生态环境领域的适用，在根植于我国环境司法理论发展土壤，吸收、借鉴域外经验的基础上，针对环境司法实践对禁止令措施的特殊需求，最高人民法院以民事诉讼法行为保全制度为基本依据，将探索适用生态环境保护禁止令作为一项重要工作部署，先后在《最高人民法院关于认真学习贯彻党的十九届四中全会精神的通知》（法〔2019〕244号）、《最高人民法院关于为黄河流域生态保护和高质量发展提供司法服务与保障的意见》（法发〔2020〕19号）、《最高人民法院关于支持和保障深圳建设中国特色社会主义先行示范区的意见》（法发〔2020〕39号）等司法政策性文件中明确提出"探索环境保护禁止令"和"探索建立环境保护禁止令制度"等工作要求，指导各地法院积极开展工作实践；并在认真总结各地法院司法实践的基础上，经反复调研论证和广泛征求意见，就生态环境禁止令保全措施的法律依据、申请主体、审查需考量的因素、效力期间、文书形式、提前解除、不履行的法律责任等问题进行规范，制定出台本《规定》，以实现对生态环境的预防性、及时性保护和对侵权行为的震慑作用，统一法律的适用。



## 二、《规定》制定的指导思想和原则

习近平总书记指出："只有实行最严格的制度、最严密的法治，才能为生态文明建设提供可靠保障。"《规定》的起草制定始终以习近平生态文明思想、习近平法治思想为指导，深入贯彻落实党的十九大以及党的第十九届历次全会精神，找准环境司法审判与保护人民群众切身利益和服务经济社会高质量发展的最佳结合点，丰富完善生态环境司法保护制度体系。《规定》的制定主要遵循了以下原则。

一是坚持以人民为中心。在《规定》制定过程中，坚持以人民群众对严厉惩治环境污染、生态破坏行为的迫切需求为出发点，明确为防止申请人合法权益或者生态环境受到难以弥补的损害，可以采取禁止令保全措施给予救济，及时制止生态环境损害的发生或继续扩大。《规定》明确将民事裁定的内容以禁止令的形式张贴在被申请人住所地，污染环境、破坏生态行为实施地、损害结果发生地等相关场所，加大禁止令保全措施的公示力度，既对被申请人形成有力震慑，督促其及时停止生态环境侵权行为，又强化公众参与和社会监督，保障禁止令保全措施的执行和落实。

二是坚持“保护优先、预防为主”。《规定》针对生态环境具有一旦受到损害则难以恢复，甚至完全丧失生态服务功能的特点，将“保护优先、预防为主”作为起草制定的重要原则之一。《规定》明确申请人在提起诉讼前和诉讼过程中均可以申请人民法院采取禁止令保全措施，并对“情况紧急”予以缩短采取禁止令保全措施的时间，以强化禁止令保全措施的预防性权利救济功能，及时制止生态环境侵权行为，有效避免或者减少生态环境损害的影响。

三是坚持服务国家社会发展需要。申请人申请人民法院采取禁止令保全措施时，案件往往尚未进入审理阶段，甚至尚未受理，禁止被申请人一定行为可能会对其合法权益以及社会经济发展带来一定影响。《规定》明确在确定禁止令保全措施的适用范围、考量因素、审查期限时，要把握时、度、效，既要考虑禁止令保全措施对申请人合法权益和生态环境的保护，也要考量对国家社会发展及被申请人合法权益产生的影响，以合理平衡各方利益关系，避免利益保护过度失衡，影响国家社会发展大局。

## 三、《规定》的主要内容

《规定》共14条，对禁止令保全措施的法律依据、申请主体、类型、考量因素、文书形式、权利保障等相关内容进行了规定。现结合《规定》的具体条文，对其主要内容阐释如下。

### (一) 禁止令保全措施的法律依据、基本内涵

第一，《规定》第一条明确了禁止令保全措施的法律依据。最高人民法院对民事诉讼法框架下的行为保全制度在生态环境领域的适用进行解释，将2017年民事诉讼法第一百条、第一百零一条①关于民事诉讼保全的规定作为《规定》起草制定的直接法律依据。在起草《规定》过程中，因尚无民事法律对“禁止令”予以明确规定，故从“禁止令”的本质系采取禁止一定行为的措施，达到制止或者预防某种生态环境损害的发生和扩大目的角度进行制度设计。民事行为保全制度与《规定》的起草目的相一致，故依据民事诉讼法行为保全制度为框架进行《规定》条文起草和制度设计具有上位法依据。

① 现为第一百零三条、第一百零四条，下同。——编者注

第二，《规定》第一条明确了禁止令保全措施的基本内涵，即禁止令保全措施是为及时制止被申请人正在实施或者即将实施的污染环境、破坏生态行为，避免对申请人合法权益或者生态环境受到难以弥补的损害，向人民法院申请作出的临时性救济措施。其核心内容是责令被申请人立即停止一定行为，不得继续实施相关行为。就此而言，禁止令保全措施可以理解为民事诉讼保全制度在生态环境领域中的延伸适用，且是一种禁止类的行为保全措施。禁止令保全措施在生态环境侵权案件中的适用既体现了民事诉讼行为保全制度的一般特征，又满足了生态环境保护、建设生态文明的特殊需要。《规定》在起草过程中，对如何界定禁止令的内涵，是否把责令被申请人实施一定行为，即强制被申请人为一定行为亦归入禁止令的范畴，存在不同的认识。经初步考察，禁止令最旱起源于罗马法，是指由地方行政官发给某一特定人的命令或禁令。① 之后，禁止令沿着两条不同的路径发展：在英美法系演变为非常复杂的禁止令或禁令（injunction）制度，在大陆法系则以“假处分”的行为保全方式将禁止令内容包含其中。按一般理解，禁止令的原始含义是停止侵权，也称禁令、强制令，是指在诉讼过程中，在侵权行为明显成立的情况下，法院要求侵权当事人实施某种行为，或禁止其为一定行为的命令；目的是在实质争议解决前，防止侵权行为的重复或预期发生，保护当事人的合法权益。在英美法系中，中间性禁令是指在诉讼终结之前，为了维持现状或变更现状所采取的暂时性救济方式，包括临时禁令和初步禁令。② 应该说，大陆法系中的“假处分”制度中“制止侵权行为的继续”等内容作为诉讼中的行为保全，与英美法系禁止令制度中的中间禁令（临时禁令和初步禁令）基本对应。“无论是中间禁令制度还是‘假处分’制度，都是相对终极救济而言的暂时性救济手段。”③ 由此，尽管两大法系法的传统不同，但在及时制止侵权行为、防止难以弥补损害方面殊途同归。

基于上述分析，尽管欧美国家关于禁止令或者禁令的制度多将责令停止一定行为和命令实施一定行为均包含在其中，但就我国而言，考虑到禁

---

① 参见［英］戴维·M. 沃克：《牛津法律大辞典》，北京社会与科技发展研究所组织翻译，光明日报出版社1988年版，第453页。

② 参见叶明、吴太轩：《论环境侵权救济中的排除侵害制度》，载《广西政法管理干部学院学报》2002年第1期。

③ 龚海南：《环境保护禁止令制度的构建》，载《人民司法·应用》2005年第1期。

止令系针对生态环境侵权行为的一种临时性救济措施，并非终局救济，其目的是及时制止侵害，以避免造成难以弥补的环境损害，而此时案件尚未受理或者受理但尚未正式审理、裁判，一旦采取禁止令保全措施可能会对被申请人以及国家社会发展造成一定影响，甚至较大影响，故在禁止令保全措施实施初期适当控制适用范围有利于平衡各方利益，确保该措施的适用效果和目的得以顺利实现；且“禁止令”的中文字面含义仅包含“不得为”，不包含“必须为”的内容，若将“必须为”亦包含在禁止令内涵中则显得名实不符。为此，《规定》将禁止令保全措施的内涵限缩为“立即停止一定行为”，即禁止或者不得为一定行为，未包含强制被申请人为一定行为。实际上，民法典第九百九十七条关于人格权保护禁令也仅规定了“责令行为人停止有关行为”，禁止令保全措施与人格权保护禁令的表述方式基本一致。

当然，若司法实践中基于具体个案，确实需要行为人作出某种积极行为才能实现制止环境侵害的目的，可以通过转换禁止令的表述方式而实现：将需要行为人实施的某种积极行为作为禁止令的前提条件置于禁止令之中。比如，若需要行为人建设并运行污水处理设施，则禁止令可表述为：责令（生态环境侵权行为人）在污水处理设施竣工验收合格并投入使用前停止或者不得排放污水。

## （二）禁止令保全措施的申请主体、申请材料

1. 申请主体

“基于司法的中立性、被动性的特征，生态行为司法禁令依当事人申请而开启，这也是民事诉讼‘诉权处分’原则的要求。”① 生态环境侵权诉讼，既涉及生态环境私益侵权案件，也涉及生态环境公益侵权案件；既涉及法律规定的机关、社会组织和人民检察院提起的环境民事公益诉讼案件，也涉及省级、市地级政府及其指定的部门或机构提起的生态环境损害赔偿诉讼案件。理论上，依法有权提起这些诉讼的主体均有权向人民法院申请采取禁止令保全措施，《规定》第二条基于前述不同诉讼程序明确了相关申请主体。

① 赖声利、郭娜：《生态环境损害行为司法禁令制度探究》，载《上饶师范学院学报》2015 年第 5 期。

就生态环境私益侵权诉讼而言，受到环境污染、生态破坏行为损害或损害之虞的民事主体（自然人、法人或者非法人组织）有权提起诉讼，并基于具体实际情况在诉讼前或者诉讼过程中依法申请人民法院采取禁止令保全措施。

就生态环境公益侵权诉讼而言，根据现有法律和司法解释规定，有权提起诉讼的主体包括四类：一是民事诉讼法第五十五条①第一款所列“法律规定的机关”，比如，海洋环境保护法第八十九条第二款规定的“依照本法规定行使海洋环境监督管理权的部门”，森林法第六十八条规定的“县级以上人民政府自然资源主管部门、林业主管部门”，固体废物污染环境防治法第一百二十二条第一款规定的“设区的市级以上地方人民政府或者其指定的部门、机构”；二是民事诉讼法第五十五条第一款所列“有关组织”，比如，环境保护法第五十八条规定的，依法在设区的市级以上人民政府民政部门登记、专门从事环境保护公益活动连续五年以上且无违法记录的社会组织；三是民事诉讼法第五十五第二款所规定的人民检察院；四是根据中共中央办公厅、国务院办公厅《生态环境损害赔偿制度改革方案》的规定，国务院授权的省级、市地级人民政府及其指定的部门、机构，以及受国务院委托代行全民所有自然资源资产所有权的部门，系生态环境损害赔偿权利人。② 民法典作为民事实体法律，在第一千二百三十四条、第一千二百三十五条概括规定了上述各类主体的生态环境公益请求权，将生态环境公益请求权主体明确为“国家规定的机关”和“法律规定的组织”两大类型。故《规定》第二条采用民法典的概括表述，包括了前述可以提起生态环境公益侵权诉讼的各类主体。

2. 申请材料

《规定》第四条明确了申请人申请人民法院作出禁止令需要提交的材料以及相关要求，主要包括三层含义。

一是符合条件的申请人申请禁止令时应提交书面申请书。法院是否作出禁止令原则上应由当事人申请启动，法院不宜直接以职权采取禁止令措施；申请书作为申请人的正式意思表示，被提交给法院后，法院才可以依

① 现为第五十八条，下同。——编者注

② 最高人民法院民法典贯彻实施工作领导小组主编：《中华人民共和国民法典侵权责任编理解与适用》，人民法院出版社2020年版，第556~557页。

法审查并作出相应的处理。考虑到禁止令保全措施可能会对被申请人利益以及国家社会发展产生一定影响，甚至较大影响，当事人不能口头申请禁止令。

二是申请书应当具备必要的内容。当事人申请禁止令，首先需将双方的基本情况，尤其被申请人的信息清楚载明，如被申请人不明确、地址不详或者无法联络，则禁止令就难以对被申请人产生效力。其次要明确申请作出禁止令的具体内容，即请求法院责令被申请人停止的具体行为，是一项还是数项行为；以及请求禁止实施的具体行为范围，是部分停止还是全部停止等。再次要表明被申请人正在实施或者即将实施生态环境侵权行为，若不及时制止将使申请人合法权益或者生态环境受到难以弥补损害的具体情形。最后要明确基于申请禁止令所拟提供担保的财产信息，并提供相应的证照手续供法院核查，若存在无须提供担保的法定事由，也需要予以明确说明，事前已经人民法院同意不提供担保的除外。司法实践中，若受理禁止令申请的人民法院根据不同案件的具体情况，尚需要了解的相关事项，申请人亦应按法院的要求予以载明或另行说明。

三是应向人民法院提交相应的证明材料。除法律法规或者司法解释特别规定的除外，“谁主张，谁举证”系民事诉讼的一般举证规则。申请人向人民法院申请禁止令应遵循基本的举证规则，除需要提供被申请人基本信息的相关证明材料以及其他程序性材料外，最主要的是要提供被申请人正在实施或者即将实施生态环境侵权行为，以及若不及时制止将使申请人或者公众的合法权益受到难以弥补损害的初步证明材料。当然，由于此时案件尚未实质审理，甚至尚未受理，申请人提供的证明材料不一定要达到确证的程度，只要能初步证明存在前述情形或者具有较大可能性即可。若申请人提交的申请不符合前述规定要求，或者不能提供初步证明材料的，经人民法院要求限期补交，逾期不补交的，人民法院对其申请不予受理。

### （三）禁止令保全措施的类型、管辖

1. 禁止令保全措施的类型

2017年民事诉讼法第一百条、第一百零一条分别规定了诉中和诉前两种行为保全类型，与此相对应，《规定》第三条亦明确禁止令保全措施包括诉中禁止令和诉前禁止令，不包括终局禁止令，即人民法院经过审理最

终判令生态环境侵权人停止侵害的情形不包含其中。诉中禁止令是申请人在提起诉讼时、诉讼过程中申请人民法院作出的禁止令；诉前禁止令是因紧急情况来不及起诉的，申请人在提起诉讼前申请的禁止令。关于人民法院受理申请后作出禁止令的期限，根据禁止令类型的不同而有所不同。参照民事诉讼法及相关解释关于保全的规定，《规定》明确人民法院在接受当事人的诉中禁止令申请后五日内裁定是否作出禁止令，紧急情况下应在接受申请后四十八小时内作出是否准予的裁定；诉前接受禁止令申请的，因情况紧急，亦要在接受申请四十八小时内作出是否准予的裁定。

2. 禁止令保全措施的管辖

当事人申请禁止令应向有管辖权的人民法院申请，就诉中禁止令而言，鉴于当事人的诉讼已经被人民法院受理，案件已经进入诉讼程序，则自然要向审理该案的人民法院提出申请，由该法院审查判断是否作出禁止令，此为诉中禁止令的应有之义。就诉前禁止令而言，由于情况紧急来不及向人民法院提起诉讼，但又亟须采取及时措施，制止生态环境侵权行为，故允许当事人遵循就近便利原则，选择一家与污染环境、破坏生态行为密切关联的侵权行为实施地、损害结果发生地或者侵权行为人所在地等对案件有管辖权的法院提出申请，由该法院审查决定是否作出禁止令。该规定一方面考虑到禁止令作出后实际执行的效果，需要由与生态环境侵权行为密切关联的法院受理诉前禁止令申请；另一方面也考虑到由对案件有管辖权的法院受理诉前禁止令申请，会尽可能避免诉前禁止令的作出法院与审理案件的法院不一致，可能导致后续工作衔接不畅的问题。实际上，该条规定也是回应多地法院所提的反馈意见，即不少地方环境资源案件实施跨行政区划集中管辖，应由这些地方实行集中管辖的法院审查处理更为妥当。

当然，若基于具体个案，受理诉前禁止令申请并作出禁止令的法院并非之后受理并审理案件的法院，则作出禁止令的法院应将相关材料及时移交给审理案件的法院，鉴于此种操作属于法院内部工作协调的范围，囿于条文篇幅，《规定》对此没有具体规定。

### （四）采取禁止令保全措施的基本条件、考量因素

《规定》第五条明确了人民法院作出禁止令的基本条件、考量因素。该条规定基于生态环境损害的特殊性以及我国生态环境保护现状和现阶段

基本国情，借鉴参考了英美国家法院通过判例逐步形成的中间禁令四要素，即不可弥补的损害、损失衡量、对公共利益的影响和胜诉可能性①，和作出预防性禁令的三要件，即损害发生的重大性（substantial）、损害发生的高度盖然性（sufficient degree of probability）、损害发生的紧迫性（at no remote period）②，以及我国知识产权行为保全司法解释的相关规定③，并采纳吸收了各方意见建议；其核心目的在于既要通过禁止令保全措施及时制止生态环境侵权行为或者重大生态环境风险，有效避免申请人合法权益、公众环境权益受到难以弥补的损害，同时也要考虑被申请人的合法权益、国家社会发展的大局，坚持稳中求进，防止出现保护不足和过度保护两种倾向。具体而言：

1. 采取禁止令保全措施的基本条件

人民法院采取禁止令保全措施，禁止被申请人实施一定行为，可能会对被申请人及国家社会发展造成一定影响，甚至还存在恶意申请禁止令、借此打击竞争对手的情形，故人民法院审查判断作出禁止令时，应审慎为之。《规定》制定过程中，曾试图确定具体的审查判断标准，但由于生态环境侵权案件类型众多、案情各异，在征求意见过程争议很大，难以统一。后经综合各方意见，以高度概括的方式确定了作出禁止令须具备的基本条件，即污染环境、破坏生态行为具有现实而紧迫的重大风险，不及时制止会造成难以弥补的损害。该基本条件是人民法院审查决定作出禁止令的基础或者前提，若禁止令申请不符合这一基本条件，人民法院应不予准许。基于文义理解，环境损害必须是真实、现实存在的，不是虚构、想象的，具有时空上的迫切性，所产生的风险具有重大性，不及时制止将很可能导致申请人合法权益或者生态环境受到难以弥补的损害。“现实而紧迫

---

① 参见薛淼：《美国环境法禁令制度之借鉴》，载《人民司法·应用》2017 年第 31 期；杨凯：《民行一体化：环境司法诉讼禁令制度的重构与完善》，载《武汉大学学报（哲学社会科学版）》2019 年第 4 期。

② 参见杜颖：《英美法律的禁令制度》，载《广东行政学院学报》2003 年第 3 期。

③ 《最高人民法院关于审查知识产权纠纷行为保全案件适用法律若干问题的规定》第七条规定：“人民法院审查行为保全申请，应当综合考量下列因素：（一）申请人的请求是否具有事实基础和法律依据，包括请求保护的知识产权效力是否稳定；（二）不采取行为保全措施是否会使申请人的合法权益受到难以弥补的损害或者造成案件裁决难以执行等损害；（三）不采取行为保全措施对申请人造成的损害是否超过采取行为保全措施对被申请人造成的损害；（四）采取行为保全措施是否损害社会公共利益；（五）其他应当考量的因素。”

的重大风险”的具体判断，可从以下几个层面予以考虑：一是被申请人是否违反了环境保护法、森林法、长江保护法等环境资源法律法规，实施了污染环境、破坏生态行为；二是被申请人实施的污染环境、破坏生态行为是否已经被相关环境资源法律法规明确规定在应承担法律责任的范围内；三是被申请人因污染环境、破坏生态行为应当被行政主管机关予以行政处理但尚未处理，或者已被行政处理但环境污染、生态破坏尚未得到有效控制。满足上述三方面的要求，即可认定“现实而紧迫的重大风险”的基础已基本具备；在此基础上是否最终作出禁止令，受理法院尚须综合考虑《规定》第五条所涉四项因素，并结合具体个案实际情况进行审查判断。



2. 采取禁止令保全措施的考量因素

在污染环境、破坏生态行为具有“现实而紧迫的重大风险”，不及时制止将受到难以弥补损害的基本条件下，人民法院作出禁止令尚须综合考量的因素主要涉及以下四个方面。

一是被申请人污染环境、破坏生态行为是否被行政机关依法处理而仍继续实施。被申请人因生态环境违法行为已经被行政主管机关予以责令改正、责令停止或采取限制生产、停产整治、限期拆除等行政处理，而环境污染、生态破坏并未得到有效控制，其中主要原因在于被申请人阳奉阴违，被行政处理后仍继续实施生态环境违法行为，既包括根本没有履行或者没有完全履行行政处理决定或者相关措施，也包括先履行后又恢复实施违法行为等情形。该因素的有无有利于人民法院强化是否应作出禁止令的内心判断。当然，若行政主管机关对被申请人的生态环境违法行为尚未作出行政处理，则该项因素可不予考量。

二是被申请人污染环境、破坏生态行为对申请人合法权益或者生态环境造成的损害是否会超过禁止被申请人一定行为对其造成的损害。“衡平法是在天平上舞动的法律，即便在考虑如何实现正义的时候，也不会忘记对于实现正义成本的计算……虽然经济成本并不必然是我们考虑法律措施的要素之一，但如果以不经济的方式实现正义，法律的运行成本将明显增加，最后所造成的是对社会利益的损害。”《规定》始终坚持平等保护各方当事人的合法权益，注重考虑申请人合法权益、公众环境权益与被申请人合法权益的关系，注意各方利益和损失的衡量。具体而言：(1) 考量具体的环境损害类型，区分不同的生态环境损害予以救济。生态环境损害千差万别，尤其是环境污染与生态破坏类型不同，造成损害的行为方式差异较大，在具体个案中需要法官发挥司法智慧，对当事人的申请和被申请人的抗辩予以认真审查判断，审慎适用禁止令保全措施。(2) 适当控制适用范围，发挥禁止令保全措施“调节器”功能。人民法院在审查判断是否作出禁止令时，要审查比较被申请人污染环境、破坏生态行为对申请人合法权益或者生态环境在裁判前可能遭受的损害，与禁止被申请人一定行为可能会对被申请人造成的损害，以衡量双方合法权益，避免出现利益失衡。特别说明的是，对“损害”的认定不需要精确认定双方损失的具体金额，而是应当在现有证据材料基础上对双方损失范围、大小、程度进行综合比较判断。(3) 辅之以程序保障。为平衡申请人、被申请人以及利害关系人之间可能产生的利益冲突，防止权利滥用，《规定》明确了询问、勘查，申请复议，提前解除禁止令保全措施等程序，保障被申请人和其他利害关系人的合法权益。

三是禁止被申请人一定行为对国家利益、社会公共利益或者他人合法权益产生的不利影响。鉴于生态环境侵权领域采取禁止令保全措施，不仅会影响当事人双方之间的利益，而且具有较强的影响外溢性，可能会对涉及社会经济发展的国家利益、社会公共利益以及其他民事主体的合法利益产生一定影响。尤其在生态环境侵权公益诉讼中，诉讼本身就关涉生态环境国家利益和公共利益，人民法院无论是否作出禁止令，都可能会对国家利益、社会公共利益产生影响。因此，人民法院在决定是否采取禁止令保全措施时，“应当考虑当事人所争议的私益和社会公共利益之间的平衡，在一些案件中，更应当考虑代表社会不同层面的公共利益之间的平衡”;① 审慎统筹各种利益保护，认真审查禁止令保全措施对相关国家利益、社会公共利益或者他人合法权益是否造成不利影响，综合考量相关因素作出应有的判断。

四是其他应当考量的因素。在其他应考量因素中，申请人的诉求应有基本的依据是重点。鉴于禁止令保全措施是对被申请人利益的一种剥夺或限制，即便是临时的，可能也会造成被申请人的损失，甚至重大损失；如果最终申请人败诉，则可能导致被申请人的索赔问题。为此，人民法院在作出禁止令前要对案件初步证据材料进行认真审查，依法进行询问、现场

---

① 薛淼：《美国环境法禁令制度之借鉴》，载《人民司法·应用》2017 年第 31 期。

勘查等，以尽可能全面客观地了解案情。只有经初步审查认定申请人的诉讼请求有基本的事实和法律依据，具有较大胜诉可能性时，受理法院才存在作出禁止令的问题。若申请人的诉讼请求明显不能成立或者现有证据难以确定，缺乏基本的事实和法律依据，则人民法院不宜作出禁止令或者应更为慎重处理。当然，在不能作出禁止令的情况下，对于所涉生态环境风险，人民法院可循一定途径通报相关行政主管机关。



### （五）禁止令保全措施的文书形式

对于禁止令保全措施的文书形式，在《规定》起草制定过程中存在两种观点。一种观点认为，禁止令从作用和功能上看，既属于民事诉讼行为保全措施，同时也是一种实体权益救济措施，且最新的民事案由已将人格权保护禁令案件作为一项独立案由，故可制作单独的禁止令，其效力等同于民事裁定。另一种观点认为，民事诉讼法明确采取行为保全措施要制作民事裁定书，禁止令作为行为保全制度在环境司法领域的延伸适用，亦应遵循该规定，故作出禁止令亦应制作民事裁定书。考虑到环境司法实践的需要，依据2017年民事诉讼法第一百条、第一百零一条关于诉讼保全的规定，受理禁止令申请的人民法院依法应出具民事裁定书，同时参照海事强制令的方式，制作禁止令在生态环境保护领域延伸适用。因此，《规定》最终采取了第二种观点，明确了禁止令行为保全措施的具体形式。民事裁定加禁止令的形式，是民事诉讼行为保全制度在生态环境诉讼领域的创新适用，丰富了民事诉讼行为保全制度，推动了民事诉讼保全制度体系化进程。

《规定》第九条第一款明确无论人民法院是否准予申请人禁止令申请，均应制作民事裁定书，并送达当事人，以保障当事人的诉讼权利。此外，诉前禁止令作出后三十日内申请人不依法提起诉讼，禁止令据以作出的事由发生变化、申请人申请提前解除，禁止令作出后被申请人的抗辩成立，以及当事人申请复议后的处理等情况下，人民法院均应出具相应的民事裁定书。该条第二款进一步明确人民法院裁定准予申请人禁止令申请后，可以根据民事裁定制作单独的禁止令予以公示。特别说明的是，此处制作的禁止令是基于环境司法实践需要根据民事裁定的内容而制作，并非强制要求制作，可以由受理禁止令申请的人民法院选择适用。该单独制作的禁止令相当于民事裁定书的附件，可理解为简化版的裁定书。参照海事强制令等其他“令”的文书样式，基于民事裁定制作的禁止令应写明根据裁定的内容，责令当事人立即停止实施的具体行为。鉴于生态环境侵权案件的公众参与多、社会影响大等特点，对禁止令张贴的地点进行了列举，可以在被申请人的住所地，或者污染环境、破坏生态行为的实施地、损害结果发生地等相关场所，通过张贴公示、新闻媒体报道等方式，让公众知晓相关情况，威慑潜在污染环境、破坏生态行为人，扩大公众参与程度，依法接受社会监督。

为确保禁止令保全措施的适用效果，《规定》同时附录了三份民事裁定书、一份禁止令文书样式，并附有相应说明，供受理禁止令申请的人民法院参考选用。

### （六）当事人及利害关系人的权利保障

《规定》总结环境司法实践经验，对禁止令保全措施实施过程中当事人及利益相关方的权利保障予以明确，作出了多项具体的规范：一是第六条、第十条规定了询问、勘查、复议程序，保障当事人陈述、申辩等诉讼权利以及利害关系人的合法权益；二是第七条规定了申请人的担保责任，防止恶意申请禁止令和权利滥用，平衡双方合法利益的保护；三是第十一条规定了禁止令保全措施的提前解除，在禁止令据以作出的事由发生变化情况下，申请人、被申请人或者利害关系人均可以申请提前解除禁止令，人民法院应在规定期限内审查是否予以解除，以避免当事人或者利害关系人受到不必要的损害；四是第十二条明确了不履行禁止令保全措施须依法承担相应法律责任，以保障禁止令保全措施的履行效果。

## 四、其他需要特别说明的问题

关于禁止令保全措施的执行，在《规定》起草过程中，一直有相关讨论。《规定》第九条明确“裁定书自送达之日起生效”，而作为“发生法律效力”的民事裁定，在被申请人拒不履行的情况下，自然亦存在强制执行的问题。但经调研发现，目前各地法院的环境资源审判体制机制尚在不断完善发展中，既有单独民事、行政分立，也有民事、行政“二合一”，民事、行政、刑事“三合一”，民事、行政、刑事、执行“四合一”，甚至再加上立案“五合一”的归口审理模式。有的法院尽管没有明确将执行纳入环境资源审判庭职能范围，但部分法院环境资源审判部门也会延伸审判职能，积极参与环境公益诉讼案件的执行活动。当然，也有不少法院根据内部职能分工，涉及执行事宜均由执行局负责执行。考虑到生态环境侵权案件的执行往往具有较强的专业性，且各地法院的做法不一，为避免“一刀切”，《规定》未对禁止令的执行进行规定，各地法院可根据法律法规及相关司法解释的相关规定，遵循各地已有行之有效的执行方式对禁止令保全措施予以落实。

# 《最高人民法院关于审理建设工程施工合同纠纷案件适用法律问题的解释（一）》的理解与适用

谢　勇*

## 一、司法解释的制定和清理过程

1999 年 3 月 15 日，第九届全国人民代表大会第二次会议通过的合同法就建设工程合同专设一章即第十六章，对建设工程合同作出规范。该章规定的建设工程合同包括工程勘察、设计、施工合同。其中，司法实践中遇到最多、涉及利益主体最多、争议最多、处理难度最大的是建设工程施工合同纠纷。针对司法实践中出现的问题，为贯彻中央方针政策和正确适用法律，最高人民法院在总结司法实践经验的基础上，制定了一系列司法解释。

2002 年 6 月 11 日，最高人民法院审判委员会第 1225 次会议通过《最高人民法院关于建设工程价款优先受偿权问题的批复》（法释〔2002〕16 号，以下简称 2002 年《建设工程价款优先受偿权批复》），就建设工程价款优先受偿权的效力等级、可优先受偿的建设工程价款范围、建设工程承包人行使优先权的期限等问题作了规定。该批复虽然只有 5 条，但对司法实践产生了深远影响，尤其是关于围绕建设工程设立的各类权利的效力等次排序，对执行异议和执行异议之诉的办理影响深远。

2004 年 9 月 29 日，最高人民法院审判委员会第 1327 次会议通过《最

* 作者单位：最高人民法院民事审判第一庭。

高人民法院关于审理建设工程施工合同纠纷案件适用法律问题的解释》(法释〔2004〕14号,以下简称2004年《建工解释》)。最高人民法院作出这个司法解释主要是基于以下两个方面的考虑:一是为了给国家关于清理工程拖欠款和农民工工资重大部署的实施提供司法保障。建筑市场投资不足问题造成了大量拖欠工程款和农民工工资的现象,已经严重侵害了建筑企业和进城务工人员的合法权益。该问题引起了党中央和国务院领导的高度重视,已经采取专项措施予以治理。该解释主要是从法律上提供更加明确有力的保障。二是由于有些法律规定还比较原则,人民法院在审理建设工程施工合同纠纷案件时,对某些法律问题在具体适用上认识不统一,例如,无效合同处理原则,合同解除条件,质量不合格工程、未完工程的工程价款结算问题,工程质量缺陷的责任,工程欠款利息的起算时间等。不解决这些法律适用问题,不仅影响到人民法院司法的公正性、统一性和审判的效率,而且也不利于尽快解决拖欠工程款和农民工工资问题。① 2004年《建工解释》的内容主要包括以下几方面:一是关于合同效力的规定,包括建设工程施工合同无效的情形、合同无效建设工程经验收合格和不合格的情形下如何结算工程价款、人民法院可以适用民法通则有关规定收缴当事人非法所得的情形,建设工程竣工前承包人已经取得与承接建设工程相符的资质等级不能认定合同无效,建设工程施工合同中的垫资约定有效,劳务分包不是转包应当认定有效的规定;二是关于合同解除的规定,包括发包人、承包人有权行使合同解除权的情形、合同解除的后果等方面;三是关于合同履行的规定,包括对工程价款结算、工程质量、工期、欠付工程价款利息、黑白合同、工程造价鉴定等方面的规定;四是程序性规定,主要包括建设工程施工合同应以施工行为地为合同履行地,总承包人、分承包人、实际施工人就工程质量对发包人承担连带责任,在一定条件下实际施工人可以以发包人为被告提起诉讼等方面的规定;另外还包括保修责任和解释时间效力的规定。②

2018年10月29日,最高人民法院审判委员会第1751次会议通过

① 参见冯小光:《〈关于审理建设工程施工合同纠纷案件适用法律问题的解释〉的理解与适用》,载《建筑经济》2005年第1期。

② 参见冯小光:《〈关于审理建设工程施工合同纠纷案件适用法律问题的解释〉的理解与适用》,载《建筑经济》2005年第1期。

《最高人民法院关于审理建设工程施工合同纠纷案件适用法律问题的解释（二）》（法释〔2018〕20号，以下简称2018年《建工解释》）。制定2018年《建工解释》的主要背景是自2004年《建工解释》实施以来，建筑市场发生了新变化，工程建设项目审批制度改革试点工作有序推进，工程总承包模式加快推进；司法实践出现了新问题，合同效力问题、鉴定问题、损失赔偿问题、优先权行使条件问题、实际施工人权利保护问题等缺乏统一裁判标准；建筑市场管理政策有了新突破，例如，2018年3月，国家发展和改革委员会颁布《必须招标的工程项目规定》，大幅度提高了必须招标工程的金额，2018年5月，国务院办公厅下发《关于开展工程建设项目审批制度改革试点的通知》，对民间投资的房屋建筑工程，试行由建设单位自主决定发包方式，2018年9月，建设工程施工合同备案制度取消。为让司法审判与建筑领域新的经营方式、管理政策相适应，积极应对建设工程司法审判中面临的挑战，指导全国法院加强建设工程施工合同纠纷案件审判工作，最高人民法院制定了2018年《建工解释》。[①] 该解释就建设工程施工合同效力、建设工程价款结算、建设工程鉴定、建设工程价款优先受偿权和实际施工人权利保护等问题作了规定。

2020年5月28日，第十三届全国人民代表大会第三次会议通过民法典。民法典颁布后，最高人民法院对中华人民共和国成立以来现行有效的591件司法解释及相关规范性文件进行全面清理。凡是与民法典规定不一致的司法解释及相关规范性文件，予以废止；根据司法审判实践需要，对部分司法解释进行修改。经清理，最终决定保留与民法典规定一致的司法解释364件，对标民法典修改司法解释111件，决定废止司法解释及相关规范性文件116件。其中，对标民法典修改司法解释111件，主要是对原有司法解释进行了整合。将原司法解释中已经被民法典吸纳以及与民法典规定相冲突的条文予以删除，对部分条文进行了修改完善，也有少数增加条文。这111件修改司法解释中民事类27件。最高人民法院按照“统一规划、分批制定，急用先行、重点推进”原则，制定了与民法典配套的第一批共7件新的司法解释，于2021年1月1日与民法典同步施行，其中就包括《最高人民法院关于审理建设工程施工合同纠纷案件适用法律问题的解

① 参见刘敏、谢勇等：《〈关于审理建设工程施工合同纠纷案件适用法律问题的解释（二）〉的理解与适用》，载《人民司法·应用》2019年第4期。

释（一）》（法释〔2020〕25 号，以下简称 2020 年《建工解释》）。与此同时，2002 年《建设工程价款优先受偿权批复》、2004 年《建工解释》、2018 年《建工解释》一并废止。

## 二、司法解释清理后的规则变化

2002 年《建设工程价款优先受偿权批复》、2004 年《建工解释》、2018 年《建工解释》一共 59 个条文。对照民法典清理后发布的 2020 年《建工解释》一共有 45 个条文。2020 年对建工解释的清理主要包括三个方面：一是原司法解释中已经被民法典吸纳的条文被删除；二是原司法解释与民法典规定相冲突的条文也予以删除；三是对照民法典的规定或者总结司法实践经验对部分条文进行了修改完善，包括文字表述上的修改和实质规范内容的修改。

### （一）原司法解释中因被民法典吸纳而删除的条文

在清理建工司法解释过程中，被删除的条文主要包括三类：一是因被民法典吸纳而删除的条文；二是因与民法典规定相冲突而删除的条文；三是因在后的解释就同一问题作出新的规定而删除之前的解释条文。其中，因被民法典吸纳而删除的条文包括以下两方面的条文。

一是 2004 年《建工解释》第二条和第三条的规定。2004 年《建工解释》第二条规定："建设工程施工合同无效，但建设工程经竣工验收合格，承包人请求参照合同约定支付工程价款的，应予支持。"第三条规定："建设工程施工合同无效，且建设工程经竣工验收不合格的，按照以下情形分别处理：（一）修复后的建设工程经竣工验收合格，发包人请求承包人承担修复费用的，应予支持；（二）修复后的建设工程经竣工验收不合格，承包人请求支付工程价款的，不予支持。因建设工程不合格造成的损失，发包人有过错的，也应承担相应的民事责任。"该两条解释被民法典所吸收，规定在民法典第七百九十三条中："建设工程施工合同无效，但是建设工程经验收合格的，可以参照合同关于工程价款的约定折价补偿承包人。建设工程施工合同无效，且建设工程经验收不合格的，按照以下情形处理：（一）修复后的建设工程经验收合格的，发包人可以请求承包人承担修复费用；（二）修复后的建设工程经验收不合格的，承包人无权请求参照合同关于工程价款的约定折价补偿。发包人对因建设工程不合格造成的损失有过错的，应当承担相应的责任。”需要注意的是，2004年《建工解释》颁布后，理论和实践上对该解释第二条存在误解，认为是将无效合同作有效合同处理，直到民法典通过前，这种批评的声音仍然存在。实际上，2004年《建工解释》第二条规定只是一种合理、经济、便捷且适合建设工程施工合同特点的折价补偿方法。合同法第五十八条规定：“合同无效或者被撤销后，因该合同取得的财产，应当予以返还；不能返还或者没有必要返还的，应当折价补偿。有过错的一方应当赔偿对方因此所受到的损失，双方都有过错的，应当各自承担相应的责任。”显然，在合同无效的情况下，对于已经竣工验收合格的建设工程，不适用返还财产这一责任方式，发包人应当折价补偿。折价补偿的方法有两种：一是对工程价值进行鉴定；二是参照合同关于工程价款的约定。鉴定的成本非常高，会增加当事人的诉讼成本，而参照合同关于工程价款的约定来进行折价则是一种经济、便捷、合理的折价方式。民法典在吸收2004年《建工解释》的基础上，进一步明确了在建设工程施工合同无效，但是建设工程经验收合格的情况下，可以参照合同关于工程价款的约定“折价补偿”承包人。这不仅将司法实践中的有益经验上升为法律，而且进一步明确了本条规定的法理基础，消弭了理论和实践上的争议。

二是2004年《建工解释》第八条至第十条规定。2004年《建工解释》第八条规定：“承包人具有下列情形之一，发包人请求解除建设工程施工合同的，应予支持：(一)明确表示或者以行为表明不履行合同主要义务的；(二)合同约定的期限内没有完工，且在发包人催告的合理期限内仍未完工的；(三)已经完成的建设工程质量不合格，并拒绝修复的；(四)将承包的建设工程非法转包、违法分包的。”第九条规定：“发包人具有下列情形之一，致使承包人无法施工，且在催告的合理期限内仍未履行相应义务，承包人请求解除建设工程施工合同的，应予支持：(一)未按约定支付工程价款的；(二)提供的主要建筑材料、建筑构配件和设备不符合强制性标准的；(三)不履行合同约定的协助义务的。”第十条规定：“建设工程施工合同解除后，已经完成的建设工程质量合格的，发包人应当按照约定支付相应的工程价款；已经完成的建设工程质量不合格的，参照本解释第三条规定处理。因一方违约导致合同解除的，违约方应当赔偿因此而给对方造成的损失。”上述规定被民法典所吸纳，体现在民法典第八百零六条规定：“承包人将建设工程转包、违法分包的，发包人可以解除合同。发包人提供的主要建筑材料、建筑构配件和设备不符合强制性标准或者不履行协助义务，致使承包人无法施工，经催告后在合理期限内仍未履行相应义务的，承包人可以解除合同。合同解除后，已经完成的建设工程质量合格的，发包人应当按照约定支付相应的工程价款；已经完成的建设工程质量不合格的，参照本法第七百九十三条的规定处理。”上述解释条文规定的部分内容属于民法典第五百六十三条规定的当事人享有法定解除权的情形，直接适用民法典该条规定即可，无须再另行作出规定。民法典第五百六十三条规定：“有下列情形之一的，当事人可以解除合同：(一) 因不可抗力致使不能实现合同目的；(二) 在履行期限届满前，当事人一方明确表示或者以自己的行为表明不履行主要债务；(三) 当事人一方迟延履行主要债务，经催告后在合理期限内仍未履行；(四) 当事人一方迟延履行债务或者有其他违约行为致使不能实现合同目的；(五) 法律规定的其他情形。以持续履行的债务为内容的不定期合同，当事人可以随时解除合同，但是应当在合理期限之前通知对方。”

除此之外，部分建工解释条文的规定因被之后的解释所取代，已无存在必要，在2020年清理司法解释的过程中，也予以删除。例如，2004年《建工解释》第二十四条规定，建设工程施工合同纠纷以施工行为地为合同履行地。《最高人民法院关于适用〈中华人民共和国民事诉讼法〉若干问题的解释》(法释〔2015〕5号) 第二十八条第二款规定：“农村土地承包经营合同纠纷、房屋租赁合同纠纷、建设工程施工合同纠纷、政策性房屋买卖合同纠纷，按照不动产纠纷确定管辖。”即建设工程施工合同纠纷由建设工程所在地法院管辖。另，2002年《建设工程价款优先受偿权批复》第三条规定：“建筑工程价款包括承包人为建设工程应当支付的工作人员报酬、材料款等实际支出的费用，不包括承包人因发包人违约所造成的损失。”第四条规定：“建设工程承包人行使优先权的期限为六个月，自建设工程竣工之日或者建设工程合同约定的竣工之日起计算。”该两条解释已被之后的司法解释所修改，故也予以删除。

### (二) 原司法解释中因与民法典相冲突而删除的条文

民法典虽是编纂，但与之前的民事单行法相比，仍有不少变化。如果民法典的规定与之前的民事法律规定不一致，依据之前民事法律所作的司法解释就需要修改或者删除。另外，旧司法解释制定时的政策环境已经发生变化的，也需要对相应的条文予以删除。因这方面原因删除的旧解释条文主要包括以下几方面的规定。

第一，关于承担民事责任的方式，民法典第一百七十九条未保留民法通则第一百三十四条关于“收缴进行非法活动的财物和非法所得”的规定。民法典施行后，收缴违法所得这一责任方式不再作为民事责任的主要方式之一。对此，2020 年清理司法解释时，删除了 2004 年《建工解释》第四条中关于“人民法院可以根据民法通则第一百三十四条规定，收缴当事人已经取得的非法所得”的规定。

第二，2004 年《建工解释》第二十一条规定，当事人就同一建设工程另行订立的建设工程施工合同与经过备案的中标合同实质性内容不一致的，应当以备案的中标合同作为结算工程价款的根据。2018 年 5 月，国务院办公厅下发《关于开展工程建设项目审批制度改革试点的通知》，试点取消建设工程施工合同备案制度，对民间投资的房屋建筑工程试行由建设单位自主决定发包方式。2018 年 9 月，住房和城乡建设部作出《关于修改〈房屋建筑和市政基础设施工程施工招标投标管理办法〉的决定》，决定删除该办法第四十七条第一款中的“订立书面合同后 7 日内，中标人应当将合同送工程所在地的县级以上地方人民政府建设行政主管部门备案”的规定。建设工程施工合同备案制度已经成为历史，该条解释规定已无存在必要。而且民法典关于民事行为的规定整体上已经回归到意思表示制度。如果双方当事人的意思表示欠缺效果意思，该意思表示行为应认定为无效。对此，民法典第一百四十六条规定：“行为人与相对人以虚假的意思表示实施的民事法律行为无效。以虚假的意思表示隐藏的民事法律行为的效力，依照有关法律规定处理。”实践中，当事人一方面签订备案合同，另一方面又签订一份反映真实意思表示的合同的，备案合同往往属于“以虚假的意思表示实施的民事法律行为”，属于通谋虚伪行为，故应当认定为无效的民事法律行为。因此，删除 2004 年《建工解释》第二十一条规定，也是保持与民法典规定相一致的要求。

第三，2002 年《建设工程价款优先受偿权批复》第二条规定，消费者交付购买商品房的全部或者大部分款项后，承包人就该商品房享有的工程价款优先受偿权不得对抗买受人。该条解释体现了对消费者居住权优先保护的价值取向，对司法实践影响非常深远。2014 年 12 月 29 日，最高人民法院审判委员会第 1638 次会议通过《最高人民法院关于人民法院办理执行异议和复议案件若干问题的规定》①。该解释第二十八条规定："金钱债权执行中，买受人对登记在被执行人名下的不动产提出异议，符合下列情形且其权利能够排除执行的，人民法院应予支持：（一）在人民法院查封之前已签订合法有效的书面买卖合同；（二）在人民法院查封之前已合法占有该不动产；（三）已支付全部价款，或者已按照合同约定支付部分价款且将剩余价款按照人民法院的要求交付执行；（四）非因买受人自身原因未办理过户登记。"第二十九条规定："金钱债权执行中，买受人对登记在被执行的房地产开发企业名下的商品房提出异议，符合下列情形且其权利能够排除执行的，人民法院应予支持：（一）在人民法院查封之前已签订合法有效的书面买卖合同；（二）所购商品房系用于居住且买受人名下无其他用于居住的房屋；（三）已支付的价款超过合同约定总价款的百分之五十。"这两条司法解释与2002年《建设工程价款优先受偿权批复》第二条规定在精神和价值取向上一脉相承，其不仅对执行异议的办理影响大，对执行异议之诉案件的办理同样有重要影响。2020年清理司法解释时，2002年《建设工程价款优先受偿权批复》第二条规定未予保留，有待在下一步制定的执行异议之诉司法文件中进一步作细化规定。

### （三）对照民法典的规定或者总结司法实践经验作实质性修改的条文

2020年清理司法解释时，对照民法典的规定，对旧解释进行了修改。这类修改主要包括两种类型：一是进行文字表述修改；二是进行规范内容修改。本文只介绍规范内容的修改，主要有以下几方面的修改。

第一，2018年《建工解释》第十八条规定："装饰装修工程的承包人，请求装饰装修工程价款就该装饰装修工程折价或者拍卖的价款优先受偿的，人民法院应予支持，但装饰装修工程的发包人不是该建筑物的所有权人的除外。"2020年清理司法解释时，对该条进行了修改，一是增加了"装饰装修工程具备折价或者拍卖条件"的要求，二是删除了"但装饰装修工程的发包人不是该建筑物的所有权人的除外"的规定。2020年《建工解释》第三十七条规定："装饰装修工程具备折价或者拍卖条件，装饰装修工程的承包人请求工程价款就该装饰装修工程折价或者拍卖的价款优先

① 已于2020年12月23日修正，第二十八条、第二十九条规定未作修改。——编者注

受偿的，人民法院应予支持。”在这两处修改中，“装饰装修工程具备折价或者拍卖条件”主要包括两方面的内涵：一是装饰装修工程本身具有价值，且价值能够予以评估，即装饰装修工程的价值与装饰装修之前工程的价值能够区分，且能够分别计算出其价值；二是装饰装修工程的发包人应当是该建筑物的所有权人。装饰装修工程与原来的建筑物已成为一体，原则上应当一并折价或者拍卖。如果装饰装修工程的发包人只是建筑物的承租人，对装饰装修工程进行折价或拍卖就会影响装饰装修工程所依附的建筑物所有权人的权益。这种情况下，装饰装修工程的承包人，请求装饰装修工程价款就该装饰装修工程折价或者拍卖的价款优先受偿的，人民法院就不应支持。由此可见，清理后的司法解释虽然删除了“但装饰装修工程的发包人不是该建筑物的所有权人的除外”的表述，但并没有否定该规定的内容，而是将其涵盖在“装饰装修工程具备折价或者拍卖条件”这一条件中。

第二，关于代位权诉讼制度，合同法第七十三条规定：“因债务人怠于行使其到期债权，对债权人造成损害的，债权人可以向人民法院请求以自己的名义代位行使债务人的债权，但该债权专属于债务人自身的除外。代位权的行使范围以债权人的债权为限。债权人行使代位权的必要费用，由债务人负担。”民法典对合同法的规定进行了修改，民法典第五百三十五条规定：“因债务人怠于行使其债权或者与该债权有关的从权利，影响债权人的到期债权实现的，债权人可以向人民法院请求以自己的名义代位行使债务人对相对人的权利，但是该权利专属于债务人自身的除外。代位权的行使范围以债权人的到期债权为限。债权人行使代位权的必要费用，由债务人负担。相对人对债务人的抗辩，可以向债权人主张。”就代位权诉讼的提起条件，民法典的修改体现在两方面：一是将债务人怠于行使其债权有关的从权利影响债权人的到期债权实现的情况，也作为债权人可提起代位权诉讼的条件；二是将合同法第七十三条规定的“对债权人造成损害”修改为“影响债权人的到期债权实现”。由于我国并未建立对债权的侵权责任制度，民法典的表述显然更为合理、妥当，但后一修改并不属于实质性修改。将债务人怠于行使其债权有关的从权利影响债权人的到期债权实现的情况也作为债权人可提起代位权诉讼的条件才是民法典对合同法的实质性修改。最高人民法院在清理司法解释时，对照民法典的修改，对2018年《建工解释》进行了修改。2018年《建工解释》第二十五条规定：

“实际施工人根据合同法第七十三条规定，以转包人或者违法分包人怠于向发包人行使到期债权，对其造成损害为由，提起代位权诉讼的，人民法院应予支持。”修改后的2020年《建工解释》第四十四条规定：“实际施工人依据民法典第五百三十五条规定，以转包人或者违法分包人怠于向发包人行使到期债权或者与该债权有关的从权利，影响其到期债权实现，提起代位权诉讼的，人民法院应予支持。”这就涉及实际施工人是否可代位行使优先受偿权的问题。本文认为，实际施工人不能代位行使建设工程价款优先受偿权。2020年《建工解释》第三十五条规定：“与发包人订立建设工程施工合同的承包人，依据民法典第八百零七条的规定请求其承建工程的价款就工程折价或者拍卖的价款优先受偿的，人民法院应予支持。”之所以规定只有与发包人订立建设工程施工合同的承包人才享有建设工程价款优先受偿权，主要是基于以下考虑：第一，建设工程价款优先受偿权是对世权，具有优先于设立在建设工程上的抵押权、普通债权的效力，对交易安全和第三人利益影响较大，为维护交易安全和平衡善意第三人利益，对其权利主体不宜过度放宽。第二，实际施工人并非严格的法律主体概念，实践中实际施工人身份的认定本身就是争议很大的问题。如果实际施工人均享有建设工程价款优先受偿权，则围绕建设工程建立的一系列法律关系均处于不稳定之中，不仅损害交易安全和其他相关方的利益，也会对建设工程的使用、转让等造成不良影响。第三，民法典第八百零七条规定：“发包人未按照约定支付价款的，承包人可以催告发包人在合理期限内支付价款。发包人逾期不支付的，除根据建设工程的性质不宜折价、拍卖外，承包人可以与发包人协议将该工程折价，也可以请求人民法院将该工程依法拍卖。建设工程的价款就该工程折价或者拍卖的价款优先受偿。”从本条规定的文义理解，只有有权请求发包人支付建设工程价款的人才能行使建设工程价款优先受偿权，若实际施工人与发包人之间不具有建设工程施工合同关系，则不应当享有建设工程价款优先受偿权。第四，2020年《建工解释》第四十三条和第四十四条突破合同的相对性，对实际施工人的利益予以保护，是以不加重发包人的责任为前提。实际施工人与发包人未建立建设工程施工合同关系，发包人在与承包人签订建设工程施工合同时，往往并不知道实际施工人的存在。但是建设工程价款优先受偿权对发包人利益有重大影响，如果发包人在与承包人签订建设工程施工合同时并不知道工程会由实际施工人施工，其本意就是由承包人负责施工，结果承包人与实际施工人背地里签订了转包或者违法分包合同，已经损害了发包人权益，如果还允许实际施工人向其主张建设工程价款优先受偿权，对发包人明显不公平。①

民法典第五百三十五条规定债权人可代位行使债务人的债权及有关的从权利。这里的从权利主要是指担保权利，包括担保物权和保证。② 这里要注意区分建设工程价款优先受偿权与担保物权的区别。依据物权公示公信原则，担保物权的设立原则上以一定的公示行为为条件，才能产生公信力，具有对世性。例如，民法典第四百零二条规定："以本法第三百九十五条第一款第一项至第三项规定的财产或者第五项规定的正在建造的建筑物抵押的，应当办理抵押登记。抵押权自登记时设立。"第四百零三条规定："以动产抵押的，抵押权自抵押合同生效时设立；未经登记，不得对抗善意第三人。"第四百零四条规定："以动产抵押的，不得对抗正常经营活动中已经支付合理价款并取得抵押财产的买受人。"第四百二十九条规定："质权自出质人交付质押财产时设立。"第四百四十一条规定："以汇票、本票、支票、债券、存款单、仓单、提单出质的，质权自权利凭证交付质权人时设立；没有权利凭证的，质权自办理出质登记时设立。法律另有规定的，依照其规定。"第四百五十七条规定，留置权人对留置财产丧失占有的，留置权消灭。因此，在缺乏必要的公示方式的情况下，担保物权或不能成立，或不能对抗善意第三人。但民法典及相关司法解释并未规定建设工程价款优先受偿权需以法定公示方式为条件，却赋予了其对抗善意第三人的效力，不仅优先于一般债权，而且优先于抵押权。从比较法的角度看，其他主要国家和地区确定建设工程价款优先受偿的方式主要有三种：一是由法律明确规定；二是由当事人事先登记；三是由法院通过诉讼确认。有的国家或者地区采用其中一种方式，有的国家或者地区采用其中两种方式。其中，日本民法第327条规定，日本民法上的不动产工事先取特权及于"该不动产上施工事所生之费用"。建设工程价款优先受偿的范围为"因承揽关系所生之债权"。同时，日本法律要求该不动产工事先取特权因于工事开始前将其费用之预算额登记而保存其效力。但依日本民法

① 参见谢勇：《建设工程施工合同案件裁判规则解析》，法制出版社2020年版，第233~234页。

② 参见黄薇主编：《中华人民共和国民法典释义》，法律出版社2020年版，第1025页。

第 308 条第 1 项之规定，“不动产工事先取特权，其实际工事费用超过其登记之预算额时，该超过部分无先取特权”。日本法上建设工程价款优先受偿的范围依登记范围而确定，法律并不对其具体组成部分作出规定。这种保护方式的优势在于建设工程价款优先受偿权的范围通过足以产生公信力的方式公示，对第三人预期和交易秩序以较好保护。在美国，经过登记的建设工程价款优先受偿权并不当然取得执行效力。优先受偿权人要行使建设工程价款优先受偿权，需要根据法律规定在法定期限内向法院提起优先受偿权行使之诉，由法院确认建设工程价款优先受偿权的效力以及建设工程价款优先受偿的范围。美国统一建筑优先权法第 403 条规定：优先权申请人超出其实际债权数额主张优先权时，法庭可以宣告其优先权无效，并判令其赔偿由此对业主或者其他利害相关人造成的损失，以及更正优先受偿权登记的费用和合理的律师费用。法国民法典第 2374 条第 4 项规定：建筑施工人首先需要该不动产所在地大审法院依职权指定的鉴定专家事先作成的笔录以确认与所有人宣告拟建的工程有关的现场状况，并且工程完工后最迟六个月内由同样依职权指定的鉴定人验收，才能就法律规定范围内的债权对该不动产享有优先权。但是优先权的数额不得超过第二份笔录所确认的价值，并且以转让不动产时已经进行的工程的增加额为限。我国民法典及相关司法解释并不要求承包人享有的建设工程价款优先受偿权以登记为要件，也没有规定法定确认等前置程序，但却赋予其对世性和极强的优先效力。因此，在理解和适用民法典第五百三十五条规定时，一定要注意区分建设工程价款优先受偿权与担保物权在成立条件、效力优先性、对交易安全的影响等方面的巨大差异，不宜将二者简单画等号。

第三，关于建设工程施工合同有效，工程竣工验收不合格情况下如何结算工程款的问题，2004 年《建工解释》第十六条规定：“当事人对建设工程的计价标准或者计价方法有约定的，按照约定结算工程价款。因设计变更导致建设工程的工程量或者质量标准发生变化，当事人对该部分工程价款不能协商一致的，可以参照签订建设工程施工合同时当地建设行政主管部门发布的计价方法或者计价标准结算工程价款。建设工程施工合同有效，但建设工程经竣工验收不合格的，工程价款结算参照本解释第三条规定处理。”2004 年《建工解释》第三条规定已经被民法典所吸收，规定在民法典第七百九十三条规定：“建设工程施工合同无效，但是建设工程经验收合格的，可以参照合同关于工程价款的约定折价补偿承包人。建设工程施工合同无效，且建设工程经验收不合格的，按照以下情形处理：（一）修复后的建设工程经验收合格的，发包人可以请求承包人承担修复费用；（二）修复后的建设工程经验收不合格的，承包人无权请求参照合同关于工程价款的约定折价补偿。发包人对因建设工程不合格造成的损失有过错的，应当承担相应的责任。”2020年《建工解释》第十九条对此作了修改。该条第三款规定：“建设工程施工合同有效，但建设工程经竣工验收不合格的，工程价款结算参照民法典第五百七十七条规定处理。”民法典第五百七十七条规定：“当事人一方不履行合同义务或者履行合同义务不符合约定的，应当承担继续履行、采取补救措施或者赔偿损失等违约责任。”虽然民法典第五百七十七条是关于违约责任的规定，民法典第七百九十三条是关于建设工程施工合同无效后法律后果的规定。前者以建设工程施工合同有效为前提，后者以建设工程施工合同无效为条件。这也是修改本条解释的主要理由。但实际上，修改前后在法律后果上没有根本性差异。如果建设工程施工合同无效，且建设工程经竣工验收不合格，根据民法典第七百九十三条规定，应当由承包人进行修复，如果修复后的建设工程经验收合格，发包人可以请求承包人承担修复费用，但要参照合同约定的价款进行折价补偿；如果修复后的建设工程经验收不合格，承包人无权请求参照合同关于工程价款的约定折价补偿，当事人因此遭受损失的，由有过错的当事人承担；如果建设工程施工合同有效，但建设工程经竣工验收不合格，根据民法典第五百七十七条规定，承包人应当承担采取补救措施的违约责任，即应当由承包人进行修复，如果修复后的建设工程经验收合格，发包人可以请求承包人承担修复费用，但要依照合同约定支付工程价款；如果修复后的建设工程经验收不合格，承包人无权请求发包人依照合同约定支付工程价款；如果因此对发包人造成了损失，承包人应当承担赔偿责任。

第四，关于建设工程价款优先受偿权的行使期限问题，2018年《建工解释》第二十二条规定：“承包人行使建设工程价款优先受偿权的期限为六个月，自发包人应当给付建设工程价款之日起算。”2020年清理司法解释时，为充分保护承包人及建筑工人权益，延长了承包人行使建设工程价款优先受偿权的期限，从六个月延长到十八个月。2020年《建工解释》第四十一条规定：“承包人应当在合理期限内行使建设工程价款优先受偿权，但最长不得超过十八个月，自发包人应当给付建设工程价款之日起算。”

## 三、其他重点难点问题

### （一）建设工程施工合同无效的主要情形

2020年《建工解释》第一条规定："建设工程施工合同具有下列情形之一的，应当依据民法典第一百五十三条第一款的规定，认定无效：（一）承包人未取得建筑业企业资质或者超越资质等级的；（二）没有资质的实际施工人借用有资质的建筑施工企业名义的；（三）建设工程必须进行招标而未招标或者中标无效的。承包人因转包、违法分包建设工程与他人签订的建设工程施工合同，应当依据民法典第一百五十三条第一款及第七百九十一条第二款、第三款的规定，认定无效。"根据该条规定，建设工程施工合同无效包括发包行为无效、转包行为无效和分包行为无效三种类型。

第一，建设工程违法发包行为的类型。关于建设工程的违法发包，住建部《建筑工程施工转包违法分包等违法行为认定查处管理办法（试行）》第四条规定："本办法所称违法发包，是指建设单位将工程发包给不具有相应资质条件的单位或个人，或者肢解发包等违反法律法规规定的行为。"该条规定了两类违法发包的行为：一是承包人不具备资质；二是肢解发包。对于承包人不具备资质，根据《建筑工程施工转包违法分包等违法行为认定查处管理办法（试行）》第五条的规定，又可以将其分为两小类：一是承包人为不具有相应资质条件的单位；二是承包人为个人。关于肢解发包，建筑法第二十四条规定："提倡对建筑工程实行总承包，禁止将建筑工程肢解发包……不得将应当由一个承包单位完成的建筑工程肢解成若干部分发包给几个承包单位。"《建设工程质量管理条例》第七条规定："建设单位应当将工程发包给具有相应资质等级的单位。建设单位不得将建设工程肢解发包。"第七十八条第一款规定："本条例所称肢解发包，是指建设单位将应当由一个承包单位完成的建设工程分解成若干部分发包给不同的承包单位的行为。"2020年《建工解释》第一条第一款第一项规定的"承包人未取得建筑业企业资质或者超越资质等级"签订的建设工程施工合同无效，以及第二项规定的"没有资质的实际施工人借用有资质的建筑施工企业名义"签订的建设工程施工合同无效均属于承包人缺乏资质的情形。另外，对于应当招标投标的工程以及通过招标投标方式签订建设工程施工合同的情形，如果合同当事人的行为违反招标投标法的强制性规定，也应认定合同无效。对此，2020年《建工解释》第一条第一款第三项规定，在建设工程必须进行招标而未招标或者中标无效的情况下，建设工程施工合同无效。

第二，违法分包行为的类型。建设工程分包包括合法分包和违法分包两种情况。对于违法分包，《建筑工程施工转包违法分包等违法行为认定查处管理办法（试行）》第八条规定："本办法所称违法分包，是指施工单位承包工程后违反法律法规规定或者施工合同关于工程分包的约定，把单位工程或分部分项工程分包给其他单位或个人施工的行为。"根据这一定义，违法分包的主体一方是从发包人处承包工程的承包人，另一方是分包合同的承包人。违法分包行为的违法性体现为，承包人把单位工程或分部分项工程分包给其他单位或个人施工的行为，违反法律法规规定或者施工合同关于工程分包的约定。2020年《建工解释》第一条第二款规定，违法分包行为无效。

第三，转包行为一律无效。根据2020年《建工解释》第一条第二款规定，转包行为一律无效。关于转包，建筑法第二十八条规定："禁止承包单位将其承包的全部建筑工程转包给他人，禁止承包单位将其承包的全部建筑工程肢解以后以分包的名义分别转包给他人。"《建设工程质量管理条例》第七十八条第三款规定："本条例所称转包，是指承包单位承包建设工程后，不履行合同约定的责任和义务，将其承包的全部建设工程转给他人或者将其承包的全部建设工程肢解以后以分包的名义分别转给其他单位承包的行为。"《建筑工程施工转包违法分包等违法行为认定查处管理办法（试行）》第六条规定："本办法所称转包，是指施工单位承包工程后，不履行合同约定的责任和义务，将其承包的全部工程或者将其承包的全部工程肢解后以分包的名义分别转给其他单位或个人施工的行为。"《房屋建筑和市政基础设施工程施工分包管理办法》第十三条规定："禁止将承包的工程进行转包。不履行合同约定，将其承包的全部工程发包给他人，或者将其承包的全部工程肢解后以分包的名义分别发包给他人的，属于转包行为。违反本办法第十二条规定，分包工程发包人将工程分包后，未在施工现场设立项目管理机构和派驻相应人员，并未对该工程的施工活动进行组织管理的，视同转包行为。"与分包不同，转包行为无合法与违法之分，一律无效。

除了缔约行为违法会导致建设工程施工合同无效外，标的物违法也会导致建设工程施工合同无效。对此，2020年《建工解释》第三条规定："当事人以发包人未取得建设工程规划许可证等规划审批手续为由，请求确认建设工程施工合同无效的，人民法院应予支持，但发包人在起诉前取得建设工程规划许可证等规划审批手续的除外。发包人能够办理审批手续而未办理，并以未办理审批手续为由请求确认建设工程施工合同无效的，人民法院不予支持。"根据建筑法、土地管理法、城乡规划法等法律法规的规定，在我国建设工程施工需要取得"四证"，即国有土地使用权证、建设用地规划许可证、建设工程规划许可证和建设工程施工许可证。在建设工程开工之日，当事人应当将"四证"办齐。但在申领建设工程施工许可证和签订建设工程施工合同的时间关系上，应当是先签订建设工程施工合同，后申领建设工程施工许可证。在"四证"中，建设工程施工许可证的办理时间应当是建设工程施工合同签订之后、工程开工之前。因此，2020年《建工解释》第三条规定，发包人在起诉前未取得建设工程规划许可证等规划审批手续的，建设工程施工合同无效。



### （二）建设工程施工合同无效的法律后果

民法典第一百五十七条规定："民事法律行为无效、被撤销或者确定不发生效力后，行为人因该行为取得的财产，应当予以返还；不能返还或者没有必要返还的，应当折价补偿。有过错的一方应当赔偿对方由此所受到的损失；各方都有过错的，应当各自承担相应的责任。法律另有规定的，依照其规定。"根据该条规定，合同无效的一般法律后果有三种：返还财产、折价补偿、赔偿损失。建设工程施工合同与其他合同相比，具有特殊性，即承包人在履行建设工程合同的过程中逐步将劳动和建筑材料等物化在建设工程中，而建设工程作为特定物，对发包人具有较大价值，但对于承包人来讲价值不高。因为承包人对建设工程施工的目的是要获得建设工程价款，而不是建设工程。同时，关于建设用地使用权以及建筑物的转让，民法典第三百五十六条规定："建设用地使用权转让、互换、出资或者赠与的，附着于该土地上的建筑物、构筑物及其附属设施一并处分。"第三百五十七条规定："建筑物、构筑物及其附属设施转让、互换、出资或者赠与的，该建筑物、构筑物及其附属设施占用范围内的建设用地使用权一并处分。"这两条法律规定体现了房地一体处分原则。在实践中，建设工程所占用土地的使用权通常归发包人所有。建设工程施工合同被确认无效后，如果要求发包人将承包人施工建设的工程返还给承包人，则会违反上述房地一体原则。因此，建设工程施工合同被确认无效后，对于已经履行的部分不能适用返还财产的处理方式。建设工程施工合同无效主要产生折价补偿和赔偿损失两个法律后果。关于折价补偿的规则主要体现在民法典第七百九十三条规定中。关于赔偿损失的规定，则主要体现在2020年《建工解释》第六条规定。

2020年《建工解释》第六条规定："建设工程施工合同无效，一方当事人请求对方赔偿损失的，应当就对方过错、损失大小、过错与损失之间的因果关系承担举证责任。损失大小无法确定，一方当事人请求参照合同约定的质量标准、建设工期、工程价款支付时间等内容确定损失大小的，人民法院可以结合双方过错程度、过错与损失之间的因果关系等因素作出裁判。"在理解与适用该条规定时，应注意把握好该规定的几个层次。首先，该条规定第一款实际体现的是"谁主张、谁举证"原则。无论是发包人还是承包人请求对方赔偿损失的，都应当就对方过错、损失大小、过错与损失之间的因果关系承担举证责任。其次，损失数额问题也应当由原告一方承担举证责任。再次，如果损失大小无法确定，原告方可以请求参照合同约定的质量标准、建设工期、工程价款支付时间等内容确定损失大小。这里主要解决的就是发包人依承包人的请求参照建设工程施工合同约定折价补偿，而承包人又未按合同约定的质量标准和施工期限完成建设工程施工的情况下，发包人赔偿请求权如何救济的问题。这种情况下，发包人也有权按照建设工程施工合同约定的质量标准、建设工期等内容来计算损失大小。该条规定并非将无效合同作为有效合同处理。根据民法典第一百五十七条规定，合同无效后，当事人在返还财产和折价补偿之后仍存在损失，或者虽无返还财产和折价补偿之必要但当事人遭受损失的，有过错的一方应当赔偿对方因此所受到的损失，双方都有过错的，应当各自承担相应的责任。建设工程施工合同所具有的特殊性导致实践中原告证明其损失数额存在困难。为保护当事人利益，2020年《建工解释》第六条规定只是确定一种损失的计算方法而已。最后，在确定当事人损失赔偿责任大小时，应当充分考虑双方当事人过错。一般情况下，交付质量合格的建设工程是承包人的义务，但如果因发包人原因造成建设工程质量缺陷，则应当由发包人承担过错责任。2020年《建工解释》第十三条规定："发包人具有下列情形之一，造成建设工程质量缺陷，应当承担过错责任：（一）提供的设计有缺陷；（二）提供或者指定购买的建筑材料、建筑构配件、设备不符合强制性标准；（三）直接指定分包人分包专业工程。承包人有过错的，也应当承担相应的过错责任。”

### （三）确定建设工程价款数额的依据

在建设工程施工合同有效的情况下，建设工程经验收合格后，发包人应当依照合同约定支付工程款。在建设工程施工合同无效的情况下，建设工程经验收合格后，依据民法典第七百九十三条规定，发包人应参照合同约定折价补偿。实践中，发包人与承包人之间往往签订有多份建设工程施工合同，依照哪份合同计算工程款或者参照哪份合同折价补偿通常是当事人争议的焦点问题。

在建设工程施工合同有效的情况下，原则上应当依意思表示解释规则来确定哪份合同是当事人的真实意思表示，从而确定应当依照哪份合同计算工程款。但在经过招标投标方式订立建设工程施工合同的情况下，首先应当依据招标投标法的强制性规定确定计算工程价款的依据。招标投标法第四十六条第一款规定：“招标人和中标人应当自中标通知书发出之日起三十日内，按照招标文件和中标人的投标文件订立书面合同。招标人和中标人不得再行订立背离合同实质性内容的其他协议。”关于中标合同中的哪些内容不允许当事人变更的问题，2020 年《建工解释》第二条规定：“招标人和中标人另行签订的建设工程施工合同约定的工程范围、建设工期、工程质量、工程价款等实质性内容，与中标合同不一致，一方当事人请求按照中标合同确定权利义务的，人民法院应予支持。招标人和中标人在中标合同之外就明显高于市场价格购买承建房产、无偿建设住房配套设施、让利、向建设单位捐赠财物等另行签订合同，变相降低工程价款，一方当事人以该合同背离中标合同实质性内容为由请求确认无效的，人民法院应予支持。”该条司法解释将工程范围、建设工期、工程质量、工程价款等内容确定为实质性内容。招标人在编制招标文件、投标人在编制投标文件、评标委员会在选择中标人时，都应当围绕上述实质性内容进行。投标人对投标文件中含义不明确的内容作必要的澄清或者说明时，其澄清或者说明不得改变投标文件中关于工程范围、建设工期、工程质量、工程价款等实质性内容。此外，根据招标投标法第四十三条规定，在确定中标人前，招标人不得与投标人就工程范围、建设工期、工程质量、工程价款等实质性内容进行谈判。如果招标人和中标人背离中标合同关于工程范围、建设工期、工程质量、工程价款等实质性内容的约定，另行签订其他建设工程施工合同，就不能依据意思表示的解释规则来确定认定工程价款数额的依据，而应当以招标文件和投标文件为依据。此外，对于非必须招标的工程，如果采用招标投标方式订立建设工程施工合同，也应当遵守招标投标法的规定。对此，2020年《建工解释》第二十三条规定："发包人将依法不属于必须招标的建设工程进行招标后，与承包人另行订立的建设工程施工合同背离中标合同的实质性内容，当事人请求以中标合同作为结算建设工程价款依据的，人民法院应予支持，但发包人与承包人因客观情况发生了在招标投标时难以预见的变化而另行订立建设工程施工合同的除外。"

对建设工程施工合同无效，应当参照哪份合同折价补偿的问题，2020年《建工解释》第二十四条规定："当事人就同一建设工程订立的数份建设工程施工合同均无效，但建设工程质量合格，一方当事人请求参照实际履行的合同关于工程价款的约定折价补偿承包人的，人民法院应予支持。实际履行的合同难以确定，当事人请求参照最后签订的合同关于工程价款的约定折价补偿承包人的，人民法院应予支持。"根据该条规定，发包人和承包人就同一建设工程签订的多份建设工程施工合同均无效时，承包人可以请求参照当事人实际履行合同的约定折价补偿承包人；如果当事人实际履行的合同无法确定，应当参照当事人最后签订合同的约定折价补偿承包人。之所以这样规定，主要是考虑到发包人和承包人实际履行的合同，符合双方当事人的真实意思，参照双方实际履行的合同对承包人施工的建设工程折价补偿既公平，也更容易为发包人和承包人接受。实践中，当双方当事人对于哪份施工合同属于实际履行的合同存有争议，而双方又均无法举证证明实际履行的合同是哪一份时，参照双方当事人最后签订的合同进行折价补偿，符合建设工程施工合同签订后至合同履行期间的实际情况。

### （四）建设工程质量责任的承担

按照建设工程施工合同约定向发包人交付质量合格的建设工程是承包人的基本义务，也是承包人获得建设工程价款所必须支付的对价。如果承包人交付的建设工程质量不合格，则应当承担违约责任。由于实践中存在分包、违法分包、转包等情况，在确定建设工程质量责任主体时需要注意以下问题。

第一，在建设工程实行总承包的情况下，总承包单位应当对全部建设工程质量负责。对此，《建设工程质量管理条例》第六十三条第三款规定："建设工程实行总承包的，总承包单位应当对全部建设工程质量负责；建设工程勘察、设计、施工、设备采购的一项或者多项实行总承包的，总承包单位应当对其承包的建设工程或者采购的设备的质量负责。"

第二，在合法分包的情况下，分包人（总承包人）和分承包人都应当对分包工程质量承担责任。建筑法第五十五条规定："建筑工程实行总承包的，工程质量由工程总承包单位负责，总承包单位将建筑工程分包给其他单位的，应当对分包工程的质量与分包单位承担连带责任。分包单位应当接受总承包单位的质量管理。"即在分包的情况下，分包单位即分承包人作为施工人，应当对分包工程质量问题承担责任，而总承包单位即分包人对分承包人负有进行质量管理的义务，其对分包工程的质量应当与分承包人承担连带责任。

第三，在违法分包的情况下，分包人和分承包人都应当对分包工程质量承担责任。建筑法第五十五条只是规定，分包人应当对分包工程的质量与分承包人承担连带责任。从文义上看，该条规定未区分合法分包和违法分包。但无论从哪个角度看，违法分包的情况下，分包人和分承包人都应当对分包工程质量承担责任。

第四，在转包的情况下，转包人与转承包人应当对建设工程质量承担连带责任。转包人将其所承包的工程转包给第三人，不仅违反法律规定，而且会损害发包人的利益。发包人在与转包人签订建设工程施工合同时，对于其所发包的工程将由第三方施工的事实并不知情。转包人将其所承包的工程转包给第三人，既违反了法律的规定，也违反了建设工程施工合同的约定。而转包人和转承包人均知道或者应当知道其转包行为属于违法和违反约定的行为，在主观上均具有过错。

第五，在缺乏资质的单位或者个人借用资质签订建设工程施工合同的情况下，出借资质一方应当与借用资质一方对建设工程质量承担连带责任。对于该问题，2020年《建工解释》第四条规定："缺乏资质的单位或者个人借用有资质的建筑施工企业名义签订建设工程施工合同，发包人请求出借方与借用方对建设工程质量不合格等因出借资质造成的损失承担连带赔偿责任的，人民法院应予支持。"同时，对于建设工程质量纠纷的诉讼主体问题，2020年《建工解释》第十五条规定：“因建设工程质量发生争议的，发包人可以以总承包人、分包人和实际施工人为共同被告提起诉讼。”

向发包人交付质量合格的建设工程是承包人最基本的合同义务，因此，如果发包人交付的建设工程质量不合格，承包人应当承担违约责任。但是，如果是系发包人原因造成建设工程质量缺陷，则应当由发包人承担责任。对此，2020年《建工解释》第十三条规定：“发包人具有下列情形之一，造成建设工程质量缺陷，应当承担过错责任：（一）提供的设计有缺陷；（二）提供或者指定购买的建筑材料、建筑构配件、设备不符合强制性标准；（三）直接指定分包人分包专业工程。承包人有过错的，也应当承担相应的过错责任。”

实践中，有的发包人长期拖欠工程款，一旦承包人起诉请求发包人支付工程款时，发包人就以存在工程质量缺陷为由，主张少付、不付或者承包人返还工程款。有的发包人在已经使用工程的情况下，仍然以建设工程质量不符合合同约定或者法律规定为由拒付工程款。针对这些现象，2020年《建工解释》第十六条规定：“发包人在承包人提起的建设工程施工合同纠纷案件中，以建设工程质量不符合合同约定或者法律规定为由，就承包人支付违约金或者赔偿修理、返工、改建的合理费用等损失提出反诉的，人民法院可以合并审理。”本条解释的本义是要注意区分抗辩和反诉，如果在承包人提起的建设工程施工合同纠纷案件中，发包人以建设工程质量不符合合同约定或者法律规定为由，要求承包人支付违约金或者赔偿修理、返工、改建的合理费用等损失，并据此请求少付、不付工程款的，发包人必须以反诉的方式提出，而不能以抗辩的方式提出，因为发包人上述主张中，包含有其独立的诉讼请求。此外，2020年《建工解释》第十四条还规定：“建设工程未经竣工验收，发包人擅自使用后，又以使用部分质量不符合约定为由主张权利的，人民法院不予支持；但是承包人应当在建设工程的合理使用寿命内对地基基础工程和主体结构质量承担民事责任。”在适用本条规定时，应当注意以下问题：第一，建设工程未经竣工验收，发包人擅自使用了建设工程，才不能以使用部分质量不符合约定为由主张权利。如果不存在建设工程未经竣工验收，发包人擅自使用的事实，就不能适用该条规定。第二，建设工程未经竣工验收，发包人擅自使用了建设工程后，只是对其所使用部分，不能以工程质量不符合约定为由主张权利。对于发包人未使用部分，不适用该条规定。第三，发包人擅自使用建设工程之前，并无证据证明建设工程存在质量问题。如果在发包人擅自使用建设工程之前，就已经发现建设工程质量问题，发包人要求承包人修复，承包人未予修复，发包人另行联系第三方修复后才使用建设工程的，就不能适用该条规定。在这种情况下，发包人有权请求承包人赔偿其为修复而支出的合理费用。第四，虽然发包人在建设工程未经竣工验收的情况下就擅自使用，但是如果建设工程的地基基础工程和主体结构质量在合理使用寿命内出现质量问题的，发包人仍然有权请求承包人承担相应的民事责任。一方面，地基基础工程和主体结构质量影响到建设工程的安全使用，承包人对此所应承担的瑕疵担保责任应当更重。另一方面，发包人擅自使用未经验收合格的建设工程通常不会对地基基础工程和主体结构质量造成影响。这两项工程质量问题的责任比较容易划分。

### （五）建设工程价款优先受偿权的保护

关于建设工程价款优先受偿权的主体，2020年《建工解释》第三十五条规定："与发包人订立建设工程施工合同的承包人，依据民法典第八百零七条的规定请求其承建工程的价款就工程折价或者拍卖的价款优先受偿的，人民法院应予支持。"之所以作此规定，主要是为了平衡好交易安全和保护建筑工人利益。民法典规定建设工程价款优先受偿权，目的是通过保护承包人的建设工程价款债权来保护农民工等建筑工人的利益。根据2020年《建工解释》第三十六条规定，建设工程价款优先受偿权不仅优先于普通债权，而且优先于在建设工程上设立的抵押权。建设工程价款优先受偿权对于承包人建设工程价款债权的实现具有重大意义，同时对于交易安全和发包人及其债权人、抵押权人等利害相关方的利益影响重大。实际施工人并非严格的立法概念，其范围在实践中不易确定，而且一个工程可能存在多个实际施工人，如果都能够行使建设工程价款优先受偿权，则围绕建设工程设立的各个法律关系均处于不稳定之中，既影响建设工程的流转和使用，也影响抵押权人等利益主体权利的实现。尤其是对于发包人而言，如果发包人在与承包人签订建设工程施工合同时并不知道工程会由实际施工人施工，其本意就是由承包人负责施工，结果承包人与实际施工人私下签订了转包或者违法分包合同，已经损害了发包人权益，如果还允许实际施工人向其主张建设工程价款优先受偿权，对发包人明显不公平。将建设工程价款优先受偿权的主体锁定为对发包人享有建设工程价款债权的承包人，既符合民法典第八百零七条规定的本意，也有利于保护交易安全。根据该条解释规定，转承包人和违法分承包人均不享有建设工程价款优先受偿权。

关于承包人行使建设工程价款优先受偿权的条件，2020年《建工解释》第三十八条规定："建设工程质量合格，承包人请求其承建工程的价款就工程折价或者拍卖的价款优先受偿的，人民法院应予支持。"该条解释仅将建设工程质量合格作为承包人行使建设工程价款优先受偿权的条件，未将建设工程施工合同有效也作为条件。之所以这样规定，是因为建工司法解释以保障建设工程质量为首要价值选择，规定承包人行使建设工程价款优先受偿权必须以建设工程质量合格为条件。同时，鉴于建设工程领域特有的资质与招标投标管理要求，实践中建设工程施工合同无效的情况较为常见。该条解释并未将建设工程施工合同有效作为承包人行使建设工程价款优先受偿权的条件，以保护农民工等建筑工人的合法利益。[①] 无论工程是否竣工，只要建设工程质量合格，承包人就有权行使建设工程价款优先受偿权。对此，2020年《建工解释》第三十九条规定："未竣工的建设工程质量合格，承包人请求其承建工程的价款就其承建工程部分折价或者拍卖的价款优先受偿的，人民法院应予支持。"

关于建设工程价款优先受偿的范围，2020年《建工解释》第四十条规定："承包人建设工程价款优先受偿的范围依照国务院有关行政主管部门关于建设工程价款范围的规定确定。承包人就逾期支付建设工程价款的利息、违约金、损害赔偿金等主张优先受偿的，人民法院不予支持。"2002年《建设工程价款优先受偿权批复》第三条规定，建筑工程价款包括承包人为建设工程应当支付的工作人员报酬、材料款等实际支出的费用，不包括承包人因发包人违约所造成的损失。该规定的目的是回归合同法第二百八十六条设立建设工程价款优先受偿权制度的本意。建设工程价款优先受偿权不仅优先于普通债权，而且优先于抵押权，具有对抗第三人的效力，对发包人的债权人、建设工程的抵押权人和交易安全影响巨大。合同法第

① 参见《最高人民法院民一庭负责人就〈最高人民法院关于审理建设工程施工合同纠纷案件适用法律问题的解释（二）〉答记者问》，载 https：//www.chinacourt.org/article/detail/2019/01/id/3641356.shtml，2021年5月30日访问。

二百八十六条设立建设工程价款优先受偿权制度的本意是保护农民工等建筑工人的合法权益，将建设工程价款优先受偿的范围限定为承包人为建设工程应当支付的工作人员报酬、材料款等实际支出的费用，有利于进一步平衡各方当事人的权益。从价值取向和法理基础而言，该条批复是适当的，但也存在不足，即缺乏可操作性，没有考虑诉讼成本。从建设工程施工合同司法实践来看，由于建设工程的项目多、周期长，工程价款计算方式较为特殊，要从建设工程价款中区分出利润未必可行，成本太高，而且根据不同计算方式和依据，结果也不相同。要从建设工程价款中计算承包人为建设工程应当支付的工作人员报酬、材料款等实际支出的费用，缺乏可操作性，即使可能，成本也太高。因此，本条批复在司法实践中适用的效果并不太理想。民法典第八百零七条对建筑工人权益的保护具有间接性。因为发包人并不是将承包人的劳务成本单独支付给承包人，承包人再将这一部分建设工程价款全部支付给建筑工人。如果对承包人应得的全部工程价款不予优先保护，就会导致承包人的资产负债状况恶化，造成承包人发不出工资，从而影响建筑工人的合法权益。因此，对承包人的利润以优先保护，符合民法典第八百零七条的立法精神。由于2020年《建工解释》第四十条已经将包括承包人利润在内的全部建设工程价款债权纳入优先受偿的范围，作为利益平衡的手段，该条解释未将工程款利息纳入优先受偿的范围。

### （六）实际施工人权利的保护

实际施工人是我国建筑市场和民事司法中特有的现象和制度。根据2020年《建工解释》的规定，实际施工人包括转承包人、违法分承包人和借用资质与发包人签订建设工程施工合同的施工人。实践中，有观点认为凡是建设工程施工合同无效的情况下，承包人都属于实际施工人。这种观点并不准确。民法突破合同相对性原则，对实际施工人权利予以特别保护，源自2004年《建工解释》第二十六条第二款规定。这一制度既是维护社会公平的需要，也是保护经济发展的要求。2018年《建工解释》第二十三条对2004年《建工解释》第二十六条第二款规定进行了完善。一是明确规定人民法院应当追加转包人或者违法分包人为本案第三人；二是规定要在查明发包人欠付转包人或者违法分包人建设工程价款的数额后，判决发包人在欠付建设工程价款范围内对实际施工人承担责任。这既有利于实际施工人权利的实现，也有利于防止发包人陷入过多的诉讼和纠纷之中。2018年《建工解释》第二十四条还规定了实际施工人有权对发包人提起代位权诉讼，以期进一步加强对农民工等建筑工人权益的保护。2020年清理司法解释时，最高人民法院依照民法典的规定对2018年《建工解释》第二十四条规定进行了修改，同时保留了2018年《建工解释》第二十三条的规定。2020年《建工解释》第四十三条规定："实际施工人以转包人、违法分包人为被告起诉的，人民法院应当依法受理。实际施工人以发包人为被告主张权利的，人民法院应当追加转包人或者违法分包人为本案第三人，在查明发包人欠付转包人或者违法分包人建设工程价款的数额后，判决发包人在欠付建设工程价款范围内对实际施工人承担责任。"第四十四条规定："实际施工人依据民法典第五百三十五条规定，以转包人或者违法分包人怠于向发包人行使到期债权或者与该债权有关的从权利，影响其到期债权实现，提起代位权诉讼的，人民法院应予支持。"需要注意的是，《建工解释》对合同相对性原则的突破体现为转承包人、违法分承包人有权请求发包人在欠付工程款范围内承担责任。发包人欠付转包人、违法分包人的工程款以及转包人、违法分包人欠付转承包人、违法分承包人的工程款都应依据各自的基础法律关系认定，这一点并未突破合同相对性原则。

司法实践中争议较多的一个问题是，借用资质的实际施工人是否有权请求发包人支付工程款。需要注意的是，借用资质或者挂靠仅指实际施工人和有资质的建筑企业之间的内部关系。在涉及发包人的外部关系时，要区分发包人是否善意来分析各方的法律关系。如果发包人并非善意，知道或者应当知道是实际施工人借用建筑企业的资质与其签订建设工程施工合同，就属于借用资质与发包人签订建设工程施工合同的实际施工人。根据民法典第一百四十六条规定，实际施工人借用资质与发包人签订的建设工程施工合同属于该条规定的通谋虚伪意思表示。实际施工人、出借资质的建筑企业和发包人之间对于实际施工人借用资质签订建设工程施工合同的事实是知道的。出借资质的建筑企业即名义上的承包人与发包人签订的合同属于民法典第一百四十六条第一款规定的通谋虚伪行为。被该通谋虚伪行为隐藏的是实际施工人与发包人之间的建设工程施工合同。依民法法理以及民法典第一百四十六条规定，通谋虚伪行为欠缺效果意思，是无效行为，而被虚假的意思表示隐藏的民事法律行为具备表示行为和效果意思两个要件，并不当然无效，或者说原则上应当有效，除非不符合民法典相关规定，例如违反法律的强制性规定或者行为人属于无行为能力人。发包人同出借资质的建筑企业签订的建设工程施工合同因欠缺效果意思，系无效的民事法律行为。真正的承包人即实际施工人借名与发包人签订的建设工程施工合同是双方当事人的真实意思表示，但因违反法律的强制性规定而无效。这两个行为虽然均无效，但无效的法律后果并不相同。出借资质的企业与发包人之间不构成建设工程施工合同关系，其与发包人、实际施工人之间构成借用资质关系，故无权请求发包人支付工程款。借用资质的实际施工人与发包人之间构成建设工程施工合同关系，虽然双方签订的建设工程施工合同无效，但是在实际施工人所施工工程质量合格的情况下，实际施工人有权依据民法典第七百九十三条第一款规定请求发包人参照合同约定折价补偿。实践中需要注意的是，发包人通常直接向出借资质的建筑企业支付工程款，出借资质的企业再向实际施工人支付工程款。鉴于三方当事人通谋之事实，如无相反约定，此类支付对于实际施工人而言属于合意支付。发包人已经支付给出借资质的企业的工程款部分，不应再次向实际施工人支付。对该部分工程款，实际施工人应当向出借资质的企业主张，以避免发包人承担双重清偿责任。

# 《最高人民法院关于审理涉及农村土地承包纠纷案件适用法律问题的解释》新修改条文的理解与适用

赵风暴*

## 一、修改情况说明

根据2020年12月23日最高人民法院审判委员会第1823次会议通过的《最高人民法院关于修改〈最高人民法院关于在民事审判工作中适用《中华人民共和国工会法》若干问题的解释〉等二十七件民事类司法解释的决定》，最高人民法院对2005年《最高人民法院关于审理涉及农村土地承包纠纷案件适用法律问题的解释》(以下简称原司法解释)进行了修正，修正后的司法解释简称为新司法解释。

新司法解释对原司法解释共修改21处。其中，引言、第二条第一款、第三条第二款、第四条第二款第二项、第五条、第八条、第九条、第十条、第十一条、第十三条、第十八条、第二十六条涉及法律依据的调整。第一条、第十二条、第十四条、第十七条、第十九条、第二十条、第二十二条涉及实质性修改。此外，保留第六条、第七条、第十六条、第二十三条、第二十四条、第二十五条、第二十七条，废止第十五条、第二十一条。

## 二、关于适应性修改条文的说明

引言部分：民法典颁布实施后，民法通则、合同法同时废止。因此在

* 作者单位：最高人民法院民事审判第一庭。

对原司法解释修改时，将其引言中“根据《中华人民共和国民法通则》《中华人民共和国合同法》《中华人民共和国民事诉讼法》《中华人民共和国农村土地承包法》《中华人民共和国土地管理法》等法律规定”修改为“根据《中华人民共和国民法典》《中华人民共和国农村土地承包法》《中华人民共和国土地管理法》《中华人民共和国民事诉讼法》等法律规定”。

第二条第一款：《最高人民法院关于适用〈中华人民共和国民事诉讼法〉若干问题的意见》已被2015年施行的《最高人民法院关于适用〈中华人民共和国民事诉讼法〉的解释》（以下简称《民诉法解释》）所吸收和修改，其第一百四十五条至第一百四十八条的内容已变更为《民诉法解释》第二百一十五条、第二百一十六条①的有关内容。

第三条第二款：施行后的民法典第二条规定，民法调整平等主体的自然人、法人和非法人组织之间的人身关系和财产关系。从该规定看，民事主体分为自然人和非自然人（组织）。为与民法典的规定一致，在对原司法解释进行修改时，将“前款所称承包方是指以家庭承包方式承包本集体经济组织农村土地的农户，以及以其他方式承包农村土地的单位或者个人”修改为“前款所称承包方是指以家庭承包方式承包本集体经济组织农村土地的农户，以及以其他方式承包农村土地的组织或者个人”。

第四条第二款第二项：根据民法典的有关规定，合同的订立，当事人应当签名、盖章或者按指印。相较于合同法的表述，将“签字”修改为“签名”。因此，为与民法典的表述一致，在对原司法解释修改时，将“未依法登记取得土地承包经营权证等证书的，为在承包合同上签字的人”修改为“未依法登记取得土地承包经营权证等证书的，为在承包合同上签名的人”。

第五条：2018年修正的农村土地承包法已将原第二十六条、第二十七条、第三十条修改为第二十七条、第二十八条、第三十一条，并删除了第三十五的规定内容。因此在对原司法解释修改时，将第五条所涉法律条文的顺序进行了相应的调整，即将“违反农村土地承包法第二十六条、第二十七条、第三十条、第三十五条规定的”修改为“违反农村土地承包法二十七条、第二十八条、第三十一条规定的”。

第八条：修正后的农村土地承包法已将原第十七条修改为第十八条，

① 现为第二百一十三条、第二百一十四条。——编者注

且原第一项内容“（一）维持土地的农业用途，不得用于非农建设”修改为：“（一）维持土地的农业用途，未经依法批准不得用于非农建设”。故在对原司法解释修改时，将“承包方违反农村土地承包法第十七条规定，将承包地用于非农建设”修改为“承包方违反农村土地承包法第十八条规定，未经依法批准将承包地用于非农建设”。

第九条：民法典第三百三十九条明确了土地经营权的流转方式为：出租、入股或者其他方式。且修正后的农村土地承包法已将原第二十六条修改为第二十七条。根据民法典和农村土地承包法的规定，将“发包方根据农村土地承包法第二十六条规定收回承包地前，承包方已经以转包、出租等形式将其土地承包经营权流转给第三人”修改为“发包方依据农村土地承包法第二十七条规定收回承包地前，承包方已经以出租、入股或者其他方式将其土地经营权流转给第三人”。

第十条：修正后的农村土地承包法已将原第二十九条修改为第三十条。因此在对原司法解释修改时，对照法律的条文顺序修改情况，将“承包方交回承包地不符合农村土地承包法第二十九条规定程序的”修改为“承包方交回承包地不符合农村土地承包法第三十条规定程序的”。

第十一条：民法典物权编中关于土地承包经营权之章节，落实了农村土地“三权分置”政策，吸收农村土地承包法关于土地经营权的规定内容。根据民法典的规定，土地承包经营权人流转的标的是土地经营权。故在对原司法解释修改时，将“土地承包经营权”修改为“土地经营权”。

第十四条：根据民法典的有关规定，土地经营权的流转方式为出租、入股和其他方式等三种形式，且区分了土地承包经营权和土地经营权主体变更的方式。在对原司法解释修改时，将“承包方依法采取转包、出租、互换或者其他方式流转土地承包经营权，发包方仅以该土地承包经营权流转合同未报其备案为由”修改为“承包方依法采取出租、入股或者其他方式流转土地经营权，发包方仅以该土地经营权流转合同未报其备案为由”。

第十五条：修正后的农村土地承包法已明确了土地经营权的融资担保内容。如该法第四十七条规定：承包方可以用承包地的土地经营权向金融机构融资担保，并向发包方备案。受让方通过流转取得的土地经营权，经承包方书面同意并向发包方备案，可以向金融机构融资担保。担保物权自融资担保合同生效时设立。当事人可以向登记机构申请登记，未经登记，不得对抗善意第三人。实现担保物权时，担保物权人有权就土地经营权优先受偿。土地经营权融资担保办法由国务院有关部门规定。由此，本条对土地经营权抵押或者抵偿债务的行为性质之规定，与法律的规定和党中央的“三权分置”政策不符。在对司法解释修改时，将本条的规定予以废止。

第十七条：根据民法典的有关规定，土地经营权流转的方式为出租、入股或者其他方式。此外，合同法第二百三十二条的规定已被民法典第七百三十条的规定所吸收。在对原司法解释修改时，将“当事人对转包、出租地流转期限没有约定或者约定不明的，参照合同法第二百三十二条规定处理”修改为“当事人对出租地流转期限没有约定或者约定不明的，参照民法典第七百三十条规定处理”。

第十八条：民法典已明确土地经营权制度。土地经营权作为承包方及土地经营权人的一项权利被确定后，权利人享有流转土地经营权的收益。特别是作为承包方的农户而言，除了享有承包收益之外，在流转土地经营权时，亦享有土地经营权流转的收益。且根据农村土地承包法的有关规定，土地承包经营权的主体变更的方式为互换、转让，流转为土地经营权的主体变更方式。故在对原司法解释修改时，将“发包方或者其他组织、个人擅自截留、扣缴承包收益或者土地承包经营权流转收益”修改为“发包方或者其他组织、个人擅自截留、扣缴承包收益或者土地经营权流转收益”。

第十九条：民法典第二条规定，民法调整平等主体的自然人、法人和非法人组织之间的人身关系和财产关系。根据该条的规定，民事主体的具体类型包括自然人、法人和非法人组织三种。在对原司法解释修改时，对照民法典的规定，将“单位”修改为“组织”。修正后的农村土地承包法第五十一条将“享有优先承包权”修改为“有权优先承包”，故在对原司法解释修改时，吸收了法律的修正内容，将“主张优先承包经营权的”之表述修改为“主张优先承包的”。

第二十条：民法典三百四十二条规定了以其他方式承包取得的土地经营权流转的规定。根据该规定，以其他方式取得的是土地经营权，而非土地承包经营权。在对原司法解释修改时，将“土地承包经营权”的表述修改为“土地经营权”。

第二十一条：民法典第二百一十五条规定了合同效力与物权变动区分之内容。由此，本条有关以其他方式取的土地经营权流转合同效力的规定，与施行的民法典的规定不一致。在对司法解释修改时，将本条的规定予废止。

第二十二条：根据民法典的规定，土地承包经营权人可以自主决定向他人通过出租等方式流转土地经营权。在对原司法解释修改时，将“承包方已将土地承包经营权以转包、出租等方式流转给第三人”修改为“承包方已将土地经营权以出租、入股或者其他方式流转给第三人的”。

第二十六条：因原司法解释第十五条的规定内容予以废止，相应的条文顺序应进行调整，也即第十六条的条文顺序变更为第十五条。在对原司法解释修改时，将“人民法院在审理涉及本解释第五条、第六条第一款第（二）项及第二款、第十六条的纠纷案件时，应当着重进行调解”修改为“人民法院在审理涉及本解释第五条、第六条第一款第（二）项及第二款、第十五条的纠纷案件时，应当着重进行调解”。

## 三、关于重点修改条文的修改说明和理解与适用

### （一）第一条

【修改内容】

第一款将“下列涉及农村土地承包民事纠纷，人民法院应当依法受理：（一）承包合同纠纷；（二）承包经营权侵权纠纷；（三）承包经营权流转纠纷；（四）承包地征收补偿费用分配纠纷；（五）承包经营权继承纠纷”修改为“下列涉及农村土地承包民事纠纷，人民法院应当依法受理：（一）承包合同纠纷；（二）承包经营权侵权纠纷；（三）土地经营权侵权纠纷；（四）承包经营权互换、转让纠纷；（五）土地经营权流转纠纷；（六）承包地征收补偿费用分配纠纷；（七）承包经营权继承纠纷；（八）土地经营权继承纠纷”。将第二款、第三款中“集体经济组织成员”修改为“农村集体经济组织成员”。

【修改说明】

民法典第三百三十九条规定了土地经营权流转的内容，即增加了土地经营权的制度设计。相应地，针对原司法解释关于人民法院应当受理的因农村土地承包纠纷而引发的民事案件的种类和范围，亦应增加土地经营权纠纷案件的种类和范围。民法典第五十五条规定：“农村集体经济组织的成员，依法取得农村土地承包经营权，从事家庭承包经营的，为农村承包

经营户。”为与民法典的表述一致，将“集体经济组织成员”修改为“农村集体经济组织成员”。

【理解与适用】

随着我国农业现代化进程的加快发展，农业物质技术水平不断得到提高，大量的农村劳动力得到转移，农村承包地流转的情况比较普遍。在此背景下，为推进农业农村现代化，党中央提出探索“三权分置”改革。为此，党中央相继出台了一系列政策。比如，2014 年中央一号文件《中共中央、国务院关于全面深化农村改革加快推进农业现代化的若干意见》中明确要在落实农村集体所有权的基础上，稳定农户承包权、放活土地经营权。2014 年 11 月，《中共中央办公厅、国务院办公厅关于引导农村土地经营权有序流转发展农业适度规模经营的意见》中明确，要坚持农村土地集体所有权，稳定农户承包权，放活土地经营权，以家庭承包为基础，推进家庭承包经营、集体经营、合作经营等多种经营方式共同发展。鼓励农村承包户依法采取转包、出租、互换、转让及入股等方式流转承包地。2015 年 11 月，中共中央办公厅、国务院办公厅印发的《深化农村改革综合性实施方案》中明确，落实集体所有权、稳定农户承包权、放活土地经营权为深化农村土地制度改革的基本方向。落实所有权，就是落实“农民集体所有的不动产和动产，属于本集体经济组织成员所有”的要求。稳定农户承经营包权，就是要依法将农户承包的本集体经济组织土地的承包经营权保持稳定。放活土地经营权，是允许承包农户将土地经营权依法自愿配置给有需要的经营权流转给有经营意愿和经营能力的主体，发展多种形式的适度规模经营。2016 年 10 月，《中共中央办公厅、国务院办公厅关于完善农村土地所有权承包权经营权分置办法的意见》中明确，改革开放之初，在农村实行家庭联产承包责任制，将土地所有权和承包经营权分设，所有权归集体，承包权经营权归农户，极大地调动了亿万农民积极性，有效解决了温饱问题，农村改革取得重大成果。现阶段深化农村土地制度改革，顺应农民保留土地承包权、流转土地经营权的意愿，将土地承包经营权分为承包权和经营权，实行所有权、承包权、经营权分置并行，着力推进农业现代化，是继家庭联产承包责任制后农村改革的又一重大制度创新。2018 年中央一号文件《中共中央、国务院关于实施乡村振兴战略的意见》中明确，巩固和完善农村基本经营制度。落实农村土地承包关系稳定并长久不变政策，衔接落实好第二轮土地承包到期后再延长三十年的政策，让农民吃上长效“定心丸”。完善农村承包地“三权分置”制度，在依法保护集体土地所有权和农户承包权前提下，平等保护土地经营权。农村承包土地经营权可以依法向金融机构融资担保、入股从事农业产业化经营。

在法律层面上，为落实党中央农村承包地“三权分置”政策，2018年修正的农村土地承包法主要任务是落实“三权分置”，修改后的农村土地承包法对于“三权分置”中的第三个权利——土地经营权作出明确规定。在总则第九条中，提出了土地经营权的概念。承包方既可以自己经营，也可以流转其承包地的土地经营权，由他人经营。关于流转的方式，修改后的农村土地承包法第三十六条规定，承包方可以自主决定依法采取出租(转包)、入股或者其他的方式，向他人流转土地经营权，并向发包方备案。民法典在吸收土地承包法中有关土地经营权规定内容的基础上，进行了修改。针对土地经营权的有关规定，民法典第三百三十九条至第三百四十二条对土地经营权的流转、土地经营权人享有的基本权利、土地经营权的设立与登记、以其他方式取得的土地经营权的流转等问题进行了明确。由此，本条有关农村土地承包引发的民事案件的种类和范围的规定，在对照民法典和农村土地承包法有关规定的基础上，增加了土地经营权的纠纷，即增加了土地经营权侵权纠纷、土地经营权流转纠纷和土地经营权继承纠纷。下面简要对该三种纠纷类型加以介绍。

1. 土地经营权侵权纠纷

所谓土地经营权，是土地经营权合同受让方根据合同的约定享有的对承包地占有，以及利用土地开展农业生产经营并取得收益的权利。土地经营权是土地经营权人依据合同而对承包地依法享有的权利。在论及土地经营权侵权纠纷前，有必要对土地经营权的性质作一分析。尽管在民法典施行后，侵权责任的对象不再存有争议。关于土地经营权的性质，学界的认识并不一致，主要有以下几种观点：一是债权说，认为土地经营权是承租权，其是根据租赁合同享有的权利，本质是债权。二是物权说，认为土地经营权是设立在土地承包经营权之上的用益物权。三是具有物权效力的债权，认为土地经营权是派生于土地承包经营权的债权，是债权性利用关系的法律表达，同时为了赋予其更强的效力，使其具有一定的物权效力。四是折中说，认为土地经营权是债权抑或是物权，是政策选择问题，有稳定需要的就建构为物权，租赁、转包等利用关系则可维系其债权性质。从立法机关的态度看，针对土地经营权的性质，采取用了折中说。如民法典第三百四十一条规定，流转期为五年以上的土地经营权，自流转合同生效时设立。当事人可以向登记机构申请土地经营权登记；未经登记的，不得对抗善意第三人。

从土地经营权的权利内容而言，土地经营权人的权利具体包括占有权、使用权、收益权、改良土壤和建设农业附属配套设施的权利、再流转的权利、融资担保的权利以及根据法律规定或合同约定的其他权利。因此，土地经营权侵权纠纷的具体表现形态，则是侵犯土地经营权人依法享有的前述具体权利的情形。比如，土地经营权人取得土地经营权后，对承包地依法享有占有并排除他人干涉的权利。该占有是对承包地的直接占有，是对承包地的实际控制，在该项权利受到侵害时，土地经营权人有权要求侵权人承担排除妨碍、停止侵害、消除危险、赔偿损失等民事责任。再比如，土地经营权人对承包地享有使用权，可利用承包地开展农业生产经营的权利，可以自主决定开展何种生产经营活动，利用耕地种植粮食作物或者经济作物而不受干涉。农村土地承包法第三十七条亦明确，土地经营权人有权在合同约定的期限内占有农村土地，自主开展农业生产经营取得收益。但需注意的是，土地经营权人需按照农业用地性质使用承包地。如是耕地，需从事种植业，不得变更为林业或者牧业用途；如是林地或者草地，亦不得开垦为耕地。如是基本农田，还必须遵守有关的行政法规和部门规章的规定。

2. 土地经营权流转纠纷

土地经营权流转，是土地承包经营权人通过出租、入股或者其他方式向他人流转土地经营权的行为。同时，土地经营权人依法将土地经营权再次流转的行为也应包括在内。根据农村土地承包法第四十六条的规定，经承包方书面同意，并向本集体经济组织备案，受让方可以再流转土地经营权。故此，土地经营权流转实际上包括土地经营权的初次流转和土地经营权的再流转。

土地经营权的流转方式，依法应采取书面形式。农村土地承包法第四十条规定，土地经营权流转，当事人双方应当签订书面流转合同。土地经营权流转合同一般包括以下条款：(1) 双方当事人的姓名、住所；(2) 流转土地的名称、坐落、面积、质量等级；(3) 流转期限和起止日期；(4) 流转土地的用途；(5) 双方当事人的权利和义务；(6) 流转价款及支付方式；(7) 土地被依法征收、征用、占用时有关补偿费用的归属；(8) 违约责任。承包方将土地交由他人代耕不超过一年的，可以不签订书面合同。通常而言，土地经营权流转纠纷所涉及的主要是前述流转合同一般条款的履行问题，特殊情况下，针对代耕时间不超过一年的，则是涉及事实合同履行争议问题。

需注意的是，土地经营权流转也包括以其他方式承包的荒山、荒沟、荒丘、荒滩（四荒地）等农村土地。对于四荒地的土地经营权的流转，与家庭承包的农村土地存在一定的差异。农村土地承包法第五十三条规定，通过招标、拍卖、公开协商等方式承包农村土地，经依法登记取得权属证书的，可以依法采取出租、入股、抵押或者其他方式流转土地经营权。对比该法第四十六条的规定，我们可以看出针对土地经营权的流转，法律的规定和要求存在一定的差异。

3. 土地经营权继承纠纷

土地经营权为土地承包经营权基础上派生出来的权利。相较于承包经营权，土地经营权亦是权利主体享有的一种独立的权利类型。本条第一款第七项明确了承包经营权继承纠纷类型，土地经营权作为土地经营权人的一项重要权利，亦存在土地经营权人死亡后，相关权利主体对其经营权益的继承问题。

根据民法典继承编的有关规定，因继承产生的民事法律关系，受民法典继承编的调整。国家保护自然人的继承权。而自然人继承的对象则是自然人死亡后所遗留的个人合法财产。土地经营权人取得土地经营权后，便可以开展农业生产经营，并取得收益。而该土地的经营收益，在自然人死亡后，则成为其遗留的个人合法财产，继承人可依法继承。同时，从民法典继承编的规定看，遗产的范围较为广泛，不仅包括了财产，还包括财产性权益。尽管民法典继承编删除了继承法第三条有关个人合法财产范围的规定，但通过概括性的规定明确了遗产的范围，即遗留的个人合法财产，实际上扩大了遗产的范围。关于土地承包经营权以及土地经营权继承问题，农村土地承包法对此有明确的规定。例如，农村土地承包法第三十二条规定："承包人应得的承包收益，依照继承法的规定继承。林地承包的承包人死亡，其继承人可以在承包期限内继续承包。"第五十四条规定："依照本章规定通过招标、拍卖、公开协商等方式取得土地经营权的，该承包人死亡，其应得的承包收益，依照继承法的规定继承；在承包期内，其继承人可以继承承包。"尽管前述法律规定针对家庭承包的土地承包经营权和以其他方式的承包的土地经营权的规定，但对在流转期限内的土地经营权而言，针对土地经营收益以及经营权，土地经营权人的继承人可以继承（承包）。

【审判实践中应注意的问题】

关于承包经营权的继承问题，根据农村土地承包法第十六条的规定，家庭承包的承包方是本集体经济组织的农户。农户内家庭成员依法平等享有承包土地的各项权益。由此，家庭承包是以户为生产经营单位进行承包经营的，而非以农户内的家庭成员。因此，家庭部分成员死亡的，作为生产经营单位的户仍然存在，不发生继承的问题，而是由家庭中的其他成员继续承包经营。继承的发生，只能在因家庭成员全部死亡致使作为生产经营单位的户不存在的情况下存在。而对此发生的继承，需区分不同的情形加以处理。如果涉及承包人应得的承包收益的继承问题，如承包经营收货的农作物等，可作为承包人的个人财产，根据民法典继承编的规定予以继承。如果涉及承包经营权的问题，则不能继承，应当由农村集体经济组织收回。

## （二）第十二条

【修改内容】

本条将“发包方强迫承包方将土地承包经营权流转给第三人，承包方请求确认其与第三人签订的流转合同无效的，应予支持。发包方阻碍承包方依法流转土地承包经营权，承包方请求排除妨碍、赔偿损失的，应予支持”修改为“发包方胁迫承包方将土地经营权流转给第三人，承包方请求撤销其与第三人签订的流转合同的，应予支持。发包方阻碍承包方依法流转土地经营权，承包方请求排除妨碍、赔偿损失的，应予支持”。

【修改说明】

根据民法典第一百五十条的规定，以胁迫手段实施的民事法律行为的效力为可撤销，而非原司法解释制定时民法通则关于胁迫民事法律行为效力为无效的规定。对发包方胁迫承包方签订流转合同、阻碍流转合同的签订的行为，依法应为可撤销。同时，基于承包地“三权分置”制度设计，承包方可在保留承包权的基础上，向第三方流转土地经营权，由此，将“土地承包经营权”修改为“土地经营权”。

【理解与适用】

农村土地“三权分置”后，承包方可在保留承包权的基础上，向第三人流转土地经营权，此举既有利于稳定农村土地承包关系，又有利于放活经营权，保障农民收入，实现农民富裕。从法律对土地经营权的规定看，土地承包经营权人既享有是否流转土地经营权的自主权，又享有流转土地经营权具体方式的自由权。而为承包人土地承包经营权免受侵害，法律亦规定了侵害土地经营权的相应法律责任。比如，根据农村土地承包法第五十七条规定，发包方强迫或者阻碍承包方进行土地承包经营权的互换、转让和土地经营权流转，应当承担停止侵害、排除妨碍、消除危险、返还财产、恢复原状、赔偿损失等民事责任。此举赋予承包方依法救济其所享有的土地承包经营权的方式，有利于保护承包方的土地承包经营权。然而，对于发包方胁迫承包方将土地经营权流转给第三人的行为，除了前述之外，还应赋予承包方依法请求撤销流转合同的权利，以充分保护承包人的权益。

在对原司法解释修改过程中，有意见认为，从文义来看，强迫属于胁迫的一种，同样适用民法典第一百五十条的规定。强迫在条款中能体现发包人利用其优势地位，有利于在审判实践中适当减轻承包人的举证责任负担，且农村土地承包法第六十条、第六十五条原条文中所用的词即为强迫，故建议保持一致。经研究，在对原司法解释进行修改时，最终采取了“胁迫”之表述。主要基于以下两点考虑：一是从内涵而言，胁迫的含义更为广泛。且民法通则、合同法中的有关表述亦为胁迫，相关的司法解释也是使用的“胁迫”的表述；二是民法典第一百五十条对于使用威胁、恐吓等不法手段对他人思想上施加的强制亦是胁迫，立法上的表述前后一致。

1. 发包方胁迫承包方流转土地经营权的构成

在解决此问题之前，有必要对胁迫的构成要件加以明确。通常而言，胁迫的构成包括以下几个方面：一是胁迫者具有胁迫的故意；二是胁迫者实施了胁迫行为；三是行为必须是非法的；四是受胁迫者因胁迫作出违背真实意思的行为。具体而言，胁迫者具有胁迫的故意，即胁迫者明知自己的行为会对受胁迫者造成心理上的恐惧仍故意而为的主观心理状态，且胁迫者希望通过胁迫行为使受胁迫者的行为与胁迫者所追求的结果一致。胁迫者实施了胁迫行为，是胁迫者将胁迫的主观故意客观化的过程，如果没有胁迫行为，只有主观上的故意，不构成胁迫行为。胁迫行为的非法性，要求胁迫者的这种威胁没有法律依据。如果一方有合法的理由对另一方施加压力，则就不构成威胁。比如，如果合同一方当事人未能按照履行合同义务，合同另一方当事人提出起诉保护自己的合法权益的行为，则因提起诉讼是当事人通过法律手段维护权益的一种方式，该行为不构成胁迫。受胁迫者因胁迫作出违背真实意思的行为，则是要求胁迫与受胁迫者的行为具有因果关系，即受胁迫者行为的作出是基于胁迫者的威胁，如果受胁迫者对于胁迫者的胁迫无动于衷，不是基于胁迫者的要求而为的行为，或者说，受胁迫者作出的行为不是因胁迫者的胁迫，则也不构成胁迫。基于此，发包方胁迫承包方流转土地经营权的构成亦是符合前述四个方面的要件。即发包方胁迫承包方流转土地经营权的主观故意；发包方实施了胁迫承包方流转土地经营权的客观行为；发包方的胁迫行为具有非法性；承包方流转土地经营权的行为基于发包方的胁迫。

2. 发包方胁迫承包方流转土地经营权的行为性质

针对受胁迫的行为效力问题，民法典施行之前，法律及司法解释的规定并非可撤销，而是规定为无效。比如，民法通则第五十八条第一款第三项规定，一方以胁迫的手段，使对方在违背真实意思的情况下所为的民事法律行为无效。合同法虽对胁迫的情形进行了区分，但仍明确了胁迫行为的行为在一定情形下的无效性。针对胁迫承包方流转土地经营权的行为性质，农村土地承包法第三十八条第一项规定："土地经营权流转应当遵循以下原则：（一）依法、自愿、有偿，任何组织和个人不得强迫或者阻碍土地经营权流转。"其中的"强迫"属于合同法第五十二条第五项规定的"违反法律、行政法规的强制性规定"，因此，在胁迫的情况下签订的流转合同无效。此外，农村土地承包法第六十条规定，任何组织和个人强迫进行土地承包经营权互换、转让或者土地经营权流转的，该互换转让或者流转无效。

基于此，发包方胁迫承包方将土地经营权流转给第三人，违背了承包方的意愿，侵害了承包方土地承包经营权的行为，违反了农村土地承包法的有关规定，不符合民法通则有关民事民事法律行为应当具备的当事人"意思表示真实"的条件，所以是无效的。承包方请求确认其与第三人签订的流转合同无效的，人民法院应予支持。

从当今世界各国和地区的立法来看，多数国家和地区对胁迫效力规定为可撤销，而非无效。例如，德国民法典第123条第1款规定，因被恶意欺诈或被不法胁迫，致使作出意思表示的人，可以撤销该表示。从立法机关的态度看，民法典采用了世界多数国家和地区立法例，改变了原立法的规定，将胁迫效力由无效变化为可撤销。主要是考虑民事活动的复杂性以及意思自治的民事基本原则，受胁迫人在其权益受损时，有权基于自身的利益衡量对民事法律行为的效力作出选择。因此，本条规定采用世界多数国家和地区立法例，将因胁迫实施的民事法律行为效力规定为可撤销，同时赋予受胁迫人以撤销权。①

民法典施行后，关于以胁迫手段实施的民事法律行为的效力为可撤销，而非无效。在此情况下，发包方胁迫承包方将土地经营权流转给第三人的，该土地经营权流转合同的效力为可撤销，而非无效。承包方可基于自身的利益衡量而对土地经营权流转合同的效力采取相应的选择，有权请求撤销因胁迫而与第三人签订的流转合同。

3. 发包方胁迫承包方流转土地经营权的权利救济

农村土地“三权分置”后，土地经营权是承包人所享有的重要权益。该权益受法律的保护，任何组织和个人不得侵害承包人的此项权利。比如，农村土地承包法第六十五条规定，国家机关及其工作人员有利用职权干涉农村土地承包经营，变更、解除承包经营合同，干涉承包经营当事人依法享有的生产经营自主权，强迫、阻碍经营当事人进行土地承包经营权互换、转让或者土地经营权流转等侵害土地承包经营权、土地经营权的行为，给承包经营当事人造成损失的，应当承担损害赔偿等责任；情节严重的，由上级机关或者所在单位给予直接责任人员处分；构成犯罪的，依法追究刑事责任。

与此同时，就受胁迫而订立的土地经营权流转合同，承包方依法享有撤销权。在土地经营权流转合同被撤销后，需依法确定当事人的责任承担问题。根据民法典第一百五十七条的规定，民事法律行为无效、被撤销或者确定不发生效力后，行为人因该行为取得的财产，应当予以返还；不能返还或者没必要返还的，应当折价补偿。有过错的一方当事人应当赔偿对方由此所受到的损失；各方都有过错的，应当各自承担相应的责任。法律另有规定的，依照其规定。由此，土地经营权流转合同被依法撤销后，存在以下几种法律后果：一是返还财产。合同被撤销后，土地经营权人所取

① 参见黄薇主编：《中华人民共和国民法典释义》，法律出版社2020年版，第298页。

得的土地经营权缺乏相应的依据，依法应当将土地经营权返还给承包人。返还土地经营权的目的在于使双方的关系恢复到民事法律行为实施前的状态。二是折价补偿。此种方式是不能返还财产或者没必要返还的情况下而作出的替代举措。民事法律行为被撤销后，返还财产为恢复原状的原则做法。三是赔偿损失。根据前述规定，有错的一方应当赔偿对方由此所受到的损失；各方都有过错的，应当各自承担相应的责任。

【审判实践中应注意的问题】

审判实践中，如何认定发包方的胁迫行为，则是关键问题所在。从立法条文内容看，法律并未对胁迫的具体含义作出明确规定。在此情况下，胁迫的认定则存在认识上的分歧。对此问题，尽管立法机关考虑到民事活动的复杂性以及民事法律行为事件不断发展而未对胁迫作出明确限制性的规定，但并不影响胁迫的具体认定。对于“胁迫”概念的内涵，不论理论界还是实务界已达成较为广泛的共识。如《最高人民法院关于贯彻执行〈中华人民共和国民法通则〉若干问题的意见（试行）》（以下简称《民法通则意见》）第69条规定，以给公民及其亲友的生活健康、荣誉、名誉、财产等造成损失或者以给法人的荣誉、名誉、财产等造成损害为要挟，迫使对方作出违背真实的意思表示的，可以认定为胁迫行为。尽管《民法通则意见》已被废止，但该规定的内容对于实践中胁迫的具体认定，仍具有一定的参考意义。

### （三）第十三条

【修改内容】

本条将“承包方未经发包方同意，采取转让方式流转其土地承包经营权的，转让合同无效”修改为“承包方未经发包方同意，转让其土地承包经营权的，转让合同无效”。

【修改说明】

民法典和修正后的农村土地承包法区分了承包人和土地经营权人的权益，即承包人享有土地承包经营权，土地经营权人依据土地经营权流转合同享有土地经营权。且对承包经营权主体的变更和土地经营权主体的变更方式进行了区分，即承包经营权的变更方式为互换、转让，而土地经营权的变更方式为流转。根据法律的规定，土地承包经营权的转让经发包方同意后，由受让方的农户同发包方建立新的承包关系，原承包方与发包方在该土地上的承包关系即行终止。针对土地承包经营权转让合同效力的问题，在对原司法解释修改时，沿袭了原司法解释的认定规则，仅将“采取转让方式流转其土地承包经营权的”修改为“转让其土地承包经营权的”。

【理解与适用】

从条文规定主旨来看，本条确立了土地承包经营权转让合同未经发包方同意时合同效力为无效的认定规则。同时，针对特定的情形，对合同效力作出了特别的规定。在司法解释修改征求意见时，存在一定的争议。主要的分歧在于未经发包方同意的情况下所签订的转让土地承包经营权合同的效力问题，也即本条的存废之争。

第一，有关废止本条的理由主要为：(1)“经发包方同意”为土地承包经营权转让的程序要件，并无实质意义，且修正后的农村土地承包法将土地承包经营权的受让主体从“有稳定的非农职业或者有稳定的收入来源的农户”限定为“本集体经济组织的其他农户”。(2)农村土地承包法第三十四条规定，经发包方同意，承包方可以将全部或者部分的土地承包经营权转让给本集体经济组织的其他农户，由该农户同发包方确立新的承包关系，原承包方与发包方在该土地上的承包关系即行终止。其中经发包方同意可以视为对承包方处分权（主要是转让这种方式的处分权）的一种限制，应参照适用民法典第五百九十七条关于买卖合同物权处分的规定，其法律效果为转让合同有效，但未经发包方同意或追认权利不能转让，应通过合同解除和违约责任解决后续履行不能的问题。

第二，有关保留本条的理由为：(1)根据农村土地承包法第三十四条的规定，承包方转让土地承包经营权的，须经发包方同意。且承包经营权的转让必须坚持“稳”这一原则。如果允许农民自由转让农村土地承包经营权，可能会导致尚无生活保障的农民失去土地。(2)土地承包经营权转让是承包农户在承包期内完全让渡土地承包经营权。为防止承包方随意转让土地承包经营权，2018年修正的农村土地承包法仍保留了“经发包方同意”的前置程序，承包方可以将全部或者部分的土地承包经营权转让给本集体经济组织的其他农户，由该农户同发包方确立新的承包关系，原承包方与发包方在该土地上的承包关系即行终止。经慎重研究，最终采纳了保留的意见。理由主要为：(1)从修正的农村土地承包法的情况看，尽管修正后的第三十四条对修正前的第四十一条的有关土地承包经营权的转让的规定进行了修改，删除了转让的条件限制，修改了受让方的条件，即从

“从事农业生产经营的农户”限制为“本集体经济组织的其他农户”，禁止将土地承包经营权转让给本集体经济组织以外的主体，但仍保留了“经发包方同意”之条件，如发包方同意之对土地承包经营权的转让无实质意义，则修正后的农村土地承包法“发包方同意”之规定内容无存在之必要。(2) 考虑到发包方对农村土地的独占权、拥有对土地承包的监督权，监督承包方依照合同约定的用途合理利用和保护土地、监督和制止承包方损害承包地和农业资源以及农村土地承包经营权关涉农村基本经营制度等因素，有必要将“经发包方同意”作为土地承包经营权转让合同的有效要件。(3) 严格限制土地承包经营权转让合同的效力，符合目前我国绝大多数农村的农民在较长时期内还得依靠承包经营土地的基本国情，符合党中央“落实所有权、稳定承包权、放活经营权”的农村土地“三权分置”政策。此外，为维护土地承包经营权人的合法权益，在特殊的情况下，对“发包方同意”之例外作出了规定。此举已统筹考虑实践中的情况，避免发包方利用其自身地位借口阻碍承包方依法转让土地承包经营权而损害土地承包经营权人合法权益的行为。



1. 土地承包经营权的转让应当注意的问题

第一，转让的条件。土地承包经营权的转让，除了发包人同意之前置条件外，还需满足其他的要件。从法律的规定看，主要涉及转让方和受让方的条件限制。在农村土地承包法修正之前，法律对转让方和受让方的条件为：转让方（承包方）有稳定的非农职业或者有稳定的收入来源；受让方为其他从事农业生产经营的农户。比如，修正前农村土地承包法第四十一条规定：“承包方有稳定的非农职业或者有稳定的收入来源的，经发包方同意，可以将全部或者部分土地承包经营权转让给其他从事农业生产经营的农户……”在农村土地承包法修正之后，法律对转让方和受让方的条件为：转让方为承包方，且并无承包方需有稳定的非农职业或者稳定的收入来源之限制；受让方为本集体经济组织的其他农户，而非其他从事农业生产经营的农户，也即将受让方限定为本集体经济组织的其他农户，不能转让给本集体经济组织之外的其他主体。由此可见，修正后的农村土地承包法则对土地承包经营权转让的规定作了一定的修改。一是删除了对转让方的限制条件，不再要求转让方有稳定的非农职业或者有稳定的收入来源，转让方根据自己的情况自由决定是否转让土地承包经营权；二是修改了受让方的条件，即从“从事农业生产经营的农户”限制为“本集体经济组织的其他农户”。由此，从主体而言，土地承包经营权的转让条件对受让方有限制要求，即本集体经济组织的其他农户，而非其他主体。如承包方不愿继续承包经营土地，也不转让给本集体经济组织的其他农户，可以根据法律规定向他人流转土地经营权，仍保留土地承包权。

第二，转让的范围。土地承包经营权的转让，承包方转让的是其享有的土地承包经营权。从实践的情况看，承包方转让的原因是多方面的。比如，有的农户进城落户，不想再继续承包农村土地。有的是因承包农户自身的原因所致，如家庭农户的劳动力不足，不能有效承包经营农村土地。在此情况下，基于种种原因而转让部分土地承包经营权，而保留部分土地承包经营权。故此，承包人转让的土地承包经营权，可以是全部，也可以是部分。具体的范围，由土地承包经营权人自由决定，不受他人的干涉。从农村土地承包法第三十四条的规定看，该条亦明确承包方可以将全部或者部分土地承包经营权转让。

第三，转让的法律后果。土地承包经营权转让后，基于承包经营权主体发生了变化，将导致一系列的法律后果。首先，关于承包关系问题，受让人基于其与转让人签订的土地承包经营权转让合同而取得土地承包经营权，同时，基于土地的所有权主体为农村集体经济组织，亦是发包方。为此，受让人需与发包方签订新的土地承包经营权合同，确立新的土地承包关系。其次，基于前述分析，土地承包经营权的转让范围存在全部转让和部分转让之分。故此，基于转让范围的不同，相应的法律后果存在一定的差异。在土地承包经营权全部转让的情况下，则发生土地承包经营权人退出其与发包方所订立的土地承包经营权合同法律关系，相应地，受让方在发包方同意的情况下，基于土地承包经营权转让合同，取得了承包人的法律地位，并与发包方重新订立土地承包经营权合同。在土地承包经营权部分转让的情况下，承包方仅就部分土地承包经营权退出了土地承包经营，而未转让的部分其仍享有相应的权利。就退出及剩余的土地承包经营权，不论转让方（承包人）还是受让方（新的承包人）均需与发包人重新订立新的土地承包经营权合同，确立新的承包关系，原承包人与发包人在该土地上的承包关系即行终止。

2. 发包人同意的例外

土地承包经营权是承包人享有的一项法定权利，并不受非法侵犯。如农村土地承包法第八条规定：“国家保护集体土地所有者的合法权益，保护承包方的土地承包经营权，任何组织和个人不得侵犯。”第十七条规定：“承包方享有下列权利：……（二）依法互换、转让土地承包经营权；……”实践中，发包方无法定理由而故意拖延表态的情况较为常见。由于农业生产经营具有较强的季节性，如错过了耕作时节，将会对承包人带来较大的损失。在确定承包方转让土地承包经营权需经发包人同意的一般原则之下，基于实践的复杂性，应允许例外情形，从而避免因发包方故意拖延而损害承包方权利的情形。对此情况，新司法解释明确了两种例外情况：一是发包方无法定理由不同意表态；二是发包方拖延表态。如存在前述两种情形，则承包方转让其土地承包经营权的合同虽未经发包方同意，但合同的效力并不受影响。



司法实践中，如何认定发包方未同意不具备法定理由？从字面意义上理解，主要是法律规定的理由。土地承包经营权的转让，不仅涉及转让人（承包方）与受让方，还与土地的所有权的主体密切相关。从法律的规定看，除了明确不得改变土地用途等强制性规定外，法律赋予了发包方对土地的监督权，监督承包人按照承包合同约定的用途合理利用承包的土地以及履行保护土地的义务，以保护土地资源不被破坏。比如农村土地承包法第十四条的规定。一般而言，法定理由的情形主要包括：第一，合同存在改变土地用途的情形。土地承包经营权转让合同，承包方转让的对象为土地承包经营权，但不得改变土地的农业用途。如果转让合同约定将土地用于非农建设，则承包方可以拒绝同意。第二，转让合同的期限超出承包人的承包期限。土地承包经营权的转让合同所约定的转让期限，不得超过承包合同尚未履行的剩余期限。如承包期限为三十年，承包人与发包人之间的土地承包经营权合同已履行十年。在承包人与受让人订立合同转让土地承包经营权时，转让的期限不得超过剩余承包期限，即不得超过二十年。第三，受让的对象不是本集体经济组织的其他农户。修正后的农村土地承包法修改了土地承包经营权的转让对象，将“其他从事农业生产经营的农户”修改为“本集体经济组织的其他农户”。因此，如承包人将土地承包经营权转让给非本集体经济组织的其他农户，则发包方可以行使监督权，拒绝同意。

# 《最高人民法院关于审理建筑物区分所有权纠纷案件适用法律若干问题的解释》新修改条文的理解与适用

万 挺 王慧娴*

## 一、修改情况说明

根据2020年12月23日最高人民法院审判委员会第1823次会议通过的《最高人民法院关于修改〈最高人民法院关于在民事审判工作中适用《中华人民共和国工会法》若干问题的解释〉等二十七件民事类司法解释的决定》，最高人民法院对2009年《最高人民法院关于审理建筑物区分所有权纠纷案件具体应用法律若干问题的解释》（以下简称原司法解释）进行了修正，修正后的司法解释简称新司法解释。

新司法解释对原司法解释共修改15处。其中，将名称修改为“最高人民法院关于审理建筑物区分所有权纠纷案件适用法律若干问题的解释”。第四条、第十三条、第十六条、第十七条、第十八条、第十九条未作修改。引言、第一条、第二条、第三条、第五条、第六条、第十一条、第十二条、第十五条涉及对法律依据的调整。第七条、第八条、第九条、第十条、第十四条涉及实质性修改。

## 二、关于适应性修改条文的说明

引言部分：民法典颁布实施后，物权法同时废止，因此，在对原司法解释修改时，将其引言中“根据《中华人民共和国物权法》等法律规定”

* 作者单位：最高人民法院民事审判第一庭。

修改为“根据《中华人民共和国民法典》等法律规定”。

第一条第一款：将“根据物权法第二章第三节规定”修改为“依据民法典第二百二十九条至第二百三十一条规定”；将“应当认定为物权法第六章所称的业主”修改为“应当认定为民法典第二编第六章所称的业主”。

第一条第二款：将“可以认定为物权法第六章所称的业主”修改为“可以认定为民法典第二编第六章所称的业主”。

第二条第一款：将“应当认定为物权法第六章所称的专有部分”修改为“应当认定为民法典第二编第六章所称的专有部分”。

第二条第二款：将“应当认定为物权法第六章所称专有部分的组成部分”修改为“应当认定为前款所称的专有部分的组成部分”。

第三条第一款：将“也应当认定为物权法第六章所称的共有部分”修改为“也应当认定为民法典第二编第六章所称的共有部分”。

第五条第一款：将“应当认定其行为符合物权法第七十四条第一款有关‘应当首先满足业主的需要’的规定”修改为“应当认定其行为符合民法典第二百七十六条有关‘应当首先满足业主的需要’的规定”。

第六条：将“应当认定为物权法第七十四条第三款所称的车位”修改为“应当认定为民法典第二百七十五条第二款所称的车位”。

第十一条：将“应当认定为物权法第七十七条所称‘有利害关系的业主’”修改为“应当认定为民法典第二百七十九条所称‘有利害关系的业主’”。

第十二条：将“依据物权法第七十八条第二款的规定请求人民法院撤销该决定的”修改为“依据民法典第二百八十条第二款的规定请求人民法院撤销该决定的”。

第十五条：将“可以认定为物权法第八十三条第二款所称的其他‘损害他人合法权益的行为’”修改为“可以认定为民法典第二百八十六条第二款所称的其他‘损害他人合法权益的行为’”。

## 三、关于重点修改条文的修改说明和理解与适用

### （一）第七条

【修改内容】

本条将“改变共有部分的用途、利用共有部分从事经营性活动、处分

共有部分，以及业主大会依法决定或者管理规约依法确定应由业主共同决定的事项，应当认定为物权法第七十六条第一款第（七）项规定的有关共有和共同管理权利的‘其他重大事项’”修改为“处分共有部分，以及业主大会依法决定或者管理规约依法确定应由业主共同决定的事项，应当认定为民法典第二百七十八条第一款第（九）项规定的有关共有和共同管理权利的‘其他重大事项’”。

【修改说明】

民法典第二百七十八条第一款规定：“下列事项由业主共同决定：……（八）改变共有部分的用途或者利用共有部分从事经营活动；（九）有关共有和共同管理权利的其他重大事项。”新司法解释第七条删除了已被民法典第二百七十八条第一款第八项吸收的内容。

【理解与适用】

1. 修改过程

本条原是对物权法第七十六条第一款第七项规定的有关共有和共同管理权利的“其他重大事项”进行的解释。“其他重大事项”包括以下几种情形：一是改变共有部分的用途；二是利用共有部分从事经营性活动；三是处分共有部分；四是业主大会依法决定或者管理规约依法确定应由业主共同决定的事项。

民法典第二百七十八条在物权法第七十六条基础上作了修改完善，考虑到改变共有部分的用途或者利用共有部分从事经营活动，关系业主的切身利益，属于有关共有和共同管理权利的重大事项，应当由业主共同决定，2018年8月审议的民法典各分编（草案）在总结实践经验的基础上，吸收原司法解释第七条的部分内容，增加规定“改变共有部分的用途或者利用共有部分从事经营活动”为业主共同决定的重大事项。

鉴于“改变共有部分的用途或者利用共有部分从事经营活动”的规定已被民法典第二百七十八条第一款吸收，在对原司法解释修改过程中，将第七条的该项内容予以删除。

2. 条文理解

19世纪以来随着现代城市的兴起，为了解决都市人口的居住压力，高楼层建筑从高空到地下，可以有效地实现对土地空间的立体化利用，同时，形成了以建筑区划为单位的相对特定的社群集体。这也随之产生了更为复杂的所有权关系和居住利益的冲突。建筑物区分所有权就是因此产生的一种特殊的不动产所有权形态。我国立法对于建筑物区分所有权采取的是“三元论”说，即专有权、共有权、共同管理权，其中，共同管理权是从专有权和共有权中派生出来的成员权，就是通过团体自治来管理业主成员之间的共同利益事项，维持这一特殊的共同体关系。民法典第二百七十一条规定：“业主对建筑物内的住宅、经营性用房等专有部分享有所有权，对专有部分以外的共有部分享有共有和共同管理的权利。”从该条规定的内容看，业主的建筑物区分所有权主要包括其对建筑物专有部分的所有权、对建筑区划内的专有部分以外的共有部分享有的共有权和共同管理的权利。建筑物区分所有权制度的发展、变化、完善，始终是围绕如何有效调节业主个人与个人之间、个人和团体之间的利益矛盾而展开的。第一，业主对建筑物（包括住宅、经营性用房）专有部分有所有权，可以依法占有、使用、收益和处分，与传统民法中所有权的完整权能范围完全一致。第二，业主对建筑区划内的共有部分享有共有权。即业主对专有部分以外的共有部分如电梯、过道、楼梯、水箱、外墙面、水电气的主管线等享有共有的权利。此外，关于建筑区划内的道路（属于城镇公共道路的除外）、绿地（属于城镇公共绿地或者明示属于个人的除外）及其他公共场所、公用设施和物业服务用房等，都属于业主共有。第三，业主对建筑区划内的共有部分的共同管理权。即业主对专有部分以外的共有部分享有共同管理的权利。业主共同管理权的主要内容，包括对建筑物本身的管理和对业主共同生活秩序的维护，也就是物（设施）的管理、人（行为）的管理。业主可以自行管理建筑物及其附属设施，也可以委托物业服务企业或者其他管理人管理。物的管理，是对建筑物及其附属设施、设备的保存、改良、利用和处分。与广大业主关系最为密切的，就是共用部分的维护修缮和共有部分的使用收益。人的管理，主要是针对人的行为。一般可以分为对建筑物的不当毁损行为、不当使用行为和对生活妨害行为的管理。民法典新增规定中最为典型的，是对“住改商”的限制，常见的如将住宅擅自改为餐饮、娱乐等商业用途。共同管理权行使的方式主要是，业主可以设立业主大会，选举业主委员会，制定或者修改业主大会议事规则和建筑物及其附属设施的管理规约，选举业主委员会和更换业主委员会成员，选聘和解聘物业服务企业或者其他管理人，筹集和使用建筑物及其附属设施的维修资金，改建和重建建筑物及其附属设施，等等。总体而言，建筑物专有权和共有权具有传统的“物法性”特征；而共同管理权本质上属于成员权的范畴。建筑物区分所有权的性质决定了业主的自治管理起着主导作用，同时，共同管理权的行使表现出“公私相济”的显著特征。由于所有业主对建筑物专有部分以外的共有部分享有共有和共同管理的权利，对共有部分的处分将涉及业主自身权益及共同权益，势必对业主专有权、共有权以及共同管理权的行使产生重大影响，因此，该事项应由业主共同决定，应作为须由业主共同决定的重大事项。

民法典第二百七十七条第一款规定：“业主可以设立业主大会，选举业主委员会。业主大会、业主委员会成立的具体条件和程序，依照法律、法规的规定。”《物业管理条例》第十七条第一款规定：“管理规约应当对有关物业的使用、维护、管理，业主的共同利益，业主应当履行的义务，违反管理规约应当承担的责任等事项依法作出约定。”由于业主对专有部分以外的共有部分享有共同管理的权利，业主可以设立业主大会、选举业主委员会、制定管理规约来共同决策和管理有关共有的重大事项，对有关共有和共同管理事项的确定本质上取决于业主自治。据此，本条明确规定业主大会依法决定或者管理规约依法确定应由业主共同决定的事项，应当认定为民法典第二百七十八条第一款第九项规定的有关共有和共同管理权利的“其他重大事项”。

首先，应明确何为“管理规约”。关于这一概念，民法典没有给出具体规定。基于业主对专有部分以外的共有部分享有共同管理的权利这一原则，学理上一般将其定义为，由业主通过业主大会制定的有关共有财产的管理、使用、维护，以及规范业主相互关系的协议或者规则。(1)管理规约是业主自治的产物。业主在不违反法律规定的情况下，有权自主决定其共同事务管理以及相互权利义务关系的一切规则，在性质上，其属于自治法和自治规则。(2)管理规约是业主共同意志的产物，性质上属于一种共同行为，是各业主对共同事项一致的意思表示，类似于公司章程，全体业主必须要严格遵守。①

其次，应当对“业主大会依法决定或者管理规约依法确定应由业主共同决定的事项”中的“依法”予以格外注意。根据民法典第二百八十条第一款关于“业主大会或者业主委员会的决定，对业主具有法律约束力”的规定及《物业管理条例》第十七条第三款关于“管理规约对全体业主具有

① 参见王泽鉴：《民法物权》，中国政法大学出版社2001年版，第263页。

约束力”的规定，全体业主均应遵守业主大会的决定及管理规约，则业主大会决定的作出以及管理规约的制定必须符合法律规定，其程序性要求主要规定在民法典第二百七十八条第二款，其实体性要求则体现在民法典第二百七十八条第一款及《物业管理条例》第十七条、第十九条。《物业管理条例》第十七条第二款规定，管理规约应当尊重社会公德，不得违反法律、法规或者损害社会公共利益。第十九条第一款规定，业主大会、业主委员会应当依法履行职责，不得作出与物业管理无关的决定，不得从事与物业管理无关的活动。对业主大会决定、管理规约之合法性所应具备的实体性要求，可以按照其是否属于事关“共用和共同管理权”的“重大”事项的标准予以衡量。实际上，正是基于对业主大会（包括业主委员会）决定合法性制约之必要，民法典第二百八十条第二款规定：“业主大会或者业主委员会作出的决定侵害业主合法权益的，受侵害的业主可以请求人民法院予以撤销。”但是对于管理规约，民法典并没有明确规定业主可以请求人民法院予以撤销。“这主要是因为管理规约是全体业主基于法定的程序而共同制定的，体现了业主的共同意志，从维护业主自治考虑，只要管理规约没有违反法律、行政法规的强制性规定，则业主无权请求法院撤销或宣告无效。”① 此外，为加强物业管理，维护全体业主合法权益，维护物业区域内公共安全、公共环境和公共秩序，地方人民政府住房和建设行政职能管理部门一般会依法依规发布管理规约的示范文本，辖区内各物业小区可以参照遵循，以解决管理规约合法性的问题。现阶段，在业主群体自治观念、主体意识和自治能力还有待提升的情况下，突出政府在管理关系中发挥引导和帮助作用，遵循司法被动性原则，可以有效降低自治成本、衡平各方利益、促进自治机制的培育成熟。需要注意的是，管理规约的性质决定其不能非法干预业主对专有部分的正常使用，也不能对业主的人身权利作出不当限制。

最后，本条规定并未列举业主委员会决定的应由业主共同决定的事项，但《物业管理条例》第十五条规定：“业主委员会执行业主大会的决定事项，履行下列职责：（一）召集业主大会会议，报告物业管理的实施情况；（二）代表业主与业主大会选聘的物业服务企业签订物业服务合同；（三）及时了解业主、物业使用人的意见和建议，监督和协助物业服务企

① 王利明：《物权法论》，中国政法大学出版社 2008 年版，第 177 页。

业履行物业服务合同；(四) 监督管理规约的实施；(五) 业主大会赋予的其他职责。”根据该规定，业主委员会实际上是业主大会的执行机构，其本身一般无权针对有关业主共有权和共同管理权的重大事项作出决定。如果业主委员会根据业主大会的决定（授权）可以针对此事项作出决定，其亦应满足民法典第二百七十八条第二款规定的程序和条件。据此，从法律属性上看，业主委员会的相关决定系属于业主大会决定的延伸。

【审判实践中应注意的问题】

在审判实务中，本条规定的有关业主共有和共同管理权的重大事项，在议决程序上应当满足民法典第二百七十八条第二款的规定。在专有部分面积占比2/3以上的业主且人数占比2/3以上的业主参与表决的情况下，应当经参与表决专有部分面积过半数的业主且参与表决人数过半数的业主同意。

管理规约不得非法干预业主对专有部分的正常使用，但如果业主将住宅改变为经营性用房的，即业主突破住宅规划用途的“住改商”行为，已不属于对专有部分的正常使用范畴，该事项可以纳入管理规约的调整范围。民法典第二百七十九条在规定业主将住宅改变为经营性用房须满足的法定条件时，就明确列举了“管理规约”。因此，管理规约规定业主不得“住改商”，符合法律规定。

在建筑物区分所有的情况下，众多业主居住在同一小区共同生活，业主之间产生了许多特殊的相邻关系，业主与物业之间也可能发生物业合同纠纷之外的其他矛盾。如随着电子设备、信息技术的应用，楼道内安装红外线功能的摄像设备、可视门铃等都曾引发诉讼案件，引起社会的关注。这些特殊的相邻关系在法律规则上并没有具体规定的类型，对于一些行为法律也没有明文禁止。因此，除了司法救济途径，有必要通过管理规约或业主大会、业委会的决定来处理此类纠纷，用业主自治的方式调整小区内复杂的相邻关系问题可能有更好的效果。此外，业主大会依法决定或者管理规约依法确定的事项，委托给物业服务企业或者其他管理人遵照执行，限制业主与之冲突的行为自由的，不构成侵权责任。如业主大会或者管理规约基于公共利益作出的不允许小区内部骑行、停放共享单车的决定或规定对全体业主具有约束力，物业服务企业据此拒绝业主将共享单车骑入小区的，不构成侵权。

## （二）第八条

【修改内容】

本条将“物权法第七十六条第二款和第八十条规定的专有部分面积和建筑物总面积，可以按照下列方法认定：（一）专有部分面积，按照不动产登记簿记载的面积计算；尚未进行物权登记的，暂按测绘机构的实测面积计算；尚未进行实测的，暂按房屋买卖合同记载的面积计算；（二）建筑物总面积，按照前项的统计总和计算”修改为“民法典第二百七十八条第二款和第二百八十三条规定的专有部分面积可以按照不动产登记簿记载的面积计算；尚未进行物权登记的，暂按测绘机构的实测面积计算；尚未进行实测的，暂按房屋买卖合同记载的面积计算”。

【修改说明】

民法典第二百七十八条第二款规定，业主共同决定事项，应当由专有部分面积占比2/3以上的业主且人数占比2/3以上的业主参与表决。决定前款第六项至第八项规定的事项，应当经参与表决专有部分面积3/4以上的业主且参与表决人数3/4以上的业主同意。决定前款其他事项，应当经参与表决专有部分面积过半数的业主且参与表决人数过半数的业主同意。第二百八十三条规定，建筑物及其附属设施的费用分摊、收益分配等事项，有约定的，按照约定；没有约定或者约定不明确的，按照业主专有部分面积所占比例确定。上述规定已删除建筑物总面积的规定，故新司法解释中的本条无须再对总面积的认定方法进行规定。

【理解与适用】

1. 修改过程

本条原是为了使物权法第七十六条第一款以及第八十条规定的事项进行表决时更具有合理性，对建筑物区分所有权专有部分面积及建筑物总面积的计算方法作出的规定。由于民法典第二百七十八条第二款、第二百八十三条规定已取消建筑物总面积的规定，故在对原司法解释修改过程中，删除了建筑物总面积认定方法的规定。

业主行使共同管理权，简而言之，就是“先决后行”。“决”是通过召开业主大会，对涉及公共管理的重大事项，以集体决策的形式讨论表决；“行”则是由业委会作为执行机构具体开展管理活动。对于小区的日常管理，通常都是采取委托的方式，由专门的物业服务企业等代为管理。有效的表决需要同时满足面积占比要求和人数占比要求，本条主要解决参与表决的业主面积占比的计算方法问题。根据民法典第二百七十八条第二款规定，业主共同决定重大事项的表决程序如下：首先，表决程序需由专有部分面积占比2/3以上的业主且人数占比2/3以上的业主参与表决。即参与表决的业主须同时满足两个条件：一是参与表决的业主的专有部分面积占比2/3以上；二是参与表决的业主人数占比2/3以上。在此前提下，需根据表决事项的不同，按照不同的表决程序进行。民法典第二百七十八条第一款第六项至第八项规定的筹集建筑物及其附属设施的维修资金，改建、重建建筑物及其附属设施，改变共有部分的用途或者利用共有部分从事经营活动是建筑区划内较为重大的事情，关系每个业主的切身利益。为了保证对这三类事项决策的慎重，保证决策能够获得绝大多数业主的支持，故决定这三类事项，应当经参与表决专有部分面积3/4以上的业主且参与表决人数3/4以上的业主同意。民法典第二百七十八条第一款规定的其他重大事项，属于建筑区划内的一般性、常规性事务，其决定的作出，应当经参与表决专有部分面积过半数的业主且参与表决人数过半数的业主同意。上述规定确定的表决程序，已无须对建筑物总面积作出认定。

民法典第二百八十三条是关于建筑物及其附属设施费用分摊、收益分配的规定。物权法第八十条规定“没有约定或者约定不明确的，按照业主专有部分占建筑物总面积的比例确定”。根据原司法解释第八条规定的建筑物总面积的计算方法，“建筑物总面积”即为“建筑物专有部分总面积”，“业主专有部分占建筑物总面积的比例”实质上即为“业主专有部分面积占专有部分总面积的比例”。由此，2018年8月审议的民法典各分编草案将“按照业主专有部分占建筑物总面积的比例确定”修改为“按照业主专有部分所占比例确定”。2019年4月审议的民法典物权编草案，进一步修改为“按照业主专有部分面积所占比例确定”。

由于民法典相关条文已无建筑物总面积的规定，且建筑物总面积实质为建筑物专有部分的总面积，在对原司法解释修改过程中，将建筑物总面积认定方法予以删除。

2. 条文理解

首先，需明确该条解释所适用的范围。由于本条规定的目的在于确定民法典第二百七十八条和第二百八十三条专有部分面积的计算标准，因此其适用范围是特定的，具体而言，本条规定所确定的面积的计算标准仅仅用来计算业主大会表决时表决权的表决能力，或者计算费用分摊和收益分配的比例。也就是说，在人民法院处理涉及建筑物区分所有权的其他纠纷或者商品房买卖合同纠纷时，本条并无适用之余地。

其次，需厘清专有部分面积的内涵。按照我国现行法律、行政法规或者部门规章的规定，对于房屋及建筑物的面积，有多种概念加以描述。理解本条专有部分的面积，需对有关房屋及建筑物面积的概念加以介绍。商品房销售中的各种面积标准及其计算商品房销售面积是指商品房买卖合同中约定的面积。对于该面积的计量单位及计算标准，原建设部 1995 年 9 月 8 日发布的《商品房销售面积计算及公用建筑面积分摊规则（试行）》中规定，商品房销售以建筑面积为面积计算单位。如果商品房整栋销售，商品房的销售面积即为整栋商品房的建筑面积（地下室作为人防工程的，应从整栋商品房的建筑面积中扣除）。商品房按“套”或“单元”出售，商品房的销售面积即为购房者所购买的套内或单元内建筑面积与应分摊的公用建筑面积之和。换言之，商品房销售面积等于套内建筑面积与分摊的公用建筑面积之和。

所谓的套内建筑面积，根据上述规则的规定，由以下三部分组成：套（单元）内的使用面积；套内墙体面积；阳台建筑面积。其中，套（单元）内的使用面积，按照国家标准《住宅建筑设计规范》规定的方法计算。套内墙体面积，则区分共用墙和非共用墙，前者是指商品房各套（单元）之间的分隔墙、套（单元）与公用建筑空间之间的分隔墙以及外墙（包括山墙）。这部分共用墙套内墙体面积按其墙体水平投影面积的一半计算。非共用墙墙体的套内墙体面积按其水平投影面积全部计算。阳台建筑面积则按其水平投影面积的一半计算。公用建筑面积由以下两部分组成：电梯井、楼梯间、垃圾道、变电室、设备间、公共厅和过道、地下室、值班警卫室以及其他功能上为整栋建筑服务的公共用房和管理用房建筑面积；套（单元）与公用建筑空间之间的分隔墙以及外墙（包括山墙）墙体水平投影面积的一半。公用建筑面积计算原则是，凡已作为独立使用空间销售或出租的地下室、车棚等，不应计入公用建筑面积部分。作为人防工程的地下室也不计入公用建筑面积。公用建筑面积的计算方法是：整栋建筑物的建筑面积扣除整栋建筑物各套（单元）套内建筑面积之和，并扣除已作为独立使用空间销售或出租的地下室、车棚及人防工程等建筑面积，即为整栋建筑物的公用建筑面积。公用建筑面积分摊系数的计算方法是：将整栋建筑物的公用建筑面积除以整栋建筑物的各套套内建筑面积之和，得到建筑物的公用建筑面积分摊系数。公用建筑面积分摊的计算方法是：各套（单元）的套内建筑面积乘以公用建筑面积分摊系数，得到购房者应合理分摊的公用建筑面积。

通过以上商品房销售中的房屋面积计算标准的分析可知，上述房屋销售面积包括了业主应分摊的公用建筑面积。根据新司法解释第三条第一款第一项的规定，上述《商品房销售面积计算及公用建筑面积分摊规则（试行）》中规定的公用建筑第一部分即“电梯井、楼梯间、垃圾道、变电室、设备间、公共门厅和过道、地下室、值班警卫室以及其他功能上为整栋建筑服务的公共用房和管理用房”等基本上属于业主的共有部分。

根据国家质量技术监督局批准的国家标准《房产测量规范》（GB/T 17986.1—2000），房屋面积测量包括房屋建筑面积、共有建筑面积、产权面积和使用面积等的测量。其中，房屋建筑面积是指房屋外墙（柱）勒脚以上各层的外围水平投影面积，包括阳台、挑廊、地下室、室外楼梯，且具备上盖，结构牢固，层高2.20米以上（含2.20米）的永久性建筑。房屋使用面积是指房屋户内全部可供使用的空间面积，按房屋的内墙面水平投影计算。房屋的产权面积是指产权主依法拥有房屋所有权的房屋建筑面积。房屋的共有建筑面积是指各产权主共同占有或共同使用的建筑面积。关于成套房屋的建筑面积，上述国家标准确定，由套内房屋的使用面积，套内墙体面积和套内阳台建筑面积三部分组成。其计算标准与前述建设部发布的规则保持了一致。关于住宅用房屋共有建筑面积的内容、分摊的标准也都与前述原建设部发布的规则保持了一致，即以幢为单位，按照成套房屋的套内建筑面积比例进行分摊。

关于房屋产权登记中的面积及其计算标准，按照原建设部《商品房销售面积计算及公用建筑面积分摊规则（试行）》的规定，房地产权属登记机关进行房屋产权登记，应遵循《商品房销售面积计算及公用建筑面积分摊规则（试行）》测定商品房的建筑面积。2008年7月1日起实行的《房屋登记办法》[①] 第三十条规定，因合法建造申请房屋所有权初始登记的，应当提交房屋测绘报告。因此，房屋产权登记面积应当区分套内建筑面积

① 已于2019年9月6日废止。——编者注

和分摊的公用建筑面积两种类型。

综上所述，民法典及新司法解释中所讲的专有部分面积，应当与上述商品房销售、房屋测量以及房屋产权登记中的套内建筑面积相当，而共有部分面积则相当于上述的公用或者共有建筑面积。

再次，关于新司法解释中的专有部分及建筑物总面积的依据问题，本条规定并没有明确列明专有部分面积及建筑物总面积的计算标准，其原因在于：第一，从上述我国的房地产实践中的面积计算标准来看，并未统一采用专有部分和共有部分这一民法典上的概念，而是分别采用了房屋（套内）建筑面积、套内使用面积、套内墙体面积、阳台面积、公摊共用面积以及房屋销售面积等概念。这些概念的内容与民法典上的专有部分和共有部分的范围可能存在着或多或少的差异。因此，不宜采纳其中某一种概念来确定专有部分的面积。第二，前述各种面积概念要么服务于商品房买卖合同中标的的确定、要么服务于房产测量或者房产登记，其功能特定。而新司法解释中本条的目的在于确定各个业主表决权的表决能力、判断业主大会的决议是否通过，其核心点在于业主专有面积的比例。因此，只要在一个业主大会的范围内的面积标准一致，该比例都能反映各个业主表决权的表决能力。至于具体采用何种标准，并不需要在本条中明确。

最后，关于本条具体规定的情况分析。本条规定分别规定了三种标准，即登记簿中记载的专有部分面积、测绘机构的实测面积以及买卖合同记载的面积。所列举的三种面积标准具有先后次序，即如果该房屋已经办理产权登记的，则登记簿中记载的面积具有最终的决定性。究其原因有以下几点：一是根据民法典第二百一十六条第一款的规定，不动产登记簿是物权归属和内容的根据，而按照物权的相关规定及理论，不动产的公示方法为登记，因此，不动产登记簿是有效地表明业主就不动产所享有的权利的证明文件，能够清晰地展现不动产上的权利状况，因此，具有无可争辩的权威性。二是不动产登记簿具有公信力，所谓公信力，是指依据公示方法所表现的物权即便不存在或内容有异，但对于信赖这项公示方法所表现的物权而为物权交易的人，法律仍然承认其具有与真实物权存在相同的法律效果，并加以保护。[①] 因此，本条中的“不动产登记簿记载的面积”具

① 参见最高人民法院物权法研究小组编著：《〈中华人民共和国物权法〉条文理解与适用》，人民法院出版社2007年版，第93页。

有最终的决定性，这既是我国物权法所确立的不动产公示制度的结果，也是我国不动产登记制度的效力范围。本条后半段所表述的“暂按”实测面积或者房屋买卖合同记载的面积也说明，最终的判断标准仍然是不动产登记簿记载的面积。

对于尚未进行物权登记的业主，其专有部分的面积暂按测绘机构的实测面积计算。这里的实测面积，按照前面关于房产测量的国家标准，在测绘报告上反映的数据有：销售建筑面积和共用面积计算系数。销售建筑面积中尚包含有套内建筑面积（含阳台)、阳台建筑面积、分摊的公用建筑面积等的明细。可以看出，本条所讲的专有部分面积与套内建筑面积（含阳台）大致相当。可能出现不同的原因是，按照新司法解释第二条的规定，只要满足构造上、利用上的独立性且具有登记能力，即可成为专有部分，包括露台等。这样，在测绘上可能不算入建筑面积的部分在建筑物区分所有权上即成为专有部分。但是，需要注意的是，无论业主大会计算表决通过比例时以测量报告中的套内建筑面积计算或者以公摊的公用建筑面积计算，或者以两者之和计算，最后的结果应当是一致的，原因在于，公摊的公用面积的计算标准也是以套内建筑面积为基础的。

对于尚未进行实际测量的房屋的所有权人，其专有部分面积暂按房屋买卖合同中记载的面积。根据前述原建设部《商品房销售面积计算及公用建筑面积分摊规则（试行）》的规定，商品房按“套”或“单元”出售，商品房的销售面积即为购房者所购买的套内或单元内建筑面积与应分摊的公用建筑面积之和。从民法典物权编的角度看，专有部分面积相当于这里的套内或单元内建筑面积。房屋买卖合同的履行包括房屋的交付及房屋所有权转移登记，由于经常存在例如房地产开发企业设计变更、施工条件变化等导致的商品房面积与实际面积不一致的情况，所以，商品房买卖合同中记载的套内建筑面积未必与真实情况一致。所以，新司法解释本条确定的以房屋买卖合同中记载的面积计算专有部分只有在未办理物权登记且未进行实际测量的情况下才能适用。

【审判实践中应注意的问题】

第一，关于撤销业主大会决议诉讼中应注意的问题。民法典第二百八十条第二款规定：“业主大会或者业主委员会作出的决定侵害业主合法权益的，受侵害的业主可以请求人民法院予以撤销。”新司法解释第十二条规定对民法典第二百八十条规定的业主撤销权作出了进一步的明确，“业主的合法权益”不仅包括侵害业主的实体权利，也包括作出决定的程序违反法律规定。后者的典型情况是违反民法典第二百七十八条第二款的规定。

如果业主以决议未满足民法典第二百七十八条第二款规定的决议通过比例或者业主大会议事规则约定的决议通过比例为理由请求撤销业主大会决议，则可能会涉及各个业主的表决权的表决能力的计算问题。在审判实务中应当注意两个方面的问题：一方面，在撤销权诉讼中，其解决的问题是决议是否符合法律规定或者业主规约的规定，而非区分建筑物所有权专有部分的面积到底是多少的问题。如果当事人在诉讼中请求确认其专有部分面积或者建筑物总面积的，法院不应当在同一诉讼中进行处理。从诉讼法的角度来看，该请求所形成的诉讼标的与撤销权之诉的诉讼标的是两个，应当分别处理。另一方面，如果在撤销权诉讼中，一方当事人认为不动产登记簿、测量报告或者房屋买卖合同中记载的面积错误，申请实际测量的，应当不予准许。理由在于，首先，从纠纷的性质上来看，诉讼的目的在于解决业主大会决议的效力问题，本条也正是以此为规范目的的。其次，如果允许当事人对上述面积提出再次测量的请求，则将使本条司法解释虚置。最后，从纠纷解决的快捷性角度考虑，允许此类申请将会导致诉讼旷日持久。当然，需要注意的是，如果登记簿登记存在显著错误的，例如，将“119平方米”的套内建筑面积登记为“19平方米”，在诉讼中应当给予该业主一定的时间到登记部门进行更正登记。但是，对于由此产生的业主与房地产开发企业或者登记部门的纠纷不应在同一诉讼中进行处理。

第二，关于业主能否在业主大会议事规则中约定与民法典第二百七十八条规定不同的规则的问题。对于业主的此类特别约定，我们认为应当承认其效力，业主可以约定不低于民法典第二百七十八条第二款规定标准的决议规则。首先，就业主大会而言，其实质是业主的自治组织，共同管理事项更是业主最重要的自治内容。所以，法律于此尚无干涉的必要。其次，《物业管理条例》第十八条规定，业主大会议事规则应当就业主大会的议事方式、表决程序、业主委员会的组成和成员任期等事项作出约定。其中的表决程序在解释上应当包括决议的通过条件。最后，从比较法上来看，德国、日本和我国台湾地区对决议规则都明确规定允许当事人作出特别约定。在审判实务中应当注意，对于有特别约定的案件，要根据该约定来判断业主表决权的表决能力及决议的效力问题。但是，应当明确，前述业主的特别约定仍然要受到一定的限制，即业主有关此事项所作特别约定的比例不得低于民法典第二百七十八条第二款规定的比例要求。其原因在于，首先，民法典第二百七十八条第二款的立法目的不仅仅是确立一个多数决的决议规则，更为重要的是，其还有防止专有部分面积较大的业主控制业主大会的功能。如果允许业主不加限制地约定决议的通过规则，往往会造成个别大业主即能控制业主大会的后果，显然与立法目的相悖。其次，从我国的实践来看，由于业主自治起步较晚，各地发展很不平衡，业主参加业主大会的积极性在很多地方不够充分。民法典第二百七十八条第二款不仅仅是处理诉讼案件的依据，更为重要的是，它能够促使业主逐步地参加业主大会，最终形成业主自治。如果允许业主不加限制地约定决议规则，显然会导致法律的倡导功能丧失，从长远来看，不利于业主自治的逐步发展与完善。

第三，关于出现“表决僵局”问题的处理。我国民法典物权编及《物业管理条例》并未对业主大会决议未达到民法典第二百七十八条规定的比例如何处理作出规定，对此问题的处理有两种路径。一是民法典第二百七十八条第一款第一项“制定和修改业主大会议事规则”为由业主共同决定的事项，则业主大会有权制定和修改业主大会的议事规则，由此，业主大会的议事规则可以就出现“表决僵局”的情形作出规定，如议事规则规定可以就同一事项进行二次表决，应该认定该规定有效；二是如果业主大会议事规则未作规定，则业主大会如果未满足召开条件或者决议通过条件，在法律效果上应当是该次会议不具有决议能力或者所作的决议无效。

此外还需要注意两点：一是依据新司法解释确定的专有部分面积对其他类型的案件不具有拘束力；二是根据上述规则，虽然已经与建设单位签订了商品房买卖合同但是尚未合法占有，则业主仍是建设单位，该专有部分上的表决权由建设单位行使。

### （三）第九条

【修改内容】

本条将“物权法第七十六条第二款规定的业主人数和总人数，可以按照下列方法认定：(一）业主人数，按照专有部分的数量计算，一个专有部分按一人计算。但建设单位尚未出售和虽已出售但尚未交付的部分，以及同一买受人拥有一个以上专有部分的，按一人计算；（二）总人数，按照前项的统计总和计算”修改为“民法典第二百七十八条第二款规定的业主人数可以按照专有部分的数量计算，一个专有部分按一人计算。但建设单位尚未出售和虽已出售但尚未交付的部分，以及同一买受人拥有一个以上专有部分的，按一人计算”。

【修改说明】

民法典第二百七十八条第二款规定，业主共同决定事项，应当由专有部分面积占比2/3以上的业主且人数占比2/3以上的业主参与表决。决定前款第六项至第八项规定的事项，应当经参与表决专有部分面积3/4以上的业主且参与表决人数3/4以上的业主同意。决定前款其他事项，应当经参与表决专有部分面积过半数的业主且参与表决人数过半数的业主同意。该条规定已无业主总人数的规定，故本条规定无须再对总人数的认定方法进行规定。

【理解与适用】

1. 修改过程

本条原是为了使物权法第七十六条第一款规定的事项进行表决时更具合理性，而对业主人数及总人数的计算方法作出的规定。如前所述，民法典第二百七十八条第二款对物权法第七十六条进行了修改，修改后的业主共同决定重大事项的表决已无须确定业主总人数，而业主总人数实际为专有部分业主人数的总和，也无须再特别作出解释。故在本解释修改过程中，删除了总人数的规定。

2. 条文理解

业主的认定是本条适用的前提性条件。新司法解释第一条规定：“依法登记取得或者依据民法典第二百二十九条至第二百三十一条规定取得建筑物专有部分所有权的人，应当认定为民法典第二编第六章所称的业主。基于与建设单位之间的商品房买卖民事法律行为，已经合法占有建筑物专有部分，但尚未依法办理所有权登记的人，可以认定为民法典第二编第六章所称的业主。”

根据上述规定，本条中的业主包括三种类型：（1）已经登记为所有权人的，应当计入本条规定的业主人数；（2）虽未登记为所有权人，但是属于民法典第二百二十九条、第二百三十条、第二百三十一条规定的根据公权力文书、继承以及合法建造等方式取得该专有部分所有权的，也属于业主，拥有表决权，也应当计入本条规定的业主人数；(3) 已经与建设单位签订房屋买卖合同且已合法占有该房屋的，也属于本条的业主，拥有表决权，应当计入业主人数。这一规定主要基于以下考虑：现实生活中，已与建设单位实施商品房买卖民事法律行为，且已经合法占有使用专有部分但尚未依法办理物权登记的情形大量存在，其中的原因十分复杂，主要有以下三点：一是建设单位尚未办理大产权，直接导致买受人无法办理专有部分的所有权登记；二是登记往往需要一个过程，在最终作成之前，买受人也是无法依登记取得所有权的；三是由于买受人自身的原因拖延办理专有部分所有权登记。在此情况下，如果仅以是否已经依法登记取得所有权作为界定业主身份的标准，将与现实生活产生较为激烈的冲突，并有可能对前述人群应当享有的权利造成损害。因此，新司法解释第一条规定虽未办理物权登记手续，但已实际占有房屋的人也可以认定为业主。需要注意的是，基于上述规则，虽然已经与建设单位签订了商品房买卖合同但是尚未合法占有，则业主仍是建设单位，该专有部分上的表决权由建设单位行使。

按照本条规定，一个专有部分按一人计算，而对于同一买受人拥有数个专有部分的，仍然按一人计算。对于建设单位未出售的部分和虽然已出售但尚未交付的部分，业主均为建设单位，也按照一人计算。

【审判实践中应注意的问题】

第一，在实践中，可能出现业主大会通过的管理规约或者各地的地方性法规对业主人数的计算作出不同于新司法解释本条规定标准的情形。而从新司法解释本条的规范目的来看，应当将其解释为一种强制性规定，其目的在于防止大业主通过管理规约对小业主的权利进行控制。所以，如果地方性法规、业主大会议事规则或者管理规约对于表决权的计算作出了与新司法解释本条不同的规定，且该规定不能充分保护小业主的表决权，使小业主表决权的权重受到不利影响，则应当根据本条司法解释规定的标准计算。

第二，关于数人共有一个专有部分情况下的表决权的行使问题。根据本条司法解释的规定，一个专有部分按一人计算，则数人共有一专有部分也只有一个表决权。新司法解释本条对于数人共有一个专有部分的情况下，表决权如何行使和计算并未作出明确规定，在实践中，以下两个方面容易产生纠纷。

一是夫妻共同共有某一专有部分的情形，如果夫妻双方推举出一人行使表决权，则表决权的行使并不存在问题，但是，如果夫妻一方参加业主大会行使表决权后，另一方以该表决权的行使未经其同意为由请求该表决权的行使无效的，如何处理？根据民法典第一千零六十条规定，夫妻一方因家庭日常生活需要而实施的民事法律行为，对夫妻双方发生效力，但是夫妻一方与相对人另有约定的除外。夫妻之间对一方可以实施的民事法律行为范围的限制，不得对抗善意第三人。民法典第一千零六十二条第二款规定，夫妻对共同财产，有平等的处理权。根据上述规定，在建筑物区分所有权的场合，夫妻双方应平等行使成员权。因此，我们认为，在遇到夫妻一方未经另一方同意而参加业主大会行使表决权的情形，应当认定为该行使表决权的行为是夫妻共同的意思表示，其表决权的行使合法有效。

二是数人按份共有某一专有部分的情形，如果共有人推举一人行使或者委托他人行使表决权，则不存在表决权的行使问题，但如果各共有人在表决事项上不一致，共有人之一行使表决权后，其他共有人能否以该表决权的行使未经其同意为由请求撤销或者宣告该表决权的行使无效？对于上述问题，我们认为，应当从如下几个方面考虑：首先，各共有人在表决事项上有的表示赞成，有的表示反对时，不能按照各共有人份额分割投票权，分别计算会导致违反新司法解释本条规定的后果，即一个专有部分上存在两个投票权，如果合并计算为一票，则会出现投票权是赞成还是反对的问题。也不能适用民法典第三百零一条的规定，以占份额2/3以上的共有人同意为标准来判断该表决权的行使是否有效。该条款是对按份共有的不动产或者动产的处分或重大修缮、变更性质或者用途的决定如何作出的规定，而建筑物区分所有权中的表决权则针对的主要是共有部分的共同管理事项问题。且根据民法典第三百零七条规定，除非第三人明知或者法律另有规定，按份共有人对外承担连带责任。上述规定从侧面反映出，民法典第三百零一条是对共有人内部关系的处理原则，对外责任仍然是由全体共有人承担。在建筑物区分所有权场合，共有人之一如未经其他共有人同意行使表决权的，则该表决权的行使在对外方面仍然产生效力，但是其他共有人可以该共有人未经其同意或者同意的共有人份额未达2/3以上侵害其共有权为理由另行请求损害赔偿。其他共有人请求损害赔偿尚需证明损害后果是否存在，而损害后果是否发生取决于该表决权是否左右了决议结果。如果根据民法典第二百七十八条第二款和新司法解释的规定，无论该共有人投赞成票或者反对票，都不实质性地影响该决议最终的命运，即不存在损害后果。如果该表决权不投赞成票，则该决议即不会通过；或者该表决权不投反对票，则该决议即会通过，则损害后果据此可以认定。由此来看，此类案件在实践中发生的概率也较小。其次，在建筑物区分所有权中，共同管理事项的处理是一个涉及面广、程序复杂的问题。业主大会的通知、召开、讨论、决议都需要根据议事规则、管理规约及法律、法规的规定进行。由此，业主大会效率的提高也应当是司法实践中着重考虑的关键因素。同时，从交易安全的角度来看，共有人内部关系的处理也不应当影响到其他业主表决权行使的安全性。在此意义上，对于共有人之一以上述理由请求撤销或者确认表决权的行使无效及决议的效力的，原则上不应当准许。在审判实务中，只要按份共有人之一参加业主大会时提供了相关的产权证书或者其他能够证明其具有业主身份的文件，并依此参加业主大会并行使了表决权，则原则上应当认定该表决权的行使合法有效。

如果未经其他共有人同意或者同意的共有人的份额未达 2/3 以上，则共有人之间由此产生的纠纷属于侵权纠纷，该共有人依法应向其他共有人承担侵权责任。但该诉讼的启动和判决结果并不影响业主大会决议的效力。如果其他共有人以此为理由请求确认表决权行使无效或进而请求业主大会决议无效或请求撤销的，人民法院不应准许。

第三，基于商品房买卖合同关系且已合法占有的买受人享有共同管理权，但并非相关专有面积的所有权人。本条规定：业主人数，按照专有部分的数量计算，一个专有部分按一人计算。但建设单位尚未出售和虽已出售但尚未交付的部分，以及同一买受人拥有一个以上专有部分的，按一人计算。新司法解释第一条规定："依法登记取得或者依据民法典第二百二十九条至第二百三十一条规定取得建筑物专有部分所有权的人，应当认定为民法典第二编第六章所称的业主。基于与建设单位之间的商品房买卖民事法律行为，已经合法占有建筑物专有部分，但尚未依法办理所有权登记的人，可以认定为民法典第二编第六章所称的业主。"即从社会生活的复杂性出发，新司法解释承认并赋予基于商品房买卖合同关系且已合法占有的买受人享有共同管理权，但是，这并不意味着对城市房地产物权变动"登记生效主义"的突破，"业主"并不必然等同于所有权人。新司法解释第十八条规定："人民法院审理建筑物区分所有权案件中，涉及有关物权归属争议的，应当以法律、行政法规为依据。”目前，我国商品房供给仍以预售商品房为主，从商品房预售、交付到商品房完成首次不动产登记存在时间不确定因素，不动产登记法仍在制定过程中，登记制度和登记工作仍存在不完善之处。因此，共同管理权虽然是从专有权和共有权理论当中派生而来，但是，相比于不动产物权归属登记的公示公信力要求而言，共同管理权的认定并不依赖登记，更需要考虑社会生活现实并侧重保护相对弱势的业主一方，确认物权的归属与共同管理权人的认定显然不能采用同一标准。



## （四）第十条

【修改内容】

本条将“业主将住宅改变为经营性用房，未按照物权法第七十七条的规定经有利害关系的业主同意，有利害关系的业主请求排除妨害、消除危险、恢复原状或者赔偿损失的，人民法院应予支持。将住宅改变为经营性用房的业主以多数有利害关系的业主同意其行为进行抗辩的，人民法院不予支持”修改为“业主将住宅改变为经营性用房，未依据民法典第二百七十九条的规定经有利害关系的业主一致同意，有利害关系的业主请求排除妨害、消除危险、恢复原状或者赔偿损失的，人民法院应予支持。将住宅改变为经营性用房的业主以多数有利害关系的业主同意其行为进行抗辩的，人民法院不予支持”。

【修改说明】

民法典第二百七十九条规定，业主不得违反法律、法规以及管理规约，将住宅改变为经营性用房。业主将住宅改变为经营性用房的，除遵守法律、法规以及管理规约外，应当经有利害关系的业主一致同意。新司法解释除调整相关法律依据之外，根据民法典第二百七十九条的规定，作了相应修改。将“经有利害关系的业主同意”修改为“经有利害关系的业主一致同意”。

【理解与适用】

1. 修改过程

本条是对“住改商”纠纷如何处理的规定。将住宅改变为经营性用房，使原本用于居住的房屋改为用于经营的房屋，住宅的性质、用途由居住变为商用。这一改变带来许多弊端，危害性大。作为规范业主建筑物区分所有权的基本法律，2007年通过的物权法第七十七条明确规定，业主不得违反法律、法规以及管理规约，将住宅改变为经营性用房。据此，业主不得随意改变住宅的居住用途，是业主应当遵守的最基本的准则，也是业主必须承担的一项基本义务。

原司法解释第十条规定，业主将住宅改变为经营性用房，未按照物权法第七十七条的规定经有利害关系的业主同意，有利害关系的业主请求排除妨害、消除危险、恢复原状或者赔偿损失的，人民法院应予支持。将住宅改变为经营性用房的业主以多数有利害关系的业主同意其行为进行抗辩的，人民法院不予支持。由此可见，将住宅改变为经营性用房须经有利害关系业主同意，应理解为有利害关系的业主一致同意，而非有利害关系业主多数同意。基于上述考虑，2018年8月审议的民法典各分编草案将“应当经有利害关系的业主同意”进一步明确为“应当经有利害关系的业主一致同意”。在对原司法解释修改过程中，亦将“未按照物权法第七十七条的规定经有利害关系的业主同意”修改为“未依据民法典第二百七十九条的规定经有利害关系的业主一致同意”。将“按照”修改为“依据”，用语更为规范，而“经有利害关系业主一致同意”是该条的应有之义，亦与民法典的规定保持一致。

2. 条文理解

对本条的理解，应当把握如下几个方面。

第一，“住改商”的含义、表现形式及危害。在建筑物区分所有的情形下，业主擅自将小区内的住宅房屋改变为餐饮、娱乐等商业用房，以及经营公司、服务行业等经营性用房的情况不断增加，实践中将此种情况称为“住改商”。既包括利用住宅从事经营生产企业、规模较大的餐饮及娱乐、洗浴或者作为公司办公用房等营业行为，也包括因生活需要利用住宅开办小卖部、早点铺、理发店等经营行为。“住改商”有几种情形，有的只是改变了房屋的使用性质，有的不仅改变房屋的使用性质，而且改变了房屋的结构状况。房屋在建造并报经审批时的用途不得随意改变，如果需要在建造过程中改变房屋的用途，如将住宅性质的房屋改变成经营性用房，需要重新报经规划部门同意批准后才能建造，作为购房人的业主在购买商品房后也不得改变商品房屋的用途，这既涉及城市功能的定位、布局规划，同时更涉及区域社会秩序的安定、社会的管理。如果允许业主随意将住宅改为经营性用房，将带来很多弊端，主要表现有：一是干扰业主的正常生活，造成邻里不和，引发社会矛盾；二是造成小区车位、电梯、水、电等公共设施使用的紧张；三是容易产生安全隐患；四是使城市规划目标难以实现；五是造成国家税费的大量流失。

第二，法律规定对“住改商”行为的限制。2007年通过的物权法第七十七条规定：“业主不得违反法律、法规以及管理规约，将住宅改变为经营性用房。业主将住宅改变为经营性用房的，除遵守法律、法规以及管理规约外，应当经有利害关系的业主同意。”据此，业主不得随意改变住宅的居住用途，是业主应当遵守的最基本的准则，也是业主必须承担的一项基本义务。值得注意的是，该条规定为业主将住宅改变为经营性用房的，除遵守法律、法规以及管理规约外，应当经有利害关系的业主同意。实践中有的做法是按照多数决来确定有利害关系业主的意见，这违背了当初的立法本意。因此，民法典第二百七十九条在物权法第七十七条的基础上进行了修改，明确规定“应当经有利害关系的业主一致同意”，明确了“住改商”中有利害关系业主的意见不应适用“多数决”。需要强调的是，在“住改商”问题上，有利害关系业主一致同意只是必要条件，业主将住宅改为经营性用房时必须遵守法律、法规以及管理规约的规定，这两个条件必须同时具备，缺一不可，才可以将住宅合理合法地改变为经营性用房。

第三，本条规定的“业主”和“有利害关系业主”的主体范围。本条规定的“业主”应是指将专有部分住宅用途改为经营性用房的业主，但在实践中，业主将住宅出租、出借后，承租人、借用人改变住宅用途为经营性用房的情况时有发生。非业主的物业使用人同样受本条内容的规制，在将住宅改变为经营性用房时，亦应遵守本条规定的相应义务。对有利害关系的业主的界定，不仅要考虑对业主居住、生活环境的安全和安宁的影响或者可能造成的影响，还应当考虑对其专有部分不动产价值的影响。实践中，在判断某一业主是否属于本条所称的有利害关系的业主时，应注意从以下几点进行认定：一是应当具有法律规定的业主身份。实践中，应认定基于合同或法律规定而具体居住或者使用物业的符合法律规定情形的物业使用人，拥有与业主相同的权利。二是必须是业主的合法权利受到或者可能受到侵害，这里所说的合法权利指的是业主作为建筑物所有权人所享有的特定权利，如共有权、区分专有权等。三是损害与“住改商”业主行为之间有法律上的因果关系。从位置上来说，本栋建筑物内的其他业主是当然的有利害关系的业主，但不宜将整个小区的所有业主都认定为法律规定的有利害关系的业主。实践中确有可能出现建筑区划内本栋建筑物之外的业主也与“住改商”行为存在利害关系的情况，但这部分业主的范围难以统一划定。如果建筑区划内本栋建筑物之外的业主主张与“住改商”行为存在利害关系的，应当举证证明利害关系的存在，即其房屋价值、生活质量受到或者可能受到不利影响。当存在小区业主已将房屋出租、出借等情形时，也应赋予非业主的物业使用人相同的异议权利。

第四，“住改商”行为未经有利害关系的业主一致同意的法律后果。根据民法典第二百七十九条规定，“住改商”行为的合法性需要满足两个条件：遵守法律、法规以及管理规约；应当经有利害关系的业主一致同意。未经有利害关系的业主一致同意，其行为仍不具备合法性，该条规定实际上已成为“住改商”业主对由此产生的损害后果需承担相应民事责任的法律依据。有利害关系的业主请求“住改商”业主承担民事责任的不以已经造成实际损害为限。根据本条第一款关于“有利害关系的业主请求排除妨害、消除危险、恢复原状或赔偿损失的，人民法院应予支持”的规定，在已经造成现实损害的情形中，有利害关系的业主可以请求“住改商”业主承担恢复原状或者赔偿损失的民事责任；若损害尚未实际发生，但有发生之虞时，有利害关系的业主也可以请求“住改商”业主依法承担排除妨害、消除危险的民事责任。实践中，有的“住改商”业主以其已经办理工商登记并取得了营业执照为由主张其行为的合法性，用以对抗有利害关系业主的反对意见。“住改商”业主已经办理了工商登记取得营业执照的事实，不能改变其行为欠缺合法性的事实。办理工商登记并取得了营业执照的事实属于行政登记及许可范围，其不涉及当事人“住改商”民事行为效力问题。

【审判实践中应注意的问题】

在审判实务中，有如下问题值得注意。

第一，有利害关系的业主的一致同意需以明示的方式表达方为适格。有利害关系的业主的一致同意是“住改商”行为的合法性要件之一。民法典第二百七十九条规定的立法导向是不主张“住改商”行为的，在有利害关系的业主于特定期间内未明确表态的情况下，应当从更有利于实现本条立法目的的角度进行解释和认定。“住改商”行为对业主居住、生活环境的安全和安宁及对其专有部分不动产价值均会产生不利影响，以明示的方式确定有利害关系的业主的“同意”也是对其权利的一种保护。只要业主未以明示的方式表示同意，就应当推定其本意是不同意的。明示的意思表示必须具备一定的要件，在具体表现形式上可以有两种：一是书面；二是明确无误的口头表示。不能以业主在约定期限内未表态即认为其默认同意“住改商”行为。在处理“住改商”纠纷时，要注意审查业主之间是否有证据证明书面同意相关业主将住宅性质的房屋改变成商业用房或者办公用房等经营性用房。没有书面证据证明的，不能认定为同意。

第二，《物业管理条例》第四十七条第二款规定，物业使用人违反本条例和管理规约的规定，有关业主应当承担连带责任。根据该条规定精神，在因专有部分使用人实施“住改商”行为而导致的相关纠纷案件中，专有部分使用人及业主应当作为“共同被告”。

第三，业主（出租人、出借人）与非业主的物业使用人（承租人、借用人）对“住改商”行为的意见不一致时，应当如何处理。在非业主的物业使用人对“住改商”表示同意而业主表示不同意的情况下，应当以业主的意见为准。原因在于，非业主的物业使用人并非物业的所有权人，其表示同意既有可能是其真的认为这种“住改商”是可以的，也有可能是由于使用关系行将终止。但不论如何，业主的“不同意”都不会对非业主的物业使用人的正常居住带来负面影响。从另一个角度看，业主是住宅物业的所有权人，在非业主的物业使用人因使用关系结束离开之后，业主还要居住在这里，其意见当然具有一票否决的效力。在非业主的物业使用人对“住改商”表示不同意而业主表示同意的情况下，应当以非业主的物业使用人的意见为准。理由是，结合民法典第二百七十九条的立法目的，这种异议权更应赋予住宅的现实居住使用人。否则，势必导致业主因与“住改商”业主私交甚密或者“事不关己”而表示同意，而非业主的物业使用人却不得不承受难堪之困扰的结果。在民法典第二百七十九条已经明确表达了不提倡“住改商”立场的前提下，我们应当朝着更能达成该立法目的的方向进行解释。

### （五）第十四条

【修改内容】

本条将“建设单位或者其他行为人擅自占用、处分业主共有部分、改变其使用功能或者进行经营性活动，权利人请求排除妨害、恢复原状、确认处分行为无效或者赔偿损失的，人民法院应予支持。属于前款所称擅自进行经营性活动的情形，权利人请求行为人将扣除合理成本之后的收益用于补充专项维修资金或者业主共同决定的其他用途的，人民法院应予支持。行为人对成本的支出及其合理性承担举证责任”修改为“建设单位、物业服务企业或者其他管理人等擅自占用、处分业主共有部分、改变其使用功能或者进行经营性活动，权利人请求排除妨害、恢复原状、确认处分行为无效或者赔偿损失的，人民法院应予支持。属于前款所称擅自进行经营性活动的情形，权利人请求建设单位、物业服务企业或者其他管理人等将扣除合理成本之后的收益用于补充专项维修资金或者业主共同决定的其他用途的，人民法院应予支持。行为人对成本的支出及其合理性承担举证责任”。

【修改说明】

在对原司法解释清理过程中，对本条的存废存在争议。有观点认为，民法典第二百八十二条已经规定利用业主的共有部分产生的收入，在扣除合理成本之后，属于业主共有，本条的精神被法律吸收，应当废止。另一种观点认为，本条规定与民法典并不冲突，有利于民法典的贯彻落实，倾向于保留。从向全国人大常委会法工委、住建部、自然资源部等征求意见的情况看，全国人大常委会法工委及相关行政职能部门均同意保留本条款。我们认为，考虑到实际情况，建设单位、物业服务企业或者其他管理人等利用业主的共有部分产生的收入往往以金钱的方式存入账户，根据金钱占有即所有的原则，业主对上述收入真正可受益、可利用，还需要具体的、可操作的落地方案，故最终修改完善本条后予以保留。民法典第二百八十二条规定，建设单位、物业服务企业或者其他管理人等利用业主的共有部分产生的收入，在扣除合理成本之后，属于业主共有。在对原司法解释修改过程中，对原司法解释十四条条文进行了修改，将第一款中“建设单位或者其他行为人”修改为“建设单位、物业服务企业或者其他管理人等”，将第二款中“行为人”修改为“建设单位、物业服务企业或者其他管理人等”，在表述上与民法典保持一致。

【理解与适用】

1. 修改过程

物权法并无关于共有部分产生收益归属问题的规定，原司法解释中对有关业主共有权受到侵害的处理作出了规定，其第十四条规定：“建设单位或者其他行为人擅自占用、处分业主共有部分、改变其使用功能或者进行经营性活动，权利人请求排除妨害、恢复原状、确认处分行为无效或者赔偿损失的，人民法院应予支持。属于前款所称擅自进行经营性活动的情形，权利人请求行为人将扣除合理成本之后的收益用于补充专项维修资金或者业主共同决定的其他用途的，人民法院应予支持。行为人对成本的支出及其合理性承担举证责任。”在民法典编纂过程中，有的意见建议吸收上述解释的内容，增加关于共有部分产生收益归属的内容。2018 年 8 月，十三届全国人大常委会五次会议《关于〈民法典各分编（草案）〉的说明》中提到，加强对建筑物业主权利的保护，要明确共有部分产生的收益属于业主共有。民法典各分编（草案）第七十七条规定，建设单位、物业服务企业或者其他管理人等利用业主的共有部分产生的收益，在扣除合理成本之后，属于业主共有。民法典各分编（草案）在征求意见过程中，有的意见提出，收益的含义本身就包含收入扣除成本的意思，为更加准确，避免实践操作中的歧义，建议将草案第七十七条中的“收益”修改为“收入”。2019 年 4 月审议的民法典物权编（草案）吸收了这一意见，并最终形成民法典第二百八十二条的规定。在对原司法解释修改过程中，根据民法典的规定对原司法解释第十四条条文进行了修改。

2. 条文理解

根据民法典第二百八十二条的规定，建设单位、物业服务企业或者其他管理人等利用业主的共有部分产生的收入，在扣除合理成本之后，属于业主共有。即业主对共有部分产生的收入有共有的权利。本条是有关业主共有权受到侵害时如何处理的规定。对本条的理解，应当把握如下几个方面。

第一，关于业主共有部分的范围。我国对业主共有部分范围的划分，采用的是排除加列举的方式。民法典第二百七十一条的规定：“业主对建筑物内的住宅、经营性用房等专有部分享有所有权，对专有部分以外的共有部分享有共有和共同管理的权利。”第二百七十四条规定：“建筑区划内的道路，属于业主共有，但是属于城镇公共道路的除外。建筑区划内的绿地，属于业主共有，但是属于城镇公共绿地或者明示属于个人的除外。建筑区划内的其他公共场所、公用设施和物业服务用房，属于业主共有。”业主共有部分中能够产生收入的共有部分一般包括：（1）车库、车位。在保证业主的合理停车需求在任何时候都得到首先满足的前提下，如果车位、车库还有空余，为缓解小区停车难的社会问题，开发商可以将车位、车库出租给业主之外的第三人，这样既未损害小区业主的停车权益，又能够更好地实现开发商的利益，也能帮助政府解决周边居民的停车难问题。(2) 楼顶平台。楼顶平台是建筑的楼顶及其空间，按照建筑物区分所有权的规则，这一部分应当属于全体业主所有，实践中如果开发商将楼顶平台进行处分，如设置广告塔就必然会产生收益。(3) 建筑外墙面。建筑外墙面属于建筑物的整体构造部分，应当属于全体业主共有。如果开发商或者建筑物底商利用建筑物外墙设置广告、牌匾等商业宣传设施、在外壁上悬挂霓虹灯招牌，应当支付使用费。(4) 建筑物基本构造部分中的走廊、楼梯、过道、电梯间等。实践中，有开发商或物业服务机构在这些位置设置广告位，由此产生的收益也应当属于共有部分产生的收益。

第二，关于擅自占用、处分业主共有部分、改变其使用功能或进行经行营活动的主体的认定。根据民法典第二百八十二条规定，可能侵占业主共有部分收益的主体包括建设单位、物业服务企业或者其他管理人等。建设单位是建筑物的开发建设者，同时，也是物业服务管理企业的设立者或发起者。因而，建设单位在设立物业服务管理企业的过程中，以及在物业服务管理企业设立的初期，因掌握着物业服务管理权，该企业有时为了追求自己利益的最大化，可能存在滥用其权力的行为。而物业服务管理企业侵害业主共有全的情形在审判实务中占有较大数量。《物业管理条例》第二条对“物业服务管理”界定为业主通过选聘物业服务企业，由业主和物业服务企业按照物业服务合同约定，对房屋及配套的设施设备和相关场地进行维修、养护、管理，维护物业管理区域内的环境卫生和相关秩序的活动。从上述表述内容可以得知，物业服务管理行为实为私权处分行为，它应遵循私法之意思，实行自治原则。也就是业主既可以决定委托专业的物业服务企业对物业实施服务管理，也可自己对物业实施自我管理。对于物业服务管理企业来说，是接受全体业主委托，为其提供服务的具有专业管理能力的服务机构。它的权利和职责范围是由全体业主赋予的。但在现实生活中，物业服务企业的观念有时是错位的，将服务者的角色转变为管理者的角色，对共有部分随意处置、收取设置费和使用费等，将业主的权利排除在外，限制业主行使共有权，挪用共有部分维修资金等，这些行为都是严重侵害业主的共有权的行为。生活中还存在住户侵害业主共有权的情形，包括业主和使用人侵害共有权的情况。业主在行使共用部分共有权时，应当依据共用部分的性质及用途平等行使，不得将共用部分据为已有或影响其他业主行使权利。业主是物业的所有权人，但是业主并不一定是实际使用物业的人，如业主将房屋出租或借他人使用的情形。承租人、借用人等房屋使用人，也成为非业主使用人。非业主使用人与建设单位、物业服务企业没有直接的关系，一般不参加业主大会和业主委员会，但是非业主使用人却是物业区域的重要成员。为了能约束非业主使用人的行为，保障其合法权益，物业管理立法都肯定了非业主使用人独立存在的地位。所以，非业主使用人的权利义务不仅源自与业主间的租赁合同等，而且也出自法律和法规以及管理规则的规定。非业主使用人在对业主共有部分的使用及占有、专有部分使用时，应当按照业主与物业服务企业的约定居住、使用，不得有违反物业服务合同或者管理规约的行为。如果其不按共有部分及专有部分的性质和用途使用，不履行使用共有部分及专有部分的相应义务，亦构成对业主共有权的侵害。

第三，关于建设单位等擅自经营所得收入的处理。根据民法典第二百七十一条的规定，业主对专有部分以外的共有部分享有共有和共同管理的权利，即全体业主是共有部分的权利主体。“权利保护是权利实现的特殊环节，也称权利救济。权利人在权利受侵害时，就应获得救济的权利，并通过救济程序行使救济权，恢复和确保受侵害的权利的利益。”① 恢复和确保受侵害的业主的权利和权益，其根本途径是由侵权人或相对人承担相应的民事责任。侵权的民事责任方式是因侵权行为而产生的，是侵权损害所产生的法律后果，各种责任形式适用于各种不同的侵权行为，而且这些责任形式既可以单独适用，也可以合并适用，在法律上形成一个对共有权保护的有效体系。根据本条第一款的规定，对于建设单位等擅自占用、处分业主共有部分、改变其使用功能或者进行经营性活动的，权利人可以请求建设单位等行为人排除妨害、恢复原状、确认处分行为无效或者赔偿损失。此处的“权利人”不应作限缩解释，既包括特定范围的业主，也包括依法取得业主授权或者法律授权的业主大会或者业主委员会等。

本条第二款规定了对侵权人经营所得收益应如何处理问题。《物业管理条例》第五十四条规定：“利用物业共用部位、共用设施设备进行经营的，应当在征得相关业主、业主大会、物业服务企业的同意后，按照规定办理有关手续。业主所得收益应当主要用于补充专项维修资金，也可以按

① 龙卫球：《民法总论》，中国法制出版社 2002 版，第 137 页。

照业主大会的决定使用。”新司法解释的规定与《物业管理条例》第五十四条规定的精神一致。专项维修资金主要是指属于全体业主共有的，用于物业共用部位的特定事项进行维护的资金。原建设部、财政部于2008年2月1日发布的《住宅专项维修资金管理办法》（以下简称《办法》）第二条第二款规定：“本办法所称住宅专项维修资金，是指专项用于住宅共用部位、共用设施设备保修期满后的维修和更新、改造的资金。”物业专项维修资金主要来源于业主交纳、开发商交纳、经营收入以及维修资金的增值部分。该基金的性质不同于一般的物业管理服务费用。《办法》第四条规定，住宅专项维修资金管理实行专户存储、专款专用、所有权人决策、政府监督的原则。以保障维修资金的特殊功效、运作和依照规定使用。根据上述相关规定，本条第二款将建设单位或者其他行为人，擅自进行经营性活动，所得收益纳入了专项维修资金。当然，经业主共同决定，另有他用的除外。由于专项维修资金的特殊性所决定，在业主共同向法院提出，物业服务企业返还擅自经营所得收入请求的，属于公益性诉讼。依据区分所有中的共同所有之规则，单个业主对维修资金所享有的支配权应通过行使成员权来实现，维修资金的支配应该由业主团体决定。为此，对物业服务企业返还的经营收入，应纳入专项维修资金，而不能分配给业主个人所有。《住宅公共部位共用设施设备维修基金管理办法》第十三条还规定，业主转让房屋所有权时，结余维修基金不予退还，随房屋所有权同时过户。依照上述有关规定，专项维修资金属于业主所有，专项用于物业保修期满后物业共有部位、公有设施设备的维修和更新、改造，不得挪作他用。

当然，在业主主张返还共有部分产生的收入时，应扣除必要的、合理的管理成本。本条第二款规定：“权利人请求建设单位、物业服务企业或者其他管理人等将扣除合理成本之后的收益用于补充专项维修资金或者业主共同决定的其他用途的，人民法院应予支持。”建设单位、物业服务企业或者其他管理人利用业主的共有部分进行经营性活动，所取得的经营收入返还给全体业主时，可以请求扣除合理成本。但根据“谁主张，谁举证”的原则，建设单位等主体主张经营管理成本的，需对成本的支出及其合理性承担举证责任。审判实践中，建设单位或物业服务企业经常主张利用业主的共有部分产生的收入已经全部投入到物业服务管理费用中，其并未从中获取收益。而业主并不认同，认为上述收入已被建设单位、物业服务企业或者其他管理人实际占有使用。此种情况下，应当根据当事人所提供的证据及案件的具体事实区分不同情况后处理。如果上述主体确已将利用业主的共有部分产生的收入全部用于物业服务管理及共用部分的维修等支出的，对全体业主请求返还经营收入的，不能支持。反之，上述主体应向全体业主返还其经营所得收入。

【审判实践中应注意的问题】

第一，在审判实践中，侵害业主共有权纠纷的案件，在建筑物区分所有权案件中占有比例较大。根据本条规定，只要未经业主共同决定和同意而擅自占用、处分、改变共有部分使用功能或者利用共有部分从事经营性活动的，即构成违约或者侵权。侵权人应当依据相关的民事法律规定，承担排除妨害、消除危险、恢复原状或者赔偿损失的责任。对于请求停止侵害、消除危险、排除妨害、恢复原状来说，请求人无须证明对方已给其造成了实际损失，而只证明对方的行为给其造成了妨害即可。不管这种妨碍是否已经形成了损害。因为妨害和损害在法律上是有区别的，损害是可以用货币来计算的，但是妨害很难计算。损害都是实际发生的，而妨害既可能是现实面临的，也可以是将来可能发生的。因此，请求人只要证明有妨害事实就可以要求排除妨害、消除危险、恢复原状。当然共有权人也可以请求损害赔偿。损害赔偿是法律强制民事违法行为人向受害人支付金钱以弥补受害人所遭受的损失。在物业服务管理企业对某个或一部分业主造成共有权灭失、毁损等损害后果时，业主可以请求损害赔偿。

第二，物业服务公司不得主张以共有部分收益抵销部分业主欠付的物业管理费。根据法律规定，要进行债务抵销，当事人之间应当互负债务、互享债权。欠付物业管理费的为部分业主，为单个的主体；而共有部分产生的收入，在扣除合理成本之后，属于业主共有。此时虽然包括了该部分欠费业主，但两者有本质的区别。因此，双方债权债务主体不同，不符合法定抵销的规定，因此，对物业服务公司行使抵销权的主张，人民法院不应予以支持。

第三，民法典第二百八十二条规定的利用共有部分产生的收入共有制度、本条关于权利人请求将该共有收益用于补充专项维修资金等的规定以及民法典第二百八十一条规定的紧急状态下维修资金使用规则可以联系起来一体适用，解决生活中具体问题，符合法定情形的，允许业主大会和业委会直接请求划用共有收益。民法典第二百八十一条规定："建筑物及其附属设施的维修资金，属于业主共有……建筑物及其附属设施的维修资金的筹集、使用情况应当定期公布。紧急情况下需要维修建筑物及其附属设施的，业主大会或者业主委员会可以依法申请使用……”维修资金专款专用，与每个业主的切身利益密切相关，筹集和使用都应当经由业主共同决定。但在紧急情况下，如果危及房屋安全或设施设备的使用功能受到重大影响，及时修缮对业主而言无疑更为重要。实践中，业主大会和业委会为维护业主利益，在紧急情况下申请从共有收益中使用维修资金，应予支持。

# 《最高人民法院关于审理旅游纠纷案件适用法律若干问题的规定》新修改条文的理解与适用

谢爱梅*

## 一、修改情况说明

根据2020年12月23日最高人民法院审判委员会第1823次会议通过的《最高人民法院关于修改〈最高人民法院关于在民事审判工作中适用《中华人民共和国工会法》若干问题的解释〉等二十七件民事类司法解释的决定》，最高人民法院对2010年《最高人民法院关于审理旅游纠纷案件适用法律若干问题的规定》（以下简称原司法解释）进行了修正，修正后的司法解释简称为新司法解释。

## 二、修改条文的修改说明

### （一）引言部分

【修改内容】

民法典颁布实施后，民法通则、合同法、侵权责任法同时废止，另外，原司法解释实施后旅游法颁布，因此在对司法解释修改时，将引言“根据《中华人民共和国民法通则》、《中华人民共和国合同法》、《中华人民共和国消费者权益保护法》、《中华人民共和国侵权责任法》和《中华人民共和国民事诉讼法》等有关法律规定”修改为“根据《中华人民共和国民法典》《中华人民共和国消费者权益保护法》《中华人民共和国旅游法》

* 作者单位：最高人民法院民事审判第一庭。

和《中华人民共和国民事诉讼法》等有关法律规定”。

### (二)第三条

【修改内容】

将“因旅游经营者方面的同一原因造成旅游者人身损害、财产损失,旅游者选择要求旅游经营者承担违约责任或者侵权责任的,人民法院应当根据当事人选择的案由进行审理”修改为“因旅游经营者方面的同一原因造成旅游者人身损害、财产损失,旅游者选择请求旅游经营者承担违约责任或者侵权责任的,人民法院应当根据当事人选择的案由进行审理”。即“要求”修改为“请求”。

【修改说明】

用词与民法典第一百八十六条保持一致。

民法典第一百八十六条　因当事人一方的违约行为,损害对方人身权益、财产权益的,受损害方有权选择请求其承担违约责任或者侵权责任。

### (三)第六条

【修改内容】

将“旅游经营者以格式合同、通知、声明、告示等方式作出对旅游者不公平、不合理的规定,或者减轻、免除其损害旅游者合法权益的责任,旅游者请求依据消费者权益保护法第二十四条的规定认定该内容无效的,人民法院应予支持”修改为“旅游经营者以格式条款、通知、声明、店堂告示等方式作出排除或者限制旅游者权利、减轻或者免除旅游经营者责任、加重旅游者责任等对旅游者不公平、不合理的规定,旅游者依据消费者权益保护法第二十六条的规定请求认定该内容无效的,人民法院应予支持”。即将“格式合同”修改为“格式条款”,将“消费者权益保护法第二十四条”修改为“消费者权益保护法第二十六条”。表述相应调整。

【修改说明】

用词与民法典和消费者权益保护法保持一致;消费者权益保护法条文序号在原司法解释颁布后修改。

消费者权益保护法第二十六条第二款规定,经营者不得以格式条款、通知、声明、店堂告示等方式,作出排除或者限制消费者权利、减轻或者免除经营者责任、加重消费者责任等对消费者不公平、不合理的规定,不得利用格式条款并借助技术手段强制交易。第三款规定，格式条款、通知、声明、店堂告示等含有前款所列内容的，其内容无效。

### （四）第九条

【修改内容】

将“旅游经营者、旅游辅助服务者泄露旅游者个人信息或者未经旅游者同意公开其个人信息，旅游者请求其承担相应责任的，人民法院应予支持”修改为“旅游经营者、旅游辅助服务者以非法收集、存储、使用、加工、传输、买卖、提供、公开等方式处理旅游者个人信息，旅游者请求其承担相应责任的，人民法院应予支持”。

【修改说明】

与民法典第一百一十一条和第一千零三十五条表述保持一致。

民法典第一百一十一条　自然人的个人信息受法律保护。任何组织或者个人需要获取他人个人信息的，应当依法取得并确保信息安全，不得非法收集、使用、加工、传输他人个人信息，不得非法买卖、提供或者公开他人个人信息。

民法典第一千零三十五条　处理个人信息的，应当遵循合法、正当、必要原则，不得过度处理，并符合下列条件：

（一）征得该自然人或者其监护人同意，但是法律、行政法规另有规定的除外；

（二）公开处理信息的规则；

（三）明示处理信息的目的、方式和范围；

（四）不违反法律、行政法规的规定和双方的约定。

个人信息的处理包括个人信息的收集、存储、使用、加工、传输、提供、公开等。

### （五）第十三条

【修改内容】

删除。

【修改说明】

第一，该条第二款与旅游法第六十七条第二项规定冲突。在合同变更情况下，该条第二款规定：“旅游经营者请求旅游者分担因此增加的旅游费用或者旅游者请求旅游经营者退还因此减少的旅游费用的，人民法院应予支持”；旅游法第六十七条第二项规定：“合同变更的，因此增加的费用由旅游者承担，减少的费用退还旅游者”。第二，删除该条规定不影响案件审理。旅游法在原司法解释实施之后颁布，对于不可抗力导致旅游合同不能履行的情况作出了更为明确规定。案件审理适用民法典第五百九十条、旅游法第六十七条规定即可。

民法典第五百九十条　当事人一方因不可抗力不能履行合同的，根据不可抗力的影响，部分或者全部免除责任，但是法律另有规定的除外。因不可抗力不能履行合同的，应当及时通知对方，以减轻可能给对方造成的损失，并应当在合理期限内提供证明。

当事人迟延履行后发生不可抗力的，不免除其违约责任。

旅游法第六十七条　因不可抗力或者旅行社、履行辅助人已尽合理注意义务仍不能避免的事件，影响旅游行程的，按照下列情形处理：

(一) 合同不能继续履行的，旅行社和旅游者均可以解除合同。合同不能完全履行的，旅行社经向旅游者作出说明，可以在合理范围内变更合同；旅游者不同意变更的，可以解除合同。

(二) 合同解除的，组团社应当在扣除已向地接社或者履行辅助人支付且不可退还的费用后，将余款退还旅游者；合同变更的，因此增加的费用由旅游者承担，减少的费用退还旅游者。

(三) 危及旅游者人身、财产安全的，旅行社应当采取相应的安全措施，因此支出的费用，由旅行社与旅游者分担。

(四) 造成旅游者滞留的，旅行社应当采取相应的安置措施。因此增加的食宿费用，由旅游者承担；增加的返程费用，由旅行社与旅游者分担。

### (六) 第十四条

【修改内容】

删除。

【修改说明】

第一，该条第二款与旅游法第七十一条规定冲突，旅游法未将“旅游经营者对旅游辅助服务者未尽谨慎选择义务”作为旅游经营者承担赔偿责任的要件。第二，删除该条规定不影响案件审理。旅游法第七十一条对

"由于地接社、履行辅助人的原因造成旅游者人身损害、财产损失的"情况作了更为明确的规定，案件审理适用旅游法第七十一条规定即可。

旅游法第七十一条　由于地接社、履行辅助人的原因导致违约的，由组团社承担责任；组团社承担责任后可以向地接社、履行辅助人追偿。

由于地接社、履行辅助人的原因造成旅游者人身损害、财产损失的，旅游者可以要求地接社、履行辅助人承担赔偿责任，也可以要求组团社承担赔偿责任；组团社承担责任后可以向地接社、履行辅助人追偿。但是，由于公共交通经营者的原因造成旅游者人身损害、财产损失的，由公共交通经营者依法承担赔偿责任，旅行社应当协助旅游者向公共交通经营者索赔。



### （七）第十六条

【修改内容】

将"旅游经营者准许他人挂靠其名下从事旅游业务，造成旅游者人身损害、财产损失，旅游者请求旅游经营者与挂靠人承担连带责任的，人民法院应予支持"修改为"旅游经营者准许他人挂靠其名下从事旅游业务，造成旅游者人身损害、财产损失，旅游者依据民法典第一千一百六十八条的规定请求旅游经营者与挂靠人承担连带责任的，人民法院应予支持"。即明确旅游者请求旅游经营者与挂靠人承担连带责任的法律依据是民法典第一千一百六十八条。

【修改说明】

全国人大常委会法工委建议明确挂靠人与被挂靠人承担连带责任的法律依据。连带责任的法律依据有：民法典第一千二百一十一条"以挂靠形式从事道路运输经营活动的机动车，发生交通事故造成损害，属于该机动车一方责任的，由挂靠人和被挂靠人承担连带责任"。第一千一百六十八条"二人以上共同实施侵权行为，造成他人损害的，应当承担连带责任"。旅游经营者与挂靠人承担连带责任的依据是共同侵权的法律规定，故作出上述修改。

### （八）第十七条

【修改内容】

将"旅游经营者违反合同约定，有擅自改变旅游行程、遗漏旅游景点、减少旅游服务项目、降低旅游服务标准等行为，旅游者请求旅游经营者赔偿未完成约定旅游服务项目等合理费用的，人民法院应予支持。旅游经营者提供服务时有欺诈行为，旅游者请求旅游经营者双倍赔偿其遭受的损失的，人民法院应予支持。”修改为“旅游经营者违反合同约定，有擅自改变旅游行程、遗漏旅游景点、减少旅游服务项目、降低旅游服务标准等行为，旅游者请求旅游经营者赔偿未完成约定旅游服务项目等合理费用的，人民法院应予支持。旅游经营者提供服务时有欺诈行为，旅游者依据消费者权益保护法第五十五条第一款规定请求旅游经营者承担惩罚性赔偿责任的，人民法院应予支持。”

【修改说明】

该条第二款规定惩罚性赔偿的数额为“双倍赔偿旅游者遭受的损失”，与消费者权益保护法第五十五条规定存在冲突，修改为与消费者权益保护法第五十五条第一款规定一致。

消费者权益保护法第五十五条第一款　经营者提供商品或者服务有欺诈行为的，应当按照消费者的要求增加赔偿其受到的损失，增加赔偿的金额为消费者购买商品的价款或者接受服务的费用的三倍；增加赔偿的金额不足五百元的，为五百元。法律另有规定的，依照其规定。

### （九）第二十一条

【修改内容】

删除。

【修改说明】

该条规定旅游者提起违约之诉，不能主张精神损害赔偿，与民法典第九百九十六条规定冲突。当事人提起违约之诉，亦可以主张精神损害赔偿责任。案件审理应适用民法典第九百九十六条规定。

民法典第九百九十六条　因当事人一方的违约行为，损害对方人格权并造成严重精神损害，受损害方选择请求其承担违约责任的，不影响受损害方请求精神损害赔偿。

### （十）第二十二条

【修改内容】

将“旅游经营者或者旅游辅助服务者为旅游者代管的行李物品损毁、

灭失，旅游者请求赔偿损失的，人民法院应予支持，但下列情形除外：（一）损失是由于旅游者未听从旅游经营者或者旅游辅助服务者的事先声明或者提示，未将现金、有价证券、贵重物品由其随身携带而造成的；（二）损失是由于不可抗力、意外事件造成的；（三）损失是由于旅游者的过错造成的；（四）损失是由于物品的自然属性造成的”修改为“旅游经营者或者旅游辅助服务者为旅游者代管的行李物品损毁、灭失，旅游者请求赔偿损失的，人民法院应予支持，但下列情形除外：（一）损失是由于旅游者未听从旅游经营者或者旅游辅助服务者的事先声明或者提示，未将现金、有价证券、贵重物品由其随身携带而造成的；（二）损失是由于不可抗力造成的；（三）损失是由于旅游者的过错造成的；（四）损失是由于物品的自然属性造成的”。即第三项删除“意外事件”。

【修改说明】

民法典并未将意外事件作为一种独立的免责事由进行规定。本条系根据全国人大常委会法工委的意见修改。

## （十一）第二十五条

【修改内容】

将“旅游经营者事先设计，并以确定的总价提供交通、住宿、游览等一项或者多项服务，不提供导游和领队服务，由旅游者自行安排游览行程的旅游过程中，旅游经营者提供的服务不符合合同约定，侵害旅游者合法权益，旅游者请求旅游经营者承担相应责任的，人民法院应予支持。旅游者在自行安排的旅游活动中合法权益受到侵害，请求旅游经营者、旅游辅助服务者承担责任的，人民法院不予支持。”修改为“旅游经营者事先设计，并以确定的总价提供交通、住宿、游览等一项或者多项服务，不提供导游和领队服务，由旅游者自行安排游览行程的旅游过程中，旅游经营者提供的服务不符合合同约定，侵害旅游者合法权益，旅游者请求旅游经营者承担相应责任的，人民法院应予支持。”即删除第二款。

【修改说明】

旅游法第七十条第三款对此已经予以规定。

旅游法第七十条第三款　在旅游者自行安排活动期间，旅行社未尽到安全提示、救助义务的，应当对旅游者的人身损害、财产损失承担相应责任。

# 《最高人民法院关于审理民间借贷案件适用法律若干问题的规定》新修改条文的理解与适用

唐　倩*

## 一、修改情况说明

根据2020年8月18日最高人民法院审判委员会第1809次会议通过的《最高人民法院关于修改〈关于审理民间借贷案件适用法律若干问题的规定〉的决定》和2020年12月23日最高人民法院审判委员会第1823次会议通过的《最高人民法院关于修改〈最高人民法院关于在民事审判工作中适用《中华人民共和国工会法》若干问题的解释〉等二十七件民事类司法解释的决定》，最高人民法院对2015年《最高人民法院关于审理民间借贷案件适用法律若干问题的规定》（以下简称原司法解释）进行两次修改，修改后的司法解释简称为新司法解释。

新司法解释对原司法解释共修改32处。其中，引言、第一条第一款、第二条、第三条、第五条、第七条、第九条、第十条、第十一条、第十二条、第十三条、第十五条、第十六条、第十七条、第十八条、第十九条、第二十条、第二十一条、第二十二条、第二十三条、第二十四条、第二十五条、第二十七条、第二十八条、第二十九条、第三十条、第三十一条、第三十二条、第三十三条涉及对法律依据或者条文表述的调整；第十四条、第二十六条、第三十三条涉及实质性修改。

需要注意的是：第一，在司法解释的修改过程中，为保持与民法典规定的一致性，我们对第十条、第三十一条规定作了删除处理，并据此对第十一条至第三十条、第三十二条的条文序号进行了相应修改。为简化形

* 作者单位：最高人民法院民事审判第一庭。

式、精炼内容，后文不再就条文序号问题进行逐条、专门的说明，而是直接依据修改前的条文，对条文内容方面的修改情况作出具体阐述。第二，因对第二十八条、第二十九条、第三十条规定的修改，均是以原司法解释重新划定民间借贷利率的司法保护上限为基础，上述条文关于利息计算与保护方面的内容，将在对第二十六条规定的修改说明中一并作出解读。

## 二、关于适应性修改条文的说明



引言部分：民法典颁布实施后，民法通则、物权法、担保法、合同法同时废止。因此，在对司法解释进行修改时，将引言中“《中华人民共和国民法通则》《中华人民共和国物权法》《中华人民共和国担保法》《中华人民共和国合同法》《中华人民共和国民事诉讼法》等相关法律之规定”修改为“根据《中华人民共和国民法典》《中华人民共和国民事诉讼法》《中华人民共和国刑事诉讼法》等相关法律之规定”。

第一条第一款：依据民法典第二条关于“民法调整平等主体的自然人、法人和非法人组织之间的人身关系和财产关系”之规定，将第一条第一款“自然人、法人、其他组织及其相互之间进行资金融通的行为”修改为“自然人、法人和非法人组织之间进行资金融通的行为”。

第二条：根据2011年《最高人民法院关于印发修改后的〈民事案件案由规定〉的通知》关于“借款合同纠纷”的相关规定，将第二条第一款“出借人向人民法院起诉时”修改为“出借人向人民法院提起民间借贷诉讼时”；因民事诉讼法第一百一十九条所规定的起诉条件，仅涉及程序处理，尚不涉及案件实体问题，依照司法惯例，将第二条第二款“人民法院经审理认为原告不具有债权人资格的，裁定驳回起诉”修改为“人民法院经审查认为原告不具有债权人资格的，裁定驳回起诉”。

第三条：为规范表述，将第三条“按照合同有关条款”修改为“按照合同相关条款”。

第五条：因“非法集资”并非刑法上的一个独立罪名，通常是指对违反国家金融管理法律规定，向社会公众（包括单位和个人）吸收资金这一类犯罪行为的统称，在对司法解释进行修改时，将第五条中的“非法集资犯罪”修改为“非法集资等犯罪”。

第七条：为完善表述，在对原司法解释进行修改时，将第七条中的“民间借贷”修改为“民间借贷纠纷”，“以刑事案件审理结果”修改为

“以刑事案件的审理结果”。

第九条：为保持与民法典有关精神、原则和条文内容的一致性，对第九条进行了如下修改：一是删除了“合同法第二百一十条”的法律依据，并对文字表述顺序作出相应调整；二是将“合同生效”修改为“合同成立”；三是取消了第二项中“或者通过网络贷款平台”的支付形式。

第十条：依据民法典第六百七十九条之规定，对第十条作删除处理。

第十一条：为保持与民法典规定的一致性和司法解释的体系性，对第十一条作出如下调整：一是将“其他组织”修改为“非法人组织”；二是将“合同法第五十二条”的法律依据修改为“民法典第一百四十六条、第一百五十三条、第一百五十四条”；三是将“本规定第十四条规定的情形外”修改为“本规定第十三条规定的情形外”。

第十二条：为保持与民法典规定的一致性以及司法解释的体系性，对第十二条作出如下调整：一是将“其他组织”修改为“非法人组织”；二是将“合同法第五十二条”的法律依据修改为“民法典第一百四十四条、第一百四十六条、第一百五十三条、第一百五十四条”；三是将“本规定第十四条规定的情形”修改为“本规定第十三条规定的情形”。

第十三条：为保持与民法典规定的一致性以及司法解释本身的体系性，将第十三条第一款“根据合同法第五十二条”修改为“依据民法典第一百四十四条、第一百四十六条、第一百五十三条、第一百五十四条”；将“本规定第十四条之规定”修改为“本规定第十三条之规定”。为完善表述，将“已经生效的判决”统一修改为“已经生效的裁判”。

第十六条：依据民法典第六百七十九条之规定，将第十六条中“借贷关系的成立”修改为“借贷关系的存续”。为规范表述，将“举证证明责任”修改为“举证责任”；将“被告抗辩已经偿还借款”修改为“被告抗辩已经偿还借款的”。

第十七条：为规范条文表述，将第十七条“被告抗辩转账需偿还双方之前借款或其他债务”修改为“被告抗辩转账需偿还双方之前借款或者其他债务的”；将“举证证明责任”修改为“举证责任”。

第十八条：为规范法律用语，明确意思表示，将第十八条中的“根据《关于适用〈中华人民共和国民事诉讼法〉的解释》”修改为“依据《最高人民法院关于适用〈中华人民共和国民事诉讼法〉的解释》”；将“举证证明责任”修改为“举证责任”；将“经审查现有证据无法确认借贷行为、借贷金额、支付方式等案件主要事实，人民法院对其主张的事实不予认定”修改为“经审查现有证据无法确认借贷行为、借贷金额、支付方式等案件主要事实的，人民法院对原告主张的事实不予认定”。

第十九条：为规范表述，将第十九条“人民法院审理民间借贷纠纷案件时发现有下列情形”修改为“人民法院审理民间借贷纠纷案件时发现有下列情形之一的”；将第四项中“期间”修改为“期限”；将第五项的“一方或双方”删除；将第七项中的“或”改为“或者”。

第二十条：为规范表述，将第二十条中的“依照”“根据”等表述统一修改为“依据”。

第二十一条：为规范表述，将第二十一条“他人在借据、收据、欠条等债权凭证或者借款合同上签字或者盖章，但未表明其保证人身份或者承担保证责任”修改为“他人在借据、收据、欠条等债权凭证或者借款合同上签名或者盖章，但是未表明其保证人身份或者承担保证责任”。

第二十三条：为保持与民法典规定的一致性，规范条文表述，将第二十三条中“企业法定代表人或负责人”修改为“法人的法定代表人或者非法人组织的负责人”；将“出借人、企业或者其股东能够证明所借款项用于企业法定代表人或负责人个人使用”修改为“有证据证明所借款项系法定代表人或者负责人个人使用”；将“企业”统一修改为“单位”、将“或”统一改为“或者”、将“签订”改为“订立”。

第二十四条：依据2019年《最高人民法院关于民事诉讼证据的若干规定》，将第二十四条第一款“并向当事人释明变更诉讼请求。当事人拒绝变更的，人民法院裁定驳回起诉”修改为“当事人根据法庭审理情况变更诉讼请求的，人民法院应当准许”；为规范表述，将“签订”修改为“订立”，将“或”改为“或者”。

第二十五条：依据民法典第六百八十条之规定，将“出借人主张支付借期内利息的，人民法院不予支持”修改为“出借人主张支付利息的，人民法院不予支持”。鉴于中国人民银行贷款基准利率取消后，应当适用全国银行间同业拆借中心公布的贷款市场报价利率（LPR）作为贷款利率计算标准，将“市场利率”的表述修改为“市场报价利率”。

第二十八条：因在修改原司法解释时，已对有关民间借贷利率司法保护上限的规定作出了修改，对第二十八条作出如下调整：（1）将上限“年利率24%”修改为“合同成立时一年期贷款市场报价利率四倍”。（2）删除了“约定的利率超过年利率24%，当事人主张超过部分的利息不能计入后期借款本金的，人民法院应予支持”相关表述；(3) 在文字表述上作了一些修改。如第一款，将“超过部分的利息不能计入后期借款本金”修改为“超过部分的利息，不应认定为后期借款本金”；第二款，将“不能超过最初借款本金与以最初借款本金为基数，以年利率24%计算的整个借款期间的利息之和”的表述修改为“超过以最初借款本金与以最初借款本金为基数、以合同成立时一年期贷款市场报价利率四倍计算的整个借款期间的利息之和的，人民法院不予支持”。

第二十九条：因在修改原司法解释时，已对有关民间借贷利率司法保护上限的规定作出了修改，将第二十九条第一款“以不超过年利率24%为限”修改为“以不超过合同成立时一年期贷款市场报价利率四倍为限”；以当事人对逾期利率是否作出明确约定为标准，在当事人既未约定借期内利率，也未约定逾期利率的情形下，将二十九条第二款第一项“按照年利率6%支付资金占用期间利息”修改为“参照当时一年期贷款市场报价利率标准计算的利息承担逾期还款违约责任”。为规范表述，将“但”统一修改为“但是”，删除多余的“的”。

第三十条：因在修改原司法解释时，已对有关民间借贷利率司法保护上限的规定作出了修改，将第三十条“总计超过年利率24%的部分”修改为“总计超过合同成立时一年期贷款市场报价利率四倍的部分”。为规范表述，将“但”修改为“但是”。

第三十一条：依据民法典第六百八十条之规定，对第三十一条作删除处理。

第三十二条：为规范表述，将“但”修改为“但是”，“借款期间”修改为“借款期限”。

## 三、关于重点修改条文的修改说明和理解与适用

### （一）第十四条（新司法解释第十三条）

【修改内容】

在对原司法解释在修改过程中，对第十四条规定民间借贷合同的无效事由作出了如下修改：一是删除了第一项、第二项关于“借款人事先知道或者应当知道”的无效要件，进一步放宽民间借贷合同无效的认定标准；

二是将第一项规定的“信贷资金”改为“贷款”，避免在适用中对贷款性质产生歧义，同时删除了转贷前的“高利”二字，放弃了出借人牟利目的的无效要件，即便转贷行为并不获利，也因行为具有规避金融监管、扰乱金融秩序的性质，不应认可其效力；三是增加规定“未依法取得放贷资格的出借人，以营利为目的向社会不特定对象提供借款的”作为第三项，明确禁止职业放贷行为。

另外，为与民法典的规定保持一致，我们对条款的具体表述也进行了规范，除删除了第五项中的“社会”与第六项中“效力性”的词语、将第二项的“企业”改为“营利法人”的概念之外，还调整了第五项、第六项的先后顺序。

【修改说明】

为突出民间借贷以“自有闲置资金”“非经常性”放款的原则要求，本条以民法典规定的民事法律行为无效制度为基础，结合民间借贷合同的特点，进行修改。

【理解与适用】

法律规定合同无效制度，以集中体现对行为的否定态度。本条规定对民间借贷合同的无效事由作出规定，体现对借贷行为的管控和规制，为借贷主体参与民间借贷活动划定界限。

首先，在司法解释修改以前已经确立的“转贷无效”规则，有条件地承认了企业间借贷合同的效力，在施行过程中取得了良好的效果。但为顺应我国市场经济发展趋势，在司法解释修改过程中，最高人民法院又先后征求了有关主管部门、专家学者以及行业协会的意见，决定突出民间借贷以自有资金和禁止吸收他人资金转手放款的原则要求，对转贷无效规则作出严格限定。实践中，对于本条第一项规定存有一定争议，有观点认为，只要有证据证明出借人在出借款项的同期尚有金融机构贷款尚未偿还，出借人又不能举证证明款项的具体来源的，即可推定其实施了套取金融机构贷款转贷行为。我们认为，该项规定旨在加重出借人对资金来源的举证责任，但在认定是否构成套取金融机构贷款转贷的具体情形时，还应当综合出借人的贷款用途，出借人的金融贷款与用于出借的款项是否可以区分等方面加以综合考虑。另外，本条第二项之规定中虽有“向其他营利法人借贷”“向本单位职工集资”的表述，但并不影响主体的广泛性，并未将自然人主体排除在外，出借人为自然人的，只要符合行为要件，也可适用本条第二项之规定认定合同无效。

其次，我国虽一直秉持民商合一的立法体系，但仍重视民商区分的法律思维，职业放贷人以放贷为业，对金融市场规则十分熟悉，有较高能力控制风险和节约成本，已经超出了民事主体的范畴。依据《银行业监督管理法》《关于规范民间借贷行为维护经济金融秩序有关事项的通知》的相关规定，职业放贷行为严重危害金融秩序，应当严格禁止。2015 年，在制定原司法解释的过程中，考虑到职业放贷人难以认定，我国《放贷人条例》在当时已形成草案，故未将职业放贷行为纳入司法解释的规制范围，但《放贷人条例》至今仍未出台，职业放贷现象却愈演愈烈，故在修改原司法解释时，在本条规定的第三项增加规定了职业放贷行为的合同无效事由。而关于职业放贷行为的认定标准，法律并无明确规定，相关司法解释和司法政策文件虽有涉及，也规定不一。我们认为，除应结合条款中关于出借人是否获得有权机关的依法批准，出借行为是否具有营利目的以及是否属于向不特定对象提供借款的规定对职业放贷行为作出认定以外，还可以由各高级法院探索在本辖区范围内，综合考虑出借人放贷的次数、金额、主要收入来源、在法院集中诉讼的情况等对职业放贷人标准予以具体规范。

最后，本条规定根据民间借贷合同的特点，涵盖了民间借贷合同无效的主要事由。实践中，对于符合民法典规定民事法律行为无效制度的民间借贷行为，应当直接依据民法典的相关规定认定无效。例如，借贷合同的一方主体为无民事行为能力人的，应当依据民法典第一百四十四条之规定认定为无效；出借人与借款人以虚假的意思表示订立民间借贷合同的，亦应依据民法典第一百四十六条之规定认定无效。

### （二）第二十六条（新司法解释第二十五条）

【修改内容】

本条第一款将“借贷双方约定的利率未超过年利率 24%，出借人请求借款人按照约定的利率支付利息的，人民法院应予支持”修改为“出借人请求借款人按照合同约定利率支付利息的，人民法院应予支持，但是双方约定的利率超过合同成立时一年期贷款市场报价利率四倍的除外”。一方面，是重新划定了民间借贷利率的司法保护上限；另一方面，体现了司法解释依法保障民间借贷主体的意思自治。

为进一步贯彻民法典禁止高利放贷的精神要求，本条第二款取消了“借贷双方约定的利率超过年利率36%，超过部分的利息约定无效。借款人请求出借人返还已支付的超过年利率36%部分的利息的，人民法院应予支持”的规定内容，而将第二款改为“前款所称‘一年期贷款市场报价利率’，是指中国人民银行授权全国银行间同业拆借中心自2019年8月20日起每月发布的一年期贷款市场报价利率”，即对本条第一款所确定的利率计算标准作出明确界定。

【修改说明】

依据民法典第六百八十条第一款关于“禁止高利放贷，借款利率不得违反国家有关规定”之规定，结合中国人民银行贷款取消基准利率后，应当适用全国银行间同业拆借中心公布的贷款市场报价利率（LPR）作为贷款利率的计算标准，本司法解释重新划定了民间借贷利率的司法保护上限。

【理解与适用】

利率问题是民间借贷的核心问题，也是民间借贷司法解释的主要内容。经济学理论认为，金融是实体经济的血脉，以促进资金在各产业和企业间流动，来实现资源的优化配置、促进实体经济发展。理想的利率标准应当由市场自发形成，但利率市场化不是利率无序化，无序的市场会降低金融配置资源的效率，导致金融与实体经济失衡，既不利于实体经济发展，也不利于融资活动规范开展，必须加以规制。从我国目前情况看，行政管理层面上，民间借贷缺乏明确的主管部门；立法层面上，民法典第六百八十条虽然规定“禁止高利放贷，借款的利率不得违反国家有关规定”，但至今没有法律法规对民间借贷的利率标准作出明确规范。与此同时，市场主体的民间借贷活动却日益活跃，人民法院受理民间借贷纠纷案件数量激增，在近年来每年均有两百余万件的民间借贷纠纷案件涌入法院，人民法院却又不能“拒绝裁判”的情况下，划定民间借贷利率的司法保护上限是人民法院公平公正处理民间借贷案件的前提条件，可以为民间借贷纠纷的解决提供具体明确的裁判标准和救济渠道。因此，无论是1991年《最高人民法院关于人民法院审理借贷案件的若干意见》[①]，还是原司法解释，均对民间借贷利率的司法保护上限作出规定。当然，作为借款合同的一种

① 已于2015年9月1日废止。——编者注

形式，尊重当事人的意思自治仍是处理民间借贷纠纷应当坚持的一项根本准则，只有恪守意思自治原则，才能充分发挥民间借贷在融通资金、激活市场方面的积极作用。需要注意的是，原司法解释划定民间借贷利率的保护上限，并不妨碍当事人在实施借贷行为过程中的意思自治。只要不违反法律、行政法规的强制性规定，不违背公序良俗，借贷双方有权按照自己的意思，就借款合同中的借款期限、利息计算、逾期利息、合同解除等内容作出自愿协商，并承受相应的法律后果。

关于民间利率的司法保护上限的标准问题，最高人民法院在调研过程中收集到社会各界形成的三种主要意见：一种意见以全国人大代表、政协委员为代表，认为应当大幅度降低民间借贷利率的司法保护上限到与实体经济的利润率基本持平的程度，着力缓解中小企业融资压力，保障促进实体经济发展；另一种意见以立法机关为代表，认为应对民间借贷采取与金融机构借贷相同利率标准的保护上限，进一步压缩民间借贷的生存空间，体现从严、治乱的精神要求；还有一种意见以金融监管部门为代表，认为原司法解释已经确定的“以24%和36%为基准的两线三区”的标准符合民间借贷的特性，有利于提高民间借贷资金的可获得性，可以继续沿用。我们认为，为避免合同在履行过程中的风险，民间借贷利率的司法保护上限经常会成为借贷双方约定利率的重要参考，并辐射性的影响金融市场的资金定价，过高或者过低地划定保护上限的标准，均不利于民间借贷平稳健康发展，也不利于金融市场秩序稳定。2019 年 8 月 17 日，中国人民银行发布〔2019〕第 15 号公告，决定改革完善贷款市场报价利率（LPR）形成机制，参考近期 LPR 数据的运行情况，将民间借贷利率的保护标准与国家货币政策调控机制进行衔接，在实际上大幅调低了民间借贷利率的司法保护上限，既能适应我国利率市场化改革的客观需要，又能有效降低民间融资的成本，为民间借贷市场发展预留空间。同时，考虑到我国司法实践中长期以来对民间借贷利率不超过“银行同类贷款利率的 4 倍”上限规定的接受程度，在对原司法解释修改过程中，以中国人民银行授权全国银行间同业拆借中心每月 20 日发布的一年期贷款市场报价利率（LPR）4 倍的标准，重新划定了民间借贷利率的司法保护上限，取代“以 24%和 36%为基准的两线三区”的规定标准，是在充分吸收社会各界意见后形成的最大公约数，可以将民间借贷利率的司法保护上限控制在一个相对合理的范围内。

据此，依据新司法解释的相关规定，应继续执行更加严格的本息保护政策，无论当事人采取何种方式约定利息，对于按照约定要求借款人支付的利息，超过双方合同成立时一年期贷款市场报价利率4倍计算的整个借款期间利息之和的，人民法院均不予支持。除此以外，当事人主张的逾期利息、违约金或者其他费用总计超过合同成立时一年期贷款市场报价利率4倍的部分，人民法院亦不予支持。

还应注意的是，为防止出借人以费用名义额外计收利息，进而规避民间借贷利率的司法保护上限，应当从新司法解释控制借款成本的立法本意出发，将原第三十条（修改后的第二十九条）中的“其他费用”理解为借款人为获得借款而支付的其他成本，应与利率的性质基本相同，包括但不限于服务费、咨询费、管理费、会员费等各种除借款本金之外实际支付的费用。关于实践中争议较大的担保费问题，由于“其他费用”已经明确为出借人向借款人实际收取的费用，应视担保费是否最终由出借人实际收取作出认定。



### （三）第三十三条（新司法解释第三十一条）

【修改内容】

从规范适用的角度，本条将“本规定公布施行后，最高人民法院于1991年8月13日发布的《关于人民法院审理借贷案件的若干意见》同时废止；最高人民法院以前发布的司法解释与本规定不一致的，不再适用”修改为“本规定施行后，最高人民法院以前作出的相关司法解释与本规定不一致的，以本规定为准”，作为本条的第三款。

从适用案件的角度，本条增加规定“本规定施行后，人民法院新受理的一审民间借贷纠纷案件，适用本规定”，作为本条第一款。

从适用标准的角度，本条增加规定“2020年8月20日之后新受理的一审民间借贷案件，借贷合同成立于2020年8月20日之前，当事人请求适用当时的司法解释计算自合同成立到2020年8月19日的利息部分的，人民法院应予支持；对于自2020年8月20日到借款返还之日的利息部分，适用起诉时本规定的利率保护标准计算”，作为本条第二款。

【修改说明】

依据我国立法法第九十三条之规定，基于新旧司法解释的衔接适用过程中，涉及社会综合治理下存量债务的清理工作，以及对当事人权益的平衡保护，进行修改。

【理解与适用】

司法解释的溯及力直接决定该司法解释是否适用于某一案件，对当事人的权利义务影响巨大。在原司法解释修改过程中，因民间借贷利率司法保护上限的下调，有关溯及力的规定成为利率问题之外的又一重点。因新旧司法解释的衔接适用，将涉及社会综合治理下存量债务的清理工作，以及对当事人权益的平衡保护，新司法解释的溯及力将会对人民法院依法审理民间借贷纠纷案件产生较大影响。

由于我国立法法第九十三条规定“法律、行政法规、地方性法规、自治条例和单行条例、规章不溯及既往，但为了更好地保护公民、法人和其他组织的权利和利益而作的特别规定除外”，因而关于司法解释是否具有溯及力的问题，一直存有不同认识。有观点认为，根据1981年第五届全国人大第十九次常委会通过的《关于加强法律解释工作的决议》的相关规定，司法解释是最高人民法院为统一法律适用标准而对现行立法作出的解释，解释的内容一般不得超越法律本身，也就不会超越社会成员的正当预期，溯及既往并不会损害其信赖利益，故最高人民法院司法解释大多规定，自司法解释施行之日起，人民法院尚未审结的一审、二审案件均应适用，这种观点在实际上是认为司法解释具有天然的溯及力。但也有相反观点认为，司法解释虽是对既有法律的解释，而我国的司法解释在一定程度上还起到填补立法空白的作用，按照“法不溯及既往”的普遍原则，民事法律行为的当事人不应被将来的、不确定的法律规范，影响其在设定民事权利义务时的合法信赖利益。民间借贷司法解释有关利率司法保护上限的规定即是如此，故司法解释不应具有溯及力。

我们认为，法的生命在于实施，以无溯及力为原则，有溯及力为例外。具体而言，本条第一款规定“本规定施行后，人民法院新受理的一审民间借贷纠纷案件，适用本规定”，是指第一次修改后的司法解释自2020年8月20日公布之日起开始施行，新司法解释施行后，各级人民法院新受理的一审民间借贷纠纷案件均应适用本司法解释，但对于已经受理的一审、二审、再审案件的审理不适用本规定。该款规定是关于本司法解释适用案件的原则性规定：一是慎重考量了立法法关于“有利溯及”的相关规定，基于司法解释的功能定位，新司法解释关于利率保护和合同效力等主要内容，符合立法法第九十三条“为了更好地保护公民、法人和其他组织的权利和利益而作的特别规定”的例外情形；二是充分参考了2014年以来，最高人民法院发布的民商事类司法解释，多采“实体从旧、程序从新”的溯及力准则，作为民间借贷行为的全面规范，新民间借贷司法解释以实体内容为主，适用于新受理的一审案件，也符合民事审判规律。关于“新受理”案件的标准问题，实践中存有一定争议。我们认为，按照我国立案登记制度的相关规定，在2020年8月20日前人民法院收到当事人起诉材料且已转入诉前调解程序的，在2020年8月20日（含）后登记立案的案件，应视为是8月20日前受理的案件，依据本条第一款之规定，不适用新司法解释。

本条第二款之规定以不减损当事人既存权利为前提，同时体现新司法解释颁布后的规范和引导作用，明确了“跨法”行为分段适用新旧司法解释的具体规则，注重保护民间借贷合同当事人的合理预期。依据该款规定，人民法院在审理2020年8月20日后新受理的一审民间借贷案件时，对于借贷合同成立于8月20日之前，延续到新司法解释之后的借贷合同，当事人请求按照原司法解释确定的标准计算部分利息的，以不越过8月19日为界，人民法院应予支持。

此外，根据“新法优于旧法”的法的适用原则，本条第三款规定，最高人民法院以前发布的司法解释与新司法解释对同一法律问题或者规则的规定存在适用冲突的，以新司法解释的规定为准。

# 《最高人民法院关于审理人身损害赔偿案件适用法律若干问题的解释》新修改条文的理解与适用

潘　杰*

## 一、修改情况说明

根据2020年12月23日最高人民法院审判委员会第1823次会议通过的《最高人民法院关于修改〈最高人民法院关于在民事审判工作中适用《中华人民共和国工会法》若干问题的解释〉等二十七件民事类司法解释的决定》，最高人民法院对2003年《最高人民法院关于审理人身损害赔偿案件适用法律若干问题的解释》（以下简称原司法解释）进行了修正，修正后的司法解释简称为新司法解释。

新司法解释保留原司法解释条文4条，即原第五条、第十二条、第三十四条、第三十五条；删除原条文共计14条，即原第二条、第三条、第四条、第六条、第七条、第八条、第九条、第十条、第十一条、第十五条、第十六条、第十七条、第十八条、第三十一条；修改4条，即引言、原司法解释第一条、第十三条、第十四条、第三十三条；增加2条，即第十六条、第二十三条。修改后的解释条文共计24条。其中，引言涉及对法律依据的调整，原第一条、第十三条、第十四条、第三十三条涉及实质性修改，修改后的条文内容与民法典的规定和精神保持一致；增加第十六条和第二十三条是为了保持司法解释逻辑体例的完整性；删除14个条文是因其内容已经被民法典吸收，上升为法律规定而没有保留必要。

* 作者单位：最高人民法院民事审判第一庭。

## 二、关于适应性修改的条文说明

引言部分：民法典颁布实施后，民法通则同时废止，因此在对司法解释修改时，将其引言中“根据《中华人民共和国民法通则》（以下简称民法通则）、《中华人民共和国民事诉讼法》（以下简称民事诉讼法）等有关法律规定”修改为“根据《中华人民共和国民法典》（以下简称民法典）、《中华人民共和国民事诉讼法》（以下简称民事诉讼法）等有关法律规定”。同时，统一文字表述，将“结合审判实践，就有关适用法律的问题作如下解释”修改为“结合审判实践，制定本解释”。

## 三、关于重点修改条文的修改说明和理解与适用

### （一）第一条

【修改内容】

本条对原条文的三款规定均作了修改。第一款将“因生命、健康、身体遭受侵害，赔偿权利人起诉请求赔偿义务人赔偿财产损失和精神损害的，人民法院应予受理”修改为“因生命、身体、健康遭受侵害，赔偿权利人起诉请求赔偿义务人赔偿物质损害和精神损害的，人民法院应予受理”。一是将物质性人格权的客体由生命、健康、身体，调整为生命、身体、健康；二是将赔偿范围由财产损失和精神损害，修改为物质损害和精神损害。

第二款将“本条所称‘赔偿权利人’，是指因侵权行为或者其他致害原因直接遭受人身损害的受害人、依法由受害人承担扶养义务的被扶养人以及死亡受害人的近亲属”修改为“本条所称‘赔偿权利人’，是指因侵权行为或者其他致害原因直接遭受人身损害的受害人以及死亡受害人的近亲属”，即关于赔偿权利人的规定，删除了“依法由受害人承担扶养义务的被扶养人”。

第三款关于赔偿义务人的规定，将“其他组织”修改为“非法人组织”。

【修改说明】

根据民法典第一百一十条、第九百九十条、第一千零五条、总则编第四章非法人组织的规定以及侵权责任编第二章损害赔偿的规定，对人身损

害的侵害客体、损害赔偿的请求权主体、赔偿义务主体进行相应修改。

【理解与适用】

关于人身损害的侵害客体。民法典总则编第一百一十条规定“自然人享有生命权、身体权、健康权”，这三项人格权属于物质性人格权，与荣誉权、肖像权、名誉权、隐私权等精神性人格权相区分。人格权编第九百九十条、第一千零五条对物质性人格权的权利顺序也作出相同规定，均规定为生命权、身体权、健康权。据此，将原解释第一条规定的“生命、健康、身体”，调整为“生命、身体、健康”，调整后的权利顺序与民法典的规定保持一致。

关于损害的类型。新司法解释是关于人身损害赔偿的专门司法解释，损害赔偿系侵权责任的主要承担方式，民法典侵权责任编第二章专章规定损害赔偿。生命权、身体权、健康权等物质性人格权遭受损害，既有物质损害，又有精神损害，这里的物质损害不限于财产损失，还应包括生命、身体、健康这些物质性人格权的权利载体的损害，原司法解释第一条规定的财产损失不能涵盖上述损害，外延过窄，新司法解释予以修改，将损害区分为“物质损害”和“精神损害”，不再使用“财产损失”的表述。

关于赔偿权利人的范围。原司法解释第一条第二款将“依法由受害人承担扶养义务的被扶养人”作为赔偿权利人，同时又规定“死亡受害人的近亲属”也是赔偿权利人。本解释第一条第二款关于赔偿权利人的规定，删除了“依法由受害人承担扶养义务的被扶养人”。这是因为，民法典第一百二十条规定：“民事权益受到侵害的，被侵权人有权请求侵权人承担侵权责任。”第一千一百八十一条规定：“被侵权人死亡的，其近亲属有权请求侵权人承担侵权责任。”由此可见，根据民法典的规定，被侵权人生存时的赔偿权利人是被侵权人自己，被侵权人死亡时的赔偿权利人是死亡受害人的近亲属，民法典未将受害人承担扶养义务的被扶养人作为间接受害人或者权利继承人而赋予其赔偿请求权。根据民法典婚姻家庭编的相关规定，受害人承担法定扶养义务的未成年人和其承担扶养义务的成年近亲属，其范围与民法典第一千零四十五条规定的近亲属范围一致。在被侵权人死亡时，死亡受害人的近亲属作为赔偿权利人，实际涵盖了受害人承担法定扶养义务的被扶养人，无须再将被扶养人与死亡受害人的近亲属并列规定为赔偿权利人。同时，新司法解释增加一条作为第十六条，规定“被扶养人生活费计入残疾赔偿金和死亡赔偿金”，第十七条第一款规定了被扶养人生活费的计算标准。也就是说，尽管新司法解释不再将被扶养人规定为赔偿权利人，但将被扶养人基于法定扶养义务关系享有的反射利益纳入赔偿范围，保障了被扶养人的利益得到填补。

关于赔偿义务人的范围。民法典总则将法人之外的组织表述为“非法人组织”，不再使用“其他组织”的表述，本解释第一条第三款作相应调整。



## （二）第四条（原司法解释第十三条）

【修改内容】

本条将原司法解释第十三条“为他人无偿提供劳务的帮工人，在从事帮工活动中致人损害的，被帮工人应当承担赔偿责任。被帮工人明确拒绝帮工的，不承担赔偿责任。帮工人存在故意或者重大过失，赔偿权利人请求帮工人和被帮工人承担连带责任的，人民法院应予支持”的规定，修改为第四条“无偿提供劳务的帮工人，在从事帮工活动中致人损害的，被帮工人应当承担赔偿责任。被帮工人承担赔偿责任后向有故意或者重大过失的帮工人追偿的，人民法院应予支持。被帮工人明确拒绝帮工的，不承担赔偿责任”。即改变了帮工人侵权的责任主体和责任形态。

【修改说明】

参照民法典第一千一百九十二条第一款规定，并依据第一百七十八条第三款关于“连带责任，由法律规定或者当事人约定”的规定，对帮工人侵权的责任主体和责任形态作出相应调整。一是非实质性的文字修改，将“为他人无偿提供劳务的帮工人”修改为“无偿提供劳务的帮工人”，使表述更加简练；二是不再将被帮工人与过错帮工人的责任认定为连带责任，被帮工人的责任是替代责任、外部责任，其承担责任后可以向过错帮工人追偿。

【理解与适用】

本条是关于帮工人在帮工活动中致人损害应如何承担民事责任的规定。民法典侵权责任编第三章关于责任主体的特殊规定中，未规定帮工人在帮工过程中致人损害的侵权责任。在司法实践中，帮工人在帮工过程中致人损害的案件时有发生，故有必要保留原司法解释第十三条的规定，并根据民法典的新精神作出相应调整，以为司法实践适用法律作出指引。本条规定包含四层含义。

(1) 被帮工人的替代责任。被帮工人接受帮工或者未明确拒绝帮工的，帮工人在帮工活动中致人损害的责任由被帮工人承担。这主要是考虑，帮工人一般是应被帮工人的请求参加帮工活动，或虽然被帮工人没有邀请帮工人参加帮工活动，但当帮工人得知被帮工人在建房、收割粮食、搬家等方面存在困难时，基于中华民族的善良风俗而主动帮忙、无偿提供劳务，被帮工人是受益人，因帮工活动获得利益。因此，只要被帮工人没有明确拒绝帮工，帮工人因帮工活动致人损害的责任就应由被帮工人承担。被帮工人承担的赔偿责任，是基于帮工的特定关系而为帮工人的行为承担的替代责任，这与民法典第一千一百九十二条第一款关于个人劳务关系中提供劳务一方致人损害的侵权责任的立法意旨是一致的。

(2) 被帮工人与有故意或者重大过失的帮工人之间不再承担连带责任。民法典第一百七十八条第三款规定："连带责任，由法律规定或者当事人约定。"原司法解释第十三条"帮工人存在故意或者重大过失，赔偿权利人请求帮工人和被帮工人承担连带责任的，人民法院应予支持"的规定，缺乏法律依据，对此予以删除。

(3) 被帮工人承担责任后享有追偿权。原司法解释第十三条对被帮工人承担赔偿责任后能否向帮工人追偿的问题没有作出规定，本条增加规定被帮工人承担赔偿责任后向有故意或者重大过失的帮工人追偿的，人民法院应予支持。作出这一修改，主要考虑：一是被帮工人在帮工活动中受益是有限的，不能要求被帮工人对帮工人所有的侵权行为都承担赔偿责任，如帮工人自身对侵权行为存在故意或者重大过失的，帮工人应当承担最终责任，否则就难免导致被帮工人因帮工获得的利益小于其承担的风险和责任，产生利益失衡，也不利于帮工人尽到必要的注意义务。因此，应允许被帮工人承担责任后向有故意或者重大过失的帮工人追偿，这也体现了过错责任原则，对被帮工人而言是过错推定，对帮工人而言是过错责任。二是帮工人因帮工活动致人损害，与工作人员执行工作任务、个人之间因提供劳务造成他人损害的情况是类似的。侵权责任法关于用人单位责任、个人之间因提供劳务造成他人损害的责任的规定，未明确规定用人单位和接受劳务一方享有追偿权。民法典第一千一百九十一条、第一千一百九十二条作了相应调整，增加规定用人单位和接受劳务一方的追偿权。从立法逻辑的一致性出发，本条参照民法典的上述规定，相应增加被帮工人的追偿权。三是原司法解释第十三条规定被帮工人与有故意或者重大过失的帮工人承担连带责任，连带责任是允许内部追偿的，也就是说，按照原规定，有故意或者重大过失的帮工人仍然是最终责任主体。因此，本条增加规定被帮工人的追偿权，与原条文的基本精神不矛盾。

(4) 被帮工人明确拒绝帮工的，不承担责任。被帮工人明确拒绝帮工，其主观上不存在获得帮工利益的意图，若责令其为帮工人的侵权行为承担责任，缺乏正当性，故本条保留原司法解释关于“被帮工人明确拒绝帮工的，不承担责任”的规定。



## (三) 第五条（原司法解释第十四条）

【修改内容】

本条对原第十四条的两款规定均作了修改，条文序号调整为新司法解释的第五条：一是将原条文第一款“帮工人因帮工活动遭受人身损害的，被帮工人应当承担赔偿责任。被帮工人明确拒绝帮工的，不承担赔偿责任；但可以在受益范围内予以适当补偿”的规定，修改为“无偿提供劳务的帮工人因帮工活动遭受人身损害的，根据帮工人和被帮工人各自的过错承担相应的责任；被帮工人明确拒绝帮工的，被帮工人不承担赔偿责任，但可以在受益范围内予以适当补偿。”二是将第二款“帮工人因第三人侵权遭受人身损害的，由第三人承担赔偿责任。第三人不能确定或者没有赔偿能力的，可以由被帮工人予以适当补偿”的规定，修改为“帮工人在帮工活动中因第三人的行为遭受人身损害的，有权请求第三人承担赔偿责任，也有权请求被帮工人予以适当补偿。被帮工人补偿后，可以向第三人追偿”。即改变了帮工人遭受人身损害时的责任主体和责任形态。

【修改说明】

本条参照民法典第一千一百九十二条第一款和第二款的规定，对帮工人因帮工活动遭受人身损害的侵权责任主体和责任形态作出相应调整。一是将帮工人因帮工活动遭受人身损害时被帮工人的替代责任修改为按份责任；二是在第三人侵权时，赋予遭受侵害的帮工人对赔偿义务人的选择权以及无过错被帮工人承担补偿责任后向第三人的追偿权。

【理解与适用】

本条规定了帮工人在帮工活动中遭受人身损害和被第三人侵害两种情形的处理原则。

(1) 帮工人在帮工活动中遭受人身损害的责任承担。根据原司法解释

第十四条规定，帮工人因帮工活动遭受人身损害的，由被帮工人承担赔偿责任，其理由是被帮工人是帮工活动的受益人，被帮工人理应承担赔偿责任。笔者认为，义务帮工人因帮工活动遭受损害，与用人单位的工作人员执行工作任务遭受损害的情形不一样，义务帮工人一方在帮工活动中有较大自主权，不像用人单位对工作人员的控制力那么强。义务帮工人因帮工活动遭受损害的，要求被帮工人一方无条件地承担赔偿责任，难免责任过重，也不利于促使帮工人尽到必要的注意义务。而且，有时被帮工人并不是受益人，像被帮工人为代管他人房屋请他人帮工维修，实际受益人是房屋产权人而非帮工人。义务帮工与个人之间的劳务关系虽有区别，但也存在着相似性，被帮工人对帮工人因帮工活动遭受损害所承担的责任，不应超过个人劳务关系中提供劳务一方遭受损害时接受劳务一方承担的责任。根据民法典第一千一百九十二条第一款规定，个人之间形成劳务关系，提供劳务一方因劳务受到损害的，根据双方各自的过错承担相应的责任。这一规定区分情况，根据双方过错来确定民事责任比较合理。因此，参照该条规定，本条将义务帮工人因帮工活动遭受人身损害的责任相应修改为“根据帮工人和被帮工人各自的过错承担相应的责任”。

(2) 适用公平原则确定被帮工人的补偿责任。帮工人因帮工活动遭受损害，被帮工人承担责任的基础是其存在过错，因为无过错责任只有在法律有明确规定的情形下才适用。若被帮工人已经明确表示拒绝帮工人帮工，帮工人执意帮工并不符合被帮工人的意愿，帮工人在帮工活动中发生意外或者人身损害结果更是超出了被帮工人的主观意志，被帮工人在主观上不存在过错，不构成侵权行为，不应承担侵权损害赔偿责任。但是，被帮工人虽然对被帮工人因帮工活动遭受的人身损害不承担侵权责任，但不等于说在帮工活动中帮工人受到的损害与己无关，不管怎么讲，帮工人参加帮工活动使被帮工人受益了，根据公平原则被帮工人应当在受益的范围内对帮工人予以补偿。因此，本条保留了原司法解释关于“被帮工人明确拒绝帮工的，不承担赔偿责任；但可以在受益范围内予以适当补偿”的规定。

(3) 帮工人因第三人侵权遭受损害的责任承担。对于帮工人因第三人侵权遭受人身损害的情形，原司法解释第十四条的处理是一个递进关系，即由第三人承担赔偿责任，第三人不能确定或者没有赔偿能力的，可以由被帮工人予以适当补偿。本条将帮工人请求权的这种递进关系，修改为选择关系，主要是因为帮工关系与个人之间的劳务关系具有相似性，故参照民法典第一千一百九十二条第二款的规定，即“提供劳务期间，因第三人的行为造成提供劳务一方损害的，提供劳务一方有权请求第三人承担侵权责任，也有权请求接受劳务一方给予补偿。接受劳务一方补偿后，可以向第三人追偿”的规定，作出相应调整。

## （四）第十六条（新增）

【修改内容】

本司法解释增加第十六条，规定“被扶养人生活费计入残疾赔偿金或者死亡赔偿金”。

【修改说明】

本条吸收《最高人民法院关于适用〈中华人民共和国侵权责任法〉若干问题的通知》第四条规定，增加规定“被扶养人生活费计入残疾赔偿金或者死亡赔偿金”。

【理解与适用】

侵权责任法取消了“被扶养人生活费”的赔偿项目，其原因是当时最高人民法院拟推动死亡赔偿金和残疾赔偿金计算标准的修改，提高两金的赔偿标准。该法实施后，最高人民法院下发《关于适用〈中华人民共和国侵权责任法〉若干问题的通知》，该通知第四条规定，被扶养人的生活费计入残疾赔偿金或者死亡赔偿金。侵权责任法实施十余年来，死亡赔偿金和残疾赔偿金的赔偿标准没有修改。民法典制定时，对于赔偿项目的规定和侵权责任法的规定大体保持了一致，人身损害的赔偿项目仍不包含被扶养人生活费，若将被扶养人生活费的赔偿项目删除，则必然导致被侵权人获得的赔偿少于过去的标准，被扶养人的反射利益将得不到保障，故最高人民法院在新司法解释中仍保留了被扶养人生活费计算标准的规定，并增加一条规定，明确将被扶养人生活费计入残疾赔偿金或者死亡赔偿金。经征求立法机关意见，立法机关认为上述规定与民法典的规定不冲突。

## （五）第二十条（原司法解释第三十三条）

【修改内容】

本条将原司法解释第三十三条“赔偿义务人请求以定期金方式给付残疾赔偿金、被扶养人生活费、残疾辅助器具费的，应当提供相应的担保。人民法院可以根据赔偿义务人的给付能力和提供担保的情况，确定以定期金方式给付相关费用。但是，一审法庭辩论终结前已经发生的费用、死亡赔偿金以及精神损害抚慰金，应当一次性给付”的规定，修改为第二十条“赔偿义务人请求以定期金方式给付残疾赔偿金、辅助器具费的，应当提供相应的担保。人民法院可以根据赔偿义务人的给付能力和提供担保的情况，确定以定期金方式给付相关费用。但是，一审法庭辩论终结前已经发生的费用、死亡赔偿金以及精神损害抚慰金，应当一次性给付”。

【修改说明】

根据民法典第一千一百七十九条规定，删除“被扶养人生活费”的赔偿项目，将“残疾辅助器具费”修改为“辅助器具费”，以与民法典的表述保持一致。

【理解与适用】

根据民法典第一千一百七十九条和新司法解释第十六条规定，“被扶养人生活费”不再作为一项单独的赔偿项目，而是作为残疾赔偿金和死亡赔偿金的组成部分，故本条相应删除了“被扶养人生活费”。辅助器具费是指受害人因残疾而造成身体功能全部或者部分丧失后需要配制补偿功能的残疾辅助器具的费用。民法典第一千一百七十九条没有使用残疾辅助器具费的表述，而是使用了“辅助器具费”，本条根据民法典的表述作出相应调整。

### （六）第二十三条（新增）

【修改内容】

新司法解释增加第二十三条，规定“精神损害抚慰金适用《最高人民法院关于确定民事侵权精神损害赔偿责任若干问题的解释》予以确定”。

【修改说明】

本司法解释增加规定精神损害赔偿的法律适用指引性规定，以便与《最高人民法院关于确定民事侵权精神损害赔偿责任若干问题的解释》的适用相衔接，从而使人身损害赔偿的制度体例具有完整性。

【理解与适用】

本司法解释制定实施前，《最高人民法院关于确定民事侵权精神损害赔偿责任若干问题的解释》已经颁布，故新司法解释未再具体规定精神损害抚慰金的确定问题。考虑到精神损害抚慰金属于人身损害赔偿项目，为做好制度衔接，新司法解释增加规定确定精神损害抚慰金的法律适用指引规定。

# 《最高人民法院关于审理道路交通事故损害赔偿案件适用法律若干问题的解释》新修改条文的理解与适用

张　闻*

## 一、修改情况说明

根据2020年12月23日最高人民法院审判委员会第1823次会议通过的《最高人民法院关于修改〈最高人民法院关于在民事审判工作中适用《中华人民共和国工会法》若干问题的解释〉等二十七件民事类司法解释的决定》，最高人民法院对2012年《最高人民法院关于审理道路交通事故损害赔偿案件适用法律若干问题的解释》（以下简称原司法解释）进行了修正，修正后的司法解释简称新司法解释。

新司法解释对原司法解释共修改9条、废止3条。其中，引言、第一条、第二条、第七条、第九条、第十条、第十三条涉及调整法律依据以及规范文字表述。第十一条、第十六条涉及实质性修改。废止的条款为：原第二条、原第三条、原第十条。

## 二、关于适应性修改条文的说明

引言部分：民法典颁布实施后，侵权责任法、合同法同时废止，因此在对司法解释修改时，将其引言中本解释的法律依据"《中华人民共和国侵权责任法》《中华人民共和国合同法》"修改为"《中华人民共和国民

* 作者单位：最高人民法院民事审判第一庭。

法典》”。

第一条：本规定是关于租赁、借用等机动车发生交通事故造成损害时，机动车所有人、管理人过错认定的规定。其中，确定机动车所有人、管理人承担责任的依据由侵权责任法第四十九条修改为民法典第一千二百零九条。

第二条：本规定是关于交通事故中，被多次转让但未办理转移登记的机动车一方责任主体应如何确定的规定。民法典第一千二百一十条是本规定的法律依据，根据上述法律的规范表述，本规定进行文字表述修改，将“但”修改为“但是”，将“转移登记”修改为“登记”。

第七条：本规定将“按照法律、法规、规章、国家标准、行业标准或者地方标准的要求”修改为“依照法律、法规、规章的规定，或者按照国家标准、行业标准、地方标准的要求”，系根据民法典的规范表述进行文字修改。同时，将第二款高速公路管理者承担赔偿责任的法律依据由侵权责任法第七十六条修改为民法典第一千二百四十三条。

第九条：本规定将机动车产品缺陷责任的法律依据由“侵权责任法第五章”修改为“民法典第七编第四章”。

第十条：本规定将多辆机动车发生交通事故时如何承担侵权责任的法律依据由“侵权责任法第十条、第十一条或者第十二条”修改为“民法典第一千一百七十条、第一千一百七十一条、第一千一百七十二条”。

第十三条：本条是关于交强险、商业险和侵权责任人赔偿次序的规定。本规定第一款已被民法典第一千二百一十三条吸收，第二款关于精神损害优先赔偿的规定，民法典并无明确规定，具有法律适用意义。据此，本规定在整体保留的情况下，为精简表述，不再对第一款赔偿顺序进行列举规定，而是在符合本规定的情形下，直接指引适用民法典第一千二百一十三条的规定。

## 三、关于重点修改条文的修改说明和理解与适用

### （一）第十一条

【修改内容】

本规定共有两处修改：一是将“身体权”受到的侵害纳入人身伤亡的

概念范畴；二是将被侵权人因人身伤亡有权主张损害赔偿类型的法律依据由“侵权责任法第十六条和第二十二条”修改为“民法典第一千一百七十九条和第一千一百八十三条”。

【修改说明】

民法典第一百一十条第一款规定：“自然人享有生命权、身体权、健康权、姓名权、肖像权、名誉权、荣誉权、隐私权、婚姻自主权等权利。”民法典在总则编民事权利一章中，将身体权作为自然人的民事权利予以保护，为与民法典的上述规定相衔接，本规定作出相应修改。同时，关于侵权责任损害赔偿的类型，民法典第一千一百七十九条和第一千一百八十三条分别吸收侵权责任法第十六条和第二十二条，据此，本规定对法律依据作出调整。

【理解与适用】

1. 关于人身权益的理解

我国民事法律对人身权的规定起于民法通则。民法通则中规定了生命健康权、姓名权、名称权、肖像权、名誉权、荣誉权、婚姻自主权等人身权。之后侵权责任法中增加规定了隐私权，并将生命健康权区分规定为生命权、健康权两项权利。《最高人民法院关于确定民事侵权精神损害赔偿责任若干问题的解释》还规定了身体权、人格尊严权、人身自由权。民法总则综合了多年来我国法律、司法解释对人身性民事权利的规定，将主要人身权列举为生命权、健康权、身体权、姓名权、肖像权、名誉权、荣誉权、隐私权、婚姻自主权，同时为了防止民事权利的不断发展变化，维持民法的稳定性，增加了“等”，便于司法实践的操作。此次民法典编纂时，对这一规定予以沿用。民法典第一百一十条规定的自然人享有的民事权利包括物质性的人格权和精神性的人格权。物质性的人格权是对自然人的物质表现形式所体现的人格利益设定的权利。物质性的人格权包括生命权、身体权、健康权。精神性人格权是指与人的生理和心理相关的以维持精神利益为主旨的人格权，是自然人对其精神性（心理性）人格要素的不可转让的支配权的总称，包括姓名权、肖像权、名誉权、荣誉权、隐私权、婚姻自主权等。因道路交通事故给被侵权人造成的人身伤害，一般是对物质性人格权的损害，即对生命权、身体权、健康权的损害。鉴于生命权、身体权、健康权均为民法典所保护的物质性人格权，有必要对上述三类权利予以区分，以厘清其概念和范围。(1) 生命权。生命权是以自然人的生命安全利益为内容的权利，它以生命安全和生命维持为客体，以维护人的生命活动延续为基本内容。生命权受到侵害，必须以生命不可逆转的丧失为标准。(2) 身体权。身体权是自然人维护其身体完全并支配其肢体、器官和其他身体组织的具体人格权。身体权受到侵害，表现为身体的完整性遭到破坏。身体权与健康权保护的方向不同，对身体的侵害主要指肉体上的侵害，造成机体或者器官无法正常运转。而健康权不仅是肉体上的，还包括心理上的，心理健康可使机体或者器官良好地运转，正常发挥其功能，使身体达到更好的状态。(3) 健康权。健康权是以自然人及其身体和器官的功能利益为内容的权利。健康权不仅指身体及其器官的完整，还包括身体机能和器官可以正常运转；不仅包括身体机能的健康，还包括心理的健康，对健康权的侵害往往与身体权相伴随。由于在侵权责任法中，关于物质性的人格权中，并没有身体权，原司法解释制定之时并没有“身体权”的规定，而民法典第一百一十条将身体权规定为自然人的民事权利，故本规定增加规定了道路交通事故造成身体权损害的情况下，也构成人身伤亡。

2. 人身损害与财产损害

从侵权行为侵害的客体来进行区分，可以依据侵权行为侵害的是人身权还是财产权，将侵权行为区分为侵害人身权的侵权行为和侵害财产权的侵权行为。一般而言，侵害人身权益的侵权责任相较于侵害财产权益的民事责任，具有以下几个特点：第一，侵害人身权益造成的损害后果表现为人身伤害和人格利益的损害。其可以表现为一般的无形的人格利益损害，其中不具有或不直接具有财产利益。也可以表现为财产的损失。第二，侵害人身权益的后果往往难以用金钱计算损失，而侵害财产权益的后果基于填补损失的原则，比较容易计算。尽管人身权益具有明显的非财产性特征，但却又和财产权存在着不可分割的关系，因为人身权益是民事主体从事各类民事法律行为的基础，在很多情况下，人身权益是民事主体取得财产权的前提，人身权益也可以通过对其客体的商业化转化为财产权。而在审判实践中，当人身权益受到损害时，给予一定的财产性补偿则是较通用的做法。基于此，人们往往将人身损害混淆为财产损害，这实际上是混淆了在侵权救济模式意义上的侵权责任后果。基于侵权行为救济模式的区分，一般可以分为财产损害和非财产损害（其核心部分是精神损害赔偿）。在这一分类模式下，人身损害并没有独立的地位，也就是说人身损害并不是独立于财产损害和非财产损害的类型。这一分类模式实际上也是人身权益的非财产性与财产性的联系体现，这也就决定了对人身权利的侵害包括了很多具体的具有财产补偿性质的类别，如残疾赔偿金、死亡赔偿金、精神损害赔偿金等，这些损失体现在损害赔偿上则往往是以财产损失的方式表现。因此，民法典第一千一百七十九条、第一千一百八十三条规定的赔偿项目则是从侵权损害的救济模式，而非侵权客体（显然其并非侵权客体）的角度进行规定的。

无论是道路交通安全法还是《机动车交通事故责任强制保险条例》（以下简称《交强险条例》）中的人身伤亡和财产损失，是从侵权客体的角度进行分类，这种法律规定并不等同于在结果上的救济规定。在前述侵权客体和侵权救济模式的区分上，各国立法往往对于侵害人身权设定了两种救济模式，既可以体现在财产内容的救济模式，也可以体现在精神损害内容的救济模式。鉴于在我国目前的法律体系中，只有对人身权客体造成的侵害才可以适用精神损害赔偿，而对于财产损害则不存在精神损害内容的救济模式。而对于道路交通安全法以及《交强险条例》中的人身伤亡来说，其系基于侵权客体而进行规定的。而在侵害客体为人身权益的情形下，其救济意义上的赔偿责任则显然涵盖了民法典第一千一百七十九条、第一千一百八十三条规定的赔偿范围及项目。进而言之，在机动车发生交通事故造成第三人人身权益损害的情况下，既可能产生死亡赔偿金、残疾赔偿金等财产损害的侵权损害救济方式，也可能存在赔偿权利人精神损害的侵权损害救济方式。而在机动车发生交通事故造成被侵权人财产损失的情况下，则被侵权人仅能就实际损失请求侵权人承担赔偿责任。

### （二）第十六条

【修改内容】

本规定将第二款投保义务人和侵权人不是同一人时，就机动车交通事故造成的损害在交强险责任限额范围内承担侵权责任的方式由连带责任修改为相应责任。

【修改说明】

民法典第一百七十八条第三款规定:“连带责任,由法律规定或者当事人约定。”民法典对连带责任采严格立场,要求当事人承担连带责任必须有明确的依据,或由法律规定,或由当事人约定。据此,本规定关于投保义务人与侵权人就未投保机动车因发生交通事故造成损害在交强险责任限额范围内承担连带责任的依据并不充分,在征求意见的过程中,全国人大常委会法工委亦认为此种情形不应规定为连带责任。为与民法典关于连带责任规定的精神保持一致,遂作出修改。

【理解与适用】

本规定是关于机动车未投保交强险发生交通事故赔偿责任如何承担的规定。

1. 未投保交强险的责任性质及其构成

未投保交强险的机动车发生交通事故造成损害,投保义务人是否承担责任在我国现行法中并未明文规定,那么,需要进一步探究的问题是,投保义务人应否承担责任?如果应当承担责任,则承担责任的法律依据是什么?其责任构成如何?

我们认为,未投保交强险的机动车发生交通事故造成损害,投保义务人应当承担侵权责任,其法律依据为民法典第一千一百六十五条第一款,其责任范围即在交强险限额范围内的赔偿责任。

关于投保义务人的过错。在侵权责任法上,侵权行为可以区分为作为与不作为。其中,不作为成立侵权,必须以作为义务的存在为前提,而作为义务的来源,主要有根据法律规定的作为义务、依据合同约定的作为义务、公序良俗所产生的作为义务以及因社会活动安全注意义务所产生的作为义务(主要包括因自己先前行为、开启或维持某种交通或交往以及因从事一定营业或职业而产生的危险防范义务)。[①] 根据道路交通安全法第十七条规定,国家实行交强险制度,《交强险条例》第二条规定在中国境内道路上行驶的机动车的所有人或管理人都应当投保交强险,这是机动车所有人或者管理人的法定义务。由于投保交强险的义务是法律的明确规定,从现实来看,在机动车购买、转让、年检、车船税的缴纳、违章的处罚等各

① 参见王泽鉴:《侵权行为》,北京大学出版社2009年版,第92~94页。

个环节都要求投保交强险这一条件。所以，未投保交强险的行为在主观上多数是故意，少数情况下为重大过失。交强险的投保义务人因故意或者重大过失未投保交强险，违反了法定义务，其行为具有过错。

关于被侵权人的利益损失。根据道路交通安全法、《交强险条例》的规定，我国的交强险更加强调对第三人的损失填补功能，更加重视对受害人的权益保障。在制度设计上，实现了交强险与侵权责任在一定范围内脱钩，即无论投保义务人对机动车事故是否具有过错，只要是造成被侵权人的损害，在交强险一定的责任限额范围内，都要对被侵权人进行赔付，从而使交强险的基本保障性质的功能更为凸显。在此背景下，机动车的投保义务人未投保交强险，导致被侵权人不能获得交强险的保险赔付。机动车未投保交强险，导致发生交通事故后第三人不能从交强险中获得赔偿的损失，显然不是一种类似生命权、健康权、财产权等绝对权形态的权利。那么，它是否属于侵权法应当保护的利益？我们认为，应作肯定回答。原因在于：根据我国目前的交强险制度，发生交通事故造成第三人损害的，在交强险责任范围内不讨论侵权责任，第三人能够从交强险保险公司获得相应限额范围内的赔偿。根据目前交强险的赔付规则，在机动车一方无责的情形下，交强险保险公司要在无责的限额内赔付；在机动车一方有责的情形下，不再区分责任的大小，交强险保险公司应在有责的限额内赔付。这种对第三人损害的填补方式，显然比适用过错责任的赔偿的范围要大，保障程度要高。由于投保义务人未投保交强险，导致第三人不能以此种方式获得赔偿，显然使第三人的利益受到损害。尽管我国的民法理论通说认为，权利之外的利益，在侵权责任领域并非一概保护，而是原则上不保护，例外情形下保护，① 但是，至少从文义解释的角度看，投保义务人投保交强险从而使受害的第三人能够获得交强险的赔偿确实是一种实实在在的利益。即使理论通说认为关于利益的保护应受限制，但也主要是从构成要件的角度展开。换言之，需要首先确定是否是可保护利益的范围，然后才能判断是否符合侵权责任的其他构成要件。侵权责任法第二条第二款采取列举式的方法规定了侵权责任法保护的民事权益的范围，同时在各列举

① 参见于飞：《侵权法中权利与利益的区分方法》，载《法学研究》2011年第4期；葛云松：《纯粹经济损失的赔偿与一般侵权行为条款》，载《中外法学》2009年第5期；王利明：《侵权责任法研究》，中国人民大学出版社2011年版，第90页。

的民事权益后加了“等”字，以为将来新型民事权益的类型留出空间。与侵权责任法相比，民法典第一千一百六十五条并未采取列举的方式，而是直接规定行为人因过错侵害他人民事权益造成损害的，应当承担侵权责任。也就是说，与侵权责任法第二条相比，民法典第一千一百六十五条对侵权责任保护的民事权益的范围采取了更为开放的态度。民法理论认为，对侵权责任法保护的民事权益应当作出限缩解释，限缩所需要排除的情形主要是以下三种：(1) 因过失（或虽因故意但不违反善良风俗）而侵害绝对权之外的财产利益（并且不违反保护他人的法律）；(2) 虽然因过错而违反法律并致人损害，但是该法律的目的并非保护受害人的被侵害的利益；(3) 因故意或过失侵害他人具体人格权以外的人格利益，但情节并非重大。据此，侵权责任法保护的民事权益三种主要类型：(1) 因过错不法侵害他人绝对权并造成损害；(2) 因过错违反保护他人的法律并造成损害；(3) 故意以违反善良风俗的方式加损害于他人。① 更进一步讲，可从区分权利和利益的角度切入，通过界定哪些法益属于权利、哪些属于权利之外的利益来确定侵权责任的保护范围。

上述理论解释，为本规定提供了支持。我们认为，由于投保义务人未投交强险导致受害人（第三人）不能从交强险中获得赔偿的损失，应当受到侵权责任法的保护。其一，理论通说认为，对于绝对权之外的其他利益，在行为违反法律明确规定的情况下，应当对该利益的损失承担赔偿责任。如前所述，道路交通安全法、《交强险条例》所规定的投保义务人投保交强险的义务，其立法目的在于保护道路交通中的不特定的第三人，所以，这些法律、行政法规具有保护他人之目的。即使按照德国法对利益保护持谨慎态度的立法或理论，投保义务人未投保交强险给第三人造成不能从交强险中获得赔偿的损失，也应当具有可赔偿性。其二，利益受到侵权责任法的保护之所以要受到限制，主要原因在于利益的不确定性，即人的不确定性和责任范围的不确定性。② 但是，由于交强险为法律和行政法规所明文规定，且交强险的赔偿方式和赔偿范围也为公众所知晓。相应地，被侵权人（第三人）能够从交强险中获得赔偿的利益，从侵权人的角度

---

① 葛云松：《〈侵权责任法〉所保护的民事权益》，载《中国法学》2010年第3期；陈现杰：《〈侵权责任法〉一般条款中的违法性判断要件》，载《法律适用》2010年第7期。

② 参见王泽鉴：《侵权行为》，北京大学出版社2009年版，第297页。

看，在范围上并不存在不确定性。所以，从侵权责任法需要平衡受害人的损失填补和行为人行为自由的利益角度衡量，受害人（第三人）应当受到交强险赔偿的利益具有确定性，不会造成过度限制行为人行为自由的结果。其三，从我国现行法的规定来看，对于投保义务人未履行法定的投保义务，造成的损失由投保义务人负担的规定，早已有之。例如，《工伤保险条例》第六十二条第二款规定："依照本条例规定应当参加工伤保险而未参加工伤保险的用人单位职工发生工伤的，由该用人单位按照本条例规定的工伤保险待遇项目和标准支付费用。"本规定在理念上与该规定是一致的。其四，如前所述，民法典相较于侵权责任法的规定，对利益的保护应当说采取了更为开放的态度，因此，明确侵权责任保护对被侵权人从交强险中获得赔付的这种利益，有利于通过私法的手段实现某些公法的目的，在客观上有利于道路交通安全法、《交强险条例》等立法目的的实现。这种客观效果，也为被侵权人此种利益的保护提供了正当化依据。

关于投保义务人未投交强险的行为与被侵权人不能获得交强险赔偿而产生的利益损失之间存在因果关系。有观点认为，投保义务人未投保交强险的行为，与道路交通事故中的被侵权人的损害后果没有直接的因果关系，因此不应当由投保义务人按照本条规定承担责任。我们认为，这种观点虽然具有一定的合理性，但是忽视了我国交强险制度的特征以及其与侵权责任的关系。

如前所述，基于交强险的基本保障功能，因交通事故所造成的损害是否构成侵权责任对于交强险的赔偿而言并不重要。因此，不能由此认为，由于交通事故所造成的损害是由于驾驶机动车的驾驶行为所引起而非未投保交强险的行为所造成，投保义务人不应当按照本条的规定承担责任。而应当是，正是由于投保义务人未投保交强险的行为，导致交通事故所造成的损害中的一部分不能从交强险中获得赔偿，这种损害恰恰与未投保交强险的行为具有因果关系。

综上，我们认为，未投保交强险的机动车发生交通事故，投保义务人因违反道路交通安全法、《交强险条例》关于投保交强险的法定义务，导致被侵权人不能从交强险中获得赔付，由此产生的利益损失，投保义务人具有过错。依据民法典第一千一百六十五条的规定，投保义务人在交强险责任限额范围内应承担侵权责任。需要说明的是，投保义务人与侵权人为同一人的情况下，由于侵权人驾驶机动车给被侵权人造成人身、财产权利的损害，属于对绝对权利的损害，侵权人应当就全部损失承担损害赔偿责任。由于因绝对权利造成的损害赔偿范围中，包含了交强险赔偿，这是从外观上观察的结果。但究其实质，侵权人基于绝对权承担的损害赔偿责任，与投保义务人因未投保交强险给向被侵权人的合法利益进行的损害赔偿责任，是两种不同的侵权责任，只是在交强险责任范围内，上述两种责任发生竞合，根据损失填补的原则，被侵权人不能就此获得双倍赔偿。因此，在投保义务人和侵权人为同一人的情况下，由侵权人对因侵害绝对权的损失进行全部赔偿后，被侵权人不得就未获得交强险利益的损失再次请求赔偿；或者侵权人在交强险范围内先赔偿之后，被侵权人不得就其全部损失主张赔偿，仅能在扣除交强险责任限额后向侵权人主张赔偿。

2. 投保义务人与侵权人不一致应承担何种责任

根据道路交通安全法、《交强险条例》的规定，机动车交强险的投保义务人为机动车的所有人或管理人，在实践中经常发生的情形是，机动车的所有人或管理人将未投保交强险的机动车以借用等方式供他人使用，在此期间发生交通事故。对于此种投保义务人和驾驶人不一致的情形，交强险责任限额范围内的责任应如何承担？是此次修改的重要问题。

我们认为，应当在交强险责任限额范围之内由投保义务人和行为人承担相应责任。对此，需要说明以下几个问题。

第一，对侵权人的责任应如何理解。由于机动车肇事给被侵权人造成人身、财产的损失，此种损失属于侵权人侵害他人人身、财产权利产生的损失，侵权人的过错是损失产生的直接原因，侵权人因过错行为对全部损失承担赔偿责任，此为侵权责任法过错责任原则的应有之义，不再赘述。

第二，对投保义务人的责任应如何理解。驾驶机动车上道路行驶，应当投保交强险。尽管投保义务人未投保交强险并非被侵权人人身、财产损失产生的直接原因，但如前所述，如果投保义务人此前已经投保了交强险，那么被侵权人可以直接获得交强险的赔付，此时，因为投保义务人没有投保交强险，由此导致被侵权人不能获得交强险赔付的利益损失，这种损失并非被侵权人因绝对权利受到侵害而产生的损失，要注意区分上述两种损害赔偿责任。(1) 主体不同，前者承担侵权责任的主体是侵权人，后者承担侵权责任的主体是投保义务人；(2) 客体不同，前者保护的是他人的人身、财产权利，是一种绝对权；后者保护的是他人的合法利益；(3) 法律效果不同。前者通过承担损害赔偿责任，目的是使得受害者恢复到交通事故发生前的状态，而后者的损害赔偿责任旨在恢复到投保交强险能够得到赔付的状态。由于交强险制度与侵权责任损害赔偿制度存在高度关联，交强险的意义在于加强侵权损害赔偿功能，因此，尽管侵权人与投保义务人在因未投保交强险的情况下造成的事故，对被侵权人而言承担的是不同的侵权责任，但由于二者同时具有的损失填补的功能，从结果上看，在交强险责任限额范围内，侵权人与投保义务人对被侵权人的损害赔偿责任产生了重合。但是，由于此时侵权人和投保义务人分别实施两个独立的侵权行为，侵害两个法益，因此二者并不构成连带责任、按份责任以及补充责任，而是二人均应独立承担侵权责任。

第三，侵权人与投保义务人责任的先后顺序。如果被侵权人仅选择侵权人或者投保义务人主张赔偿，二人分别承担各自的侵权责任，对此较好理解，也并无争议。问题是如果被侵权人同时向侵权人与投保义务人主张赔偿，就交强险责任限额内的赔偿责任来说，虽然侵权人对被侵权人的赔偿与投保义务人对被侵权人的赔偿是两项独立的赔偿，但对于被侵权人而言，其在该部分的损失只要获得其中一方的赔偿即获得弥补，故其不能双倍主张，这就面临着侵权人与投保义务人责任承担先后的问题。我们认为，应当由侵权人对其造成的损失先行承担责任，如果其先行承担责任仍然不能赔偿被侵权人的全部损失的，由投保义务人在交强险责任限额范围内进行赔偿。需要注意的是，此处投保义务人虽然是在后位承担责任，具有补充责任的外观，但其实质并非补充责任，因为二人实施的侵权行为不同，投保义务人对其因未依法投保给被侵权人造成交强险限额范围内赔付利益的损失承担责任，很难说是为侵权人对其因机动车交通事故给被侵权人人身、财产权利造成的损失进行补充赔偿。对于此种情形，由侵权人先行承担责任的理由是：(1) 侵权责任对于权利的保护与对利益的保护条件不同。从侵权责任法的制度价值来看，侵权责任法是救济法，其基本功能是对受害人的损害提供救济。[1] 现代侵权责任法的发展是以救济受害人为

---

① ［德］克雷斯蒂安·冯·巴尔：《欧洲比较侵权行为法》，焦关华译、张新宝审校，法律出版社 2004 年版，第 1 页。

中心而展开的，其基本价值理念是对受害人遭受的损害提供全面救济，以保护公民人身财产安全为目标，所贯彻的是民法的人文关怀精神。在这一目标指导下，侵权责任法一般确立了对人身权的优先保护，对受害人的全面救济等制度。[①] 侵权责任法保护绝对权并无争议，但是，对于绝对权之外的纯粹经济损失是否保护存在争议。对于纯粹经济损失的含义，尽管各国和学者之间的观点有一定差异，但简单理解，纯粹经济损失是一种非因绝对权受侵害而发生的财产上的损害（不利益）。[②] 应当说，现阶段理论和实践对于由侵权责任保护纯粹经济损失已经作出一些研究和探索，从一定程度上缩小了争议，目前就侵权责任法对纯粹经济损失的适用条件应当严于对绝对权的适用条件，并无太大争议。本规定涉及的投保义务人未依法投保，在发生机动车交通事故时，导致被侵权人交强险责任限额范围内不能获得赔偿，这是一种纯粹经济损失。机动车交通事故侵权中，在有直接侵权人的情况下，适用侵权责任的一般条款足以对被侵权人的损失进行完全的弥补，此种情况下不再启动纯粹经济损失的侵权保护，具有理论依据。(2) 从保险制度与侵权损害赔偿责任的关系上看。在近代社会，侵权责任法坚持过错责任原则，强调对侵权人过错的追责和道德的谴责，这体现了侵权责任法的惩罚功能。随着工业社会的发展，侵权责任法补偿功能日益突出，其中一个显著的表现就是责任保险制度的发展。责任保险制度的实质就是将承担侵权责任的风险由社会共同分担，以此避免责任人因无力赔偿导致受害人不能得到真正救济的情况，从这个意义上说，责任保险制度的目的在于更好地实现侵权责任法的损害赔偿功能，但责任保险制度并不能够完全替代侵权责任的过错责任，不能因为存在责任保险制度而完全免除侵权人的损害赔偿责任。因此，在新司法解释第十六条的情形下，尽管投保义务人需要对受害人在交强险责任限额范围内承担赔偿责任，但这并不意味着侵权人对受害人的损害赔偿责任当然免除，否则，有违侵权责任法“自己责任”的基本法理，难以有效督促对机动车进行直接控制的侵权尽到最大注意，从根本上避免损失发生。相反，如果侵权人通过承担

① 参见王利明：《侵权责任法与合同法的界分——以侵权责任法的扩张为视野》，载《中国法学》2011 年第 3 期。

② 参见葛云松：《纯粹经济损失的赔偿与一般侵权行为条款》，载《中外法学》2009 年第 5 期。

损害赔偿责任，已经实现了对受害人损失的弥补，受害人就不能够再请求投保义务人承担责任。

综上，对于第十六条第二款投保义务人与侵权人承担相应责任的理解，包括两个层次：第一个层次是，投保义务人与侵权人各自均应向受害人承担损害赔偿责任，即投保义务人对其因不依法投保交强险给受害人在不能得到交强险责任限额内赔付利益的损失承担赔偿责任、侵权人对机动车交通事故给受害人造成的人身、财产权利损失承担赔偿责任；第二个层次是，受害人请求投保义务人与侵权人赔偿损失的，应由侵权人先就其给受害人造成的全部损失进行赔偿，侵权人无力赔偿部分，由投保义务人在其应投保交强险责任限额范围内对受害人赔偿。

## 四、关于废止条文的说明

### （一）原司法解释第二条

该条规定内容已经被民法典第一千二百一十二条吸收，不再重复规定。

### （二）原司法解释第三条

该条规定内容已经被民法典第一千二百一十一条吸收，不再重复规定。

### （三）原司法解释第十条

该条规定内容已经被民法典第一千二百五十六条吸收，不再重复规定。

# 《最高人民法院关于确定民事侵权精神损害赔偿责任若干问题的解释》新修改条文的理解与适用

张　闻*

## 一、修改情况说明

根据2020年12月23日最高人民法院审判委员会第1823次会议通过的《最高人民法院关于修改〈最高人民法院关于在民事审判工作中适用《中华人民共和国工会法》若干问题的解释〉等二十七件民事类司法解释的决定》，最高人民法院对2001年《最高人民法院关于确定民事侵权精神损害赔偿责任若干问题的解释》（以下简称原司法解释）进行了修正，修正后的司法解释简称新司法解释。

新司法解释对原司法解释共修改5条、废止6条。其中，引言涉及调整法律依据以及规范文字表述。第一条、第三条、第四条、第五条涉及实质性修改。废止的条款为：原第四条、原第六条、原第七条、原第八条、原第九条、原第十一条。

## 二、关于适应性修改条文的说明

引言部分：民法典颁布实施后，民法通则同时废止，因此在对司法解释修改时，将其引言中“根据《中华人民共和国民法通则》等有关法律规定”修改为“根据《中华人民共和国民法典》等有关法律规定”。同时，

* 作者单位：最高人民法院民事审判第一庭。

采司法解释规范表述，将“结合审判实践经验，对有关问题作如下解释”修改为“结合审判实践，制定本解释”。

## 三、关于重点修改条文的修改说明和理解与适用

以下为新司法解释条文。

### （一）第一条

【修改内容】

本规定共有两处修改：一是将有权提起精神损害赔偿之诉的主体由“自然人”修改为“自然人或者其近亲属”。二是将精神损害赔偿之诉的受案范围由列举式改为概括式，将可以提起精神损害赔偿诉讼的情形由“生命权、健康权、身体权、姓名权、肖像权、名誉权、荣誉权、人格尊严权、人身自由权等人格权利、隐私以及其他人格利益受到非法侵害”修改为侵害“人身权益或者具有人身意义的特定物受到侵害”。

【修改说明】

民法典规定了精神损害赔偿制度，为与民法典关于精神损害赔偿制度相关规定相衔接，并进一步细化规则，本规定作出修改。

【理解与适用】

本条是关于精神损害赔偿受案范围的规定。精神损害赔偿受案范围涉及两个问题：一是主体范围，即何种类型的民事主体就其民事权益受到侵害，可以请求赔偿精神损害；二是指客体范围，即何种性质的民事权益受到侵害可以请求赔偿精神损害。

1. 精神损害赔偿的主体

按照大陆法系国家传统的民法理论，因侵权致人损害，其损害后果可以区分为两种形态：即“财产上损害”和“非财产上损害”。“财产上损害”是指一切有形财产和无形财产所受损失，包括现有实际财产的减少和可得利益的丧失。其基本特征是损害具有财产上的价值，可以用金钱加以计算。“非财产上损害”相对于财产上损害而言，是指没有直接的财产内容或者不具有财产上价值的损害。其损害本身不能用金钱加以计算，在此意义上，凡属“财产损害”以外的其他一切形态的损害、包括生理、心理以及超出生理、心理范围的抽象精神利益损害，都是“非财产上损害”，不以民事主体是否具有生物形态的存在和精神感受力为前提。广义上认

为，无论自然人、法人，其民事权益遭受侵害时都会发生“非财产上损害”；而狭义的观点认为，“非财产上损害”作为具体的损害结果，首先是指精神痛苦，忧虑、绝望、怨愤、失意、悲伤、缺乏生趣等均为其表现形态；其次还包括肉体痛苦。通常认为，由于法人不具有精神感受力，无法产生精神和肉体上的痛苦，因此对法人而言不存在精神损害赔偿。我国民法典采狭义论观点，认为对法人和非法人组织不能适用精神损害赔偿。

需要注意的是，本规定此次修改将有权提起精神损害赔偿的主体由“自然人”修改为“自然人或者其近亲属”，主要是考虑到与民法典第一千一百八十一条、第一千一百八十三条的衔接。根据民法典第一千一百八十一条的规定，被侵权人死亡的，其近亲属有权请求侵权人承担侵权责任。此处的侵权责任是否包括精神损害赔偿？应当说，自侵权责任法明确规定精神损害赔偿制度以来，我国立法与司法实践对上述问题都是持肯定态度的，即认可因侵权行为而死亡的被侵权人的近亲属有权主张精神损害赔偿。民法典释义认为，民法典第一千一百八十三条第一款中的“侵害自然人人身权益”中的“自然人”包括了被侵权人死亡时其近亲属。然而，在民法典编纂过程中，有的观点提出，被侵权人因侵权行为死亡的，其近亲属能不能主张精神损害赔偿，不够明确，建议予以明确。[①] 在司法解释修正征求意见时，也有反馈意见建议明确规定精神损害赔偿的主体是否包括被侵权人的近亲属。考虑到审判实践的需要，我们在规定精神损害赔偿主体资格时采“自然人或者其近亲属”的表述，目的是进一步强调精神损害赔偿的主体范围排除法人及非法人组织的同时，明确被侵权人死亡时其近亲属有权提起精神损害赔偿，这与民法典第一千一百八十三条规定的精神并不矛盾。

2. 精神损害赔偿的客体

从立法政策的角度来看，大陆法系各国对精神损害赔偿客体的规定，一般有两种立法模式：其一是限定主义的立法，明确规定“非财产上损害”以法律规定者为限，可以请求金钱赔偿。其二是非限定主义的立法，即在立法上对财产损害和非财产上损害不作区分，或虽作区分但对精神损害赔偿的范围不作特别的限制性规定，而是一般规定因过错致人损害的，

---

① 参见黄薇主编：《中华人民共和国民法典释义及适用指南》，中国民主法制出版社2020年版，第1803页。

应负损害赔偿责任。在第二种立法模式下，无论是人身权还是财产权受到侵害，凡能证明因为此种侵害遭受非财产上损害的，都可以请求赔偿其损害。但前已述及，由于精神损害与自然人的人身权益遭受侵害的不利益状态具有较为直接和密切的联系，有关国家和地区的民事法律一般都将精神损害的赔偿范围限定在自然人的人身权益遭受侵害的情形之中，对财产权益受到侵害发生的精神损害，原则上不得主张损害赔偿救济。民法典从维护人身权利和人格尊严的基本价值目标出发，同时考虑到一些特定的物品对于被侵权人而言具有重要的人身意义，比如结婚纪念册、特殊纪念品等，这些物品一般独一无二、难以复制，如果这些物品损毁、灭失，也会造成被侵权人严重的精神损害。因此，民法典将精神损害赔偿的客体范围主要规定为自然人的人身权益的同时，还规定了对自然人具有人身意义的特定物，也属于精神损害赔偿的客体范围。

3. 精神损害赔偿诉讼受案范围

需要注意的是，本规定并非对原司法解释中关于精神损害赔偿客体范围的修改，而是基于体例协调的考虑，对精神损害赔偿诉讼受案范围采取了概括式的规定。原司法解释第一条至第四条规定了精神损害赔偿的客体是人格权益、以监护权为代表的身份权以及具有人格意义的特定物，上述规定已为民法典一千一百八十三条所吸收，并规定为自然人及其近亲属实体上可以获得支持的权利。在2001年制定本规定时，精神损害赔偿制度处于探索完善时期，司法实践对这类诉讼是否属于民事诉讼受案范围尚有疑义，因此，原司法解释第一条至第四条均采“应予受理”的表述，是为了解决此类诉讼“进门”的问题。应当说，随着审判实践的发展，特别是2015年立案登记制改革，对于精神损害赔偿应作为民事诉讼案件受理且权利人能够依法得到实体法上的支持，已为立法和实践认可，现阶段再规定精神损害赔偿的受理规则已无必要。因此，本规定在此次修正时的总体思路是：第一，关于精神损害赔偿诉讼的受案范围，不再按照精神损害赔偿客体逐条强调受理要件，而是将本规定作为第一条，在吸收原司法解释第一条至第四条客体范围的基础之上，统一规定精神损害赔偿受案范围，以保持体例完整。同时，本规定第二条为监护权的特别规定，尽管第一条已经规定了身份权是精神损害赔偿的客体，即第一条已经包括了第二条的内容。在司法解释修正征求意见过程中，大部分意见建议保留，理由是有利于强调对未成年人的保护。我们采纳大部分意见，将第二条保留。第二，对于民法典有明确规定的，对于该类起诉应予受理毋庸赘述，其受理规则不再保留，故删除了原第四条。第三，对于近亲属是否可以主张精神损害赔偿，民法典没有明确规定，故将第三条由受理规则修改为实体判断规则，与民法典第一千一百八十三条相衔接。

本规定对精神损害赔偿受案范围作出修改，需要注意三个问题：第一，民法典第九百九十条的规定："人格权是民事主体享有的生命权、身体权、健康权、姓名权、名称权、肖像权、名誉权、荣誉权、隐私权等权利。除前款规定的人格权外，自然人享有基于人身自由、人格尊严产生的其他人格权益。"因此，原规定所列举的具体人格权益已被民法典第九百九十条吸收，本规定不再详细列举。还需要说明的是，隐私权在民法典人格权编中，已经规定为人格权利，原规定将隐私列入人格利益范畴已不恰当。第二，原司法解释第四条关于"具有人格象征意义的特定纪念物品，因侵权行为而永久性灭失或者毁损，物品所有人以侵权为由，向人民法院起诉请求赔偿精神损害的，人民法院应当依法予以受理"的规定，已被民法典第一千一百八十三条第二款吸收。故在原司法解释第四条废止的同时，此类情形仍需指引。至于此类诉讼请求能否得到支持，应依法进行实体判断。第三，民法典第一千一百八十三条规定的精神损害赔偿客体是自然人的人身权益，新司法解释第二条监护权受到侵害可以提起精神损害赔偿的规定，即体现了身份权亦为精神损害赔偿保护客体。除了监护权之外，如果自然人因其他身份权益遭受严重精神损害，是否可以依法主张精神损害赔偿？本规定没有具体列举其他身份权益，而是采取一种较为开放的态度，为今后司法实践留出探索空间。

### （二）第三条

【修改内容】

本规定共有两处修改：一是将原司法解释列举的自然人死亡后其近亲属可以提起精神损害赔偿的三种情形精简规定为"死者的姓名、肖像、名誉、荣誉、隐私、遗体、遗骨等受到侵害"；二是将符合上述情形而自然人的近亲属提起精神损害赔偿的，人民法院"应当依法予以受理"修改为"应当依法予以支持"。

【修改说明】

民法典第一千一百八十三条关于精神损害赔偿的规定，是实体判断规则。2015年实行立案登记制改革，对于符合民事诉讼法第一百一十九条[①]规定的案件，人民法院应当有案必立、有诉必理。在立案登记制的背景之下，结合民法典的相关规定，本规定作出相应修改。

【理解与适用】

本规定是对死者的人身权益延伸保护的规定。审判实践中，因死者的姓名、肖像、名誉、荣誉、隐私、遗体、遗骨等受到侮辱、贬损、丑化引起的纠纷不断出现。自然人死亡后，其姓名、肖像、名誉、荣誉等应当受到法律保护自无争议，但对法律和司法解释在这里保护的是谁的权利，是什么权利还存在不同的认识。一种观点认为，自然人死亡后的一段时间内，死者仍然可以作为人身权的主体享有权利。因此，法律保护的是民事主体人身权的延伸。另一种观点则认为，自然人的民事权利能力始于出生，终于死亡。之所以在死者姓名、肖像、名誉、荣誉受到侵害时，允许其近亲属向人民法院起诉，主要是为了保护死者近亲属的利益。

近代民事立法中一般均规定，自然人的民事权利始于出生，终于死亡。法律在保护自然人的人身权益的同时，对于其在诞生前或死亡后依法享有的利益，给予延伸保护。既然我国民法典第十三条已经明确规定，自然人从出生时起到死亡时止，具有民事权利能力，依法享有民事权利，承担民事义务。死者不具有民事权利能力，也就不享有民事权利。因此，将本规定中保护的内容解释为死者的民事权利，就缺少法律依据，故不能理解为本规定确定了对死者人身权的保护。同时，根据死者近亲属享有诉权就认为本条解释的目的是保护死者近亲属的民事权利的观点则明显与本司法解释的原意相悖。姓名、肖像、名誉、荣誉均属于人格权的范畴，人格权是民事主体的一种专属权利，只能由每个民事主体单独享有，不得转让、抛弃、继承。人格权的这种专属性，决定了除自然人本人以外，任何他人均不可能通过转让、继承来取得他人的人格权，所以，自然人死亡以后，其姓名、肖像、名誉、荣誉受损的事实，不能视为其近亲属民事权利受损。法律和司法解释保护的，也不是死者近亲属的民事权利。现代民法理论认为，自然人生命终止以后，继续存在着某些与该自然人作为民事主体存续期间已经取得和享有的与其人身权相联系的利益，损害这些利益，将直接影响到曾经作为民事主体存在的该自然人的人格尊严。通常认为，

① 现为第一百二十二条。——编者注

民事主体享有民事权利能力时，其享有人身权益；当民事主体还未诞生以及消灭以后，作为权利主体已经不存在，但由于其围绕人身权益而存在的先期利益和延续利益客观地存在着。民法典第九百九十四条将死者的姓名、肖像、名誉、荣誉、隐私、遗体、遗骨作为一种合法利益给予法律保护，体现了法律对民事主体权益保护的完整性，也有利于引导人们重视个人生前和身后的声誉，符合社会主义核心价值观。

理解本条规定还应该注意，既然司法解释的本意是对自然人生前享有的人身权而产生的利益给予延伸保护，死者的近亲属享有的是什么权利？应该说死者近亲属享有的是一种请求权是为了保护死者人身权利益必备的一种请求权。之所以规定由死者近亲属行使这种请求权，是考虑到由于近亲属与死者具有在共同生活中形成的感情、亲情或特定的身份关系，最关心死者人身权利益的延伸保护问题；另外，以往最高人民法院的司法解释已经对近亲属的内涵作了明确的规定，又因为近亲属的存活年限有一般的规律存在，可以作为对死者人身权利益的保护期限。明确这一点，对于审判实践最直接的意义是，当死者的人身权利益受损的事实发生后，无论其亲属有多少人同时提起诉讼，都不影响人民法院判令侵权人支付精神损害抚慰金的数额；一个损害事实只能引起一次诉讼，死者的其他近亲属就同一侵权事实提起的请求精神损害赔偿的诉讼，人民法院不能因为提起诉讼的主体不同而全部予以支持。

### (三) 第四条

【修改内容】

本规定共有三处修改：一是将“其他组织”修改为“非法人组织”；二是将法人或者非法人组织的“人格权利”修改为“名誉权、荣誉权、名称权”；三是将此类主体起诉请求精神损害赔偿时，人民法院“不予受理”修改为“不予支持”。

【修改说明】

民法典总则编将民事主体分为三类：自然人、法人以及非法人组织，原司法解释规定中关于“其他组织”的表述与民法典规定不符。同时，根据民法典第一百一十条第二款的规定，法人享有的人格权仅为名称权、名誉权、荣誉权，原规定中关于“人格权利”的表述过于宽泛。此外，民法典第一千一百八十三条规定的有权主张精神损害赔偿的主体为自然人而排除了法人以及非法人组织，此为实体判断规则。据此，为与民法典相关规定精神保持一致，本规定作出修改。

【理解与适用】

本条是对自然人以外的其他民事主体能否主张精神损害赔偿的规定。

关于自然人以外的其他民事主体人格权受到侵害是否可以主张精神损害赔偿，学术界大致存在两种观点：一种为所谓的“精神痛苦说”。这种观点认为，精神损害在本质上是一种非财产损害，它是指自然人因侵害人格权的行为而导致的生理、心理、精神、感情上的创伤和痛苦。这种创伤和痛苦只有自然人才存在，并以悲伤、忧虑、绝望等形式表现出来。精神痛苦是精神损害赔偿的基础和前提。而法人和非法人组织作为社会组织，在名称权、名誉权、荣誉权等人格权利受到侵害时，不存在精神、心理等方面的痛苦，不存在精神损害的问题，自然没有精神损害赔偿适用的余地。在法人或者非法人组织的人格权受到侵害的情况下，损害赔偿应以财产损失为前提，即造成法人和非法人组织财产损失的，应当予以赔偿；未造成财产损失的，应采取其他民事责任形式如停止侵害、赔礼道歉、消除影响等方式来处理。故精神损害赔偿只能限定在自然人的范围。另一种观点认为，精神损害不仅指因侵权行为导致的受害人生理、心理、精神等方面的痛苦，也包括受害人因侵权行为而遭受的抽象精神利益的损害。依这种观点，精神损害可以分为三种情况：以侵害权利人生命权、健康权、身体权为主要内容的生理方面的损害；以造成受害人精神痛苦、焦虑、绝望等损害为主要内容的心理方面的损害和以侵害权利人姓名（名称）、肖像、名誉、婚姻家庭关系等为主要内容的精神利益的损害。精神利益不以权利主体的生物形态为存在的基础，凡是法律上的“人”，不论自然人还是法人均存在精神利益，都可能成为精神损害的受害者。因此，在侵权行为造成法人或者非法人组织的精神利益受损时，也应当承担精神损害赔偿责任。这种观点还认为，导致精神损害的行为也不限于侵害人身权益的行为，侵害他人财产权的行为，甚至违约行为，均可能导致他人的精神损害，并引起精神损害赔偿的发生。而“精神痛苦说”混淆了精神利益与精神痛苦的关系，将精神痛苦作为精神损害的唯一的客体，缩小了精神损害赔偿的适用范围，特别是将法人和非法人组织排除在精神损害赔偿之外，使法人和非法人组织的精神利益无法实现，不利于保护法人和非法人组织的合法权益。其他国家和地区的学说和立法上一般不采用精神损害赔偿的提法，而是使用“非财产损害赔偿”的概念。所谓非财产损害，有学者认为即是指精神痛苦和生理痛苦，以此为前提，法人“仅其社会价值与自然人相同而已”，不存在精神痛苦，不应适用非财产损害赔偿；也有学者认为，“非财产损害赔偿”是无形损害，不仅仅指精神痛苦，所有的非财产损害均应包括在内，不能因为法人没有精神而否认其有非财产损害。各个国家和地区由于立法原则不同，立法和判例对于法人是否可以适用非财产损害赔偿问题采取不同的立场。我国的立法和实践主流观点不支持法人和非法人组织的精神损害赔偿，民法典采纳了这一观点，将侵权责任法中有权主张精神损害赔偿的主体“他人”修改为“自然人”，明确了只有自然人才可以作为有权主张精神损害赔偿的主体。因此，为与民法典规定精神保持一致，人民法院对于法人或者非法人组织以名称权、名誉权、荣誉权遭受侵害为由，请求赔偿精神损害的，不应予以支持。需要注意的人、法人或者非法人组织以名称权、名誉权、荣誉权之外的其他人格权益遭受侵害为由请求精神损害赔偿，人民法院应如何处理？由于民法典人格权编中，名称权、名誉权、荣誉权之外的其他人格权益是自然人专属的人格权，法人或者非法人组织并不享有，因此，法人或者非法人组织以名称权、名誉权、荣誉权之外的其他人格权益遭受侵害为由主张侵权损害赔偿的，由于其不具有诉的利益，不符合民事诉讼法第一百一十九条①的规定，人民法院对此类诉讼应不予受理，已经受理的，应当驳回起诉。

### （四）第五条

【修改内容】

本规定共有四处修改：一是将原第一款第一项修改为“但是”；二是将第一款第二项“手段、场合、行为方式”修改为“目的、方式、场合”；三是将“受诉法院”修改为“受理诉讼”法院；四是删除原司法解释第二款。

【修改说明】

关于“但是”“受理诉讼法院”的表述是民法典的规范表述，本规定系根据民法典相关表述进行修改。关于第二项侵权行为的具体情节，系参照民法典第九百九十八条关于侵害人格权民事责任的参考因素的规定进行的修

① 现为第一百二十二条。——编者注

改。此外，关于删除残疾赔偿金、死亡赔偿金相关规定的原因是，民法典第一千一百七十九条将残疾赔偿金、死亡赔偿金作为财产损失的具体项目予以明确，民法典第一千一百八十三条关于精神损害赔偿是独立于财产损失的赔偿类目，精神损害赔偿中不涉及适用残疾赔偿金、死亡赔偿金。

【理解与适用】

本规定是关于确定精神损害赔偿数额的规定。精神损害赔偿数额的确定标准是审判实践中经常遇到的问题。由于缺少法律和司法解释的依据，各地人民法院在审判实践中判出的数额相差悬殊。因此，有必要对精神损害赔偿金数额的确定标准加以规范。

不同国家对于精神损害赔偿金采取了不同的标准，固定赔偿、标准赔偿和限额赔偿的原则在大陆法系国家中采用的较为普遍。而英美法系多由法官自由裁量。考虑到涉及精神损害赔偿的案件类型多种多样，每一个案件的具体侵权状况和引起的后果各不相同，采取列举的方式并不能穷尽所有的侵权行为，且各侵权行为发生地的经济情况和当事人的收入水平也不尽一致，很难制定出一个统一的精神损害赔偿标准。因此，本规定仍采取的是由法官根据确定的因素进行裁量的办法，但这种裁量要遵循一定的原则，尽可能降低裁量的主观性和任意性。

赔偿损失是承担民事责任的一种重要方式，精神损害赔偿本质上与财产损害赔偿的责任构成要件并无不同。本规定之所以要求法官在确定精神损害赔偿数额时首先考虑侵权人的主观过错，是因为过错责任原则是侵权责任法的一般归责原则。精神损害赔偿作为一种民事责任，自然应遵循这一归责原则。因此，侵权人主观上具有过错，过错程度是否严重，是故意还是过失，应该成为法官在确定精神损害赔偿数额时所要考虑的重要因素。这是过错责任原则的基本要求。将这一原则应用到审判实践中，就是要在确定精神损害赔偿数额时做到：(1) 侵权人没有过错的，只有在法律另有规定的情况下，才可以判决其承担精神损害赔偿责任；(2) 在侵权后果大致相同的情况下，故意侵权致人损害的当事人较之过失侵权致人精神损害的当事人责任要重，支付的精神损害赔偿金的数额相对要多一些；(3) 对于过失致人精神损害的当事人，重大过失和一般过失相比较，前者支付的精神赔偿数额要高一些。

侵权人的侵害目的、方式、场合等具体情节和侵权行为所造成的后果是法官在确定精神损害赔偿数额时需要结合起来考虑的问题。精神损害是一种无形损害，本质上不可用金钱计量，金钱也并不能像填补物质损害一样对受害人的精神损害起到填平损害的作用。要求侵权人承担精神损害的赔偿责任，主要是基于对侵犯他人人身权益的侵权行为的可归责性及道德上的可谴责性作出的主观评价。因此，精神损害赔偿兼具抚慰、惩罚和调整功能。精神损害的性质决定了损害后果是由多种因素综合造成的，单纯考虑某一种因素所得出的结果并不科学。例如，精神损害后果的严重与否，与受害人的主观状态，特别是其心理承受能力有密切的关系。同样的侵权行为，发生在不同的当事人身上，可引起不同的后果。因此，在确定精神损害赔偿数额的时候，不仅仅要看到侵权行为造成的直接后果，还要结合侵害人的侵害目的、方式、场合等具体侵权情节加以考虑。一般说来，审判实践中结合侵权行为所造成的后果和侵权人的目的、方式、场合考虑确定精神损害赔偿数额时应注意：(1) 从损害后果上看，侵权致人精神损害，造成受害人死亡、精神失常丧失劳动能力、生活自理能力的，较造成受害人一般精神痛苦的，侵权人的精神损害赔偿责任要重；(2) 从侵权行为的道德可谴责性看，在公众场合，公然侮辱、诽谤他人，采取恶劣手段侮辱妇女，造成重大影响的，较一般后果、影响不大的侵权行为，侵权人的精神损害赔偿责任要重。也就是说，从侵害目的、方式、场合看，侵权行为的道德可谴责性越大，侵权人所应承担的精神损害赔偿责任也就相应地应该加重。

对于因人身权益造成的损失到底是什么，是多少，在实践中往往难以认定。这时就要考虑采用其他合理的赔偿标准。在财产损失赔偿中，如果被侵权人的财产损失难以确定的，一般情况下采取侵权人所获利益标准进行赔偿。采取这种标准的原因在于，在被侵权人损失难以计算的情况下，通常对方所获得的利益就是等同于所遭受的损失。这种做法在知识产权领域早有实践，在此背景下，民法典第一千一百八十二条在总结有关经验的基础上明确了以侵权人获利为标准的赔偿方式。本条规定参照民法典第一千一百八十二条规定，将获利标准作为精神损害赔偿数额的考虑因素，是一种务实的选择。

是否应当将侵权人承担经济责任的能力作为确定精神损害赔偿数额的因素考虑，是争议较大的问题。持反对意见的人认为，将侵权人的经济承担能力作为确定精神损害赔偿数额的依据，造成的直接后果是，实施同样侵权行为的人，有钱的就多赔，无钱的就少赔；对于受害者来说，受到有钱的行为人侵害，就可以多获赔偿，受到没有钱的行为人的侵害，就要少得赔偿或得不到赔偿，这种做法直接违反法律面前人人平等的原则。其实，这种观点是片面的。民法的一项基本功能就是平衡当事人之间的经济利益。精神损害赔偿有着许多不同于财产损害赔偿的特点：一是精神损害是无形的，其本身无法以金钱数额的多少进行计量，因此，不能单纯以给付数量的多少体现判决是否公平；二是从精神损害抚慰金的功能上看，受害人是否从精神上得到满足，往往也不是由精神损害抚慰金的绝对数额决定的，只要能够给侵权人以惩罚，就能够起到安抚受害人的作用。如果受害人看到侵权人因为他的侵权行为而承担的责任对于其经济状况来说已经属于一种惩罚，常常能够感到一种安慰从而接受这样的裁决。相反，如果法院判决加害人支付的精神损害抚慰金远远超过其支付能力而使受害人得不到实际的赔偿，则无法起到安抚受害人的作用。精神损害赔偿的另一个功能是调整作用，目的是平衡双方当事人之间的经济利益，如果法官在作出裁决时不考虑侵权人的责任承担能力，使判决的结果在当事人之间造成新的重大的利益失衡，会使判决的执行变为不可能，从而使人民法院裁决的公平性、公正性受损。

处理侵权赔偿纠纷案一般要适用侵权行为地法，但侵权行为地又可以分为侵权行为发生地和侵权行为结果地。根据民事诉讼法的规定，受害人可以选择在侵权行为发生地或侵权行为结果地提起民事诉讼。又由于侵权人和受害人可能分属两个不同的国家或地区，所以，受诉法院常常在确定损害赔偿数额时，就参考哪一地的平均生活水平而发生分歧。由于精神损害赔偿不同于财产损害赔偿，不需要针对受害人的实际经济损失的大小作出准确的裁决，本着诉讼经济的原则，为了免去法官在就精神损害赔偿数额作出裁决时考察受害人或侵权人住所地平均生活水平的麻烦，新司法解释明确规定法官在确定精神损害抚慰金的数额时可以只将受诉法院所在地的平均生活水平作为考虑因素。

## 四、关于废止条文的说明

### （一）原司法解释第四条

根据民法典第一千一百八十三条第二款规定，因故意或者重大过失侵害自然人具有人身意义的特定物造成严重精神损害的，被侵权人有权请求精神损害赔偿。该条从实体法角度支持了被侵权人的主张，原司法解释第四条规定为被侵权人提起此类诉讼，人民法院应予受理，是程序性规定，在民法典已经进行实体性规定的情况下，原规定已无意义，故予以废止。

### （二）原司法解释第六条

《最高人民法院关于适用〈中华人民共和国民事诉讼法〉的解释》第二百四十七条规定："当事人就已经提起的事项在诉讼过程中或者裁判生效后再次起诉，同时符合下列条件的，构成重复起诉：（一）后诉与前诉的当事人相同；（二）后诉与前诉的诉讼标的相同；（三）后诉与前诉的诉讼请求相同，或者后诉的诉讼请求实质上否定前诉裁判结果。当事人重复起诉的，裁定不予受理；已经受理的，裁定驳回起诉，但法律、司法解释另有规定的除外。"根据上述规定，当事人在侵权诉讼中没有提出赔偿精神损害的诉讼请求，诉讼终结后又基于同一侵权事实另行起诉请求赔偿精神损害的，当事人另诉主张的精神损害赔偿与前诉并不相同，二者不构成重复起诉。在立案登记制的背景之下，原规定不予受理没有法律依据。特别是在一些侵害人身权益的案件中，被侵权人的精神损害在其提起诉讼之时并未凸显，时隔多年才产生或者发现精神损害，这种情况下，剥夺当事人提起精神损害赔偿的诉权，于理不公。据此，当事人就此种情形提起诉讼的，应由人民法院依法判断，不宜采取"一刀切"的规定，故在本司法解释修改过程中，废止原第六条的规定。但是，需要说明的是，从两便原则以及提高纠纷解决效率的角度考虑，应当鼓励当事人将纠纷一次性解决。

### （三）原司法解释第七条

该条规定已被民法典第九百九十四条吸收，并且与新司法解释第三条重复，不必重复规定。

### （四）原司法解释第八条

该条规定已被民法典第一千一百八十三条、第九百九十五条吸收，不必重复规定。

## （五）原司法解释第九条

民法典第一千一百七十九条中规定的残疾赔偿金或死亡赔偿金，属于独立于精神损害抚慰金的赔偿项目。原第九条规定与民法典第一千一百七十九条、第一千一百八十三条规定精神不一致，应予以废止。

## （六）原司法解释第十一条

该条规定已被民法典第一千一百七十三条的规定所吸收，不必重复规定。

# 《最高人民法院关于审理利用信息网络侵害人身权益民事纠纷案件适用法律若干问题的规定》新修改条文的理解与适用

张　闻*

## 一、修改情况说明

根据2020年12月23日最高人民法院审判委员会第1823次会议通过的《最高人民法院关于修改〈最高人民法院关于在民事审判工作中适用《中华人民共和国工会法》若干问题的解释〉等二十七件民事类司法解释的决定》，最高人民法院对2014年《最高人民法院关于审理利用信息网络侵害人身权益民事纠纷案件适用法律若干问题的规定》（以下简称原司法解释）进行了修正，修正后的司法解释简称新司法解释。

新司法解释对原司法解释共修改7条、废止6条。其中，引言、第二条、第四条、第十一条涉及调整法律依据以及规范文字表述。第五条、第六条、第十二条涉及实质性修改。废止的条款为：原第二条、原第五条、原第八条、原第十二条、原第十五条、原第十六条废止。

## 二、关于适应性修改条文的说明

引言部分：民法典颁布实施后，民法通则、侵权责任法同时废止，因此在对司法解释修改时，将其引言中“根据《中华人民共和国民法通则》《中华人民共和国侵权责任法》《全国人民代表大会常务委员会关于加强网

* 作者单位：最高人民法院民事审判第一庭。

络信息保护的决定》《中华人民共和国民事诉讼法》等法律的规定”修改为“根据《中华人民共和国民法典》《全国人民代表大会常务委员会关于加强网络信息保护的决定》《中华人民共和国民事诉讼法》等法律的规定”。

第二条：对照民法典，将“侵权责任法第三十六条第二款、第三款”修改为“民法典第一千一百九十五条、第一千一百九十七条”。

第四条：将“侵权责任法三十六条第二款”修改为“民法典第一千一百九十五条第二款”。同时，为与民法典的上述规定相衔接，新司法解释将网络服务提供者采取的删除、屏蔽、断开链接等必要措施是否及时的认定依据进行相应修改，将“根据网络服务的性质”修改为“根据网络服务的类型和性质”。

第十一条：将“侵权责任法第二十条和第二十二条”修改为“民法典第一千一百八十二条和第一千一百八十三条”。

## 三、关于重点修改条文的修改说明和理解与适用

### （一）第五条

【修改内容】

本条规定共有两处修改：一网络用户实施侵权行为后，网络服务提供者根据权利人的通知采取相应措施，网络用户就此请求网络服务提供者承担违约责任或者侵权责任时，明确网络服务提供者进行抗辩的事由是民法典第一千一百九十五条第一款规定的有效通知；二是删除原司法解释第五条第二款规定。

【修改说明】

本条规定是关于网络服务提供者接到权利人通知后及时采取措施的法律后果的规定，原司法解释是对侵权责任法第三十六条的解释。民法典第一千一百九十五条在侵权责任法第三十六条的基础上完善了相关规则。为与民法典的规定相衔接，本条规定进行修改。

【理解与适用】

1. 网络言论自由与他人合法权益的平衡保护

互联网是继报纸、广播、电视之后的第四媒体，但影响却远远超过了前几种媒体，它提供了一个开放性的、去中心化的、交互性的、自由性的

信息平台，更为重要的是，它为公民和其他社会主体提供了一个交流思想、表达见解、反映诉求、声张权利的私有或公共空间，为人类意志的自由表达提供了一个前所未有的通畅渠道。网络为言论自由释放了一个比以往任何媒介都更广阔的、更民主的空间，借助网络不仅能及时全面地接触社会信息，还能方便表达意愿，从而形成观点的交流、思想的碰撞，有利于形成重叠共识，深化和推动公民自治和社会协商民主。正是基于此，各国均虽感到互联网对传统社会治理带来较大的冲突和压力，但在互联网规制上均较为慎重。

毋庸讳言，网络为言论自由表达提供了很好的话语平台，给言论自由的释放提供了比以往媒介更广阔的、更民主的空间。然而，也不能忽视其潜在的负面效应。由于其自由开放，由于其隐匿和虚拟，由于其缺少现实法律和道德的束缚力量，很多在现实社会中不敢发表和实施的言行却在网上恣意妄行、大胆而开放，现实的压力和不良情绪都可能在网上得到无限制的释放，口诛笔伐，甚至群暴、群殴、群踩，形成网络暴力，侮辱、诽谤、猥亵、挑衅等言行，大量充斥于网络空间。这些符号化、虚拟化的网络用户潜隐在网络空间自由和恣意宣泄自己的思想、观点和情绪时，可能已经触碰到他人自由的边界，侵害到其他主体的合法权益。

无论在理论上还是实践中，自由表达其实均有其公认的边界。网络的普及，让私人信息大批量地介入公共领域，其表现出的只是一个松散、开放和具有弹性的交往平台。但即便如此，言论自由也不能成为道德失控的借口，不能成为侵犯他人基本权利的依据。因此，合理界定网络言论自由的边界，平衡保护网络言论自由与他人合法权益是网络侵权责任法律规则的重要任务。

2. 避风港原则

网络服务提供者是一个概括性表述，既包括提供接入、缓存、信息存储空间、搜索以及链接等服务类型的技术服务提供者，也包括主动向网络用户提供内容的内容服务提供者，还包括在电子商务中为交易双方或者多方提供网络经营场所、交易撮合、信息发布等服务，供交易双方或者多方独立开展交易活动的电子商务平台经营者。[①] 在传统的规制中，政府主导

① 参见黄薇主编：《中华人民共和国民法典释义及适用指南》，中国民主法制出版社 2020 年版，第 1823 页。

的规制面对的只有直接的侵权主体，而网络空间的规制却构成了一个三元的规制框架，即网络用户—网络服务提供者—政府。[①] 对网络用户侵权的规制与传统规制相比，除技术的差别外并无太大差异，但对网络服务提供者的规制却面临着两难处境：一方面，它是网络空间的服务者，维持着网络运行，推动着网络技术进步，代表着信息技术发展的方向，承载着知识经济发展的重任，保证其权利是社会公共利益的选择，若使其承担过重的法律责任，可能阻碍互联网的发展；另一方面，它又可能因为责任限制的缺失而疏于自己的注意义务，造成民事主体权益受到侵害，从而成为间接侵权人或直接侵权人，成为不当利益贪婪的获取人。"就网络用户的行为而言，如果不与网络服务提供者的不作为相结合，网络侵权的行为是很难发生或扩大的。"[②] 即使如此，由于网络传播极为迅速的特点，要求网络服务提供者完全防止侵权信息在网络上出现也是极为困难的。因此，法律上无法为其确立特别的注意义务，其只能负有一般性的审查义务。同时，作为平台或载体的网络服务提供者，其也必然面临上文叙及的权利抉择处境：一方面，根据明示或默示合同进入网络空间、享有表达自由权的网络用户，网络服务提供者享有的规制权利极其有限，否则其可能构成侵权或违约；另一方面，一旦网络用户的自由行为触及他人自由权益的底线，网络服务提供者即使不属于直接侵权，也可能成为间接侵权人而被追究责任。

正是政府规制的两难选择和网络服务提供者面临的权利抉择困境，促生了关于网络服务提供者中介责任的限制理论。其实，网络服务提供者的注意义务有一个由严格日益走向宽松的过程。20世纪90年代，随着知识产权尤其是著作权客体的数字化，网络上的盗版现象十分猖獗。为此，作为受害人的版权人利益集团开展了强大的游说和起诉工作，希望通过法律途径将新技术给传统商业模式带来的冲击和损害降到最低，当时的法院和立法者也一定程度上采纳了他们的意见，认为网络服务提供者应当如图书馆或图书销售商一样，需对网络平台上的内容承担合法性审查义务，并在侵权责任认定方面，适用了与一般侵犯版权相同的严格责任归责原则。但随着人们对网络媒体自身特性及严格的司法责任认定对互联网发展所起制

---

① 参见陈道英：《我国网络空间中的言论自由》，载《河北法学》2012年第10期。

② 王利明：《侵权责任法研究》，中国人民大学出版社2011年版，第118页。

约作用的认识，法律对网络服务提供者的责任认定标准发生了相应的变化。在1995年年底发生的一起针对BBS经营者所提起的版权侵权之诉中，美国法院认为，如果网络服务提供商在侵权中的作用不过是建立和运行一种维持网络正常运输所必需的系统，那么让无数这样的当事人陷入责任之中即是不明智的，因为让整个因特网为侵权行为负责并不能有效地制裁和预防侵权行为。[①] 1998年，美国通过千禧年数字版权法案，该部法律对规制网络服务提供者提供了全新的责任认定标准，其首创的“避风港”制度影响极为深远，其中又以“通知—删除”机制影响最大，一度成为避风港制度的代称。[②] 避风港制度实质上就是网络服务提供者责任限制的一种待遇，表现在诉讼上是一种法定的抗辩事由。网络服务提供者要想享受责任限制的待遇，必须满足两个基本条件：一是网络服务提供者必须拒绝为反复实施侵权的用户提供服务；二是网络服务提供者不得干预版权人采取的标识或保护其版权作品的技术措施。根据该法创设的“通知—删除”规定，一旦接收到权利人所发送的符合法定标准的通知，网络服务提供者就必须采取措施删除侵权性信息或者断开该信息的链接，如果做到了这一点，即应视为其尽到了合理注意义务，可以免除其责任。[③] 作为免责性质的条款，避风港制度的适用一般针对两种法律责任：一是版权责任，包括直接或间接侵权责任；二是有关网络用户的法律责任。如果网络服务提供者根据侵权通知，或明显的侵权事实，善意移除嫌疑用户的网络内容，任何人都不能针对网络服务提供者提起诉讼，即使该用户事后被证实并不构成侵权。换句话说，避风港条款并不是对网络服务提供者版权责任的最终确定，而仅是为其提供了新的抗辩理由，告诉网络服务提供者怎样可以避免版权责任。如果网络服务提供者无法满足避风港的要求，也不一定意味着一定会承担责任，其仍可能通过传统的合理使用、时效、非实质性侵权使用等抗辩理由以逃脱版权责任。德国多媒体法将网络服务提供者分成接入服务提供者及主机服务提供者两类。对前者，该法规定其原则上不为第

---

① 参见梅夏英、刘明：《网络侵权责任的现实规制及价值考量——以〈侵权责任法〉第36条为切入点》，载《法律科学》2013年第2期。

② 参见薛虹：《网络服务提供者中介责任“避风港”的比较研究》，载《中国版权》2011年第4期。

③ 参见高圣平主编：《〈中华人民共和国侵权责任法〉立法争点、立法例及经典案例》，北京大学出版社2020年版，第36页。

三方的侵权行为承担任何责任，但其如果得知侵权内容存在，仍有依照一般法律义务阻止侵权内容继续使用的职责；而对后者，该法规定需要具备两个条件才可使其承担侵权责任，即该服务提供者知道非法内容存在于服务器上，并且在技术上可能、在情理上应当阻止非法内容被继续使用，但是却没有阻止的情况下，才承担责任。随后，欧盟《电子商务指令》也规定了类似通知制度，即网络服务提供者在被告知或自己得知非法行为的存在时，必须立即清除有关信息，或阻止对该信息的获取。清除有关信息或阻止获取有关信息的时候必须尊重表达自由的原则，并且遵守各国对此规定的必要程序。①



我国法律、法规对避风港规则的借鉴经过了一个由模糊到明确的过程。2000 年最高人民法院公布的《关于审理涉及计算机网络著作权纠纷案件适用法律若干问题的解释》②（法释〔2000〕48 号）第五条规定："提供内容服务的网络服务提供者，明知网络用户通过网络实施侵犯他人著作权的行为，或者经著作权人提出确有证据的警告，但仍不采取移除侵权内容等措施以消除侵权后果的，人民法院应当根据民法通则第一百三十条的规定，追究其与该网络用户的共同侵权责任。"该条规定并没有明确规定网络服务提供者在某种情况下不承担责任，但从反面规定了其在何种情况下承担责任，学者一般认为该条款暗含着避风港规则，为法院适用该规则留下了空间。2005 年国家版权局、原信息产业部公布实施的《互联网著作权行政保护办法》第十二条规定："没有证据表明互联网信息服务提供者明知侵权事实存在的，或者互联网信息服务提供者接到著作权人通知后，采取措施移除相关内容的，不承担行政法律责任。"该规定明确了符合某些条件的情况下可以排除网络服务提供者的行政责任。2006 年国务院公布实施的《信息网络传播权保护条例》第二十条、第二十一条、第二十二条、第二十三条具体规定了网络服务提供者在提供自动接入服务、自动传输服务、自动存储、提供信息存储空间、提供搜索与链接服务等方面不承担赔偿责任的情形，显然已对所借鉴的避风港规则作出了细化处理，这是我国避风港规则正式确立的标志。需要说明的是，该条例于 2013 年作出修订，

① 参见高圣平主编：《〈中华人民共和国侵权责任法〉立法争点、立法例及经典案例》，北京大学出版社 2020 年版，第 36 页。

② 已于 2013 年 1 月 1 日废止。——编者注

但上述规则并未改变。2010年颁布实施的侵权责任法作为侵权责任领域的基本法，对网络服务提供者的责任虽只是原则规定，并没有特别具体的规定，但从规定内容看，仍然是在未采取必要措施的情况下才承担民事责任，体现了“通知—删除”模式，这被认为是避风港原则引入一般网络侵权领域的体现。民法典第一千一百九十五条承继了侵权责任法第三十六条规定的基本精神，对避风港规则进行了完善和细化，主要体现在：一是将被侵权人修改为权利人；二是在“通知—取下”程序中增加规定权利人通知所包含的必要信息；三是增加规定网络服务提供者接到通知后的及时转送义务；四是增加规定权利人错误通知的侵权责任。[①]

3. 网络服务提供者的抗辩事由和义务

据民法典的修订的内容，本规定也作出相应的修改。第一处修改是将“网络服务提供者以收到通知为由抗辩的，人民法院应予支持”修改为“网络服务提供者以收到民法典第一千一百九十五条第一款规定的有效通知为由抗辩的，人民法院应予支持”。此处修改的关键问题是何为有效通知。根据民法典第一千一百九十五条的规定，权利人的通知应当包括构成侵权的初步证据以及权利人的真实身份信息，民法典作出上述规定是为了减少或者避免恶意通知损害网络用户合法权益的情况。如果缺少上述内容的通知，并不能构成有效通知。网络服务提供者以收到有效通知主张免责的，才能得到人民法院的支持，反之则不能得到支持。第二处修改是删除原第二款规定。这涉及对网络服务提供者义务的理解。根据民法典第一千一百九十五条规定，网络服务提供者的义务包括两方面：第一，要及时将权利人通知转送相关网络用户。这是因为，权利人发出通知是其单方的行为，无法确定相关信息是否对其构成侵权，网络服务提供者将通知转送相关网络用户之后，便于网络用户依法维护自身权益。第二，根据构成侵权的初步证据和服务类型采取必要措施，以达到在技术能够做到的范围内避免相关信息进一步传播。由于民法典第一千一百九十五条新增了网络服务提供者的通知转送义务，这就意味着即使没有网络用户的请求，网络服务提供者也应当主动履行这一义务，民法典上述新增规定与本条原第二款关于“被采取删除、屏蔽、断开链接等措施的网络用户，请求网络服务提供

① 参见最高人民法院民法典贯彻实施工作领导小组主编：《中华人民共和国民法典侵权责任编理解与适用》，人民法院出版社2020年版，第266页。

者提供通知内容的，人民法院应予支持”的规定相比，这种义务更为严格。原司法解释在2014年制定时，之所以没有将网络服务提供者的通知转送义务规定为一般性通知转送义务，主要原因在于，在社交媒体高度发达、海量信息即时产生、网络匿名性仍然普遍存在的背景下，这种通知义务会造成网络服务提供者的过重负担。同时，赋予被采取措施的网络用户要求网络服务提供者、通知人披露通知的请求权，并不会对其维护自身权利形成障碍。[①] 应当看到，近些年来，随着国家对互联网生态治理力度不断加大，一些领域已经进行实名认证，而互联网技术也在不断进步，在当前的条件下要求网络服务提供者进行一般性的通知转送的基础条件与2014年相比已经发生了变化，与此同时，错误通知、恶意通知的事件也高发频发，反向侵害网络用户合法权益。民法典的上述规定，更有利于平衡保护各方主体合法权益。本条原第二款删除之后，网络用户可以依据民法典第一千一百九十五条第二款规定主张权利。



### （二）第六条

【修改内容】

本条规定共有两处修改：一是将认定网络服务提供者与网络用户承担连带责任的法律依据由侵权责任法第三十六条修改为民法典第一千一百九十七条；二是将认定网络服务提供者与网络用户承担连带责任的主观构成要件由“知道”网络用户利用网络服务侵害他人民事权益修改为“知道或者应当知道”网络用户利用网络服务侵害他人民事权益。

【修改说明】

本条规定是关于网络服务提供者与网络用户承担连带责任时其过错标准认定的指引性规则。原司法解释出台时，侵权责任法第三十六条是本条规定的法律依据，民法典第一千一百九十七条将侵权责任法第三十六条中的网络服务提供者与网络用户承担连带责任的主观构成要件由“知道”修改为“知道或者应当知道”。为与民法典第一千一百九十七条规定的表述一致，本规定作出修改。

---

① 最高人民法院民事审判第一庭编：《最高人民法院利用网络侵害人身权益司法解释理解与适用》，人民法院出版社2014年版，第125页。

【理解与适用】

民法典第一千一百九十七条对侵权责任法第三十六条关于网络服务提供者与网络用户承担连带责任的主观构成要件的修改，并非实质性修改。立法机关认为，侵权责任法第三十六条中使用的是“知道”，从解释上，包括“明知”和“应知”两种主观状态，多年来，法院在审判实践中也是这样操作的。在编纂民法典过程中，有的意见建议将“知道”修改为“知道或者应当知道”，表述更清楚。经研究采纳了这个建议，这样修改内涵没有变化，但更清楚明了，也保持了不同法律之间用语的统一。① 需要注意的是，尽管本条规定修改前采用的是“知道”的表述，但并不意味着本条规定列举的具体情形仅为“明知”的情形。实际上，本规定关于网络服务提供者主观构成要件的标准，包括“明知”和“应知”两种类型，其中，第一项是“明知”标准的规定，第二项至第六项是“应知”的判断标准，第七项属于兜底条款。

准确理解和适用本规定的关键在于“知道”和“应当知道”的判断标准。由于网络具有开放性的特征，网络信息十分庞杂，对于网络服务提供者来说，一般不要求其进行普遍性的审查。对于网络服务提供者的注意义务，国际社会通行的标准是“红旗规则”，即只有当侵权事实在网络空间中像红旗一样明显时，方可根据侵权事实发生的具体环境推定网络服务提供者对侵权事实知道并要求其采取必要措施制止侵权行为，这也就是“知道”或者“应当知道”的含义。本条规定结合立法起草和司法实践的情况，对“知道”和“应当知道”的判断标准作出指引性规定。

第一，网络服务提供者是否以人工或者自动方式对侵权网络信息以推荐、排名、选择、编辑、整理、修改等方式作出处理。一般而言，权利人向网络服务提供者发送符合规定的通知即可认定网络服务提供者明知网络用户侵权。此种情形下，因有“通知”这一外在表征而较易判断网络服务提供者的主观状态。而在被侵权人未通知或通知之前，要判断网络服务提供者知道侵权是比较困难的，如果网络服务提供者已经对侵权信息采取一定手段进行处理，无论此种处理是自动方式还是人工方式，都应当认定为网络服务提供者已经明确知道。

① 参见黄薇主编：《中华人民共和国民法典释义及适用指南》，中国民主法制出版社 2020 年版，第 1829 页。

第二，网络服务提供者应当具备的管理信息的能力、所提供服务的性质、方式及其引发侵权的可能性大小。这属于网络服务提供者的自身因素。网络服务提供者不同的服务类型、经营模式和管理能力会影响过错的判定。相比提供其他技术服务的网络服务提供者，提供接入、缓存服务的网络服务提供者"知道"的标准应当更加严格。接入服务连接着网站和网络用户，所有网络信息包括侵权信息都需要通过接入服务才能得以传输，但这种传输是即时的，信息量十分庞大，该类型网络服务提供者无法一一核实，如果认定标准过于宽泛，可能会使得接入服务提供者承担过重的责任，影响普遍接入服务。对于搜索引擎、信息存储空间、P2P文件传输服务提供者提供的信息收集、整理、分类服务，如果是纯客观的分类，不能推定网站知道或者应当知道侵权内容；如果按照主观分类，可以推定网站知道或者应当知道，容易判断其是否有过错。如果上传的侵权内容显示在提供存储空间服务网站的首页，则任何网络服务提供者的管理能力均足以达到发现侵权信息的程度，法院可以认定其有过错。对于电子商务交易平台如淘宝网上有几千万商家，其中一个商家在其自家网页广告宣传中侮辱、诋毁其他同类商家的商品，法院不能推定淘宝网知道或者应当知道。

第三，网络信息侵害民事权益的类型及明显程度、该网络信息的社会影响程度或者一定时间内的浏览量。涉嫌诋毁他人名誉、不当使用他人肖像、违法公布他人个人信息等行为，不经法院审理，有时难以准确判断是否是侵权行为，网络服务提供者不是司法机关，不应要求其具有专业法律素养，更不能要求其对用户发布的信息一一核实。但是，对于家庭地址等信息被公布，这种侵害隐私权的判断就比较容易。

第四，网络信息的社会影响程度或者一定时间内的浏览量。网络信息的社会影响程度与其一定时间内的浏览量相匹配，浏览量大，证明社会影响大，网络服务提供者知道侵权事实的可能性就大。

第五，网络服务提供者采取预防侵权措施的技术可能性及其是否采取了相应的合理措施。目前，自动抓取等技术已经普及，如果网络服务提供者采用预防措施的成本较低，则其"知道"义务的范围就越广。当然，与著作权等权利不同的是，由于侵害人格权的类型多种多样，目前网络服务提供者在预防侵犯人格权信息方面的措施和技术仍然较少，但本条规定具有一定的前瞻性，即随着技术的发展，采取预防措施的能力可能会大大提高、预防措施的成本会大大降低，在此情形下，该判断因素即具有适用性。

第六，网络服务提供者是否针对同一网络用户的重复侵权行为或者同一侵权信息采取了相应的合理措施。虽然侵权人多次发布侵权信息多数并不能单独作为判断网络服务提供者知道的判断标准，但是作为一个综合考虑因素，仍有在个案中发挥作用的空间。

第七，就其他相关因素而言，需要结合个案加以判断。在根据该条规定认定网络服务提供者是否应知其网络用户侵害人格权益时，司法解释中规定的考虑因素并不需要机械地一一进行考虑。特别是对于“应当知道”标准的把握，人民法院应当根据个案的具体情况，综合考虑平衡保护互联网行业健康发展与权利人合法权益的价值取向，选择合理的判断标准。

### （三）第十二条

【修改内容】

本条共有三处修改：第一，将为制止侵权行为所支付的合理开支的法律依据，即“侵权责任法第二十条”修改为“民法典第一千一百八十二条”；第二，根据民法典第一千一百八十二条规定规范相关表述，将“被侵权人因人身权益受侵害造成的财产损失或者侵权人因此获得的利益无法确定的，人民法院可以根据具体案情在50万元以下的范围内确定赔偿数额”修改为“被侵权人因人身权益受侵害造成的财产损失以及侵权人因此获得的利益难以确定的，人民法院可以根据具体案情在50万元以下的范围内确定赔偿数额”；第三，删除第三款的规定。

【修改说明】

本条是关于利用网络侵害人身权益应赔偿的财产损失范围的规定。民法典第一千一百八十二条是关于侵害他人人身权益造成财产损失后赔偿数额应如何认定的规定。本条根据民法典的上述规定对相关文字表述进行修改。此外，依据民法典第一千一百八十三条的规定，精神损害赔偿是独立于财产损害赔偿的项目，本规定仅适用于财产损害赔偿，而不适用于精神损害赔偿，故删除原第三款规定。

【理解与适用】

侵害人身权益的财产损害赔偿，是指侵权人因侵害民事主体人格权、身份权等权利而造成的财产损害赔偿。民法典第一千一百八十二条规定：“侵害他人人身权益造成财产损失的，按照被侵权人因此受到的损失或者侵权人因此获得的利益赔偿；被侵权人因此受到的损失以及侵权人因此获得的利益难以确定，被侵权人和侵权人就赔偿数额协商不一致，向人民法院提起诉讼的，由人民法院根据实际情况确定赔偿数额。”可以说，该条对侵害人身权益的财产损害赔偿作出了概括性的规定，确定了侵害人身权益的财产损害赔偿的规则。本条规定进一步细化规定了通过信息网络侵害他人人身权益导致的财产损失的范围，将被侵权人为制止侵权行为所支付的合理费用及特定情况下的律师费纳入财产损失范围内，符合侵权责任法上的完全赔偿原则，即只要与侵权行为有因果关系的损害，都应当予以赔偿，以使受害人恢复到如同损害没有发生时的状态。

1. 为制止侵权行为所支付的合理费用

利用信息网络侵害人身权益的案件中，由于人身权益的保护对象是抽象、无形的，因此，其受侵害时并没有像有形财产权那样直接表现为财产的毁损或灭失。但并不能片面地认为侵犯人身权益的行为没有导致财产损失，此时的财产损失主要表现为因侵权行为使被侵权人多支出的费用。如被侵权人为制止侵权行为支出的调查、取证的合理费用，这部分费用是因为侵权行为而增加的，是为恢复权利的必要支出，应列入财产损失的范围，由侵权行为人承担赔偿责任，这同时也体现了全部赔偿原则的要求。

2. 律师费

律师费是诉讼当事人为聘请律师为自己提供法律服务所支付的费用，一般包括按固定收费标准收取的费用和其他费用，如差旅费等。随着民事诉讼的专业化程度越来越高，律师费越来越成为民事诉讼的一项必要支出。关于民事诉讼中律师费的负担，在世界范围内主要有三种模式：第一种是以法国、德国等一些大陆法系国家以及英国等国家为代表的败诉方负担模式；第二种是以美国为代表的律师费各自负担为主，根据申请单独判决为辅的模式；第三种是以日本为代表的，以各自负担为主，但有明确例外规定的模式。并且，已有案例作出了新的突破。比如，日本有判决认为，侵权行为的被害者，为了保护自己的权利不得已提起诉讼时的律师费用，是与侵权行为有相当因果关系的损失，可以向当事人请求赔偿。

律师费应当由谁来承担，在我国律师法及律师收费制度中都没有明确规定，也没有其他法律法规作出具有普遍约束力的规定。但是近几年最高人民法院出台的司法解释，在个别领域对民事诉讼律师费由败诉方承担有明确规定。比如，在知识产权领域，2010 年修改后的著作权法第四十九条规定“赔偿数额还应当包括权利人为制止侵权行为而支出的合理开支”。商标法、专利法也均作出相应的规定。其后，相应的司法解释明确了“支出的合理开支”的具体范畴。例如，《最高人民法院关于审理著作权民事纠纷案件适用法律若干问题的解释》第二十六条第一款规定：“著作权法第四十九条第一款规定的制止侵权行为所支付的合理开支，包括权利人或委托代理人对侵权行为进行调查、取证的合理费用。”第二款规定：“人民法院根据当事人的诉讼请求和具体案情，可以将符合国家有关部门规定的律师费用计算在赔偿范围内。”《最高人民法院关于审理商标民事纠纷案件适用法律若干问题的解释》第十七条也作出了相应的规定。知识产权领域的这一规定，是在我国加入世界贸易组织的大背景下，根据《与贸易有关的知识产权协议》(以下简称 TRIPs 协议) 的精神作出的调整。这个规定一方面坚持了我国诉讼制度和最高人民法院的一贯做法，谨慎地对待这个问题，在整体诉讼制度上有所协调；另一方面又符合 TRIPs 协议规定的精神，根据诉讼请求和具体案情可以将律师费计算在赔偿数额内，履行了我国在加入世贸组织谈判中的庄严承诺。而在律师费前用了“符合国家有关部门规定”的表述，使规定更加稳妥，以避免在经验不足的情况下法官不好掌握或者自由裁量失之过宽的情形。可以说，知识产权领域“将合理诉讼费纳入损害赔偿范围”的实践取得了良好的法律效果和社会效果。本条规定充分借鉴了知识产权领域的做法和经验，规定“人民法院根据当事人的请求和具体案情，可以将符合国家有关部门规定的律师费用计算在赔偿范围内”。遵循侵权责任的完全赔偿原则，对民事主体的权益施以更加完备的保护，同时也顺应了立法和司法的发展需要。

3. 限额赔偿

限额赔偿是指在权利人损失以及侵权人获利均难以确定或者在权利人直接请求适用的情况下，依据与侵权行为相关的一些因素在一定幅度内酌情确定条件的赔偿方法。这是在司法实践中发展起来的一种赔偿损失的新思路，其原则是强调“合理的赔偿”。民法典第一千一百八十二规定，侵害人身权益的财产损失按照所受损失或者侵权人所得利益两种方法计算，如果两种方法都难以确定的，且被侵权人和侵权人不能协商一致的，由人民法院根据具体情况确定。在利用网络侵害人身权益的案件中，不少情况下被侵权人确实有财产损失但无相关证据支持。因此，有必要规定一个赔偿上限，以便于人民法院作出裁判。本条规定 50 万元的上限，主要考虑为：一是在侵害企业法人商誉权、名称权的案件中，此类案件与侵害商标权、著作权、专利权造成的损失相比，有时更大。因此，参考知识产权法的相关规定，确定50万元的赔偿上限并不过分高。二是在侵害自然人名誉权、隐私权等案件中，其财产损失虽然不一定明显，但其后果却较为严重，规定50万元的上限有利于人民法院根据具体情况酌情判断。在确定最高限额的情况下，具体的赔偿数额应充分考虑侵权行为人的过错程度、具体侵权行为和方式、造成的损害或影响等因素综合考量确定。



## 四、关于废止条文的说明

### （一）原司法解释第二条

2017年修正的民事诉讼法第二十八条[①]规定："因侵权行为提起的诉讼，由侵权行为地或者被告住所地人民法院管辖。"2015年《最高人民法院关于适用〈中华人民共和国民事诉讼法〉的解释》（以下简称《民事诉讼法解释》）制定时，对信息网络侵权行为实施地进行了专门规定。根据《民事诉讼法解释》第二十五条规定："信息网络侵权行为实施地包括实施被诉侵权行为的计算机等信息设备所在地，侵权结果发生地包括被侵权人住所地。"因此，原司法解释第二条已被2017年修正民事诉讼法第二十八条以及《民事诉讼法解释》第二十五条吸收，为避免重复规定，在对原司法解释修正时将该规定废止。

### （二）原司法解释第五条

该条规定是关于权利人对网络服务提供者通知内容的规定。关于何为有效通知，侵权责任法当时没有明确规定。民法典第一千一百九十五条第一款对此作了规定，即通知包括构成侵权的初步证据和权利人的真实身份信息。该条规定与民法典第一千一百九十五条第一款规定不一致，故予以废止。

### （三）原司法解释第八条

该条规定第一款是关于通知错误情形下权利人应承担责任的规定，已

① 现为第二十九条，下同。——编者注

被民法典第一千一百九十五条第三款吸收，已无必要保留。第二款是有关网络用户有权请求恢复的规定，与民法典第一千一百九十六条规定不一致，予以废止。

### （四）原司法解释第十二条

该条规定是关于利用网络侵害个人隐私和个人信息应承担侵权责任的规定。民法典第一千零三十二条至第一千零三十九条新增隐私权和个人信息保护的规定，该条规定内容已经不能完全对应民法典的相关规定，故予以废止。

### （五）原司法解释第十五条

该条规定是关于雇佣、组织、教唆或者帮助他人发布、转发网络信息侵害他人权益承担连带责任的规定。民法典第一千一百六十九条已经规定了教唆、帮助情形下承担连带责任的规定，已无必要重复规定，至于雇佣他人侵权的情形，依据民法典第一千一百九十一条、第一千一百九十二条的规定，应由雇主承担侵权责任，故规定行为人承担连带责任没有法律依据。综上，该条规定整体应予废止。

### （六）原司法解释第十六条

该条规定是关于网络侵权中判处侵权人承担赔礼道歉、消除影响、恢复名誉责任的处理，已被民法典第一千条吸收，无必要继续保留。

# 《最高人民法院关于适用简易程序审理民事案件的若干规定》新修改条文的理解与适用

马 冉*



根据2020年12月23日最高人民法院审判委员会第1823次会议通过的《最高人民法院关于修改〈最高人民法院关于人民法院民事调解工作若干问题的规定〉等十九件民事诉讼类司法解释的决定》，最高人民法院对2003年《最高人民法院关于适用简易程序审理民事案件的若干规定》（以下简称原司法解释）进行了修正，修正后的司法解释简称新司法解释。

## 一、修改背景

近年来，随着社会经济快速发展，法律体系建设和法治宣传愈加深入，人民群众通过法律途径寻求权利救济的诉求也愈加强烈，这使得案件数量一直处于持续高速增长状态，对人民法院解决纠纷的能力和水平提出了更高要求。为了更好地实现司法公正高效权威，促进诉讼更加普惠便捷多元，党中央对优化调整诉讼机制工作作出统一部署。习近平总书记在2019年中央政法工作会议上强调："要深化诉讼制度改革，推进案件繁简分流、轻重分离、快慢分道。"中共中央办公厅于2019年5月印发《关于政法领域全面深化改革的实施意见》，将"推进民事诉讼制度改革"确定为重大改革任务，由最高人民法院牵头推进。

民事诉讼简易程序规则是民事诉讼制度改革的重要内容之一。根据第十三届全国人大常委会第十五次会议作出的《全国人民代表大会常务委员

---

* 作者单位：最高人民法院民事审判第一庭。

会关于授权最高人民法院在部分地区开展民事诉讼程序繁简分流改革试点工作的决定》，最高人民法院按照重大改革先行先试的原则，于2020年1月15日印发《民事诉讼程序繁简分流改革试点方案》《民事诉讼程序繁简分流改革试点实施办法》，对包括完善简易程序规则在内的优化司法确认程序、完善小额诉讼程序、扩大独任制适用范围、健全电子诉讼规则等内容作出规定，以设立试点的形式进行检验，试点期限为两年。同时，在民法典颁布实施之际，为使得法律间衔接更加顺畅，保证法律体系内在一致性，最高人民法院于2020年12月29日发布的《关于修改〈最高人民法院关于人民法院民事调解工作若干问题的规定〉等十九件民事诉讼类司法解释的决定》，对包括《最高人民法院关于适用简易程序审理民事案件的若干规定》等在内的十九件民事诉讼类司法解释进行修改。

## 二、修改说明

《最高人民法院关于适用简易程序审理民事案件的若干规定》共修改11处，包括引言部分、第一条、第四条、第五条、第七条、第九条、第十一条、第十二条、第十四条、第十五条和第三十二条。上述修改均属于适应性修改，如将部分法条的条数进行更新以及其他文字性调整等。

引言部分：本部分只对语言表述作出文字性调整，将引言中的“为保障和方便当事人依法行使诉讼权利，保证人民法院公正、及时审理民事案件，根据《中华人民共和国民事诉讼法》的有关规定，结合民事审判经验和实际情况，制定本规定”修改为“为保障和方便当事人依法行使诉讼权利，保证人民法院公正、及时审理民事案件，根据《中华人民共和国民事诉讼法》的有关规定，结合审判实践，制定本规定”。

第一条：由于自2013年1月1日起施行的《全国人大常委会关于修改〈中华人民共和国民事诉讼法〉的决定》将《中华人民共和国民事诉讼法》中第一百四十二条改为第一百五十七条，增加“基层人民法院和它派出的法庭审理前款规定以外的民事案件，当事人双方也可以约定适用简易程序”作为该条第二款，为保持法律规定一致性，本条对所依据的法条予以更新，将“基层人民法院根据《中华人民共和国民事诉讼法》第一百四十二条规定审理简单的民事案件，适用本规定，但有下列情形之一的案件除外：（一）起诉时被告下落不明的；（二）发回重审的；（三）共同诉讼中一方或者双方当事人人数众多的；（四）法律规定应当适用特别程序、审判监督程序、督促程序、公示催告程序和企业法人破产还债程序的；（五）人民法院认为不宜适用简易程序进行审理的”修改为“基层人民法院根据民事诉讼法第一百五十七条规定审理简单的民事案件，适用本规定，但有下列情形之一的案件除外：（一）起诉时被告下落不明的；（二）发回重审的；（三）共同诉讼中一方或者双方当事人人数众多的；（四）法律规定应当适用特别程序、审判监督程序、督促程序、公示催告程序和企业法人破产还债程序的；（五）人民法院认为不宜适用简易程序进行审理的”。同时，本条还将“《中华人民共和国民事诉讼法》”这一法律规定名称修改为简称“民事诉讼法”。

第四条第二款：在已失效的合同法及现行有效的《最高人民法院关于适用〈中华人民共和国民事诉讼法〉的解释》《最高人民法院关于民事诉讼证据的若干规定》等法律、司法解释中，对当事人的表意方式，上述法律、司法解释使用的是“签名”“捺印”等表述，但在民法典第四百九十条、第四百九十三条等法律条文中，“捺印”一律被表述为“按指印”。因此，为保持一致，本条作文字性调整，将“原告口头起诉的，人民法院应当将当事人的基本情况、联系方式、诉讼请求、事实及理由予以准确记录，将相关证据予以登记。人民法院应当将上述记录和登记的内容向原告当面宣读，原告认为无误后应当签名或者捺印”修改为“原告口头起诉的，人民法院应当将当事人的基本情况、联系方式、诉讼请求、事实及理由予以准确记录，将相关证据予以登记。人民法院应当将上述记录和登记的内容向原告当面宣读，原告认为无误后应当签名或者按指印”。

第五条第一款：与第四条第二款一样，本条为与民法典有关表述保持一致，对条文作文字性调整，将“当事人应当在起诉或者答辩时向人民法院提供自己准确的送达地址、收件人、电话号码等其他联系方式，并签名或者捺印确认”修改为“当事人应当在起诉或者答辩时向人民法院提供自己准确的送达地址、收件人、电话号码等其他联系方式，并签名或者按指印确认”。

第七条：与第四条第二款一样，本条为与民法典有关表述保持一致，对条文作文字性调整，将“双方当事人到庭后，被告同意口头答辩的，人民法院可以当即开庭审理；被告要求书面答辩的，人民法院应当将提交答辩状的期限和开庭的具体日期告知各方当事人，并向当事人说明逾期举证以及拒不到庭的法律后果，由各方当事人在笔录和开庭传票的送达回证上签名或者捺印”修改为“双方当事人到庭后，被告同意口头答辩的，人民法院可以当即开庭审理；被告要求书面答辩的，人民法院应当将提交答辩状的期限和开庭的具体日期告知各方当事人，并向当事人说明逾期举证以及拒不到庭的法律后果，由各方当事人在笔录和开庭传票的送达回证上签名或者按指印”。

第九条第一项、第二项：住所地、经常居住地的概念源自民法通则第十五条“公民以他的户籍所在地的居住地为住所，经常居住地与住所不一致的，经常居住地视为住所”，后为与涉外民事关系法律适用法措辞统一，民法总则及民法典第二十五条以“居所”取代“居住地”这一表述。同时，民法通则关于民事主体仅规定了公民（自然人）、法人，没有规定其他形式的主体，而其他法律如合同法、民事诉讼法、行政诉讼法则称相应主体为“其他组织”，最高人民法院有关司法解释亦有使用“其他组织”的情况，后民法总则、民法典明确了在自然人、法人之外的非法人组织的民事主体地位。因此，结合上述法律规定的变化，本条将相应名词作文字性调整，将“被告到庭后拒绝提供自己的送达地址和联系方式的，人民法院应当告知其拒不提供送达地址的后果；经人民法院告知后被告仍然拒不提供的，按下列方式处理：（一）被告是自然人的，以其户籍登记中的住所地或者经常居住地为送达地址；（二）被告是法人或者其他组织的，应当以其工商登记或者其他依法登记、备案中的住所地为送达地址。人民法院应当将上述告知的内容记入笔录”修改为“被告到庭后拒绝提供自己的送达地址和联系方式的，人民法院应当告知其拒不提供送达地址的后果；经人民法院告知后被告仍然拒不提供的，按下列方式处理：（一）被告是自然人的，以其户籍登记中的住所或者经常居所为送达地址；（二）被告是法人或者非法人组织的，应当以其在登记机关登记、备案中的住所为送达地址。人民法院应当将上述告知的内容记入笔录”。

第十一条：由于自2013年1月1日起施行的《全国人大常委会关于修改〈中华人民共和国民事诉讼法〉的决定》将民事诉讼法第七十九条修改为第八十六条，且民法总则、民法典明确了在自然人、法人之外的非法人组织的民事主体地位，本条对所依据的条文及相应名词作文字性调整，将“受送达的自然人以及他的同住成年家属拒绝签收诉讼文书的，或者法人、其他组织负责收件的人拒绝签收诉讼文书的，送达人应当依据《中华人民共和国民事诉讼法》第七十九条的规定邀请有关基层组织或者所在单位的代表到场见证，被邀请的人不愿到场见证的，送达人应当在送达回证上记明拒收事由、时间和地点以及被邀请人不愿到场见证的情形，将诉讼文书留在受送达人的住所或者从业场所，即视为送达。受送达人的同住成年家属或者法人、其他组织负责收件的人是同一案件中另一方当事人的，不适用前款规定”修改为“受送达的自然人以及他的同住成年家属拒绝签收诉讼文书的，或者法人、非法人组织负责收件的人拒绝签收诉讼文书的，送达人应当依据民事诉讼法第八十六条的规定邀请有关基层组织或者所在单位的代表到场见证，被邀请的人不愿到场见证的，送达人应当在送达回证上记明拒收事由、时间和地点以及被邀请人不愿到场见证的情形，将诉讼文书留在受送达人的住所或者从业场所，即视为送达。受送达人的同住成年家属或者法人、非法人组织负责收件的人是同一案件中另一方当事人的，不适用前款规定”。同时，本条还将“《中华人民共和国民事诉讼法》”这一法律规定名称修改为简称“民事诉讼法”。

第十二条：本条对当事人及其诉讼代理人的申请事项和举证期限作出修改。关于当事人及其诉讼代理人的申请事项，《最高人民法院关于适用〈中华人民共和国民事诉讼法〉的解释》第二百五十六条将简单民事案件定义为“民事诉讼法第一百五十七条规定的简单民事案件中的事实清楚，是指当事人对争议的事实陈述基本一致，并能提供相应的证据，无须人民法院调查收集证据即可查明事实；权利义务关系明确是指能明确区分谁是责任的承担者，谁是权利的享有者；争议不大是指当事人对案件的是非、责任承担以及诉讼标的争执无原则分歧”。即简单民事案件的特征之一是事实清楚，无须人民法院调查收集证据，故本条原规定的“当事人及其诉讼代理人申请人民法院调查收集证据”与“简单民事案件中的事实清楚”的要求不符，应当予以删除。

关于举证期限，本条原规定共涉及《最高人民法院关于民事诉讼证据的若干规定》中的两项条文，其中与前文所述相对应的、本条原引用的《最高人民法院关于民事诉讼证据的若干规定》第十九条第一款“当事人及其诉讼代理人申请人民法院调查收集证据，不得迟于举证期限届满前七日”，虽然已经被修改为《最高人民法院关于民事诉讼证据的若干规定》第二十条第一款“当事人及其诉讼代理人申请人民法院调查收集证据，应当在举证期限届满前提交书面申请”，但因简单民事案件的当事人及其诉讼代理人申请人民法院调查收集证据没有存在的法律依据，有关举证期限的规定也应当相应予以删除。同时，本条中原引用的《最高人民法院关于民事诉讼证据的若干规定》第五十四条第一款“当事人申请证人出庭作证，应当在举证期限届满十日前提出，并经人民法院许可”，已经被修改为《最高人民法院关于民事诉讼证据的若干规定》第六十九条第一款“当事人申请证人出庭作证的，应当在举证期限届满前向人民法院提交申请书”，故本条原本对举证期限的限制予以适当放宽就没有了必要，应当予以删除。

综上，本条为与其他司法解释保持一致性而作出适应性调整，将“适用简易程序审理的民事案件，当事人及其诉讼代理人申请人民法院调查收集证据和申请证人出庭作证，应当在举证期限届满前提出，但其提出申请的期限不受《最高人民法院关于民事诉讼证据的若干规定》第十九条第一款、第五十四条第一款的限制”修改为“适用简易程序审理的民事案件，当事人及其诉讼代理人申请证人出庭作证，应当在举证期限届满前提出”。

第十四条第五项：由于自2021年1月1日起施行的《最高人民法院关于修改〈民事案件案由规定〉的决定》（以下简称《案由规定》）第三条第22项将“111. 合伙协议纠纷”这一案由变更为“127. 合伙合同纠纷”，民法典第二十七章亦使用“合伙合同”这一表述，故本条为与民法典和《案由规定》保持一致性而作出适应性调整，将“下列民事案件，人民法院在开庭审理时应当先行调解：（一）婚姻家庭纠纷和继承纠纷；（二）劳务合同纠纷；（三）交通事故和工伤事故引起的权利义务关系较为明确的损害赔偿纠纷；（四）宅基地和相邻关系纠纷；（五）合伙协议纠纷；（六）诉讼标的额较小的纠纷。但是根据案件的性质和当事人的实际情况不能调解或者显然没有调解必要的除外”修改为“下列民事案件，人民法院在开庭审理时应当先行调解：（一）婚姻家庭纠纷和继承纠纷；（二）劳务合同纠纷；（三）交通事故和工伤事故引起的权利义务关系较为明确的损害赔偿纠纷；（四）宅基地和相邻关系纠纷；（五）合伙合同纠纷；（六）诉讼标的额较小的纠纷。但是根据案件的性质和当事人的实际情况不能调解或者显然没有调解必要的除外”。

第十五条：本条第一款与第四条第二款一样，为与民法典有关表述保持一致，对条文作文字性调整，将“捺印”修改为“按指印”。本条第二款考虑到2017年修正的民事诉讼法第九十八条[①]规定了“（一）调解和好的离婚案件；（二）调解维持收养关系的案件；（三）能够即时履行的案件；（四）其他不需要制作调解书的案件”等人民法院可以不制作调解书的情形，即制作调解书并非当事人达成调解协议后的必经程序，本条有关“人民法院应当另行制作民事调解书”的表述过于严苛，与前述法律规定的情形存在冲突，应当将其限定为“不属于不需要制作调解书的，人民法院应当另行制作民事调解书”。综上，本条将“调解达成协议并经审判人员审核后，双方当事人同意该调解协议经双方签名或者捺印生效的，该调解协议自双方签名或者捺印之日起发生法律效力。当事人要求摘录或者复制该调解协议的，应予准许。调解协议符合前款规定的，人民法院应当另行制作民事调解书。调解协议生效后一方拒不履行的，另一方可以持民事调解书申请强制执行”修改为“调解达成协议并经审判人员审核后，双方当事人同意该调解协议经双方签名或者按指印生效的，该调解协议自双方签名或者按指印之日起发生法律效力。当事人要求摘录或者复制该调解协议的，应予准许。调解协议符合前款规定，且不属于不需要制作调解书的，人民法院应当另行制作民事调解书。调解协议生效后一方拒不履行的，另一方可以持民事调解书申请强制执行”。

第三十二条第四项：个人信息的保护及其与信息自由、公共利益的关系是现代各国法律中备受关注的问题，我国对于个人信息的法律保护经历了从以刑法修正案（五）、刑法修正案（七）等公法保护为主到日益重视私法保护的发展过程。此次民法典对个人信息的收集、使用、删除、更正和保护等问题作出了较为详细的规定，并在第四编人格权第六章隐私权和个人信息保护中特别强调，自然人的个人信息受法律保护，这充分说明了立法机关对个人信息民法保护的高度重视。因此，本条为与上述法律规定保持一致性，保护当事人个人信息，把个人信息纳入可适当简化的内容范围内，同时以“自然人”代替“个人”这一表述，将“适用简易程序审理的民事案件，有下列情形之一的，人民法院在制作裁判文书时对认定事实或者判决理由部分可以适当简化：（一）当事人达成调解协议并需要制作民事调解书的；（二）一方当事人在诉讼过程中明确表示承认对方全部诉讼请求或者部分诉讼请求的；（三）当事人对案件事实没有争议或者争

① 现为第一百零一条。——编者注

议不大的；(四) 涉及个人隐私或者商业秘密的案件，当事人一方要求简化裁判文书中的相关内容，人民法院认为理由正当的；(五) 当事人双方一致同意简化裁判文书的”修改为“适用简易程序审理的民事案件，有下列情形之一的，人民法院在制作裁判文书时对认定事实或者判决理由部分可以适当简化：(一) 当事人达成调解协议并需要制作民事调解书的；(二) 一方当事人在诉讼过程中明确表示承认对方全部诉讼请求或者部分诉讼请求的；(三) 当事人对案件事实没有争议或者争议不大的；(四) 涉及自然人的隐私、个人信息，或者商业秘密的案件，当事人一方要求简化裁判文书中的相关内容，人民法院认为理由正当的；(五) 当事人双方一致同意简化裁判文书的”。

# 最高人民法院
# 关于印发《全国法院贯彻实施民法典工作会议纪要》的通知

2021 年 4 月 6 日　　法〔2021〕94 号

**各省、自治区、直辖市高级人民法院，解放军军事法院，新疆维吾尔自治区高级人民法院生产建设兵团分院：**

《全国法院贯彻实施民法典工作会议纪要》（以下简称《会议纪要》）已于 2021 年 3 月 15 日经最高人民法院审判委员会第 1834 次会议通过。为便于进一步学习领会和正确适用《会议纪要》，现作如下通知：

## 一、充分认识《会议纪要》出台的意义

《会议纪要》以习近平法治思想为指导，就当前人民法院贯彻实施民法典工作中需要重点解决的法律适用问题和有关工作机制完善问题作出具体规定，对于确保民法典正确实施，统一法律适用标准，平等保护各方当事人合法权益，服务保障经济社会高质量发展具有十分重要的意义。各级人民法院要全面把握、准确理解《会议纪要》的精神实质和基本内容。

## 二、认真组织学习培训

各级人民法院要通过多种形式组织学习培训，做好宣传工作，帮助广大法官、司法辅助人员和其他有关人员准确理解《会议纪要》的精神实质，在案件审理中正确适用。

## 三、准确把握《会议纪要》的应用范围

纪要不是司法解释，不得作为裁判依据援引。《会议纪要》发布后，

人民法院对尚未审结的一审、二审案件，在裁判文书“本院认为”部分具体分析法律适用的理由时，可以根据《会议纪要》的相关规定进行说理。

对于适用中存在的问题，请及时层报最高人民法院。

# 全国法院贯彻实施民法典工作会议纪要

为深入学习贯彻习近平法治思想，切实实施民法典，统一法律适用标准，服务保障经济社会高质量发展，指导各级人民法院依法公正高效审理各类民事案件，最高人民法院于2021年1月4日在北京以视频方式召开全国法院贯彻实施民法典工作会议。最高人民法院党组书记、院长周强同志出席会议并讲话，党组副书记、常务副院长贺荣同志主持会议并作了总结，审判委员会副部级专职委员刘贵祥同志就《全国法院贯彻实施民法典工作会议纪要》的起草情况和主要内容作了说明。各省、自治区、直辖市高级人民法院、解放军军事法院、新疆维吾尔自治区高级人民法院生产建设兵团分院院长、主管民商事审判工作的副院长、民商事审判庭负责人参加了会议，江苏、广东、河南三省高级人民法院作了专题汇报和经验交流。

会议强调，各级人民法院要坚持以习近平法治思想武装头脑、指导实践、推动工作，切实增强贯彻实施民法典的责任感使命感。会议指出，贯彻实施好民法典，是增强“四个意识”、坚定“四个自信”、做到“两个维护”的实际行动，是将党的领导和我国制度优势转化为国家治理效能的重要环节，是坚持以人民为中心，维护社会公平正义的应有之义，是服务保障“十四五”时期经济行稳致远、社会安定和谐，全面建设社会主义现代化国家的必然要求。

会议研究了当前人民法院贯彻实施民法典工作中需要重点解决的法律适用问题，包括民法典总则编、合同编有关内容的具体适用，民法典施行后有关新旧法律、司法解释的衔接适用等内容以及有关工作机制的完善问题。现纪要如下：

## 一、正确适用民法典总则编、合同编的相关制度

会议要求，各级人民法院要充分发挥民事审判职能作用，切实维护人

民群众合法权益。要将民法典的贯彻实施与服务经济社会高质量发展结合起来，要将弘扬社会主义核心价值观融入民法典贯彻实施工作的全过程、各领域。会议研究了《最高人民法院关于贯彻执行〈中华人民共和国民法通则〉若干问题的意见（试行）》（以下简称民通意见）、《最高人民法院关于适用〈中华人民共和国合同法〉若干问题的解释（一）》（以下简称合同法解释一）、《最高人民法院关于适用〈中华人民共和国合同法〉若干问题的解释（二）》（以下简称合同法解释二）废止后，新的司法解释颁布前，依法适用民法典总则编、合同编需要重点关注的问题。

1. 申请宣告失踪或宣告死亡的利害关系人，包括被申请宣告失踪或宣告死亡人的配偶、父母、子女、兄弟姐妹、祖父母、外祖父母、孙子女、外孙子女以及其他与被申请人有民事权利义务关系的民事主体。宣告失踪不是宣告死亡的必经程序，利害关系人可以不经申请宣告失踪而直接申请宣告死亡。但是，为了确保各方当事人权益的平衡保护，对于配偶、父母、子女以外的其他利害关系人申请宣告死亡，人民法院审查后认为申请人通过申请宣告失踪足以保护其权利，其申请宣告死亡违背民法典第一百三十二条关于不得滥用民事权利的规定的，不予支持。

2. 行为人因对行为的性质、对方当事人、标的物的品种、质量、规格和数量等的错误认识，使行为的后果与自己的意思相悖，并造成较大损失的，人民法院可以认定为民法典第一百四十七条、第一百五十二条规定的重大误解。

3. 故意告知虚假情况，或者故意隐瞒真实情况，诱使当事人作出错误意思表示的，人民法院可以认定为民法典第一百四十八条、第一百四十九条规定的欺诈。

4. 以给自然人及其亲友的生命、身体、健康、名誉、荣誉、隐私、财产等造成损害或者以给法人、非法人组织的名誉、荣誉、财产等造成损害为要挟，迫使其作出不真实的意思表示的，人民法院可以认定为民法典第一百五十条规定的胁迫。

5. 民法典第一百八十八条第一款规定的普通诉讼时效期间，可以适用民法典有关诉讼时效中止、中断的规定，不适用延长的规定。民法典第一百八十八条第二款规定的“二十年”诉讼时效期间可以适用延长的规定，不适用中止、中断的规定。

诉讼时效根据民法典第一百九十五条的规定中断后，在新的诉讼时效期间内，再次出现第一百九十五条规定的中断事由，可以认定诉讼时效再次中断。权利人向义务人的代理人、财产代管人或者遗产管理人主张权利的，可以认定诉讼时效中断。

6. 当事人对于合同是否成立发生争议，人民法院应当本着尊重合同自由，鼓励和促进交易的精神依法处理。能够确定当事人名称或者姓名、标的和数量的，人民法院一般应当认定合同成立，但法律另有规定或者当事人另有约定的除外。

对合同欠缺的当事人名称或者姓名、标的和数量以外的其他内容，当事人达不成协议的，人民法院依照民法典第四百六十六条、第五百一十条、第五百一十一条等规定予以确定。

7. 提供格式条款的一方对格式条款中免除或者减轻其责任等与对方有重大利害关系的内容，在合同订立时采用足以引起对方注意的文字、符号、字体等特别标识，并按照对方的要求以常人能够理解的方式对该格式条款予以说明的，人民法院应当认定符合民法典第四百九十六条所称“采取合理的方式”。提供格式条款一方对已尽合理提示及说明义务承担举证责任。

8. 民法典第五百三十五条规定的“债务人怠于行使其债权或者与该债权有关的从权利，影响债权人的到期债权实现的”，是指债务人不履行其对债权人的到期债务，又不以诉讼方式或者仲裁方式向相对人主张其享有的债权或者与该债权有关的从权利，致使债权人的到期债权未能实现。相对人不认为债务人有怠于行使其债权或者与该债权有关的从权利情况的，应当承担举证责任。

9. 对于民法典第五百三十九条规定的明显不合理的低价或者高价，人民法院应当以交易当地一般经营者的判断，并参考交易当时交易地的物价部门指导价或者市场交易价，结合其他相关因素综合考虑予以认定。

转让价格达不到交易时交易地的指导价或者市场交易价百分之七十的，一般可以视为明显不合理的低价；对转让价格高于当地指导价或者市场交易价百分之三十的，一般可以视为明显不合理的高价。当事人对于其所主张的交易时交易地的指导价或者市场交易价承担举证责任。

10. 当事人一方违反民法典第五百五十八条规定的通知、协助、保密、旧物回收等义务，给对方当事人造成损失，对方当事人请求赔偿实际损失的，人民法院应当支持。

11. 民法典第五百八十五条第二款规定的损失范围应当按照民法典第五百八十四条规定确定，包括合同履行后可以获得的利益，但不得超过违约一方订立合同时预见到或者应当预见到的因违约可能造成的损失。

当事人请求人民法院增加违约金的，增加后的违约金数额以不超过民法典第五百八十四条规定的损失为限。增加违约金以后，当事人又请求对方赔偿损失的，人民法院不予支持。

当事人请求人民法院减少违约金的，人民法院应当以民法典第五百八十四条规定的损失为基础，兼顾合同的履行情况、当事人的过错程度等综合因素，根据公平原则和诚信原则予以衡量，并作出裁判。约定的违约金超过根据民法典第五百八十四条规定确定的损失的百分之三十的，一般可以认定为民法典第五百八十五条第二款规定的“过分高于造成的损失”。当事人主张约定的违约金过高请求予以适当减少的，应当承担举证责任；相对人主张违约金约定合理的，也应提供相应的证据。

12. 除上述内容外，对于民通意见、合同法解释一、合同法解释二的实体性规定所体现的精神，与民法典及有关法律不冲突且在司法实践中行之有效的，如民通意见第2条关于以自己的劳动收入为主要生活来源的认定规则等，人民法院可以在裁判文书说理时阐述。上述司法解释中的程序性规定的精神，与民事诉讼法及相关法律不冲突的，如合同法解释一第十四条、第二十三条等，人民法院可以在办理程序性事项时作为参考。

## 二、准确把握民法典及相关司法解释的新旧衔接适用

会议要求，各级人民法院要把系统观念落实到贯彻实施工作各方面，全面准确适用民法典及相关司法解释，特别是要准确把握民法典施行后的新旧法律、司法解释的衔接适用问题。会议强调，要认真学习贯彻《最高人民法院关于适用〈中华人民共和国民法典〉时间效力的若干规定》（以下简称《时间效力规定》）等7件新制定司法解释、《最高人民法院关于废止部分司法解释及相关规范性文件的决定》（以下简称《废止决定》）以及《最高人民法院关于修改〈最高人民法院关于在民事审判工作中适用《中华人民共和国工会法》若干问题的解释〉等二十七件民事类司法解释的决定》等5个修改决定（以下简称《修改决定》）的基本精神，在审判中准确把握适用民法典的时间效力问题，既彰显民法典的制度价值，又不背离当事人基于原有法律所形成的合理预期，确保法律的统一适用。

民商事篇

13. 正确适用《时间效力规定》，处理好新旧法律、司法解释的衔接适用问题。坚持“法不溯及既往”的基本原则，依法保护当事人的合理预期。民法典施行前的法律事实引起的民事纠纷案件，适用当时的法律、司法解释的规定，但《时间效力规定》另有规定的除外。

当时的法律、司法解释包括根据民法典第一千二百六十条规定废止的法律，根据《废止决定》废止的司法解释及相关规范性文件，《修改决定》所涉及的修改前的司法解释。

14. 人民法院审理民事纠纷案件，根据《时间效力规定》应当适用民法典的，同时适用民法典相关司法解释，但是该司法解释另有规定的除外。

15. 人民法院根据案件情况需要引用已废止的司法解释条文作为裁判依据时，先列明《时间效力规定》相关条文，后列明该废止的司法解释条文。需要同时引用民法通则、合同法等法律及行政法规的，按照《最高人民法院关于裁判文书引用法律、法规等规范性法律文件的规定》确定引用条文顺序。

16. 人民法院需要引用《修改决定》涉及的修改前的司法解释条文作为裁判依据时，先列明《时间效力规定》相关条文，后列明修改前司法解释名称、相应文号和具体条文。人民法院需要引用修改后的司法解释作为裁判依据时，可以在相应名称后以括号形式注明该司法解释的修改时间。

17. 民法典施行前的法律事实引起的民事纠纷案件，根据《时间效力规定》应当适用民法典的，同时列明民法典的具体条文和《时间效力规定》的相关条文。民法典施行后的法律事实引起的民事纠纷案件，裁判文书引用法律、司法解释时，不必引用《时间效力规定》的相关条文。

18. 从严把握溯及适用民法典规定的情形，确保法律适用统一。除《时间效力规定》第二部分所列具体规定外，人民法院在审理有关民事纠纷案件时，认为符合《时间效力规定》第二条溯及适用民法典情形的，应当做好类案检索，经本院审判委员会讨论后层报高级人民法院。高级人民法院审判委员会讨论后认为符合《时间效力规定》第二条规定的“三个更有利于”标准，应当溯及适用民法典规定的，报最高人民法院备案。最高人民法院将适时发布相关指导性案例或者典型案例，加强对下指导。

## 三、切实加强适用民法典的审判指导和调查研究工作

会议要求，各级人民法院要把贯彻实施民法典作为一项重大政治任务，加强组织领导，强化责任担当，做好审判指导监督，扎实抓好调查研究，注重总结审判实践经验，建立健全保障民法典贯彻实施的长效机制，确保民法典在全国法院统一正确实施。

19. 要结合民法典立法精神和规定，将权利保护理念融入审判执行工作各环节，切实保护人民群众的人身权利、财产权利以及其他合法权益，不断增进人民福祉、促进人的全面发展。要加大产权司法保护力度，依法全面平等保护各类产权，坚决防止利用刑事手段插手民事纠纷，坚决防止把经济纠纷当作犯罪处理，坚决防止将民事责任变为刑事责任，让企业家专心创业、放心投资、安心经营。

20. 要牢固树立法典化思维，确立以民法典为中心的民事实体法律适用理念。准确把握民法典各编之间关系，充分认识“总则与分则”“原则与规则”“一般与特殊”的逻辑体系，综合运用文义解释、体系解释和目的解释等方法，全面、准确理解民法典核心要义，避免断章取义。全面认识各编的衔接配合关系，比如合同编通则中关于债权债务的规定，发挥了债法总则的功能作用，对于合同之债以外的其他债权债务关系同样具有适用效力。

21. 要加强对民法典具体法律适用问题的调查研究，尤其是加强对民法典的新增规定或者对原有民事法律制度有重大修改的规定适用情况的调查研究，不断探索积累经验。有关民法典适用的新情况、新问题及时层报最高人民法院，为最高人民法院及时制定民法典总则编、合同编等相关司法解释提供有力实践支撑。要特别注重发挥民法典对新技术新模式新业态的促进和保障作用，为人民法院依法公正高效审理涉及人工智能、大数据、区块链等新技术，数字经济、平台经济、共享经济等新模式，外卖骑手、快递小哥、网约车司机等新业态的民事纠纷案件积累司法经验。

# 《全国法院贯彻实施民法典工作会议纪要》的理解与适用

郭　锋　陈龙业　蒋家棣*

2021年1月4日，最高人民法院召开了全国法院贯彻实施民法典工作会议。会议研究了当前人民法院贯彻实施民法典工作中需要重点解决的法律适用问题，包括民法典总则编、合同编有关内容的具体适用，民法典施行后有关新旧法律、司法解释的衔接适用等内容，以及有关工作机制的完善问题。为了确保会议精神贯彻落实，并为人民法院在审判工作中准确适用民法典提供指引，我们组织起草了《全国法院贯彻实施民法典工作会议纪要》（以下简称《纪要》），并于2021年3月15日由最高人民法院审判委员会第1834次会议审议通过。本文就《纪要》的起草背景、基本原则和主要内容进行说明，便于广大法官准确理解与适用。

## 一、《纪要》的起草背景、过程与原则

民法典通过后，最高人民法院立即部署开展司法解释及相关规范性文件的全面清理工作，其中，与民法通则、物权法、担保法、合同法、婚姻法、继承法等配套的司法解释是本次清理的重点内容。经过清理，上述司法解释全部宣告废止，同时其中的《最高人民法院关于适用〈中华人民共和国物权法〉若干问题的解释（一）》《最高人民法院关于适用〈中华人民共和国担保法〉若干问题的解释》、婚姻法、继承法相关司法解释等相应编纂为《最高人民法院关于适用〈中华人民共和国民法典〉物权编的解释（一）》《最高人民法院关于适用〈中华人民共和国民法典〉有关担保

* 作者单位：最高人民法院研究室。

制度的解释》《最高人民法院关于适用〈中华人民共和国民法典〉婚姻家庭编的解释（一）》《最高人民法院关于适用〈中华人民共和国民法典〉继承编的解释（一）》等司法解释。《最高人民法院关于贯彻执行〈中华人民共和国民法通则〉若干问题的意见（试行）》（以下简称《民通意见》）、《最高人民法院关于适用〈中华人民共和国合同法〉若干问题的解释（一）》（以下简称《合同法解释一》）、《最高人民法院关于适用〈中华人民共和国合同法〉若干问题的解释（二）》（以下简称《合同法解释二》），根据审委会决议要求，对清理后不与民法典冲突的内容予以保留，通过会议纪要形式为司法实践提供指引，并为下一步制定总则编、合同编的司法解释进一步积累经验。之所以暂不将《民通意见》《合同法解释一》《合同法解释二》中清理后仍有适用价值的内容直接以新的总则编、合同编的司法解释呈现，主要考虑是总则编具有统帅全局的作用，合同纠纷在民商事纠纷中占比很大（据统计，2020年度，作为二级案由的合同纠纷一审案件结案数量占民事一审结案数量的比例为66.58%），这两部分的司法解释在根据经济社会发展形势最新变化和民法典新增、重大修改规定作相应增补后再出台，更有利于有针对性地指导司法实践，更有利于推动和保障民法典统一正确实施。

因此，《纪要》的起草过程实质上包括两个阶段。

第一阶段是司法解释清理阶段。2020年6月，司法解释清理工作启动后，最高人民法院研究室按照清理要求，对《民通意见》《合同法解释一》《合同法解释二》的每一个条文进行了认真研究，提出废、改、留的意见。2020年9月至11月，就清理结果两次征求院内各单位意见，在杭州、武汉等地组织全国法院的审判业务专家和法学专家进行研讨，并召集部分法官代表和学者代表到北京集中研讨，对每个条文逐一研究论证。2020年12月征求了全国人大常委会法工委意见，形成了《纪要》的主体内容。

第二阶段是《纪要》完善阶段。根据全国法院贯彻实施民法典工作会议精神和审判实际，我们对会议纪要稿进行了逐条核改，再次向最高人民法院各庭室征求意见，并向全国各高级人民法院征求了意见。书面征求了法学专家和各级法院的审判业务专家代表意见，对会议纪要稿进行了逐条研究完善，并于2021年1月20日再次征求全国人大常委会法工委意见。在吸收各方意见的基础上，形成《纪要》送审稿，提交审委会讨论。此后，根据审委会决议，对《纪要》内容作了进一步修改完善。

《纪要》的起草，始终坚持以下原则。

一是坚持政治引领。深入贯彻习近平法治思想，认真落实最高人民法院党组决策部署，坚持服务司法审判工作大局，充分发挥民法典保障人民权利、优化营商环境的制度功能。例如，遵循民法典的规定，本着有利于维护守约方利益、鼓励诚信交易的导向，对于违约金司法调整的计算基准，由《合同法解释二》规定的实际损失改为民法典第五百八十四条规定的损失，既包括了实际损失，也包括了可得利益损失。

二是坚持严格依法。在司法解释清理和《纪要》起草过程中，始终把统一法律适用标准摆在突出位置，严格对标民法典，凡是已被民法典吸收的规定或者与民法典相抵触的规定一律删除，凡是民法典作出修改、增删的内容一律作出相应调整。例如，《合同法解释一》第八条规定除斥期间不适用中止、中断、延长的规定，已被民法典第一百九十九条吸收，故在《纪要》中不再体现。

三是坚持问题导向。在《纪要》起草过程中，始终把解决各级人民法院在审判实践中期望解决的问题作为工作目标，充分吸收采纳了来自实务一线的审判专家的意见。例如，针对新制定的司法解释、《最高人民法院关于废止部分司法解释及相关规范性文件的决定》（以下简称《废止决定》）和《最高人民法院关于修改〈关于在民事审判工作中适用《中华人民共和国工会法》若干问题的解释〉等二十七件民事类司法解释的决定》（以下简称《修改决定》）施行后，有关法律和司法解释如何引用的问题，我们在《纪要》中专门作为第二部分予以明确。

## 二、《解释》所遵循的原则

《纪要》分为三个部分，共计21条，主要内容如下。

第一部分规定民法典总则编、合同编相关制度的适用问题。本部分共计12条，其中第1条至第5条规定总则编有关制度的适用问题，涉及宣告失踪或宣告死亡的利害关系人、意思表示的重大误解、欺诈、胁迫、诉讼时效的中止、中断、延长等问题。第6条至第11条规定合同编有关制度的适用问题，涉及合同必备条款及合同条款的补充、格式条款提供方履行提示说明义务的合理方式、代位权诉讼中债务人怠于行使权利影响债权人到期债权实现的认定、撤销权诉讼中不合理的低价或高价的认定和举证责任分配、违反后合同义务应当赔偿实际损失、违约金调整的计算基础、参考标准、举证责任等问题。第12条是兜底条款，主要解决《民通意见》《合同法解释一》《合同法解释二》中与民法典及相关法律精神不冲突且司法实践中行之有效，但未在《纪要》中明确列举的内容如何适用的问题，为司法实践提供明确指引。

第二部分规定民法典及相关司法解释的衔接适用问题。本部分共计6条，其中第13条、第14条规定司法解释的时间效力问题，第15条至第17条规定法律和司法解释的引用问题，第18条规定《最高人民法院关于适用〈中华人民共和国民法典〉时间效力的若干规定》（以下简称《时间效力规定》）第二条的适用程序问题。在司法解释清理过程中，最高人民法院废止了116件司法解释及相关规范性文件，修改了111件司法解释，新制定了7件司法解释，另有364件司法解释继续保留适用。因此，有关司法解释在实践中如何适用，如废止的司法解释是否一概不得适用、修改前后的司法解释如何适用等问题，以及相应引起的法律、司法解释如何引用的问题，都有必要予以明确。

第三部分规定了切实加强适用民法典的审判指导和调查研究工作。本部分共计3条，主要目的是从价值理念及工作机制层面为各级人民法院准确适用民法典提供指引。其中，第19条强调权利保护理念，旨在引导各级人民法院在审判执行工作中充分发挥民法典的制度功能，更好服务保障经济社会高质量发展。第20条强调树立法典化思维，旨在引导各级人民法院确立以民法典为中心的民事实体法律适用理念。第21条强调调查研究，旨在引导各级人民法院积极探索民法典新增、重大修改规定的适用问题，以及如何发挥民法典对新技术新模式新业态的促进和保障作用问题。

## 三、民法典总则编、合同编适用中的重点问题

### （一）申请宣告失踪或宣告死亡的利害关系人

《纪要》第1条规定了申请宣告失踪或宣告死亡的利害关系人范围包括被申请宣告失踪或宣告死亡人的配偶、父母、子女、兄弟姐妹、祖父母、外祖父母、孙子女、外孙子女以及其他与被申请人有民事权利义务关系的民事主体。对于申请宣告失踪的利害关系人范围，基本保留了《民通意见》第24条的规定，只是将“有民事权利义务关系的人”修改为“有民事权利义务关系的民事主体”。

需要重点说明的是宣告死亡的利害关系人问题。《民通意见》第25条规定了申请宣告死亡的利害关系人顺序，调研中对此有不同意见。

一种意见认为，宣告死亡对于当事人利益尤其是配偶的身份利益影响巨大，因而有必要作出顺序限制。《民通意见》第25条体现了配偶以及其他民事主体的先后顺序问题，可以防止债权人任意宣告债务人死亡。而且，债权人通常可以通过宣告失踪程序救济其权利。该条规定在《民通意见》实施多年以来效果良好，故有必要保留。

第二种意见（主要是参与民法典编纂的有关同志）认为，民法典编纂过程中曾就是否规定宣告死亡的利害关系人的顺序作了专门研究，但最终对此未作规定。规定申请宣告死亡的顺序与民法典立法精神并不一致，有必要慎重处理。例如，如果规定了宣告死亡的顺序，在配偶、父母、子女等在先顺位人不宣告死亡的情况下，失踪人所在单位因无权宣告死亡，不得不继续支付失踪人的基本工资，损害用人单位的利益。另有学者指出，改革开放以来，已经发生利害关系人出于侵占下落不明自然人的财产、损害其他利害关系人的合法权益，以及冒领其退休金、养老金、补助金等违法目的，故意不申请宣告死亡的社会问题。例如，退休人员长期失踪而其配偶、子女不申请宣告死亡，而社保机构照常定期向该长期失踪的退休人员账户汇付养老金、社保金的情形所在多有。

第三种意见（主要是部分法官）认为宣告死亡主要涉及继承人利益问题，配偶、父母、子女为第一顺序继承人，没有必要再区分先后顺序。

综合各方意见特别是立法机关的意见后，我们依据民法典第四十七条的规定，对《民通意见》第25条作了实质性修改，不再规定申请宣告死亡的利害关系人顺序。

但是为了平衡各方当事人的利益，防止取消申请宣告死亡的利害关系人顺序后又走向另一个极端，我们对利害关系人申请宣告死亡也作了必要限制，引入民法典第一百三十二条关于不得滥用民事权利的规定精神，吸纳前述第三种意见的精神，明确配偶、父母、子女以外的其他利害关系人通过申请宣告失踪足以保护其权利，却申请宣告死亡的，人民法院不予支持。这是因为宣告死亡对于当事人利益尤其是配偶的身份权益影响巨大，而且宣告死亡适用特别程序审理，实行一审终审，受影响的当事人无上诉的救济机会，所以为避免利益失衡，根据民法典第一百三十二条关于禁止权利滥用的精神，作出相应规定。

此外，《纪要》还延续了《民通意见》第29条的精神，明确规定宣告失踪不是宣告死亡的必经程序，利害关系人可以不经申请宣告失踪而直接宣告死亡。民法典第四十七条吸收了《民通意见》第29条的基本精神，规定："对同一自然人，有的利害关系人申请宣告死亡，有的利害关系人申请宣告失踪，符合本法规定的宣告死亡条件的，人民法院应当宣告死亡。"这一规定已经隐含了宣告失踪不是宣告死亡的前置程序的意思，《纪要》在民法典规定基础上进一步予以明确，以方便准确适用法律。这样规定与域外经验也是一致的。如意大利民法典第58条第3款规定："即使于不在的宣告欠缺场合，亦得为推定死亡的宣告。"葡萄牙民法典第114条第3款规定："失踪人推定死亡之宣告，不取决于先前有否设定临时或确定保佐，且以失踪人最后音讯日终了时为推定死亡之时。"

在理解与适用时要特别注意，《纪要》这一规定与申请宣告死亡不得滥用民事权利的规定不冲突。前者旨在解决申请宣告死亡有无程序条件限制的问题，后者旨在解决申请宣告死亡有无实质条件限制的问题。例如，债权人可以不经申请宣告失踪而直接申请宣告死亡，但是其申请宣告死亡不能构成权利滥用。如果债权人的权利主张完全能够通过宣告失踪获得救济，而其申请宣告死亡则损害了他人的身份利益，超出了权利行使的必要限度，属于典型的权利滥用行为。在具体适用时，法官可以根据查明的事实进行释明，对于能通过申请宣告失踪解决的问题，告知其可以变更为申请宣告失踪；当事人坚持申请宣告死亡的，人民法院不予支持。

### （二）诉讼时效的中止、中断和延长

《纪要》第5条规定普通诉讼时效期间可以适用中止、中断的规定，不适用延长的规定；最长诉讼时效期间可以适用延长的规定，不适用中止、中断的规定。

对于普通诉讼时效期间和最长诉讼时效期间是否可以延长的问题，存在不同的认识。

一种观点认为，民法典第一百八十八条第二款规定的诉讼时效延长主要适用于普通诉讼时效期间，而不适用于最长权利保护期间，法律规定最长诉讼时效制度的主要目的是给权利行使设定一个固定的期限，如果允许该期限延长，就会使该最长期限变成可变期限，法律设置该最长期限的目的也将不复存在。

另一种观点认为民法典第一百八十八条仅规定了最长诉讼时效期间的延长，普通诉讼时效不再适用延长的规则。部分参与民法典编纂的学者持此种主张，有关立法资料也持相同观点。部分学术著作也认为民法典第一百八十八条第二款规定的“但是自权利受到损害之日起超过二十年的，人民法院不予保护，有特殊情况的，人民法院可以根据权利人的申请决定延长”，是针对二十年最长权利保护期间所作的规定。所谓诉讼时效期间的延长，只能适用于二十年长期时效期间。三年普通时效期间，因有中止、中断的规定，不发生延长问题。

产生认识分歧的一个重要原因是民法典第一百八十八条第二款相较于民法通则第一百三十七条的标点符号调整。民法通则第一百三十七条但书中“有特殊情况的”前面为句号，而民法典中为逗号。

各种理解均有一定道理，为解决分歧、统一认识，我们在结合民法典文义的基础上，征询立法机关意见后认为：普通诉讼时效期间可以适用中止、中断的规定，不适用延长的规定；最长诉讼时效期间可以适用延长的规定，不适用中止、中断的规定。

此外，《纪要》第5条延续了《民通意见》第173条精神，规定诉讼时效期间可以多次中断。同时，根据参与民法典编纂的法学专家意见，增加规定向遗产管理人主张权利的，可以认定诉讼时效中断。

### （三）违约金司法调整的有关问题

《纪要》第11条规定了违约金司法酌增酌减的有关问题，在《合同法解释二》第二十八条、第二十九条规定的基础上作了相应调整。

1. 违约金计算基础的问题

明确违约金调整的基础应当按照民法典第五百八十四条规定确定，包括合同履行后可以获得的利益，但不得超过违约一方订立合同时预见到或者应当预见到的因违约可能造成的损失。

调研过程中，对于违约金司法调整的计算基准存在不同意见。

少数意见认为，约定的违约金系当事人意思自治的结果，应当尽量尊重，违约金过低需要酌增的，以实际损失为限有合理性，有利于平衡双方当事人的利益。

多数意见认为，明确按照民法典第五百八十四条规定的损失范围来确定违约金调整的基准，有利于充分救济守约方的利益，惩处违约行为，维护诚信原则。

学术界也认为，因违约所造成的损失除了要包括实际损失之外，还应当包括可得利益的损失，因为只有在调整的标准包括可得利益损失的情况下，才能使非违约方因违约金责任的承担而达到如同合同被完全履行时，即就像没有发生违约行为时一样的效果。

《全国法院民商事审判工作会议纪要》（以下简称《九民会纪要》）第50条规定：认定约定违约金是否过高，一般应当以合同法第一百一十三条规定的损失为基础进行判断，这里的损失包括合同履行后可以获得的利益。这一规定具有合理性，应当予以吸收。同时，认定违约金低于所造成的损失，也有必要坚持同一标准。

综合考虑各方意见，并征询立法机关意见，我们采纳了多数意见。由于将申请司法酌减的计算基准由原来的实际损失改为民法典第五百八十四条规定的损失，《纪要》第11条相应地在人民法院应当兼顾的综合因素中删除“预期利益”，因为预期利益因素已包含在民法典第五百八十四条规定的“损失”当中。

在具体适用时，要注意对本条规定的“综合因素”的把握。

本条列举了两个因素：

（1）合同履行情况，包括瑕疵履行的严重程度、迟延履行的时间长短、部分履行对合同的影响程度等。例如，如果部分履行对合同整体的影响程度很轻，可以适当调整违约金数额，但如果部分履行直接影响合同目的的实现，则应当审慎酌减违约金。

（2）当事人过错程度。对于当事人恶意违约的场合，人民法院在调整违约金时应当体现出对当事人主观恶性的惩罚。双方都违约的，在调整违约金时也要充分考虑双方违约程度的大小、主观恶性的大小等。需要特别注意的是《纪要》第11条的“综合因素”不限于列举的两种情形，还包括其他因素，由法官根据案件的具体情况考虑。

比较典型的因素包括：

（1）当事人的主体身份。如当事人是否为商事主体、是否为格式条款提供方等。调研过程中，许多法院提出调整违约金时应当区分是商事合同还是民事合同。考虑到我国采取的是民商合一体例，在立法层面未明确采用商行为、商主体的概念，而且理论上也很难界分商主体与普通民事主体、商行为与一般法律行为，因此不宜在规范层面作出绝对的区分，但是不妨碍法官根据案件具体情况将当事人的主体身份纳入考虑范围。如果债务人是商事主体，其对违约风险的预见和控制能力更强，因此在酌减违约金时就要更加审慎。另外，格式条款提供方请求减少违约金的，一般也要十分慎重。

(2) 当事人约定违约金的目的。如果当事人约定违约金的目的本身带有惩罚性质，又不存在其他显失公平的因素，此时就要尊重当事人的意思自治，不能因为司法干预而使当事人约定的违约金目的完全落空。

(3) 其他因素。实践中，实际损失、可得利益损失有时难以确定，可以斟酌考虑合同标的的总价款、一定倍数的租金或者承包金、通常利率的一定倍数、投资性合同中投资总额的一定比例等。

在具体适用时，还要注意民法典第五百八十四条规定的损失的认定标准。人民法院在认定民法典第五百八十四条规定的“因违约所造成的损失”时，应当综合运用可预见规则、减损规则、损益相抵规则以及过失相抵规则等，从非违约方主张的合同履行后可以获得的利益总额中扣除违约方订立合同时不可预见或者不应当预见到的因违约所造成的损失、非违约方不当扩大的损失、非违约方因违约获得的利益、非违约方与有过失所造成的损失以及必要的交易成本。

2. 违约金司法酌减的举证责任问题

《纪要》第11条吸收《九民会纪要》第50条、《最高人民法院关于当前形势下审理民商事合同纠纷案件若干问题的指导意见》(以下简称《民商合同纠纷意见》)第8条的内容，增加了违约金司法酌减的举证责任的规定。

对于《纪要》第11条规定的“相对人主张违约金约定合理的，也应提供相应的证据”，有不同意见。反对意见认为，“相对人主张违约金约定合理的，也应提供相应的证据”的规定不合理，理由是守约方依照约定主张违约金具有合同上当然的合理性，不应当再要求守约方承担对违约金的举证责任。

我们经研究认为，一方面，这一举证责任分配的规则在民商合同纠纷意见中已有明确规定，而且实际效果良好；另一方面，从法理上讲，举证责任应该由主张调整违约金的一方承担，但是有可能该方无法得知对方损失的大致范围，所以相对人也应提供相应证据证明。《合同法解释二》的起草资料也显示解释制定者倾向认为，违约方需要提供足以让法官对违约金约定公平性产生怀疑的证据，然后法官可将举证责任分配给守约方。理由是违约方提出调整违约金的主张必须要有举证的责任，这符合“谁主张，谁举证”的一般规则，但考虑到证据掌握情况，比如违约方不可能举出守约方损失全部证据等因素，因此分配给其举出让法官对违约金约定公平性产生怀疑的证据即可。是故，赋予守约方相应的行为意义上的提交证据义务，既符合案件的实际情况，也较为公平合理。

此外，《纪要》第11条规定的百分之三十的标准系沿用《合同法解释二》第二十九条第二款的规定，以保持法律适用的连续性、稳定性和统一性。



### （四）其他相关问题

除上述问题外，《纪要》第2条至第4条、第6条至第10条，都是清理《民通意见》《合同法解释一》《合同法解释二》时予以保留并根据民法典和有关方面意见进行修改后形成的条文。

一是根据民法典的规定对应修改原条文引用的条文序号。

二是对标民法典对民法通则、合同法的修改相应调整表述、删除已被民法典吸收的内容。如《纪要》第3条、第4条关于欺诈和胁迫的规定，较原条文在表述上作了调整，以体现民法典关于第三人欺诈和胁迫的规定。

三是根据有关方面的意见新增了部分内容。如《纪要》第9条新增了举证责任的规定：“当事人对于其所主张的交易时交易地的指导价或者市场交易价承担举证责任。”

除了《纪要》第一部分规定内容外，《民通意见》和《合同法解释一》《合同法解释二》还有其他内容在司法实践中仍然具有指导价值，因此《纪要》第12条专门规定了其他条文如何继续发挥指导作用。

要注意的是，实体性的内容必须不与民法典的精神冲突，且在实践中行之有效。例如，《民通意见》第3条、第4条关于限制民事行为能力人从事的民事活动是否与其年龄、智力、精神健康状况相适应的认定问题，第11条关于监护人监护能力的认定问题，《合同法解释二》第二条规定的订立合同的其他形式问题，等等。程序性的内容必须不与民事诉讼法及相关法律的精神冲突。例如，《合同法解释一》第十七条代位权诉讼中债权人申请财产保全应当提供相应的财产担保，《民通意见》第32条关于失踪人的财产代管人可以作为原告、被告起诉、应诉的规定，等等。

上述内容在新司法解释出台前，仍可作为司法实践的参考。例如，失踪人的财产代管人的诉讼地位问题，理论上有一定争议，有的认为应作为原告、被告，有的认为应属于失踪人的法定代理人，但实践中基本按照《民通意见》第32条规定将财产代管人列为原告、被告，因此在新解释对此作出明确前，原有做法仍可以继续沿用。

## 四、关于民法典及相关司法解释的新旧衔接适用问题

关于本部分规定，要特别注意准确把握以下三个问题。

### （一）司法解释的时间效力问题

一般而言，司法解释溯及适用于所解释的法律的施行时间，例如，《合同法解释一》《合同法解释二》原则上溯及适用于合同法的施行时间。但本次司法解释清理中新制定的司法解释、《修改决定》和《废止决定》均是与民法典同步施行，即自2021年1月1日起施行。原则上，这些司法解释只向后发生效力，例外情形下才有向前发生效力的可能。把握上述司法解释时间效力问题的基本思路是以《时间效力规定》为依据。即根据《时间效力规定》应当适用民法典的，可以同时适用与民法典配套的新制定的司法解释和《修改决定》中根据民法典修改后的司法解释条文；根据《时间效力规定》应当适用当时的法律的，可以同时适用根据民法典修改前的司法解释和根据《废止决定》废止前的司法解释。但是，具体的法律或司法解释对某司法解释的时间效力问题另有规定的除外。当然，由于本次司法解释清理是全面清理，部分司法解释的修改是为了与相应法律保持一致，例如，有的修改是根据2017年修正后的民事诉讼法作出的修改，此种情形并不涉及与溯及适用民法典的衔接问题。

### （二）司法解释的引用问题

如前所述，民法典施行后的一段时间内，被废止的合同法等法律及司法解释以及根据《修改决定》修改前的司法解释，仍然有适用的空间；加上本次司法解释清理对司法解释作了大批量的修改，可以说是史无前例的，因而如何引用有关的法律和司法解释是各级人民法院在审判实践中十分关注的问题。

对此，可以按照以下思路办理。

1. 关于引用已废止司法解释的问题

根据案件情况需要引用已废止的司法解释条文作为裁判依据时，在裁判文书中先列明《时间效力规定》相关条文，后列明该废止的司法解释条文。这样就明确了案件裁判适用的是原有法律及司法解释的内容，这当然就包括已被废止的司法解释。需要同时引用民法通则、合同法等法律及行政法规等的，按照《最高人民法院关于裁判文书引用法律、法规等规范性法律文件的规定》确定引用条文顺序。

2. 关于引用《修改决定》所涉及的司法解释的问题

裁判文书中需要引用《修改决定》涉及的修改前的司法解释条文作为裁判依据时，先列明时间效力规定相关条文，后列明修改前司法解释名称、相应文号和具体条文。需要引用修改后的司法解释作为裁判依据时，在其名称后面以括号形式注明该司法解释的修改时间。本次司法解释清理采取一个修改决定修改若干个司法解释的方式，根据《修改决定》修改后的全文没有对应的文号，为便于区分，可在修改后的司法解释名称后注明修改时间。

3. 关于引用民法典有关规定的问题

民法典施行前的法律事实引起的民事纠纷案件，根据《时间效力规定》应当适用民法典的，同时列明民法典的具体条文和《时间效力规定》的相关条文。民法典施行后的法律事实引起的民事纠纷案件，当然适用民法典，因此裁判文书引用法律、司法解释时不必再引用《时间效力规定》的相关条文。

### （三）按照《时间效力规定》第二条规定溯及适用的层报问题

《时间效力规定》第二条规定了溯及适用民法典的三个有利于标准，即更有利于保护民事主体合法权益，更有利于维护社会和经济秩序，更有利于弘扬社会主义核心价值观的，可以溯及适用民法典。但是有利溯及的标准需要严格限定，如果泛化有利溯及的标准和范围，无疑会冲击法不溯及既往的基本原则，改变当事人根据旧法所形成的合理预期，破坏社会生活和交易秩序的稳定；而且还可能会出现有的法院裁判溯及适用民法典某一条文，有的法院则不溯及适用的问题，影响法律秩序的统一。

为确保民法典适用的统一性，《纪要》第 18 条规定了溯及适用民法典的层报程序，要求除《时间效力规定》第二部分所列具体规定外，人民法院认为符合《时间效力规定》第二条规定，可以溯及适用民法典的，应当遵循以下程序：先由办案法院作好类案检索，经本院审委会讨论通过后层报高级人民法院；高级人民法院审委会讨论后认为符合《时间效力规定》第二条规定，应当溯及适用民法典的，报最高人民法院备案。

这样规定的主要考虑是：第一，充分保护当事人的合理预期，避免有利溯及的滥用；第二，民法典条文众多，有些内容如何适用还要进一步加强研究和总结经验，通过层报程序可以避免具体列举不全带来法律适用上的困难；第三，确保民法典新旧衔接适用裁判尺度在全国范围内的统一。

# 最高人民法院<br>关于印发《全国法院涉外商事海事审判工作座谈会会议纪要》的通知

2021年12月31日　　　　法（民四）明传〔2021〕60号

为回顾总结2018年以来全国法院涉外商事海事审判工作情况，全面部署新形势下涉外商事海事审判工作任务，我院于2021年6月10日在南京召开了全国法院涉外商事海事审判工作座谈会。根据座谈会精神，我庭对历年涉外商事海事审判形成的成熟经验进行了总结，在广泛征求各方意见、达成共识的基础上，起草了《全国法院涉外商事海事审判工作座谈会会议纪要》，针对涉外商事海事审判工作中存在的前沿疑难问题作出相应规定，以统一裁判尺度。为使涉外商事海事法官在案件审理过程中准确理解把握，请各高级人民法院涉外商事海事审判庭认真组织相关人员学习。对于适用中存在的问题，请及时层报

## 全国法院涉外商事海事审判工作座谈会会议纪要

## 涉外商事部分

### 一、关于案件管辖

1.【排他性管辖协议的推定】涉外合同或者其他财产权益纠纷的当事人签订的管辖协议明确约定由一国法院管辖，但未约定该管辖协议为非排他性管辖协议的，应推定该管辖协议为排他性管辖协议。

2.【非对称管辖协议的效力认定】涉外合同或者其他财产权益纠纷的当事人签订的管辖协议明确约定一方当事人可以从一个以上国家的法院中选择某国法院提起诉讼，而另一方当事人仅能向一个特定国家的法院提起诉讼，当事人以显失公平为由主张该管辖协议无效的，人民法院不予支持；但管辖协议涉及消费者、劳动者权益或者违反民事诉讼法专属管辖规定的除外。

3.【跨境消费者网购合同管辖协议的效力】网络电商平台使用格式条款与消费者订立跨境网购合同，未采取合理方式提示消费者注意合同中包含的管辖条款，消费者根据民法典第四百九十六条的规定主张该管辖条款不成为合同内容的，人民法院应予支持。

网络电商平台虽已尽到合理提示消费者注意的义务，但该管辖条款约定在消费者住所地国以外的国家法院诉讼，不合理加重消费者寻求救济的成本，消费者根据民法典第四百九十七条的规定主张该管辖条款无效的，人民法院应予支持。

4.【主从合同约定不同管辖法院的处理】主合同和担保合同分别约定不同国家或者地区的法院管辖，且约定不违反民事诉讼法专属管辖规定的，应当依据管辖协议的约定分别确定管辖法院。当事人主张根据《最高人民法院关于适用〈中华人民共和国民法典〉有关担保制度的解释》第二十一条第二款的规定，根据主合同确定管辖法院的，人民法院不予支持。

## 二、关于诉讼当事人

5.【“有明确被告”的认定】原告对住所地在中华人民共和国领域外的被告提起诉讼，能够提供该被告存在的证明的，即符合民事诉讼法第一百二十二条第二项规定的“有明确的被告”。被告存在的证明可以是处于有效期内的被告商业登记证、身份证明、合同书等文件材料，不应强制要求原告就上述证明办理公证认证手续。

6.【境外公司的诉讼代表人资格认定】在中华人民共和国领域外登记设立的公司因出现公司僵局、解散、重整、破产等原因，已经由登记地国法院指定司法管理人、清算管理人、破产管理人的，该管理人可以代表该公司参加诉讼。

管理人应当提交登记地国法院作出的判决、裁定及其公证认证手续等相关文件证明其诉讼代表资格。人民法院应当对上述证据组织质证，另一方当事人仅以登记地国法院作出的判决、裁定未经我国法院承认为由，否认管理人诉讼代表资格的，人民法院不予支持。

7.【外籍当事人委托公民代理的手续审查】根据民事诉讼法司法解释第五百二十八条、第五百二十九条的规定，涉外民事诉讼中的外籍当事人委托本国人为诉讼代理人或者委托本国律师以非律师身份担任诉讼代理人、外国驻华使领馆官员受本国公民委托担任诉讼代理人的，不适用民事诉讼法第六十一条第二款第三项的规定，无须提交当事人所在社区、单位或者有关社会团体的推荐函。

8.【外国当事人一次性授权的手续审查】外国当事人一次性授权诉讼代理人代理多个案件或者一个案件的多个程序，该授权办理了公证认证或者司法协助协定规定的相关证明手续，诉讼代理人有权在授权委托书的授权范围和有效期内从事诉讼代理行为。对方当事人以该诉讼代理人的授权未就单个案件或者程序办理公证认证或者证明手续为由提出异议的，人民法院不予支持。

9.【境外寄交管辖权异议申请的审查】当事人从中华人民共和国领域外寄交或者托交管辖权异议申请的，应当提交其主体资格证明以及有效联系方式；未提交的，人民法院对其提出的管辖权异议不予审查。

## 三、关于涉外送达

10.【邮寄送达退件的处理】人民法院向在中华人民共和国领域内没有住所的受送达人邮寄送达司法文书，如邮件被退回，且注明原因为“该地址查无此人”“该地址无人居住”等情形的，视为不能用邮寄方式送达。

11.【电子送达】人民法院向在中华人民共和国领域内没有住所的受送达人送达司法文书，如受送达人所在国法律未禁止电子送达方式的，人民法院可以依据民事诉讼法第二百七十四条的规定采用电子送达方式，但违反我国缔结或参加的国际条约规定的除外。

受送达人所在国系《海牙送达公约》成员国，并在公约项下声明反对邮寄方式送达的，应推定其不允许电子送达方式，人民法院不能采用电子送达方式。

12.【外国自然人的境内送达】人民法院对外国自然人采用下列方式送达，能够确认受送达人收悉的，为有效送达：

（一）向其在境内设立的外商独资企业转交送达；

（二）向其在境内担任法定代表人、公司董事、监事和高级管理人员的企业转交送达；

（三）向其同住成年家属转交送达；

（四）通过能够确认受送达人收悉的其他方式送达。

13.【送达地址的认定】在中华人民共和国领域内没有住所的当事人未填写送达地址确认书，但在诉讼过程中提交的书面材料明确载明地址的，可以认定该地址为送达地址。

14.【管辖权异议文书的送达】对涉外商事案件管辖权异议程序的管辖权异议申请书、答辩书等司法文书，人民法院可以仅在相对方当事人之间进行送达，但管辖权异议裁定书应当列明并送达所有当事人。

## 四、关于涉外诉讼证据

15.【外国法院判决、仲裁裁决等作为证据的认定】一方当事人将外国法院作出的发生法律效力的判决、裁定或者外国仲裁机构作出的仲裁裁决作为证据提交，人民法院应当组织双方当事人质证后进行审查认定，但该判决、裁定或者仲裁裁决认定的事实，不属于民事诉讼法司法解释第九十三条第一款规定的当事人无须举证证明的事实。一方当事人仅以该判决、裁定或者仲裁裁决未经人民法院承认为由主张不能作为证据使用的，人民法院不予支持。

16.【域外公文书证】《最高人民法院关于民事诉讼证据的若干规定》第十六条规定的公文书证包括外国法院作出的判决、裁定，外国行政机关出具的文件，外国公共机构出具的商事登记、出生及死亡证明、婚姻状况证明等文件，但不包括外国鉴定机构等私人机构出具的文件。

公文书证在中华人民共和国领域外形成的，应当经所在国公证机关证明，或者履行相应的证明手续，但是可以通过互联网方式核查公文书证的真实性或者双方当事人对公文书证的真实性均无异议的除外。

17.【庭审中翻译费用的承担】诉讼过程中翻译人员出庭产生的翻译费用，根据《诉讼费用交纳办法》第十二条第一款的规定，由主张翻译或者负有翻译义务的一方当事人直接预付给翻译机构，人民法院不得代收代付。

人民法院应当在裁判文书中载明翻译费用，并根据《诉讼费用交纳办法》第二十九条的规定确定由败诉方负担。部分胜诉、部分败诉的，人民法院根据案件的具体情况决定当事人各自负担的数额。

## 五、关于涉外民事关系的法律适用

18.【国际条约未规定事项和保留事项的法律适用】中华人民共和国缔结或者参加的国际条约对涉外民商事案件中的具体争议没有规定，或者案件的具体争议涉及保留事项的，人民法院根据涉外民事关系法律适用法等法律的规定确定应当适用的法律。

19.【《联合国国际货物销售合同公约》的适用】营业地位于《联合国国际货物销售合同公约》不同缔约国的当事人缔结的国际货物销售合同应当自动适用该公约的规定，但当事人明确约定排除适用该公约的除外。人民法院应当在法庭辩论终结前向当事人询问关于适用该公约的具体意见。

20.【法律与国际条约的一致解释】人民法院审理涉外商事案件所适用的中华人民共和国法律、行政法规的规定存在两种以上合理解释的，人民法院应当选择与中华人民共和国缔结或者参加的国际条约相一致的解释，但中华人民共和国声明保留的条款除外。

## 六、关于域外法查明

21.【查明域外法的途径】人民法院审理案件应当适用域外法律时，可以通过下列途径查明：

（1）由当事人提供；

（2）由中外法律专家提供；

（3）由法律查明服务机构提供；

（4）由最高人民法院国际商事专家委员提供；

（5）由与我国订立司法协助协定的缔约相对方的中央机关提供；

（6）由我国驻该国使领馆提供；

（7）由该国驻我国使领馆提供；

（8）其他合理途径。

通过上述途径提供的域外法律资料以及专家意见，应当在法庭上出示，并充分听取各方当事人的意见。

22.【委托国际商事专家委员提供咨询意见】人民法院委托最高人民法院国际商事专家委员就审理案件涉及的国际条约、国际商事规则、域外法律的查明和适用等法律问题提供咨询意见的，应当通过高级人民法院向最高人民法院国际商事法庭协调指导办公室办理寄交书面委托函，写明需提供意见的法律所属国别、法律部门、法律争议等内容，并附相关材料。

23.【域外法专家出庭】当事人可以依据民事诉讼法第八十二条的规定申请域外法专家出庭。

人民法院可以就专家意见书所涉域外法的理解，对出庭的专家进行询问。经法庭准许，当事人可以对出庭的专家进行询问。专家不得参与域外法查明事项之外的法庭审理活动。专家不能现场到庭的，人民法院可以根据案件审理需要采用视频方式询问。

24.【域外法内容的确定】双方当事人提交的域外法内容相同或者当事人对相对方提交的域外法内容无异议的，人民法院可以作为域外法依据予以确定。当事人对相对方提交的域外法内容有异议的，人民法院应当结合质证认证情况进行审查认定。人民法院不得仅以当事人对域外法内容存在争议为由认定不能查明域外法。

25.【域外法查明不能的认定】当事人应当提供域外法的，人民法院可以根据案件具体情况指定查明域外法的期限并可依据当事人申请适当延长期限。当事人在延长期限内仍不能提供的，视为域外法查明不能。

26.【域外法查明费用】对于应当适用的域外法，根据涉外民事关系法律适用法第十条第一款的规定由当事人提供的，查明费用由当事人直接支付给查明方，人民法院不得代收代付。人民法院可以根据当事人的诉讼请求和具体案情，对当事人因查明域外法而发生的合理费用予以支持。

## 七、关于涉公司纠纷案件的审理

27.【境外公司内部决议效力的法律适用】在中华人民共和国领域外登记设立的公司作出的内部决议的效力，人民法院应当适用登记地国的法律并结合公司章程的相关规定予以审查认定。

28.【境外公司意思表示的认定】在中华人民共和国领域外登记设立的公司的董事代表公司在合同书、信件、数据电文等载体上签字订立合同的行为，可以视为该公司作出的意思表示，未加盖该公司的印章不影响代表行为的效力，但当事人另有约定或者登记地国法律另有规定的除外。

公司章程或者公司权力机构对董事代表权的限制，不得对抗善意相对人，但登记地国法律另有规定的除外。

29.【外商投资企业隐名投资协议纠纷】因外商投资企业隐名投资协

议产生的纠纷，实际投资者请求确认其在外商投资企业中的股东身份或者请求变更股东身份，并提供证据证明其已实际投资且名义股东以外的其他股东认可实际投资者的股东身份的，对其诉讼请求按照以下方式处理：

（1）外商投资企业属于外商投资准入负面清单禁止投资领域的，人民法院不予支持；

（2）外商投资企业属于外商投资准入负面清单以外投资领域的，人民法院应当判决由名义股东履行将所持股权转移登记至实际投资者名下的义务，外商投资企业负有协助办理股权转移登记手续的义务；

（3）外商投资企业属于外商投资准入负面清单限制投资领域的，人民法院应当判决由名义股东履行将所持股权转移登记至实际投资者名下的义务，并协助外商投资企业办理报批手续。判决可以同时载明，不履行报批手续的，实际投资者可自行报批。

因相对人已从名义股东处善意取得外商投资企业股权，或者实际投资者依据前款第3项报批后未获外商投资企业主管机关批准，导致股权变更事实上无法实现的，实际投资者可就隐名投资协议另行提起合同损害赔偿之诉。

## 八、关于涉金融纠纷案件的审理

30.【独立保函止付申请的初步实体审查】人民法院审理独立保函欺诈纠纷案件时，对当事人提出的独立保函止付申请，应当根据《最高人民法院关于审理独立保函纠纷案件若干问题的规定》第十四条的规定进行审查，并根据第十二条的规定就是否存在欺诈的止付事由进行初步实体审查；应当根据第十六条的规定在裁定中列明初步查明的事实和是否准许止付申请的理由。

31.【信用证通知行过错及责任认定】通知行在信用证项下的义务为审核确认信用证的表面真实性并予以准确通知。通知行履行通知义务存在过错并致受益人损失的，应当承担相应的侵权责任，但赔偿数额不应超过信用证项下未付款金额及利息。受益人主张通知行赔偿其在基础合同项下所受损失的，人民法院不予支持。

32.【外币逾期付款利息】外币逾期付款情形下，当事人就逾期付款主张利息损失时，当事人有约定的，按当事人约定处理；当事人未约定的，可以参照中国银行同期同类外币贷款利率计算。

## 九、关于申请承认和执行外国法院判决案件的审理

33. 【审查标准及适用范围】人民法院在审理申请承认和执行外国法院判决、裁定案件时，应当根据民事诉讼法第二百八十九条以及民事诉讼法司法解释第五百四十四条第一款的规定，首先审查该国与我国是否缔结或者共同参加了国际条约。有国际条约的，依照国际条约办理；没有国际条约，或者虽然有国际条约但国际条约对相关事项未作规定的，具体审查标准可以适用本纪要。

破产案件、知识产权案件、不正当竞争案件以及垄断案件因具有较强的地域性、特殊性，相关判决的承认和执行不适用本纪要。

34. 【申请人住所地法院管辖的情形】申请人申请承认外国法院判决、裁定，但被申请人在我国境内没有住所地，且其财产也不在我国境内的，可以由申请人住所地的中级人民法院管辖。

35. 【申请材料】申请人申请承认和执行外国法院判决、裁定，应当提交申请书并附下列文件：

（1）判决书正本或者经证明无误的副本；

（2）证明判决已经发生法律效力的文件；

（3）缺席判决的，证明外国法院合法传唤缺席方的文件。

判决、裁定对前款第 2 项、第 3 项的情形已经予以说明的，无需提交其他证明文件。

申请人提交的判决及其他文件为外文的，应当附有加盖翻译机构印章的中文译本。

申请人提交的文件如果是在我国领域外形成的，应当办理公证认证手续，或者履行中华人民共和国与该所在国订立的有关国际条约规定的证明手续。

36. 【申请书】申请书应当载明下列事项：

（1）申请人、被申请人。申请人或者被申请人为自然人的，应当载明其姓名、性别、出生年月、国籍、住所及身份证件号码；为法人或者非法人组织的，应当载明其名称、住所地，以及法定代表人或者代表人的姓名和职务；

（2）作出判决的外国法院名称、裁判文书案号、诉讼程序开始日期和判决日期；

（3）具体的请求和理由；

（4）申请执行判决的，应当提供被申请人的财产状况和财产所在地，并说明该判决在我国领域外的执行情况；

（5）其他需要说明的情况。

37.【送达被申请人】当事人申请承认和执行外国法院判决、裁定，人民法院应当在裁判文书中将对方当事人列为被申请人。双方当事人都提出申请的，均列为申请人。

人民法院应当将申请书副本送达被申请人。被申请人应当在收到申请书副本之日起十五日内提交意见；被申请人在中华人民共和国领域内没有住所的，应当在收到申请书副本之日起三十日内提交意见。被申请人在上述期限内不提交意见的，不影响人民法院审查。

38.【管辖权异议的处理】人民法院受理申请承认和执行外国法院判决、裁定案件后，被申请人对管辖权有异议的，应当自收到申请书副本之日起十五日内提出；被申请人在中华人民共和国领域内没有住所的，应当自收到申请书副本之日起三十日内提出。

人民法院对被申请人提出的管辖权异议，应当审查并作出裁定。当事人对管辖权异议裁定不服的，可以提起上诉。

39.【保全措施】当事人向人民法院申请承认和执行外国法院判决、裁定，人民法院受理申请后，当事人申请财产保全的，人民法院可以参照民事诉讼法及相关司法解释的规定执行。申请人应当提供担保，不提供担保的，裁定驳回申请。

40.【立案审查】申请人的申请不符合立案条件的，人民法院应当裁定不予受理，同时说明不予受理的理由。已经受理的，裁定驳回申请。当事人不服的，可以提起上诉。人民法院裁定不予受理或者驳回申请后，申请人再次申请且符合受理条件的，人民法院应予受理。

41.【外国法院判决的认定标准】人民法院应当根据外国法院判决、裁定的实质内容，审查认定该判决、裁定是否属于民事诉讼法第二百八十九条规定的“判决、裁定”。

外国法院对民商事案件实体争议作出的判决、裁定、决定、命令等法律文书，以及在刑事案件中就民事损害赔偿作出的法律文书，应认定属于民事诉讼法第二百八十九条规定的“判决、裁定”，但不包括外国法院作出的保全裁定以及其他程序性法律文书。

42.【判决生效的认定】人民法院应当根据判决作出国的法律审查该判决、裁定是否已经发生法律效力。有待上诉或者处于上诉过程中的判决、裁定不属于民事诉讼法第二百八十九条规定的“发生法律效力的判决、裁定”。

43.【不能确认判决真实性和终局性的情形】人民法院在审理申请承认和执行外国法院判决、裁定案件时，经审查，不能够确认外国法院判决、裁定的真实性，或者该判决、裁定尚未发生法律效力的，应当裁定驳回申请。驳回申请后，申请人再次申请且符合受理条件的，人民法院应予受理。

44.【互惠关系的认定】人民法院在审理申请承认和执行外国法院判决、裁定案件时，有下列情形之一的，可以认定存在互惠关系：

（1）根据该法院所在国的法律，人民法院作出的民商事判决可以得到该国法院的承认和执行；

（2）我国与该法院所在国达成了互惠的谅解或者共识；

（3）该法院所在国通过外交途径对我国作出互惠承诺或者我国通过外交途径对该法院所在国作出互惠承诺，且没有证据证明该法院所在国曾以不存在互惠关系为由拒绝承认和执行人民法院作出的判决、裁定。

人民法院对于是否存在互惠关系应当逐案审查确定。

45.【惩罚性赔偿判决】外国法院判决的判项为损害赔偿金且明显超出实际损失的，人民法院可以对超出部分裁定不予承认和执行。

46.【不予承认和执行的事由】对外国法院作出的发生法律效力的判决、裁定，人民法院按照互惠原则进行审查后，认定有下列情形之一的，裁定不予承认和执行：

（一）根据中华人民共和国法律，判决作出国法院对案件无管辖权；

（二）被申请人未得到合法传唤或者虽经合法传唤但未获得合理的陈述、辩论机会，或者无诉讼能力的当事人未得到适当代理；

（三）判决通过欺诈方式取得；

（四）人民法院已对同一纠纷作出判决，或者已经承认和执行第三国就同一纠纷做出的判决或者仲裁裁决。

外国法院作出的发生法律效力的判决、裁定违反中华人民共和国法律的基本原则或者国家主权、安全、社会公共利益的，不予承认和执行。

47.【违反仲裁协议作出的外国判决的承认】外国法院作出缺席判决

后，当事人向人民法院申请承认和执行该判决，人民法院经审查发现纠纷当事人存在有效仲裁协议，且缺席当事人未明示放弃仲裁协议的，应当裁定不予承认和执行该外国法院判决。

48.【对申请人撤回申请的处理】人民法院受理申请承认和执行外国法院判决、裁定案件后，作出裁定前，申请人请求撤回申请的，可以裁定准许。

人民法院裁定准许撤回申请后，申请人再次申请且符合受理条件的，人民法院应予受理。

申请人无正当理由拒不参加询问程序的，按申请人自动撤回申请处理。

49.【承认和执行外国法院判决的报备及通报机制】各级人民法院审结当事人申请承认和执行外国法院判决案件的，应当在作出裁定后十五日内逐级报至最高人民法院备案。备案材料包括申请人提交的申请书、外国法院判决及其中文译本、人民法院作出的裁定。

人民法院根据互惠原则进行审查的案件，在作出裁定前，应当将拟处理意见报本辖区所属高级人民法院进行审查；高级人民法院同意拟处理意见的，应将其审查意见报最高人民法院审核。待最高人民法院答复后，方可作出裁定。

## 十、关于限制出境

50.【限制出境的适用条件】《第二次全国涉外商事海事审判工作会议纪要》第93条规定的“逃避诉讼或者逃避履行法定义务的可能”是指申请人提起的民事诉讼有较高的胜诉可能性，而被申请人存在利用出境逃避诉讼、逃避履行法定义务的可能。申请人提出限制出境申请的，人民法院可以要求申请人提供担保，担保数额一般应当相当于诉讼请求的数额。

被申请人在中华人民共和国领域内有足额可供扣押的财产的，不得对其采取限制出境措施。被限制出境的被申请人或其法定代表人、负责人提供有效担保或者履行法定义务的，人民法院应当立即作出解除限制的决定并通知公安机关。

# 海事部分

## 十一、关于运输合同纠纷案件的审理

### (一) 海上货物运输合同

51.【托运人的识别】提单或者其他运输单证记载的托运人与向承运人或其代理人订舱的人不一致的，提单或者其他运输单证的记载对于承托双方仅具有初步的证明效力，人民法院应当结合运输合同的订立及履行情况准确认定托运人；有证据证明订舱人系接受他人委托并以他人名义或者为他人订舱的，人民法院应当根据海商法第四十二条第三项第 1 点的规定，认定该“他人”为托运人。

52.【实际承运人责任的法律适用】海商法是调整海上运输关系的特别法律规定，应当优先于一般法律规定适用。就海上货物运输合同所涉及的货物灭失或者损坏，提单持有人选择仅向实际承运人主张赔偿的，人民法院应当优先适用海商法有关实际承运人的规定；海商法没有规定的，适用其他法律规定。

53.【承运人提供集装箱的适货义务】根据海商法第四十七条有关适货义务的规定，承运人提供的集装箱应符合安全收受、载运和保管所装载货物的要求。

因集装箱存在缺陷造成箱内货物灭失或者损坏的，承运人应当承担相应赔偿责任。承运人的前述义务不因海上货物运输合同中的不同约定而免除。

54.【“货物的自然特性或者固有缺陷”的认定】海商法第五十一条第一款第九项规定的“货物的自然特性或者固有缺陷”是指货物具有的本质的、固有的特性或者缺陷，表现为同类货物在同等正常运输条件下，即使承运人已经尽到海商法第四十八条规定的管货义务，采取了合理的谨慎措施仍无法防止损坏的发生。

55.【货损发生期间的举证】根据海商法第四十六条的规定，承运人对其责任期间发生的货物灭失或者损坏负赔偿责任。请求人在货物交付时没有根据海商法第八十一条的规定提出异议，之后又向承运人主张货损赔偿，如果可能发生货损的原因和区间存在多个，请求人仅举证证明货损可能发生在承运人责任期间，而不能排除货损发生于非承运人责任期间的，人民法院不予支持。

56.【承运人对大宗散装货物短少的责任承担】根据航运实践和航运惯例，大宗散装货物运输过程中，因自然损耗、装卸过程中的散落残漏以及水尺计重等的计量允差等原因，往往会造成合理范围内的短少。如果卸货后货物出现短少，承运人主张免责并举证证明该短少属于合理损耗、计量允差以及相关行业标准或惯例的，人民法院原则上应当予以支持，除非有证据证明承运人对货物短少有不能免责的过失；如果卸货后货物短少超出相关行业标准或惯例，承运人又不能举证区分合理因素与不合理因素各自造成的损失，请求人要求承运人承担全部货物短少赔偿责任的，人民法院原则上应当予以支持。

57.【“不知条款”的适用规则】提单是承运人保证据以交付货物的单证，承运人应当在提单上如实记载货物状况，并按照记载向提单持有人交付货物。根据海商法第七十五条的规定，承运人或者代其签发提单的人，在签发已装船提单的情况下没有适当方法核对提单记载的，可以在提单上批注，说明无法核对。运输货物发生损坏，承运人依据提单记载的“不知条款”主张免除赔偿责任的，应当对其批注符合海商法第七十五条规定情形承担举证责任；有证据证明货物损坏原因是承运人违反海商法第四十七、第四十八条规定的义务，承运人援引“不知条款”主张免除其赔偿责任的，人民法院不予支持。

58.【承运人交付货物的依据】承运人没有签发正本提单，或者虽签发正本提单但已收回正本提单并约定采用电放交付货物的，承运人应当根据运输合同约定、托运人电放指示或者托运人以其他方式作出的指示交付货物。收货人仅凭提单样稿、提单副本等要求承运人交付货物的，人民法院不予支持。

59.【承运人凭指示提单交付时应合理谨慎审单】正本指示提单的持有人请求承运人向其交付货物，承运人应当合理谨慎地审查提单。承运人凭背书不连续的正本指示提单交付货物，请求人要求承运人承担因此造成损失的，人民法院应予支持，但承运人举证证明提单持有人通过背书之外其他合法方式取得提单权利的除外。

60.【承运人对货物留置权的行使】提单或者运输合同载明“运费预付”或者类似性质说明，承运人以运费尚未支付为由，根据海商法第八十七条对提单持有人的货物主张留置权的，人民法院不予支持，提单持有人与托运人相同的除外。

61.【目的港无人提货的费用承担】提单持有人在目的港没有向承运人主张提货或者行使其他权利的，因无人提取货物而产生的费用和风险由托运人承担。承运人依据运输合同关系向托运人主张运费、堆存费、集装箱超期使用费或者其他因无人提取货物而产生费用的，人民法院应予支持。

62.【无单放货纠纷的举证责任】托运人或者提单持有人向承运人主张无单放货损失赔偿的，应当提供初步证据证明其为合法的正本提单持有人、承运人未凭正本提单交付货物以及因此遭受的损失。承运人抗辩货物并未被交付的，应当举证证明货物仍然在其控制之下。

63.【承运人免除无单放货责任的举证】承运人援引《最高人民法院关于审理无正本提单交付货物案件适用法律若干问题的规定》第七条规定，主张不承担无单放货的民事责任的，应当提供该条规定的卸货港所在地法律，并举证证明其按照卸货港所在地法律规定，将承运到港的货物交付给当地海关或者港口当局后已经丧失对货物的控制权。

64.【无单放货诉讼时效的起算点】根据《最高人民法院关于审理无正本提单交付货物案件适用法律若干问题的规定》第十四条第一款的规定，正本提单持有人以无单放货为由向承运人提起的诉讼，时效期间为一年，从承运人应当向提单持有人交付之日起计算，即从该航次将货物运抵目的港并具备交付条件的合理日期起算。

65.【集装箱超期使用费标准的认定】承运人依据海上货物运输合同主张集装箱超期使用费，运输合同对集装箱超期使用费有约定标准的，人民法院可以按照该约定确定费用；没有约定标准，但承运人举证证明集装箱提供者网站公布的标准或者同类集装箱经营者网站公布的同期同地的市场标准的，人民法院可以予以采信。

根据民法典第五百八十四条规定的可合理预见规则和第五百九十一条规定的减损规则，承运人应当及时采取措施减少因集装箱超期使用对其造成的损失，故集装箱超期使用费赔偿额应在合理限度之内。人民法院原则上以同类新集装箱市价 1 倍为基准确定赔偿额，同时可以根据具体案情适当浮动或者调整。

66.【请求集装箱超期使用费的诉讼时效】承运人在履行海上货物运输合同过程中将集装箱作为运输工具提供给货方使用的，应当根据海上货物运输合同法律关系确定诉讼时效；承运人请求集装箱超期使用费的诉讼时效期间为一年，自集装箱免费使用期届满次日起开始计算。

67.【港口经营人不能主张承运人的免责或者责任限制抗辩】根据海商法第五十八条、第六十一条的规定，就海上货物运输合同所涉及的货物灭失、损坏或者迟延交付提起的诉讼，有权适用关于承运人的抗辩理由和限制赔偿责任规定的为承运人、实际承运人、承运人和实际承运人的受雇人或者代理人。在现有法律规定下，港口经营人并不属于上述范围，其在港口作业中造成货物损失，托运人或者收货人直接以侵权起诉港口经营人，港口经营人援用海商法第五十八条、第六十一条的规定主张免责或者限制赔偿责任的，人民法院不予支持。



### （二）多式联运合同

68.【涉外多式联运合同经营人的“网状责任制”】具有涉外因素的多式联运合同，当事人可以协议选择多式联运合同适用的法律；当事人没有选择的，适用最密切联系原则确定适用法律。

当事人就多式联运合同协议选择适用或者根据最密切联系原则适用中华人民共和国法律，但货物灭失或者损坏发生在国外某一运输区段的，人民法院应当根据海商法第一百零五条的规定，适用该国调整该区段运输方式的有关法律规定，确定多式联运经营人的赔偿责任和责任限额，不能直接根据中华人民共和国有关调整该区段运输方式的法律予以确定；有关诉讼时效的认定，仍应当适用中华人民共和国相关法律规定。

### （三）国内水路货物运输合同

69.【收货人的诉权】运输合同当事人约定收货人可直接向承运人请求交付货物，承运人未向收货人交付货物或者交付货物不符合合同约定，收货人请求承运人承担赔偿责任的，人民法院应予受理；承运人对托运人的抗辩，可以向收货人主张。

70.【合同无效的后果】没有取得国内水路运输经营资质的承运人签订的国内水路货物运输合同无效，承运人请求托运人或者收货人参照合同约定支付违约金的，人民法院不予支持。

没有取得国内水路运输经营资质的出租人签订的航次租船合同无效，出租人请求承租人或者收货人参照合同约定支付滞期费的，人民法院不予支持。

71.【内河船舶不得享受海事赔偿责任限制】海商法第十一章关于海事赔偿责任限制规定适用的船舶应当为海商法第三条规定的海船，不适用于内河船舶。海船的认定应当根据船舶检验证书记载的航行能力和准予航行航区予以确认，内河船舶的船舶性质及其准予航行航区不因船舶实际航行区域而改变。

## 十二、关于保险合同纠纷案件的审理

72.【不定值保险的认定及保险价值的举证责任】海上保险合同仅约定保险金额，未约定保险价值的，为不定值保险。保险事故发生后，应当根据海商法第二百一十九条第二款的规定确定保险价值。

海上保险合同没有约定保险价值，被保险人请求保险人按照损失金额或者保险金额承担保险赔偿责任，保险人以保险价值高于保险合同约定的保险金额为由，主张根据海商法第二百三十八条的规定承担比例赔偿责任的，应当就保险价值承担举证责任。保险人举证不能的，人民法院可以认定保险金额与保险价值一致。

73.【超额保险的认定及举证责任】海上保险合同明确约定了保险价值，保险事故发生后，保险人以保险合同中约定的保险金额明显高于保险标的的实际价值为由，主张根据海商法第二百一十九条第二款的规定确定保险价值，就超出该保险价值部分免除赔偿责任的，人民法院不予支持；但保险人提供证据证明，被保险人在签订保险合同时存在故意隐瞒或者虚报保险价值的除外。

海上保险合同没有约定保险价值，保险事故发生后，保险人主张根据海商法第二百一十九条第二款的规定确定保险价值，并以保险合同中约定的保险金额明显高于保险价值为由，主张对超过保险价值部分免除保险赔偿责任的，人民法院应予支持。但被保险人提供证据证明，保险人在签订保险合同时明知保险金额明显超过根据海商法第二百一十九条第二款确定的保险价值的除外。

74.【与共同海损分摊相关的海上保险赔偿请求权的诉讼时效】因分

摊共同海损而遭受损失的被保险人依据保险合同向保险人请求赔偿的诉讼时效，应当适用海商法第二百六十四条的规定，诉讼时效的起算点为保险事故（共同海损事故）发生之日。

涉及海上保险合同的共同海损分摊，被保险人已经申请进行共同海损理算，但是在诉讼时效期间的最后六个月内，因理算报告尚未作出，被保险人无法向保险人主张权利，属于被保险人主观意志不能控制的客观情形，可以认定构成诉讼时效中止。中止时效的原因消除之日，即理算报告作出之日起，时效期间继续计算。

75.【沿海、内河保险合同保险人代位求偿权诉讼时效起算点】沿海、内河保险合同保险人代位求偿权的诉讼时效起算日应当根据法释（2001）18号《最高人民法院关于如何确定沿海、内河货物运输赔偿请求权时效期间问题的批复》规定的诉讼时效起算时间确定。

## 十三、关于船舶物权纠纷案件的审理

76.【就海上货物运输合同产生的财产损失主张船舶优先权的法律适用】承运人履行海上货物运输合同过程中，造成货物灭失或者损坏的，船载货物权利人对本船提起的财产赔偿请求不具有船舶优先权。碰撞船舶互有过失造成船载货物灭失或者损坏的，船载货物权利人可以根据海商法第二十二条第一款第五项的规定向对方船舶主张船舶优先权。

77.【就海上旅客运输合同产生的财产损失主张船舶优先权的法律适用】承运人履行海上旅客运输合同过程中，造成旅客行李灭失或者损坏的，旅客对本船提起的财产赔偿请求不具有船舶优先权。碰撞船舶互有过失造成旅客行李灭失或者损坏的，旅客可以根据海商法第二十二条第一款第五项的规定向对方船舶主张船舶优先权。

78.【挂靠船舶的扣押】挂靠船舶登记所有人的一般债权人，不属于民法典第二百二十五条规定的“善意第三人”，其债权请求权不能对抗挂靠船舶实际所有人的物权。一般债权人申请扣押挂靠船舶后，挂靠船舶实际所有人主张解除扣押的，人民法院应予支持。

对挂靠船舶享有抵押权、留置权和船舶优先权等担保物权的债权人申请扣押挂靠船舶，挂靠船舶实际所有人主张解除扣押的，人民法院不予支持，有证据证明债权人非善意第三人的除外。

## 十四、关于海事侵权纠纷案件的审理

79.【同一事故中当事船舶适用同一赔偿限额】同一事故中的当事船舶的海事赔偿限额，有适用海商法第二百一十条第一款规定的，无论其是否申请设立海事赔偿责任限制基金或者主张海事赔偿责任限制，其他从事中华人民共和国港口之间货物运输或者沿海作业的当事船舶的海事赔偿责任限额也应适用该条规定。

80.【单一责任限制制度的适用规则】海商法第二百一十五条关于"先抵销，后限制"的规定适用于同类海事请求。若双方存在非人身伤亡和人身伤亡的两类赔偿请求，不同性质的赔偿请求应当分别抵销，分别限制。

81.【养殖损害赔偿的责任承担】因船舶碰撞或者触碰、环境污染造成海上及通海可航水域养殖设施、养殖物受到损害的，被侵权人可以请求侵权人赔偿其由此造成的养殖设施损失、养殖物损失、恢复生产期间减少的收入损失，以及为排除妨害、消除危险、确定损失支出的合理费用。养殖设施损失和收入损失的计算标准可以依照或者参照《最高人民法院关于审理船舶油污损害赔偿纠纷案件若干问题的规定》的相关规定。

被侵权人就养殖损害主张赔偿时，应当提交证据证明其在事故发生时已经依法取得海域使用权证和养殖许可证；养殖未经相关行政主管部门许可的，人民法院对收入损失请求不予支持，但被侵权人举证证明其无需取得使用权及养殖许可的除外。

被侵权人擅自在港区、航道进行养殖，或者未依法采取安全措施，对养殖损害的发生有过错的，可以减轻或者免除侵权人的赔偿责任。

## 十五、关于其他海事案件的审理

82.【清污单位就清污费用提起民事诉讼的诉权】清污单位受海事行政机关指派完成清污作业后，清污单位就清污费用直接向污染责任人提起民事诉讼的，人民法院应予受理。

83.【用人单位为船员购买工伤保险的法定义务】与船员具有劳动合同关系的用人单位为船员购买商业保险的，并不因此免除其为船员购买工伤保险的法定义务。船员获得用人单位为其购买的商业保险赔付后，仍然可以依法请求工伤保险待遇。

84.【同一船舶所有人的船舶相互救助情况下的救助款项请求权】同一船舶所有人的船舶之间进行救助，救助方的救助款项不应被取消或者减少，除非其存在海商法第一百八十七条规定的情形。

85.【船员劳务纠纷的举证责任】船员因劳务受到损害，向船舶所有人主张赔偿责任，船舶所有人不能举证证明船员自身存在过错，人民法院对船员关于损害赔偿责任的诉讼请求应予支持；船舶所有人举证证明船员自身存在过错，并请求判令船员自担相应责任的，人民法院对船舶所有人的抗辩予以支持。

86.【基金设立程序中的管辖权异议】利害关系人对受理设立海事赔偿责任限制基金申请法院的管辖权有异议的，应当适用海事诉讼特别程序法第一百零六条有关期间的规定。

87.【光船承租人因经营光租船舶产生债务在光船承租人或者船舶所有人破产时的受偿问题】因光船承租人而非船舶所有人应负责任的海事请求，对光租船舶申请扣押、拍卖，如果光船承租人进入破产程序，虽然该海事请求属于破产债权，但光租船舶并非光船承租人的财产，不属于破产财产，债权人可以通过海事诉讼程序而非破产程序清偿债务。

因光船承租人应负责任的海事请求而对光租船舶申请扣押、拍卖，且该海事请求具有船舶优先权、抵押权、留置权时，如果船舶所有人进入破产程序，请求人在破产程序开始后可直接向破产管理人请求从船舶价款中行使优先受偿权，并在无担保的破产债权人按照破产财产方案受偿之前进行清偿。

88.【船舶所有人破产程序对船舶扣押与拍卖的影响】海事法院无论基于海事请求保全还是执行生效裁判文书等原因扣押、拍卖船舶，均应当在知悉针对船舶所有人的破产申请被受理后及时解除扣押、中止拍卖程序。

破产程序之前当事人已经申请扣押船舶，后又基于破产程序而解除扣押的，有关船舶优先权已经行使的法律效果不受影响。船舶所有人进入破产程序后，当事人不能申请扣押船舶，属于法定不能通过扣押行使船舶优先权的情形，该类期间可以不计入法定行使船舶优先权的一年期间内。船舶优先权人在船舶所有人进入破产程序后直接申报要求从产生优先权船舶的拍卖价款中优先受偿，且该申报没有超过法定行使船舶优先权一年期间的，该船舶优先权所担保的债权应当在一般破产债权之前优先清偿。

因扣押、拍卖船舶产生的评估、看管费用等支出，根据法发〔2017〕2号《最高人民法院关于执行案件移送破产审查若干问题的指导意见》第15条的规定，可以从债务人财产中随时清偿。

89.【海上交通事故责任认定书的不可诉性】根据《中华人民共和国海上交通安全法》第八十五条第二款“海事管理机构应当自收到海上交通事故调查报告之日起十五个工作日内作出事故责任认定书，作为处理海上交通事故的证据”的规定，海上交通事故责任认定行为不属于行政行为，海上交通事故责任认定书不宜纳入行政诉讼受案范围。海上交通事故责任认定书可以作为船舶碰撞纠纷等海事案件的证据，人民法院通过举证、质证程序对该责任认定书的证明力进行认定。

# 仲裁司法审查部分

## 十六、关于申请确认仲裁协议效力案件的审查

90.【申请确认仲裁协议效力之诉案件的范围】当事人之间就仲裁协议是否成立、生效、失效以及是否约束特定当事人等产生争议，当事人申请人民法院予以确认，人民法院应当作为申请确认仲裁协议效力案件予以受理，并针对当事人的请求作出裁定。

91.【申请确认仲裁协议效力之诉与仲裁管辖权决定的冲突】根据《最高人民法院关于确认仲裁协议效力几个问题的批复》第三条的规定，仲裁机构先于人民法院受理当事人请求确认仲裁协议效力的申请并已经作出决定，当事人向人民法院提起申请确认仲裁协议效力之诉的，人民法院不予受理。

92.【放弃仲裁协议的认定】原告向人民法院起诉时未声明有仲裁协议，被告在首次开庭前未以存在仲裁协议为由提出异议的，视为其放弃仲裁协议。原告其后撤回起诉，不影响人民法院认定双方当事人已经通过诉讼行为放弃了仲裁协议。

被告未应诉答辩且缺席审理的，不应视为其放弃仲裁协议。人民法院在审理过程中发现存在有效仲裁协议的，应当裁定驳回原告起诉。

93.【仲裁协议效力的认定】根据仲裁法司法解释第三条的规定，人

民法院在审查仲裁协议是否约定了明确的仲裁机构时，应当按照有利于仲裁协议有效的原则予以认定。

94.【“先裁后诉”争议解决条款的效力认定】当事人在仲裁协议中约定争议发生后“先仲裁、后诉讼”的，不属于仲裁法司法解释第七条规定的仲裁协议无效的情形。根据仲裁法第九条第一款关于仲裁裁决作出后当事人不得就同一纠纷向人民法院起诉的规定，“先仲裁、后诉讼”关于诉讼的约定无效，但不影响仲裁协议的效力。

95.【仅约定仲裁规则时仲裁协议效力的认定】当事人在仲裁协议中未约定明确的仲裁机构，但约定了适用某仲裁机构的仲裁规则，视为当事人约定该仲裁机构仲裁，但仲裁规则有相反规定的除外。

96.【约定的仲裁机构和仲裁规则不一致时的仲裁协议效力认定】当事人在仲裁协议中约定内地仲裁机构适用《联合国国际贸易法委员会仲裁规则》仲裁的，一方当事人以该约定系关于临时仲裁的约定为由主张仲裁协议无效的，人民法院不予支持。

97.【主合同与从合同争议解决方式的认定】当事人在主合同和从合同中分别约定诉讼和仲裁两种不同的争议解决方式，应当分别按照主从合同的约定确定争议解决方式。

当事人在主合同中约定争议解决方式为仲裁，从合同未约定争议解决方式的，主合同中的仲裁协议不能约束从合同的当事人，但主从合同当事人相同的除外。

## 十七、关于申请撤销或不予执行仲裁裁决案件的审查

98.【申请执行仲裁裁决案件的审查依据】人民法院对申请执行我国内地仲裁机构作出的非涉外仲裁裁决案件的审查，适用民事诉讼法第二百四十四条的规定。人民法院对申请执行我国内地仲裁机构作出的涉外仲裁裁决案件的审查，适用民事诉讼法第二百八十一条的规定。

人民法院根据前款规定，对被申请人主张的不予执行仲裁裁决事由进行审查。对被申请人未主张的事由或其主张事由超出民事诉讼法第二百四十四条第二款、第二百八十一条第一款规定的法定事由范围的，人民法院不予审查。

人民法院应当根据民事诉讼法第二百四十四条第三款、第二百八十一

条第二款的规定，依职权审查执行裁决是否违反社会公共利益。

99.【申请撤销仲裁调解书】仲裁调解书与仲裁裁决书具有同等法律效力。当事人申请撤销仲裁调解书的，人民法院应予受理。人民法院应当根据仲裁法第五十八条的规定，对当事人提出的撤销仲裁调解书的申请进行审查。当事人申请撤销涉外仲裁调解书的，根据仲裁法第七十条的规定进行审查。

100.【境外仲裁机构在我国内地作出的裁决的执行】境外仲裁机构以我国内地为仲裁地作出的仲裁裁决，应当视为我国内地的涉外仲裁裁决。当事人向仲裁地中级人民法院申请撤销仲裁裁决的，人民法院应当根据仲裁法第七十条的规定进行审查；当事人申请执行的，根据民事诉讼法第二百八十一条的规定进行审查。

101.【违反法定程序的认定】违反仲裁法规定的仲裁程序、当事人选择的仲裁规则或者当事人对仲裁程序的特别约定，可能影响案件公正裁决，经人民法院审查属实的，应当认定为仲裁法第五十八条第一款第三项规定的情形。

102.【超裁的认定】仲裁裁决的事项超出当事人仲裁请求或者仲裁协议约定的范围，经人民法院审查属实的，应当认定构成仲裁法第五十八条第一款第二项、民事诉讼法第二百四十四条第二款第二项规定的“裁决的事项不属于仲裁协议的范围”的情形。

仲裁裁决在查明事实和说理部分涉及仲裁请求或者仲裁协议约定的仲裁事项范围以外的内容，但裁决项未超出仲裁请求或者仲裁协议约定的仲裁事项范围，当事人以构成仲裁法第五十八条第一款第二项、民事诉讼法第二百四十四条第二款第二项规定的情形为由，请求撤销或者不予执行仲裁裁决的，人民法院不予支持。

103.【无权仲裁的认定】作出仲裁裁决的仲裁机构非仲裁协议约定的仲裁机构、裁决事项系法律规定或者当事人选择的仲裁规则规定的不可仲裁事项，经人民法院审查属实的，应当认定构成仲裁法第五十八条第一款第二项、民事诉讼法第二百四十四条第二款第二项规定的“仲裁机构无权仲裁”的情形。

104.【重新仲裁的适用】申请人申请撤销仲裁裁决，人民法院经审查认为存在应予撤销的情形，但可以通过重新仲裁予以弥补的，人民法院可以通知仲裁庭重新仲裁。

人民法院决定由仲裁庭重新仲裁的，通知仲裁庭在一定期限内重新仲裁并在通知中说明要求重新仲裁的具体理由，同时裁定中止撤销程序。仲裁庭在人民法院指定的期限内开始重新仲裁的，人民法院应当裁定终结撤销程序。

仲裁庭拒绝重新仲裁或者在人民法院指定期限内未开始重新仲裁的，人民法院应当裁定恢复撤销程序。



## 十八、关于申请承认和执行外国仲裁裁决案件的审查

105.【《纽约公约》第四条的理解】申请人向人民法院申请承认和执行外国仲裁裁决，应当根据《纽约公约》第四条的规定提交相应的材料，提交的材料不符合《纽约公约》第四条规定的，人民法院应当认定其申请不符合受理条件，裁定不予受理。已经受理的，裁定驳回申请。

106.【《纽约公约》第五条的理解】人民法院适用《纽约公约》审理申请承认和执行外国仲裁裁决案件时，应当根据《纽约公约》第五条的规定，对被申请人主张的不予承认和执行仲裁裁决事由进行审查。对被申请人未主张的事由或者其主张事由超出《纽约公约》第五条第一款规定的法定事由范围的，人民法院不予审查。

人民法院应当根据《纽约公约》第五条第二款的规定，依职权审查仲裁裁决是否存在裁决事项依我国法律不可仲裁，以及承认和执行仲裁裁决是否违反我国公共政策。

107.【未履行协商前置程序不违反约定程序】人民法院适用《纽约公约》审理申请承认和执行外国仲裁裁决案件时，当事人在仲裁协议中约定“先协商解决，协商不成再提请仲裁”的，一方当事人未经协商即申请仲裁，另一方当事人以对方违反协商前置程序的行为构成《纽约公约》第五条第一款丁项规定的仲裁程序与各方之间的协议不符为由主张不予承认和执行仲裁裁决的，人民法院不予支持。

108.【违反公共政策的情形】人民法院根据《纽约公约》审理承认和执行外国仲裁裁决案件时，如人民法院生效裁定已经认定当事人之间的仲裁协议不成立、无效、失效或者不可执行，承认和执行该裁决将与人民法院生效裁定相冲突的，应当认定构成《纽约公约》第五条第二款乙项规定

的违反我国公共政策的情形。

109.【承认和执行程序中的仲裁保全】当事人向人民法院申请承认和执行外国仲裁裁决，人民法院受理申请后，当事人申请财产保全的，人民法院可以参照民事诉讼法及相关司法解释的规定执行。申请人应当提供担保，不提供担保的，裁定驳回申请。

## 十九、仲裁司法审查程序的其他问题

110.【仲裁司法审查裁定的上诉和再审申请】人民法院根据《最高人民法院关于仲裁司法审查若干问题的规定》第七条、第八条、第十条的规定，因申请人的申请不符合受理条件作出的不予受理裁定、立案后发现不符合受理条件作出的驳回申请裁定、对管辖权异议作出的裁定，当事人不服的，可以提出上诉。对不予受理、驳回起诉的裁定，当事人可以依法申请再审。

除上述三类裁定外，人民法院在审理仲裁司法审查案件中作出的其他裁定，一经送达即发生法律效力。当事人申请复议、提出上诉或者申请再审的，人民法院不予受理，但法律、司法解释另有规定的除外。

## 二十、关于涉港澳台商事海事案件的参照适用

111.【涉港澳台案件参照适用本纪要】涉及香港特别行政区、澳门特别行政区和台湾地区的商事海事纠纷案件，相关司法解释未作规定的，参照本纪要关于涉外商事海事纠纷案件的规定处理。

**凡例：**

1. 法律文件名称中的“中华人民共和国”省略，如《中华人民共和国民法典》简称民法典；
2. 《中华人民共和国仲裁法》，简称仲裁法；
3. 《中华人民共和国海商法》，简称海商法；
4. 《中华人民共和国涉外民事关系法律适用法》，简称涉外民事关系法律适用法；
5. 《关于向国外送达民事或商事诉讼文书和非诉讼文书海牙公约》，简称《海牙送达公约》；

6.《承认及执行外国仲裁裁决公约》，简称《纽约公约》；

7.《中华人民共和国民事诉讼法》（2021 修正），简称民事诉讼法；

8.《中华人民共和国海事诉讼特别程序法》，简称海事诉讼特别程序法；

9.《最高人民法院关于适用〈中华人民共和国民事诉讼法〉的解释》，简称民事诉讼法司法解释；

10.《最高人民法院关于适用〈中华人民共和国仲裁法〉若干问题的解释》，简称仲裁法司法解释。

# 【行政与国家赔偿篇】

最高人民法院

## 关于审理国家赔偿案件确定精神损害赔偿责任适用法律若干问题的解释

法释〔2021〕3号

(2021年2月7日最高人民法院审判委员会第1831次会议通过
2021年3月24日最高人民法院公告公布
自2021年4月1日起施行)

为正确适用《中华人民共和国国家赔偿法》有关规定，合理确定精神损害赔偿责任，结合国家赔偿审判实际，制定本解释。

**第一条** 公民以人身权受到侵犯为由提出国家赔偿申请，依照国家赔偿法第三十五条的规定请求精神损害赔偿的，适用本解释。

法人或者非法人组织请求精神损害赔偿的，人民法院不予受理。

**第二条** 公民以人身权受到侵犯为由提出国家赔偿申请，未请求精神损害赔偿，或者未同时请求消除影响、恢复名誉、赔礼道歉以及精神损害抚慰金的，人民法院应当向其释明。经释明后不变更请求，案件审结后又基于同一侵权事实另行提出申请的，人民法院不予受理。

**第三条** 赔偿义务机关有国家赔偿法第三条、第十七条规定情形之一，依法应当承担国家赔偿责任的，可以同时认定该侵权行为致人精神损害。但是赔偿义务机关有证据证明该公民不存在精神损害，或者认定精神损害违背公序良俗的除外。

**第四条** 侵权行为致人精神损害，应当为受害人消除影响、恢复名誉或者赔礼道歉；侵权行为致人精神损害并造成严重后果，应当在支付精神损害抚慰金的同时，视案件具体情形，为受害人消除影响、恢复名誉或者赔礼道歉。

消除影响、恢复名誉与赔礼道歉，可以单独适用，也可以合并适用，并应当与侵权行为的具体方式和造成的影响范围相当。

**第五条** 人民法院可以根据案件具体情况，组织赔偿请求人与赔偿义务机关就消除影响、恢复名誉或者赔礼道歉的具体方式进行协商。

协商不成作出决定的，应当采用下列方式：

（一）在受害人住所地或者所在单位发布相关信息；

（二）在侵权行为直接影响范围内的媒体上予以报道；

（三）赔偿义务机关有关负责人向赔偿请求人赔礼道歉。

**第六条** 决定为受害人消除影响、恢复名誉或者赔礼道歉的，应当载入决定主文。

赔偿义务机关在决定作出前已为受害人消除影响、恢复名誉或者赔礼道歉，或者原侵权案件的纠正被媒体广泛报道，客观上已经起到消除影响、恢复名誉作用，且符合本解释规定的，可以在决定书中予以说明。

**第七条** 有下列情形之一的，可以认定为国家赔偿法第三十五条规定的“造成严重后果”：

（一）无罪或者终止追究刑事责任的人被羁押六个月以上；

（二）受害人经鉴定为轻伤以上或者残疾；

（三）受害人经诊断、鉴定为精神障碍或者精神残疾，且与侵权行为存在关联；

（四）受害人名誉、荣誉、家庭、职业、教育等方面遭受严重损害，且与侵权行为存在关联。

受害人无罪被羁押十年以上；受害人死亡；受害人经鉴定为重伤或者残疾一至四级，且生活不能自理；受害人经诊断、鉴定为严重精神障碍或者精神残疾一至二级，生活不能自理，且与侵权行为存在关联的，可以认定为后果特别严重。

**第八条** 致人精神损害，造成严重后果的，精神损害抚慰金一般应当在国家赔偿法第三十三条、第三十四条规定的人身自由赔偿金、生命健康赔偿金总额的百分之五十以下（包括本数）酌定；后果特别严重，或者虽然不具有本解释第七条第二款规定情形，但是确有证据证明前述标准不足以抚慰的，可以在百分之五十以上酌定。

**第九条** 精神损害抚慰金的具体数额，应当在兼顾社会发展整体水平的同时，参考下列因素合理确定：

（一）精神受到损害以及造成严重后果的情况；

（二）侵权行为的目的、手段、方式等具体情节；

（三）侵权机关及其工作人员的违法、过错程度、原因力比例；

（四）原错判罪名、刑罚轻重、羁押时间；

（五）受害人的职业、影响范围；

（六）纠错的事由以及过程；

（七）其他应当考虑的因素。

**第十条** 精神损害抚慰金的数额一般不少于一千元；数额在一千元以上的，以千为计数单位。

赔偿请求人请求的精神损害抚慰金少于一千元，且其请求事由符合本解释规定的造成严重后果情形，经释明不予变更的，按照其请求数额支付。

**第十一条** 受害人对损害事实和后果的发生或者扩大有过错的，可以根据其过错程度减少或者不予支付精神损害抚慰金。

**第十二条** 决定中载明的支付精神损害抚慰金及其他责任承担方式，赔偿义务机关应当履行。

**第十三条** 人民法院审理国家赔偿法第三十八条所涉侵犯公民人身权的国家赔偿案件，以及作为赔偿义务机关审查处理国家赔偿案件，涉及精神损害赔偿的，参照本解释规定。

**第十四条** 本解释自2021年4月1日起施行。本解释施行前的其他有关规定与本解释不一致的，以本解释为准。

# 《最高人民法院关于审理国家赔偿案件确定精神损害赔偿责任适用法律若干问题的解释》的理解与适用

刘竹梅　王振宇　苏　戈*



精神损害赔偿是一项体现宪法、法律尊重和保障公民人身权益的重要制度。2010 年修正的国家赔偿法增加了精神损害赔偿条款，在责任范围和方式等方面对精神损害赔偿制度进行规范，实现了国家赔偿制度的重大发展，使国家赔偿领域对公民人身权益的法律保护提升到一个新的高度。因此，贯彻落实好这项制度，妥善化解刑事赔偿纠纷，兑现"国家尊重和保障人权"的宪法承诺，成为人民法院国家赔偿审判工作的重要任务。

为进一步贯彻适用国家赔偿法精神损害赔偿条款，更大限度地发挥国家赔偿法保障人权立法宗旨，2021 年 2 月 7 日，最高人民法院审判委员会第 1831 次全体会议审议通过了《最高人民法院关于审理国家赔偿案件确定精神损害赔偿责任适用法律若干问题的解释》（以下简称《解释》），自 2021 年 4 月 1 日起施行。本文就《解释》的制定背景、所遵循的原则以及主要内容等问题予以解读，以便法官更好地理解与适用《解释》的相关规定。

## 一、《解释》的制定背景

2010 年修正的国家赔偿法增加了精神损害赔偿条款。该法第三十五条明确规定："有本法第三条或者第十七条规定情形之一，致人精神损害的，

* 作者单位：最高人民法院。

应当在侵权行为影响的范围内，为受害人消除影响，恢复名誉，赔礼道歉；造成严重后果的，应当支付相应的精神损害抚慰金。”立法机关同时认为：“考虑到现实中这类情况非常复杂，法律难以对精神损害的赔偿标准作出统一规定，可由最高人民法院根据审判实践中出现的具体问题，作出具体应用的解释。”

精神损害赔偿条款实施以来，因缺乏较为明确的规范意见，实践中对于该条款的适用存在一定争议。2014 年 7 月，最高人民法院制定了《最高人民法院关于人民法院赔偿委员会审理国家赔偿案件适用精神损害赔偿若干问题的意见》（以下简称《意见》）。《意见》施行六年来，对正确适用国家赔偿精神损害赔偿条款、妥善化解国家赔偿争议发挥了积极作用。与此同时，随着近几年来一些在全国范围内有重大影响的刑事冤错案件纠正及国家赔偿，精神损害赔偿问题越来越受到社会各界广泛关注，成为人民群众关心的热点问题。为了回应人民群众不断提高的权利保障需求，各级人民法院坚持当赔则赔、把好事办好的国家赔偿审判新理念，进行了大量积极探索，积累了一些有益经验。有的地方法院在部分重大刑事冤错赔偿案件的审判实践中，对《意见》的参考标准亦有所突破。

近年来，党中央始终坚持以人民为中心的发展思想，尊重和保障人权的力度不断加大。为进一步学习贯彻习近平新时代中国特色社会主义思想和习近平法治思想，践行司法为民宗旨，积极回应社会关切，更好地发挥国家赔偿审判职能作用，落实当赔则赔、把好事办好的工作理念，最高人民法院决定对原有《意见》进行细化、修改。2020 年初，最高人民法院即开始启动精神损害赔偿司法解释的起草工作。因疫情防控原因，经开展书面调研活动，征集、汇总有关适用精神损害赔偿条款过程中的问题及建议，并在吸收各高级人民法院意见基础上，多次向各有关部门、法学及精神卫生方面的专家学者、一线法官征求意见，反复研究论证，在此基础上形成了《解释》的送审稿，经最高人民法院审判委员会第 1830、1831 次全体会议讨论，最终由第 1831 次全体会议审议通过，自 2021 年 4 月 1 日起施行。

## 二、《解释》所遵循的原则

在制定《解释》时，我们主要遵循了以下原则。

一是依法赔偿。现行国家赔偿法虽确立了精神损害赔偿制度，但同时规定其责任范围仅限于公民人身权，对于侵犯法人和非法人组织权益、侵犯公民财产权可能产生的精神损害问题，则不在法律保护之列。因此，《解释》严格依照现行国家赔偿法的规定，不随意扩大或者缩小精神损害赔偿的适用范围、增加或者减少其适用条件。

二是规范裁量。精神损害赔偿责任认定难度较大，且缺乏较直观的客观标准，因此，需赋予法官一定的自由裁量权，但若自由裁量权过大，也不利于司法适用的统一。《解释》在归纳综合考量因素，如精神受损状况、侵权行为的目的和方式、侵权人员违法过错程度等主观因素之外，还结合国家赔偿审判经验，首次以列举的形式对造成严重后果等客观情形加以规范，以期更好地指导法官准确认定精神损害赔偿责任。

三是合理衡平。《解释》坚持同等情况同等对待，不同情况区别处理，同时适当统筹兼顾社会发展，力求做到既有利于司法适用的统一，又兼顾个案的差异与公平。国家赔偿法基于人所具有的相同自然属性，在规定侵犯人身自由权、生命健康权赔偿金时，对同样羁押时间、同等伤残程度的公民，采用了相同的赔偿标准，未体现个体差异。《解释》在坚持同等情况同等对待的同时，兼顾了同一侵权行为所致精神损害的个体差异情况。例如，手部（或者腿部）同一等级伤残给一个普通人和一个钢琴家（或者舞蹈家）所带来的精神损害可能有所区别，如采用同一标准，可能有失公平。《解释》兼顾个案的相同及差异因素，以使精神损害赔偿责任的认定更加趋于合理衡平。

同时，《解释》与《意见》相比，在内容上有如下几个亮点。

一是相对扩大精神损害的认定范围。相比《意见》，《解释》在“致人精神损害”“造成严重后果”的认定范围方面有所扩大。根据《解释》规定，有国家赔偿法第三条、第十七条规定情形，依法应当赔偿的，一般可同时认定致人精神损害；无罪或者终止追究刑事责任的人被羁押六个月以上，受害人经鉴定为轻伤以上或者残疾等情形，即可认定为造成严重后果。范围的扩大，有利于更充分地保护赔偿请求人的合法权益，提升人民群众的司法获得感。

二是适当提高精神损害抚慰金支付标准。《解释》规定，造成严重后果的，精神损害抚慰金一般应在国家赔偿法第三十三条、第三十四条规定的人身自由赔偿金、生命健康赔偿金总额的50%以下（包括本数）酌定（此前《意见》规定为35%以下），同时规定具有后果特别严重等特定情形可以在50%以上酌定。标准的提高，可以让人民群众真切感受到人民司法的公正与温暖。

三是首次明确精神损害认定的客观标准。《解释》结合国家赔偿审判经验，结合侵犯公民人身自由权、生命健康权的相关法定情形，以及司法实践、社会公众对于法定侵权情形所致后果的普遍认知，首次以列举的形式对致人精神损害和造成严重后果等若干情形加以规范，以期更好地指导法官准确认定精神损害赔偿责任。

## 三、《解释》的主要内容

《解释》共14条，主要内容分为5部分：一是精神损害赔偿请求的申请与受理，即第一条、第二条；二是致人精神损害、造成严重后果的认定标准，即第三条、第七条；三是责任方式的适用规则及消除影响、恢复名誉、赔礼道歉方式的具体适用，即第四条、第五条、第六条；四是精神损害抚慰金的标准与支付，即第八条、第九条、第十条、第十一条；五是其他条款，即第十二条、第十三条、第十四条。现就各部分主要内容具体说明如下。

### （一）精神损害赔偿请求的申请与受理

《解释》第一条、第二条规定了精神损害赔偿请求的申请与受理。根据国家赔偿法的规定，有该法第三条或者第十七条规定情形之一，致人精神损害的，应当在侵权行为影响的范围内，为受害人消除影响，恢复名誉，赔礼道歉；造成严重后果的，应当支付相应的精神损害抚慰金。换言之，国家赔偿制度中的精神损害赔偿，其责任范围应仅限于公民人身权部分，即存在国家赔偿法第三条、第十七条规定的侵犯人身自由权、生命健康权情形之一的，赔偿请求人可依法申请精神损害赔偿。针对侵犯公民财产权情形，以及侵犯法人或者非法人组织合法权益情形，即便可能产生精神损害的，也不在现行法律保护之列。据此，《解释》明确规定，公民因人身权受到侵犯，依照国家赔偿法规定请求精神损害赔偿的，适用《解释》；法人或者非法人组织请求精神损害赔偿的，不予受理。在《解释》征求意见过程中，有专家指出，法人或者非法人组织如被错判单位犯罪，可能会对该法人名誉权、商业信誉等造成一定损害，从保障权利角度出发，对此种情形应予考虑。我们经研究认为，此意见虽有一定道理，但因受法律规定所限,《解释》不宜对此作扩大解释,可将此作为今后国家赔偿法修改与完善的建议,适时向立法机关提出。

《解释》第二条在于体现保护当事人求偿权与维护司法资源和效率的平衡。此条有两层含义:一是公民以人身自由权、生命健康权受到侵犯为由申请赔偿的同时,应一并提起精神损害赔偿请求,以及应就支付精神损害抚慰金或者消除影响、恢复名誉、赔礼道歉等不同责任方式一并申请。对此,人民法院负有释明义务,并应记录在案。二是如赔偿请求人经释明后在申请人身权赔偿时未一并申请精神损害赔偿,或者仅申请消除影响、恢复名誉、赔礼道歉以及精神损害抚慰金之中的一种责任方式,未一并申请其他责任方式的,视为其在知道或者应当知道权利时不行使该权利,其在案件审结后再基于同一侵权事实另行提出精神损害赔偿请求,或者另行提出其他责任方式请求的,将面临一事不再理的请求风险,人民法院对此不予受理和支持。《解释》如此规定,既保护了赔偿请求人的请求权,也保证司法资源得以优化、高效配置。

### (二) 致人精神损害、造成严重后果的认定标准

《解释》第三条、第七条是关于致人精神损害、造成严重后果认定标准的规定,是本解释的重点条款。

1. 关于精神损害的含义

精神损害这一概念来源于民法,是近代法治理念发展的产物。《牛津法律大辞典》将精神损害定义为:“精神损害不仅是一种惊吓,而且是一种可辨认的身体或精神上的损害。”按照大陆法系的民法理论,侵权致人损害的后果可以分为财产损害和非财产损害两种责任形式。关于精神损害的定性,学界存在不同的看法,争议焦点在于精神损害与非财产损害之间是否具有同一性。一种观点认为,精神损害与非财产损害不同,它是包含于后者之内的一种独立的损害事实。有学者认为,精神损害只是非财产损害的一部分,外部名誉之损害是非财产损害但是不属于精神损害;精神损害是指受害人生理、心理上的痛苦,它与财产之增减无直接关系,也不能等同于外部名誉之损害。非财产损害应当包括损害被害人的信用等无形损害,对这种损害,法人可以请求赔偿。另一种观点认为,精神损害与非财产损害含义相同,均是同一的引起损害赔偿责任的法律事实。精神损害是指生理或心理上之痛苦,它与财产之增加与减少无直接关系,其损害属于

心理或生理上的痛苦、疼痛等。对此争议，我们倾向于同意我国台湾地区学者曾世雄先生的观点，即不必过于拘泥于词句，以免因词害义，最重要者乃非财产上损害赔偿理论之探讨应以全部架构为重，过分强调个别词义对于全部架构之剖析未必有益。同时，作为精神损害赔偿制度中的精神损害是一个特定概念，多数国家和地区在其法律中表述的“精神损害”“非财产上之损害”“抚慰金”，或者“财产以外的损害”，其含义并无本质区别。因此，我们倾向于认同第二种观点，即精神损害本质上即是非财产损害。

国家赔偿法上的精神损害与民法上的概念并无实质区别。我们认为，国家赔偿法规定的精神损害，应当是指公民因人身权受到侵犯而遭受的精神痛苦或精神利益的丧失或减损。它表现为受害人因人身权受到侵犯而产生的一定程度的屈辱、焦虑、恐惧、愤懑、绝望等情绪创伤甚至是精神障碍，以及因国家机关及其工作人员违法行使职权行为导致的死亡或者受重伤的受害人或者其近亲属由此产生的精神痛苦等。

2. 关于致人精神损害的认定

精神损害虽属于客观存在的损害事实，但其本质上是受害人的主观感受，且因人而异，难以准确量化其后果，因此，精神损害的认定在不同法域、不同部门法中均是难点。目前，各国尚未形成统一、明确的法律适用规则。英美法系更强调法官的自由裁量权，所以各判例间的差异往往较大；大陆法系虽也强调自由裁量，但亦希望通过学说、案例发展出一系列规则，以供法官参照适用，不至于使个案差异过于悬殊。

根据侵权损害赔偿的一般原理，生活中较轻微的精神损害一般不纳入法律调整范围。如甲对乙进行辱骂，甲的辱骂行为会使乙产生一定的精神不适，甚至可能造成一定损害，但如达不到一定程度，则甲的行为可能难以构成民事侵权，或者达到需要进行赔偿的程度。因此，受害人申请精神损害赔偿，需要有一般程度以上的、法律救济范围以内的精神损害事实发生。

关于如何理解国家赔偿法第三十五条规定的致人精神损害，《解释》起草过程中有两种观点。一种观点认为，只要符合国家赔偿法第三条、第十七条所列情形之一的，即可推定具备致人精神损害的条件。主要理由为：第一，公权力的行使多以国家强制力为后盾，因而社会公众对其规范性和正向目的性具有极高期待。国家赔偿法第三条、第十七条所列举的违法行为，都是侵犯公民人身自由权、生命健康权的行为，该违法行为给受害人带来的精神损害，也基本上会超过轻微损害程度，应当纳入法律救济范围。第二，精神损害本质上的主观性决定了是否造成精神损害，属于较难以直接证明的事实。因此，通过转换证明对象的办法，即只要证明人身自由和生命健康被侵犯的基础事实即可，使精神损害的证明和认定相对简单，具有现实合理性和必要性。第三，适度降低精神损害赔偿门槛，符合国家赔偿法的立法宗旨。另一种观点认为，国家赔偿法第三十五条规定的“有本法第三条或者第十七条规定情形之一”与“致人精神损害”之间应是递进关系，只有符合前者并且符合后者的，才产生精神损害赔偿请求权。同时，如一律规定有国家赔偿法第三条、第十七条情形的，就认定具有精神损害，可能与实践中发生的一些特定情形存在矛盾。例如，有的案例中，公民虽被宣告无罪或被终止追究刑事责任，但其违法行为以及社会危害性尚在，或者有违社会伦理道德及公序良俗，对其被羁押部分给予人身自由权赔偿金，已经体现了疑罪从无和依法赔偿原则，如再给予精神损害赔偿，可能不利于体现和弘扬社会主义核心价值观。例如，2013 年，广东法院对于李某雇请按摩女为客人提供“打飞机”等色情服务，认定不属于卖淫犯罪行为，遂对李某作无罪处理。如类似案件涉及国家赔偿时，因李某的行为有违公序良俗，则不宜认定有精神损害。

此前，《意见》规定：“人民法院赔偿委员会适用精神损害赔偿条款，应当严格依法认定侵权行为是否‘致人精神损害’以及是否‘造成严重后果’。”“一般情形下，人民法院赔偿委员会应当综合考虑受害人人身自由、生命健康受到侵害的情况，精神受损情况，日常生活、工作学习、家庭关系、社会评价受到影响的情况，并考量社会伦理道德、日常生活经验等因素，依法认定侵权行为是否致人精神损害以及是否造成严重后果。”

经深入研究，《解释》第三条将以上两种意见予以整合，以第一种意见为原则，以另一种意见所述特定情形为例外。首先规定赔偿义务机关因具有国家赔偿法第三条、第十七条规定情形，依法应当承担国家赔偿责任的，一般认定该侵权行为致人精神损害。但同时，结合实践中有证据证明申请人不存在精神损害，或者认定精神损害有违公序良俗的情况，作为不认定精神损害的除外情形予以规定。

3. 关于造成严重后果的认定

由于侵犯人身自由权、生命健康权的直接损害后果，是无罪或者被终止追究刑事责任的公民被羁押，或者是公民身体受到伤害甚至死亡。而对于精神损害后果，除上述行为直接导致受害人精神障碍或者精神残疾情形，可直接认定为造成严重精神损害后果以外，一般均需要结合某些因素综合加以分析判断。这种情况，决定了司法实践中对于侵权行为致人精神损害是否造成严重后果在认定上往往难度较大，适用尺度不一，且往往缺乏客观标准。民法典以及《最高人民法院关于确定民事侵权精神损害赔偿责任若干问题的解释》（以下简称《民事精神损害解释》）等民事相关法律和司法解释规定，只规定了侵权行为的目的和方式等具体情节、侵权人的过错程度、受害人的职业和影响范围等因素，作为衡量损害后果及赔偿责任大小的综合考量因素。

通常情况下，在公民身体受到伤害甚至死亡时，一般会伴随有受害人或其近亲属的精神痛苦，且精神痛苦程度与生命健康受损程度往往成正比，如死亡、重伤等情形，受害人或其近亲属精神痛苦的程度，通常要高于受轻伤的情形。因此，对于侵犯生命健康权所致精神损害后果确定一个较客观的标准，相对容易。此前《意见》结合这一认识，增加了一定程度的客观标准，即规定为："受害人因侵权行为而死亡、残疾（含精神残疾）或者所受伤害经有合法资质的机构鉴定为重伤或者诊断、鉴定为严重精神障碍的，人民法院赔偿委员会应当认定侵权行为致人精神损害并且造成严重后果。"

对于侵犯人身自由权如何以羁押时间长短确定一个相对客观的标准，则争议较大。从司法实践情况来看，羁押时间在六个月（比照刑法规定的拘役的一般刑罚，即轻刑犯短期监禁期限）以下的，尤其是公安、检察机关以违法拘留，或者以撤销案件、不起诉为由终止追究刑事责任的，对精神损害抚慰金予以支持的比例较小；羁押时间在一年以上的，尤其是法院以判决形式宣告无罪，羁押期限超过一年的，对精神损害抚慰金予以支持的比例较大。

《解释》从侵犯人身自由权、生命健康权这一基础事实的法定情形出发，结合司法实践、社会公众对于法定侵权情形所致后果的普遍认知，首次尝试以列举的形式对造成严重后果等若干客观情形加以规范，其目的在于结合普遍认知给定一个具有实际推定意义的客观标准，即符合此客观标准的，一般可以推定精神损害造成严重后果以及后果特别严重。同时，《解释》第七条所列举的若干客观情形，与《解释》第九条规定的各项综合裁量因素，共同构成了认定精神损害赔偿责任的主客观标准，借此更好地指导法官准确认定精神损害赔偿责任。如此规定，在我国精神损害赔偿制度的司法实践中尚属首次。期望《解释》的规定，不仅为国家赔偿审判提供司法依据，也为民事侵权领域中精神损害赔偿责任的确定，以及为刑事司法领域审理、起诉因故意杀人、故意伤害等涉及生命健康权的刑事案件，侮辱、诽谤等侵犯人格权的刑事案件时，认定被害人及其家属所受精神损害严重程度，准确衡量加害行为的严重程度以及对加害人的定罪量刑幅度，提供参考依据。

（1）对无罪、终止追究刑事责任以及羁押的理解。《解释》所称的无罪是广义的无罪，是指公安机关、检察机关、人民法院在刑事诉讼过程中，依法启动刑事追诉程序后，因犯罪嫌疑人、被告人的行为不构成犯罪，或者案件事实、证据无法达到认定其犯罪的法定条件，进而通过作出无罪判决或者通过其他法定程序作无罪处理，从而产生在法律上对犯罪嫌疑人、被告人认定无罪的法律后果。终止追究刑事责任，是公安机关、检察机关、人民法院在刑事诉讼过程中，依法启动刑事追诉程序后，因符合不予追究刑事责任的法定条件，或者案件事实、证据达不到继续追诉条件，进而通过撤销案件、作出不起诉决定等方式，终止对犯罪嫌疑人、被告人继续追究刑事责任。

《解释》所称的羁押，也是一个广义概念，既包括刑事诉讼过程中侦查、检察机关采取的拘留、逮捕强制措施，也包括判决前羁押（含拘留、逮捕期间），以及判后实际服刑。羁押场所一般包括拘留所、看守所、监狱，实践中有的公安机关将留置室也作为羁押场所。以上几种情形，都构成了完全意义上的限制人身自由，属于国家赔偿法应予赔偿的范围。社区矫正、取保候审、监视居住、保外就医、假释、缓刑考验期、暂予监外执行等强制措施或者刑罚执行方式，不包含在《解释》所称的羁押范畴之内。

同时，需要注意的是，国家赔偿法实行无罪羁押赔偿原则，如虽具有以上情形，但同时符合国家赔偿法第十九条规定的国家不承担赔偿责任情形，则因符合法定免责情形，故亦不发生精神损害赔偿责任认定问题。

（2）对轻伤以上或者残疾的理解。根据最高人民法院、最高人民检察院、公安部、国家安全部、司法部 2013 年 8 月 30 日公布的《人体损伤程度鉴定标准》（以下简称《损伤标准》）之规定，轻伤以上包括轻伤、重伤、死亡。轻伤是指使人肢体或者容貌损害，听觉、视觉或者其他器官功能部分障碍或者其他对于人身健康有中度伤害的损伤，包括轻伤一级和轻伤二级。重伤是指使人肢体残废、毁人容貌、丧失听觉、丧失视觉、丧失其他器官功能或者其他对于人身健康有重大伤害的损伤，包括重伤一级和重伤二级。死亡，是自然人丧失生命、停止生存，是指一切生命体征的丧失且不可逆转的永久性终止。《解释》关于造成严重后果的界定范围，显然排除了侵权行为导致的轻微伤的情形。

根据最高人民法院、最高人民检察院、公安部、国家安全部、司法部2016年4月18日公布的《人体损伤致残程度分级》（以下简称《致残分级》）之规定，残疾是指人体组织器官结构破坏或者功能障碍，以及个体在现代临床医疗条件下难以恢复的生活、工作、社会活动能力不同程度的降低或者丧失。根据《致残分级》规定，人体损伤致残程度划分为十个等级。

（3）对精神障碍或者精神残疾的理解。根据精神卫生法的规定，精神障碍是指由各种原因引起的感知、情感和思维等精神活动的紊乱或者异常，导致患者明显的心理痛苦或者社会适应等功能损害。《致残分级》中亦有关于精神障碍所作规范，其内容主要是那些由于颅脑损伤引发的精神障碍情形，范围显然偏窄。作为专门规范精神损害问题的司法解释，《解释》所称之精神障碍，其范围显然应当更为广泛，故应以精神卫生法及医学范畴所界定的精神障碍为准。同时，根据精神卫生法的规定，精神障碍的诊断需要有符合法定条件的医疗机构作出，精神障碍的鉴定需要取得执业资质的鉴定机构进行。

《解释》所指的精神残疾，是指各类精神障碍持续一年以上未痊愈，由于存在认知、情感和行为障碍，以致影响其日常生活和社会参与。精神残疾，一般由县级以上残联组织委托精神专科医院进行评定，精神残疾的分级，一般由医生根据患者具体情况，并参考《世界卫生组织残疾评定量表Ⅱ》（WHO-DASⅡ），或者《精神残疾分级的操作性评估标准》进行评定。

（4）对名誉、荣誉、家庭、职业、教育等遭受严重损害的理解。在法学概念中，名誉是对民事主体的品德、声望、才能、信用等的社会评价，荣誉则是指民事主体因相关成就或者地位而从特定组织处获得的专门性和定性化的积极评价。民法典第一百一十条规定，自然人、法人、非法人组织均享有名誉权、荣誉权。《解释》所称之名誉、荣誉，系针对自然人而言，不包括法人和非法人组织的名誉、荣誉。家庭、职业、教育，作为自然人融入社会生活的重要组成部分，也是自然人赖以生存和发展的基础，其含义及重要意义不言自明，在此不再赘述。

通常而言，国家机关及其工作人员所为之侵犯人身权的违法行为，如违法刑事拘留、错误逮捕、错判刑罚，或者因实施侵犯生命健康权行为造成受害人身体伤害甚至死亡，以上行为均可能对受害人的名誉、荣誉、家庭、职业、教育等方面造成严重影响。一般情况下，这种影响也会因人而异，因案而异。同时，当今新闻媒体的蓬勃发展尤其是自媒体的广泛普及，可能会导致舆论在最短时间内、大范围地降低受害人的品德、声望、信用等社会评价，导致受害人名誉、荣誉扫地。此外，侵犯人身权的行为也可能会导致受害人其他相关利益损失，如侵权行为影响其婚姻、家庭、工作、学习等。

司法实践中，有的公民因存在被羁押、身体伤残等后果，这种后果可能又会作用到其婚姻、家庭、教育、职业等方面，导致出现一定变故，如可能产生的名誉严重受损、婚姻关系破裂、不能从事专门行业等，有时这种变故还会再反射到该公民身上，对其造成次生精神伤害。如此前发生的陕西麻某旦案，麻某旦因受到错误的行政处罚而蒙受不白之冤，名誉扫地，其所遭受的精神损害与侵权行为存在关联性；又如有的案件中，被错误追诉的受害人是准备高考的学生，因受错误追诉，使其失去了学习、升学等机会，对其产生较大影响。因此，《解释》对此亦规定为“造成严重后果”。

（5）对与侵权行为存在关联的理解。《解释》第七条第三项、第四项规定之所以未表述要求损害后果与侵权行为之间具有因果关系，是因为对个体的精神障碍致病原因或者导致精神损害的原因通常难以明确，即便是最权威的医疗机构或者是最具专业资质的专业机构，也难以将个体具有的精神障碍、精神残疾以及其他精神损害情况，简单归于某一个具体原因。对于导致精神障碍、精神残疾的原因，实践中比较可行的做法是，由医疗或者鉴定机构诊断、鉴定精神障碍或者精神残疾的结果，并指明该结果与某个行为或者某几个行为具有关联性，或者说某个行为或某几个行为对于精神障碍或者精神残疾的发生具有原因力。同理，造成名誉、荣誉、家庭等损害的原因也是多方面的，与侵犯人身权的违法行为之间往往并不具有法律上的因果关系，而通常是内因与外因混合作用或者多因一果所致。

《解释》作为专门规范精神损害赔偿问题的法律文件，结合实践中具体操作情形，规定存在关联，与规定具有因果关系相比，适用的范围显然更为宽泛，对赔偿请求人合法权益提供的法律保护显然亦更为充分。法官可以根据个案的情况，结合违法行为的具体属性、特征，行为通常会造成的不良影响，以及结合常理、社会公众普遍认知和审判经验，对受害人精神受损情况，以及与侵权行为之间的关联性予以综合判断。

4. 关于后果特别严重的认定

为便于实践操作，《解释》还在造成严重后果的诸情形中，划定了造成特别严重后果的区间范围。

我们经研究认为，受害人无罪被羁押十年以上，属于侵犯人身自由权中非常严重的情形，已经对受害人的生活造成了颠覆性的改变，对其身心健康形成严重影响。受害人死亡，是对“受害人经鉴定为轻伤以上或者残疾”中最为严重情形的规定。生命是人赖以生存和发展的基础，死亡意味着生命的丧失，意味着人的一切丧失，因此，死亡显然是侵犯生命健康权中最为严重的情形。

根据《损伤标准》的规定，生活不能自理一般分为生活完全不能自理、生活大部分不能自理以及生活部分不能自理。而根据《损伤标准》《致残分级》中所列举的各种重伤情形，以及一至四级残疾的划分依据，我们认为，生活完全不能自理、生活大部分不能自理显然不具争议，应当属于《解释》规定的生活不能自理情形；从有利于保护赔偿请求人权益的角度出发，可以对生活不能自理作适当宽泛理解，即在赔偿请求人请求赔偿时，受害人只要符合生活部分不能自理情形的，即可从宽理解为属于生活不能自理。但同时，如赔偿请求人请求赔偿时，受害人的重伤或者残疾情形，经过治疗、康复已获得较大程度的治愈或改善，生活能够自理的，可不再理解为属于《解释》规定的生活不能自理情形。对于此类生活能够自理的重伤、残疾情形，可作为严重后果对待。

### (三) 责任方式的适用规则及消除影响、恢复名誉、赔礼道歉的适用

《解释》第四条至第六条是关于责任方式的适用规则，以及消除影响、恢复名誉、赔礼道歉适用方式的规定。

1. 消除影响、恢复名誉、赔礼道歉的适用范围

司法实践中，对于造成严重后果的，除依法适用精神损害抚慰金外，能否一并适用消除影响、恢复名誉、赔礼道歉等责任方式存在争议。对此，全国人大常委会法制工作委员会国家法室在其编著的《中华人民共和国国家赔偿法解读》一书中认为："给付精神损害抚慰金，不影响其他的包括丧失人身自由的赔偿金、伤残赔偿金、死亡赔偿金、侵犯财产权的赔偿金的给付，也不影响赔偿义务机关按照规定消除影响，恢复名誉，赔礼道歉。"从这一解读可知，对于造成严重后果的，在依法适用精神损害抚慰金的同时，可以适用消除影响、恢复名誉、赔礼道歉等责任方式。但该解读并未进一步明确，此种情形下，在给付精神损害抚慰金的同时，消除影响、恢复名誉、赔礼道歉等责任方式是必须同时一并适用，还是可以视情选择是否适用以及如何适用。

对于类似问题，民法典规定，承担民事责任的方式，可以单独适用，也可以合并适用，且应当与行为的具体方式和造成的影响范围相当。修正前的《民事精神损害解释》第八条第二款规定："因侵权致人精神损害，造成严重后果的，人民法院除判令侵权人承担停止侵害、恢复名誉、消除影响、赔礼道歉等民事责任外，可以根据受害人一方的请求判令其赔偿相应的精神损害抚慰金。"

司法实践中，对于消除影响、恢复名誉、赔礼道歉与精神损害抚慰金是否应同时适用的问题，也有两种观点。一种观点认为，对此应作递进理解，致人精神损害且造成严重后果，其后果显然要重于普通致人精神损害的情形，既然普通情形都要消除影响、恢复名誉、赔礼道歉，那么对于较重情形，则需要在给付精神损害抚慰金的同时，一并决定予以消除影响、恢复名誉、赔礼道歉。另一种观点认为，对此应作保护吸收理解，既然给付精神损害抚慰金是针对严重后果，那么这种承担责任的方式，就应当理解为已经包含并吸收了消除影响、恢复名誉、赔礼道歉，故无须再行单独决定予以消除影响、恢复名誉、赔礼道歉。

《解释》结合前述规定及观点，作了以下调整：一是将国家赔偿法中"消除影响，恢复名誉，赔礼道歉"的标点符号进行了调整，采用民法典中"消除影响、恢复名誉、赔礼道歉"的顿号进行表述。二是参考民法典的规定，将消除影响、恢复名誉合并作为一种责任方式，不再拆分，将赔礼道歉作为另一种责任方式，即表述为"消除影响、恢复名誉或者赔礼道

歉”。三是明确了消除影响、恢复名誉与赔礼道歉，可以单独适用，也可以合并适用。如仅造成健康权损害的案件，只适用赔礼道歉，而无须适用消除影响、恢复名誉。四是综合以上两种观点，规定侵权行为致人精神损害并造成严重后果，应当在支付精神损害抚慰金的同时，视案件具体情形，为受害人消除影响、恢复名誉或者赔礼道歉。五是确定需要承担消除影响、恢复名誉或者赔礼道歉责任的，应当与侵权行为的具体方式和造成的影响范围相当。

2. 消除影响、恢复名誉、赔礼道歉的具体适用方式

《解释》第五条、第六条是关于消除影响、恢复名誉、赔礼道歉具体适用方式的规定。

国家赔偿法第三十五条并未明确规定消除影响、恢复名誉与赔礼道歉的责任方式应如何具体适用。司法实践中，赔偿义务机关就赔偿方式、数额等与赔偿请求人在法定范围内进行协商的情况较多，其中亦包括对消除影响、恢复名誉、赔礼道歉履行方式的协商。此外，在法院赔偿委员会作出决定时，如涉及消除影响、恢复名誉、赔礼道歉方式的，一般也会参酌侵权行为直接影响所及、受害人住所地等因素确定履行范围，如在一定范围内公开法律文书或者以其他合理方式为受害人消除影响、恢复名誉、赔礼道歉。《解释》第五条综合民事相关规定及实践做法，对消除影响、恢复名誉、赔礼道歉的协商与决定方式作出规定。

《解释》第六条是关于消除影响、恢复名誉、赔礼道歉是否载入国家赔偿决定主文的有关规定。一般情况下，决定为受害人消除影响、恢复名誉、赔礼道歉的，应当载入决定主文。但同时，在司法实践中，有的赔偿义务机关在自赔程序中，积极挽回原侵权行为所造成的不良影响，在法院赔偿委员会作出决定前已实际履行了消除影响、恢复名誉、赔礼道歉的义务，且符合国家赔偿法及《解释》规定；或者原侵权案件的纠正为媒体广泛报道，如聂树斌案、张玉环案等近年来一时影响较大的刑事冤错案件的再审及改判事宜，均被国内外媒体予以广泛关注和报道，客观上已经起到消除影响、恢复名誉作用，且范围通常大于原侵权行为所及范围。对于前述情形，如再规定将消除影响、恢复名誉或者赔礼道歉写入赔偿委员会决定主文，不符合主文内容的一般规律，实际上已无必要。据此，《解释》规定，符合前述情形的，可以在决定书中加以说明。

### （四）精神损害抚慰金的标准与支付

《解释》第八条至第十二条是关于精神损害抚慰金的标准与支付的规定。

1. 精神损害抚慰金的标准

精神损害抚慰金的标准，无疑也是法律适用的难点之一。民法典、国家赔偿法等法律法规对此均未作出较为明确具体的规定，现行可资参考的规范，一是《民事精神损害解释》，二是《意见》。

修正前的《民事精神损害解释》第九条规定："精神损害抚慰金包括以下方式：（一）致人残疾的，为残疾赔偿金；（二）致人死亡的，为死亡赔偿金；（三）其他损害情形的精神抚慰金。"第十条规定："精神损害的赔偿数额根据以下因素确定：（一）侵权人的过错程度，法律另有规定的除外；（二）侵害的手段、场合、行为方式等具体情节；（三）侵权行为所造成的后果；（四）侵权人的获利情况；（五）侵权人承担责任的经济能力；（六）受诉法院所在地平均生活水平。法律、行政法规对残疾赔偿金、死亡赔偿金等有明确规定的，适用法律、行政法规的规定。"第十一条规定："受害人对损害事实和损害后果的发生有过错的，可以根据其过错程度减轻或者免除侵权人的精神损害赔偿责任。"民法典颁布施行后，《民事精神损害解释》亦作了相应修改，原第九条、第十一条被删除，第十条现条文序号调整为第五条，其内容修改为："精神损害的赔偿数额根据以下因素确定：（一）侵权人的过错程度，但是法律另有规定的除外；（二）侵权行为的目的、方式、场合等具体情节；（三）侵权行为所造成的后果；（四）侵权人的获利情况；（五）侵权人承担责任的经济能力；（六）受理诉讼法院所在地的平均生活水平。"

此前的《意见》对于精神损害抚慰金的标准及支付问题亦作出相应规定："人民法院赔偿委员会适用精神损害赔偿条款，决定采用'支付相应的精神损害抚慰金'方式的，应当综合考虑以下因素确定精神损害抚慰金的具体数额：精神损害事实和严重后果的具体情况；侵权机关及其工作人员的违法、过错程度；侵权的手段、方式等具体情节；罪名、刑罚的轻重；纠错的环节及过程；赔偿请求人住所地或者经常居住地平均生活水平；赔偿义务机关所在地平均生活水平；其他应当考虑的因素。人民法院赔偿委员会确定精神损害抚慰金的具体数额，还应当注意体现法律规定的

'抚慰'性质，原则上不超过依照国家赔偿法第三十三条、第三十四条所确定的人身自由赔偿金、生命健康赔偿金总额的百分之三十五，最低不少于一千元。受害人对精神损害事实和严重后果的产生或者扩大有过错的，可以根据其过错程度减少或者不予支付精神损害抚慰金。”

各国确定精神损害抚慰金数额的方法，概括来讲，大致有如下几种：(1) 酌定法，即法律不规定统一标准，由法官根据案件情况自由裁量。这是目前各国普遍适用的方法之一，典型如法国、德国、瑞士、俄罗斯。(2) 固定赔偿法，指按照通常的社会标准和法律政策，制定固定（但适时修改）的抚慰金表，对照适用，典型如英国、日本。(3) 最高限额法，指明确限定最高赔偿金额（包括两类，其一是就单独项目精神损害赔偿金规定最高额，其二是就所有精神损害赔偿金规定最高额），在该限额内允许自由裁量，典型如美国、瑞典、捷克、埃塞俄比亚、哥伦比亚、墨西哥。(4) 医药费比例法，即按照受害人必须花费的医疗费的一定比例（区间）计算，典型如秘鲁、德国。(5) 日标准赔偿法，指规定每日固定赔偿金额，据实计算，典型如丹麦。(6) 区分不同损害的赔偿方法。总体来看，鉴于精神损害的特质，多数国家实务中并不会采用单一方法，往往是几种方法的组合。

基于以上规定及参考因素，《解释》采取了主客观综合考量的方式，即在确定相关客观标准的同时，由法官在这些客观标准的基础上综合考虑各种参考因素，并通过自由心证和裁量，在给定区间内具体酌定精神损害抚慰金数额。具体说明如下。

(1) 以客观情形将精神损害按照后果严重程度分为三档，即《解释》第三条、第七条规定的“致人精神损害”“造成严重后果”“后果特别严重”。对于“造成严重后果”“后果特别严重”情形，分别列举相应的客观情形。

(2) 以侵犯人身权的两类赔偿金，作为确定精神损害抚慰金的计算基数，对应前述造成严重后果、后果特别严重情形，确定相应比例范围。即造成严重后果的，精神损害抚慰金在相关人身自由赔偿金、生命健康赔偿金总额的50%以下（包括本数）酌定；后果特别严重的，或者虽不具有后果特别严重情形，但确有证据证明前述标准不足以抚慰的，可以在50%以上酌定。

(3) 考虑极少数个案因素，对50%以上的酌定区间范围，未设定上限。例如，麻某旦申请赔偿案，麻某旦涉嫌卖淫被限制人身自由两天，后经做医学检查其为处女。该案对麻某旦的精神及声誉造成较大伤害，因当时并无精神损害赔偿的规定，故其最终仅获赔被限制人身自由两天的赔偿金74.66元。类似情形，羁押时间很短，但造成的精神损害后果非常严重，即便以人身自由赔偿金的100%比例确定精神损害抚慰金，可能也不足以抚慰受害人所受精神痛苦。据此，《解释》考虑到实践中此类特殊情形，对50%以上酌定区间范围未设定上限。但需要注意的是，一般情况下，酌定精神损害抚慰金，不宜超过人身自由赔偿金、生命健康赔偿金总额的100%。

（4）在确定前述客观标准、档次及基准（即《解释》第七条、第八条确定的范围及幅度内）的情况下，将若干主观考虑因素加以列举，以便法官在具体个案中予以综合衡量，确定具体数额。《解释》第九条参考民法典及《民事精神损害解释》《意见》相关规定，对受害人精神受损程度，侵权行为的目的、方式，侵权机关及其工作人员的违法过错程度、原因力比例，受害人的职业、影响范围等相关参考因素予以列举，期望在确定一定客观标准的同时，兼顾到个案具体差异，以便法官兼采主客观双重标准，公正、合理确定精神损害抚慰金具体数额。例如，前述的同样残疾等级情况下，手部伤害对于普通人和钢琴家，其精神损害程度可能存在不同。法官可以在某些案件具备同等客观标准时，参考各因素，利用自由裁量权确定一个相对公平、合理的数额。

2. 精神损害抚慰金的支付

《解释》第十条规定，一是确定了精神损害抚慰金的最低限额及计数单位，二是对赔偿请求人请求数额少于最低限额时如何处理作出规定。

关于精神损害抚慰金的最低限额，《解释》规定精神损害抚慰金最低为1000元，以示对人格权的基本尊重；关于精神损害抚慰金的计数单位，此前的司法实践中，有的法院存在机械适用《意见》的做法，即以人身自由赔偿金、生命健康赔偿金总额简单乘以一定比例确定精神损害抚慰金，得出的抚慰金数额甚至精确到元角分，严重背离了精神损害抚慰金难以具体量化的特点。鉴于此，《解释》规定精神损害抚慰金数额在千元以上的，应以千为计数单位；司法实践中，有的赔偿请求人申请精神损害抚慰金时，申请数额可能少于1000元，如个别案例只申请1元钱，以示其并不为钱，而是“不蒸馒头争口气”，我们经研究认为，如其所请确实符合《解释》规定的造成严重后果情形，经释明后又不予变更的，可按照其请求数额予以支付。

《解释》第十一条是关于在受害人自身存在过错时，精神损害抚慰金支付的相关规定。在受害人自身存在过错的情况下，可以减轻侵权人相应责任，这是侵权责任法中的一项重要规则。民法典第一千一百七十三条规定："被侵权人对同一损害的发生或者扩大有过错的，可以减轻侵权人的责任。"民法典其他一些条款，亦体现了受害人自身有过错时，应自行承担相应责任的立法精神。修改前的《民事精神损害解释》以及《意见》亦有类似规定。国家赔偿法对此虽未予明确规定，但该法第十九条第一项、第五项实际上也体现了该规则。我们经研究认为，将该规则在《解释》中予以体现，符合侵权责任的一般原理。

### （五）其他条款

1. 精神损害赔偿责任的履行

《解释》第十二条是关于精神损害抚慰金及其他责任方式的履行问题。国家赔偿是司法程序的最后一环，如果该程序作出的生效决定得不到履行，将有损司法公正和公信力。《解释》在征求意见时，亦有意见认为，对于精神损害抚慰金及其他责任方式的执行，应规定可以采用强制执行手段。但考虑到国家赔偿责任的承担具有特殊性，是由各级财政负担赔偿金，且目前在收支两条线的大背景下，对赔偿义务机关强制执行精神损害抚慰金与法律规定及现行政策不符，对各级财政机关强制执行则更缺乏法理依据，最终《解释》未采纳强制执行意见，而作出现有规定。

2. 参照适用条款及解释效力

《解释》第十三条是关于审查办理其他类型案件，涉及精神损害赔偿内容的，参照适用《解释》的规定。

国家赔偿法第三十八条规定："人民法院在民事诉讼、行政诉讼过程中，违法采取对妨害诉讼的强制措施、保全措施或者对判决、裁定及其他生效法律文书执行错误，造成损害的，赔偿请求人要求赔偿的程序，适用本法刑事赔偿程序的规定。"《最高人民法院关于审理民事、行政诉讼中司法赔偿案件适用法律若干问题的解释》第十一条规定："人民法院及其工作人员在民事、行政诉讼过程中，具有本解释第二条、第六条规定情形，侵犯公民人身权的，应当依照国家赔偿法第三十三条、第三十四条的规定计算赔偿金。致人精神损害的，应当依照国家赔偿法第三十五条的规定，在侵权影响的范围内，为受害人消除影响、恢复名誉、赔礼道歉；造成严重后果的，还应当支付相应的精神损害抚慰金。”鉴于此，《解释》规定，对民事、行政诉讼中司法赔偿案件中所涉及的精神损害赔偿问题，可参照适用《解释》。

同时，《解释》主要规范人民法院赔偿委员会在审理国家赔偿案件时，适用精神损害赔偿条款的有关问题。人民法院作为赔偿义务机关办理涉及侵犯人身权的自赔案件时，同样需要适用精神损害赔偿条款，《解释》确定此类案件亦可参照适用《解释》。

《解释》第十四条是对《解释》施行时间及效力作出的规定。《解释》自2021年4月1日起施行，《解释》施行前已施行的其他有关规定与《解释》不一致的，以《解释》为准。最高人民法院在发布《解释》时，对于《解释》的适用效力问题通知如下：《解释》施行之日起，人民法院赔偿委员会已立案受理、尚未审结的国家赔偿案件，适用《解释》规定；但是赔偿请求人不服《解释》施行前已生效赔偿决定的申诉复查案件，或者人民法院赔偿委员会对《解释》施行前已生效赔偿决定启动赔偿监督程序予以重新审理的案件除外。该通知事项兼顾了《解释》的适用从优保护，以及维护既有生效法律文书的稳定性。

# 最高人民法院
# 关于正确确定县级以上地方人民政府行政诉讼被告资格若干问题的规定

法释〔2021〕5号

(2021年2月22日最高人民法院审判委员会第1832次会议通过
2021年3月25日最高人民法院公告公布
自2021年4月1日起施行)

为准确适用《中华人民共和国行政诉讼法》，依法正确确定县级以上地方人民政府的行政诉讼被告资格，结合人民法院行政审判工作实际，制定本解释。

**第一条** 法律、法规、规章规定属于县级以上地方人民政府职能部门的行政职权，县级以上地方人民政府通过听取报告、召开会议、组织研究、下发文件等方式进行指导，公民、法人或者其他组织不服县级以上地方人民政府的指导行为提起诉讼的，人民法院应当释明，告知其以具体实施行政行为的职能部门为被告。

**第二条** 县级以上地方人民政府根据城乡规划法的规定，责成有关职能部门对违法建筑实施强制拆除，公民、法人或者其他组织不服强制拆除行为提起诉讼，人民法院应当根据行政诉讼法第二十六条第一款的规定，以作出强制拆除决定的行政机关为被告；没有强制拆除决定书的，以具体实施强制拆除行为的职能部门为被告。

**第三条** 公民、法人或者其他组织对集体土地征收中强制拆除房屋等行为不服提起诉讼的，除有证据证明系县级以上地方人民政府具体实施外，人民法院应当根据行政诉讼法第二十六条第一款的规定，以作出强制拆除决定的行政机关为被告；没有强制拆除决定书的，以具体实施强制拆除等行为的行政机关为被告。

县级以上地方人民政府已经作出国有土地上房屋征收与补偿决定，公民、法人或者其他组织不服具体实施房屋征收与补偿工作中的强制拆除房屋等行为提起诉讼的，人民法院应当根据行政诉讼法第二十六条第一款的规定，以作出强制拆除决定的行政机关为被告；没有强制拆除决定书的，以县级以上地方人民政府确定的房屋征收部门为被告。

**第四条** 公民、法人或者其他组织向县级以上地方人民政府申请履行法定职责或者给付义务，法律、法规、规章规定该职责或者义务属于下级人民政府或者相应职能部门的行政职权，县级以上地方人民政府已经转送下级人民政府或者相应职能部门处理并告知申请人，申请人起诉要求履行法定职责或者给付义务的，以下级人民政府或者相应职能部门为被告。

**第五条** 县级以上地方人民政府确定的不动产登记机构或者其他实际履行该职责的职能部门按照《不动产登记暂行条例》的规定办理不动产登记，公民、法人或者其他组织不服提起诉讼的，以不动产登记机构或者实际履行该职责的职能部门为被告。

公民、法人或者其他组织对《不动产登记暂行条例》实施之前由县级以上地方人民政府作出的不动产登记行为不服提起诉讼的，以继续行使其职权的不动产登记机构或者实际履行该职责的职能部门为被告。

**第六条** 县级以上地方人民政府根据《中华人民共和国政府信息公开条例》的规定，指定具体机构负责政府信息公开日常工作，公民、法人或者其他组织对该指定机构以自己名义所作的政府信息公开行为不服提起诉讼的，以该指定机构为被告。

**第七条** 被诉行政行为不是县级以上地方人民政府作出，公民、法人或者其他组织以县级以上地方人民政府作为被告的，人民法院应当予以指导和释明，告知其向有管辖权的人民法院起诉；公民、法人或者其他组织经人民法院释明仍不变更的，人民法院可以裁定不予立案，也可以将案件移送有管辖权的人民法院。

**第八条** 本解释自2021年4月1日起施行。本解释施行后，最高人民法院此前作出的相关司法解释与本解释相抵触的，以本解释为准。

# 最高人民法院
# 关于办理行政申请再审案件若干问题的规定

法释〔2021〕6号

(2021年3月1日最高人民法院审判委员会第1833次会议通过
2021年3月25日最高人民法院公告公布
自2021年4月1日起施行)

为切实保障当事人申请再审的权利，切实有效解决行政争议，结合人民法院行政审判工作实践，根据《中华人民共和国行政诉讼法》的规定，制定本解释。

**第一条** 当事人不服高级人民法院已经发生法律效力的判决、裁定，依照行政诉讼法第九十条的规定向最高人民法院申请再审的，最高人民法院应当依法审查，分别情况予以处理。

**第二条** 下列行政申请再审案件中，原判决、裁定适用法律、法规确有错误的，最高人民法院应当裁定再审：

（一）在全国具有普遍法律适用指导意义的案件；

（二）在全国范围内或者省、自治区、直辖市有重大影响的案件；

（三）跨省、自治区、直辖市的案件；

（四）重大涉外或者涉及香港特别行政区、澳门特别行政区、台湾地区的案件；

（五）涉及重大国家利益、社会公共利益的案件；

（六）经高级人民法院审判委员会讨论决定的案件；

（七）最高人民法院认为应当再审的其他案件。

**第三条** 行政申请再审案件有下列情形之一的，最高人民法院可以决定由作出生效判决、裁定的高级人民法院审查：

（一）案件基本事实不清、诉讼程序违法、遗漏诉讼请求的；

（二）再审申请人或者第三人人数众多的；

（三）由高级人民法院审查更适宜实质性化解行政争议的；

（四）最高人民法院认为可以由高级人民法院审查的其他情形。

**第四条** 已经发生法律效力的判决、裁定认定事实清楚，适用法律、法规正确，当事人主张的再审事由不成立的，最高人民法院可以迳行裁定驳回再审申请。

**第五条** 当事人不服人民法院再审判决、裁定的，可以依法向人民检察院申请抗诉或者检察建议。

**第六条** 本解释自2021年4月1日起施行。本解释施行后，最高人民法院此前作出的相关司法解释与本解释相抵触的，以本解释为准。

附件：

1. 中华人民共和国最高人民法院决定书（最高人民法院决定由高级人民法院审查用）

2. 中华人民共和国最高人民法院通知书（最高人民法院决定由高级人民法院审查时通知再审申请人用）

3. 中华人民共和国最高人民法院行政裁定书（最高人民法院迳行驳回再审申请用）

**附件1**

## 中华人民共和国最高人民法院<br>决定书

（××××）最高法行决×号

××××高级人民法院：

根据《中华人民共和国行政诉讼法》第九十条、《最高人民法院关于办理行政申请再审案件若干问题的规定》第三条的规定，现将再审申请人

×××诉×××（机关名称）一案，交由你院审查。请你院依照《中华人民共和国行政诉讼法》及其司法解释的相关规定进行审查处理。

××××年××月××日
（院印）

**附件2**

## 中华人民共和国最高人民法院
## 通知书

（××××）最高法行通×号

×××（再审申请人）：

根据《中华人民共和国行政诉讼法》第九十条、《最高人民法院关于办理行政申请再审案件若干问题的规定》第三条的规定，本院将再审申请人×××诉×××（机关名称）一案，交由××××高级人民法院审查。请等待审查结果。对高级人民法院审查后作出的判决、裁定仍然不服的，可以依照《最高人民法院关于适用〈中华人民共和国行政诉讼法〉的解释》第一百一十七条的规定向人民检察院申请抗诉或者检察建议。

特此通知。

××××年××月××日
（院印）

附件 3

# 中华人民共和国最高人民法院
# 行政裁定书

（××××）最高法行申×号

再审申请人（一、二审诉讼地位）：×××，……。

被申请人（一、二审诉讼地位）：×××，……。

（以上写明当事人和其他诉讼参与人的姓名或者名称等基本信息）

再审申请人×××因诉×××（机关名称）一案，不服××××高级人民法院×××号行政判决（裁定），向本院申请再审。本院依法对本案进行了审查，现已审查终结。

×××向本院申请再审，请求……（简要列明请求和理由）。

本院认为，×××的再审申请不符合《中华人民共和国行政诉讼法》第九十一条规定的情形。依照《最高人民法院关于适用〈中华人民共和国行政诉讼法〉的解释》第一百一十六条第二款、《最高人民法院关于办理行政申请再审案件若干问题的规定》第四条之规定，裁定如下：

驳回×××的再审申请。

审　判　长×××
审　判　员×××
审　判　员×××
××××年××月××日
（院印）
法 官 助 理×××
书　记　员×××

# 最高人民法院相关负责人就《最高人民法院关于正确确定县级以上地方人民政府行政诉讼被告资格若干问题的规定》和《最高人民法院关于办理行政申请再审案件若干问题的规定》答记者问

2021年3月25日，最高人民法院发布《最高人民法院关于正确确定县级以上地方人民政府行政诉讼被告资格若干问题的规定》（以下简称《被告资格规定》）和《最高人民法院关于办理行政申请再审案件若干问题的规定》（以下简称《申请再审规定》），并于4月1日起施行。最高人民法院行政审判庭相关负责人接受了记者的专访，就所涉重点问题回答了记者提问。

**问：在司法实践中，有观点认为，行政诉讼的被告是"形式被告"，应当严格遵循"当事人诉谁，谁来作被告"的原则。《被告资格规定》对这一问题如何进行规定？**

**答：**行政诉讼法第二十六条第一款规定："公民、法人或者其他组织直接向人民法院提起诉讼的，作出行政行为的行政机关是被告。"司法实践中，一些地方的法院对于行政诉讼法第二十六条第一款规定的"谁行为，谁被告"的被告确定规则把握不准确；一些当事人为了提高管辖级别，在作出行政行为的行政机关并非县级以上地方人民政府的情况下，将县级以上地方人民政府列为被告，导致中级人民法院审理案件数量出现激增态势，也导致当事人的诉讼权利和合法权益不能得到及时有效救济。如果行政诉讼被告确定不准确，人民法院将裁定驳回起诉，当事人不服，还要通过二审法院终审，事实上导致当事人的实体权益无法进行实体审理，影响了当事人通过诉讼程序获得救济的及时性和有效性，也浪费了宝贵的司法资源。据此，《被告资格规定》对行政诉讼法规定的“谁行为，谁被告”原则作了重申，进一步强化对当事人合法权利的保护。同时，司法解释明确了人民法院的释明义务，引导当事人及时有效救济，推动行政纠纷实质性化解。

**问：《被告资格规定》中对于不动产登记机构以及政府信息公开工作机构的被告资格问题予以进一步明确，这一规定出于什么考虑？**

**答：**根据行政诉讼法第二条第二款规定，行政行为包括法律、法规、规章授权的组织作出的行政行为。行政行为可以是行政机关作出的，也可以是法律、法规、规章授权的组织作出的。国务院颁布的《不动产登记暂行条例》第七条对不动产登记机构的法定职权作了规定。《政府信息公开条例》第四条规定各级人民政府及县级以上地方人民政府部门应指定政府信息公开工作机构负责本行政机关政府信息公开的日常工作，并对政府信息公开工作机构的法定职能作了规定。这两部条例属于行政法规，不动产登记机构和政府信息公开工作机构属于法规授权组织。因不动产登记机构对《不动产登记暂行条例》第五条规定的不动产权利办理登记的行政行为引发的行政诉讼，该机构作被告；对于政府信息公开相关事项引发的行政诉讼，政府信息公开工作机构作被告。

**问：《申请再审规定》中关于“最高人民法院可以决定由作出生效判决、裁定的高级人民法院审查”的规定是基于什么考虑？**

**答：**行政诉讼法第九十条规定，当事人对已经发生法律效力的判决、裁定，认为确有错误的，可以向上一级人民法院申请再审，但对申请再审后如何处理未作规定。司法实践中，对申请再审案件的处理采用的是“二分法”：对于不符合行政诉讼法第九十一条规定的再审条件的裁定驳回；对于符合再审条件的裁定再审。对于适宜交由下级人民法院审查的具体情形没有规定。《申请再审规定》明确了“决定由作出生效判决、裁定的高级人民法院审查”的处理方式，对于经初步审查发现存在案件基本事实不清、诉讼程序违法、遗漏诉讼请求的；再审申请人或者第三人人数众多的；由高级人民法院审查更有利于实质性化解纠纷的等情形，在纠纷发生地对纠纷进行诉源治理，更有利于行政纠纷的实质性化解以及充分发挥地方法院多元解纷的职能作用。

最高人民法院
# 关于推进行政诉讼程序繁简分流改革的意见

2021 年 5 月 14 日　　法发〔2021〕17 号

为深化行政诉讼制度改革，推进行政案件繁简分流、轻重分离、快慢分道，优化行政审判资源配置，推动行政争议实质化解，依法保护公民、法人和其他组织合法权益，支持和监督行政机关依法行政，根据《中华人民共和国行政诉讼法》（以下简称行政诉讼法）及司法解释的规定，结合审判工作实际，制定本意见。

## 一、一般规定

**第一条**　人民法院应当严格规范审理复杂行政案件，依法快速审理简单行政案件，完善行政诉讼简易程序适用规则，推动电子诉讼的应用，引导当事人正确行使诉讼权利、依法履行诉讼义务，全面提升行政审判质量、效率和公信力。

**第二条**　第一审人民法院审理下列行政案件，可以作为简单案件进行审理：

（一）属于行政诉讼法第八十二条第一款、第二款规定情形的；

（二）不符合法定起诉条件的；

（三）不服行政复议机关作出的不予受理或者驳回复议申请决定的；

（四）事实清楚、权利义务关系明确、争议不大的政府信息公开类、履行法定职责类以及商标授权确权类行政案件。

第二审人民法院对于第一审人民法院按照简单案件快速审理的上诉案件，以及当事人撤回上诉、起诉、按自动撤回上诉处理的案件，针对不予立案、驳回起诉、管辖权异议裁定提起上诉的案件等，可以作为简单案件进行审理。

高级人民法院可以探索开展行政申请再审案件繁简分流工作。

**第三条** 人民法院可以建立行政案件快审团队或者专业化、类型化审判团队，也可以设立程序分流员，负责行政案件繁简分流，实现简案快审、类案专审、繁案精审。

## 二、促进行政争议诉前分流

**第四条** 人民法院应当强化行政争议的诉源治理，完善行政诉讼与行政复议、行政裁决等非诉讼解纷方式的分流对接机制，探索建立诉前和解机制，依托司法与行政的良性互动，加强行政争议多元化解及相关平台建设。

**第五条** 行政诉讼法规定可以调解的案件、行政相对人要求和解的案件，或者通过和解方式处理更有利于实质性化解行政争议的案件，人民法院可以在立案前引导当事人自行和解或者通过第三方进行调解。开展诉前调解应在调解平台上进行，并编立相应案号。

建立非诉讼调解自动履行正向激励机制，通过将自动履行情况纳入诚信评价体系等，引导当事人自动、即时履行调解协议，及时化解行政争议。

**第六条** 经诉前调解达成和解协议，当事人共同申请司法确认的，人民法院可以依法确认和解协议效力，出具行政诉前调解书。

当事人拒绝调解或者未达成和解协议，符合法定立案条件的，人民法院应当依法及时登记立案。

立案后，经调解当事人申请撤诉，人民法院审查认为符合法律规定的，依法作出准予撤诉的裁定。

**第七条** 诉前调解中，当事人没有争议的事实应当记入调解笔录，并由当事人签字确认。

在审理过程中，经当事人同意，双方在调解过程中已确认的无争议事实不再进行举证、质证，但当事人为达成和解协议作出妥协而认可的事实或者有相反证据足以推翻的事实除外。

## 三、健全简易程序适用规则

**第八条** 人民法院依照行政诉讼法第八十二条第一款规定适用简易程

序审理的行政案件，可以向当事人发送简易程序审理通知书，告知审理方式、审理期限等事项。

人民法院依照行政诉讼法第八十二条第二款规定审理其他第一审行政案件，应当征求当事人意见。征求意见可以通过诉讼平台、电话、手机短信、即时通讯账号等简便方式进行。当事人不同意适用简易程序的，应当自收到通知之日起五日内向人民法院提出。期限内未提出异议的，人民法院可以按照简易程序进行审理。

**第九条** 人民法院适用简易程序审理行政案件，可以根据案件情况，采取下列方式简化庭审程序，但应当保障当事人答辩、举证、质证、陈述、辩论等诉讼权利：

（一）已经通过开庭前准备阶段或者其他方式完成当事人身份核实、权利义务告知、庭审纪律宣示的，开庭时可以不再重复；

（二）庭审直接围绕与被诉行政行为合法性相关的争议焦点展开，法庭调查、法庭辩论可以合并进行。

当事人双方表示不需要答辩期间、举证期限的，人民法院可以迳行开庭，开庭时间不受答辩期间、举证期限的限制。

适用简易程序审理的案件，应当一次开庭审结，但人民法院认为确有必要再次开庭的除外。

**第十条** 适用简易程序审理行政案件的庭审录音录像，经当事人同意的，可以代替法庭笔录。

**第十一条** 人民法院适用简易程序审理行政案件，可以简化裁判文书，但应当包含当事人基本信息、诉讼请求、答辩意见、主要事实、简要裁判理由、裁判依据和裁判主文，以及诉讼费用负担、告知当事人上诉权利等必要内容。

**第十二条** 由简易程序转为普通程序审理的案件，转为普通程序前已经进行的诉讼行为有效，双方当事人已确认的无争议事实，可以不再进行举证、质证。

由简易程序转为普通程序的案件，不得再转为简易程序审理。

## 四、依法快速审理简单案件

**第十三条** 人民法院经过阅卷、调查或者询问当事人，认为原告起诉不符合法定起诉条件的，可以迳行裁定驳回起诉，但需要开庭审理查明相关事实的除外。

**第十四条** 开庭前准备阶段已核实当事人身份、告知权利义务、进行证据交换的，开庭审理时不再重复进行。

开庭前准备阶段确认的没有争议并记录在卷的证据，经人民法院在法庭调查时予以说明、各方当事人确认后，可以作为认定案件事实的依据。

**第十五条** 复议机关为共同被告的案件，对于复议决定与原行政行为认定一致的事实，对方当事人在庭审中明确表示认可的，人民法院可以简化庭审举证和质证，但有相反证据足以推翻该事实的除外。

**第十六条** 人民法院对具备下列情形之一的上诉案件，经过阅卷、调查或者询问当事人，对没有提出新的事实、证据或者理由的，可以不开庭审理：

（一）不服一审行政裁定的；

（二）当事人认为一审裁判适用法律法规错误的。

在依法保障当事人诉讼权利的情况下，第二审人民法院可以通过诉讼平台、电话、手机短信、即时通讯账号等简便方式询问当事人，并记录在案，但涉及新的事实或者新证据的除外。

**第十七条** 人民法院审查申请再审案件，应当依据行政诉讼法第九十一条规定，结合当事人的再审请求及理由进行审查。需要询问当事人的，可以通过诉讼平台、电话、手机短信、即时通讯账号等简便方式进行。

当事人主张的再审事由明显不成立的，或者不符合申请再审条件的，驳回再审申请裁定可以适当简化，但应当包含当事人基本信息、案件由来、申请人申请再审的请求和理由、简要裁判理由、裁判依据和裁判主文等必要内容。

**第十八条** 依法快速审理的简单行政案件，庭审笔录可以适当简化。相关庭审录音录像应当制作光盘等存储介质，一并入卷归档。

**第十九条** 对事实清楚、权利义务关系明确、争议不大的政府信息公开、不履行法定职责、不予受理或者程序性驳回复议申请以及商标授权确权等行政案件，人民法院可以结合被诉行政行为合法性的审查要素和当事人争议焦点开展庭审活动，并可以制作要素式行政裁判文书。

要素式行政裁判文书可以采取简易方式，按照当事人情况、诉讼请求、基本事实、裁判理由和裁判结果等行政裁判文书的基本要素进行填写。

**第二十条** 不同当事人对同一个或者同一类行政行为分别提起诉讼的，可以集中立案，由同一审判团队实行集中排期、开庭、审理、宣判。

**第二十一条** 人民法院审理简单行政案件过程中，发现案件疑难复杂的，应当及时转为复杂案件进行审理。需要变更合议庭或者审判员的，应当告知当事人。

**第二十二条** 人民法院、当事人及其他诉讼参与人通过信息化诉讼平台在线开展行政诉讼活动，行政诉讼法没有规定的，可以参照适用民事诉讼法及民事诉讼程序繁简分流的相关规定。

## 五、附则

**第二十三条** 本意见自2021年6月1日起施行。

## 最高人民法院
# 关于进一步推进行政争议多元化解工作的意见

2021 年 12 月 22 日　　　　　　　　　　　　法发〔2021〕36 号

为进一步推进人民法院行政争议多元化解工作，充分发挥行政审判职能作用，根据《中华人民共和国行政诉讼法》（以下简称行政诉讼法）及相关司法解释的规定，结合审判工作实际，制定本意见。

## 一、总体要求

1. 始终坚持以习近平新时代中国特色社会主义思想为指导，深入贯彻习近平法治思想，把非诉讼纠纷解决机制挺在前面，从源头上预防、化解行政争议，促进行政争议诉源治理。

2. 始终坚持党的领导，在党委领导、人大监督下，积极争取政府支持，更好发挥人民法院在多元化解中的参与、推动、规范、保障作用，依法调动各类纠纷解决资源，进一步完善衔接顺畅、协调有序的行政争议多元化解机制。

3. 始终坚持以人民为中心，切实保护公民、法人和其他组织的合法权益，助推行政机关依法行政，预防和实质化解行政争议，提高人民生活品质，促进共同富裕。

## 二、注重源头预防

4. 积极助推依法行政制度体系建设。通过府院联席会商、提供咨询意见、加强规范性文件的一并审查等方式，助推提升行政法规、规章和其他规范性文件的系统性、整体性、协同性，从制度源头上预防和减少行政争议发生。

5. 鼓励和支持行政机关建立重大决策风险评估机制。对事关群众切身利益、可能引发影响社会稳定问题的重大改革措施出台、重大政策制定或调整、重大工程项目建设、重大活动举办、重大敏感事件处置等事项，要通过参与论证、提供法律咨询意见等方式，为重大行政决策的科学化、民主化和法治化提供有力司法服务。

6. 建立矛盾纠纷分析研判机制。定期对行政诉讼案件高发领域、矛盾问题突出领域进行排查梳理，充分运用司法建议、行政审判白皮书等形式，及时对行政执法中的普遍性、倾向性、趋势性问题提出预警及治理建议。

7. 助推诉源治理工作更好融入社会治理体系。积极参与党委政府牵头的一站式社会矛盾纠纷调处化解中心建设，健全诉讼服务与公共法律服务等领域的工作对接机制，拓宽与政府及其职能部门的对接途径。充分发挥人民法院的业务指导作用，做好协同疏导化解工作，促进纠纷诉前解决。

8. 完善人民法院内部风险防范机制。在出台重大司法解释和司法政策、办理重大敏感行政案件时，坚持把风险评估作为前置环节，完善风险处置预案，积极预防突发性、群体性事件发生，确保第一时间有效控制事态，努力将矛盾问题消解于萌芽阶段。

9. 统筹结合行政审判与普法宣传。充分运用司法解释公布、裁判文书上网、典型案例发布、巡回审判、庭审公开、法治专题讲座等形式，宣讲行政法律知识，引导广大群众自觉守法、遇事找法、解决问题靠法。

## 三、突出前端化解

10. 人民法院收到起诉材料后，应当主动向起诉人了解案件成因，评估诉讼风险。对下列案件，可以引导起诉人选择适当的非诉讼方式解决：

（一）行政争议未经行政机关处理的，可以引导起诉人申请由作出行政行为的行政机关或者有关部门先行处理；

（二）行政争议未经行政复议机关处理的，可以引导起诉人依法向复议机关申请行政复议；

（三）行政争议的解决需以相关民事纠纷解决为基础的，可以引导起诉人通过人民调解、行政调解、商事调解、行业调解、行政裁决、劳动仲裁、商事仲裁等程序，依法先行解决相关民事纠纷；

（四）行政争议有其他法定非诉讼解决途径的，可以引导起诉人向相关部门提出申请。

11. 对于行政赔偿、补偿以及行政机关行使法律、法规规定有裁量权的案件，在登记立案前，人民法院可以引导起诉人向依法设立的调解组织，申请诉前调解：

（一）起诉人的诉讼请求难以得到支持，但又确实存在亟待解决的实际困难的；

（二）被诉行政行为有可能被判决确认违法保留效力，需要采取补救措施的；

（三）因政策调整、历史遗留问题等原因产生行政争议，由行政机关处理更有利于争议解决的；

（四）行政争议因对法律规范的误解或者当事人之间的感情对立等深层次原因引发，通过裁判方式难以实质化解争议，甚至可能增加当事人之间不必要的感情对立的；

（五）类似行政争议的解决已经有明确的法律规范或者生效裁判指引，裁判结果不存在争议的；

（六）案情重大、复杂，涉案人员较多，或者具有一定敏感性，可能影响社会稳定，仅靠行政裁判难以实质性化解的；

（七）行政争议的解决不仅涉及对已经发生的侵害进行救济，还涉及预防或避免将来可能出现的侵害的；

（八）行政争议涉及专业技术知识或者行业惯例，由相关专业机构调解，更有利于专业性问题纠纷化解的；

（九）其他适宜通过诉前调解方式处理的案件。

12. 对诉前调解或其他非诉讼机制解决争议的案件，根据行政争议实质化解工作的需要，人民法院做好以下指导、协调工作：

（一）指导相关机构和人员充分了解行政争议形成的背景；

（二）指导相关机构和人员正确确定争议当事人、争议行政行为以及争议焦点，促使当事人围绕争议焦点配合调解工作；

（三）指导相关机构和人员在对被诉行政行为合法性进行初步判断的前提下，促进当事人达成一致意见；

（四）引导当事人自动、及时履行调解协议；

（五）其他有助于实质化解纠纷，且不违反人民法院依法、独立、公正行使审判权相关规定的工作。

## 四、加强工作衔接

13. 诉前调解过程中，证据可能灭失或者以后难以取得，当事人申请保全证据的，人民法院应当依法裁定予以证据保全。但该证据与待证事实无关联、对证明待证事实无意义，或者其他无保全必要的，人民法院裁定不予保全。

14. 经诉前调解达成调解协议，当事人可以自调解协议生效之日起三十日内，共同向对调解协议所涉行政争议有管辖权的人民法院申请司法确认。人民法院应当依照行政诉讼法第六十条规定进行审查，调解协议符合法律规定的，出具行政诉前调解书。

15. 经审查认为，调解协议具有下列情形之一的，人民法院应当裁定驳回申请：

（一）不符合行政诉讼法第六十条规定的可以调解的行政案件范围的；

（二）违背当事人自愿原则的；

（三）违反法律、行政法规或者地方性法规强制性规定的；

（四）违背公序良俗的；

（五）损害国家利益、社会公共利益或者他人合法权益的；

（六）内容不明确，无法确认和执行的；

（七）存在其他不应当确认情形的。

人民法院裁定驳回确认申请的，当事人可以就争议事项所涉行政行为依法提起行政诉讼。

16. 诉前调解出现下列情形之一的，应当及时终止调解：

（一）当事人存在虚假调解、恶意拖延，或者其他没有实质解决纠纷意愿的；

（二）当事人坚持通过诉讼途径解决纠纷的；

（三）纠纷的处理涉及法律适用分歧的；

（四）纠纷本身因诉前调解机制引起，或者当事人因其他原因对诉前调解组织及相关调解人员的能力、资格以及公正性产生合理怀疑的；

（五）通过诉前调解机制处理，超过一个月未取得实质进展，或者三个月未解决的；

（六）其他不适合通过调解解决纠纷的。

对于终止调解的案件，诉前调解组织应当出具调解情况报告，写明案件基本情况、当事人的调解意见、未能成功化解的原因、证据交换和质证等情况，一并移交人民法院依法登记立案。

17. 因非诉讼方式解决行政争议耽误的期限，人民法院计算起诉期限时，应当依照行政诉讼法第四十八条规定予以扣除，但存在本意见第19条规定情形的除外。

18. 当事人在诉前调解中认可的无争议事实，诉讼中经各方当事人同意，无需另行举证、质证，但有相反证据足以推翻的除外。

当事人为达成调解协议作出让步、妥协而认可的事实，非经当事人同意，在诉讼中不得作为对其不利的证据。

19. 当事人在诉前调解中存在虚假调解、恶意拖延、恶意保全等不诚信行为，妨碍诉讼活动的，人民法院立案后经查证属实的，可以视情节轻重，依法作出处理。

20. 对进入诉讼程序的案件，坚持以事实为根据，以法律为准绳，进一步加强裁判文书说理，提升说理的准确性、必要性、针对性，努力推出更多精品行政裁判文书，为类似纠纷的解决提供更好示范指引。

## 五、加强组织保障

21. 各级人民法院要高度重视行政争议多元化解工作，推动建立、健全诉源治理和矛盾纠纷多元化解的制度、机制，加强与其他国家机关、社会组织、企事业单位的联系，积极参与、推进创新各种非诉讼纠纷解决机制，不断满足人民群众多元司法需求。

22. 各级人民法院要加强对多元化解行政争议工作的组织领导，充实人员配备，完善工作机制和监督评价体系；要加强对相关机构和人员的管理、培训，协助有关部门建立完善诉讼外解决行政争议的机构认证和人员资质认可、评价体系。

23. 各级人民法院要主动争取地方党委、政府对行政争议多元化解机制改革工作的政策支持和经费保障，通过政府购买、单独列支或列入法院年度财政预算等方式，有效保障改革工作顺利推进。

24. 各级人民法院要及时总结行政争议多元化解机制改革的成功经验，积极争取地方人大、政府出台有关多元化解工作的地方性法规、规章或者规范性文件，将改革实践成果制度化、法律化，促进改革在法治轨道上健康发展。

# 【其他篇】

## 最高人民法院
## 关于北京金融法院案件管辖的规定

法释〔2021〕7号

(2021年3月1日最高人民法院审判委员会第1833次会议通过
2021年3月16日最高人民法院公告公布
自2021年3月16日起施行)

为服务和保障国家金融管理中心建设,进一步明确北京金融法院案件管辖的具体范围,根据《中华人民共和国民事诉讼法》《中华人民共和国行政诉讼法》《全国人民代表大会常务委员会关于设立北京金融法院的决定》等规定,制定本规定。

**第一条** 北京金融法院管辖北京市辖区内应由中级人民法院受理的下列第一审金融民商事案件:

(一)证券、期货交易、营业信托、保险、票据、信用证、独立保函、保理、金融借款合同、银行卡、融资租赁合同、委托理财合同、储蓄存款合同、典当、银行结算合同等金融民商事纠纷;

(二)资产管理业务、资产支持证券业务、私募基金业务、外汇业务、金融产品销售和适当性管理、征信业务、支付业务及经有权机关批准的其他金融业务引发的金融民商事纠纷;

(三)涉金融机构的与公司有关的纠纷;

(四)以金融机构为债务人的破产纠纷;

(五)金融民商事纠纷的仲裁司法审查案件;

(六)申请认可和执行香港特别行政区、澳门特别行政区、台湾地区法院金融民商事纠纷的判决、裁定案件，以及申请承认和执行外国法院金融民商事纠纷的判决、裁定案件。

**第二条** 下列金融纠纷案件，由北京金融法院管辖：

（一）境内投资者以发生在中华人民共和国境外的证券发行、交易活动或者期货交易活动损害其合法权益为由向北京金融法院提起的诉讼；

（二）境内个人或者机构以中华人民共和国境外金融机构销售的金融产品或者提供的金融服务损害其合法权益为由向北京金融法院提起的诉讼。

**第三条** 在全国中小企业股份转让系统向不特定合格投资者公开发行股票并在精选层挂牌的公司的证券发行纠纷、证券承销合同纠纷、证券交易合同纠纷、证券欺诈责任纠纷以及证券推荐保荐和持续督导合同、证券挂牌合同引起的纠纷等第一审民商事案件，由北京金融法院管辖。

**第四条** 以全国中小企业股份转让系统有限责任公司为被告或者第三人的与证券交易场所监管职能相关的第一审金融民商事和涉金融行政案件，由北京金融法院管辖。

**第五条** 以住所地在北京市并依法设立的金融基础设施机构为被告或者第三人的与其履行职责相关的第一审金融民商事案件，由北京金融法院管辖。

**第六条** 北京市辖区内应由中级人民法院受理的对中国人民银行、中国银行保险监督管理委员会、中国证券监督管理委员会、国家外汇管理局等国家金融管理部门以及其他国务院组成部门和法律、法规、规章授权的组织因履行金融监管职责作出的行政行为不服提起诉讼的第一审涉金融行政案件，由北京金融法院管辖。

**第七条** 当事人对北京市基层人民法院作出的涉及本规定第一条第一至三项的第一审金融民商事案件和涉金融行政案件判决、裁定提起的上诉案件和申请再审案件，由北京金融法院审理。

**第八条** 北京市辖区内应由中级人民法院受理的金融民商事案件、涉金融行政案件的再审案件，由北京金融法院审理。

**第九条** 北京金融法院作出的第一审民商事案件和涉金融行政案件生效裁判，以及北京市辖区内应由中级人民法院执行的涉金融民商事纠纷的仲裁裁决，由北京金融法院执行。

北京金融法院执行过程中发生的执行异议案件、执行异议之诉案件，以及北京市基层人民法院涉金融案件执行过程中发生的执行复议案件、执行异议之诉上诉案件，由北京金融法院审理。

**第十条** 中国人民银行、中国银行保险监督管理委员会、中国证券监督管理委员会、国家外汇管理局等国家金融管理部门，以及其他国务院组成部门因履行金融监管职责作为申请人的非诉行政执行案件，由北京金融法院审查和执行。

**第十一条** 当事人对北京金融法院作出的第一审判决、裁定提起的上诉案件，由北京市高级人民法院审理。

**第十二条** 北京市各中级人民法院在北京金融法院成立前已经受理但尚未审结的金融民商事案件和涉金融行政案件，由该中级人民法院继续审理。

**第十三条** 本规定自2021年3月16日起施行。

# 最高人民法院民二庭负责人就《最高人民法院关于北京金融法院案件管辖的规定》答记者问

为服务和保障国家金融管理中心建设，进一步明确北京金融法院案件管辖范围，根据《民事诉讼法》《行政诉讼法》《全国人民代表大会常务委员会关于设立北京金融法院的决定》等规定，2021 年 3 月 1 日，最高人民法院审判委员会第 1833 次会议审议通过了《最高人民法院关于北京金融法院案件管辖的规定》（以下简称《规定》），决定自 2021 年 3 月 16 日起施行。最高人民法院民二庭负责人对《规定》涉及的主要问题进行了解读。

**问：请您介绍一下《规定》的起草背景和过程。**

**答：**习近平总书记深刻指出，金融是国家重要的核心竞争力，金融安全是国家安全的重要组成部分，金融制度是经济社会发展中重要的基础性制度。2017 年，中共中央、国务院印发《关于服务实体经济防控金融风险深化金融改革的若干意见》（中发〔2017〕23 号）提出，要根据需要设立金融公诉和审判机构，健全涉众型金融纠纷案件诉讼机制，完善行政和解调解、仲裁等多元化纠纷解决机制。2020 年 12 月 30 日，中央全面深化改革委员会第十七次会议审议通过了《关于设立北京金融法院的方案》，强调要高起点高标准设立金融法院，结合区域功能定位和特点，对金融案件实行集中管辖，推进金融审判体制机制改革，提高金融审判专业化水平。2021 年 1 月 22 日，第十三届全国人大常委会第二十五次会议作出《关于设立北京金融法院的决定》，明确北京金融法院专门管辖北京金融法院设立之前由北京市的中级人民法院管辖的金融民商事案件和涉金融行政案件，管辖案件的具体范围由最高人民法院确定。

近年来，北京法院在金融审判专业化方面进行了多方位探索，已基本形成相对完整的金融审判组织体系和有效的审判工作机制，积累了丰富的金融审判实践经验，具有较好的审判队伍人才基础。设立北京金融法院是贯彻落实中央重大战略部署的必然要求，对于保障国家金融战略实施，服务金融工作三项重大任务，完善金融审判体系，防范化解系统性金融风险，推动北京经济高质量发展，进一步提升我国金融司法的国际影响力和公信力，具有重要意义。在此背景下，我们于 2021 年 1 月初启动了《规定》的调研起草工作，通过召开座谈会、征求意见等方式，充分吸收了全国人大常委会法工委、中国人民银行、中国银行保险监督管理委员会、中国证券监督管理委员会、国家外汇管理局、司法部等国家部委和法院系统的意见建议，对条文进行了修改完善，并经最高人民法院审委会讨论通过后正式出台。

**问：请简要介绍一下《规定》的主要内容。**

**答：**《规定》围绕北京作为国家金融管理中心的区域功能定位和特点，立足当前金融审判工作实际，服务国家金融战略实施，为北京金融法院准确适用法律提供了制度保障。《规定》共 13 条，对北京金融法院管辖的金融民商事案件、涉金融行政案件和执行案件等三类案件范围进行了明确，对北京各级法院金融案件的审级关系作出了划分。下面予以简要说明：

关于金融民商事案件管辖范围，主要条款是第一条至第五条。第一条明确了北京金融法院管辖的第一审民商事案件类型，包括以下六类：第一类是按照最新《民事案件案由规定》所列举的涉金融民商事纠纷，包括证券、期货交易、营业信托、保险、票据、信用证、独立保函、保理、金融借款合同、银行卡、融资租赁合同、委托理财合同、储蓄存款合同、典当、银行结算合同等；第二类是目前《民事案件案由规定》中没有的新型金融民商事纠纷，包括资产管理业务、资产支持证券业务、私募基金业务、外汇业务、金融产品销售和适当性管理、征信业务、支付业务及经有权机关批准的其他金融业务引发的金融民商事纠纷案件；第三类是涉金融机构的与公司有关的纠纷；第四类是金融机构破产案件；第五类是金融民商事纠纷的仲裁司法审查案件；第六类是申请认可、承认和执行港澳台及外国法院裁判案件。第二条规定在我国境外上市公司损害境内投资者合法权益的证券、期货等相关金融纠纷由北京金融法院管辖，该条是我国《证券法》等金融法律域外适用案件的跨区域集中管辖条款，是《规定》的一大亮点。第三条对在全国中小企业股份转让系统（以下简称“新三板”）精选层挂牌公司所涉有关证券纠纷，实行跨区域集中管辖。第四条、第五条分别规定了全国中小企业股份转让系统有限公司为被告或第三人的相关案件以及住所地在北京市的金融基础设施机构相关金融民商事案件，由北京金融法院管辖。

关于行政案件的管辖范围，主要条款是第六条，规定北京市辖区内应由中级人民法院受理的中国人民银行、中国证券监督管理委员会、中国银行保险监督管理委员会、国家外汇管理局（以下简称“一行两会一局”）等国家金融管理部门以及其他国务院部门和依法被授权的组织因履行金融监管职责引发的第一审涉金融行政纠纷，由北京金融法院管辖。该条突出了北京作为国家金融管理中心的区域功能定位和特点。“一行两会一局”是国家金融管理部门，住所地都在北京市。将这类原由北京市第一中级人民法院管辖的第一审涉金融行政案件集中至北京金融法院管辖，中央层面的金融监管行政争议全部纳入了北京金融法院审理，使得北京金融法院行政审判站到了一个高起点。鉴于部分国务院部门和法律、法规、规章授权的组织也承担了部分金融监管职责，故其因履行相关职责引发的应由中级人民法院管辖的涉金融行政纠纷，也一并纳入。

关于执行案件的管辖范围，主要条款是第九条、第十条。第九条规定北京金融法院执行其作出的第一审民商事案件和涉金融行政案件生效裁判、金融仲裁裁决；审理相关执行异议、执行异议之诉案件，以及北京市基层人民法院相关执行复议、执行异议之诉的上诉案件。第十条规定国家金融管理部门提起的非诉行政执行案件，由北京金融法院提级管辖，该条体现了北京作为国家金融管理中心的区域功能和定位，也是《规定》的亮点之一。

关于北京各级法院金融案件的审级关系，主要条款是第七条、第八条和第十一条。当事人对北京市各基层人民法院第一审金融案件提起上诉、申请再审的案件，以及检察机关对北京市各基层人民法院第一审金融案件提起抗诉的案件，均由北京金融法院审理；当事人对北京金融法院作出的第一审判决、裁定提起上诉的案件，由北京市高级人民法院审理。

**问：我们注意到北京金融法院有权管辖境外公司损害境内投资者合法权益案件，具体包括什么情况？**

**答：**根据《规定》第二条，北京金融法院对在我国境外上市的境内公司及境外公司损害境内投资者合法权益的证券、期货纠纷，以及境外其他金融产品和金融服务的提供者损害境内投资者合法权益的金融纠纷，实行跨区域集中管辖。

该条的法律依据是2019年新修订的证券法第二条第四款，即“在中华人民共和国境外的证券发行和交易活动，扰乱中华人民共和国境内市场秩序，损害境内投资者合法权益的，依照本法有关规定处理并追究法律责任”。期货法（草案）及正在修订的商业银行法（草案）也规定了类似的我国法域外适用条款。随着我国金融市场进一步改革开放，我国金融法律的域外适用会发挥越来越重要的作用。北京金融法院集中管辖以上案件，有利于推动新证券法域外适用效力的落地实施，完善我国金融法治的域外适用司法规则。

**问：我们注意到，《规定》有两个条款与“新三板”有关，能否详细介绍一下？**

**答：**《规定》第三条规定，“新三板”精选层挂牌企业的相关证券纠纷第一审民商事案件，由北京金融法院进行跨区域集中管辖。这突出了北京金融法院的全国性特色，也有利于统一司法裁判尺度，公正高效审理这类案件。《最高人民法院关于为设立科创板并试点注册制改革提供司法保障的若干意见》（法发〔2019〕17号）规定，上海金融法院试点集中管辖科创板上市公司的证券发行纠纷、证券承销合同纠纷、证券上市保荐合同纠纷、证券上市合同纠纷和证券欺诈责任纠纷等第一审民商事案件。该条比照上述规定，将“新三板”精选层企业的相关证券纠纷，由北京金融法院集中管辖，形成了北京金融法院管辖“新三板”、上海金融法院管辖“科创板”的协调对应关系。

《规定》第四条规定，以全国中小企业股份转让系统有限责任公司为被告或者第三人的与证券交易场所监管职能相关的第一审金融民商事和涉金融行政案件，由北京金融法院管辖。《最高人民法院关于对与证券交易所监管职能相关的诉讼案件管辖与受理问题的规定》规定：“指定上海证券交易所和深圳证券交易所所在地的中级人民法院分别管辖以上海证券交易所和深圳证券交易所为被告或第三人的与证券交易所监管职能相关的第一审民事和行政案件。”上海金融法院成立后，此类案件由上海金融法院管辖。因“新三板”所在地在北京，该条比照上述规定，给予“新三板”与上交所、深交所同等的集中管辖待遇。

**问：我们还注意到《规定》第五条中有关于“金融基础设施机构”的表述，请问金融基础设施机构是指哪些机构？**

**答：**关于金融基础设施机构的定义和范围，中国人民银行等部门印发的《统筹监管金融基础设施工作方案》将金融资产登记托管系统、清算结算系统（包括开展集中清算业务的中央对手方）、交易设施、交易报告库、重要支付系统、基础征信系统等六类设施及其运营机构纳入我国金融基础设施统筹监管。目前住所地在北京市的金融基础设施机构有七家，分别是：中国人民银行清算总中心、中央国债登记结算有限责任公司、网联清算有限公司、中国证券登记结算有限责任公司、全国中小企业股份转让系统有限责任公司、中证机构间报价系统股份有限公司、农信银资金清算中心有限责任公司。

金融基础设施机构可能随着市场发展而变化。比如，现有的金融基础设施机构主体可能会出现更名、合并、退出，今后可能出现住所地在北京市的新的金融基础设施机构。实践中，认定金融基础设施机构，应以中国人民银行等主管部门认定为准。基于此，《规定》没有直接列举这些金融基础设施机构名称，而是作出概括性表述，以适应将来的发展变化。

**问：《规定》中还规定了申请再审案件和再审案件，请问具体包括哪些案件类型？**

**答：**我国民事诉讼法和行政诉讼法中，除了规定“两审终审”制度外，还规定了审判监督程序，其目的是充分发挥司法审判职能作用，及时发现和纠正确有错误的案件，切实保障各方当事人的合法权益。同时，考虑到北京金融法院审判程序的完整性，《规定》第七条、第八条分别对申请再审案件和再审案件的管辖范围进行了规定。需要说明的是，关于“涉金融行政案件”的类型，应参照第六条的规定，限定为因相关部门和组织履行金融监管职责所引起的涉金融行政案件。

关于申请再审案件的范围，指的是当事人对北京市基层人民法院作出的第一审金融民商事案件和涉金融行政案件判决、裁定申请再审的案件。根据《规定》第七条，北京金融法院受理的金融民商事申请再审案件范围，是指北京各基层人民法院作出的涉及《规定》第一条第一项至第三项的民商事案件生效裁判，具体包括：(1) 证券、期货交易、营业信托、保险、票据、信用证、独立保函、保理、金融借款合同、银行卡、融资租赁合同、委托理财合同、储蓄存款合同、典当、银行结算合同等金融民商事纠纷；（2）资产管理业务、资产支持证券业务、私募基金业务、外汇业务、金融产品销售和适当性管理、征信业务、支付业务及经有权机关批准的其他金融业务引发的金融民商事纠纷；（3）涉金融机构的与公司有关的纠纷。

关于再审案件的范围，依照我国民事诉讼法和行政诉讼法的相关规定，包括：（1）北京金融法院对其本院已生效判决、裁定、调解书，发现确有错误，认为需要再审的案件；（2）上级人民法院指令北京金融法院对已生效判决、裁定、调解书进行再审的案件；（3）北京金融法院对北京市基层人民法院已生效判决、裁定、调解书进行提审的案件；（4）检察机关抗诉案件。

**问：《规定》将执行案件明确纳入北京金融法院案件管辖范围，主要包括哪些案件？**

**答：**将执行案件明确纳入北京金融法院案件管辖范围，主要是考虑到如果金融法院管辖范围中没有规定执行案件，将会使金融法院的案件执行工作处于无法可依的状态，而且会引发诸多问题。因此，对北京金融法院执行案件的范围进行规定，既符合我国民事诉讼法和行政诉讼法的相关规定，也有利于北京金融法院案件执行工作的有序开展，充分保障各方当事人的合法权益。

《规定》第九条规定北京金融法院作为中级人民法院，执行本院作出的第一审民商事案件和涉金融行政案件的生效裁判，以及北京市辖区内应由中级人民法院执行的涉金融民商事纠纷的仲裁裁决。同时，北京金融法院执行过程中发生的执行异议案件、执行异议之诉案件，以及北京市基层人民法院涉金融案件执行过程中发生的执行复议案件、执行异议之诉上诉案件，由北京金融法院执行。该条的主要法律依据是民事诉讼法第二百二十五条、第二百二十七条①及相关司法解释，使北京金融法院的执行体系更加完整和全面。

第十条是《规定》的另一亮点。该条规定“一行两会一局”等国家金融管理部门，以及其他国务院组成部门因履行金融监管职责作为申请人的非诉行政执行案件，由北京金融法院审查和执行。根据《最高人民法院关于适用〈中华人民共和国行政诉讼法〉的解释》第一百五十七条的规定，

① 现为第二百三十二条、第二百三十四条。——编者注

行政机关申请人民法院强制执行其行政行为的，由申请人所在地的基层人民法院受理。第十条规定将原由北京市西城区人民法院管辖的金融管理部门的非诉行政执行案件提级至由北京金融法院管辖，实现了对金融管理部门诉讼行为和非诉执行行为审查的全部集中。“一行两会一局”等金融管理部门，以及其他国务院组成部门因履行金融监管职责作出的诸如罚款等行政处罚，如果被处罚人没有及时履行，就需要进入人民法院非诉执行程序。因此，第十条规定明确由北京金融法院负责对上述行政处罚的执行，充分体现了北京金融法院服务保障国家金融管理中心建设的功能定位。

# 最高人民法院
# 关于修改《关于上海金融法院案件管辖的规定》的决定

法释〔2021〕9号

(2021年3月1日最高人民法院审判委员会第1833次会议通过
2021年4月21日最高人民法院公告公布
自2021年4月22日起施行)

根据审判实践需要,经最高人民法院审判委员会第1833次会议决定,对《关于上海金融法院案件管辖的规定》作如下修改:

一、将第一条修改为:

“上海金融法院管辖上海市辖区内应由中级人民法院受理的下列第一审金融民商事案件:

(一)证券、期货交易、营业信托、保险、票据、信用证、独立保函、保理、金融借款合同、银行卡、融资租赁合同、委托理财合同、储蓄存款合同、典当、银行结算合同等金融民商事纠纷;

(二)资产管理业务、资产支持证券业务、私募基金业务、外汇业务、金融产品销售和适当性管理、征信业务、支付业务及经有权机关批准的其他金融业务引发的金融民商事纠纷;

(三)涉金融机构的与公司有关的纠纷;

(四)以金融机构为债务人的破产纠纷;

(五)金融民商事纠纷的仲裁司法审查案件;

(六)申请认可和执行香港特别行政区、澳门特别行政区、台湾地区法院金融民商事纠纷的判决、裁定案件,以及申请承认和执行外国法院金融民商事纠纷的判决、裁定案件。”

二、将第二条修改为第六条：

“上海市辖区内应由中级人民法院受理的对金融监管机构以及法律、法规、规章授权的组织因履行金融监管职责作出的行政行为不服提起诉讼的第一审涉金融行政案件，由上海金融法院管辖。”

三、增加一条作为第二条：

“下列金融纠纷案件，由上海金融法院管辖：

（一）境内投资者以发生在中华人民共和国境外的证券发行、交易活动或者期货交易活动损害其合法权益为由向上海金融法院提起的诉讼；

（二）境内个人或者机构以中华人民共和国境外金融机构销售的金融产品或者提供的金融服务损害其合法权益为由向上海金融法院提起的诉讼。”

四、将第三条修改为第五条：

“以住所地在上海市并依法设立的金融基础设施机构为被告或者第三人的与其履行职责相关的第一审金融民商事案件，由上海金融法院管辖。”

五、增加一条作为第三条：

“在上海证券交易所科创板上市公司的证券发行纠纷、证券承销合同纠纷、证券上市保荐合同纠纷、证券上市合同纠纷和证券欺诈责任纠纷等第一审民商事案件，由上海金融法院管辖。”

六、增加一条作为第四条：

“以上海证券交易所为被告或者第三人的与证券交易所监管职能相关的第一审金融民商事和涉金融行政案件，由上海金融法院管辖。”

七、将第四条修改为第七条：

“当事人对上海市基层人民法院作出的涉及本规定第一条第一至三项的第一审金融民商事案件和涉金融行政案件判决、裁定提起的上诉案件和申请再审案件，由上海金融法院审理。”

八、增加一条作为第八条：

“上海市辖区内应由中级人民法院受理的金融民商事案件、涉金融行政案件的再审案件，由上海金融法院审理。”

九、增加一条作为第九条：

“上海金融法院作出的第一审民商事案件和涉金融行政案件生效裁判，

以及上海市辖区内应由中级人民法院执行的涉金融民商事纠纷的仲裁裁决，由上海金融法院执行。

上海金融法院执行过程中发生的执行异议案件、执行异议之诉案件，以及上海市基层人民法院涉金融案件执行过程中发生的执行复议案件、执行异议之诉上诉案件，由上海金融法院审理。”

十、将第五条修改为第十条。

十一、将第六条修改为第十一条。

十二、将第七条修改为第十二条。

本决定自2021年4月22日起施行。

根据本决定，《最高人民法院关于上海金融法院案件管辖的规定》作相应修改后，重新公布。

## 最高人民法院
## 关于上海金融法院案件管辖的规定

（2018年7月31日由最高人民法院审判委员会第1746次会议通过
根据2021年3月1日最高人民法院审判委员会第1833次会议通过的
《关于修改〈关于上海金融法院案件管辖的规定〉的决定》修正）

为服务和保障上海国际金融中心建设，进一步明确上海金融法院案件管辖的具体范围，根据《中华人民共和国民事诉讼法》《中华人民共和国行政诉讼法》《全国人民代表大会常务委员会关于设立上海金融法院的决定》等规定，制定本规定。

**第一条** 上海金融法院管辖上海市辖区内应由中级人民法院受理的下列第一审金融民商事案件：

（一）证券、期货交易、营业信托、保险、票据、信用证、独立保函、保理、金融借款合同、银行卡、融资租赁合同、委托理财合同、储蓄存款合同、典当、银行结算合同等金融民商事纠纷；

（二）资产管理业务、资产支持证券业务、私募基金业务、外汇业务、金融产品销售和适当性管理、征信业务、支付业务及经有权机关批准的其他金融业务引发的金融民商事纠纷；

（三）涉金融机构的与公司有关的纠纷；

（四）以金融机构为债务人的破产纠纷；

（五）金融民商事纠纷的仲裁司法审查案件；

（六）申请认可和执行香港特别行政区、澳门特别行政区、台湾地区法院金融民商事纠纷的判决、裁定案件，以及申请承认和执行外国法院金融民商事纠纷的判决、裁定案件。

**第二条** 下列金融纠纷案件，由上海金融法院管辖：

（一）境内投资者以发生在中华人民共和国境外的证券发行、交易活动或者期货交易活动损害其合法权益为由向上海金融法院提起的诉讼；

（二）境内个人或者机构以中华人民共和国境外金融机构销售的金融产品或者提供的金融服务损害其合法权益为由向上海金融法院提起的诉讼。

**第三条** 在上海证券交易所科创板上市公司的证券发行纠纷、证券承销合同纠纷、证券上市保荐合同纠纷、证券上市合同纠纷和证券欺诈责任纠纷等第一审民商事案件，由上海金融法院管辖。

**第四条** 以上海证券交易所为被告或者第三人的与证券交易所监管职能相关的第一审金融民商事和涉金融行政案件，由上海金融法院管辖。

**第五条** 以住所地在上海市并依法设立的金融基础设施机构为被告或者第三人的与其履行职责相关的第一审金融民商事案件，由上海金融法院管辖。

**第六条** 上海市辖区内应由中级人民法院受理的对金融监管机构以及法律、法规、规章授权的组织因履行金融监管职责作出的行政行为不服提起诉讼的第一审涉金融行政案件，由上海金融法院管辖。

**第七条** 当事人对上海市基层人民法院作出的涉及本规定第一条第一至三项的第一审金融民商事案件和涉金融行政案件判决、裁定提起的上诉案件和申请再审案件，由上海金融法院审理。

**第八条** 上海市辖区内应由中级人民法院受理的金融民商事案件、涉金融行政案件的再审案件，由上海金融法院审理。

**第九条** 上海金融法院作出的第一审民商事案件和涉金融行政案件生效裁判，以及上海市辖区内应由中级人民法院执行的涉金融民商事纠纷的仲裁裁决，由上海金融法院执行。

上海金融法院执行过程中发生的执行异议案件、执行异议之诉案件，以及上海市基层人民法院涉金融案件执行过程中发生的执行复议案件、执行异议之诉上诉案件，由上海金融法院审理。

**第十条** 当事人对上海金融法院作出的第一审判决、裁定提起的上诉案件，由上海市高级人民法院审理。

**第十一条** 上海市各中级人民法院在上海金融法院成立前已经受理但尚未审结的金融民商事案件和涉金融行政案件，由该中级人民法院继续审理。

**第十二条** 本规定自 2018 年 8 月 10 日起施行。

# 人民法院在线诉讼规则

法释〔2021〕12号

（2021年5月18日最高人民法院审判委员会第1838次会议通过
2021年6月16日最高人民法院公告公布
自2021年8月1日起施行）

为推进和规范在线诉讼活动，完善在线诉讼规则，依法保障当事人及其他诉讼参与人等诉讼主体的合法权利，确保公正高效审理案件，根据《中华人民共和国刑事诉讼法》《中华人民共和国民事诉讼法》《中华人民共和国行政诉讼法》等相关法律规定，结合人民法院工作实际，制定本规则。

**第一条** 人民法院、当事人及其他诉讼参与人等可以依托电子诉讼平台（以下简称“诉讼平台”），通过互联网或者专用网络在线完成立案、调解、证据交换、询问、庭审、送达等全部或者部分诉讼环节。

在线诉讼活动与线下诉讼活动具有同等法律效力。

**第二条** 人民法院开展在线诉讼应当遵循以下原则：

（一）公正高效原则。严格依法开展在线诉讼活动，完善审判流程，健全工作机制，加强技术保障，提高司法效率，保障司法公正。

（二）合法自愿原则。尊重和保障当事人及其他诉讼参与人对诉讼方式的选择权，未经当事人及其他诉讼参与人同意，人民法院不得强制或者变相强制适用在线诉讼。

（三）权利保障原则。充分保障当事人各项诉讼权利，强化提示、说明、告知义务，不得随意减少诉讼环节和减损当事人诉讼权益。

（四）便民利民原则。优化在线诉讼服务，完善诉讼平台功能，加强信息技术应用，降低当事人诉讼成本，提升纠纷解决效率。统筹兼顾不同群体司法需求，对未成年人、老年人、残障人士等特殊群体加强诉讼引导，提供相应司法便利。

（五）安全可靠原则。依法维护国家安全，保护国家秘密、商业秘密、个人隐私和个人信息，有效保障在线诉讼数据信息安全。规范技术应用，确保技术中立和平台中立。

**第三条** 人民法院综合考虑案件情况、当事人意愿和技术条件等因素，可以对以下案件适用在线诉讼：

（一）民事、行政诉讼案件；

（二）刑事速裁程序案件，减刑、假释案件，以及因其他特殊原因不宜线下审理的刑事案件；

（三）民事特别程序、督促程序、破产程序和非诉执行审查案件；

（四）民事、行政执行案件和刑事附带民事诉讼执行案件；

（五）其他适宜采取在线方式审理的案件。

**第四条** 人民法院开展在线诉讼，应当征得当事人同意，并告知适用在线诉讼的具体环节、主要形式、权利义务、法律后果和操作方法等。

人民法院应当根据当事人对在线诉讼的相应意思表示，作出以下处理：

（一）当事人主动选择适用在线诉讼的，人民法院可以不再另行征得其同意，相应诉讼环节可以直接在线进行；

（二）各方当事人均同意适用在线诉讼的，相应诉讼环节可以在线进行；

（三）部分当事人同意适用在线诉讼，部分当事人不同意的，相应诉讼环节可以采取同意方当事人线上、不同意方当事人线下的方式进行；

（四）当事人仅主动选择或者同意对部分诉讼环节适用在线诉讼的，人民法院不得推定其对其他诉讼环节均同意适用在线诉讼。

对人民检察院参与的案件适用在线诉讼的，应当征得人民检察院同意。

**第五条** 在诉讼过程中，如存在当事人欠缺在线诉讼能力、不具备在线诉讼条件或者相应诉讼环节不宜在线办理等情形之一的，人民法院应当将相应诉讼环节转为线下进行。

当事人已同意对相应诉讼环节适用在线诉讼，但诉讼过程中又反悔的，应当在开展相应诉讼活动前的合理期限内提出。经审查，人民法院认为不存在故意拖延诉讼等不当情形的，相应诉讼环节可以转为线下进行。

在调解、证据交换、询问、听证、庭审等诉讼环节中，一方当事人要求其他当事人及诉讼参与人在线下参与诉讼的，应当提出具体理由。经审查，人民法院认为案件存在案情疑难复杂、需证人现场作证、有必要线下举证质证、陈述辩论等情形之一的，相应诉讼环节可以转为线下进行。

**第六条** 当事人已同意适用在线诉讼，但无正当理由不参与在线诉讼活动或者不作出相应诉讼行为，也未在合理期限内申请提出转为线下进行的，应当依照法律和司法解释的相关规定承担相应法律后果。

**第七条** 参与在线诉讼的诉讼主体应当先行在诉讼平台完成实名注册。人民法院应当通过证件证照在线比对、身份认证平台认证等方式，核实诉讼主体的实名手机号码、居民身份证件号码、护照号码、统一社会信用代码等信息，确认诉讼主体身份真实性。诉讼主体在线完成身份认证后，取得登录诉讼平台的专用账号。

参与在线诉讼的诉讼主体应当妥善保管诉讼平台专用账号和密码。除有证据证明存在账号被盗用或者系统错误的情形外，使用专用账号登录诉讼平台所作出的行为，视为被认证人本人行为。

人民法院在线开展调解、证据交换、庭审等诉讼活动，应当再次验证诉讼主体的身份；确有必要的，应当在线下进一步核实身份。

**第八条** 人民法院、特邀调解组织、特邀调解员可以通过诉讼平台、人民法院调解平台等开展在线调解活动。在线调解应当按照法律和司法解释相关规定进行，依法保护国家秘密、商业秘密、个人隐私和其他不宜公开的信息。

**第九条** 当事人采取在线方式提交起诉材料的，人民法院应当在收到材料后的法定期限内，在线作出以下处理：

（一）符合起诉条件的，登记立案并送达案件受理通知书、交纳诉讼费用通知书、举证通知书等诉讼文书；

（二）提交材料不符合要求的，及时通知其补正，并一次性告知补正内容和期限，案件受理时间自收到补正材料后次日重新起算；

（三）不符合起诉条件或者起诉材料经补正仍不符合要求，原告坚持起诉的，依法裁定不予受理或者不予立案；

当事人已在线提交符合要求的起诉状等材料的，人民法院不得要求当事人再提供纸质件。

上诉、申请再审、特别程序、执行等案件的在线受理规则，参照本条第一款、第二款规定办理。

**第十条** 案件适用在线诉讼的，人民法院应当通知被告、被上诉人或者其他诉讼参与人，询问其是否同意以在线方式参与诉讼。被通知人同意采用在线方式的，应当在收到通知的三日内通过诉讼平台验证身份、关联案件，并在后续诉讼活动中通过诉讼平台了解案件信息、接收和提交诉讼材料，以及实施其他诉讼行为。

被通知人未明确表示同意采用在线方式，且未在人民法院指定期限内注册登录诉讼平台的，针对被通知人的相关诉讼活动在线下进行。

**第十一条** 当事人可以在诉讼平台直接填写录入起诉状、答辩状、反诉状、代理意见等诉讼文书材料。

当事人可以通过扫描、翻拍、转录等方式，将线下的诉讼文书材料或者证据材料作电子化处理后上传至诉讼平台。诉讼材料为电子数据，且诉讼平台与存储该电子数据的平台已实现对接的，当事人可以将电子数据直接提交至诉讼平台。

当事人提交电子化材料确有困难的，人民法院可以辅助当事人将线下材料作电子化处理后导入诉讼平台。

**第十二条** 当事人提交的电子化材料，经人民法院审核通过后，可以直接在诉讼中使用。诉讼中存在下列情形之一的，人民法院应当要求当事人提供原件、原物：

（一）对方当事人认为电子化材料与原件、原物不一致，并提出合理理由和依据的；

（二）电子化材料呈现不完整、内容不清晰、格式不规范的；

（三）人民法院卷宗、档案管理相关规定要求提供原件、原物的；

（四）人民法院认为有必要提交原件、原物的。

**第十三条** 当事人提交的电子化材料，符合下列情形之一的，人民法院可以认定符合原件、原物形式要求：

（一）对方当事人对电子化材料与原件、原物的一致性未提出异议的；

（二）电子化材料形成过程已经过公证机构公证的；

（三）电子化材料已在之前诉讼中提交并经人民法院确认的；

（四）电子化材料已通过在线或者线下方式与原件、原物比对一致的；

（五）有其他证据证明电子化材料与原件、原物一致的。

**第十四条** 人民法院根据当事人选择和案件情况，可以组织当事人开展在线证据交换，通过同步或者非同步方式在线举证、质证。

各方当事人选择同步在线交换证据的，应当在人民法院指定的时间登录诉讼平台，通过在线视频或者其他方式，对已经导入诉讼平台的证据材料或者线下送达的证据材料副本，集中发表质证意见。

各方当事人选择非同步在线交换证据的，应当在人民法院确定的合理期限内，分别登录诉讼平台，查看已经导入诉讼平台的证据材料，并发表质证意见。

各方当事人均同意在线证据交换，但对具体方式无法达成一致意见的，适用同步在线证据交换。

**第十五条** 当事人作为证据提交的电子化材料和电子数据，人民法院应当按照法律和司法解释的相关规定，经当事人举证质证后，依法认定其真实性、合法性和关联性。未经人民法院查证属实的证据，不得作为认定案件事实的根据。

**第十六条** 当事人作为证据提交的电子数据系通过区块链技术存储，并经技术核验一致的，人民法院可以认定该电子数据上链后未经篡改，但有相反证据足以推翻的除外。

**第十七条** 当事人对区块链技术存储的电子数据上链后的真实性提出异议，并有合理理由的，人民法院应当结合下列因素作出判断：

（一）存证平台是否符合国家有关部门关于提供区块链存证服务的相关规定；

（二）当事人与存证平台是否存在利害关系，并利用技术手段不当干预取证、存证过程；

（三）存证平台的信息系统是否符合清洁性、安全性、可靠性、可用性的国家标准或者行业标准；

（四）存证技术和过程是否符合相关国家标准或者行业标准中关于系统环境、技术安全、加密方式、数据传输、信息验证等方面的要求。

**第十八条** 当事人提出电子数据上链存储前已不具备真实性，并提供证据证明或者说明理由的，人民法院应当予以审查。

人民法院根据案件情况，可以要求提交区块链技术存储电子数据的一方当事人，提供证据证明上链存储前数据的真实性，并结合上链存储前数据的具体来源、生成机制、存储过程、公证机构公证、第三方见证、关联印证数据等情况作出综合判断。当事人不能提供证据证明或者作出合理说明，该电子数据也无法与其他证据相互印证的，人民法院不予确认其真实性。

**第十九条** 当事人可以申请具有专门知识的人就区块链技术存储电子数据相关技术问题提出意见。人民法院可以根据当事人申请或者依职权，委托鉴定区块链技术存储电子数据的真实性，或者调取其他相关证据进行核对。

**第二十条** 经各方当事人同意，人民法院可以指定当事人在一定期限内，分别登录诉讼平台，以非同步的方式开展调解、证据交换、调查询问、庭审等诉讼活动。

适用小额诉讼程序或者民事、行政简易程序审理的案件，同时符合下列情形的，人民法院和当事人可以在指定期限内，按照庭审程序环节分别录制参与庭审视频并上传至诉讼平台，非同步完成庭审活动：

（一）各方当事人同时在线参与庭审确有困难；

（二）一方当事人提出书面申请，各方当事人均表示同意；

（三）案件经过在线证据交换或者调查询问，各方当事人对案件主要事实和证据不存在争议。

**第二十一条** 人民法院开庭审理的案件，应当根据当事人意愿、案件情况、社会影响、技术条件等因素，决定是否采取视频方式在线庭审，但具有下列情形之一的，不得适用在线庭审：

（一）各方当事人均明确表示不同意，或者一方当事人表示不同意且有正当理由的；

（二）各方当事人均不具备参与在线庭审的技术条件和能力的；

（三）需要通过庭审现场查明身份、核对原件、查验实物的；

（四）案件疑难复杂、证据繁多，适用在线庭审不利于查明事实和适用法律的；

（五）案件涉及国家安全、国家秘密的；

（六）案件具有重大社会影响，受到广泛关注的；

（七）人民法院认为存在其他不宜适用在线庭审情形的。

采取在线庭审方式审理的案件，审理过程中发现存在上述情形之一的，人民法院应当及时转为线下庭审。已完成的在线庭审活动具有法律效力。

在线询问的适用范围和条件参照在线庭审的相关规则。

**第二十二条** 适用在线庭审的案件，应当按照法律和司法解释的相关规定开展庭前准备、法庭调查、法庭辩论等庭审活动，保障当事人申请回避、举证、质证、陈述、辩论等诉讼权利。

**第二十三条** 需要公告送达的案件，人民法院可以在公告中明确线上或者线下参与庭审的具体方式，告知当事人选择在线庭审的权利。被公告方当事人未在开庭前向人民法院表示同意在线庭审的，被公告方当事人适用线下庭审。其他同意适用在线庭审的当事人，可以在线参与庭审。

**第二十四条** 在线开展庭审活动，人民法院应当设置环境要素齐全的在线法庭。在线法庭应当保持国徽在显著位置，审判人员及席位名称等在视频画面合理区域。因存在特殊情形，确需在在线法庭之外的其他场所组织在线庭审的，应当报请本院院长同意。

出庭人员参加在线庭审，应当选择安静、无干扰、光线适宜、网络信号良好、相对封闭的场所，不得在可能影响庭审音频视频效果或者有损庭审严肃性的场所参加庭审。必要时，人民法院可以要求出庭人员到指定场所参加在线庭审。

**第二十五条** 出庭人员参加在线庭审应当尊重司法礼仪，遵守法庭纪律。人民法院根据在线庭审的特点，适用《中华人民共和国人民法院法庭规则》相关规定。

除确属网络故障、设备损坏、电力中断或者不可抗力等原因外，当事人无正当理由不参加在线庭审，视为“拒不到庭”；在庭审中擅自退出，经提示、警告后仍不改正的，视为“中途退庭”，分别按照相关法律和司法解释的规定处理。

**第二十六条** 证人通过在线方式出庭的，人民法院应当通过指定在线出庭场所、设置在线作证室等方式，保证其不旁听案件审理和不受他人干扰。当事人对证人在线出庭提出异议且有合理理由的，或者人民法院认为确有必要的，应当要求证人线下出庭作证。

鉴定人、勘验人、具有专门知识的人在线出庭的，参照前款规定执行。

**第二十七条** 适用在线庭审的案件，应当按照法律和司法解释的相关规定公开庭审活动。

对涉及国家安全、国家秘密、个人隐私的案件，庭审过程不得在互联网上公开。对涉及未成年人、商业秘密、离婚等民事案件，当事人申请不公开审理的，在线庭审过程可以不在互联网上公开。

未经人民法院同意，任何人不得违法违规录制、截取、传播涉及在线庭审过程的音频视频、图文资料。

**第二十八条** 在线诉讼参与人故意违反本规则第八条、第二十四条、第二十五条、第二十六条、第二十七条的规定，实施妨害在线诉讼秩序行为的，人民法院可以根据法律和司法解释关于妨害诉讼的相关规定作出处理。

**第二十九条** 经受送达人同意，人民法院可以通过送达平台，向受送达人的电子邮箱、即时通讯账号、诉讼平台专用账号等电子地址，按照法律和司法解释的相关规定送达诉讼文书和证据材料。

具备下列情形之一的，人民法院可以确定受送达人同意电子送达：

（一）受送达人明确表示同意的；

（二）受送达人在诉讼前对适用电子送达已作出约定或者承诺的；

（三）受送达人在提交的起诉状、上诉状、申请书、答辩状中主动提供用于接收送达的电子地址的；

（四）受送达人通过回复收悉、参加诉讼等方式接受已经完成的电子送达，并且未明确表示不同意电子送达的。

**第三十条** 人民法院可以通过电话确认、诉讼平台在线确认、线下发送电子送达确认书等方式，确认受送达人是否同意电子送达，以及受送达人接收电子送达的具体方式和地址，并告知电子送达的适用范围、效力、送达地址变更方式以及其他需告知的送达事项。

**第三十一条** 人民法院向受送达人主动提供或者确认的电子地址送达的，送达信息到达电子地址所在系统时，即为送达。

受送达人未提供或者未确认有效电子送达地址，人民法院向能够确认为受送达人本人的电子地址送达的，根据下列情形确定送达是否生效：

（一）受送达人回复已收悉，或者根据送达内容已作出相应诉讼行为的，即为完成有效送达；

（二）受送达人的电子地址所在系统反馈受送达人已阅知，或者有其他证据可以证明受送达人已经收悉的，推定完成有效送达，但受送达人能够证明存在系统错误、送达地址非本人使用或者非本人阅知等未收悉送达内容的情形除外。

人民法院开展电子送达，应当在系统中全程留痕，并制作电子送达凭证。电子送达凭证具有送达回证效力。

对同一内容的送达材料采取多种电子方式发送受送达人的，以最先完成的有效送达时间作为送达生效时间。

**第三十二条** 人民法院适用电子送达，可以同步通过短信、即时通讯工具、诉讼平台提示等方式，通知受送达人查阅、接收、下载相关送达材料。

**第三十三条** 适用在线诉讼的案件，各方诉讼主体可以通过在线确认、电子签章等方式，确认和签收调解协议、笔录、电子送达凭证及其他诉讼材料。

**第三十四条** 适用在线诉讼的案件，人民法院应当在调解、证据交换、庭审、合议等诉讼环节同步形成电子笔录。电子笔录以在线方式核对确认后，与书面笔录具有同等法律效力。

**第三十五条** 适用在线诉讼的案件，人民法院应当利用技术手段随案同步生成电子卷宗，形成电子档案。电子档案的立卷、归档、存储、利用等，按照档案管理相关法律法规的规定执行。

案件无纸质材料或者纸质材料已经全部转化为电子材料的，第一审人民法院可以采用电子卷宗代替纸质卷宗进行上诉移送。

适用在线诉讼的案件存在纸质卷宗材料的，应当按照档案管理相关法律法规立卷、归档和保存。

**第三十六条** 执行裁决案件的在线立案、电子材料提交、执行和解、询问当事人、电子送达等环节，适用本规则的相关规定办理。

人民法院可以通过财产查控系统、网络询价评估平台、网络拍卖平台、信用惩戒系统等，在线完成财产查明、查封、扣押、冻结、划扣、变价和惩戒等执行实施环节。

**第三十七条** 符合本规定第三条第二项规定的刑事案件，经公诉人、当事人、辩护人同意，可以根据案件情况，采取在线方式讯问被告人、开庭审理、宣判等。

案件采取在线方式审理的，按照以下情形分别处理：

（一）被告人、罪犯被羁押的，可以在看守所、监狱等羁押场所在线出庭；

（二）被告人、罪犯未被羁押的，因特殊原因确实无法到庭的，可以在人民法院指定的场所在线出庭；

（三）证人、鉴定人一般应当在线下出庭，但法律和司法解释另有规定的除外。

**第三十八条** 参与在线诉讼的相关主体应当遵守数据安全和个人信息保护的相关法律法规，履行数据安全和个人信息保护义务。除人民法院依法公开的以外，任何人不得违法违规披露、传播和使用在线诉讼数据信息。出现上述情形的，人民法院可以根据具体情况，依照法律和司法解释关于数据安全、个人信息保护以及妨害诉讼的规定追究相关单位和人员法律责任，构成犯罪的，依法追究刑事责任。

**第三十九条** 本规则自 2021 年 8 月 1 日起施行。最高人民法院之前发布的司法解释涉及在线诉讼的规定与本规则不一致的，以本规则为准。

# 《人民法院在线诉讼规则》的理解与适用

刘　峥　何　帆　李承运*

2021年5月18日，《人民法院在线诉讼规则》（以下简称《规则》）经最高人民法院审判委员会第1838次会议审议通过，并于2021年8月1日施行。《规则》共39条，明确了在线诉讼的法律效力、基本原则、适用条件，内容涵盖在线立案、调解、证据交换、庭审、宣判、送达等诉讼环节，首次从司法解释层面构建形成系统完备、指向清晰、务实管用的在线诉讼规则体系。

《规则》的正式印发，是人民法院深入学习贯彻习近平法治思想的重要成果，对于进一步规范在线诉讼，保障当事人诉讼权利，便利人民群众诉讼，提升审判质量效率，推动形成"中国特色、世界领先"互联网新司法模式，具有重大而深远的意义。现就《规则》起草背景、主要思路和司法实践中应当注意的重点问题说明如下。

## 一、《规则》的起草背景和主要思路

"探索构建适应互联网时代需求的新型管辖规则、诉讼规则，推动审判方式、诉讼制度与互联网技术深度融合"是《人民法院第五个五年改革纲要（2019—2023）》确定的重点改革任务。近年来，人民法院主动适应互联网时代发展要求，回应人民群众公正、高效、便捷、多元解纷的司法需求，稳妥有序地推进完善案件在线审理机制。杭州、北京、广州三家互联网法院利用先发优势，探索构建全流程在线审理机制，推动大数据、区块链、人工智能等新技术在审判执行领域深度运用。各地法院依托"中国

* 作者单位：最高人民法院。

移动微法院”诉讼平台，逐步推广适用在线诉讼，实现审判模式转型升级。尤其在新冠肺炎疫情防控期间，在线诉讼大显身手，实现了“审判执行不停摆，公平正义不止步”，为统筹推进疫情防控和经济社会发展作出了积极贡献。

自2018年以来，最高人民法院先后制定印发《关于互联网法院审理案件若干问题的规定》（以下简称《互联网法院司法解释》）、《民事诉讼程序繁简分流改革试点实施办法》（以下简称《试点实施办法》）和《关于新冠肺炎疫情防控期间加强和规范在线诉讼工作的通知》，指导相关法院开展在线诉讼实践。但总体上看，上述文件主要针对特定法院、特定时期和特定诉讼环节，还未形成适用于全国法院、覆盖诉讼全流程、效力层级较高的在线诉讼规则。

各地法院尽管积累大量经验，但也存在在线诉讼效力不确定、规则不明确、标准不清晰、程序不统一、操作不规范等问题。因此，最高人民法院在深入开展调研论证，全面总结互联网司法实践成果基础上，研究制定了《规则》，作为全国法院开展在线诉讼的主要依据。

《规则》主要有以下起草思路。

一是坚持人民性，充分回应互联网时代人民群众司法需求。随着移动互联网技术日益普及，人民群众普遍期待司法诉讼更加数字化、网络化、便捷化，推动提升审判效率、降低诉讼成本，同时，也担心诉讼权益在参与在线诉讼过程中受到减损。《规则》针对上述情况，既充分发挥在线诉讼灵活、简便、全天候、易操作等优势，又坚持以当事人同意为基本前提，尊重和保障当事人诉讼模式选择权和程序利益处分权，实现提升司法效能和保障人民群众合法诉讼权益相统一。

二是注重规范性，科学构建人民法院在线办案程序。《规则》聚焦突破制度性障碍，旨在明确在线诉讼法律效力、填补规则空白、统一行为标准、细化程序规范。同时，考虑到互联网技术发展迅速，一些诉讼领域仍有探索创新余地，《规则》也注重保持制度弹性，表述上适当“留白”，不追求面面俱到，对于一些新技术应用领域的问题，可由各地法院结合审判实际、技术发展情况持续探索、细化完善。

三是彰显时代性，积极适应技术与司法融合应用发展要求。《规则》积极推动和有效规范新技术与诉讼程序的融合发展。针对区块链存证、非同步审理机制、在线法庭设置、电子送达、电子卷宗等前沿问题，依法确认法律效力、明确审核规则、划定适用边界，并就维护数据信息安全，确保技术中立和平台中立提出要求。

## 二、关于在线诉讼的内涵和效力

《规则》第一条明确了在线诉讼的内涵和效力。在效力方面，在线诉讼活动与线下诉讼活动具有同等法律效力。在在线诉讼内涵方面，应当注意把握好以下三个问题。

一是关于在线诉讼的表现形式。在线诉讼包括从立案到执行的各个诉讼环节，但不要求所有流程均必须在线办理。实践中，司法案件各有其特点，有的适宜在线解决，有的适合线下审理，必须遵循规律、实事求是。无论是“全部诉讼环节在线”，还是“部分诉讼环节在线”，或者“部分当事人线上，部分当事人线下”，都属于在线诉讼的表现形式。

二是关于在线诉讼的网络载体。在线诉讼可以通过互联网或专用网络两种方式进行。对于民事、行政等案件，在线诉讼活动主要在互联网上完成，人民法院应当在确保数据和系统安全的前提下，实现内外网系统数据互通。对于刑事案件，在线诉讼一般通过专用网络进行，以满足刑事案件审理的技术保障要求。

三是关于在线诉讼的开展方式。在线诉讼活动主要依托电子诉讼平台开展。考虑到目前全国法院信息化建设规模、进程尚不均衡，《规则》中的“诉讼平台”还是一个泛指概念，既包括最高人民法院统一指导建设的电子诉讼平台，也包括各地法院结合工作需要自行建设的平台，是各类服务于在线诉讼工作平台的集合。未来，随着智慧法院建设不断深入，电子诉讼平台也将逐步向规范化、系统化、一体化发展。

## 三、关于在线诉讼的基本原则

《规则》第二条确立了在线诉讼“公正高效”“合法自愿”“权利保障”“便民利民”“安全可靠”五个基本原则，作为开展在线诉讼总体要求。“公正高效”是在线诉讼的根本特征，目的是利用信息技术，提升审判质量效率，更快更好地实现公平正义；“合法自愿”是在线诉讼的适用前提，当事人有权自主选择线上或者线下诉讼模式，但不得不当干预和影响其他诉讼主体的选择权；“权利保障”是在线诉讼的核心要求，人民法院应当帮助当事人更加充分、便捷、及时地行使各项诉讼权利，不能为求简便而减损当事人权利；“便民利民”是在线诉讼的价值取向，基本出发点是为当事人提供诉讼便利，降低诉讼成本，统筹兼顾不同群体的诉讼能力和司法需求，提供差异化、精准化的在线诉讼服务；“安全可靠”是在线诉讼的基础保障，各类信息技术的运用必须符合司法规律和技术伦理，保障数据信息安全，避免因技术不当使用或平台利益关联，影响司法公正性和公信力。

## 四、关于在线诉讼的适用范围

《规则》第三条明确在线诉讼的适用案件范围，根据该条规定，各类民事、行政、非诉和执行程序案件，只要符合适用条件，均可采取在线方式办理。但是，考虑到刑事案件涉及侦查、检察、审判机关的协调衔接，在证据规格、权利保障、数据安全方面也有特殊要求，在线诉讼应当依法审慎稳妥推进，主要适用于案情简单、程序简便或者因疫情防控等特殊原因不宜线下审理的刑事案件。因此，《规则》第三条第二项将这类案件的范围限定为“刑事速裁程序案件，减刑、假释案件，以及因特殊原因不宜线下审理的刑事案件”，并在第三十七条作出专门规定。

《规则》第三条第五项是在线诉讼适用案件范围的兜底条款，即“其他适宜采取在线方式审理的案件”。司法实践中，对于哪些属于“适宜采取在线方式审理”案件，人民法院可以结合当事人意愿、案件性质、复杂程度、证据情况等因素作出综合判断。例如，部分国家赔偿案件，如果不存在重大敏感因素，当事人自身又有在线诉讼需求的，也可以在线办理。

## 五、关于在线诉讼的适用条件

《规则》第三条、第四条、第五条、第六条对在线诉讼的适用条件以及线上线下两种审理方式的转换作出规定。适用在线诉讼需要满足三个条件。

### （一）当事人同意适用在线诉讼

按照《规则》确定的合法自愿原则，在线诉讼是为当事人参与诉讼的方式提供更多选择，并不具有强制性，所以应当以当事人主动选择或者同意为前提。实践中需注意以下四个方面。

一是关于“当事人同意”的方式。《规则》对当事人同意的方式未作具体限制，实践中至少可以包括：主动作出在线诉讼行为、口头同意、在诉讼平台确认同意、线下书面同意等。只要是当事人的真实意思表示，并可以留痕追溯，均是作出同意的有效方式。

二是关于“当事人同意”的效力范围。当事人关于是否同意在线诉讼的意思表示，原则上仅对自身产生效力。一方当事人不同意在线诉讼，不影响其他方当事人选择在线诉讼的权利，案件可以采取“半在线”方式审理。考虑到司法实践的复杂性，《规则》对调解、证据交换、询问、听证、庭审等诉讼环节作出特殊安排，明确一方当事人有权在上述诉讼环节中，要求其他方当事人线下参审，但应当提出合理理由。经人民法院审查，其理由成立的，可以将相应诉讼环节转为线下进行，便于人民法院查明事实、适用法律。

三是关于“当事人同意”后又反悔的处理。《规则》明确当事人同意适用在线诉讼后可以作出反悔，但需满足三个条件：第一，反悔应当在开展相应诉讼活动前的合理期限内提出。考虑到不同诉讼环节的准备时间存在差异，《规则》未对“合理期限”作出“一刀切”式的规定，可由各地法院具体细化或者审判组织根据案件情况确定。第二，反悔需通过申请方式提出，并经人民法院审查同意。第三，反悔不得基于恶意诉讼目的，如果能够认定当事人反悔是为了故意拖延诉讼或者增加对方当事人诉讼成本的，人民法院可以不予批准。

四是关于“当事人同意”的法律后果。《规则》第六条明确，当事人同意适用在线诉讼后，如果既不申请转为线下审理，又其他无正当理由，无故不作出相应诉讼行为或不参与在线诉讼活动的，人民法院应参照线下诉讼对应情形作出处理，以确保在线诉讼的严肃性和规范性。例如，当事人无正当理由逾期在线举证的，人民法院应当根据民事诉讼法第六十五条，《最高人民法院关于适用〈中华人民共和国民事诉讼法〉的解释》（以下简称《民事诉讼法司法解释》）第一百零二条，确定是否采纳该证据，并可予以训诫、罚款；当事人无正当理由不按时参加在线庭审或者擅自退出，视为“拒不到庭”或者“中途退庭”，人民法院可以视为撤诉或者缺席审理。

### （二）案件适宜在线审理

案件是否适用在线诉讼，人民法院需要结合案件性质、特点、证据类型、社会关注度等各方面因素，综合作出判断。需要注意的是，实践中需区分考虑是所有诉讼环节均不适用在线方式，还是部分诉讼环节不宜在线开展。例如，对于涉及国家安全、国家秘密、重大涉外、涉港澳台案件，一般应当全案线下审理；而对当事人人数众多、案件疑难复杂、证据繁多、审理耗时长的案件，庭审环节一般应当在线下开展，而此类案件的立案、调解、送达等环节可以在线完成。线上线下有序融合衔接，才应当是在线诉讼的主流和常态。

### （三）具备相应技术能力和条件

开展在线诉讼需以人民法院具备技术条件和当事人具备技术应用能力为前提。各级法院应当坚持实事求是，结合自身技术条件，稳妥有序推进在线诉讼，并不要求“一步到位”、追求“应上尽上”，更不能“强上硬上”。实践中，人民法院应当结合实际情况，对当事人的在线诉讼能力作出判断，综合考虑当事人年龄、职业、身体状况、知识背景、所处地域、上网条件、通讯设备、操作能力等因素，准确判断当事人是否具备参与在线诉讼的能力与条件，合理确定案件审理方式。

## 六、关于在线诉讼的主要程序规则

### （一）身份认证规则

《规则》第七条明确了在线诉讼身份认证规则。相比线下诉讼，在线诉讼数字化、网络化的特点，更容易引发人们对诉讼主体身份真实性问题的关注，因此必须强化在线身份认证程序，实践中应注意以下三个方面。

一是在认证方式上。应当主要通过证件证照在线比对、身份认证平台认证等方式验证身份。实践中，部分法院通过对接公安部门人口信息系统，采取人脸识别方式验证身份。采取这一验证方式的，应当严格遵守国家关于人脸识别的法律法规要求，充分履行告知义务，并征得当事人明确同意。

二是在认证环节上。身份认证是在线诉讼的前提，应当在开展诉讼活动前即有效完成。身份认证时，可以同步告知在线诉讼权利义务和法律后果，征求当事人对是否同意在线诉讼及具体适用环节的意见。针对调解、证据交换、庭审等需多方参与的重要诉讼环节，应当再次认证身份，确保诉讼主体身份准确无误，诉讼行为合法有效。

三是在认证效力上。身份认证具有固定诉讼主体和诉讼行为效力的作用。初次身份认证的效力，及于之后各个诉讼环节，被认证人也因此负有妥善保管诉讼平台账户密码的义务。但是，如果能够证明存在诉讼平台系统错误或者诉讼平台账号被盗用的，“视为被认证人行为”的效力可被推翻，以充分保障当事人诉讼权利。

### （二）电子材料提交规则

电子材料是开展在线诉讼的基础要素。《规则》第十一条明确了电子材料的主要类型和提交方式。从内容上看，电子材料分为诉讼文书材料和证据材料。从表现形式上看，电子材料分为三种类型：一是诉讼主体直接在电子诉讼平台中录入的电子文本，即在线填写起诉状、答辩状、代理意见、案件要素信息等。二是线下实体材料经过扫描、翻拍、转录等方式进行数字化处理后形成的材料，也被称为电子化材料。形成方式是对线下已经形成书面起诉状、答辩状、代理意见、书证等材料作电子化处理后，直接上传至诉讼平台。三是材料本身即是以电子数据形式存在的，如电子合同、网络购物表单、网络支付凭证等。如果存有上述电子数据的数据平台已对接人民法院诉讼平台，可以直接将电子数据导入诉讼平台。当事人是提交电子材料的主要义务人。如果提交电子化材料确有困难的，人民法院可以通过卷宗扫描等方式，帮助当事人将线下材料转化为电子化材料。同时，人民法院应当通过完善系统设置、细化操作指引、畅通数据传输等方式，尽可能为当事人提交电子材料提供司法便利。



### （三）电子化材料的效力与审核规则

线下诉讼模式下，诉讼材料和证据材料一般要求提交原件原物，特定情形下可以提交复印件，而在线诉讼如果要求一律提交原件原物，则既不利于案件在线审理，还将加重当事人诉讼负担。因此，《规则》第十二条、第十三条明确了电子化材料“视同原件”效力及审核规则，实践中需要注意三个方面。

一是关于电子化材料“视同原件”的效力内涵。《规则》第十二条主要解决电子化材料的形式真实性问题，其效力范围仅限于当事人不必再另行提供纸质原件，并不意味着电子化材料必然具备证据能力和证明力，对证据内容的真实性、合法性、关联性问题，还需作专门判断。

二是关于电子化材料“视同原件”的限制。电子化材料“视同原件”的效力既不是当然的，也不是绝对的。首先，电子化材料需以人民法院审核通过为前提，未经法院审核不得在诉讼中直接使用。其次，电子化材料“视同原件”效力具有相应限制条件。如果存在形式真实性存疑、内容格式不够规范清晰、不符合档案管理规定等情形的，仍应当提供原件。

三是关于电子化材料的审核规则。电子化材料本身具有易篡改的特点，为确保其形式真实性，人民法院需审核电子化材料与原件原物的一致性。考虑到电子化材料审核技术性较强，审核更多需要借助外部力量和其他程序完成，具体包括：对方当事人认可、公证机构公证、先行诉讼活动确认、在线或线下比对等。需要说明的是，上述方式只是帮助审判组织审核电子化材料的指引性规则，如果审判组织认为即便采取上述举措，也不足以确保材料形式真实性的，应当要求当事人提供线下实体材料。

### (四) 区块链存证的效力及审查规则

在线诉讼模式下，证据的存在形态、表现形式、呈现方式等与线下诉讼模式有较大不同。《规则》第十四条至第十九条对在线诉讼证据问题作出集中规定：一方面，明确了在线证据交换方式，确立了同步和非同步两种在线证据交换的效力和程序要求；另一方面，明确了在线证据的审查认定规则。《规则》第十三条明确了在线诉讼证据审查的总体要求和法律依据。考虑到目前我国诉讼法律和相关司法解释已对电子证据审查认定作出了较为系统完备的规定，《规则》对一般性电子证据审查规则不再作重复性列举。

《规则》第十六条至第十九条对区块链存证的司法认定问题作出专门规定。近年来，公证机构、第三方存证平台等大力推广区块链技术存证，涉区块链纠纷日益增多。同时，由于效力和审核规则不明，区块链存证领域存在过度夸大区块链证据效力、误导当事人存证，以及混淆法院内部区块链技术应用与区块链存证的界限，利用法院背书等乱象，亟待予以规范。因此，《规则》进一步规范了区块链技术的司法应用，促进区块链存证行业有序发展，有效解决取证难、认证难问题。关于该问题，有四个方面需要注意。

一是关于区块链存证的性质。目前，我国诉讼法上尚无“区块链证据”这一证据类型，所以《规则》未采用这一表述，而是从技术特征角度将之描述为“通过区块链技术存储的电子数据”，其在性质上属于电子数据。需要指出的是，区块链基于自身技术特点，一般情况下并不存储电子数据内容本身，所存储的是经过加密运算所得的哈希值，并经由对哈希值的核验，判断电子数据本身是否被篡改。

二是关于区块链存证的效力。区块链技术基于自身链式数据结构、分布式存储和加密机制等技术特点，能够很大程度上保障数据上链后难以篡改，为人民法院认定证据真实性提供技术支撑。因此，《规则》第十六条明确：“当事人作为证据提交的电子数据系通过区块链技术存储，并经技术核验一致的，人民法院可以认定该电子数据上链后未经篡改，但有相反证据足以推翻的除外。”该规定实际上确立了区块链存储数据的真实性推定效力，但由于区块链技术并不能确保上链存储前的数据必然是客观真实的，因此该推定规则的效力范围仅限于“上链后未经篡改”，并非直接确认区块链存储数据的完整真实性。

三是关于区块链存证的真实性审核规则。虽然区块链技术本身具有防篡改的优势和特点，但这种技术保障并非绝对的，区块链技术的底层架构、共识机制、节点数量和分布，以及存证主体的合法性、存证所依赖的软硬件系统乃至存证技术规范等因素，均可能影响上链后数据的真实性。

基于《规则》第十六条的推定规则，数据上链存储后的真实性是可推翻的，如果对方当事人提出异议，并提供证据证明或者说明理由的，人民法院应当审查数据上链后的真实性。审查内容包括存证平台的主体的合法性和妥当性、存证硬件系统的安全清洁性和可靠可用性、存证技术和过程的规范性和有效性等方面。

考虑到上述审查内容技术性较强，审判组织主要通过分配证明责任，经当事人举证质证、陈述辩论、听取专家辅助人意见、进行专业鉴定等环节和方式，综合各方意见作出判断。

四是关于上链前数据的真实性审查。区块链技术并不能保证上链存储前数据的客观真实性，若当事人提出异议，人民法院应当审查。第一，关于真实性审查的启动条件。考虑到区块链存证本身即是证据保全的一种方式，提交证据一方已完成举证和说明义务，因此，启动上链前数据真实性审查，不仅需要一方当事人提出异议，还应当要求其提供证据证明或说明理由。人民法院也可以根据案件情况主动进行真实性审查。第二，关于数据真实性审查的内容和方式。结合电子数据真实性审查的一般规定以及区块链技术存储的特点，审判组织应当着重审查数据的具体来源、生成机制和存储过程，是否有公证机构公证、第三方见证等程序保障，以及能否有关联数据或证据与之印证。第三，关于证明责任分配。当事人对上链前数据真实性提出异议，并提供证据或者说理由的，人民法院应当将证明责任分配给提供区块链存储数据的一方当事人，由数据持有方提供证据证明或说明证据的真实性，不能有效证明或者作出合理说明的，由其承担不利法律后果。

### (五) 非同步审理机制

《规则》第二十条规定，“经各方当事人同意，人民法院可以指定当事人在一定期限内，分别登录诉讼平台，以非同步的方式开展调解、证据交换、调查询问、庭审等诉讼活动”，首次确认了“非同步审理”机制效力，明确了“非同步审理”机制的适用环节、条件、方式和限制条件。实践中需要注意以下三个问题。

一是关于“非同步审理”的含义。“非同步审理”是将原来需要各方诉讼主体在同一时空共同完成的诉讼活动，由各方诉讼主体依托诉讼平台，在一定时间范围内分别完成，并统一汇集至诉讼平台，利用信息技术可记录留痕、可查询追溯的特点，打破时空限制，提供诉讼便利。“非同步审理”不等于“书面审理”，在线提交书面材料或录入相关信息只是其中一种方式，根据相关诉讼环节的需要，也可以采取音频、视频等方式完成“非同步审理”。

二是关于非同步审理的条件。“非同步审理”虽然具有低成本、便捷性方面的优势，但是在审理的效率性、互动性上有所欠缺，实践中应当以同步审理为主，非同步审理为辅，一般适用于当事人不便集中参与诉讼活动，或者人民法院司法资源紧张的情况。由于非同步审理方式涉及各方当事人程序利益，应当以各方当事人均同意为前提。同时，人民法院具有采取“非同步审理”方式的决定权，应当根据当事人需求、案件情况、审理进程等因素综合确定。

三是关于非同步庭审的适用。“非同步庭审”是在特定情形下的一种特殊庭审形式，需要严格把握适用条件、范围和方式。在适用条件上，需以同步庭审确有困难，当事人主动申请且各方当事人均同意，案件的主要事实和证据不存在争议为前提条件。在适用范围上，限于小额诉讼程序或者民事、行政简易程序案件。适用方式上，需通过录制视频方式，按照庭审程序环节进行，不得采取书面方式审理。

## （六）在线庭审规则

在线庭审是在线诉讼的核心环节。《规则》第二十一条至第二十七条对在线庭审的适用情形、庭审活动、庭审纪律、庭审公开、证人出庭等问题作出了全面系统的规定。实践中，需重点把握以下四个方面。

一是关于在线庭审适用情形。《规则》调整了《民事诉讼法司法解释》关于在线庭审仅限于简易程序案件的规定，原则上其可适用于各类适宜线上审理的民事、行政案件以及刑事速裁程序案件。《规则》在积极拓展在线庭审适用范围的同时，也严格规范适用的情形，明确了不适用在线庭审的七种情形，主要包括：当事人主观上不愿意、客观条件不具备、案件本身不适宜三种类型。在线庭审适用应当以便利当事人诉讼、便于案件审理为原则，实践中需坚持“当用则用”，并非“能用尽用”，庭审方式应当服务于案件审理的质量和效果。

二是关于在线庭审方式和程序。《规则》所指的在线庭审，既包括各方诉讼主体均在线参与庭审，也包括部分当事人在线，部分当事人在线下的庭审形式。在线庭审必须在诉讼平台上进行，采取视频方式开庭，而不得采取电话、书面等方式。在线庭审的程序应当依照法律和司法解释确定的诉讼环节和程序进行，总体上与线下庭审程序相一致，并应当充分保障当事人各项诉讼权利，不得因庭审方式的不同而减损当事人诉讼权利。

三是关于在线庭审纪律。在线庭审应确保庭审活动的庄重严肃性。一方面，在线庭审应当遵守《人民法院法庭规则》的相关规定，线下庭审中的纪律性要求、禁止性规定和行为规范，对在线庭审同样适用；另一方面，《规则》结合在线庭审的特点，对庭审纪律作出特殊规定。对于非因技术等客观原因，当事人不参加庭审或者擅自退出的，可视为“拒不到庭”或者“中途退庭”，并按相关情形处理。需要注意的是，考虑到在线庭审易受到技术因素影响，当出现不按时到庭、脱离庭审画面、庭审音频及视频静止等情形时，不宜直接认定违反庭审纪律，人民法院有必要先作出提示、警告，要求其说明理由。

四是关于证人在线出庭。我国诉讼法律及相关司法解释均规定，证人作证应当出庭，特定情形下证人可以采取视听传输技术方式作证。在线诉讼模式下，证人在线出庭也属于出庭作证的一种形式，关键是要解决证人不得旁听案件和不受他人诉讼指挥的问题。因此，《规则》第二十六条规定，“证人通过在线方式出庭的，人民法院应当通过指定在线出庭场所、设置在线作证室等方式，保证其不旁听案件审理和不受他人干扰”。在目前技术条件下，尽管不能完全赋予证人自由选择在线出庭场所的权利，但可以通过指定相对便利的在线出庭场所，解决在线出庭时证人中立性问题。例如，实践中部分法院与街道、社区合作建设专门的在线庭审工作室、证人作证室等，未来还可以探索证人就近选择人民法院数字法庭在线出庭作证。

### （七）电子送达规则

《规则》第二十九条至第三十二条明确了电子送达的总体机制、适用条件、适用范围和生效标准等。实践中需把握好以下四个方面。

一是关于电子送达的适用条件。《规则》坚持以“当事人同意”作为电子送达的前提，同时对“同意”的方式予以拓展，建立了电子送达“默示同意”规则，将同意扩展至事前的约定、事中的行为和事后的认可，在充分保障当事人诉讼权利基础上，鼓励和引导当事人选择电子送达，稳妥有序扩大电子送达的适用。

二是关于电子送达适用文书范围。电子送达的文书范围应该严格遵守现行法律规定，除经全国人大常委会授权开展民事诉讼程序繁简分流改革试点的法院外，其他法院尚不能电子送达判决书、裁定书、调解书。目前，最高人民法院正根据试点情况，积极推进民事诉讼法修改工作。各地法院需根据修法情况，在有明确法律依据之后，才能电子送达裁判文书。

三是关于电子送达的主要方式和平台载体。为确保电子送达规范性和便捷性相统一，《规则》明确了电子送达发出端应当是人民法院统一的送达平台，确保送达过程可查询、可验证、可追溯，形成有效的电子送达凭证。电子送达的到达端可以是多样化的电子地址，包括受送达人的电子邮件、即时通讯账号、诉讼平台的专用账号等。

实践中要注意避免分散和多头送达，同一内容材料原则上只应采取一种送达方式，以便确定送达生效时间，便于当事人行使后续诉讼权利。《规则》同时明确了人民法院电子送达的附随职责，适用电子送达后应尽量通过短信、电话、即时通讯工具等方式作出提示和通知，以充分保障当事人知情权，提升电子送达有效率。

四是关于电子送达的生效标准。《规则》明确了两种送达生效标准和情形：对于当事人主动提供或确认的电子地址，采取“到达主义”；对于人民法院向主动获取的受送达人电子地址进行送达的，采取“收悉主义”。关于“收悉主义”的适用应注意两个方面。首先，应把握“收悉主义”的两个适用条件：（1）需满足当事人已同意适用电子送达，只是未提供有效电子送达地址或者提供的地址有错误；（2）应当向能够确认为受送达人本人的电子地址送达，如经过实名认证的、曾经完成过有效送达的、近期内活跃使用的电子地址等。人民法院对此应有一个查明和判断过程，而非向任意一个可获取的电子地址送达。其次，应把握“收悉主义”的送达生效时间。既然采取“收悉”主义，就不宜再将“到达特定系统”作为送达生效时间，而应当以“确认收悉”的时间点作为标准。具体包括：回复收悉时间、作出相应诉讼行为时间、系统反馈已阅知时间。上述时间点均存在时，应当以最先发生的时间作为送达生效时间，这种判断标准既符合受送达人接收信息的客观状况，也有利于及时确定送达效力，开展后续审判工作。

## 七、关于妨害在线诉讼的处罚

《规则》第二十八条集中规定了违反在线诉讼程序要求，实施妨害在线诉讼行为的处罚规则。在主观方面，行为人应当存在故意，即在知道或者应当知道相关禁止性要求，或者在人民法院提示、警告后仍不改正的。在客观方面，行为人主要是违反了《规则》关于在线调解、在线庭审环境、在线庭审纪律、证人在线出庭、在线庭审公开的相关禁止性要求，存在披露传播调解过程和内容、扰乱庭审秩序、证人旁听案件庭审、违法违规录制传播庭审过程等行为。在处罚依据上，上述行为均应视为妨害诉讼的行为，按照诉讼法律和司法解释的相关规定，根据情节轻重，处以训诫、责令退出法庭、罚款、拘留等处罚，构成犯罪的，依法追究刑事责任。

## 八、关于刑事案件在线审理

《规则》充分考虑到刑事案件的特殊性，针对刑事案件在线诉讼的适用条件、适用环节、庭审要求等方面作出专门规定。在适用条件上，人民法院对符合《规则》第三条第二项规定的刑事案件，在征得公诉人、当事人、辩护人同意的基础上，可以采取在线方式审理。刑事案件与民事、行政案件存在一定差异，除当事人外，作为控方的公诉人和具有独立诉讼权利的辩护人均是重要的诉讼主体，享有相应的程序利益，因此适用在线诉讼应当征得其同意。在适用环节上，刑事案件在线审理主要适用于讯问被告人、开庭审理、宣判环节。《规则》关于立案、证据交换、证据认定、送达、签名等诉讼活动的规定，原则上均不适用于刑事案件。在庭审要求上，《规则》区分被告人、罪犯是否在押的不同情形，分别明确在线出庭的具体场所和方式。刑事案件的诉讼主体原则上不得在非指定场所以外的地点在线出庭，以确保刑事案件在线审理的规范性、严肃性和可操作性。

## 九、关于在线数据信息保护

在线诉讼需高度重视和防范数据信息安全风险。因此，《规则》对在线诉讼数据信息保护作出专门规定，总体上确立了人民法院对在线诉讼数据信息的权利主体地位，明确了各方主体对在线诉讼数据信息的保护义务和责任追究的法律依据，切实加大对数据安全和个人信息保护力度，保障在线诉讼安全、规范、有序运行。

## 十、关于《规则》的效力范围

《规则》印发前，最高人民法院部分司法解释、司法指导性文件已有关于在线庭审、电子化材料提交、电子送达等方面的规定。《规则》结合审判工作实际，优化完善了上述规定。因此，之前印发的司法解释、司法指导性文件中的在线诉讼规定与《规则》不一致的，应当以《规则》为准。

需要明确的是，案件适用在线诉讼的，可依据《规则》调整适用《民事诉讼法司法解释》及《最高人民法院关于民事诉讼证据的若干规定》(以下简称《民事证据规定》)的部分规定，具体包括：《民事诉讼法司法解释》第一百一十一条第一款、第一百三十六条、第一百三十九条，《民事证据规定》第十一条、第六十一条。《规则》与《互联网法院司法解释》之间不存在替代关系，《互联网法院司法解释》继续有效，但《规则》对《互联网法院司法解释》相关规定作了进一步细化调整的，互联网法院应当适用《规则》的规定。

# 最高人民法院
# 关于内地与香港特别行政区相互执行仲裁裁决的补充安排

法释〔2020〕13号

（2020年11月9日由最高人民法院审判委员会第1815次会议通过，并于2020年11月26日公告：本司法解释第一条、第四条自2020年11月27日起施行，第二条、第三条在香港特别行政区完成有关程序后，由最高人民法院公布施行日期*）

依据《最高人民法院关于内地与香港特别行政区相互执行仲裁裁决的安排》（以下简称《安排》）第十一条的规定，最高人民法院与香港特别行政区政府经协商，作出如下补充安排：

一、《安排》所指执行内地或者香港特别行政区仲裁裁决的程序，应解释为包括认可和执行内地或者香港特别行政区仲裁裁决的程序。

二、将《安排》序言及第一条修改为："根据《中华人民共和国香港特别行政区基本法》第九十五条的规定，经最高人民法院与香港特别行政区（以下简称香港特区）政府协商，现就仲裁裁决的相互执行问题作出如下安排：

"一、内地人民法院执行按香港特区《仲裁条例》作出的仲裁裁决，香港特区法院执行按《中华人民共和国仲裁法》作出的仲裁裁决，适用本安排。"

---

* 2021年5月18日最高人民法院公告公布：现香港特别行政区已完成有关程序，本司法解释第二条、第三条自2021年5月19日起施行。

**三**、将《安排》第二条第三款修改为:“被申请人在内地和香港特区均有住所地或者可供执行财产的,申请人可以分别向两地法院申请执行。应对方法院要求,两地法院应当相互提供本方执行仲裁裁决的情况。两地法院执行财产的总额,不得超过裁决确定的数额。”

**四**、在《安排》第六条中增加一款作为第二款:“有关法院在受理执行仲裁裁决申请之前或者之后,可以依申请并按照执行地法律规定采取保全或者强制措施。”

**五**、本补充安排第一条、第四条自2020年11月27日起施行,第二条、第三条在香港特别行政区完成有关程序后,由最高人民法院公布施行日期。

## 最高人民法院
# 关于修改《最高人民法院关于仲裁司法审查案件报核问题的有关规定》的决定

法释〔2021〕21号

（2021年11月15日最高人民法院审判委员会第1850次会议通过
2021年12月24日最高人民法院公告公布
自2022年1月1日起施行）

根据审判实践需要，经最高人民法院审判委员会第1850次会议决定，对《最高人民法院关于仲裁司法审查案件报核问题的有关规定》作如下修改：

一、将第三条修改为："本规定第二条第二款规定的非涉外涉港澳台仲裁司法审查案件，高级人民法院经审查，拟同意中级人民法院或者专门人民法院以违背社会公共利益为由不予执行或者撤销我国内地仲裁机构的仲裁裁决的，应当向最高人民法院报核，待最高人民法院审核后，方可依最高人民法院的审核意见作出裁定。"

二、增加一条作为第四条："依据本规定第二条第二款由高级人民法院审核的案件，高级人民法院应当在作出审核意见之日起十五日内向最高人民法院报备。"

三、原第四条作为第五条。

四、原第五条作为第六条。

五、原第六条作为第七条。

六、原第七条作为第八条。

七、原第八条作为第九条。

本决定自2022年1月1日起施行。

根据本决定，《最高人民法院关于仲裁司法审查案件报核问题的有关规定》作相应修改后，重新公布。

## 最高人民法院
# 关于仲裁司法审查案件报核问题的有关规定

(2017年11月20日最高人民法院审判委员会第1727次会议通过 根据2021年11月15日最高人民法院审判委员会第1850次会议通过的《最高人民法院关于修改〈最高人民法院关于仲裁司法审查案件报核问题的有关规定〉的决定》修正)

为正确审理仲裁司法审查案件，统一裁判尺度，依法保护当事人合法权益，保障仲裁发展，根据《中华人民共和国民事诉讼法》《中华人民共和国仲裁法》等法律规定，结合审判实践，制定本规定。

**第一条** 本规定所称仲裁司法审查案件，包括下列案件：

（一）申请确认仲裁协议效力案件；

（二）申请撤销我国内地仲裁机构的仲裁裁决案件；

（三）申请执行我国内地仲裁机构的仲裁裁决案件；

（四）申请认可和执行香港特别行政区、澳门特别行政区、台湾地区仲裁裁决案件；

（五）申请承认和执行外国仲裁裁决案件；

（六）其他仲裁司法审查案件。

**第二条** 各中级人民法院或者专门人民法院办理涉外涉港澳台仲裁司法审查案件，经审查拟认定仲裁协议无效，不予执行或者撤销我国内地仲裁机构的仲裁裁决，不予认可和执行香港特别行政区、澳门特别行政区、台湾地区仲裁裁决，不予承认和执行外国仲裁裁决，应当向本辖区所属高级人民法院报核；高级人民法院经审查拟同意的，应当向最高人民法院报核。待最高人民法院审核后，方可依最高人民法院的审核意见作出裁定。

各中级人民法院或者专门人民法院办理非涉外涉港澳台仲裁司法审查案件，经审查拟认定仲裁协议无效，不予执行或者撤销我国内地仲裁机构的仲裁裁决，应当向本辖区所属高级人民法院报核；待高级人民法院审核后，方可依高级人民法院的审核意见作出裁定。

**第三条** 本规定第二条第二款规定的非涉外涉港澳台仲裁司法审查案件，高级人民法院经审查，拟同意中级人民法院或者专门人民法院以违背社会公共利益为由不予执行或者撤销我国内地仲裁机构的仲裁裁决的，应当向最高人民法院报核，待最高人民法院审核后，方可依最高人民法院的审核意见作出裁定。

**第四条** 依据本规定第二条第二款由高级人民法院审核的案件，高级人民法院应当在作出审核意见之日起十五日内向最高人民法院报备。

**第五条** 下级人民法院报请上级人民法院审核的案件，应当将书面报告和案件卷宗材料一并上报。书面报告应当写明审查意见及具体理由。

**第六条** 上级人民法院收到下级人民法院的报核申请后，认为案件相关事实不清的，可以询问当事人或者退回下级人民法院补充查明事实后再报。

**第七条** 上级人民法院应当以复函的形式将审核意见答复下级人民法院。

**第八条** 在民事诉讼案件中，对于人民法院因涉及仲裁协议效力而作出的不予受理、驳回起诉、管辖权异议的裁定，当事人不服提起上诉，第二审人民法院经审查拟认定仲裁协议不成立、无效、失效、内容不明确无法执行的，须按照本规定第二条的规定逐级报核，待上级人民法院审核后，方可依上级人民法院的审核意见作出裁定。

**第九条** 本规定自2018年1月1日起施行，本院以前发布的司法解释与本规定不一致的，以本规定为准。

# 人民法院在线调解规则

法释〔2021〕23号

(2021年12月27日最高人民法院审判委员会第1859次会议通过
2021年12月30日最高人民法院公告公布
自2022年1月1日起施行)

为方便当事人及时解决纠纷，规范依托人民法院调解平台开展的在线调解活动，提高多元化解纠纷效能，根据《中华人民共和国民事诉讼法》《中华人民共和国行政诉讼法》《中华人民共和国刑事诉讼法》等法律的规定，结合人民法院工作实际，制定本规则。

**第一条** 在立案前或者诉讼过程中依托人民法院调解平台开展在线调解的，适用本规则。

**第二条** 在线调解包括人民法院、当事人、调解组织或者调解员通过人民法院调解平台开展的在线申请、委派委托、音视频调解、制作调解协议、申请司法确认调解协议、制作调解书等全部或者部分调解活动。

**第三条** 民事、行政、执行、刑事自诉以及被告人、罪犯未被羁押的刑事附带民事诉讼等法律规定可以调解或者和解的纠纷，可以开展在线调解。

行政、刑事自诉和刑事附带民事诉讼案件的在线调解，法律和司法解释另有规定的，从其规定。

**第四条** 人民法院采用在线调解方式应当征得当事人同意，并综合考虑案件具体情况、技术条件等因素。

**第五条** 人民法院审判人员、专职或者兼职调解员、特邀调解组织和特邀调解员以及人民法院邀请的其他单位或者个人，可以开展在线调解。

在线调解组织和调解员的基本情况、纠纷受理范围、擅长领域、是否收费、作出邀请的人民法院等信息应当在人民法院调解平台进行公布，方便当事人选择。

**第六条** 人民法院可以邀请符合条件的外国人入驻人民法院调解平台，参与调解当事人一方或者双方为外国人、无国籍人、外国企业或者组织的民商事纠纷。

符合条件的港澳地区居民可以入驻人民法院调解平台，参与调解当事人一方或者双方为香港特别行政区、澳门特别行政区居民、法人或者非法人组织以及大陆港资澳资企业的民商事纠纷。

符合条件的台湾地区居民可以入驻人民法院调解平台，参与调解当事人一方或者双方为台湾地区居民、法人或者非法人组织以及大陆台资企业的民商事纠纷。

**第七条** 人民法院立案人员、审判人员在立案前或者诉讼过程中，认为纠纷适宜在线调解的，可以通过口头、书面、在线等方式充分释明在线调解的优势，告知在线调解的主要形式、权利义务、法律后果和操作方法等，引导当事人优先选择在线调解方式解决纠纷。

**第八条** 当事人同意在线调解的，应当在人民法院调解平台填写身份信息、纠纷简要情况、有效联系电话以及接收诉讼文书电子送达地址等，并上传电子化起诉申请材料。当事人在电子诉讼平台已经提交过电子化起诉申请材料的，不再重复提交。

当事人填写或者提交电子化起诉申请材料确有困难的，人民法院可以辅助当事人将纸质材料作电子化处理后导入人民法院调解平台。

**第九条** 当事人在立案前申请在线调解，属于下列情形之一的，人民法院退回申请并分别予以处理：

（一）当事人申请调解的纠纷不属于人民法院受案范围，告知可以采用的其他纠纷解决方式；

（二）与当事人选择的在线调解组织或者调解员建立邀请关系的人民法院对该纠纷不具有管辖权，告知选择对纠纷有管辖权的人民法院邀请的调解组织或者调解员进行调解；

（三）当事人申请调解的纠纷不适宜在线调解，告知到人民法院诉讼服务大厅现场办理调解或者立案手续。

**第十条** 当事人一方在立案前同意在线调解的，由人民法院征求其意见后指定调解组织或者调解员。

当事人双方同意在线调解的，可以在案件管辖法院确认的在线调解组织和调解员中共同选择调解组织或者调解员。当事人同意由人民法院指定调解组织或者调解员，或者无法在同意在线调解后两个工作日内共同选择调解组织或者调解员的，由人民法院指定调解组织或者调解员。

人民法院应当在收到当事人在线调解申请后三个工作日内指定调解组织或者调解员。

**第十一条** 在线调解一般由一名调解员进行，案件重大、疑难复杂或者具有较强专业性的，可以由两名以上调解员调解，并由当事人共同选定其中一人主持调解。无法共同选定的，由人民法院指定一名调解员主持。

**第十二条** 调解组织或者调解员应当在收到人民法院委派委托调解信息或者当事人在线调解申请后三个工作日内，确认接受人民法院委派委托或者当事人调解申请。纠纷不符合调解组织章程规定的调解范围或者行业领域，明显超出调解员擅长领域或者具有其他不适宜接受情形的，调解组织或者调解员可以写明理由后不予接受。

调解组织或者调解员不予接受或者超过规定期限未予确认的，人民法院、当事人可以重新指定或者选定。

**第十三条** 主持或者参与在线调解的人员有下列情形之一，应当在接受调解前或者调解过程中进行披露：

（一）是纠纷当事人或者当事人、诉讼代理人近亲属的；

（二）与纠纷有利害关系的；

（三）与当事人、诉讼代理人有其他可能影响公正调解关系的。

当事人在调解组织或者调解员披露上述情形后或者明知其具有上述情形，仍同意调解的，由该调解组织或者调解员继续调解。

**第十四条** 在线调解过程中，当事人可以申请更换调解组织或者调解员；更换后，当事人仍不同意且拒绝自行选择的，视为当事人拒绝调解。

**第十五条** 人民法院对当事人一方立案前申请在线调解的，应当征询对方当事人的调解意愿。调解员可以在接受人民法院委派调解之日起三个工作日内协助人民法院通知对方当事人，询问是否同意调解。

对方当事人拒绝调解或者无法联系对方当事人的，调解员应当写明原因，终结在线调解程序，即时将相关材料退回人民法院，并告知当事人。

**第十六条** 主持在线调解的人员应当在组织调解前确认当事人参与调解的方式，并按照下列情形作出处理：

（一）各方当事人均具备使用音视频技术条件的，指定在同一时间登录人民法院调解平台；无法在同一时间登录的，征得各方当事人同意后，分别指定时间开展音视频调解；

（二）部分当事人不具备使用音视频技术条件的，在人民法院诉讼服务中心、调解组织所在地或者其他便利地点，为其参与在线调解提供场所和音视频设备。

各方当事人均不具备使用音视频技术条件或者拒绝通过音视频方式调解的，确定现场调解的时间、地点。

在线调解过程中，部分当事人提出不宜通过音视频方式调解的，调解员在征得其他当事人同意后，可以组织现场调解。

**第十七条** 在线调解开始前，主持调解的人员应当通过证件证照在线比对等方式核实当事人和其他参与调解人员的身份，告知虚假调解法律后果。立案前调解的，调解员还应当指导当事人填写《送达地址确认书》等相关材料。

**第十八条** 在线调解过程中，当事人可以通过语音、文字、视频等形式自主表达意愿，提出纠纷解决方案。除共同确认的无争议事实外，当事人为达成调解协议作出妥协而认可的事实、证据等，不得在诉讼程序中作为对其不利的依据或者证据，但法律另有规定或者当事人均同意的除外。

**第十九条** 调解员组织当事人就所有或者部分调解请求达成一致意见的，应当在线制作或者上传调解协议，当事人和调解员应当在调解协议上进行电子签章；由调解组织主持达成调解协议的，还应当加盖调解组织电子印章，调解组织没有电子印章的，可以将加盖印章的调解协议上传至人民法院调解平台。

调解协议自各方当事人均完成电子签章之时起发生法律效力，并通过人民法院调解平台向当事人送达。调解协议有给付内容的，当事人应当按照调解协议约定内容主动履行。

**第二十条** 各方当事人在立案前达成调解协议的，调解员应当记入调解笔录并按诉讼外调解结案，引导当事人自动履行。依照法律和司法解释规定可以申请司法确认调解协议的，当事人可以在线提出申请，人民法院经审查符合法律规定的，裁定调解协议有效。

各方当事人在立案后达成调解协议的，可以请求人民法院制作调解书或者申请撤诉。人民法院经审查符合法律规定的，可以制作调解书或者裁定书结案。

**第二十一条** 经在线调解达不成调解协议，调解组织或者调解员应当记录调解基本情况、调解不成的原因、导致其他当事人诉讼成本增加的行为以及需要向人民法院提示的其他情况。人民法院按照下列情形作出处理：

（一）当事人在立案前申请在线调解的，调解组织或者调解员可以建议通过在线立案或者其他途径解决纠纷，当事人选择在线立案的，调解组织或者调解员应当将电子化调解材料在线推送给人民法院，由人民法院在法定期限内依法登记立案；

（二）立案前委派调解的，调解不成后，人民法院应当依法登记立案；

（三）立案后委托调解的，调解不成后，人民法院应当恢复审理。

审判人员在诉讼过程中组织在线调解的，调解不成后，应当及时审判。

**第二十二条** 调解员在线调解过程中，同步形成电子笔录，并确认无争议事实。经当事人双方明确表示同意的，可以以调解录音录像代替电子笔录，但无争议事实应当以书面形式确认。

电子笔录以在线方式核对确认后，与书面笔录具有同等法律效力。

**第二十三条** 人民法院在审查司法确认申请或者出具调解书过程中，发现当事人可能采取恶意串通、伪造证据、捏造事实、虚构法律关系等手段实施虚假调解行为，侵害他人合法权益的，可以要求当事人提供相关证据。当事人不提供相关证据的，人民法院不予确认调解协议效力或者出具调解书。

经审查认为构成虚假调解的，依照《中华人民共和国民事诉讼法》等相关法律规定处理。发现涉嫌刑事犯罪的，及时将线索和材料移送有管辖权的机关。

**第二十四条** 立案前在线调解期限为三十日。各方当事人同意延长的，不受此限。立案后在线调解，适用普通程序的调解期限为十五日，适用简易程序的调解期限为七日，各方当事人同意延长的，不受此限。立案后延长的调解期限不计入审理期限。

委派委托调解或者当事人申请调解的调解期限，自调解组织或者调解员在人民法院调解平台确认接受委派委托或者确认接受当事人申请之日起算。审判人员主持调解的，自各方当事人同意之日起算。

**第二十五条** 有下列情形之一的，在线调解程序终结：

（一）当事人达成调解协议；

（二）当事人自行和解，撤回调解申请；

（三）在调解期限内无法联系到当事人；

（四）当事人一方明确表示不愿意继续调解；

（五）当事人分歧较大且难以达成调解协议；

（六）调解期限届满，未达成调解协议，且各方当事人未达成延长调解期限的合意；

（七）当事人一方拒绝在调解协议上签章；

（八）其他导致调解无法进行的情形。

**第二十六条** 立案前调解需要鉴定评估的，人民法院工作人员、调解组织或者调解员可以告知当事人诉前委托鉴定程序，指导通过电子诉讼平台或者现场办理等方式提交诉前委托鉴定评估申请，鉴定评估期限不计入调解期限。

诉前委托鉴定评估经人民法院审查符合法律规定的，可以作为证据使用。

**第二十七条** 各级人民法院负责本级在线调解组织和调解员选任确认、业务培训、资质认证、指导入驻、权限设置、业绩评价等管理工作。上级人民法院选任的在线调解组织和调解员，下级人民法院在征得其同意后可以确认为本院在线调解组织和调解员。

**第二十八条** 人民法院可以建立婚姻家庭、劳动争议、道路交通、金融消费、证券期货、知识产权、海事海商、国际商事和涉港澳台侨纠纷等专业行业特邀调解名册，按照不同专业邀请具备相关专业能力的组织和人员加入。

最高人民法院建立全国性特邀调解名册，邀请全国人大代表、全国政协委员、知名专家学者、具有较高知名度的调解组织以及较强调解能力的人员加入，参与调解全国法院有重大影响、疑难复杂、适宜调解的案件。

高级人民法院、中级人民法院可以建立区域性特邀调解名册，参与本辖区法院案件的调解。

**第二十九条** 在线调解组织和调解员在调解过程中，存在下列行为之一的，当事人可以向作出邀请的人民法院投诉：

（一）强迫调解；

（二）无正当理由多次拒绝接受人民法院委派委托或者当事人调解申请；

（三）接受当事人请托或者收受财物；

（四）泄露调解过程、调解协议内容以及调解过程中获悉的国家秘密、商业秘密、个人隐私和其他不宜公开的信息，但法律和行政法规另有规定的除外；

（五）其他违反调解职业道德应当作出处理的行为。

人民法院经核查属实的，应当视情形作出解聘等相应处理，并告知有关主管部门。

**第三十条** 本规则自 2022 年 1 月 1 日起施行。最高人民法院以前发布的司法解释与本规则不一致的，以本规则为准。

# 《人民法院在线调解规则》的理解与适用

钱晓晨　刘雪梅　徐德芳*

为方便当事人及时解决纠纷，规范依托人民法院调解平台开展的在线调解活动，提高多元化解纠纷效能，2021年12月27日，最高人民法院审判委员会第1859次会议审议通过《人民法院在线调解规则》（法释〔2021〕23号，以下简称《规则》），自2022年1月1日起施行。《规则》共30条，从司法解释层面对在线调解适用范围、人民法院在线调解内涵、在线调解组织和人员、在线调解程序、在线调解行为规范等作出规定，为全国法院深入推进一站式多元纠纷解决工作提供制度保障。

《规则》明确了在线调解框架体系，丰富了人民法院调解形式，填补了在线调解程序空白，创新完善了互联网时代人民群众参与司法的制度机制，拓展了调解资源共享的广度深度，是人民法院贯彻落实习近平法治思想的生动实践，对于完善具有鲜明中国特色、实践特色、时代特色的纠纷解决制度体系，促进实现更高水平的数字正义具有里程碑意义。为便于实践中正确理解与适用，本文就《规则》的制定背景、总体思路、重点内容进行说明。

## 一、《规则》的制定背景

为贯彻落实习近平总书记关于"要坚持把非诉讼纠纷解决机制挺在前面""推动大数据、人工智能等科技创新成果同司法工作深度融合"等重要指示要求，认真落实党中央关于"完善社会矛盾纠纷多元预防调处化解综合机制""建立健全运用互联网、大数据、人工智能等技术手段进行行

* 作者单位：最高人民法院。

政管理的制度规则”等重大部署要求，服务网络强国数字中国战略，最高人民法院坚持以人民为中心，坚持和发展新时代“枫桥经验”，在深入总结多元化纠纷解决机制改革成果基础上，加快推进一站式多元纠纷解决机制建设，运行人民法院调解平台（以下简称调解平台），创新互联网时代在线解纷新模式，先后出台《关于建设一站式多元解纷机制一站式诉讼服务中心的意见》(以下简称《一站式意见》）及《关于深化人民法院一站式多元解纷机制建设推动矛盾纠纷源头化解的实施意见》等规范性意见，并会同中央台办、全国总工会、中国侨联、全国工商联、人力资源社会保障部、人民银行、银保监会、证监会、国家知识产权局等单位联合印发十余个“总对总”在线诉调对接文件，推动人民法院在线调解从方式变革向模式变革转变，从单打独斗向开放共享转变，从实践探索向规则创新转变，形成独树一帜中国特色在线纠纷解决新模式，并呈现以下特点。

一是多元化参与。更加注重发挥多元主体在纠纷解决中的重要作用，创新“总对总”在线诉调对接机制，中央台办、全国总工会、中国侨联、全国工商联、人力资源社会保障部、人民银行、银保监会、证监会、国家知识产权局、国家发展改革委价格认证中心、中国中小企业协会等11家对接单位共5627家调解组织、16705名调解员入驻调解平台，截至2021年12月底，共接受人民法院委派调解纠纷21.7万件。广泛邀请人民调解、行业专业调解、行政调解、商会调解、人大代表、政协委员、行业专家、律师学者、退休法律工作者、基层干部、网格员等参与调解，在涉外或者涉港澳台案件中，邀请符合条件的外籍人士、侨胞、港澳台同胞参与，最大限度集成各行各业纠纷解决力量，协同化解纠纷。到2021年12月底，6.1万家调解组织、25.4万名调解员入驻调解平台，调解组织和调解员数量分别是2018年调解平台开通当年的48.27倍和18.46倍。专业行业调解人员不断增多，实现人民调解为主向行业专业调解力量并行转变。从入驻调解平台调解员情况看，人民调解员占42.9%、行业专业调解员占23.3%、法官或退休法官占15.7%、律师占9.5%、乡镇干部、五老人员等占2.4%、专家学者占2%，形成了专群结合、类型丰富的调解资源库，为当事人提供菜单式纠纷解决服务。

二是全流程在线。调解平台与审判流程管理系统等法院办案平台做到内外交互，实现诉调在线对接，一站式开展咨询评估、音视频调解、司法确认、网上立案、一键归档等工作。从当事人申请调解、法院委派委托调解，到调解组织及其调解员接受委派委托、组织音视频调解，制作调解协议，再到法院司法确认调解协议效力，或者对诉前调解不成的进行登记立案、对诉中调解不成的继续审理，均可以通过在线方式完成，方便当事人通过一个平台就能基本解决全部诉求。

三是开放式融合。充分发挥调解平台集成主渠道功能，打破区域、部门和层级信息壁垒，将有关部门参与社会治理、化解矛盾纠纷职能协同起来，构建纵向贯通、横向集成、共享共用、安全可靠的在线多元调解体系，形成一站式纠纷解决“供给链”，实现调解资源跨层级、跨地域共享。目前，调解平台已经与证监会全国证券期货纠纷在线调解平台、全国工商联商会调解服务平台、人民银行中国金融消费纠纷调解网等实现互联融通、业务协同、数据共享，正在与人力资源社会保障部劳动人事争议在线调解服务平台进行系统对接，并与在线服务、律师服务、委托鉴定等其他对外服务平台打通。在线调解覆盖婚姻家庭、劳动争议、道路交通、证券期货、银行保险、金融消费、价格争议、商事企业、涉侨、涉台等纠纷领域。

四是一体化解纷。针对近年来道路交通事故多发易发情况，最高人民法院会同公安部、司法部、银保监会建立道交纠纷网上数据一体化处理平台，打通信息壁垒，整合数据资源，统一赔偿标准，实现车辆信息、驾驶人信息和交通事故信息一键调取，物品损失和人员伤情委托鉴定在线完成，责任认定、理赔计算、调解、诉讼、一键理赔等工作全流程在线开展，有效解决赔偿标准不一、赔偿程序烦琐、鉴定时间过长等问题。自2018年1月上线至2021年12月底，3006家基层人民法院全部应用道交一体化平台，全国法院86.77%的道交案件通过在线平台进行调解，调解成功率达70%。各地法院积极推动建立金融、医疗等类型化纠纷一体化解纷机制，形成多部门联合在线调解工作模式。

五是智能化管理。调解平台对调解案件实行编号管理，不论是诉前调解还是诉中调解，均统一编号，一案一号，确保调解全程留痕，可查询、可追溯、可监管。建立在线调解数据管理平台，四级法院各类调解数据实现自动汇聚，实时掌握全国法院在线调解态势。最高人民法院建立诉讼服务指导中心信息平台，按照建机制、定规则、搭平台、推应用四个环节，将在线调解工作要求逐一细化，纳入诉讼服务质效评估体系，并以此为牵引，推动人民法院在线调解从前半程起步摸索、积蓄成长、建成主体框架，到后半程日臻成熟、全面加速、形成平台效应，从发展不平衡到全面普及应用，从粗放到集约的飞跃式发展，成为中国特色纠纷解决的一张亮丽名片。

调解平台自2018年2月上线以来，截至2021年12月底，累计在线调解纠纷2443.3万件，调解成功率达64.86%，平均调解时长17天。2019年、2020年、2021年在线调解量增幅分别为132.9%、103.6%、35.6%。2018年、2019年、2020年、2021年诉前调解成功数分别为57.1万件、145.9万件、424.5万件、610.68万件，2019年至2021年增幅分别达155.71%、190.94%、43.86%。通过音视频方式调解案件量分别为0.29万件、1.66万件、101.12万件、298.19万件，2019年至2021年增幅分别达470.76%、5973.53%、194.89%。目前，入驻调解平台参与在线调解工作的社会力量已经超过员额法官数，成为联合化解纠纷的重要力量。法院诉前调解成功纠纷数已超过一审民商事案件1/3，音视频调解量占调解总量1/4以上，表明在线调解，特别是诉前在线多元调解，已经成为人民法院解决纠纷的重要方式。

2021年，为进一步发挥调解平台在促进基层治理体系和治理能力现代化中的作用，最高人民法院下发《关于加快推进人民法院调解平台进乡村、进社区、进网格工作的指导意见》，开展调解平台“三进”工作，形成“横向到边、纵向到底”的基层解纷服务大格局，让小矛盾小问题在基层就能得到实质性化解。截至2022年2月25日，全国9378家人民法庭入驻调解平台，在线对接综治中心、矛调中心、司法所、派出所、工会、妇联、乡镇（街道）、村（社区）等基层治理单位47624家，更加方便当事人在家门口及时便捷解决纠纷。

人民法院依托调解平台，将法院履行定分止争职能与坚持和发展新时代“枫桥经验”统一起来，将司法调解与信息化技术、社会化参与结合起来，形成融合ADR和ODR纠纷解决路径的中国特色在线多元纠纷解决模式。经过几年发展，人民法院在线调解应用场景更加广泛，参与调解的社会力量不断壮大，在线调解数量大幅增加，调解纠纷类型更加丰富，诉调对接模式不断创新，在线调解工作逐渐成熟，呈现出不同于传统线下调解新的特点和运行要求，现行法律中关于司法调解的规定已经难以满足当前实践发展需要，特别是诉前在线调解工作缺乏专门规范，各地在推进过程中存在标准不一、无据可循等问题，有必要在充分总结人民法院一站式多元纠纷解决和智慧法院建设成果基础上，提炼出根植于中国土壤、符合我国实际、体现国际视野、有效融合调解优良传统与现代信息技术的在线调解规则，更好满足人民群众互联网时代的司法新需求，构建形成互联网司法规则体系，促进审判体系和审判能力现代化，为世界多元化纠纷解决机制改革发展提供中国方案，贡献中国智慧。

## 二、《规则》的起草原则

《规则》是最高人民法院坚持以习近平新时代中国特色社会主义思想为指导，深入贯彻习近平法治思想，坚持以人民为中心，顺应时代潮流，回应实践需要，对依托调解平台开展在线调解活动作出的重要规范性文件。在起草过程中，我们坚持以下原则。

一是坚持以习近平法治思想为指引。党的十八大以来，习近平总书记就正确处理人民内部矛盾、加强和创新社会治理、预防和化解社会矛盾提出一系列新理念、新思想、新战略，为人民法院推进中国特色一站式多元纠纷解决机制提供了根本遵循。《规则》不仅对诉讼过程中的在线调解作出规定，还首次以司法解释形式对立案前在线调解作出系统规范，有力贯彻落实"坚持把非诉讼纠纷解决机制挺在前面"重大部署要求。

二是坚持严格依法制定。严格遵循宪法法律精神，在现行法律框架下对在线调解具体适用问题依法进行解释，特别是与新修改的民事诉讼法保持一致。《规则》明确根据民事诉讼法、行政诉讼法、刑事诉讼法等法律进行制定。

三是坚持以人民为中心。《规则》将方便当事人及时解决纠纷作为首要目的，将调解自愿，充分尊重当事人意愿作为基本原则，将丰富多元调解"菜单库"，提供多元化纠纷解决方案、立体化调解参与渠道以及更加及时高效的解纷服务作为内容主线。同时，为其他社会力量依法参与化解纠纷提供平台和载体，充分释放多元解纷效能。

四是坚持面向实际。总结党的十八大以来智慧法院建设成果以及基层在线调解实践经验，归纳全国法院基本成熟的做法，规范实践迫切需要统一认识的问题，确保《规则》具有较强前瞻性和可操作性，为打造世界领先、中国特色在线调解模式提供广阔空间。

五是坚持问题导向。针对在线调解过程中面临的突出问题，如调解的流程、调解的期限、调解组织和人员的选择、立案前调解与鉴定评估工作的衔接等提出有效解决方案，规范在线调解行为，促进长效发展。同时，注意与《人民法院在线诉讼规则》《人民法院在线运行规则》的衔接，对在线案件办理、调解平台应用方式、运行管理、数据安全等其他两大在线规则已经规范的内容，除需要进一步明确的，不再重复规范。《规则》条款从第一轮征求意见稿的38条，到第二轮征求意见稿的34条，再到最终的30条，不断精炼，力求解决实际问题。

六是坚持广征意见。在起草《规则》前开展充分调研，听取全国人大代表、基层法院代表、调解组织代表等意见建议，并邀请中国人民大学、上海交通大学、西安交通大学专家团队全程参与。之后，面向全国四级法院、最高人民法院相关部门、专家学者开展两轮意见征求工作，并征求全国人大常委会法工委以及中央政法委、全国总工会、中国侨联、中国法学会、全国工商联、国家发展改革委、司法部、人力资源社会保障部、人民银行、国务院港澳办、国台办、银保监会、证监会、国家知识产权局等单位意见建议，三轮共收到反馈意见建议622条，对能够吸收的全部予以吸收，确保《规则》更加科学严谨。

## 三、人民法院在线调解的内涵

在线纠纷解决发端于电子商务和跨国电子商务领域，一方面具有非诉讼纠纷解决机制的属性，另一方面依赖互联网技术和平台技术。随着现代信息技术发展，一些地方法院开始探索视频调解。早期的视频调解，主要是出于便利群众的考虑，让当事人在任何地方都可以通过电脑、手机开展调解。这一时期尚未广泛邀请多元化力量参与调解。2018年2月，最高人民法院上线调解平台，并根据实践需求不断迭代升级，完善“一网通调”流程，扩大社会力量参与度。与此同时，其他国家和地区对于在线争议解决的认识逐渐从改进法院过去运作方式的技术工具向变革传统争议处理方式转变，并且也在积极探索集成化的争议解决系统，开展在线分流、协商、调解和在线听证等工作。从在线调解平台发展的速度、覆盖的广度，以及在线解决纠纷的数量看，我国法院一马当先，调解平台已经成为应用覆盖面最广、解纷功能最集约、调解资源最丰富、化解案件量最多、诉调对接最顺畅的强大平台，这主要得益于我国的制度优势以及自上而下一盘棋推进的工作思路。

从人民法院在线调解的功能、性质看，在线调解与线下调解并无太多差异，都是通过说服、疏导等方式，促使当事人在平等协商基础上达成调解协议，及时解决纠纷，属于非诉讼纠纷解决方式之一，线下调解的自愿、合法、平等、保密等基本原则以及相应的程序规则同样适用于在线调解。但在调解主体、调解方式、调解期限起算、委派委托调解流程等方面存在一定特殊性，因此，有必要专门作出规定。

《规则》标题使用“人民法院在线调解”的表述，主要强调的是对人民法院主导下的在线调解工作作出规范，属于司法调解范畴，包括当事人向法院提起诉讼后，经引导进行立案前或者诉讼过程中的调解，也包括当事人通过调解平台选择法院特邀调解组织或者特邀调解员开展的调解。人民法院并非解决纠纷的唯一主体，实践中，大量矛盾纠纷发生后，当事人不是起诉到法院，而是直接选择其他调解组织或者在其他纠纷解决平台上进行调解。对其他调解组织开展的在线调解，且不涉及在线诉调对接的，不适用《规则》。

《规则》第二条对在线调解作出界定，其包括以下几个要件。

第一，依托调解平台这一载体开展。在征求意见中，有意见指出《规则》标题应当改为“人民法院调解平台在线调解规则”。考虑到《规则》与《人民法院在线诉讼规则》《人民法院在线运行规则》作为“三大在线规则”，形成了有机衔接、相互支撑、各有侧重的程序规则体系，在名称上需要保持统一，因此，将依托调解平台这一要件放在《规则》适用范围中作出明确。这里的调解平台既包括最高人民法院统一建设的平台，也包括部分地方法院自行建设的调解平台。从全国法院情况看，24 个省（自治区、直辖市）法院使用最高人民法院统一建设的调解平台，北京、河北、上海、江苏、浙江、江西、广东、重庆 8 个地区法院使用自建的调解平台，但与调解平台互联互通。为规范自建地区调解平台名称，最高人民法院在 2021 年下发专门通知，要求将自建平台名称修改为人民法院调解平台+自建平台名称，如河北法院改为“人民法院调解平台·冀时调”，因此，《规则》将在线调解平台名称统一为人民法院调解平台。在《规则》第一轮征求意见稿中，我们对在线调解平台建设对接要求作了规范，但有意见指出关于平台建设要求不属于司法解释规范内容，考虑到《人民法院在线运行规则》对调解平台将作出专门规定，故删除相关内容。

第二，在线调解包括调解申请、委派委托、音视频调解、制作调解协议、申请司法确认调解协议、制作调解书等环节。目前，关于线下调解具体流程散见于人民调解法、民事诉讼法以及《最高人民法院关于适用〈中华人民共和国民事诉讼法〉的解释》(以下简称《民诉法解释》)等法律和司法解释中，如人民调解法第四章调解程序和第五章调解协议中对调解的申请、组织调解、调解协议书制作、申请司法确认等作出规定。《民诉法解释》对调解的基本原则、调解书的制作等作出规定，但对调解具体流程特别是起诉到法院后立案前的调解流程尚未作出系统性规范。《规则》梳理了在线调解流程：在线申请，即当事人经人民法院引导后直接通过调解平台申请调解；委派委托，即人民法院对当事人同意在线调解的，通过调解平台在立案前委派或者在立案后委托在线调解组织或者调解员调解；音视频调解，即主持在线调解人员通过音频、视频等非现场方式组织调解；制作调解协议，即当事人就所有或者部分调解请求达成一致意见后在线制作或者上传调解协议；申请司法确认调解协议、制作调解书，即对依法可以申请司法确认或者应当立案后出具调解书的，通过调解平台在线申请或者制作。

第三，调解环节可以全部在线完成，也可以部分在线完成，充分尊重当事人选择权。在线调解不等同于音视频调解，也不意味着在线调解必须采用音视频方式，更不是所有流程都必须在线办理。例如，人民法院通过调解平台委派委托调解后，调解人员既可以根据当事人意愿开展音视频调解，也可以组织现场调解，因委派委托调解这一环节通过调解平台进行，即便调解过程不是通过音视频方式开展，也属于在线调解范畴。

关于在线调解的效力，征求意见稿在第二条第二款作了专门规定。因民事诉讼法增加了“经当事人同意，民事诉讼活动可以通过信息网络平台在线进行。民事诉讼活动通过信息网络平台在线进行的，与线下诉讼活动具有同等法律效力”的规定，关于在线调解法律效力的规定可以适用民事诉讼法，已无必要在《规则》中再行规定，故根据全国人大常委会法工委建议删除第二款内容。

## 四、在线调解的适用

《规则》第一条、第三条、第四条明确了在线调解的适用要件。

第一，主体条件。人民法院、当事人、调解组织或者调解员可以通过调解平台开展在线调解活动。人民法院既可以自行组织在线调解，审判人员在立案后组织双方当事人调解，也可以委派委托调解组织或者调解员开展在线调解，还可以结合案件情况，与调解组织或者调解员联合进行调解。

第二，案件范围。为鼓励大量矛盾纠纷通过调解方式不伤和气地解决，《规则》第三条明确依法可以调解或者和解的纠纷，包括民事纠纷、行政纠纷、执行案件、刑事自诉以及被告人、罪犯未被羁押的刑事附带民事诉讼案件均可以在线调解，实现主要案件类型全覆盖。同时，考虑到行政诉讼法、刑事诉讼法关于行政案件、刑事自诉案件以及刑事附带民事案件的调解范围、证据采信等规定与民事纠纷有所不同，如行政诉讼法第六十条对行政案件调解范围作了明确，即行政赔偿、补偿以及行政机关行使法律、法规规定的自由裁量权的案件可以调解。在征求意见中，有意见指出《规则》主要采取民事调解的做法，相关规定不适用刑事案件，此外，对于被告人、罪犯已经被羁押的，不适宜进行在线调解，故增加刑事附带民事诉讼调解应当适用于被告人、罪犯未被羁押情形的前置条件，故《规则》第三条第二款规定："行政、刑事自诉和刑事附带民事诉讼案件的在线调解，法律和司法解释另有规定的，从其规定。"关于执行和解，考虑到现行法律没有规定执行案件的调解，而仅有执行和解程序，故在第一轮征求意见稿中没有包括执行案件。在征求意见时，一些地方法院建议将执行案件纳入。为尊重地方实践，鼓励通过调解、和解等方式解决大量案件，故将执行案件纳入在线调解范围，并在表述上采用"调解或者和解"。

第三，适用环节。在线调解适用于包括立案前或者诉讼过程中的各个环节。现行法律和司法解释主要对诉讼过程中的调解作出规定，对先行调解的规定较为原则。如民事诉讼法第一百二十五条规定："当事人起诉到人民法院的民事纠纷，适宜调解的，先行调解，但当事人拒绝的除外。"考虑到诉讼中调解较为完善，《规则》重点对立案前调解作出规定，同时注意衔接诉中调解工作。之所以对立案前调解进行专门规定，主要的考虑是：近年来，随着经济社会快速发展，大量矛盾纠纷涌入人民法院，诉讼案件激增与有限司法资源之间的矛盾更加突出。如果纠纷都到法院解决，会带来两个问题。首先，"对簿公堂"，因法庭对抗性强，可能影响社会和谐。其次，司法资源有限，大量案件在法院解决，既让法官难堪重负，也难以及时实现正义。2019 年年初，习近平总书记指出，要坚持把非诉讼纠纷解决机制挺在前面，推动更多法治力量向引导和疏导端用力。诉讼是化解矛盾纠纷的必要手段，但不是唯一手段。为贯彻落实党中央决策部署，人民法院大力推进一站式多元纠纷解决机制建设，出台《最高人民法院关于人民法院特邀调解的规定》（以下简称《特邀调解规定》）、《最高人民法院关于进一步完善委派调解机制的指导意见》（以下简称《委派调解意见》）、《最高人民法院关于人民法院深化“分调裁审”机制改革的意见》（以下简称《“分调裁审”意见》）等规范性文件，加大诉前调解工作力度，让大量矛盾纠纷及时高效化解在起诉前。从调解平台数据看，诉前调解量占全部在线调解纠纷的85%左右。《规则》吸收了之前司法政策文件成熟经验，充分尊重实践可行做法，除对立案前或者诉讼过程中在线调解的共性问题作出规范外，也专门对立案前在线调解申请的退回、立案前在线调解组织和调解员的指定、立案前一方当事人调解意愿的征询、立案前调解协议的履行、立案前调解不成的处理、立案前调解过程中鉴定评估的效力认定等作出规定。

第四，适用条件。《规则》第四条明确适用在线调解必须征得当事人同意。不论是《人民法院在线诉讼规则》，还是民事诉讼法，均明确在线模式的适用，需以当事人同意为前提，尊重当事人对在线方式的选择权。因此，《规则》对采用在线调解方式应当征得当事人同意作了专门强调。同时，人民法院决定是否采用在线调解方式，也需要考虑案件具体情况以及技术条件等因素。比如面对面调解更容易化解纠纷的，或者双方当事人都在现场的，可以组织线下调解。需要指出的是，不论在线调解还是组织现场调解，抑或上门调解，出发点都是为了给人民群众解决纠纷提供多元化的途径，目的是让纠纷解决更加及时便捷高效，决不能为了提高在线调解应用率，增加群众解决纠纷的负担。

## 五、在线调解的主体及名册管理

《规则》第五条对开展在线调解的主体作出规定。在主体范围设计上，《规则》坚持开放性原则，尽可能吸纳更多社会力量参与调解工作。在线调解主体主要包括四类。

一是法院审判人员。

二是法院专职或者兼职调解员。专（兼）职调解员主要为人民法院负责调解工作的法官或者司法辅助人员，以及由人民法院选聘专门从事调解工作的人员。

三是特邀调解组织和特邀调解员。《特邀调解规定》第六条第一款、第二款规定："依法成立的人民调解、行政调解、商事调解、行业调解及其他具有调解职能的组织，可以申请加入特邀调解组织名册。品行良好、公道正派、热心调解工作并具有一定沟通协调能力的个人可以申请加入特邀调解员名册。人民法院可以邀请符合条件的调解组织加入特邀调解组织名册，可以邀请人大代表、政协委员、人民陪审员、专家学者、律师、仲裁员、退休法律工作者等符合条件的个人加入特邀调解员名册。"

四是人民法院邀请的其他单位或者个人。

在征求意见中，有意见提出将在线调解组织和人员限缩为特邀调解组织和特邀调解员。我们考虑到，近年来，最高人民法院建立"总对总"在线诉调对接机制，积极推动调解平台进乡村、进社区、进网格，邀请中央部委单位数万个调解组织和调解员，以及基层治理单位、基层解纷人员入驻调解平台，开展化解、调解工作。

这些人员中，对符合纳入特邀调解名册条件的，鼓励各地纳入特邀调解名册管理，但仍有部分组织或者人员无法纳入特邀调解名册。

为尊重工作实践，扩大多元解纷队伍，对这些单位和人员，人民法院可以邀请参与调解，更好地为当事人提供有针对性的纠纷解决服务。

《规则》第二十七条对在线调解组织和人员分级管理作出规定，即"谁选任、谁管理"。管理内容包括调解组织或者调解员的选任；上级人民法院选任的调解组织或者调解员，下级人民法院可以征得其同意后确认为本院调解组织或者调解员；选任后定期组织业务培训；制定本地区调解组织或者调解员资质认证规范；指导邀请的调解组织或者调解员入驻调解平台；根据调解组织或者调解员类型对其工作权限进行分类设置；对调解组织或者调解员工作业绩进行评价；等等。

《规则》第六条根据当前实践以及长远发展需要，对于外国人和港澳台地区居民参与在线调解以及调解案件范围作出规定。从实践情况看，广东、上海、福建、海南等地方法院已经探索开展这项工作。最高人民法院与中国侨联建立"总对总"涉侨纠纷在线诉调对接机制，与中央台办建立"总对总"涉台纠纷在线诉调对接机制，邀请外国调解员、台湾同胞调解员多元化解纠纷，充分发挥他们在解决纠纷中的专业优势、身份优势。

此外，《规则》第二十八条规定最高人民法院可以建立全国性特邀调解名册，供四级法院使用，地方法院对重大、疑难复杂且适宜调解的案件，可以邀请名册中的调解组织或者人员参与调解。高级、中级人民法院也可以建立区域性特邀调解名册，如长三角、粤港澳、京津冀等地区法院可以共同选任一批在线调解组织和调解员，建立共享调解资源库，提高解决纠纷质效。为推动专业行业调解，提高在线调解的精准化、精细化水平，形成特色在线调解品牌，对于婚姻家庭、劳动争议、道路交通、金融消费、证券期货、知识产权、海事海商、国际商事和涉港澳台侨等类型化纠纷，人民法院可以建立特殊特邀调解名册，邀请相关领域专家参与调解。

## 六、在线调解的程序规范

《规则》框架按照总体要求、在线调解程序、管理要求、其他这四大部分划分。从条款数来看，总体要求有6条，在线调解程序有20条，管理要求有3条，其他1条为施行时间，在线调解程序占《规则》篇幅的1/3，是本次规范的重点内容。《规则》第七条至第二十六条按照在线调解工作流程，明确了在线调解的引导、启动、材料提交要求、在线调解受理条件、调解组织或者调解员的选定及更换、调解组织和人员接受委派委托调解、组织调解方式确定、调解协议、诉调对接、调解电子笔录、在线调解期限、在线调解程序终结等。

### （一）在线调解的引导

引导可以由立案人员在立案前实施，对起诉到法院的当事人，通过告知在线调解的优势特点，为他们解决纠纷提供多元化渠道，也可以由审判人员在诉讼过程中，引导双方当事人通过在线调解方式解决纠纷。近年来，人民法院以建设现代化诉讼服务中心为契机，加强诉讼引导工作。《一站式意见》首次明确设立诉讼引导和辅导区，提供诉讼指引类服务。《“分调裁审”意见》要求全面开展调解分流工作，对起诉到人民法院的民事纠纷，除根据案件性质不适宜调解、已经调解但无法达成调解协议的外，应当在立案前向当事人发放是否同意调解确认书。

目前，许多地方法院在诉讼服务大厅张贴宣传海报、播放动漫视频、发放调解平台宣传手册等，告知在线调解具有便捷高效、省时省力、低成本、有保障等好处。同时，设立诉讼引导辅导岗，配备诉讼结果智能评估设备，提供纠纷智能评估结果，推送类似典型案例，由法院工作人员或者第三方志愿者对当事人的起诉进行调裁分流，适宜调解的，引导进行调解。告知可以采用口头、书面或者在线方式进行。《规则》增加了在线方式，主要是考虑当前网上立案已成常态，对于当事人网上提交起诉申请的，可以通过在线服务平台智能推送、12368热线人工服务等方式进行引导。

### （二）在线调解材料的提交

在线调解材料的提交形式分为两种：一种是当事人自行填写；另一种为系统推送。如对当事人现场提交的起诉材料，人民法院已经扫描录入审判流程管理系统，为避免当事人重复录入，可以直接将电子化起诉申请材料直接推送到调解平台，无须当事人重复提交。《规则》第八条明确申请在线调解需要填写的信息项，包括身份信息、纠纷简要情况、有效联系方式以及接收诉讼文书电子送达地址等，并为当事人上传电子化起诉申请材料以及相关证据材料提供入口。考虑到老年人等特殊群体不善于使用智能技术，为帮助解决“数字鸿沟”，对当事人填写或者提交电子化起诉申请材料确有困难的，可以由人民法院辅助当事人将纸质材料作电子化处理后导入调解平台。

### （三）立案前在线调解申请的退回

《规则》第九条明确了立案前申请调解的条件，包括应当属于法院受案范围，与调解组织或者调解员建立邀请关系的法院对案件有管辖权，案件适宜在线调解。对于不符合条件的，退回申请。目前，立案前在线调解启动包括法院委派调解组织或者调解员调解，以及当事人通过调解平台提交在线调解申请。从实践情况看，绝大多数法院在立案前委派调解时，已经对纠纷是否属于法院受案范围、是否属于本院管辖作了初步判断。对符合案件受理条件的，才进行委派调解。这主要是考虑委派的权利来源以及后续司法保障问题。根据民事诉讼法的规定，起诉必须符合“原告是与本案有直接利害关系的公民、法人和其他组织；有明确的被告；有具体的诉讼请求和事实、理由；属于人民法院受理民事诉讼的范围和受诉人民法院管辖”四个条件，对于起诉到法院的民事纠纷，适宜调解的，才能先行调解。

因此，即便采用法院委派社会调解组织或调解员或者当事人选择平台上的调解组织或调解员的方式，也应当限定为对案件有管辖权法院邀请的调解组织或者调解员，避免出现当事人选择与有管辖权法院毫无关系的调解组织或者调解员，影响后续申请司法确认、请求制作调解书或者登记立案的效力。需要说明的是，这里只要求法院对纠纷有管辖权，并未限制调解组织或者调解员开展跨地域调解，只要调解组织或者调解员与有管辖权的法院建立邀请关系，就可以接受委派、组织调解。

### （四）调解组织或者调解员的选定及更换

《规则》第十条、第十四条对调解组织和调解员的选定方式以及当事人申请更换的权利、法律后果等作出规定，并根据立案前一方当事人申请还是立案后双方当事人申请作出区分。在征求意见的过程中，有意见提出必须当事人共同选定。但对于立案前一方当事人申请，因不存在双方当事人共同选定的前提，为了快速推进调解进程，由法院指定更符合实践需要。同时，《规则》规定了当事人申请更换调解组织或者调解员的权利，即便一方当事人没有在指定环节参与，后续如果认为调解组织或者调解员不适宜调解的，可以申请更换。

因此，第十条第一款规定立案前的调解，调解组织或者调解员由法院指定，但必须征求提起诉讼一方当事人意见。第二款规定立案后调解组织和调解员确定的原则，以当事人选择为主，法院指定为辅。法院指定包括两种情形：一种是当事人同意由法院指定；另一种是在两个工作日内无法共同作出选择，为避免一方当事人利用调解恶意拖延，故由法院进行指定。同时，为避免法院久拖不决，第十条第三款规定法院指定调解组织或者调解员应当在收到当事人在线调解申请后三个工作日内进行。法院指定调解组织或者调解员后，《规定》第十四条规定当事人可以申请更换，对于更换后仍不同意且拒绝自行选择的，视为拒绝调解。

### （五）调解组织或者调解员及时接受及披露义务

考虑到线上调解不同于现场调解，法院工作人员或者当事人能够面对面确认调解组织或者调解员是否接受委派委托，故《规则》第十二条对于在线调解组织和调解员应当在收到人民法院委派委托调解信息或者当事人在线调解申请后三个工作日内确认法院接受委派委托或者当事人调解申请、不予接受的情形以及超期未予确认的法律后果作出规定。考虑到入驻调解平台的调解组织和调解员类型多样，多为公益性质，调解组织和调解员有各自擅长的调解领域，一些调解员属于兼职，一些调解组织资源有限，因此，对于纠纷不属于调解组织调解范围或者行业领域，明显超出调解员擅长领域，以及调解组织调解资源已经饱和或者具有其他不适宜接受情形的，调解组织或者调解员可以写明理由后不予接受，避免给调解组织或者调解员参与多元化解工作带来过重负担。

《规则》第十三条第一款首次规定调解组织和调解员应当披露的三种情形：是纠纷当事人或者当事人、诉讼代理人近亲属；与纠纷有利害关系；与当事人、诉讼代理人有其他可能影响公正调解的关系。在征求意见稿中规定的是信息披露与回避，即调解组织和调解员披露这些存在利益冲突的情形后，当事人有权申请其回避。但在讨论过程中，多数意见认为诉讼法上的回避制度主要针对审判人员，非诉讼调解与诉讼相比，具有灵活性特点。比如，在乡村社区或者行业协会的调解员，往往就是利用熟识双方当事人的身份优势促成调解，化解纠纷。因此，《规则》明确主持或者参与调解的人员有披露的义务，当事人有申请更换的权利，但对调解组织和调解员披露后当事人仍同意的，或者当事人明确知道调解组织、调解员具有以上三种情形，没有要求更换仍同意继续调解的，应当尊重当事人意愿，由该调解组织或者调解员继续调解。

### （六）调解前的准备工作

《规则》第十五条第一款规定，对于当事人一方立案前调解的，调解员可以协助法院通知对方当事人，征询调解意愿。这主要考虑司法实践中，调解员往往帮助承担大量辅助性工作，包括调解意愿的征询、指导双方当事人填写《送达地址确认书》、记录无争议事实等，这一做法能够更好发挥调解人员作用，提高工作效率。《规则》第十六条对确认参与调解方式作了规定，既为愿意通过音视频方式调解的当事人提供平台，减轻他们诉累，特别是在常态化疫情防控形势下，通过音视频调解，让当事人不用千里奔波就能“云上”解纷，同时，对于不具备音视频技术条件的，为其在诉讼服务大厅等场所参与音视频调解提供便利条件。对于一方当事人通过手机、电脑开展调解，另一方在法院诉讼服务大厅视频调解室参与音视频调解，因双方都在调解平台上，亦属于音视频调解方式之一。对于双方都不具备音视频条件或者拒绝通过音视频方式调解的，可以组织现场调解。

### (七) 在线调解行为效力

考虑到调解过程中，各方当事人为了促成调解，可能会作出妥协或者让步，《规则》第十八条规定，当事人为达成调解协议作出妥协而认可的事实、证据等，不得在诉讼过程中作为对其不利的依据或者证据，但法律另有规定或者当事人均同意的除外。同时规定，当事人可以共同确认无争议事实。

关于无争议事实记载机制，最高人民法院2012年下发的《最高人民法院关于扩大诉讼与非诉讼相衔接的矛盾纠纷解决机制改革试点总体方案》首次规定："建立无争议事实记载机制。当事人未达成调解协议的，调解员在征得各方当事人同意后，可以用书面形式记载调解过程中双方没有争议的事实，并告知当事人所记载的内容。经双方签字后，当事人无需在诉讼过程中就已记载的事实举证。"2016年出台的《最高人民法院关于人民法院进一步深化多元化纠纷解决机制改革的意见》再次规定："调解程序终结时，当事人未达成调解协议的，调解员在征得各方当事人同意后，可以用书面形式记载调解过程中双方没有争议的事实，并由当事人签字确认。在诉讼程序中，除涉及国家利益、社会公共利益和他人合法权益的外，当事人无需对调解过程中已确认的无争议事实举证。"

从司法实践看，许多地方法院已经建立无争议事实记载机制，这对于固定调解成果、确认双方分歧焦点等具有积极作用。因此，《规则》对无争议事实记录、效力等作出规定。

### (八) 诉调对接机制

《规则》第二十条对调解成功的，区分立案前还是立案后分别作出规定。第二十一条对调解不成的，分别作出规定。同时，为了用好调解成果，规定调解组织或者调解员应当记录调解不成的原因及其他需要提示的情况，为法官后续审理提供参考。第二十五条对于在线调解程序终结的八种情形作出规定，包括调解成功达成调解协议、当事人自行和解等，也包括无法联系到当事人、当事人不愿意继续调解、当事人难以达成调解协议、当事人拒绝在调解协议上签章以及规定期限内未达成调解协议等，确保诉调顺畅对接，做到能调则调、当判则判，快速解决纠纷。

## 七、其他规定

### （一）调解协议自动履行

《规则》第十九条、第二十条均规定当事人应当主动履行调解协议。调解工作要实现长效发展，并不能简单通过扩大司法确认范围，发挥司法保障作用来实现，应当更加注重培育调解组织的公信力，完善调解协议诚信履行机制。近年来，人民法院积极推动建立自动履行正向激励机制，引导当事人诚信履行调解协议。《“分调裁审”意见》中专门规定“促进非诉讼调解自动履行。非诉讼调解要注重调解内容的真实、合法和可执行性，做到权利义务主体明确、给付内容明确。建立非诉讼调解自动履行正向激励机制，通过将自动履行情况纳入诚信评价体系等，引导当事人主动履行、当场执行调解协议，及时就地化解矛盾纠纷”。浙江宁波法院率先推行自动履行机制，通过建立诚信履行名单，强化履约保障机制，在促进纠纷源头化解、减少调解衍生案件方面取得了很好效果。

### （二）虚假调解行为的规制

近年来，虚假诉讼案件不断增多，花样翻新，破坏了正常诉讼秩序，侵害了他人合法权益，不利于经济社会持续健康发展。

为规制虚假诉讼、虚假调解等行为，民事诉讼法第一百一十五条规定：“当事人之间恶意串通，企图通过诉讼、调解等方式侵害他人合法权益的，人民法院应当驳回其请求，并根据情节轻重予以罚款、拘留；构成犯罪的，依法追究刑事责任。”《民诉法解释》第一百四十四条规定：“人民法院审理民事案件，发现当事人之间恶意串通，企图通过和解、调解方式侵害他人合法权益的，应当依照民事诉讼法第一百一十二条①的规定处理。”

《规则》第二十三条对于虚假调解的表现形式以及审查要求作了规定，包括以下几个要件：一是虚假调解形式包括双方当事人恶意串通、虚构法律关系，申请确认调解协议效力、申请法院调解，也包括当事人基于捏造的事实获得调解书等。二是发现的环节是在人民法院审查司法确认申请或

① 现为第一百一十五条。——编者注

者出具调解书过程中。三是审查方式依照《民诉法解释》第三百五十八条等规定，可以要求当事人提供相关证据，必要时，通知共同到场核实。四是对经审查认为构成虚假调解的，依照民事诉讼法等规定处理，发现涉嫌刑事犯罪的，及时移送有管辖权的机关。

### （三）诉前鉴定评估与诉前调解的衔接

近年来，人民法院加快推进一站式建设工作，对于鉴定、评估等工作提出集约化要求。为促成调解，提高审判效率，最高人民法院出台的《委派调解意见》《“分调裁审”意见》等文件，均对诉前调解过程中的鉴定评估工作作出规定。从司法实践看，不少法院积极推进诉前鉴定评估工作，特别是在道交纠纷、医疗纠纷诉前调解过程中，开展诉前委托鉴定评估工作，增强了当事人对纠纷解决结果的可预见性，有效提高了调解成功率，促成调解自动履行。一些法院开展诉前鉴定后，审理期限缩短了60%。

此外，最高人民法院已经建立委托鉴定系统，实现委托鉴定网上流转、全程留痕、公开透明、可视监管。系统上线以来，截至2021年12月底，共有15301家专业机构入驻，累计在线委托鉴定69.9万件，覆盖827个案由和29项鉴定类别，鉴定后采信率达99.7%，平均周期比线下鉴定缩短37.1%。现在，在诉前鉴定应用较广的道路交通事故纠纷领域，道交平台与委托鉴定系统实现对接，可以开展鉴定前置工作。2022年，我们将加快调解平台与委托鉴定系统对接，目前正在研究起草诉前鉴定相关指导性文件。

《规则》第二十六条在总结司法实践基础上，对于诉前鉴定与诉前调解的衔接问题、证据效力等作出规定，明确诉前委托鉴定评估经人民法院审查符合法律规定的，可以作为证据使用。

### （四）在线调解组织和调解员行为规范

为进一步规范调解组织和调解员在线调解活动，提高调解质量，《规定》第二十九条明确对以下五类情形当事人可以投诉。

一是强迫调解。调解应当坚持自愿原则。根据民事诉讼法规定，调解达成协议，必须双方自愿，不得强迫。

二是无正当理由多次拒绝接受人民法院委派委托或者当事人调解申

请。考虑到司法实践中，个别法院为了增加调解员数量，将一些无法开展调解工作的人员纳入平台，影响了调解成功率和调解质效，为激活调解队伍，对于无正当理由多次拒绝的，法院可以不再纳入在线调解队伍。

三是接受当事人请托或者收受财物。调解员应当依法中立公正开展工作，不得索取、收取当事人财物或者牟取其他不正当利益。

四是泄露调解过程、调解协议内容以及调解过程中获悉的国家秘密、商业秘密、个人隐私和其他不宜公开的信息，但法律和行政法规另有规定的除外。诉讼法规定调解过程和调解协议的内容不得公开。对泄露调解过程、调解协议内容以及调解过程中获悉的国家秘密、商业秘密、个人隐私和其他不宜公开的信息，当事人可以投诉。

五是其他违反调解职业道德应当作出处理的行为。当事人认为在线调解组织或者调解员存在这些不当行为的，可以向法院进行投诉，由法院进行核查，视情形作出解聘等相应处理，并告知主管部门。

## 最高人民法院
# 印发《关于贯彻〈中华人民共和国长江保护法〉的实施意见》的通知

2021年2月24日　　法发〔2021〕8号

**各省、自治区、直辖市高级人民法院，解放军军事法院，新疆维吾尔自治区高级人民法院生产建设兵团分院：**

现将《最高人民法院关于贯彻〈中华人民共和国长江保护法〉的实施意见》印发给你们，请认真贯彻执行。

## 最高人民法院
# 关于贯彻《中华人民共和国长江保护法》的实施意见

为深入学习贯彻习近平新时代中国特色社会主义思想，全面贯彻党的十九大及十九届二中、三中、四中、五中全会精神，正确适用《中华人民共和国长江保护法》，充分发挥人民法院审判职能作用，依法加强长江流域生态环境保护和修复，促进资源合理高效利用，推动长江流域绿色发展，结合人民法院工作实际，制定如下实施意见。

### 一、深刻认识实施长江保护法重大意义，增强司法服务保障长江流域生态环境保护和绿色发展的责任感和使命感

1. 长江保护法的贯彻实施是落实习近平总书记关于长江保护重要指示精神的重大举措。长江保护法是习近平总书记亲自确定的重大立法任务，是一部关系到党和国家工作大局、中华民族伟大复兴战略全局的重要法

律。各级人民法院要切实提高政治站位，深入贯彻落实习近平总书记重要指示精神，增强“四个意识”、坚定“四个自信”、做到“两个维护”，切实做好长江保护法实施工作，把保护和修复生态环境摆在压倒性位置，为实现人与自然和谐共生、中华民族永续发展提供坚实司法保障。

2. 长江保护法的贯彻实施是推进长江流域绿色发展的有力支撑。长江保护法既是生态环境的保护法，也是绿色发展的促进法，不仅突出强调长江流域生态环境保护和修复，同时在促进长江经济带产业结构绿色改造、提升流域人居环境质量、保障长江黄金水道功能等方面均作出重要规定。各级人民法院要将贯彻落实长江保护法作为保障长江流域绿色发展的发力点，助力长江经济带成为我国生态优先绿色发展主战场、畅通国内国际双循环主动脉、引领经济高质量发展主力军。

3. 长江保护法的贯彻实施是人民法院依法履职尽责的使命担当。长江保护法是我国首部流域专门法律，对于推动长江流域生态环境治理具有重大基础性、保障性作用。各级人民法院要坚持以习近平生态文明思想、习近平法治思想武装头脑、指导实践、推动工作，自觉主动担负起保护长江母亲河的使命责任。要充分发挥审判职能作用，妥善审理各类环境资源案件，保护长江流域生态系统、维护长江流域生物多样性，筑牢国家生态安全屏障，为长江流域生态环境保护和高质量发展提供有力司法服务和保障。

## 二、正确树立长江司法保护理念，准确把握长江流域生态环境保护和绿色发展的深刻内涵

4. 坚持生态优先、绿色发展。准确理解生态环境保护与经济社会发展的辩证关系，牢固树立和践行绿水青山就是金山银山的发展理念，坚持共抓大保护、不搞大开发，把长江流域生态环境保护和修复摆在压倒性位置。立足审判职能，保护长江流域生态环境，保障资源合理开发利用，推进长江流域绿色发展。

5. 坚持统筹协调、系统治理。保障国家长江流域协调机制关于长江保护的重大政策、重大规划有效落实。坚持在国家长江流域协调机制统一指导、统筹协调下，开展长江保护工作。坚持自然恢复为主、自然恢复与人工修复相结合的系统治理。妥善协调长江流域江河湖泊、上中下游、干支流、左右岸、水中岸上的关系，推进山水林田湖草一体化保护和修复。

6. 坚持依法严惩、全面担责。准确理解长江保护法适用的地域范围，严格把握特别法优于一般法等法律适用基本原则，确保长江保护法准确实施。坚持最严法治观，加大对流域生态环境破坏违法犯罪行为惩治力度，将“严”的基调贯彻到法律实施全过程、各方面，切实增强法律的刚性和权威性。在审理长江保护相关案件中，依法准确适用刑事、民事、行政法律，加大责任追究力度，全面保护各类民事主体合法权益，维护国家利益和社会公共利益。

## 三、充分发挥人民法院审判职能作用，为长江流域生态环境保护和绿色发展提供有力司法服务和保障

7. 依法加强水污染防治类案件审理。支持、监督有关部门对流域水污染防治、监管采取的行政执法措施。加大对超标排放含磷水污染物等有害物质造成的水污染、农业面源污染、固体废物污染、流域跨界水污染以及危险货物运输船舶污染等行为惩治力度。坚持最严格的水污染损害赔偿和生态补偿、修复标准，使受污染水体得到有效治理。

8. 依法加强生态保护类案件审理。重点审理长江十年禁渔相关案件，严厉惩处在水生生物保护区内从事生产性捕捞以及实施电鱼、毒鱼、炸鱼等生态环境违法犯罪行为，促进流域水生生物恢复。严厉打击危害珍贵、濒危野生动物犯罪，加强对其栖息地生态系统保护，维护流域生态功能和生物多样性。探索生态保护补偿制度的司法运用，依法保障国家对生态功能重要区域的生态保护补偿，支持流域地方政府之间开展的横向生态保护补偿和市场化补偿基金、相关主体自愿协商等生态保护补偿方式。

9. 依法加强资源开发利用类案件审理。按照有关部门依法划定的禁止采砂区和禁止采砂期有关规定，支持行政机关依法打击长江流域非法采砂行为，严厉惩处相关刑事犯罪，保障长江水域生态系统和航运安全。妥善审理流域内河流、湖泊、矿产、渔业等自然资源开发利用相关的资源权属争议和合同纠纷案件，将保护生态环境和自然资源合理利用作为裁判的重要因素予以综合考量，结合主体功能区制度分类施策，处理好保护环境与发展经济的关系，促进健全自然资源资产产权制度。

10. 依法加强气候变化应对类案件审理。依法适用国家节能减排相关法律法规、行政规章及有关环境标准，妥善运用破产重整、破产和解等司法手段，推动钢铁、石化、造纸、农药等重点行业技术设备升级、实施清

洁化改造，减少资源消耗和污染物排放。妥善审理涉及气候变化的建设项目和规划环境影响评价等案件，确保长江流域规划体系对生态环境保护和绿色发展的引领、指导和约束作用有效发挥。

11. 依法加强生态环境治理与服务类案件审理。依法审理流域港口、航道等水运基础设施纠纷案件，保障长江黄金水道功能有效发挥。妥善审理因长江防护林体系建设、水土流失及土地石漠化治理、河湖湿地生态保护修复等引发的案件，保障长江流域重大生态修复工程顺利实施。依法审理环境容量利用权、流域生态用水分配纠纷，保障流域水资源合理分配，确保流域用水安全。妥善审理因绿色信贷、绿色债券、绿色保险等金融服务引发的绿色金融案件，依法保障节能环保、清洁能源、绿色交通等绿色产业领域的投融资需求。

12. 充分发挥环境公益诉讼和生态环境损害赔偿诉讼作用。依法审理国家规定的机关或者法律规定的组织提起的环境公益诉讼，维护流域生态环境社会公共利益。充分发挥生态环境损害赔偿诉讼功能，完善司法确认规则，维护生态环境国家利益。做好环境公益诉讼与生态环境损害赔偿诉讼的衔接，加强诉讼请求、事实认定、责任承担、判决执行等方面协调对接，促进生态环境及时有效修复。

## 四、切实加强长江司法保护体制机制建设，提升服务保障生态环境民生福祉的能力水平

13. 健全环境资源审判组织体系，强化全流域系统保护。加大对环境资源审判工作支持力度，优化中级、基层人民法院环境资源审判组织体系，拓宽生态环境司法保护覆盖面。加强对雅砻江、岷江等长江重要支流以及太湖、鄱阳湖等长江流域重点湖泊的司法保护，更好满足保护和修复流域重要生态系统、服务和保障国家重大区域发展战略的需要。

14. 加大流域审判机制建设，提供优质高效司法服务。完善环境资源刑事、民事、行政案件“三合一”归口审理，统筹适用多种责任承担方式，全面保障人民群众环境权益。深化流域法院集中管辖、司法协作等机制建设，充分利用信息化手段，加强流域法院之间在立案、审判、执行等诉讼流程的衔接，提升跨域环境诉讼服务能力。加强环境资源巡回审判，就地开庭、调解和宣判，增强环境司法便民利民成效。

15. 锻造过硬审判队伍，提升环境司法能力和国际影响力。将党的政

治建设摆在首位，善于从政治上认识问题、推动司法工作，不断提高审判队伍政治判断力、政治领悟力、政治执行力。锻造高素质专业化审判队伍，践行习近平生态文明思想，牢固树立现代环境司法理念，增强服务保障人民群众优美生态环境需求的司法能力。深化环境司法国际交流合作，拓宽流域治理国际视野，为全球环境治理提供中国经验。

16. 深化司法公众参与，提升人民群众长江保护法治意识。充分发挥专家辅助人、人民陪审员在环境资源案件事实查明、评估鉴定等诉讼活动中的作用，实现专业审判与公众参与深度融合。通过公开审判重大环境资源案件、发布环境司法白皮书和典型案例、设立司法保护基地和生态环境修复基地等形式，发挥司法示范引领作用，让生态文明观念深入人心，增强人民群众保护长江流域生态环境法治意识和行动自觉。

# 《最高人民法院关于贯彻〈中华人民共和国长江保护法〉的实施意见》的理解与适用

杨临萍　李明义　蔡传磊*

《最高人民法院关于贯彻〈中华人民共和国长江保护法〉的实施意见》(法发〔2021〕8号，以下简称《实施意见》)经最高人民法院党组审议通过，已于2021年2月24日印发实施。为便于实践中准确理解和适用，现对《实施意见》的制定背景、基本原则和主要内容说明如下。

## 一、《实施意见》的制定背景

党的十八大以来，以习近平同志为核心的党中央高度重视长江生态环境保护，提出加强长江、黄河等大江大河生态保护和系统治理等重大决策部署。2016年1月、2018年4月和2020年11月，习近平总书记先后三次主持召开推动长江经济带发展座谈会，强调“生态优先、绿色发展”“共抓大保护、不搞大开发”，并专门指出要抓紧制定一部长江保护法，让保护长江生态环境有法可依。2020年12月26日，全国人大常委会第二十四次会议审议通过长江保护法，并于2021年3月1日正式实施。2021年1月22日，全国人大常委会委员长栗战书主持召开长江保护法实施座谈会，强调要深入践行习近平法治思想，增强执行和实施法律的责任感使命感，全面准确理解长江保护法主要内容和重要制度，抓好学习宣传贯彻工作，用法治力量守护好长江母亲河。

近年来，最高人民法院坚持以习近平新时代中国特色社会主义思想为指导，深入贯彻习近平生态文明思想，认真学习贯彻习近平总书记关于长

* 作者单位：最高人民法院。

江保护的重要指示精神，充分发挥审判职能作用，创新工作举措，切实加强长江生态环境司法保护。最高人民法院是推动长江经济带发展领导小组成员单位之一，全程参与了长江保护法的起草工作。指导各级人民法院理解好、实施好长江保护法，既是深入贯彻习近平生态文明思想、习近平法治思想的重要方式，也是最高人民法院的重大使命责任。2021年1月25日，最高人民法院环境资源审判庭启动《实施意见》起草工作，经深入调研，起草了征求意见稿，先后向最高人民法院7个相关部门、长江流域19家高级人民法院征求意见。在广泛吸收意见、反复研究论证的基础上，形成审议稿。2月23日，最高人民法院党组审议通过《实施意见》，并于2月24日正式印发。2月25日，最高人民法院举行新闻发布会，发布《实施意见》和相关典型案例。

## 二、《实施意见》制定的基本原则

为确保《实施意见》内容科学合理，符合立法精神，适应长江保护需要，更好地指导审判实践，在起草过程中，我们着重把握以下原则。

一是坚持正确政治方向，全面贯彻落实长江保护法立法宗旨。长江保护法是习近平总书记亲自确立的重大立法任务，不仅关系长江流域生态环境保护和修复，还关系党和国家工作大局、中华民族伟大复兴战略全局。长江保护法的出台，是将习近平总书记关于长江保护重要指示精神和党中央重大决策部署转化为国家意志和全社会行为准则，为长江永葆生机活力、中华民族永续发展提供坚实法治保障。《实施意见》将习近平生态文明思想、习近平法治思想作为指导思想和根本遵循，切实贯彻“绿水青山就是金山银山”的理念，准确把握生态环境保护和经济发展的关系，把保护和修复长江生态环境摆在压倒性位置，强化山水林田湖草一体化保护和修复的系统治理观，立足审判职能，保护长江流域生态环境，推动长江流域绿色发展。《实施意见》紧紧围绕“加强长江流域生态环境保护和修复”的立法主旨开展意见制定工作，全面准确反映长江保护法的立法精神。如《实施意见》针对水污染防治、生态环境修复、绿色发展等重要方面都作出了专门规定。

二是创新体例设计，充分体现首部全流域专门法律的特色。为深化人民法院对长江保护重要性的认识，准确理解我国第一部流域专门法律的重大历史意义，《实施意见》将贯彻实施的重大意义放在首要位置，增强人民法院服务保障长江流域生态环境保护和绿色发展的责任感和使命感。同时，长江保护法作为在全流域适用的法律，创新规定了众多流域生态环境治理的重大制度。如建立长江流域协调机制，统筹协调长江生态保护。为准确体现长江保护法的流域治理、系统保护等特征，《实施意见》总结提炼了长江司法保护基本司法理念，深刻把握人民法院推进长江流域生态环境保护和绿色发展的重要内涵。此外，最高人民法院已于2021年1月4日出台《环境资源案件类型与统计规范（试行）》，确定了环境污染防治、生态保护、资源开发利用、气候变化应对、环境治理与服务环境资源五种类型案件。《实施意见》第三部分在体例结构上按照五类环境资源案件予以编排，进一步加强环境资源案件类型化指引，深化长江司法保护案件专门化研究，适应长江生态环境保护需要。

三是坚持问题导向，不断提升长江流域司法保护水平。长江保护法对于破坏生态环境行为规定了十分严格的法律责任，栗战书委员长在长江保护法实施座谈会上也要求司法机关在实施长江保护法过程中，要对各类违法犯罪行为严惩重处。为此，《实施意见》将“依法严惩、全面担责”作为长江司法保护重要理念，要求对非法排污、非法采砂等污染环境、破坏生态行为予以严惩，充分运用最严格制度最严密法治保护长江流域生态环境。《实施意见》要求对长江流域含磷工业污水超标排放、过度捕捞水生生物造成长江生物资源衰退、非法采砂影响长江河道自然生态和航行安全等长江流域生态环境亟待解决的问题，加强司法治理，提升长江流域生态环境质量。针对环境司法制度供给和队伍能力与流域治理之间不相适应的问题，《实施意见》提出要探索生态补偿制度运用、细化环境公益诉讼规则，加强环境司法制度创新；深化审判组织体系建设，完善集中管辖、司法协作等机制，健全环境司法服务保障。

## 三、《实施意见》的主要内容

《实施意见》全文共16条，从重大意义、司法保护理念、司法服务保障措施、司法保护体制机制建设四个方面贯彻落实长江保护法。

### （一）深刻理解贯彻实施长江保护法的重大意义

《实施意见》第1条至第3条，从落实习近平总书记重要指示要求、推进长江流域绿色发展、人民法院全面履行法定职责等方面，深刻指出人民法院贯彻实施长江保护法的意义，增强法律实施重要性的认识。

1. 提高司法保护长江生态环境的认识

习近平总书记在2018年召开的深入推动长江经济带发展座谈会上就曾深刻指出，洞庭湖、鄱阳湖频频干旱见底，接近30%的重要湖库处于富营养化状态，长江生物完整性指数到了最差的无鱼等级。长江流域生态功能退化严重，长江保护已经到了刻不容缓的地步。基于此，《实施意见》在篇幅有限的情况下，坚持将长江司法保护重要意义加以阐述，目的就是进一步增强各级人民法院对于长江保护的意识，充分认识长江保护的必要性、紧迫性，找准长江司法保护的结合点、切入点，更加积极主动地服务大江大河生态环境治理的工作大局。《实施意见》要求，长江流域各级人民法院在长江保护法实施过程中，要切实提高政治站位，深入贯彻落实习近平总书记关于长江生态环境保护和高质量发展的系列重要指示精神，将实施好长江保护法作为增强“四个意识”、坚定“四个自信”、做到“两个维护”的具体实践，把保护和修复生态环境摆在压倒性位置，充分发挥审判职能作用，妥善审理各类环境资源案件，保护长江流域生态系统、维护生物多样性，筑牢国家生态安全屏障。

2. 提高司法服务长江流域绿色发展的认识

习近平总书记在2020年召开的全面推动长江经济带发展座谈会上，对推动长江经济带高质量发展作出明确部署。长江保护法既是生态环境的保护法，也是绿色发展的促进法。法律采用专章形式，对长江流域调整产业结构、优化产业布局的绿色发展作出规定。《实施意见》注重在发展中保护、在保护中发展，不仅突出强调长江流域生态环境保护和修复，对于促进长江经济带产业结构绿色改造、提升流域人居环境质量、保障长江黄金水道功能等均作出重要规定，服务长江流域生态环境保护和高质量发展。

## （二）长江保护应当树立的基本司法理念

《实施意见》认真贯彻习近平生态文明思想，落实栗战书委员长在长江保护法实施座谈会上关于“严惩重处”的重要指示，充分吸收长江保护法中关于开展长江保护和推进经济社会发展的基本原则，并结合长江流域司法保护需求，在第4条至第6条提出了长江司法保护三大理念。

1. 生态优先、绿色发展的理念

长江保护法第三条规定：“长江流域经济社会发展，应当坚持生态优先、绿色发展，共抓大保护、不搞大开发……”习近平总书记在2016年主持召开的推动长江经济带发展座谈会上，首次对长江保护作出“生态优先、绿色发展”“共抓大保护、不搞大开发”的重要指示。从内涵来看，与“绿水青山就是金山银山”的发展理念一脉相承，都是对生态环境保护和经济社会发展这一辩证关系的阐述。长江流域是我国经济发展的重心，也是我国环境污染、生态破坏现象较为严重突出的区域。强化长江流域生态优先、绿色发展，把生态环境保护和修复摆在压倒性位置，既是长江生态环境治理的现实需要，也是完整准确全面贯彻新发展理念、推动高质量发展的重要实践。人民法院在实施长江保护法时，既要树立生态优先理念，加大对环境污染、生态破坏违法犯罪行为惩治力度，切实扭转重经济发展轻环境保护的局面，又要发挥司法智慧，合理利用环境容量，实现生态效益、经济效益和社会效益的统一。

2. 统筹协调、系统治理的理念

习近平总书记在全面推动长江经济带发展座谈会上强调，要从生态系统整体性和流域系统性出发，追根溯源、系统治理，构建综合治理新体系。长江保护法第三条将系统观念作为重要原则，规定“长江保护应当坚持统筹协调、科学规划、创新驱动、系统治理”。人民法院要从整体性、协同性和系统性三个方面深化对长江司法保护的理解。

一是坚持长江保护的整体性。长江保护法第四条规定，国家建立长江流域协调机制，统一指导、统筹协调长江保护工作，审议长江保护重大政策、重大规划，协调跨地区跨部门重大事项，督促检查长江保护重要工作的落实情况。人民法院要坚持“一盘棋”思想，在国家长江流域协调机制统一指导、统筹协调下开展长江司法保护工作，保障长江保护重大政策、重大规划依法有效落实。二是坚持长江保护的协同性。推进长江上中下游、江河湖库、左右岸、干支流协同治理，根据长江流域自然地理状况和生态环境保护需要，既努力构建集中管辖、司法协作等工作机制，又注重推动生态环境联防联治，积极融入党委领导、政府主导、企业主体、社会组织和公众共同参与的现代环境治理体系。三是坚持长江保护的系统性。统筹山水林田湖草系统治理，整体考虑水、大气、土壤、野生动植物等环境要素以及岸线、森林、草原、湿地、重点湖区库区等生态系统的保护，推动全流域系统性保护。

3. 坚持依法严惩、全面担责的理念

栗战书委员长在长江保护法实施座谈会上强调要“严格执法监督问责，切实增强法律的刚性和权威性”。长江保护法突出生态环境保护“严”的要求，在多处明确规定了禁止性条款，如第二十二条第二款规定，禁止在长江流域重点生态功能区布局对生态系统有严重影响的产业；第二十七条第二款规定，禁止船舶在划定的禁止航行区域内航行；第二十八条第二款规定，禁止在长江流域禁止采砂区和禁止采砂期从事采砂活动。此外，长江保护法在法律责任章节规定了比现行法律法规更严格的行政处罚责任，强化对破坏长江生态环境行为的严厉惩治。基于此，《实施意见》特别将“从严适用”作为长江保护法实施的基本理念，把“严”的基调贯彻到长江保护法实施的全过程、各方面，要求长江流域各级人民法院加大对生态环境破坏违法犯罪行为惩治力度，强化责任承担。同时，人民法院在审理长江保护相关案件中，要依法准确适用相关法律，加大生态环境违法行为的刑事、民事、行政责任追究力度，让违法者承担更大更重的法律责任，全面保护人民群众合法权益，维护国家利益和社会公共利益。

人民法院应当注意以下长江保护法适用的基本问题：一是准确把握地域适用范围。根据长江保护法第二条第二款的规定，该法适用地域范围不仅包括长江干流主河段涉及的青海省、四川省、西藏自治区、云南省、重庆市、湖北省、湖南省、江西省、安徽省、江苏省、上海市11个省级行政区域，还包括甘肃省、陕西省、河南省、贵州省、广西壮族自治区、广东省、浙江省、福建省8省区内长江支流和湖泊流经的县级行政区域。二是长江保护法与现行法律体系的衔接。首先，长江保护法是以宪法为依据制定的法律，法律适用必须遵循宪法的规定，不得与宪法相违背。其次，要处理好专门法和一般法的关系，长江保护法对长江流域生态环境保护有明确规定的，应当优先适用长江保护法；未有规定或者规定不明确、不具体的，可以适用环境保护法、水污染防治法及《排污许可管理条例》等法律、行政法规以及相关司法解释的规定。

## （三）长江保护法实施的重点方面

《实施意见》第7条至第12条，涉及流域水污染治理和生态环境保护修复、自然资源合理利用、流域绿色发展等内容，充分体现依法推进长江司法保护的特点和要求。

1. 依法保障长江流域规划体系的落实

长江保护法第十七条规定："国家建立以国家发展规划为统领，以空间规划为基础，以专项规划、区域规划为支撑的长江流域规划体系……"人民法院对于流域规划体系依法准确实施具有司法保障职责。《实施意见》第10条规定，在审理涉及气候变化的建设项目和规划环境影响评价等案件中，人民法院保障长江流域规划体系对生态环境保护和绿色发展的引领、指导和约束作用有效发挥。值得注意的是，尽管该内容规定在气候变化应对类案件审理条目中，但司法实践中，保障长江流域规划体系的作用发挥不应局限于气候变化应对类案件。如涉及国家发展规划、空间规划以及国土空间实施用途管制、取用水总量控制、重点污染物排放总量控制、建设用地总量控制、生态环境分区管控方案和生态环境准入清单、河湖岸线特殊管制、禁航或限制航行区域划定、自然保护地设立等专项规划、区域规划，也属于保障长江流域规划体系作用的范围。

2. 加强长江流域水污染防治

水污染治理是长江流域污染防治的重点。长江保护法第三章第三十四条至第三十七条、第四章从饮用水水源地和地下水保护、水污染物排放标准、含磷污染物总量控制、农业面源污染、固体废物污染、船舶运输污染以及剧毒危险化学品航道禁运等方面对水污染防治进行了规定。《实施意见》第7条对长江保护法的上述规定予以回应，要求对超标排放含磷等工业污水、跨界水污染等地表水污染，以及因农业面源、固体废物非法处置等造成地下水污染以及货物运输船舶污染、在禁运河段运输剧毒或危险化学品等行为，加大司法惩治力度。

一方面，人民法院对于行政机关作出的合法合理的流域水环境质量标准、水污染物排放标准、总磷污染控制方案，应当依法予以支持；同时，支持、监督行政机关开展的水污染防治、监管等行政执法措施。另一方面，加大污染者法律责任追究力度。《实施意见》第7条对运用最严格的水污染损害赔偿和生态补偿、修复标准作出了指引，人民法院可以通过强化严格的损害赔偿标准、生态补偿或者生态修复标准，加大对污染者民事追责力度。此外，长江保护法不仅对污染企业和个人规定了承担行政处罚的行政责任，在第九十三条、第九十四条也规定了承担侵权损害赔偿的民事责任，以及构成犯罪的刑事责任。人民法院可以统筹适用刑事、行政、民事等多种法律责任，对于因同一环境资源侵权行为引发的刑事、行政和民事案件，既要严肃追究刑事、行政责任，也要依法追究民事责任，通过三大审判有机衔接，提升环境资源司法保护力度。如在被告人承担刑事责任的同时，还可以判处其承担生态环境修复、损害赔偿等民事责任，强化对污染者责任追究，使受污染水体得到有效治理。

3. 加大生态环境保护和修复力度

长江保护法第五章专门规定了长江生态环境修复。《实施意见》第8条、第9条、第11条对长江水生态、陆地生态以及长江河道等生态环境保护和修复作出了规定，系统加强长江流域山水林田湖草的一体化保护和修复。

一是强化长江水生态功能恢复。长江十年禁渔是以习近平同志为核心的党中央着眼全局和长远作出的重大决策部署，是扭转长江生态功能恶化和水生生物资源衰退趋势的重要突破口。长江保护法对此作出了明确规定，《实施意见》也强调要严厉打击长江非法捕捞水产品犯罪。长江流域各级人民法院要认真领会长江十年禁渔的重要性，依法准确适用相关法律，按照最高人民法院、最高人民检察院、公安部、农业农村部联合出台的《依法惩治长江流域非法捕捞等违法犯罪的意见》要求，严厉惩处在水生生物保护区内从事生产性捕捞、在国家规定期限内在重点水域从事生产性捕捞以及实施电鱼、毒鱼、炸鱼等破坏渔业资源和生态环境等违法犯罪行为，促进恢复和改善长江流域生态系统功能。

二是推动自然生态系统保护。《实施意见》第8条指出，加强对珍贵、濒危野生动植物栖息地生态系统保护，维护流域生态功能和生物多样性。人民法院要积极支持配合长江流域自然保护地体系建设，加强对国家公园、自然保护区、自然公园等自然保护地生态环境的司法保护。对流域珍贵、濒危水生野生动植物实行严格的司法保护，严厉打击危害珍贵、濒危野生动植物犯罪行为；支持、监督行政机关对长江流域天然林、基本草原、湿地实施的保护和管理行政措施，维护自然保护地生态功能和生物多样性。

三是助力重大生态环境修复工程的实施。《实施意见》第11条对此也作出了明确规定。人民法院要妥善审理因长江防护林体系建设、水土流失及土地石漠化治理、河湖湿地生态保护修复等引发的各类案件。在保障行政机关主导开展重大生态修复工程的基础上，充分发挥环境司法的有益经验，通过司法实践中普遍采取的补种复绿、增殖放流、护林护鸟、劳务代偿等生态环境修复方式，积极参与重大生态修复工程，贡献司法力量。此外，人民法院根据审理案件中生态环境受损情况，按照长江流域生态修复规划，加大对流域河湖水系连通修复和河湖岸线修复，强化对太湖、鄱阳湖等重点湖泊，三峡库区、丹江口库区等重点库区消落区，流域森林、草原、湿地，极度濒危野生动植物栖息地、天然集中分布区，水生生物产卵场、洄游通道重要栖息地等生态系统以及水土流失重点预防区、治理区，历史遗留矿山等区域的修复，促进长江流域生态环境整体恢复。

四是探索生态保护补偿制度的司法适用。生态保护补偿是对生态保护者因履行生态保护责任所增加的支出和付出的成本予以补偿的激励性制度安排，是引导生态受益者履行补偿义务，激励生态环境保护的重要方式。党的十九届五中全会提出要完善市场化、多元化生态补偿。目前，部分地方已经开始生态保护补偿制度的探索，国家也正在制定关于生态保护补偿相关法规。长江保护法第七十六条明确规定了建立长江流域生态保护补偿制度。人民法院要加快跟进生态保护补偿制度司法适用的研究，依法保障国家对长江干流及重要支流源头和上游的水源涵养地等生态功能重要区域的补偿措施；依法支持长江流域上下游、左右岸、干支流地方政府之间开展横向生态保护补偿；鼓励社会资金建立市场化运作的长江流域生态保护补偿基金、相关主体之间采取自愿协商等方式开展生态保护补偿。对于可能出现的涉及生态保护补偿相关行政纠纷、合同纠纷等，根据相关补偿标准依法准确审理，确保生态保护者因保护生态环境享有的合法权益。

4. 保障长江流域自然资源合理利用

长江保护法第三章对长江流域水资源、森林资源、动植物资源的保护作出了规定，同时在其他章节对矿产资源利用作出了规范。总体来看，长江保护法对于长江流域自然资源采取的是保护为主、合理利用的立法精神，以生态环境不受破坏作为长江流域自然资源开发利用的前提。《实施意见》第8条、第9条对自然资源合法合理利用进行了规定。

一是严厉打击长江非法采砂。长江保护法第二十八条规定了长江流域采砂许可制度，并对禁止采砂的区域和期间作出了规定。《实施意见》第8条要求对长江流域河道非法采砂行为进行严厉打击。人民法院要按照长江流域有关采砂规划、有关部门规定以及生态环境保护需要，妥善审理涉及长江采砂的行政许可案件，依法支持行政机关打击长江流域非法采砂行为。依据有关流域管理机构或县级以上政府依法划定的禁止采砂区和禁止采砂期，按照《最高人民法院、最高人民检察院关于办理非法采矿、破坏性采矿刑事案件适用法律若干问题的解释》等相关规定，严厉惩治非法采砂相关刑事犯罪，保障长江水域生态系统和航运安全。

二是妥善审理其他资源利用案件。注重水资源合理分配。按照相关部门确定的跨省河流水量分配方案、年度水量分配方案以及调度计划，依法妥善审理涉及水资源使用权纠纷、流域生态用水分配纠纷，确保流域用水安全和生态安全。妥善审理流域内河流、湖泊、矿产、渔业等自然资源开发利用相关的资源权属争议和合同纠纷案件，将保护生态环境和自然资源合理利用作为裁判的重要因素予以综合考量，结合主体功能区制度分类施策，处理好保护环境与发展经济的关系。

5. 助力长江流域绿色发展

推动长江流域绿色发展是长江保护法的重要内容。长江保护法第六章对于流域绿色发展作出了众多支持性、保障性以及必要约束性的措施。相应地，《实施意见》第10条、第11条对于司法促进重点行业节能减排、产业结构升级以及支持绿色金融行业发展进行了规定。

长江流域各级人民法院要积极运用破产重整、破产和解等司法手段，服务深化供给侧结构性改革，优化产业结构和产业布局，助推钢铁、石化、建材、冶金、农药制造等产业生产技术升级、装备节水节能绿色化改造，鼓励企业通过技术创新减少资源消耗和污染物排放。依法审理流域港口、航道等水运基础设施纠纷案件，推动长江港口船舶污染物接收处置设施、岸电设施及船舶受电设施建设或改造，保障长江黄金水道功能有效发挥。妥善审理因绿色信贷、绿色债券、绿色保险等金融服务引发的绿色金融案件，引导社会资金向节能环保、清洁能源、绿色交通等新兴领域延伸，不断优化、壮大绿色产业结构，促进长江流域可持续发展；支持、鼓励绿色金融、碳排放交易等新业态发展，探索生态产品价值实现路径，推进生态产业化和产业生态化。

### （四）提升保障生态环境民生福祉的司法能力水平

习近平总书记指出，良好生态环境是最普惠的民生福祉，发展经济是为了民生，保护生态环境同样也是为了民生。栗战书委员长在长江保护法实施座谈会上提出，审判机关、检察机关和司法行政机关要建立健全长江流域生态环境保护司法服务机制。长江保护法第七十七条要求加强长江流域司法保障建设。《实施意见》坚持以人民为中心，将服务保障生态环境民生福祉作为环境司法的落脚点，第 13 条至第 16 条从健全环境资源审判组织体系、加大流域审判机制建设、锻造过硬审判队伍、深化环境司法公众参与等四个方面，加强长江司法保护体制机制建设，提升生态环境司法服务保障能力水平，不断增强人民群众生态环境获得感、幸福感、安全感。

1. 完善全流域系统保护

《实施意见》第 13 条就健全环境资源审判组织体系提出了要求。在长江保护法实施中，各级人民法院要不断加大对环境资源审判工作支持力度，优化完善高级、中级、基层人民法院环境资源审判组织体系建设，努力拓宽生态环境司法保护覆盖面。加强对雅鲁藏布江流域、喜马拉雅山区域等长江源头、成渝地区等长江上游，雅砻江、岷江等长江重要支流，太湖、鄱阳湖等长江流域重点湖泊的专门化司法保护，更好满足保护和修复流域重要生态系统的需要。主动服务长江经济带、长三角一体化、成渝双城经济圈等重大国家战略，构建不同层次的司法协作机制，服务和保障国家重大区域发展战略的需要。

2. 提供优质高效司法服务

《实施意见》第 14 条注重加强长江流域审判机制建设，为人民群众提供有力生态环境司法服务。完善环境资源刑事、民事、行政案件“三合一”归口审理，统筹适用刑事、民事、行政多种法律责任承担方式，全面保障人民群众环境权益。深化流域法院集中管辖机制建设，完善集中管辖法院内部、集中管辖和非集中管辖法院之间的协同审判机制，实现省级行政区划内的集中管辖制度体系化；结合流域、湿地等生态功能区和国家公园等自然保护地生态环境保护和系统治理需要，探索实行跨省级行政区划的集中管辖机制。充分利用信息化手段，加强流域法院之间在立案、审判、执行等诉讼流程的衔接，提升跨域环境诉讼服务能力。加强环境资源巡回审判，就地开庭、调解和宣判，增强环境司法便民利民成效。健全协调联动机制，与检察机关、司法行政机关建立健全长江流域生态环境司法服务机制，加强与公安机关、环境资源保护主管机关等部门的沟通协调，形成长江生态环境保护法治合力。

3. 增强环境司法能力和国际影响力

《实施意见》第 15 条注重提升环境资源审判队伍专业化水平，增强环境司法服务人民群众的能力。将党的政治建设摆在首位，善于从政治上认识问题、推动司法工作，不断提高审判队伍政治判断力、政治领悟力、政治执行力。锻造高素质专业化审判队伍，践行习近平生态文明思想，牢固树立现代环境司法理念，落实全面深化司法责任制综合配套改革要求，培养适应环境资源“三合一”归口审理需求的专业化审判队伍，增强服务保障人民群众优美生态环境需求的司法能力。深化环境司法国际交流合作，充分运用联合国环境规划署官网、环境司法国际论坛、环境司法国际交流基地等平台，丰富比较法律研究、案例信息共享等交流方式，拓宽流域治理国际视野，展示长江司法保护成效，为全球环境治理提供中国经验，提升中国环境司法的国际影响力。

4. 深化环境司法公众参与

《实施意见》第16条通过深化司法公众参与，提升人民群众长江保护法治意识。各级人民法院要注重拓宽公众参与环境司法的途径，通过专家辅助人制度、人民陪审员制度等，深化专业事实查明、评估鉴定、修复方案确定等诉讼活动中的民众参与，实现专业审判与公众参与深度融合。通过在世界环境日等重大时间节点，公开审判重大环境资源案件、发布长江流域环境司法白皮书和典型案例、组织人民群众参观司法保护基地和生态环境修复基地等形式，发挥司法示范引领作用，让生态文明观念深入人心，增强人民群众保护长江流域生态环境法治意识和行动自觉。

人民法院在长江保护法实施中，要坚持以习近平生态文明思想、习近平法治思想武装头脑、指导实践、推动工作，充分发挥审判职能作用，妥善审理各类环境资源案件，持续深化环境司法机制创新，为长江流域生态环境保护和高质量发展提供有力司法服务和保障。

## 最高人民法院
# 印发《关于修改〈最高人民法院关于司法解释工作的规定〉的决定》的通知

2021年6月9日　　　　　　　　法发〔2021〕20号

**各省、自治区、直辖市高级人民法院，解放军军事法院，新疆维吾尔自治区高级人民法院生产建设兵团分院；本院各单位：**

《最高人民法院关于修改〈最高人民法院关于司法解释工作的规定〉的决定》已于2021年6月8日经最高人民法院审判委员会第1841次会议通过，现印发给你们，请遵照执行。

## 最高人民法院
# 关于修改《最高人民法院关于司法解释工作的规定》的决定

（2021年6月8日最高人民法院审判委员会第1841次会议通过<br>自2021年6月16日起施行）

根据审判执行工作的需要，经最高人民法院审判委员会第1841次会议决定，对《最高人民法院关于司法解释工作的规定》作如下修改：

将第六条第一款修改为："司法解释的形式分为'解释'、'规定'、'规则'、'批复'和'决定'五种。"

在第六条第三款之后增加一款作为第四款："对规范人民法院审判执行活动等方面的司法解释，可以采用'规则'的形式。"

原第六条第四款、第五款作为第六条第五款、第六款。

本决定自2021年6月16日起施行。

根据本决定,《最高人民法院关于司法解释工作的规定》作相应修改后重新公布。

# 最高人民法院
# 关于司法解释工作的规定

(2006年12月11日最高人民法院审判委员会第1408次会议通过 自2007年4月1日起施行 根据2021年6月8日最高人民法院审判委员会第1841次会议通过的《最高人民法院关于修改〈最高人民法院关于司法解释工作的规定〉的决定》修正)

## 一、一般规定

**第一条** 为进一步规范和完善司法解释工作,根据《中华人民共和国人民法院组织法》、《中华人民共和国各级人民代表大会常务委员会监督法》和《全国人民代表大会常务委员会关于加强法律解释工作的决议》等有关规定,制定本规定。

**第二条** 人民法院在审判工作中具体应用法律的问题,由最高人民法院作出司法解释。

**第三条** 司法解释应当根据法律和有关立法精神,结合审判工作实际需要制定。

**第四条** 最高人民法院发布的司法解释,应当经审判委员会讨论通过。

**第五条** 最高人民法院发布的司法解释,具有法律效力。

**第六条** 司法解释的形式分为"解释"、"规定"、"规则"、"批复"和"决定"五种。

对在审判工作中如何具体应用某一法律或者对某一类案件、某一类问题如何应用法律制定的司法解释,采用"解释"的形式。

根据立法精神对审判工作中需要制定的规范、意见等司法解释,采用"规定"的形式。

对规范人民法院审判执行活动等方面的司法解释,可以采用"规则"

的形式。

对高级人民法院、解放军军事法院就审判工作中具体应用法律问题的请示制定的司法解释，采用“批复”的形式。

修改或者废止司法解释，采用“决定”的形式。

**第七条** 最高人民法院与最高人民检察院共同制定司法解释的工作，应当按照法律规定和双方协商一致的意见办理。

**第八条** 司法解释立项、审核、协调等工作由最高人民法院研究室统一负责。

## 二、立项

**第九条** 制定司法解释，应当立项。

**第十条** 最高人民法院制定司法解释的立项来源：

（一）最高人民法院审判委员会提出制定司法解释的要求；

（二）最高人民法院各审判业务部门提出制定司法解释的建议；

（三）各高级人民法院、解放军军事法院提出制定司法解释的建议或者对法律应用问题的请示；

（四）全国人大代表、全国政协委员提出制定司法解释的议案、提案；

（五）有关国家机关、社会团体或者其他组织以及公民提出制定司法解释的建议；

（六）最高人民法院认为需要制定司法解释的其他情形。

基层人民法院和中级人民法院认为需要制定司法解释的，应当层报高级人民法院，由高级人民法院审查决定是否向最高人民法院提出制定司法解释的建议或者对法律应用问题进行请示。

**第十一条** 最高人民法院审判委员会要求制定司法解释的，由研究室直接立项。

对其他制定司法解释的立项来源，由研究室审查是否立项。

**第十二条** 最高人民法院各审判业务部门拟制定“解释”、“规定”类司法解释的，应当于每年年底前提出下一年度的立项建议送研究室。

研究室汇总立项建议，草拟司法解释年度立项计划，经分管院领导审批后提交审判委员会讨论决定。

因特殊情况，需要增加或者调整司法解释立项的，有关部门提出建议，由研究室报分管院领导审批后报常务副院长或者院长决定。

**第十三条** 最高人民法院各审判业务部门拟对高级人民法院、解放军军事法院的请示制定批复的，应当及时提出立项建议，送研究室审查立项。

**第十四条** 司法解释立项计划应当包括以下内容：立项来源，立项的必要性，需要解释的主要事项，司法解释起草计划，承办部门以及其他必要事项。

**第十五条** 司法解释应当按照审判委员会讨论通过的立项计划完成。未能按照立项计划完成的，起草部门应当及时写出书面说明，由研究室报分管院领导审批后提交审判委员会决定是否继续立项。

## 三、起草与报送

**第十六条** 司法解释起草工作由最高人民法院各审判业务部门负责。

涉及不同审判业务部门职能范围的综合性司法解释，由最高人民法院研究室负责起草或者组织、协调相关部门起草。

**第十七条** 起草司法解释，应当深入调查研究，认真总结审判实践经验，广泛征求意见。

涉及人民群众切身利益或者重大疑难问题的司法解释，经分管院领导审批后报常务副院长或者院长决定，可以向社会公开征求意见。

**第十八条** 司法解释送审稿应当送全国人民代表大会相关专门委员会或者全国人民代表大会常务委员会相关工作部门征求意见。

**第十九条** 司法解释送审稿在提交审判委员会讨论前，起草部门应当将送审稿及其说明送研究室审核。

司法解释送审稿及其说明包括：立项计划、调研情况报告、征求意见情况、分管副院长对是否送审的审查意见、主要争议问题和相关法律、法规、司法解释以及其他相关材料。

**第二十条** 研究室主要审核以下内容：

（一）是否符合宪法、法律规定；

（二）是否超出司法解释权限；

（三）是否与相关司法解释重复、冲突；

（四）是否按照规定程序进行；

（五）提交的材料是否符合要求；

（六）是否充分、客观反映有关方面的主要意见；

（七）主要争议问题与解决方案是否明确；

（八）其他应当审核的内容。

研究室应当在一个月内提出审核意见。

**第二十一条** 研究室认为司法解释送审稿需要进一步修改、论证或者协调的，应当会同起草部门进行修改、论证或者协调。

**第二十二条** 研究室对司法解释送审稿审核形成草案后，由起草部门报分管院领导和常务副院长审批后提交审判委员会讨论。

## 四、讨论

**第二十三条** 最高人民法院审判委员会应当在司法解释草案报送之次日起三个月内进行讨论。逾期未讨论的，审判委员会办公室可以报常务副院长批准延长。

**第二十四条** 司法解释草案经审判委员会讨论通过的，由院长或者常务副院长签发。

司法解释草案经审判委员会讨论原则通过的，由起草部门会同研究室根据审判委员会讨论决定进行修改，报分管副院长审核后，由院长或者常务副院长签发。

审判委员会讨论认为制定司法解释的条件尚不成熟的，可以决定进一步论证、暂缓讨论或撤销立项。

## 五、发布、施行与备案

**第二十五条** 司法解释以最高人民法院公告形式发布。

司法解释应当在《最高人民法院公报》和《人民法院报》刊登。

司法解释自公告发布之日起施行，但司法解释另有规定的除外。

**第二十六条** 司法解释应当自发布之日起三十日内报全国人民代表大会常务委员会备案。

备案报送工作由办公厅负责，其他相关工作白研究室负责。

**第二十七条** 司法解释施行后，人民法院作为裁判依据的，应当在司法文书中援引。

人民法院同时引用法律和司法解释作为裁判依据的，应当先援引法律，后援引司法解释。

**第二十八条** 最高人民法院对地方各级人民法院和专门人民法院在审

判工作中适用司法解释的情况进行监督。上级人民法院对下级人民法院在审判工作中适用司法解释的情况进行监督。

## 六、编纂、修改、废止

**第二十九条** 司法解释的编纂由审判委员会决定，具体工作由研究室负责，各审判业务部门参加。

**第三十条** 司法解释需要修改、废止的，参照司法解释制定程序的相关规定办理，由审判委员会讨论决定。

**第三十一条** 本规定自2007年4月1日起施行。1997年7月1日发布的《最高人民法院关于司法解释工作的若干规定》同时废止。

最高人民法院

# 关于为全面推进乡村振兴加快农业农村现代化提供司法服务和保障的意见

2021 年 7 月 14 日　　法发〔2021〕23 号

为深入贯彻习近平总书记在中央农村工作会议以及在庆祝中国共产党成立 100 周年大会上的重要讲话精神，全面贯彻党的十九大和十九届二中、三中、四中、五中全会精神，全面贯彻落实《中共中央国务院关于全面推进乡村振兴加快农业农村现代化的意见》《中共中央国务院关于实现巩固拓展脱贫攻坚成果同乡村振兴有效衔接的意见》，充分发挥人民法院审判职能作用，为全面推进乡村振兴、加快农业农村现代化提供有力司法服务和保障，提出如下意见。

## 一、统一思想认识，准确把握为全面推进乡村振兴、加快农业农村现代化提供司法服务的总体要求

1. 正确把握为全面推进乡村振兴、加快农业农村现代化提供司法服务的指导思想。全面推进乡村振兴、加快农业农村现代化是以习近平同志为核心的党中央作出的重大战略部署。各级人民法院要坚持以习近平新时代中国特色社会主义思想为指导，深入贯彻习近平总书记在中央农村工作会议上重要讲话精神，全面贯彻党的十九大和十九届二中、三中、四中、五中全会精神，贯彻落实中央农村工作会议精神，增强“四个意识”、坚定“四个自信”、做到“两个维护”，立足新发展阶段，完整、准确、全面贯彻新发展理念，构建新发展格局，推动高质量发展，坚持稳中求进工作总基调，坚持加强党对“三农”工作的全面领导，坚持农业农村优先发展，

为全面建设社会主义现代化国家开好局、起好步提供有力司法服务和保障。

2. 深刻认识为全面推进乡村振兴、加快农业农村现代化提供司法服务的重大意义。党的十八大以来，以习近平同志为核心的党中央坚持把解决好“三农”问题作为全党工作的重中之重。在向全面建成社会主义现代化强国的第二个百年奋斗目标迈进的历史关口，巩固和拓展脱贫攻坚成果，全面推进乡村振兴，加快农业农村现代化，是关系大局的重大问题。各级人民法院要充分认识新发展阶段做好“三农”工作的重要性和紧迫性，坚持把司法服务和保障“三农”问题作为工作重中之重，采取切实有力措施推动乡村振兴，促进农业高质高效、乡村宜居宜业、农民富裕富足。

3. 精准对接为全面推进乡村振兴、加快农业农村现代化提供司法服务的目标任务。“十四五”时期，我国将进入新发展阶段。各级人民法院要建立健全上下贯通、一抓到底的工作体系，围绕目标任务，压实责任，督促检查，将服务巩固拓展脱贫攻坚成果纳入审判执行的总体工作之中，推动人民法院服务和保障全面推进乡村振兴、加快农业农村现代化各项政策举措落实落地。

## 二、稳固农业发展基础，促进农业高质高效

4. 依法惩处涉重要农产品违法犯罪行为，推进实施重要农产品保障战略。坚持依法严惩方针，从严从快惩处走私大米、玉米、食糖等农产品犯罪行为，保持打击重要农产品走私犯罪活动高压态势，保障人民群众食品卫生安全和农产品质量安全。严厉打击超剂量超范围用药、违规使用原料药、不执行间隔期休药期等违法行为，加强行政执法和刑事司法的有效衔接，推动农药兽药残留治理工作，保障人民群众“舌尖上的安全”。持续推进惩治制售假种子、假化肥、假农药等伪劣农资犯罪行为，保障粮食和重要农产品供应安全，保护农业生产经营秩序，助推质量兴农。

5. 落实最严格的耕地保护制度，确保国家粮食安全。严厉打击破坏土地资源犯罪行为，依法认定违法占用耕地建房等合同无效，支持行政机关依法开展土地行政执法工作。积极配合有关部门推进农村乱占耕地建房专项整治行动，加大对涉及乱占耕地建房违法行为的生效裁判和行政处罚决定中金钱给付义务的强制执行力度，坚决遏制耕地“非农化”，防止“非粮化”。综合发挥刑事、民事、行政等审判职能作用，推进耕地污染管控，

坚守 18 亿亩耕地红线。

6. 依法审理农村土地承包经营案件，推进现代农业发展。按照“落实集体所有权、稳定农户承包权、放活土地经营权”要求，依法审理农村土地“三权分置”纠纷案件，推进完善以家庭承包经营为基础、统分结合的双层经营体制，确保农村土地承包关系稳定并长久不变，维护农民集体、承包农户、经营主体的合法权益。依法审理涉土地经营权抵押权以及土地经营权流转合同等纠纷案件，保障农村土地经营权有序流转，推动家庭农场培育和农民合作社质量提升，助力现代农业经营体系建设。

7. 加大涉农知识产权司法保护力度，推动农业科技进步和创新。加强涉农知识产权案件审判工作，加大对种源“卡脖子”农业关键核心技术等知识产权司法保护力度，激发创新活力，推动农业科技自立自强。依法审理侵害植物新品种权纠纷案件，秉持有利于权利保护的司法理念，扩大育种创新成果法律保护范围，通过司法手段推动育种创新。加强种业知识产权保护，强化与相关部门的沟通协作，推动司法保护和行政保护有效衔接，推进高质效合作。加大对“南繁硅谷”种业知识产权司法保护力度，推动制种基地和良种繁育体系建设，助推品种培优、品质提升、品牌打造和标准化生产，增强种业自主创新的内在动力。

8. 加强农业生态环境司法保护，推进农业绿色发展。坚持生态优先、绿色发展理念，充分发挥生态环境保护的引领和倒逼作用，推进荒漠化、石漠化、坡耕地水土流失综合治理、农业面源污染治理、重点区域地下水保护与超采治理，加大黑土地司法保护力度，以持续改善环境质量促进农村经济社会发展全面绿色转型。加大对涉农环境污染、生态破坏违法犯罪行为的惩处力度，确保保护生态环境“最严密的法治”有效实施，维护农业生态安全。依法审理涉农村地区环境污染、生态破坏责任纠纷以及民事、行政公益诉讼案件，坚守“绿水青山就是金山银山”理念，强化环境治理与生态修复工作，探索多样化责任承担方式。依法审理长江、黄河等重点水域禁捕案件，充分发挥流域司法协作效能，持续推进大江、大河生态环境整体保护和系统治理。

## 三、助力乡村建设行动，打造宜居宜业美丽乡村

9. 贯彻落实总体国家安全观，促进乡村和谐稳定。持续推进农村地区扫黑除恶斗争常态化，依法严惩宗族恶势力和“村霸”“市霸”“行霸”

“路霸”等农村黑恶势力，不断增强人民群众安全感。依法惩处侵害农村留守儿童、妇女和老年人以及残疾人、困境儿童合法权益犯罪行为，加大对农村留守儿童、妇女和老年人以及残疾人、困境儿童等特殊弱势群体的司法保护力度，加强对农村留守儿童、妇女和老年人以及残疾人、困境儿童的关爱服务。加大对农村非法宗教活动和境外渗透活动的惩处力度，严厉打击组织和利用邪教组织犯罪，防止邪教向农村渗透。协同有关部门建立健全农村应急管理工作机制，依法制止利用宗教、邪教干预农村公共事务，促进稳固农村基层政权。

10. 服务打好污染防治攻坚战，推进农村人居环境整治提升。围绕打好污染防治攻坚战总体目标，依法履职尽责，支持农村地区推进生活垃圾治理专项行动，推进农村人居环境整治。针对农村地区污水、黑臭水体、垃圾污染等群众反映强烈的突出问题，依法公正高效审理相关案件，运用司法手段推动改善生态环境质量，助力推进村庄清洁和绿化行动。

11. 妥善审理涉农村地区基础设施建设纠纷案件，助推补齐农村发展短板弱项。依法审理涉农村地区高速公路、客货共线铁路、水利、电力、机场、通讯网络等重大基础设施建设工程纠纷案件，持续推进改善农村地区基础设施条件。依法审理涉农村资源路、产业路、旅游路等建设纠纷案件，持续推进“四好农村路”建设。依法审理农村地区农产品和食品仓储保鲜、冷链物流设施建设纠纷案件，支持乡村特色产业发展壮大。

12. 加大对农村地区历史文化遗产的司法保护力度，推进优秀历史文化传承。依法审理破坏历史文化名镇名村、文物、历史建筑以及传统村落、传统民居等农村物质文化遗产案件，加大对农村物质文化遗产的司法保护力度。综合运用多种手段，助推农村非物质文化遗产的传承和开发利用。

13. 助推农村要素市场化配置改革，激发乡村发展内生动力。审慎审理集体经营性建设用地纠纷案件，推动探索实施农村集体经营性建设用地入市制度，助推土地要素市场化配置，推进农村土地制度改革。按照国家政策及相关指导意见，区分国家确定的宅基地制度改革试点地区与非试点地区，依法妥善处理宅基地使用权因抵押担保、转让产生的纠纷，依法保护当事人权益，助推农村宅基地制度改革。进一步推进劳动人事争议调解仲裁与诉讼衔接，妥善审理涉农民工劳动争议案件，支持劳动力等要素市场化配置，引导劳动力要素合理畅通有序流动，推动完善要素交易规则。

14. 发挥司法裁判规则引领和价值导向作用，促进乡风文明。以贯彻民法典为契机，加强裁判文书说理，深入推进社会主义核心价值观融入裁判文书释法说理，推动社会主义核心价值观转化为人民群众的情感认同和行为习惯。贯彻《新时代公民道德建设实施纲要》，坚持把社会主义核心价值观融入司法工作，用群众喜闻乐见的方式，加强以案释法和法治宣传，以法治大力弘扬真善美、打击假恶丑，实现法安天下、德润民心。

## 四、落实惠农富农政策，保障农民富裕富足

15. 依法惩处涉农业投资和农业补贴犯罪行为，确保惠农富农政策落地见效。严厉打击侵占、挪用、贪污农业投资资金犯罪行为，促进涉农资金的管理和规范使用，确保农业投资有效利用。依法惩处截留、挤占农业补贴犯罪行为，确保农业支持政策落到实处，切实保障农业补贴真正惠及农民。依法惩处集体资产管理、土地征收等领域违法犯罪行为，推动开展农村基层微腐败整治，不断提升农民群众幸福感。

16. 积极开展根治欠薪专项行动，依法保护农民工合法权益。加大脱贫地区公共基础建设欠薪案件的审执力度，特别是脱贫地区以工代赈基础设施建设领域欠薪案件的审执力度，切实提高根治拖欠农民工工资工作质效。加大对劳动密集型加工制造等行业农民工权益保护力度，保持治理欠薪高压态势，进一步加强劳动保障监察执法与刑事司法衔接配合工作，依法公正审理拒不支付劳动报酬刑事犯罪案件，切实保障农民工合法权益。

17. 依法保障进城落户农民合法权益，不断提升农民群体获得感、幸福感。依法保护进城农户的土地承包经营权、宅基地使用权、集体收益分配权。对于承包农户进城落户的，人民法院可通过司法手段支持保护其按自愿有偿原则依法在本集体经济组织内转让土地承包经营权，或者将承包地退还给集体经济组织。

18. 加大民生案件审执力度，切实保障农民基本生活。加大对追索劳动报酬、赡养费、扶养费、抚育费、抚恤金、医疗费用、交通事故人身损害赔偿、工伤保险待遇等案件审执力度，切实维护农民生存生活基本权益。对于被执行人确无履行能力、申请执行人面临生存生活困难的执行案件，充分利用司法救助资金，及时对符合救助条件的申请执行人进行司法救助。

## 五、坚持强基导向，积极服务全面推进乡村振兴和基层治理

19. 增加乡村地区司法资源供给，不断强化人民法庭建设。认真贯彻第四次全国人民法庭工作会议精神，把强化人民法庭建设、服务全面推进乡村振兴和基层治理作为一项长期工作抓紧抓实，推动人民法庭工作实现新发展，促进构建基层治理新格局。坚持强基导向，改革和优化人民法庭布局，围绕矛盾纠纷特点因地制宜设立特色巡回法庭，为解决“三农”纠纷提供更加精准化、精细化的司法服务。完善人民法庭巡回审理制度，合理设置巡回办案点和诉讼服务点，做好巡回审判工作，最大限度减少群众诉累。充分发挥人民法庭职能作用，紧扣市域、县域治理需求，积极参与基层治理，实现人民安居乐业、社会安定有序、国家长治久安。

20. 加强对各类调解组织的指导，有效提升基层治理水平。不断加强与公安、司法、劳动人事争议调解仲裁、农村土地承包仲裁、人民调解委员会等其他基层国家机关、基层群众自治组织、行业调解组织等的协同配合，按照“不缺位、不越位、不错位”的原则，切实履行指导人民调解工作的法定职责，积极做好司法确认等诉讼与非诉讼矛盾纠纷解决机制的衔接工作。加强对各类调解组织的指导，进一步推进制度化、规范化建设，不断提升调解的工作质效，积极提升基层治理法治化水平。

21. 注重矛盾纠纷多元化解，切实把矛盾解决在萌芽状态。坚持把非诉讼纠纷解决机制挺在前面，积极推动矛盾纠纷源头预防化解。坚持和发展新时代“枫桥经验”，加强与基层党组织、政法单位、基层群众自治组织的对接，推动形成工作合力，最大限度将矛盾化解在基层。积极发挥一站式诉讼服务中心解纷功能，推动家事纠纷、相邻关系、交通事故、医疗纠纷、消费者权益保护等纠纷案件通过调解、仲裁等方式一站式化解。推进人民法庭进乡村、进社区、进网格工作，依托人民法院调解平台，通过“引进来”“走出去”，构建分层递进源头预防化解矛盾纠纷路径，推动矛盾纠纷就地发现、就地调处、就地化解。探索建立以人民法庭为支点，精准对接村委会等乡村社会基层治理力量的矛盾纠纷基层预防治理机制，进一步优化人民法院信息化平台各项功能，建立乡村基层矛盾纠纷采集、处理、反馈全程网上流转机制，提升信息化平台解纷实效。

22. 加强农村法治宣传教育，营造良好乡村建设法治环境。加大以案普法、以案释法力度，深入宣传与农民群众密切相关的法律法规，推动形

成“办事依法、遇事找法”的行为自觉。充分利用“12·4”国家宪法日、宪法宣传周等时间节点和农贸会、庙会等，组织开展法治宣传教育活动，促进农民群众“学法、信法、用法”。推动法治文化与民俗文化、乡土文化的有机融合，创作具有乡土文化特色、群众喜闻乐见的法治文化作品，助力开展群众性法治文化活动，积极推进法治乡村建设。

## 六、深化改革创新，持续完善服务“三农”工作机制

23. 坚持有序调整、平稳过渡原则，推动服务巩固拓展脱贫攻坚成果同乡村振兴政策的有效衔接。围绕接续推进脱贫地区发展和乡村全面振兴，扎实推进服务政策衔接，确保工作不留空当，增强服务保障政策稳定性。根据形势任务变化，合理把握节奏、力度，出台、优化服务保障举措，确保政策不留空白。精准对接脱贫地区人民群众司法需求，逐步实现从“两不愁三保障”转向乡村产业兴旺、生态宜居、乡风文明、治理有效、生活富裕服务举措的转变。

24. 更加注重系统观念，不断提升服务工作质效。把系统观念贯彻服务全面推进乡村振兴、加快农业农村现代化全过程，聚焦目标任务，加强前瞻性思考、全局性谋划、整体性推进，着力补短板、强弱项，不断推动人民法院服务保障工作质效。聚焦服务脱贫地区巩固拓展脱贫攻坚成果和乡村振兴目标任务，紧盯解决突出矛盾和问题，加强服务举措创新充分联动和衔接配套，切实提升服务综合效能。

25. 坚持问题导向，积极完善便民惠民司法举措。按照《全国人民代表大会常务委员会关于授权最高人民法院在部分地区开展民事诉讼程序繁简分流改革试点工作的决定》和《最高人民法院关于印发〈民事诉讼程序繁简分流改革试点实施办法〉的通知》要求，试点地区人民法院就涉农纠纷要积极优化司法确认程序、小额诉讼程序和简易程序，健全审判组织模式，探索推行电子诉讼在线审理机制，有效降低当事人诉讼成本，促进司法效率提升。坚持群众需求导向，不断升级一站式诉讼服务中心，使诉讼服务向农村延伸、向网上延伸，为当事人提供“一站通办、一网通办、一号通办、一次通办”便捷高效、智能精准的诉讼服务。加大一站式诉讼服务中心建设，让当事人到一个场所、一个平台就能一站式办理全部诉讼事项。

26. 全面深化智慧法院建设，以科技赋能人民法院服务“三农”工作。

充分利用“十四五”时期网络强国、数字中国建设重大机遇，积极探索运用大数据、区块链等技术为司法工作提供强大技术支撑，加强服务乡村公共服务、基层治理等举措的数字化、智能化建设，提升司法工作的信息化、智能化水平。构建系统完备的在线诉讼规则体系，推动办案全流程在线支持、全过程智能辅助、全方位信息公开，提高司法解决涉农纠纷的便捷性、高效性、透明度。加快推进审判体系和审判能力现代化，不断提升人民法院服务全面推进乡村振兴、加快农业农村现代化的能力水平。

# 《最高人民法院关于为全面推进乡村振兴加快农业农村现代化提供司法服务和保障的意见》的理解与适用

郑学林　何　抒　赵风暴*

2021年7月26日，最高人民法院举行新闻发布会，发布《最高人民法院关于为全面推进乡村振兴加快农业农村现代化提供司法服务和保障的意见》（以下简称《意见》）。《意见》立足新发展阶段优先发展农业农村、全面推进乡村振兴的总体部署，围绕促进“农业高质高效、乡村宜居宜业、农民富裕富足”的目标，从统一思想认识、促进农业高质高效、打造乡村宜居宜业、保障农民富裕富足、坚持强基导向、深化改革创新等六个方面，提出了26条贯彻意见。为正确理解和执行《意见》，现就《意见》的制定背景、主要内容以及相关“三农”热点问题作简要介绍。

## 一、《意见》的制定背景

民族要复兴，乡村必振兴。习近平总书记和党中央高度重视乡村振兴。总书记多次发表重要讲话，深刻阐释乡村振兴的重大意义，明确战略举措和工作重点，为中国特色社会主义乡村振兴道路提供了根本遵循。党的十九大明确提出实施乡村振兴战略后，党中央连续出台政策文件，制定发展规划，为乡村振兴提供政策指导和支持。2018年6月，中共中央、国务院印发《乡村振兴战略规划（2018—2022年）》，明确了乡村振兴的总体要求、基本原则、发展目标和具体内容。2018年以来中央一号文件，都

* 作者单位：最高人民法院民事审判第一庭。

以乡村振兴为主题，对“三农”工作进行全面部署。2021年4月29日，第十三届全国人民代表大会常务委员会第二十八次会议通过乡村振兴促进法，已于2021年6月1日施行。乡村振兴促进法的实施，有力地贯彻了党中央关于乡村振兴重大决策部署，为全面实施乡村振兴战略提供了法治保障。

多年以来，最高人民法院高度重视司法服务和保障“三农”工作，通过制定司法政策和司法解释，积极服务党和工作大局，把党中央重大决策部署不折不扣落实到司法工作各方面。一是在司法政策方面，最高人民法院认真贯彻党中央“三农”工作决策部署，及时出台司法服务和保障意见。比如，2018年1月，中共中央、国务院以一号文件形式下发《关于实施乡村振兴战略的意见》，对新时代实施乡村振兴战略筑牢了“四梁八柱”，作出了规划安排。根据院党组会议要求，最高人民法院于2018年10月23日印发《关于为实施乡村振兴战略提供司法服务和保障的意见》（法发〔2018〕19号）的通知，对人民法院贯彻《中共中央、国务院关于实施乡村振兴战略的意见》的各项要求作出具体部署，积极回应新时期“三农”发展对司法工作的需求。再如，2020年1月，中共中央、国务院以一号文件形式下发《关于抓好“三农”领域重点工作确保如期实现全面小康的意见》，为打赢脱贫攻坚战、全面建成小康社会目标实现作出全面部署。根据院党组会议要求，最高人民法院于2020年4月27日发布《关于为抓好“三农”领域重点工作确保如期实现全面小康提供司法服务和保障的意见》（法〔2020〕15号），为人民法院在常态化疫情防控中抓好“三农”领域重点工作，确保如期实现全面小康同有力司法服务提出了明确要求。二是在司法解释方面，为切实实施民法典，确保民法典平稳有序实施，根据最高人民法院民法典贯彻实施工作领导小组统一安排，最高人民法院对照民法典和2018年修正的土地承包法等法律规定，对相关涉农司法解释进行了修正清理。比如，对《最高人民法院关于审理涉及农村土地承包纠纷案件适用法律问题的解释》《最高人民法院关于审理涉及农村土地承包经营纠纷调解仲裁案件适用法律若干问题的解释》等司法解释进行了修正清理，将土地经营权的纠纷纳入农村土地承包引发的民事案件的种类和范围，并对相关的条文进行了修正，落实党中央农村承包地“三权分置”政策，推动实现“落实所有权、稳定承包权、放活经营权”的政策目的，确保农民利益得到保障的情况下，更有效的配置农村土地资源。

"十三五"时期，在以习近平同志为核心的党中央坚强领导下，我国现代农业建设取得重大进展，乡村振兴实现良好开局。新时代脱贫攻坚目标任务如期完成，消除了绝对贫困和区域性整体贫困，创造了人类减贫史上的奇迹。农村人居环境明显改善，农村改革向纵深推进，农村社会保持和谐稳定，农村即将同步实现全面建成小康社会目标。农业农村发展取得新的历史性成就，为党和国家战胜各种艰难险阻、稳定经济社会发展大局，发挥了"压舱石"作用。实践证明，以习近平同志为核心的党中央驰而不息重农强农的战略决策完全正确，党的"三农"政策得到亿万农民的衷心拥护。

脱贫攻坚取得全面胜利后，"三农"工作的重心历史性转移到全面推进乡村振兴。习近平总书记指出："全面建设社会主义现代化国家，实现中华民族的伟大复兴，最艰巨最繁重的任务依然在农村，最广泛、最深厚的基础依然在农村。"必须深刻认识到，解决好发展不平衡、不充分的问题，重点难点在"三农"，迫切需要补齐农业农村短板弱项，推动城乡协调发展；构建新发展格局，潜力后劲在"三农"，迫切需要扩大农村需求，畅通城乡经济循环；应对国内外各种风险挑战，基础支撑在"三农"，迫切需要稳住农业基本盘，守好"三农"基础。新发展阶段"三农"工作极端重要，须臾不可放松，务必抓紧抓实。务必认识到坚持把解决好"三农"问题作为全党工作重中之重，把全面推进乡村振兴作为实现中华民族伟大复兴的一项重大任务，举全党全社会之力加快农业农村现代化，让广大农民过上更加美好的生活。

在此背景下，为更好地发挥人民法院审判职能作用，为全面推进乡村振兴、加快农业农村现代化提供有力司法服务和保障，最高人民法院制定了《意见》。在《意见》起草过程中，我们进行了广泛的调研，深入了解人民法院在为全面推进乡村振兴、加快推进农业农村现代化提供司法服务和保障过程中的好经验、好做法，存在的问题和困难，以及改进的意见和建议等，在此基础上初步形成了意见稿。此后，就意见稿又分别征求最高人民检察院、自然资源部、农业农村部等部委以及院有关部门、各高级人民法院等的意见，在反馈意见的基础上进行了修改和完善，并最终形成了《意见》。

## 二、《意见》的主要内容

《中共中央、国务院关于全面推进乡村振兴加快农业农村现代化的意见》明确了“十四五”时期“三农”工作的目标任务。一是2021年农业供给侧结构性改革深入推进，粮食播种面积保持稳定，农产品质量和食品安全水平进一步提高，脱贫攻坚成果持续巩固。农业农村现代化规划启动实施，脱贫攻坚政策体系和工作机制同乡村振兴有效衔接、平稳过渡，乡村建设行动全面启动，农村人居环境整治提升，农村改革任务深入推进，农村社会保持和谐稳定。二是到2025年，农业农村现代化取得重要进展，农业基础设施现代化迈上新台阶，农村生活设施便利化初步实现，城乡基本公共服务均等化水平明显提高。农业基础更加稳固，粮食和重要农产品供应保障更加有力，农业生产结构和区域性布局明显优化，农业质量效益和竞争力明显提升，现代乡村产业体系基本形成，有条件的地区率先基本实现农业现代化。脱贫攻坚成果拓展，城乡居民收入差距持续缩小。农村生产生活方式绿色转型取得积极进展，化肥农业使用量持续减少，农村生态环境得到明显改善。乡村建设行动取得明显成效，乡村面貌发生显著变化，乡村发展活力充分激发，乡村文明程度得到新提升，农村发展安全保障更加有力，农民获得感、幸福感、安全感明显提升。《意见》精准对接为全面推进乡村振兴、加快农业农村现代化提供司法服务的目标任务，通过发挥审判职能作用依法妥善审理各类涉农纠纷案件，推动巩固拓展脱贫攻坚成果同乡村振兴的有效衔接，推动重要农产品保障战略贯彻实施，推动种业自主创新，推动最严格的耕地保护制度严密落实，对人民法院服务和保障全面推进乡村振兴、加快农业农村现代化的各项工作进行全面部署，针对新发展阶段“三农”问题对司法工作的新需求作出积极回应。

《意见》共分六个部分，共26条。第一部分强调准确把握为全面推进乡村振兴、加快农业农村现代化提供司法服务和保障的总体要求；第二部分到第四部分对人民法院如何发挥审判职能作用，为促进农业高质高效、乡村宜居宜业、农民富裕富足提供有力司法服务和保障进行了规定；第五部分要求坚持强基导向，积极服务全面推进乡村振兴和基层治理；第六部分要求强化深化改革创新，持续完善服务“三农”工作机制。

## （一）统一思想认识，准确把握司法服务的总体要求

习近平总书记指出，实施乡村振兴战略是关系全面建设社会主义现代化国家的全局性、历史性任务。没有农业农村现代化，就没有整个国家现代化。党的十九届五中全会对优先发展农业农村、全面推进乡村振兴作出战略部署。2020年年底，习近平总书记在中央农村工作会议上发表重要讲话，深刻阐释了全面推进乡村振兴、加快农业农村现代化的重大意义、指导思想、总体要求，对巩固和拓展脱贫攻坚成果，全面推进乡村振兴，加快农业农村现代化，促进农业高质高效、乡村宜居宜业、农民富裕富足作出重大部署。党中央的重大决策部署和习近平总书记系列重要讲话精神为人民法院发挥审判职能服务"三农"工作提供了工作方向和根本遵循。为此，《意见》强调，要正确把握为全面推进乡村振兴、加快农业农村现代化提供司法服务的指导思想，坚持以习近平新时代中国特色社会主义思想为指导，深入贯彻习近平总书记在农村工作会议上重要讲话精神，贯彻落实中央农村工作会议精神，为全面建设社会主义现代化国家开好局、起好步提供有力司法服务和保障。要深刻认识为全面推进乡村振兴、加快农业农村现代化提供司法服务的重大意义，精准对接目标任务，采取切实有力措施推动乡村振兴，促进农业高质高效、乡村宜居宜业、农民富裕富足，推动人民法院服务和保障全面推进乡村振兴、加快农业农村现代化各项政策举措落实落地。

## （二）稳固农业发展基础，促进农业高质高效

习近平总书记多次强调，要确保中国人的饭碗任何时候都要牢牢端在自己手上，饭碗应该主要装中国粮；要保中华民族的"铁饭碗"。保障国家粮食和重要副食品供给安全是"三农"工作的头等大事。我国粮食连年丰产，肉蛋苹果鱼茶等产量稳居世界第一，粮食和重要农产品供给是有保障的。但同时要看到当前外部风险挑战和不确定因素明显增多，在粮食安全问题上不能掉以轻心。深入贯彻藏粮于地、藏粮于计战略，落实粮食安全，引导农业资源优先保障粮食安全生产，稳定粮食生产面积和产量，确保基本自给、口粮绝对安全，有效提升重要农产品供给保障能力。

提高农业质量效益和竞争力，是我国转入高质量发展阶段的内在要求，也是推动乡村振兴的重要途径，推进农业农村现代化的重要任务。

《中共中央关于制定国民经济和社会发展第十四个五年规划和二〇三五年远景目标的建议》对提高农业质量效益和竞争力作出了系统部署，从“保障国家粮食安全、坚持最严格的耕地保护制度、强化绿色导向、标准引领和质量安全监管、推动农业供给侧结构性改革”等方面提出了具体要求。为此，《意见》从推进实施重要农产品保障战略、保障国家粮食安全、推进现代农业发展、推动农业科技进步和创新、推进农业绿色发展五个方面进行了具体落实。《意见》明确，要依法惩处涉重要农产品违法犯罪行为，持续推进惩治制售假种子、假化肥、假农药等伪劣农资犯罪行为，保障粮食和重要农产品供应安全。要落实最严格的耕地保障制度，严厉打击破坏土地资源犯罪行为，依法认定违反占用耕地建房等合同无效，积极配合有关部门推进农村乱占耕地建房专项整治行动，坚决遏制耕地“非农化”，防止“非粮化”，坚守18亿亩耕地红线。要依法审理农村土地“三权分置”纠纷案件，推进完善以家庭承包经营为基础、统分结合的双层经营体制，确保农村土地承包关系稳定并长久不变，保障农村土地经营权有序流转，推动家庭农场培育和农民合作社质量提升，助力现代农业经营体系建设。要加强涉农知识产权司法保护力度，加大对种源“卡脖子”农业关键核心技术等知识产权司法保护力度，推动制种基地和良种繁育体系建设，增强种业自主创新的内在动力。要加强农业生态环境司法保护，加大黑土地司法保护力度，加大对涉农环境资源、生态破坏违法犯罪行为的惩处力度，维护农业生态安全。坚守“绿水青山就是金山银山”的理念，强化环境治理与生态修复工作，持续推进大江、大河生态环境整体保护和系统治理。

### (三) 助力乡村建设行动，打造宜居宜业美丽乡村

乡村建设是实施乡村振兴战略的重要任务，也是国家现代化建设的重要内容。党的十八大以来，乡村建设全面提速，农村生产生活条件明显改善，城乡建设差距扩大的趋势得到有效遏制。但我国农村基础设施和公共服务能力还不能适应实施乡村振兴战略、推进现代化国家建设的需要。《中共中央、国务院关于全面推进乡村振兴加快农业农村现代化的意见》中明确要大力实施乡村建设行动，并从加强乡村公共基础设施建设、实施农村人居环境整治提升五年行动、提升农村基础公共服务水平、深入推进农村改革等方面作出了具体部署。

乡村建设需科学推进，要保护传统村落和乡村风貌，防止盲目大拆大建，注重保留乡土味道，让乡村望得见山、看得见水、留得住乡愁。围绕建设更加宜居的现代乡村，全面改善农村生产生活条件，实施村庄基础设施改善工程，完善乡村水、电、路、气、通信、广播电视、物流等基础设施，因地制宜推进农村改厕、生活垃圾处理和污水治理，改善农村人居环境。此外，为深入推进农村改革，探索宅基地所有权、资格权、使用权分置有效实现形式，2020 年党中央开展了为期两年的新一轮农村宅基地制度改革试点。为此，《意见》从促进乡村和谐稳定、推进人居环境整治提升、助推补齐农村发展短板弱项、推进优秀文化传承、激发乡村发展内生动力、促进乡风文明等方面提出了具体贯彻意见。强调要贯彻落实总体国家安全观，持续推进农村地区扫黑除恶斗争常态化，依法惩处侵害农村留守儿童、妇女和老年人以及残疾人、困境儿童合法权益犯罪行为，加大对农村非法宗教活动和境外渗透活动的惩处力度，严厉打击组织和利用邪教组织犯罪，促进乡村和谐稳定。要围绕打好污染防治攻坚战总体目标，支持农村地区推进生活垃圾治理专项行动，针对农村地区污水、黑臭水体、垃圾污染等群众反映强烈的突出问题，运用司法手段推动改善生态环境质量，助力推进村庄清洁和绿化行动。要妥善审理涉农村地区基础设施建设以及农产品和食品仓储保鲜、冷链物流设施建设纠纷案件，持续推进改善农村地区基础设施条件，支持乡村特色产业发展壮大。要依法审理破坏历史文化名镇名村、文物、历史建筑以及传统村落、传统居民等农村物质文化遗传案件，加大对农村地区历史文化遗产的司法保护力度，助推农村非物质文化遗传的传承和开发利用。要审慎审理集体经营性建设用地纠纷案件，推动探索实施农村集体经营性建设用地入市制度，助推土地要素市场化配置，推进农村土地制度改革。依法妥善处理宅基地使用权因抵押担保、转让产生的纠纷，助推农村宅基地制度改革。妥善审理涉农民工劳动争议案件，支持劳动力等要素市场化配置，推动完善要素交易规则。要以贯彻民法典为契机，加强裁判文书说理，坚持把社会主义核心价值观融入司法工作，加强以案释法和法治宣传工作，发挥司法裁判规则引领和价值引领作用，促进乡风文明。

### （四）落实惠农富农政策，保障农民富裕富足

收入乃民生之源。党的十九届五中全会通过的《中共中央关于制定国

民经济和社会发展第十四个五年规划和二〇三五年远景目标的建议》把提高人民收入水平摆在十分重要的位置，坚持把实现好、维护好、发展好最广大人民根本利益作为发展的出发点和落脚点，扎实推动共同富裕，不断增强人民群众获得感、幸福感、安全感。落实惠农富农政策、保障农民富裕富足，是提高人民收入水平的具体举措。而此项工作是一项系统工程，需加强前瞻性思考、全局性谋划、战略性布局、整体性推进，统筹做好农民富裕富足的各方面工作。

对于人民法院而言，主要是通过依法审理直接影响农民权益保障或实现的案件，以确保党中央有关惠农富农政策得到具体贯彻落实，推动实现农民富裕富足。为此，《意见》从惩处涉农业农资和农业补贴犯罪行为、开展根治欠薪专项行动、保障进城落户农民合法权益、加大民生案件审执力度等四个方面提出了具体意见：一是严厉打击侵占、挪用、贪污农业投资资金犯罪行为，依法惩处截留、挤占农业补贴犯罪行为，依法惩处集体资产管理、土地征收等领域违法犯罪行为，确保农业投资有效利用，确保农业支持政策落到实处，推动开展农村基层微腐败治理，不断提升农民群众幸福感；二是要加大脱贫地区公共基础建设欠薪案件的审执力度，特别是脱贫地区以工代赈基础设施建设领域欠薪案件的审执力度，加大对劳动密集加工制造等行业农民工权益保护力度，保持治理欠薪高压态势，进一步加强劳动保障监察执法与刑事司法衔接配合工作，切实保障农民工合法权益；三是依法保护进城农户的土地承包经营权、宅基地使用权、集体收益分配权，对于承包农户进城落户的，通过司法手段支持保护其按自愿有偿原则依法在本集体经济组织内转让土地承包经营权，或者将承包地退还给集体经济组织；四是加大对追索劳动报酬、赡养费、扶养费、抚育费、抚恤金、医疗费用、交通事故人身损害赔偿、工伤保险待遇等案件审执力度，对于被执行人确无履行能力、申请执行人面临生存生活困难的执行案件，及时对符合救助条件的申请执行人进行司法救助，切实保障农民的基本生活。

### （五）坚持强基导向，积极服务全面推进乡村振兴和基层治理

习近平总书记指出，基础不牢，地动山摇。2021 年 1 月，习近平总书记对政法工作作出重要批示，强调要更加注重系统观念、法治思维、强基导向，推动政法工作高质量发展。2021 年，最高人民法院把强化人民法庭

建设、服务全面振兴和基层治理作为工作重点。特别是2021年7月25日召开的全国高级法院院长座谈会，将坚持强基导向，强化人民法庭建设，提升基层法院司法水平，积极服务乡村振兴战略，服务基层治理作为大会主题。

为贯彻习近平总书记对政法工作作出重要指示，深入落实第四次全国人民法庭工作、2021年全国高级法院院长座谈会等会议精神，《意见》从强化人民法庭建设、加强对各类调解组织的指导、注重矛盾纠纷多元化解、加强农村法治宣传等四个方面提出了具体意见：一是要求认真贯彻第四次全国人民法庭工作会议精神，推动人民法庭工作实现新发展，坚持强基导向，改革和优化人民法庭不服，完善人民法庭巡回审理制度，合理设置巡回办案点和诉讼服务点，紧扣市域、县域治理需求，积极参与基层治理；二是要求不断加强与公安、司法、劳动人事争议调解仲裁、农村土地承包仲裁、人民调解委员会等其他基层国家机关、基层群众自治组织、行业调解组织的协同配合，切实履行指导人民调解工作的法定职责，积极做好司法确认等诉讼与非诉讼矛盾纠纷解决机制的衔接工作，不断提升调解的工作质效，积极提升基层治理法治化水平；三是坚持把非讼纠纷解决机制挺在前面，积极推动矛盾纠纷源头预防化解。坚持和发展新时代“枫桥经验”，发挥一站式诉讼服务中心解纷功能，切实把矛盾化解在萌芽状态。四是加强农村法治宣传教育，加大以案普法、以案释法力度，推动形成“办事依法、遇事找法”的行为自觉，充分利用“12·4”国家宪法日、宪法宣传周等时间节点和农贸会、庙会等，组织开展法治宣传活动，促进农民群众“学法、信法、用法”。推动法治文化与民俗文化、乡土文化的有机融合，助力开展群众性法治文化活动，积极推进法治乡村建设。

### （六）深化改革创新，持续完善服务“三农”工作机制

做好服务和保障新发展阶段“三农”工作，人民法院需深刻认识形势任务要求，坚持问题导向，不断健全完善工作机制，有效提升服务保障全面推进乡村振兴的能力水平。

《意见》从服务政策有效衔接、提升服务质效、完善便民惠民司法举措、深化智慧法院建设等四个方面提出具体意见。《意见》要求，一是推动服务巩固拓展脱贫攻坚成果同乡村振兴政策的有效衔接，精准对接脱贫地区人民群众司法需求，逐步实现从“两不愁，三保障”转向乡村产业兴

旺、生态宜居、乡风文明、治理有效、生活富裕服务举措的转变，确保工作不留空当，政策不留空白。二是聚焦目标任务，把系统观念贯彻服务全面推进乡村振兴、加快农业农村现代化全过程，着力补短板、强弱项，加强服务举措创新充分联动和衔接配套，切实提升服务综合效能。三是坚持群众需求导向，按照要求就涉农纠纷积极优化司法确认程序、小额诉讼程序和简易程序，加大一站式诉讼服务中心建设，为当事人提供便捷高效、智能精准的诉讼服务。四是全面深化智慧法院建设，积极探索运用大数据、区块链等技术为司法工作提供强大技术支撑，构建系统完备的在线诉讼规则体系，提高司法解决涉农纠纷的便捷性、高效性、透明度，以科技赋能人民法院服务“三农”工作。

## 三、关于《意见》中社会关注的热点问题

### （一）关于司法服务政策衔接的问题

脱贫摘帽不是终点，而是新生活、新奋斗的起点。打赢脱贫攻坚战、全面建成小康社会后，要在巩固拓展脱贫攻坚成果的基础上，做好乡村振兴这篇大文章，接续推进脱贫地区发展和群众生活改善。做好巩固拓展脱贫攻坚成果同乡村振兴的有效衔接，关系到构建以国内大循环为主体、国内国际双循环相互促进的新发展格局，关系到全面建设社会主义现代化国家全局和实现第二个百年奋斗目标，意义重大。为此，中共中央、国务院于2020年12月16日印发《关于实现巩固拓展脱贫攻坚成果同乡村振兴有效衔接的意见》，为实现巩固拓展脱贫攻坚成果同乡村振兴有效衔接提出具体意见。同时，中共中央、国务院于2021年1月4日印发《关于全面推进乡村振兴加快农业农村现代化的意见》中也强调，要实现巩固拓展脱贫攻坚成果同乡村振兴有效衔接，并明确设立衔接过渡期、持续巩固拓展脱贫攻坚成果、接续推进脱贫地区乡村振兴等内容。

为贯彻党中央的有关决策部署，发挥人民法院在实现巩固拓展脱贫攻坚成果同乡村振兴有效衔接过程中的司法服务和保障作用，最高人民法院在2020年出台的《关于为抓好“三农”领域重点工作确保如期实现全面小康提供司法服务和保障的意见》基础上，强调要坚持有序调整、平稳过渡原则，推动服务巩固拓展脱贫攻坚成果同乡村振兴政策的有效衔接。按照脱贫攻坚任务完成后，设立五年过渡期的决策部署，保持司法服务政策

的稳定性，要求各级人民法院要围绕接续推进脱贫地区发展和乡村全面振兴，扎实推进服务政策衔接，确保工作不留空当，增强服务保障政策稳定性。要根据形势任务变化，合理把握节奏、力度，出台、优化服务保障举措，确保政策不留空白。要精准对接脱贫地区人民群众司法需求，逐步实现从“两不愁三保障”转向乡村产业兴旺、生态宜居、乡风文明、治理有效、生活富裕服务举措的转变。

### （二）关于广大农民群众的农村承包地、宅基地等权益保护问题

土地是广大农民群众安身立命之本。随着我国农业现代化进程的加快发展，农业物质技术水平不断得到提高，大量的农村劳动力得到转移，农村承包地流转的情况比较普遍。在此背景下，为推进农业农村现代化，党中央提出探索“三权分置”改革，并确定了落实集体所有权、稳定农户承包权、放活土地经营权的深化农村土地制度改革的基本方向。从法律层面而言，2018 年修正的农村土地承包法落实党中央农村承包地“三权分置”政策，对“三权分置”中的第三个权利——土地经营权做出明确规定。而民法典则在吸收了农村土地承包法有关土地经营权的相关规定内容。另外，2014 年中央全面深化改革委员会第七次会议审议了《关于农村土地征收、集体经营性建设用地入市、宅基地制度改革试点工作的意见》，农村宅基地试点亦有序推进。特别是 2020 年，党中央开展了为期两年的新一轮农村宅基地制度改革试点。新一轮农村宅基地制度改革试点将进一步厘清宅基地所有权、资格权、使用权之间的关系，明确各自权能；探索完善宅基地分配、流转、抵押、退出、使用、收益、审批、监管等制度的方法路径，推动农村宅基地制度更加健全、权益更有保障、利用更加有效、管理更加规范。此外，党中央、国务院高度重视粮食安全问题。2020 年，国务院对全国农村乱占耕地建房问题整治工作进行部署，要求以“零容忍”的态度，坚决遏制新增乱占耕地建房行为，相关部委也出台意见，落实最严格的耕地保护制度。

为此，《意见》对农村承包地、宅基地、耕地保护的有关问题提出了明确的要求。一是关于农村承包地的问题，《意见》要求，要依法审理农村土地“三权分置”纠纷案件，推进完善以家庭承包经营为基础、统分结合的双层经营体制，确保农村土地承包关系稳定并长久不变，维护农民集

体、承包农户、经营主体的合法权益。要依法审理涉土地经营权抵押权以及土地经营权流转合同等纠纷案件，保障农村土地经营权有序流转。同时，也强调依法保护进城农户的土地承包经营权、宅基地使用权、集体收益分配权，督促行政机关不得以退出土地承包经营权等作为农户进城落户的条件。二是关于宅基地的问题，《意见》要求，各级人民法院要按照国家政策及相关指导意见，区分国家确定的宅基地制度改革试点地区与非试点地区，依法妥善处理宅基地使用权因抵押担保、转让产生的纠纷，助推农村宅基地制度改革。三是关于耕地保护的问题，《意见》要求，要严厉打击破坏土地资源犯罪行为，依法认定违法占用耕地建房等合同无效，支持行政机关依法开展土地行政执法。积极配合有关部门推进农村乱占耕地建房专项整治行动，加大对涉及乱占耕地建房违法行为强制执行力度，坚决遏制耕地“非农化”，防止“非粮化”，确保坚守18亿亩耕地红线。

### （三）关于粮种安全问题

农业现代化，种子是基础。长期以来，国内面临种子同质化严重，种源“卡脖子”等问题。种业作为农业的“芯片”，是粮食安全的重要保障。为打好种业翻身仗，党中央一直高度关注育种行业，要求加强农业种质资源保护开发利用，加快实施农业生物育种重大科技项目，尽快实现重要农产品种源自主可控。开展种源“卡脖子”技术攻关。加强育种领域知识产权保护，加快建设南繁硅谷，加强制种基地和良种繁育体系建设。特别是，最高人民法院于2021年7月5日发布《关于审理侵害植物新品种权纠纷案件具体应用法律问题的若干规定（二）》，切实保护植物新品种权人权益，严厉打击侵权行为，促进种业自主创新。

为此，《意见》在司法解释规定的基础上，强调要依法审理侵害植物新品种权纠纷案件，秉持有利于权利保护的司法理念，扩大育种创新成果法律保护范围，通过司法手段推动育种创新。要加强种业知识产权保护，强化与相关部门的沟通协作，推动司法保护和行政保护有效衔接，推进高质效合作。要加大对“南繁硅谷”种业知识产权司法保护力度，推动制种基地和良种繁育体系建设，助推品种培优、品质提升、品牌打造和标准化生产，增强种业自主创新的内在动力。通过人民法院审判职能作用的充分发挥，有力地服务于打好种业翻身仗。

# 最高人民法院
# 关于推动新时代人民法庭工作高质量发展的意见

2021年9月13日　　法发〔2021〕24号

为深入贯彻习近平法治思想，更加注重强基导向，强化人民法庭建设，提升基层人民法院司法水平，更好服务全面推进乡村振兴，服务基层社会治理，服务人民群众高品质生活需要，现就推动新时代人民法庭工作高质量发展提出如下意见。

## 一、加强新时代人民法庭工作的重要意义和指导思想

1. 重要意义。人民法庭作为基层人民法院的派出机构，是服务全面推进乡村振兴、基层社会治理、人民群众高品质生活需要的重要平台，也是体现中国特色社会主义司法制度优越性的重要窗口。加强新时代人民法庭工作，有利于夯实党的执政基础，巩固党的执政地位；有利于满足人民群众公平正义新需求，依法维护人民群众权益；有利于以法治方式服务巩固拓展脱贫攻坚成果，全面推进乡村振兴；有利于健全覆盖城乡的司法服务网络，促进基层治理体系和治理能力现代化。

2. 指导思想。坚持以习近平新时代中国特色社会主义思想为指导，深入贯彻习近平法治思想，增强“四个意识”、坚定“四个自信”、做到“两个维护”，牢记“国之大者”，坚持党的绝对领导，坚持以人民为中心，坚持强基导向，深刻把握人民法庭处于服务群众、解决纠纷第一线与守护公平正义最后一道防线的辩证统一关系，有效发挥桥梁、窗口作用，推动更高水平的平安中国、法治中国建设，为实现“十四五”时期经济行稳致

远、社会安定和谐，为实现人民对美好生活的向往、促进全体人民共同富裕，为全面建设社会主义现代化强国提供更加有力的司法服务和保障。

## 二、准确把握新时代人民法庭工作原则

3. 坚持“三个便于”。紧紧围绕“努力让人民群众在每一个司法案件中感受到公平正义”的目标，主动回应人民对美好生活的向往和公平正义新期待，坚持便于当事人诉讼，便于人民法院依法独立公正高效行使审判权，便于人民群众及时感受到公平正义的工作原则，不断弘扬人民司法优良传统和时代价值。

4. 坚持“三个服务”。紧扣“三农”工作重心历史性转移，发挥面向农村优势，积极服务全面推进乡村振兴；紧扣推进国家治理体系和治理能力现代化，发挥面向基层优势，积极服务基层社会治理；紧扣新时代社会主要矛盾新变化，发挥面向群众优势，积极服务人民群众高品质生活需要。

5. 坚持“三个优化”。综合考虑城乡差异，一要优化法庭布局。区分城区法庭、城乡结合法庭、乡村法庭，不断优化人民法庭区域布局。二要优化队伍结构。结合案件数量、区域面积、人口数量、交通条件、信息化发展状况、参与乡村振兴和社会治理任务等因素，建立并实行人员编制动态调整机制。三要优化专业化建设。坚持综合性与专业化建设相结合，实现人民法庭专业化建设更好服务乡村振兴和辖区基层治理需要。农村地区要继续加强和完善综合性人民法庭建设；城市近郊或者城区，可以由相关人民法庭专门或者集中负责审理道交、劳动、物业、旅游、少年、家事、金融商事、环境资源等案件；产业特色明显地区，可以由专业化人民法庭专门负责审理涉及特定区域或者特定产业的案件。

## 三、积极服务全面推进乡村振兴

6. 服务乡村产业振兴。妥善处理涉“三农”领域传统纠纷以及休闲农业、乡村旅游、民宿经济、健康养老等新业态纠纷，促进农村产业融合发展，推动建立现代农业产业体系、生产体系和经营体系。深入贯彻粮食安全战略，积极参加保护种业知识产权专项行动，依法服务种业科技自立自强、种源自主可控，助推种业振兴。依法妥善处理涉及农业农村发展要素保障、城乡经济循环、征用征收等案件，保障农业农村改革，促进农业产

业发展。

7. 维护农民合法权益。依法妥善审理涉及农村土地“三权分置”、乡村产业发展等纠纷，落实“资源变资产、资金变股金、农民变股东”，让农民更多分享产业增值收益。依法保障进城落户农民农村土地承包权、宅基地使用权、集体收益分配权，促进在城镇稳定就业生活的农民自愿有序进城落户。推动落实城乡劳动者平等就业、同工同酬，依法保障农民工工资支付和其他劳动权益。

8. 推动乡村文明进步。依法妥善处理家事、邻里纠纷，注重矛盾纠纷实质性、源头化解，依法治理高价彩礼、干预婚姻自由、虐待遗弃家庭成员等不良习气，依法打击封建迷信活动，培育和弘扬社会主义核心价值观。依法保护农村文化遗产和非物质文化遗产，加强保护历史文化名镇名村、传统村落、民族村寨，促进优秀传统乡土文化保护和乡村文化产业发展。引导依法制定村规民约，推进移风易俗，推动创建文明村镇、文明家庭。

9. 保护农村生态环境。深入践行“绿水青山就是金山银山”理念，依法妥善审理环境资源案件，会同农业农村、自然资源、生态环境等部门健全执法司法协调联动机制，加强农业面源污染防治，推动国土综合整治和生态修复，推动解决“垃圾围村”和乡村黑臭水体等突出环境问题，助推农业生产方式绿色转型，改善乡村生态环境，助力建设美丽宜居乡村。

## 四、积极服务基层社会治理

10. 推动健全基层社会治理体系。坚持和发展新时代“枫桥经验”，积极融入党委领导的基层治理体系，充分利用辖区党委组织优势，与城乡基层党组织广泛开展联建共建，推进基层党建创新与基层治理创新相结合，强化党建引领基层治理作用，促进完善中国特色基层治理制度。推广“群众说事、法官说法”“寻乌经验”等做法，依托“街乡吹哨、部门报到、接诉即办”等基层治理机制，推动司法资源向街乡、村镇、社区下沉。充分运用平安建设考核和创建“无讼”乡村社区等政策制度，服务基层党委政府以更大力度加强矛盾纠纷多元化解机制建设。

11. 明确参与基层治理途径。立足人民法庭法定职责，依法有序参与基层社会治理。对没有形成纠纷但具有潜在风险的社会问题，可以向乡镇、社区有关单位提出法律风险防控预案；对已经发生矛盾纠纷的社会问题，可以提出可能适用的法律依据以及相应裁判尺度，但是不宜在诉讼外对已经立案的纠纷提出处理意见；对审判、执行、信访等工作中发现普遍存在的社会问题，应当通过司法建议、白皮书、大数据研究报告等方式，及时向党委、政府反馈，服务科学决策。

12. 加强源头预防化解矛盾。加强辖区多发常见类型化纠纷的源头治理，形成源头预防、非诉挺前、多元化解的分层递进前端治理路径。强化与当地乡镇街道的衔接、与综治中心的协同，充分利用网格化管理机制平台，及时掌握和研判综治矛盾纠纷信息，发挥网格员、特邀调解员作用，促进基层纠纷源头化解。充分运用人民法院调解平台等工作平台，推动人民法庭进乡村、进社区、进网格，广泛对接基层解纷力量，形成基层多元解纷网络，在线开展化解、调解、司法确认等工作。推动人民调解员进人民法庭、法官进基层全覆盖，加强委托调解、委派调解的实践应用，充分释明调解优势特点，引导人民群众通过非诉讼方式解决矛盾纠纷。

13. 加强基层法治宣传。推动建立以人民法庭为重要支点的基层社会法治体系，充分利用专业优势，加强对特邀调解员、人民调解员等在诉前或者诉中开展调解工作的指导，引导支持社会力量参与基层治理。通过巡回审判、公开审理、以案说法、送法下乡等活动，增强基层干部群众法治观念和依法办事能力。发挥司法裁判示范引领功能，推动裁判文书网、人民法庭信息平台与普法宣传平台对接，加强法治宣传教育，推动社会主义核心价值观和法治精神深入人心。

14. 完善相关纠纷审理规则。人民法庭在案件审理过程中，遇到审理依据和裁判标准不明确等类型化问题，可以及时按程序报告。高级人民法院应当依照民法典、乡村振兴促进法等法律规定，对辖区内反映强烈、处理经验成熟的问题以纪要、审判指南、参考性案例等方式及时明确裁判指引。最高人民法院应当适时就重点法律适用问题出台司法解释或者其他规范性文件。

## 五、积极服务人民群众高品质生活需要

15. 加强民生司法保障。切实实施民法典，依法妥善审理家事、民间借贷、人身损害赔偿等基层易发多发案件，畅通权利救济渠道，维护人民群众合法权益。深化家事审判改革，用好心理辅导干预、家事调查、诉前调解、案后回访等措施，加大人身安全保护令制度落实力度，保障留守儿

童、留守妇女、留守老人以及困难群体和特殊人群的人身安全和人格尊严。依法妥善审理养老育幼、教育培训、就业创业、社会保险、医疗卫生、社会服务、住房保障等领域案件，促进提高公共服务质量水平。维护军人军属合法权益，最大限度把涉军纠纷化解在基层，解决在初始阶段。

16. 提升一站式诉讼服务能力。坚持因地制宜，在人民法庭建立诉讼服务站，在人民法庭及辖区乡镇街道综治中心或者矛盾调解中心设立自助诉讼服务设备，方便当事人随时随地办理诉讼业务。建立健全诉讼服务辅导机制，为人民群众提供在线调解、开庭等事务现场辅导服务。进一步增强人民法庭跨域立案诉讼服务质效，更加方便群众就近起诉、办理诉讼事务。有条件的人民法庭，可以设立视频调解室，提供跨地域视频调解等服务。

17. 完善直接立案机制。推进完善人民法庭直接立案或者基层人民法院派驻立案机制。推进人民法庭跨域立案服务，确保能够作为立案协作端办理跨辖区、跨县、跨市、跨省立案。适应人民法庭辖区主导产业或者中心工作需要，合理确定收案范围。

18. 推进案件繁简分流。积极优化司法确认程序，完善小额诉讼程序和简易程序规则，健全审判组织适用模式，推行在线审理机制，依法综合运用督促程序、司法确认程序、小额诉讼程序、简易程序、独任制审理等，积极推广适用令状式、要素式、表格式等裁判文书，有效降低当事人诉讼成本，提升司法效率，充分保障人民群众合法诉讼权益。

19. 推动解决送达难。发挥数字化时代电子通讯优势，加强电子送达，推行集约化送达方式。发挥基层网格员作用，充分调动网格员积极性，发挥其熟悉社区情况、了解辖区人员信息的优势，综合运用现代和传统手段破解送达难题。

20. 推进直接执行机制。探索部分案件由人民法庭直接执行的工作机制，由人民法庭执行更加方便当事人的案件，可以由人民法庭负责执行。可以根据人员条件设立专门执行团队或者相对固定人员负责执行。案件较多的人民法庭，探索由基层人民法院派驻执行组等方式，提高执行效率，最大限度方便群众实现诉讼权益。人民法庭执行工作由基层人民法院执行机构统一管理，专职或者兼职人员纳入执行人员名册，案件纳入统一的执行案件管理平台，切实预防廉政风险。

## 六、不断深化新时代人民法庭人员管理机制改革

21. 完善司法责任制综合配套改革。落实独任庭、合议庭办案责任制，完善审判权力和责任清单，健全“四类案件”识别监管机制，落实统一法律适用机制，建立符合人民法庭实际的审判监督管理机制，坚持放权与监督相统一。落实法官员额制改革要求，综合考虑人员结构、案件类型、难易程度等因素，适应繁简分流和专业化建设需要，配强审判辅助力量，探索完善符合实际的审判团队组建和运行模式。

22. 探索建立编制动态调整机制。坚持以案定员、以任务定员，每个人民法庭至少配备1名审判员、1名法官助理、1名书记员、1名司法警察或者安保人员，逐步实现有条件有需求的人民法庭配备3名以上审判员；可以根据辖区面积、人口、案件数量、基层社会治理任务等因素合理调整人员配置。针对部分人民法庭人员编制不足、人民法庭之间办案数量不均的情况，高级人民法院要积极协调地方编制部门，建立省级层面人员编制动态调整机制，基层人民法院要在核定编制内将编制向案件数量多、基层治理任务重的人民法庭倾斜。结合四级法院审级职能定位改革，推动人员编制向基层和办案一线倾斜。

23. 完善干部锻炼培养机制。探索建立基层人民法院新入职人员选派到人民法庭工作锻炼，无人民法庭工作经历的新晋人员尤其是审判人员、审判辅助人员优先到人民法庭挂职锻炼，基层人民法院机关与人民法庭人员之间定期轮岗交流等机制。人民法庭庭长在同一职位工作满一定年限的，应当根据有关规定进行交流。提拔晋升时适度向长期在人民法庭工作的干警倾斜，选配基层人民法院院领导时，具有人民法庭庭长任职经历的人员在同等条件下优先考虑；入额遴选时，具有三年以上人民法庭工作经历的法官助理，同等条件下优先选任；中级人民法院遴选法官，应当接收适当比例具有人民法庭工作经历的法官。积极争取省级人社部门支持，建立聘用制书记员便捷招录机制，推动下放招聘权限，减少招聘环节；积极协调省级有关部门，探索建立聘用制书记员定向培养模式，委托定点学校定向招生、培养，毕业后回原籍人民法庭工作。

24. 落实人民陪审员选任、参审和保障制度。加强对人民陪审员的日常监督管理，规范选任及退出机制，落实随机抽选为主、个人申请与组织推荐为补充以及年度参审案件数量上限等规定。积极与同级财政部门等研

究落实现有政策规定，加大经费投入，规范使用范围，激发人民陪审员参与人民法庭案件审理的积极性。

25. 切实加强履职保障。完善人民法庭干警精准培训机制，设置与人民法庭职能定位相对应的培训内容，全面提升人民法庭干警依法履职能力。因依法履职遭受不实举报的，应当协调有关单位，及时澄清事实，消除不良影响，依法追究相关单位或者个人的责任。人民法庭干警及其近亲属受到人身威胁的，协调当地公安机关采取必要保护措施；认真落实关于依法惩治袭警违法犯罪行为的指导意见，依法加强对人民法庭司法警察的履职保护。推动完善法院因公伤亡干警特殊补助政策。积极落实中央有关因公牺牲法官、司法警察抚恤政策，认真做好“两金”申报、发放和备案工作。鼓励各地法院为人民法庭干警投保工伤保险和人身意外伤害保险。

## 七、建立健全新时代人民法庭工作考核机制

26. 完善考核内容。探索建立符合人民法庭工作规律的专门考核办法，综合考虑执法办案、指导调解、诉源治理等因素，适当增加诉源治理、诉前调解等考核权重，重点考核“化解矛盾”质效。建立健全与执法办案和参与社会治理职责相适应，区分人员类别、岗位特点的考评体系，制定针对性强、简便易行的绩效考核办法。可以采取定量与定性相结合、量化为主的方式，科学制定和使用量化指标，采用加权测算等计算方法，合理设置权重比例。坚决清理、取消不合理、不必要的考评项目和指标，切实为基层减负，为干警减压。乡村振兴服务任务重、参与基层社会治理好的基层人民法院，可以先行先试。

27. 优化考核指标。执法办案考核应当遵循司法规律，综合考虑案件类型、繁简程度、适用程序、巡回审判等因素，包括办案数量、办案质量、办案效率和办案效果等基本内容。指导调解考核应当充分利用人民法院调解平台数据，通过诉前调解案件占一审立案比、调解案件成功率、调解案件自动履行率等指标，量化指导调解的数量和效果。加强诉源治理考核，对于法治宣传、法律培训、矛盾纠纷研判通报、司法建议等可以考核次数，对于推动制定村规民约和居民公约、召开综治联席会、重大事项法律风险提示法律意见等，既要考核量化次数，也要考核质量效果。

## 八、切实提升新时代人民法庭建设保障

28. 加强基础设施建设。高级人民法院要按照科学论证、统筹规划、优化布局的原则，合理安排年度建设计划，力争在“十四五”期间实现人民法庭办公办案和辅助用房得到充分保障，规范化标准化建设得到显著加强，业务装备配备水平得到较大提升，网上立案、电子送达、网上开庭等信息化设施设备配备齐全，信息化建设应用效果进一步强化，人民法庭外观标识完全统一，人民法庭工作生活条件得到较大改善。

29. 加强法庭安保工作。基层人民法院院长是人民法庭安保工作的第一责任人，人民法庭庭长是直接责任人。完善安全防范设施装备配备，每个人民法庭应当配备必要的防爆安检、防暴防护等设备。强化案件风险评估和安全隐患排查，加强防范措施和应急处突演练，落实“人防、物防、技防”措施。加强司法警察部门对人民法庭安保工作的督察指导培训，增强干警安全意识和风险防范处置能力。加强人民法庭与驻地公安派出所联防联动，推动有条件的人民法庭设立驻庭警务室。

30. 完善经费保障制度。推动适时调整人民法庭建设标准，争取省级有关部门加大对人民法庭基础设施经费保障力度，增加对车辆、安保设备、信息化运维等支出投入。持续加大对革命老区、民族地区、边疆地区和脱贫地区人民法庭经费保障的政策倾斜力度，充分运用好有关转移支付资金，帮助解决办案经费保障和物资装备建设等问题。主动争取地方党委政府领导和支持，继续落实好人民法庭庭长职级待遇和干警工作津贴、补贴等政策，切实解决人民法庭在人财物保障方面存在的问题困难。对于已经实施省以下地方法院财物省级统一管理的地区，根据事权与财权相统一的原则，积极争取由当地财政保障人民法庭服务保障辖区经济社会发展的经费，由高级人民法院争取协调省级有关部门根据实际，下放人民法庭新建、维修等经费项目审批权。

31. 加强购买社会化服务的规模化、规范化。结合各地实际，加强人民法庭编外人员配备保障，梳理适合购买社会化服务的事务性工作范围和项目，规范有序开展向社会购买服务，建立健全公开竞标、运营监管、业务培训等制度，所需经费列入年度预算统筹保障。完善事务性工作的集约化管理工作流程，探索组建专业工作团队，集中办理文书送达、财产保全等事务。

32. 加强人民法庭“两个平台”建设。各级人民法院应当强化人民法庭工作平台应用，加强对人民法庭数据的收集、填报、分析和运用，实时监测办案数据，全面掌握人民法庭工作动态，准确研判存在的问题和原因，提高工作针对性、实效性和预见性。加强人民法庭信息平台建设，发动基层人民法院干警特别是人民法庭干警参与宣传工作，及时推送人民法庭工作成效、典型案件，深入挖掘先进典型和感人事迹，加大人民法庭工作宣传力度，全面展现人民法庭干警良好精神风貌和工作作风。人民法庭“两个平台”建设情况应当作为人民法庭工作的考核内容。

## 九、有效加强新时代人民法庭工作的组织领导

33. 加强党的建设。坚持“支部建在庭上”，实现党的组织和党的工作全覆盖。坚持以党建带队建促审判，推进人民法庭党支部标准化、规范化建设，高质量推进基层党建创新，把党建引领贯穿人民法庭工作全过程。推动全面从严治党、从严治院、从严管理向基层延伸，推动队伍教育管理走深走实，严格落实防止干预司法“三个规定”等铁规禁令，完善人民法庭内部管理和日常监督制度，确保公正廉洁司法。

34. 加强汇报协调。要定期或者不定期就人民法庭工作向当地党委作专题汇报，推动把加强人民法庭工作作为强基导向、乡村振兴、基层治理体系和治理能力现代化等重点工作纳入党委政府总体工作格局，切实解决人民法庭工作实际困难。

35. 健全工作机制。探索地方三级人民法院院长抓人民法庭工作的组织领导思路，切实把人民法庭工作当做“一把手”工程，将法院工作重心下移到基层基础。各级人民法院院领导应当深入人民法庭开展调查研究，高级、中级人民法院院领导应当确定1—2个人民法庭作为联系点，并适时调整，经常性到人民法庭调查研究。强化发挥各级人民法院人民法庭领导小组及其办事机构的实际作用，加强归口管理，统筹推进人民法庭工作，定期研究解决人民法庭在职能发挥、人财物保障等方面存在的问题困难和解决思路举措，积极推动人民法庭工作融入当地社会治理体制。

本意见自2021年9月22日起实施，之前有关人民法庭的规定与本意见不一致的，按照本意见执行。

# 《最高人民法院关于推动新时代人民法庭工作高质量发展的意见》的理解与适用

郑学林　何　抒　危浪平　赵　志*

2021年9月13日，最高人民法院发布《关于推动新时代人民法庭工作高质量发展的意见》(以下简称《意见》)。这是继1999年最高人民法院制定印发《关于人民法庭若干问题的规定》、2005年制定出台《关于全面加强人民法庭工作的决定》、2014年制定印发《关于进一步加强新形势下人民法庭工作的若干意见》之后，根据新形势、新任务，结合人民法院审判工作实际，对人民法庭制度作出的一次里程碑式的改革和完善。《意见》的出台，是最高人民法院深入贯彻习近平法治思想、更加注重强基导向的具体实践，也是推动新时代人民法庭工作高质量发展的重大阶段性成果，对于加强新时代人民法庭工作，厚植党长期执政基层基础、服务全面推进乡村振兴、服务基层社会治理、服务人民群众高品质生活需要、传承红色司法基因、弘扬中国特色社会主义司法制度，具有十分重大的意义。为便于理解和适用，现对《意见》的制定背景、起草过程和重点内容说明如下。

## 一、《意见》制定背景和主要思路

### (一)《意见》制定背景

习近平总书记在2021年初就政法工作作出重要指示，强调要更加注重系统观念、法治思维、强基导向，切实推动政法工作高质量发展。全国法

* 作者单位：最高人民法院。

院迅速统一思想行动，把强化人民法庭建设作为注重强基导向、集成改革成果的重点工作抓紧抓实，因地制宜，分类施策，人民法庭工作取得明显进步。同时，为全面掌握全国人民法庭工作情况，有的放矢开展人民法庭工作，掌握和解决新时代人民法庭工作高质量发展存在的问题、困难，最高人民法院和地方各级人民法院院长带头驻庭，院领导深入人民法庭蹲点调研。为了掌握第一手资料，最高人民法院归口管理部门民一庭成立专门调研组，用时近三个月，采用实地考察、走访座谈、召开片会、数据分析等方式，听取全国 31 个高院以及兵团法院、人民法庭干警、基层党委政府、当地人民群众、人大代表、政协委员意见建议，开展全方位多层次人民法庭大调研活动。在前述调研基础上，最高人民法院民一庭起草《意见》稿并广泛征求各方面意见，针对存在的问题，综合考虑改革力度和可承受程度，反复与相关职能部门、专家学者研究，以求取得最大共识和更好效果。《意见》经最高人民法院党组会审议通过后于 9 月 13 日发布，并于 9 月 22 日起施行。

### （二）《意见》起草主要思路

根据人民法院组织法规定，人民法庭是基层人民法院的组成部分和派出机构。2021 年 7 月，最高人民法院院长周强在全国高级人民法院院长座谈会上要求，新时代人民法庭工作要深刻把握人民法庭处于服务群众、解决纠纷第一线与守护公平正义最后一道防线的辩证统一关系。这个科学论断是对新时代人民法庭工作规律的生动总结，强调了人民法庭在本质上仍属于审判部门，基础职能仍然是执法办案。同时，人民法庭最大特点就是处于基层，处于服务群众、解决纠纷第一线，这既是人民法庭优势所在，也使得人民法庭以审判职能为基础衍生出多种社会责任，即立足法定职责推进乡村振兴、促进基层社会治理、满足人民群众高品质生活需要等。《意见》以此为基点，结合人民法庭面临的新形势、新情况，坚持目标导向、战略导向、问题导向，以实现人民法庭工作更好服务经济社会高质量发展，更好集成司法体制改革成果，更好夯实基层基础，推动新时代人民法庭工作高质量发展。

第一，坚持目标导向，以“三个便于”努力实现人民群众对司法公平正义的更高期待。人民的需求和期待是人民法院工作的方向和动力。随着交通便利化、诉讼服务信息化，人民法庭工作一直以来坚持的“两便”原则得以较好实现。新时代，人民群众追求解决的不再是温饱问题，也不仅仅是对物质文化的需求，而是在更高层次上对美好生活的需要，反映在司法领域就是对公平正义的更高期待。《意见》为实现人民群众对公平正义的更高期待，切实践行“努力让人民群众在每一个司法案件中感受到公平正义”的工作目标，在“两便”原则基础上，增加了“便于人民群众及时感受到公平正义”的工作原则。“三个便于”体现了继承和创新的统一。人民法庭立足审判职能，实质性推进矛盾纠纷多元化解、强化诉源治理，有效降低辖区矛盾纠纷发生率和成诉率，为坚持“便于人民群众及时感受到公平正义”打下坚实基础。在人民法庭“案多事多人少”这个主要矛盾逐渐缓和过程中，要强调人民法庭审判职能的基础地位，把实现公平正义放到更加突出的位置，回应人民群众日益增长的美好生活需要。需要强调的是，“便于当事人诉讼”“便于人民法院依法独立公正高效行使审判权”仍是人民法庭布局、队伍建设、基础建设等方面的重要工作原则。

第二，坚持战略导向，以“三个服务”紧紧围绕党和国家工作战略重心转移。进入新时代，我国社会主要矛盾发生新变化，党和国家工作战略重心也发生重要转移，新时代人民法庭工作必须立足新发展阶段，主动融入和服务党和国家中心工作，立足自身优势，找准精准发力的切入点、结合点。党中央对全面推进乡村振兴、健全城乡基层治理体系、推进共同富裕等作出一系列决策部署。《意见》深刻认识人民法庭处于服务群众、解决纠纷第一线的职能边界和定位，把握党和国家战略部署的深远考虑和重大意义，不折不扣抓好贯彻落实，以加强人民法庭工作作为关键抓手，把“服务全面推进乡村振兴”“服务基层社会治理”“服务人民群众高品质生活需要”作为新时代人民法庭工作高质量发展的重要原则。

第三，坚持问题导向，以“三个优化”积极回应人民法庭发展中存在的困难。问题就是时代的号角。在人民法庭调研活动中，我们深刻感受到“案多人少”“事多人少”是制约人民法庭高质量发展的主要矛盾，如2020年，全国人民法庭受理案件419万件、审结416万件（均约占同期基层人民法院受理、审结案件的1/4）。截至2021年6月，全国所有10145个人民法庭共有员额法官17927名、法官助理12765名、书记员20151名。法官年人均办案232件，不少地方超过300件。同时，部分地区人民法庭工作还存在思路不清晰、发展不均衡、功能定位不准确、布局与形势变化不适应、服务乡村振兴与基层社会治理作用不明显、管理保障水平不匹配等六大问题。对表主要矛盾和六大问题，《意见》在起草过程中多次征求各方意见，对一些重点问题反复与相关职能部门研讨，最终就新时代人民法庭工作重要意义和指导思想、工作原则、服务全面推进乡村振兴、服务基层社会治理、服务人民群众高品质生活需要、人员管理机制改革、专门考核机制、建设保障、组织领导等九个方面作出35条规定。其中，“优化法庭布局”“优化队伍结构”“优化专业建设”把握了新时代人民法庭工作发展客观规律，《意见》坚持“三个优化”的工作原则，要求将其贯彻到新时代人民法庭工作高质量发展具体举措中。

## 二、《意见》重点问题解读

从全国情况看，人民法庭在审判职能上存在差异性特征淡化、人案矛盾尖锐、高水平审判能力欠缺、裁判规则供给不足等问题；在参与基层社会治理、服务乡村振兴等综合职能上存在认识不清、界限不明、资源不足等问题；在自身建设上存在发展不平衡、保障不充分等问题。这些问题涉及方方面面，需要树立系统思维，加强上级人民法院指导，积极争取地方党委领导、人民政府支持等才能推动解决，一些重大问题还需要中央统筹解决。

### （一）关于优化人民法庭布局

优化人民法庭布局是人民法庭工作高质量发展的重要保证和基础。随着经济社会迅猛发展，交通和通讯状况等发生巨大变化，部分人民法庭的设置和布局已经滞后于新形势。有的法庭所处位置不仅不能便利群众诉讼，还增加群众诉累；有少数地区因为经济迅速发展，成为新的人口集聚地，但是没有设置人民法庭或者设置不足，给当地人民群众诉讼带来不便。

《意见》主要是在城乡一体化背景下，从城乡差异入手，以人民法庭辖区范围为依据，区分城区法庭、城乡接合法庭、乡村法庭，综合考虑案件数量、区域面积、人口数量、交通条件、信息化发展状况、参与乡村振兴和社会治理任务等因素，不断优化人民法庭区域布局。

### （二）关于优化人民法庭专业化建设

调研发现，基于经济社会发展、区域中心工作需要，近年来人民法庭专业化建设发展迅猛，成为人民法庭工作的新亮点。截至2021年6月，全国共有专业人民法庭840个，其中单独设立332个，加挂设立508个。大部分专业化法庭实行跨地域管辖，只审理一类或几类案件，与院本部机关专业审判运行方式类似；加挂专业化法庭依托于综合性法庭，除审理一般案件外，还跨区域审理婚姻家庭、未成年人、劳动争议、物业纠纷、道路交通、环保旅游、金融、医疗等类型化案件。

《意见》第5条根据人民法庭实际发展情况，坚持综合性与专业化相结合的发展思路，认为农村地区要继续加强和完善综合性人民法庭建设；城市近郊或者城区，可以由相关人民法庭专门或者集中负责审理新类型案件；产业特色明显地区，可以由专业化人民法庭专门负责审理涉及特定区域或者特定产业的案件。需要注意的是，人民法庭专业化建设一定要从实际出发，要有一定专业化案件数量基础，并且符合辖区社会治理实际需要。

### (三) 关于服务全面推进乡村振兴

民族要复兴，乡村必振兴。“十四五”规划和2035年远景目标纲要对优先发展农业农村、全面推进乡村振兴作出总体部署，这是新发展阶段人民法庭工作的重要使命，也是人民法庭发展的重大契机。新形势下，人民法庭将紧扣“三农”工作重心从脱贫攻坚历史性转移到全面推进乡村振兴后的新任务新要求，以司法手段服务巩固拓展脱贫攻坚成果、全面推进乡村振兴、加快农业农村现代化。人民法庭处理的基层矛盾纠纷类型与经济社会发展程度紧密相关，随着乡村振兴战略实施，人民法庭受案类型将不断丰富，对其诉源治理水平和综合审判能力提出新的更高要求。

《意见》立足人民法庭执法办案基础职责，从服务乡村产业振兴、维护农民合法权益、推动乡村文明进步、保护农村生态环境等四个方面作出规定，对“三农”、粮食安全战略、种业安全、“三权分置”等问题作出具体回应。

### (四) 关于服务基层社会治理

推动新时代人民法庭工作高质量发展必须要有系统观念，要立足于人民法庭法定职责，增强服务大局的自觉性。“案多人少”“事多人少”是当前制约人民法庭工作高质量发展的主要矛盾，如何扭转案件增长趋势，提高“司法生产力”，建立公正权威高效的司法体制，把执法办案与参与社会治理等工作作为整体来统筹，是新时代人民法庭工作高质量发展的必然要求。调研发现，基层党委政府对人民法庭在基层社会治理当中的作用均予充分肯定，也希望人民法庭能够发挥更大作用。现阶段人民法庭对参与基层社会治理主要有两点顾虑：一是由于矛盾纠纷就是潜在的诉讼案件，担心参与辖区政府、基层自治组织公共事务过深，影响案件客观公正审判；二是基于审判独立性和被动性特征，参与基层社会治理的方式和边界不好把握。

因此，人民法庭参与基层社会治理自发探索居多，系统化、体系化机制建设不足。大多人民法庭干警长期接触基层、直面人民群众矛盾纠纷，有强烈参与基层社会治理的责任感和情怀，深刻明白化解矛盾纠纷是人民法庭最重要职能，但是需要与其他基层组织形成化解合力。对此，《意见》从推动健全基层社会治理体系、明确参与基层治理途径、加强源头预防化解矛盾和基层法治建设、完善相关纠纷审理规则等方面作出规范。

一是推动健全基层社会治理体系。近年来，诉讼案件数量一直居高不下，对人民法院工作的影响是方方面面的。但问题根源在基层社会治理，解决问题的根本在于基层治理体系和治理能力的现代化。人民法庭工作高质量发展的重要任务之一就是要推动健全基层社会治理体系。《中国共产党政法工作条例》对基层社会治理体系中人民法庭和基层党委之间的关系作了规定，《意见》第10条据此强调，人民法庭要积极融入党委领导的基层社会治理框架，充分利用辖区党委政府组织优势，明确服务辖区大局司法需求，有的放矢做好基层社会治理工作，加强对矛盾纠纷的预防和化解；同时，尊重人民法庭创新基层社会治理的方式方法，服务于基层党委政府，以更大力度加强矛盾纠纷多元化解机制建设。实践中，要注重推动矛盾纠纷预防化解的实效性，凸显基层社会治理效能。

二是明确参与基层社会治理途径。2014年12月，最高人民法院制定印发的《关于进一步加强新形势下人民法庭工作的若干意见》第2条指出人民法庭要积极参与基层社会治理，但是对如何参与基层社会治理则没有明确，这是实践中反映最为集中的问题之一。社会矛盾纠纷化解的实践表明，社会问题在不同阶段有不同特点。以矛盾纠纷是否发生及形成诉讼为标准，可以分为潜在纠纷、未成诉纠纷、成诉纠纷。对于潜在纠纷，要加强源头治理；对于未成诉纠纷，要加强指导各类调解；对于成诉纠纷，要加强执法办案。其中，人民法庭参与源头治理时容易与行政等部门的职能混淆。

为进一步明晰人民法庭参与基层社会治理的途径，《意见》第11条规定，对没有形成纠纷但具有潜在风险的社会问题，可以向乡镇、社区有关单位提出法律风险防控预案；对立案、审判、执行、信访等工作中发现普遍存在的社会问题，应当通过司法建议、白皮书、大数据研究报告等方式，及时向党委、政府、基层组织、社会公众反馈，服务科学决策；对已经发生矛盾纠纷的社会问题，可以提出可能适用的法律依据以及相应裁判尺度，推动社会力量进行诉讼前化解，但是不宜在诉讼程序外对已经成诉的纠纷提出处理意见。

必须注意的是，当基层人民法院、人民法庭无法准确把握参与基层社会治理的途径时，上级人民法院应当给予及时明确的指导。《意见》第11条规定实际上从另一方面明确肯定了人民法庭可以依法有序提前介入到社会矛盾纠纷预防化解工作中。调研过程中，北京市大兴区、重庆市铜梁区等地党委政府对人民法庭提前介入重大工程、突发事件、中心工作取得的良好效果均给予充分赞扬。

三是加强源头预防化解矛盾和基层法治建设。调研发现，人民法庭在编干警中，本科以上学历干警总数达27000多名，占法庭在编干警比例超过80%。《意见》为充分发挥人民法庭在服务乡村振兴、服务基层社会治理中的专业优势和人才优势，在第12条、第13条提出要推动建立以人民法庭为重要支点的基层社会法治体系，推动人民法庭进乡村、进社区、进网格，立足人民法庭法定职责，依法有序参与基层社会治理。这要求人民法庭积极推动多元化纠纷解决机制建设，加强对调解组织的指导，利用多方力量、多种平台加强矛盾纠纷的就地化解，努力降低进入诉讼程序的矛盾纠纷数量，推动建立以人民法庭为重要支点的、多层次的、多元化的基层社会矛盾纠纷解决体系。

因为只有在解决案件数量高位运行问题后，“便于人民群众及时感受到公平正义”的工作原则才能得以有效实现，人民法庭工作高质量发展才有令人信服的基础。实践中，部分人民法庭在现阶段人力资源较为紧缺，在参与基层社会治理时更要学习优秀经验和方式方法，要以先进经验为引领，既要量力而行，更要尽力而为。近期，最高人民法院还将推广运用人民法院调解平台等工作方式，推动人民法庭进乡村、进社区、进网格，广泛对接基层解纷力量，形成基层多元解纷网络，在线开展案件调解、司法确认等工作。

四是完善相关纠纷审理规则。进入新时代，社会主要矛盾发生新变化，社会利益格局大调整，矛盾纠纷不断增多，案件类型不断丰富，对人民法庭综合审判能力提出新要求。实践中，法律供给不足导致裁判标准不统一，例如集体资产分割条件、成员资格认定、拆迁腾退合同性质、家庭关系变动对户内成员界定及财产分割等缺乏明确裁判规则。基于此，《意见》第 14 条规定，对案件审理过程中遇到的问题，高级人民法院可以对辖区内反映强烈、处理经验成熟的问题以纪要、审判指南、参考性案例等方式及时明确裁判指引。这同时表明，涉及一些新类型、疑难复杂案件乃至历史遗留案件，在一审判决后，上级人民法院不能轻易回避矛盾，要尊重经济社会发展实际，深入了解纠纷发生的背景动机，不能因为一些轻微瑕疵随意对案件发回重审。

## （五）关于服务人民群众高品质生活需要

习近平总书记强调，进入新发展阶段，必须更加注重共同富裕问题，要始终把满足人民对美好生活的新期待作为发展的出发点和落脚点。党的十九大提出，人民群众对美好生活的向往就是我们的奋斗目标。人民法庭是化解矛盾纠纷、服务人民群众的第一线，是人民法院坚持以人民为中心的最生动实践，新时代人民法庭工作应当紧扣社会主要矛盾新变化，紧紧抓住基层和乡村人民群众日益增长的司法需求与人民法庭工作发展不平衡、保障群众权益不充分之间的矛盾，服务人民群众对高品质生活的新期待。

调研发现，一站式建设有待根据各地人民法庭需求分类分步骤推进，信息化应用效果、繁简分流改革均有待进一步深化，人民法庭直接立案、执行机制有待完善，这些问题成为人民法庭服务保障人民群众高品质生活需要的制约因素。《意见》从加强民生司法保障、提升一站式诉讼服务能力、完善直接立案机制、推进案件繁简分流、推动解决送达难、推进直接执行机制等六个方面作出规范，提出要妥善处理民生案件，坚持因地制宜推进一站式建设、不搞“一刀切”，推进完善人民法庭直接立案或者基层人民法院派驻立案机制和跨域立案服务，贯彻民事诉讼程序繁简分流改革要求推进案件繁简分流，发挥电子送达、集约化送达和网格员送达优势推动解决送达难，探索部分案件根据情况由人民法庭直接执行或者由基层人民法院派驻执行组执行的工作机制，同时防范廉政风险。

### （六）关于人民法庭人员管理

从现状看，人员配备不足、人才流失、法官断层问题是人民法庭工作高质量发展的最大制约因素，在城区法庭和城乡接合法庭体现为“人案矛盾”比较突出，案件较多、人力资源不足；在乡村法庭则体现为“人庭矛盾”，即法庭比较多，基层社会治理任务较多，人员较少。在参与社会治理上，专业人民法庭参与行业或者专项治理较为积极；案件少的法庭参与基层社会治理比较主动；案多人少的法庭基本上没有时间和精力主动参与日常基层社会治理。

《意见》第21条至第25条，从完善司法责任制综合配套改革、探索建立人员编制动态调整机制、完善干部锻炼培养机制、落实人民陪审员制度和加强履职保障等五个方面进行规定。实践中需把握好以下几个方面。

一是人员力量要向人民法庭倾斜。当前改革背景下，单纯靠增加编制和人员解决“人案矛盾”和“人事矛盾”难以为继。但是随着人民法庭服务乡村振兴战略、服务基层社会治理任务越来越重，相对于院机关审判部门的非办案任务越来越多，人员编制一定要向人民法庭倾斜，要大力配强审判辅助力量。

二是《意见》第22条强调，每个人民法庭至少配备一名审判员、一名法官助理、一名书记员、一名司法警察或者安保人员。这是因为在实际工作中，人民法庭除了执法办案任务以外，还承担着诉源治理、法治宣教等综合任务，前述四类人员配备为最低配置，有需要、有条件的地方应当配备三名审判员。目前，不符合该要求的人民法庭应当尽快落实该要求。

三是由于经济社会发展不平衡，同一辖区内，各人民法庭所承担的案件数与配备的编制数之间普遍难成正比。基于此，《意见》规定要结合四级法院审级职能定位改革，高级人民法院协调编制部门在省级层面建立人员编制动态调整机制，基层人民法院在核定编制内将编制向案件数量多、基层社会治理任务重的人民法庭倾斜。

四是强化人民法庭干部锻炼培养基地作用。干部锻炼方面，《意见》规定新入职和新晋升人员要选派或者优先到人民法庭工作。值得注意的是，为防止人民法庭干警边缘化，还要建立院机关与人民法庭人员之间定期轮岗交流等机制，人民法庭庭长任职满一定年限要进行交流。干部培养方面，要在提拔晋升时适度向长期在人民法庭工作的干警倾斜，同等条件下，人民法庭庭长优先选配为基层人民法院院领导；入额遴选，具有三年人民法庭工作经历的法官助理在同等条件下优先入额；中级人民法院遴选，应当接收适当比例具有人民法庭工作经历的法官。

五是聘用制书记员招录培养。各地普遍反映，聘用制书记员在人民法庭工作中发挥着重要作用，但是因为招录和待遇问题其已经成为人民法庭干警中最不稳定的群体。因此，《意见》规定，高级人民法院要积极争取协调人事部门，建立招录便捷机制和定向培养机制。关于待遇问题，有的部门认为由于财政政策原因，不宜在第22条中明确规定，但基层人民法院可以依据《意见》第30条主动争取地方党委政府支持，切实解决聘用制书记员的实际困难。

六是加强履职保障。调研发现，大多数人民法庭干警工作量呈饱和状态，且相比院机关审判部门履职保障更为迫切。《意见》第25条从精准培训、不实举报处理、遭受人身威胁的保护、落实抚恤政策、鼓励投保工伤保险和人身意外伤害保险等途径，有针对性地提供履职保障。实践中，这些履职保障措施都需要基层人民法院党组积极协调落实。

### （七）关于人民法庭专门考核

按照工作性质，大致可以将人民法庭的工作分为三类：一是执法办案，除审判外，部分人民法庭承担立案、执行工作；二是参与基层社会治理、服务辖区重点工作、推进矛盾纠纷预防化解等司法服务保障性工作；三是党建、队建、后勤保障、基础设施等建设工作。

调研发现，人民法庭参与第二类工作方式多样，工作效果难以准确量化、确定考核权重，人民法庭大量该类工作没有纳入考核体系，缺乏激励机制。人民法庭干警普遍呼吁建立专门考核机制。为回应干警呼声、解决这一难题，最高人民法院梳理总结各地经验，反复论证，认为人民法庭工作任务繁重，参与基层社会治理和指导调解等工作需要投入大量精力和时间，如不纳入考核，则不能准确体现人民法庭干警的付出。另外，参与基层社会治理，目前主要依靠人民法庭干警特别是庭长的政治自觉，长此以往，人民法庭参与基层社会治理的积极性和可持续性将受影响。为此，《意见》第26条、第27条对人民法庭专门考核体系作了规定。

一是强调考核要符合人民法庭工作规律和司法规律，定性和定量相结合，坚决清理、取消不合理、不必要的考评项目和指标。

二是规定考核内容时，要综合考虑执法办案、指导调解、诉源治理，重点考核化解矛盾的质效。

三是为了制定合乎规律、更为科学的人民法庭专门考核机制，鼓励乡村振兴服务任务重、参与基层社会治理好的基层人民法院先行先试，为其他地方提供可复制可借鉴的经验。

四是为更好发挥人民法庭“两个平台”的作用，《意见》第32条还规定“两个平台”建设情况应当作为人民法庭工作的考核内容。

### （八）关于人民法庭建设保障

人民法庭高质量发展还需要高水平保障机制，这是贯彻“强基导向”的重要内容。近年来，人民法庭基础建设提速升级。其中，经费保障迅速增长，“十三五”期间净增长2.2倍；信息化建设不断加强，部分地区科技法庭配备率达100%。但调研中也发现，不少地区人民法庭保障水平存在较大差距，个别人民法庭建设情况不容乐观。《意见》从基础设施建设、安保工作、经费保障制度、购买社会化服务、“两个平台”建设等五个方面提出明确要求。

一是对基础设施建设提出总体要求。实践中发现，部分基层人民法院基建工作不能适应人民法庭新需求；有的人民法庭建设面积不达标，办公用房和辅助用房紧缺；有的人民法庭基础设施设备投入使用时间较长，残旧坏损情况比较普遍；有的执法办案车辆老旧，用车紧张；截至2021年6月，尚有1317个人民法庭没有安装统一标识，个别人民法庭还存在名称不规范问题。因此，《意见》针对实践中的困难和问题，要求高级人民法院承担主体责任，“十四五”期间内，要实现人民法庭办公办案和辅助用房的充分保障，规范化标准化建设得到显著加强，业务装备配备水平得到较大提升，网上立案、电子送达、网上开庭等信息化设施设备配备齐全，信息化建设应用效果进一步强化，人民法庭外观标识完全统一，人民法庭工作生活条件得到较大改善。

二是加强安保工作。人民法庭安保工作形势比较严峻，全国平均每个人民法庭仅有不足一名安保人员，不少人民法庭仅配备金属检测门，其他监控和安保设施缺失，有的地方人民法庭安全检查装备配备不到五成。针对前述状况，2021 年 4 月，最高人民法院发布了《人民法庭安全管理规定（试行）》。《意见》再次对人民法庭安保工作作出强调，并对重点风险防控举措作了细化。基层人民法院院长、人民法庭庭长作为安保责任人，应当根据实际情况，积极主动做好安保工作，切不可对安保风险无动于衷，听之任之。

三是加强经费保障。各地普遍反映经费保障只能满足日常办案需求，人民法庭维修等临时性支出和信息化建设经费缺口较大。人财物省级统管背景下，《意见》第 30 条根据事权与财权相统一的原则，对于人民法庭服务乡村振兴、服务辖区社会治理等地方事权，要积极协调当地政府财政支持；对于人财物省级统管地区，明确了高级人民法院负有争取协调省级有关部门下放人民法庭新建、维修等经费项目审批权的义务。与此同时，仍然可以争取辖区党委政府保障人民法庭高水平建设、继续落实好人民法庭庭长职级待遇和干警工作津贴、补贴等政策。调研可以看出，地方人财物保障与人民法庭参与基层社会治理、服务中心工作呈正向关系，即基础建设较好的人民法庭也是辖区党委政府支持比较到位、基层社会治理效果较好的法庭。

四是规范化、规模化购买社会化服务。购买社会化服务是不少地方人民法院解决人民法庭人力资源紧张的成功经验之一，以点破面，以经济资源换人力资源，效果很好。调研发现，目前人民法庭非在编人员（含聘用制人员以及第三方用工人员）共计 3.2 万余人，基本与在编干警数量持平。在人员编制短期内难以解决的情况下，可以推动购买社会化服务规模化，缓解人民法庭人员紧缺，同时注意规范化建设，防止廉洁风险。《意见》第 31 条对购买社会化服务作出了规定。实践中，人民法院应当注意推动社会化服务购买经费列入年度预算统筹保障，实际操作中可以根据自身需求确定社会化购买规模，最大可能解决人力资源紧张问题。

五是持续推进"两个平台"建设。2019年11月8日，人民法庭"两个平台"正式上线。人民法庭工作平台功能定位为注重分析管理，人民法庭信息平台为注重舆论宣传。《意见》第32条对"两个平台"建设作出了规定。目前，"两个平台"仍是新生事物，其应用推广和管理创新还不够，各地人民法院应当把人民法庭"两个平台"建设情况作为工作考核内容，激励效能发挥。

## (九) 关于人民法庭工作的组织领导

《意见》第33条到第35条从党的建设、汇报协调、工作机制三个方面对人民法庭工作的组织领导作出了规定。

一是坚定不移地加强党的建设。人民法庭党建只能加强，不能削弱，要坚持"支部建在庭上"，实现党的组织和党的工作全覆盖。推进人民法庭党支部标准化、规范化建设，党建工作应当引领人民法庭工作全过程，充分发挥党建工作在队伍建设、司法管理、廉洁司法中的重要作用，学会创新人民法庭党建模式，不能以人员少、工作多、任务重忽视党建工作。不少人民法庭党建品牌建设非常具有特色，在队伍建设、审判工作乃至基层社会治理等方面发挥了不可替代的作用。

二是向辖区党委汇报协调。辖区党委政府既是人民法庭司法服务保障对象，也是人民法庭坚强有力的组织保障。人民法庭工作必须服务辖区经济社会发展大局，人民法庭工作高质量发展同样也有赖党委政府实实在在的支持。《意见》明确要求，各级地方人民法院要定期或者不定期就人民法庭工作向当地党委作专题汇报，推动把加强人民法庭工作作为重点工作纳入党委政府总体工作格局，寻求辖区党委在人力资源、职级待遇、经费保障等方方面面的支持，切实解决人民法庭工作存在的实际困难。例如，湖北省人大常委会制定《关于充分发挥人民法庭作用促进基层社会治理的决定》，切实推动人民法庭工作高质量发展。

三是完善管理工作机制。人民法庭工作高质量发展需要司法管理机制高质高效，需要将人民法院工作重心下移到人民法庭。人民法庭作为人民法院组织法专门规定的机构，其工作内容对内包括执法办案、政治建设、队伍建设、基础设施建设、经费保障、安全保障等，对外还包括诉源治理、指导调解等内容，综合性较强，任何一个职能部门均无法有效直接管理。基于此，《意见》从三个层面对人民法庭的司法管理予以规定。第一层面要求地方三级人民法院院长亲自统筹人民法庭工作，把人民法庭工作当作“一把手”工程，将人民法院工作重心下移到基层基础。第二层面要求各级人民法院院领导大兴调查研究之风，确定一至两个人民法庭联系点，及时发现问题，总结经验。这是因为人民法庭只设立在基层人民法院，上级人民法院领导如不深入开展调研，很难正确认识人民法庭工作中存在的困难，提出有效的解决措施。第三层面发挥人民法庭领导小组及其办事机构的实际作用，实质上要求明确小组中各部门的工作职责，加强归口管理，定期研究解决人民法庭工作中的问题困难。

# 最高人民法院
# 印发《关于进一步完善"四类案件"监督管理工作机制的指导意见》的通知

2021年11月4日　　法发〔2021〕30号

**各省、自治区、直辖市高级人民法院，解放军军事法院，新疆维吾尔自治区高级人民法院生产建设兵团分院：**

现将《关于进一步完善"四类案件"监督管理工作机制的指导意见》予以印发，请结合实际认真贯彻执行。执行中遇有问题，请及时报告最高人民法院。

## 关于进一步完善"四类案件"监督管理工作机制的指导意见

为加强人民法院司法责任体系建设，健全与新型审判权力运行机制相适应的监督管理体系，进一步完善权责明晰、权责统一、监督有力、制约有效、运转有序的"四类案件"监督管理工作机制，结合人民法院工作实际，提出以下意见。

一、各级人民法院监督管理"四类案件"，应当严格依照法律规定，遵循司法规律，落实"让审理者裁判，由裁判者负责"，在落实审判组织办案主体地位基础上，细化完善审判权力和责任清单，推动实现全过程监督、组织化行权，有效防控各类风险，不断提升审判质量、效率和司法公信力。

二、本意见所称"四类案件"，是指符合下列情形之一的案件：

（一）重大、疑难、复杂、敏感的；

（二）涉及群体性纠纷或者引发社会广泛关注，可能影响社会稳定的；

（三）与本院或者上级人民法院的类案裁判可能发生冲突的；

（四）有关单位或者个人反映法官有违法审判行为的。

**三、**“重大、疑难、复杂、敏感”的案件主要包括下列案件：涉及国家利益、社会公共利益的；对事实认定或者法律适用存在较大争议的；具有首案效应的新类型案件；具有普遍法律适用指导意义的；涉及国家安全、外交、民族、宗教等敏感案件。

**四、**“涉及群体性纠纷或者引发社会广泛关注，可能影响社会稳定”的案件主要包括下列案件：当事人或者被害人人数众多，可能引发群体性事件的；可能或者已经引发社会广泛关注，存在激化社会矛盾风险的；具有示范效应、可能引发后续批量诉讼的；可能对特定行业产业发展、特定群体利益、社会和谐稳定产生较大影响的。

**五、**“与本院或者上级人民法院的类案裁判可能发生冲突”的案件主要包括下列案件：与本院或者上级人民法院近三年类案生效裁判可能发生冲突的；与本院正在审理的类案裁判结果可能发生冲突，有必要统一法律适用的；本院近三年类案生效裁判存在重大法律适用分歧，截至案件审理时仍未解决的。

**六、**“有关单位或者个人反映法官有违法审判行为”的案件主要包括下列案件：当事人、诉讼代理人、辩护人、利害关系人实名反映参与本案审理的法官有违法审判行为，并提供具体线索的；当事人、诉讼代理人、辩护人实名反映案件久拖不决，经初步核实确属违反审判执行期限管理规定的；有关部门通过审务督察、司法巡查、案件评查、信访接待或者受理举报、投诉等方式，发现法官可能存在违法审判行为的；承办审判组织在“三个规定”记录报告平台反映存在违反规定干预过问案件情况，可能或者已经影响司法公正的。

有关单位或者个人反映审判辅助人员有违纪违法行为，可能或者已经影响司法公正的，参照上述情形监督管理。

**七、**各级人民法院可以结合本院工作实际，对下列案件适用“四类案件”的监督管理措施：本院已经发生法律效力的判决、裁定、调解书等确有错误需要再审的；人民检察院提出抗诉的；拟判处死刑（包括死刑缓期两年执行）的；拟宣告被告人无罪或者拟在法定刑以下判处刑罚、免予刑事处罚的；指令再审或者发回重审的；诉讼标的额特别巨大的；其他有必要适用“四类案件”监督管理措施的。

八、各级人民法院应当结合本院实际，建立覆盖审判工作全过程的“四类案件”识别标注、及时报告、推送提醒、预警提示机制，明确各类审判组织、审判人员、职能部门的主体责任、报告义务、问责机制。对“四类案件”，应当通过依法公开审理、加强裁判文书说理，接受社会监督。

立案部门在立案阶段识别出“四类案件”的，应当同步在办案平台标注，提示相关院庭长，根据本意见要求确定承办审判组织形式和人员。承办审判组织在案件审理阶段识别出“四类案件”的，应当主动标注，并及时向院庭长报告。院庭长发现分管领域内“四类案件”的，应当提醒承办审判组织及时标注，并要求其报告案件进展情况。审判管理、审务督察、新闻宣传等职能部门在日常工作中发现“四类案件”的，应当及时提示相关院庭长。下级人民法院向上级人民法院移送“四类案件”卷宗材料的，应当在原审纸质卷宗或者电子卷宗中作出相应标注。

对案件是否属于“四类案件”存在争议的，可以按照工作程序层报院庭长决定。案件不再作为“四类案件”监督管理的，撤销相应标注，并在办案平台注明原因。

九、立案阶段识别标注的“四类案件”，可以指定分案。审理“四类案件”，应当依法组成合议庭，一般由院庭长担任审判长，并根据案件所涉情形、复杂程度等因素，综合确定合议庭组成人员和人数。

案件进入审理阶段后被识别标注为“四类案件”的，院庭长可以根据案件所涉情形、进展情况，按权限决定作出下述调整，调整结果应当及时通知当事人，并在办案平台注明原因：

（一）由独任审理转为合议庭审理；

（二）调整承办法官；

（三）调整合议庭组成人员或者人数；

（四）决定由自己担任审判长。

十、院庭长应当根据《中华人民共和国法官法》第九条的规定，针对“四类案件”审理中需要关注和解决的问题，按照职务权限采取以下监督管理措施：

（一）按权限调整分案；

（二）要求合议庭报告案件进展、评议结果；

（三）要求合议庭提供类案裁判文书或者制作类案检索报告；

（四）审阅案件庭审提纲、审理报告；

（五）调阅卷宗、旁听庭审；

（六）要求合议庭复议并报告复议结果，但同一案件一般不得超过两次；

（七）决定将案件提交专业法官会议讨论；

（八）决定按照工作程序将案件提交审判委员会讨论；

（九）决定按程序报请上一级人民法院审理；

（十）其他与其职务相适应的必要监督管理措施。

院庭长在分管领域、职务权限范围内，按工作程序采取上述监督管理措施，或者对下级人民法院审理的“四类案件”依法履行监督指导职责，不属于违反规定干预过问案件。

**十一、**院庭长对“四类案件”履行监督管理职责时，应当在办案平台全程留痕，或者形成书面记录入卷备查。院庭长对“四类案件”的处理意见，应当在专业法官会议或者审判委员会会议上发表，并记入会议记录，签字确认后在办案平台或者案卷中留痕。院庭长对合议庭拟作出的裁判结果有异议的，有权要求复议，也可以按照工作程序将案件提交专业法官会议、审判委员会讨论。院庭长非经法定程序，不得直接改变合议庭意见。

**十二、**承办审判组织发现案件属于“四类案件”，故意隐瞒不报或者不服从监督管理的，院庭长可以按权限调整分案。承办审判组织因前述行为导致裁判错误并造成严重后果的，依法承担违法审判责任。

院庭长因故意或者重大过失，对本人依职权发现、承办审判组织主动报告、有关职能部门告知或者系统自动推送提示的“四类案件”，怠于或者不当行使监督管理职责，导致裁判错误并造成严重后果的，依照干部管理有关规定和程序承担监督管理责任。

**十三、**各高级人民法院应当充分运用智慧法院建设成果，在辖区内完善统一的“四类案件”识别监测系统，探索构建由案由、罪名、涉案主体、涉案领域、程序类型、社会关注程度等要素组成的识别指引体系，逐步实现“四类案件”的自动识别、精准标注、实时提醒、智能监督管理。在立案、调解、庭审、评议、宣判、执行等环节出现“四类案件”对应情形的，系统可以同步标注、推送，提醒审判组织及时报告，提示院庭长依职权监督管理。对承办审判组织应当报告而未报告，应当提交专业法官会议或者审判委员会讨论而未提交的案件，系统可以自动预警并提示院庭长。

**十四、**本意见所称院庭长，包括进入法官员额的院长、副院长、审判委员会专职委员、庭长、副庭长和其他依法承担监督管理职责的审判（执行）部门负责人。

各级人民法院应当结合审判权力和责任清单，明确院庭长在“四类案件”监督管理工作中的具体职责、对应职权和工作程序。院庭长履行监督管理“四类案件”职责的情况，应当计入工作量，纳入绩效考核评价。

**十五、**本意见由最高人民法院解释。各级人民法院可以根据本意见，结合本院实际，制定或者修订“四类案件”监督管理实施细则，并报上一级人民法院备案。

**十六、**本意见自2021年11月5日起施行。之前有关规定与本意见不一致的，按照本意见执行。

# 《最高人民法院关于进一步完善“四类案件”监督管理工作机制的指导意见》的理解与适用

刘 峥 何 帆 马 骁 李熠星*

2021年11月，最高人民法院印发《关于进一步完善“四类案件”监督管理工作机制的指导意见》（以下简称《指导意见》），细化完善“四类案件”认定标准，健全对“四类案件”的全过程识别标注、全流程监督管理、全平台技术保障机制。《指导意见》对于加快推进司法责任体系改革和建设，完善审判权力制约监督体系具有重要意义，为便于各级人民法院正确理解适用，现就《指导意见》的起草背景、总体思路和重点内容说明如下。

## 一、起草背景和总体思路

党的十八大以来，人民法院全面落实司法责任制，坚持有序放权与有效监督相统一，不断健全完善与新型审判权力运行机制相适应的制约监督体系，取得一系列制度成果。

最高人民法院2015年9月印发的《关于完善人民法院司法责任制的若干意见》（以下简称《责任制意见》），建立了对“四类案件”的个案监督管理模式。即对于“涉及群体性纠纷，可能影响社会稳定的；疑难、复杂且在社会上有重大影响的；与本院或者上级法院的类案判决可能发生冲突的；有关单位或者个人反映法官有违法审判行为的”四类案件，院庭长有权要求承办审判组织报告案件进展和评议结果，视情将案件提交专业法官会议、审判委员会讨论，且必须全程留痕。

* 作者单位：最高人民法院。

最高人民法院2018年印发的《关于进一步全面落实司法责任制的实施意见》、2020年印发的《关于深化司法责任制综合配套改革的实施意见》，均就完善“四类案件”的监督管理机制作出要求。

近年来，各级人民法院不断深化司法责任制综合配套改革，司法质量、效率和公信力明显提升，但是，随着政法队伍教育整顿工作逐步深入，也暴露出实践中存在的一些问题：一是有的法院怠于或放松对“四类案件”的监督管理，重点不聚焦，履职不到位，责任不落实；二是有的法院仅把“四类案件”监督管理视为院庭长职责，全过程覆盖、多主体参与力度不够；三是有的法院不当扩大“四类案件”范围，变相恢复案件审批制；四是有的法院未有效区分依法监督管理与违规过问干预的界限，院庭长对依法履责顾虑多、动力少，方法不足；五是配套机制不健全，平台建设、分案机制、考核机制与“四类案件”监督管理需要不匹配，没有形成合力。

为有效破解上述问题，最高人民法院严格按照政法队伍教育整顿工作要求，经深入调研，并广泛征求意见，研究起草了《指导意见》。《指导意见》的起草主要依循以下总体思路。

一是坚持司法责任制改革方向不动摇，对“四类案件”范围只作优化、不再扩大，重申组织化行权、全程留痕原则，防止改革走“回头路”。

二是坚持问题导向、实践导向，重点围绕“四类案件”范围细化、识别流程、监管模式、分案要求、考核机制和平台配套问题，既解决共性难题，又考虑地域、审级差异，避免政策“一刀切”。

三是坚持系统集成、协同高效，与专业法官会议制度、审判委员会制度和四级法院审级职能定位改革试点实施办法的基本精神保持协调一致。

## 二、重点内容

### （一）关于“四类案件”的范围界定

根据实践应用情况和监督管理需要，《指导意见》第二条适当优化调整了2015年《责任制意见》第24条规定的“四类案件”范围：将“疑难、复杂且在社会上有重大影响的”，调整为“重大、疑难、复杂、敏感的”；将“涉及群体性纠纷，可能影响社会稳定的”，调整为“涉及群体性纠纷或者引发社会广泛关注，可能影响社会稳定的”；将“与本院或者上级人民法院的类案判决可能发生冲突的”，调整为“与本院或者上级人民法院的类案裁判可能发生冲突的”。

上述调整的主要考虑在于：一是案件的疑难、复杂程度，并不必然与其社会影响成正比，重大、敏感案件也有必要加强监督管理；二是影响社会稳定的案件并不局限于群体性纠纷，有的社会关注度较高，如处理不当，也可能激化社会矛盾，波及社会稳定，必须预先做好防控；三是部分不予受理、管辖权异议、中止或者终结诉讼的裁定，也涉及法律统一适用，不宜将“类案”局限于“判决”。

### （二）关于“四类案件”识别标准

征求意见过程中，部分法院建议以列举形式，逐项明确“四类案件”的具体识别标准，方便司法实践中直接适用。我们认为，各级法院人案规模、案件类型、审级职能差异较大，对“四类案件”的范围确定既不宜过于宽泛，也不能过于具体，总体上应有利于实践操作和全过程监督。所以，《指导意见》第三条至第六条以概括方式，明确了认定“四类案件”时应当考虑的因素。

第一，“重大、疑难、复杂、敏感”的案件主要包括下列案件：涉及国家利益、社会公共利益的；对事实认定或者法律适用存在较大争议的；具有首案效应的新类型案件；具有普遍法律适用指导意义的；涉及国家安全、外交、民族、宗教等敏感案件。其中，“具有普遍法律适用指导意义的”案件，主要指法律、司法解释规定不明确或者司法解释没有规定，需要通过司法裁判进一步明确法律适用的案件。“对事实认定或者法律适用存在较大争议的”案件，主要指人民法院受案和审理过程中，侦查、公诉机关或者社会舆论对案件定性、处理存在较大争议的案件。合议庭内部有分歧意见，不能视为“存在较大争议”。

第二，“涉及群体性纠纷或者引发社会广泛关注，可能影响社会稳定”的案件主要包括下列案件：当事人或者被害人人数众多，可能引发群体性事件的；可能或者已经引发社会广泛关注，存在激化社会矛盾风险的；具有示范效应、可能引发后续批量诉讼的；可能对特定行业产业发展、特定群体利益、社会和谐稳定产生较大影响的。

实践中，一些案件虽然所涉“人数众多”，如物业纠纷、涉及同一保险公司的交通事故责任纠纷等，但多数属于简单系列案，不存在群体性事件或激化社会矛盾风险，不宜认定为“四类案件”。

第三，“与本院或者上级人民法院的类案裁判可能发生冲突”主要包括下列案件：与本院或者上级人民法院近三年类案生效裁判可能发生冲突的；与本院正在审理的类案裁判结果可能发生冲突，有必要统一法律适用的；本院近三年类案生效裁判存在重大法律适用分歧，截至案件审理时仍未解决的。之所以明确“近三年”，是为了合理确定相关案件的范围，具体时间可以从案件受理之日起算。

第四，“有关单位或者个人反映法官有违法审判行为”的案件主要包括下列案件：当事人、诉讼代理人、辩护人、利害关系人实名反映参与本案审理的法官有违法审判行为，并提供具体线索的；当事人、诉讼代理人、辩护人实名反映案件久拖不决，经初步核实确属违反审判执行期限管理规定的；有关部门通过审务督察、司法巡查、案件评查、信访接待或者受理举报、投诉等方式，发现法官可能存在违法审判行为的；承办审判组织在“三个规定”记录报告平台反映存在违反规定干预过问案件情况，可能或者已经影响司法公正的。

需要强调的是，对法官违法审判行为的反映、投诉和举报，须实名提出并提供具体线索，经人民法院初步核实后，认为可能或者已经影响司法公正的，才能纳入“四类案件”监督管理，实践中不能仅因存在投诉、举报就启动相关措施，干扰法官依法履职。

### （三）关于适用“四类案件”监督管理措施的案件范围

实践中，一些案件虽然不属于“四类案件”范围，但在案由、罪名、诉讼标的或诉讼程序上具有一定特殊性，有必要适用“四类案件”的监督管理措施。因此，《指导意见》第七条明确，各级人民法院可以结合本院工作实际，对下列案件适用“四类案件”的监督管理措施：本院已经发生法律效力的判决、裁定、调解书等确有错误需要再审的；人民检察院提出抗诉的；拟判处死刑（包括死刑缓期两年执行）的；拟宣告被告人无罪或者拟在法定刑以下判处刑罚、免予刑事处罚的；指令再审或者发回重审的；诉讼标的额特别巨大的；其他有必要适用“四类案件”监督管理措施的。

下一步，各地法院可以结合本院人员、案件、审级实际，对照上述范围，综合考虑哪些类别的案件可以适用《指导意见》第十条确定的“四类案件”监督管理措施，并纳入院庭长和审判组织权责清单。但是，在确定范围时，应立足司法规律，聚焦于应当或者可以提交审判委员会讨论的案件，不能任意扩大范围。

### （四）关于“四类案件”全过程识别机制

《指导意见》第八条要求各级人民法院结合本院实际，建立覆盖审判工作全过程的“四类案件”识别标注、及时报告、推送提醒、预警提示机制，并分阶段明确了立案部门、承办审判组织、院庭长和审判管理、审务督察、新闻宣传等职能部门的识别责任、报告义务和标注机制。

下级人民法院向上级人民法院移送“四类案件”卷宗材料的，应当在原审纸质卷宗或者电子卷宗中作出相应标注，以便上级人民法院及时研判是否需要在二审、再审阶段将其纳入“四类案件”监督管理。上级人民法院识别判断时，应当结合审级实际和案件阶段性情况，综合考虑案件是否还有必要继续标注为“四类案件”。

对是否属于“四类案件”存在分歧的，按照工作程序，层报相关院庭长解决。具体由哪一级负责人决定，可以根据案件性质和职务权限确定，不宜都报院长。例如，合议庭内部存在分歧的，报庭领导决定；不同职能部门之间存在分歧的，报院领导决定。涉及法律适用问题的，也可以提请专业法官会议讨论。对于已标注为“四类案件”，后因案情或形势发生变化，相关情形不再存在的，可以撤销标注，但应当在办案平台注明原因。

### （五）关于“四类案件”的分案机制和审判组织

《指导意见》第九条规定，立案阶段识别标注的“四类案件”，可以指定分案。审理“四类案件”，应当依法组成合议庭，一般由院庭长担任审判长，并根据案件所涉情形、复杂程度等因素，综合确定合议庭组成人员和人数。案件进入审理阶段后被识别标注为“四类案件”的，院庭长可以根据案件所涉情形、进展情况，决定由独任审理转为合议庭审理。有必要由人民陪审员参与审理的，可以依照人民陪审员法第十四条至第十六条确定合议庭组成人员和人数。

之所以强调“四类案件”应当由合议庭审理，主要考虑是：既已列入“四类案件”，强化监督管理，应当有配套的组织和程序保障。随着民事诉讼程序繁简分流改革不断深化，独任制适用范围将进一步扩大，强调“四类案件”由合议庭审理，不会给基层、中级人民法院带来过重负担。另外，明确由合议庭审理，并一般由院庭长作为审判长，有利于审慎认定“四类案件”，避免不当标注或任意扩大范围，实现审判资源与监督管理重心精准适配。

### （六）关于“四类案件”的监督管理形式

《指导意见》第十条以“列举+兜底”形式，规定了院庭长可以采取的监督管理措施，即：按权限调整分案；要求合议庭报告案件进展、评议结果；要求合议庭提供类案裁判文书或者制作类案检索报告；审阅案件庭审提纲、审理报告；调阅卷宗、旁听庭审；要求合议庭复议并报告复议结果，但同一案件一般不得超过两次；决定将案件提交专业法官会议讨论；决定按照工作程序将案件提交审判委员会讨论；决定按程序报请上一级人民法院审理；其他与其职务相适应的必要监督管理措施。

院庭长在分管领域、职务权限范围内，按工作程序采取上述监督管理措施，或者对下级人民法院审理的“四类案件”依法履行监督指导职责，不属于违反规定干预过问案件。

院庭长可以按照分管领域、职务权限，紧密结合“四类案件”审理过程中需要关注和解决的问题，有针对性地使用一种或几种监督管理措施，确保监督管理资源投入与案件重大、疑难、复杂、敏感程度相适应，平衡好依法加强监督管理与尊重审判组织办案主体地位之间的关系。院庭长对采取相应监督管理举措有分歧的，按工作程序层报院长决定。

### （七）关于组织化行权模式

《指导意见》第十一条重申了全程留痕、组织化行权的要求。院庭长对“四类案件”履行监督管理职责时，应当在办案平台全程留痕，或者形成书面记录入卷备查。这里的“留痕”，包括在办案平台或者纸质材料上勾选、批注、圈阅，或者以视频音频等形式记录，只要能够完整、准确体现监督管理的主体和内容即可。需要强调的是，院庭长对“四类案件”的具体处理意见，应当在专业法官会议或者审判委员会会议上发表，并记入会议记录，签字确认后在办案平台或者案卷中留痕。

院庭长对合议庭拟作出的裁判结果有异议的，有权要求复议，也可以按照工作程序将案件提交专业法官会议、审判委员会讨论。院庭长非经法定程序，不得直接改变合议庭意见，也不得明示或暗示合议庭接受自己的意见。

## （八）关于完善《指导意见》配套机制

《指导意见》第十二条至第十五条规定了“四类案件”监督管理的配套机制，主要内容包括：

第一，关于责任机制。针对“四类案件”发现报告和监督管理权责划分不够清晰等问题，《指导意见》进一步明确了审判组织和院庭长的义务。承办审判组织发现案件属于“四类案件”，故意隐瞒不报或者不服从监督管理的，院庭长可以按权限调整分案。

承办审判组织因前述行为导致裁判错误并造成严重后果的，依法承担违法审判责任。院庭长因故意或者重大过失，对本人依职权发现、承办审判组织主动报告、有关职能部门告知或者系统自动推送提示的“四类案件”，怠于或者不当行使监督管理职责，导致裁判错误并造成严重后果的，不属于违法审判责任，但应当依照干部管理有关规定和程序承担监督管理责任。

第二，关于信息化平台建设。《指导意见》明确将各高级人民法院作为信息化平台的建设主体，要求各地充分运用智慧法院建设成果，在辖区内完善统一的“四类案件”识别监测系统，探索构建由案由、罪名、涉案主体、涉案领域、程序类型、社会关注程度等要素组成的识别指引体系，逐步实现“四类案件”的自动识别、精准标注、实时提醒、智能监督管理，改变传统“盯人盯案”的监督管理模式。各地应充分整合利用好现有的信息化平台，防止重复建设，提升平台效能。

第三，关于绩效考核机制。调研过程中，许多院庭长表示，按照目前的考核机制，如果没有参与合议庭审理，对“四类案件”的监督管理不能视为“办案”，也无法计入案件数量，但相关工作占用时间精力较多，也额外增加了责任，建议在绩效考核中予以考虑。

《指导意见》第十四条规定了相关内容，即院庭长履行监督管理“四类案件”职责的情况，应当计入工作量，纳入绩效考核评价。最高人民法院日前印发的《关于加强和完善法官考核工作的指导意见》第 13 条也专门明确，对于担任领导职务的法官，应当围绕其履行审核批准程序性事项、综合指导审判工作、全程监管审判质效等审判监督管理职责情况，设置相应指标，纳入考核范畴。

第四，关于制定实施细则。考虑到各级法院情况差异比较大，《指导意见》没有具体细分院长、副院长、审判委员会专职委员、庭长、副庭长、审判团队负责人在“四类案件”监督管理中的职责权限，只是要求各级法院应当结合审判权力和责任清单，明确院庭长在“四类案件”监督管理工作中的具体职责、对应职权和工作程序，具体可以在实施细则中明确。各级人民法院可以根据《指导意见》，结合本院实际，制定或者修订“四类案件”监督管理实施细则，并报上一级人民法院备案。

# 最高人民法院<br>关于印发《关于完善四级法院审级职能定位改革试点的实施办法》的通知

2021 年 9 月 27 日　　　　法〔2021〕242 号

**各省、自治区、直辖市高级人民法院，新疆维吾尔自治区高级人民法院生产建设兵团分院：**

根据中央全面深化改革委员会审议通过的《关于完善四级法院审级职能定位的改革方案》（中政委〔2021〕45 号）和第十三届全国人大常委会第三十次会议作出的《全国人民代表大会常务委员会关于授权最高人民法院组织开展四级法院审级职能定位改革试点工作的决定》（人大常会字〔2021〕38 号），结合工作实际，经认真研究，最高人民法院制定了《关于完善四级法院审级职能定位改革试点的实施办法》，已于 2021 年 9 月 16 日由最高人民法院审判委员会第 1846 次会议通过，自 2021 年 10 月 1 日起施行。现将文件印发给你们，请认真组织实施。实施过程中遇有情况和问题，请及时层报最高人民法院。

## 关于完善四级法院审级职能定位改革试点的实施办法

为进一步深化诉讼制度改革，明确四级法院审级职能定位，加强审级制约监督体系建设，实现依法纠错与维护生效裁判权威相统一，推动法律正确统一适用，根据中央全面深化改革委员会审议通过的《关于完善四级法院审级职能定位的改革方案》、第十三届全国人民代表大会常务委员会第三十次会议作出的《关于授权最高人民法院组织开展四级法院审级职能定位改革试点工作的决定》和相关法律规定，结合审判工作实际，制定本办法。

## 一、一般规定

**第一条** 各级人民法院应当根据本办法，健全工作衔接机制、完善内设机构设置、优化审判力量配置，在实现审判重心进一步下沉的同时，推动将涉及重大国家利益、社会公共利益和具有普遍法律适用指导意义的案件交由较高层级法院审理，逐步实现基层人民法院重在准确查明事实、实质化解纠纷；中级人民法院重在二审有效终审、精准定分止争；高级人民法院重在再审依法纠错、统一裁判尺度；最高人民法院监督指导全国审判工作、确保法律正确统一适用。通过依法有序开展试点工作，充分发挥四级两审审级制度优势，加快推进审判体系和审判能力现代化，为全面建设社会主义现代化国家提供有力司法服务和保障。

## 二、完善行政案件级别管辖制度

**第二条** 下列以县级、地市级人民政府为被告的第一审行政案件，由基层人民法院管辖：

（一）政府信息公开案件；

（二）不履行法定职责的案件；

（三）行政复议机关不予受理或者程序性驳回复议申请的案件；

（四）土地、山林等自然资源权属争议行政裁决案件。

**第三条** 中级人民法院对于公民、法人或者其他组织以县级、地市级人民政府为被告提起的诉讼，根据本办法第二条不属于本院管辖的，应当及时告知其向有管辖权的基层人民法院提起诉讼；当事人坚持起诉的，可以将案件直接移送有管辖权的基层人民法院。

## 三、完善案件提级管辖机制

**第四条** 基层人民法院对所管辖的第一审民事、刑事、行政案件，认为属于下列情形之一，需要由中级人民法院审理的，可以报请上一级人民法院审理：

（一）涉及重大国家利益、社会公共利益，不宜由基层人民法院审理的；

（二）在辖区内属于新类型，且案情疑难复杂的；

（三）具有普遍法律适用指导意义的；

（四）上一级人民法院或者其辖区内各基层人民法院之间近三年裁判生效的同类案件存在重大法律适用分歧，截至案件审理时仍未解决的；

（五）由中级人民法院一审更有利于公正审理的。

中级人民法院对辖区基层人民法院已经受理的第一审民事、刑事、行政案件，认为属于上述情形之一，有必要由本院审理的，应当决定提级管辖。

**第五条** 中级人民法院对所管辖的第一审民事、刑事、行政案件，认为属于下列情形之一，需要由高级人民法院审理的，可以报请上一级人民法院审理：

（一）具有普遍法律适用指导意义的；

（二）上一级人民法院或者其辖区内各中级人民法院之间近三年裁判生效的同类案件存在重大法律适用分歧，截至案件审理时仍未解决的；

（三）由高级人民法院一审更有利于公正审理的。

高级人民法院对辖区中级人民法院已经受理的第一审民事、刑事、行政案件，认为属于上述情形之一，有必要由本院审理的，应当决定提级管辖。

**第六条** 本办法所称具有普遍法律适用指导意义的案件，是指法律、司法解释规定不明确或者司法解释没有规定，需要通过司法裁判进一步明确法律适用的案件。

**第七条** 案件报请上一级人民法院审理的，应当经本院院长批准，至迟于案件法定审理期限届满三十日前报送；涉及法律统一适用问题的，应当经审判委员会讨论决定。

**第八条** 上级人民法院收到下一级人民法院根据本办法第四条、第五条提出的请求后，由立案庭转相关审判庭审查，并应当在十五日内作出下述处理：

（一）同意提级管辖；

（二）不同意提级管辖。

中级、高级人民法院根据本办法第四条、第五条提级管辖的案件，应当报上一级人民法院立案庭备案。

**第九条** 上级人民法院决定提级管辖的案件，由检察机关提起公诉的，应当同时书面通知同级人民检察院。

原受诉人民法院收到上一级人民法院同意提级管辖的文书后，应当在十日内将案卷材料移送上一级人民法院，并书面通知当事人；对检察机关提起公诉的案件，应当书面通知同级人民检察院，将案卷材料退回检察机关，并书面通知当事人。

**第十条** 按本办法提级管辖案件的审理期限，自上一级人民法院立案之日起重新计算。

向上一级人民法院报送期间和上一级人民法院审查处理期间，不计入原审案件审理期限。

## 四、改革再审程序

**第十一条** 当事人对高级人民法院作出的已经发生法律效力的民事、行政判决、裁定，认为有错误的，应当向原审高级人民法院申请再审；符合下列情形之一的，可以向最高人民法院申请再审：

（一）再审申请人对原判决、裁定认定的基本事实、主要证据和诉讼程序无异议，但认为适用法律有错误的；

（二）原判决、裁定经高级人民法院审判委员会讨论决定的。

当事人对高级人民法院作出的已经发生法律效力的民事、行政调解书申请再审的，应当向相关高级人民法院提出。

**第十二条** 当事人根据本办法第十一条第一款第一项向最高人民法院申请再审的，除依法必须载明的事项外，应当在再审申请书中声明对原判决、裁定认定的基本事实、认定事实的主要证据、适用的诉讼程序没有异议，同时载明案件所涉法律适用问题的争议焦点、生效裁判适用法律存在错误的论证理由和依据。

再审申请人提交的再审申请书不符合前款要求的，最高人民法院应当给予指导和释明，一次性全面告知其在十日内予以补正。再审申请人无正当理由逾期未予补正的，按撤回申请处理。

**第十三条** 最高人民法院应当自收到民事、行政再审申请书之日起三十日内，决定由本院或者作出生效判决、裁定的高级人民法院审查。民事、行政申请再审案件符合下列情形之一的，最高人民法院可以决定由原审高级人民法院审查：

（一）案件可能存在基本事实不清、诉讼程序违法、遗漏诉讼请求情形的；

（二）原判决、裁定适用法律可能存在错误，但不具有法律适用指导意义的。

最高人民法院决定将案件交原审高级人民法院审查的，应当在十日内将决定书、再审申请书和相关材料送原审高级人民法院立案庭，并书面通知再审申请人。

**第十四条** 原判决、裁定适用法律确有错误，且符合下列情形之一的，最高人民法院应当裁定提审：

（一）具有普遍法律适用指导意义的；

（二）最高人民法院或者不同高级人民法院之间近三年裁判生效的同类案件存在重大法律适用分歧，截至案件审理时仍未解决的；

（三）最高人民法院认为应当提审的其他情形。

最高人民法院对地方各级人民法院、专门人民法院已经发生法律效力的判决、裁定，发现确有错误，且符合前款所列情形之一的，可以裁定提审。

**第十五条** 高级人民法院对受理的民事、行政申请再审案件，认为原判决、裁定适用法律确有错误，且符合本办法第十四条第一款第一项、第二项所列情形之一，需要由最高人民法院审理的，经审判委员会讨论决定后，可以报请最高人民法院审理。

最高人民法院收到高级人民法院根据前款规定提出的请求后，认为有必要由本院审理的，裁定提审；认为没有必要的，不予提审。

**第十六条** 当事人向最高人民法院申请再审的，最高人民法院应当向其释明委托律师作为诉讼代理人的必要性。

对于委托律师有困难的再审申请人，最高人民法院应当及时告知其有权申请法律援助。

## 五、完善最高人民法院审判权力运行机制

**第十七条** 最高人民法院立案庭和各巡回法庭、知识产权法庭的诉讼服务中心根据法律、司法解释和本办法第十二条的规定收取申请再审材料，确保材料齐全；材料齐全的，交由相关审判庭、巡回法庭、知识产权法庭的审判人员审核。

**第十八条** 因统一法律适用、审判监督管理等工作需要，最高人民法

院相关审判庭和各巡回法庭、知识产权法庭可以向审判管理办公室提出申请，报院长批准后，组成跨审判机构的五人以上合议庭。最高人民法院院长认为确有必要的，可以直接要求就特定案件组成跨审判机构的合议庭，并指定一名大法官担任审判长。

最高人民法院开庭审理具有普遍法律适用指导意义的案件，可以结合案件情况，优化庭审程序，重点围绕案件所涉法律适用问题展开。

**第十九条** 最高人民法院相关审判庭和各巡回法庭、知识产权法庭认为有必要召开跨审判机构的专业法官会议，研究解决跨部门的法律适用分歧或者跨领域的重大法律适用问题的，可以向审判管理办公室提出申请。

最高人民法院各审判机构或者跨审判机构召开的专业法官会议，涉及法律适用问题的，应当形成纪要，统一送审判管理办公室备案。各审判机构之间存在重大法律适用分歧，经专业法官会议讨论未能解决的，由审判管理办公室呈报院长提交审判委员会讨论。

## 六、附则

**第二十条** 本办法第二条、第三条仅适用于北京、天津、辽宁、上海、江苏、浙江、山东、河南、广东、重庆、四川、陕西省（市）高级人民法院辖区内的中级、基层人民法院。

本办法关于中级人民法院的规定，海事法院、知识产权法院、金融法院和铁路运输中级法院等可以参照适用；关于基层人民法院的规定，互联网法院、铁路运输法院等可以参照适用。

**第二十一条** 各高级人民法院应当根据本办法，结合对应开展的试点工作，制定具体实施方案和相关制度规定，并于2021年11月5日前报最高人民法院备案。

各高级人民法院在制定实施方案、修订现有规范、做好机制衔接的前提下，自本办法实施之日起全面启动试点工作，试点时间两年。2022年7月31日前，各高级人民法院应当形成试点工作中期报告报最高人民法院。

各高级人民法院应当结合试点工作实际，在中央相关政策指导下，积极争取省级组织部门、机构编制部门的支持配合，优化辖区法院的机构人员编制、员额，推动编制、员额配置向基层和办案一线倾斜。关于优化各级人民法院编制机构、法官配备的相关问题，另行规定。

**第二十二条** 本办法由最高人民法院负责解释。

**第二十三条** 本办法报全国人民代表大会常务委员会备案，自2021年10月1日起施行。之前有关司法解释、司法指导性文件的规定与本办法不一致的，按照本办法执行。

中级人民法院于本办法实施之前受理的第一审行政案件，实施当日尚未审结的，应当继续审理，并按照相关法律规定作出裁判。

最高人民法院于本办法实施之前受理的民事、行政申请再审案件，实施当日尚未审查完毕的，应当继续审查，并按照相关法律规定作出处理。

附件：1. 民事决定书（最高人民法院决定交高级人民法院审查用）
2. 民事通知书（最高人民法院通知再审申请人用）
3. 民事请示（高级人民法院向最高人民法院报请提审用）
4. 民事裁定书（依高级人民法院报请同意提审用）
5. 民事批复（最高人民法院不同意提审用）
6. 行政诉讼决定书（最高人民法院决定交高级人民法院审查用）
7. 行政诉讼通知书（最高人民法院通知再审申请人用）
8. 行政诉讼请示（高级人民法院向最高人民法院报请提审用）
9. 行政诉讼裁定书（依高级人民法院报请同意提审用）
10. 行政诉讼批复（最高人民法院不同意提审用）

**附件1**

**民事决定书**（最高人民法院决定交高级人民法院审查用）

## 中华人民共和国最高人民法院
## 决 定 书

（××××）最高法民决……号

××××高级人民法院：

根据《全国人民代表大会常务委员会关于授权最高人民法院组织开展四级法院审级职能定位改革试点工作的决定》和《最高人民法院关于完善四级法院审级职能定位改革试点的实施办法》第十一条、第十三条的规定，现将再审申请人×××因不服你院（××××）……号民事判决/民事裁定（写明再审申请对应的生效判决、裁定案号）提起的再审申请，交由你院审查。请你院依照《中华人民共和国民事诉讼法》及相关司法解释的规定审查处理。

××××年××月××日
（院印）

附件 2

**民事通知书**（最高人民法院通知再审申请人用）

## 中华人民共和国最高人民法院
## 通 知 书

（××××）最高法民通……号

×××（再审申请人）：

根据《全国人民代表大会常务委员会关于授权最高人民法院组织开展四级法院审级职能定位改革试点工作的决定》和《最高人民法院关于完善四级法院审级职能定位改革试点的实施办法》第十一条、第十三条的规定，本院将你/你单位因不服××××高级人民法院（××××）……号民事判决/民事裁定（写明再审申请对应的生效判决、裁定案号）提起的再审申请，交××××高级人民法院审查处理。请等待审查结果。对高级人民法院审查后作出的判决、裁定仍然不服的，可以依照《中华人民共和国民事诉讼法》第二百零九条的规定，向人民检察院申请检察建议或者抗诉。

特此通知。

××××年××月××日
（院印）

附件 3

**民事请示**（高级人民法院向最高人民法院报请提审用）

## 关于……（写明再审申请人及案由）一案报请提审的请示

（××××）……民申……号

最高人民法院：

再审申请人×××因与被申请人×××……（写明案由）一案，不服××××人民法院/本院（××××）……号民事判决/民事裁定，向本院申请再审。本院依法组成合议庭进行了审查，并经审判委员会讨论，现已审查终结。

×××申请再审称，……（概述再审请求、事实和理由）。

本院认为，×××的再审申请符合《中华人民共和国民事诉讼法》第二百条第×项规定的情形，同时……（写明报请提审的事实和理由）。

依据《全国人民代表大会常务委员会关于授权最高人民法院组织开展四级法院审级职能定位改革试点工作的决定》和《最高人民法院关于完善四级法院审级职能定位改革试点的实施办法》第十五条的规定，现报请你院提审该案。

以上请示，请批复。

附：案卷×宗

××××年××月××日

（院印）

附件 4

**民事裁定书**（依高级人民法院报请同意提审用）

## 中华人民共和国最高人民法院
## 民 事 裁 定 书

（××××）最高法民申……号

再审申请人（一、二审诉讼地位）：×××，……。

法定代理人/指定代理人/法定代表人/主要负责人：×××，……。

委托诉讼代理人：×××，……。

被申请人（一、二审诉讼地位）：×××，……。

法定代理人/指定代理人/法定代表人/主要负责人：×××，……。

委托诉讼代理人：×××，……。

二审上诉人/二审被上诉人/第三人（一审诉讼地位）：×××，……。

法定代理人/指定代理人/法定代表人/主要负责人：×××，……。

委托诉讼代理人：×××，……。

（以上写明当事人和其他诉讼参加人的姓名或者名称等基本信息）

再审申请人×××因与被申请人×××……（写明案由）一案，不服××××人民法院（××××）……号民事判决/民事裁定，提起再审申请。

××××高级人民法院经审查认为……（写明高级人民法院审查意见及报请提审的理由）。

本院认为，……（写明对高级人民法院报请提审的事实与理由的分析意见）。

依照《中华人民共和国民事诉讼法》第二百条第×项、《全国人民代表大会常务委员会关于授权最高人民法院组织开展四级法院审级职能定位改革试点工作的决定》和《最高人民法院关于完善四级法院审级职能定位改革试点的实施办法》第十五条的规定，裁定如下：

一、本案由本院提审。

二、再审期间，中止原判决/原裁定的执行。

审 判 长　×××
审 判 员　×××
审 判 员　×××
××××年××月××日
（院印）
法官助理　×××
书 记 员　×××

**附件 5**

**民事批复**（最高人民法院不同意提审用）

## 关于对……（写明再审申请人及案由）一案报请提审的批复

（××××）最高法民申……号

××××高级人民法院：

你院《关于……一案报请提审的请示》收悉。经研究，批复如下：

不同意……一案由我院提审。

此复。

××××年××月××日
（院印）

附件6

**行政诉讼决定书**（最高人民法院决定交高级人民法院审查用）

## 中华人民共和国最高人民法院
## 决 定 书

（××××）最高法行决……号

××××高级人民法院：

根据《全国人民代表大会常务委员会关于授权最高人民法院组织开展四级法院审级职能定位改革试点工作的决定》和《最高人民法院关于完善四级法院审级职能定位改革试点的实施办法》第十一条、第十三条的规定，现将再审申请人因不服你院（××××）……号行政判决/行政裁定（写明再审申请对应的生效判决、裁定案号）提起的再审申请，交由你院审查。请你院依照《中华人民共和国行政诉讼法》及相关司法解释的规定审查处理。

××××年××月××日

（院印）

附件7

**行政诉讼通知书**（最高人民法院通知再审申请人用）

## 中华人民共和国最高人民法院
## 通 知 书

（××××）最高法行通……号

×××（再审申请人）：

根据《全国人民代表大会常务委员会关于授权最高人民法院组织开展

四级法院审级职能定位改革试点工作的决定》和《最高人民法院关于完善四级法院审级职能定位改革试点的实施办法》第十一条、第十三条的规定，本院将你/你单位因不服××××高级人民法院（××××）……号行政判决/行政裁定（写明再审申请对应的生效判决、裁定案号）提起的再审申请，交由××××高级人民法院审查。请等待审查结果。对高级人民法院审查后作出的判决、裁定仍然不服的，可以依照《最高人民法院关于适用〈中华人民共和国行政诉讼法〉的解释》第一百一十七条的规定，向人民检察院申请抗诉或者检察建议。

特此通知。

××××年××月××日

（院印）

**附件 8**

**行政诉讼请示**（高级人民法院向最高人民法院报请提审用）

## 关于……（写明再审申请人及案由）一案报请提审的请示

（××××）……行申……号

最高人民法院：

再审申请人×××因与被申请人×××……（写明案由）一案，不服××××人民法院/本院（××××）……号行政判决/行政裁定，向本院申请再审。本院依法组成合议庭进行了审查，并经审判委员会讨论，现已审查终结。

×××申请再审称，……（概述再审请求、事实和理由）。

本院认为，×××的再审申请符合《中华人民共和国行政诉讼法》第九十一条第×项规定的情形，同时，……（写明报请提审的事实和理由）。

依据《全国人民代表大会常务委员会关于授权最高人民法院组织开展四级法院审级职能定位改革试点工作的决定》和《最高人民法院关于完善四级法院审级职能定位改革试点的实施办法》第十五条的规定，现报请你院提审该案。

以上请示，请批复。

附：案卷×宗

××××年××月××日
（院印）

附件 9

**行政诉讼裁定书**（依高级人民法院报请同意提审用）

## 中华人民共和国最高人民法院
## 行政裁定书

（××××）最高法行申……号

再审申请人（一、二审诉讼地位）：×××，……。

法定代理人/指定代理人/法定代表人/主要负责人：×××，……。

委托诉讼代理人：×××，……。

被申请人（一、二审诉讼地位）：×××，……。

法定代理人/指定代理人/法定代表人/主要负责人：×××，……。

委托诉讼代理人：×××，……。

二审上诉人/二审被上诉人/第三人（一审诉讼地位）：×××，……。

法定代理人/指定代理人/法定代表人/主要负责人：×××，……。

委托诉讼代理人：×××，……。

（以上写明当事人和其他诉讼参加人的姓名或者名称等基本信息）

再审申请人×××因与被申请人×××……（写明案由）一案，不服××××人民法院（××××）……号行政判决/行政裁定，提起再审申请。

××××高级人民法院经审查认为……（写明高级人民法院审查意见及报请提审的理由）。

本院认为，……（写明对高级人民法院报请提审的事实与理由的分析意见）。

依照《中华人民共和国行政诉讼法》第九十一条第×项、《全国人民代表大会常务委员会关于授权最高人民法院组织开展四级法院审级职能定位改革试点工作的决定》和《最高人民法院关于完善四级法院审级职能定位改革试点的实施办法》第十五条的规定，裁定如下：

一、本案由本院提审。

二、再审期间，中止原判决/原裁定的执行。

审 判 长　×××
审 判 员　×××
审 判 员　×××
××××年××月××日
（院印）
法官助理　×××
书 记 员　×××

**附件 10**

**行政诉讼批复**（最高人民法院不同意提审用）

## 关于对……（写明再审申请人及案由）一案报请提审的批复

（××××）最高法行申……号

××××高级人民法院：

你院《关于……一案报请提审的请示》收悉。经研究，批复如下：

不同意……一案由我院提审。

此复。

××××年××月××日
（院印）

# 《最高人民法院关于完善四级法院审级职能定位改革试点的实施办法》的理解与适用

刘　峥　何　帆*

为贯彻落实中央全面深化改革委员会审议通过的《关于完善四级法院审级职能定位的改革方案》和第十三届全国人民代表大会常务委员会第三十次会议作出的《关于授权最高人民法院组织开展四级法院审级职能定位改革试点工作的决定》（以下简称《授权决定》），最高人民法院9月27日印发《关于完善四级法院审级职能定位改革试点的实施办法》（以下简称《试点实施办法》）。现就《试点实施办法》的起草背景、基本思路、主要内容和推进实施中需要把握的重点问题说明如下。

## 一、《试点实施办法》的起草背景和基本思路

### （一）起草情况

“明确四级法院职能定位”是中央《关于政法领域全面深化改革的实施意见》确定的重要改革任务，相关工作要求也被列入《法治中国建设规划（2020—2025年）》。为完成上述任务，经深入调研论证，最高人民法院向中央提交了相关改革方案稿。2021年5月，中央全面深化改革委员会审议通过了《关于完善四级法院审级职能定位的改革方案》（以下简称《审级改革方案》），并于6月由中央司法体制改革领导小组印发。

针对四级法院审级职能定位不清、案件自下而上过滤分层功能不足等问题，《审级改革方案》提出完善民事、行政案件级别管辖制度，完善案

* 作者单位：最高人民法院。

件管辖权转移和提级审理机制，改革民事、行政申请再审标准和程序，完善诉讼收费制度，健全最高人民法院审判权力运行机制等重大改革举措。其中，关于完善行政案件级别管辖制度，改革民事、行政申请再审标准和程序两项内容涉及调整适用相关法律。按照中央关于“重大改革必须于法有据”的要求，2021 年 8 月 17 日，最高人民法院提请全国人大常委会授权在最高人民法院和北京、天津、辽宁、上海、江苏、浙江、山东、河南、广东、重庆、四川、陕西 12 个省、直辖市组织开展为期两年的试点。8 月 20 日，全国人大常委会作出《授权决定》，批准开展试点，同意试点法院在试点期间调整适用民事诉讼法第一百九十九条①、行政诉讼法第十五条和第九十条。

## （二）文件性质

《授权决定》作出后，部分诉讼法律条文在试点法院暂时调整适用。为确保各项诉讼活动能够按照《审级改革方案》有序开展，有必要制定《试点实施办法》，作为确定行政案件级别管辖标准、完善民事与行政案件向最高人民法院申请再审标准和程序的法律依据。《试点实施办法》部分内容来自立法授权，经最高人民法院第 1846 次审判委员会讨论通过，并报全国人大常委会备案，是指导试点法院工作的重要规范性文件。之前有关司法解释、司法指导性文件的规定与其不一致的，按照《试点实施办法》执行。

## （三）基本思路

完善四级法院审级职能定位是一项系统工程，必须确保各项改革举措配套协同、相得益彰、形成合力。《审级改革方案》确定的基本思路是：

一是既“放下去”又“提上来”，推动纠纷自下而上有效过滤、精准提级。通过完善民事案件级别管辖标准，逐步实现第一审民事案件主要由基层人民法院审理、少量由中级人民法院审理。同时，科学确定金融法院、知识产权法院、海事法院等专门人民法院第一审民事案件的级别管辖标准，确保其充分发挥服务保障党和国家重大战略的功能。按照案件可能受地方因素影响的程度，合理确定以县级、地市级人民政府为被告提起的

① 现为第二百零六条。——编者注

第一审行政案件的管辖范围。在实现审判重心下沉的同时，通过完善提级管辖的标准和程序，推动具有规则意义、涉及重大利益，以及有利于打破“诉讼主客场”、地方保护主义的案件进入较高层级法院审理。

对于“放下去”的案件，并非“一放了之”，而是综合考虑下级人民法院的人员编制、审判能力和案件压力，通过参与诉源治理、强化繁简分流、调整编制员额、优化资源配置，打造基础坚实的第一审，实现绝大多数案件在基层、中级人民法院公正高效审结，事实、法律争议在两审之内实质性解决。对于“提上来”的案件，充分发挥较高层级人民法院熟悉辖区审判情况、抗外部干预能力强等优势，配套完善繁案精审、类案同判、风险防控、案例转化机制，逐步实现“审理一件，指导一片”，强化其示范、指导意义。

二是既“调结构”又“定职能”，不断优化最高审判机关受理的案件类型。从收案类型、诉讼机制、审理方式、权力运行上，进一步凸显最高人民法院作为最高审判机关的宪法地位。优化调整向最高人民法院申请再审的案件范围，完善最高人民法院再审提审的标准和程序。通过审理特定类型的案件，充分发挥最高人民法院在法制统一、监督指导、政策制定和社会治理方面的职能。建立最高人民法院裁判直接转化为指导性案例的工作机制，推动相关裁判成为优化司法解释制定方式和内容，以及修改、废止司法解释的重要渊源。

三是既“做优化”又“强配套”，通过诉讼制度改革带动机构机制更科学。通过调整四级法院案件结构，构建梯次过滤、层级相适的案件分布格局，推动实现基层人民法院重在准确查明事实、实质化解纠纷；中级人民法院重在二审有效终审、精准定分止争；高级人民法院重在再审依法纠错、统一裁判尺度；最高人民法院监督指导全国审判工作、确保法律正确统一适用。

在上述工作基础上，进一步完善与审级职能相匹配的编制、员额配备和机构设置。对于向最高人民法院申请再审的案件，逐步探索建立律师强制代理制度，配套完善相应的法律援助机制。推动修订《诉讼费用交纳办法》，探索建立申请再审案件预收费制度，充分发挥诉讼收费制度的杠杆调节作用，遏制滥诉行为，减少群众讼累。

《试点实施办法》是落实《审级改革方案》的文件之一，但内容上更侧重诉讼制度安排。涉及机构编制调整、完善诉讼收费制度、完善民事案件级别管辖制度、完善法律适用分歧解决机制等方面的内容，有的需要会同中央有关职能部门协同推进，有的需要研究制定专门规范性文件，相关问题另行规定。

## 二、《试点实施办法》的主要内容

### （一）完善行政案件级别管辖制度

按照行政诉讼法第十五条第一项的规定，对县级以上地方人民政府所作的行政行为提起诉讼的第一审行政案件，由中级人民法院管辖。实践中，部分行政案件虽以县级以上地方人民政府为被告，但审理难度不大，基本不存在地方干预，由基层人民法院管辖，更有利于实质性化解矛盾纠纷。

根据《审级改革方案》和《授权决定》，《试点实施办法》第二条规定："明确下列以县级、地市级人民政府为被告的第一审行政案件，由基层人民法院管辖：（一）政府信息公开案件；（二）不履行法定职责的案件；（三）行政复议机关不予受理或者程序性驳回复议申请的案件；（四）土地、山林等自然资源权属争议行政裁决案件。"

根据行政诉讼法第十八条第二款的规定，除地域管辖外，对上述四类案件还可以实行跨行政区划管辖，交由集中管辖相关行政案件的基层人民法院审理。即使某些案件因其他因素不宜由基层人民法院审理，按照《试点实施办法》第四条确立的提级管辖标准，还可以根据行政诉讼法第二十四条第二款报请中级人民法院审理，兼顾案件特点和当事人诉求，充分保障当事人合法权益。

实践中，对于因土地房屋征收、征用、补偿、责令停产停业、吊销相关证照等对当事人合法权益可能产生较大影响的行政行为引起的第一审行政案件，仍由中级人民法院管辖，确保案件能够得到公正审理。但是，在确定案件级别管辖时，必须严格按照《最高人民法院关于正确确定县级以上地方人民政府行政诉讼被告资格若干问题的规定》（法释〔2021〕5号），准确理解"谁行为，谁被告"的被告确定规则。

### （二）完善案件提级管辖机制

由于三大诉讼法规定的"重大影响""重大、复杂"等案件级别管辖标准相对抽象，各级人民法院确定民事案件级别管辖的标准主要是诉讼标的额，刑事案件主要是罪名与刑罚类别，行政案件主要是作出行政行为机关的级别。实践中，一些具有规则意义或可能存在“诉讼主客场”现象的案件，受诉讼标的额等因素影响，难以进入较高层级法院审理范围。因此，在推动审判重心下沉的同时，更有必要完善上述“特殊类型案件”的提级管辖机制，这也是优化高级、最高人民法院案件结构、实现上下级法院审级良性互动的关键环节。

关于案件提级管辖机制，民事诉讼法第三十八条[①]第二款、刑事诉讼法第二十四条、行政诉讼法第二十四条第二款均有规定。最高人民法院印发的《关于规范上下级人民法院审判业务关系的若干意见》(法发〔2010〕61号）也曾就相关机制运行提出要求。《试点实施办法》第四条至第十条在三大诉讼法相关规定的框架下，进一步明确了“特殊类型案件”的识别标准和“自下而上流转”的操作流程。

一是明确“特殊类型案件”的标准。将“特殊类型案件”划分为五种情形。其中，第一、二种仅适用于基层人民法院交中级人民法院审理案件的范围（以下简称“基层→中级”），第三种、第四种、第五种既属于“基层→中级”范围，也属于中级人民法院交高级人民法院审理案件的范围（以下简称“中级→高级”）。“中级→高级”的案件由高级人民法院一审后，第二审法院就是最高人民法院，有必要设置更为严格的提级管辖条件。前述五种情形分别是：

(1) 涉及重大国家利益、社会公共利益，不宜由基层人民法院审理的案件。一些案件诉讼标的额或影响力不大，但裁判结果可能影响到重大国家利益、社会公共利益，由中级人民法院把握政策、衡量利益、统筹协调，在审级安排上更为稳妥。这里的“重大”利益与“不宜由基层人民法院审理”是并列关系，实践中应统筹考虑相关利益的涉及广度、关联深度、覆盖群体、政策依据、政策制定部门和案件审理难度等多重因素，综合判断是否应当上提至中级人民法院管辖。

(2) 在辖区内属于新类型，且案情疑难复杂的案件。考虑到我国幅员辽阔，案件分布差异较大，这里的“新类型”仅限于“辖区内”，即在相关基层人民法院或其上一级人民法院辖区内属于新类型，且案情疑难复杂

① 现为第三十九条。——编者注

的案件。例如，一些涉及互联网新业态、金融创新产品的案件，在沿海和经济发达地区基层人民法院较为常见，但在中西部部分地区属于新类型疑难案件。这类案件交由当地中级人民法院一审，既可以为辖区其他基层人民法院未来审理类似案件作出示范，也便于高级人民法院、最高人民法院在后续上诉、再审程序中及时发现新情况、新问题。如果案件仅属不常见的新类型，但案情相对简单、审理难度不大的，可以仍由基层人民法院管辖。

（3）具有普遍法律适用指导意义的案件。主要指法律、司法解释规定不明确或者司法解释没有规定，需要通过司法裁判明确法律适用的案件，这也是最适宜以提级管辖方式交由较高层级人民法院审理的案件类型。审理这类案件，有利于最高人民法院、高级人民法院根据经济社会发展形势，及时填补法律漏洞、解决法律分歧、确立裁判规则。相关裁判也可以成为筛选、确定、废止指导性案例或参考性案例的重要素材。

实践中，可能出现最高人民法院印发的司法解释、司法指导性文件制定时所依据的客观情况发生重大变化，继续适用明显有违公平正义的情况。对于这类案件，也可以报请上一级人民法院审理，但地方各级人民法院和专门人民法院在处理相关案件时，不得对司法解释、司法指导性文件的效力作出否定性评价。最高人民法院通过审理这类案件，可以同步考虑是否修改、废止相关司法解释、司法指导性文件。

（4）上一级人民法院或者其辖区内同级人民法院之间近三年裁判生效的同类案件存在重大法律适用分歧，截至案件审理时仍未解决的案件。这里的“上一级人民法院”，是指在审判工作上有直接监督关系的上级人民法院。实践中，上一级人民法院不同审判机构作出的裁判，可能存在“类案不同判”现象。如果不尽早统一，将令辖区法院无所适从。此外，辖区同级人民法院之间对同类案件的处理，有时也存在重大法律适用分歧，相关裁判若被上一级人民法院一并维持，将不利于法律统一适用，也严重影响司法形象和公信力。明确上述案件可以提级管辖，有利于发挥下级人民法院对上一级人民法院的制约功能，也可以督促上级人民法院更加注重本院及辖区各法院的法律统一适用情况，及时解决法律适用分歧。之所以强调“近三年”，是根据法律修改完善、法治统一进程确定的合理界限，实践中可以从案件受理之日起算。

（5）由中级人民法院或高级人民法院一审更有利于公正审理的案件。

主要指受地方因素影响较大，又或存在“诉讼主客场”现象，基层人民法院或中级人民法院不宜行使管辖权的案件。这类案件由更高层级法院审理，有利于防止外部干预，提升司法公信力。需要指出的是，《试点实施办法》之所以未在条文中使用“诉讼主客场”“跨行政区划”等表述，是因为这类情况较为复杂，不能仅从跨地域等单一要素判断。例如，同样是当事人跨省、自治区、直辖市的案件，既可以是电商购物纠纷，也可以是外来投资纠纷，而前者一般不存在地方干预现象，所以不宜把当事人分处数地的情况都称为“诉讼主客场”。

二是健全案件提级管辖的流转程序。按照《试点实施办法》，下级人民法院对所管辖的第一审案件，认为属于“特殊类型案件”，可以报请上一级人民法院审理。上一级人民法院也有权主动提级管辖认为有必要由本院审理的案件。对于“下报上”的案件，应当经本院院长批准。涉及法律适用的问题，应当由院长提请审判委员会讨论后，再决定是否报请上一级人民法院审理；涉及其他问题的，可以由院长在充分听取相关审判组织意见后视情决定。值得注意的是，上述考虑都是围绕是否“提级”展开的，不包含有管辖权的人民法院因特殊原因不能行使管辖权，需要报上级人民法院指定其他同级人民法院管辖的情况。

为避免过分迟延，“下报上”案件至迟应当于案件法定审理期限届满三十日前报送，一般不得延长审限后再报。案件已开庭审理的，提级管辖应更加慎重，并做好对当事人的释明工作。试点之初，提级管辖主要依托下级人民法院报请。下一步，有条件、有基础的人民法院可以探索建立当事人申请提级管辖机制，发挥当事人的监督作用，但必须注意与级别管辖异议机制相区别，防止权利滥用。

尽管试点鼓励“特殊类型案件”向上流转，但实践中仍应注重发挥金融法院、知识产权法院等专门人民法院、互联网法院在专门管辖和集中管辖方面的优势，由这类法院优先审理新类型、规则型案件，充分发挥其示范作用。

三是完善案件提级管辖的处理方式。案件提级管辖后，可以经上诉、再审程序，由更高层级法院审理。上一级人民法院收到“下报上”的请求，由立案庭转相关审判庭审查后，应当在十日以内作出同意或不同意提级管辖的决定。之所以强调转“相关审判庭”审查，是因为对于案件在辖区内是否属于“新类型”或“具有普遍法律适用指导意义”，具体承担对下审判监督指导职责的审判庭更熟悉情况，由其审查更有利于精准、高效地就是否提级管辖作出判断。

为便于高级人民法院、最高人民法院及时了解“特殊类型案件”的流转情况，中级人民法院、高级人民法院提级管辖的案件，应当报上一级人民法院立案庭备案，并定期转相关审判庭知晓。对于具有普遍法律适用指导意义的案件，如果中级人民法院审查后，认为有必要再报请高级人民法院管辖的，报送程序上要从严把握，一般应经最高人民法院批准。案件在上下级人民法院之间的流转，不宜占用审理期限，所以提级管辖案件的审理期限，自上一级人民法院立案之日起重新计算。向上一级人民法院报送期间和上一级人民法院审查处理期间，不计入原审案件审理期限。

按照目前的诉讼文书样式要求，下级人民法院报请上一级人民法院提级管辖的，使用请示；上级人民法院依报请决定案件由自己审理的，民事案件使用裁定书，刑事、行政案件使用决定书；不同意的，民事案件使用批复，刑事、行政案件使用决定书。上级人民法院依职权决定审理提级管辖的，民事、行政案件使用裁定书，刑事案件使用决定书。试点期间，各级人民法院可沿用上述文书样式处理相关案件。

### （三）改革再审程序

根据民事诉讼法第一百九十九条①、行政诉讼法第九十条，当事人的再审申请原则上“上提一级”受理。由于立法未进一步细分再审申请对应的法院层级和标准，一些案件终审生效后，败诉当事人不考虑裁判对错，仅因“上提一级”增加了改变生效裁判的可能性，就随意申请再审。这样既不利于维护生效裁判权威，也占用了最高人民法院、高级人民法院大量司法资源。近年来，最高人民法院受理申请再审案件数量快速增长，民事、行政申请再审收案数从2016年的8884件陡升至2020年的22383件，再审申请驳回率一直在90%以上，存在较严重的“程序空转”现象。

在就《审级改革方案》征求意见期间，有关部门、专家学者普遍认为，现行诉讼法关于“再审之诉”的有限再审制度设计总体符合我国国情，但有必要从两个层面加以完善：一是建立对随意提起再审申请的制约机制，防止滥诉行为因“低门槛”“零成本”而放任失序，过分挤占公共

① 现为第二百零六条。——编者注

资源，影响生效裁判既判力和真正有“纠错”需求者的权益。二是充分凸显最高人民法院作为最高审判机关的宪法地位，适当区分向高级人民法院申请再审和向最高人民法院申请再审的标准和程序，明确最高人民法院的再审提审标准，逐步实现“择案而审”，更加聚焦于监督指导全国审判工作、确保法律正确统一适用的核心职能。

《审级改革方案》充分吸收上述建议，提出了针对性举措：一是完善最高人民法院民事、行政再审申请审查程序；二是对于向最高人民法院申请再审的案件，逐步探索建立律师强制代理制度；三是探索建立申请再审案件预收费制度，对于生效裁判经审查确实存在错误而启动再审程序的，可以退还已交纳的申请再审受理费，配套完善减、免、缓交诉讼费用措施。

《试点实施办法》第十一条至第十六条根据《审级改革方案》和《授权决定》，调整了民事诉讼法、行政诉讼法关于再审申请原则上“上提一级”的规定，进一步完善了向最高人民法院申请再审的标准和程序。

一是调整向最高人民法院申请再审案件的范围。试点工作启动后，当事人对高级人民法院作出的民事、行政生效裁判，认为有错误的，应当向高级人民法院申请再审。符合下列情形之一的，才可以向最高人民法院申请再审：(1) 再审申请人对原判决、裁定认定的基本事实、主要证据和诉讼程序无异议，但认为适用法律有错误的案件；(2) 原判决、裁定经高级人民法院审判委员会讨论决定的案件。

作出上述调整的主要考虑是：党的十八大以来，随着新型审判权力运行机制更加成熟定型，“三个规定”铁律逐步发力生威，高级人民法院的再审纠错能力有显著提升。对于因民事诉讼法第二百条①、行政诉讼法第九十一条规定的涉及事实认定、证据采信、诉讼程序、贪赃枉法方面的事由申请再审的案件，由原审高级人民法院另行组成合议庭审查，不存在“自审自纠”风险，也更有利于发挥高级人民法院熟悉辖区情况、便于查证事实、统筹协调各方、实质化解纠纷的优势。当然，如果原判决、裁定是由审判委员会讨论决定的，就不宜再由高级人民法院自行审查纠正。

必须强调的是，当事人对中级人民法院、专门人民法院作出的民事、行政生效判决、裁定，认为有错误的，仍可以根据民事诉讼法第一百九十

① 现为二百零七条。——编者注

九条[1]、行政诉讼法第九十条向高级人民法院申请再审，不得参照适用《试点实施办法》第十一条的内容。各高级人民法院不得以任何形式调整向本院申请再审的案件范围，也不得将应由本院审查的申请再审案件交辖区中级人民法院、专门人民法院审查。

根据《试点实施办法》第十一条第一款第一项向最高人民法院申请再审的案件，必须同时满足两个条件：一是再审申请人对原判决、裁定认定的基本事实、主要证据和诉讼程序无异议；二是认为适用法律有错误。这里的“无异议”，是指对原判决、裁定认定的基本事实、认定事实的主要证据、适用的诉讼程序没有异议。如果事实、证据、程序存在问题，即便是有新的证据，也较适宜由原审高级人民法院审查纠正。这里的“适用法律有错误”与《试点实施办法》第十四条、第十五条的“适用法律确有错误”，都包含行政案件中适用法规有错误的情形。关于哪些情形属于“法律适用确有错误”，《最高人民法院关于适用〈中华人民共和国民事诉讼法〉的解释》（法释〔2015〕5号，以下简称《民诉法司法解释》）第三百九十条[2]已作明确，行政案件亦可参照。

为了便于最高人民法院立案庭和各巡回法庭、知识产权法庭诉讼服务中心及时高效审核再审申请材料、精准研判案件所涉法律问题，《试点实施办法》第十二条强化了对再审申请书的形式要求。当事人在民事、行政再审申请书中，除了应提供《民诉法司法解释》第三百七十八条[3]和《最高人民法院关于行政申请再审案件立案程序的规定》（法释〔2017〕18号）第七条要求载明的事项外，还应声明对原审事实、证据、程序问题没有异议。同时，再审申请书还应载明案件所涉法律适用问题的争议焦点、生效裁判适用法律存在错误的论证理由和依据，必要时还可以附类案检索报告。再审申请书不符合前述要求的，最高人民法院应给予充分指导和释明。再审申请人无正当理由逾期未予补正的，可以按撤回申请处理。

考虑到实践中多数再审申请人并不具备提炼法律问题、论证法律错误的能力，《试点实施办法》第十六条要求最高人民法院立案庭、诉讼服务中心等“窗口部门”应当向当事人释明委托律师作为诉讼代理人的必要

① 现为第二百零六条。——编者注
② 现为第三百八十八条。——编者注
③ 现为三百七十六条。——编者注

性，提升前端工作效能。

二是建立将申请再审案件交高级人民法院审查的机制。实践中，一些事实认定、证据使用或程序适用方面的问题，会直接影响到对法律关系的认定。即便是法律适用方面的错误，在法律适用指导意义上也有“有无”和“强弱”之分，不宜全部由最高人民法院审查纠正。《试点实施办法》第十三条第一款明确了将民事、行政申请再审案件交原审高级人民法院审查的两类情形。

(1) 案件可能存在基本事实不清、诉讼程序违法、遗漏诉讼请求情形的。主要指案件事实、程序有明显缺失或瑕疵，且与能否认定适用法律错误存在前提或因果关系。例如，在融资性贸易中，原审本应通过追加当事人方式来认定是借贷还是买卖，但因为未追加当事人，根据两方当事人的合同内容只能定性为买卖，导致出现定性错误。此外，有的问题看似涉及事实认定，其实是举证责任分配规则适用问题，在决定是否交原审高级人民法院审查时必须格外慎重。

(2) 原判决、裁定适用法律可能存在错误，但不具有法律适用指导意义的。主要指所涉法律适用错误比较明显，但不具备规则意义，没有必要由最高人民法院审查纠正的案件。例如，在民法典正式施行之前，就直接适用其作为裁判依据的案件。这类适用已经失效或尚未施行的法律，以及明显违反法律适用规则的低级错误，适宜由原审高级人民法院自行纠正。

由于向最高人民法院申请再审的范围已经调整，试点工作开始后，最高人民法院在决定是否将行政申请再审案件交原审高级人民法院审查时，应当按照《试点实施办法》第十三条第一款确定的标准作出决定，不宜再扩大范围。为防止工作对接不畅，最高人民法院决定将案件交原审高级人民法院审查的，应当在十日内将决定书、再审申请书和相关材料送原审高级人民法院立案庭，而非相关审判庭或审判监督庭。

三是明确最高人民法院应当提审的案件范围。试点工作开始后，由最高人民法院裁定再审的案件，应当以提审为原则，以指令再审为例外。《试点实施办法》第十四条第二款明确了最高人民法院应当裁定提审案件的范围，即原判决、裁定适用法律确有错误，且符合下列情形之一的：

(1) 具有普遍法律适用指导意义的。原审案件第一审已因法律适用问题提级管辖的，更应特别关注。

(2) 最高人民法院或者不同高级人民法院之间近三年裁判生效的同类

案件存在重大法律适用分歧，截至案件审理时仍未解决的。主要包括两类案件：①最高人民法院内部各审判机构之间存在“类案不同判”情形的；②不同高级人民法院之间的重大法律适用分歧需要解决并统一的。高级人民法院生效裁判与最高人民法院同类案件生效裁判存在重大法律适用分歧的，也可以纳入再审提审范围。

(3) 最高人民法院认为应当提审的其他情形。主要指根据案件所涉利益、社会影响和个案情况，更适宜由最高人民法院提审的案件，如存在严重外部干预或“诉讼主客场”现象的案件。

为便于最高人民法院监督指导全国法院的审判工作，《试点实施办法》第十四条第二款规定了特殊情况下依职权提起再审的情形。最高人民法院对地方各级人民法院、专门人民法院已经发生法律效力的判决、裁定，发现确有错误，且属于前述应当提审情形之一的，有权根据民事诉讼法第一百九十八条[①]第二款、刑事诉讼法第二百五十四条第二款、行政诉讼法第九十二条第二款之规定，裁定提审。前述“判决、裁定”，包括民事、刑事和行政裁判。

四是完善高级人民法院对申请再审案件的审查处理程序。实践中，一些案件依法应当向高级人民法院申请再审，或者因原审事实认定、证据采信、诉讼程序存在问题，不符合向最高人民法院申请再审的条件。根据《试点实施办法》第十五条的规定，高级人民法院在审查过程中，认为原判决、裁定适用法律确有错误，且符合最高人民法院再审提审标准的，经审判委员会讨论决定后，可以报请最高人民法院审理。之所以要求“经审判委员会讨论决定”，既是为了确保上报程序的严肃性，也有利于高级人民法院全面、审慎地考虑案件所涉问题和报送的必要性。

试点开始后，以下三类民事、行政案件，高级人民法院经审判委员会讨论决定后，可以报请最高人民法院审理：一是辖区中级人民法院或专门人民法院作出生效裁判，当事人依法向高级人民法院申请再审的案件。二是高级人民法院作出生效裁判，当事人根据《试点实施办法》第十一条向原审高级人民法院申请再审的案件。三是当事人向最高人民法院申请再审，最高人民法院初步审核后，决定交高级人民法院再审审查的案件。这类案件“下交”后，是否还能报请最高人民法院再审，存在两种意见：第

① 现为第二百零五条。——编者注

一种意见认为，最高人民法院既已决定交高级人民法院审查，再允许后者报请前者审理，有程序反复之嫌，实践中不应准许。第二种意见认为，最高人民法院决定将案件交高级人民法院审查，只是初步审核之后的判断，不排除高级人民法院在审理过程中，又发现适宜由最高人民法院审理的情形，允许报请在制度设计上更为周延。而且，相关申请经高级人民法院审判委员会讨论决定，程序上也足够慎重，应当允许。经认真研究，我们同意第二种意见。

由于上述案件由高级人民法院报请，并经过审判委员会讨论，最高人民法院收到请求后，不再重复启动再审审查程序，认为有必要由自己审理的，可以直接裁定提审，反之则作出不同意提审的批复。

### （四）完善最高人民法院审判权力运行机制

试点工作全面启动后，最高人民法院受理的民事、行政案件数量、类型将发生较大变化，对特殊类型案件的审核识别、审判组织的组成人员、新设程序的监督管理、法律分歧的协调解决都有新的更高要求，有必要进一步完善审判权力运行机制。《试点实施办法》第十七条至第十九条在配套举措方面作出下述安排。

一是完善申请再审案件初步审核机制。最高人民法院应当自收到民事、行政再审申请书之日起三十日内，决定由本院或者作出生效判决、裁定的高级人民法院审查。因此，有必要就再审申请材料的审核分工、衔接机制作出安排。

最高人民法院立案庭以及各巡回法庭、知识产权法庭的诉讼服务中心负责收取申请再审材料，并根据相关法律、司法解释和《试点实施办法》第十二条的规定进行形式审查，确保材料齐全。材料齐全的，交相关庭室的审判人员进一步审核。审核人员在法官助理协助下，根据《试点实施办法》第十三条的规定，就案件是否交相关高级人民法院审查提出意见。审核人员认为案件所涉法律适用问题有必要提交专业法官会议讨论的，可以按程序提出申请。下一步，应通过完善案件分配办法、团队组建方式、定期轮岗机制，综合运用院庭长监督管理、专业法官会议、审判委员会等关键制度，做好节点风险防控，坚决防止“案件入口”发生违纪违法问题。

二是完善跨审判机构的合议庭组成机制和专业法官会议机制。确定最高人民法院再审提审标准的一个重要考虑，就是看案件是否有利于解决最高人民法院内部不同审判机构之间、不同高级人民法院之间的重大法律适用分歧。对于前一类案件，较理想的审判组织形式是由相关审判庭、巡回法庭的审判人员组成跨审判机构的五人以上合议庭，通过共同审理、参与合议，充分凝聚共识，推动解决跨部门的法律适用分歧或者跨领域的重大法律适用问题。最高人民法院院长认为确有必要的，可以直接要求就特定案件组成跨审判机构的合议庭，并指定一名大法官担任审判长。

除完善合议庭组成形式外，还可以通过召开跨审判机构的专业法官会议解决前述问题。按照《最高人民法院关于完善人民法院专业法官会议工作机制的指导意见》(法发〔2021〕2号)，跨审判机构的专业法官会议可以由院长或其委托的副院长、审判委员会专职委员、庭长主持，主要研究讨论有必要在各审判机构、审判专业领域之间统一法律适用的案件。

《试点实施办法》第十八条、第十九条明确由最高人民法院审判管理办公室具体组织开展相关工作。除相关审判组织主动申请、主管院庭长依职权提出建议外，审判管理办公室也可以依托当事人、其他诉讼参与人反映人民法院法律适用不一致问题机制，适时启动召开跨审判机构的专业法官会议。经跨审判机构专业法官会议讨论未能解决的法律适用问题，审判管理办公室可以呈报院长提交审判委员会讨论。

三是完善最高人民法院案件审理方式。试点工作开始后，最高人民法院开庭审理的案件将更加注重解决法律适用问题。由于绝大多数案件当事人对原审事实、证据均无异议，举证、质证环节也会视情压缩。因此，合议庭可以结合案件情况，优化庭审程序，重点围绕案件所涉法律适用问题的争议焦点展开，逐步形成适合最高审判机关职能定位和案件特点的庭审模式。

## 三、需要重点说明的几个问题

### (一) 关于《试点实施办法》内容的适用范围

《试点实施办法》第二十条明确了本办法的适用范围。本次试点是严格按照中央全面深化改革委员会审议通过的《审级改革方案》开展的。其中，涉及调整适用现行法律制度的举措，需要全国人大常委会作出授权才能组织开展。但是，《审级改革方案》确定的试点举措，并不局限于《授权决定》内容。所以，《试点实施办法》部分内容仅适用于《授权决定》

限定的地区，部分内容则适用于各级人民法院。例如，《试点实施办法》关于提级管辖的内容（第四条至第十条）并未突破现行法律，地方各级人民法院和专门人民法院均可适用。试点期满后，若实践证明可行，可以推动形成其他制度成果。但是，按照《授权决定》，关于行政案件级别管辖调整的内容（第二条、第三条），仅适用于北京、天津、辽宁、上海、江苏、浙江、山东、河南、广东、重庆、四川、陕西省（市）高级人民法院辖区内的中级人民法院、基层人民法院。

需要明确的是，关于再审制度改革的内容（第十一条至第十六条），适用于最高人民法院和各高级人民法院，而非仅局限于上述12省市。主要考虑是：按照《授权决定》，最高人民法院此次也是试点法院，而试点内容主要是完善向最高人民法院申请再审的标准和程序，如果仅适用于个别省份，就会导致部分地区当事人仍按民事、行政诉讼法关于“上提一级”的规定申请再审，部分地区当事人则按《试点实施办法》确定的标准和程序申请再审，而最高人民法院及其巡回法庭、知识产权法庭也将不得不按两套标准、两种模式、两类文书处理申请再审案件。这种“双轨制”运行模式既不利于政策统一执行，也无法真正实现优化最高人民法院案件结构、运行模式和职能定位的试点效果。

综上，试点工作开始后，当事人对全国各高级人民法院的生效民事、行政裁判，认为有错误的，应当向高级人民法院申请再审。符合《试点实施办法》第十一条规定的，才可以向最高人民法院申请再审。同时，最高人民法院也将配套完善将申请再审案件交相关高级人民法院审查机制、受理高级人民法院报请提审工作机制。

### （二）关于法律问题与事实问题的剥离与区分

完善四级法院审级职能定位改革的一个重要目标，是推动具有规则意义和法律适用价值的案件由较高层级法院审理。《试点实施办法》第四条至第六条、第十一条、第十四条所列举的案件类型，主要也是有助于统一法律适用、解决适用分歧的案件。上级人民法院通过提级管辖或再审提审审理这类案件，作出裁判示范、解决适用分歧后，相关案件可以仍按级别管辖标准确定审理法院。

需要说明的是，《试点实施办法》第十一条第一款第一项将向最高人民法院申请再审的案件限定为“再审申请人对原判决、裁定认定的基本事实、主要证据和诉讼程序无异议，但认为适用法律有错误的”案件，并不意味着向最高人民法院提起的再审之诉将是“法律审”。“法律审”是建立在三审终审制基础上，对未生效裁判所涉法律适用问题的审理。而向最高人民法院申请再审的案件，绝大多数已经历两个审级审理，并由高级人民法院裁判生效，再审审查或审理实际考虑的是是否有错、如何纠错的问题。《试点实施办法》结合最高人民法院、高级人民法院职能定位，基于便利群众诉讼和法院审查的考虑，将对原审事实、证据、程序问题的审查工作交予高级人民法院完成，最高人民法院主要负责审查法律适用问题，裁定提审后，仍是依法全面审理。

我国司法传统上，一般很少将事实认定问题和法律适用问题剥离考虑。实践中，法律适用问题常与事实认定问题依附交织，甚至互为因果，难以抽象出单纯的法律适用问题。党的十八大以来，关于专业法官会议制度、审判委员会制度、人民陪审员制度的相关改革举措，已就如何从具体案件中提炼、剥离法律适用问题作出探索，并形成人民法院组织法第三十七条第一款第二项、人民陪审员法第二十二条等制度成果。《试点实施办法》实施后，各级人民法院应在总结前期经验基础上，在严格遵循司法规律的前提下，明确哪些关于证据认定、程序适用的问题可以转化为法律适用问题，进一步完善法律适用问题的识别、提炼和统一机制。

### （三）关于高级人民法院再审审判力量的配置

目前，各高级人民法院的再审审判权力运行机制差异较大。有的是由申诉审查庭审查再审申请，裁定提审后转审判监督庭审理；有的是由立案庭直接转相关审判庭审查，裁定提审后由原合议庭继续审理。试点工作开始后，高级人民法院作出的已经发生法律效力的民事、行政判决、裁定，绝大多数将由其自行审查纠正。由于许多案件专业性较强，如果一律要求由高级人民法院审判监督庭或原审判庭之外的审判机构审理，将给人员调配带来一定困难。为确保试点工作平稳推进，《试点实施办法》未作硬性要求。高级人民法院审查本院裁判生效的案件，应当依法另行组成合议庭，裁定再审的可以由该合议庭继续审理。

试点启动后，各高级人民法院应当根据申请再审案件任务量的变化，结合贯彻落实《最高人民法院关于进一步做好行政申请再审制度改革相关配套工作的通知》（法〔2021〕141 号），统筹确定如何调配审判资源、完善机构职能，并报最高人民法院备案。要以这次试点为契机，理顺立案庭、申诉审查庭、审判监督庭和各审判业务部门的职能和关系，避免出现再审审查、审理与对下审判业务指导脱节的现象。

### （四）关于新类型裁判文书样式

由于试点确立了高级人民法院报请提审、最高人民法院依报请裁定提审、决定交相关高级人民法院审查等新程序，为便于操作，此次随《试点实施办法》同步印发了试点所涉新类型裁判文书样式，供最高人民法院、高级人民法院在试点工作中使用。试点工作结束后，根据法律修改情况使用相应的裁判文书样式。

最高人民法院

# 印发《关于加强和完善法官考核工作的指导意见》的通知

2021年10月12日　　　　法〔2021〕255号

**各省、自治区、直辖市高级人民法院，新疆维吾尔自治区高级人民法院生产建设兵团分院：**

建立完善法官考核机制，是全面落实司法责任制的内在要求，也是人民法院切实加强队伍管理和审判管理、提升审判质效的重要举措。为进一步加强和完善法官考核工作，经最高人民法院党组会议研究通过，现将《关于加强和完善法官考核工作的指导意见》（以下简称《指导意见》）印发给你们。请尽快转发辖区中级、基层人民法院，结合实际抓好贯彻落实。

各级人民法院要提高政治站位，切实统一思想，充分认识开展法官考核的重要意义。要精心组织学习培训，引导广大法官增强接受考核的自觉性，全面正确理解考核的价值导向和指标内容。要加强组织领导，提前谋划、认真部署，确保《指导意见》平稳实施，不断提高法官考核工作质量和水平。工作中遇到的有关情况和问题，请及时报告最高人民法院。

## 关于加强和完善法官考核工作的指导意见

为进一步加强和完善法官考核工作，构建科学合理的法官考核体系，引导、规范、激励法官依法公正高效履行审判职责，推进法官队伍革命化、正规化、专业化、职业化建设，根据《中华人民共和国公务员法》

《中华人民共和国法官法》等有关法律法规，按照中央推进司法体制改革精神，结合人民法院工作实际，制定本意见。

## 一、总则

1. 坚持以习近平新时代中国特色社会主义思想为指导，深入贯彻习近平法治思想，贯彻新时代党的组织路线和干部工作方针政策，着眼构建更加科学合理、更加符合司法规律的考核机制，把政治标准放在首位，突出考核法官做好审判执行工作的实际成效，充分发挥考核“指挥棒”“风向标”的作用，努力建设一支政治过硬、业务过硬、责任过硬、纪律过硬、作风过硬的高素质专业化法官队伍。

2. 法官考核应当根据公务员考核相关规定，立足四级法院审级职能定位，体现法官职业特点和要求，按照干部管理权限、规定的标准和程序，对法官的政治素质、审判工作实绩、职业道德、专业水平、工作能力、审判作风等进行全面考查和综合评价。

干部管理权限不在本院党组的法官考核，按照有关规定办理。

3. 法官考核工作坚持以下原则：

（1）党管干部；

（2）全面、客观、公正、公开；

（3）遵循司法规律，体现职业特点；

（4）聚焦主责主业，突出工作实绩；

（5）定量与定性相结合，平时考核与年度考核相结合；

（6）分级分类，科学高效，考用结合。

4. 人民法院设立法官考评委员会，在本院党组领导下，负责对本院法官的考核工作。法官考评委员会的组成人员为五至九人的单数，一般由本院院长、相关院领导、相关部门负责人和若干法官代表组成，主任由本院院长担任。

法官考评委员会召开会议，应当有全体组成人员的过半数出席，决定事项须经全体组成人员过半数同意。

5. 法官考评委员会的办事机构设在本院组织人事部门。

6. 法官考评委员会主要履行以下职责：

（1）研究制定法官考核工作制度规范；

（2）组织实施法官考核工作；

（3）研究提出法官考核结果建议并提交本院党组审议；

（4）受理对考核结果的复核申请；

（5）其他应当由法官考评委员会负责的事项。

## 二、考核内容

7. 对法官的考核，以其岗位职责和所承担的工作任务为基本依据，以指标化评价的方式，全面考核德、能、勤、绩、廉各方面，重点考核政治素质和审判工作实绩。

8. 对“德”的考核，主要围绕政治素质和道德品行等设置指标，重点考核深入学习贯彻习近平新时代中国特色社会主义思想，学习贯彻习近平法治思想，坚持党对司法工作的绝对领导、坚持中国特色社会主义法治道路，增强“四个意识”、坚定“四个自信”、做到“两个维护”，提高政治判断力、政治领悟力、政治执行力，遵守政治纪律和政治规矩，自觉抵制西方“宪政民主”“司法独立”“三权鼎立”等错误思潮情况，以及践行社会主义核心价值观，恪守法官职业道德，遵守社会公德、家庭美德和个人品德等情况。法官政治素质考核情况应当记入政治素质档案。

9. 对“能”的考核，主要围绕法律专业水平和工作能力等设置指标，重点考核法律政策运用能力、审判业务水平、法学理论水平、司法实务研究水平，以及防控风险能力、群众工作能力、科技应用能力、舆论引导能力等。

10. 对“勤”的考核，主要围绕精神状态和工作作风等设置指标，重点考核忠于职守，遵守工作纪律，爱岗敬业、勤勉尽责，敢于担当、甘于奉献等情况。

11. 对“绩”的考核，一般以办案业绩和其他工作业绩为主要评价内容，其中对办案业绩的考核，主要围绕办案数量、办案质量、办案效率和办案效果等四个方面设置指标。

（1）对办案数量的考核，应当以结案数量为基础，综合考虑案件类型、审判程序、审级等能够反映案件繁简难易程度和工作量多少的因素，结合审判团队配置情况，合理设置案件权重系数，科学评价不同业务条线、不同岗位法官的实际办案工作量。

（2）对办案质量的考核，以案件发回、改判等情况为基础，充分运用案件质量评查等机制，重点考核法官办案中证据审查、事实认定、法律适用、文书制作、释法说理、裁判结果等情况。

（3）对办案效率的考核，以审限内结案率（包括按规定延长审限）等情况为基础，重点考核案件审理周期以及超过审理期限案件、长期未结案件等情况。

（4）对办案效果的考核，以案件取得的政治效果、法律效果和社会效果等情况为基础，重点考核维护国家安全和社会稳定、维护法律的严肃性和权威性、维护人民群众合法权益、弘扬社会主义核心价值观等情况。

法官参加党和国家中心工作、地方重点工作，参加审判委员会、赔偿委员会、司法救助委员会、专业法官会议讨论案件，办理涉诉信访，开展执行监督，参与诉源治理，开展案件评查、业务指导，开展未成年人案件社会调查、回访帮教等延伸工作，以及参加规范性文件制定、课题研究、案例研编等其他工作的，可以设置相应指标，纳入法官业绩考核范畴。

12. 对“廉”的考核，主要围绕廉洁司法、廉洁自律等设置指标，重点考核遵守廉洁纪律，落实中央八项规定及其实施细则精神，落实防止干预司法“三个规定”等情况。

13. 对于担任领导职务的法官，应综合考虑本单位（部门）人员规模、案件数量、管理任务等因素，区分不同地区、层级、岗位，科学合理确定办案数量标准和办案类型。除前述关于德、能、勤、绩、廉的考核内容外，还应当围绕其履行审核批准程序性事项、综合指导审判工作、督促统一裁判标准、全程监管审判质效、排除案外因素干扰等审判监督管理职责和本单位（部门）办案质效总体情况，以及落实党风廉政建设“一岗双责”、抓党建工作成效等情况，设置相应指标，纳入考核范畴。

14. 考核指标应当按照四级法院审级职能定位，根据不同法院层级、不同业务条线（岗位）特点，分层分类设置。其中，基层人民法院考核指标应重在体现准确查明事实、实质化解纠纷等方面；中级人民法院考核指标应重在体现二审有效终审、精准定分止争等方面；高级人民法院考核指标应重在体现再审依法纠错、统一裁判尺度等方面；最高人民法院考核指标应重在体现监督指导全国审判工作、确保法律正确统一适用等方面。

各级人民法院可以在本意见规定的基础上，结合本院工作实际，对指标设置、考核内容、考核标准、计分规则、分值比重等内容进一步细化，并根据考核情况有针对性地进行调整。

因案件重大疑难复杂、社会影响重大或者有其他特殊情况，需要调整个案指标分值的，经本院法官考评委员会讨论决定后，可以单独调整。

## 三、考核等次和标准

15. 法官考核实行平时考核和年度考核相结合，采用量化赋分为主、定性赋分为辅的方式进行。

16. 平时考核结果分为好、较好、一般和较差四个等次。年度考核结果分为优秀、称职、基本称职和不称职四个等次。

17. 法官平时考核各等次的评定标准，由各级人民法院根据公务员考核有关规定，结合四级法院审级职能定位和本院实际情况研究确定。

18. 法官年度考核确定为优秀等次的，应当具备下列条件：

（1）思想政治素质高，恪守法官职业道德；

（2）精通审判业务，工作能力强；

（3）工作责任心强，敢于担当作为，审判作风好；

（4）圆满完成年度工作任务，审判工作实绩突出；

（5）清正廉洁。

19. 法官年度考核确定为称职等次的，应当具备下列条件：

（1）思想政治素质较高，遵守法官职业道德；

（2）熟悉审判业务，工作能力较强；

（3）工作责任心强，工作积极，审判作风较好；

（4）能够完成本职工作，审判工作实绩较好；

（5）廉洁自律。

20. 法官有下列情形之一的，年度考核应当确定为基本称职等次：

（1）思想政治素质一般；

（2）能基本遵守法官职业道德，但某些方面存在不足；

（3）审判业务水平一般，工作能力较弱；

（4）责任心一般，工作消极，审判作风方面存在明显不足；

（5）能基本完成本职工作，但办案数量、质量、效率、效果指标得分较低，或者在工作中有较大失误；

（6）能基本做到廉洁自律，但某些方面存在不足。

21. 法官有下列情形之一的，年度考核应当确定为不称职等次：

（1）违反政治纪律和政治规矩，思想政治素质较差；

（2）严重违反法官职业道德，造成不良社会影响；

(3) 不担任领导职务的法官无正当理由办案数量指标得分未达到本部门全体法官本年度人均办案数量指标得分的50%;

(4) 由本院党组管理的担任领导职务的法官无正当理由办案数量未达到相关规定的最低标准;

(5) 因故意或重大过失导致所办案件出现证据审查、事实认定、法律适用错误而影响公正司法等严重质量问题,造成恶劣影响;

(6) 办案效率达不到规定要求,办案能力明显不胜任;

(7) 工作责任心或审判作风差,多次出现办案效果问题,群众意见较大;

(8) 由本院党组管理的担任领导职务的法官违反规定不认真履行审判监督管理职责,造成严重后果;

(9) 违反中央八项规定及其实施细则精神,存在不廉洁问题,且情形较为严重;

(10) 其他不称职情形。

因工作需要,各高级人民法院可以对前款第(3)、(4)项所列情形进行适当调整。

法官无正当理由不参加年度考核,经教育后仍然拒绝参加的,按不称职确定考核等次。

22. 部门内案件类型差异较大,或者案件体量、法官岗位较为特殊的部门,可由本院考评委员会研究决定其人均办案数量统计标准。

除入额院领导外,法官应当明确在一个审判业务部门参加考核。

23. 法官因短期交流、轮岗、借调、公派学习培训,或者经组织安排参加其他工作等原因,需要核减年度办案任务的,由本院法官考评委员会研究决定。入额院领导需要核减年度办案任务的,应当按规定报上一级人民法院审批。

## 四、考核的组织实施

24. 平时考核应当合理确定考核周期,一般按照采集考核数据、组织审核评鉴、反馈考核结果等程序进行。

25. 年度考核开展时间为每年年末或者翌年年初,一般按照下列程序进行:

(1) 总结述职。法官按照岗位职责、年度目标任务和有关要求对本人工作进行总结，并在一定范围内述职。

（2）组织考评。法官考评委员会组织采集考核数据，进行考核评价，并将指标初评得分反馈法官本人及所在部门核对。

（3）民主测评。对担任本院内设机构领导职务的法官，在一定范围内进行民主测评。根据需要，可以对其他法官进行民主测评。

（4）了解核实。采取个别谈话、实地调研等方式了解核实法官有关情况。根据需要，听取纪检监察部门意见。

（5）确定等次。法官考评委员会在各项指标得分基础上，综合考虑平时考核、个人总结以及所在部门意见等情况，提出考核等次建议，报本院党组审定。

（6）结果公示。对拟定为优秀等次的法官在本院范围内进行公示，公示时间不少于 5 个工作日。

（7）结果反馈。将考核结果反馈法官本人及所在部门。

26. 法官年度考核以平时考核为基础，年度考核确定为优秀等次的，应当从当年平时考核结果好等次较多且无一般、较差等次的法官中产生。

27. 法官对本人考核结果有异议的，可以按规定向法官考评委员会申请复核。法官考评委员会应当及时处理，并将复核结果告知申请人。

28. 法官有调任、转任、援派、挂职等情形，病、事假累计超过半年，或者受党纪政务处分等特殊情形的，其考核按照公务员考核有关规定办理。

29. 各级人民法院应当定期通报庭长、副庭长的办案任务完成情况，上级人民法院应当定期通报辖区下一级人民法院入额院领导的办案任务完成情况。

30. 各级人民法院党组应当加强对法官考核工作与其他业务考核工作的统一领导，合理归并考核项目和种类，防止多头考核、重复考核。

31. 各级人民法院纪检监察机构应当加强对法官考核工作的监督，对在考核过程中有徇私舞弊、打击报复、弄虚作假等行为的，依照有关规定予以严肃处理。

32. 各级人民法院应当加强考核工作信息化建设，充分运用信息化手段和技术开展法官考核，探索通过办案（办公）平台自动抓取考核数据，提高考核工作质量和效率。

## 五、考核结果的运用

33. 由本院党组管理的法官的考核结果，作为其公务员考核结果记入本人公务员年度考核登记表。不属于本院党组管理的法官的审判工作实绩等情况，可以按有关规定向党委组织部门反馈。

34. 法官考核结果作为法官等级升降、法官员额退出、绩效奖金分配等的重要依据。

35. 法官年度考核确定为优秀等次的，其参加法官等级晋升时，在同等条件下优先考虑。法官年度考核确定为称职等次的，可以按相关规定参加法官等级晋升。法官年度考核确定为不称职、基本称职等次或者参加年度考核不确定等次的，本考核年度不计算为法官等级晋升的任职年限。

36. 法官年度考核确定为不称职等次，或者连续两年确定为基本称职等次的，应当退出员额。

不属于本院党组管理的法官，具有本意见第 21 条第一款情形之一的，应当退出员额。

37. 法官年度考核确定为优秀、称职等次的，享受当年度奖励性绩效考核奖金。法官年度考核确定为基本称职、不称职等次或者参加年度考核不确定等次的，不享受当年度奖励性绩效考核奖金。

## 六、附则

38. 各高级人民法院可以根据本意见，结合本地实际制定法官考核具体实施办法，并指导辖区内法院开展法官考核工作。

39. 本意见由最高人民法院政治部负责解释。

40. 本意见自 2022 年 1 月 1 日起施行，此前有关法官考核的规定与本意见不一致的，按照本意见执行。本意见未作规定的，适用公务员考核的相关规定。

**附件：**

# 案件权重系数设置指引

为科学合理测算法官实际办案工作量，实现不同业务条线、不同岗位法官办案工作的可量化、可评价，按照“科学、简便、可行”的原则，制定本指引。

一、人民法院在设置案件权重系数时，可以区分案件特点分别设置固定系数和浮动系数。固定系数与浮动系数之和为案件最终权重系数。

二、固定系数是根据案件普遍性特点设置的办案工作量基础系数，一般包括案件类型、审判程序、审级，以及审判团队配置等。各系数相乘得出固定系数分值。

三、确定案件类型权重系数时，一般按照刑事、民事、行政、国家赔偿、执行、其他类型案件等分类进行设置。其他类型案件可以进一步分为速裁案件、破产案件、减刑假释案件、司法救助案件、国际区际司法协助案件、特别程序案件等。有条件的人民法院还可以根据案由等进一步细化案件类型权重系数。

四、确定审判程序权重系数时，一般按照一审简易程序、一审普通程序、二审程序、再审程序、其他程序等分类进行设置。有条件的人民法院可以根据审判实际情况进一步细化审判程序权重系数。

五、确定审级权重系数时，一般按照基层人民法院、中级人民法院、高级人民法院等分类进行设置，原则上审级越高，审级权重系数越大。

六、确定审判团队配置权重系数时，一般考虑法官助理和书记员的人数、个人贡献度等因素。

七、浮动系数是根据案件性质、流程等特殊性设置的动态系数，可以根据案件审理情况累加适用。

八、确定浮动系数时，一般考虑系列案件、疑难复杂案件、重大敏感案件、当事人人数众多案件、涉外案件、审判委员会讨论案件、专业法官会议讨论案件，以及鉴定、评估、审计、保全、公告、发送司法建议等因素进行设置。

九、刑事案件浮动系数还可以考虑刑事附带民事诉讼、涉众型犯罪案件、判处死刑的案件等因素。

**十、**民事案件浮动系数还可以考虑先予执行、反诉等因素。

**十一、**行政案件浮动系数还可以考虑附带提起行政赔偿、规范性文件附带审查、复议双被告等因素。

**十二、**国家赔偿案件浮动系数还可以考虑调卷审查、组织质证、征求意见、赔偿委员会讨论、舆情处置、案件协调、刑事善后、困难帮扶、回归社会等因素。

**十三、**执行案件浮动系数还可以考虑异地执行、搜查、拍卖变卖被执行财产、强制腾退房屋或土地、拘留、罚款、限制出境、限制消费、纳入失信名单、移送涉嫌犯罪的有关人员等因素。

**十四、**涉未成年人案件浮动系数还可以考虑社会调查、社会观护、心理疏导、法庭教育、回访帮教等因素。

**十五、**司法救助案件浮动系数还可以考虑组织听证、入户调查、邻里访问、司法救助委员会讨论、联动救助等因素。

**十六、**合议庭成员审理案件的权重系数比重根据其在合议庭审理中的贡献度决定。其中，承办法官审理案件的权重系数按照本指引确定的标准计算，担任审判长的非承办法官以及合议庭其他成员审理案件的权重系数可以按照承办法官的权重系数的一定比例进行设置。

**十七、**本指引之外其他能够反映法官办案工作量的因素，也可以计入案件权重系数标准。

**十八、**各高级人民法院可以参照本指引，结合本地实际设置本辖区案件权重系数，并根据考核情况，适时进行调整。

# 《最高人民法院关于加强和完善法官考核工作的指导意见》的理解与适用

叶　健　侍东波　梁代杰*

为进一步加强和完善法官考核工作，构建科学合理的法官考核体系，引导、规范、激励法官依法公正高效履行审判职责，2021年10月12日，最高人民法院印发《关于加强和完善法官考核工作的指导意见》（以下简称《指导意见》），并于2022年1月1日起施行。《指导意见》就法官考核内容、考核标准、考核组织实施、考核结果运用等作出全面规范，为深化司法责任制综合配套改革、进一步做好新形势下法官考核工作提供了制度保证。为便于实践中正确理解与适用，现就《指导意见》的起草背景和过程、思路和原则、主要内容等作简要阐释。

## 一、起草背景和过程

建立完善法官考核机制，是全面落实司法责任制的内在要求，也是人民法院切实加强队伍管理和审判管理、提升审判质效的重要抓手。加强和改进法官考核工作，充分发挥考核的“指挥棒”“风向标”“助推器”作用，对深化司法体制改革，建设一支德才兼备的高素质法官队伍，实现“努力让人民群众在每一个司法案件中感受到公平正义”的工作目标具有重要意义。

一是深入贯彻党中央决策部署和有关政法队伍建设工作要求的需要。党的十八大以来，以习近平同志为核心的党中央明确新时代党的组织路线，对干部工作提出了一系列新精神新要求，为人民法院队伍建设提供了

* 作者单位：最高人民法院政治部。

根本遵循。中共中央印发《关于新形势下加强政法队伍建设的意见》，提出牢牢把握政治过硬、业务过硬、责任过硬、纪律过硬、作风过硬的总要求，努力打造信念坚定、执法为民、敢于担当、清正廉洁的高素质政法队伍。加强和完善法官考核机制，就是把作为考核指导思想和目标任务的党中央的决策部署和有关政法队伍建设工作要求，转化成具体的考核内容和看得见、摸得着、感受得到的评价指标，并通过考核贯彻落实到审判工作的全过程、各方面。

二是深化法官员额制改革，推进法官队伍革命化、正规化、专业化、职业化建设的需要。本轮司法体制改革启动以来，最高人民法院准确把握改革方向，坚持问题导向，积极推进以法官员额制改革为主的人员分类管理改革，取得明显成效，法官主体地位进一步突出，“让审理者裁判、由裁判者负责”的司法责任制得到有效落实。2020 年，中共中央办公厅印发《关于深化司法责任制综合配套改革的意见》，要求健全法官绩效考核制度。中央全面依法治国委员会办公室将“建立完善法官业绩评价机制”列为重点改革任务。加强和完善法官考核机制，是进一步巩固现有改革成果，深化司法责任制综合配套改革，推进法官队伍革命化、正规化、专业化、职业化建设的重要举措。

三是充分发挥考核“指挥棒”作用，提升审判工作质效的需要。近年来，各地法院根据司法改革精神和最高人民法院部署要求，积极探索开展法官考核工作，积累了不少经验做法。但由于缺乏统一的考核标准和体系，各地认识、做法差异较大，实践中也反映出不少问题：有的地方考核理念不够明确，未能突出法官政治素质和审判工作实绩；有的地方考核指标设置不够合理，未能充分考虑地域、岗位、层级差异；有的地方没有理顺法官业绩考评和公务员考核的关系，造成重复考核、多头考核；有的地方考核结果运用不够深入，与员额退出等机制衔接不够紧密，考核“指挥棒”作用发挥不够明显；等等。加强和完善法官考核机制，就是要进一步理顺法官考核与公务员考核的关系，在全面考核的基础上，充分体现法官职业特点，聚焦法官主责主业开展考核，树立以实绩论英雄、凭实绩用干部、用实绩兑奖惩的鲜明导向，鼓舞和激励广大法官积极作为、勤勉履职，不断提升人民法院审判工作质效。

改革任务确定后，最高人民法院政治部及时制定专门工作方案，建立改革任务协调机制，对改革任务作了部署和分工。2020 年下半年，面向全国法院开展调研，广泛收集分析各地有关法官考评的经验做法和意见建议，并在此基础上研究起草了文件初稿。同年11月，在浙江召开调研座谈会，征求北京等六家高级人民法院政治部的意见建议，并经多次讨论和反复修改后形成了征求意见稿。2021年3月，就《指导意见》征求了最高人民法院相关部门及各高级人民法院政治部的意见。各单位共反馈意见48份。同年5月，在北京组织召开座谈会，再次征求了辽宁等九个高级人民法院政治部以及北京市部分中级、基层人民法院的意见建议。与此同时，为确保指标设立更加科学合理，符合实际需要，起草过程中还安排四川、甘肃等部分高级人民法院及辖区中级、基层人民法院就法官办案数量考核等条款的合理性进行了数据测算。同年7月，进一步征求了中央组织部、中央政法委有关部门的意见。同年10月，《指导意见》由最高人民法院党组会议审议通过，并于10月12日正式印发。

## 二、起草思路和原则

在起草《指导意见》过程中，坚持以问题为导向，准确把握司法工作规律和科学的考核理念，着力建立一套系统完备、科学规范、运行有效的法官考核机制。具体而言，文件起草主要遵循以下工作思路和原则。

一是聚焦法官政治素质和审判工作实绩。让法官回归办案一线，回归主责主业，是本轮司法体制改革的核心内容。《指导意见》准确把握司法体制改革精神，规定在全面考核的基础上，重点考核法官的政治素质和审判工作实绩，把政治标准放在首位，聚焦主责主业，着力解决干与不干、干好干坏、干多干少一个样的问题，激励法官多办案、办好案，促进政治效果、社会效果和法律效果的有机统一。

二是遵循审判工作规律。《指导意见》立足四级法院审级职能定位，坚持遵循审判工作规律，紧紧围绕落实司法责任制、构建新型审判权力运行机制等重点任务，注重突出法官主体地位，牢牢抓住审判业务关键环节和核心内容，在公务员考核德、能、勤、绩、廉的总体框架内，充分融入法官法规定的法官职责、义务、考核等内容，建立以办案数量、办案质量、办案效率、办案效果为基本内容的办案业绩指标体系，着重体现法官作为司法人员的职业特点。同时引入案件权重系数设置，区分不同法院层级、不同案件类型，充分考虑体现审判工作特点的审判程序、审判团队配置、审判流程节点等因素，构建“固定系数+浮动系数”的权重系数体系，最大限度实现不同业务条线、不同岗位法官的办案业绩在同一个考核体系下的可量化、可评价。

三是注重考用结合。考核结果运用是法官考核的重要一环，运用合理，激励法官提升司法质效的作用就能得到发挥；运用不合理，就会损害法官工作积极性，导致考核沦为单纯对法官进行排名的工具。《指导意见》注重把握考用结合的原则，将考核结果与绩效奖金分配、法官等级调整、员额退出等工作紧密挂钩，引导法官依法公正高效履职，真正发挥好考核工作激励先进、鞭策后进的“指挥棒”“风向标”“助推器”作用。

四是坚持原则性和灵活性相结合。我国实行四级两审终审制，各地各级人民法院情况千差万别，法官的岗位设置、受理的案件类型大相径庭，采用同一种考核方式、适用同一个考核标准不符合客观实际。《指导意见》坚持宜粗不宜细的起草原则，对指标内容、组织实施等作原则性规定，既对考核体系进行统一规范，又强调分层分类、各有侧重，同时为各级人民法院结合工作实际制定具体的实施细则留有余地，充分满足全国各级人民法院职能定位的差异性和现实需求。

## 三、主要内容

《指导意见》包括正文和一个附件，正文分为总则、考核内容、考核等次和标准、考核的组织实施、考核结果的运用、附则六个部分，附件为《案件权重系数设置指引》。《指导意见》主要包括以下内容。

### (一) 切实理顺法官考核与公务员考核的内在逻辑

实践中，各地法院对法官考核范围如何确定存在不同认识，特别是对法官考核与公务员考核的关系把握不一，也产生了不少问题：有的法院将法官考核与公务员考核加以区分，反复开展考核，加重了法官的负担；有的法院对法官业绩进行单独考核，其他方面仍按照公务员法有关规定进行考核，但这种做法一方面容易割裂办案业绩与政治素质、能力水平、司法作风等方面的关联，另一方面也可能在业绩考核与法官作为公务员的考核之间形成冲突，容易造成考核结果不一致；有的法院则合二为一，实行一次考核，多个结果运用，但由于法官法和公务员法对考核指标的规定不完全一致，导致实践操作存在困难。

应该看到，业绩考核作为法官考核的组成部分，与整个法官考核具有内在统一性，不能割裂开来；法官作为特定公务员群体，法官考核亦不能突破公务员考核体系，另起炉灶单独开展。《指导意见》牢牢把握这个基础关系，明确法官考核即法官作为公务员的考核，从而实现了法官考核与法官作为公务员的考核内在逻辑体系的统一，同时也避免了重复考核、多头考核，有效减轻法官工作负担。在指标体系设置上，规定法官考核在总体框架上沿用公务员考核德、能、勤、绩、廉的指标体系，将法官法规定的考核内容融入其中，既与公务员考核体系保持一致，又充分体现法官职业特点。在考核方式上，明确法官考核以平时考核和年度考核相结合为主，对于专项考核，则仍按《公务员考核规定》有关要求进行。在结果运用上，明确法官考核结果作为其公务员考核结果记入本人公务员年度考核登记表，以实现考核结果统一。

### （二）构建科学合理的考核指标体系

科学的指标体系是充分发挥考核作用的基础前提。《指导意见》第7条规定："对法官的考核，以其岗位职责和所承担的工作任务为基本依据，以指标化评价的方式，全面考核德、能、勤、绩、廉各方面，重点考核政治素质和审判工作实绩。"一是对"德"的考核，主要围绕政治素质、职业道德、社会公德、家庭美德和个人品德等设置指标，并将政治素质考核情况记入法官政治素质档案，严把政治标准关。二是对"能"的考核，主要围绕法律专业水平和工作能力设置指标。三是对"勤"的考核，主要围绕法官的精神状态、工作作风设置指标。四是对"绩"的考核，以办案业绩为主要内容，同时将法官参加党和国家中心工作、重点工作，开展未成年人案件社会调查等延伸工作，参加课题研究、案例研编等其他工作纳入业绩考核范畴，使考核结果能够全面、准确反映法官工作业绩。五是对"廉"的考核，主要围绕廉洁司法、廉洁自律等设置考核指标。《指导意见》同时对指标调整提出具体要求。

征求意见过程中，部分单位提出要增加纳入其他工作业绩考核范畴的具体内容。我们理解，在办案工作之外，法官需要承担哪些工作任务往往由当地实际情况决定。由于各地情况差别较大，工作内容和种类繁杂，采用列举式规定难以将法官承担的其他工作全部涵盖，为此，《指导意见》明确，各级人民法院可以在本意见规定的基础上，结合本院重点工作，对指标设置、考核内容、考核标准、计分规则、分值比重等内容进一步细化，并根据考核情况进行有针对性的调整，充分体现灵活性与差异性。

### （三）重点突出对法官办案业绩的考核

司法责任制改革是本轮司法体制改革的“牛鼻子”，目的在于让法官回归主业，回归办案一线，真正实现“让审理者裁判、由裁判者负责”。为充分体现司法改革精神，《指导意见》坚持聚焦主责主业、突出工作实绩的原则，侧重对法官办案业绩进行考核，从办案数量、办案质量、办案效率、办案效果四个维度设置考核指标，并对各项指标考核重点作出指导性规定。一是对办案数量的考核，提出以结案数量为基础，通过设置案件权重系数，实现不同业务条线（岗位）法官办案工作的量化比较。二是对办案质量的考核，以案件发回、改判等情况为基础，充分运用案件质量评查等机制，重点考核法官办案中证据审查、事实认定、法律适用、文书制作、释法说理、裁判结果等情况。三是对办案效率的考核，明确以审限内结案率等情况为基础，重点考核案件审理周期以及超过审理期限案件、长期未结案件等情况。四是对办案效果的考核，以案件取得的政治效果、法律效果和社会效果等情况为基础，重点考核维护国家安全和社会稳定、维护法律的严肃性和权威性、维护人民群众合法权益、弘扬社会主义核心价值观等情况。

### （四）注重加强对院庭长的考核

院庭长作为担任领导职务的特殊法官，既要带头办案，也肩负着审判监督管理的重要职责。院庭长以法官角色回归一线办案既是落实司法责任制的必然要求，也是履行监督管理职责的先决条件。《指导意见》牢牢把握这一原则，对院庭长的考核作出专门规定，推动院庭长既落实办案要求，又履行监管职责，充分发挥其对审判工作的示范、引领和指导作用。一是考核指标设置方面，除围绕德、能、勤、绩、廉各方面设置指标外，还围绕院庭长履行审核批准程序性事项、综合指导审判工作、督促统一裁判标准、全程监管审判质效、排除案外因素干扰等审判监督管理职责和本单位（部门）办案质效总体情况，以及落实党风廉政建设“一岗双责”、抓党建工作成效等情况，设置相应指标，纳入考核范畴。二是办案任务标准方面，提出要综合考虑本单位（部门）人员规模、案件数量、管理任务等因素，区分不同地区、层级、岗位，科学合理确定办案数量标准和办案类型。三是办案任务通报方面，要求各级人民法院应当定期通报庭长、副庭长办案任务完成情况，上级人民法院应当定期通报辖区下一级人民法院入额院领导的办案任务完成情况。四是考核等次评定方面，明确对院庭长的办案任务量以及审判监督管理职责进行单独考核，规定无正当理由办案数量未达到相关规定的最低标准，或者违反规定不认真履行审判监督管理职责造成严重后果的，年度考核应当确定为不称职等次。

### （五）探索引入办案工作量权重系数体系

一直以来，由于案件类型不同，案件复杂程度不一，如何在同一考核体系下科学测算和比较不同业务条线、不同岗位法官之间的办案工作量，成为各地法院开展考核过程中无法回避的难题。为此，《指导意见》通过制定《案件权重系数设置指引》，提出构建“固定系数+浮动系数”的办案工作量权重系数体系，按照科学、简便、可行的原则，合理测算法官实际办案工作量，最大程度实现不同业务条线、不同岗位法官办案工作的量化比较。其中，固定系数是根据案件普遍性特点设置的办案工作量基础系数，一般包括案件类型、审判程序、审级以及审判团队配置等。浮动系数是根据案件性质、流程等特殊性因素设置的动态系数，一般考虑系列案件、疑难复杂案件、重大敏感案件、当事人人数众多案件、涉外案件、审判委员会讨论案件、专业法官会议讨论案件，以及鉴定、评估、审计、保全、公告、发送司法建议等因素。同时，区分刑事、民事、行政等案件类型，对各类案件特有的浮动系数设置因素作出规定，对合议庭成员审理案件的权重系数比重设置提出要求，为各地法院结合实际制定本辖区的案件权重系数提供原则性、方向性的指引。

此外，为了帮助各地法院准确理解适用指引，最高人民法院政治部在吸收地方法院经验做法的基础上，选取了部分地方法院审判数据进行测算，以民事案件为例，拟制了《法官考核中案件权重系数设置样式参考表》，为各地法院设置案件权重系数提供样式参考。需要说明的是，由于各地法院情况千差万别，各业务部门、各业务条线案件的类型差异巨大、难易程度不一，准确量化比较法官实际工作量难度较大，自上而下制定一个全国统一适用的权重系数不符合实际。因此，参考表中所列系数类型、数值等，仅为各地法院制定案件权重系数表时的样式参考，不作为全国法院案件权重系数的统一适用标准。各地法院需要结合自身实际，参考样表格式，通过科学测算审判数据自行制定适用于本院的各类案件权重系数。

### （六）明确考核等次和标准

考核等次是对法官年度表现优劣的一种高度概括性评价形式，要准确评定考核等次，必须要有明确合理的评价标准。实践中，不少地方法院反映，现有的考核等次标准相对原则，既无法体现法官职业特点，又不便于实践操作。《指导意见》着重从三个方面明确了法官考核的等次和标准。一是明确法官考核实行平时考核和年度考核相结合，并根据《公务员考核规定》相关规定，结合法官职业特点，明确法官年度考核确定为优秀、称职、基本称职、不称职四个等次分别应具备的条件和情形。二是为准确贯彻法官法关于经考核不能胜任法官职务的应当免除法官职务的规定，将《公务员考核规定》关于不称职情形的规定与《人民法院法官员额退出办法（试行）》关于应当退出员额情形的规定充分结合，为后续考核结果在员额管理方面的运用提供依据。三是考虑到法官可能存在借调、公派学习培训、接受组织安排参加其他工作等原因，无法正常履行办案职责的情况，赋予地方法院对法官办案任务量考核标准适当调整的权力，有效避免出现考核标准失衡的情形。

### （七）强化考核的组织实施

针对过去实践中出现的考评委员会作用虚化、平时考核容易被忽视、考核程序不统一等组织实施方面存在的一些问题，《指导意见》主要从以下六个方面进行规范：一是明确考核实施主体，规定法官考评委员会在本院党组领导下，负责开展法官考核工作，并对其组成人员、办事机构、工作职责等作出明确规定，进一步增强法官考评委员会的代表性和公信力。二是规范考核程序，明确平时考核一般按照采集考核数据、组织审核评鉴、反馈考核结果等程序进行，年度考核一般按照总结述职、组织考评、民主测评、了解核实、确定等次、结果公示与反馈等程序进行。三是强化日常考核，强调法官年度考核以平时考核为基础，年度考核确定为优秀等次的，应当从当年平时考核结果好等次较多且无一般、较差等次的法官中产生。四是保障法官的复核权利，规定法官对本人考核结果有异议的，可以按规定向法官考评委员会申请复核。法官考评委员会应当及时处理，并将复核结果告知申请人。五是加强信息化建设，要求充分运用信息化手段和技术开展法官考核，探索通过办案（办公）平台自动抓取考核数据，提高考核工作质量和效率。六是严格考核工作纪律，对在考核过程中有徇私舞弊、打击报复、弄虚作假等行为的，依照有关规定予以严肃处理。

### （八）深化考核结果的运用

考核本身不是目的，关键在于结果运用。《指导意见》注重在用活用好考核结果上下功夫，把法官考核结果作为法官等级升降、法官员额退出、绩效奖金分配的重要依据。一是与法官等级晋升紧密联系。法官年度考核确定为优秀等次的，其参加法官等级晋升时，在同等条件下优先考虑。法官年度考核确定为不称职、基本称职等次或者参加年度考核不确定等次的，当年度不计算为法官等级晋升的任职年限。二是与员额退出机制有机衔接。《指导意见》把握“优胜劣汰、能进能出”的工作导向，明确规定法官年度考核不称职，或者连续两年考核为基本称职的，应当退出员额。三是与绩效奖金分配直接挂钩。根据现有的员额法官配套待遇政策，《指导意见》进一步明确，法官年度考核确定为基本称职、不称职等次或者参加年度考核不确定等次的，不享受当年度奖励性绩效考核奖金。

# 最高人民法院
# 统一法律适用工作实施办法

2021年11月13日　　　　法〔2021〕289号

为进一步规范最高人民法院统一法律适用工作，确保法律统一正确实施，维护司法公正、提升司法公信力，结合最高人民法院审判执行工作实际，制定本办法。

**第一条**　本办法所称统一法律适用工作，包括起草制定司法解释或其他规范性文件、发布案例、落实类案检索制度、召开专业法官会议讨论案件等推进法律统一正确实施的各项工作。

**第二条**　最高人民法院审判委员会（以下简称审委会）负责最高人民法院统一法律适用工作。

各部门根据职能分工，负责起草制定司法解释、发布案例等统一法律适用工作。

审判管理办公室（以下简称审管办）负责统一法律适用的统筹规划、统一推进、协调管理等工作。

**第三条**　各审判业务部门办理审判执行案件，应当严格遵守法定程序，遵循证据规则，正确适用法律，确保法律统一正确实施。

**第四条**　各部门根据职能分工，对法律适用疑难问题和不统一等情形，应当及时总结经验，通过答复、会议纪要等形式指导司法实践，条件成熟时制定司法解释或其他规范性文件予以规范。

**第五条**　研究室负责指导性案例的征集、审查、发布、编纂和评估等工作。其他部门发布的典型案例等不得与指导性案例的裁判观点、裁判标准相冲突，不得冠以指导性案例或指导案例等类似名称。

**第六条**　办理案件具有下列情形之一的，承办法官应当进行类案检索：

（一）拟提交审委会、专业法官会议讨论的；

（二）缺乏明确裁判规则或者尚未形成统一裁判规则的；

（三）重大、疑难、复杂、敏感的；

（四）涉及群体性纠纷或者引发社会广泛关注，可能影响社会稳定的；

（五）与最高人民法院的类案裁判可能发生冲突的；

（六）有关单位或者个人反映法官有违法审判行为的；

（七）最高人民检察院抗诉的；

（八）审理过程中公诉机关、当事人及其辩护人、诉讼代理人提交指导性案例或者最高人民法院生效类案裁判支持其主张的；

（九）院庭长根据审判监督管理权限要求进行类案检索的。

类案检索可以只检索最高人民法院发布的指导性案例和最高人民法院的生效裁判。

**第七条** 根据本办法第六条规定应当进行类案检索的案件，承办法官应当在审理报告中对类案检索情况予以说明，或者制作专门的类案检索报告。

类案检索说明或者报告应当客观、全面、准确反映类案检索结果，并在合议庭评议或者专业法官会议、赔偿委员会、司法救助委员会、审委会讨论时一并提交。类案检索报告应当随案归入副卷。

**第八条** 根据本办法第六条规定应当进行类案检索的案件，合议庭应当将案件统一法律适用标准情况纳入评议内容。

审理过程中公诉机关、当事人及其辩护人、诉讼代理人提交指导性案例或者最高人民法院生效类案裁判支持其主张的，合议庭应当将所提交的案例或者生效裁判与待决案件是否属于类案纳入评议内容。

**第九条** 待决案件在基本案情和法律适用方面与检索到的指导性案例相类似的，合议庭应当参照指导性案例的裁判要点作出裁判。

参照指导性案例的，应当将指导性案例作为裁判理由引述，但不得作为裁判依据引用。在裁判理由部分引述指导性案例的，应当注明指导性案例的编号。

**第十条** 待决案件拟作出的裁判结果与指导性案例、最高人民法院类案裁判法律适用标准不一致，或者拟作出的裁判结果将形成新的法律适用标准的，合议庭应当建议提交部门专业法官会议讨论；院庭长发现待决案件存在前述情形的，应当依照程序召集部门专业法官会议讨论。

前款规定的案件因涉密等原因不适宜提交专业法官会议讨论的，层报分管院领导批准可以直接提交审委会讨论。

**第十一条** 最高人民法院建立健全跨部门专业法官会议机制，研究解决跨部门的法律适用分歧或者跨领域的重大法律适用问题。

**第十二条** 部门专业法官会议和跨部门专业法官会议讨论案件应当形成案件讨论记录和会议纪要。案件讨论记录和会议纪要随案归入副卷。

跨部门专业法官会议纪要分送审委会委员和相关审判业务部门，审管办负责整理存档。

**第十三条** 各审判业务部门负责人应当按照审判监督管理权限，加强审判管理和业务指导，确保法律适用标准统一。

各审判业务部门应当对合议庭与专业法官会议意见、审委会决定不一致的案件进行分析研究，认真梳理总结审判执行实践中存在的法律适用不统一、不明确问题。审管办应当通过案件质量评查、群众来信等途径及时发现、收集、整理法律适用不统一、不明确问题。

**第十四条** 对于通过各种途径发现的具体法律适用不统一、不明确问题，审管办可以通过多种形式组织研究，提出解决方案提交审委会讨论，以审委会法律适用问题决议等形式明确具体裁判规则。

**第十五条** 最高人民法院建立统一法律适用平台及其数据库，审管办、研究室、中国应用法学研究所、人民法院信息技术服务中心根据各自职能分工，负责统一法律适用平台及其数据库的规划、建设、研发、运行维护和升级完善。

**第十六条** 最高人民法院发布的指导性案例，各审判业务部门的二审案件、再审案件、请示案件、执行复议监督案件，经专业法官会议、赔偿委员会、司法救助委员会、审委会讨论的案件，以及其他具有普遍指导意义的典型案件，裁判文书上网公开后，审管办应当及时组织编纂并纳入统一法律适用平台数据库。

死刑复核案件纳入统一法律适用平台数据库的标准和数量，由各刑事审判庭根据保密要求自行确定。

经专业法官会议讨论的案件，应当纳入统一法律适用平台数据库的，由各审判业务部门指定专人负责定期报送相关案件的专业法官会议纪要，随案纳入统一法律适用平台数据库。

**第十七条** 对纳入统一法律适用平台数据库的案例，应当及时进行检查清理。

各部门在工作中发现纳入统一法律适用平台数据库的案例已经不具有指导意义和参考价值，或者相关裁判已经被改判、撤销的，应当及时通知审管办进行更新。

**第十八条** 各部门应当加大对审判人员的业务能力培训，强化审判人员在法律解释、案例分析、类案检索、科技应用等方面能力的培养，全面提升审判人员统一法律适用的能力和水平。

**第十九条** 审判人员参加专业法官会议、梳理案件裁判规则等情况应当计入工作量。各部门和审判人员推荐或编纂案例被审委会确定为指导性案例，或者对具体法律适用问题的研究意见被审委会采纳形成审委会法律适用问题决议的，可以作为绩效考核时的加分项。

**第二十条** 本办法自 2021 年 12 月 1 日起施行。

# 《最高人民法院统一法律适用工作实施办法》的理解与适用

刘冠兵　何　汀*

《最高人民法院统一法律适用工作实施办法》（以下简称《实施办法》），已由最高人民法院审判委员会第1845次会议讨论通过，并于12月1日正式施行。现对《实施办法》的制定背景和主要内容作出简要介绍和说明。

## 一、《实施办法》的制定背景

统一法律适用，规范裁量权行使，是深入学习贯彻习近平法治思想的重要举措，是人民法院履行宪法法律职责、维护国家法治统一尊严权威的必然要求，是贯彻落实党的十九届四中全会关于全面落实司法责任制、加强对司法活动监督、保证审判权依法正确行使的具体行动。

2020年5月29日，习近平总书记主持中央政治局第二十次集体学习时，对统一法律适用工作提出明确要求。2021年初，中央政法委将“完善统一法律适用机制”列入2021年政法领域十大重点改革举措任务台账，明确由最高人民法院牵头落实。统一法律适用标准、规范裁量权行使，事关当事人合法权益保障和社会公平正义的实现，作为国家最高审判机关，最高人民法院应当充分发挥在统一法律适用工作中的示范带动作用，着力研究解决审判工作中的具体法律适用问题，特别是最高人民法院各审判业务部门之间、各地法院之间法律适用观点不一致、裁判尺度不统一等问题。

---

* 作者单位：最高人民法院。

最高人民法院党组始终高度重视统一法律适用工作，周强院长多次提出明确要求，贺荣常务副院长多次主持召开相关部门会议，研究部署推进统一法律适用、规范裁量权行使等相关工作。近年来，最高人民法院先后印发了《关于深化人民法院司法体制综合配套改革的意见——人民法院第五个五年改革纲要（2019—2023）》《关于进一步全面落实司法责任制的实施意见》《关于深化司法责任制综合配套改革的实施意见》等多个司法改革文件，均将“完善统一法律适用机制”作为主要任务和工作要求；制定了《关于建立法律适用分歧解决机制的实施办法》、《关于统一法律适用加强类案检索的指导意见（试行）》（以下简称《类案检索指导意见》）《关于完善统一法律适用标准工作机制的意见》、《关于完善人民法院专业法官会议工作机制的指导意见》（以下简称《专业法官会议指导意见》）等多个规范性司法文件，从指导全国各级法院审判业务各单项工作的角度对统一法律适用、裁量权行使进行了规范。

为进一步贯彻落实党中央关于加强政法队伍建设的部署要求，持续巩固深化第一批法院队伍教育整顿成果，促进第二批法院队伍教育整顿走深走实，聚焦顽瘴痼疾在工作中的具体表现，突出建章立制成果，最高人民法院需要进一步作出表率，从操作实施层面制定一个关于规范统一法律适用总体工作的系统性文件。《实施办法》的基本定位就是在最高人民法院建立起一个规范统一的工作制度，完善院级层面的统一法律适用工作机制，推动形成工作合力，规范法官裁量权行使，妥善解决法律适用分歧问题。

## 二、《实施办法》的主要内容

《实施办法》共20条，主要包括五个方面内容：一是从总体上对统一法律适用工作的内容作了规定，从统一法律适用角度重申了案件办理、制定司法解释、发布案例的基本要求，确保司法解释和案例的规范指引作用充分发挥。二是进一步明确了类案检索的情形和范围，明确了类案检索说明或报告的制作规范，强化类案检索制度要求，促进“类案同判”。三是进一步补充明确了各部门专业法官会议讨论案件的范围，同时建立健全跨部门专业法官会议机制，研究解决跨部门的法律适用分歧或者跨领域的重大法律适用问题，为法官办理疑难复杂案件提供业务咨询。四是创新具体法律适用问题解决机制，通过审判委员会法律适用问题决议等形式，提高裁判规则指引的及时性、便捷性。五是明确建设统一法律适用平台及其案例数据库的要求，提升统一法律适用、规范裁量权行使的科技应用水平，解决实践中法官检索到无效类案信息过多、难以总结归纳参考等问题。

### （一）明确了最高人民法院案件需要强制类案检索的情形和范围

《实施办法》第六条要求，最高人民法院在审理案件时，除《类案检索指导意见》规定应当进行类案检索的案件外，对于《关于完善人民法院司法责任制的若干意见》和《关于进一步完善“四类案件”监督管理工作机制的指导意见》规定的“四类案件”，最高人民检察院抗诉的案件，以及审理过程中公诉机关、当事人及其辩护人、诉讼代理人提交指导性案例或者最高人民法院生效类案裁判支持其主张的案件，也应当进行类案检索，以强化对“四类案件”的监督管理，回应当事人期待，确保最高人民法院的裁判之间不出现法律适用分歧。

在起草过程中，关于是否需要拓宽应当进行类案检索的情形，有意见认为，需要进行类案检索的情形已经有了制度规定，不必拓宽，防止加大法官工作量。制定过程中考虑到：(1)“四类案件”是人民法院需要实施监督管理的重点案件；(2)《类案检索指导意见》对“四类案件”是否需要进行类案检索规定的不够明确，需要通过《专业法官会议指导意见》等关联制度进行推导才能得出应当进行类案检索的结论，需要加以明确；(3) 实践中，审理过程中公诉机关、当事人及其辩护人、诉讼代理人提交指导性案例或者最高人民法院生效类案裁判支持其主张的案件，法官未采纳当事人、代理人提交的类案观点亦未进行释明的情况广受诟病，需要予以规范。最终《实施办法》在全面归纳已有制度的基础上确定了应当进行类案检索的案件类型。

《实施办法》第七条要求，类案检索说明、类案检索报告应当客观、全面、反映类案检索结果。同时还统一规范了类案检索报告样式，确保全面反映承办法官就争议焦点进行类案检索的过程、检索到的不同裁判观点、拟采纳的观点和理由。

### (二) 明确了合议庭应当将案件统一法律适用标准情况纳入评议内容

《实施办法》第八条规定，按照规定进行类案检索的案件，合议庭应当将案件统一法律适用情况纳入评议内容；同时规定，对于审理过程中公诉机关、当事人及其辩护人、诉讼代理人提交指导性案例或最高人民法院生效类案裁判支持其主张的，合议庭应当将所提交的案例或者生效裁判与待决案件是否属于类案纳入评议内容。这一规定是为了防止出现案件承办法官将当事人、代理人提交的案例、生效裁判束之高阁、不加理会的情形，有效衔接《类案检索指导意见》第十条规定对当事人、代理人提交指导性案例、其他类案予以回应的要求，最终形成参考类案、统一法律适用情况由合议庭共同研究把关的审判机制。

### (三) 补充明确了最高人民法院案件提交专业法官会议讨论的情形

《专业法官会议指导意见》规定了应当建议院庭长提交专业法官会议讨论的情形，包括独任庭认为需要提交讨论的、合议庭内部无法形成多数意见或持少数意见的法官认为需要提交讨论的等五种。《实施办法》在上述规定的基础上补充明确，对于拟作出的裁判结果与指导性案例、最高人民法院类案裁判法律适用标准不一致的待决案件，裁判结果将形成新的法律适用标准的待决案件，都应当由合议庭建议院庭长召集专业法官会议讨论，以充分发挥专业法官会议在辅助办案决策、统一法律适用、强化制约监督方面的作用。



### (四) 建立健全最高人民法院跨部门专业法官会议机制

2021年1月印发的《专业法官会议指导意见》第二条规定“必要时可以跨审判专业领域、审判庭、审判团队召开（专业法官会议）”，此后不少高、中级法院建立了跨部门专业法官会议机制，普遍反映效果较好。今年6月，中央司法体制改革领导小组印发的《关于完善四级法院审级职能定位的改革方案》明确要求最高人民法院“建立跨部门专业法官会议机制”。审判实践当中，最高人民法院也确实在一定程度上存在各审判业务部门、各巡回法庭之间对一些案件的法律适用标准还不一致，各审判领域对于部分刑民交叉、民行交叉案件的法律适用还存在分歧等问题。为贯彻落实中央司法体制改革领导小组部署、妥善解决好上述法律适用分歧,此次制定《实施办法》吸收借鉴了部分高、中级法院的优秀经验,在第十一条规定,最高人民法院建立健全跨部门专业法官会议机制,研究解决跨部门的法律适用分歧或者跨领域的重大法律适用问题。实际上,此前最高人民法院行政庭与各巡回法庭行政法官共同研究部分行政案件的法律适用问题已经形成了跨部门专业法官会议的雏形,此次以制度条文进一步予以明确。至于跨部门专业法官会议的组成、召开、主持以及与审判委员会的衔接等程序内容,根据审判委员会讨论意见,在实践中进行磨合后再行细化明确。

### (五)创新具体法律适用问题解决机制

除司法解释和案例指导外,现有制度规定中,最高人民法院审判委员会解决法律适用分歧需要依托具体案件,解决方式和途径过于单一;而最高人民法院各审判业务部门通过具体案件解决法律适用分歧的积极性并不高,《关于建立法律适用分歧解决机制的实施办法》施行两年来,依据该机制收到的分歧解决申请较少。为解决上述问题,最高人民法院审判管理办公室探索建立了新的具体法律适用分歧解决机制,针对通过各种途径发现的具体法律适用不统一、不明确的问题,特别是制定司法解释或审判规范性文件的条件尚不成熟的,《实施办法》规定由审判管理办公室组织研究,提出解决后方案提交审判委员会讨论,以审判委员会法律适用问题决议的形式印发各审判业务部门明确具体裁判规则。

截至目前,最高人民法院审判管理办公室已从各审判业务部门征集审判实践中存在的法律适用标准不统一、类案裁判分歧等问题线索70余个,较为全面地掌握了各审判领域存在的裁判规则不一致情形。审判管理办公室已经从中优先选择了反映集中、具有典型性的线索组织研究,并视情组织召开跨部门专业法官会议、征求相关部门或者专家学者意见,最终形成具体研究意见、解决方案,提交审判委员会讨论。区别于较为系统、完整的司法解释和审判工作会议纪要,该机制更易切中分歧点的要害,研究成熟一项,即可提交讨论一项;议决一项,即可将确定的裁判规则印发适用一项,具有程序简易、灵活快捷、针对性强的特点,有利于及时统一内部裁判思路。

## （六）明确了建立最高人民法院统一法律适用平台及其数据库

为落实《2021年人民法院司法改革工作要点》，为法官办案提供规则指引和参考案例，根据最高人民法院各审判业务部门的需求，《实施办法》规定，最高人民法院建立统一法律适用平台及其数据库，由审判管理办公室、研究室、中国应用法学研究所、人民法院信息技术服务中心根据各自职能分工，负责平台及数据库的规划、建设、研发、运行维护和升级完善。以最高人民法院的裁判资源为数据依托，打造集法律、司法解释和案例检索、应用、研究于一体的平台，与现有的办案平台实现深度整合，确保安全可靠。平台上线后，可以为最高人民法院乃至全国法院法官办理案件提供精准、权威的类案检索系统，充分挖掘案例价值，通过智能分析和人工筛查相结合，快速出具类案检索报告，提高统一法律适用的信息化水平。

为解决现有类案检索平台提供的检索结果缺少直观的裁判规则、结果庞杂、匹配不精确，检索效率和效果均不理想等问题，最高人民法院还将适时组织相关审判业务部门对所作出的生效裁判进行系统梳理，提炼编纂裁判规则，将发布的指导性案例，各审判业务部门的二审案件、再审案件、请示案件、执行复议监督案件，经专业法官会议、赔偿委员会、司法救助委员会、审判委员会讨论的案件及其他具有普遍指导意义的典型案件等均纳入数据库，以方便法官全面掌握和运用最高人民法院的司法案例。

《实施办法》出台后，最高人民法院将在审判工作中全面落实，以进一步推动统一法律适用，规范裁量权正确行使，保证依法公正高效审判，不断提升人民群众的法治获得感，努力让人民群众在每一个司法案件中感受到公平正义。

# 【指导案例篇】

## 最高人民法院
## 关于发布第 27 批指导性案例的通知

2021 年 2 月 19 日　　　　法〔2021〕55 号

**各省、自治区、直辖市高级人民法院，解放军军事法院，新疆维吾尔自治区高级人民法院生产建设兵团分院：**

经最高人民法院审判委员会讨论决定，现将高光诉三亚天通国际酒店有限公司、海南博超房地产开发有限公司等第三人撤销之诉案等九个案例（指导案例 148—156 号），作为第 27 批指导性案例发布，供在审判类似案件时参照。

**指导案例 148 号**

## 高光诉三亚天通国际酒店有限公司、海南博超房地产开发有限公司等第三人撤销之诉案

（最高人民法院审判委员会讨论通过　2021 年 2 月 19 日发布）

**关键词**　民事　第三人撤销之诉　公司法人　股东　原告主体资格

**裁判要点**

公司股东对公司法人与他人之间的民事诉讼生效裁判不具有直接的利益关系，不符合民事诉讼法第五十六条规定的第三人条件，其以股东身份提起第三人撤销之诉的，人民法院不予受理。

**相关法条**

《中华人民共和国民事诉讼法》第五十六条

**基本案情**

2005年11月3日，高光和邹某某作为公司股东（发起人）发起成立海南博超房地产开发有限公司（以下简称博超公司），高光、邹某某出资比例各占50%，邹某某任该公司执行董事、法定代表人。

2011年6月16日，博超公司、三亚南海岸旅游服务有限公司（以下简称南海岸公司）、三亚天通国际酒店有限公司（以下简称天通公司）、北京天时房地产开发有限公司（以下简称天时公司）四方共同签署了《协议书》，对位于海南省三亚市三亚湾海坡开发区的碧海华云酒店（现为天通国际酒店）的现状、投资额及酒店产权确认、酒店产权过户手续的办理、工程结算及结算资料的移交、违约责任等方面均作明确约定。2012年8月1日，天通公司以博超公司和南海岸公司为被告、天时公司为第三人向海南省高级人民法院提起合资、合作开发房地产合同纠纷之诉，提出碧海华云酒店（现为天通国际酒店）房屋所有权（含房屋占用范围内的土地使用权）归天通公司所有以及博超公司向天通公司支付违约金720万元等诉讼请求。海南省高级人民法院作出（2012）琼民一初字第3号民事判决，支持了天通公司的诉讼请求，判决作出后，各方当事人均未提出上诉。

2012年8月28日，高光以博超公司经营管理发生严重困难，继续存续将会使股东利益遭受重大损失为由起诉请求解散公司。2013年9月12日，海南省海口市中级人民法院作出（2013）海中法民二初字第5号民事判决，判决解散博超公司。博超公司不服该判决，提出上诉。2013年12月19日，海南省高级人民法院就该案作出（2013）琼民二终字第35号民事判决，判决驳回上诉，维持原判。2014年9月18日，海口市中级人民法院指定海南天皓律师事务所担任博超公司管理人，负责博超公司的清算。

2015年4月20日，博超公司管理人以天通公司、天时公司、南海岸公司为被告，向海南省高级人民法院起诉：请求确认博超公司于2011年6月16日签订的《协议书》无效，将位于海南省三亚市三亚湾路海坡度假区15370.84平方米的土地使用权及29851.55平方米的地上建筑物返还过户登记至博超公司管理人名下。海南省高级人民法院裁定驳回了博超公司管理人的起诉。诉讼过程中，天时公司、天通公司收到该案诉讼文书后与博超公司管理人联系并向其提供了（2012）琼民一初字第 3 号民事判决的复印件。高光遂据此向海南省高级人民法院就（2012）琼民一初字第 3 号民事判决提起本案第三人撤销之诉。

**裁判结果**

海南省高级人民法院于 2016 年 8 月 23 日作出（2015）琼民一初字第 43 号民事裁定书，驳回原告高光的起诉。高光不服，提起上诉。最高人民法院于 2017 年 6 月 22 日作出（2017）最高法民终 63 号民事裁定书，驳回上诉，维持原裁定。

**裁判理由**

最高人民法院认为：本案系高光针对已生效的海南省高级人民法院（2012）琼民一初字第 3 号民事判决而提起的第三人撤销之诉。第三人撤销之诉制度的设置功能，主要是为了保护受错误生效裁判损害的未参加原诉的第三人的合法权益。由于第三人本人以外的原因未能参加原诉，导致人民法院作出了错误裁判，在这种情形下，法律赋予本应参加原诉的第三人有权通过另诉的方式撤销原生效裁判。因此，提起第三人撤销之诉的主体必须符合本应作为第三人参加原诉的身份条件。本案中，高光不符合以第三人身份参加该案诉讼的条件。

1. 高光对（2012）琼民一初字第 3 号民事判决案件的诉讼标的没有独立请求权，不属于该案有独立请求权的第三人。有独立请求权的第三人，是指对当事人之间争议的诉讼标的，有权以独立的实体权利人的资格提出诉讼请求的主体。在（2012）琼民一初字第 3 号民事判决案件中，天通公司基于其与博超公司订立的《协议书》提出各项诉讼请求，海南省高级人民法院基于《协议书》的约定进行审理并作出判决。高光只是博超公司的股东之一，并不是《协议书》的合同当事人一方，其无权基于该协议约定提出诉讼请求。

2. 高光不属于（2012）琼民一初字第 3 号民事判决案件无独立请求权的第三人。无独立请求权的第三人，是指虽然对当事人双方的诉讼标的没有独立请求权，但案件处理结果同他有法律上的利害关系的主体。第三人同案件处理结果存在的法律上的利害关系，可能是直接的，也可能是间接的。本案中，（2012）琼民一初字第 3 号民事判决只确认了博超公司应承担的法律义务，未判决高光承担民事责任，故高光与（2012）琼民一初字第 3 号民事判决的处理结果并不存在直接的利害关系。关于是否存在间接利害关系的问题。通常来说，股东和公司之间系天然的利益共同体。公司股东对公司财产享有资产收益权，公司的对外交易活动、民事诉讼的胜败结果一般都会影响到公司的资产情况，从而间接影响到股东的收益权利。从这个角度看，股东与公司进行的民事诉讼的处理结果具有法律上的间接利害关系。但是，由于公司利益和股东利益具有一致性，公司对外活动应推定为股东整体意志的体现，公司在诉讼活动中的主张也应认定为代表股东的整体利益。因此，虽然公司诉讼的处理结果会间接影响到股东的利益，但股东的利益和意见已经在诉讼过程中由公司所代表和表达，则不应再追加股东作为第三人参加诉讼。本案中，虽然高光是博超公司的股东，但博超公司与南海岸公司、天时公司、天通公司的诉讼活动中，股东的意见已为博超公司所代表，则作为股东的高光不应再以无独立请求权的第三人身份参加该案诉讼。至于不同股东之间的分歧所导致的利益冲突，应由股东与股东之间、股东与公司之间依法另行处理。

（生效裁判审判人员：王毓莹、曹刚、钱小红）

## 指导案例149号

# 长沙广大建筑装饰有限公司诉中国工商银行股份有限公司广州粤秀支行、林传武、长沙广大建筑装饰有限公司广州分公司等第三人撤销之诉案

（最高人民法院审判委员会讨论通过 2021年2月19日发布）

**关键词** 民事 第三人撤销之诉 公司法人 分支机构 原告主体资格

**裁判要点**

公司法人的分支机构以自己的名义从事民事活动，并独立参加民事诉讼，人民法院判决分支机构对外承担民事责任，公司法人对该生效裁判提起第三人撤销之诉的，其不符合民事诉讼法第五十六条规定的第三人条件，人民法院不予受理。

**相关法条**

《中华人民共和国民事诉讼法》第五十六条

《中华人民共和国民法总则》第七十四条第二款

**基本案情**

2011年7月12日，林传武与中国工商银行股份有限公司广州粤秀支行（以下简称工商银行粤秀支行）签订《个人借款/担保合同》。长沙广大建筑装饰有限公司广州分公司（以下简称长沙广大广州分公司）出具《担保函》，为林传武在工商银行粤秀支行的贷款提供连带责任保证。后因林传武欠付款项，工商银行粤秀支行向法院起诉林传武、长沙广大广州分公司等，请求林传武偿还欠款本息，长沙广大广州分公司承担连带清偿责任。此案经广东省广州市天河区人民法院一审、广州市中级人民法院二审，判令林传武清偿欠付本金及利息等，其中一项为判令长沙广大广州分公司对林传武的债务承担连带清偿责任。

2017年，长沙广大建筑装饰有限公司（以下简称长沙广大公司）向广州市中级人民法院提起第三人撤销之诉，以生效判决没有将长沙广大公司列为共同被告参与诉讼，并错误认定《担保函》性质，导致长沙广大公司无法主张权利，请求撤销广州市中级人民法院作出的（2016）粤01民终第15617号民事判决。

**裁判结果**

广州市中级人民法院于2017年12月4日作出（2017）粤01民撤10号民事裁定：驳回原告长沙广大建筑装饰有限公司的起诉。宣判后，长沙广大建筑装饰有限公司提起上诉。广东省高级人民法院于2018年6月22日作出（2018）粤民终1151号民事裁定：驳回上诉，维持原裁定。

**裁判理由**

法院生效裁判认为：民事诉讼法第五十六条规定："对当事人双方的诉讼标的，第三人认为有独立请求权的，有权提起诉讼。对当事人双方的诉讼标的，第三人虽然没有独立请求权，但案件处理结果同他有法律上的利害关系的，可以申请参加诉讼，或者由人民法院通知他参加诉讼。人民法院判决承担民事责任的第三人，有当事人的诉讼权利义务。前两款规定的第三人，因不能归责于本人的事由未参加诉讼，但有证据证明发生法律效力的判决、裁定、调解书的部分或者全部内容错误，损害其民事权益的，可以自知道或者应当知道其民事权益受到损害之日起六个月内，向作出该判决、裁定、调解书的人民法院提起诉讼……”依据上述法律规定，提起第三人撤销之诉的“第三人”是指有独立请求权的第三人，或者案件处理结果同他有法律上的利害关系的无独立请求权第三人，但不包括当事人双方。在已经生效的（2016）粤01民终15617号案件中，被告长沙广大广州分公司系长沙广大公司的分支机构，不是法人，但其依法设立并领取工商营业执照，具有一定的运营资金和在核准的经营范围内经营业务的行为能力。根据民法总则第七十四条第二款“分支机构以自己的名义从事民事活动，产生的民事责任由法人承担；也可以先以该分支机构管理的财产承担，不足以承担的，由法人承担”的规定，长沙广大公司在（2016）粤01民终15617号案件中，属于承担民事责任的当事人，其诉讼地位不是民事诉讼法第五十六条规定的第三人。因此，长沙广大公司以第三人的主体身份提出本案诉讼不符合第三人撤销之诉的法定适用条件。

（生效裁判审判人员：江萍、苏大清、王晓琴）

## 指导案例150号

# 中国民生银行股份有限公司温州分行诉浙江山口建筑工程有限公司、青田依利高鞋业有限公司第三人撤销之诉案

（最高人民法院审判委员会讨论通过　2021年2月19日发布）

**关键词**　民事　第三人撤销之诉　建设工程价款优先受偿权　抵押权　原告主体资格

**裁判要点**

建设工程价款优先受偿权与抵押权指向同一标的物，抵押权的实现因建设工程价款优先受偿权的有无以及范围大小受到影响的，应当认定抵押权的实现同建设工程价款优先受偿权案件的处理结果有法律上的利害关系，抵押权人对确认建设工程价款优先受偿权的生效裁判具有提起第三人撤销之诉的原告主体资格。

**相关法条**

《中华人民共和国民事诉讼法》第五十六条

**基本案情**

中国民生银行股份有限公司温州分行（以下简称温州民生银行）因与青田依利高鞋业有限公司（以下简称青田依利高鞋业公司）、浙江依利高鞋业有限公司等金融借款合同纠纷一案诉至浙江省温州市中级人民法院（以下简称温州中院），温州中院判令：一、浙江依利高鞋业有限公司于判决生效之日起十日内偿还温州民生银行借款本金5690万元及期内利息、期内利息复利、逾期利息；二、如浙江依利高鞋业有限公司未在上述第一项确定的期限内履行还款义务，温州民生银行有权以拍卖、变卖被告青田依利高鞋业公司提供抵押的坐落于青田县船寮镇赤岩工业区房产及工业用地的所得价款优先受偿……上述判决生效后，因该案各被告未在判决确定的期限内履行义务，温州民生银行向温州中院申请强制执行。

在执行过程中，温州民生银行于2017年2月28日获悉，浙江省青田县人民法院向温州中院发出编号为（2016）浙1121执2877号的《参与执行分配函》，以（2016）浙1121民初1800号民事判决为依据，要求温州中院将该判决确认的浙江山口建筑工程有限公司（以下简称山口建筑公司）对青田依利高鞋业公司享有的559.3万元建设工程款债权优先于抵押权和其他债权受偿，对坐落于青田县船寮镇赤岩工业区建设工程项目折价或拍卖所得价款优先受偿。

温州民生银行认为案涉建设工程于2011年10月21日竣工验收合格，但山口建筑公司直至2016年4月20日才向法院主张优先受偿权，显然已超过了六个月的期限，故请求撤销（2016）浙1121民初1800号民事判决，并确认山口建筑公司就案涉建设工程项目折价、拍卖或变卖所得价款不享有优先受偿权。

**裁判结果**

浙江省云和县人民法院于2017年12月25日作出（2017）浙1125民撤1号民事判决：一、撤销浙江省青田县人民法院（2016）浙1121民初1800号民事判决书第一项；二、驳回原告中国民生银行股份有限公司温州分行的其他诉讼请求。一审宣判后，浙江山口建筑工程有限公司不服，向浙江省丽水市中级人民法院提起上诉。丽水市中级人民法院于2018年4月25日作出（2018）浙11民终446号民事判决书，判决驳回上诉，维持原判。浙江山口建筑工程有限公司不服，向浙江省高级人民法院申请再审。浙江省高级人民法院于2018年12月14日作出（2018）浙民申3524号民事裁定书，驳回浙江山口建筑工程有限公司的再审申请。

**裁判理由**

法院生效裁判认为：第三人撤销之诉的审理对象是原案生效裁判，为保障生效裁判的权威性和稳定性，第三人撤销之诉的立案审查相比一般民事案件更加严格。正如山口建筑公司所称，《最高人民法院关于适用〈中华人民共和国民事诉讼法〉的解释》第二百九十二条规定，第三人提起撤销之诉的，应当提供存在发生法律效力的判决、裁定、调解书的全部或者部分内容错误情形的证据材料，即在受理阶段需对原生效裁判内容是否存在错误从证据材料角度进行一定限度的实质审查。但前述司法解释规定本质上仍是对第三人撤销之诉起诉条件的规定，起诉条件与最终实体判决的证据要求存在区别，前述司法解释规定并不意味着第三人在起诉时就要完成全部的举证义务，第三人在提起撤销之诉时应对原案判决可能存在错误并损害其民事权益的情形提供初步证据材料加以证明。温州民生银行提起撤销之诉时已经提供证据材料证明自己是同一标的物上的抵押权人，山口建筑公司依据原案生效判决第一项要求参与抵押物折价或者拍卖所得价款的分配将直接影响温州民生银行债权的优先受偿，而且山口建筑公司自案涉工程竣工验收至提起原案诉讼远远超过六个月期限，山口建筑公司主张在六个月内行使建设工程价款优先权时并未采取起诉、仲裁等具备公示效果的方式。因此，从起诉条件审查角度看，温州民生银行已经提供初步证据证明原案生效判决第一项内容可能存在错误并将损害其抵押权的实现。其提起诉讼要求撤销原案生效判决主文第一项符合法律规定的起诉条件。

（生效裁判审判人员：刘国华、谢静华、沈伟）

## 指导案例 151 号

# 台州德力奥汽车部件制造有限公司诉浙江建环机械有限公司管理人浙江安天律师事务所、中国光大银行股份有限公司台州温岭支行第三人撤销之诉案

（最高人民法院审判委员会讨论通过　2021 年 2 月 19 日发布）

**关键词**　民事　第三人撤销之诉　破产程序　个别清偿行为　原告主体资格

**裁判要点**

在银行承兑汇票的出票人进入破产程序后，对付款银行于法院受理破产申请前六个月内从出票人还款账户划扣票款的行为，破产管理人提起请求撤销个别清偿行为之诉，法院判决予以支持的，汇票的保证人与该生效判决具有法律上的利害关系，具有提起第三人撤销之诉的原告主体资格。

**相关法条**

《中华人民共和国民事诉讼法》第五十六条

**基本案情**

2014 年 3 月 21 日，中国光大银行股份有限公司台州温岭支行（以下简称光大银行温岭支行）分别与浙江建环机械有限公司（以下简称建环公司）、台州德力奥汽车部件制造有限公司（以下简称德力奥公司）等签订《综合授信协议》《最高额保证合同》，约定光大银行温岭支行在 2014 年 4 月 1 日至 2015 年 3 月 31 日期间向建环公司提供最高额 520 万元的授信额度，德力奥公司等为该授信协议项下最高本金余额 520 万元提供连带责任保证。2014 年 4 月 2 日，光大银行温岭支行与建环公司签订《银行承兑协议》，建环公司提供 50%保证金（260 万元），光大银行温岭支行向建环公司出具承兑汇票 520 万元，汇票到期日为 2014 年 10 月 2 日。2014 年 10 月 2 日，陈某 1 将 260 万元汇至陈某 2 兴业银行的账户，然后陈某 2 将 260 万元汇至其在光大银行温岭支行的账户，再由陈某 2 将 260 万元汇至建环公司在光大银行温岭支行的还款账户。2014 年 10 月 8 日，光大银行温岭支行在建环公司的上述账户内扣划 2563430.83 元，并陆续支付持票人承兑汇

票票款共37笔，合计520万元。

2015年1月4日，浙江省玉环县人民法院受理建环公司的破产重整申请，并指定浙江安天律师事务所担任管理人（以下简称建环公司管理人）。因重整不成，浙江省玉环县人民法院裁定终结建环公司的重整程序并宣告其破产清算。2016年10月13日，建环公司管理人提起请求撤销个别清偿行为之诉，浙江省玉环县人民法院于2017年1月10日作出（2016）浙1021民初7201号民事判决，判令光大银行温岭支行返还建环公司管理人2563430.83元及利息损失。光大银行温岭支行不服提起上诉，浙江省台州市中级人民法院于2017年7月10日作出（2016）浙10民终360号二审判决：驳回上诉，维持原判。

2018年1月，光大银行温岭支行因保证合同纠纷一案将德力奥公司等诉至温岭市人民法院。原、被告均不服一审判决，上诉至台州市中级人民法院，二审判决德力奥公司等连带偿还光大银行温岭支行垫付款本金及利息等。

德力奥公司遂向台州市中级人民法院起诉撤销浙江省玉环县人民法院（2016）浙1021民初7201号民事判决第一项及台州市中级人民法院（2016）浙10民终360号民事判决。

**裁判结果**

台州市中级人民法院于2019年3月15日作出（2018）浙10民撤2号民事判决：驳回原告台州德力奥汽车部件制造有限公司的诉讼请求。台州德力奥汽车部件制造有限公司不服，上诉至浙江省高级人民法院。浙江省高级人民法院于2019年7月15日作出（2019）浙民终330号民事判决：一、撤销台州市中级人民法院（2018）浙10民撤2号民事判决；二、撤销台州市中级人民法院（2016）浙10民终360号民事判决和浙江省玉环县人民法院（2016）浙1021民初7201号民事判决第一项“限被告中国光大银行股份有限公司台州温岭支行于判决生效后一个月内返还原告浙江建环机械有限公司管理人浙江安天律师事务所人民币2563430.83元，并从2016年10月13日起按中国人民银行规定的同期同类贷款基准利率赔偿利息损失”；三、改判浙江省玉环县人民法院（2016）浙1021民初7201号民事判决第二项“驳回原告浙江建环机械有限公司管理人浙江安天律师事务所的其余诉讼请求”为“驳回原告浙江建环机械有限公司管理人浙江安天律师事务所的全部诉讼请求”；四、驳回台州德力奥汽车部件制造有限公司的其他诉讼请求。浙江建环机械有限公司管理人浙江安天律师事务所不服，向最高人民法院申请再审。最高人民法院于2020年5月27日作出(2020)最高法民申2033号民事裁定：驳回浙江建环机械有限公司管理人浙江安天律师事务所的再审申请。

**裁判理由**

最高人民法院认为：关于德力奥公司是否有权提起第三人撤销之诉的问题。若案涉汇票到期前建环公司未能依约将票款足额存入其在光大银行温岭支行的账户，基于票据无因性以及光大银行温岭支行作为银行承兑汇票的第一责任人，光大银行温岭支行须先行向持票人兑付票据金额，然后再向出票人（本案即建环公司）追偿，德力奥公司依约亦需承担连带偿付责任。由于案涉汇票到期前，建环公司依约将票款足额存入了其在光大银行温岭支行的账户，光大银行温岭支行向持票人兑付了票款，故不存在建环公司欠付光大银行温岭支行票款的问题，德力奥公司亦就无须承担连带偿付责任。但是，由于建环公司破产管理人针对建环公司在汇票到期前向其在光大银行温岭支行账户的汇款行为提起请求撤销个别清偿行为之诉，若建环公司破产管理人的诉求得到支持，德力奥公司作为建环公司申请光大银行温岭支行开具银行承兑汇票的保证人即要承担连带还款责任，故原案的处理结果与德力奥公司有法律上的利害关系，应当认定德力奥公司属于民事诉讼法第五十六条规定的无独立请求权第三人。

（生效裁判审判人员：贾清林、杨春、王成慧）

## 指导案例152号

# 鞍山市中小企业信用担保中心诉汪薇、鲁金英第三人撤销之诉案

（最高人民法院审判委员会讨论通过 2021年2月19日发布）

**关键词** 民事 第三人撤销之诉 撤销权 原告主体资格

**裁判要点**

债权人申请强制执行后，被执行人与他人在另外的民事诉讼中达成调

解协议，放弃其取回财产的权利，并大量减少债权，严重影响债权人债权实现，符合合同法第七十四条规定的债权人行使撤销权条件的，债权人对民事调解书具有提起第三人撤销之诉的原告主体资格。

**相关法条**

《中华人民共和国民事诉讼法》第五十六条

《中华人民共和国合同法》第七十四条

**基本案情**

2008 年 12 月，鞍山市中小企业信用担保中心（以下简称担保中心）与台安县农村信用合作社黄沙坨信用社（以下简称黄沙坨信用社）签订保证合同，为汪薇经营的鞍山金桥生猪良种繁育养殖厂（以下简称养殖厂）在该信用社的贷款提供连带责任担保。汪薇向担保中心出具一份个人连带责任保证书，为借款人的债务提供反担保。后因养殖厂及汪薇没有偿还贷款，担保中心于 2010 年 4 月向黄沙坨信用社支付代偿款 2973197.54 元。2012 年担保中心以养殖厂、汪薇等为被告起诉至鞍山市铁东区人民法院，要求养殖厂及汪薇等偿还代偿款。鞍山市铁东区人民法院于 2013 年 6 月作出判决：（一）汪薇于该判决书生效之日起十五日内给付担保中心代偿银行欠款 2973197.54 元及银行利息；（二）张某某以其已办理的抵押房产对前款判项中的本金及利息承担抵押担保责任；（三）驳回担保中心的其他诉讼请求。该判决已经发生法律效力。

2010 年 12 月汪薇将养殖厂转让给鲁金英，转让费 450 万元，约定合同签订后立即给付 163 万余元，余款于 2011 年 12 月 1 日全部给付。如鲁金英不能到期付款，养殖厂的所有资产仍归汪薇，首付款作违约金归汪薇所有。合同签订后，鲁金英支付了约定的首付款。汪薇将养殖厂交付鲁金英，但鲁金英未按约定支付剩余转让款。2014 年 1 月，铁东区人民法院基于担保中心的申请，从鲁金英处执行其欠汪薇资产转让款 30 万元，将该款交给了担保中心。

汪薇于 2013 年 11 月起诉鲁金英，请求判令养殖厂的全部资产归其所有；鲁金英承担违约责任。辽宁省鞍山市中级人民法院经审理认为，汪薇与鲁金英签订的《资产转让合同书》合法有效，鲁金英未按合同约定期限支付余款构成违约。据此作出（2013）鞍民三初字第 66 号民事判决：1. 鲁金英将养殖厂的资产归还汪薇所有；2. 鲁金英赔偿汪薇实际损失及违约金 1632573 元。其中应扣除鲁金英代汪薇偿还的 30 万元，实际履行中由汪薇给付鲁金英30万元。鲁金英向辽宁省高级人民法院提起上诉。该案二审期间，汪薇和鲁金英自愿达成调解协议。辽宁省高级人民法院于2014年8月作出（2014）辽民二终字第00183号民事调解书予以确认。调解协议主要内容为养殖厂归鲁金英所有，双方同意将原转让款450万元变更为3132573元，鲁金英已给付汪薇1632573元，再给付150万元，不包括鲁金英已给付担保中心的30万元等。

鲁金英依据调解书向担保中心、执行法院申请回转已被执行的30万元，担保中心知悉汪薇和鲁金英买卖合同纠纷诉讼及调解书内容，随即提起本案第三人撤销之诉。

**裁判结果**

辽宁省高级人民法院于2017年5月23日作出（2016）辽民撤8号民事判决：一、撤销辽宁省高级人民法院（2014）辽民二终字第00183号民事调解书和鞍山市中级人民法院（2013）鞍民三初字第66号民事判决书；二、被告鲁金英于判决生效之日起十日内，将金桥生猪良种繁育养殖厂的资产归还被告汪薇所有；三、被告鲁金英已给付被告汪薇的首付款1632573元作为实际损失及违约金赔偿汪薇，但应从中扣除代替汪薇偿还担保中心的30万元，即实际履行中由汪薇给付鲁金英30万元。鲁金英不服，提起上诉。最高人民法院于2018年5月30日作出（2017）最高法民终626号民事判决：一、维持辽宁省高级人民法院（2016）辽民撤8号民事判决第一项；二、撤销辽宁省高级人民法院（2016）辽民撤8号民事判决第二项、第三项；三、驳回鞍山市中小企业信用担保中心的其他诉讼请求。

**裁判理由**

最高人民法院判决认为，本案中，虽然担保中心与汪薇之间基于贷款代偿形成的债权债务关系，与汪薇和鲁金英之间因转让养殖厂形成的买卖合同关系属两个不同法律关系，但是，汪薇系为创办养殖厂与担保中心形成案涉债权债务关系，与黄沙坨信用社签订借款合同的主体亦为养殖厂，故汪薇和鲁金英转让的养殖厂与担保中心对汪薇债权的形成存在关联关系。在汪薇与鲁金英因养殖厂转让发生纠纷提起诉讼时，担保中心对汪薇的债权已经生效民事判决确认并已进入执行程序。在该案诉讼及判决执行过程中，铁东区人民法院已裁定冻结了汪薇对养殖厂（投资人鲁金英）的到期债权。鲁金英亦已向铁东区人民法院确认其欠付汪薇转让款及数额，同意通过法院向担保中心履行，并已实际给付了30万元。铁东区人民法院也对养殖厂的相关财产予以查封冻结，并向养殖厂送达了协助执行通知书。故汪薇与鲁金英因养殖厂资产转让合同权利义务的变化与上述对汪薇财产的执行存在直接牵连关系，并可能影响担保中心的利益。合同法第七十四条规定："债务人以明显不合理的低价转让财产，对债权人造成损害，并且受让人知道该情形的，债权人也可以请求人民法院撤销债务人的行为。"因本案汪薇和鲁金英系在诉讼中达成以3132573元交易价转让养殖厂的协议，该协议经人民法院作出（2014）辽民二终字第00183号民事调解书予以确认并已发生法律效力。在此情形下，担保中心认为汪薇与鲁金英该资产转让行为符合合同法第七十四条规定的情形，却无法依据合同法第七十四条规定另行提起诉讼行使撤销权。故本案担保中心与汪薇之间虽然属于债权债务关系，但基于担保中心对汪薇债权形成与汪薇转让的养殖厂之间的关联关系，法院对汪薇因养殖厂转让形成的到期债权在诉讼和执行程序中采取的保全和执行措施使得汪薇与鲁金英买卖合同纠纷案件处理结果对担保中心利益产生的影响，以及担保中心主张受损害的民事权益因（2014）辽民二终字第00183号民事调解书而存在根据合同法第七十四条提起撤销权诉讼障碍等本案基本事实，可以认定汪薇和鲁金英买卖合同纠纷案件处理结果与担保中心具有法律上的利害关系，担保中心有权提起本案第三人撤销之诉。

（生效裁判审判人员：董华、万挺）

## 指导案例153号

# 永安市燕诚房地产开发有限公司诉郑耀南、远东（厦门）房地产发展有限公司等第三人撤销之诉案

（最高人民法院审判委员会讨论通过　2021年2月19日发布）

**关键词**　民事　第三人撤销之诉　财产处分行为

**裁判要点**

债权人对确认债务人处分财产行为的生效裁判提起第三人撤销之诉

的，在出现债务人进入破产程序、无财产可供执行等影响债权人债权实现的情形时，应当认定债权人知道或者应当知道该生效裁判损害其民事权益，提起诉讼的六个月期间开始起算。

**相关法条**

《中华人民共和国民事诉讼法》第五十六条

**基本案情**

2003 年 5 月，福建省高级人民法院受理郑耀南诉远东（厦门）房地产发展有限公司（以下简称远东厦门公司）借款纠纷一案。2003 年 6 月 2 日，该院作出（2003）闽民初字第 2 号民事调解书，确认远东厦门公司共结欠郑耀南借款本息共计人民币 123129527.72 元，之后的利息郑耀南自愿放弃；如果远东厦门公司未按还款计划返还任何一期欠款，郑耀南有权要求提前清偿所有未返还欠款。远东厦门公司由在香港注册的远东房地产发展有限公司（以下简称香港远东公司）独资设立，法定代表人为张琼月。雷远思为永安市燕诚房地产开发有限公司（以下简称燕诚公司）法定代表人。张琼月与雷远思同为香港远东公司股东、董事，各持香港远东公司 50%股份。雷远思曾向福建省人民检察院申诉，该院于 2003 年 8 月 19 日向福建省高级人民法院发出《检察建议书》，建议对（2003）闽民初字第 2 号案件依法再审。福建省高级人民法院向福建省公安厅出具《犯罪线索移送函》，认为郑耀南与张琼月涉嫌恶意串通侵占远东厦门公司资产，进而损害香港远东公司的合法权益。

2015 年 4 月 8 日，郑耀南与高某珍签订《债权转让协议书》并进行了公证，约定把（2003）闽民初字第 2 号民事调解书项下的全部债权转让给高某珍；截止协议签订之日，债权转让的对价已支付完毕；协议签署后，高某珍可以自己名义直接向远东厦门公司主张上述全部债权权益，享有合法的债权人权益。2015 年 4 月 10 日，远东厦门公司声明知悉债权转让事宜。

2015 年 12 月 21 日，福建省厦门市中级人民法院裁定受理案外人对远东厦门公司的破产清算申请，并指定福建英合律师事务所为破产管理人。破产管理人于 2016 年 3 月 15 日向燕诚公司发出《远东厦门公司破产一案告知函》，告知远东厦门公司债权人查阅债权申报材料事宜，其中破产管理人目前接受的债权申报信息统计如下：……5. 燕诚公司申报 14158920 元；6. 高某珍申报 312294743.65 元；合计 725856487.91 元。如债权人在查阅债权申报材料后，对他人申报的债权有异议，请于3月18日前向破产管理人书面提出。

燕诚公司以（2003）闽民初字第2号案件是当事人恶意串通转移资产的虚假诉讼、影响其作为破产债权人的利益为由，向福建省高级人民法院提交诉状请求撤销（2003）闽民初字第2号民事调解书。

**裁判结果**

福建省高级人民法院于2017年7月31日作出（2016）闽民撤6号民事裁定书，驳回永安市燕诚房地产开发有限公司的起诉。永安市燕诚房地产开发有限公司不服一审裁定，向最高人民法院提起上诉。最高人民法院于2018年9月21日作出（2017）最高法民终885号民事裁定：一、撤销福建省高级人民法院（2016）闽民撤6号民事裁定；二、指令福建省高级人民法院审理。

**裁判理由**

最高人民法院认为：根据民事诉讼法第五十六条第三款的规定，第三人可以自知道或者应当知道其民事权益受到损害之日起六个月内，向人民法院提起诉讼。该六个月起诉期间的起算点，为当事人知道或者应当知道其民事权益受到损害之日。本案中，在远东厦门公司有足够资产清偿所有债务的前提下，（2003）闽民初字第2号民事调解书对燕诚公司债权的实现没有影响；在远东厦门公司正常生产经营的情况下，亦难以确定（2003）闽民初字第2号民事调解书会对燕城公司的债权造成损害。但是，在远东厦门公司因不能足额清偿所欠全部债务而进入破产程序，燕诚公司、郑耀南债权的受让人高某珍均系其破产债权人，且高某珍依据（2003）闽民初字第2号民事调解书申报债权的情况下，燕诚公司破产债权的实现程度会因高某珍破产债权所依据的（2003）闽民初字第2号民事调解书而受到损害，故应认定燕诚公司在获知远东厦门公司进入破产程序的信息后才会知道或者应当知道其民事权益受到损害。燕诚公司于2016年3月15日签收破产管理人制作的有关债权人申报材料，其于2016年9月12日向福建省高级人民法院提交诉状请求撤销（2003）闽民初字第2号民事调解书，未超过六个月的起诉期间。虽然燕诚公司时任总经理雷远思于2003年7月就（2003）闽民初字第2号案件提出过申诉，但其系以香港远东公司股东、董事以及远东厦门公司董事、总经理的身份为保护远东厦门公司的利益而非燕诚公司的债权提出的申诉，且此时燕诚公司是否因

(2003)闽民初字第2号民事调解书而遭受损害并不确定，也就不存在其是否知道或者应当知道，进而依照民事诉讼法第五十六条第三款的规定起算六个月起诉期间的问题。

(生效裁判审判人员：王旭光、周伦军、马东旭)

## 指导案例154号

# 王四光诉中天建设集团有限公司、白山和丰置业有限公司案外人执行异议之诉案

(最高人民法院审判委员会讨论通过　2021年2月19日发布)

**关键词**　民事　案外人执行异议之诉　与原判决、裁定无关　建设工程价款优先受偿权

**裁判要点**

在建设工程价款强制执行过程中，房屋买受人对强制执行的房屋提起案外人执行异议之诉，请求确认其对案涉房屋享有可以排除强制执行的民事权益，但不否定原生效判决确认的债权人所享有的建设工程价款优先受偿权的，属于民事诉讼法第二百二十七条规定的“与原判决、裁定无关”的情形，人民法院应予依法受理。

**相关法条**

《中华人民共和国民事诉讼法》第二百二十七条

**基本案情**

2016年10月29日，吉林省高级人民法院就中天建设集团公司（以下简称中天公司）起诉白山和丰置业有限公司（以下简称和丰公司）建设工程施工合同纠纷一案作出（2016）吉民初19号民事判决：和丰公司支付中天公司工程款42746020元及利息，设备转让款23万元，中天公司可就春江花园B1、B2、B3、B4栋及B区16、17、24栋折价、拍卖款优先受偿。判决生效后，中天公司向吉林省高级人民法院申请执行上述判决，该院裁定由吉林省白山市中级人民法院执行。2017年11月10日，吉林省白山市中级人民法院依中天公司申请作出（2017）吉06执82号（之五）执

行裁定，查封春江花园 B1、B2、B3、B4 栋的 11××—××号商铺。

王四光向吉林省白山市中级人民法院提出执行异议，吉林省白山市中级人民法院于 2017 年 11 月 24 日作出（2017）吉 06 执异 87 号执行裁定，驳回王四光的异议请求。此后，王四光以其在查封上述房屋之前已经签订书面买卖合同并占有使用该房屋为由，向吉林省白山市中级人民法院提起案外人执行异议之诉，请求法院判令：依法解除查封，停止执行王四光购买的白山市浑江区春江花园 B1、B2、B3、B4 栋的 11××—××号商铺。

2013 年 11 月 26 日，和丰公司（出卖人）与王四光（买受人）签订《商品房买卖合同》，约定：出卖人以出让方式取得位于吉林省白山市星泰桥北的土地使用权，出卖人经批准在上述地块上建设商品房春江花园；买受人购买的商品房为预售商品房……。买受人按其他方式按期付款，其他方式为买受人已付清总房款的 50%以上，剩余房款十日内通过办理银行按揭贷款的方式付清；出卖人应当在 2014 年 12 月 31 日前按合同约定将商品房交付买受人；商品房预售的，自该合同生效之日起三十天内，由出卖人向产权处申请登记备案。

2014 年 2 月 17 日，贷款人（抵押权人）招商银行股份有限公司、借款人王四光、抵押人王四光、保证人和丰公司共同签订《个人购房借款及担保合同》，合同约定抵押人愿意以其从售房人处购买的该合同约定的房产的全部权益抵押给贷款人，作为偿还该合同项下贷款本息及其他一切相关费用的担保。2013 年 11 月 26 日，和丰公司向王四光出具购房收据。白山市不动产登记中心出具的不动产档案查询证明显示：抵押人王四光以不动产权证号为白山房权证白 BQ 字第××××××号，建筑面积 5339.04 平方米的房产为招商银行股份有限公司通化分行设立预购商品房抵押权预告。2013 年 8 月 23 日，涉案商铺在产权部门取得商品房预售许可证，并办理了商品房预售许可登记。2018 年 12 月 26 日，吉林省电力有限公司白山供电公司出具历月电费明细，显示春江花园 B1—4 号门市 2017 年 1 月至 2018 年 2 月用电情况。

白山市房屋产权管理中心出具的《查询证明》载明："经查询，白山和丰置业有限公司 B—1、2、3、4#楼在 2013 年 8 月 23 日已办理商品房预售许可登记。没有办理房屋产权初始登记，因开发单位未到房屋产权管理中心申请办理。"

**裁判结果**

吉林省白山市中级人民法院于2018年4月18日作出（2018）吉06民初12号民事判决：一、不得执行白山市浑江区春江花园B1、B2、B3、B4栋11××—××号商铺；二、驳回王四光其他诉讼请求。中天建设集团公司不服一审判决向吉林省高级人民法院提起上诉。吉林省高级人民法院于2018年9月4日作出（2018）吉民终420号民事裁定：一、撤销吉林省白山市中级人民法院（2018）吉06民初12号民事判决；二、驳回王四光的起诉。王四光对裁定不服，向最高人民法院申请再审。最高人民法院于2019年3月28日作出（2019）最高法民再39号民事裁定：一、撤销吉林省高级人民法院（2018）吉民终420号民事裁定；二、指令吉林省高级人民法院对本案进行审理。

**裁判理由**

最高人民法院认为，根据王四光在再审中的主张，本案再审审理的重点是王四光提起的执行异议之诉是否属于民事诉讼法第二百二十七条规定的案外人的执行异议“与原判决、裁定无关”的情形。

根据民事诉讼法第二百二十七条规定的文义，该条法律规定的案外人的执行异议“与原判决、裁定无关”是指案外人提出的执行异议不含有其认为原判决、裁定错误的主张。案外人主张排除建设工程价款优先受偿权的执行与否定建设工程价款优先受偿权权利本身并非同一概念。前者是案外人在承认或至少不否认对方权利的前提下，对两种权利的执行顺位进行比较，主张其根据有关法律和司法解释的规定享有的民事权益可以排除他人建设工程价款优先受偿权的执行；后者是从根本上否定建设工程价款优先受偿权权利本身，主张诉争建设工程价款优先受偿权不存在。简而言之，当事人主张其权益在特定标的的执行上优于对方的权益，不能等同于否定对方权益的存在；当事人主张其权益会影响生效裁判的执行，也不能等同于其认为生效裁判错误。根据王四光提起案外人执行异议之诉的请求和具体理由，并没有否定原生效判决确认的中天公司所享有的建设工程价款优先受偿权，王四光提起案外执行异议之诉意在请求法院确认其对案涉房屋享有可以排除强制执行的民事权益；如果一审、二审法院支持王四光关于执行异议的主张也并不动摇生效判决关于中天公司享有建设工程价款优先受偿权的认定，仅可能影响该生效判决的具体执行。王四光的执行异议并不包含其认为已生效的（2016）吉民初19号民事判决存在错误的主张，属于民事诉讼法第二百二十七条规定的案外人的执行异议“与原判决、裁定无关”的情形。二审法院认定王四光作为案外人对执行标的物主张排除执行的异议实质上是对上述生效判决的异议，应当依照审判监督程序办理，据此裁定驳回王四光的起诉，属于适用法律错误，再审法院予以纠正。鉴于二审法院并未作出实体判决，根据具体案情，再审法院裁定撤销二审裁定，指令二审法院继续审理本案。

（生效裁判审判人员：余晓汉、张岱恩、仲伟珩）

## 指导案例155号

# 中国建设银行股份有限公司怀化市分行诉中国华融资产管理股份有限公司湖南省分公司等案外人执行异议之诉案

（最高人民法院审判委员会讨论通过　2021年2月19日发布）

**关键词**　民事　案外人执行异议之诉　与原判决、裁定无关　抵押权

**裁判要点**

在抵押权强制执行中，案外人以其在抵押登记之前购买了抵押房产，享有优先于抵押权的权利为由提起执行异议之诉，主张依据《最高人民法院关于人民法院办理执行异议和复议案件若干问题的规定》排除强制执行，但不否认抵押权人对抵押房产的优先受偿权的，属于民事诉讼法第二百二十七条规定的“与原判决、裁定无关”的情形，人民法院应予依法受理。

**相关法条**

《中华人民共和国民事诉讼法》第二百二十七条

**基本案情**

中国华融资产管理股份有限公司湖南省分公司（以下简称华融湖南分公司）与怀化英泰建设投资有限公司（以下简称英泰公司）、东星建设工程集团有限公司（以下简称东星公司）、湖南辰溪华中水泥有限公司（以下简称华中水泥公司）、谢某某、陈某某合同纠纷一案，湖南省高级人民法院（以下简称湖南高院）于2014年12月12日作出（2014）湘高法民二初字第32号民事判决（以下简称第32号判决），判决解除华融湖南分

公司与英泰公司签订的《债务重组协议》，由英泰公司向华融湖南分公司偿还债务9800万元及重组收益、违约金和律师代理费，东星公司、华中水泥公司、谢某某、陈某某承担连带清偿责任。未按期履行清偿义务的，华融湖南分公司有权以英泰公司已办理抵押登记的房产3194.52平方米、2709.09平方米及相应土地使用权作为抵押物折价或者以拍卖、变卖该抵押物所得价款优先受偿。双方均未上诉，该判决生效。英泰公司未按期履行第32号判决所确定的清偿义务，华融湖南分公司向湖南高院申请强制执行。湖南高院执行立案后，作出拍卖公告拟拍卖第32号判决所确定华融湖南分公司享有优先受偿权的案涉房产。

中国建设银行股份有限公司怀化市分行（以下简称建行怀化分行）以其已签订房屋买卖合同且支付购房款为由向湖南高院提出执行异议。该院于2017年12月12日作出（2017）湘执异75号执行裁定书，驳回建行怀化分行的异议请求。建行怀化分行遂提起案外人执行异议之诉，请求不得执行案涉房产，确认华融湖南分公司对案涉房产的优先受偿权不得对抗建行怀化分行。

**裁判结果**

湖南省高级人民法院于2018年9月10日作出（2018）湘民初10号民事裁定：驳回中国建设银行股份有限公司怀化市分行的起诉。中国建设银行股份有限公司怀化市分行不服上述裁定，向最高人民法院提起上诉。最高人民法院于2019年9月23日作出（2019）最高法民终603号裁定：一、撤销湖南省高级人民法院（2018）湘民初10号民事裁定；二、本案指令湖南省高级人民法院审理。

**裁判理由**

最高人民法院认为，民事诉讼法第二百二十七条规定："执行过程中，案外人对执行标的提出书面异议的，人民法院应当自收到书面异议之日起十五日内审查，理由成立的，裁定中止对该标的的执行；理由不成立的，裁定驳回。案外人、当事人对裁定不服，认为原判决、裁定错误的，依照审判监督程序办理；与原判决、裁定无关的，可以自裁定送达之日起十五日内向人民法院提起诉讼。"《最高人民法院关于适用〈中华人民共和国民事诉讼法〉的解释》（以下简称《民事诉讼法解释》）第三百零五条进一步规定："案外人提起执行异议之诉，除符合民事诉讼法第一百一十九条规定外，还应当具备下列条件：（一）案外人的执行异议申请已经被人民法院裁定驳回；（二）有明确的排除对执行标的执行的诉讼请求，且诉讼请求与原判决、裁定无关；（三）自执行异议裁定送达之日起十五日内提起。人民法院应当在收到起诉状之日起十五日内决定是否立案。”可见，《民事诉讼法解释》第三百零五条明确，案外人提起执行异议之诉，应当符合“诉讼请求与原判决、裁定无关”这一条件。因此，民事诉讼法第二百二十七条规定的“与原判决、裁定无关”应为“诉讼请求”与原判决、裁定无关。

华融湖南分公司申请强制执行所依据的原判决即第32号判决的主文内容是判决英泰公司向华融湖南分公司偿还债务9800万元及重组收益、违约金和律师代理费，华融湖南分公司有权以案涉房产作为抵押物折价或者以拍卖、变卖该抵押物所得价款优先受偿。本案中，建行怀化分行一审诉讼请求是排除对案涉房产的强制执行，确认华融湖南分公司对案涉房产的优先受偿权不得对抗建行怀化分行，起诉理由是其签订购房合同、支付购房款及占有案涉房产在办理抵押之前，进而主张排除对案涉房产的强制执行。建行怀化分行在本案中并未否定华融湖南分公司对案涉房产享有的抵押权，也未请求纠正第32号判决，实际上其诉请解决的是基于房屋买卖对案涉房产享有的权益与华融湖南分公司对案涉房产所享有的抵押权之间的权利顺位问题，这属于“与原判决、裁定无关”的情形，是执行异议之诉案件审理的内容，应予立案审理。

（生效裁判审判人员：高燕竹、奚向阳、杨蕾）

## 指导案例156号

# 王岩岩诉徐意君、北京市金陛房地产发展有限责任公司案外人执行异议之诉案

（最高人民法院审判委员会讨论通过　2021年2月19日发布）

**关键词**　民事　案外人执行异议之诉　排除强制执行　选择适用

**裁判要点**

《最高人民法院关于人民法院办理执行异议和复议案件若干问题的规

定》第二十八条规定了不动产买受人排除金钱债权执行的权利，第二十九条规定了消费者购房人排除金钱债权执行的权利。案外人对登记在被执行的房地产开发企业名下的商品房请求排除强制执行的，可以选择适用第二十八条或者第二十九条规定；案外人主张适用第二十八条规定的，人民法院应予审查。

**相关法条**

《最高人民法院关于人民法院办理执行异议和复议案件若干问题的规定》第二十八条、第二十九条

**基本案情**

2007年，徐意君因商品房委托代理销售合同纠纷一案将北京市金陛房地产发展有限责任公司（以下简称金陛公司）诉至北京市第二中级人民法院（以下简称北京二中院）。北京二中院经审理判决解除徐意君与金陛公司所签《协议书》，金陛公司返还徐意君预付款、资金占用费、违约金、利息等。判决后双方未提起上诉，该判决已生效。后因金陛公司未主动履行判决，徐意君于2009年向北京二中院申请执行。北京二中院裁定查封了涉案房屋。

涉案房屋被查封后，王岩岩以与金陛公司签订合法有效《商品房买卖合同》，支付了全部购房款，已合法占有房屋且非因自己原因未办理过户手续等理由向北京二中院提出执行异议，请求依法中止对该房屋的执行。北京二中院驳回了王岩岩的异议请求。王岩岩不服该裁定，向北京二中院提起案外人执行异议之诉。王岩岩再审请求称，仅需符合《最高人民法院关于人民法院办理执行异议和复议案件若干问题的规定》（以下简称《异议复议规定》）第二十八条或第二十九条中任一条款的规定，法院即应支持其执行异议。二审判决错误适用了第二十九条进行裁判，而没有适用第二十八条，存在法律适用错误。

**裁判结果**

北京市第二中级人民法院于2015年6月19日作出（2015）二中民初字第00461号判决：停止对北京市朝阳区儒林苑×楼×单元×房屋的执行程序。徐意君不服一审判决，向北京市高级人民法院提起上诉。北京市高级人民法院于2015年12月30日作出（2015）高民终字第3762号民事判决：一、撤销北京市第二中级人民法院（2015）二中民初字第00461号民事判决；二、驳回王岩岩之诉讼请求。王岩岩不服二审判决，向最高人民法院

申请再审。最高人民法院于 2016 年 4 月 29 日作出（2016）最高法民申 254 号裁定：指令北京市高级人民法院再审本案。

**裁判理由**

最高人民法院认为，《异议复议规定》第二十八条适用于金钱债权执行中，买受人对登记在被执行人名下的不动产提出异议的情形。而第二十九条则适用于金钱债权执行中，买受人对登记在被执行的房地产开发企业名下的商品房提出异议的情形。上述两条文虽然适用于不同的情形，但是如果被执行人为房地产开发企业，且被执行的不动产为登记于其名下的商品房，同时符合了“登记在被执行人名下的不动产”与“登记在被执行的房地产开发企业名下的商品房”两种情形，则《异议复议规定》第二十八条与第二十九条适用上产生竞合。案外人对登记在被执行的房地产开发企业名下的商品房请求排除强制执行的，可以选择适用第二十八条或者第二十九条规定；案外人主张适用第二十八条规定的，人民法院应予审查。本案一审判决经审理认为王岩岩符合《异议复议规定》第二十八条规定的情形，具有能够排除执行的权利，而二审判决则认为现有证据难以确定王岩岩符合《异议复议规定》第二十九条的规定，没有审查其是否符合《异议复议规定》第二十八条规定的情形，就直接驳回了王岩岩的诉讼请求，适用法律确有错误。

关于王岩岩是否支付了购房款的问题。王岩岩主张其已经支付了全部购房款，并提交了金陛公司开具的付款收据、《商品房买卖合同》、证人证言及部分取款记录等予以佐证，金陛公司对王岩岩付款之事予以认可。上述证据是否足以证明王岩岩已经支付了购房款，应当在再审审理过程中，根据审理情况查明相关事实后予以认定。

（生效裁判审判人员：毛宜全、潘勇锋、葛洪涛）

# 最高人民法院<br>关于发布第28批指导性案例的通知

2021年7月15日　　　　　　　　　　　　　　法〔2021〕182号

**各省、自治区、直辖市高级人民法院，解放军军事法院，新疆维吾尔自治区高级人民法院生产建设兵团分院：**

经最高人民法院审判委员会讨论决定，现将左尚明舍家居用品（上海）有限公司诉北京中融恒盛木业有限公司、南京梦阳家具销售中心侵害著作权纠纷案等六个案例（指导案例157—162号），作为第28批指导性案例发布，供在审判类似案件时参照。

## 指导案例157号

## 左尚明舍家居用品（上海）有限公司诉北京中融恒盛木业有限公司、南京梦阳家具销售中心侵害著作权纠纷案

（最高人民法院审判委员会讨论通过　2021年7月23日发布）

**关键词**　民事　侵害著作权　实用艺术作品　实用性　艺术性

**裁判要点**

对于具有独创性、艺术性、实用性、可复制性，且艺术性与实用性能够分离的实用艺术品，可以认定为实用艺术作品，并作为美术作品受著作权法的保护。受著作权法保护的实用艺术作品必须具有艺术性，著作权法保护的是实用艺术作品的艺术性而非实用性。

**相关法条**

《中华人民共和国著作权法实施条例》第二条、第四条

**基本案情**

2009年1月，原告左尚明舍家居用品（上海）有限公司（以下简称左尚明舍公司）设计了一款名称为“唐韵衣帽间家具”的家具图。同年7月，左尚明舍公司委托上海傲世摄影设计有限公司对其制作的系列家具拍摄照片。2011年9月、10月，左尚明舍公司先后在和家网、搜房网进行企业及产品介绍与宣传，同时展示了其生产的“唐韵衣帽间家具”产品照片。2013年12月10日，左尚明舍公司申请对“唐韵衣帽间组合柜”立体图案进行著作权登记。

被告南京梦阳家具销售中心（以下简称梦阳销售中心）为被告北京中融恒盛木业有限公司（以下简称中融公司）在南京地区的代理经销商。左尚明舍公司发现梦阳销售中心门店销售品牌为“越界”的“唐韵红木衣帽间”与“唐韵衣帽间组合柜”完全一致。左尚明舍公司认为，“唐韵衣帽间组合柜”属于实用艺术作品，中融公司侵犯了左尚明舍公司对该作品享有的复制权、发行权；梦阳销售中心侵犯了左尚明舍公司对该作品的发行权。2013年11月29日至2014年1月13日，左尚明舍公司对被诉侵权产品申请保全证据，并提起了本案诉讼。

将左尚明舍公司的“唐韵衣帽间家具”与被诉侵权产品“唐韵红木衣帽间”进行比对，二者相似之处在于：整体均呈L形，衣柜门板布局相似，配件装饰相同，板材花色纹路、整体造型相似等，上述相似部分主要体现在艺术方面；不同之处主要在于L形拐角角度和柜体内部空间分隔，体现于实用功能方面，且对整体视觉效果并无影响，不会使二者产生明显差异。

**裁判结果**

江苏省南京市中级人民法院于2014年12月16日作出（2014）宁知民初字第126号民事判决：驳回左尚明舍公司的诉讼请求。左尚明舍公司不服一审判决，提起上诉。江苏省高级人民法院于2016年8月30日作出（2015）苏知民终字第00085号民事判决：一、撤销江苏省南京市中级人民法院（2014）宁知民初字第126号民事判决；二、中融公司立即停止生产、销售侵害左尚明舍公司“唐韵衣帽间家具”作品著作权的产品的行为；三、梦阳销售中心立即停止销售侵害左尚明舍公司“唐韵衣帽间家

具”作品著作权的产品的行为；四、中融公司于本判决生效之日起十日内赔偿左尚明舍公司经济损失（包括合理费用）30万元；五、驳回左尚明舍公司的其他诉讼请求。中融公司不服，向最高人民法院申请再审。最高人民法院于2018年12月29日作出（2018）最高法民申6061号裁定，驳回中融公司的再审申请。

**裁判理由**

最高人民法院认为，本案主要争议焦点为：

一、关于左尚明舍公司的“唐韵衣帽间家具”是否构成受我国著作权法保护作品的问题

《中华人民共和国著作权法实施条例》（以下简称《实施条例》）第二条规定：“著作权法所称作品，是指文学、艺术和科学领域内具有独创性并能以某种有形形式复制的智力成果。”《实施条例》第四条第八项规定了“美术作品，是指绘画、书法、雕塑等以线条、色彩或者其他方式构成的具有审美意义的平面或者立体的造型艺术作品”。我国著作权法所保护的是作品中作者具有独创性的表达，而不保护作品中所反映的思想本身。实用艺术品本身既具有实用性，又具有艺术性。实用功能属于思想范畴不应受著作权法保护，作为实用艺术作品受到保护的仅仅在于其艺术性，即保护实用艺术作品上具有独创性的艺术造型或艺术图案，亦即该艺术品的结构或形式。作为美术作品中受著作权法保护的实用艺术作品，除同时满足关于作品的一般构成要件及其美术作品的特殊构成条件外，还应满足其实用性与艺术性可以相互分离的条件。在实用艺术品的实用性与艺术性不能分离的情况下，不能成为受著作权法保护的美术作品。

左尚明舍公司的“唐韵衣帽间家具”具备可复制性的特点，双方当事人对此并无争议。本案的核心问题在于“唐韵衣帽间家具”上是否具有具备独创性高度的艺术造型或艺术图案，该家具的实用功能与艺术美感能否分离。

首先，关于左尚明舍公司是否独立完成“唐韵衣帽间家具”的问题。左尚明舍公司向一审法院提交的设计图稿、版权登记证书、产品照片、销售合同、宣传报道等证据已经形成完整的证据链，足以证明该公司已于2009年独立完成“唐韵衣帽间家具”。中融公司主张左尚明舍公司的“唐韵衣帽间家具”系抄袭自他人的配件设计，并使用通用花色和通用设计，因其未提交足以证明其主张的证据，法院对其上述主张不予支持。

其次，关于左尚明舍公司完成的“唐韵衣帽间家具”是否具有独创性的问题。从板材花色设计方面看，左尚明舍公司“唐韵衣帽间家具”的板材花色系由其自行设计完成，并非采用木材本身的纹路，而是提取传统中式家具的颜色与元素用抽象手法重新设计，将传统中式与现代风格融合，在颜色的选择、搭配、纹理走向及深浅变化上均体现了其独特的艺术造型或艺术图案；从配件设计方面看，“唐韵衣帽间家具”使用纯手工黄铜配件，包括正面柜门及抽屉把手及抽屉四周镶有黄铜角花，波浪的斜边及镂空的设计。在家具上是否使用角花镶边，角花选用的图案，镶边的具体位置，均体现了左尚明舍公司的取舍、选择、设计、布局等创造性劳动；从中式家具风格看，“唐韵衣帽间家具”右边采用了中式一一对称设计，给人以和谐的美感。因此，“唐韵衣帽间家具”具有审美意义，具备美术作品的艺术创作高度。

最后，关于左尚明舍公司“唐韵衣帽间家具”的实用功能是否能与艺术美感分离的问题。“唐韵衣帽间家具”之实用功能主要在于柜体内部置物空间设计，使其具备放置、陈列衣物等功能，以及柜体 L 形拐角设计，使其能够匹配具体家居环境进行使用。该家具的艺术美感主要体现在板材花色纹路、金属配件搭配、中式对称等设计上，通过在中式风格的基础上加入现代元素，产生古典与现代双重审美效果。改动“唐韵衣帽间家具”的板材花色纹路、金属配件搭配、中式对称等造型设计，其作为衣帽间家具放置、陈列衣物的实用功能并不会受到影响。因此，“唐韵衣帽间家具”的实用功能与艺术美感能够进行分离并独立存在。

因此，左尚明舍公司的“唐韵衣帽间家具”作为兼具实用功能和审美意义的立体造型艺术作品，属于受著作权法保护的美术作品。

二、关于中融公司是否侵害了左尚明舍公司主张保护涉案作品著作权的问题

判断被诉侵权产品是否构成侵害他人受著作权法保护的作品，应当从被诉侵权人是否“接触”权利人主张保护的作品、被诉侵权产品与权利人主张保护的作品之间是否构成“实质相似”两个方面进行判断。本案中，首先，根据二审法院查明的事实，中融公司提供的相关设计图纸不能完全反映被诉侵权产品“唐韵红木衣帽间”的设计元素，亦缺乏形成时间、设计人员组成等信息，不能充分证明被诉侵权产品由其自行设计且独立完成。左尚明舍公司的“唐韵衣帽间家具”作品形成及发表时间早于中融公

司的被诉侵权产品。中融公司作为家具行业的经营者，具备接触左尚明舍公司“唐韵衣帽间家具”作品的条件。其次，如前所述，对于兼具实用功能和审美意义的美术作品，著作权法仅保护其具有艺术性的方面，而不保护其实用功能。判断左尚明舍公司的“唐韵衣帽间家具”作品与中融公司被诉侵权产品“唐韵红木衣帽间”是否构成实质性相似时，应从艺术性方面进行比较。将“唐韵衣帽间家具”与被诉侵权产品“唐韵红木衣帽间”进行比对，二者相似之处在于：整体均呈L形，衣柜门板布局相似，配件装饰相同，板材花色纹路、整体造型相似等，上述相似部分主要体现在艺术方面；不同之处主要在于L形拐角角度和柜体内部空间分隔，体现于实用功能方面，且对整体视觉效果并无影响，不会使二者产生明显差异。因此，中融公司的被诉侵权产品与左尚明舍公司的“唐韵衣帽间家具”作品构成实质性相似、中融公司侵害了左尚明舍公司涉案作品的著作权。

（生效裁判审判人员：秦元明、李嵘、吴蓉）

## 指导案例158号

# 深圳市卫邦科技有限公司诉李坚毅、深圳市远程智能设备有限公司专利权权属纠纷案

（最高人民法院审判委员会讨论通过　2021年7月23日发布）

**关键词**　民事　专利权权属　职务发明创造　有关的发明创造

**裁判要点**

判断是否属于专利法实施细则第十二条第一款第三项规定的与在原单位承担的本职工作或者原单位分配的任务“有关的发明创造”时，应注重维护原单位、离职员工以及离职员工新任职单位之间的利益平衡，综合考虑以下因素作出认定：一是离职员工在原单位承担的本职工作或原单位分配的任务的具体内容；二是涉案专利的具体情况及其与本职工作或原单位分配的任务的相互关系；三是原单位是否开展了与涉案专利有关的技术研发活动，或者有关的技术是否具有其他合法来源；四是涉案专利（申请）的权利人、发明人能否对专利技术的研发过程或者来源作出合理解释。

**相关法条**

《中华人民共和国专利法》第六条

《中华人民共和国专利法实施细则》第十二条

**基本案情**

深圳市卫邦科技有限公司（以下简称卫邦公司）是一家专业从事医院静脉配液系列机器人产品及配液中心相关配套设备的研发、制造、销售及售后服务的高科技公司。2010 年 2 月至 2016 年 7 月期间，卫邦公司申请的多项专利均涉及自动配药设备和配药装置。其中，卫邦公司于 2012 年 9 月日申请的 102847473A 号专利（以下简称 473 专利）主要用于注射科药液自动配置。

李坚毅于 2012 年 9 月 24 日入职卫邦公司生产、制造部门，并与卫邦公司签订《深圳市劳动合同》《员工保密合同》，约定由李坚毅担任该公司生产制造部门总监，主要工作是负责研发“输液配药机器人”相关产品。李坚毅任职期间，曾以部门经理名义在研发部门采购申请表上签字，在多份加盖“受控文件”的技术图纸审核栏处签名，相关技术图纸内容涉及“沙窝复合针装配”“蠕动泵输液针”“蠕动泵上盖连接板实验”“装配体”“左夹爪”“右夹爪”“机械手夹爪 1”“机械手夹爪 2”等，系有关自动配药装置的系列设计图。此外，卫邦公司提供的工作邮件显示，李坚毅以工作邮件的方式接收研发测试情况汇报，安排测试工作并对研发测试提出相应要求。且从邮件内容可知，李坚毅多次参与研发方案的会议讨论。

李坚毅与卫邦公司于 2013 年 4 月 17 日解除劳动关系。李坚毅于 2013 年 7 月 12 日向国家知识产权局申请名称为“静脉用药自动配制设备和摆动型转盘式配药装置”、专利号为 201310293690. X 的发明专利（以下简称涉案专利）。李坚毅为涉案专利唯一的发明人。涉案专利技术方案的主要内容是采用机器人完成静脉注射用药配制过程的配药装置。李坚毅于 2016 年 2 月 5 日将涉案专利权转移至其控股的深圳市远程智能设备有限公司（以下简称远程公司）。李坚毅在入职卫邦公司前，并无从事与医疗器械、设备相关的行业从业经验或学历证明。

卫邦公司于 2016 年 12 月 8 日向一审法院提起诉讼，请求：1. 确认涉案专利的发明专利权归卫邦公司所有；2. 判令李坚毅、远程公司共同承担卫邦公司为维权所支付的合理开支 3 万元，并共同承担诉讼费。

**裁判结果**

广东省深圳市中级人民法院于2018年6月8日作出（2016）粤03民初2829号民事判决：一、确认卫邦公司为涉案专利的专利权人；二、李坚毅、远程公司共同向卫邦公司支付合理支出3万元。一审宣判后，李坚毅、远程公司不服，向广东省高级人民法院提起上诉。广东省高级人民法院于2019年1月28日作出（2018）粤民终2262号民事判决：驳回上诉，维持原判。李坚毅、远程公司不服，向最高人民法院申请再审。最高人民法院于2019年12月30日作出（2019）最高法民申6342号民事裁定，驳回李坚毅和远程公司的再审申请。

**裁判理由**

最高人民法院认为：本案的争议焦点为涉案专利是否属于李坚毅在卫邦公司工作期间的职务发明创造。

专利法第六条规定："执行本单位的任务或者主要是利用本单位的物质技术条件所完成的发明创造为职务发明创造。职务发明创造申请专利的权利属于该单位。"专利法实施细则第十二条第一款第三项进一步规定：退休、调离原单位后或者劳动、人事关系终止后一年内作出的，与其在原单位承担的本职工作或者原单位分配的任务有关的发明创造属于职务发明创造。

发明创造是复杂的智力劳动，离不开必要的资金、技术和研发人员等资源的投入或支持，并承担相应的风险。在涉及与离职员工有关的职务发明创造的认定时，既要维护原单位对确属职务发明创造的科学技术成果享有的合法权利，鼓励和支持创新驱动发展，同时也不宜将专利法实施细则第十二条第一款第三项规定的"有关的发明创造"作过于宽泛的解释，导致在没有法律明确规定或者竞业限制协议等合同约定的情况下，不适当地限制研发人员的正常流动，或者限制研发人员在新的单位合法参与或开展新的技术研发活动。因此，在判断涉案发明创造是否属于专利法实施细则第十二条第一款第三项规定的"有关的发明创造"时，应注重维护原单位、离职员工以及离职员工新任职单位之间的利益平衡，综合考虑以下因素：一是离职员工在原单位承担的本职工作或原单位分配的任务的具体内容，包括工作职责、权限，能够接触、控制、获取的与涉案专利有关的技术信息等。二是涉案专利的具体情况，包括其技术领域，解决的技术问题，发明目的和技术效果，权利要求限定的保护范围，涉案专利相对于现有技术的“实质性特点”等，以及涉案专利与本职工作或原单位分配任务的相互关系。三是原单位是否开展了与涉案专利有关的技术研发活动，或者是否对有关技术具有合法的来源。四是涉案专利（申请）的权利人、发明人能否对涉案专利的研发过程或者技术来源作出合理解释，相关因素包括涉案专利技术方案的复杂程度，需要的研发投入，以及权利人、发明人是否具有相应的知识、经验、技能或物质技术条件，是否有证据证明其开展了有关研发活动等。

结合本案一审、二审法院查明的有关事实以及再审申请人提交的有关证据，围绕前述四个方面的因素，就本案争议焦点认定如下：

首先，关于李坚毅在卫邦公司任职期间承担的本职工作或分配任务的具体内容。第一，李坚毅于卫邦公司任职期间担任生产制造总监，直接从事配药设备和配药装置的研发管理等工作。其在再审申请书中，也认可其从事了“研发管理工作”。第二，李坚毅在卫邦公司任职期间，曾以部门经理名义，在研发部门采购申请表上签字，并在多份与涉案专利技术密切相关且加盖有“受控文件”的技术图纸审核栏处签字。第三，李坚毅多次参与卫邦公司内部与用药自动配药设备和配药装置技术研发有关的会议或讨论，还通过电子邮件接收研发测试情况汇报，安排测试工作，并对研发测试提出相应要求。综上，根据李坚毅在卫邦公司任职期间承担的本职工作或分配的任务，其能够直接接触、控制、获取卫邦公司内部与用药自动配制设备和配药装置技术研发密切相关的技术信息，且这些信息并非本领域普通的知识、经验或技能。因此，李坚毅在卫邦公司承担的本职工作或分配的任务与涉案专利技术密切相关。对于李坚毅有关其仅仅是进行研发管理，没有参与卫邦公司有关静脉配药装置的研发工作，卫邦公司的相关证据都不是真正涉及研发的必要文件等相关申请再审理由，本院均不予支持。

其次，关于涉案专利的具体情况及其与李坚毅的本职工作或分配任务的相互关系。第一，涉案专利涉及“静脉用药自动配制设备和摆动型转盘式配药装置”，其针对的技术问题是：“1. 药剂师双手的劳动强度很大，只能进行短时间的工作；2. 由于各药剂师技能不同、配药地点也不能强制固定，造成所配制的药剂药性不稳定；3. 化疗药剂对药剂师健康危害较大。”实现的技术效果是：“本发明采用机器人完成静脉注射用药的整个配制过程，采用机电一体化来控制配制的药剂量准确，提高了药剂配制质量；医务人员仅需要将预先的药瓶装入转盘工作盘和母液架，最后将配制好的母液瓶取下，极大地减少了医务人员双手的劳动强度；对人体有害的用药配制（比如化疗用药），由于药剂师可以不直接接触药瓶，采用隔离工具对药瓶进行装夹和取出，可以很大程度地减少化疗药液对人体的健康损害。”在涉案专利授权公告的权利要求 1 中，主要包括底座、转盘工作台、若干个用于固定药瓶的药瓶夹、具座、转盘座、转盘传动机构和转盘电机、近后侧的转盘工作台两边分别设有背光源和视觉传感器、机器人、夹具体、输液泵、输液管、针具固定座、针具夹头、前后摆动板、升降机构等部件。第二，卫邦公司于 2012 年 9 月 4 日申请的 473 专利的名称为“自动化配药系统的配药方法和自动化配药系统”，其针对的技术问题是：“医院中配制药物的方式均通过医护人员手工操作。……操作时医护人员工作强度高，而且有的药物具有毒性，对医护人员的安全有着较大的威胁。”发明目的是：“克服上述现有技术的不足，提供一种自动化配药系统的配药方法和自动化配药系统，其可实现自动配药，医护人员无须手动配制药液，大大降低了医护人员的劳动强度，有利于保障医护人员的健康安全。”实现的技术效果是：“提供一种自动化配药系统的配药方法和自动化配药系统，其可快速完成多组药液的配制，提高了配药的效率，大大降低了医护人员的劳动强度，有利于保障医护人员的健康安全。”473 专利的说明书中，还公开了“药液输入摇匀装置”“卡夹部件”“输液软管装填移载及药液分配装置”“用于折断安瓿瓶的断瓶装置”“母液瓶夹持装置”“母液瓶”“可一次容纳多个药瓶的输入转盘”等部件的具体结构和附图。将涉案专利与卫邦公司的 473 专利相比，二者解决的技术问题、发明目的、技术效果基本一致，二者技术方案高度关联。二审法院结合涉案专利的审查意见、引证专利检索，认定 473 专利属于可单独影响涉案专利权利要求的新颖性或创造性的文件，并无不当。第三，在卫邦公司提供的与李坚毅的本职工作有关的图纸中，涉及“输入模块新盖”“沙窝复合针装配”“蠕动泵输液针”“蠕动泵上盖连接板实验”“装配体”“左夹爪”“右夹爪”“机械手夹爪 1”“机械手夹爪 2”等与涉案专利密切相关的部件，相关图纸上均加盖“受控文件”章，在“审核”栏处均有李坚毅的签字。第四，在李坚毅与卫邦公司有关工作人员的往来电子邮件中，讨论的内容直接涉及转盘抱爪、母液上料方案、安瓿瓶掰断测试等与涉案专利技术方案密切相关的研发活动。综上，涉案专利与李坚毅在卫邦公司承担的本职工作或分配的任务密切相关。

再次，卫邦公司在静脉用药自动配制设备领域的技术研发是持续进行的。卫邦公司成立于2002年，经营范围包括医院静脉配液系列机器人产品及配液中心相关配套设备的研发、制造、销售及售后服务。其在2010年2月至2016年7月期间先后申请了60余项涉及医疗设备、方法及系统的专利，其中44项专利是在李坚毅入职卫邦公司前申请，且有多项专利涉及自动配药装置。因此，对于李坚毅主张卫邦公司在其入职前已经完成了静脉配药装置研发工作，涉案专利不属于职务发明创造的相关申请再审理由，本院不予支持。

最后，关于李坚毅、远程公司能否对涉案专利的研发过程或者技术来源作出合理解释。根据涉案专利说明书，涉案专利涉及“静脉用药自动配制设备和摆动型转盘式配药装置”，共有13页附图，约60个部件，技术方案复杂，研发难度大。李坚毅作为涉案专利唯一的发明人，在离职卫邦公司后不到3个月即以个人名义单独申请涉案专利，且不能对技术研发过程或者技术来源做出合理说明，不符合常理。而且，根据二审法院的认定，以及李坚毅一审提交的专利搜索网页打印件及自制专利状况汇总表，李坚毅作为发明人，最早于2013年7月12日申请了涉案专利以及201320416724.5号“静脉用药自动配制设备和采用视觉传感器的配药装置”实用新型专利，而在此之前，本案证据不能证明李坚毅具有能够独立研发涉案专利技术方案的知识水平和能力。

综上，综合考虑本案相关事实以及李坚毅、远程公司再审中提交的有关证据，一、二审法院认定涉案专利属于李坚毅在卫邦公司工作期间的职务发明创造并无不当。李坚毅、远程公司的申请再审理由均不能成立。

（生效裁判审判人员：杜微科、吴蓉、张玲玲）

## 指导案例159号

# 深圳敦骏科技有限公司诉深圳市吉祥腾达科技有限公司等侵害发明专利权纠纷案

（最高人民法院审判委员会讨论通过 2021年7月23日发布）

**关键词** 民事 侵害发明专利权 多主体实施的方法专利 侵权损害赔偿计算 举证责任 专利技术贡献度

**裁判要点**

1. 如果被诉侵权行为人以生产经营为目的，将专利方法的实质内容固化在被诉侵权产品中，该行为或者行为结果对专利权利要求的技术特征被全面覆盖起到了不可替代的实质性作用，终端用户在正常使用该被诉侵权产品时就能自然再现该专利方法过程，则应认定被诉侵权行为人实施了该专利方法，侵害了专利权人的权利。

2. 专利权人主张以侵权获利计算损害赔偿数额且对侵权规模事实已经完成初步举证，被诉侵权人无正当理由拒不提供有关侵权规模事实的相应证据材料，导致用于计算侵权获利的基础事实无法确定的，对被诉侵权人提出的应考虑涉案专利对其侵权获利的贡献度的抗辩，人民法院可以不予支持。

**相关法条**

《中华人民共和国专利法》（2020年修正）第一条、第十一条第一款、第六十四条第一款（本案适用的是2008年修正的《中华人民共和国专利法》第一条、第十一条第一款、第五十九条第一款）

**基本案情**

原告深圳敦骏科技有限公司（以下简称敦骏公司）诉称：深圳市吉祥腾达科技有限公司（以下简称腾达公司）未经许可制造、许诺销售、销售，济南历下弘康电子产品经营部（以下简称弘康经营部）、济南历下昊威电子产品经营部（以下简称昊威经营部）未经许可销售的多款商用无线路由器（以下简称被诉侵权产品）落入其享有的名称为“一种简易访问网络运营商门户网站的方法”（专利号为ZL02123502.3，以下简称涉案专利）发明专利的专利权保护范围，请求判令腾达公司、弘康经营部、昊威经营部停止侵权，赔偿损失及制止侵权的合理开支共计500万元。

被告腾达公司辩称：1. 涉案专利、被诉侵权产品访问任意网站时实现定向的方式不同，访问的过程亦不等同，腾达公司没有侵害敦骏公司的涉案专利权。并且，涉案专利保护的是一种网络接入认证方法，腾达公司仅是制造了被诉侵权产品，但并未使用涉案专利保护的技术方案，故其制造并销售被诉侵权产品的行为并不构成专利侵权；2. 敦骏公司诉请的赔偿数额过高且缺乏事实及法律依据，在赔偿额计算中应当考虑专利的技术贡献度、涉案专利技术存在替代方案等。

弘康经营部、昊威经营部共同辩称：其所销售的被诉侵权产品是从代理商处合法进货的，其不是被诉侵权产品的生产者，不应承担责任。

法院经审理查明：敦骏公司明确以涉案专利的权利要求1和2为依据主张权利，其内容为：1. 一种简易访问网络运营商门户网站的方法，其特征在于包括以下处理步骤：A. 接入服务器底层硬件对门户业务用户设备未通过认证前的第一个上行HTTP报文，直接提交给“虚拟Web服务器”，该“虚拟Web服务器”功能由接入服务器高层软件的“虚拟Web服务器”模块实现；B. 由该“虚拟Web服务器”虚拟成用户要访问的网站与门户业务用户设备建立TCP连接，“虚拟Web服务器”向接入服务器底层硬件返回含有重定向信息的报文，再由接入服务器底层硬件按正常的转发流程向门户业务用户设备发一个重定向到真正门户网站Portal_ Server的报文；C. 收到重定向报文后的门户业务用户设备的浏览器自动发起对真正门户网站Portal_ Server的访问。2. 根据权利要求1所述的一种简易访问网络运营商门户网站的方法，其特征在于：所述的步骤A，由门户业务用户在浏览器上输入任何正确的域名、IP地址或任何的数字，形成上行IP报文；所述的步骤B，由“虚拟Web服务器”虚拟成该IP报文的IP地址的网站。

敦骏公司通过公证购买方式从弘康经营部、昊威经营部购得“Tenda路由器W15E”“Tenda路由器W20E增强型”各一个，并在公证人员的监督下对“Tenda路由器W15E”访问网络运营商门户网站的过程进行了技术演示，演示结果表明使用“Tenda路由器W15E”过程中具有与涉案专利权利要求1和2相对应的方法步骤。

被诉侵权产品在京东商城官方旗舰店、“天猫”网站腾达旗舰店均有销售，且销量巨大。京东商城官方旗舰店网页显示有“腾达（Tenda）W15E”路由器的图片、京东价199元、累计评价1万+，“腾达（Tenda）

W20E”路由器、京东价399元、累计评价1万+，“腾达（Tenda）G1”路由器、京东价359元、累计评价1万+等信息。“天猫”网站腾达旗舰店网页显示有“腾达（Tenda）W15E”路由器的图片、促销价179元、月销量433、累计评价4342、安装说明、技术支持等信息。

2018年12月13日，一审法院依法作出通知书，主要内容为：限令腾达公司十日内向一审法院提交自2015年7月2日以来，关于涉案“路由器”产品生产、销售情况的完整资料和完整的财务账簿。逾期不提交，将承担相应的法律责任。但至二审判决作出时，腾达公司并未提交相关证据。

**裁判结果**

山东省济南市中级人民法院于2019年5月6日作出（2018）鲁01民初1481号民事判决：一、腾达公司立即停止制造、许诺销售、销售涉案的路由器产品；二、弘康经营部、昊威经营部立即停止销售涉案的路由器产品；三、腾达公司于判决生效之日起十日内赔偿敦骏公司经济损失及合理费用共计500万元；四、驳回敦骏公司的其他诉讼请求。一审案件受理费46800元，由腾达公司负担。宣判后，腾达公司向最高人民法院提起上诉。最高人民法院于2019年12月6日作出（2019）最高法知民终147号民事判决，驳回上诉，维持原判。

**裁判理由**

最高人民法院认为：本案焦点问题包括三个方面。

一、关于被诉侵权产品使用过程是否落入涉案专利权利要求的保护范围

首先，涉案专利权利要求1中的“第一个上行HTTP报文”不应解释为用户设备与其要访问的实际网站建立TCP“三次握手”连接过程中的第一个报文，而应当解释为未通过认证的用户设备向接入服务器发送的第一个上行HTTP报文。其次，根据对被诉侵权产品进行的公证测试结果，被诉侵权产品的强制Portal过程与涉案专利权利要求1和2所限定步骤方法相同，三款被诉侵权产品在“Web认证开启”模式下的使用过程，全部落入涉案专利权利要求1和2的保护范围。

二、关于腾达公司的被诉侵权行为是否构成侵权

针对网络通信领域方法的专利侵权判定，应当充分考虑该领域的特点，充分尊重该领域的创新与发展规律，以确保专利权人的合法权利得到

实质性保护，实现该行业的可持续创新和公平竞争。如果被诉侵权行为人以生产经营为目的，将专利方法的实质内容固化在被诉侵权产品中，该行为或者行为结果对专利权利要求的技术特征被全面覆盖起到了不可替代的实质性作用，也即终端用户在正常使用该被诉侵权产品时就能自然再现该专利方法过程的，则应认定被诉侵权行为人实施了该专利方法，侵害了专利权人的权利。本案中：1. 腾达公司虽未实施涉案专利方法，但其以生产经营为目的制造、许诺销售、销售的被诉侵权产品，具备可直接实施专利方法的功能，在终端网络用户利用被诉侵权产品完整再现涉案专利方法的过程中，发挥着不可替代的实质性作用。2. 腾达公司从制造、许诺销售、销售被诉侵权产品的行为中获得不当利益与涉案专利存在密切关联。3. 因终端网络用户利用被诉侵权产品实施涉案专利方法的行为并不构成法律意义上的侵权行为，专利权人创新投入无法从直接实施专利方法的终端网络用户处获得应有回报，如专利权人的利益无法得到补偿，必将导致研发创新活动难以为继。另一方面，如前所述，腾达公司却因涉案专利获得了原本属于专利权人的利益，利益分配严重失衡，有失公平。综合以上因素，在本案的情形下，应当认定腾达公司制造、许诺销售、销售被诉侵权产品的行为具有侵权性质并应承担停止侵权、赔偿损失的民事责任。

三、关于一审判决确定的赔偿数额是否适当

专权利人主张以侵权获利确定赔偿额的，侵权规模即为损害赔偿计算的基础事实。专利权人对此项基础事实承担初步举证责任。在专利权人已经完成初步举证，被诉侵权人无正当理由拒不提供有关侵权规模基础事实的相应证据材料的情况下，对其提出的应考虑涉案专利对其侵权获利的贡献率等抗辩理由可不予考虑。具体到本案中：1. 敦骏公司主张依照侵权人因侵权获利计算赔偿额，并在一审中提交了腾达公司分别在京东网和天猫网的官方旗舰店销售被诉侵权产品数量、售价的证据，鉴于该销售数量和价格均来源于腾达公司自己在正规电商平台的官方旗舰店，数据较为可信，腾达公司虽指出将累计评价作为销量存在重复计算和虚报的可能性，但并未提交确切证据，且考虑到敦骏公司就此项事实的举证能力，应当认定敦骏公司已就侵权规模的基础事实完成了初步举证责任。2. 敦骏公司在一审中，依据其已提交的侵权规模的初步证据，申请腾达公司提交与被诉侵权产品相关的财务账簿、资料等，一审法院也根据本案实际情况，依法责令腾达公司提交能够反映被诉侵权产品生产、销售情况的完整的财务账簿资料等证据，但腾达公司并未提交。在一审法院因此适用相关司法解释对敦骏公司的500万元高额赔偿予以全额支持且二审中腾达公司就此提出异议的情况下，其仍然未提交相关的财务账簿等资料。由于本案腾达公司并不存在无法提交其所掌握的与侵权规模有关证据的客观障碍，故应认定腾达公司并未就侵权规模的基础事实完成最终举证责任。3. 根据现有证据，有合理理由相信，被诉侵权产品的实际销售数量远超敦骏公司所主张的数量。综上，在侵权事实较为清楚、且已有证据显示腾达公司实际侵权规模已远大于敦骏公司所主张赔偿的范围时，腾达公司如对一审法院确定的全额赔偿持有异议，应先就敦骏公司计算赔偿所依据的基础事实是否客观准确进行实质性抗辩，而不能避开侵权规模的基础事实不谈，另行主张专利技术贡献度等其他抗辩事由，据此对腾达公司二审中关于一审确定赔偿额过高的各项抗辩主张均不予理涉。

（生效裁判审判人员：朱理、傅蕾、张晓阳）

## 指导案例160号

# 蔡新光诉广州市润平商业有限公司侵害植物新品种权纠纷案

（最高人民法院审判委员会讨论通过　2021年7月23日发布）

**关键词**　民事　侵害植物新品种权　保护范围　繁殖材料　收获材料

**裁判要点**

1. 授权品种的繁殖材料是植物新品种权的保护范围，是品种权人行使排他独占权的基础。授权品种的保护范围不限于申请品种权时所采取的特定方式获得的繁殖材料，即使不同于植物新品种权授权阶段育种者所普遍使用的繁殖材料，其他植物材料可用于授权品种繁殖材料的，亦应当纳入植物新品种权的保护范围。

2. 植物材料被认定为某一授权品种的繁殖材料，必须同时满足以下要件：属于活体，具有繁殖能力，并且繁殖出的新个体与该授权品种的特征特性相同。植物材料仅可以用作收获材料而不能用作繁殖材料的，不属于植物新品种权保护的范围。

**相关法条**

《中华人民共和国种子法》第二十八条

《中华人民共和国植物新品种保护条例》第六条

**基本案情**

蔡新光于2009年11月10日申请"三红蜜柚"植物新品种权，于2014年1月1日获准授权，品种权号为CNA20090677.9，保护期限为二十年。农业农村部植物新品种保护办公室作出的《农业植物新品种DUS测试现场考察报告》载明，品种暂定名称三红蜜柚，植物种类柑橘属，品种类型为无性繁殖，田间考察结果载明，申请品种的白皮层颜色为粉红，近似品种为白，具备特异性。考察结论为该申请品种具备特异性、一致性。所附照片载明，三红蜜柚果面颜色暗红、白皮层颜色粉红、果肉颜色紫，红肉蜜柚果面颜色黄绿、白皮层颜色白、果肉颜色红。以上事实有《植物新品种权证书》、植物新品种权年费缴费收据、《意见陈述书》《品种权申请请求书》《说明书》《著录项目变更申报书》《农业植物新品种DUS测试现场考察报告》等证据予以佐证。

蔡新光于2018年3月23日向广州知识产权法院提起诉讼，主张广州市润平商业有限公司（以下简称润平公司）连续大量销售"三红蜜柚"果实，侵害其获得的品种名称为"三红蜜柚"的植物新品种权。

润平公司辩称其所售被诉侵权蜜柚果实有合法来源，提供了甲方昆山润华商业有限公司广州黄埔分公司（以下简称润华黄埔公司）与乙方江山市森南食品有限公司（以下简称森南公司）签订的合同书，润华黄埔公司与森南公司于2017年7月18日签订2017年度商业合作条款，合同有条款第六条第五款载明，在本合同签订日，双方已合作的有6家门店，包括润平公司。2018年1月8日，森南公司向润华黄埔公司开具发票以及销售货物或者提供应税劳务、服务清单，清单载明货物包括三红蜜柚650公斤。森南公司营业执照副本载明，森南公司为有限责任公司，成立于2013年2月22日，注册资本500万元，经营范围为预包装食品批发、零售；水果、蔬菜销售。森南公司《食品经营许可证》载明，经营项目为预包装食品销售；散装食品销售。该许可证有效期至2021年8月10日。

**裁判结果**

广州知识产权法院于2019年1月3日作出（2018）粤73民初732号

民事判决，驳回蔡新光诉讼请求。宣判后，蔡新光不服，向最高人民法院提起上诉。最高人民法院于2019年12月10日作出（2019）最高法知民终14号民事判决，驳回上诉，维持原判。

**裁判理由**

最高人民法院认为：本案主要争议问题为润平公司销售被诉侵权蜜柚果实的行为是否构成对蔡新光三红蜜柚植物新品种权的侵害，其中，判断三红蜜柚植物新品种权的保护范围是本案的焦点。

本案中，虽然蔡新光在申请三红蜜柚植物新品种权时提交的是采用以嫁接方式获得的繁殖材料枝条，但并不意味着三红蜜柚植物新品种权的保护范围仅包括以嫁接方式获得的该繁殖材料，以其他方式获得的枝条也属于该品种的繁殖材料。随着科学技术的发展，不同于植物新品种权授权阶段繁殖材料的植物体也可能成为育种者选用的种植材料，即除枝条以外的其他种植材料也可能被育种者们普遍使用，在此情况下，该种植材料作为授权品种的繁殖材料，应当纳入植物新品种权的保护范围。原审判决认为侵权繁殖材料的繁育方式应当与该品种育种时所使用的材料以及繁育方式一一对应，认为将不同于获取品种权最初繁育方式的繁殖材料纳入植物新品种权的保护范围，与权利人申请新品种权过程中应当享有的权利失衡。该认定将申请植物新品种权时的繁育方式作为授权品种保护的依据，限制了植物新品种权的保护范围，缩小了植物新品种权人的合法权益，应当予以纠正。

我国相关法律、行政法规以及规章对繁殖材料进行了列举，但是对于某一具体品种如何判定植物体的哪些部分为繁殖材料，并未明确规定。判断是否为某一授权品种的繁殖材料，在生物学上必须同时满足以下条件：其属于活体，具有繁殖的能力，并且繁殖出的新个体与该授权品种的特征特性相同。被诉侵权蜜柚果实是否为三红蜜柚品种的繁殖材料，不仅需要判断该果实是否具有繁殖能力，还需要判断该果实繁殖出的新个体是否具有果面颜色暗红、果肉颜色紫、白皮层颜色粉红的形态特征，如果不具有该授权品种的特征特性，则不属于三红蜜柚品种权所保护的繁殖材料。

对于三红蜜柚果实能否作为繁殖材料，经审查，即便专门的科研单位，也难以通过三红蜜柚果实的籽粒繁育出蜜柚种苗。二审庭审中，蔡新光所请的专家辅助人称，柚子单胚，容易变异，该品种通过枝条、芽条、砧木或者分株进行繁殖，三红蜜柚果实有无籽粒以及籽粒是否退化具有不确定性。综合本案品种的具体情况，本案被诉侵权蜜柚果实的籽粒及其汁胞均不具备繁殖授权品种三红蜜柚的能力，不属于三红蜜柚品种的繁殖材料。被诉侵权蜜柚果实是收获材料而非繁殖材料，不属于植物新品种权保护的范围。如果目前在本案中将收获材料纳入植物新品种权的保护范围，有违种子法、植物新品种保护条例以及《最高人民法院关于审理侵犯植物新品种权纠纷案件具体应用法律问题的若干规定》的相关规定。

另外，植物体的不同部分可能有着多种不同的使用用途，可作繁殖目的进行生产，也可用于直接消费或观赏，同一植物材料有可能既是繁殖材料也是收获材料。对于既可作繁殖材料又可作收获材料的植物体，在侵权纠纷中能否认定为是繁殖材料，应当审查销售者销售被诉侵权植物体的真实意图，即其意图是将该材料作为繁殖材料销售还是作为收获材料销售；对于使用者抗辩其属于使用行为而非生产行为，应当审查使用者的实际使用行为，即是将该收获材料直接用于消费还是将其用于繁殖授权品种。

综上所述，蔡新光关于被诉侵权蜜柚果实为三红蜜柚的繁殖材料、润平公司销售行为构成侵权的上诉主张不能成立，应予驳回。

（生效裁判审判人员：周翔、罗霞、焦彦）

## 指导案例 161 号

# 广州王老吉大健康产业有限公司诉加多宝（中国）饮料有限公司虚假宣传纠纷案

（最高人民法院审判委员会讨论通过　2021 年 7 月 23 日发布）

**关键词**　民事　反不正当竞争　虚假宣传　广告语　引人误解　不正当占用商誉

**裁判要点**

人民法院认定广告是否构成反不正当竞争法规定的虚假宣传行为，应结合相关广告语的内容是否有歧义，是否易使相关公众产生误解以及行为人是否有虚假宣传的过错等因素判断。一方当事人基于双方曾经的商标使用许可合同关系以及自身为提升相关商标商誉所作出的贡献等因素，发布涉案广告语，告知消费者基本事实，符合客观情况，不存在易使相关公众误解的可能，也不存在不正当地占用相关商标的知名度和良好商誉的过错，不构成反不正当竞争法规定的虚假宣传行为。

**相关法条**

《中华人民共和国反不正当竞争法》（2019年修正）第八条第一款（本案适用的是1993年施行的《中华人民共和国反不正当竞争法》第九条第一款）

**基本案情**

广州医药集团有限公司（以下简称广药集团）是第626155号、3980709号、9095940号“王老吉”系列注册商标的商标权人。上述商标核定使用的商品种类均为第32类：包括无酒精饮料、果汁、植物饮料等。1995年3月28日、9月14日，鸿道集团有限公司（以下简称鸿道集团）与广州羊城药业股份有限公司王老吉食品饮料分公司分别签订《商标使用许可合同》和《商标使用许可合同补充协议》，取得独家使用第626155号商标生产销售带有“王老吉”三个字的红色纸包装和罐装清凉茶饮料的使用权。1997年6月14日，陈鸿道被国家专利局授予《外观设计专利证书》，获得外观设计名称为“罐帖”的“王老吉”外观设计专利。2000年5月2日，广药集团（许可人）与鸿道集团（被许可人）签订《商标许可协议》，约定许可人授权被许可人使用第626155号“王老吉”注册商标生产销售红色罐装及红色瓶装王老吉凉茶。被许可人未经许可人书面同意，不得将该商标再许可其他第三者使用，但属被许可人投资（包括全资或合资）的企业使用该商标时，不在此限，但需知会许可人；许可人除自身及其下属企业已生产销售的绿色纸包装“王老吉”清凉茶外，许可人不得在第32类商品（饮料类）上使用“王老吉”商标或授权第三者使用“王老吉”商标，双方约定许可的性质为独占许可，许可期限自2000年5月2日至2010年5月2日止。1998年9月，鸿道集团投资成立东莞加多宝食品饮料有限公司，后更名为广东加多宝饮料食品有限公司。加多宝（中国）饮料有限公司（以下简称加多宝中国公司）成立于2004年3月，属于加多宝集团关联企业。

此后，通过鸿道集团及其关联公司长期多渠道的营销、公益活动和广告宣传，培育红罐“王老吉”凉茶品牌，并获得众多荣誉，如罐装“王老吉”凉茶饮料在2003年被广东省佛山市中级人民法院认定为知名商品，

“王老吉”罐装凉茶的装潢被认定为知名商品包装装潢；罐装“王老吉”凉茶多次被有关行业协会等评为“最具影响力品牌”；根据中国行业企业信息发布中心的证明，罐装“王老吉”凉茶在2007—2012年度均获得市场销量或销售额的第一名；等等。加多宝中国公司成立后开始使用前述“王老吉”商标生产红色罐装凉茶（罐身对称两面从上至下印有“王老吉”商标）。

2012年5月9日，中国国际经济贸易仲裁委员会对广药集团与鸿道集团之间的商标许可合同纠纷作出终局裁决：（一）《“王老吉”商标许可补充协议》和《关于“王老吉”商标使用许可合同的补充协议》无效；（二）鸿道集团停止使用“王老吉”商标。

2012年5月25日，广药集团与广州王老吉大健康产业有限公司（以下简称大健康公司）签订《商标使用许可合同》，许可大健康公司使用第3980709号“王老吉”商标。大健康公司在2012年6月份左右，开始生产“王老吉”红色罐装凉茶。

2013年3月，大健康公司在重庆市几处超市分别购买到外包装印有“全国销量领先的红罐凉茶改名加多宝”字样广告语的“加多宝”红罐凉茶产品及标有“全国销量领先的红罐凉茶改名加多宝”字样广告语的手提袋。根据重庆市公证处（2013）渝证字第17516号公证书载明，在“www. womai. com”中粮我买网网站上，有“加多宝”红罐凉茶产品销售，在销售页面上，有“全国销量领先的红罐凉茶改名加多宝”字样的广告宣传。根据（2013）渝证字第20363号公证书载明，在央视网广告频道VIP品牌俱乐部中，亦印有“全国销量领先的红罐凉茶改名加多宝”字样的“加多宝”红罐凉茶产品的广告宣传。2012年5月16日，人民网食品频道以“红罐王老吉改名‘加多宝’配方工艺均不变”为题作了报道。2012年5月18日，搜狐新闻以“红罐王老吉改名加多宝”为题作了报道。2012年5月23日，中国食品报电子版以“加多宝就是以前的王老吉”为题作了报道；同日，网易新闻也以“红罐‘王老吉’正式更名‘加多宝’”为题作了报道，并标注信息来源于《北京晚报》。2012年6月1日，《中国青年报》以“加多宝凉茶全国上市红罐王老吉正式改名”为题作了报道。

大健康公司认为，上述广告内容与客观事实不符，使消费者形成错误认识，请求确认加多宝中国公司发布的包含涉案广告词的广告构成反不正当竞争法规定的不正当竞争，系虚假宣传，并判令立即停止发布包含涉案广告语或与之相似的广告词的电视、网络、报纸和杂志等媒体广告等。

**裁判结果**

重庆市第五中级人民法院于2014年6月26日作出（2013）渝五中法民初字第00345号民事判决：一、确认被告加多宝中国公司发布的包含“全国销量领先的红罐凉茶改名加多宝”广告词的宣传行为构成不正当竞争的虚假宣传行为；二、被告加多宝中国公司立即停止使用并销毁、删除和撤换包含“全国销量领先的红罐凉茶改名加多宝”广告词的产品包装和电视、网络、视频及平面媒体广告；三、被告加多宝中国公司在本判决生效后十日内在《重庆日报》上公开发表声明以消除影响（声明内容须经本院审核）；四、被告加多宝中国公司在本判决生效后十日内赔偿原告大健康公司经济损失及合理开支40万元；五、驳回原告大健康公司的其他诉讼请求。宣判后，加多宝中国公司和大健康公司提出上诉。重庆市高级人民法院于2015年12月15日作出（2014）渝高法民终字第00318号民事判决，驳回上诉，维持原判。加多宝中国公司不服，向最高人民法院申请再审。最高人民法院于2019年5月28日作出（2017）最高法民再151号民事判决：一、撤销重庆市高级人民法院（2014）渝高法民终字第00318号民事判决；二、撤销重庆市第五中级人民法院（2013）渝五中法民初字第00345号民事判决；三、驳回大健康公司的诉讼请求。

**裁判理由**

最高人民法院认为，加多宝中国公司使用“全国销量领先的红罐凉茶改名加多宝”广告语的行为是否构成虚假宣传，需要结合具体案情，根据日常生活经验，以相关公众的一般注意力，判断涉案广告语是否片面、是否有歧义，是否易使相关公众产生误解。

首先，从涉案广告语的含义看，加多宝中国公司对涉案广告语“全国销量领先的红罐凉茶改名加多宝”的描述和宣传是真实和符合客观事实的。根据查明的事实，鸿道集团自1995年取得“王老吉”商标的许可使用权后独家生产销售“王老吉”红罐凉茶，直到2012年5月9日中国国际经济贸易仲裁委员会对广药集团与鸿道集团之间的商标许可合同作出仲裁裁决，鸿道集团停止使用“王老吉”商标，在长达十七年的时间内加多宝中国公司及其关联公司作为“王老吉”商标的被许可使用人，通过多年的广告宣传和使用，已经使“王老吉”红罐凉茶在凉茶市场具有很高知名度和美誉度。根据中国行业企业信息发布中心的证明，罐装“王老吉”凉茶在2007—2012年度，均获得市场销量或销售额的第一名。而在“王老吉”商标许可使用期间，广药集团并不生产和销售“王老吉”红罐凉茶。因此，涉案广告语前半部分“全国销量领先的红罐凉茶”的描述与统计结论相吻合，不存在虚假情形，且其指向性也非常明确，指向的是加多宝中国公司及其关联公司生产和销售的“王老吉”红罐凉茶。2012年5月9日，“王老吉”商标许可协议被中国国际经济贸易仲裁委员会裁决无效，加多宝中国公司及其关联公司开始生产“加多宝”红罐凉茶，因此在涉案广告语后半部分宣称“改名加多宝”也是客观事实的描述。

其次，从反不正当竞争法规制虚假宣传的目的看，反不正当竞争法是通过制止对商品或者服务的虚假宣传行为，维护公平的市场竞争秩序。一方面，从不正当竞争行为人的角度分析，侵权人通过对产品或服务的虚假宣传，如对产地、性能、用途、生产期限、生产者等不真实或片面的宣传，获取市场竞争优势和市场机会，损害权利人的利益；另一方面，从消费者角度分析，正是由于侵权人对商品或服务的虚假宣传，使消费者发生误认误购，损害权利人的利益。因此，反不正当竞争法上的虚假宣传立足点在于引人误解的虚假宣传，如果对商品或服务的宣传并不会使相关公众产生误解，则不是反不正当竞争法上规制的虚假宣传行为。本案中，在商标使用许可期间，加多宝中国公司及其关联公司通过多年持续、大规模的宣传使用行为，不仅显著提升了王老吉红罐凉茶的知名度，而且向消费者传递王老吉红罐凉茶的实际经营主体为加多宝中国公司及其关联公司。由于加多宝中国公司及其关联公司在商标许可使用期间生产“王老吉”红罐凉茶已经具有很高知名度，相关公众普遍认知的是加多宝中国公司生产的“王老吉”红罐凉茶，而不是大健康公司于2012年6月份左右生产和销售的“王老吉”红罐凉茶。在加多宝中国公司及其关联公司不再生产“王老吉”红罐凉茶后，加多宝中国公司使用涉案广告语实际上是向相关公众行使告知义务，告知相关公众以前的“王老吉”红罐凉茶现在商标已经为“加多宝”，否则相关公众反而会误认为大健康公司生产的“王老吉”红罐凉茶为原来加多宝中国公司生产的“王老吉”红罐凉茶。因此，加多宝中国公司使用涉案广告语不存在易使相关公众误认误购的可能性，反而没有涉案广告语的使用，相关公众会发生误认误购的可能性。

再次，涉案广告语“全国销量领先的红罐凉茶改名加多宝”是否不正当地完全占用了“王老吉”红罐凉茶的知名度和良好商誉，使“王老吉”红罐凉茶无形中失去了原来拥有的知名度和商誉，并使相关公众误认为“王老吉”商标已经停止使用或不再使用。其一，虽然“王老吉”商标知名度和良好声誉是广药集团作为商标所有人和加多宝中国公司及其关联公司共同宣传使用的结果，但是“王老吉”商标知名度的提升和巨大商誉却主要源于加多宝中国公司及其关联公司在商标许可使用期间大量的宣传使用。加多宝中国公司使用涉案广告语即便占用了“王老吉”商标的一部分商誉，但由于“王老吉”商标商誉主要源于加多宝中国公司及其关联公司的贡献，因此这种占用具有一定合理性。其二，广药集团收回“王老吉”商标后，开始授权许可大健康公司生产“王老吉”红罐凉茶，这种使用行为本身即已获得了王老吉商标商誉和美誉度。其三，2012 年 6 月大健康公司开始生产“王老吉”红罐凉茶，因此消费者看到涉案广告语客观上并不会误认为“王老吉”商标已经停止使用或不再使用，凝结在“王老吉”红罐凉茶上的商誉在大健康公司生产“王老吉”红罐凉茶后，自然为大健康公司所享有。其四，大健康公司是在商标许可合同仲裁裁决无效后才开始生产“王老吉”红罐凉茶，此前其并不生产红罐凉茶，因此涉案广告语并不能使其生产的“王老吉”红罐凉茶无形中失去了原来拥有的知名度和商誉。

本案中，涉案广告语虽然没有完整反映商标许可使用期间以及商标许可合同终止后，加多宝中国公司为何使用、终止使用并变更商标的相关事实，确有不妥，但是加多宝中国公司在商标许可合同终止后，为保有在商标许可期间其对“王老吉”红罐凉茶商誉提升所作出的贡献而享有的权益，将“王老吉”红罐凉茶改名“加多宝”的基本事实向消费者告知，其主观上并无明显不当；在客观上，基于广告语的简短扼要特点，以及“王老吉”商标许可使用情况、加多宝中国公司及其关联公司对提升“王老吉”商标商誉所作出的巨大贡献，消费者对“王老吉”红罐凉茶实际经营主体的认知，结合消费者的一般注意力、发生误解的事实和被宣传对象的实际情况，加多宝中国公司使用涉案广告语并不产生引人误解的效果，并未损坏公平竞争的市场秩序和消费者的合法权益，不构成虚假宣传行为。即便部分消费者在看到涉案广告语后有可能会产生“王老吉”商标改为“加多宝”商标，原来的“王老吉”商标已经停止使用或不再使用的认知，也属于商标许可使用关系中商标控制人与实际使用人相分离后，尤其是商标许可关系终止后，相关市场可能产生混淆的后果，但该混淆的后果并不必然产生反不正当竞争法上的“引人误解”的效果。

（生效裁判审判人员：王艳芳、钱小红、杜微科）

## 指导案例162号

# 重庆江小白酒业有限公司诉国家知识产权局、第三人重庆市江津酒厂（集团）有限公司商标权无效宣告行政纠纷案

（最高人民法院审判委员会讨论通过　2021年7月23日发布）

**关键词**　行政　商标权无效宣告　经销关系　被代理人的商标

**裁判要点**

当事人双方同时签订了销售合同和定制产品销售合同，虽然存在经销关系，但诉争商标图样、产品设计等均由代理人一方提出，且定制产品销售合同明确约定被代理人未经代理人授权不得使用定制产品的产品概念、广告用语等，在被代理人没有在先使用行为的情况下，不能认定诉争商标为商标法第十五条所指的“被代理人的商标”。

**相关法条**

《中华人民共和国商标法》第十五条

**基本案情**

重庆江小白酒业有限公司（以下简称江小白公司）与国家知识产权局、重庆市江津酒厂（集团）有限公司（以下简称江津酒厂）商标权无效宣告行政纠纷案中，诉争商标系第10325554号“江小白”商标，于2011年12月19日由成都格尚广告有限责任公司申请注册，核定使用在第33类酒类商品上，经核准，权利人先后变更为四川新蓝图商贸有限公司（以下简称新蓝图公司）、江小白公司。

重庆市江津区糖酒有限责任公司（包括江津酒厂等关联单位）与新蓝图公司（包括下属各地子公司、办事处等关联单位）于2012年2月20日签订销售合同和定制产品销售合同。定制产品销售合同明确约定授权新蓝

图公司销售的产品为“几江”牌系列酒定制产品，其中并未涉及“江小白”商标，而且定制产品销售合同第一条约定，“甲方（江津酒厂）授权乙方（新蓝图公司）为‘几江牌’江津老白干‘清香一、二、三号’系列超清纯系列、年份陈酿系列酒定制产品经销商”。第六条之2明确约定，“乙方负责产品概念的创意、产品的包装设计、广告宣传的策划和实施、产品的二级经销渠道招商和维护，甲方给予全力配合。乙方的产品概念、包装设计、广告图案、广告用语、市场推广策划方案，甲方应予以尊重，未经乙方授权，不得用于甲方直接销售或者甲方其他客户销售的产品上使用”。

2016年5月，江津酒厂针对诉争商标向原国家工商行政管理总局商标评审委员会（以下简称商标评审委员会）提出无效宣告请求。商标评审委员会认为，在诉争商标申请日之前，江小白公司对江津酒厂的“江小白”商标理应知晓，诉争商标的注册已构成2001年修正的商标法（以下简称2001年商标法）第十五条所指的不予注册并禁止使用之情形。故裁定对诉争商标予以宣告无效。江小白公司不服，提起行政诉讼。

**裁判结果**

北京知识产权法院于2017年12月25日作出（2017）京73行初1213号行政判决：一、撤销商标评审委员会作出的商评字〔2016〕第117088号关于第10325554号“江小白”商标无效宣告请求裁定；二、商标评审委员会针对江津酒厂就第10325554号“江小白”商标提出的无效宣告请求重新作出裁定。商标评审委员会、江津酒厂不服，上诉至北京市高级人民法院。北京市高级人民法院于2018年11月22日作出（2018）京行终2122号行政判决：一、撤销北京知识产权法院（2017）京73行初1213号行政判决；二、驳回江小白公司的诉讼请求。江小白公司不服，向最高人民法院申请再审。最高人民法院于2019年12月26日作出（2019）最高法行再224号行政判决：一、撤销北京市高级人民法院（2018）京行终2122号行政判决；二、维持北京知识产权法院（2017）京73行初1213号行政判决。

**裁判理由**

最高人民法院认为，本案的主要争议焦点在于，诉争商标的申请注册是否违反2001年商标法第十五条的规定。2001年商标法第十五条规定：“未经授权，代理人或者代表人以自己的名义将被代理人或者被代表人的商标进行注册，被代理人或者被代表人提出异议的，不予注册并禁止使用。”代理人或者代表人不得申请注册的商标标志，不仅包括与被代理人或者被代表人商标相同的标志，也包括相近似的标志；不得申请注册的商品既包括与被代理人或者被代表人商标所使用的商品相同的商品，也包括类似的商品。本案中，江津酒厂主张，新蓝图公司是其经销商，新蓝图公司是为其设计诉争商标，其在先使用诉争商标，因此诉争商标的申请注册违反了2001年商标法第十五条规定。

首先，江津酒厂提供的证据不足以证明其在先使用诉争商标。江津酒厂主张其在先使用诉争商标的证据绝大多数为诉争商标申请日之后形成的证据，涉及诉争商标申请日之前相关行为的证据有江津酒厂与重庆森欧酒类销售有限公司（以下简称森欧公司）的销售合同、产品送货单、审计报告。江津酒厂与森欧公司的销售合同已经在诉争商标异议复审程序中提交，因未体现森欧公司的签章、缺乏发票等其他证据佐证而未被商标评审委员会采信。江津酒厂在本案中提交的销售合同虽然有森欧公司的公章，但该合同显示的签订时间早于工商档案显示的森欧公司的成立时间，而且江津酒厂也认可该合同签订时间系倒签。根据江小白公司提交的再审证据即北京盛唐司法鉴定所出具的笔迹鉴定意见，江津酒厂给森欧公司送货单上的制单人笔迹真实性存在疑点，且没有发票等其他证据佐证，故上述证据无法证明江津酒厂在先使用诉争商标。江津酒厂在一审法院开庭后提交了审计报告作为在先使用证据。但在缺少原始会计凭证的情况下，仅凭在后受江津酒厂委托制作的审计报告中提到“江小白”白酒，不足以证明江津酒厂在诉争商标申请日前使用了“江小白”。此外，江津酒厂提交的其于2012年2月15日与重庆宝兴玻璃制品有限公司签订的购买“我是江小白”瓶的合同金额为69万元，远高于审计报告统计的销售额和销售毛利，也进一步表明无法认定审计报告的真实性。

其次，虽然江津酒厂与新蓝图公司存在经销关系，但双方的定制产品销售合同也同时约定定制产品的产品概念、广告用语等权利归新蓝图公司所有。在商标无效宣告和一、二审阶段，江津酒厂提供的证明其与新蓝图公司为经销关系的主要证据是双方于2012年2月20日签订的销售合同和定制产品销售合同。定制产品销售合同明确约定授权新蓝图公司销售的产品为“几江”牌系列酒定制产品，其中并未涉及“江小白”商标，而且定制产品销售合同明确约定，乙方（新蓝图公司）的产品概念、包装设计、广告图案、广告用语、市场推广策划方案，甲方（江津酒厂）应予以尊重，未经乙方授权，不得用于甲方直接销售或者甲方其他客户销售的产品上使用。综上，应当认为，江津酒厂对新蓝图公司定制产品上除“几江”外的产品概念、广告用语等内容不享有知识产权，亦说明新蓝图公司申请注册“江小白”商标未损害江津酒厂的权利。本案证据不足以证明诉争商标是江津酒厂的商标，因此仅根据上述证据尚不能认定诉争商标的申请注册违反了2001年商标法第十五条规定。

最后，江津酒厂与新蓝图公司合作期间的往来邮件等证据证明，“江小白”的名称及相关产品设计系由时任新蓝图公司的法定代表人陶石泉在先提出。根据江小白公司向法院提交的相关证据能够证明“江小白”及其相关产品设计是由陶石泉一方在先提出并提供给江津酒厂，而根据双方定制产品销售合同，产品概念及设计等权利属于新蓝图公司所有。现有证据不足以证明新蓝图公司是为江津酒厂设计商标。

综上，在诉争商标申请日前，“江小白”商标并非江津酒厂的商标，根据定制产品销售合同，江津酒厂对定制产品除其注册商标“几江”外的产品概念、广告用语等并不享有知识产权，新蓝图公司对诉争商标的申请注册并未侵害江津酒厂的合法权益，未违反2001年商标法第十五条规定。

（生效裁判审判人员：秦元明、郎贵梅、马秀荣）

# 最高人民法院
# 关于发布第 29 批指导性案例的通知

2021 年 9 月 14 日　　法〔2021〕228 号

**各省、自治区、直辖市高级人民法院，解放军军事法院，新疆维吾尔自治区高级人民法院生产建设兵团分院：**

经最高人民法院审判委员会讨论决定，现将江苏省纺织工业（集团）进出口有限公司及其五家子公司实质合并破产重整案等三个案例（指导案例 163—165 号），作为第 29 批指导性案例发布，供在审判类似案件时参照。

## 指导案例 163 号

## 江苏省纺织工业（集团）进出口有限公司及其五家子公司实质合并破产重整案

（最高人民法院审判委员会讨论通过　2021 年 9 月 18 日发布）

**关键词**　民事　破产重整　实质合并破产　关联企业　债转股　预表决

**裁判要点**

1. 当事人申请对关联企业合并破产的，人民法院应当对合并破产的必要性、正当性进行审查。关联企业成员的破产应当以适用单个破产程序为原则，在关联企业成员之间出现法人人格高度混同、区分各关联企业成员财产成本过高、严重损害债权人公平清偿利益的情况下，可以依申请例外适用关联企业实质合并破产方式进行审理。

2. 采用实质合并破产方式的，各关联企业成员之间的债权债务归于消灭，各成员的财产作为合并后统一的破产财产，由各成员的债权人作为一个整体在同一程序中按照法定清偿顺位公平受偿。合并重整后，各关联企业原则上应当合并为一个企业，但债权人会议表决各关联企业继续存续，人民法院审查认为确有需要的，可以准许。

3. 合并重整中，重整计划草案的制定应当综合考虑进入合并的关联企业的资产及经营优势、合并后债权人的清偿比例、出资人权益调整等因素，保障各方合法权益；同时，可以灵活设计“现金+债转股”等清偿方案、通过“预表决”方式事先征求债权人意见并以此为基础完善重整方案，推动重整的顺利进行。

**相关法条**

《中华人民共和国企业破产法》第一条、第二条

**基本案情**

申请人：江苏省纺织工业（集团）进出口有限公司、江苏省纺织工业（集团）轻纺进出口有限公司、江苏省纺织工业（集团）针织进出口有限公司、江苏省纺织工业（集团）机电进出口有限公司、无锡新苏纺国际贸易有限公司、江苏省纺织工业（集团）服装进出口有限公司共同的管理人。

被申请人：江苏省纺织工业（集团）进出口有限公司、江苏省纺织工业（集团）轻纺进出口有限公司、江苏省纺织工业（集团）针织进出口有限公司、江苏省纺织工业（集团）机电进出口有限公司、无锡新苏纺国际贸易有限公司、江苏省纺织工业（集团）服装进出口有限公司。

2017 年 1 月 24 日，南京市中级人民法院（以下简称南京中院）根据镇江福源纺织科技有限公司的申请，裁定受理江苏省纺织工业（集团）进出口有限公司（以下简称省纺织进出口公司）破产重整案，并于同日指定江苏东恒律师事务所担任管理人。2017 年 6 月 14 日，南京中院裁定受理省纺织进出口公司对江苏省纺织工业（集团）轻纺进出口有限公司（以下简称省轻纺公司）、江苏省纺织工业（集团）针织进出口有限公司（以下简称省针织公司）、江苏省纺织工业（集团）机电进出口有限公司（以下简称省机电公司）、无锡新苏纺国际贸易有限公司（以下简称无锡新苏纺公司）的重整申请及省轻纺公司对江苏省纺织工业（集团）服装进出口有

限公司（以下简称省服装公司）的重整申请（其中，省纺织进出口公司对无锡新苏纺公司的重整申请经请示江苏省高级人民法院，指定由南京中院管辖）。同日，南京中院指定江苏东恒律师事务所担任管理人，在程序上对六家公司进行协调审理。2017 年 8 月 11 日，管理人以省纺织进出口公司、省轻纺公司、省针织公司、省机电公司、无锡新苏纺公司、省服装公司等六家公司人格高度混同为由，向南京中院申请对上述六家公司进行实质合并重整。

法院经审理查明：

一、案涉六家公司股权情况

省纺织进出口公司注册资本 5500 万元，其中江苏省纺织（集团）总公司（以下简称省纺织集团）出资占 60.71%，公司工会出资占 39.29%。省轻纺公司、省针织公司、省机电公司、无锡新苏纺公司、省服装公司（以下简称五家子公司）注册资本分别为 1000 万元、500 万元、637 万元、1000 万元、1000 万元，省纺织进出口公司在五家子公司均出资占 51%，五家子公司的其余股份均由职工持有。

二、案涉六家公司经营管理情况

1. 除无锡新苏纺公司外，其余案涉公司均登记在同一地址，法定代表人存在互相交叉任职的情况，且五家子公司的法定代表人均为省纺织进出口公司的高管人员，财务人员及行政人员亦存在共用情形，其中五家子公司与省纺织进出口公司共用财务人员进行会计核算，付款及报销最终审批人员相同。

2. 省纺织进出口公司和五家子公司间存在业务交叉混同情形，五家子公司的业务由省纺织进出口公司具体安排，且省纺织进出口公司与五家子公司之间存在大量关联债务及担保。

为防止随意对关联企业进行合并，损害公司的独立人格，损害部分债权人等利益相关者的合法权益，在收到合并重整申请后，南京中院对申请人提出的申请事项和事实理由进行了审查，同时组织债权人代表、债务人代表、职工代表、管理人、审计机构等进行全面的听证，听取各方关于公司是否存在混同事实的陈述，同时对管理人清理的债权债务情况、审计报告，以及各方提交的证据进行全面的审核，并听取了各方对于合并破产重整的意见。

**裁判结果**

依照企业破产法第一条、第二条规定，南京中院于2017年9月29日作出（2017）苏01破1、6、7、8、9、10号民事裁定：省轻纺公司、省针织公司、省机电公司、无锡新苏纺公司、省服装公司与省纺织进出口公司合并重整。

依照企业破产法第八十六条第二款之规定，南京中院于2017年12月8日作出（2017）苏01破1、6、7、8、9、10号之二民事裁定：一、批准省纺织进出口公司、省轻纺公司、省针织公司、省机电公司、无锡新苏纺公司、省服装公司合并重整计划；二、终止省纺织进出口公司、省轻纺公司、省针织公司、省机电公司、无锡新苏纺公司、省服装公司合并重整程序。

**裁判理由**

法院生效裁判认为：公司人格独立是公司制度的基石，关联企业成员的破产亦应以适用单个破产程序为原则。但当关联企业成员之间存在法人人格高度混同、区分各关联企业成员财产成本过高、严重损害债权人公平清偿利益时，可以适用关联企业实质合并破产方式进行审理，从而保障全体债权人能够公平受偿。

本案中，案涉六家公司存在人格高度混同情形，主要表现在：人员任职高度交叉，未形成完整独立的组织架构；共用财务及审批人员，缺乏独立的财务核算体系；业务高度交叉混同，形成高度混同的经营体，客观上导致六家公司收益难以正当区分；六家公司之间存在大量关联债务及担保，导致各公司的资产不能完全相互独立，债权债务清理极为困难。在此情形下，法院认为，及时对各关联企业进行实质性的合并，符合破产法关于公平清理债权债务、公平保护债权人、债务人合法权益的原则要求。企业破产法的立法宗旨在于规范破产程序，公平清理债权债务，公平保护全体债权人和债务人的合法权益，从而维护社会主义市场经济秩序。在关联企业存在人格高度混同及不当利益输送的情形下，不仅严重影响各关联企业的债权人公平受偿，同时也严重影响了社会主义市场经济的公平竞争原则，从根本上违反了企业破产法的实质精神。在此情形下，对人格高度混同的关联企业进行合并重整，纠正关联企业之间不当利益输送、相互控制等违法违规行为，保障各关联企业的债权人公平实现债权，符合法律规定。具体到债权人而言，在分别重整的情形下，各关联企业中的利益实质输入企业的普通债权人将获得额外清偿，而利益实质输出企业的普通债权人将可能遭受损失。因此，在关联企业法人人格高度混同的情况下，单独重整将可能导致普通债权人公平受偿的权利受到损害。进行合并后的整体重整，部分账面资产占优势的关联企业债权人的债权清偿率，虽然可能较分别重整有所降低，使其利益表面上受损，但此种差异的根源在于各关联企业之间先前的不当关联关系，合并重整进行债务清偿正是企业破产法公平清理债权债务的体现。

依照企业破产法第一条、第二条规定，南京中院于2017年9月29日作出（2017）苏01破1、6、7、8、9、10号民事裁定：省轻纺公司、省针织公司、省机电公司、无锡新苏纺公司、省服装公司与省纺织进出口公司合并重整。

合并重整程序启动后，管理人对单个企业的债权进行合并处理，同一债权人对六家公司同时存在债权债务的，经合并进行抵销后对债权余额予以确认，六家关联企业相互之间的债权债务在合并中作抵销处理，并将合并后的全体债权人合为一个整体进行分组。根据企业破产法规定，债权人分为有财产担保债权组、职工债权组、税款债权组、普通债权组，本案因全体职工的劳动关系继续保留，不涉及职工债权清偿问题，且税款已按期缴纳，故仅将债权人分为有财产担保债权组和普通债权组。同时设出资人组对出资人权益调整方案进行表决。

鉴于省纺织进出口公司作为省内具有较高影响力的纺织外贸企业，具有优质的经营资质及资源，同时五家子公司系外贸企业的重要平台，故重整计划以省纺织进出口公司等六家公司作为整体，引入投资人，综合考虑进入合并的公司的资产及经营优势、合并后债权人的清偿、出资人权益的调整等，予以综合设计编制。其中重点内容包括：

一、引入优质资产进行重组，盘活企业经营。进入重整程序前，案涉六家公司已陷入严重的经营危机，重整能否成功的关键在于是否能够真正盘活企业经营。基于此，本案引入苏豪控股、省纺织集团等公司作为重整投资方，以所持上市公司股权等优质资产对省纺织进出口公司进行增资近12亿元。通过优质资产的及时注入对企业进行重组，形成新的经济增长因子，盘活关联企业的整体资源，提高债务清偿能力，恢复企业的经营能力，为重塑企业核心竞争力和顺利推进重整方案执行奠定了坚实基础。同时，作为外贸企业，员工的保留是企业能够获得重生的重要保障。重整计划制定中，根据外贸企业特点，保留全部职工，并通过职工股权注入的方式，形成企业经营的合力和保障，从而保障重整成功后的企业能够真正获得重生。

二、调整出资人权益，以“现金+债转股”的方式统一清偿债务，并引入“预表决”机制。案涉六家公司均系外贸公司，自有资产较少，在债务清偿方式上，通过先行对部分企业资产进行处置，提供偿债资金来源。在清偿方式上，对有财产担保、无财产担保债权人进行统一的区分。对有财产担保的债权人，根据重整程序中已处置的担保财产价值及未处置的担保财产的评估价值，确定有财产担保的债权人优先受偿的金额，对有财产担保债权人进行全额现金清偿。对无财产担保的普通债权人，采用部分现金清偿、部分以股权置换债权（债转股）的方式清偿的复合型清偿方式，保障企业的造血、重生能力，最大化保障债权人的利益。其中，将增资入股股东的部分股权与债权人的债权进行置换（债转股部分），具体而言，即重整投资方省纺织集团以所持（将其所持的）省纺织进出口公司的部分股份，交由管理人按比例置换债权人所持有的债权的方式进行清偿，省纺织集团免除省纺织进出口公司及五家子公司对其负有的因置换而产生的债务。清偿完毕后，债权人放弃对省纺织进出口公司及五家子公司的全部剩余债权。由于采用了“现金+债转股”的复合型清偿方式，债权人是否愿意以此种方式进行受偿，是能否重整成功的关键。因此，本案引入了“预表决”机制，在重整计划草案的制定中，由管理人就债转股的必要性、可行性及清偿的具体方法进行了预先的说明，并由债权人对此预先书面发表意见，在此基础上制定完善重整计划草案，并提交债权人会议审议表决。从效果看，通过“债转股”方式清偿债务，在重整计划制定过程中进行预表决，较好地保障了债权人的知情权和选择权，自主发表意见，从而使“债转股”清偿方式得以顺利进行。

2017 年 11 月 22 日，案涉六家公司合并重整后召开第一次债权人会议。管理人向债权人会议提交了合并重整计划草案，各关联企业继续存续。经表决，有财产担保债权组 100%同意，普通债权组亦 93.6%表决通过计划草案，出资人组会议也 100%表决通过出资人权益调整方案。法院经审查认为，合并重整计划制定、表决程序合法，内容符合法律规定，公平对待债权人，对出资人权益调整公平、公正，经营方案具有可行性。依照《中华人民共和国企业破产法》第八十六条第二款之规定，南京中院于

2017年12月8日作出（2017）苏01破1、6、7、8、9、10号之二民事裁定：一、批准省纺织进出口公司、省轻纺公司、省针织公司、省机电公司、无锡新苏纺公司、省服装公司合并重整计划；二、终止省纺织进出口公司、省轻纺公司、省针织公司、省机电公司、无锡新苏纺公司、省服装公司合并重整程序。

（生效裁判审判人员：姚志坚、荣艳、蒋伟）

## 指导案例164号

# 江苏苏醇酒业有限公司及关联公司实质合并破产重整案

（最高人民法院审判委员会讨论通过　2021年9月18日发布）

**关键词**　民事　破产重整　实质合并破产　投资人试生产　利益衡平　监督

**裁判要点**

在破产重整过程中，破产企业面临生产许可证等核心优质资产灭失、机器设备闲置贬损等风险，投资人亦希望通过试生产全面了解企业经营实力的，管理人可以向人民法院申请由投资人先行投入部分资金进行试生产。破产企业核心资产的存续直接影响到破产重整目的的实现，管理人的申请有利于恢复破产企业持续经营能力，有利于保障各方当事人的利益，该试生产申请符合破产保护理念，人民法院经审查，可以准许。同时，投资人试生产在获得准许后，应接受人民法院、管理人及债权人的监督，以公平保护各方的合法权益。

**相关法条**

《中华人民共和国企业破产法》第一条、第二条、第二十六条、第八十六条

**基本案情**

江苏苏醇酒业有限公司（以下简称苏醇公司）是江苏省睢宁县唯一一家拥有酒精生产许可证的企业，对于地方经济发展具有重要影响。2013年

以来，由于企业盲目扩张，经营管理混乱，造成资金链断裂，并引发多起诉讼。徐州得隆生物科技有限公司、徐州瑞康食品科技有限公司系苏醇公司关联企业，三家公司均是从事农产品深加工的生物科技公司。截至破产重整受理前，三家公司资产总额 1.25 亿元，负债总额 4.57 亿元，资产负债率达 365.57%。2017 年 12 月 29 日，三家公司以引进投资人、重振企业为由，分别向江苏省睢宁县人民法院（以下简称睢宁法院）申请破产重整。睢宁法院经审查认为，三家公司基础和发展前景较好，酒精生产资质属于稀缺资源，具有重整价值，遂于 2018 年 1 月 12 日分别裁定受理三家公司的破产重整申请。因三家公司在经营、财务、人员、管理等方面出现高度混同，且区分各关联企业成员财产的成本过高，遂依照《全国法院破产审判工作会议纪要》第 32 条规定，依据管理人的申请，于 2018 年 6 月 25 日裁定三家公司实质合并破产重整。

重整期间，投资人徐州常青生物科技有限公司在对苏醇公司的现状进场调查后提出：苏醇公司已经停产停业多年，其核心资产酒精生产许可证已经脱审，面临灭失风险，还存在职工流失、机器设备闲置贬损以及消防、环保等安全隐患等影响重整的情况。同时，企业原管理层早已陷于瘫痪状态，无能力继续进行相关工作，公司账面无可用资金供管理人化解危机。在此情况下，管理人提出由重整投资人先行投入部分资金恢复企业部分产能的方案。

**裁判结果**

2018 年 6 月 25 日，江苏省睢宁县人民法院作出（2018）苏 0324 破 1 号民事裁定书，裁定江苏苏醇酒业有限公司、徐州得隆生物科技有限公司、徐州瑞康食品科技有限公司实质合并破产重整。2019 年 7 月 5 日，江苏省睢宁县人民法院作出（2018）苏 0324 破 1 号之四决定书，准许投资人徐州常青生物科技有限公司进行试生产。2019 年 11 月 30 日、12 月 1 日，江苏苏醇酒业有限公司第二次债权人会议召开，各代表债权组均表决通过了江苏苏醇酒业有限公司破产管理人提交的重整计划草案。江苏苏醇酒业有限公司破产管理人向江苏省睢宁县人民法院提请批准江苏苏醇酒业有限公司重整计划草案。江苏省睢宁县人民法院依照企业破产法第八十六条之规定，于 2019 年 12 月 2 日作出（2018）苏 0324 破 1 号之一裁定：一、批准江苏苏醇酒业有限公司重整计划；二、终止江苏苏醇酒业有限公司重整程序。同时，依法预留两个月监督期。

**裁判理由**

法院生效裁判认为，破产管理人所提出的债务人面临的相关问题真实存在，如企业赖以生存的酒精生产许可证灭失，则该企业的核心资产将不复存在，重整亦将失去意义。因债务人目前没有足够的资金供管理人使用，由投资人先行投入资金进行试生产可以解决重整过程中企业所面临的困境，亦能使企业资产保值、增值，充分保障债务人及债权人的利益，维护社会稳定，更有利于重整后企业的发展。破产管理人的申请，符合破产保护理念，亦不违反法律法规的相关规定，应予以准许。

关于是否允许投资人试生产的问题，法院在作出决定前，主要考虑了以下因素：

一、试生产的必要性

首先，破产企业面临着严峻的形势：一是苏醇公司面临停产停业后酒精生产许可证脱审、生产资格将被取消风险，且该资质灭失后难以再行获得，重整也将失去意义；二是该企业还面临环保、消防验收、机器设备长时间闲置受损等外部压力；三是原企业内部技术人员流失严重，职工因企业停产生活困难，极易产生群体事件；四是企业管理层陷于瘫痪状态，无能力继续进行相关工作，公司账面无可用资金供管理人化解危机。

其次，投资人参与重整程序最大的风险在于投出的资金及资产的安全性，投资人希望通过试生产全面了解企业实际状况及生产活力与动能，为重整后恢复经营提供保障。

再次，苏醇公司作为当地生物科技领域的原龙头企业，对区域产业链的优化、转型及发展起到举足轻重的作用，在经济高质量发展的需求下，当地党委、政府亟需企业恢复产能，带动上下游产业发展，解决就业问题，维护社会稳定。

综上，如不准许投资人进行试生产，则会给企业造成不可挽回的巨大损失，一旦失去酒精生产许可证，该企业的核心资产就不复存在，即便最后重整成功，企业也失去了核心竞争力。因此，允许投资人试生产是必要而迫切的。

二、试生产的利益衡平

成熟的破产重整制度应具有以下良性效果：通过重整拯救处于困境但又有存在价值的企业，使其恢复盈利能力，继续经营，使企业职工就业生存权得到保障，债权人的债权得到合理的清偿，投资人的收益得到实现，各方的利益得到公平保护，从而实现社会安定、经济的稳定和发展。因此，在进行利益衡平时，一些核心的价值理念是公司重整时必须充分考虑的，这些理念就是公平与效率，灵活性与可预见性。允许企业试生产可以均衡各方利益，一是在投资人试生产前，债务人现有资产已经审计、评估后予以确认，根据管理人与投资人达成的投资协议，重整企业的偿债资金数额、来源也已确定，投资人进场试生产与重整企业清偿债务之间并不产生冲突；二是投资人投入部分资金进行试生产，有利于投资人充分了解企业情况及运营能力，为重整后企业发展打下基础；三是试生产能够恢复重整企业部分产能，使企业优质资产保值、增值；四是可以保障债权人的债权不受贬损，提高受偿比例；五是重整企业恢复一定规模的生产亦能解决破产企业因停产而面临的环保、消防安全、职工稳定等迫切问题，对企业重整有利无害。

三、试生产的法律及理论依据

首先，虽然企业破产法及相关司法解释对于投资人能否在接管企业前，提前进场进行试生产，没有具体法律规定，但为了实现企业破产法的拯救功能，在特定情况下，准许投资人进场试生产，通过市场化、法治化途径挽救困境企业，是符合我国破产审判需要的。

其次，虽然投资人试生产可以解决投资人接管企业前，企业面临的上述问题，但为了避免投资人不合理的生产方式，损害破产重整中其他权利主体的利益，其试生产仍应以取得法院或债权人的批准或同意为宜，并接受法院、管理人以及债权人的监督。

再次，由于我国现行破产法律规定尚不完善，在破产审判工作中，人民法院应强化服务大局意识，自觉增强工作的预见性和创造性，用创新思维解决破产重整过程中遇到的新困难、新问题，探索为企业破产重整提供长效保障机制。

综上，为了维护各方主体的利益，确保重整后的企业能够迅速复工复产，实现企业重整的社会价值和经济价值，睢宁法院在获得各方利益主体同意的前提下，遂允许投资人提前进场试生产。

四、试生产的社会价值

一是法院批准企业在重整期间进行试生产，通过破产程序与企业试生产同步进行，可以保证重整与复工复产无缝衔接、平稳过渡，全力保障尚具潜质企业涅槃重生。二是在疫情防控背景下，试生产为企业复工生产排忧解难，使消毒防疫物资迅速驰援一线，体现了人民法院的司法担当，为辖区民营企业，特别是中小微企业的发展营造了优质高效的营商环境，用精准的司法服务为企业复工复产提供了高质量的司法保障。三是该企业系区域生物科技领域的潜质企业，对经济产业结构优化、转型、升级具有显著推动作用，适应经济高质量发展的大局要求。

（生效裁判审判人员：叶利成、张志瑶、张园园）

## 指导案例 165 号

# 重庆金江印染有限公司、重庆川江针纺有限公司破产管理人申请实质合并破产清算案

（最高人民法院审判委员会讨论通过　2021 年 9 月 18 日发布）

**关键词**　民事　破产清算　实质合并破产　关联企业　听证

**裁判要点**

1. 人民法院审理关联企业破产清算案件，应当尊重关联企业法人人格的独立性，对各企业法人是否具备破产原因进行单独审查并适用单个破产程序为原则。当关联企业之间存在法人人格高度混同、区分各关联企业财产的成本过高、严重损害债权人公平清偿利益时，破产管理人可以申请对已进入破产程序的关联企业进行实质合并破产清算。

2. 人民法院收到实质合并破产清算申请后，应当及时组织申请人、被申请人、债权人代表等利害关系人进行听证，并综合考虑关联企业之间资产的混同程度及其持续时间、各企业之间的利益关系、债权人整体清偿利益、增加企业重整的可能性等因素，依法作出裁定。

**相关法条**

《中华人民共和国企业破产法》第一条、第二条

**基本案情**

2015 年 7 月 16 日，重庆市江津区人民法院裁定受理重庆金江印染有限公司（以下简称金江公司）破产清算申请，并于 2015 年 9 月 14 日依法指定重庆丽达律师事务所担任金江公司管理人。2016 年 6 月 1 日，重庆市

江津区人民法院裁定受理重庆川江针纺有限公司（以下简称川江公司）破产清算申请，于2016年6月12日依法指定重庆丽达律师事务所担任川江公司管理人。

金江公司与川江公司存在以下关联关系：1. 实际控制人均为冯秀乾。川江公司的控股股东为冯秀乾，金江公司的控股股东为川江公司，冯秀乾同时也是金江公司的股东，且两公司的法定代表人均为冯秀乾。冯秀乾实际上是两公司的实际控制人。2. 生产经营场所混同。金江公司生产经营场地主要在江津区广兴镇工业园区，川江公司自2012年转为贸易公司后，没有生产厂房，经营中所需的库房也是与金江公司共用，其购买的原材料均直接进入金江公司的库房。3. 人员混同。川江公司与金江公司的管理人员存在交叉，且公司发展后期所有职工的劳动关系均在金江公司，但部分职工处理的仍是川江公司的事务，在人员工作安排及管理上两公司并未完全独立。4. 主营业务混同。金江公司的主营业务收入主要来源于印染加工及成品布销售、针纺加工及产品销售，川江公司的主营业务收入来源于针纺毛线和布的原材料及成品销售。金江公司的原材料大部分是通过川江公司购买而来，所加工的产品也主要通过川江公司转售第三方，川江公司从中赚取一定的差价。5. 资产及负债混同。两公司对经营性财产如流动资金的安排使用上混同度较高，且均与冯秀乾的个人账户往来较频繁，无法严格区分。在营业成本的分担和经营利润的分配等方面也无明确约定，往往根据实际利润及税务处理需求进行调整。两公司对外借款也存在相互担保的情况。

2016年4月21日、11月14日重庆市江津区人民法院分别宣告金江公司、川江公司破产。两案审理过程中，金江公司、川江公司管理人以两公司法人人格高度混同，且严重损害债权人利益为由，书面申请对两公司进行实质合并破产清算。2016年11月9日，重庆市江津区人民法院召开听证会，对管理人的申请进行听证。金江公司、川江公司共同委托代理人、金江公司债权人会议主席、债权人委员会成员、川江公司债权人会议主席等参加了听证会。

另查明，2016年8月5日川江公司第一次债权人会议、2016年11月18日金江公司第二次债权人会议均表决通过了管理人提交的金江公司、川江公司进行实质合并破产清算的报告。

**裁判结果**

重庆市江津区人民法院于2016年11月18日作出（2015）津法民破字

第 00001 号之四民事裁定：对金江公司、川江公司进行实质合并破产清算。重庆市江津区人民法院于 2016 年 11 月 21 日作出（2015）津法民破字第 00001 号之五民事裁定：认可《金江公司、川江公司合并清算破产财产分配方案》。重庆市江津区人民法院于 2017 年 1 月 10 日作出（2015）津法民破字第 00001 号之六民事裁定：终结金江公司、川江公司破产程序。

**裁判理由**

法院生效裁判认为，公司作为企业法人，依法享有独立的法人人格及独立的法人财产。人民法院在审理企业破产案件时，应当尊重企业法人人格的独立性。根据企业破产法第二条规定，企业法人破产应当具备资不抵债，不足以清偿全部债务或者明显缺乏清偿能力等破产原因。因此，申请关联企业破产清算一般应单独审查是否具备破产原因后，决定是否分别受理。但受理企业破产后，发现关联企业法人人格高度混同、关联企业间债权债务难以分离、严重损害债权人公平清偿利益时，可以对关联企业进行实质合并破产清算。本案中，因金江公司不能清偿到期债务、并且资产不足以清偿全部债务，法院于 2015 年 7 月 16 日裁定受理金江公司破产清算申请。因川江公司不能清偿到期债务且明显缺乏清偿能力，法院于 2016 年 6 月 1 日裁定受理川江公司破产清算申请。在审理过程中，发现金江公司与川江公司自 1994 年、2002 年成立以来，两公司的人员、经营业务、资产均由冯秀乾个人实际控制，在经营管理、主营业务、资产及负债方面存在高度混同，金江公司与川江公司已经丧失法人财产独立性和法人意志独立性，并显著、广泛、持续到 2016 年破产清算期间，两公司法人人格高度混同。另外，金江公司与川江公司在管理成本、债权债务等方面无法完全区分，真实性亦无法确认。同时，川江公司将 85252480.23 元经营负债转入金江公司、将 21266615.90 元对外集资负债结算给金江公司等行为，已经损害了金江公司及其债权人的利益。根据金江公司和川江公司管理人实质合并破产清算申请，法院组织申请人、被申请人、债权人委员会成员等利害关系人进行听证，查明两公司法人人格高度混同、相互经营中两公司债权债务无从分离且分别清算将严重损害债权人公平清偿利益，故管理人申请金江公司、川江公司合并破产清算符合实质合并的条件。

（生效裁判审判人员：陈唤忠、程松、张迁）

最高人民法院
# 关于发布第30批指导性案例的通知

2021年11月9日　　　　法〔2021〕272号

**各省、自治区、直辖市高级人民法院，解放军军事法院，新疆维吾尔自治区高级人民法院生产建设兵团分院：**

经最高人民法院审判委员会讨论决定，现将北京隆昌伟业贸易有限公司诉北京城建重工有限公司合同纠纷案等六个案例（指导案例166—171号），作为第30批指导性案例发布，供在审判类似案件时参照。

## 指导案例166号

# 北京隆昌伟业贸易有限公司诉北京城建重工有限公司合同纠纷案

（最高人民法院审判委员会讨论通过　2021年11月9日发布）

**关键词**　民事　合同纠纷　违约金调整　诚实信用原则

**裁判要点**

当事人双方就债务清偿达成和解协议，约定解除财产保全措施及违约责任。一方当事人依约申请人民法院解除了保全措施后，另一方当事人违反诚实信用原则不履行和解协议，并在和解协议违约金诉讼中请求减少违约金的，人民法院不予支持。

**相关法条**

《中华人民共和国合同法》第六条、第一百一十四条（注：现行有效

的法律为《中华人民共和国民法典》第七条、第五百八十五条）

**基本案情**

2016年3月，北京隆昌伟业贸易有限公司（以下简称隆昌贸易公司）因与北京城建重工有限公司（以下简称城建重工公司）买卖合同纠纷向人民法院提起民事诉讼，人民法院于2016年8月作出（2016）京0106民初6385号民事判决，判决城建重工公司给付隆昌贸易公司货款5284648.68元及相应利息。城建重工公司对此判决提起上诉，在上诉期间，城建重工公司与隆昌贸易公司签订协议书，协议书约定：（1）城建重工公司承诺于2016年10月14日前向隆昌贸易公司支付人民币300万元，剩余的本金2284648.68元、利息462406.72元及诉讼费25802元（共计2772857.4元）于2016年12月31日前支付完毕；城建重工公司未按照协议约定的时间支付首期给付款300万元或未能在2016年12月31日前足额支付完毕全部款项的，应向隆昌贸易公司支付违约金80万元；如果城建重工公司未能在2016年12月31日前足额支付完毕全部款项的，隆昌贸易公司可以自2017年1月1日起随时以（2016）京0106民初6385号民事判决为依据向人民法院申请强制执行，同时有权向城建重工公司追索本协议确定的违约金80万元。（2）隆昌贸易公司申请解除在他案中对城建重工公司名下财产的保全措施。双方达成协议后城建重工公司向二审法院申请撤回上诉并按约定于2016年10月14日给付隆昌贸易公司首期款项300万元，隆昌贸易公司按协议约定申请解除了对城建重工公司财产的保全。后城建重工公司未按照协议书的约定支付剩余款项，2017年1月隆昌贸易公司申请执行（2016）京0106民初6385号民事判决书所确定的债权，并于2017年6月起诉城建重工公司支付违约金80万元。

一审中，城建重工公司答辩称：隆昌贸易公司要求给付的请求不合理，违约金数额过高。根据生效判决，城建重工公司应给付隆昌贸易公司的款项为5284648.68元及利息。隆昌贸易公司诉求城建重工公司因未完全履行和解协议承担违约金的数额为80万元，此违约金数额过高，有关请求不合理。一审宣判后，城建重工公司不服一审判决，上诉称：一审判决在错误认定城建重工公司恶意违约的基础上，适用惩罚性违约金，不考虑隆昌贸易公司的损失情况等综合因素而全部支持其诉讼请求，显失公平，请求适当减少违约金。

**裁判结果**

北京市丰台区人民法院于2017年6月30日作出（2017）京0106民初15563号民事判决：北京城建重工有限公司于判决生效之日起十日内支付北京隆昌伟业贸易有限公司违约金80万元。北京城建重工有限公司不服一审判决，提起上诉。北京市第二中级人民法院于2017年10月31日作出（2017）京02民终8676号民事判决：驳回上诉，维持原判。

**裁判理由**

法院生效裁判认为：隆昌贸易公司与城建重工公司在诉讼期间签订了协议书，该协议书均系双方的真实意思表示，不违反法律法规强制性规定，合法有效，双方应诚信履行。本案涉及诉讼中和解协议的违约金调整问题。本案中，隆昌贸易公司与城建重工公司签订协议书约定城建重工公司如未能于2016年10月14日前向隆昌贸易公司支付人民币300万元，或未能于2016年12月31日前支付剩余的本金2284648.68元、利息462406.72元及诉讼费25802元（共计2772857.4元），则隆昌贸易公司有权申请执行原一审判决并要求城建重工公司承担80万元违约金。现城建重工公司于2016年12月31日前未依约向隆昌贸易公司支付剩余的2772857.4元，隆昌贸易公司的损失主要为尚未得到清偿的2772857.4元。城建重工公司在诉讼期间与隆昌贸易公司达成和解协议并撤回上诉，隆昌贸易公司按协议约定申请解除了对城建重工公司账户的冻结。而城建重工公司作为商事主体自愿给隆昌贸易公司出具和解协议并承诺高额违约金，但在账户解除冻结后城建重工公司并未依约履行后续给付义务，具有主观恶意，有悖诚实信用。一审法院判令城建重工公司依约支付80万元违约金，并无不当。

（生效裁判审判人员：苏丽英、王国才、周维）

## 指导案例 167 号

# 北京大唐燃料有限公司诉山东百富物流有限公司买卖合同纠纷案

（最高人民法院审判委员会讨论通过　2021 年 11 月 9 日发布）

**关键词**　民事　买卖合同　代位权诉讼　未获清偿　另行起诉

**裁判要点**

代位权诉讼执行中，因相对人无可供执行的财产而被终结本次执行程序，债权人就未实际获得清偿的债权另行向债务人主张权利的，人民法院应予支持。

**相关法条**

《最高人民法院关于适用〈中华人民共和国合同法〉若干问题的解释（一）》第二十条（注：现行有效的法律为《中华人民共和国民法典》第五百三十七条）

**基本案情**

2012 年 1 月 20 日至 2013 年 5 月 29 日，北京大唐燃料有限公司（以下简称大唐公司）与山东百富物流有限公司（以下简称百富公司）之间共签订采购合同 41 份，约定百富公司向大唐公司销售镍铁、镍矿、精煤、冶金焦等货物。双方在履行合同过程中采用滚动结算的方式支付货款，但是每次付款金额与每份合同约定的货款金额并不一一对应。自 2012 年 3 月 15 日至 2014 年 1 月 8 日，大唐公司共支付百富公司货款 1827867179.08 元，百富公司累计向大唐公司开具增值税发票总额为 1869151565.63 元。大唐公司主张百富公司累计供货货值为 1715683565.63 元，百富公司主张其已按照开具增值税发票数额足额供货。

2014 年 11 月 25 日，大唐公司作为原告，以宁波万象进出口有限公司（以下简称万象公司）为被告，百富公司为第三人，向浙江省宁波市中级人民法院提起债权人代位权诉讼。该院作出（2014）浙甬商初字第 74 号民事判决书，判决万象公司向大唐公司支付款项 36369405.32 元。大唐公司于 2016 年 9 月 28 日就（2014）浙甬商初字第 74 号民事案件向浙江省象山县人民法院申请强制执行。该院于 2016 年 10 月 8 日依法向万象公司发出执行通知书，但万象公司逾期仍未履行义务，万象公司尚应支付执行款36369405.32元及利息，承担诉讼费209684元、执行费103769.41元。经该院执行查明，万象公司名下有机动车二辆，该院已经查封但实际未控制。大唐公司在限期内未能提供万象公司可供执行的财产，也未向该院提出异议。该院于2017年3月25日作出（2016）浙0225执3676号执行裁定书，终结本次执行程序。

大唐公司以百富公司为被告，向山东省高级人民法院提起本案诉讼，请求判令百富公司向其返还本金及利息。

**裁判结果**

山东省高级人民法院于2018年8月13日作出（2018）鲁民初10号民事判决：一、山东百富物流有限公司向北京大唐燃料有限公司返还货款75814208.13元；二、山东百富物流有限公司向北京大唐燃料有限公司赔偿占用货款期间的利息损失（以75814208.13元为基数，自2014年11月25日起至山东百富物流有限公司实际支付之日止，按照中国人民银行同期同类贷款基准利率计算）；三、驳回北京大唐燃料有限公司其他诉讼请求。北京大唐燃料有限公司不服一审判决，提起上诉。最高人民法院于2019年6月20日作出（2019）最高法民终6号民事判决：一、撤销山东省高级人民法院（2018）鲁民初10号民事判决；二、山东百富物流有限公司向北京大唐燃料有限公司返还货款153468000元；三、山东百富物流有限公司向北京大唐燃料有限公司赔偿占用货款期间的利息损失（以153468000元为基数，自2014年11月25日起至山东百富物流有限公司实际支付之日止，按照中国人民银行同期同类贷款基准利率计算）；四、驳回北京大唐燃料有限公司的其他诉讼请求。

**裁判理由**

最高人民法院认为：关于（2014）浙甬商初字第74号民事判决书涉及的36369405.32元债权问题。大唐公司有权就该笔款项另行向百富公司主张。

第一，《最高人民法院关于适用〈中华人民共和国合同法〉若干问题的解释（一）》[以下简称《合同法解释（一）》]第二十条规定，债权人向次债务人提起的代位权诉讼经人民法院审理后认定代位权成立的，由次债务人向债权人履行清偿义务，债权人与债务人、债务人与次债务人之间相应的债权债务关系即予消灭。根据该规定，认定债权人与债务人之间相应债权债务关系消灭的前提是次债务人已经向债权人实际履行相应清偿义务。本案所涉执行案件中，因并未执行到万象公司的财产，浙江省象山县人民法院已经作出终结本次执行的裁定，故在万象公司并未实际履行清偿义务的情况下，大唐公司与百富公司之间的债权债务关系并未消灭，大唐公司有权向百富公司另行主张。

第二，代位权诉讼属于债的保全制度，该制度是为防止债务人财产不当减少或者应当增加而未增加，给债权人实现债权造成障碍，而非要求债权人在债务人与次债务人之间择一选择作为履行义务的主体。如果要求债权人择一选择，无异于要求债权人在提起代位权诉讼前，需要对次债务人的偿债能力作充分调查，否则应当由其自行承担债务不得清偿的风险，这不仅加大了债权人提起代位权诉讼的经济成本，还会严重挫伤债权人提起代位权诉讼的积极性，与代位权诉讼制度的设立目的相悖。

第三，本案不违反“一事不再理”原则。根据《最高人民法院关于适用〈中华人民共和国民事诉讼法〉的解释》第二百四十七条的规定，判断是否构成重复起诉的主要条件是当事人、诉讼标的、诉讼请求是否相同，或者后诉的诉讼请求是否实质上否定前诉裁判结果等。代位权诉讼与对债务人的诉讼并不相同，从当事人角度看，代位权诉讼以债权人为原告、次债务人为被告，而对债务人的诉讼则以债权人为原告、债务人为被告，两者被告身份不具有同一性。从诉讼标的及诉讼请求上看，代位权诉讼虽然要求次债务人直接向债权人履行清偿义务，但针对的是债务人与次债务人之间的债权债务，而对债务人的诉讼则是要求债务人向债权人履行清偿义务，针对的是债权人与债务人之间的债权债务，两者在标的范围、法律关系等方面亦不相同。从起诉要件上看，与对债务人诉讼不同的是，代位权诉讼不仅要求具备民事诉讼法规定的起诉条件，同时还应当具备《合同法解释（一）》第十一条规定的诉讼条件。基于上述不同，代位权诉讼与对债务人的诉讼并非同一事由，两者仅具有法律上的关联性，故大唐公司提起本案诉讼并不构成重复起诉。

（生效裁判审判人员：李伟、王毓莹、苏蓓）

## 指导案例 168 号

# 中信银行股份有限公司东莞分行诉陈志华等金融借款合同纠纷案

(最高人民法院审判委员会讨论通过　2021 年 11 月 9 日发布)

**关键词**　民事　金融借款合同　未办理抵押登记　赔偿责任　过错

**裁判要点**

以不动产提供抵押担保，抵押人未依抵押合同约定办理抵押登记的，不影响抵押合同的效力。债权人依据抵押合同主张抵押人在抵押物的价值范围内承担违约赔偿责任的，人民法院应予支持。抵押权人对未能办理抵押登记有过错的，相应减轻抵押人的赔偿责任。

**相关法条**

1.《中华人民共和国物权法》第十五条（注：现行有效的法律为《中华人民共和国民法典》第二百一十五条)；

2.《中华人民共和国合同法》第一百零七条、第一百一十三条第一款、第一百一十九条第一款（注：现行有效的法律为《中华人民共和国民法典》第五百七十七条、第五百八十四条、第五百九十一条第一款)。

**基本案情**

2013 年 12 月 31 日，中信银行股份有限公司东莞分行（以下简称中信银行东莞分行）与东莞市华丰盛塑料有限公司（以下简称华丰盛公司)、东莞市亿阳信通集团有限公司（以下简称亿阳公司)、东莞市高力信塑料有限公司（以下简称高力信公司）签订《综合授信合同》，约定中信银行东莞分行为亿阳公司、高力信公司、华丰盛公司提供 4 亿元的综合授信额度，额度使用期限自 2013 年 12 月 31 日起至 2014 年 12 月 31 日止。为担保该合同，中信银行东莞分行于同日与陈志波、陈志华、陈志文、亿阳公司、高力信公司、华丰盛公司、东莞市怡联贸易有限公司（以下简称怡联公司)、东莞市力宏贸易有限公司（以下简称力宏公司)、东莞市同汇贸易有限公司（以下简称同汇公司）分别签订了《最高额保证合同》，约定：高力信公司、华丰盛公司、亿阳公司、力宏公司、同汇公司、怡联公司、陈志波、陈志华、陈志文为上述期间的贷款本息、实现债权费用在各自保证限额内向中信银行东莞分行提供连带保证责任。同时，中信银行东莞分行还分别与陈志华、陈志波、陈仁兴、梁彩霞签订了《最高额抵押合同》，陈志华、陈志波、陈仁兴、梁彩霞同意为中信银行东莞分行自2013年12月31日至2014年12月31日期间对亿阳公司等授信产生的债权提供最高额抵押，担保的主债权限额均为4亿元，担保范围包括贷款本息及相关费用，抵押物包括：1. 陈志华位于东莞市中堂镇东泊村的房产及位于东莞市中堂镇东泊村中堂汽车站旁的一栋综合楼（未取得不动产登记证书）；2. 陈志波位于东莞市中堂镇东泊村陈屋东兴路东一巷面积为4667.7平方米的土地使用权及地上建筑物、位于东莞市中堂镇吴家涌面积为30801平方米的土地使用权及位于东莞市中堂镇东泊村面积为12641.9平方米的土地使用权（均未取得不动产登记证书）；3. 陈仁兴位于东莞市中堂镇的房屋；4. 梁彩霞位于东莞市中堂镇东泊村陈屋新村的房产。以上不动产均未办理抵押登记。

另，中信银行东莞分行于同日与亿阳公司签订了《最高额权利质押合同》《应收账款质押登记协议》。

基于《综合授信合同》，中信银行东莞分行与华丰盛公司于2014年3月18日、19日分别签订了《人民币流动资金贷款合同》，约定：中信银行东莞分行为华丰盛公司分别提供2500万元、2500万元、2000万元流动资金贷款，贷款期限分别为2014年3月18日至2015年3月18日、2014年3月19日至2015年3月15日、2014年3月19日至2015年3月12日。

东莞市房产管理局于2011年6月29日向东莞市各金融机构发出《关于明确房地产抵押登记有关事项的函》（东房函〔2011〕119号），内容为："东莞市各金融机构：由于历史遗留问题，我市存在一些土地使用权人与房屋产权人不一致的房屋。2008年，住建部出台了《房屋登记办法》（建设部令第168号），其中第八条明确规定'办理房屋登记，应当遵循房屋所有权和房屋占用范围内的土地使用权权利主体一致的原则'。因此，上述房屋在申请所有权转移登记时，必须先使房屋所有权与土地使用权权利主体一致后才能办理。为了避免抵押人在实现该类房屋抵押权时，因无法在房管部门办理房屋所有权转移登记而导致合法利益无法得到保障，根据《物权法》《房屋登记办法》等相关规定，我局进一步明确房地产抵押登记的有关事项，现函告如下：一、土地使用权人与房屋产权人不一致的房屋需办理抵押登记的，必须在房屋所有权与土地使用权权利主体取得一致后才能办理。二、目前我市个别金融机构由于实行先放款再到房地产管理部门申请办理抵押登记，产生了一些不必要的矛盾纠纷。为了减少金融机构信贷风险和信贷矛盾纠纷，我局建议各金融机构在日常办理房地产抵押贷款申请时，应认真审查抵押房地产的房屋所有权和土地使用权权利主体是否一致，再决定是否发放该笔贷款。如对房地产权属存在疑问，可咨询房地产管理部门。三、为了更好地保障当事人利益，我局将从 2011 年 8 月 1 日起，对所有以自建房屋申请办理抵押登记的业务，要求申请人必须同时提交土地使用权证。”

中信银行东莞分行依约向华丰盛公司发放了 7000 万贷款。然而，华丰盛公司自 2014 年 8 月 21 日起未能按期付息。中信银行东莞分行提起本案诉讼。请求：华丰盛公司归还全部贷款本金 7000 万元并支付贷款利息等；陈志波、陈志华、陈仁兴、梁彩霞在抵押物价值范围内承担连带赔偿责任。

**裁判结果**

广东省东莞市中级人民法院于 2015 年 11 月 19 日作出（2015）东中法民四初字第 15 号民事判决：一、东莞市华丰盛塑料有限公司向中信银行股份有限公司东莞分行偿还借款本金 7000 万元、利息及复利并支付罚息；二、东莞市华丰盛塑料有限公司赔偿中信银行股份有限公司东莞分行支出的律师费 13 万元；三、东莞市亿阳信通集团有限公司、东莞市高力信塑料有限公司、东莞市力宏贸易有限公司、东莞市同汇贸易有限公司、东莞市怡联贸易有限公司、陈志波、陈志华、陈志文在各自《最高额保证合同》约定的限额范围内就第一、二判项确定的东莞市华丰盛塑料有限公司所负中信银行股份有限公司东莞分行的债务范围内承担连带清偿责任，保证人在承担保证责任后，有权向东莞市华丰盛塑料有限公司追偿；四、陈志华在位于广东省东莞市中堂镇东泊村中堂汽车站旁的一栋综合楼，陈志波在位于广东省东莞市中堂镇东泊村陈屋东兴路东一巷面积为 4667.7 平方米的土地使用权及地上建筑物（面积为 3000 平方米的三幢住宅）、位于东莞市中堂镇吴家涌面积为 30801 平方米的土地使用权、位于东莞市中堂镇东泊村面积为 12641.9 平方米的土地使用权的价值范围内就第一、二判项确定的东莞市华丰盛塑料有限公司所负中信银行股份有限公司东莞分行债务的未受清偿部分的二分之一范围内承担连带赔偿责任；五、驳回中信银行股份有限公司东莞分行的其他诉讼请求。中信银行股份有限公司东莞分行提出上诉。广东省高级人民法院于 2017 年 11 月 14 日作出（2016）粤民终 1107 号民事判决：驳回上诉，维持原判。中信银行股份有限公司东莞分行不服向最高人民法院申请再审。最高人民法院于 2018 年 9 月 28 日作出（2018）最高法民申 3425 号民事裁定，裁定提审本案。2019 年 12 月 9 日，最高人民法院作出（2019）最高法民再 155 号民事判决：一、撤销广东省高级人民法院（2016）粤民终 1107 号民事判决；二、维持广东省东莞市中级人民法院（2015）东中法民四初字第 15 号民事判决第一、二、三、四项；三、撤销广东省东莞市中级人民法院（2015）东中法民四初字第 15 号民事判决第五项；四、陈志华在位于东莞市中堂镇东泊村的房屋价值范围内、陈仁兴在位于东莞市中堂镇的房屋价值范围内、梁彩霞在位于东莞市中堂镇东泊村陈屋新村的房屋价值范围内，就广东省东莞市中级人民法院（2015）东中法民四初字第 15 号民事判决第一、二判项确定的东莞市华丰盛塑料有限公司所负债务未清偿部分的二分之一范围内向中信银行股份有限公司东莞分行承担连带赔偿责任；五、驳回中信银行股份有限公司东莞分行的其他诉讼请求。

**裁判理由**

最高人民法院认为：《中华人民共和国物权法》第十五条规定："当事人之间订立有关设立、变更、转让和消灭不动产物权的合同，除法律另有规定或者合同另有约定外，自合同成立时生效；未办理物权登记的，不影响合同效力。"本案中，中信银行东莞分行分别与陈志华等三人签订的《最高额抵押合同》，约定陈志华以其位于东莞市中堂镇东泊村的房屋、陈仁兴以其位于东莞市中堂镇的房屋、梁彩霞以其位于东莞市中堂镇东泊村陈屋新村的房屋为案涉债务提供担保。上述合同内容系双方当事人的真实意思表示，内容不违反法律、行政法规的强制性规定，应为合法有效。虽然前述抵押物未办理抵押登记，但根据《中华人民共和国物权法》第十五条之规定，该事实并不影响抵押合同的效力。

依法成立的合同，对当事人具有法律约束力，当事人应当按照合同约定履行各自义务，不履行合同义务或履行合同义务不符合约定的，应依据合同约定或法律规定承担相应责任。《最高额抵押合同》第六条"甲方声明与保证"约定："6.2 甲方对本合同项下的抵押物拥有完全的、有效的、合法的所有权或处分权，需依法取得权属证明的抵押物已依法获发全部权属证明文件，且抵押物不存在任何争议或任何权属瑕疵……6.4 设立本抵押不会受到任何限制或不会造成任何不合法的情形。”第十二条“违约责任”约定：“12.1 本合同生效后，甲乙双方均应履行本合同约定的义务，任何一方不履行或不完全履行本合同约定的义务的，应当承担相应的违约责任，并赔偿由此给对方造成的损失。12.2 甲方在本合同第六条所作声明与保证不真实、不准确、不完整或故意使人误解，给乙方造成损失的，应予赔偿。”根据上述约定，陈志华等三人应确保案涉房产能够依法办理抵押登记，否则应承担相应的违约责任。本案中，陈志华等三人尚未取得案涉房屋所占土地使用权证，因房地权属不一致，案涉房屋未能办理抵押登记，抵押权未依法设立，陈志华等三人构成违约，应依据前述约定赔偿由此给中信银行东莞分行造成的损失。

《中华人民共和国合同法》第一百一十三条第一款规定：“当事人一方不履行合同义务或者履行合同义务不符合约定，给对方造成损失的，损失赔偿额应当相当于因违约所造成的损失，包括合同履行后可以获得的利益，但不得超过违反合同一方订立合同时预见到或者应当预见到的因违反合同可能造成的损失。”《最高额抵押合同》第6.6条约定：“甲方承诺：当主合同债务人不履行到期债务或发生约定的实现担保物权的情形，无论乙方对主合同项下的债权是否拥有其他担保（包括但不限于主合同债务人自己提供物的担保、保证、抵押、质押、保函、备用信用证等担保方式），乙方有权直接请求甲方在其担保范围内承担担保责任，无需行使其他权利（包括但不限于先行处置主合同债务人提供的物的担保）。”第8.1条约定：“按照本合同第二条第2.2款确定的债务履行期限届满之日债务人未按主合同约定履行全部或部分债务的，乙方有权按本合同的约定处分抵押物。”在《最高额抵押合同》正常履行的情况下，当主债务人不履行到期债务时，中信银行东莞分行可直接请求就抵押物优先受偿。本案抵押权因未办理登记而未设立，中信银行东莞分行无法实现抵押权，损失客观存在，其损失范围相当于在抵押财产价值范围内华丰盛公司未清偿债务数额部分，并可依约直接请求陈志华等三人进行赔偿。同时，根据本案查明的事实，中信银行东莞分行对《最高额抵押合同》无法履行亦存在过错。东莞市房产管理局已于2011年明确函告辖区各金融机构，房地权属不一致的房屋不能再办理抵押登记。据此可以认定，中信银行东莞分行在2013年签订《最高额抵押合同》时对于案涉房屋无法办理抵押登记的情况应当知情或者应当能够预见。中信银行东莞分行作为以信贷业务为主营业务的专业金融机构，应比一般债权人具备更高的审核能力。相对于此前曾就案涉抵押物办理过抵押登记的陈志华等三人来说，中信银行东莞分行具有更高的判断能力，负有更高的审查义务。中信银行东莞分行未尽到合理的审查和注意义务，对抵押权不能设立亦存在过错。同时，根据《中华人民共和国合同法》第一百一十九条“当事人一方违约后，对方应当采取适当措施防止损失的扩大；没有采取适当措施致使损失扩大的，不得就扩大的损失要求赔偿”的规定，中信银行东莞分行在知晓案涉房屋无法办理抵押登记后，没有采取降低授信额度、要求提供补充担保等措施防止损失扩大，可以适当减轻陈志华等三人的赔偿责任。综合考虑双方当事人的过错程度以及本案具体情况，酌情认定陈志华等三人以抵押财产价值为限，在华丰盛公司尚未清偿债务的二分之一范围内，向中信银行东莞分行承担连带赔偿责任。

（生效裁判审判人员：高燕竹、张颖新、刘少阳）

## 指导案例 169 号

# 徐欣诉招商银行股份有限公司上海延西支行银行卡纠纷案

（最高人民法院审判委员会讨论通过　2021 年 11 月 9 日发布）

**关键词**　民事　银行卡纠纷　网络盗刷　责任认定

**裁判要点**

持卡人提供证据证明他人盗用持卡人名义进行网络交易，请求发卡行承担被盗刷账户资金减少的损失赔偿责任，发卡行未提供证据证明持卡人违反信息妥善保管义务，仅以持卡人身份识别信息和交易验证信息相符为由主张不承担赔偿责任的，人民法院不予支持。

**相关法条**

《中华人民共和国合同法》第一百零七条（注：现行有效的法律为《中华人民共和国民法典》第五百七十七条）

**基本案情**

徐欣系招商银行股份有限公司上海延西支行（以下简称招行延西支

行）储户，持有卡号为××××的借记卡一张。

2016 年 3 月 2 日，徐欣上述借记卡发生三笔转账，金额分别为 50000 元、50000 元及 46200 元，共计 146200 元。转入户名均为石某，卡号：××××，转入行：中国农业银行。

2016 年 5 月 30 日，徐欣父亲徐某至上海市公安局青浦分局经侦支队报警并取得《受案回执》。当日，上海市公安局青浦分局经侦支队向徐欣发送沪公（青）立告字（2016）3923 号《立案告知书》，告知信用卡诈骗案决定立案。

2016 年 4 月 29 日，福建省福清市公安局出具融公（刑侦）捕字（2016）00066 号《逮捕证》，载明：经福清市人民检察院批准，兹由我局对涉嫌盗窃罪的谢某 1 执行逮捕，送福清市看守所羁押。

2016 年 5 月 18 日，福建省福清市公安局刑侦大队向犯罪嫌疑人谢某 1 制作《讯问笔录》，载明：……我以 9800 元人民币向我师傅购买了笔记本电脑、银行黑卡（使用别人身份办理的银行卡）、身份证、优盘等设备用来实施盗刷他人银行卡存款。我师傅卖给我的优盘里有受害人的身份信息、手机号码、银行卡号、取款密码以及银行卡内的存款情况。……用自己人的头像补一张虚假的临时身份证，办理虚假的临时身份证的目的是用于到手机服务商营业厅将我们要盗刷的那个受害者的手机挂失并补新的 SIM 卡，我们补新 SIM 卡的目的是掌握受害者预留给银行的手机，以便于接收转账等操作时银行发送的验证码，只有输入验证码手机银行内的钱才能被转账成功。而且将受害者的银行卡盗刷后，他手上持有的 SIM 卡接收不到任何信息，我们转他银行账户内的钱不至于被他发现。……2016 年 3 月 2 日，我师傅告诉我说这次由他负责办理受害人假的临时身份证，并补办受害者关联银行卡的新手机 SIM 卡。他给了我三个银行账号和密码（经辨认银行交易明细，……一张是招行卡号为××××，户名：徐欣）。

2016 年 6 月，福建省福清市公安局出具《呈请案件侦查终结报告书》，载明：……2016 年 3 月 2 日，此次作案由谢某 1 负责转账取款，上家负责提供信息、补卡，此次谢某 1 盗刷了周某、徐欣、汪某等人银行卡内存款共计 400700 元……

2016 年 6 月 22 日，福建省福清市人民检察院向徐欣发送《被害人诉讼权利义务告知书》，载明：犯罪嫌疑人谢某 1、谢某 2 等三人盗窃案一案，已由福清市公安局移送审查起诉……

徐欣向人民法院起诉请求招行延西支行赔偿银行卡盗刷损失及利息。

**裁判结果**

上海市长宁区人民法院于2017年4月25日作出（2017）沪0105民初1787号民事判决：一、招商银行股份有限公司上海延西支行给付徐欣存款损失146200元；二、招商银行股份有限公司上海延西支行给付原告徐欣自2016年3月3日起至判决生效之日止，以146200元为基数，按照中国人民银行同期存款利率计算的利息损失。招商银行股份有限公司上海延西支行不服一审判决，向上海市第一中级人民法院提起上诉。上海市第一中级人民法院2017年10月31日作出（2017）沪01民终9300号民事判决：驳回上诉，维持原判。

**裁判理由**

法院生效裁判认为：被上诉人在上诉人处办理了借记卡并将资金存入上诉人处，上诉人与被上诉人之间建立储蓄存款合同关系。《中华人民共和国商业银行法》第六条规定，“商业银行应当保障存款人的合法权益不受任何单位和个人的侵犯”。在储蓄存款合同关系中，上诉人作为商业银行对作为存款人的被上诉人，具有保障账户资金安全的法定义务以及向被上诉人本人或者其授权的人履行的合同义务。为此，上诉人作为借记卡的发卡行及相关技术、设备和操作平台的提供者，应当对交易机具、交易场所加强安全管理，对各项软硬件设施及时更新升级，以最大限度地防范资金交易安全漏洞。尤其是，随着电子银行业务的发展，商业银行作为电子交易系统的开发、设计、维护者，也是从电子交易便利中获得经济利益的一方，应当也更有能力采取更为严格的技术保障措施，以增强防范银行卡违法犯罪行为的能力。本案根据查明的事实，被上诉人涉案账户的资金损失，系因案外人谢某1非法获取被上诉人的身份信息、手机号码、取款密码等账户信息后，通过补办手机SIM卡截获上诉人发送的动态验证码，进而进行转账所致。在存在网络盗刷的情况下，上诉人仍以身份识别信息和交易验证信息通过为由主张案涉交易是持卡人本人或其授权交易，不能成立。而且，根据本案现有证据无法查明案外人谢某1如何获得交易密码等账户信息，上诉人亦未提供相应的证据证明账户信息泄露系因被上诉人没有妥善保管使用银行卡所导致，因此，就被上诉人自身具有过错，应当由上诉人承担举证不能的法律后果。上诉人另主张，手机运营商在涉案事件中存在过错。然，本案被上诉人提起诉讼的请求权基础为储蓄存款合同关系，手机运营商并非合同以及本案的当事人，手机运营商是否存在过错以及上诉人对被上诉人承担赔偿责任后，是否有权向手机运营商追偿，并非本案审理范围。综上，上诉人在储蓄存款合同履行过程中，对上诉人账户资金未尽到安全保障义务，又无证据证明被上诉人存在违约行为可以减轻责任，上诉人对被上诉人的账户资金损失应当承担全部赔偿责任。上诉人的上诉请求，理由不成立，不予支持。

（生效裁判审判人员：崔婕、周欣、桂佳）

## 指导案例 170 号

# 饶国礼诉某物资供应站等房屋租赁合同纠纷案

（最高人民法院审判委员会讨论通过　2021 年 11 月 9 日发布）

**关键词**　民事　房屋租赁合同　合同效力　行政规章　公序良俗　危房

**裁判要点**

违反行政规章一般不影响合同效力，但违反行政规章签订租赁合同，约定将经鉴定机构鉴定存在严重结构隐患，或将造成重大安全事故的应当尽快拆除的危房出租用于经营酒店，危及不特定公众人身及财产安全，属于损害社会公共利益、违背公序良俗的行为，应当依法认定租赁合同无效，按照合同双方的过错大小确定各自应当承担的法律责任。

**相关法条**

《中华人民共和国民法总则》第一百五十三条、《中华人民共和国合同法》第五十二条、第五十八条（注：现行有效的法律为《中华人民共和国民法典》第一百五十三条、第一百五十七条）

**基本案情**

南昌市青山湖区晶品假日酒店（以下简称晶品酒店）组织形式为个人经营，经营者系饶国礼，经营范围及方式为宾馆服务。2011 年 7 月 27 日，晶品酒店通过公开招标的方式中标获得租赁某物资供应站所有的南昌市青山南路 1 号办公大楼的权利，并向物资供应站出具《承诺书》，承诺中标以后严格按照加固设计单位和江西省建设工程安全质量监督管理局等权威部门出具的加固改造方案，对青山南路1号办公大楼进行科学、安全的加固，并在取得具有法律效力的书面文件后，再使用该大楼。同年8月29日，晶品酒店与物资供应站签订《租赁合同》，约定：物资供应站将南昌市青山南路1号（包含房产证记载的南昌市东湖区青山南路1号和东湖区青山南路3号）办公楼4120平方米建筑出租给晶品酒店，用于经营商务宾馆。租赁期限为十五年，自2011年9月1日起至2026年8月31日止。除约定租金和其他费用标准、支付方式、违约赔偿责任外，还在第五条特别约定：1. 租赁物经有关部门鉴定为危楼，需加固后方能使用。晶品酒店对租赁物的前述问题及瑕疵已充分了解。晶品酒店承诺对租赁物进行加固，确保租赁物达到商业房产使用标准，晶品酒店承担全部费用。2. 加固工程方案的报批、建设、验收（验收部门为江西省建设工程安全质量监督管理局或同等资质的部门）均由晶品酒店负责，物资供应站根据需要提供协助。3. 晶品酒店如未经加固合格即擅自使用租赁物，应承担全部责任。合同签订后，物资供应站依照约定交付了租赁房屋。晶品酒店向物资供应站给付20万元履约保证金，1000万元投标保证金。中标后物资供应站退还了800万元投标保证金。

2011年10月26日，晶品酒店与上海永祥加固技术工程有限公司签订加固改造工程《协议书》，晶品酒店将租赁的房屋以包工包料一次包干（图纸内的全部土建部分）的方式发包给上海永祥加固技术工程有限公司加固改造，改造范围为主要承重柱、墙、梁板结构加固新增墙体全部内粉刷，图纸内的全部内容，图纸、电梯、热泵。开工时间2011年10月26日，竣工时间2012年1月26日。2012年1月3日，在加固施工过程中，案涉建筑物大部分垮塌。

江西省建设业安全生产监督管理站于2007年6月18日出具《房屋安全鉴定意见》，鉴定结果和建议是：1. 该大楼主要结构受力构件设计与施工均不能满足现行国家设计和施工规范的要求，其强度不能满足上部结构承载力的要求，存在较严重的结构隐患。2. 该大楼未进行抗震设计，没有抗震构造措施，不符合《建筑抗震设计规范》（GB 50011—2001）的要求。遇有地震或其他意外情况发生，将造成重大安全事故。3. 根据《危险房屋鉴定标准》（GB 50292—1999），该大楼按房屋危险性等级划分，属D级危房，应予以拆除。4. 建议：（1）应立即对大楼进行减载，减少结构上的荷载。（2）对有问题的结构构件进行加固处理。（3）目前，应对大楼加强观察，并应采取措施，确保大楼安全过渡至拆除。如发现有异常现象，应立即撤出大楼的全部人员，并向有关部门报告。（4）建议尽快拆除全部结构。

饶国礼向一审法院提出诉请：一、解除其与物资供应站于 2011 年 8 月 29 日签订的《租赁合同》；二、物资供应站返还其保证金 220 万元；三、物资供应站赔偿其各项经济损失共计 281 万元；四、本案诉讼费用由物资供应站承担。

物资供应站向一审法院提出反诉诉请：一、判令饶国礼承担侵权责任，赔偿其 2463.5 万元；二、判令饶国礼承担全部诉讼费用。

再审中，饶国礼将其上述第一项诉讼请求变更为：确认案涉《租赁合同》无效。物资供应站亦将其诉讼请求变更为：饶国礼赔偿物资供应站损失 418.7 万元。

**裁判结果**

江西省南昌市中级人民法院于 2017 年 9 月 1 日作出（2013）洪民一初字第 2 号民事判决：一、解除饶国礼经营的晶品酒店与物资供应站 2011 年 8 月 29 日签订的《租赁合同》；二、物资供应站应返还饶国礼投标保证金 200 万元；三、饶国礼赔偿物资供应站 804.3 万元，抵扣本判决第二项物资供应站返还饶国礼的 200 万元保证金后，饶国礼还应于本判决生效后十五日内给付物资供应站 604.3 万元；四、驳回饶国礼其他诉讼请求；五、驳回物资供应站其他诉讼请求。一审判决后，饶国礼提出上诉。江西省高级人民法院于 2018 年 4 月 24 日作出（2018）赣民终 173 号民事判决：一、维持江西省南昌市中级人民法院（2013）洪民一初字第 2 号民事判决第一项、第二项；二、撤销江西省南昌市中级人民法院（2013）洪民一初字第 2 号民事判决第三项、第四项、第五项；三、物资供应站返还饶国礼履约保证金 20 万元；四、饶国礼赔偿物资供应站经济损失 182.4 万元；五、本判决第一项、第三项、第四项确定的金额相互抵扣后，物资供应站应返还饶国礼 375.7 万元，该款项限物资供应站于本判决生效后十日内支付；六、驳回饶国礼的其他诉讼请求；七、驳回物资供应站的其他诉讼请求。饶国礼、物资供应站均不服二审判决，向最高人民法院申请再审。最高人民法院于 2018 年 9 月 27 日作出（2018）最高法民申 4268 号民事裁定，裁定提审本案。2019 年 12 月 19 日，最高人民法院作出（2019）最高法民再97号民事判决：一、撤销江西省高级人民法院（2018）赣民终173号民事判决、江西省南昌市中级人民法院（2013）洪民一初字第2号民事判决；二、确认饶国礼经营的晶品酒店与物资供应站签订的《租赁合同》无效；三、物资供应站自本判决发生法律效力之日起十日内向饶国礼返还保证金220万元；四、驳回饶国礼的其他诉讼请求；五、驳回物资供应站的诉讼请求。

**裁判理由**

最高人民法院认为：根据江西省建设业安全生产监督管理站于2007年6月18日出具的《房屋安全鉴定意见》，案涉《租赁合同》签订前，该合同项下的房屋存在以下安全隐患：一是主要结构受力构件设计与施工均不能满足现行国家设计和施工规范的要求，其强度不能满足上部结构承载力的要求，存在较严重的结构隐患；二是该房屋未进行抗震设计，没有抗震构造措施，不符合《建筑抗震设计规范》国家标准，遇有地震或其他意外情况发生，将造成重大安全事故。《房屋安全鉴定意见》同时就此前当地发生的地震对案涉房屋的结构造成了一定破坏、应引起业主及其上级部门足够重视等提出了警示。在上述认定基础上，江西省建设业安全生产监督管理站对案涉房屋的鉴定结果和建议是，案涉租赁房屋属于应尽快拆除全部结构的D级危房。据此，经有权鉴定机构鉴定，案涉房屋已被确定属于存在严重结构隐患、或将造成重大安全事故的应当尽快拆除的D级危房。根据中华人民共和国住房和城乡建设部《危险房屋鉴定标准》（2016年12月1日实施）第6.1条规定，房屋危险性鉴定属D级危房的，系指承重结构已不能满足安全使用要求，房屋整体处于危险状态，构成整幢危房。尽管《危险房屋鉴定标准》第7.0.5条规定，对评定为局部危房或整幢危房的房屋可按下列方式进行处理：1. 观察使用；2. 处理使用；3. 停止使用；4. 整体拆除；5. 按相关规定处理。但本案中，有权鉴定机构已经明确案涉房屋应予拆除，并建议尽快拆除该危房的全部结构。因此，案涉危房并不具有可在加固后继续使用的情形。《商品房屋租赁管理办法》第六条规定，不符合安全、防灾等工程建设强制性标准的房屋不得出租。《商品房屋租赁管理办法》虽在效力等级上属部门规章，但是，该办法第六条规定体现的是对社会公共安全的保护以及对公序良俗的维护。结合本案事实，在案涉房屋已被确定属于存在严重结构隐患、或将造成重大安全事故、应当尽快拆除的D级危房的情形下，双方当事人仍签订《租赁合同》，约定将该房屋出租用于经营可能危及不特定公众人身及财产安全的商务酒店，明显损害了社会公共利益、违背了公序良俗。从维护公共安全及确立正确的社会价值导向的角度出发，对本案情形下合同效力的认定应从严把握，司法不应支持、鼓励这种为追求经济利益而忽视公共安全的有违社会公共利益和公序良俗的行为。故依照《中华人民共和国民法总则》第一百五十三条第二款关于违背公序良俗的民事法律行为无效的规定，以及《中华人民共和国合同法》第五十二条第四项关于损害社会公共利益的合同无效的规定，确认《租赁合同》无效。关于案涉房屋倒塌后物资供应站支付给他人的补偿费用问题，因物资供应站应对《租赁合同》的无效承担主要责任，根据《中华人民共和国合同法》第五十八条“合同无效后，双方都有过错的，应当各自承担相应的责任”的规定，上述费用应由物资供应站自行承担。因饶国礼对于《租赁合同》无效亦有过错，故对饶国礼的损失依照《中华人民共和国合同法》第五十八条的规定，亦应由其自行承担。饶国礼向物资供应站支付的220万元保证金，因《租赁合同》系无效合同，物资供应站基于该合同取得的该款项依法应当退还给饶国礼。

（生效裁判审判人员：张爱珍、何君、张颖）

## 指导案例171号

# 中天建设集团有限公司诉河南恒和置业有限公司建设工程施工合同纠纷案

（最高人民法院审判委员会讨论通过　2021年11月9日发布）

**关键词**　民事　建设工程施工合同　优先受偿权　除斥期间

**裁判要点**

执行法院依其他债权人的申请，对发包人的建设工程强制执行，承包人向执行法院主张其享有建设工程价款优先受偿权且未超过除斥期间的，视为承包人依法行使了建设工程价款优先受偿权。发包人以承包人起诉时行使建设工程价款优先受偿权超过除斥期间为由进行抗辩的，人民法院不予支持。

**相关法条**

《中华人民共和国合同法》第二百八十六条（注：现行有效的法律为《中华人民共和国民法典》第八百零七条）

**基本案情**

2012年9月17日，河南恒和置业有限公司与中天建设集团有限公司签订一份《恒和国际商务会展中心工程建设工程施工合同》约定，由中天建设集团有限公司对案涉工程进行施工。2013年6月25日，河南恒和置业有限公司向中天建设集团有限公司发出《中标通知书》，通知中天建设集团有限公司中标位于洛阳市洛龙区开元大道的恒和国际商务会展中心工程。2013年6月26日，河南恒和置业有限公司和中天建设集团有限公司签订《建设工程施工合同》，合同中双方对工期、工程价款、违约责任等有关工程事项进行了约定。合同签订后，中天建设集团有限公司进场施工。施工期间，因河南恒和置业有限公司拖欠工程款，2013年11月12日、2013年11月26日、2014年12月23日中天建设集团有限公司多次向河南恒和置业有限公司送达联系函，请求河南恒和置业有限公司立即支付拖欠的工程款，按合同约定支付违约金并承担相应损失。2014年4月、5月，河南恒和置业有限公司与德汇工程管理（北京）有限公司签订《建设工程造价咨询合同》，委托德汇工程管理（北京）有限公司对案涉工程进行结算审核。2014年11月3日，德汇工程管理（北京）有限公司出具《恒和国际商务会展中心结算审核报告》。河南恒和置业有限公司、中天建设集团有限公司和德汇工程管理（北京）有限公司分别在审核报告中的审核汇总表上加盖公章并签字确认。2014年11月24日，中天建设集团有限公司收到通知，河南省焦作市中级人民法院依据河南恒和置业有限公司其他债权人的申请将对案涉工程进行拍卖。2014年12月1日，中天建设集团有限公司第九建设公司向河南省焦作市中级人民法院提交《关于恒和国际商务会展中心在建工程拍卖联系函》中载明，中天建设集团有限公司系恒和国际商务会展中心在建工程承包方，自项目开工，中天建设集团有限公司已完成产值2.87亿元工程，中天建设集团有限公司请求依法确认优先受偿权并参与整个拍卖过程。中天建设集团有限公司和河南恒和置业有限公司均认可案涉工程于2015年2月5日停工。

2018年1月31日，河南省高级人民法院立案受理中天建设集团有限公司对河南恒和置业有限公司的起诉。中天建设集团有限公司请求解除双方签订的《建设工程施工合同》并请求确认河南恒和置业有限公司欠付中天建设集团有限公司工程价款及优先受偿权。

**裁判结果**

河南省高级人民法院于2018年10月30日作出（2018）豫民初3号民事判决：一、河南恒和置业有限公司与中天建设集团有限公司于2012年9月17日、2013年6月26日签订的两份《建设工程施工合同》无效；二、确认河南恒和置业有限公司欠付中天建设集团有限公司工程款288428047.89元及相应利息（以288428047.89元为基数，自2015年3月1日起至2018年4月10日止，按照中国人民银行公布的同期贷款利率计付）；三、中天建设集团有限公司在工程价款288428047.89元范围内，对其施工的恒和国际商务会展中心工程折价或者拍卖的价款享有行使优先受偿权的权利；四、驳回中天建设集团有限公司的其他诉讼请求。宣判后，河南恒和置业有限公司提起上诉，最高人民法院于2019年6月21日作出（2019）最高法民终255号民事判决：驳回上诉，维持原判。

**裁判理由**

最高人民法院认为：《最高人民法院关于审理建设工程施工合同纠纷案件适用法律问题的解释（二）》第二十二条规定："承包人行使建设工程价款优先受偿权的期限为六个月，自发包人应当给付建设工程价款之日起算。"根据《最高人民法院关于建设工程价款优先受偿权问题的批复》第一条规定，建设工程价款优先受偿权的效力优先于设立在建设工程上的抵押权和发包人其他债权人所享有的普通债权。人民法院依据发包人的其他债权人或抵押权人申请对建设工程采取强制执行行为，会对承包人的建设工程价款优先受偿权产生影响。此时，如承包人向执行法院主张其对建设工程享有建设工程价款优先受偿权的，属于行使建设工程价款优先受偿权的合法方式。河南恒和置业有限公司和中天建设集团有限公司共同委托的造价机构德汇工程管理（北京）有限公司于2014年11月3日对案涉工程价款出具《审核报告》。2014年11月24日，中天建设集团有限公司收到通知，河南省焦作市中级人民法院依据河南恒和置业有限公司其他债权人的申请将对案涉工程进行拍卖。2014年12月1日，中天建设集团有限公司第九建设公司向河南省焦作市中级人民法院提交《关于恒和国际商务会展中心在建工程拍卖联系函》，请求依法确认对案涉建设工程的优先受偿权。2015年2月5日，中天建设集团有限公司对案涉工程停止施工。

2015 年 8 月 4 日，中天建设集团有限公司向河南恒和置业有限公司发送《关于主张恒和国际商务会展中心工程价款优先受偿权的工作联系单》，要求对案涉工程价款享有优先受偿权。2016 年 5 月 5 日，中天建设集团有限公司第九建设公司又向河南省洛阳市中级人民法院提交《优先受偿权参与分配申请书》，依法确认并保障其对案涉建设工程价款享有的优先受偿权。因此，河南恒和置业有限公司关于中天建设集团有限公司未在六个月除斥期间内以诉讼方式主张优先受偿权，其优先受偿权主张不应得到支持的上诉理由不能成立。

（生效裁判审判人员：杜军、谢勇）

# 最高人民法院
# 关于发布第31批指导性案例的通知

2021年12月1日　　法〔2021〕286号

**各省、自治区、直辖市高级人民法院，解放军军事法院，新疆维吾尔自治区高级人民法院生产建设兵团分院：**

经最高人民法院审判委员会讨论决定，现将秦家学滥伐林木刑事附带民事公益诉讼案等七个案例（指导案例172—178号），作为第31批指导性案例发布，供在审判类似案件时参照。

## 指导案例172号

# 秦家学滥伐林木刑事附带民事公益诉讼案

（最高人民法院审判委员会讨论通过　2021年12月1日发布）

**关键词**　刑事　滥伐林木罪　生态修复　补植复绿　专家意见　保证金

**裁判要点**

1. 人民法院确定被告人森林生态环境修复义务时，可以参考专家意见及林业规划设计单位、自然保护区主管部门等出具的专业意见，明确履行修复义务的树种、树龄、地点、数量、存活率及完成时间等具体要求。

2. 被告人自愿交纳保证金作为履行生态环境修复义务担保的，人民法院可以将该情形作为从轻量刑情节。

**相关法条**

《中华人民共和国民法典》第一百七十九条（本案适用的是自2010年7月1日起实施的《中华人民共和国侵权责任法》第十五条）

《中华人民共和国森林法》第五十六条、第五十七条、第七十六条（本案适用的是2009年8月27日修正的《中华人民共和国森林法》第三十二条、第三十九条）

**基本案情**

湖南省保靖县人民检察院指控被告人秦家学犯滥伐林木罪向保靖县人民法院提起公诉，在诉讼过程中，保靖县人民检察院以社会公共利益受到损害为由，又向保靖县人民法院提起附带民事公益诉讼。

保靖县人民检察院认为，应当以滥伐林木罪追究被告人秦家学刑事责任。同时，被告人行为严重破坏了生态环境，致使社会公共利益遭受到损害，根据侵权责任法的相关规定，应当补植复绿，向公众赔礼道歉。被告人秦家学对公诉机关的指控无异议。但辩称，其是林木的实际经营者和所有权人，且积极交纳补植复绿的保证金，请求从轻判处。

保靖县人民法院经审理查明，湖南省保靖县以1958年成立的保靖县国营白云山林场为核心，于1998年成立白云山县级自然保护区。后该保护区于2005年评定为白云山省级自然保护区，并完成了公益林区划界定；又于2013年评定为湖南白云山国家级自然保护区。其间，被告人秦家学于1998年承包了位于该县毛沟镇卧当村白云山自然保护区核心区内“土地坳”（地名）的山林，次年起开始有计划地植造杉木林，该林地位于公益林范围内，属于公益林地。2016年9月至2017年1月，秦家学在没有办理《林木采伐许可证》情况下，违反森林法，擅自采伐其承包该林地上的杉木林并销售，所采伐区域位于该保护区核心区域内面积为117.5亩，核心区外面积为15.46亩。经鉴定，秦家学共砍伐林木1010株，林木蓄积为153.3675立方米。后保靖县林业勘测规划设计队出具补植补造作业设计说明证明，该受损公益林补植复绿的人工苗等费用为人民币66025元。

人民法院审理期间，保靖县林业勘测规划设计队及保靖县林业局、白云山国家级自然保护区又对该受损公益林补植复绿提出了具体建议和专业要求。秦家学预交补植复绿保证金66025元，保证履行补植复绿义务。

**裁判结果**

湖南省保靖县人民法院于2018年8月3日作出（2018）湘3125刑初

5号刑事附带民事判决，认定被告人秦家学犯滥伐林木罪，判处有期徒刑三年，缓刑四年，并处罚金人民币1万元，并于判决生效后两年内在湖南白云山国家级自然保护区内“土地坳”栽植一年生杉树苗5050株，存活率达到90%以上。宣判后，没有上诉、抗诉，一审判决已发生法律效力。被告人依照判决，在原砍伐林地等处栽植一年生杉树苗5050株，且存活率达到100%。

**裁判理由**

法院生效裁判认为：被告人秦家学违反森林法规定，未经林业主管部门许可，无证滥伐白云山国家级自然保护区核心区内的公益林，数量巨大，构成滥伐林木罪。辩护人提出的被告人系初犯、认罪，积极交纳补植补绿的保证金66025元到法院的执行账户，有悔罪表现，应当从轻判处的辩护意见，予以采信。白云山国家级自然保护区位于中国十七个生物多样性关键地区之一的武陵山区及酉水流域，是云贵高原、四川盆地至雪峰山区、湘中丘陵之间动植物资源自然流动通道的重要节点，是长江流域洞庭湖支流沅江的重要水源涵养区，其森林资源具有保持水土、维护生物多样性等多方面重要作用。被告人所承包、栽植并管理的树木，已经成为白云山国家级自然保护区森林资源的不可分割的有机组成部分。被告人无证滥伐该树木且数量巨大，其行为严重破坏了白云山国家级自然保护区生态环境，危及生物多样性保护，使社会公共利益遭受到严重损害，性质上属于一种侵权行为。附带民事公益诉讼不是传统意义上的民事诉讼，公益诉讼起诉人也不是一般意义上的受害人。公益诉讼起诉人要求被告人承担恢复原状法律责任的诉讼请求，于法有据，予以支持。根据保靖县林业勘测规划设计队出具的“土地坳”补植补造作业设计说明以及白云山自然保护区管理局、保靖县林业局等部门专家提供的专业资料和建议，参照森林法第三十九条第二款规定，对公益诉讼起诉人提出的被告人应补种树木的诉讼请求，应认为有科学、合理的根据和法律依据，予以支持。辩护人提出被告人作为林地承包者的经营权利也应当依法保护的意见，有其合理之处，在具体确定被告人法律责任时予以考虑。遂作出上述判决。

（生效裁判审判人员：龙鸥玲、徐岩松、向福生、彭菲、彭举忠、彭大江、贾长金）

## 指导案例 173 号

# 北京市朝阳区自然之友环境研究所诉中国水电顾问集团新平开发有限公司、中国电建集团昆明勘测设计研究院有限公司生态环境保护民事公益诉讼案

（最高人民法院审判委员会讨论通过　2021 年 12 月 1 日发布）

**关键词**　民事　生态环境保护民事公益诉讼　损害社会公共利益　重大风险　濒危野生动植物

**裁判要点**

人民法院审理环境民事公益诉讼案件，应当贯彻保护优先、预防为主原则。原告提供证据证明项目建设将对濒危野生动植物栖息地及生态系统造成毁灭性、不可逆转的损害后果，人民法院应当从被保护对象的独有价值、损害结果发生的可能性、损害后果的严重性及不可逆性等方面，综合判断被告的行为是否具有《最高人民法院关于审理环境民事公益诉讼案件适用法律若干问题的解释》第一条规定的“损害社会公共利益重大风险”。

**相关法条**

《中华人民共和国环境保护法》（2014 年 4 月 24 日修订）第五条

**基本案情**

戛洒江一级水电站工程由中国水电顾问集团新平开发有限公司（以下简称新平公司）开发建设，中国电建集团昆明勘测设计研究院有限公司（以下简称昆明设计院）是该工程总承包方及受托编制《云南省红河（元江）干流戛洒江一级水电站环境影响报告书》（以下简称《环境影响报告书》）的技术单位。戛洒江一级水电站坝址位于云南省新平县境内，下游距新平县水塘镇约 6.5 千米，电站采用堤坝式开发，坝型为混凝土面板堆石坝，最大坝高 175.5 米，水库正常蓄水位 675 米，淹没区域涉及红河上游的戛洒江、石羊江及支流绿汁江、小江河。水库淹没影响和建设征地涉及新平县和双柏县 8 个乡（镇）。戛洒江一级水电站项目建设自 2011 年至 2014 年分别取得了国家发展改革委、原国土资源部、生态环境部等多个相关主管部门关于用地、环评、建设等批复和同意。2017 年 7 月 21 日，生态环境部办公厅向新平公司发出《关于责成开展云南省红河（元江）干流

指导案例篇

戛洒江一级水电站环境影响后评价的函》（以下简称《责成后评价函》），责成新平公司就该项目建设开展环境影响后评价，采取改进措施，并报生态环境部备案。后评价工作完成前，不得蓄水发电。2017年8月至今，新平公司主动停止对戛洒江一级水电站建设项目的施工。按工程进度，戛洒江一级水电站建设项目现已完成“三通一平”工程并修建了导流洞。

绿孔雀为典型热带、亚热带林栖鸟类，主要在河谷地带的常绿阔叶林、落叶阔叶林及针阔混合林中活动，杂食类，为稀有种类，属国家一级保护动物，在中国濒危动物红皮书中列为“濒危”物种。就绿孔雀相关问题，昆明市中级人民法院发函云南省林业和草原局，2019年4月4日云南省林业和草原局进行了函复。此后，昆明市中级人民法院又向该局调取了其编制的《元江中上游绿孔雀种群现状调查报告》，该报告载明戛洒江一级水电站建成后，蓄水水库将淹没海拔680米以下河谷地区，将对绿孔雀目前利用的沙浴地、河滩求偶场等适宜栖息地产生较大影响。同时，由于戛洒江一级水电站的建设，淹没区公路将改造重修，也会破坏绿孔雀等野生动物适宜栖息地。对暂停建设的戛洒江一级水电站，应评估停建影响，保护和恢复绿孔雀栖息地措施等。2018年6月29日，云南省人民政府下发《云南省人民政府关于发布云南省生态保护红线的通知》，对外发布《云南省生态保护红线》。根据《云南省生态保护红线》附件1《云南省生态保护红线分布图》所示，戛洒江一级水电站淹没区大部分被划入红河（元江）干热河谷及山原水土保持生态保护红线范围，在该区域内，绿孔雀为其中一种重点保护物种。

陈氏苏铁为国家一级保护植物。2015年后被列入《云南省生物物种红色名录（2017版）》，为极危物种。原告北京市朝阳区自然之友环境研究所（以下简称自然之友研究所）提交了其在绿汁江、石羊江河谷等戛洒江一级水电站淹没区拍摄到的陈氏苏铁照片。证人刘某（中国科学院助理研究员）出庭作证，陈氏苏铁仅在我国红河流域分布。按照世界自然保护联盟的评价标准，陈氏苏铁应为濒危。

自然之友研究所向昆明市中级人民法院起诉，请求人民法院判令新平公司及昆明设计院共同消除戛洒江一级水电站建设对绿孔雀、陈氏苏铁等珍稀濒危野生动植物以及热带季雨林和热带雨林侵害危险，立即停止水电站建设，不得截留蓄水，不得对该水电站淹没区内植被进行砍伐。

**裁判结果**

云南省昆明市中级人民法院于2020年3月16日作出（2017）云01民初2299号民事判决：一、新平公司立即停止基于现有环境影响评价下的戛洒江一级水电站建设项目，不得截流蓄水，不得对该水电站淹没区内植被进行砍伐。对戛洒江一级水电站的后续处理，待新平公司按生态环境部要求完成环境影响后评价，采取改进措施并报生态环境部备案后，由相关行政主管部门视具体情况依法作出决定；二、由新平公司于本判决生效后三十日内向自然之友研究所支付因诉讼发生的合理费用8万元；三、驳回自然之友研究所的其他诉讼请求。宣判后，自然之友研究所以戛洒江一级水电站应当永久性停建为由，新平公司以水电站已经停建且划入生态红线，应当驳回自然之友研究所诉讼请求为由，分别提起上诉。云南省高级人民法院于2020年12月22日作出（2020）云民终824号民事判决：驳回上诉，维持原判。

**裁判理由**

法院生效裁判认为：本案符合《最高人民法院关于审理环境民事公益诉讼案件适用法律若干问题的解释》第一条“对已经损害社会公共利益或者具有损害社会公共利益重大风险的污染环境、破坏生态的行为提起诉讼”规定中“具有损害社会公共利益重大风险”的法定情形，属于预防性环境公益诉讼。预防性环境公益诉讼突破了“无损害即无救济”的诉讼救济理念，是环境保护法“保护优先，预防为主”原则在环境司法中的具体落实与体现。预防性环境公益诉讼的核心要素是具有重大风险，重大风险是指对“环境”可能造成重大损害危险的一系列行为。本案中，自然之友研究所已举证证明戛洒江一级水电站如果继续建设，则案涉工程淹没区势必导致国家一级保护动物绿孔雀的栖息地及国家一级保护植物陈氏苏铁的生境被淹没，生物生境面临重大风险的可能性毋庸置疑。此外，从损害后果的严重性来看，戛洒江一级水电站下游淹没区动植物种类丰富，生物多样性价值及遗传资源价值可观，该区域不仅是绿孔雀及陈氏苏铁等珍稀物种赖以生存的栖息地，也是各类生物与大面积原始雨林、热带雨林片段共同构成的一个完整生态系统，若水电站继续建设所产生的损害将是可以直观估计预测且不可逆转的。而针对该现实上的重大风险，新平公司并未就其不存在的主张加以有效证实，而仅以《环境影响报告书》加以反驳，缺乏足够证明力。因此，结合生态环境部责成新平公司对项目开展后评价工作的情况及戛洒江一级水电站未对绿孔雀采取任何保护措施等事实，可以认定戛洒江一级水电站继续建设将对绿孔雀栖息地、陈氏苏铁生境以及整个生态系统生物多样性和生物安全构成重大风险。

根据环境影响评价法第二十七条“在项目建设、运行过程中产生不符合经审批的环境影响评价文件的情形的，建设单位应当组织环境影响的后评价，采取改进措施，并报原环境影响评价文件审批部门和建设项目审批部门备案；原环境影响评价文件审批部门也可以责成建设单位进行环境影响的后评价，采取改进措施”的规定，2017 年 7 月 21 日，生态环境部办公厅针对本案建设项目，向新平公司发出《责成后评价函》，责成新平公司就该项目建设开展环境影响后评价，采取改进措施，并报生态环境部备案，后评价完成前不得蓄水发电符合上述法律规定。目前，案涉电站已经处于停建状态，新平公司业已向其上级主管单位申请停建案涉项目并获批复同意，绿孔雀生态栖息地存在的重大风险已经得到了有效的控制。在新平公司对案涉项目申请停建但未向相关行政部门备案并通过审批的情况下，鉴于生态环境部已经责成新平公司开展环境影响后评价，且对于尚不明确的事实状态的重大风险程度，案涉水电站是否继续建设等一系列问题，也需经环境主管部门审批备案决定后，才能确定案涉项目今后能否继续建设或是永久性停建，因此，案涉项目应在新平公司作出环境影响后评价后由行政主管机关视具体情况依法作出决定。

（生效裁判审判人员：向凯、苏静巍、田奇慧）

## 指导案例 174 号

# 中国生物多样性保护与绿色发展基金会诉雅砻江流域水电开发有限公司生态环境保护民事公益诉讼案

（最高人民法院审判委员会讨论通过　2021 年 12 月 1 日发布）

**关键词**　民事　生态环境保护民事公益诉讼　潜在风险　预防性措施　濒危野生植物

**裁判要点**

人民法院审理环境民事公益诉讼案件，应当贯彻绿色发展理念和风险预防原则，根据现有证据和科学技术认为项目建成后可能对案涉地濒危野生植物生存环境造成破坏，存在影响其生存的潜在风险，从而损害生态环境公共利益的，可以判决被告采取预防性措施，将对濒危野生植物生存的影响纳入建设项目的环境影响评价，促进环境保护和经济发展的协调。

**相关法条**

《中华人民共和国环境保护法》（2014 年 4 月 24 日修订）第五条

**基本案情**

雅砻江上的牙根梯级水电站由雅砻江流域水电开发有限公司（以下简称雅砻江公司）负责建设和管理，现处于项目预可研阶段，水电站及其辅助工程（公路等）尚未开工建设。

2013 年 9 月 2 日发布的中国生物多样性红色名录中五小叶槭被评定为“极危”。2016 年 2 月 9 日，五小叶槭列入《四川省重点保护植物名录》。2018 年 8 月 10 日，世界自然保护联盟在其红色名录中将五小叶槭评估为“极度濒危”。当时我国《国家重点保护野生植物名录》中无五小叶槭。2016 年 9 月 26 日，四川省质量技术监督局发布《五小叶槭播种育苗技术规程》。案涉五小叶槭种群位于四川省雅江县麻郎措乡沃洛希村，当地林业部门已在就近的通乡公路堡坎上设立保护牌。

2006 年 6 月，中国水电顾问集团成都勘测设计研究院（以下简称成勘院）完成《四川省雅砻江中游（两河口至卡拉河段）水电规划报告》，报告中将牙根梯级水电站列入规划，该规划报告于 2006 年 8 月通过了水电水利规划设计总院会同四川省发展改革委组织的审查。2008 年 12 月，四川省人民政府以川府函〔2008〕368 号文批复同意该规划。2010 年 3 月，成勘院根据牙根梯级水库淹没区最新情况将原规划的牙根梯级调整为牙根一级（正常蓄水位 2602m）、牙根二级（正常蓄水位 2560m）两级开发，形成《四川省雅砻江两河口至牙根河段水电开发方案研究报告》，该报告于 2010 年 8 月经水电水利规划设计总院会同四川省发展改革委审查通过。

2013 年 1 月 6 日、4 月 13 日国家发展改革委办公厅批复：同意牙根二级水电站、牙根一级水电站开展前期工作。由雅砻江公司负责建设和管理，按照项目核准的有关规定，组织开展水电站的各项前期工作。待有关前期工作落实、具备核准条件后，再分别将牙根梯级水电站项目申请报告上报我委。对项目建设的意见，以我委对项目申请报告的核准意见为准。未经核准不得开工建设。

中国生物多样性保护与绿色发展基金会（以下简称绿发会）认为，雅江县麻郎措乡沃洛希村附近的五小叶槭种群是当今世界上残存最大的五小叶槭种群，是唯一还有自然繁衍能力的种群。牙根梯级水电站即将修建，根据五小叶槭雅江种群的分布区海拔高度和水电站水位高度对比数值，牙根梯级水电站以及配套的公路建设将直接威胁到五小叶槭的生存，对社会公共利益构成直接威胁，绿发会遂提起本案预防性公益诉讼。

**裁判结果**

四川省甘孜藏族自治州中级人民法院于2020年12月17日作出（2015）甘民初字第45号民事判决：一、被告雅砻江公司应当将五小叶槭的生存作为牙根梯级水电站项目可研阶段环境评价工作的重要内容，环境影响报告书经环境保护行政主管部门审批通过后，才能继续开展下一步的工作；二、原告绿发会为本案诉讼产生的必要费用4万元、合理的律师费1万元，合计5万元，上述款项在本院其他环境民事公益诉讼案件中判决被告承担的生态环境修复费用、生态环境受到损害至恢复原状期间服务功能损失费用等费用（环境公益诉讼资金）中支付（待本院有其他环境公益诉讼资金后执行）；三、驳回原告绿发会的其他诉讼请求。一审宣判后当事人未上诉，判决已发生法律效力。

**裁判理由**

法院生效裁判认为：我国是联合国《生物多样性公约》缔约国，应该遵守其约定。《生物多样性公约》中规定，我们在注意到生物多样性遭受严重减少或损失的威胁时，不应以缺乏充分的科学定论为理由，而推迟采取旨在避免或尽量减轻此种威胁的措施；各国有责任保护它自己的生物多样性并以可持久的方式使用它自己的生物资源；每一缔约国应尽可能并酌情采取适当程序，要求就其可能对生物多样性产生严重不利影响的拟议项目进行环境影响评估，以期避免或尽量减轻这种影响。因此，我国有保护生物多样性的义务。同时，《生物多样性公约》规定，认识到经济和社会发展以及根除贫困是发展中国家第一和压倒一切的优先事务。按照《中华人民共和国节约能源法》第四条“节约资源是我国的基本国策。国家实施节约与开发并举、把节约放在首位的能源发展战略”的规定和《中华人民共和国可再生能源法》第二条第一款“本法所称可再生能源，是指风能、太阳能、水能、生物质能、地热能、海洋能等非化石能源”的规定，可再生能源是我国重要的能源资源，在满足能源要求，改善能源结构，减少环境污染，促进经济发展等方面具有重要作用。而水能资源是最具规模开发效益、技术最成熟的可再生能源。因此，开发建设水电站，将水能资源优势转化为经济优势，在国家有关部门的监管下，利用丰富的水能资源，合理开发水电符合我国国情。但是，我国水能资源蕴藏丰富的地区，往往也是自然环境良好、生态功能重要、生物物种丰富和地质条件脆弱的地区。根据《中华人民共和国环境保护法》《最高人民法院关于审理环境民事公益诉讼案件适用法律若干问题的解释》的相关规定，环境保护是我国的基本国策，并且环境保护应当坚持保护优先、预防为主的原则。预防原则要求在环境资源利用行为实施之前和实施之中，采取政治、法律、经济和行政等手段，防止环境利用行为导致环境污染或者生态破坏现象发生。它包括两层含义：一是运用已有的知识和经验，对开发和利用环境行为带来的可能的环境危害采取措施以避免危害的发生；二是在科学技术水平不确定的条件下，基于现实的科学知识评价风险，即对开发和利用环境的行为可能带来的尚未明确或者无法具体确定的环境危害进行事前预测、分析和评价，以促使开发决策避免可能造成的环境危害及其风险出现。因此，环境保护与经济发展的关系并不是完全对立的，而是相辅相成的，正确处理好保护与发展的关系，将生态优先的原则贯穿到水电规划开发的全过程，二者可以相互促进，达到经济和环境的协调发展。利用环境资源的行为如果造成环境污染、生态资源破坏，往往具有不可逆性，被污染的环境、被破坏的生态资源很多时候难以恢复，单纯事后的经济补偿不足以弥补对生态环境造成的损失，故对环境污染、生态破坏行为应注重防范于未然，才能真正实现环境保护的目的。

具体到本案中，鉴于五小叶槭在生物多样性红色名录中的等级及案涉牙根梯级水电站建成后可能存在对案涉地五小叶槭原生存环境造成破坏、影响其生存的潜在风险，可能损害社会公共利益。根据我国水电项目核准流程的规定，水电项目分为项目规划、项目预可研、项目可研、项目核准四个阶段，考虑到案涉牙根梯级水电站现处在项目预可研阶段，因此，责令被告在项目可研阶段，加强对案涉五小叶槭的环境影响评价并履行法定审批手续后才能进行下一步的工作，尽可能避免出现危及野生五小叶槭生存的风险是必要和合理的。故绿发会作为符合条件的社会组织在牙根梯级水电站建设可能存在损害环境公共利益重大风险的情况下，提出“依法判令被告立即采取适当措施，确保不因雅砻江水电梯级开发计划的实施而破坏珍贵濒危野生植物五小叶槭的生存”的诉讼请求，于法有据，人民法院予以支持。

鉴于案涉水电站尚未开工建设，故绿发会提出“依法判令被告在采取的措施不足以消除对五小叶槭的生存威胁之前，暂停牙根梯级水电站及其辅助设施（含配套道路）的一切建设工程”的诉讼请求，无事实基础，人民法院不予支持。

（生效裁判审判人员：张犁、王彤、吴杰、姜莉、魏康清、薛斌、龚先彬）

## 指导案例 175 号

# 江苏省泰州市人民检察院诉王小朋等 59 人生态破坏民事公益诉讼案

（最高人民法院审判委员会讨论通过　2021 年 12 月 1 日发布）

**关键词**　民事　生态破坏民事公益诉讼　非法捕捞　共同侵权　生态资源损害赔偿

**裁判要点**

1. 当收购者明知其所收购的鱼苗系非法捕捞所得，仍与非法捕捞者建立固定买卖关系，形成完整利益链条，共同损害生态资源的，收购者应当与捕捞者对共同实施侵权行为造成的生态资源损失承担连带赔偿责任。

2. 侵权人使用禁用网具非法捕捞，在造成其捕捞的特定鱼类资源损失的同时，也破坏了相应区域其他水生生物资源，严重损害生物多样性的，应当承担包括特定鱼类资源损失和其他水生生物资源损失在内的生态资源损失赔偿责任。当生态资源损失难以确定时，人民法院应当结合生态破坏的范围和程度、资源的稀缺性、恢复所需费用等因素，充分考量非法行为的方式破坏性、时间敏感性、地点特殊性等特点，并参考专家意见，综合作出判断。

**相关法条**

《中华人民共和国民法典》第一千一百六十八条（本案适用的是自2010年7月1日起实施的《中华人民共和国侵权责任法》第八条）

《中华人民共和国环境保护法》（2014年4月24日修订）第六十四条

**基本案情**

长江鳗鱼苗是具有重要经济价值且禁止捕捞的水生动物苗种。2018年上半年，董瑞山等38人单独或共同在长江干流水域使用禁用渔具非法捕捞长江鳗鱼苗并出售谋利。王小朋等13人明知长江鳗鱼苗系非法捕捞所得，单独收购或者通过签订合伙协议、共同出资等方式建立收购鳗鱼苗的合伙组织，共同出资收购并统一对外出售，向高锦初等7人以及董瑞山等38人非法贩卖或捕捞人员收购鳗鱼苗116999条。秦利兵在明知王小朋等人向其出售的鳗鱼苗系在长江中非法捕捞所得的情况下，仍多次向王小朋等人收购鳗鱼苗40263条。

王小朋等人非法捕捞水产品罪、掩饰、隐瞒犯罪所得罪已经另案刑事生效判决予以认定。2019年7月15日，公益诉讼起诉人江苏省泰州市人民检察院以王小朋等59人实施非法捕捞、贩卖、收购长江鳗鱼苗行为，破坏长江生态资源，损害社会公共利益为由提起民事公益诉讼。

**裁判结果**

江苏省南京市中级人民法院于2019年10月24日作出（2019）苏01民初2005号民事判决：一、王小朋等13名非法收购者对其非法买卖鳗鱼苗所造成的生态资源损失连带赔偿人民币8589168元；二、其他收购者、捕捞者根据其参与非法买卖或捕捞的鳗鱼苗数量，承担相应赔偿责任或与直接收购者承担连带赔偿责任。王小朋等11名被告提出上诉，江苏省高级人民法院于2019年12月31日作出（2019）苏民终1734号民事判决：驳回上诉，维持原判。

**裁判理由**

法院生效裁判认为：一、非法捕捞造成生态资源严重破坏，当销售是非法捕捞的唯一目的，且收购者与非法捕捞者形成了固定的买卖关系时，收购行为诱发了非法捕捞，共同损害了生态资源，收购者应当与捕捞者对共同实施的生态破坏行为造成的生态资源损失承担连带赔偿责任。

鳗鱼苗于2014年被世界自然保护联盟列为濒危物种，也属于江苏省重点保护鱼类。鳗鱼苗特征明显，无法直接食用，针对这一特定物种，没有大规模的收购，捕捞行为毫无价值。收购是非法捕捞鳗鱼苗实现获利的唯一渠道，缺乏收购行为，非法捕捞难以实现经济价值，也就不可能持续反复地实施，巨大的市场需求系引发非法捕捞和层层收购行为的主要原因。案涉收购鳗鱼苗行为具有日常性、经常性，在收购行为中形成高度组织化，每一个捕捞者和收购者对于自身在利益链条中所处的位置、作用以及通过非法捕捞、出售收购、加价出售、养殖出售不同方式获取利益的目的均有明确的认知。捕捞者使用网目极小的张网方式捕捞鳗鱼苗，收购者对于鳗鱼苗的体态特征充分了解，意味着其明知捕捞体态如此细小的鳗鱼苗必然使用有别于对自然生态中其他鱼类的捕捞方式，非法捕捞者于长江水生生物资源繁衍生殖的重要时段，尤其是禁渔期内，在长江干流水域采用"绝户网"大规模、多次非法捕捞长江鳗鱼苗，必将造成长江生态资源损失和生物多样性破坏，收购者与捕捞者存在放任长江鳗鱼资源及其他生态资源损害结果出现的故意。非法捕捞与收购已经形成了固定买卖关系和完整利益链条。这一链条中，相邻环节均从非法捕捞行为中获得利益，具有高度协同性，行为与长江生态资源损害结果之间具有法律上的因果关系，共同导致生态资源损害。预防非法捕捞行为，应从源头上彻底切断利益链条，让非法收购、贩卖鳗鱼苗的共同侵权者付出经济代价，与非法捕捞者在各自所涉的生态资源损失范围内对长江生态资源损害后果承担连带赔偿责任。

二、生态资源损失在无法准确统计时，应结合生态破坏的范围和程度、资源的稀缺性等因素，充分考量非法行为的方式破坏性、时间敏感性和地点特殊性，并参考专家意见，酌情作出判断。

综合考虑非法捕捞鳗鱼苗方式系采用网目极小的张网进行捕捞，加之捕捞时间的敏感性、捕捞频率的高强度性、捕捞地点的特殊性，不仅对鳗鱼种群的稳定造成严重威胁，还必然会造成对其他渔业生物的损害，进而破坏了长江生物资源的多样性，给长江生态资源带来极大的损害。依照《最高人民法院关于审理环境民事公益诉讼案件适用法律若干问题的解释》第二十三条的规定，综合考量非法捕捞鳗鱼苗对生态资源造成的实际损害，酌定以鳗鱼资源损失价值的2.5倍确定生态资源损失。主要依据有两点：

一是案涉非法捕捞鳗鱼苗方式的破坏性。捕捞者系采用网目极小的张网捕捞鳗鱼苗，所使用张网的网目尺寸违反了《农业部关于长江干流实施捕捞准用渔具和过渡渔具最小网目尺寸制度的通告》中不小于3毫米的规定，属于禁用网具。捕捞时必将对包括其他小型鱼类在内的水生物种造成误捕，严重破坏相应区域水生生物资源。案涉鳗鱼苗数量达116999条，捕捞次数多、捕捞网具多、捕捞区域大，必将对长江生态资源产生较大危害。

二是案涉非法捕捞鳗鱼苗的时间敏感性和地点特殊性。案涉的捕捞、收购行为主要发生于长江禁渔期，该时期系包括鳗鱼资源在内的长江水生生物资源繁衍生殖的重要时段。捕捞地点位于长江干流水域，系日本鳗鲡洄游通道，在洄游通道中对幼苗进行捕捞，使其脱离自然水体后被贩卖，不仅妨碍鳗鲡种群繁衍，且同时误捕其他渔获物，会导致其他水生生物减少，导致其他鱼类饵料不足，进而造成长江水域食物链相邻环节的破坏，进一步造成生物多样性损害。

考虑到生态资源的保护与被告生存发展权利之间的平衡，在确定生态损害赔偿责任款项时可以考虑被告退缴违法所得的情况，以及在被告确无履行能力的情况下，可以考虑采用劳务代偿的方式，如参加保护长江生态环境等公益性质的活动或者配合参与长江沿岸河道管理、加固、垃圾清理等方面的工作，折抵一定赔偿数额。

（生效裁判审判人员：刘建功、赵黎、臧静）

## 指导案例176号

# 湖南省益阳市人民检察院诉夏顺安等15人生态破坏民事公益诉讼案

（最高人民法院审判委员会讨论通过　2021年12月1日发布）

**关键词**　民事　生态破坏民事公益诉讼　生态环境修复　损害担责　全面赔偿　非法采砂

**裁判要点**

人民法院审理环境民事公益诉讼案件，应当贯彻损害担责、全面赔偿原则，对于破坏生态违法犯罪行为不仅要依法追究刑事责任，还要依法追究生态环境损害民事责任。认定非法采砂行为所导致的生态环境损害范围和损失时，应当根据水环境质量、河床结构、水源涵养、水生生物资源等方面的受损情况进行全面评估、合理认定。

**相关法条**

《中华人民共和国环境保护法》（2014 年 4 月 24 日修订）第六十四条

**基本案情**

2016 年 6 月至 11 月，夏顺安等人为牟取非法利益，分别驾驶九江采 158 号、湘沅江采 1168 号、江苏籍 999 号等采砂船至洞庭湖下塞湖区域非规划区非法采砂，非法获利 2243.333 万元。夏顺安等人的非法采砂行为构成非法采矿罪，被相关刑事生效判决予以认定。2019 年 7 月，湖南省益阳市人民检察院提起民事公益诉讼，请求判令夏顺安等人对其非法采砂行为所造成的生态环境损害承担连带赔偿责任，并赔礼道歉。经湖南省环境保护科学研究院生态环境损害司法鉴定中心鉴定，夏顺安等 15 人非法采砂行为对非法采砂区域的生态环境造成的影响分为水环境质量受损、河床结构受损、水源涵养受损和水生生物资源受损，所造成生态环境影响的空间范围共计约 9.9 万平方米，其中造成的水生生物资源损失为 2.653 万元，修复水生生物资源受损和河床结构与水源涵养受损所需的费用分别为 7.969 万元和 865.61 万元，合计 873.579 万元。

**裁判结果**

湖南省益阳市中级人民法院于 2020 年 6 月 8 日作出（2019）湘 09 民初 94 号民事判决：一、夏顺安等 15 人私自开采国家矿产资源，其非法采砂行为严重破坏了采砂区域的生态环境，判决被告夏顺安对非法采砂造成的采砂水域河床原始结构、水源涵养量修复费用 865.61 万元、水生生物资源修复费用 7.969 万元，共计 873.579 万元生态环境修复费用承担赔偿责任；二、其他 14 名被告依据其具体侵权行为分别在 824 万元至 3.8 万元不等范围内承担连带责任；三、夏顺安等 15 人就非法采矿行为在国家级媒体公开赔礼道歉。被告王德贵提出上诉，湖南省高级人民法院于 2020 年 12 月 29 日作出（2020）湘民终 1862 号民事判决：驳回上诉，维持原判。

**裁判理由**

法院生效裁判认为：根据我国相关矿产资源法律法规的规定，开采矿产资源必须依法申请许可证，取得采矿权。夏顺安等 15 人在下塞湖区域挖取的砂石系国家矿产资源。根据沅江市砂石资源开采管理领导小组办公室证明、益阳市水务局《情况说明》、湘阴县河道砂石综合执法局证明、岳阳市河道砂石服务中心证明，并结合另案生效判决认定的事实及各被告当庭陈述，可证明被告未依法获得许可，私自开采国家矿产资源，应认定为非法采砂。

非法采砂行为不仅造成国家资源损失，还对生态环境造成损害，致使国家利益和社会公共利益遭受损失。矿产资源兼具经济属性和生态属性，不能仅重视矿产资源的经济价值保护，而忽视矿产资源生态价值救济。非法采砂违法犯罪行为不仅需要依法承担刑事责任，还要依法承担生态环境损害赔偿民事责任。应当按照谁污染谁治理、谁破坏谁担责的原则，依法追究非法采砂行为人的刑事、民事法律责任。

本案中，夏顺安等15人的非法采砂生态破坏行为，导致了洞庭湖生态系统的损害，具体包括丰富的鱼类、虾蟹类和螺蚌等软体动物生物资源的损失，并严重威胁洞庭湖河床的稳定性及防洪安全，破坏水生生物资源繁衍生存环境。为确保生态环境损害数额认定的科学性、全面性和合理性，人民法院委托具备资格的机构进行司法鉴定，通过对生态环境损害鉴定意见的司法审查，合理确定生态破坏行为所导致生态环境损害的赔偿数额。本案中，人民法院指导鉴定专家按照全面赔偿原则，对非法采砂行为所导致的采砂区域河床、水源涵养、生物栖息地、鱼虾生物资源、水环境质量等遭受的破坏进行全方位的鉴定，根据抽取砂土总量、膨胀系数、水中松散沙土的密度、含水比例，以及洞庭湖平均鱼类资源产量等指标量化了各类损失程度。被告虽主张公共利益受损与其无关联，但本案各被告当庭陈述均认可实施了采砂行为，根据另案生效判决认定的事实及审理查明的事实，各被告实施的采砂行为非法，且鉴定意见书明确了采砂行为造成生态环境受损，故认定被告的采砂行为破坏了生态环境资源。各被告未提交反驳证据推翻案涉鉴定意见，经审查，对鉴定意见载明的各项损失及修复费用予以确认。

根据《中华人民共和国环境保护法》第六十四条规定，因污染环境和破坏生态造成损害的，应当依照《中华人民共和国侵权责任法》的有关规定承担侵权责任。《中华人民共和国侵权责任法》第八条规定，二人以上共同实施侵权行为，造成他人损害的，应当承担连带责任。《最高人民法院关于审理环境民事公益诉讼案件适用法律若干问题的解释》第二十条第二款规定，人民法院可以在判决被告修复生态环境的同时，确定被告不履行修复义务时应承担的生态环境修复费用；也可以直接判决被告承担生态环境修复费用。根据审理查明的事实并依据上述法律规定，夏顺安等15人在各自参与非法采砂数量范围内构成共同侵权，应在各自参与非法采砂数量范围内承担连带赔偿生态环境修复费用的民事责任。

（生效裁判审判人员：伍胜、闫伟、曾志燕）

## 指导案例177号

# 海南临高盈海船务有限公司诉三沙市渔政支队行政处罚案

（最高人民法院审判委员会讨论通过　2021年12月1日发布）

**关键词**　行政　行政处罚　《濒危野生动植物种国际贸易公约》　非法运输　珍贵、濒危水生野生动物及其制品　珊瑚、砗磲

**裁判要点**

我国为《濒危野生动植物种国际贸易公约》缔约国，对于列入该公约附录一、附录二中的珊瑚、砗磲的所有种，无论活体、死体，还是相关制品，均应依法给予保护。行为人非法运输该公约附录一、附录二中的珊瑚、砗磲，行政机关依照野生动物保护法等有关规定作出行政处罚的，人民法院应予支持。

**相关法条**

《中华人民共和国野生动物保护法》（2018年10月26日修订）第三十三条（本案适用的是2009年8月27日修订的《中华人民共和国野生动物保护法》第二十三条）

《中华人民共和国水生野生动物保护实施条例》（2013年12月7日修订）第二条、第二十条、第二十八条、第四十八条

**基本案情**

砗磲是一种主要生活在热带海域的珍贵贝类，在我国及世界范围内均为重点保护的水生野生动物。砗磲全部9个种均为《濒危野生动植物种国际贸易公约》附录二物种，其中的大砗磲（又名库氏砗磲）为国家一级保

护动物。2014 年 8 月 21 日，海南省公安边防总队海警第三支队在三沙海域开展巡逻管控过程中，发现原告海南临高盈海船务有限公司（以下简称盈海公司）所属的“椰丰 616”号船违法装载大量砗磲贝壳，遂将其查获，并将该案交由三沙市综合执法局先行查处。后因该案属于被告三沙市渔政支队的职权范围，三沙市综合执法局将该案转交被告具体办理。经查实，原告未持有《水生野生动物特许运输许可证》，涉案船舶共装载砗磲贝壳 250 吨，经专业机构鉴定和评估，该 250 吨砗磲贝壳中 98%为大砗磲，属国家一级保护动物，2%为砗蠔（属于砗磲科），属《濒危野生动植物种国际贸易公约》附录二物种，涉案砗磲贝壳总价值为 373500 元。据此，被告作出琼三沙渔政罚字〔2018〕01 号行政处罚决定书，以原告的“椰丰 616”号船未持有《水生野生动物特许运输许可证》擅自运输砗磲贝壳的行为违反《中华人民共和国野生动物保护法》等法律规定，对原告处以没收砗磲贝壳 250 吨及按照实物价值 3 倍罚款人民币 1120500 元的行政处罚。原告不服，向海口海事法院提起行政诉讼，请求撤销该行政处罚决定。

**裁判结果**

海口海事法院于 2018 年 11 月 30 日作出（2018）琼 72 行初 14 号行政判决，认为三沙市渔政支队作出的行政处罚决定事实清楚，证据确凿，适用法律、法规正确，符合法定程序，判决驳回原告盈海公司的诉讼请求。判决后，盈海公司提出上诉，海南省高级人民法院于 2019 年 4 月 10 日作出（2019）琼行终 125 号行政判决：驳回上诉，维持原判。

**裁判理由**

法院生效裁判认为：一、我国作为《濒危野生动植物种国际贸易公约》缔约国，应当严格、全面履行公约义务，对已列入该公约附录一、附录二中的珊瑚、砗磲的所有种，无论活体、死体，还是相关制品，均应依法给予保护。砗磲属受保护的珍贵、濒危水生野生动物，砗磲贝壳为受我国法律保护的水生野生动物产品。根据《最高人民法院关于审理发生在我国管辖海域相关案件若干问题的规定（二）》第七条第三款及《中华人民共和国水生野生动物保护实施条例》第二条的规定，列入《国家重点保护野生动物名录》中国家一、二级保护的，以及列入《濒危野生动植物种国际贸易公约》附录一、附录二中所有水生野生动物物种，无论属于活体、死体，还是相关制品（水生野生动物的任何部分及其衍生品），均受到法律保护。案涉大砗磲属《国家重点保护野生动物名录》中的国家一级保护动物，砗蠔属《濒危野生动植物种国际贸易公约》附录二物种，二者均受法律保护。盈海公司运输行为的客体虽然是砗磲贝壳，但作为双壳纲动物，砗磲的贝壳属于其作为动物的一部分，因此，应当将砗磲贝壳认定为《中华人民共和国水生野生动物保护实施条例》第二条规定应受保护的水生野生动物产品；盈海公司关于其运输的砗磲为死体，不违反法律、行政法规的抗辩不能成立。

二、非法开发利用野生动物资源“产业链”中所涉及的非法采捕、收购、运输、加工、销售珍贵、濒危野生动物及其制品等行为均构成违法并需承担相应的法律责任。非法运输珍贵、濒危野生动物及其产品的行为是非法开发利用野生动物资源“产业链”的重要一环，应承担相应的法律后果和责任。根据案发时生效的《中华人民共和国野生动物保护法》（2009年8月27日修订）第二十三条、《中华人民共和国水生野生动物保护实施条例》第二十条及《中华人民共和国水生野生动物利用特许办法》第二十九条的规定，运输、携带国家重点保护野生动物或者其产品出县境的，必须经省、自治区、直辖市政府野生动物行政主管部门或者其授权的单位批准并取得相应许可证明。本案中，盈海公司未经批准并取得相关许可证明，就将案涉砗磲贝壳从三沙市向海南岛运输，已构成违法，故三沙市渔政支队对其处以罚款具有法律、行政法规依据。

（生效裁判审判人员：王峻、张爽、冯坤）

## 指导案例 178 号

# 北海市乃志海洋科技有限公司诉北海市海洋与渔业局行政处罚案

（最高人民法院审判委员会讨论通过　2021年12月1日发布）

**关键词**　行政　行政处罚　非法围海、填海　海岸线保护　海洋生态环境　共同违法认定　从轻或者减轻行政处罚

**裁判要点**

1. 行为人未依法取得海域使用权，在海岸线向海一侧以平整场地及围

堰护岸等方式，实施筑堤围割海域，将海域填成土地并形成有效岸线，改变海域自然属性的用海活动可以认定为构成非法围海、填海。

2. 同一海域内，行为人在无共同违法意思联络的情形下，先后各自以其独立的行为进行围海、填海，并造成不同损害后果的，不属于共同违法的情形。行政机关认定各行为人的上述行为已构成独立的行政违法行为，并对各行为人进行相互独立的行政处罚，人民法院应予支持。对于同一海域内先后存在两个以上相互独立的非法围海、填海行为，行为人应各自承担相应的行政法律责任，在后的违法行为不因在先的违法行为适用从轻或者减轻行政处罚的有关规定。

**相关法条**

《中华人民共和国行政处罚法》（2021 年 1 月 22 日修订）第三十二条（本案适用的是 2017 年 9 月 1 日修订的《中华人民共和国行政处罚法》第二十七条）

《中华人民共和国海域使用管理法》第四十二条

**基本案情**

北海市乃志海洋科技有限公司（以下简称乃志公司）诉称：其未实施围海、填海行为，实施该行为的主体是北海市渔沣海水养殖有限公司（以下简称渔沣公司）。即使认定其存在非法围海、填海行为，因其与渔沣公司在同一海域内实施了占用海域行为，应由所有实施违法行为的主体共同承担责任，对其从轻或减轻处罚。北海市海洋与渔业局（以下简称海洋渔业局）以乃志公司非法占用并实施围海、填海 0.38 公顷海域，作出缴纳海域使用金十五倍罚款的行政处罚，缺乏事实和法律依据，属于从重处罚，请求撤销该行政处罚决定。

海洋渔业局辩称：现场调查笔录及照片等证据证实乃志公司实施了围海造地的行为，其分别对乃志公司和渔沣公司的违法行为进行了查处，确定乃志公司缴纳罚款数额符合法律规定。

法院经审理查明：2013 年 6 月 1 日，渔沣公司与北海市铁山港区兴港镇石头埠村小组签订《农村土地租赁合同》，约定石头埠村小组将位于石头埠村海边的空地租给渔沣公司管理使用，该地块位于石头埠村海边左邻避风港右靠北林码头，与海堤公路平齐，沿街边 100 米，沿海上进深 145 米，共 21.78 亩，作为海产品冷冻场地。合同涉及租用的海边空地实际位置在海岸线之外。同年 7 至 9 月间，渔沣公司雇请他人抽取海沙填到涉案海域，形成沙堆。2016年5月12日，乃志公司与渔沣公司签订《土地承包合同转让协议》，乃志公司取得渔沣公司在原合同中的权利。同年7月至9月间，乃志公司在未依法取得海域使用权的情况下，对其租赁的海边空地（实为海滩涂）利用机械和车辆从外运来泥土、建筑废料进行场地平整，建设临时码头，形成陆域，准备建设冷冻厂。

2017年10月，海洋渔业局对该围海、填海施工行为进行立案查处，测定乃志公司填占海域面积为0.38公顷。经听取乃志公司陈述申辩意见，召开听证会，并经两次会审，海洋渔业局作出北海渔处罚〔2017〕09号行政处罚决定书，对乃志公司作出行政处罚：责令退还非法占用海域，恢复海域原状，并处非法占用海域期间内该海域面积应缴纳海域使用金十五倍计人民币256.77万元的罚款。乃志公司不服，提起行政诉讼，请求撤销该行政处罚决定。

**裁判结果**

北海海事法院于2018年9月17日作出（2018）桂72行初2号行政判决，驳回原告乃志公司的诉讼请求。宣判后，乃志公司提出上诉。广西壮族自治区高级人民法院于2019年6月26日作出（2018）桂行终1163号行政判决：驳回上诉，维持原判。

**裁判理由**

法院生效裁判认为：乃志公司占用的海边空地在海岸线（天然岸线）之外向海一侧，实为海滩涂。其公司使用自有铲车、勾机等机械，从外运来泥土和建筑废料对渔沣公司吹填形成的沙堆进行平整、充实，形成临时码头，并在临时码头西南面新填了部分海域，建造了临时码头北面靠海一侧的沙袋围堰和护岸设施。上述平整填充场地以及围堰护岸等行为，导致海域自然属性改变，形成有效岸线，属于围海、填海行为。乃志公司未取得案涉0.38公顷海域的合法使用权，在该区域内进行围海、填海，构成非法围海、填海。

渔沣公司与乃志公司均在案涉海域进行了一定的围海、填海活动，但二者的违法行为具有可分性和独立性，并非共同违法行为。首先，渔沣公司与乃志公司既无共同违法的意思联络，亦非共同实施违法行为。从时间上分析，渔沣公司系于2013年7月至9月间雇请他人抽取海沙填到涉案海域，形成沙堆。而乃志公司系于2016年5月12日通过签订转让协议的方式取得渔沣公司在原合同中的权利，并于2016年7月至9月期间对涉案海域进行场地平整，建设临时码头，形成陆域。二者进行围海、填海活动的时间间隔较远，相互独立，并无彼此配合的情形。其次，渔沣公司与乃志公司的违法性质不同。渔沣公司仅是抽取海沙填入涉案海域，形成沙堆，其行为违法程度较轻。而乃志公司已对涉案海域进行了围堰和场地平整，并建设临时码头，形成了陆域，其行为违法情节更严重，性质更为恶劣。再次，渔沣公司与乃志公司的行为所造成的损害后果不同。渔沣公司的行为尚未完全改变涉案海域的海洋环境，而乃志公司对涉案海域进行围堰及场地平整，设立临时码头，形成了陆域，其行为已完全改变了涉案海域的海洋生态环境，构成了非法围海、填海，损害后果更为严重。海洋渔业局认定乃志公司与渔沣公司的违法行为相互独立并分别立案查处，有事实及法律依据，并无不当。乃志公司主张海洋渔业局存在选择性执法，以及渔沣公司应当与其共同承担责任的抗辩意见不能成立。

乃志公司被查处后并未主动采取措施减轻或消除其围海、填海造地的危害后果，不存在从轻或减轻处罚的情形，故乃志公司主张从轻或减轻行政处罚，缺乏法律依据。乃志公司平整和围填涉案海域，占填海域面积为0.38公顷，其行为改变了该海域的自然属性，形成陆域，对近海生态造成不利的影响。海洋渔业局依据海域使用管理法第四十二条规定的“处非法占用海域期间内该海域面积应缴纳的海域使用金十倍以上二十倍以下的罚款”，决定按十五倍处罚，未违反行政处罚法关于行政处罚适用的相关规定，符合中国海监总队《关于进一步规范海洋行政处罚裁量权行使的若干意见》对于行政处罚幅度中的一般处罚，并非从重处罚，作出罚款人民币256.77万元的处罚决定，认定事实清楚，适用法律并无不当。

（生效裁判审判人员：张辉、蒋新江、熊梅）